मानवदेह और हमारी देहभाषाएँ

मानवदेह और हमारी देहभाषाएँ

[नृतत्त्ववादियों, देहपूजकों, समाजविज्ञानियों, शोभारसिकों
तथा
युवक-युवतियों के लिए अनिवार्य प्रवेशिका]

रमेश कुंतल मेघ

लोकभारती प्रकाशन

इलाहाबाद नई दिल्ली पटना कोलकाता

लोकभारती प्रकाशन
पहली मंजिल, दरबारी बिल्डिंग, महात्मा गांधी मार्ग
इलाहाबाद-211 001
वेबसाइट : www.lokbhartiprakashan.com
ईमेल : info@lokbhartiprakashan.com
शाखाएँ : 1-बी, नेताजी सुभाष मार्ग, दरियागंज
नई दिल्ली-110 002
अशोक राजपथ, साइंस कॉलेज के सामने
पटना-800 006
36 ए, शेक्सपियर सरणी, कोलकाता-700 017

पहला संस्करण : 2015

बी.के. ऑफसेट
नवीन शाहदरा
दिल्ली-110032 द्वारा मुद्रित

MANAV-DEH AUR HAMARI DEH-BHASHAYEN
by Ramesh Kuntal Megh

ISBN : 978-81-8031-966-2

मूल्य : ₹ 2500

दिवंगता
कान्ता
मनोरमा बाजपेयी–मिश्रा–मेघ
को
मेरे जीवन की
यह
सर्वोत्तम भेंट

आरम्भ यहाँ से है...

भूमिका

अभी भी **देह-भाषा पर** लिखी गई विलायती (तथा एकाध देसी) किताबें ज्यादातर केवल एकायामी अर्थात् दो मनुष्यों या छोटे समूह के बीच सम्पर्क एवं सम्बन्ध को लेकर भाषेतर छिपे, या रहस्यात्मक या अनजान व्यवहारों के मंतव्यों की 'सचित्र गाइडें' ही हैं। दूसरे, वे मात्र एकैक देह-भाषा की धुरी पर सक्रियमाण हैं। उनमें **देह-भाषाओं** की विविधता, विलक्षणता तथा बहुलता का अनुसन्धान नहीं हुआ है। तीसरे, उनके रूप-प्रतिरूपों में उप-सिद्धान्त (थियरी), प्राक् कल्पना (हाइपोथीसिस) एवं व्याख्याओं का सटीक पर्यावलोकन भी प्राय: अनुपस्थित है। चौथे, उनमें मनोसामाजिक विचारधाराओं, सांस्कृतिक पैटर्नों और जेनेटिक-नृतात्त्विक आयामों के संश्लेषण भी नहीं हैं। वस्तुत: वे पश्चिमी परिवेश में निराधार-से वैश्विक मशविरों और तफसिरों की विभ्रान्ति ही हैं। हमने इस अभिनव, पुस्तकाकार संहिता का, प्रथम बार उन चारों आयामों पर, समायोजन किया है। इसमें तीन सोपान हैं—मानव, मानव-देह तथा मानवदेह-भाषाएँ। हमने एक बहुविध फलक पर ऐसे तीन-सोपानी त्रिकोण को लेते हुए मानव की देह-भाषाओं के **उपसिद्धान्तों, प्राक् कल्पनाओं तथा विविध अनुप्रयोगों** की भी अनुमिति की है। इसके लिए हमने समाजविज्ञानों, विज्ञान, मिथक आलेखकारी, ऐस्थेटिक्षा (सौन्दर्यबोधशास्त्र), नृतत्त्वशास्त्र आदि के उपागमों (एप्रोच) को भी अनुप्रयुक्त किया है। हमने पहल की है कि देह-भाषा **समग्र संस्कृति** की बहुविध निर्देशिका बन सके। अतएव देह-भाषा (निर्भाषिक) एवं वाचिक भाषा की एक **संश्लिष्ट आश्विन देह-भाषा** ही इसका समाहार करती है—सिद्धान्त, अनुप्रयोग तथा व्यवहार समेत। अत: इस ग्रन्थ में भी निर्देशक चित्रों तथा भावों-मुद्राओं—सामाजिक प्रकार्यों वाली देह-भाषा के साथ शब्दार्थों वाली वैखरी भाषा का तादात्म्य, सामंजस्य और समन्वय लाजिमी तौर पर हुआ है। सारांश में : दो भाषाओं का संगम एवं मैत्री।

इस संहिता ग्रन्थ में भी आद्योपान्त यही उपागम अपनाया गया है।

मानव-देह के आभ्यन्तरिक सप्त केंद्रों से **भाषा** का उन्मीलन-विकास-उत्कर्ष होता है—1. परा, 2. पश्यन्ती, 3. मध्यमा, 4. वैखरी (तथा वैखरी की), 5. अभिधा, 6. लक्षणा तथा 7. व्यंजना। इनमें से **देह-भाषा** का स्पन्दन परा-पश्यन्ती-मध्यमा तक आकर ठहर जाता है। वह वाचिक नहीं हो पाती। अतएव अनिर्वचित होती है, अनिर्वचनीय नहीं। वह शब्दार्थों से अपसरण करती है। उसके **घटक-तत्त्व** मुद्रा-गति-संकेत-चित्र-चिह्न-प्रतीक-कूट आदि होते हैं। अत: वह दृश्य (चित्र)-भंगिमा-केंद्रक होती है—बिम्ब-छाया-भाव में अनिश्चित डगमग सन्तरण करती हुई। अतएव प्रतीति-अनुमिति-मनोरथ-तात्पर्य-प्रतीक आदि उसके सम्प्रेषणोपरान्त **अभिव्यक्ति-मार्ग** हैं। हम ये अधिष्ठापनाएँ निरन्तर दोहराते-तिहराते रहेंगे।

देह-भाषा तो वाचिक भाषा से भी लाखों साल पुरानी है। इसका प्रकटाव पशु-अवस्था में, नृवानर से नृमानव के उपक्रम में हुआ है। दूसरी अर्थात् वाचिक भाषा का स्फोट नृमानव एवं आदिमानव के संगम तथा संस्कारों में हुआ है।

देह-भाषा की आदिभूमि मूलवृत्ति (इंस्टिंक्ट) है तथा वाचिक भाषा का उन्नयन मूलवृत्ति एवं संवेगों की जुगलबन्दी में अभिलक्षित है। देह-भाषा स्थायी होकर भी छिपी हुई एवं

रहस्यात्मक है। वह मौन है। प्रकर्म-केंद्रित है। वाचिक भाषा चेतनता-केंद्रित है। वह सामाजिक व्यापार की संचालिका है तथा तात्कालिक, क्षणिक एवं निरन्तर परिवर्तनशील है। वह व्यवहार-लक्ष्यी है।

देह-भाषा के उद्‌गमों में एक तो नृमानव की आवयविक तथा जैविक अवस्था; दूसरे, देह में ही स्पन्दित पश्यन्ती-मध्यमा वृत्तियों का संयुक्त क्षेत्र हैं। वाचिक भाषा स्वर-व्यंजन के साथ-साथ शब्द-अर्थ वाली होती गई तथा देह में वह मध्यमा से आगे वैखरी में उच्चारण एवं उद्‌गीथ बन गई। उसके विस्तार-विकीर्णन का कटिबन्ध चिति (साइकी) तथा चेतन (कांशस) है। वहाँ से वह संवेगों और ज्ञान व कर्म के साथ सभ्यता-संस्कृति का दर्पण एवं दीपक बनती है। लेकिन आदि संरचना तो अवाचिक देह-भाषा में ही है।

यह भी गौरतलब है कि योग, काम, नाट्‌य, नृत्य, पोशाक, गहनों आदि की देह-भाषिक मुद्राएँ एवं साज-शृंगार बहुकालिक आवृत्तियों में एक जैसी संकेतित होते हुए चित्रलिपि-सी शब्दार्थपरक भी हो गई हैं। ये **शास्त्र** तथा **अभिप्राय** में भी प्रयाण कर जाती हैं।

हम किस प्रथम वाक्य से, व्यास-सूक्ति से, मंगलसूत्र से प्रारम्भ करें?

हाँ, देह-भाषा की दो साध्य शर्तें हैं—**(अ)** यह अवाचिक है, अर्थात् शब्द नहीं, बल्कि रूप ही धुरी है, तथा **(आ)** इसी धुरी पर मानव, मानवदेहाकृति तथा मानव के देहवर्ती कृतित्वों वाले माध्यमों का विराज छाया है। अतः दो समकालिक भाषाएँ भी गुत्थमगुत्थ हैं—चित्र-भाषा तथा भाष्य-भाषा।

फलस्वरूप इस हंसगानरूपी पुस्तक का रूपंकर दो पक्षों को जोड़ेगा—मनुष्य (नर-नारी एवं देह-भाषा) और प्रकृति (दिक्काल एवं परिवेश)।

इनका उपसाध्य यह है कि अगर हमारी जैविक-जीवन्त देह है तो समग्र मानवीय संसार है। अगर हमारी जीवन-धारा है तो नारी है। अगर नारी है तो प्रकृति है, सृष्टि है, माता है। चिरन्तन नारी ही 'अर्धपुरुषेश्वरी' है।

ये हमारी आर्ष प्रतिज्ञाएँ हैं। आगे ऋचाएँ आनन्दपाणि हैं, अमृतवर्षी हैं।

हमें देह-भाषा पर निरन्तर खोजें करनी पड़ी हैं। हमने इसे एक या दो व्यक्तियों के परस्पर व्यवहार तथा सलीकों से विस्तृत करके सांस्कृतिक संरूपों तथा सामाजिक कार्यवाहियों के आधारभूत कटिबन्धों के रूप में पाया है। संकुचित आधार इसे अर्थभ्रान्तियों में संलिप्त करते हैं तथा देह-भाषा को (अलौकिक?) रहस्यात्मक, गुप्त या छिपी भाषा बनाए रखते हैं। नतीजतन हमें अनेक देह-भाषाओं का उद्‌घाटन करना पड़ा है जो अचल-प्राणहीन चित्र एवं शिल्प तक परिव्याप्त हैं।

हमें देह-भाषा का बखान करने के लिए कई भाषारूप खोजने पड़े हैं, गढ़ने पड़े हैं तथा चुराने भी पड़े हैं। मेरा लक्ष्यशर इस अनछुए क्षेत्र को अभिव्यंजक भाषारूपों से मंडित करना रहा है। इसलिए मैं सम्मानित प्रिय पाठकों से बहस तथा संवाद के 'मूड' में कटिबद्ध रहा हूँ। इसलिए ज्ञान तथा सूचनाओं तथा वैश्विक दृष्टियों से गर्भित इन हमारी बहुविध रुचियों तथा रुझानों को उद्‌दीप्त करना भी रहा है। इसके लिए समाजवैज्ञानिक एवं सौन्दर्यबोधशास्त्रीय उपागम द्वारा ये दिशाएँ खोजी गई हैं। यह हमारी एक प्रतिज्ञा है।

इस सबके लिए अगर हम रूढ़िधर्मी अश्लीलता-अशिष्टता के गोरखधन्धों में उलझ गए तो आदि-अनादि वासना वाली देह-भाषा में दो डग भी नहीं चल सकेंगे।

कई प्रखंडों में देह-भाषा के रहस्य तथा गोपनीयता भी उद्घाटित करना लाजिमी है। कई प्रसंगों में वह गोपन रति-दर्शन (वोयेरिज्म) के जैसी भी है।

इसके प्रति हमारी दृष्टि वैज्ञानिक, आयुर्वैदिक, कामोदात्त तथा निर्द्वंद्व-निरपेक्ष होना आवश्यक है।

हमारी सबसे बड़ी सीमा तो यही है कि हम केवल देह-केंद्रित अवाचिक भाषा की ही व्याख्याएँ-निदर्शन-निर्वचन-निरूपण कर रहे होते हैं। यहाँ अभिधा का क्षेत्र तो तिरोहित ही रहता है। इसके अलावा भूमंडलीकरण और उत्तर-आधुनिकता के दबावों के बावजूद देह-भाषा के आधारमूल आयाम विशिष्ट समाज तथा संस्कृतियाँ ही हैं। अत: उसकी अभिव्यंजना को वैश्विक मानना असंगत है। अलबत्ता मूल-वृत्ति-प्रवृत्ति तो कहीं कभी एक समान या समानान्तर हो सकती है। इसके अलावा देह-भाषा का विस्तार अन-शब्दता से आगे बिम्ब-छाया, गंध, रस, स्पर्शपरक भाषा-रूपिमों में किया जाना है। हमारी यह प्रतिज्ञा भी है। अतएव देह-भाषाएँ अनेक माध्यमों में साकार होती हुई अनेक यक्षिणी-रूपा हैं।

एक और अशेष प्रतिज्ञा है—

'देह' तथा 'भाषा'—दोनों संज्ञाएँ स्त्रीलिंग में हैं। इससे कई हाशिये उजागर होते हैं।

सर्वप्रथम हमें इस तथ्य के प्रति आद्योपान्त जागरूक रहना पड़ा है कि मानव-देह एक पुराजैविक क्रम-विकास की देन है। आदि वानर से नृवानर, नृवानर (चिम्पांजी, ओरान ऊरांग) से नृमानव (होमोइरेक्ट्स ?) तथा नृमानव से आदि मानव (होमोसेपियंस)। अत: देह-भाषा का उद्‌गम भी उस पुरा अवस्था से कढ़कर आया है जब आदि मानव केवल ध्वनि तथा स्वर का उच्चार कर पाता था क्योंकि उसका काकु (लेरिंक्स) नीचे खिसककर ध्वनि को खंडित करके स्वर एवं व्यंजन नहीं उच्चरित कर पाया था। जब यह हो गया, तो आदि मानव (लाखों वर्ष पहले नृतात्त्विक) **आधुनिक मानव** हो गया। अत: देह-भाषा की उद्‌गम-भूमि कंठ से उतरकर पश्यन्ती-मध्यमा वृत्ति में सक्रिय हो गई। इसलिए मानव-देह की जैविक, मनस्तात्त्विक, सामाजिक, सांस्कृतिक विशेषताएँ उसकी नाना **देह-भाषाओं** की पहचान हैं। इसलिए कोई सर्वसुलभ भाषा नहीं थी। अत: आधुनिक परिप्रेक्ष्य में हमें देह-भाषाओं की भाषाएँ परिकल्पित करना, पारिभाषिक ढूँढ़ना, अनिर्वचित की अधिभाषाएँ बनाने की कोशिशों में व्याकरण एवं शाब्दिक अस्मिताओं का अतिक्रमण—उल्लंघन भी—करना पड़ा। **मानवदेह-भाषाओं** के प्रखंड में यह सर्वत्र परिलक्षित होता है।

इसके अनुषंग में हमें देह की स्त्रीलिंग **संज्ञा** के अक्ष में प्रकृति—अर्थात् नारी अर्थात् सृष्टि-शोभा की अवधारणाओं में देह-भाषाओं के मनोलोक मिलते हैं। सो, कुछ दार्शनिक अवधारणाओं की उत्प्रेरणा भी मददगार हुई। पहले पायदान पर विश्व को त्रिपुर का शीर्ष त्रिकोण मानकर नीचे के बाएँ कोण में वैष्णव त्रिपुर-सुन्दरी तथा दाएँ कोण में त्रिपुर-भैरवी का संश्लेष करने पर क्रमश: **कला** (त्रिपुर-सुन्दरी) तथा **काम** (त्रिपुर-भैरवी) और इनके समन्वय में **कामकला** का आर्केटाइप सिद्ध हुआ है। इसे दूसरे पायदान में उतारने पर त्रिकोण के शीर्ष में अखंड देह तथा बाएँ कोण में सम्पूर्ण देह और दाएँ कोण में योगायतन देह लेने पर हम देह-भाषाओं के विरुद्धों का सामंजस्य कर सके हैं। इस प्रादर्श (मॉडल) के तीसरे पायदान में मानव-देह की (वाचिक) भाषा के बाएँ कोण में **मौन** देह-भाषिक अनुपाठ तथा दाएँ में प्रतिपाठ एवं उत्तर पाठ का विन्यास करके देह-भाषाओं का—पहले एवं दूसरे पायदानों को अभिलक्षित करते हुए—**वर्गीकरण** किया जा सकता है। पुस्तक के वृहद **तीसरे खंड** में यही व्याख्यान किए गए हैं।

(इशारा करना यह भी मान्य होगा कि पन्द्रह वर्षों के रचना-गर्भ के स्पन्दित-स्तम्भित अन्तरालों के कारण कुछेक आवृत्तियाँ हुई होंगी।)

अतः त्रिआयामी उपचार से हमने यही निष्कर्ष निकाला है कि—

देह तथा प्रतीयमान देह (पर-पश्यन्ती की छिपी हुई), दोनों आमने-सामने उपस्थित हैं। एक ही व्यक्ति की दो देहे हैं, दो भाषाएँ हैं—आत्मरति भी है, अर्द्धनारीश्वरत्व तथा अर्द्धपुरुषेश्वरीयता भी हैं, स्त्री-पुरुष विभक्ति भी है, मिथुनत्व भी है।

प्रतीयमान देह के सामने यह रहस्यात्मक एवं अवचेतनात्मक अभिज्ञान होता है कि हम स्वयं से, अपनी देह से भी कितने अजनबी हैं। शायद वह हमारे सामने कोई दशकों पुरानी भूली-सी अनजानी है जिसकी पहचान व छानबीन देह-भाषा के साथ ही हो सकती है।

यही अपरिचित 'मैं' तथा उसकी 'मौन देह-भाषा' धीरे-धीरे अनुसंधानित होती है। पता चलता है कि वह कितनी अछूती है, नवल है तथा हमारे अस्तित्व का सारत्व है। वह 'मेघदूत' के शापित यक्ष के मनोमुकुर जैसी है जो रामटेक से ही मेघ को अलका नगरी तथा प्रिया यक्षिणी का साक्षात् संदर्श करा रही है। पुस्तक में ऐसी ही अन्वेषी यात्राएँ की गई हैं।

हम देह-भाषाओं वाले गोपुरम के सामने आ पहुँचे हैं

देह-भाषा की भरत-सूक्ति है कि वह ऐसी 'भाषा' है जो मूलतः **शब्दविहीन** अर्थात् अवाचिक, अर्थात् मौन है। उसमें खामोशी है, परन्तु सन्नाटा नहीं। उसमें गति और कार्य, मुद्रा और भंगिमा (की अकर्मकताएँ) चालू हैं। प्रथम साक्ष्य से यह शब्दविहीन निर्भाषिक होकर **रूप** (चित्र, बिम्ब, छाया, मुद्रा-भंगिमा, संकेत, चिह्न, आकृति-आकार आदि) के द्वारा प्रतिभासित होती है।

देह-भाषा सर्वप्रथम एकायामी (वन डाइमेंशनल) है। इस स्थिति में यह मूल वाचिक भाषा के अनुषंग में प्रमुख रूप से मुद्रा और भंगिमा, व्यवहार-व-आचरण (बिहेवियर), सलीके-व-शऊर (मैनरिज्म) या अनुष्ठान द्वारा ही सम्प्रेषण करती है। इसमें प्रतिपक्ष (तुम) की सत्ता होती है। अक्सर अन्य (वह) गौण रहता है। यह मूल वाचिक भाषा की अन्योक्त, सम्पूरक, सहवर्ती तथा समानान्तर होती है।

केंद्रापसरण में जब मूल वाचिक भाषा के संग-संग उससे संलग्न अथवा बगैर (भूल वाचिक भाषा) उसके ही केवल अन्य घटकों, जैसे—मुद्रा-भंगिमा, परिधान-अलंकार, मंडन-लेपन, कला-रूपों द्वारा भी सम्प्रेषण करती है, तब **देह-भाषाओं** का उन्मीलन और विकास तथा उत्थान होता है। नृत्य और नाट्य, योग और काम, खेलकूद और यंत्रणा, गोदना और मेहँदी, अस्थि-कंकाल और देहोपचार आदि की पृथक्-संयुक्त देह-भाषाओं का उन्मेष होता है।

देह-भाषाओं की ऐसी समायोजित, शास्त्रानुमोदित, परिपक्व अवस्था में रूप के परिपोषक तथा सहवर्ती गंध, रस, स्पर्श की इंद्रियाँ भी स्पन्दित हो उठती हैं। इसी के साथ देह के **अंग** (सिर, कटि, हाथ, वक्ष, पार्श्व, चरण), **उपांग** (आँख, भौंह, नाक, अधर, कपोल, ठोढ़ी), **प्रत्यंग** (कन्धे, बाहु, पीठ, उदर, जंघा, उरु) तथा **जननेंद्रिय** (लिंग, योनि) भी ऊर्जस्वित एवं गतिशील हो उठते हैं। देह-भाषाओं के चक्रचिह्न जटिल तथा परिपूर्ण हो जाते हैं।

देह की चारों ज्ञानेंद्रियों तथा देह के उक्त अंग–उपांग–प्रत्यंगादि के व्यंजकों में सूचक, द्योतक, चिह्नक, लक्षण, लांछन, ताल, लय, आकृति, आकार, सिंगार, प्रतीक, अन्यापदेश, कूट आदि होते हैं। (मूलरूपेण मुद्रा–भंगिमा, गति–कार्य, ताल, लय आदि तो सम्मिलित हैं ही)। इस समुच्चय से ही अभिप्राय, तात्पर्य, आभास, अन्दाज, अनुमिति, प्रतीति आदि **दशाओं** का उन्मीलन या निष्पादन होता है।

इस भाँति से देह–भाषा गुप्त, रहस्यात्मक तथा मौन (भी) है।

इस भाँति से हम अनिर्वचित–अवाचिक–एकायामी **देह–भाषा** को **देह–भाषाओं** में विकीर्णित करते हैं तथा देह–भाषाओं को गूढ़ तत्त्व के बजाय इतिहास एवं समाज के **सांस्कृतिक पैटर्न** से निर्धारित एवं उनका निर्धारक भी बनाते हैं। हमारा महत् उद्देश्य यही है और यह ग्रन्थ उसी का उपलक्षक है। 'देह–भाषा' को एक अनुशासन तथा विषय बनाना भी लाजिमी है।

कुछ दिक्कतें हैं। वाचिक भाषा का आश्रय न होने के कारण विभिन्न देह–भाषाओं के सिद्धान्त एवं पारिभाषिकों के साथ उनके प्रायोगिक तथा अनुप्रयुक्त पक्षों का अनुरंजन बेहद मुश्किल चुनौती होता है।

इसके साथ ही हमारा सामना एकायामी देह–भाषा के विवरणों से होता रहता है। वे एक ही पश्चिमी संस्कृति के सलीकों पर आधारित हैं। उनका स्वरूप खुलासों तथा 'गाइडों' जैसा जाबदा है। वे व्यवहारवादी मनोविज्ञान, शऊर (मैनर) तथा सम्बन्धता (रिलेशनशिप) की प्राथमिक सीमित दैनिक निर्देशिकाएँ बन जाती हैं। उनमें सांस्कृतिक आकृतिबन्ध तथा बड़ी सामाजिक संघटनाएँ (फेनामेना) प्रायः अनुपस्थित होते हैं।

इसके अलावा हमारे पास 'देह–भाषा' का कोई व्याकरण या शब्दकोश नहीं है (वे हो भी नहीं सकते)। देह–भाषा की रूढ़ और विशिष्ट सांस्कृतिक–आनुष्ठानिक रस्में तथा प्रोक्तियाँ भी न्यूनतम हैं।

इसीलिए 'देह–भाषाओं' की अवधारणा का विस्तार करने की कोशिश हमीं करने जा रहे हैं। यह नई राहों की खोज जैसा है। अतः समग्रतः बेहद दुरूह इलाकों में हमें छानबीन करनी पड़ी है। कारण कि उनका अनिर्णीत अवाचिक संसार है। इसलिए अनुशासन–अनुबन्धित होकर ही कुछ ठोस क्रियान्वयन हो सकता है। हमारा यह बुलन्द हौसला भी पन्द्रह सालों के अन्तरालों से जुदा होते, जुड़ते रहने का नतीजा है। अतः कुछ भूल–चूकें व आवृत्तियाँ भी हुई हैं, और यह सारा व्यापार भी वाचिक भाषा की धुरी पर ही करना पड़ा है।

हमने जिस तरह देह–भाषाओं का विन्यास किया है तथा उन्हें परिपूर्ण 'सांस्कृतिक पैटर्न' में अन्तर्भुक्त करने का बीड़ा उठाया है, उसी तरह इसे विभिन्न पारिभाषिकों—शब्दबन्धों वाली विविध देह–भाषाओं के लिए एक समेकित भाषा या अधिभाषा–छाया गढ़ने का प्रचंड सुदीर्घ आत्मसंघर्ष किया है। इस क्षेत्र में भी कोई उदार भाषा मानक नहीं उपलब्ध थे।

मुझे एक अचम्भा तथा आविष्कार भी हुआ कि अगर हिन्दी साहित्य–धुरी से आगे विज्ञान–समाजविज्ञान (कला–संस्कृति), संस्कृति के क्षेत्रों में मजबूत कदम रखेगी तो वह एक सम्पूर्ण अभिव्यंजक, अत्यधिक समर्थ, लोकप्रिय तथा अनिवार्य सन्दर्भ भाषा भी बन सकती है। वह एक अभिन्न व आधुनिक भाषा होगी। मैंने भी इस ग्रन्थ में उसी दिशा में हिन्दी की विजय यात्रा कराई है।

मुझे विभिन्न ज्ञानानुशासनों तथा कला–प्रकारों को एक ही व्यास–रेखा पर ले आने में पाँच दशकों अर्थात् पचास सालों तक जी–तोड़ अभ्यास करना पड़ा है। इनके विभिन्न पारिभाषिक

कुलकों तथा शब्दबन्धों के बीच भी सामंजस्य बैठाते हुए **एक निजी समन्वित समाज-सांस्कृतिक भाषा में आलोचिन्तना** को सिद्ध एवं श्रेयण्य कर सका हूँ। मुझे प्रतिपाद की अभिव्यक्ति करना पहली अनिवार्यता थी, सम्प्रेषण के नाना प्रकारों एवं स्तरों की बाधाओं को लाँघने से तात्पर्य के प्रकटावों के लिए नये-नये शब्द झाराझोर गढ़ने पड़े हैं।

टैक्नोलॉजी के फलस्वरूप मेरी भाषा भी एक उपनिषद्, एक शास्त्राभ्यास, एक संश्लेषित समाजविज्ञानादि, सौन्दर्यबोधशास्त्र, मिथक आलेखकारी तथा अब देह-भाषादि के परिपाक वाली हो रही है। अतः एकायामी भावुकतापरक सम्प्रेषण वाली अपेक्षाएँ क्षीणतर हैं। इसलिए वह भाषा भी क्लिष्ट, दुर्बोध के आक्षेपों से आभामंडित की जाती रही है। लेकिन अब तक वे अप्रासंगिक पूर्वग्रह, दुराग्रह साबित हो चुके हैं।

देह-भाषा तथा वाचिक भाषा की इस टकराहट तथा मैत्री में मैंने भाषा को महाशक्ति के अवतार में पहचाना है। हिन्दी भाषा की प्रकृति, आलोचिन्तक की प्रकृति तथा प्रतिपाद्य के स्वभाव में तादात्म्य होने पर ही ऐसा होता महसूस हुआ है। यहाँ मैंने लगातार यह पाया है कि वाक्य तो आसानी से गढ़े जा सकते हैं—सरल, संयुक्त, क्लिष्ट एवं प्रोक्तिवर्ती, लेकिन पारिभाषिक तथा शब्दबन्ध नहीं मिलते क्योंकि उनका व्यवहार, प्रचलन, अनुसन्धान नहीं हो पाता। बहुत कोशिशों के बाद जब शब्द मिल जाते हैं तो समुचित अर्थ—बहुअर्थीयता-अर्थभ्रान्ति—पर्यायिता आदि की फर्क़ करती सूक्ष्म छायाएँ नहीं मिल पातीं।

जब वाक्य-शब्द-अर्थ का एकतान व्यापार होने लगता है तभी हमारी भाषा पूर्ण-काम हो जाती है। देह-भाषा में भी हमारी शुरुआत व्यवहारवादी-सलीकेवादी प्राचलों से हुई। बिन्दु-बीज शब्द चार थे—देह और भाषा तथा मुद्रा और भंगिमा। हमें अनेकानेक शब्दबन्धों पारिभाषिकों का अन्यथा करण करके अन्तलीन करना पड़ा है। यहाँ तक कि बात बनाने के लिए व्याकरण से छिटककर शब्द भी गढ़ने पड़े हैं। अतः मेरी भाषा मुझसे ही लगातार तकरार, अब सन्धि कर रही है।

इस किताब में हमने अपने रुष्ट पाठकों-पाठिकाओं पर दनादन वाक्यों-प्रोक्तियों की गोलाबारी नहीं दागी है, बल्कि ब्रेख्त के 'ऐलियेनेशन प्रभावन' की रंगत में, स्वयं को भी स्वयं पाठक बनाकर आप सबसे बौद्धिक मतभेदों तथा हृदय के रहस्यों का साँझा भी किया है।

कई बहुविध अगमड़े क्षेत्रों में अभिग्रहण (रिसेप्शन) के लिए मुझे वार्तालाप, भाषण तथा लेखन की भाषाओं की खाइयों के बीच लगातार भटकना पड़ा है। तदपि मेरा एकनिष्ठ आशय रहा है : हिन्दी में सही अभिव्यक्ति तथा ज्ञानार्थक सम्प्रेषण! सो मैंने शब्दों को गढ़ा है—ढाला है, तोड़ा है—जोड़ा है, कूटा है—पीटा है। अन्ततः उपयुक्त बना डाला है, अर्थात् उन्हें अलंकार और औजार और हथियार में प्रक्षेपित कर दिया है।

इसके लिए मुझे वर्तनी (,/ ;/ :/ :/-/ l/—/ ‘‘ ’’/—) आदि की बेहद सतर्कता बरतनी पड़ी है ताकि प्रोक्ति एवं तर्कणा में सुस्पष्ट आद्योपान्तता तथा तारतम्यता संग्रथित रहे। अतः यह भाषा भी विलक्षण होने का विभ्रम प्रतीत करा सकती है। बिहारी को भी अपने दोहों को 'नावक के तीर' बताना पड़ा था। भवानी प्रसाद मिश्र देखने-बोलने-लिखने की एकता की सिफारिश करते हैं।

मुक्तिबोध अपनी काव्य-भाषा को चलचित्र-सी साक्षात् तथा पोस्टरधर्मी बताते हैं। धूमिल सपाटबयानी के पक्षधर हैं।

आलोक धन्वा गोली दागो वाली भाषा की तथा मांझी नगाड़े-जैसे शब्दों की पैरवी करती हैं। यारब, हम भी अपनी भाषा को समाज-सांस्कृतिक व्यासरेखा वाली होने का हौसला रखते हैं।

एक महासन्दर्श और—

इस संहिता में चित्र-पार्ट-तालिकाएँ भी मिलकर एक समानान्तर-स्वायत्त-सहकारी तथा पूरक अर्थात् सप्रयोजन **द्वितीय देह-भाषा** की विधायिका है। इस चित्रलिपि-भाषा से अनुप्रीत होने का भी अनुरोध स्वीकारें तथा इस आयाम पर भी अभिग्रहण करें।

इस भाँति 'ट्रांसफर टैक्नोलॉजी' द्वारा एक अवाचिक (देह-) भाषा को वाचिक-आभासी भाषा में अनुमित कर देने का यह अन्तर्यामी प्रकार्य भी है।

एक भाषिक चौपाई के देह-भाषिक उत्तरपाठ का निर्वचन कैसे करें?

तुलसी बाबा ने एक चौपाई में देह-भाषा के जन्म तथा प्रकृति के कूट गूँथ दिए हैं—**स्याम गौर किमि करौं बखानी। गिर अनयन नयन बिनु बानी।।**

इसके उत्तरार्ध में शरीरशास्त्रीय तथ्य है कि मानव की ज्ञानेंद्रियाँ विशिष्ट गुण-धर्म निबाहती हैं—गिरा अधर शब्द (वाणी) का तथा नेत्र रूप (दृष्टि) का। इसलिए गिरा नयन का तथा नयन वाणी का धर्म नहीं निभा सकते। किन्तु वनवासी राम-सीता का साँवला-गौर सौन्दर्य अलौकिक तथा दिव्य है। इसलिए इहलौकिक परिवेश में, लौकिक कार्यकारण-न्याय से वाणी में उनके सौन्दर्य के बखान के लिए शब्द तथा नयनों में भी उनके सौन्दर्यदर्शन के लिए रूप-दृष्टि नहीं है। अतएव राम-सीता का सौन्दर्य लौकिक शब्द एवं रूप द्वारा अभिव्यक्ति से परे अनिर्वचनीय है। अत: वह **दिव्य सौन्दर्यबोधशास्त्र** का वितान तानता है। अत: उनका बखान किस प्रकार किया जाए, यह कवि को समझ में नहीं आता कि वे कौन-सी अधिभाषा का व्यवहार करें।

देह-भाषा के **उपागम** द्वारा इस द्वन्द्व-दुविधा का निराकरण हो सकता है। वाणी मौन है तथा नयन मुँदे (-से)। दोनों शब्दातीत तथा अनुभवातीत हैं; अर्थात् उनकी श्याम-गौर शोभा का अभिज्ञान तो हो रहा है किन्तु अभिव्यक्ति नहीं; अर्थात् वह 'अबोध पूर्व-स्मृति' (कालिदास) तथा 'अनादिवासना' (प्रसाद) में अन्तर्भुक्त है; अर्थात् उसकी मधुमती भूमिका परा से स्पन्दित होकर पश्यन्ती तथा मध्यमा में दीप्तिमान है किन्तु वैखरी वृत्ति में विमर्षित नहीं हो रही है। सबकुछ आभ्यन्तरिक है क्योंकि दोनों इंद्रियों की दीप्ति भूमि एक-सी है। दोनों को वैसे शब्द नहीं मिलते तथा वैसा सन्दर्शन नहीं दिखता। अतएव देह-भाषा की 'प्रणाली' द्वारा ही उनका आयत्तीकरण हो सकता है अर्थात् देह-भाषा में ही उनकी गुप्तता तथा रहस्यात्मकता संस्थित है। अत: यह मौनता की भाषा तथा रूपातीत सन्दर्श है। निष्कर्ष है कि यहाँ अन्तर्लीन देह-भाषा है। इसलिए नयन अवतारी श्रीराम-सीता का **बखान** भंगिमाओं-भावनाओं-अनुभावों के द्वारा एवं गिरावाणी मुद्राओं-गतियों-प्रकार्यों के द्वारा ही कर सकती हैं। अतएव तुलसी बाबा की चौपाई का **देह-भाषिक उत्तरपाठ** होगा कि **श्रीरामसीता के दिव्य-अलौकिक श्याम-गौर सौन्दर्य का व्याख्यान मुद्राओं—गतियों-प्रकार्यों द्वारा, सहवर्तन में भंगिमाओं-भावनाओं-अनुभावों द्वारा हो रहा है। एक पूरा चक्रचिह्न उज्ज्वल रस से आप्लावित हो उठा है।** यही देह-भाषा का सापेक्ष **मौन महावाक्य** है।

संपूरकता में नन्हे-मुन्ने **बच्चे** ही देह-भाषा के सबसे प्रथम मूकगाथिन तथा चपल-चंचल साक्षी होते हैं। वे तुतलाते हैं, अपने हाथों और पाँवों को ताल-लय में हिलाते-डुलाते हैं। इन चेष्टाओं द्वारा ही हमसे कुछ कह रहे होते हैं—अपनी मौन देह-भाषा में। वे हमारी वाचिक भाषा की लयात्मकता तथा देह-मुद्राओं-भंगिमाओं के प्रति अत्यधिक संवेदनशील होते हैं। उनकी दो वर्णों वाले अनगढ़ शब्दों की प्राक्‌भाषा का सम्प्रेषण इशारों और हस्तपाद-युग्मक मुद्राओं वाला होता है ('नेचर'—पत्रिका में प्रकाशित एक शोध-2001)। इस आर्केटइपल समस्या से बालकृष्ण के भक्त सूरदास तथा बाल ईसा की दो माताओं के सन्दर्भ में इटैलियन रिनासाँ के चितेरे लियोनार्दो-दा-विंची को जूझना पड़ा था।

अतएव हमारी अधिष्ठापना है कि अवाचिक देह-भाषा **एक** नहीं, बल्कि **अनेक** प्रकारेण देह-भाषाएँ होती हैं। हमने ग्रन्थ में भी यही प्रतिपादित किया है और एकायामी देह-भाषा की संकीर्णता की शृंखलाओं का भंजन किया है। यह एक वैश्विक सत्य है कि हमारे सम्प्रेषण का पचपन प्रतिशत देह-भाषा ही होता है, अड़तीस प्रतिशत (टोन) द्वारा अभिव्यंजित होता है एवं केवल सात से चालीस प्रतिशत ही वाचिक भाषा होता है (लिखित भाषा पर यह गणितबन्ध लागू नहीं होता)।

इसलिए वाचिक भाषा की अपूर्णता तथा सीमाओं की आपूरक निर्भाषिक देह-भाषा है।

हमने पुस्तक में आगे चित्र तथा शिल्प और वास्तु की देह-भाषाओं के निर्वचन की भी मिसालें दी हैं।

हमारे '**प्रजातीय अतीत**' की अतल गहरी संस्कारी खाइयों में यद्यपि **सैक्स** पाप के तौर पर तथा **नग्नता** अश्लीलता के रूप में धँसी हुई है प्रत्युत ये क्रमशः जीवणे का परम सुख तथा देह की पावन नैसर्गिक अवस्थाएँ हैं। हमारा यह देह-भाषा—भागवत इसका परम साक्षी है। इनके अनावश्यक दमन तथा प्रतिबन्ध से मानव में मनोरुग्णता एवं मनोविकृतियाँ पैदा हो जाती हैं। हमें ऐसी अधोगामी प्रवृत्तियों का अनवरत-अनथक विरोध करना पड़ा है। सो, इस संहिता में खास निरपेक्षतायाची अर्थात् बहिर्मुखी वैज्ञानिक तथा आयुर्वैज्ञानिक दृष्टियों द्वारा ही हम मुक्ति सिद्ध कर सके हैं। अगर हम भी रूढ़ियों-कुंठाओं-छद्‌म नैतिकताओं में जकड़े रहते (अर्थात् सैक्स को पाप, देह को अश्लीलता, नारी को नागिन या नर्क का द्वार मानते रहते) तो हमें भी अश्लीलता, अशिष्टता, कुरूप रूढ़ियाँ ऐसी हथकड़ियाँ-जंजीरें पहना देतीं कि हम एक डग भी आगे नहीं बढ़ सकते थे।

हमने **देह और सैक्स** के ध्रुवान्तों पर पुनः-पुनः विचार किया। यह भी पाया कि वात्स्यायन तो मुनि थे तथा मेलिनोवस्की एक सांस्कृतिक नृतत्त्वविज्ञानी। उन्होंने जब '**कामसूत्र**' का प्रणयन किया तब काफी प्रौढ़ तथा वृद्ध हो चले थे। उनकी कामवासना भी निरपेक्ष एवं निर्लिप्त हो चुकी थी। उन्होंने झूठी तथा छद्‌म नैतिकता एवं अश्लीलता के आडम्बर तार-तार कर दिए हैं। उन्होंने पुरुष और नारी को, प्रणयिनी और प्रणयकामी को, मानुषी दरिन्दे (नर-पशु या मादा-किन्नरी) नहीं, बल्कि कलासाज कुशल कामरति के शिल्पी तथा नारी-देह को सृष्टि एवं आनन्द का समभोगी मानपूर्ण आयतन बनाया है : 'सारा सुख केवल अकेले मेरा नहीं; दोनों का एक बराबर है।'

विलायती आचार्य हेवलॉव एलिस भी तद्रूप उम्र में नपुंसक हो चुकने के कारण निरपेक्ष एवं उत्तेजनामुक्त संदर्शक थे। इसी धारावाहिकता में किन्से और पेज, भारत में प्रौढ़ देवराज आदि आते हैं। वे ऐसी अवस्था में पहुँचकर ही कामकला की निरपेक्ष-निर्विकार-निर्दोष-स्वीकार्य शिक्षा दे सके थे।

अतएव कामशास्त्र के विनयन की अनिवार्य शर्त निरपेक्षता तथा निर्लिप्तता है। हमने भी इस किताब में काम की देह-भाषा के विविध आयामों में इसी परम्परा का अनुगमन किया है। हमने भी शिक्षा एवं समझदारी के प्रसार के लिए महाजनों का उक्त आदिमार्ग अपनाया है। हमारा उद्देश्य भी यौन बर्बरताओं-अत्याचारों-हत्याओं-बलात्कारों-अपहरणों के विरुद्ध लामबन्द होना तथा युवक-युवकों को भी कटिबद्ध करना रहा है। हमारा यही लक्ष्य है कि मनुष्य (नर-नारी) अनाड़ी बन्दर अथवा खूँख्वार रक्त-प्यासे पशु के धरातल से ऊपर उठे। वह देह-पूजक तथा नारी-अनुरागी बन सके; देह के रहस्यों तथा सुख के भोगों की उदात्त एवं शालीन प्रशिक्षा पा सके। इससे ही सामूहिक बलात्कार, उपरान्त निर्मम हत्या, अपहरण, देह-व्यापार आदि की हैवानियत से दूर होता जाए। अपुन इन वारदातों से बहुत डरे-से, स्वदेश का पतन जानकर दुखी हैं। ऐसी दुविधा-द्वन्द्व के चलते हम नीति (ऐथिक्स) के पूर्णरूपेण कायल रहे हैं किन्तु रूढ़ नैतिकता से आद्योपान्त जुदा। हम कथित 'अश्लीलता' के झंझटों में कतई नहीं फँसे, अन्यथा देह-भाषा का हमारा यह सुपरिगठन लड़खड़ाकर चौपट हो जाता। इसीलिए इस ग्रन्थ की प्राक्कल्पना (हाइपोथीसिस) आयुर्वैदिक, वैज्ञानिक एवं समाजवैज्ञानिक रही है। हमारा मन्तव्य एक सुडौल-सुन्दर देह, स्वच्छ-ऊर्जस्विक यौवन, अकुंठ-सन्तृप्त योग-भोग रहा है।

इसके सामाजिक कारण भी हमने पुस्तक में देह-भाषा के यथाप्रसंग बताए हैं—वे उपभोक्तावाद, स्वार्थी व्यक्तिवाद तथा संस्कार-शून्य भूमंडलीकरण भी हैं।

व्यक्तिवाद तथा उपभोक्तावाद की हविश में भेड़ियाधसान मचा है कि सभी होनहार युवतियाँ-युवक मोटी कमाई वाले डॉक्टरी-इंजीनियरी, सूचना प्रौद्योगिकी-प्रबन्धन की ओर भागमभाग में चकनाचूर हैं। विज्ञान, समाजविज्ञान, मानविकी, कला-संस्कृति के क्षेत्र प्रायः वीरान और सुनसान हो रहे हैं। इनमें मीडियाकारों की नकली चमक-दमक व जोड़-तोड़ हथकंडे आजमा रही है। हमारी अर्थ-रचना का जो भूमंडलीकरण हो रहा है, उसके चारित्र्य की धुरी मंडी तथा बाजार हैं। फलतः इससे संस्कृति एवं समाज में मूल्यहीनता (एनॉमी) ही मूल्यवत्ता है। उत्तम प्रतिभाएँ विचलित-विपथित होती जा रही हैं।

इन्हीं सात्त्विक अनिवार्यताओं के चलते पुस्तक के **मानव-देह** वाले प्रखंड में विस्तारपूर्वक देहधुरी-मानसधुरी पर शरीर के आठ मंडलों का निरूपण किया है—अस्थि-मंडल, परिपाक (भोजन) मंडल, मांसपेशीय-मंडल, रक्त-मंडल, श्वास-मंडल, स्नायु-मंडल तथा अन्ततः ज्ञानेंद्रिय-मंडल।

इस प्रसंग में मेरा एक प्रयोजन सीख (शिक्षा) तथा प्रशिक्षण के संकेत देना भी रहा है—देह की महत्ता तथा पवित्रता एवं समग्रता का संज्ञान, देह-पूजा : भोग तथा योग, सैक्स को लेकर पाशविकता था महामूर्खता का निवारण, कथित अश्लीलताओं तथा प्रत्यक्ष विकृतियों के विरुद्ध बिन्दास मुहिम। इसीलिए मैंने नानाविध तथा बहुलवादी सूचनाओं तथा ज्ञान क्षेत्रों का एक कोष भी भर दिया है ताकि जो सज्जन/महीयसी पढ़ें, उनके लिए उपयोगी भी बने।

क्षमायाचना के साथ यह छोटा-सा व्यक्तिगत हाशिया भी

सातवें दशक में मुझे तुलसी बाबा की 'गिरा अनयन, नयन बिनु बानी' वाली चौपाई ने भी देह-भाषाओं की सिन्दवादी यात्राओं में दौड़ा दिया। इस मनोरथ से हीरामन कान्ता मनोरमा

(अब दिवंगत) भी सम्मोहित हो गईं। वे यदाकदा उलाहने-शिकायतें-तानें छेदती रहीं कि मैं फकत एक बातफरोश बन्दा हूँ। मैं थमता-रुकता-दौड़ता-भागता-मैदान छोड़ता रहा। मुझे यह लगता रहा कि अगर मर भी जाऊँ तो भी यह असम्भव श्रेय सिद्ध नहीं कर पाऊँगा। ऐसे में आठवें दशक के सोवियत संघ के लेनिनग्राड शहर में भी जाना हुआ। वहाँ कवि पुश्किन से जुड़े स्थानों के साथ एक कब्रगाह में 'स्वान लेक' के संगीतकार चैकोवस्की की मजार के सामने आन खड़ा हुआ। मजार पर उनकी भव्य प्रतिमा लगी थी। मैंने मन-ही-मन में अपना मनोरथ कह डाला कि अपनी 'हंस झील' से मुझे केवल **दो हंस** एवजी भी दे दो। अब तक मैं ग्लानिलिप्त-शर्मिन्दा हूँ। मैं **दो हंस-गान** गवा-गाकर उन्हें तुम्हारी झील में वापस छोड़ जाऊँगा ('हंस जीवनपर्यंत गाता नहीं। केवल मरण बेला में अन्तिम खूबसूरत सुरीला गान गाता है। वही 'हंस-गान' है)। बस, मैं लौट आया। थम-थम कर छिटपुट सामग्री छिटकाता रहा, डायरी के पन्नों में अनुचिन्तन करता है। फिर सन् 2010 तक ज्वार-भाटों में डूबता-उतराता रहा। उलाहना देनेवाली भी अलविदा हो गई। मँझली बेटी ने आग्रह किया कि मैं उसके पास (नार्थविल, डेट्राएट, मिशिगन, अमेरिका) आकर संकल्प पूरा कर डालूँ। सो सन् 2010 में **पहला हंस-गान** ('विश्व मिथकसरित्सागर') की शब्दलिपि पूरी की। बेटी मधुच्छन्दा तिवारी ने दोबारा मिशिगन राज्य में बुला लिया और पुनः उसी के पास सन् 2012 में यह **दूसरा हंस-गान** ('मानवदेह और हमारी देहभाषाएँ') भी सम्पूर्ण लिखा गया। इस तरह मेरा उद्धार हुआ है। ये मेरी तीनों बेटियों—शिप्राली-मधुच्छन्दा-अभिषेका—के सरोकारों तथा पत्नी के प्रति आभार के परिणाम हैं : मेरी जीवनसन्ध्या के ये दोनों मेरे सर्वोत्तम हंस-गान।

इस समग्र लेखन में मैंने अपने मनोबन्ध (एटिच्यूड) में गुरुतुल्य इन्द्रनाथ मदान की तरह यह बौद्धिक सर्वहारा-दीक्षा ली है कि प्रसिद्ध शोभाश्रेष्ठ नायकों के महापंथों के साथ-साथ जनपंथों के अल्पज्ञात प्रतिभाशाली-जनों की भव्यता का कृपाप्रार्थी होकर सौजन्यपूर्ण उपयोग करूँ तथा अपने दृष्टिकोण को लोकधर्मी सम्मति, व्यापकता एवं गहराई देता चलूँ।

पूर्ण मौलिकता के दावे को मना करते हुए हमने इसमें यथेष्ट सूचनाओं तथा तथ्य-राशि का संचयन किया है क्योंकि अब हमारा प्रयोजन शिक्षण-प्रशिक्षण तथा ज्ञान की भागीदारी भी रहा है। अतः ज्ञान कम बघारा है, सीखा-बताया ज्यादा-से-ज्यादा है।

पुस्तक-संस्कृति

हममें से ज्यादातर पाठक तथा लेखक **भूमिका** नहीं पढ़ते, जबकि यही किताब के महल का बुलन्द दरवाजा या पुस्तक-मन्दिर का गोपुरम होती है। इसमें ही रचना का ब्लूप्रिन्ट होता है जहाँ विजिगीषु कृति का वैश्विक दृष्टिकोण, प्रोक्ति का निष्पादन, महासूत्र एवं व्याख्याएँ, पद्धति तथा प्रणालियाँ, भाषा और शैली आदि आरेखित होती हैं। हम बहुधा पुस्तक के रंगीन आवरण के ब्लर्ब प्रतिपादन को पढ़कर ही सूचज्ञ ज्ञाता का धर्म पूरा कर लेते हैं। इसी तरह शीर्ष विद्वान भी अक्सर बिना पढ़े प्रस्तावनाएँ लिख डालते हैं। भला ऐसे में अभिलक्षित **पुस्तक-संस्कृति** (बुक-कल्चर) का विकास अवरुद्ध और अभिनवहीन नहीं होगा, तो क्या होगा ? यह दशा पुस्तक के प्रकाशन-खरीद-बिक्री के चक्र से भी जुड़ी है जिसमें पुस्तक महज

एक माल या जिन्स की हैसियत रखती है। व्यक्ति-क्रेता दुर्लभ है। संस्थागत तथा सरकारी खरीद ही **पुस्तक-व्यवसाय** की रीढ़ की हड्डी है।

नतीजतन समाज संस्कृति के क्षेत्र में अनपढ़ तथा ज्ञानहन्ता हो रहा है। ऐसे **पाठक-हमराही** भी बिरले हो रहे हैं जो सुशिक्षित, संवेदनशील, बहुश्रुत विविध अध्यवसायी हों। इससे सम्प्रेषण कैसे हो? इससे गम्भीर, वैचारिक श्रेष्ठ-सृजन को दुर्बोध, शास्त्रीय, असम्प्रेष्य तथा विभ्रान्ति घोषित कर दिया जाता है। वे भी **लेखक** से संवाद करने को इच्छुक नहीं होते। इससे प्रतिक्रियाएँ नहीं मिलतीं। अतः लेखक भी स्वयं को सँभाल और सुधार नहीं पाते। सो, लोकप्रिय उपन्यास-नाटक-कहानी-कविता और पाठ्यक्रमी आलू-चना ही हिन्दी की ज्ञान-मंडूकता का पर्याय बनी हुई है। दूरदर्शी **प्रकाशक** भी भूमिगत हो गए हैं। जो मुनाफे के शतरंज से सँभल सके हैं, वे केवल तर्जनी में गिने जा सकते हैं।

यह पुस्तक तो **देह-भाषाओं** तथा **मानव-देह** पर ही है। अतः इसकी धुरी शब्दविहीन है। अतएव इसमें रूप (चित्र-बिम्ब, मुद्राएँ-भंगिमाएँ) ही केंद्राभिसारी-अपसारी हैं। अतएव जो चित्र, रेखाचित्र, आकृतियाँ आदि संलग्न हैं, वे भी वाचिक भाषा बनाम देह-भाषा के बीच अनुपात के आधार पर, लगभग साठ प्रतिशत हैं। वे भी देह-भाषाओं के छिपे—गुप्त—रहस्य खोलते हैं। उनके बिना तो देह-भाषा अंधी-गूँगी-बहरी हो जाएगी। विषय-वस्तु की तदात्मकता में चित्र, मूर्ति, फोटोग्राफ के माध्यम से कुछ आदर्श-प्रादर्श भी मिलेंगे, कुछ मुद्राओं-भंगिमाओं के विलक्षण बिम्ब होंगे तथा प्रमुख या प्रतिनिधि कुश्ती के दाँव-पेंच, योगासन, काम के आसन, नृत्य एवं नाट्य की अनेकानेक मुद्राएँ भी चित्ररूपी हैं, तथापि कुछ सुन्दर-सज्जित सौन्दर्य छवियाँ भी होंगी तथा शायद मंत्र भी ताक-झाँक करेगा। ये देह के दिक्-काल के आरेख (ग्राफ) तथा चक्रचिह्न जैसे हैं।

शायद इससे सहमति-असहमति की दुविधा हो कि हिन्दी पाठकों में से कुछेक की साहित्येतर अध्ययन में कमतर रुचि है अथवा वे तद्विषयक अंग्रेजी किताबों को सार्थक मानते हैं। क्या हम हिन्दी-जातीयता के जमीनी यथार्थ से कबूतर की तरह आँखें मूँदे रखें या फिर अपने ऐतिहासिक प्रारब्ध तथा मानवीय विवेक के साथ मुठभेड़ करें? पुस्तक का मिजाज परवर्ती ही है।

रूपरेखा का प्रकल्प तीन खंडों वाला है—

(क) मानव—इसमें फलक व्यापक है। नवग्रहों (?)—में पृथ्वी समेत कायनात सूर्य-केंद्रित हैं। प्रकृति-पृथ्वी-केंद्रित है। समाज प्रकृति-केंद्रित है। मानव समाज-केंद्रित है तथा देह-भाषाओं समेत भाषा भी सम्प्रेषण-केन्द्रित है। यही शाश्वत सृष्टि-शृंखला है जिसमें मानव, भाषा, मिथक आदि का विकास दर्शाया गया है।

(ख) मानव-देह—इस प्रखंड में मानव-देह के छह मंडल तथा नृतत्त्व शास्त्र, पूर्वेतिहासिक पृष्ठभूमि में समाज-संस्कृति-भाषा का उन्मेष लिया गया है तथा—

(ग) मानव-देह-भाषाएँ—अन्तिम प्रखंड में देह और भाषा, देह-भाषा तथा विविध—अनेक देह-भाषाओं की व्याख्या-निर्वचन हुआ है। यही पुस्तक की नाभि है। यह इसे **देह-भाषादिक-नाम** बनाती है।

प्रेस कॉपी में चंद्र भार्गव तथा नीलम जुल्का के बहुमूल्य सुझावों से निखार आया है।

अन्ततोगत्वा **मानव-देह और हमारी देह-भाषाएँ** शीर्षक इस हंस-गान रूपी पुस्तक के अभियान पर हम संवाद-वाद-विवाद-बहस के आदी रहे हैं। अतः इसके मुकदमे में बयानों तथा हलफनामों, सूचनाओं और अभिनव दिशाओं के साथ सविनय प्रस्तुत होते हैं। हिन्दी में घटियापन के हंगामे को खत्म करने का एक ही रास्ता है कि सुधी पाठकों-रचनाकारों के बीच लगातार निर्द्वन्द्व निर्भीक संवाद जारी हो। अन्ततः थोड़े से ढपोरशंख मर्दों तथा घोंघा बसन्त स्त्रियों की वन्दना करता हूँ; तुलसी बाबा को साक्षी बनाकर।

तो आइए, हम सब एक होकर हिन्दी और भारत को इक्कीसवीं शताब्दी वाला तिलक लगाएँ। यही हमारा प्रण है। ॥श्रेय-प्रेय है॥

—रमेश कुंतल मेघ

नार्थविल, मिशिगन (अमेरिका)
सन्-2012 (पन्द्रह अगस्त)
(प्रवास)

निवास

फ्लैट संख्या-3 (भू-तल)
स्वास्तिक विहार, फेज-III
मनसादेवी कॉम्प्लेक्स
पंचकूला-134109 (हरियाणा)
दूरभाष अंक-0172-2557312
मोबाइल-097807-74224
सन् 2014 (पंद्रह फरवरी)

यह द्वितीय 'हंस-गान' का प्रतीक

विषय-सारणी

I

मानव

अध्याय : एक

सौर-मंडल और मानव

अलबर्ट आइंस्टाइन (1879-1955) की खोजों के कारण हम ज्ञान के प्रकाश से प्रकाश के ज्ञान तक संग-संग आ गए हैं। आज नाना भाँति की **किरणों** तथा **तरंगें** ब्रह्मांड के अनेकानेक रहस्य खोलती चली जा रही हैं। आज विज्ञान कोशिकाओं (सैल्स) और परमाणु से आगे **जीन** तथा **डी.एन.ए.** की संरचना तक आ पहुँचा है। आज न्यूटन (1642-1727) वाला निर्विकल्प ब्रह्मांड भी नहीं रहा। वह आइंस्टाइन वाला सापेक्षिक जगत् हो गया है। इसलिए हमें भी भविष्य के लिए पीछे मुड़ना तथा अतीत के लिए आगे बढ़ना पड़ेगा। मानव-मानवदेह-मानव-देहभाषाओं की डायलेक्टिक्स के लिए ऐसी भी अनिवार्यताएँ हैं। हमें आदिम मानव से चलकर आधुनिक मानव-जाति के साथ चलना पड़ेगा। इसलिए हमें 'स्वप्न समय' से आधुनिक काल तक आना होगा (हॉकिन्स ने तो समय का इतिहास भी बता दिया है)। अब तो 'गॉड पार्टिकल' भी खोज लिया गया है।

प्राकृतिक शक्तियों ने हमें (मानवों को भी) पृथ्वीगृह साढ़े चार अरब साल पहले दिया।

'पृथ्वी-सूक्त' में पृथ्वी माता है और हम उसके मानव-पुत्र हैं।

पृथ्वी तथा आकाश! पृथ्वी के साथ जल और जीवन, आकाश के साथ सूर्य और चन्द्रमा। दिक्-काल में सभी प्रवहमान हैं। प्रकृति तथा मानव तो इनमें अन्तर्भुक्त हैं। पृथ्वी हमारी शाश्वत महामाता है। नारी और जननी मानव की कालिक माताएँ तथा संगिनी हैं। अगर वे हैं तो सृष्टि है, हम हैं, संसार है। अत: जहाँ नारी की पूजा होती है, वहाँ देवता रमते हैं। अत: नारी रमणीय भी है। नारी प्रकृति है, प्रकृति शक्ति है। शक्ति मानवी है।

पृथ्वी 365 दिनों में सूर्य की पूरी परिक्रमा करती है। स्थिर सूर्य स्वयं भी अपने केंद्र में निरन्तर घूमता है। पृथ्वी अपने अक्ष में 24 घंटों के एक दिन-रात वाला चक्कर पूरा करती है। चन्द्रमा पृथ्वी की परिक्रमा 29 दिन, 19 घंटों अर्थात् एक माह में पूरी करता है। ये सभी अपनी-अपनी धुरियों पर घूमते रहते हैं।

एक तो पृथ्वी का प्रदक्षिणा-पथ गोल न होकर अंडाकृत (इलिप्टिकल) है, दूसरे वह अपनी धुरी पर भी थोड़ा झुकी होती है। इसलिए उसमें अलग-अलग मौसम आते हैं। सूर्य की एक परिक्रमा के दौरान (सूर्य परिक्रमा के सत्ताईस दिनों में) उसमें मौसम बदलते हैं। इसलिए अपनी पृथ्वी **ऋतुमती** है। मानवी भी **ऋतुमती** है। वह भी प्रजनन द्वारा जीवन बनाती है (जब वह रजोनिवृत्त होती है तब जन्म थम जाता है अर्थात् उसकी देह में गर्भकारक हार्मोंस (एस्ट्रोजन एवं प्रोजस्टेरोन) बनना बन्द हो जाते हैं तथा पीठ में दर्द, हड्डियों में दर्द, योनि में गन्दा पानी (ल्यूकोरिया), मूत्र में गड़बड़ी, घबराहट, ठंडा पसीना, कामेच्छा के प्रति अरुचि बढ़ जाती है)। पर्यावरण बिगड़ने से पृथ्वी भी बंजर होती जाती है। प्रकृति तथा मानवी में अद्वयावस्था है।

पृथ्वी का इतिहास 450 करोड़ वर्षों का है। साढ़े छह करोड़ वर्ष पहले एक ग्रहिका (एस्टेराइड) पृथ्वी से टकराई थी। तब उस समय के सबसे ज्यादा विकसित प्राणी डायनासोर

विनष्ट हो गए थे। उस विनाश पर तापमान 40 डिग्री नीचे गिर गया था। अनगिनत वर्षों तक धूल-धुएँ-बादलों से अँधेरा छा गया था। अन्य प्राणी भी नष्ट हो गए थे। अनुमान है कि डायनासोर बीस करोड़ वर्ष पूर्व अस्तित्व में आए थे।

चन्द्रमा पृथ्वी से ही अरबों वर्ष पूर्व अलग हुआ टुकड़ा है। चाँद के पत्थरों पर धरती का इतिहास लिखा हुआ है। इन पत्थरों ने अपने प्राचीन इतिहास में लाखों डिग्री सेल्सियस तापमान सहा होगा।

कोई दो लाख आठ हजार साल पहले सभी महाद्वीप एक-दूसरे से जुड़े थे। वह **गोंडवाना** कहलाता था। यह भी साबित हुआ है कि भारतीय प्रायद्वीप चार पुराने भूखंडों का एक शतरंज (मोजेक) है। वे लाखों वर्ष पूर्व एक-दूसरे से सटकर चिपक गए थे। वे चारों प्रखंड चरणबद्ध तरीके से जुड़े और जहाँ जुड़ाव हुआ है वे स्थान कमजोर हो गए हैं। वहाँ ही भूकम्प आने की सर्वाधिक आशंकाएँ रहती हैं। वे प्रखंड धारवाड़, बुन्देलखंड, अरावली-पार तथा दक्षिणापथ के नीचे श्रीलंका हैं। यह गोंडवाना की कहानी है।

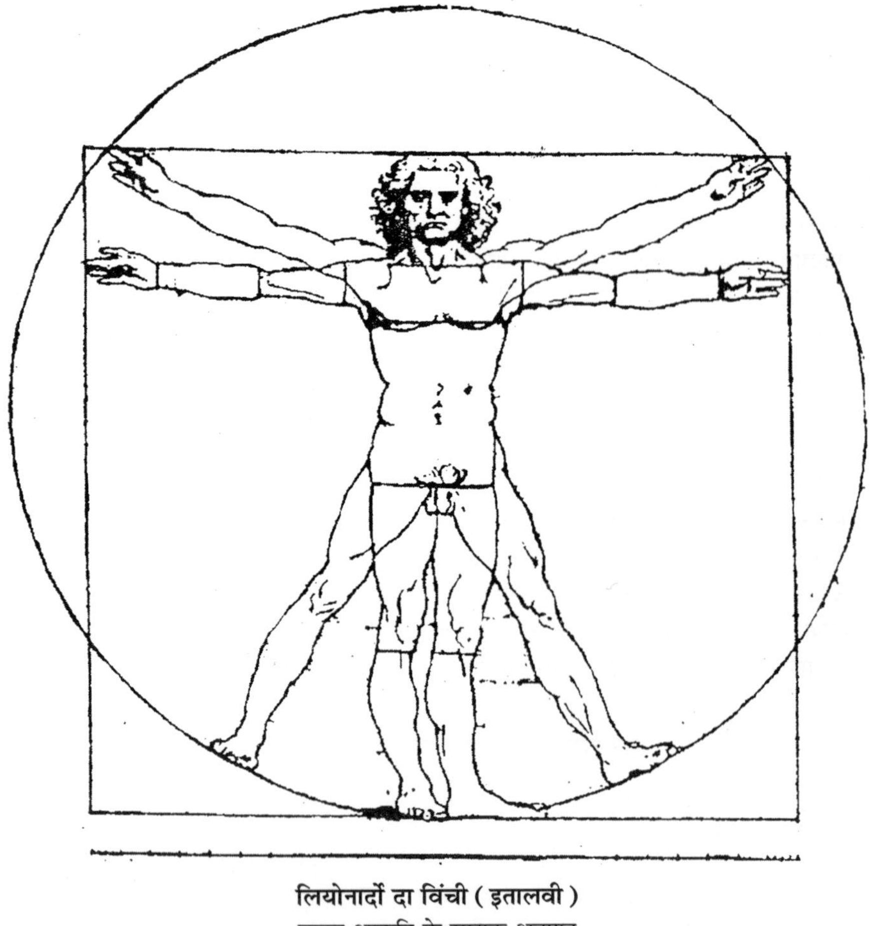

लियोनार्दो दा विंची (इतालवी)

मानव आकृति के सम्यक् अनुपात

(सूर्य-केंद्रित ब्रह्मांड और मानव-केंद्रित जगत्)

भारत के (देवतात्मा) पर्वतराज हिमालय करोड़ों मानव-जीवन की आवश्यकताओं की आपूर्ति के लिए **जल** का अपने अंगवस्त्रम् में तुहिन, हिम तथा हिमनदों (ग्लेशियर) के रूप में संरक्षण करता है। जगत् में नदियों के बहाव तथा गुफाओं के अँधेरे से संस्कृतियाँ बनी/बढ़ी हैं।

मानव भी इनके साथ भाषा, मुद्रा, गति, कर्म, भंगिमाएँ, अनुष्ठान विकसित करता आ रहा है। अत्यधिक ऊँचाई वाले हिमनद तथा नीची उठान वाले वानस्पतिक तथा जीव-जन्तु एक-दूसरे पर निर्भर हैं। अतएव 'भूमंडलीय ऊष्मीकरण' (ग्लोबल वार्मिंग) भी विश्व के पर्यावरण-सन्तुलन के लिए भीषण खतरा है।

हमें मालूम है कि आधुनिक मानव के ऐतिहासिक समय से पूर्व यह क्रम के एक स्वप्न-समय से आगामी दूसरे मिथकीय-ऐतिहासिक समय में संक्रमण करता गया है। उसी गमन के शंकुओं तथा सोपानों में दैत्य, पशु, पक्षी, वृक्ष, पहाड़, नदी, सूर्य-चन्द्र आदि से नाना सम्बन्धों एवं व्यवहारों एवं अनुभवों की प्रकृति तथा गुणवत्ता के मिथकीय अभिलेख उभरे हैं। वे भी तो पुरापरा वास्तुप्रारूप (आर्टिफैक्ट) हैं—यथार्थ एवं फांतासी के विचित्र संगम वाले।...'इतिहासबोध' तो काल के विखंडन/तथा देश के परिवर्तन से आविर्भूत होता आया है, वर्ना 'चिरन्तन आज' ही महासत्य था। उसे 'महाकाल' कह लें, अर्थात् उसमें अतीत-वर्तमान-भविष्य एक साथ तिरोभूत हैं।

माना गया कि पृथ्वी, प्रकृति तथा मानव के रिश्ते आत्मीय रहे हैं। नक्षत्रों से जुड़ी वृक्ष-पूजा सुख-समृद्धि देती है। यह वृक्षों की रक्षा का भी एक उपाय रहा—अश्विनी (नारियल), अरणी (फालसा), कृत्तिका (गूलर), रोहिणी (जामुन), मृगशिरा (खैर), आर्द्र (बहेड़ा), पुनर्वसु (बाँस), पुष्य (पीपल), मघा (बड़), पूर्वाफाल्गुनी (पलाश), हस्त (रीठा), चित्रा (बेल), स्वाति (अर्जुन), अनुराधा (बकुल), ज्येष्ठा (देवदारु), मूल (रार), पूर्व आषाढ़ (अशोक), उत्तरा आषाढ़ (फालसा), श्रावणी (आक), शतभिसा (कदम), पूर्वभाद्रपद (आम), उत्तरा-भाद्रपद (नीम), रेवती (महुआ) आदि।

जापान में यह विश्वास है कि मेत्शेशीमा द्वीपसमूह के पवित्र देवदारु-वृक्षों से ही होकर देवता धरती पर उतरते हैं। सो वहाँ आज भी घर के द्वार पर देवदारु की टहनी रख दी जाती है।

मध्य (मेसो-) अमेरिका की प्राचीन इन्का सभ्यता (पेरू) में माना जाता था कि उनकी एक विशाल झील से सूर्य जनमा और आकाश में चला गया। उनका यह भी विश्वास था—एंडीज पर्वत पर एक देवी भागकर आई और उसने ज्वालामुखी से शादी कर ली और उसने पर्वत-शिखरों को जन्म दिया जो स्वयं में पृथक्-पृथक् देवता तथा ज्वालामुखी, दोनों हैं। साथ में इनमें जादुई भूतों का भी डेरा हो गया। सो इनका लोगों के लिए पर्वत शिखर पवित्र देवता थे (तुलनीय : सुमेरू, कैलास, मन्दराचल, हिमालय, ओलिंपस, फूजीयामा)। इन देवताओं की कठोर तथा कई प्रकार की माँगें थीं। वे नागरिक इन्हें **बलि** तथा **भेंट** चढ़ाते थे। इनको बलि दिया गया शिशु देवताओं की दुनिया में प्रवेश पा जाता था। अत: इन्का और माया सभ्यताओं में पाशविकता एवं निर्दयता कूट-कूटकर उतनी ही व्याप्त थी, जितना कि विज्ञान।

अब फिर वृक्ष और पौधों को सृष्टि से जोड़ें

पंच-महावट	:	वट/पीपल/गूलर/सेमल/,बेल।
नवग्रह के पौधे (समिधा अर्थात् हवन-प्रकाष्ठ के लिए)	:	1. आक (मंदार) / 2. ढाक (पलाश) / 3. खादिर (खैर)/ 4. अपामार्ग (लट-जीरा/चिचिड़ा) / 5. पिप्पल (पीपल) / 6. औडम्बर (गूलर) / 7. शमी (छ्योकर) / 8. दूर्वा (दूव)/ 9. कुश।

आयुर्वेदीय औषधि	:	आँवला/सीता अशोक/नीम/अर्जुन/बेल/जामुन/ तुलसी।
पंचवटी	:	पीपल/बेल/वट/अशोक/धातृ (आँवला)। (पीपल पर विष्णु का, बेल पर शंकर का तथा वट पर ब्रह्मा का निवास माना गया।)
मुस्लिम परम्परा में	:	खजूर/जैतून/अंजीर/अंगूर/अनार/बेरी/मेहँदी/बबूल/।
बौद्ध-जैन परम्परा में	:	पीपल (बोधिवृद्ध)/शाल (साखू)/बरगद/जामुन (खिरनी)/ पाकड़। **वन :** आम्रवन/वेणुवन/तरकुल (ताड़) वन/सिंसपा (शीशम) वन/आमलक (आँवला) वन एवं अन्य वनों का उल्लेख।

ग्रह-नक्षत्र भी पशु तथा मानवीय प्रतीकों से जुड़ गए

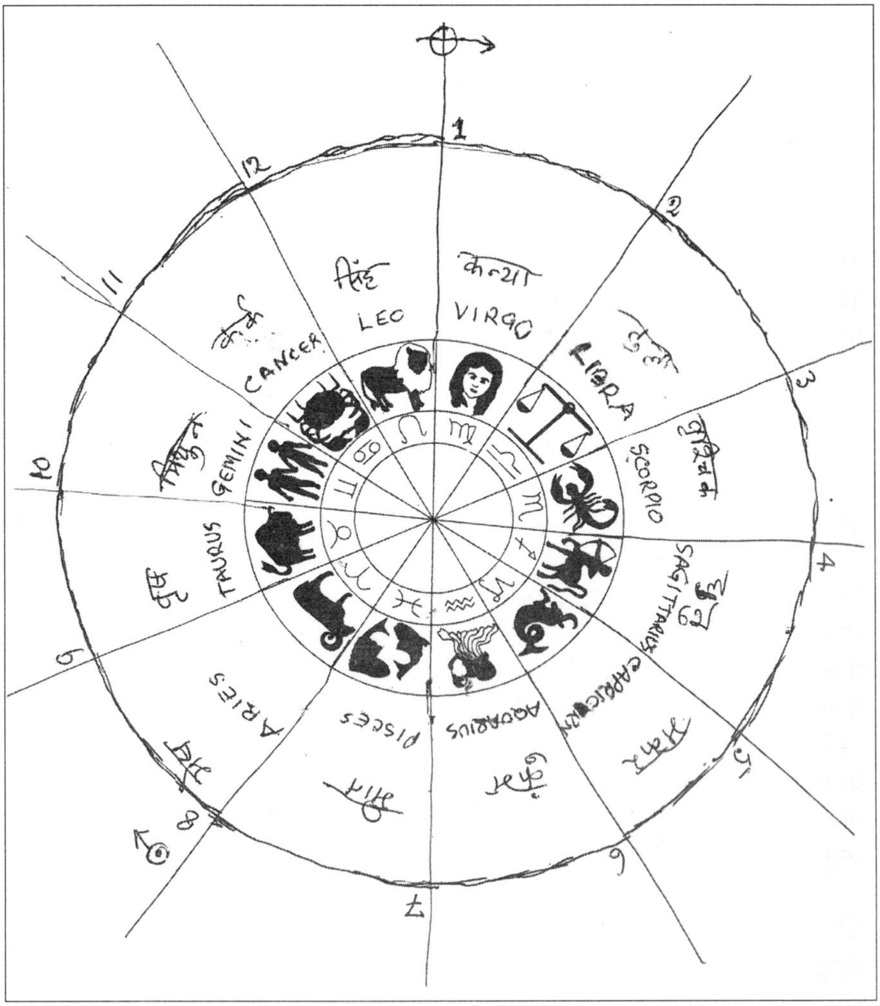

अब तक का निष्कर्ष यह है कि महासृष्टि के अरबों वर्षों वाले नाटक में हिमप्रलय, उल्काओं-ग्रहिकाओं के वज्रपातों में, ज्वालामुखियों के विस्फोटों में पृथ्वी बदलती रही है।

पुरा-पूर्वेतिहास की कहानी तो तब शुरू हुई जब मनुष्य का अस्तित्व ही नहीं था।

विराट् धमाके (बिग बैंग) में एक आग का गोला भी शामिल था, जिससे हमारी पृथ्वी बनी। धरती की पथरीली परतों पर पाए गए अवशेष उसकी उम्र बता सकते हैं। नजदीकी अनुमान वही है कि पृथ्वी की उम्र साढ़े चार (हजार ?) करोड़ वर्ष है।

तब एक अँधेरा द्रव्य बह रहा था। एक कोशिका (सैल) ने सूर्य की रोशनी का फायदा उठाकर प्रोटीन का निर्माण किया। बस, **जीवन** बन निकला। जीवन शुरू हुआ।...किसी जीव (के जीवन) का अन्तिम क्षण **जीवाश्म** (फासिल) में कैद हो जाता है।

अतएव, धरती पर जो तेजी से बदलाव आ रहा था, उससे प्राणियों का बदलना भी जरूरी था। अंडे जमीन के गड्ढों में धरे जाते थे। वे जीवाश्म हो गए। तेजी से गर्म होती पृथ्वी के हरे-भरे हिस्से सूख रहे थे। जानवरों के कंकाल इकट्ठे हो रहे थे। समुद्र में भी विपत्ति छाई थी। उल्काओं की वर्षा हो रही थी। यह विनाश एक लम्बे समय—एक लाख वर्ष—तक चला। इसमें भी कहीं-कहीं कुछ स्तनपायियों के बच्चे माँ से सम्पर्कित होने के कारण बचे रहने के चक्र में सुरक्षित होने लगे। **मानव** भी उनमें से एक रहा। यह पृथ्वी तथा जल-जीवन का चिरन्तन सम्बन्ध है।

सृष्टि तथा सभ्यता में आदि पशु-पक्षी

डायनासोरों के विलुप्त (साढ़े छह करोड़ वर्ष पूर्व) होने के बाद ही पूरी तरह से स्तनपायियों का युग शुरू हुआ था। वे जीवित शिशु को जन्म देते हैं। ये तथ्य यह भी बताते हैं कि चीन, मंगोलिया तथा उत्तरी अमेरिका डायनासोर के प्रमुख स्थल रहे हैं। दक्षिण कोरिया में बोसुंग के वीरान समुद्र तट पर एक सौ से ज्यादा डायनासोर के अंडों के जीवाश्म (फॉसिल) मिले हैं (1999)।

कुल मिलाकर सौर-मंडल की उम्र 4.57 अरब वर्ष होने के प्रमाण हैं। इनका आधार भू-गर्भीय विज्ञान, रासायनिक तथा भौतिक विज्ञान हैं। पृथ्वी और चन्द्रमा इसके लगभग दस करोड़ वर्ष बाद अस्तित्व में आए।

सो, इस क्रम में बीस करोड़ साल के पहले **जुरासिक युग** अर्थात् दैत्यों का जमाना माना गया जब इस पृथ्वी पर थियोसार डायनासोर जैसे समुद्री तथा स्थलीय दैत्य विचरण करते थे। उनमें से कई तेज चाल वाले शिकारी भी थे। वे पौराणिक समुद्री दैत्यों के रूप में दन्त-कथाओं में फैंटम बने हैं। भारत में 'सुरसा, स्कॉटलैंड में सिन्धु दैत्य, तिब्बत में येती' ऐसे ही हैं। बाद में वे अश्वमीन (सी-हॉर्स) जैसे जन्तु बने। बाद ही में वे फान्तासी में 'ईहामृग' हो गए (साँची)। कुछ सिंहल द्वीप की यक्षिणियाँ तथा ग्रीक महानायक यूलिसिस को मोहित कर लेने वाली 'साइरेनें' भी बनीं। मत्स्यगन्धाएँ (मरमेड) तो काव्य तथा काम का अनुषंग बनती गईं। बाद में किन्नर भी आए। वे ईहामृग अश्व बदन तथा मानवमुख वाले थे। इस तरह विशालकाय जन्तु पैंतालीस, बाईस, बीस फीट के आकार वाले होते थे।

पेलियोंटॉलाजी सूचित करती है कि दक्षिण अमेरिका के एक (जीवाश्म में) जन्तु के हाथी की सूँड़, ऊँट की पीठ तथा गैंडे के पैर होते थे।...इस तरह **जन्तुओं के विलुप्त होने का सिद्धान्त** भी उभरा, जीवाश्मों के अध्ययन के बाद। जीवाश्म में मानो वह क्षण (लम्हा) वहीं रुक गया था।...इसी कड़ी में तो डार्विन के **प्राकृतिक चयन** में **अस्तित्व के लिए संघर्ष और**

सर्वकुशल की उत्तर जीविता का सिद्धान्त स्वीकृत होता गया। जो जीवित बचे, उन्हीं की प्रजातियाँ विकसित हुईं। नृमानव (होमो सेपियेंस) वैसे ही वैश्विक प्रजाति बनती गई। हम बता आए हैं कि पिछली टाँगों पर चलने वाले 'होमिनिडी' उस प्रजाति के एकमात्र सुरक्षित जीव हैं—बृहद् मस्तिष्क वाले होमो सेपियेंस अर्थात् विचारशील 'आदिम मानव' की जाति से 'आधुनिक मानव' (समस्त मानवजाति) उत्पन्न हुई। तात्पर्य यह है कि प्रकृति की शक्तियों की सृजन-लीलाओं ने ही मनुष्य को भी जन्म दिया है। मनुष्य ने ही अग्नि, जल, वायु, पृथ्वी, अथवा ताप, विद्युत्, चुम्बकत्व, ध्वनि, प्रकाश की ऊर्जाओं को देवता बनाकर, दीप्तिमान करके, पूजा। बाद में उसने इन्हीं शक्तियों को (संघर्ष करके) वश में करते हुए सभ्यता एवं संस्कृति का निर्माण किया अर्थात् **प्रकृति का मानवीयकरण** कर डाला। लेकिन **मानव प्राकृतिकीकरण** से वियुक्त होता चला गया है। **समग्र मनुष्य** और **मनुष्य की समग्रता** के बीच सनातन द्वन्द्व छिड़ गया।

आकलन है कि सामूहिक विनाश या 'प्रलय' के बाद भी वाराहकी आकृति वाला 'लिप्सोसौरस' बचा रह गया। उसका सुअर के जैसा थूथुन ही उसे बचा गया। मोटे थूथुन के कारण वह पेड़-पौधों को जमीन से खींच सकता था। फिर उन्होंने नदी-तट पर आक्रमण किया होगा और बड़ी जल-राशियों, नई हरी भूमि को प्राप्त किया होगा अर्थात् महावाराह की तरह अपने थूथुन से निकले उसका दन्तों पर पृथ्वी को ऊपर/बाहर निकालकर उद्धार किया होगा।

अब हम कुछ पूर्वानुमान (प्रि-सपोजीशंस) कर सकते हैं। आठ-दस करोड़ साल पहले और मध्यवर्ती **हिम-युग का अन्त** हुआ (जब बर्फ के पिघलने से द्वीपों का उभार हुआ तथा नये जीव-जन्तु जन्मे या पुराने कुछ विशालकाय जीव-जंतु विलुप्त हुए अथवा नई परिस्थितियों का प्राकृतिक चयन करके अभियोजित हुए)। यह भू-गर्भीय (जिओ-लॉजिकल) तथा जन्तु शास्त्रीय (जू-लॉजिकल) विराट कालों का समय है। इसे हम **शाश्वत समय** कह सकते हैं। हिम-युग के पश्चात् मनुष्य का भी आविर्भाव होता है। इसे हम **स्वप्न-समय** (गोधूलि वाला) कहते हैं। निस्सन्देह मत्स्य, कच्छप, वाराह/मकर जैसे जीव-जन्तु नौ-दस करोड़ साल पुराने हैं। अलबत्ता डायनासोर तथा मैमथ (रोएँदार महागज, ऐरावत) विलुप्त हो चुके थे। जल-जीवों ने सृष्टि के आरम्भ में नेतृत्व किया। उन्होंने द्वीपों को आबाद किया। इस तरह कछुवा और सुअर, विशेष रूप से जल एवं धरती के पवित्र जीव हो गए। इनके इर्द-गिर्द कई कबीलों तथा सभ्यताओं में समुद्री-लिंजधर भी उभरे। वास्तव में हिमयुग के अन्त को सभ्यताओं ने जल-प्रलय के रूप में मानवता के बचपन से बाँध लिया।...ध्यातव्य है कि सूर्यरूपी विष्णु (ऋग्वेदकाल के उपरान्त) अपने जन्तुरूपिम स्वरूपों (जूआलॉजिकल फार्म्स) में प्रकट हुआ। अतएव वह मत्स्यावतार, कच्छपावतार, वाराहावतार धारण करता हुआ अपनी जादुई-दैवी शक्तियों द्वारा सृष्टि का पालक, पृथ्वी का उद्धारक तथा जीवन का संस्थापक हो गया। ऋग्वेदोत्तर कालीन चिन्तन में ये सब अवतार मान लिए गए। वे कई कबीलों में भी परम-पूज्य हुए। मसलन प्रशान्त सागर क्षेत्र के टान्ना द्वीप में भी कछुवा तथा सुअर पवित्र हैं जो सृष्टि के आरम्भ में द्वीप का तथा कबीलों का सृजन करते हैं। अत: उनकी आरम्भिक जादुई ताकतों (दीर्घ जीवन, महाशक्ति, प्रजनन आदि) ने उन्हें देवता बना दिया, तथापि आदि बोध तो सिन्धु तथा पृथ्वी की (जादुई/अलौकिक) शक्तियों को सूक्तिबद्ध करना था। ऐसी ही 'वरुण' और 'अरुण' की मैत्री भी है। वे आर्केटाइपल बिम्ब **मिथकीय समय** में विष्णु की अवतार-गाथाओं में कायान्तरित हो गए। समुद्र-मन्थन ब्रह्मांड के रहस्यों की प्राप्ति हो गया। गुप्त-युग में जब नदियाँ साकार देवियाँ बनीं तो मगर गंगा का तथा कच्छप यमुना का वाहन हो गए तथा बाद में मछली गोमती का।

देवताओं के साथ-साथ **सभ्यताओं के पशु** भी प्रकट हुए। सिन्धु-सरस्वती क्षेत्र में वृषभ, गैंडा, महिष, अश्व आदि थे, तो यमुना-गंगा-घाटी में गो, अश्व, हरिण, वानर आदि। लगता है कि कृषक-व्यवस्था और दासों पर अधिकार हो चला था। फिर विष्णु-ब्रह्मा के रूप में दान और ग्रहण (वर) प्रमुख हुए। शिव ने चातुर्वर्ण-व्यवस्था से किंचित् प्रस्थान करते हुए आदिम कबीलों, जनपदों, गिरिजनों को जोड़ा क्योंकि बिखराव की प्रक्रिया भी जोर पकड़ रही थी। प्रकारान्तर से नाग और मातंग (हाथी), गौ और अश्व, हरिण और वानर सभ्यता के पूजित पशु, देव-वाहन, काम-प्रतीक आदि होते गए। वे श्रद्धेय, भयंकर, पूजित, पालतू, शिकार आदि प्राय: एक साथ हो गए। कामसूत्रीय कामबल के लिए अश्व, वृषभ, हस्ति के अलावा शश, मृगी और मछली भी जुड़ गए। वानस्पतिक प्रधानता के लिहाज से पद्मिनी-शंखिनी-मत्स्यगंधा आन जुड़ीं। सामाजिक विडम्बनाएँ भी खुलीं, यथा नारी = नागिन, रमणी (रन) = घोड़ी, नारी-शूद्र-पशु एक कोटि में, स्त्री = माया आदि; अर्थात् पशु मानव के **देह-बिम्बों** में भी आच्छादन करने लगे। इस प्रक्रिया से देहभाषा के लक्षणों तथा मुद्राओं का भी उद्‌भव हुआ। केरल की कलारीपयाट नामक यौद्धेय कला में आठ पशुओं की मुद्राएँ आठ शैलियों में हैं : सीधी, घुमावदार, सीधे पैंतालीस डिगरी पर ठोकर लगाना आदि। उसमें हाथी वाली मुद्रा काफी दबाव देती है।

अब हम सही फान्तासी को विराम देते हैं।

विलुप्त डायनासोरों के बान्धव **मगरों** का इतिहास पिछले बीस करोड़ सालों तक फैला है। यह अठारह फीट तथा मगरमच्छ (घड़ियाल) पच्चीस फीट तक का होता है। **दरियाई घोड़ा** (हिपोटोमस) इससे बेखटके रहता है किन्तु हाथी गिरफ्त में आ जाता है (गज-ग्राह की भारतीय मिथक), तदपि वेनेजुएला की सर्प मछली (ईल) 800 वोल्ट तक के झटके देती है जिससे मगर भी पस्त हो जाता है।

आधुनिक समय में **ह्वेल मछली** के सम्प्रेषण तथा ह्वेल-गान को लेकर जो प्राक् कल्पनाएँ (हाइपोथीसिस) की जा रही हैं, उनसे मानव-देहभाषा की अवाचिक ध्वनियों तथा बर्ताव के परिप्रेक्ष्य भी दिशाएँ पाएँगे।

अगर माँ ह्वेल अपने नवजातों को कुछ अन्य/अतिरिक्त कूट-ध्वनियाँ संप्रेषित करने लगे तो प्रजाति द्वारा सीखे जाने वाले व्यवहार अर्थात् 'संस्कृति' में परिवर्तन आ जाएगा। मानवीय संस्कृति में भी कृषि-कर्म तथा युद्ध-कौशल को लेकर जो परिवर्तन आए, उन्होंने कुछ को अन्य समूहों से अग्रगामी बना दिया।

नोवा स्कोटिया के हेलीफैक्स की डलहौजी यूनिवर्सिटी के ह्वाइट-हैड दम्पती ने **ह्वेल-गान** के कूटों (कोड) को रेकॉर्ड किया। उनकी पत्नी लिंडा वेलगार्ट ने स्पर्म ह्वेल प्रजाति का अध्ययन करके पाया कि विभिन्न स्थलों के गानों की लय तथा ताल में अन्तर हो जाता है। एवज में उस दम्पती को भौगोलिक पैटर्नों के बजाय जैविक पैटर्न लक्षित मिले। उन्हें लगा कि माँ द्वारा नवजातों को जो 'वंशानुगत' गीत-ध्वनियाँ प्रेषित की जा रही हैं, उनमें शाखाओं की भिन्नता से अन्तर आ रहा है। इस अन्तर का मूल 'मीटोकांड्रियल डी.एन.ए.' बताया है (यह वह ऊर्जा-उत्पादक संरचनाएँ हैं जो कोशिकाओं में होती हैं तथा केवल माँ द्वारा ही हस्तान्तरित होती हैं)। इस नई संरचना के अन्वेषण से उस जीवशास्त्रीय दम्पती ने बताया कि शिशुओं में यह अन्तर इसलिए सम्भव है कि वे अपनी बहुप्रशाखाओं में भी जाकर यात्रा करते हैं तथा मादा शिशु अपने मातृ कुलों में ज्यादा समय बिताती हैं। इसके बाद उन्होंने 'स्पर्म ह्वेल, हत्यारी ह्वेल, कुबड़ी ह्वेल की (डॉल्फिनों के साथ) नस्लों की तुलना की। यह नतीजा निकाला कि पशु-सम्प्रेषण उनके क्रम-विकास को भी प्रभावित करते हैं। इस न्याय से मानव-सम्प्रेषण पर संस्कृति तथा वर्ग तथा संस्कार का जो प्रभाव पड़ता है वह उनके व्यवहार तथा कार्य के पैटर्न भी ढालता है (न्यू साइंटिस्ट)।

इससे एक अनुपम रहस्य खुला कि ह्वेल विभिन्न ढंग से ध्वनियाँ निकालती हैं तथा उनके कूट शेष सभी ह्वेलें दोहराने में अन्तर करती जाती हैं। शायद एक वजह यह हो कि हवा के बजाय ध्वनि की गति पानी में चार गुना ज्यादा तथा अधिक दूरी तक जाती है; अथवा कभी-कभी एक नर-ह्वेल मादा के लिए चौबीस घंटे तक पुकार लगाता रहता है, बस, साँस लेने के वक्त को छोड़कर। नर-ह्वेल अपने आगे के नुकीले दाँत से मल्ल-युद्ध करते हैं, जोड़ों के लिए।

हमारे अनुशीलन के लिए स्तनधारी जीव (मैमल) डायनासोरों से ज्यादा रोचक भी हैं क्योंकि हम खुद स्तनधारी शाखा के हैं। माना जाता है कि साढ़े छह करोड़ वर्ष पूर्व डायनासोरों की समाप्ति के बाद चार करोड़ वर्षों तक विचित्र पंजों तथा जबड़ों वाले खूँख्वार जानवरों में मुठभेड़ें हुईं। तब स्तनधारी उभरे। मांसाहारी स्तनधारी पशु भी उभरे। उन चार करोड़ वर्षों में उड़ने वाले पक्षियों के बजाय टनों वजन वाले तेज दौड़ने वाले पक्षी थे। यूँ भी पंजों पर दौड़ने वाले जानवर बहुत तेज भागते हैं। आज तो हर एक महाद्वीप में डायनासोर की उत्तराधिकारी एक स्तनधारी नस्ल है। वे उष्ण रक्त वाले जीव हैं। उन्हें साँस लेने के लिए हवा की जरूरत होती है। इसके लिए फेफड़ों का इस्तेमाल होता है। मानव का प्राण-विधान ऐसा ही है। पक्षियों में गिद्ध और गरुड़ (बाज) धरती-आकाश की दूरी की डोर जैसे हैं। गरुड़ विष्णु के साथ सूर्य तक उड़ सकता है तथा जटायु आकाश में श्रीसीता की रक्षा में प्रचंड युद्ध कर सकता है। गरुड़ तो देवताओं का वाहन तथा दूत है (इस प्रसंग में थार, मंगोलिया, सहारा के रेगिस्तानों की मिथकें तुलनीय हैं)। केंद्रीय दशा है कि मरुस्थल सूखे, जलते, भयानक और खामोश होते हैं। उनमें प्रेत-जादू व्याप्त रहता है। मानव द्वारा बड़े पैमाने पर जंगलों को नष्ट करने पर भी रेगिस्तान का दायरा तो बढ़ता ही है, जीव-जन्तुओं-पक्षियों की कई प्रजातियाँ भी नष्ट हो जाती हैं। आज माइक्रो-तरंगों के कारण भी कई पक्षी जातियाँ विनष्ट हो रही हैं—गौरैया, तोते आदि।

उष्ण रक्त वाले स्तनपायी पशुओं (मैमल) में हाथ तथा मस्तिष्क का उपयोग करने वाले नर-वानर (प्राइमेट्स) हैं। फिर उन्हीं में से पिछली टाँगों पर चलने वाले और बृहद मस्तिष्क का उपयोग करने वाले मानवों (हामोसेपिएंस) का क्रम विकास हुआ। हम इन्हें **आदि वानर** (नृवानर) से **आदि-मानव** के रूप में विकसित पाते हैं। आगे उनका साक्षात्कार करेंगे।

सर्प सृष्टि तथा सभ्यता का केंद्र रहा है। मिथकायनों में फाराओं के ईजिप्ट में एक सर्प प्रतिदिन सूर्य का पीछा करता है, टुकड़े-टुकड़े हो जाता है, रात तक। सुबह वह पुनः जुड़कर जिन्दा हो जाता है और पीछा करने लगता है, प्रतिदिन। भारत में प्रजापति की एक पुत्री से नाग का जन्म होता है। धर्ममिथकों में सर्प शिव का कंठहार तथा विष्णु की (क्षीरसागर में) शय्या बनते हैं। महाभारत में तापस जरत्कुरु ने नागराज वासुकि की बहन से विवाह किया था। अर्जुन ने भी वासुकि की बहन उलिपि से विवाह किया था।

सुधीर कक्कड़ ने सर्प के अनेक प्रतीकात्मक अर्थों का खुलासा किया है। सर्प के अपने चारित्र्य हैं—स्वयं केंचुल बदल कर पुनर्नवा होना, फूल जाना, तनकर फण उठा लेना, झूमना आदि। यह पृथ्वी से सम्बद्ध हो गया है—पाताल से भी। यह छिद्रगामी है। अत: यह पुरुष के लिंग का रूपक एवं प्रतीक है और सृष्टि तथा प्रजनन का हेतु है। यह अन्य को अपने नागपाश में लपेट लेता है। अत: आलिंगन का भी साम्यरूपक है। यह मृत्यु का भी द्योतक है। यह गर्भाधान-प्रक्रिया का भी प्रशिक्षक है (दे. 'इन्टीमेट रिलेशंस : एक्सप्लोरिंग इंडियन सैक्सुअलिटी', पेंग्विन इंडिया प्रकाशन, नई दिल्ली, 1990, पृ. 57-58, 88)।

अश्व तथा **मृग** से भी मानव सृष्टि की परिकल्पना हुई है। सूर्य ने मृगी के साथ समागम करके देवताओं के वैद्य अश्विनी कुमारों को जन्म दिया।...इसी तरह अश्व (शक्ति) के प्रतीकों से नर-किन्नर, नारी-किन्नर तथा ग्रीकों में सेंटार मेनोटार आदि की भी फान्तासियाँ हैं। ग्रीक देवेन्द्र जिअस एक साँड़ होकर यूरोपा का अपहरण करता है।

पादकुशल मानव जातक, गुफा सं. XVII,
अजन्ता, गुप्तकाल ई.पू. चौथी-पाँचवीं शती

अश्व-विग्रह—पुरुष मुख

नारी-विग्रह—अश्व मुख

अध्याय : दो

आदि-मानव से आधुनिक मानव

अब तक हम जान चुके हैं कि उस समय तक स्तनपायी मनुष्य के पूर्वज प्रकाश में आकर महत्त्वपूर्ण हो गए थे। वे रेंगकर चलने वाले स्तनपायी जीवों के रूप में विकसित हो रहे थे। वे पानी तथा खाने की खोज में भटकते रहते थे। उनकी भिन्न प्रकार की **दन्त पंक्ति** थी। **रेंगने वालों** के जबड़े ऊपर-नीचे खुलते हैं। वे खाने को निगल सकते हैं। **स्तनपायियों** के जबड़े दाएँ-बाएँ, ऊपर-नीचे (चबाने-काटने के लिए भी) खुलते हैं। वे चबाकर खाते हैं।

आदि-वानर से आधुनिक-मानव

स्तनपायियों में वानर-बन्दर के विपरीत **नर-वानर** की **आँखें** आगे की ओर आ जाने पर वे दूरी का अन्दाज लगा सकते हैं (बन्दर के पूँछ होती है, परन्तु वानर के नहीं; बन्दर का छोटा व हलका आकार होता है जबकि वानर भारी व लम्बे-चौड़े होते हैं और उनके पंजे भी लचीले होते हैं जो बाद में मानवीय क्रमविकास में **हाथ** बन गए)। हम **महावानर** कह लें।

गिबन, गोरिल्ला, ओरांग ऊतान, चिम्पांजी महावानर हैं। **ओरांग ऊतान** (अड़सठ किलोग्राम भार) चढ़ तो सकते हैं, किन्तु छलाँग नहीं लगा सकते। ये समूह में नहीं, अलग जीवन बिताते हैं। बाघों के डर से (सुमात्रा के वर्षा वनों में) ऊपर ही रहते हैं। ये धीरे चढ़ने वाले हैं। सुमात्रा-बोर्नियो-निवासी ये शर्मीले तथा एकान्तप्रिय होने के साथ सच्चे वनमानुष हैं। मादाएँ आकार में इनकी आधी होती हैं। तुलना में **गोरिल्ला** वनमानुष ज्यादा काली खाल तथा तगड़ी देह वाले हैं। दो मीटर ऊँचे तथा 200 किलोग्राम के हैं। अफ्रीका में परिवार में रहते हैं। प्राय: सभी वानर फल खाते हैं। वे पेड़ों की पत्तियाँ तथा छालें भी खाते हैं। वानरों में भी **गोरिल्ला** सबसे बड़े शाकाहारी होते हैं। आमतौर से उनका जीवन शान्तिपूर्ण होता है, तदपि चिम्पांजी-समूहों में लड़ाई सालों तक चलती है। वे अपने दुश्मनों को खदेड़ते ही नहीं, मार भी देते हैं। चिम्पांजी शिकार भी करते हैं तथा मांसभक्षी भी हैं। लड़ाई उनके जीवन का एक हिस्सा है। बलोबोज (लाल चूतड़ वाले वानर) उनके वंश-भाई हैं। कुल मिलाकर ये पूर्व-मानवीय प्रगुणताएँ तथा सामाजिक व्यवहार प्रकट हो गए हैं।

मानव-समूहों की तरह ये क्षेत्र भी बनाते हैं। सारे वनमानुष-समाजों में (गोरिल्ला-ओरांग ऊतान, चिम्पांजी) में जटिल नियम होते हैं जिन्हें उनकी सन्तति को निभाना पड़ता है। इनकी कोई सुनिश्चित भाषा नहीं, स्फुटित ध्वनियाँ हैं।

भाषा में अमूर्त प्रवाह से वाक्य विधान (सिन्टैक्स) का इस्तेमाल करना ही मस्तिष्क की दक्षता है। वह आगामी मानव-चरण में विकसित हुई जब कंठ-काकु नीचे लटककर ध्वनियों को विखंडित करके स्वर से व्यंजन भी बनाने लगा।

यह स्पष्ट होता है कि सामाजिक नजरिए से ये आदि वानर, उनमें भी चिम्पांजी, मानव के

सबसे निकट हैं। लाखों साल पहले एक ही तरह के वानर थे। फिर धीरे-धीरे उनमें विभाजन हुआ। उनके दिमाग भी अलग-अलग हो गए। कोई एक करोड़ पचास लाख वर्ष पहले यह विभाजन शुरू हुआ। फिर गोरिल्ला निकले। फिर पचास लाख साल पहले चिम्पांजी निकले। उसके बाद नृ-वानर अर्थात् **आदि-मानव** का आविर्भाव हुआ। जिन्दा रहने की, प्रजनन की बेहतर तकनीकें सीखकर मानव वानर-प्रजाति में-से सबसे अधिक सफल रहा। चिम्पांजी के तो 90 प्रतिशत से ज्यादा जीन-तत्त्व मनुष्य से मिलते-जुलते हैं। वनमानुषों की भाँति मानवों के पैर बहुत लम्बे नहीं होते। तुलना में मानवों के हाथ-पैरों के जोड़ अत्यन्त लचीले होते हैं जिससे वे नाना भाँति के कार्य कर सकते हैं, तथा सुखद/श्रमपूर्ण मुद्राएँ भी बना सकते हैं (ये उनके विलक्षण शारीरिक चिह्न हैं)।

इन सभी वनमानुषों की खोज नृतत्त्वशास्त्रियों, आनुवंशिकों, प्रजातिलेखाकारों, पर्यावरण-समायोजकों आदि ने पिछले सौ-सवा सौ वर्षों में की है।

वनमानुषों के जीवाष्मों (फॉसिल) से ज्ञात होता है कि इनके दाँतों में इनामेल की परत थी जिससे ये वस्तुओं को चबा सकते थे। आज सवाना के मैदानों के वनमानुषों की दो जातियों में मानव-जाति बची है (हर साल चिम्पांजी व अन्य वनमानुषों की आबादी घटती जा रही है, जबकि मानवों की संख्या छह सौ करोड़ की सीमा भी लाँघती आ रही है)। मानव-मस्तिष्क उतनी ही ऊर्जा खर्च करता है जितनी कि आवश्यक होती है (मसलन दस वाट का बिजली का बल्ब)।

नाक, कान जैसी कोमल हड्डियाँ तथा बेहद पतली त्वचा मिलकर उत्तेजक प्रवृति वाले स्तनपायी मानव-प्राणी की निशानी है। वह स्वर-व्यंजन वाली अर्थात्—वाक्य विन्यासी (सिंटेक्टिकल) भाषा अर्थात् अवाचिक-वाचिक भाषा का भी व्यवहार करता है। वह समूह को कबीला, समाज, जाति, वर्ग में संवर्धित करता है। मेरुदंड उसके खड़े होकर कार्य करने वाले बल का मापक है। उसके हाथों तथा मस्तिष्क ने उसकी सभ्यता और संस्कृति का निर्माण किया है। यह सब कुछ चिम्पांजी से बन्धुत्व तथा पार्थक्त की भी दूरागत विभूति मानी जा सकती है।

मानवों, चिम्पांजियों, गोरिल्लाओं तथा ओरांग ऊतानों के जेनेटिक परीक्षणों में डी.एन.ए. की तुलना करने पर आश्चर्यजनक उद्‌घाटन यह हुआ कि **मानवों** तथा **चिम्पांजियों** के विकास में अत्यन्त सादृश्यताएँ हैं, कि उनके करीब 99 प्रतिशत जीन समान हैं। चिम्पांजी अनगढ़-ध्वन्यर्थक भाषा तथा बुनियादी औजारों का भी व्यवहार करते हैं, तदपि वे दोनों एक-दूसरे से अलहदा हो गए। दोनों के 'होमो' जीन्स भी एक हैं [होमा (सेपिएंस)-पान (ज़ी)]।

प्राणीशास्त्री सूजिन यी ने चारों आदि-वानरों के डी.एन.ए. के तिरसठ लाख आधार-युग्मों की तुलना करके उनकी **मौलिकूलीय-घड़ी** का निरीक्षण किया। यह घड़ी उनके क्रम-विकास की विधि का पता लगाती है। यह पता चला कि यद्यपि मानव तथा चिम्पांजी पाँच से सात लाख वर्ष पहले अपने एकल पूर्वज से अलग हो गए थे परन्तु उनके क्रम-विकास की गति काफी एक सदृश थी। बस, केवल तीन प्रतिशत का ही फर्क था। यह गोरिल्लाओं तथा ओरांग ऊतान की तुलना में काफी धीमा था।

निरीक्षण से यह पता चला कि कतिपय मानवीय लक्षण कोई एक लाख साल पहले अकस्मात् उन्मीलित हो गए थे कि ये दोनों प्रजातियाँ न केवल एकसदृश्य जीनोमों का साझा करते हैं बल्कि प्रजाति—समय के भी—एकसादृश्य की भागीदारी करते हैं। इन कारणों से पर्यावरणविद् जारेद्र डायमंड ने मानवों को 'तृतीयक चिम्पांजी' कहा है। ये भी योजनाएँ

क्रियान्वित की गई हैं कि उनके संरक्षण के साथ-साथ, उन पर प्रयोग प्रतिबन्धित किए जाएँ तथा दोनों के एक ही वितान के नीचे आसीन किया जाए। इनके बीच अन्तर का मूल कारण इनके जीनों में परिवर्तन न होकर उनकी अभिव्यक्ति में होने वाले अन्तर है (**जीन अभिव्यक्ति** एक ऐसी जैव आनुवंशिक प्रक्रिया है जिसमें उनकी कार्य-प्रणाली सक्रिय या निष्क्रिय हो जाती है)।

मनुष्य की वाचिक तथा निर्भाषिक अभिव्यक्ति में द्वैत और अन्तर—तथा देहभाषा के उन्मीलन—का कारण यह भी है कि उनकी लगभग तीस हजार विभिन्न जीनें, अधिकतर विभिन्न कोशिकाओं में, एक ही समय (एक साथ) सक्रिय नहीं हो पातीं। वे अलग-अलग प्रक्रियाओं द्वारा अभिव्यक्तियाँ करती हैं। आनुवंशिकी तथा पारिस्थितिकी यही निष्कर्ष देती है। **अतः देहभाषा का यह एक महासूत्र है।** अलबत्ता हमें गौर करना होगा कि मानवों या चिम्पांजियों में जो अलगाव आया, वह मौलिकूलर-घड़ी के अलावा दोनों के बीच पर्यावरण-परिवर्तन, आग की खोज, पका भोजन खाने की आदतों तथा प्रजनन की सर्व ऋतु क्रियाओं आदि के चलते भी हुआ है। देहभाषा में ये घटक भी बखूबी परिलक्षित होते हैं।

अब चिड़ियाघरों, डिस्कवरी चैनल तथा जंगलों से वन-मानुषों के बारे में हमें ज्यादा जानकारी मिलती जा रही है जिससे यह उम्मीद बँधती है कि उनका भविष्य सुरक्षित किया जा सकता है।

अब **मानव-जाति** (होमो-सेपिएंस) के क्रमविकास के निरूपण की बारी है।

मानव जाति के क्रम-विकास पर भी नये सिद्धान्त लागू किए जा रहे हैं। पहले अक्ष पर ऊर्ध्वमुखी रेखाएँ ढलकर विकास दर्शाती थीं। आजकल 'समतुलित सन्तुलन' (इक्विलिब्रियम) की अवधारणा के अन्तर्गत X-अक्ष पर समानान्तर क्षैतिज रेखाओं को अंकित किया जाता है। परिवर्तन-विकास के अनुसार उनमें विराम के अनुवर्ती उछाल दर्शाया जाता है। यह उछाल ऊर्ध्वमुखी 'Y'-अक्ष पर हजारों साल की अवधि वाला होता है। इन्हें हम युग या कालखंड कहते हैं। ये सुदीर्घ तथा छोटे हो सकते हैं। इनमें हम अनादि-अनन्त के स्तब्ध छोरों की चर्चा नहीं करते क्योंकि प्रवाह जारी है।

अब यह स्वीकार्य है कि मानवों का विकास आदि वानर-वर्ग के वन-मानुषों से हुआ है; कोई साठ से सत्तर लाख वर्ष पहले। इस लम्बी अवधि में लगभग बाईस से तैंतीस लाख वर्ष पहले मानव-जाति विकसित हुई। आज उस नस्ल के केवल 'विचारशील मानव' **(होमो-सेपिएंस)** जिन्दा बचे हैं।

अलबत्ता दो अन्य नस्लें ही उल्लेखनीय हैं—(क) औजार निर्माण की दक्षता वाले 'होमो-हैबिलिस' तथा (ख) सीधे तनकर खड़े होने वाले 'होमो-इरेक्ट्स'। इन तीनों को 'हामो'-जीनस वाली कोटि में रखा जाता है। इनसे क्रमविकास के लम्बे वाद-विवाद-संवाद जारी हैं। इसके लिए मौलिकूलर प्राणीशास्त्र तथा डी.एन.ए. की रासायनिक जाँच का भी जमकर इस्तेमाल हो रहा है, जीवाष्मों के साथ। अब यह सहमति बन रही है कि वन-मानुष तथा मानव के बीच क्रमविकासी दो फाँक कोई पच्चीस लाख वर्ष पहले शुरू होकर लम्बे युगों तक जारी रही। आज तक भी ओरांग ऊतान तथा गिबन पेड़ों पर रहते हैं जबकि गोरिल्ला और चिम्पांजी—मानवों की भाँति—ज़मीन पर। अतः उनके पाँव मजबूत हो गए हैं तथा हाथ नमनीय और घुमावदार। इन वनमानुषों का जमीन निवासी होने का प्रमुख कारण यह भी है कि इनका वजन चार सौ से छह सौ पौंड का हो गया था। वे घास के मैदानों पर उतर आए अतः वे पाँवों पर चल तो सकते हैं, किन्तु मानवों की तरह मेरुदंड पर सीधे खड़े होकर लम्बी दूरी तक यात्राएँ तथा कार्य नहीं कर

सकते। अत: सामान्यत: वे चारों टाँगों पर ही चलते हैं। इस भाँति **मानव-विकास की भी एक शृंखला है**—होमो हैबिलिस, होमा-इरेक्ट्स तथा अब होमो-सेपिएंस।

अब हम इन नये जनगणों को (वन-मानुषों के मुकाबले) बृहत्तर मस्तिष्क का इस्तेमाल करते हुए पाते हैं। शुरू में तो वे चार लाख सालों तक कुछ ज्यादा नहीं बदले। परिवर्तन का एक सबूत जर्मनी के नियंडरथल मानवों की कड़ी में मिलता है। उनका अंगूठा अन्य अंगुलियों जैसा ही लम्बा तथा गर्दन छोटी होती थी। पर वे भी विलुप्त हो चुके थे (एक लाख साल पहले)। अतएव 'मानव' का अवतरण कोई दस लाख वर्ष पहले माना जाता है। तथा **आधुनिक मानव** का कोई एक से डेढ़ लाख वर्ष पहले।

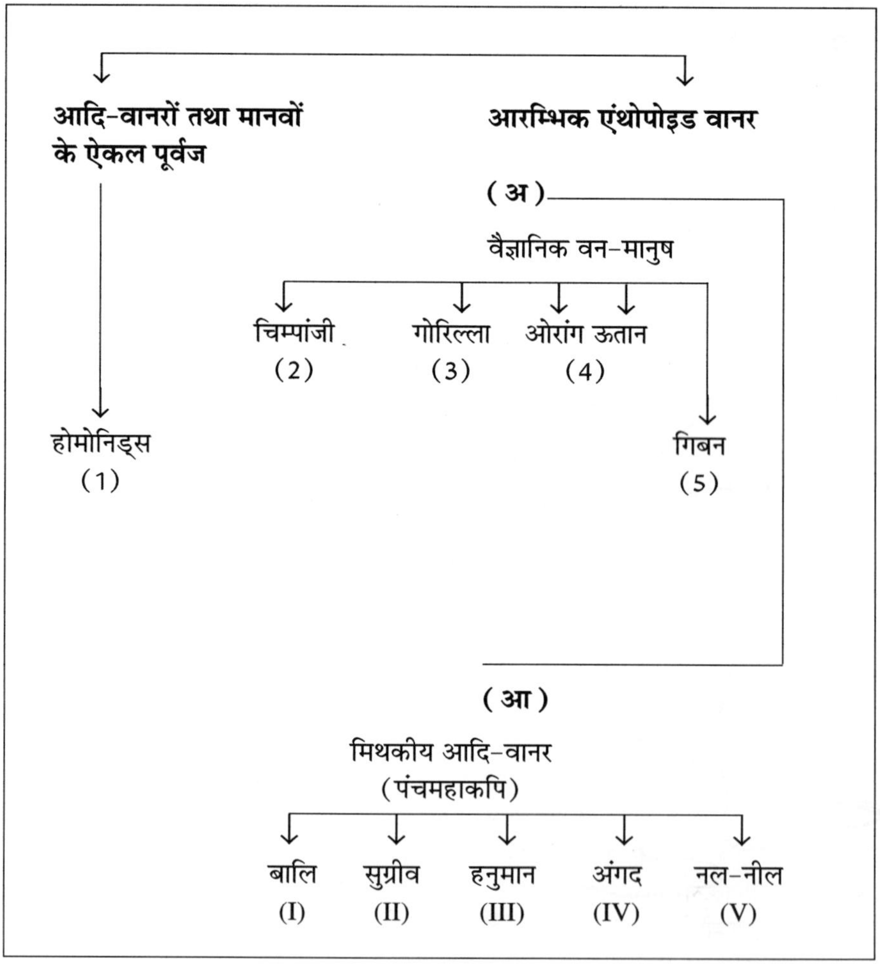

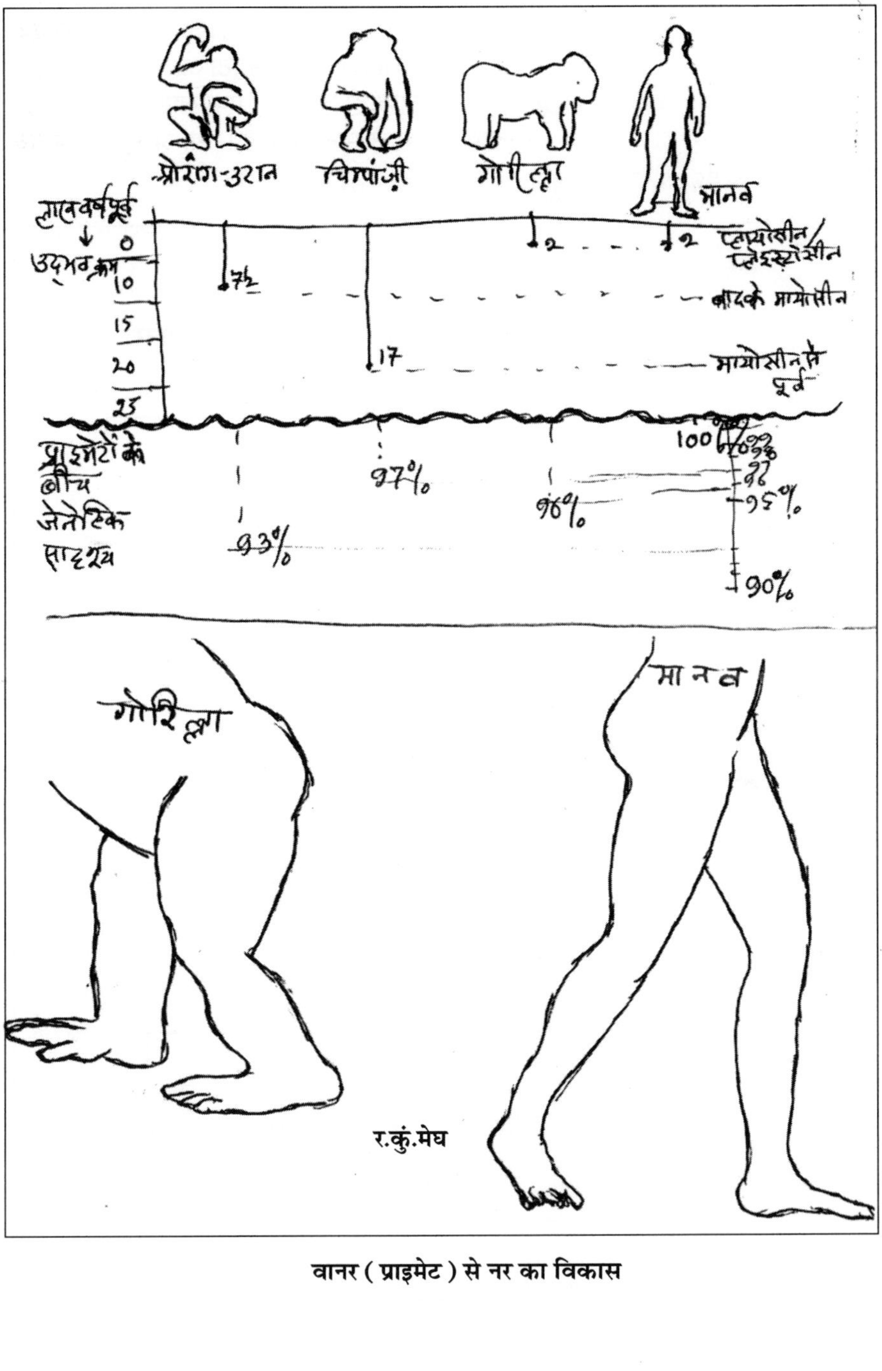

वानर (प्राइमेट) से नर का विकास

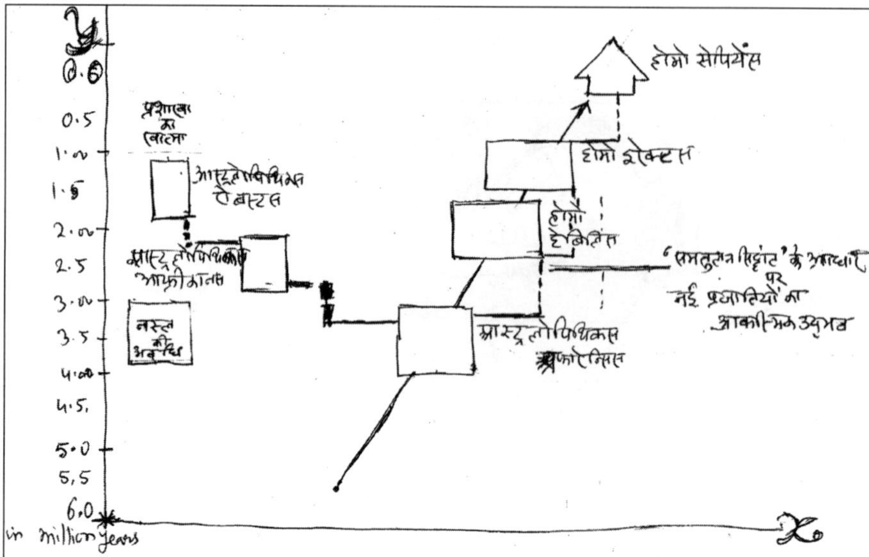

मानव-प्रजाति का विकास

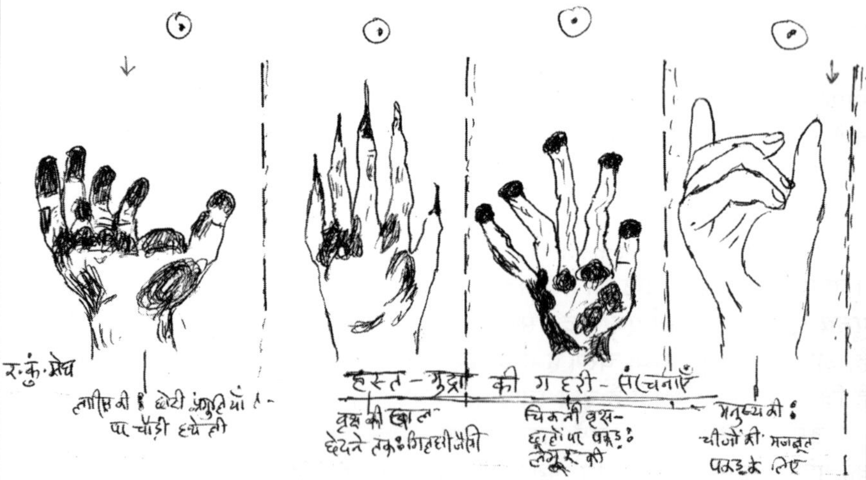

आदि-मानव से सामाजिक मानव

x-y के उक्त एक पंचायतन ने आदि-मानव को **सामाजिक मानव** बनाया : समूह तथा सम्प्रेषण, बुद्धि तथा ऐंद्रियिकता और उत्पादन की कार्यवाहियाँ।

(क्योंकि हमारा लक्ष्यशर (टार्गेट) देहभाषाएँ हैं इसलिए हम इतिहास, सभ्यता, धर्म, विज्ञान, नीति, कला आदि के व्यापक बन्धानों एवं वितानों को केवल यथाप्रसंग ही लेंगे।)

हम बता आए हैं कि हमारे विषय की प्रोक्ति इस भाँति की है कि अतीत में आगे बढ़ना तथा भविष्य में पीछे मुड़ना।

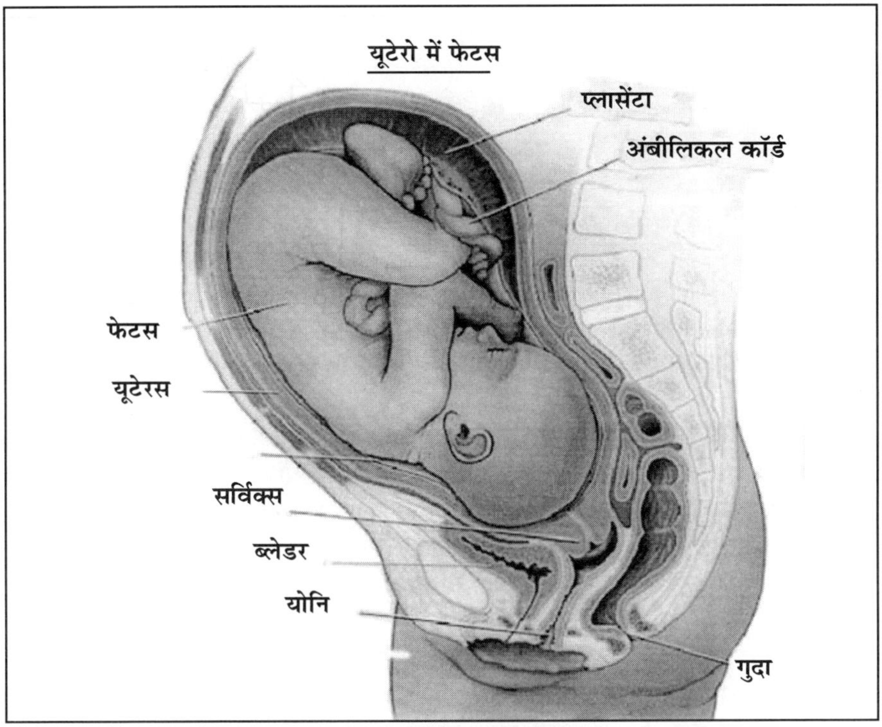

गर्भस्थ मानव-शिशु

सामाजिक मानव का **समाज** क्या है ? प्रकृति के एक निश्चित देश एवं काल में व्यक्तियों-समूहों-वर्गों के आपसी द्वन्द्वात्मक सम्बन्धों तथा व्यवहारों, संगठनों तथा संस्थाओं का 'समाजार्थिक-समाज सांस्कृतिक रूपायन' ही समाज है जो परम्पराएँ स्थापित करता तथा रूपायनों में निरन्तर परिवर्तमान रहता है।

हम अतीत में आगे बढ़कर ऋग्वेद के दसवें मंडल के पुरुष-सूक्त का हवाला लेते हैं जिसमें पुरुष एवं प्रकृति एवं सृष्टि की तदात्मकता गुँथी है। यह सन्दर्श किया है कि पंचभूत विश्वरूप **पुरुष** में व्याप्त है। सूर्य एवं चन्द्र उसके नेत्र तथा मानस हैं, जल एवं अग्नि मुख है, वायु प्राण हैं, आकाश शिर है, पृथ्वी चरण है तथा शाश्वत दिक् (स्पेस) देह है। यह सम्पूर्ण जगत् यज्ञ है जिसमें आहुतियाँ होती हैं तथा स्वाह के पश्चात् नये-नये रूपों की उत्पत्ति होती है।

इसमें जो **समाज** है, उसमें मानवीय आचरण के मानदंड परम्परा बनाते हैं। अतः समाज की गरिमा सौ गुनी है और सारी पृथ्वी को (ऋत् द्वारा) आच्छादित किये है। स्वयं स्रष्टा होने के कारण समाज अमर है। इसमें साक्षात् वर्तमान के अलावा अदृश्य अतीत एवं भविष्य भी है। समाज कृषि तथा ग्राम जैसे रूपायनों का विधान करता है। इसमें हर पीढ़ी (परम्परा के साथ) विरासत (संगठन एवं संस्थाएँ) भी जोड़ती है जो अविनश्वर है। कारण कि मानव का सामाजिक जीवन मूल कृतियों तथा मानवीय उद्‌भावनाओं का समुच्चय है, मानव-समूह में एक साथ रहते तथा कार्य करते हैं, जिससे वे व्यक्तिगत मूल वृत्तियों को संस्कारित करते हैं ताकि सामाजिक आचरण एवं व्यवहार की सर्वस्वीकृत सामान्य नर्मिलताएँ लागू हों। वस्तुतः यह सृष्टि में वह शान्तिपाठ है जिसमें समरसता (सह-अस्तित्व) परिव्याप्त है।...कालान्तर में महाभारत में वासुदेव कृष्ण के विश्वरूप में यह भविष्य में पुरा-पैलियो युग तक पीछे चला गया है।

इसी की पूरकता में अथर्ववेद में पृथ्वीसूक्त है। इसमें हम भविष्य में पीछे मुड़ते हैं। **पृथ्वी** (दिक्) पवित्र है। हम (हल चलाकर) पृथ्वी को जोतकर जो उपजाते हैं उसे इतना न उच्छेदित करें कि उसका हृदय ही विखंडित हो जाए। जिस तरह अश्व वेग से धूल को छितरा देता है उसी तरह मानवजन भी सम्पूर्ण विश्व में फैल जाएँ। पृथ्वी वृक्षों, पादपों, वनों की रक्षा करके हर्षित होती है। जब वह उद्गीथ गाती है तो वे मधुर होते हैं। जो पृथ्वी का विनाश करते हैं वह उन्हें अग्नि द्वारा भस्मीभूत कर डालती है। उसके हृदय में शान्त सुगन्धित वायु प्रवाहित हैं जो दुग्ध से छलक रहा है। अतः हे पृथ्वी माता, मुझे दुग्ध-पान का अमृत पिलाओ! तुम जन-जन-जननी हो। जो भी अभाव हैं उन्हें प्रजापति समृद्धि से भर देते हैं। तुम दीर्घ जीवन प्रदायिनी हो। ओ, पृथ्वी माता! तुम भव्यता तथा रमणीयता से मेरा उत्थान करो।

तो विश्वरूप **पुरुष** अर्थात् सामाजिक मनुष्य का जीवन और जगत् अर्थात् **पृथ्वी** से ऐसा संश्लेषण हैं।

मानव का जीवन भी देह से सम्पादित है। देह ही 'भोगायतन' है। मानव **भोक्ता** है (भोक्ता समूह तथा सम्प्रेषण, बुद्धि तथा ऐंद्रियिकता एवं उत्पादन-प्रणालियों से समाज-विधाता है)। भोक्ता मानव की **देह** का भी चतुरंग है—माध्यम, निष्पादक (पर्फामर), अनुप्रेरक (कैटेलिस्ट) तथा भोक्ता (कंजूमर)। अतः इस देह का भी अपना अन्तर्बाह्य-लोक है। इससे हमारा आद्यन्त सरोकार है—

(i) **देह-संस्कृति** : (भौतिकवाद, अध्यात्मवाद, अश्लीलता, विद्रूपता, अनैतिकता, पोर्नोग्राफी आदर्श)।

(ii) **देह-पूजा** : (आत्मरति, शृंगार-प्रसाधन, वेश-भूषा, अलंकार)।

(iii) **देह-सिद्धि** } : (तांत्रिकों, सिद्धों के रसायन, लोकायतिकों का यथार्थ कर्म संघर्ष)।
सिद्ध-देह } (लीला-देह : विष्णु-वराह, नृसिंह, राम, कृष्ण,
परकाय-प्रवेश : शंकराचार्य, वैशम्यपायन, शत-साधना, सत्यवान)।

(iv) **देहभाषा—**
शाश्वत देह : (मुद्रा, भंगिमा, अनुभाव-संचारी, व्यवहार, अनुष्ठान)।

हम इसे समग्रतया (अवाचिक सम्प्रेषण) **देह-कीर्तन** कह सकते हैं।

क्या **देह** 'तुम' है? यह **पंचभूतों** की बनी है जो संस्कारित एवं संशोधित होकर जैविक एवं जीवन्त हो उठते हैं।

इस देह के अंग हैं। इंद्रियाँ हैं। ग्रन्थियाँ हैं। अस्थिपिंजर है। मांसपिंड है। धमनियाँ हैं। स्नायु-चक्र है। इनमें से जो कर्ता हैं, वे **कर्मेंद्रियाँ हैं।** (हाथ-पाँव)-आँख-नाक-(कान)-(जिह्वा)।

जो संवेदना तथा उत्तेजना तथा **चेतना** की वाहिका हैं, वे **ज्ञानेंद्रियाँ** हैं।

ज्ञानेंद्रियाँ इच्छाओं की अश्व हैं। कर्मेंद्रियाँ अश्वरोही हैं। '**मैं**' वल्गा थामे हूँ।

ज्ञानेंद्रियाँ तथा कर्मेंद्रियाँ ग्रहण करती हैं तथा अवदान भी।

देह के कई-कई आठ-दस सिस्टम हैं (इनका विवेचन यथास्थान होगा), कई अभिभूमिकाएँ (रोल्स) हैं।

समग्र देह एक ब्रह्मांड-घट की तरह है। देह '**तुम**' हो। '**मैं**' देही हूँ। अथर्ववेद का अश्वारोही हूँ।

क्या देह '**मैं**' की ही माध्यम है? है/नहीं भी है। सृजन तथा निर्माण में, भोग तथा सुख में माध्यम ही '**कृति**'/कर्म का आधार बनता है। कभी स्वयं भी '**कृति**' (नृत्य, अभिनय) हो जाता है। ऐसे में देह कृति तथा माध्यम, दोनों हो जाती है। तब '**मैं**' देह में अन्तर्लीन हो जाता हूँ।

देह अनुप्रेरक (कैटेलिस्ट) भी है। वह अपनी मौजूद स्पंदता से ही अन्य माध्यम को बदल देती है, स्वयं नहीं बदलती। चित्र/मूर्ति—ऐसे उदाहरण हैं।

देह निष्पादक (पर्फामर) भी है, अभिनय तथा अनुकृति में, सौन्दर्य प्रतियोगिताओं तथा फैशन-कदम-ताल में।

देह **परिमार्जक** भी है। अतएव देह माध्यम है, अनुप्रेरक भी है, निष्पादक भी है। तीनों है। देह **इच्छाओं** तथा **चेतना** की अश्व-शक्तियों से ऊर्जस्वित होकर यह क्रियाएँ करती है।

मैं देह-संरूप (फार्म) में द्वन्द्वात्मक ऐक्य कायम करता है। अगर संरूप अनुकूल है, प्रतिबोधी (रेस्पांसिव) है, अन्तर्वस्तु (कॉन्टेंट) का अनुकारक है तो 'मैं' की पूर्णाभिव्यक्ति होती है।

तथापि देह-माध्यम भी मैं की अन्तर्वस्तु को अपनी गुणधर्मिता, गुणवत्ता एवं प्रौद्योगिकी के स्तर द्वारा प्रभावित-परिवर्तित-रूपान्तरित करता है—

चैतन्य	देह	कृति
(मैं)	(तुम)	(वह)

तथापि देह द्वारा प्रजनन और स्व-संवर्धन करने वाली मौलिक्यूलर घड़ी/जैव-घड़ी/जैव-ताल ने नृ-मानव (होमो-सेपिएंस) की लाक्षणिक पहचान बनाई।

कोई दो लाख साल पहले पृथ्वी पर **आदि मानव** का अवतार हुआ। **वानर** से **नर** या मानव के इस विकास में पाँच घटक ध्यातव्य हैं—

(क) मेरुदंड के ऊर्ध्वस्थ होने से मनुष्य खड़ा होकर चलने लगा;

(ख) आगे के (पशुदशा वाले) दो पैर, दो हाथ हो गए जिनसे कर्म करके वस्तुएँ (औजार और हथियार) बनाने, संग्रह (शिकार और खाद्य-संचय) करने तथा इस्तेमाल करने के कौशल प्राप्त हुए। दुम झड़कर एपेंडिक्स में बच गई (फ्रेडरिख एंगेल्स)।

(ग) आँखें पार्श्व से खिसककर सामने स्थित हो गईं जिससे दर्शन, चिन्तन, ध्यान, पर्यवेक्षण आदि की अगम्य बौद्धिक क्षमताएँ बढ़ती गईं।

(घ) त्वचा बेहद पतली, मुलायम (कोमल), स्पर्शोदीप्त, चिकनी, संवेदनशील हो गई जिससे ऐंद्रियिकता, मनोरागों की तीव्रता तथा संलक्षता सिद्ध हुई।

(ङ) ऋतुचक्र का जीव-वैज्ञानिक उल्लंघन होने से काम तथा रति, प्रजनन तथा वंशवृद्धि का सर्व-ऋतुवर्ती सिलसिला बन गया। मानव-प्रजाति की वृद्धि अत्यन्त तेज और अधिक होने लगी।

विश्व में ऐसे देही मनुष्य ने नाना प्रकार से व्यक्ति तथा समूह, परिवार तथा समाज, सभ्यता तथा संस्कृति की रचना-संरचनाएँ करना भी शुरू कीं। इतिहास तथा ज्ञानानुशासनों की भूमिका तैयार हो गई। इस तरह से वह **सामाजिक मानव** होता गया।

इज़राएल के ताइज़मान इंस्टीच्यूट के प्रो. एहुड शेपिरो के अनुसार, एक घन सेंटीमीटर में **डी.एन.ए.** कई लाख 'सीडी' से भी ज्यादा सूचनाएँ संगृहीत कर सकता है। दोहरे हेलिक्स वाले मॉलिक्यूल न्यूक्लि-ओटाइड में मानवजीन होते हैं और वे चार वर्णों (A.T.C. और G) के रासायनिक आधारों में विशाल संस्भृतियाँ संचित रखते हैं (डी.एन.ए. का रासायनिक भाई ही तो आर.एन.ए. है)। इस तरह से डी.एन.ए. मनुष्य की संरचना, व्यक्तित्व तथा जीवन का सम्पूर्ण सूचना-रजिस्टर है। इसका ही **क्लोनिंग** में प्रसंस्करण करके भ्रूण (एम्ब्रियो) में तब्दील कर दिया जाता है। इसके विशिष्ट मनुष्य की हू-ब-हू प्रतिकृतियाँ तैयार की जा सकती हैं। यह **जैनेटिक आभियंत्रिकी** की प्रक्रिया है।

डी.एन.ए. को अगर फैलाया जाए तो इसकी लम्बाई पचास करोड़ मील होगी। इसके परीक्षण के लिए शरीर का कोई भी ऊतक (टिश्यू), बाल, शुक्राणु, रक्त लिया जा सकता है। समावेशी डी.एन.ए. मानव के जीन, गुणसूत्र तथा कोशिकाओं में मौजूद रहता है। यह आनुवंशिक जानकारी का वाहक होता है।

असल में मनुष्य के (हमारे) सभी तीस से पैंतीस हजार 'जीन' होते हैं। आनुवंशिक प्रयोगशालाओं में जीनों की रूपरेखा लगभग मुकम्मिल हो रही है। इससे अनेक आनुवंशिक बीमारियों से, आनुवंशिक दोषों से छुटकारा मिलेगा। **जैनेटिक कोड** (कूट) या अनुक्रम (सीक्वेंस) को चटकाकर जीनोम का इस्तेमाल होता है। इसके द्वारा सूचनाएँ हासिल करके अज्ञात (एक्स) वायरस की बायोलॉजी का पता प्राप्त किया जा सकता है। अतः जीन-थेरैपी मानो (ईश्वर के) करतब जैसी हो रही है।

गोरिल्ला चिम्पांजी जैसे आदि-वानर और शायद आदि-मानव भी, प्रारम्भ में एक-दो अस्फुट शब्द (?), मुद्राओं, चीखों, चिल्लाहटों, टेरों, रोने-हँसने (शब्दहीन), ध्वन्यर्थ व्यंजनाओं का ही व्यवहार करते थे। इसे **प्राक्तन भाषा** (प्रोटो-लैंग्वेज) कहा गया है। यही 'होमो-इरेक्ट्स' बोलते होंगे। वे सौ लोगों के एकत्र हो जाने वालों के 'समाज' थे। इसलिए उन्हें भाषा को विकसित करने की आवश्यकता पड़ी थी।...किन्तु दस लाख सालों तक वे एक ही तरह के औजार बनाते रहे क्योंकि उनके पास हमारे जैसा दिमाग़ विकसित नहीं हो पाया था (यह भी एक मानवीय समस्या है कि अलगाव से फैलाव भी होता है, क्रम-विकास की दशा में)। फिर नियंडरथल (अर्द्ध—)मानव अर्थात् गुफा-मनुष्य यूरोप के बर्फानी युग का राजा था—बर्फ में भी जिन्दा रहने के काबिल। वे कद में नाटे तथा सुगठित थे। उन्हें मौसम के अलावा शिकार के वक्त दुर्घटनाओं का भी शिकार होना पड़ता था क्योंकि वे नज़दीक से शिकार करते थे। उनके तथा हमारे डी.एन.ए. में कुल सत्ताईस अन्तर पाए गए, तदपि वे हमारे पूर्वज नहीं, चचेरे भाई हैं। वे 'इनसान' तो थे लेकिन 'हम' नहीं। वे हमसे मिलते-जुलते थे। कहा जा सकता है कि वे थे प्रतीयमान इनसान।

सर्वप्रथम 'होमो-सेपिएंस' (आदि-मानव) की हड्डियाँ पाना आसान नहीं है। सर्वप्रथम सबूत दक्षिण अफ्रीका की एक गुफा में मिला। वे एक लाख बीस साल पुरानी हैं। फिर भी मानव का जन्मस्थान रहस्य ही बना रहेगा, तदपि हमारी शुरुआत तो अफ्रीका के मैदानों से हुई है।...एशिया में होमो-इरेक्ट्स का दिमाग बढ़ता गया (मल्टी रीजनल थियोरी)। दुनिया बहुत बड़ी थी और हमारे पुरखे बहुत बिखरे हुए थे। अतएव वैज्ञानिकों ने डी.एन.ए. में 'म्यूटेशन ब्लाक' खोजे। अफ्रीकी लोगों में ज्यादा किस्म के अन्तरण हैं जो विभिन्नता के द्योतक हैं। सो, मान लिया गया कि मनुष्य का जन्म अफ्रीका में ही हुआ है, तो सामाजिक तथा शारीरिक (दिमाग़ और देह) का ढाँचा भी बदला। एशिया में होमो-इरेक्ट्स की ताकत बढ़ रही थी। इस मानव-सत्ता का कारण क्या है—तीनों नस्लें पाषाण-युग में रह रही थीं—नियंडरथल, होमो-इरेक्ट्स तथा होमो-सेपिएंस। होमो-सेपिएंस पत्थर और मिट्टी का इस्तेमाल करते थे।

क्रमशः नये औजार बने। अच्छा शिकार हुआ। बड़े कबीले गठित हुए। दूर तक फैलाव हुआ तथा नई-नई कबीलाइयों का निर्माण हुआ। अभी भाषा का पता नहीं। बच्चों की कोई भाषा नहीं होती। वह वाक्यविन्यास (सिंटेक्स) ही तो है जो भाषा बनाता है, तदपि अब मानव के पास औजारों से भरा थैला तथा व्याकरण से छटपटाता दिमाग़ आ रहा था। भाला-फेंकू तथा पत्थर के फलक बनाने वाले नये 'होमो' ही थे। वे एक कदम और बढ़े। वे गुफा-चित्र बनाने वाले कलाकार बनने लगे। बच्चों को नई बातें/नई चीजें सिखानी पड़ीं। इतिहास का (स्मृति रूप) धुँधलका झिलमिलाना शुरू हुआ। जानवरों का व्यवहार तथा सहयोगियों की मुद्राएँ समझना-समझाना शुरू हुआ। इससे आदि मानव आधुनिक तथा सामाजिक मानव बनता गया।

शायद हमारे दिमाग़ में यह जैनेटिक अन्तरण हुआ जिससे कला की कलाकारी—फिर लिपि, फिर भाषा के प्रतीक—जागे। यूरोप की अल्टामीरा की गुफा में यह दक्षता परिलक्षित हुई। नये औज़ारों तथा प्रतीकों का भी इस्तेमाल हुआ। क्षेत्रों पर कब्जा बढ़ा। मानव हर जगह

नये शिकारगाह तलाश करने वाले बन जाते थे। अट्ठाईस हजार साल पहले होमो-सेपिएंस ने नियंडरथलों को हाशियों पर धकेल दिया। अब वे यूरेशिया से आगे साइबेरिया तक बढ़े। अज्ञात महाद्वीपों—उत्तरी-दक्षिणी अमेरिका—तक आकर अलग-थलग पड़ गए, तथापि वे 'नई दुनिया' में पहुँच गए।

शिकार से आबादी नहीं बढ़ सकती। अगर शिकार कम होंगे, तो भुखमरी व अकाल पड़ेगा किन्तु मध्यपूर्व में कुछ लोगों ने एक नया रास्ता ढूँढ़ लिया—**खेती**। केन्या के उपजाऊ तटों पर खेती शुरू हुई। भेड़ों तथा चारे की फसल एकसाथ तैयार हुई। होमो-सेपिएंस को प्रकृति की गुलामी से छुटकारा मिलने लगा। जंगल कटे। ग्राम बसे। अब तो हम 'अन्तरिक्ष' में उपग्रहों से पहुँच रहे हैं, अजनबी ग्रहों पर, तथापि...अतीत में आगे बढ़कर स्वस्तिक को **कबीलाई समाज** पर लगाएँ। मान भी लें कि हम आखेटक और घुमन्तू-खानाबदोश व्यवस्थाएँ पार कर आए हैं। उनके भी बेहद ढीले-ढाले खुले आरम्भिक कबीले थे। बस, वे यूथ (हर्ड) से समूह (ग्रुप) बन रहे थे। **सामाजिकता** की पहली किरण झलक उठी थी। गुफाओं में तथा गुफाओं से बाहर आकर गुफा-कला एवं शैल चित्र बन रहे थे। हर कार्य कर्मकांड था तथा हरेक विधि जादुई प्रतीत होती थी। मानव समूहबद्ध था। गतियों तथा कर्म विधियों से, मुखौटों से, चिह्नों से अवाचिक सम्प्रेषण एवं अभिव्यक्ति जारी थी। मानवीय जीन भी परिवर्तित होकर अभिव्यक्ति लक्ष्यी हो चले थे। सामूहिक नृत्य समन्वय सिखा रहे थे। कबीलाई सरदार और शामन और पुरोहित और चित्रकार तथा पुरखों का प्रारूप-विधान (टाइपोलॉजी) उभर चुका था। आदिम उत्पादन तथा श्रम ने लाभप्रद हितों का विभाजन नहीं किया था क्योंकि अधिशेष (सरप्लस) की समस्या नहीं उभरी थी। धीरे-धीरे समाज के ताने-बाने बुने जाने लगे थे। नर-नारी में सर्वांगीण समानता व्याप्त थी, किन्तु मातृसत्ता की शक्ति क्षीण हो चली थी। आदिम साम्यवाद के अवशेष भी सक्रिय थे क्योंकि कबीलों का आदिम समाज होता है—सामूहिक, वर्गविहीन, अजटिल, क्षैतिज विकास वाला। उसमें यौन लज्जा की अवधारणा का अस्तित्व नहीं था।

उसमें कुलज्येष्ठ (पैट्रियार्क) तथा पुरोहित, कवि तथा दार्शनिक का एकैक होता है। इसलिए उनका समाज प्राकृतिक है तथा प्रकृति सामाजिक है। उनका हरेक कर्म और विचार प्रकृति तथा पर्यावरण तथा संस्कार से गुत्थमगुत्थ है।

वाक्पूर्व और वाकोत्तर दशाओं के बीच जब मानव झुंड अर्थात् यूथ (हर्ड) थे अर्थात् सामाजिक समूह (ग्रुम) नहीं बने थे तब **देहभाषा** ही अभिव्यक्ति का साधन थी। वह पशुओं-पक्षियों-वनस्पतियों आदि की ध्वनि की, उनकी गति और मुद्राओं की, उनकी जीवन-शैली के अनुभावों की अनुकृति थी। यही तो देहभाषा के मूलाधार हैं। इसके बाद शिलाओं, हथियारों, औजारों, बर्तनों, देह और वस्त्रों पर चित्र-रंग-रेखाएँ खींची गई होंगी—संकेतों तथा चिह्नों के लिए।...तदुपरान्त ही वाक् का उद्भव हुआ होगा। इसलिए कबीलाई समाज में समग्र मनुष्य ही (तत्कालीन) मनुष्य की समग्रता हो जाता है। जड़देववाद (ऐनिसिज्म) व बहुदेववाद (पैंथीइज्म) कबीले के उत्तर-जीवन की अनिवार्य शर्तें हैं। यह उसकी **आवश्यकता** के साथ-साथ **स्वतंत्रता** भी है। उस समाज में वर्ग-विभाजन तथा परकीयकरण एवं अरक्षा नहीं होती : परस्पर।

जब ये दशाएँ भंग होती हैं तब कबीलाई संस्कृति का विघटन, विद्रूपण तथा विनाश हो जाता है; अर्थात् तब वह समाज ऐकान्तिक मिथक और लोकयान से बढ़कर इतिहास के परिवर्तन में प्रवेश कर लेता है।

तब वह समाज वर्गीय नैतिकता में विभक्त होने लगता है। उसकी प्रारम्भिक अभिव्यक्ति धार्मिक मिथकों तथा प्राथमिक संरचना उच्चनीय कर्मकांडों में होती है।

ऐसे में देहभाषा अपनी केंद्रीयता को धुँधला कर देती है क्योंकि 'वाक्' का ज्यादा समर्थ-सशक्त माध्यम मिल जाता है। पहले शब्दमंत्र रूप में। कबीलाई समाज मूत: **मौखिक,** तर्केतर तथा कालमुक्त होता है।

वाक्पूर्व तथा वाकोत्तर दशा को जोड़ने वाली **देहभाषा** ही है। देह के अंग-प्रत्यंग व्याकरण-रूप, तथा देह की संरचना विश्वरूप हो जाती है। देह (घट) में ही ब्रह्मांड, लाखों तारे, सभी ग्रह, पंचभूत, सभी चक्र एवं कोश अन्तर्व्याप्त हो जाते हैं; समाज एवं पूजास्थल के बजाय।

अत: देहभाषा का आद्य उद्भव एवं उद्गम पैलियो विश्व है। यही महासूत्र है।

यहाँ हम एक महाकूट का खुलासा करते हैं। देह-सूर्य, सूर्य-देह तथा देह-सर्प (कुंडलिनी) के आर्केटाइपों से विष्णु तथा मनुष्य के संकल्प-प्रकल्प भी ढले। स्वस्तिक तथा लिंग भी क्रमश: सूर्य तथा सर्प के द्वारा (काल सम्भूत) प्रजनन के द्योतक हैं। मानव-देह का कुछ जन्तु वैज्ञानिक संरूपों (ज़ूमॉर्फिक फार्म्स) से साम्य माना जाता है—मछली और फण (सर्प), रीछ और वानर, हाथी और सिंह, शशक और मृगी तथा कालान्तर में ईहामृग एवं किन्नर गण।

सूर्य-देह की अधिकल्पना लगभग सभी प्रमुख सभ्यताओं में हुई है। सूर्य ही पुरुष है, सर्जक है। पृथ्वी धी है और नारी है। सूर्य को विष्णु-रूप में; सर्प एवं गरुड़ मुकुटधारी ईजिप्ट के फाराओ सम्राट अखनातेन में, लियोनार्दो के ऊर्ध्व बाहु फैले पदों वाले खड़े काल पुरुष में, कोपरनिक्स के सूर्य-केन्द्रित ब्रह्मांड में, संलक्षित किया गया है। वही कालसर्प पर अशेष-अनन्तशायी है।

इसी भाँति तांडव-मुद्रा में **शिवदेह** में सर्प एवं लिंग दोनों अन्तर्निहित हैं। यदि देह त्रिभंग-मुद्रा में है तो तांडव-मुद्रा भी भुजंग-त्रसित है। और शिवलिंग का तो कहना ही क्या! आह्लाद (एक्सटेसी), उन्माद (एनाम्नेसिया) तथा विक्षिप्तता (जुनून) की दशाओं में देह-मुद्रा और देह-दशा तथा देह-क्रियता विलक्षण हो जाती है।

हम पुन: एक स्थिति लेते हैं : भविष्य में पीछे मुड़ते हुए।

आदिम समाजों के जीवन का इतस्तत: उल्लेख 'महाभारत' में है। उत्तर कुरु प्रदेश में (पूर्वकाल) में नारियाँ अनावृत्ता एवं स्वच्छन्दचारिणी थीं। मद्र देश (स्यालकोट) में स्वच्छन्द नारियाँ मद्यपान में मस्त, वस्त्रहीन होकर नाचती थीं। वे मैथुन में भी निर्बंध थीं (कर्ण पर्व-27, 85)। यह विवाह की मर्यादा के पूर्व की गोधूलि-अवस्था रही थीं। वास्तव में हमें भी विश्वमिथकसरित्सागर में डूबने-उतराने पर ऐसे पुख्ता प्रमाण नहीं मिलते कि प्राक्-आदिम मानव-यूथों में सौन्दर्य की तथा प्रेम की, नैतिकता की तथा गोत्र-संकरता की अवधारणाएँ भी थीं। तब तक देवता-देवी भी सैक्स तथा गर्भाधान के कार्यकारण वाले सम्बन्ध ठीक-ठीक नहीं जानते थे। वे बस कामुक और सम्मोहित हो सकते थे। देवियाँ भी राक्षसों को मोहपाश में लुभाकर छल से उनका वध करना ही जानती थीं।

असल में एक नारी (चितेरी) द्वारा **रमणी-संरूप** (फीमेल फार्म) का संदर्श नारीचिति (साइकी) के कई गूढ़ रहस्यों को उत्तेजित करता है। यह कहना तो कुछ असंगत लगेगा कि इसमें स्त्रैण **समलैंगिकता** (लेस्बियनिज्म) ही होती है। अलबत्ता **आत्मरति** (नार्सिसिज्म) से इसे संयुक्त करने पर कुछ भेद खुल सकते हैं। उदाहरण **अमृता शेरगिल** (1913-1941) का लेते हैं। वे धधकते-उत्तेजक लाल रंग और उसकी कई सूक्ष्म उपच्छायाओं का खतरनाक प्रयोग तो करती ही हैं, साथ-साथ अत्यधिक उद्दीपक तथा ऐंद्रियिक नग्न नारी-संरूपों की शृंखला भी चित्रित करती हैं। वे स्व-छवियाँ भी चित्रित करती हैं। अपनी छोटी बहन इन्दिरा की बेहद कामोद्दीक छवि को 'नींद' नामक चित्रफलक (1933) में उभारों के साथ बनाया गया है। समलैंगिकता तथा आत्मरति की गोपन मैत्री कराने वाली अमृता खुद भी बेहद वशीकरणकारिणी तथा पहेलियों-भरी

रही थीं। उन्होंने रमणी-देह को जादुई यथार्थता से अनुरंजित कर डाला है। (सलमान रश्दी के उपन्यास 'दि मूर्स लास्ट लाफ़' में वे एक महिला चित्रकार के रूप में पात्र बनकर आई हैं)।

देहभाषा-वृत्त में प्रोक्ति की एक उलझन अभी भी पीछा नहीं छोड़ रही है।

एक महाप्रश्न है—कामेच्छा (पुडायर/डिजायर) तथा नैतिकता के बीच का द्वन्द्व (यदि मर्यादा-रेखा के अन्दर हो)।

हमें यह जान लेना चाहिए कि सैक्स एक जबर्दस्त जोश का भंडार है। यह एक भूकम्प-जैसा है, नख-शिखेन देह-प्रकम्पन है, तथापि सैक्स का उद्‌देश्य मानव-जीवन को निरन्तर रखना तथा देह को बेहतर बनाना है। 'सैक्स को समझने पर ही हम देह का, जीवन का आदर सीख सकते हैं' (—हैवलॉक एलिस)। अनेक कामुक संवेदनाओं तथा फान्तासियों से युक्त सैक्स 'परम सुख' प्रदान करता है।

यौन मुक्ति (सैक्सुअल लिबरेशन) की तमाम कल्पनाओं ने नैतिकता को मथ डाला है—मुक्त प्रेम, मेरी देह पर मेरा स्वत्वाधिकार, भरपूर सुखी जीवन, देहांगों का भड़काऊ प्रदर्शन आदि। मार्गरेट सोंगर तथा एम्मा गोल्डमान ने यौन क्रान्ति को जबर्दस्त शक्ति प्रदान की है। तस्लीमा नसरीन, शोभा डे, विद्या बालन भी नये ढंग से प्रश्नाकुल करती हैं। इनके प्रभाव का, काम-चक्र वाले सन्दर्भों में, खुलासा करेंगे। क्या हम अपने अन्दर या दूसरे में किसी जानवर की ऊर्जा/विशिष्टता महसूस अथवा प्रक्षेपित करते हैं? मुनिजी वात्स्यायन ने रूपक के बहाने अश्व, गज, मृगी, मीन, वृषभ, शश आदि की ऊर्जा-गन्ध-भंगिमा-मनोवृत्ति आदि को भी वर्गीकरण का आधार बना डाला है।

सर्वान्त में

सामाजिक मानव अर्थात् हमारे हाथों-पाँवों के लचीले **जोड़**, इन्हीं वनमानुषों (चिम्पांजी/गोरिल्ला/ओरांग ऊतान) की देन हैं : मुड़ने, फैल जाने, घूम जाने वाली बाँहें तथा पाँव। मानव **गति** में कम-से-कम इन दो जगहों पर अपनी पकड़ कायम रखता है। वजन के इस्तेमाल के कई उपभेद हैं—द्रव्य भार/गति वेग (वेलासिटी)। बस, दिक्कत यही है कि वनमानुषों के पास कोई **भाषा** नहीं है। ये निशान (चिह्न) पहचानकर अपनी माँगें कर सकते हैं (निशान अमूर्त चिह्न होते हैं जिन्हें वे सोच-समझकर इस्तेमाल करते हैं। वनमानुषों में गजब की चतुरता होती है। और हम उनसे यूँ भी अलग हैं कि हम अपने अतीत एवं भविष्य के बारे में ज्यादा चिंतित हैं)।

और यह समापन प्रोक्ति : महा-प्रश्न

हम सीधे खड़े कैसे हुए? ओहाइयो की कैंस्टेट यूनिवर्सिटी के जीव वैज्ञानिक ने खोजा—शरीर लचर/(रफ्तारकम/चार पैरों से चलने के फायदे कम मिलते हैं)।

अफ्रीका (तंजानिया) में मानव-जाति का जन्म हुआ—35 लाख साल पहले। पैरों के निशान पाए गए।—फिर यूथोपिया में **लूसी** मिली। यह बिना शर्त मनुष्य से सम्बन्धित थी। वह 33 लाख वर्ष पुरानी थी—2½ फीट ऊँची। वह अपने पैर सीधे कर सकती थी। अब हो सकता है कि वह चल भी सकती हो। वह अपना समय पेड़ों पर बिताती थी। हड्डियों व जोड़ों पर तनाव पड़ता है—चलने पर। घुटने व कमर के मुड़े हुए होने पर सीधे चलना काफी मुश्किल था। श्रोणी = पेल्विास...इस बात में कोई शक नहीं कि 35 लाख साल पहले वाली लूसी सीधे चलती थी। शायद मौसम में बदलाव के कारण।

बीस लाख वर्षों के अन्तर से मानव ने पैरों पर खड़े होना तथा औजार उठाना सीख लिया। वह पेड़ों से नीचे उतर आया। नर-भोजन इकट्ठा करके मादा के पास ले आता था। इस तरह भोजन और प्रजनन और बुद्धिमत्ता का त्रिभुज **परिवार** बसाने में मददगार हुआ।

खड़े होने की क्षमता के कारण ही मानव पाषाण-युग से आगे चल आया क्योंकि हमारी इंद्रियाँ विकसित हुईं, हमारी काम-क्रीड़ा आत्मीय तथा बन्धनमय हुई तथा सर्वान्त में इनके विकास के कारण हमारी भाषा अवाचिक से वाचिक होती गई क्योंकि एक पूरे वाक्य का जन्म मनुष्य के एक सुव्यवस्थित विचार/भाव का निर्माण है। तब यह नई सृष्टि रहा होगा, चमत्कार हुआ होगा। अत: शब्द पवित्र एवं रहस्यात्मक भी रहा होगा। इसके साथ ही कार्य-कारण वाले इतिहास में प्रवेश हुआ होगा।

सो, आद्य-भाषा तथा आदिम मिथक, दोनों की लीलाभूमि अनादि वासना है।

मानव-देह के बारे में कुछ दुर्लभ बातें

1. हमारे शरीर में नृ-वानरों से अधिक **बाल** होते हैं जो महीन एवं सूक्ष्म होने के कारण दिखाई नहीं देते।
2. हमारे शरीर में कोशिकाओं (सैल्स) के हिसाब से **त्वचा** (बाल, नाखून, दाँत की अपेक्षा) सजीव है।
3. **प्राणायाम** (श्वास-प्रश्वास) की प्रक्रिया में फेफड़े, नासिका तथा श्वास-नली का योगदान होता है।
4. शरीर में ऑक्सीजन को लाने-ले जाने वाला वाहक **हीमोग्लोबिन** है।
5. मनुष्य की **हड्डियाँ** क्रांक्रीट से ज्यादा मजबूत तथा ग्रेनाइट से कहीं अधिक कठोर होती हैं।
6. **रीढ़ की हड्डी** (मेरुदंड) में कुल तैंतीस गुरियानुमा हड्डियाँ हैं।
7. मनुष्य के शरीर में सबसे अधिक शक्तिशाली मांसपेशियाँ **जबड़े** में होती हैं (न कि पाँव या हृदय या काँख) में।
8. हमारे शरीर का सन्तुलन बनाए रखने में सहायक अंग **कान** में स्थित है।
9. मनुष्य के शरीर में **पानी** की मात्रा पैंसठ से सत्तर प्रतिशत होती है। मतलब यह कि हमारी आधे से अधिक देह में नाना भाँति से पानी मौजूद है।
10. **आँसू** लेक्रिमल ग्रन्थि से स्रावित होते हैं न कि एड्रीनल या थायराइड या पीयूष ग्रन्थि से।
11. **क्रोमोसोम** ही सन्तान में माता-पिता के गुणों के संवाहक हैं।
12. हमारे शरीर में आरक्षित **रक्त** की अधिकांश मात्रा प्लीहा (तिल्ली) में होती है तथा रक्त की अशुद्धि गुर्दे (किडनी) में जाकर छनती है।
13. हमारे एक घन मीटर **रक्त** में लगभग आठ हजार सफेद रुधिर-कोशिकाएँ तथा पचास लाख लाल रुधिर-कोशिकाएँ होती हैं। धमनियों में रक्त-प्रवाह की गति 300-500 मिली मीटर प्रति सेकेंड होती है। हमारे रक्त के भी चार समूह हैं। रुधिर पानी से छह गुना भारी होता है।
14. एक स्वस्थ मनुष्य का **रक्तचाप** (ब्लड प्रेशर) 120/80 रहता है।
15. अंकुरित चने, गेहूँ या उड़द में कामशक्ति-वर्धन की क्षमता होती है क्योंकि इनमें टेस्टोस्टेरान नामक **हार्मोन** होता है जो कि कामोद्दीपक है।
16. देह के (हमारे पंचतत्त्व) : भूत आकार, (कंकाल, त्वचा, मांस); जल (स्वेद, रस,

अधर रस, वीर्य, रज आदि); अग्नि (तीव्र रक्त संचार, अंगों की फड़क); वायु (देह-गन्ध, प्राण वायु, श्वसन) एवं गगन (मुद्राओं की गति, अंग-प्रतीक, आकृति-प्रतीक)।

17. देह की पंचभौतिक ऊर्जाएँ : विद्युत (द्रुति, दीप्ति, स्फूर्ति); प्रकाश (सौन्दर्य, लावण्य, गोराई-साँवलिया); ध्वनि (काकु, हृदय की धड़कन, सीत्कारें, ध्वन्यर्थक अभिव्यंजनाएँ); ताप (तीव्र रक्त संचार, अंगों की थरथराहट, लाल कान, जलता माथा—गाल, हथेली, एड़ी, प्रस्वेद तथा चुम्बकत्व (आलिंगन, चुम्बन, मैथुन, मल्ल मुकाबला, रोम-रोमांच) आदि।

सामाजिक मानव के अजन्मे ईश्वर का जन्म तथा निर्माण

हमारा उपागम (एप्रोच) पुरा-वनस्पतिशास्त्र, नृतत्त्वशास्त्र, पुरातत्त्वशास्त्र, जैविकी (जेनेटिक्स) का अनुगामी है। इसलिए धर्म-दर्शन तथा अध्यात्म की चर्चा नहीं कर सकेंगे क्योंकि ऐसे में अप्रासंगिक लगेगी।

करीब दो से तीन लाख वर्ष पहले की एक शृंखला बनी है—होमोनिड-होमोइरेक्ट्स से होमो-सेपिएंस अर्थात् तर्कशील मानव या **आधुनिक मानव** का विकास हुआ। इस शृंखला से पहले की अन्य शृंखला के अन्तर्गत **आदि-वानर** (प्राइमेट) में गिबन—ओरांग ऊतान-गोरिल्ला—और चिम्पांजी थे। इस तरह से विज्ञानों ने 'आदि-वानर' से 'आधुनिक मानव' तक का क्रम-विकास निर्धारित किया है।

शिकारी तथा शैल चित्रकार मानव-समूह जादू तथा कर्मकांड द्वारा जीवन की मुश्किलें सुलझाते थे। दोनों ही उनकी सामाजिक यथार्थता थे। शनैः-शनैः उनके समूहों में कबीले विकसित हुए। इससे जो संगठन बना, उसमें सरदार तथा शामन तथा पूर्वज नेता बन गए। वे आदर और भय के भी पात्र थे। पुरखे मरकर भी अपनी अध्यात्माओं (स्पिरिट्स) द्वारा कबीलों के नियामक थे। इस तरह पुरखे और शामन, सरदार और चित्रकार (तांत्रिक) कबीलाई गठन के चतुर्भुज थे। जादू और भय, आदर और अनुष्ठान उनकी **जीवन-शैली** थे।

इस दशा में तर्कशील मानव आदि कारण तथा आदिकर्ता (अर्थात् 'विश्व देह') के प्रति रहस्य में उलझने लगा। धीरे-धीरे उसने एक समानान्तर-विश्व, अमूर्त संसार की परिकल्पना-परियोजना शुरू की। जादू और भय, आदर और अनुराग चारों 'आदि-कारण-आदिकर्ता' में केंद्रित हो गए। कबीलाई मानव उस अमूर्त-अलौकिक संसार में आवागमन करने लगा। वहाँ उसे भय और मृत्यु से मुक्ति मिलने लगी। वहाँ वह लौकिक बन्धनों से स्वतंत्र था। वहाँ उसकी मनोकामनाएँ भी आकार ग्रहण करने लगीं। स्वर्ग तथा पाताल ऐसे ही नये लोक बने धरती और आकाश के अलावा यहाँ भी पुरखों की अध्यात्मा परम-अध्यात्मा, अर्थात् परम आत्मा, अर्थात् परमात्मा, अर्थात् **ईश्वर** का निर्माण करने लगी। ऐसे क्रम-विकास में मानव ने ईश्वरत्व को जन्म दिया और ईश्वर का निर्माण भी शुरू कर दिया।

पहले देवते जन्तु रूपिम संरूपों (ज़ू-मार्मिक फार्म्स) में निर्मित हुए। ईजिप्ट में नील नदी के जंगलों से आकर जुड़े कबीले बाज़ (गरुड़) और सर्प (नाग), बबून (बन्दर) और शृगाल, गाय और मगर आदि के टोटेमों (पूजित चिह्नों) से एकजुट हो गए। सरदार तो सम्राट या फाराओं—ईश्वरावतार—हो गए तथा ईश्वर कई बने कबीलों के टोटेम के मुताबिक भिन्न-भिन्न कर्मकांड करने वाले। उनके मुख टोटेमों के तथा धड़ (रुंड) मानवों का निर्मित हुए। इसी के समानान्तर आर्य-गोत्रों ने सूर्य-चन्द्र, गो-पृथ्वी, उषाः : मित्र-वरुण, अग्नि, मरुत, रुद्र, इंद्र आदि प्राकृतिक शक्तियों को दिव्य देवपद प्रदान कर दिया। वह **विश्वदेव** हुआ। वह लौकिक सुख-समृद्धि का

प्रदाता हुआ। युद्ध तथा यज्ञ द्वारा वह आदि-कारण—आदि-कर्ता भी हो गया। बाद के ऐतिहासिक क्रम में वे देवते मानवकार होकर अवतरित हुए। पशु-पक्षी उनके वाहन तथा आवश्यक उपकरण आयुध हो गए। पूरा देव-लोक ही आबाद हो गया। वे अजर-अमर हुए। तर्कातीत हुए, श्रद्धाकेंद्र और शरणागत-वत्सल भी हुए। पुरखे, कबीलाई सरदार, शामन तथा तांत्रिक चितेरे उनमें तिरोभूत तथा विलीन हो गए। उनकी मुद्राएँ-भंगिमाएँ, आसन-प्रकर्म, लक्षण-लांछन भी निश्चित होते गए।

इस भाँति मानव ने अनगढ़ विश्वमिथकआलेखकारी द्वारा देवता-देवियों को **जन्म** दिया तथा नाना मानव-स्वरूपों में उनका वैश्विक **निर्माण** भी किया। कालान्तर में संस्कृतियों में उनके परिवार तथा अवतार तथा निवास (ओलिंप्स, कैलाश, बैकुंठ) भी कायम होते गए, तो ईश्वर ने इहलोक तथा परलोक आमने-सामने उपस्थित कर दिए।

पुनश्च: जेनेवा की सी.ई.आर.एन. में (4 जुलाई, 2012) 'ईश्वर-परमाणु' अर्थात् 'हिग्सबोसोन' का अनुसन्धान कर लिया गया है जो शाश्वत भौतिकशास्त्र के लिए एक विराट् छलांग है कि यह ब्रह्मांड अदृश्य डोरियों से सिला-बुना है। अत: आइंस्टाइन सम्मत 'देश-काल-गुरुत्वाकर्षण के यथार्थता वाले मॉडल' के साथ दूसरा मानक 'स्टैंडर्ड मॉडल' में 'हिग्स' की खोज ने यह पता लगा लिया बताते हैं कि ब्रह्मांड कैसे रचित-स्थापित-स्थित है अर्थात् ब्रह्मा और विष्णु के प्रकार्य कैसे चल रहे हैं।

अपने को मानव के सामूहिक अवचेतन की स्मृतियों में, एक छोटे से इदम-कोने में भी झाँकता हुआ पाइए

पृथ्वी अनन्त तथा **जल** पहला अनादि चक्रचिह्न है। अनन्त प्रवाह प्राण है। जल से उपजा दक्षिणवर्ती शंख (विष्णु) और पद्म (पद्मा लक्ष्मी) अर्थात् सुरभियुक्त पृथ्वी। अनन्त जल से ही जन्मा अनन्त लहरों के सहस्र फण फैलाए अनन्त नाग। उस पर अनन्तशायी विष्णु। विष्णु अर्थात् सूर्य। फिर तो अवतरित हुए मत्स्य, कच्छप और वाराह। प्रकारान्तर से वे देखे गए विशाल डायनासोर, मैमथ (महागज) में। फिर आए वानर, नृ-वानर और मानव।

अत: जीवों तथा प्रजातियों के 'जीनों' में, 'डी.एन.ए.' में लाखों वर्षों की विकासगाथा संकेत/संदेश/अवशेष के तौर पर अन्तर्बद्ध हैं। वे मौजूदा स्मृतिरूप में नहीं, किन्तु मूल वृत्तियों (इंस्टिंक्ट्स), परिचालकों (ड्राइव्स) प्रतिक्रियाओं—प्रतिबोधों (रिएक्शंस-रेस्पांस) के रूप में कूट-लग्न हैं। अत: कालिदास की 'अबोधपूर्वा स्मृति' और कार्ल जुंग प्रणीत 'प्रजातीय अतीत' का पुनरुज्जीवन छोटी-सी जिन्दगी या खूब लम्बे इतिहास द्वारा नहीं हो सकता। इसका पुनरुज्जीवन केवल पेलियेंटोलॉजी, एंथ्रोपोलॉजी तथा जेनेटिक्स के द्वारा ही हो सकता है।

जल और पद्म की इसी कड़ी में **काम** का सिसृक्षावाही अभिज्ञान पद्म-गन्ध (पद्मिनी) तथा मत्स्यगन्ध (मीन-केतन) के द्वारा होता है। यह भी एक फान्तासी रही थी कि स्वर्ग में सुख है, सुन्दरता है, भोग है, काम-कला का पाठ है। लेकिन प्रेम नहीं, दुख नहीं, मरण नहीं। इसलिए पहले मानव-देह को पहचानो, फिर मस्तिष्क को। फिर कार्य और ज्ञान की शैलियों को। अत: हम दोबारा फान्तासी में बहें—अन्तरिक्ष के पाँच छिद्रों के माध्यम से **सविता** का अमृत-प्रवाह होता है। (सविता) ही इसका स्रोत है। यह 'मधुविद्या' है। ये पाँच छिद्र मानो पाँच मधु-धमनियाँ हैं—(देह की)। देह में इनके रस से पुष्ट होने वाले **पंच कोषों** की फान्तासी करें—

1. अन्नमय कोश से अन्न आदि रस की उपलब्धि (यह प्रथम प्रकार का मधु-रस है)।
2. प्राणमय कोश से प्राण शक्ति बढ़ती है। इसके द्वितीय मधु-रस से प्राण तत्त्व पुष्ट होता है।

3. मनोमय कोश में इंद्रियों का अधिपति मन है। इसमें मधु-रस प्रवाह से पंच ज्ञानेंद्रियाँ-कर्मेंद्रियाँ पूर्ण काम होती हैं।
4. विज्ञानमय कोश में मधु-रस से वीर्य/रज की पुष्टि होती है तथा—
5. **आनन्दमय कोश** से तेज की उत्पत्ति सम्पुष्ट होती है।

अत: **मानव** और **मानव-देह** हमें अमृत की ओर, आनन्द की ओर लिए जा रही हैं—अनन्त तक।

ऐसे अनन्त के अनादि में **देहभाषा** की विभेदकता तथा सांस्कृतिक विभिन्नता को समझने के लिए एक आयाम का संज्ञान लाजिमी है।

मानव जीवन 'न्यूक्लिओ—प्रोटीन-कॉम्प्लेक्सों' का ही सम्पुंजन है जो **सूचनाओं के प्रवाह** से संचालित होता है। यही जीवन का संगठन करता है। दो प्रकार की सूचना-प्रणालियाँ हैं। इन्हें जेनेटिक संसूचना-व्यवस्थाएँ कहा जाता है। **प्रलम्ब-व्यवस्था** विकास या उन्मीलन की प्राचीन प्रणाली है जो जीवन के उद्‌गम में है तथा एकता एवं स्थायित्व की गारन्टी है। यह वंशानुगत है। **क्षैतिज-व्यवस्था** ओन्टोजेनेसिस की प्रणाली है। यह रीढ़धारी-स्तनपायी पशुओं में विशेष है। इसके द्वारा ही देहधारी परिवेश में प्रतिबोधन करते हैं जो विकास-क्रम में जटिलतर होता जाता है। यह परिवेशानुगत है। यह सीखने तथा प्रशिक्षण की क्षमता अर्थात् विद्या एवं ज्ञान को बढ़ाती है। यह (क्षैतिज) व्यवस्था ही जैनेटिक संसूचना की नई धारा तथा नये रूपान्तरण उत्पन्न करती है। उदाहरण के लिए समुदायों के विभिन्न समूहों के अनुकूल-विरुद्ध सम्बन्ध। इनसे ही मनुष्य के जीवन एवं मानव समूह की संस्कृति में 'नया चुनाव' होता है। अतएव विकसित नृ-वानर अर्थात् मानव की चेतना एक आन्तरिक संसार की (भी) रचना करती है, दूसरी प्रजातियों के मुकाबले। तात्पर्य यह है कि हम यूथ (होर्ड : झुंड) से **समूह** (ग्रुप) बन गए। हम सामाजिक समूह में अपना स्थान समझ सके। हम परिवार, कबीले, ग्राम, पुर, नगर तथा सभ्यताएँ बना सके। **चेतना** ने हमारे लिए नये युग के द्वार खोले।

बाद में, पन्द्रह हजार सालों में सात सौ (मानवीय) होमो सेपियन पीढ़ियों ने दुनिया की यात्राएँ कीं—अफ्रीका, एशिया, यूरोप, अमेरिका, पूर्वी यूरोप (तब यूरोप-एशिया-अमेरिका द्वीपों के नक्शे एक-दूसरे से जुड़े थे)। शैल चित्रकला ही हमारी प्रथम केंद्र बिन्दु बनी : भाषा के उन्मीलन से लेकर देहभाषा की विविधता तक। इसने मानव को दुनिया को **देखने, महसूस** करने तथा उसकी **व्याख्या** करने में आदि मानव को देहों, रेखाओं, अर्थों, प्रतीकों में छिपे संसारों की खोज करने की दक्षताएँ दीं (वाकणकर का अभिमत)।

वस्तुत: नृतत्त्व और पुरातत्त्व की वैज्ञानिक खोजों से अभिज्ञान हुआ है कि नृ-वानर अर्थात् मानवीय पशु कोई एक सौ बानबे जीवित बन्दरों एवं लंगूरों से उन्मीलित हुआ था (लगभग दस लाख साल पहले)। लगभग पचास हजार साल से ज्यादा **गुहावासी** शैल चित्र निर्माता का तथा तकरीबन दस हजार साल का उसका इतिहास है। इस तरह कोई नौ लाख नब्बे हजार वर्ष उसके पशु से सांस्कृतिक मनुष्य बनाने में लीन-विलीन हैं।

वह अपने शरीर का स्थायी **तापमान** 98.6 डिगरी सेल्सियस रखने में सक्षम है। उसकी स्थायी **त्वचा** नग्न है। वह मांसभक्षी बनाम कन्द-मूल-फल भोक्ता होने के द्वन्द्व से उभरा (आरम्भ में तो वह जन्तु-भक्षी था)। इस भाँति भू-वासी नग्न वानर से शिकारी वानर से मारक वानर से सीमावासी (गेह) वानर से **सांस्कृतिक मानव** बनने के उपक्रम में उसने **देहभाषा** से वाक्-भाषा का भी विकास किया। लगभग पाँच लाख साल पहले उसने **अग्नि** को उत्पन्न किया (प्रोमेथियस की ग्रीक मिथक का हवाला)। उसने रंगदार **दृष्टि** तथा **घ्राण** की क्षमताएँ सीखीं। फिर तेईस वर्ष की उम्र तक भरपूर यौन-शक्ति प्राप्त कर ली। इस देरी से वह 'शिशु सुलभ वानर'

भी बना रहा क्योंकि जन्म में तो उसके मस्तिष्क का तेईस प्रतिशत विकास हुआ था। उसकी देह तथा मस्तिष्क को विकसित होने में समय लगा। इस तरह मानव को लम्बे बचपन, लम्बे वाल्दैन-संरक्षण, लम्बे प्रशिक्षण के दौर से गुजरना पड़ा। उसे देहभाषा की मुद्राओं तथा भंगिमाओं से आगे आने में शैल-चित्रों और हाइरोग्लाफिक प्रतीकों के दौर को पार करना पड़ा। इस तरह उसकी वर्णमाला का उद्‌गम हुआ। ईजिप्ट तथा आस्ट्रेलिया में अंकित 'शैल-ग्राफितीयाँ' लगभग चार हजार साल पुरानी हैं। इस लड़ी में भारत में मोहनजोदरों की, इस्राइल में हिब्रू की, हेलॉस में ग्रीक की, साइरिलिक तथा रोमन की, तक्षशिला में खरोष्ट्री की—ये हाइरोग्लाफिक लिपियाँ हैं। फलतः मानव शक्तिमान प्रतीकों तथा ऊर्जा-पूर्ण मुद्राओं को सामाजिक-यौनात्मक आचरणों को इंगित करने लगा। मानव के 'शिशु सुलभ वानर' होने की सुदीर्घता की यही गाथा है। इसीलिए मिथकें भी 'मानवता के बचपन' की द्योतक बनी हैं। सारांश में 'क्षैतिज-संसूचना-व्यवस्था' ने मानवीय मस्तिष्क को विकसित तथा रूपायित किया। इसने ही मनुष्य के सामाजिक जीवन के आचार-व्यवहार के नर्ममान (नार्म्स) विकसित किए। देहभाषा का चक्र यूँ केंद्रापसारी होता चला आया है। जीवन के नजदीकी सम्बन्धों तथा कला एवं कार्य की खोज के लिए मानव के पास कई तरह की प्रतीकात्मक मान्यताएँ उपलब्ध होती गईं। मानव ने इन्हें पचास हजार सालों में पाया। संयोग यह कि हमारा पूर्वेतिहास अर्थात् पेलियो-काल दस-पन्द्रह हजार साल पुराना है।

अन्ततोगत्वा सारी तान शिकारी-झुंडों से शुरू होती है। पूर्वेतिहास में पुरुषों का शिकारी झुंड था। नारियाँ (मादाएँ) शिशुओं का लालन-पालन करने में व्यस्त थीं। **घर** का आधार अनिवार्य हो चला था अर्थात् मातृसत्तात्मक व्यवस्था की आवश्यकता हो चली थी। घर में बच्चे इन्तजार कर रहे थे, खाने में हिस्सा लेने की आकुलता जागती रहती। अतः शिकारी लंगूर ही **सीमाधारी नृ-वानर** (टेरिटोरियल ऐप) हो गया। उसका एक 'स्थिर घर' बनता गया।

नया **सांस्कृतिक मानव गंध** की इंद्रिय के बजाय **दृष्टि** की इंद्रिय से ज्यादा शासित हुआ—फलों तथा फूलों के रंगों से। क्रमशः **स्वाद** की इंद्रिय भी ज्यादा परिष्कृत हुई। इस प्रकार मानव का मनुष्य और मनुष्य का ज्यादा सहयोगी तथा प्रतिद्वन्द्वी हुआ। अब इसमें उसका **श्रेष्ठतर मस्तिष्क** तथा **खड़ी (प्रलम्ब) देह** सहायक हुई [मानव के **शिशु** का मस्तिष्क जन्म के समय केवल तेईस प्रतिशत होता है, नन्हे बन्दर के सत्तर प्रतिशत के मुकाबले। फिर अगले छह साल तक उसकी तेज वृद्धि होती है तथा तेईस साल की उम्र तक शेष सत्तर प्रतिशत पूरा होता है। इसलिए तेरह वर्ष की उम्र में यौन-पक्वता के बाद भी हमारा मस्तिष्क बढ़ता रहता है।] अतएव हम 'शिशु वानर' हैं। तदपि हमारी प्रजनन-व्यवस्था अपेक्षतया तेजी से विकसित हो गई। इस प्रकार हम **गुफा** से **गेह** के वासी हो गए। इससे जोड़ा-बन्ध (पेयर-बान्ड) का विकास हुआ। इससे प्रेम पनपा। प्राइमेटों में यह कमतर है।

असल में **नग्न वानर** के केश-लोप को देह की 'सैक्सवाची सिग्नल विधि' कह सकते हैं। इस तरह नग्न वानर सर्वाधिक-सर्वोत्तम जिन्दा सैक्सीय प्राइमेट है।

सो, पूर्वेतिहास में व्यक्ति तथा जीन, आधार तथा आधेय, आन्तरिक तथा बाह्य, सापेक्ष्य तथा निर्विकल्प की जो सम्बन्धताएँ पूर्णरूपेण समन्वित थीं, उनका ध्रुवीकरण होता चला। नतीजन नीतिशास्त्र एवं इतिहास का आविर्भाव हुआ। इन सम्बन्धों की संयुक्तता में **निष्ठा-आस्था** या **विश्वास** प्राथमिक कड़ी बना। अब मनुष्य दैहिक दूरी को भी 'वस्तुरति' (फेटिश) द्वारा नजदीकी बना बैठा। बस, कला-कल्पना और देहभाषाओं के कई लीलाकमल भी संस्कृतियों में खिलते गए [मसलन मिथकें भी तो ऐसी केंद्र हैं : भगीरथ (श्रम तथा चमत्कार), सती (जीवन और मृत्यु), कृष्ण (नर तथा नारायण)] आदि-आदि। इस तरह जादू और विज्ञान, मिथक और भाषा, देहभाषा और संकेतायन का उन्मेष होता चला।

सन्दर्श (विज़न) ऐसा है

आगे मानव की धुरी वाले इस ग्रन्थ के प्रयोजन में हम एक ओर **मानव-देह** तथा दूसरी ओर **मानव-देहभाषाओं** के प्रकल्पों का प्रतिपादन करेंगे। इसमें **अवाचिक संसार** ही है, लेकिन रूप, रस, गन्ध तथा स्पर्श की परिव्याप्ति है। इसलिए एक निर्भाषिक देहभाषा ही नहीं, बल्कि कई देहभाषाएँ हैं। हमारी प्रतिज्ञा यही है।

इसके लिए हमें देह और नैतिकता, सैक्स और अश्लीलता की जबर्दस्त दुविधाओं तथा चुनौतियों का भी सामना करना है। हमारा उपागन आयुर्वैज्ञानिक-नृतत्त्वशास्त्रीय-मनोवैज्ञानिक-समाजशास्त्रीय होगा। अत: हम प्रतिगामी तथा रूढ़िवादी दृष्टिकोणों से एक सौ अस्सी डिगरी का मोड़ लेंगे अन्यथा हम एक डग भी आगे नहीं भर सकेंगे। अलबत्ता हम अनैतिक नहीं, अन-नैतिक (ए-मॉरल) होंगे। कोई भी मानव-देहांग हमारे लिए वर्जित, अपवित्र, अशालीन, अभद्र नहीं हो सकता। हम सामाजिकता तथा प्रगतिगामिता के ऐतिहासिक भौतिकवाद से आद्योपान्त प्रतिबद्ध हैं।

हमारे लिए मानवदेह पूर्णरूपेण ऐंद्रियिक-सचेतन जैव-विज्ञान है। वह हिमीभूत या शिलीभूत न होकर पाँचों ज्ञानेंद्रियों-कर्मेंद्रियों-भूतों-तन्मात्राओं से सम्पन्न है। वह जीवन्त, रागतप्त तथा छन्द-ताल, गति-कार्य-मय है। इस देह के चार कोण हैं—

1. देह का अंग-प्रदर्शन, अंग-छेदन (एक्यूपंक्चर, झुमके, नथुनी, नाभि-छल्ले)। तप्तांग, उत्तेजक बिन्दु-स्थल। अंग-लेखन—गोदना, बिन्दी, मेहँदी, आलक्तक।
2. देह-शिल्प के फोटो-सत्र, मॉडलिंग, फैशन-परेड।
3. देह-आवरण : वस्त्राभरण, वस्त्रानावरण, विभिन्न लिबास, मुखौटे।
4. देह-मंडन, देह-लेपन, देह-चित्र रचना।

अतएव देह व देहांग के मूल तो छिदवाना, गुदवाना, बनवाना (प्लास्टिक सर्जरी), गढ़वाना-लिपवाना (फेशियल) आदि भी होंगे।

अन्य पक्ष यथानुसार लिए ही जाएँगे। हम जानते हैं कि देहभाषाओं के सामाजिक प्रकार्य भी बेहद महत्त्वपूर्ण हैं।

प्रेम ↓ (लव) और **यौनता** ↓ (सैक्स)
खुशी ↓ (प्रसन्नता) तथा सुख ↓ (प्लेज़र)
आनंद एवम् **रमण**

की परछाइयाँ

यहाँ आधिभौतिक आयाम में देह तथा देहोत्तरता, और लोक एवं लोकोत्तरता के बीच द्वंद्वात्मकता है, क्रमश: सैक्स और प्रेम में। परम प्रेम कथित 'दिव्य' (डिवाइन) में उत्तीर्ण होने पर उज्ज्वल ब्रह्मानंद जैसा माना जाता है। तो परम यौन भी ब्रह्मानंद-सहोदर होकर रागारुण रमण करता है। दोनों युगल रूप हैं।

(क) तो, **सैक्स** देह-केंद्रित है। यह परम सुख है। यह इहलीला है, विलास है, विहार है। यह ऐंद्रियिक (सेंसुअल) है। इसके परमसुख में 'सदेह मुक्ति' है—रमणीयता, उन्मत्तता, प्रसन्नता तथा संतप्ति-संतृप्ति की परिपूर्णता में।

तदपि जीवन में देह पर आधिपत्य (पजेशन) बनाम देह के स्वामित्व/ (my-ness) के बीच निरंतर अंतर्बाह्य प्रबल रण छिड़ा रहता है। नारी विवश/छलित/प्रलोभित होकर अपनी देह के स्वामित्व को सौंपती, समर्पित करती तथा भागीदारी करती है। पुरुष भी कुछ ऐसा ही करता

है, किंतु अहंकार का विसर्जन प्राय: नहीं करता और देह पर कब्ज़ा ग़ालिब करता है। असली समन्वित मार्ग है : देह का मिथुनत्व, मन की हार-जीत तथा बुद्धि की साझेदारी!

भोग जैविक (बायोलॉजिकल) भी है। यह सृष्टि की वैध आवश्यकता है। यह क्षणिक है, कामलोलुपता (लस्ट) भी है। इसके भयानक, पाशविक अमानुषी पक्ष बलात्कारादि हैं तथा आर्थिक लाचारी में यह देह-व्यापार भी है। यौन-भूख कुंठा, हिंसा, क्रोध तथा क्रूरता में धकेल देती है।

प्रेम में भोग से छिटककर आगे बढ़ा जाता है तब उसमें राग और उन्माद हैं। यह वैयक्तिक, सामाजिक, संवेगात्मक की त्रयी बाला है। इसमें स्थायित्व, सुरक्षा, समानता, सुंदरता, अहंविसर्जन की प्रेयता-श्रेश्ता होती है।

इसी में से अंतर्विरोध (कांट्रेडिक्शन) तथा विरोधाभास (पैराडॉक्स) उभरते हैं : 'विरुद्धों की एकता' के। पुरुष प्रेमिका को पत्नी में तथा पत्नी को सुप्रिया में उत्तीर्ण करने की फांतासी बुनता है तो स्त्री प्रेमी को पति में तथा पति को सुप्रिय में उन्मिखि करने के मायावरण (हैलुसिनेशन) में ताउम्र साध्वी/योगिनी/पतिव्रता बन जाती है (—पुरुष ऐसा नहीं)। इसकी भी एक यूरोपियन दिशा है : प्रेमी को 'प्रभु' [प्रभु को प्रेमी (मीरा)] तथा प्रिया को 'देवी' पद देकर अधिमान के भ्रम में तिरोभूत हो जाना।

प्रेम में भी तरसना, लालायित होना (लॉन्गिंग) की रोमांटिक परछाइयाँ अंतर्निहित हैं। इसमें शुरू में मोहाशक्ति (इनफैक्चुएशन) भी है। सौंदर्य का जादूटोना है। एक चरम चमत्कार में आनंद (-मय) हो जाता है।

तो, अब हम पुन: सुख से आनंद में प्रवेश करते हैं!

(ख) सुख में दैहिक विहार-विलास है और ऐंद्रियिक संतृप्ति भी। यह रमणीयता-धुरी पर उत्तेजित होकर धधकता है। यह केंद्रीभूत भोग-संयोग है—यौनता में। यह महाशक्ति भी है—मिथुनता में। यह तो **विषयानंद** भी है। **आनंद** की परमअवस्था 'ब्रह्मानंद' है (?)। यह दैहिक और ऐंद्रियिक को, उत्तरता में अंतर्ज्ञान भी है। ऐसी दशा में यह स्व-पर अन्य के तीनों संबंधों से भी विमुक्त है, तदपि तन्मयी भावन भी है।

इसका माध्यम देह के बजाय मनोमुकुर है जो कि परा-मनस्तात्त्विक दूरी है। मुकुर में दीप्ति एवं प्रतिबिंब पर छाईं, दोनों ही हैं। अत: आनंद-चक्र में शृंगार-वात्सल्य, करुणा-रौद्र, भयानक-बीभत्स—सभी का सामंजस्य हो जाता है। यह चमत्कारिक है।

(ग) अतएव अंततोगत्वा हम **महामुद्रा** से **महाभाव** में प्रस्थान करते हैं। मध्यांतर में **महायोग** मध्यवर्ती हो जाता है।

निष्कर्षत: यह बेहद जटिल शाश्वत चुनौती है। दोनों में ही विरक्ति नहीं है।

हमारी जैव-इंद्रियग्राह्य देह के प्रत्येक इंच की विलक्षण भाषा होती है—**हर्षोन्माद** (एक्सटेसी) की आहें, कराहें तथा चीखें। अत: देह का प्रत्येक संतप्त इंच संतृप्त होने को अवाचिक प्रकर्म, मुद्रा, भंगिमा, संकेत आदि के सिग्नल देता है। इसी तरह **यातना** में हूक, हाय, भय तथा क्षय से आहत इंच शमित होने को नियताप्त होते हैं।

कामयुद्ध में राधामाधव की पवित्र दो देहों का परस्पर **एकदेह** होना ही गीतगोविंद का उत्कर्ष है; परस्पर विजय भी है, महाभाव की।

यहाँ देह के दो तप्त बिंदुओं से अमृत झरता है—मस्तिष्क की गगन-गुफ़ा से (ज्ञान का); इसे सरस्वती कह लें। दूसरे, योनि-सुरंग एवं लिंग-फणिधर से (कामरति के); इन्हें क्रमश: यमुना एवं गंगा कह लें। यह एक उदात्त त्रिवेणी है। इनके समायोजन से ही नये जीवन यौवन, महासुख तथा प्रेम-आनंद वाला विराट **समुद्र-मंथन** होता रहता है।।

II

मानव-देह

अध्याय : तीन

मानव-देह

(अ) मानव-देह : आदर्श-प्रादर्श-प्रतिदर्श

मिथक-दार्शनिक पर्यावलोकन में देह ही विश्व है, देह ही ब्रह्मांड है।

एत्थु से सुरसरि जमुणा, एत्थु से गंगा सामरू।
एत्थु पयाग बणारसि, एत्थु से चन्द दिवाअरू।।
खेत्तु-पीठ-उपपीठ, एत्थु मइँ भभइ परिहयो।
देहा-सरिसअ तित्थ, मइँ सुह अण्ण ण विट्ठओ।।

यहाँ इसी देह में इड़ा (सुरसरि), पिंगला (जमुना), इसी देह में गंगा (सुषुम्ना), सरस्वती है। इसी देह में प्रयाग है, बनारस है, इसमें ही चन्द्र है, दिवाकर है। इसी देह में धर्मक्षेत्र-कुरुक्षेत्र है, सिद्ध पीठ है, इसी में मन भ्रमण करता है। इसी देह में शास्त्रों की सप्तभूमियाँ (मुद्रा, लिंग, नाभि, हृदय, स्कन्ध, मस्तिष्क तथा ब्रह्मांड) हैं।

ये देहभाषा के भी आनुष्ठानिक सामाजसांस्कृतिक कूट है।

मानव-शरीर क्रमविकास (इवोल्यूशन) का एक अद्वितीय चमत्कार है जो तकरीबन दस लाख वर्षों में विकसित हुआ है। तदपि देह की सीमाएँ हैं; शरीर शिथिल, रोगी व बूढ़ा हो जाता है या हड्डियाँ भुरभुराकर सिकुड़ जाती हैं, तथापि हमारी देह-रचना में विभिन्न अंगों का संयोजन है। क्रमविकास ने हमें एक प्रमुख जैविक कार्य के लिए बनाया है—सन्तान की उत्पत्ति। नवजात में आधे जीन पुरुष के तथा आधे संगिनी के होते हैं। विस्फोट ने ही जीवन के अवयवों की सर्जना की है। नाना प्राणियों की हड्डियों और उनके ऊपर ढाँचे और उन पर आकृति आदि भी इसी की देन मानी जाती है। मानव की आकृति में भी ऐसा हुआ होगा।

ब्रह्मांड (यूनिवर्स) एक बड़े जबर्दस्त विस्फोट से पैदा हुआ था, हजार करोड़ों साल पहले। उसका विस्तार अभी भी जारी है। ग्रहों का टकराना, धूमकेतु का टकराना, ज्वालामुखी का फटना—ये विराट विस्फोट हैं। धूमकेतु के टुकड़ों का ग्रहों से टकराने पर नक्षत्र जन्म लेते हैं। सो, मानवजन्म भी प्रथम विस्फोट का भी उन्मीलन है।

हमारा अस्तित्वपरक लक्ष्य लम्बी उम्र, अच्छा स्वास्थ्य तथा भयंकर बीमारियों से छुटकारा है। इसलिए शरीर और मन को, कर्म और काम को हमेशा चुस्त-दुरुस्त रखना होगा ताकि स्नायु-चक्र एवं मांसपेशियाँ ताकतवर हों। ध्यान रहे कि रीढ़ की हड्डी (मेरुदंड) सारे शरीर को, पीठ को सहारा देती है। हड्डियों के जोड़ ही विभिन्न कर्मों, कार्यों, प्रकार्यों में नाना प्रकार की मुद्राएँ बनाते हैं। एक काव्यात्मक न्यायपरक जिज्ञासा हो सकती है कि **देह कहाँ से आरम्भ तथा कहाँ पर समाप्त होती है**। हम इसके वैज्ञानिक कारण तो ज्ञात करा आए हैं।

काव्यात्मक निर्णय के मुताबिक कहा जा सकता है कि हरेक शरीर का एक **वैयक्तिक चुम्बकीय क्षेत्र** होता है तथा देह-रक्षार्थ एक **लक्ष्मण-रेखा** भी होती है।

देह भौतिक रूप से वीर्य-बीज तथा गर्भ-अंडाणु (बिंदु) के सम्मिलित विकास से आरम्भ होती है। यह कंकाल पर स्थित रक्तसंचार तथा श्वसन से संवर्धित होती है तथा प्राण तथा मन से संचारित होती है। ये इसको ऊष्मा तथा ऊर्जा प्रदान करते हैं। यही **शक्ति** कहलाती है। यही **सृष्टि** है। यह बिन्दु में घनीभूत होती है और सदा तरंगायित है।

जब शक्ति अर्थात् प्रकृति की पुरुष से एकता संयुक्त नहीं रहती तब पुरुष का **शिवत्व** पंचभूत का भैरव मिश्रण होकर बिखरता है और वह शिवत्व **शव** में बदल जाता है। यही मृत्यु है। यहीं पर देह समाप्त हो जाती है। शव की भी देहभाषा है।

मानुषी देह का ऋत् यह है कि न तो अनचाहे उभार हों और न ही अनचाही सिकुड़नें। आज खूबसूरती एक बड़ा व्यापार है। दुनिया में सौन्दर्य-संरूप (आइकन) की संस्कृति फैल रही है जिससे देह-प्रसाधन, देह-संसार तथा देह-व्यापार का एक बहुत बड़ा बाजार भी खुल गया है। कॉल गर्ल, आइटम गर्ल, बॉर गर्ल, मॉडल-गर्ल आदि का व्यवसाय इनकी अन्तरंग अवाचिक देहभाषाएँ भी गढ़ रहा है। आज पैदाइशी सुन्दरता है, बनावटी सुन्दरता है तथा वैज्ञानिक (कास्मेटिक, कम्प्यूटरीकृत) सुन्दरता भी है। मूल प्रयोजन है : शारीरिक सुडौलता।

इधर भारत में प्राक् आदिम मातृ-मूर्तियों के बाद नारी-देह की पूजा तथा नारी-मुद्रा का कीर्तन पाषाणों में ढली **यक्षिणी/यक्ष**-प्रतिमाओं में हुआ। परवर्ती शताब्दियों में यह परम्परा देवी/देवताओं तथा मिथुनों-किन्नरों में परिष्कृत-परिणत होती रही। उधर परवर्ती युगों में रोमनों को जिस पुरुष-प्रादर्श की नग्न देहावृत्ति को संगमरमर में ढालना होता था, उसे वे लकड़ी या धातु की छड़ों का त्रिआयामी-पिंजर बनाकर मनोरथिक मुद्रा में अवस्थित करके अंग-स्पर्शी स्थलों पर निशान तय कर देते थे ताकि मूर्ति-निर्माण के माहों-वर्षों तक वह उसी मुद्रा में सुस्थित हो सके। इस तरह वे जीवन्त नग्न मानवदेह का आदर्श सिद्ध करते थे। माइकेल एंजिलों द्वारा उत्कीर्ण डेविड तथा मोजेज की प्रतिमाएँ इसका उदाहरण हैं।

चित्रकला को तो क्रान्तिकारी तकनीक मिल गए। सबसे पहले **तैल-रंगों** के आविष्कार द्वारा विशाल कैनवासों पर चित्रकारों ने अनुपम पेंटिंग रचीं। इसके साथ ही **दर्पण** के इस्तेमाल की विधियों द्वारा उन्होंने परिदृश्य (पर्सपेक्टिव) का विधान ही नहीं सीखा, बल्कि आत्म छवियों तथा शबीहों की रचना भी की। रेम्ब्राँ ने तो अपनी पत्नी सास्किया की बड़ी लुभावनी छवियाँ अंकित की हैं। यह स्थिति **कैमरे** के आविष्कार के पहले तक कायम रही।

देहभाषा के निर्भाषिक वागङ्ग तथा रूपकाङ्ग वाले व्याकरणों के क्षेत्र शिल्प तथा चित्र रहे हैं। उनके अपने-अपने व्याकरण भी तदनुसार समेकित हुए। देहाकृति भी महत्त्वपूर्ण निर्धारण करती है और मनोदैहिक आयाम खोलती है—

- मानव गर्म खून वाला जीव है।
- त्वचा थर्मोस्टेट का काम करती है।
- **पसीने** की ग्रन्थियाँ न हों तो त्वचा अपने आपको ठंडा नहीं कर सकेगी और न ही थकान मिटा सकेगी।...पूरे शरीर में बीस लाख से अधिक पसीने की ग्रन्थियों का जाल फैला है जो पानी को भाप बनाकर शरीर को ठंडा रखती है। ये खून में जहर व गन्दगी को खींचकर भी उन्हें बाहर निकाल देती है। अधिक गर्मी में त्वचा ढीली व चिपचिपी हो जाती है।...लू में शरीर में पसीना आना बन्द हो जाता है और शरीर का तापमान अचानक बढ़ जाता है।
- रोएँ (बाल) भी संवेदक हैं। वे स्पर्श का अहसास (संवेदन) कराते हैं।

- उँगलियों के सिरों पर स्पर्श-संवेदकों का बहुत बड़ा जमाव होता है।
- त्वचा प्राकृतिक लिबास है। त्वचा हमारी सेहत का आइना है—लाल, पीली, चमकीली, बुझी, पनीली।
- त्वचा देखने में सुन्दर लगने के प्रसाधन—मुलायम व लचीला व मजबूत बनाने के लिए है।

त्वचा को फिर से अवरोधक के रूप में लगाना मुमकिन है। बहुत जरूरी है मनुष्य को बहुत से संक्रमण बचाने के लिए।

त्वचा के सतह पर की चिकनाई जीवाणुरोधी है।

त्वचा को काटने पर वह अपने आप मर जाती है—अगर बीमारी न हो। त्वचा-प्रत्यारोपण 'ग्राफ्ट' यथातथा मांस का प्लास्टर है।

(आ) मानव-देह : मूलवृत्ति एवं संवेग

आदि-वानर से नृ-वानर, नृ-मानव से **आदि-मानव** की इस क्रमविकासी शृंखला में मानव एक **सामाजिक पशु** होता गया। आज उसमें और चिम्पांजी के गुण-सूत्रों (जीन्स) में तकरीबन नब्बे प्रतिशताधि समानता है। अत: मानव में नृ-वानर-अवस्था की **मूल वृत्तियों** (इंस्टिंक्ट) तथा नृमानव-आदि-मानव अवस्था में उनके विविध-सामाजिक रूपान्तरणों अर्थात् **संवेगों** (इमोशन्स) की अन्तर्भुक्ति हुई है। इसलिए **मानव-देह** से मानव-देहभाषा की ओर संक्रमण में मूल-वृत्तियों तथा संवेगों पर विमर्श करना लाजिमी है।

(i) **मूल-वृत्तियाँ** वे रूढ़िप्रारूपी (स्टीरियोटाइप्ड) **प्रकर्म** हैं जिनमें बिना किसी प्राथमिक हिदायतों तथा विधियों के जरिये परिणामों का पूर्वानुमान होता है। सो वे जीवशास्त्रीय (बायोलॉजिकल) प्रयोजनपरक प्रकर्म हैं। वे क्रमविकास द्वारा स्थायित्व तथा जैविकता (जैनेटिकली) द्वारा पूर्व निर्धारित तथा पूर्व प्रकृत हैं। उन्हें जीवशास्त्रीय नस्लें सम्पन्न किया करती हैं। वे प्राय: स्वचालनता (आटोमेटिज्म) द्वारा संचालित होते हैं।

मूलवृत्तियाँ जैविक देह (आर्गेनिज्म) की जीवन्त आवश्यकताओं की सन्तुष्टि करती है। इनका आधार आनुवंशिक है। ये स्नायुदैहिक तंत्र-मंत्र हैं तथा क्रमश: इनके कुछ प्रकर्म ही व्यवहारपरक एवं आचरणमूलक होकर संवेगों में रूपान्तरित होने लगते हैं। मूल वृत्तियाँ मूलत: सुख-विलास-पीड़ा, भय-क्रोध, प्रेम-घृणा, क्षुधा-काम, स्वप्न-जागरण आदि हैं। इनमें 'यह' (इट) का बोध है, 'मैं' (आई) का सम्बोधन नहीं।

ये वंशानुगतिक (इनहेरिटेड), अन्तर प्रजात (इनब्रेड) तथा यूथपरक (समूहगत) हैं। ये सीखने के बगैर वाले स्थिर तथा स्थायी अभ्यास हैं। इनसे ही आदि-मानव में आदतों तथा सामूहिक अनुभूतियों (कर्तव्य), भंगिमाओं एवं मुद्राओं, ध्वनियों तथा त्वक रंगों (लाल, पीला, नीला) का उन्मेषण होता है। ये सभी संवेग-चक्र हैं तथा मूल-वृत्तियों के अवशिष्ट हैं।

(ii) **संवेगों** का मूलाधार जीवशास्त्रीय की अपेक्षा सामाजिक है। इनका उद्गम आनुवंशिकता के साथ-साथ चिति (साइकी) एवं चेतनता (कांशसनेस) है। ये संघटना (फेनामेना) तथा स्थिति (सिचुएशन) में व्याप्त तथा **परिवर्तमान** हैं। ये संवेदना (सेंशेसन) से उद्भूत हैं तथा इनके लक्षण तात्कालिकता एवं अनुचिन्तन अर्थात् सीखना-आदेश आदि भी हैं। इस तरह **प्रकर्म** और **व्यवहार** के बीच एक जैव-सामाजिक सेतु पर आदि-मानव यात्रा करके **आधुनिक मानव** होता आया है। यात्रा अनन्त है।

स्पष्ट है कि अवाचिक अर्थात् ध्वनियों और मुद्राओं पर आधारित **देहभाषा** का उद्‌गम भी इसी विलक्षण यात्रा में अन्तर्निहित है। इसका सत्त्व मूलवृत्तियों तथा पश्यन्ती-मध्यमा वृत्तियों में है। कारण कि कई मूल वृत्तियाँ (इंस्टिंक्ट्स) पशु-जगत तथा मानव-संसार में समानान्तरण समान हैं। नृतत्त्वशास्त्र पहले से तथा उसका बृहद् सामाजिक रूपाकार समाजशास्त्र, दूसरे से सम्बन्धित है। दोनों के बीच मानव के **सामाजिक पशु** के तथा **मानव-देह** के सामाजिक पक्ष हमें देहभाषा तथा सामाजिक भाषिकी से भी जोड़ते हैं। मानव-देह पर मूल वृत्तियों-समेत जीन्स ने भी अपने सन्देश सन्निहित किए हुए हैं। मानव-देह अपने पर्यावरण तथा वंशानुक्रम द्वारा उन्हें नग्नता में, देह-सज्जा—(पोशाकें, गहने, गोदने, मुखौटे) में, देह-मुद्रा एवं कार्यवाहियों में **अभिव्यक्त** भी करती है। वह संस्कृति तथा प्रतीकों, मूल्यों तथा संवेगों से देह तथा मौन देहभाषा को, सामाजिक और वैयक्तिक, दोनों बनाती है। पशु-जगत् में चीटियाँ, मधुमक्खियाँ, प्रव्रजनकारी सारस आदि सामूहिक कार्य करके घोंसले, बांबियाँ, छत्ते, बसेरे बनाते हैं। वे **जैनेटिक नियंत्रण** द्वारा कार्यवाही करते हैं। मानव प्रतीकों तथा मुद्राओं द्वारा संचालित होते हैं। अत: उन पर सामान्यत: ढीले अनुशासन होते हैं तथा उनके एक जैसे निर्माण तथा व्यवहार नहीं होते। पशु-जगत में मूल वृत्तियों द्वारा (जैनेटिक ब्लूप्रिंट के अनुसार) भूल-चूकरहित, प्रयोजनपूर्ण तथा संसक्त प्रकर्म होते हैं। मनुष्य संवेगों तथा संचेतना द्वारा कार्य-गतियाँ चलाता है। अत: विविध देहभाषाओं का पश्यन्ती-मध्यमा वाला व्यापार भी गतिमान होता है।

(परम्परागत दृष्टि यह है कि **मानव-देह** कोई दस ट्रिलियन कोशिकाओं (सैल्स) से निर्मित है जो स्वयं भी तेईस हजार जीनों से उद्‌भूत है, किन्तु यह भी विदित हुआ है कि मानव-योनि (नस्ल) में कोई सौ मिलियन बैक्टीरिया भी मौजूद हैं—कई नस्लों के। अत: मानवजाति ऐकैक जैविकता के बजाय कई जैविकताओं का संकुल है। अत: मानव-जाति कई 'एक' सिस्टमों का सायुज्य है ('नेचर' एवं 'साइंस' पत्रिका, 'दि इकोनॉमिस्ट', 18 अगस्त, 2012, पृष्ठ 9)।

पंचतत्त्व (पृथ्वी-जल-अग्नि-वायु-आकाश) से निर्मित पंचेंद्रियों वाली **साधारण देह** ही हमारा प्रयोजन है। परन्तु **पवित्र देह** तथा **दिव्य देह** की अवधारणाएँ भी देहभाषा के आधिभौतिक विरोधाभास हैं।

देवी-देवताओं की सूक्ष्म (निर्गुण) तथा सगुण (अवतारी) एवं 'जूमार्फिक' **दिव्य देहें** मानी गई हैं। वे जन्म-मृत्यु से परे अमर तथा अजर हैं। वे देशकाल के कंचुकों से विमुक्त शाश्वत हैं। वे स्वर्गलोक वासी, गंध भोगी तथा चिर किशोर भी हैं। उनकी देह जड़-चैतन्य संरूपों में स्वेच्छा से कायान्तरण (मेटामार्फोसिस) कर लेती हैं। दिव्य देह पवित्र भी हैं। वे परम आत्मा-रूप हैं।

पवित्र देह सिद्धों, साधकों, अंशावतारों की मानी गई है। वह पूर्ण अमर नहीं है, तदपि पावन/पुनीत है। उसमें भी शाप और वरदान देने की अतिप्राकृतिक क्षमता है। इसमें आत्मा का भी अंश है। यह कार्य-कारण न्याय को बदल देने वाली मानी गई है। शहीद, प्रेमयोगी, महापुरुष की देह भी पवित्र मानी जाती है।

साधारण देह जीवरूपा है। इसकी इहलौकिक इयत्ता है। जन्म से पूर्व तथा मृत्यु से परे इसकी सत्ता नहीं है। यह स्वच्छ (गंगा-स्नान, संवाहन, प्रसाधन द्वारा), शुद्ध (वेशभूषा, अनुष्ठान द्वारा), स्वस्थ (स्पर्श, रस, भोग में सक्षम), तथा सुन्दर (सानुपात, दीप्त-कान्त, तनमन की विविध मैत्री) होती है। हम शुचिता और स्वच्छता को ही पवित्र मानने की विभ्रान्ति कर लेते हैं, तदपि साधारण देह में दिव्य-देह तो नहीं, किन्तु पवित्र देह की अन्योक्ति होती है

जो आदर्शोन्मुख-अलौकिकता की आभासी है। तदपि योनि-शुचिता तथा स्तनित दूध पवित्र; और आँसू तथा लार शुद्ध माने गए हैं। देह गंधें (बाहुमूल, उरुमूल तथा मुख की भी) के भेद (पद्मिनी, चित्रिणी, शंखिनी, हस्तिनी आदि) भी स्वास्थ्य की चिह्नक हैं।

इसलिए ध्यातव्य है कि देह भी कई **उत्पाद** बनाती है—पसीना और चिकनाई, केश और नाखून, रुधिर और रोमराशि के साथ अशुद्ध मल तथा मूत्र, रज तथा वीर्य (शुचिपूर्ण), मवाद तथा देह-मैल, मुँहासे तथा कफ आदि-आदि।

इन कारणों से भी देहभाषा में मूलतः नग्नता और निर्वसनता की, योग और भोग की, आंगिक (सिन्दूर, आलता, बिन्दी) और आहार्य (बिछिया, नथ, चूड़े, हार, करघनी) का मुद्रापरक, भंगिमापरक, चिह्नक भाषाएँ उन्मीलित होती हैं।

देह के **संरचना-प्रारूपों** तथा मनोविज्ञान से देहभाषा ज्यादा विश्वसनीय तथा सर्विक ढंग से भी समझी जा सकती है। 'हम में से हर एक **देह** बताती है कि देह में/का प्रत्येक अन्तेवासी कौन है, क्या है, कहाँ है और क्या है, क्या था, क्या होगा।...ये उद्घाटन उसके सुर-ताल (टोन), वर्ग (रंग), मुद्रा, देहानुपात, चाल-ढाल, तनाव तथा ऊर्जा द्वारा अभिव्यक्त होते हैं जो मानव में अन्तस्थ हैं।...उपर्युक्त सभी चिह्न मनुष्य के संवेगात्मक इतिहास एवं उसके **चरित्र** तथा **व्यक्तित्व** की गहनतम अनुभूतियों के व्यंजक हैं। एक शराब पिये प्रेमी, आत्मलीन नृत्यांगना, चिन्तनशील दार्शनिक, खिलंदड़ी खिलाड़िन अपनी चाल और मुद्राओं, गतियों और नजरों से अपने चारों ओर की निजी दिक् को आबाद कर देती हैं।'...वस्तुतः इन **जीवन-शैलियों** का कुर्त्ज एवं प्रेस्टेरा ने उल्लेख किया है ('दि बॉडी रिवील्स' : बैंटम बुक्स, 1977)। देहभाषाओं के अवाचिक, वैयक्तिक तथा सामाजिक संसार की यह त्रयी है। अनुभूतियाँ सहजतापूर्वक या लुक-छिपकर, अभिव्यंजना के रूपों में प्रवाहित होती आती हैं, बशर्ते कि हम नर्मिल तथा ठीक हैं। ऐसे देह-लक्षण भी चमकीली आँखों, आरामदेह श्वसन, कोमल त्वचा तथा लोचदार मांसपेशीय तान (सिम्फनी) द्वारा जाहिर होते हैं। ये हमारी सम्पूर्णता, आवेशीयता तथा अभिव्यंजना की पुनश्चर्याएँ हैं। उदासी या भय या हर्ष या क्रोध या घृणा का देह-भाषिक मापन जबड़ों, छाती, गले, उदर, टाँगों द्वारा भी झलकने लगता है। अनुभूतियाँ चेतना से फिसल-फिसलकर अवचेतन में जाकर देहान्तरण कर लेती हैं।

परम्परागत दृष्टि है कि **मानव-देह** कोई दस ट्रीलियन कोशिकाओं (सैल्स) से निर्मित है जो स्वयं भी तेईस हजार जीनों से उद्भूत हैं।...किन्तु अब यह भी विदित हुआ है कि मानव-योनि (की देह) में कोई सौ मिलियन बैक्टीरिया भी मौजूद हैं—कई किस्म नस्लों के। अतः मानव जाति 'एक जैविकता' (आर्गेनिज्म) के बजाय कई जैविकताओं का पुंज है ('नेचर' व 'साइंस' पत्रिका)। अतः मानव जाति कई **ईको-सिस्टमों का सायुज्य** है (दि-इकोनॉमिस्ट, 18 अगस्त, 2012, पृ. 9)।

हमारी मांसपेशियाँ भी ये यात्रा करती/कराती हैं। मुख्यतः स्पाइन तथा स्पाइरल में सक्रिय होती हैं। बड़ी मांसपेशी (एप्सास) शरीर में गहरी यात्रा करके मेरुदंड से (बाहर) जंघा की बड़ी अस्थि तक पहुँचती है। बड़ी मांसपेशियाँ—हमारी पीठ का दो-तिहाई आच्छादित किए हैं—श्रोणि, मेरु तथा भुजाओं को। ये मुद्राओं के पैटर्नों की भी विधायिका हैं। जांघ और भुजाएँ हमारी चाल ढालती हैं।—ये हमारे अन्तरतम पर एक बाहरी अन्यथाकृत मुखौटा भी उढ़ा देती हैं। देहभाषा की ये अनबूझ-अनाड़ी लीलाएँ भी हो जाती हैं। इन पर देहाकृति का मनोदैहिक प्रभाव होता है। त्वचा की संवेदना तथा तापमान भी भंगिमाएँ रचते हैं।

देहाकृति-प्रारूप

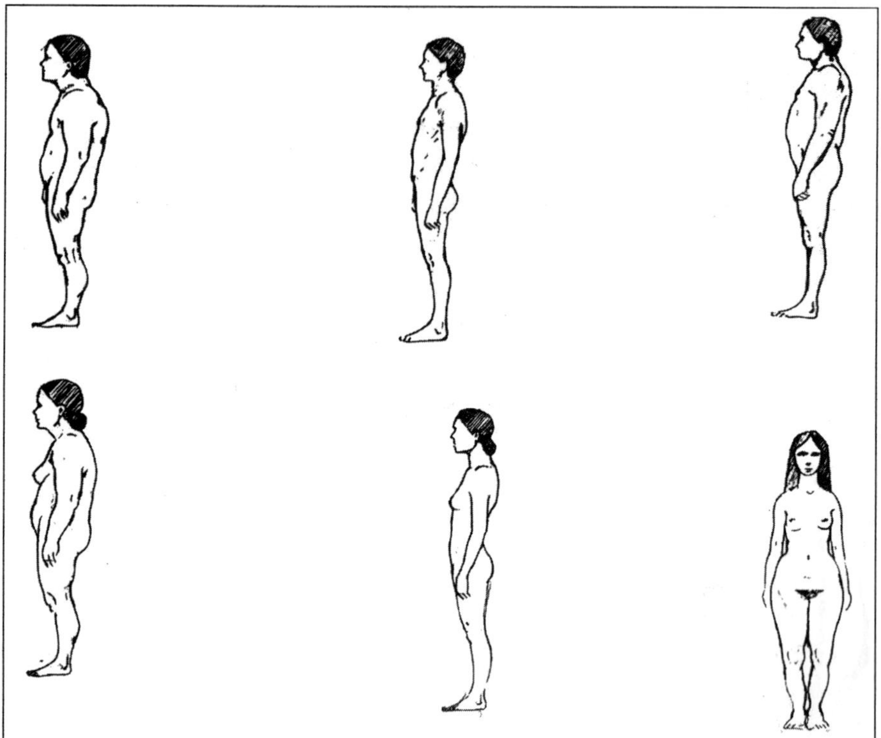

1. बोझिल प्रारूप 2. तना प्रारूप 3. अधो भारी

देहाकृति-प्रारूप—(रोन कुर्ज तथा हेक्टर प्रेस्टेरा के अनुसार)—

1. **बोझिल :** देह नीचे की ओर दबती है, मोटी और बौनी होती हुई। मांसपेशियों को तनाव आगे झुकाता है। ऐसे मनुष्य (नर/नारी) हमेशा तनाव-दाब में रहते हैं। हीनता भावना से घिरे अन्य का साथ चाहने वाले/अपनी भावनाओं को प्रकट करने में संकोची और समर्पित व्यवहार वाले। आत्मनिर्वासन छाता है।
2. **तने (अकड़े) प्रारूप :** बाहरली पेशियों में तनाव, देह पीछे झुकती-सी गर्दन तथा कन्धे अकड़े। आक्रामकता तथा तत्परता का बोध। हमेशा महसूसते हैं कि चुनौती या अवरोध खड़े हैं। अत: सफलता और उपलब्धि की तमन्ना रहती है। ऐसे नर-नारी निर्माणोन्मुख होते हैं; विवेकशील तथा तर्कमय। नारियाँ रोमांटिक होती हैं। आवाज आग्रहपूर्ण।
3. **अधो भारी :** पुरुष की देह ऊपर फैलती तथा कमर के नीचे सिकुड़ती है। क्रोध या घमंड से फूली लगती है। ये अपने को कटा-हटा महसूसते हैं। ये दूसरों की भावनाओं के प्रति लापरवाह तथा स्वयं दबाए जाने के विरुद्ध सचेत।

नारी के देह भी अधो-भाग में फैली; ऊपर के मुकाबले। नितम्ब, श्रोणि तथा टाँगें बड़ी तथा छाती और कन्धे छोटे। देह गुड़िया जैसी, लड़कपने की। ऐंद्रिकता से ओतप्रोत। पुरुषों को

मोहासक्त करने वाली (यूरोप में टिशियाँ तथा रेनोएँ के चित्रों की मुख्य छवियाँ)। ये घरेलू, प्रेमा तथा भरपूर यौनता वाली होती हैं। दूसरे की भावनाओं का खयाल रखने वाली तथा शीघ्र आहत भी होने वाली। ये स्वीकृति की आकांक्षी होती हैं।

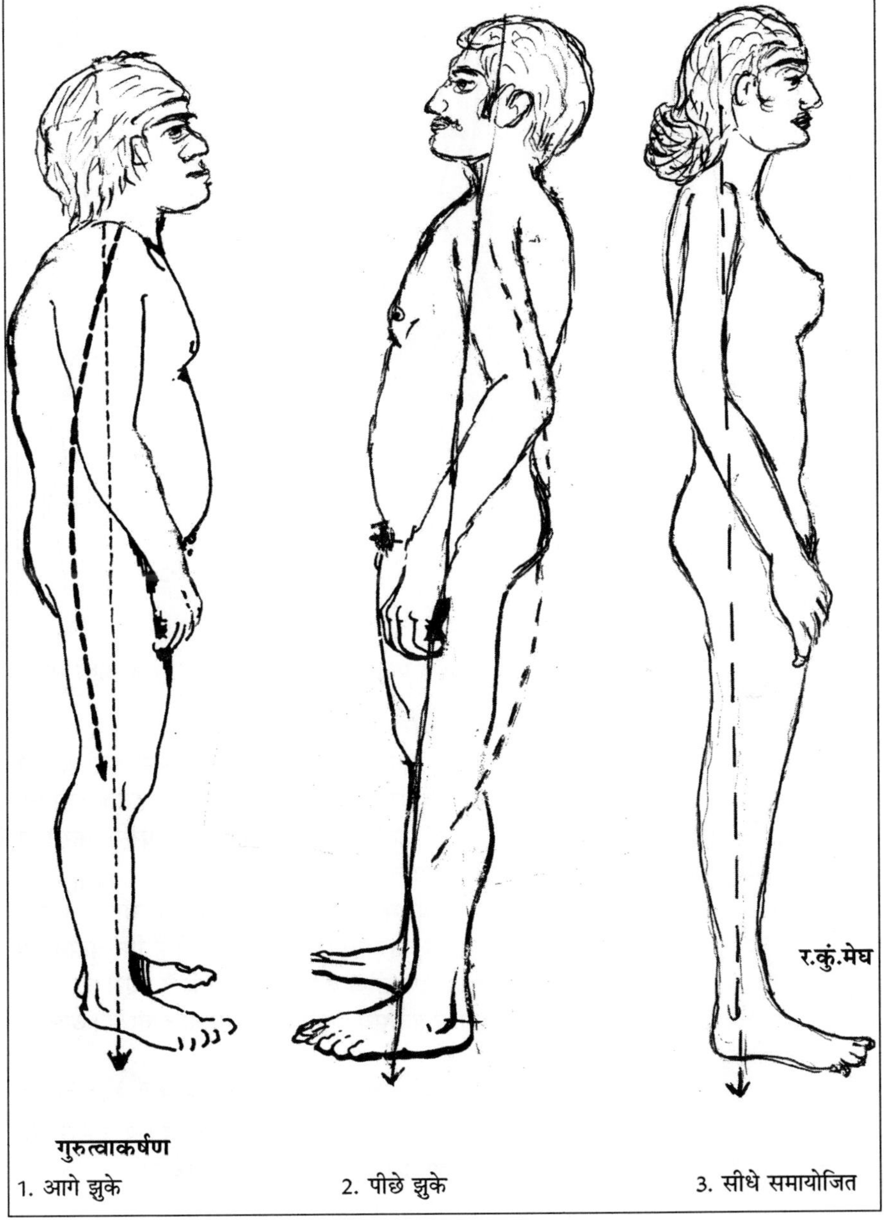

गुरुत्वाकर्षण

1. आगे झुके 2. पीछे झुके 3. सीधे समायोजित

गुरुत्वाकर्षण

निरन्तरता में आजकल सौन्दर्य-प्रतियोगिताओं, फैशन-प्रदर्शनों के व्यावसायिकीकरण के अभियानों में आदर्श नारी-आकृति-मानक 21 इंच (कमर), 34 इंच (वक्ष-स्थल), 35 इंच (नितम्ब) वांछनीय है।

देह की मुद्राओं, भंगिमाओं, आसनों, पंचकर्मेंद्रियों—ज्ञानेंद्रियों की भाषाओं की परतों की संरचनाएँ समझने के लिए **शरीर के दश भागों** का विधान वाराहमिहिर ने किया है—1. पाद और टखने, 2. जानुचक्रों सहित जंघा, 3. लिंग, योनि, उरु, वृषण, 4. नाभि, कटि, 5. उदर, 6. स्तन सहित हृदय, 7. कन्धे और उनकी सन्धि, 8. ओष्ठ और ग्रीवा, 9. ललाट-सहित सिर तथा 10. भ्रू-सहित नेत्र (70/24-26/'वाराही संहिता')। **इसी क्रम में 'देह की दस प्रणालियों'** की अन्योन्याश्रयिता से तुलना की जा सकती है। उक्त दोनों दशकों को मिलाकर देहभाषा की एक व्यास रेखा खींची जा सकेगी।

अन्ततोगत्वा हम निष्कर्ष प्रस्तुत कर सकते हैं।

देही मानव में भी मूल है—हड्डियों का ढाँचा। यह सृष्टि के सभी प्राणियों के ढाँचों से अलग है तथा प्राक् वानरों (प्राइमेटों) के समकक्ष।

हमारे जीन प्रजनन में एक पीढ़ी से दूसरी पीढ़ी में जाते हैं। सभी जीनों के काम-काज के अपने-अपने तकनीक होते हैं। एक इनसान की जीनें दूसरे की जीनों से अलग हैं : अँगुलियों के निशान की तरह। विरासत में एक पीढ़ी की जीनें दूसरी पीढ़ी की जीनों में आती हैं।

अब तो शरीर को भी एक सुन्दर कैनवास बनाया जा रहा है—गोदने, छेदने की दक्षता से (स्तन, नाभि, कान पर)। यहाँ किसी दूसरी/दूसरे की, कला को अपने शरीर पर दर्शाया जाता है।

कास्मेटिक सर्जरी से तो शरीर को पूरी तरह से बदला जा सकता है—(i) गाल, कन्धे, नितम्ब, पेट, पसलियों के नीचे की चर्बी को तराशना (लिपो-एक्शन), (ii) चेहरे पर की झुर्रियों को हटाना तथा (iii) अंगों को मनचाही आकृति में दोबारा गढ़ना। इसके द्वारा जिसे हम प्राकृतिक रूप से विकसित नहीं कर पाते, उस नई सुन्दरता को इन विधियों द्वारा प्राप्त कर लेते हैं। हर नारी तिलोत्तमा जैसी तथा हर नर मन्मथ जैसा दिखने की चाहत पाल लेता है। इसके साथ-साथ आजकल जैनेटिक इंजीनियरी द्वारा विभिन्न प्रकार के मनोरथिक शरीर पुनर्लब्ध किए जा सकते हैं। आज हम प्राकृतिक शरीर से लगातार छेड़छाड़ कर रहे हैं तथा एक अप्राकृतिक वातावरण में अप्राकृतिक व्यवहार के साथ जिन्दा रह रहे हैं। इसके नतीजे हस्तामलकवत् हैं।

आदर्श

वाल्मीकीय रामायण में हनुमान सीता को **नर-श्रेष्ठ श्री** राम एवं लक्ष्मण की आकृति तथा रूप के **चिह्नों** का पुनश्च निर्वचन करते हैं—प्रफुल्ल कमल दल के समान विशाल एवं सुन्दर नेत्र, पूर्णिमा के चन्द्र के समान मनोहर मुख, विपुल कन्धे, विपुल बाहुएँ, शंख के समान गला, सुन्दर मुख, मांस से ढँकी गले की हँसली, कुछ-कुछ लालिमा युक्त नेत्र, दुन्दुभि के समान गम्भीर स्वर, सुन्दर रंग वाला चिकना शरीर, सुडौल और बराबर अंग। इसके साथ ही—

तीन सुदृढ़ अंग	:	वक्ष-स्थल, कलाई और मुट्ठी।
तीन लम्बे अंग	:	भौंहें, भुजाएँ, मेढ़्र।
तीन समान अंग	:	केशों का अग्रभाग, अंडकोष, योनि-अंतःअधर, घुटने।
तीन उभरे हुए अंग	:	वक्ष-स्थल, नाभिकोर, उदर।

श्रीराम

तीन लाल अंग	:	नेत्रों के कोर, नख, हाथ-पैर के तलवे।
तीन स्निग्ध अंग	:	शिश्न का अग्रभाग, दोनों पैरों की रेखाएँ, सिर के बाल।
तीन गम्भीर अंग	:	स्वर, चाल और नाभि।
तीन रेखाएँ	:	उदर तथा गले में।
तीन भाग धँसे हुए	:	तलवों के मध्य भाग, पैरों की रेखाएँ, स्तनों के अग्रभाग।
चार छोटे अंग	:	गला, पीठ, दोनों पिंडलियाँ।
तीन भँवरें	:	मस्तक में।
चार रेखाएँ	:	पैरों के अँगूठे के नीचे, ललाट पर।
चार बराबर अंग	:	कपोल, भुजाएँ, जाँघें, घुटने।
दो-दो की जोड़ी के	:	भौंह, नथुने, नेत्र, कान, स्तन, कोहनी, कपोल-भँवर
चौदह अंग	:	कलाई, जाँघ, घुटने, अंडकोष, कमर के दोनों भाग, हाथ, पैर।
चार की गतियों वाली चाल	:	सिंघ, बाघ, हाथी, वृषभ।

(कांड-, श्लोक-3-24)

इनका सघनीकरण पुरुषोत्तम के तीन महागुणों में होता चला गया—शक्ति, शील और सौन्दर्य।

राजानक रूय्यक (ई.प. 10 वीं शती का अन्त) के अनुसार, **देह के उत्कर्ष** के हेतु—1. गुण, 2. अलंकार, 3. यौवन (जीवित) तथा 4. परिकर (शोभा कारक) हैं जो युवती में सहृदयता एवं शोभा (तथा पुरुष में चातुर्थ एवं नागरकता) का आधान करते हैं।

1. **'गुण' चक्र** में शरीर के अंगों की रेखाओं की स्पष्टता **रूप** है; गोराई आदि धर्म 'वर्ण' है; मुस्कान, मुख-प्रसन्नता आदि आकर्षक धर्म 'राग' है; कोमलता, आलिंगन स्पर्श पेशल धर्म 'अभिजात्य' है; कामुकता प्रसूत अंगों-उपांगों की चेष्टाएँ विभ्रमकारी 'विलासिता' है; आनन्दप्रदायक एवं मुग्धता सूचक धर्म 'लावण्य' है; प्रशस्तता का करणीभूत औचित्य 'लक्षण' है; चतुरता से बाँकपन व्यक्त करने वाले हाव-भाव 'छाया' है तथा आन्तरिक आह्लादकारक धर्म 'सौभाग्य' है।
2. **अलंकारों** के अन्तर्गत तेरह रत्न, नौ हेम (सुवर्ण), वसन (रंग और कटाव की विभिन्नता वाले), मालाएँ, मंडनद्रव्य आदि आते हैं।
3. **यौवन** (जीवित) शोभा के द्वारा अनुप्राणित करता है जो बचपन के बाद अंगों में वृद्धि (मुग्धा के दोनों नेत्रों का कानों तक पहुँच जाना, स्तनों का आकार बड़ा होना, नितम्ब का भार गुरु हो जाना), सुन्दरता एवं विभक्तता तथा विकास लाता है जिससे अवस्था का भेद भी प्रकट होता है। इसमें अनुभाव एवं चेष्टाएँ भी शामिल हैं।
4. **परिकर** आरादुपकारक होने के कारण शोभा को व्यक्त करते हैं। ये चेतन-अचेतन, चल-अचल उपकरण होते हैं।

सारांश में शोभा के समुत्पादक ही गुण हैं, समुद्दीपक अलंकार हैं, अनुप्राणक जीवित है तथा व्यंजक परिकर हैं। यहाँ देह में शोभा की अधिष्ठापना है, किंवा उसकी शोभा-भाषा का चतुरंग है।

अन्य सहवर्ती प्रस्तुतियों में उम्र (अवस्था) के समान्तर दशापरक **अष्टनायिका-चक्र** प्रचलित रहा है—(काव्य के अलावा) चित्रकला तथा कुछ प्रसंगों में शिल्पकला में भी। ये हैं—

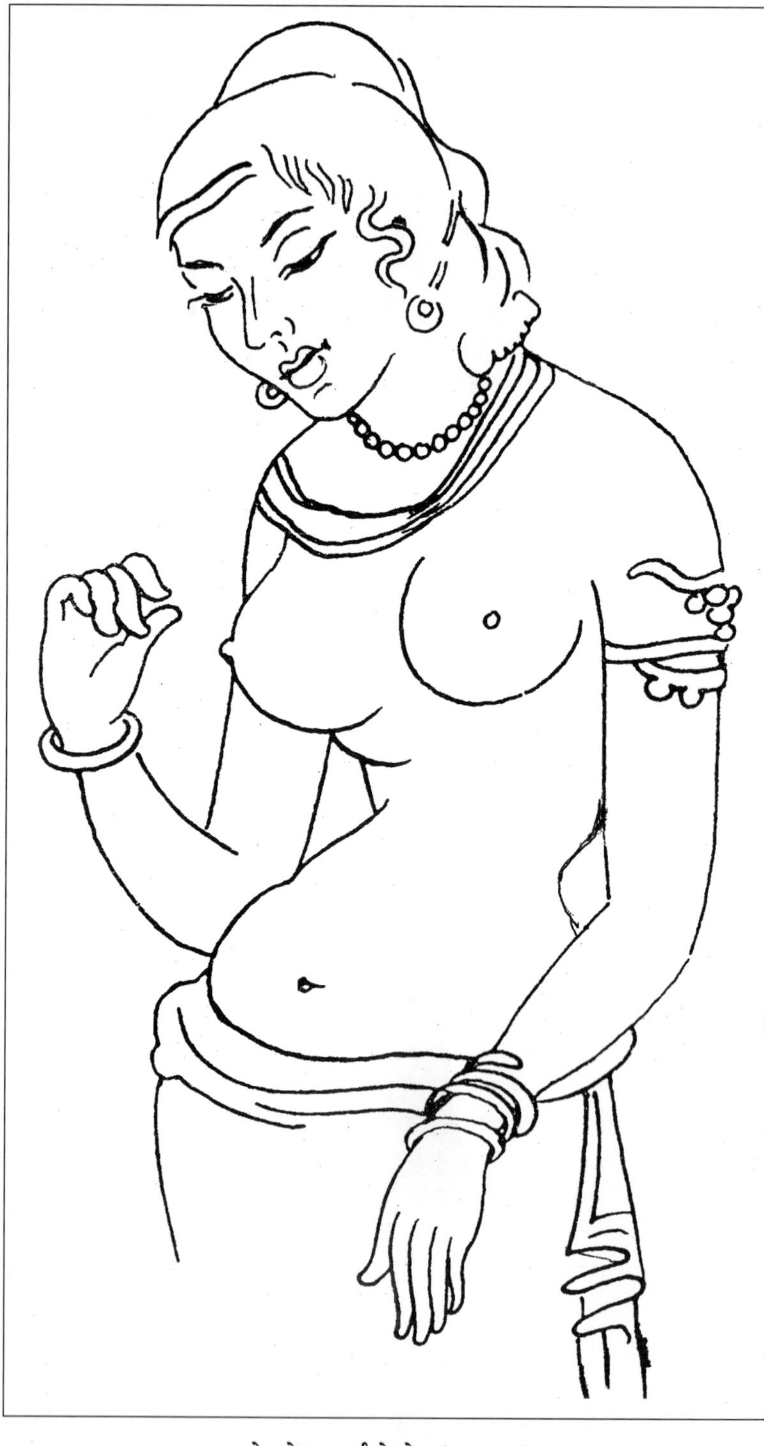

देह के उत्कर्ष के हेतु (अजन्ता)

प्रोषित-पतिका (प्रिय के विदेशगमन से सन्तप्त)—प्रवत्स्यपतिका (प्रिय का विदेशगमन सुनकर व्याकुल), उत्कंठिता (प्रिय की प्रतीक्षा में उत्कंठिता), वासक सज्जा (प्रिय की स्वागत सज्जा में संयोजित), अभिसारिका (प्रिय से मिलनार्थ स्वयं जाने वाली), विप्रलब्धा (संकेतस्थल पर प्रिय की अनुपस्थिति से दुखी), कल-हान्तरिता (प्रिय का अपमान कर पीछे से पश्चात्ताप करने वाली) एवं खंडिता (अन्य स्त्री के प्रति प्रियरति से क्रुद्ध)।

इसी लड़ी में उत्तर सामन्तकाल में देव जैसे आचार्य कवि ने **अष्टांग-वती नायिका** की मान्यता प्रस्तुत कर उसे आठ गुणों से सम्पन्न बताया—रूप आभूषण, गुण-शील, वैभव-कुली-नता एवं यौवन-प्रेम।

नारी-देह की सौन्दर्य-शृंगार समष्टि के निम्नोक्त संज्ञक-विशेषण उन्मीलित होते गए— वर्ण, दीप्ति, आभा, लावण्य, कान्ति, प्रफुल्लता, मृदुलता, कृशता, सुकुमारता, पार-दर्शिकता, यौवन-च्छटा, सुगन्धि, विकास।

अष्टांगवती नायिका (पहाड़ी कलम)

इस तरह एक पर्यंकशायिनी तथा कर्तव्यशालिनी नारी की कान्तमैत्री द्वारा एक रूप-गुण-शील (संज्ञा-विशेषण-क्रिया के समानान्तर) वाली निर्भाषिक भाषा का संविधान रचा गया।

इस समग्र व्यायाम–मोहित प्रयास की (मध्यकालीन) परिणति बत्तीस लक्षणों से युक्त **एक अक्षत सम्पूर्ण कुमारिका नारी–देह की अन्तर्बाह्य सम्मूर्ति (आइकन)** में होती है जिसमें तंत्र, वैष्णव, शैव धारा, कामशास्त्र, आयुर्विज्ञान, काव्यशास्त्र आदि का चमत्कारिक संयोजन हुआ :

'इह भवति सप्तरक्त षडुन्नत: पञ्चसूक्ष्मदीर्घो व:।
त्रिविपुललघुगंभीर: द्वात्रिंशल्लक्षण: स पुमान्।।

सामुद्रिक शास्त्र, 86

अथचा—

सात लाल : नख, चरण, पाणि, रसना, दशनच्छद, तालु, नेत्रान्त।
छह उन्नत : बगल (काँख), छाती, गर्दन की हँसली, नाक, नख, मुख।
पाँच सूक्ष्म : दन्त, त्वचा, बाल, अँगुलि बर्न, नख।
पाँच दीर्घ : नेत्र, स्तन, जीभ, कपोलफुल्ल, भुजा।
तीन विपुल : ललाट, छाती, नितम्ब।
तीन लघु : स्मरमंदिर, नाभि, गम्भीर स्वर।
तीन गम्भीर : ग्रीवा, जंघा, स्वर्ण रोमिल योनि।

हजारीप्रसाद द्विवेदी के 'चारुचन्द्रलेख' की रानी योगिनी चन्द्रलेखा उपर्युक्त बत्तीस लक्षणों से युक्त कही गई है।

वस्तुत: अवाचिक देहभाषा–चक्र में देह को खंड–खंड करके अंग–भंग को नख–शिख क्रम में उपमानों द्वारा निदर्शित–सा किया जाने लगा। मसलन : पुरुष वक्ष कपाट की तरह, कटि सिंह की तरह; कन्धों से कटि तक **गोमुख** की तरह; और नारी के कन्धों से नितम्ब तक का भाग **डमरू** की तरह चित्रांकित हुआ। चित्रकारी–शिल्पायन में कंठ शंख की तरह, ठोढ़ी आम्र–बीज की तरह; नेत्र कमल, उत्पल पत्र, खंजन, मृगलोचन, शश एवं मीन की तरह; नासिका शुकचोंच की तरह, ओठ बिम्ब फल की तरह, पिंडुली मत्स्य की तरह, कमर पल्लव की तरह, जंघा कदलीदल की तरह, जंघा से पाँव तक हस्ति–शुंड की तरह तथा चरण कमल–पँखुरियों की तरह उपमित हुए।

देहांगों के अवाचिक अर्थात् दृश्य रूपान्तरण में यूरोप में बैठी हुई मानव–देह बहुधा **रेतघड़ी** की तरह उपमित हुई। रेनासाँ में बोटिचेली तथा राफेल ने नारी स्तनों को सेब की तरह तथा बाद में रेम्ब्राँ और रूबेंस ने पूर्ण चन्द्र या नारंगी जैसा प्रस्तुत किया। गर्भवती स्त्री का रुंड नासपाती की तरह रूपाकृत हुआ। माइकेल एंजिलो कृत डेविड तथा (उससे पूर्व) मिलोद्वीप की वीनस की संगमरमरी मूर्तियाँ भी रेतघड़ी के प्रतिमान लक्षित करती हैं जो भारतीय **डमरू** के समानान्तर है। प्राचीन मिस्र में **बाज** तथा **सर्प** पूजित आर्केटाइप रहे हैं। अत: एक ओर वहाँ एक चश्म खड़ी छवियों की बहुलता है तो दूसरी ओर डैने फैलाए अथवा सिकोड़े हुए बाज की समानान्तरता में मूर्ति एवं चित्र बने। खड़े हुए सम्राट फाराओं अपने मुकुटों के साथ शेषनाग की तरह उपमित हुए हैं।

पुरुषों और स्त्रियों की देहयष्टि में **तुलनात्मक अन्तर** जानना **समीचीन** होगा। यह तो मालूम ही है कि स्त्री X-क्रोमोसोम की दुगुनी खुराक तथा पुरुष एक X-को और एक Y- को वहन करते हैं।

(i) नितम्ब : स्त्रियों के नितम्ब पुरुषों की तुलना में चौदह फीसदी तक ज्यादा बड़े होते हैं। छोटे नितम्ब तथा बढ़ा पेट गर्भाधान में कठिनाई पैदा करता है। नारी की कमर के माप को नितम्ब के माप से भाग दो। 10.8 या इससे अधिक कच्छप पीठ की आकृति वाला होता है। 10.70 प्रतिशत तन्दुरुस्त तथा 0.70 प्रतिशत कम तन्दुरुस्त का है।

बत्तीस लक्षणों से युक्त अक्षत श्री कुमारिका

(ii) कमर : कमर के निचले भाग का मेरुदंड स्त्रियों में फण के आकार का होता है जबकि पुरुषों में वर्गाकार (कैंथरीन विटकॉम्ब का शोध)। शोध-पत्रिका 'नेचर' में टेक्साज यूनिवर्सिटी की लीजा शेपियरो...का मानना है कि गर्भवती महिलाओं में पेट का बढ़ा वजन उन्हें आगे की ओर खींचता है। इसलिए वे न सिर्फ अपनी गतिविधियों को पहले जैसे संचालित करती हैं, बल्कि (इस संवर्धित वजन के साथ) सन्तुलन भी बैठाकर पूरी सक्रिय भी रहती हैं।

हावर्ड यूनिवर्सिटी की कैथरीन विटकॉम्ब उक्त दोनों अन्तरों को स्त्रियों के लिए एक चुनौती मानती हैं। (2007)

बड़ी कमर से हृदयाघात का खतरा होता है।

सिर : ज्यादा बड़े शिर में ज्यादा न्यूरोन होते हैं जो बुढ़ापे की दशा में ऊतकों की हानि की क्षतिपूर्ति करते हैं।
(नारी : 21 इंच से 22.5 इंच)
(पुरुष : 22 इंच से 23 इंच)

गर्दन : मोटी गर्दन अनिद्रा तथा खर्राटे पैदा करती है क्योंकि नि:श्वास की कमी हो जाती है।
(नारी : 16 इंच से कम हो)
(पुरुष : 17 इंच से कम हो)

कन्धे : सँकरे कन्धों से प्रोस्टेट कैंसर का जोखिम होता है।
(पुरुष : 16.2 इंच का औसत दोनों कन्धों के बीच)

कद : छोटे कद के मनुष्य कम उम्र के होते हैं।
(नारी : 3 फीट से कम को, प्रसूति में खतरे)
(पुरुष : 5.7 फीट से कम को हृदयाघात के खतरे)

पेल्विस: बाल-जन्म के हेतु क्रुशियल क्योंकि चौड़े पेल्विस से शिशु के बाहर प्रसव में सुविधा होती है। सँकरे पेल्विस से सीजेरीय ऑपरेशन हो सकता है।

नारी की कमर 32 इंच से कम हो। पुरुष की 37 इंच से कम हो। इस माप में उच्च रक्तचाप तथा क्लोरेस्टराल की अधिकता से बचा जा सकता है।

आयुर्वृद्धि विज्ञान (जीरोन्टोलॉजी) : उम्र बढ़ने के साथ-साथ देह की दशाएँ

अ : स्नायु-मंडल की प्रमुख इकाइयाँ न्यूरोनों का पुनरुत्पादन नहीं कर पातीं जिससे उनकी संख्या घटती जाती है। मस्तिष्क का भार भी कम हो सकता है। बुद्धि का भी किंचित् क्षरण होने लगता है। तत्काल में स्मृति बाधित होती है लेकिन दूरवर्ती रक्षित रहती है।

ए : स्पाइन-तश्तरियों के सिकुड़ने से कद (ऊँचाई) कम हो जाती है जिससे बड़ी उम्र वालों की डगमग मुद्राएँ हो जाती हैं। इसका असर नितम्बों, घुटनों तथा गर्दन पर परिलक्षित है। इनमें अस्थि-छिद्रण (ऑस्टि-ओर्थराइटिस) का असर घुटनों पर पड़ता है। उनका कैलशिकरण भी होता है।

यौवन से/तथा वृद्धता

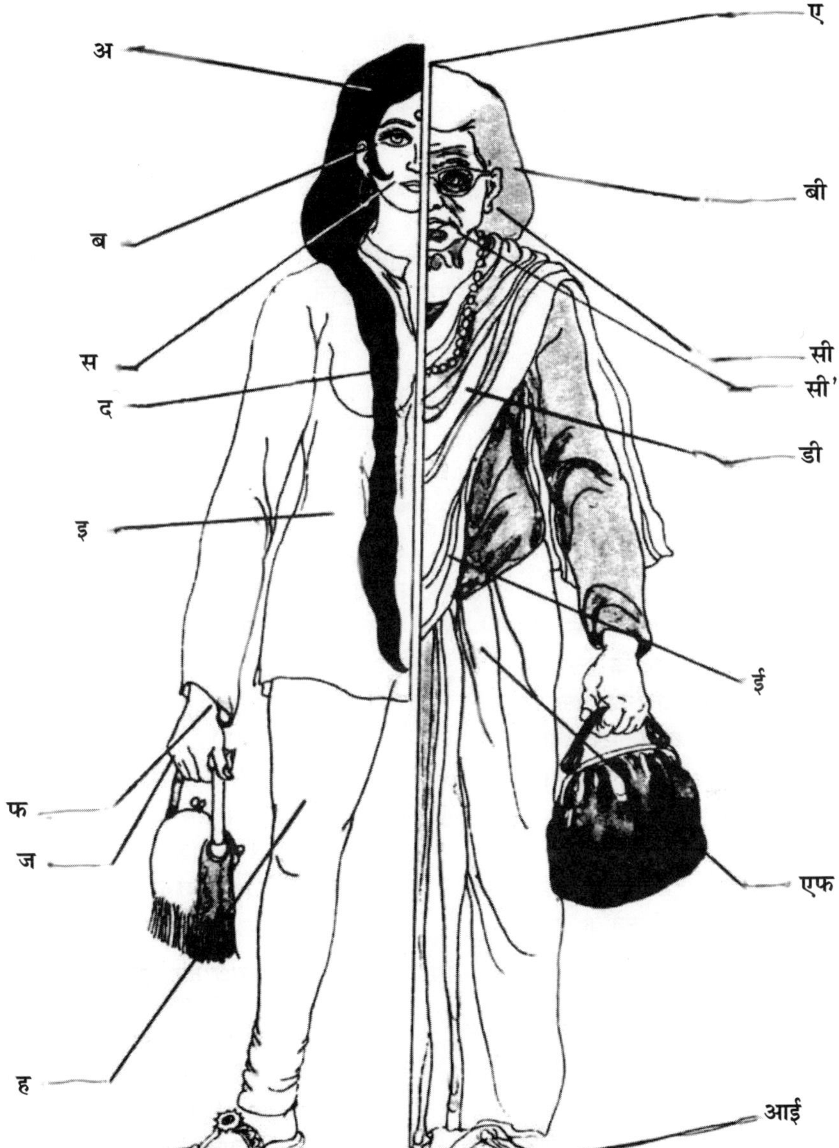

(एलेक्स कमफर्ट के शोध पर आधारित) आयुर्वृद्धि विज्ञान (जीरोन्टोलॉजी)

ब : नजर कमजोर हो जाती है। दृष्टिपथ भी कम हो जाता है। नजदीक दृष्टि के लिए भी चश्मे की जरूरत।

स : स्वाद तथा गन्ध की ज्ञानेंद्रियों की संवेदना कम हो जाती है।

द : श्वासपेशियों के शिथिल होने पर फेफड़ों की कार्यवाही कुछ धीमी।

इ : गैस्ट्रिक रसायनों की कमी से, एसिडिटी। गुर्दे के प्रकार्य में कमजोरी। प्लीहा की दुर्बलता से रोग निरोधक क्षमता प्रभावित । पैंक्रियाज की अव्यवस्था से मधुमेह का खतरा।

फ : धमनियाँ (आर्टरीज) मोटी होने लगती हैं क्योंकि उनकी सतहें गाढ़ी हो जाती हैं।

ज : त्वचा में झुर्रियाँ पड़ने लगती हैं जिससे वह श्लथ, अकड़ी, सूखी तथा पीले-भूरे धब्बों से भी भर सकती है। चोटें तथा घाव भरने में विलम्ब लगता है।

ह : मांसपेशियाँ अपना गूदा खोने लगती हैं तथा कमजोर हो जाती हैं।

बी : बाल झड़ना, कम होना, चमक खो देना, समय के पहले सफेद होने लगना। ललाट की केश पंक्ति पीछे सरकती है (पुरुषों की)। स्त्रियों में देह तथा योनि रोम क्षीण होने लगते हैं। अधिकांश स्त्रियों के बाहुमूल-बाल क्षीण हो जाते हैं।

सी : अन्त:कर्ण में बदलाव से श्रवण मन्द हो जाता है। धीमी बातचीत सुनने में कठिनाई।

सी' : ओंठ तथा गालों पर हल्की-सी सिकुड़न।

डी : कार्य के बोझ का दबाव दिल पर। रक्त-निर्माण क्षमता में भी गिरावट से बीमारियों का खतरा। बे-डौल, ढीले, लटकू स्तन तथा टेढ़ी वक्ष-रेखा।

ई : हड्डियाँ हल्की होकर, छेदों से भर जाती हैं। मेरुदंड में हल्के घुमाव से पीठ का दर्द।

एफ : रजोनिवृत्ति (मेनोपाज) के कारण ओवरी के प्रकार्य बन्द हो जाते हैं। पुरुष के अंडकोषों में शुक्राणु तो बनते रहते हैं किन्तु प्रजनकता खोते जाते हैं। पौरुष ग्रन्थि (प्रोस्टेट) बढ़ जाती है जिससे मूत्र - प्रणाली अनियंत्रित हो जाती है। स्त्रियों की जाँघें थुल-थुल तथा नितम्ब पुल-पुल (पिलपिले) होने लगते हैं।

आई : देह भार ढोने वाले पाँवों की बेतुकी मुद्राएँ और चालें।

इसलिए युवावस्था से ही उम्र बढ़ने की गति को धीमी करने के लिए देहभाषा के काम-संवर्धन, देह-रूप की आत्मरति, देहांगों की आकृति एवं आकारों का संरक्षण, ज्ञानेंद्रियों का भरपूर प्रोत्साहन के साथ-साथ सही व्यायाम से चुस्त देह-गठन, शारीरिक नुक्स दूर करने को कास्मेटिक सर्जरी, नाना भाँति के सौन्दर्योपचार और केशों का साज-सँवार-निखार देह के नाम-रूप-गुण को पूर्णकाम बना देते हैं।

समाज में देह के सामाजिक प्रकार्य

ये अनेक सामाजिक व्यवहार तथा सांस्कृतिक दुविधाओं को भी जन्म देते हैं। देहभाषा के घेरे में हम जब दो मनुष्यों की मुखर-भाषा को रेकार्ड करें तथा उनकी देहभाषा की व्याख्या करें तो चेतन तथा अवचेतन, प्रकट तथा गोपन, अभिव्यक्ति तथा अन्तरानुभूति के बीच 180 डिग्री का अन्तर तक उद्घाटित हो जाता है। वस्तुत: हम वाचिक भाषा के प्रतिपक्ष में जिस देहभाषा को आधार बनाते हैं वह शब्दहीन, वाक्यहीन, व्याकरणहीन भाषा है, लेकिन अभ्यन्तर को प्रज्ञास्तर पर खोल डालती है।

शालिनी वर्मा ने बिपाशा बसु, जॉन अब्राहम, ऐश्वर्या राय, विवेक ओबेराय, शाहिद कपूर, करीना बेबो की अनजोड़ जोड़ियों (?) के चित्रों के आधार पर उनकी प्रकट शालीनता बनाम गुप्त देह-भाषिक अन्तर्द्वन्द्व को उद्घाटित किया है। कारण यह है कि देहभाषा का कोई व्याकरण नहीं है ('शास्त्रों' के सन्दर्भ क्लासिक आयामों वाले हैं)।

अब एक बड़े फलक पर **समाज में देह-बिम्ब** नये-नये आयाम खोलते हैं। संस्कृति समाज को **विरासत** की धरोहर भी देती है। उसके विविध संरूप जातीय स्मृति, सामाजिक प्रथाएँ एवं स्थल, अनुष्ठान एवं कर्मकांड, वेश-भूषा एवं मुद्राएँ हैं। ये **देह-प्रकृति** की भिन्नता का भी प्रकाशन करते हैं। मसलन सांख्य और योग, आयुर्वेद और तंत्र की भी अवधारणाएँ हैं। इन पर विरासत के घटक छाप/थाप लगाते रहे हैं। योग में अष्टचक्र देह-संरचना का विन्यास करते हैं, काव्यशास्त्र में नख-शिख नारी देह-शोभा की विनिर्मिति करता है, कामकला में आसन तथा अन्य अभ्यासों द्वारा देह को चिह्नांकित किया जाता है। नाट्यशास्त्र के अभिनय-विधान तथा नृत्य में नृत्य लिपि-विन्यास में भी **देह-गतियाँ** निर्धारित हैं क्योंकि 'गति' की अवधारणा निष्पादक कला-केंद्रित है। इतिहास से लेकर आधुनिक समय तक भी सामाजिक विषमताएँ (दलित/निर्धन/वर्ग) तथा पाशविक लैंगिक असमानताएँ (नारी-उत्पीड़न) पूरी संस्कृति में गहरी दरार फाड़ती है।

इसी तरह देह के सामाजिक प्रकार्य में नाना-प्रकार का **देह-प्रदर्शन** भी धुरी हो रहा है। यह देह-व्यापार का भी नतीजा है। बॉलीवुड फिल्मों, बड़े होटलों तथा क्लबों में देह-प्रदर्शन का बोलबाला है। इसमें व्यक्तिगत लज्जा और सामाजिक शर्मिंदगी को लाँघ लिया जाता है। उर्मिला मातोंडकर, ममता कुलकर्णी, सोनाली बेंद्रे, बिपाशा बसु, सनी लियोन, मल्लिका शेरावत जैसी प्रसिद्ध अभिनेत्रियाँ भी लोकप्रियता के इस फार्मूले का इस्तेमाल करती हैं।

समाज बदल रहा है। उसके साथ हमारी मान्यताएँ भी बदल रही हैं। क्योंकि विदेशों में भी हमारी फिल्मों का वाणिज्य बढ़ा है, इसलिए बिकिनी वाला **नारी-देह-बिम्ब** भारत में भी प्रचलित हो गया है—पाश्चात्य फिल्मों से तुलना तथा उनके प्रभाव के कारण भी। सो, निर्माता-निर्देशक नायिका-अभिनेत्रियों को ऐसे लिबास पहनने को देते हैं जिसमें उनके अंग अधिक दिखलाई पड़ें। इसी की पूरकता में सामूहिक रॉक/पॉप प्रसंगों में 'आइटम गानें' पहले के मुजरों

का स्थान ले रहे हैं। मंजरकशी ऐसी हो रही है कि वे क्रमश: वस्त्र उघाड़ती हुई न्यूनतम अंग—बस, स्तन व गुप्तांग ही ढँक सकें, लेकिन नाभि, त्रिवली, नितम्ब, काँख, जाँघ आदि को छिपाने के बहाने से ज्यादा प्रदर्शित कर सकें। सैक्स जीवन का अभिन्न और आवश्यक भाग है, परन्तु वह इस तरह से अश्लीलता के सीमान्त छूने पर आमादा है कि हमें अपनी ही नजरें घूरने लगती हैं अथवा 'फोटो सैशन' और पोर्न ब्लू फिल्मों में मुद्राएँ-भंगिमाएँ अपराध-बोध तक उमड़ा उठती हैं अथवा सही-गलत, उचित-अनुचित की समझ धुँधला देती हैं। सेंसर-बोर्ड भी मनोरंजन के विपणन से बावस्ता होकर मर्यादा में छूट देने को लाचार है। अमीषा पटेल ने जिरह में कहा भी है कि त्वचा को दिखाए बगैर उत्तेजक दिखना मुश्किल है, किन्तु वेश-भूषा में ऐसा दिखना ज्यादा सुरुचिपूर्ण लग सकता है ('गदर : एक प्रेम-कहानी' के प्रसंग में)। उसमें वह एक मुस्लिम लड़की सकीना के रूप में एक स्कूली किशोरी से बीवी, फिर अम्मी होती है। उसका चरित्र केवल शारीरिक तौर पर ही नहीं, बल्कि भावनात्मक आयामों में भी संवर्धित होता है। एक मुस्लिम लड़की के तौर पर वह एक पंजाबी ट्रक चालक युवक (सनी देओल) से शादी कर लेती है। कहानी देश-बँटवारे की पृष्ठभूमि में सँवारी गई है जहाँ नितान्त पृथक् संस्कृतियाँ भी हैं। अमीषा आगे बताती हैं कि 'रिफ्यूजी' तथा 'जुबेदा' फिल्में इस नजरिए से कमजोर थीं। वस्तुत: विरासत के मद्देनजर हम एक युवती के मुकाबले पत्नी के रूप में उसे चाहेंगे जिसकी इज्जत भी हो सके। नृत्यांगना चित्रलेखा तो यह मानती हैं कि अश्लीलता के तात्पर्य सामाजिक हैं। वस्तुत: यह शारीरिक-मानसिक हिंसा है जो क्रूरता, क्रोध और घृणा तथा अभद्रता उभारती है। अत: हम तो अश्लीलता को सैक्स-वृत्त से—देहभाषा की प्रशंसा में—खारिज करते चले आ रहे हैं। **देह-गतियों** के अन्तर्गत ठुमके, झटके, लटके, मटक, चटक, झूलन, आलिंगन, चुम्बन की दैहिक प्रकृतियाँ हैं। इनके स्थल नियत हो सकते हैं, जैसे—शयनकक्ष, हमामघर, एकान्त कानन या प्रदर्शन-मंच। इस न्याय से पुरुषों की मांसपेशियों, खुले चौड़े वक्षों, बलिष्ठ बाँहों का प्रदर्शन होता है।

देह-प्रदर्शन के प्रतिपक्ष में **देह-सीमान्त** एक सुरक्षा-कवच या यवनिका की तरह से है। यह देह के चुम्बकीय क्षेत्र का भी अहसास कराता है। इस पटल पर व्यक्ति की संसार में अपने स्वयमेव मनोशारीरिक रक्षण की बुनियादी अनुभूति का **छाया-बिम्ब** घेरेबन्दी करता है। यह धमकी या धोखे या खतरे की स्थिति का अन्दाजा भी लगाता है और उनके विरुद्ध डटने का संकल्प बनाता है। यह आत्मशक्ति उत्पन्न करके देह में कसाब, सतर्कता तथा तनाव को बढ़ाता है। तदनुसार मुद्राएँ कसी मुट्ठी, सुदृढ़ पाँव, स्थिर कन्धे आदि मिलकर किलेबन्दी करते हैं। अत: यह सम्भावित अतिक्रमण के विरुद्ध सुरक्षा तथा आत्मशक्ति का सम्वर्धक है। भ्रम की स्थिति में यह अभिशाप भी है, अन्तरंगता को नष्ट करने वाला। इसलिए यह सीमान्तवर्ती छाया-बिम्ब प्रवेश में ही सतह-अवरोधक का पहरुआ है। इसे विस्तृत करके हम आनुष्ठानिक शुद्धीकरण, देह के स्नान, शालीन-शोभित परिधान-धारण या मंडन-लेपन (मुखौटे जैसे) द्वारा आत्मरति को भी देहभाषा के साथ शामिल करते हैं जो उसकी हिफाजत करते हैं। अथच यह कुरूपता, फूहड़ता, बेहूदगी या विरूपीकरण के आघातों से भी बचाता है। असल में लिबास और पोशाकें आत्मरक्षा, आत्मविश्वास, आत्मशक्ति, आत्मरति, आत्मशोभा-परिवर्तन के उपायों में ढलकर देहभाषा को सामाजिक प्रथाओं तथा सांस्कृतिक व्यवहारों से भी संलग्न करती हैं। अत: वस्त्र तो देह-त्वचा के ऊपर द्वितीयक देह-आवरण अर्थात् द्वितीयक त्वचा की भी भूमिका निभाते हैं।

तो वसन उतारने से 'स्व' स्वाभाविक-सहज और भिन्न हो जाता है। तब देह प्रकृति तथा प्रकृति की कृति एवं शक्ति हो जाती है : शुद्ध, स्वच्छ, सुन्दर और पावन। हमें मिथक के दो प्रसंग ख्याल में आए—कृष्ण द्वारा गोपियों का वशीकरणमय चीरहरण। इससे नारीपूर्णता की

पहचान हुई है। दूसरा प्रसंग है जयद्रथ द्वारा द्रौपदी का बीभत्स चीरहरण—इससे नारी शक्ति की प्रचंडता धधक उठती है। निर्वसनता का तीसरा माइथीम भी है, गांधारी द्वारा अपनी आँखों पर (ताउम्र बँधी) पट्टी खोलकर अपनी दृष्टितेज द्वारा वरदानप्रार्थी पुत्र नग्न दुर्योधन को वज्रदेह कर देना। अंततः रतिबंध में निर्वसन सुन्दर-सुकुमार रमणी का भी आदिम ऊर्जा तथा लज्जोत्तीर्णकारी कामयुद्ध में विजयिनी होना।

इस तरह देह-सीमान्त में देह-चुम्बक के सहकार में वसन धारण करना अथवा उतारना **देह-प्रकृति** को भी परिवर्तित कर देते हैं। एक ऐसी अनुभूति भी होती है, कि देह एक सुरक्षित-व्यक्तिगत-सुदृढ़ दुर्ग है। सामान्य 'स्व' का 'स्वयं' में नया विस्तार है। यह अधूरेपन को पूरा करने की मुद्रा-बहुल गति एवं क्रिया है।

हम सभी उचित अवसर पर **देह से प्रस्थान** भी करते हैं। तब देह पर कौशल तथा कर्मपूर्ण नियन्त्रण की पुकार मच जाती है, लिजंधर (लिजेंइस) फैल जाते हैं कि वह चिर यौवना है, उसे इच्छामृत्यु प्राप्त है, वह किशारे देवता की भाँति कभी पलक नहीं झपकाता (अर्थात् ज्ञानोद्दीप्त है), वह कभी नहीं थकती, वह तेजस्विनी है (अर्थात् कभी रजोनिवृत्ता नहीं होती), इत्यादि।...

स्व-सीमा का विस्तार एवं प्रस्तार भी होता है जब देह-रक्षा क्षेत्र में कोई स्वेच्छा या अनुमति से प्रवेश करता है : भागीदारी करता है। कारण कि बाहरली सीमाएँ टूट जाती हैं, प्रतीतियाँ मिट जाती हैं, सन्देह विखंडित हो जाते हैं। तब **देह-पिघलन** घटता है। फलस्वरूप 'सुच्चे पुरुष या नारी' का उन्मीलन होना सम्भव हो जाता है। तब देहभाषा तथा वाचिक भाषा की व्यासरेखा एकैक होती जाती है।

एक परिशिष्ट : गोपनता-उद्घाटन की देह-वस्तु का। वेश बदलने, मुखौटा उतारने, निर्वसन होने, अथवा लक्षण एवं लांछन के लक्षित हो जाने (अस्मिता ज्ञात होने) से भी देह-प्रतीकात्मकता वैयक्तिक अपचेतन में, सामाजिक आचरण में तथा देह-भाष्यकारों की विवेचनाओं में परिलक्षित होती है। यह तथ्य फिर दोहरा दें कि (एमील दुर्खाइम के अनुसार) कर्मकांड/अनुष्ठान की परिस्थिति प्रतीक को सामूहिक प्रतिनिधित्व में रूपान्तरित कर देती है। एडमंड लीच ने भी कुछ इसी तरह से मनोविज्ञान एवं प्रजाति विज्ञान (एथनोग्राफी) का सांस्कृतिक संगम बताया है।

यारब, अब हम यह कच्चा-अधपक्का अनुमान तो कर ही सकते हैं कि अनिर्धारित (व्यक्तिगत/स्वच्छन्द) देह-मुद्राओं में स्वाधीनता है—सृजनात्मक स्वतंत्रता; जबकि निर्धारित शास्त्रीय (नृत्य, योग, नृत्) में मनुष्य की स्वतंत्रता के कड़े सीमान्त खिंचते चले जाते हैं। अलबत्ता खेल में, नृत्य-शैलियों के चयन में, काम-क्रीड़ा के लीला-विलास में, मुश्किलें दूर करके, इनमें सामंजस्य भी स्थापित किया जाता रहा है। तदपि यह निष्पादन (परफार्मेंस) की मधुविधा से फलागम सिद्ध करती है। अतएव मुद्रा तथा भंगिमा (काम, नृत्य, योग, अभिनय, लीला) को स्वप्न से संवाहित करें ताकि अनेकानेक नव-नवल तात्पर्य/अभिप्राय उद्‌भूत हो सकें, हम एकायामी सार्थकता से परे खुले भाव-भंगिमा के लोक में आ सकें। इससे ही 'थैरेपी' होगी। सबसे पहले तो तनाव से मुक्ति मिलेगी। तब देहभाषा के चक्रचिह्नों में मुद्राएँ मानो 'ब्यूटी पार्लर' और 'जिम' (व्यायामशाला) की भूमिका की भी अदाकारी करने लगेंगी। अतएव शरीर चुस्त-दुरुस्त, चंग-मलंग रहे तथा अन्तर्लोक सपनों की सहयोगिनी-समान्तर भाषा के साथ तनाव तथा कुंठा तथा सीमान्त एवं द्वन्द्व से विमुक्त करा सके। स्वप्नोद्धारक मुद्राओं से दुरुस्ती, मनोरंजन, सुखायोजन—तीनों सिद्ध होते हैं। अब तो प्रादर्श 'ज़ीरो फिगर' है।

इसलिए नाचिए तो, स्वप्नों के संग-साथ भी!!

पूँजीवादी व्यवस्था में सब कुछ स्वार्थ तथा मुनाफे के लिए बिकता है। इसी मकड़जाल में **देह-व्यापार** भी है। देह एक **उत्पाद** (प्रोडक्ट) हो जाती है। मन्दगामी दशाएँ ये हैं कि बलात्कार

के शिकार नारी तथा वेश्याएँ, दोनों ही इस नर्क में धकेल दी जाती हैं जबकि वे खुद निर्दोष हैं। इसका एक आयाम गुप्त तथा पोशीदा वेश्यावृत्ति की तरह भी है। यह प्रतिबन्धित वेश्यावृत्ति का एक चोर विकल्प है। इसमें **काल गर्ल्स** भी शामिल हैं। ये धन्धे आर्थिक मजबूरियों अथवा बेलगाम ऐश की ख्वाहिशों के कारण पनपते हैं। इस धन्धे में गिरोह काम करते हैं और पुलिस छापा मारकर उन पर काबू पाती है, पर्दाफाश करती है। इस धन्धे में महिलाएँ कई नेताओं, अफसरों, व्यापारियों और मनचलों को मोटी फायदों तथा तरक्कियों के लिए मोटी रकमें देकर पेश की जाती हैं। वे भी बड़ी रकम कमाती हैं। इनके विरुद्ध 'अनैतिक देह-व्यापार निवारण नियम' बना जरूर है। अब 'काल गर्ल्स' को **सैक्स-वर्कर** (यौनकर्मी) भी कहा जाता है। शिमला, मनाली, धर्मशाला में **सैक्स टूरिज्म** का भी चलन है। इसी तरह शराब की 'बारों' में नाचने-शराब पिलाने में साकी का काम करने वाली **बार गर्ल्स** भी हैं ('चाँदनी बार' फिल्म का प्रसंग भी)। अब गरीब और जरूरतमन्द महिलाओं के अलावा मध्यम तथा उच्च वर्ग की महिलाएँ भी इन चक्रों में शामिल हो रही हैं। देह के ऐसे कथित सामाजिक उपयोगों से सांस्कृतिक चादर के ताने-बाने धीमे-धीमे चिन्दी-चिंधी होते जा रहे हैं।

इन घटाटोप बादलों के बीच से पंचमी का चाँद झाँकता है। देहांगों के प्रदर्शन के बरक्स **देहांग-दान** भी प्रचलित है, जब कोई स्वेच्छा/कीमत से गुर्दे या आँख या दिल को किसी की जीवन-रक्षा के लिए दे देता है। यहाँ भी देहांगों का अवैध व्यापार चालू है, तथापि इसका मानवतावादी पहलू ही वरेण्य है।

समाज के काले घनेरे हाशियों के बीच से पूनम का पूरा चन्द्रमा भी निकलता है। देह—विशेषत: बाल श्रमिकों एवं नारियों की देह—की शिक्षा तथा उत्थान में भी ऊँचाइयाँ छू रही है।

अगर हम आधुनिक विकासशील भारत में **नारी-सशक्तीकरण** तथा **नारी-सम्मानीकरण** के सन्दर्भ में नई प्रारूप संहिता (टाइपोलॉजी) का नवनिर्माण करें तो पर्यवेक्षण में खड़े तथा पड़े मानक बेहद बुलन्दी के साथ ऊँचे तथा लम्बे हो गए हैं—

(क) सौन्दर्य-अक्ष में : मिस यूनिवर्स, मिस वर्ल्ड, मिस इंडिया, (ऐश्वर्या राय, सुचित्रा सेन)।

(ख) ओलिंपिक खेल : पदक विजेता, कीर्तिमान संस्थापिका।

(ग) निष्पादन-कार्यों में; अभिनेत्रियाँ (मीना कुमारी, स्मिता पाटील, ऐश्वर्या राय, माधुरी दीक्षित, शबाना आजमी, रेखा)।
एयर होस्टेस, पायलट, जनरल पद्मिनी, आई.जी. किरण बेदी, मेधा पाटकर, जयललिता, मायावती, वृन्दा करात, लक्ष्मी सहगल।

(घ) लेखिकाएँ : महाश्वेता देवी, शोभा डे, तस्लीमा नसरीन, अरुंधति राय, मैत्रेयी पुष्पा, अमृता प्रीतम, कृष्णा सोबती, मृणाल पांडे, मृणालिनी साराभाई, शोभना नारायण।

(ङ) नये कामकाज : (उज्ज्वल पक्ष से)—बार गर्ल, आइटम गर्ल, मॉडल, फैशन डिजाइनर, ब्यूटीशियन (शहनाज हुसैन)।

(च) क्रान्ति मशालें : मानव बम, पी.डब्लू.जी. की गुरिल्लाएँ।

(छ) अन्य : अध्यापिकाएँ, अफसर, इंजीनियर, न्यायाधीश, गायिकाएँ, नर्तकियाँ, चित्रिणीयाएँ आदि ।

अत: आज **समाज में देह-बिम्ब** के वितान में 180 डिग्री का घुमाव आ चुका है। आज वह सौन्दर्य और बुद्धि, स्वास्थ्य और शक्ति, स्वावलम्बन और स्वतंत्रता के प्रभामंडल से देदीप्यमान देह है। आज देह की वेश-भूषा, अनुष्ठान, व्यवहार तथा साहचर्य, संस्कार तथा परिपाटियाँ, सभी में तेजी से समाज-सांस्कृतिक परिवर्तन हो रहे हैं।

(पहले के सामंतीय-अभिजात्य परिवेश से तुलना करने पर पाते हैं कि तब नारी की अभिभूमिकाएँ (रोल्स) राजसभा, घर-अन्दर, अन्त:पुर, शयनकक्ष, गाँव की गलियों-कुंजों, नदी-सरोवर, पनघट आदि तक सीमित थीं। वह सखी-दूती, सौत-परकीया, कुट्टिनी-गृह-सेविका, वेश्या-नर्तकी अथवा ननद-भौजाई, जेठानी-देवरानी, सासू-शिक्षिका आदि के सम्बन्धों तक सीमित थी। ऐसे में कवियों-आचार्यों-मनीषियों ने नायिका-भेद, अष्टनायिकाओं, अष्टांगवती नायिका तथा अष्टयाम में नायिका का नारी-लोक परियोजित किया था।)

सर्वोत्तम नारी : गर्भवती जननी

देहभाषा के लिए भिन्न-भिन्न **अल्पसंख्यकों का एक समूह** चुनने में मुश्किलें पैदा करता है। इनमें समलैंगिक (होमो-सैक्सुअल 'गे'), समरत (लेस्बियन नारियाँ), पारलैंगिक (ट्रांसजेंडर), द्वि-लैंगिक (बाई-सैक्सुअल) तथा यौन-परिवर्तनकारी (सैक्स-चेंजर) की श्रेणियाँ हैं। सामाजिक दबाव तथा तनाव के कारण उनके लिए एक सूत्र है—'न पूछो, न बताओ!' उनके शरीरशास्त्र (फिजियोलॉजी) तथा रूपाकृति विज्ञान (फिजियोनॉमी) के बीच संवेदनात्मक तथा उप-मुद्रात्मक क्षेत्र होता है। अत: उनकी देहभाषा विभिन्नता पैदा कर देती है। उनमें एक...(आर्बिट्रेरी) अभिनयाभास लक्षित होता है जो कुछ दुराव/छिपाव/अलगाव का संकेतक है।

इस समूह में उपगुटों का यौन-पसन्दियाँ अन्यथा होती हैं—पुरुष का पुरुष से, स्त्री का स्त्री से। ऐसी अ-सामान्य दशा में उन्हें शान और सम्मान, स्वतंत्रता और समता के लिए संघर्ष करना पड़ रहा है क्योंकि उन्हें प्रताड़ित, भयभीत तथा **ब्लैकमेल** (भयादोहन) तक किया जाता है। क्या ये सम्बन्ध अवैध हैं? क्या ये अप्राकृतिक हैं? यह समूह समानता तथा निजता के अधिकारों की कानूनी पक्षधरता हासिल कर चुका है (दिल्ली हाइकोर्ट ने 2009 में उन्हें एक 'अल्पसंख्यक समूह' घोषित करके कोई पच्चीस लाख भारतीयों को राहत दी है)। यह सत्य है कि समूह की यौनपरक पसन्दें व प्रशंसाएँ सामान्य सामाजिक मर्यादाओं से इतर हैं। इसलिए, न पूछो, न बताओ। हम बता दें कि अब यह कोई जुर्म नहीं है।

मारिआ शरापोवा

क्योंकि ये श्रेणीजन सामान्य मंजूर शुदा परिपाटियों तथा सम्बन्धों से भिन्न व्यवहार कर रहे हैं इसलिए देहभाषा वृत्त में सामाजिक अभ्यास, व्यक्तिगत चाल-ढाल, वेश-भूषा तथा मुद्रा-भंगिमाओं में बाँकापन तथा विलक्षणता प्रदर्शित होती है। समूह की उपश्रेणियों में पुरुषों के जैसा शरीर लेकिन स्त्री जैसी हरकतें या इसके उलट, स्त्री होकर भी पुरुष जैसी वेश-भूषा या इसके पलट, लैंगिक विपरीतता वाली आदतें, विचित्र-विलक्षण चलने-फिरने के तरीके, अन्य लैंगिक या बहुलैंगिक व्यक्तित्व का आयत्तीकरण उनकी अपवादी देहभाषा का विन्यास करते हैं।

उपसाध्य के रूप में इनके मुखमंडल या प्रजनेंद्रियों की सर्जरी होती है (यहाँ तक कि लिंग और अंडकोष के रेशों से योनि-निर्माण किया जाता है)। इस तरह वे लैंगिक सीमान्तों से आगे निकल आते हैं और अपनी नई अस्मिता के लिए पुरानी अस्मिता को नकारते हुए चुनौती देते हैं।

समरत रमणियों (लेस्बिएंस) का समूह

यह दैहिक एवं मनोवैज्ञानिक मामला है जो सोचने के रंग-ढंग एवं देह-रसायन को बिल्कुल बदल देता है। एक शरीर का खात्मा तथा दूसरे की शुरुआत अथवा एक ही शरीर पर एक और सम-दैहिकता का आरोपण। इनकी देहभाषा में द्वन्द्व तथा दुविधा तथा द्वैत के लक्षण विन्यस्त्र होते जाते हैं। अत: 'न पूछो—न बताओ!' ये पुरुष या स्त्री के बजाय मात्र **मानव** (इनसान) हो जाते हैं। इनमें एक-दो-तीन लैंगिकताओं का मेल या अदल-बदल होती है।

ऐसी ही विलक्षण (अपवाद नहीं) दशा समलैंगिक (लेस्बियन) रमणियों की भी है। टैनिस खिलाड़िन नवरातिलोवा में यह प्रवृत्ति प्रदर्शनात्मक हद तक रही है। टैनिस-खिलाड़िनों की एक अन्तरंग टोली में सेरेना विलियम्स ने सत्रह वर्षीय रूसी मारिआ शरापोवा (1987) पर मुग्ध होकर कहा था कि मैं तो सैक्स-अपील के बाबत बस एक या दो बातें ही जानती हूँ परन्तु शरापोवा के पास तो इनकी राशि है। विम्बलडन को जीतने पर सभी शरापोवा की 'पतली टाँगों वाली' वशीकरण-छवि है। "मैं उसकी टाँगों से इश्क करती हूँ। उसकी टाँगें बेतहाशा सैक्सी हैं,"—सेरेना विलियम्स ने कहा। छोटी शर्ट पहने तथा श्याम-श्वेत शॉट में शरापोवा को उसने सुनाया करती है। विलियम्स खुद भी देह को कसने-जकड़ने वाले खेल-लिबास पहना करती है।

गीता में विष्णु-वासुदेव कृष्ण ने पार्थ को बताया है कि जो हम मोहवश नहीं करते, वह विवश होकर करते हैं। अस्तु।

वर्तमान भारतीय समाज में सैक्स-संतप्त एवं सैक्स-वंचित जो **सैक्स-हिंसक पशु** फैल रहे हैं उनका उपचार कठोर क़ानूनों के साथ-साथ नारी सशक्तीकरण तथा सैक्स-संतृप्ति ही है। वर्मा-कमीशन की पहल को हम सलाम करते हैं।

तदपि सुप्रीम कोर्ट ने पहले समलैंगिक संबंधों को अप्राकृतिक-आपराधिक कृत्य करार देते हुए इसके लिए उम्रक़ैद सुनिश्चित कर दी। कई याचिकाकर्ताओं एवं नाज़ फाउन्डेशन 'LGBT' [= लेस्बियन, गे, बाइसैक्सुअल, और ट्रांसज़ेंडर उर्फ किन्नर] समुदायों ने इस निर्णय पर **सुधारात्मक याचिकाएँ** दायर की हैं (अप्रैल, 2014)। इनकी सुनवाई जल्दी होनी है। वे अनुरोध करते हैं कि 'एल-जी-बी-टी' समुदायों को भयंकर हानि होने से बचाया जाए क्योंकि उक्त समूहों के हज़ारों नर-नारियों ने अपनी **यौन-पहचान** को खुलकर स्वीकार किया है और अब वे खतरों का सामना कर रहे हैं। अतएव समलैंगिक यौन संबंधों को अपराध की श्रेणी में लाना एलजीबीटी-समुदाय के मौलिक अधिकारों का भी उल्लंघन है।

लेस्बियनें

सो, इस मनोदैहिक स्थिति से मोहवश तथा विश होकर सहमत होना ही हमारी अनिवार्यता एवं स्वतंत्रता है। यह एक स्वस्थ **निजता-क़ानून** (प्राइवेसी लॉ) के अभाव में यौन-संतृप्ति की स्वाभाविकता के लिए अपेक्षित है ताकि भारतीय समाज ज्यादा सहज, उदार, अनुमति=स्वीकारी बन सके।...

हमें नृशंस, जघन्य, सैक्स-जानवरों को नहीं बनने देना चाहिए। भारत ने विश्व में सबसे पहले काम-ग्रंथों का प्रणयन किया है। विशाल मंदिरों की मूर्तियों में भी प्रकृति-पुरुष के इस संयोग की उदारता, विविधता, नग्नता एवं खुलेपन की ललित अनुमति प्रदान की गई है। अत: देह-परिपूर्णता तथा परमसुख के प्रशिक्षण तथा औचित्य द्वारा (धर्म, अर्थ, मोक्ष के बीच के) इस तृतीय काम-पुरुषार्थ को श्री श्रेय माना गया है।

अध्याय : चार

जीन तथा देहोपचार

जीन तथा जीनोम

सर्ग के आरम्भ में एक **कोशिका** (सैल) की नाभि में जीव-द्रव्य (प्रोटोप्लाज्म) की प्रक्रियाओं की तुलना प्रकृति एवं पुरुष से अथवा देह के डी.एन.ए. एवं आर.एन.ए. के अन्त:सम्बन्धों से की जा सकती है। डी.एन.ए. में परिवर्तनों के लेखा-जोखा को तथा आर.एन.ए. में—डी.एन.ए. द्वारा बताए गए कार्यों को करने के सूत्र गुँथे। इसे कोशिका-समूह ही निस्पादित कर पाते हैं।

आधुनिक समय में तो जीव-विज्ञान तथा सूचना-प्रौद्योगिकी की मैत्री से जीवन को तथा क्रम-विकास को समझने के लिए नये-नये रहस्य खुल रहे हैं। **मानव-जीनोम** का नक्शा बनाकर स्वास्थ्य की देख-भाल की तैयारी हो रही है। मानव-शरीर में डी.एन.ए. बंडलों के रूप में 23 जोड़ी **गुण-सूत्र** (क्रोमोसोम्स) होते हैं जिन पर **जीन** लगे होते हैं। यही जीन आनुवंशिक लक्षणों को पीढ़ी-दर-पीढ़ी ढोने का काम करते हैं। इसलिए मानव जीवन को जीनों की किताब कहा जा सकता है (डी.एन.ए. ही वंशानुगत गुणों को आगे ले जाता है। सो, जीवतत्त्वों से जड़े डी.एन.ए. के एक-दूसरे से लिपटे दो धागों के जोड़े को गुण-सूत्र कहते हैं)। गुण-सूत्र जीवन का रासायनिक नक्शा होते हैं। हम डी.एन.ए. को आधुनिक जीवन की त्रिपुर-सुन्दरी कह सकते हैं। जीन का जैविक नील छापा (ब्लूप्रिंट) या नक्शा ही जीवन का नक्शा है। इसमें 300 लाख अक्षर हैं जो सम्पूर्ण मानवीय डी.एन.ए. की रचना करते हैं। इससे कैंसर, कुष्ठ, ल्यूकोरिया, मधुमेह, मलेरिया जैसी भयानक बीमारियों पर भी काबू पाया जा सकेगा। **जीनोम-नक्शानवीसी** में वैज्ञानिक 25,000-30,000 जीनों की शिनाख्त मुकम्मिल कर चुके हैं। तो क्या हम परमात्मा का खेल खेलने को कटिबद्ध हो चले हैं? सचमुच, हमने **देह** तथा **जीवन** के कई मूल रहस्य सुलझा लिए हैं। जीन को परमात्मा का कोड (कूट) भी कहा गया है।

बार-बार ध्यातव्य है कि मानव-देह में बीस हजार से ज्यादा जीन हैं। इन्हीं में शरीर का सारा भेद और रहस्य और निस्पन्द-भाषा छिपी है। सोलह के पूरे अंकों में माता-पिता-शिशु का डी.एन.ए. समान माना जाता है। कम होने पर पैतृकता की शर्तें पूरी नहीं होतीं। अन्तत: यह परीक्षण बीमारियों की संभावना की भविष्यवाणी भी करता है। अन्त में **जीन** और **बुद्धि** परस्पर संलग्न हैं। जीन में मामूली-सी तब्दीली उच्चतर बुद्धि के पक्ष में तुला उठा देती हैं। जिन मनुष्यों के बड़े (आकार वाले) मस्तिष्क में HMGA-2 नामक जीव-कोड पाया गया, उन्होंने मानक बुद्धि-स्थिरांक (आई.क्यू.) में बेहतर स्तर पाया।

डी.एन.ए. जीवन का आधारभूत नक्शा (ब्लू प्रिंट) है। इसमें चार रासायनिक होते हैं— 'ए' (एडेनीन), 'सी' (साइटोसीन), 'डी' (थाइमीन) तथा 'जी' (गुआनीन)। ये दोहरी कुंडलिनी (हेलिक्स) में विभिन्न योगायोग में परस्पर बँधे होते हैं। दोहरे 'सी' तथा शून्य 'टी' वाले लोगों के दिमाग ज्यादा बड़े होते हैं। यह अध्ययन यूरोस्ट्रेलिया केंद्रित है। दोहरा 'सी' ही इस यौगिक में चमत्कार करता है। स्नायु-ज्ञानेंद्रिय-प्रणालियाँ इससे उन्मिषित होती हैं।

आधुनिक युग में कम्प्यूटर मस्तिष्क का त्रि-आयामी नक्शा तैयार कर देता है, न्यूक्लियर औषधियाँ पहली मर्तबा कार्यरत मस्तिष्क के अन्दर के बिम्ब प्रस्तुत कर देती हैं। इसके द्वारा हम विभिन्न सतहों में रक्त-प्रवाह को देख सकते हैं तथा अपेक्षित स्थल की दशा का अनुमान कर सकते हैं। भोग तथा रोग की दशाओं में यह अलबेले उद्‌घाटन कर सकता है। हम मस्तिष्क के वैद्युत्-फोकल बिन्दुओं की परख कर सकते हैं (टोमोग्राफी)।

इसी कड़ी में **मानव-देह का समग्र नक्शा** अर्थात् **जीनोम** है। इसका मौजूदा उपयोग ला-इलाज बीमारियों के निदान तथा उपचार और अन्ततः निरोगता में है। इसमें 'जैनेटिक इंजीनियरी' तकनीकों का प्रयोग होता है। प्रत्येक जीन की सही संस्थिति का पता लगाना ही इस पद्धति की धुरी है। सिद्धान्त यह है कि यदि किसी वस्तु से कोई अंश अलग निकाला जा सकता है और दोबारा संयुक्त किया जा सकता है तो हमें वह प्रविधि पता चल जाएगी कि उसे कैसे एक साथ रखा जाता है। इसके लिए मानवीय डी.एन.ए. (डि-ऑक्सीरिबोन्यूक्लिक एसिड) के एक खंड को टुकड़ों में काटकर प्रत्येक को एक यीस्ट-कोशिका में क्लोन बनाने को उगाया। फिर क्लोनो को टुकड़ों में काटकर उनकी 'उँगलियों की छाप' ली गई और एक साथ संयोजित कर दिए गए। इससे जो नक्शा तैयार हुआ, वह 'सन्दर्भ प्रस्थान का बिन्दु' बना। अतः प्रत्येक जीन की सही जगह निश्चित कर ली गई। यही 'जीनोम'-नक्शा है। यह पता लगा कि प्रत्येक डी.एन.ए.—प्रखंड तकरीबन एक लाख जीनों का होता है जो लगभग तीस लाख डी.एन.ए. जोड़ी में होते हैं। फ्रेंच अकादमी ऑफ साइंसेस के डॉ. डेनियल कोहन ने 1993 में सबसे पहले नब्बे प्रतिशत जीनोम का नक्शा तैयार कर लिया। यह मानव-देह धुरी का क्रान्तिकारी अभिज्ञान है। इससे एक नवजात शिशु का भी जीनोम (जीनोम-जन्मकुंडली) तैयार करके उसकी देह का भविष्य कहा जा सकता है।

पुनश्चः के अन्तर्गत अमेरिका ने भी 2000 में मनुष्य के जीनोम को पूरी तरह हल करने की घोषणा की जिससे जीवन के प्रत्येक ब्लू-प्रिंट का विश्लेषण किया जा सकेगा। जीनोम (जीवतत्त्वीय बीजक) के जरिये ही मानव-गुण एक पीढ़ी से दूसरी पीढ़ी में पहुँचते हैं। ध्यातव्य हो कि हर प्रजाति (मनुष्य, बन्दर, भालू, मोर) के जीन अलग-अलग होते हैं जिससे उनमें बीमारी से लड़ने तथा नस्ल को सुधारने व संरक्षित रखने की क्षमता उत्पन्न होती है। अतः जीन के अन्तर्प्रजनन के पूरी-की-पूरी प्रजाति (कुल/गोत्र) असुरक्षित या लुप्त हो सकती है। 'जीन' तथा 'जीनोम' के निष्कर्ष हैं कि जीन हमारी शारीरिक संरचना का सूत्र है। यह एक मौलिक संरचना एवं आनुवंशिक चिह्न है (अन्तर्प्रजनन से कुछ लाइलाज प्राणघातक बीमारियाँ, देह-विकृतियाँ भी पैदा होती हैं। ईजिप्ट के परवर्ती फाराओं-कुल इससे ग्रस्त हो गए थे)। इसीलिए मानव-प्रजाति में एक ही परिवार या गोत्र में विवाह (अन्तर्प्रजनन) निषिद्ध तथा अनैतिक भी है।

डी.एन.ए. कोशिका में जीन स्वयं प्रवेश नहीं करता, एक वाइरस द्वारा उसकी झिल्ली बेंधकर प्रवेश कराया जा सकता है, तदपि डी.एन.ए. जीन की विशेष रचना-शृंखला है।

लिंग-चयन आनुवंशिकी का पहला कदम है। नीली आँखें, सुनहले बाल, गोरी त्वचा (माइकेल जैक्सन, पॉप गायक) आदि इसके परवर्ती प्रयोग हैं। **जीन-थैरेपी** में एनजाइम के टीके लगवाए जाते हैं। यह क्रम-विकास के सिद्धान्त को ही बदल रही है। यह हमारी नीयत को तय करता है ('डॉली' भेड़ की मिसाल)। **जीन-टेक्नोलॉजी** के द्वारा कोशिकाओं एवं डी.एन.ए. का मेल कराया जाता है जिससे एक नया डी.एन.ए. संगठित करने की चेष्टा की जाती है। इस पर कई देशों ने प्रतिबन्ध लगा रखा है। सवाल यह है कि जीन का प्रयोग कैसे करें? या कैसे नहीं करें?

यह सही है कि हम अपने **जीन** से बहुत उम्मीदें करेंगे। इसलिए **जैनेटिक्स** (आनुवंशिकी) में आधुनिकता सदैव नैतिकता को चुनौती देती है।...कई चिकित्सा सम्बन्धी उपचार अनैतिक

माने जा सकते हैं, जैसे, कन्या-भ्रूण हत्या, परखनली द्वारा शिशु-निर्माण, हृदय-प्रत्यारोपण, लिंग-परिवर्तन, आदि।...अगर इस प्रौद्योगिकी का दुरुपयोग न किया जाए तो यह नैतिकता-विरोधी नहीं रहेगी, न ही मानवता-विरोधी। हम जानते हैं कि हमारे शरीर का 80-90 प्रतिशत भाग बन्दरों के निकट है। डी.एन.ए. भी इसकी कुंजी है। किन्तु (वानर के मुकाबले) डी.एन.ए. भी सम्पूर्ण रूप से हमारी मानुषी पहचान नहीं है। काफी हद तक यह बहुत प्रासंगिक नहीं बताएगा कि हम मनुष्य के रूप में क्या हैं ? क्यों अलग हैं ?...यह डी.एन.ए. तो नहीं बताएगा। यह सांस्कृतिक-दार्शनिक सवाल भी है।

अथच सम्भोग हमारी प्रजाति तथा ऐंद्रियिक मनुष्य होने की अनिवार्यता है—प्राणिशास्त्रीय एवं क्रम-विकासी दृष्टिकोणों से। यह समाज-चक्र में भी स्वीकार्य है। यह हमारी प्रजाति का, नर का, नारी का अधिकार है, कर्तव्य भी है तथा काम-समाधि भी है। अतएव, भले ही शुक्राणु सशक्तीकरण में फालतू बताया जा रहा हो, उसका डी.एन.ए. सही-सलामत शक्तिमान है। यदि हम विलुप्त हुए प्राणियों/जातियों के डी.एन.ए. का अध्ययन कर पाएँ तो पता चल सकेगा कि वे मिट क्यों गए।...हमारे बाल तथा खून तक भी डी.एन.ए. के स्थायी चिह्न हैं। हमें लुप्त हुए जीवों को **पुनरुज्जीवित** करना होगा तथा अपनी प्रजनक भाषा को भी पहचानना होगा।

हमारी देह के मस्तिष्क के भंगिमाक्षरों तथा ज्ञान-तन्तुओं में अमृत है क्योंकि मानुषी सृष्टि (उत्पत्ति या ऋत्) की सबसे अनोखी रचना तो **मानव-मस्तिष्क** है।

मस्तिष्क की कोशिकाएँ 'न्यूरोन्स' हैं। वे अरबों की संख्या में हैं। जब वे आपस में जुड़ते हैं तब 'न्यूरोन्स-नेटवर्क' बनाते हैं। ये मस्तिष्क के विशिष्ट खंड में पहुँचकर विशिष्ट कार्य सम्पादित करते हैं। इनके जोड़ ही हमारी इंद्रियों की रचना करते हैं और हमारी कल्पना तथा सीखने की क्षमता और स्मृति आदि को बढ़ाते/बनाते हैं।

'कोर्टेक्स' ही चिन्तन की धुरी होता है। मस्तिष्क के हाइपोथेलोमस में दो न्यूरो-रासायनिक पदार्थ बनते हैं—ऑक्सीटोसिन एवं टेस्टोटेरान, सहवास के समय में।

किसी देहांग को काटने पर पतले सूत के समान तन्तु और तन्तु-जाल ही **नाड़ी-सूत्र** कहे जाते हैं। इन्हीं में से एक जत्था **ज्ञान-तन्तु** है। इन्हें इस तरह एकजुट रखने के लिए झिल्लियों का एक आवरण होता है। नाड़ी-सूत्र का एक प्रकार, इच्छानुसार, किसी अंग को हिला चला देता है। दूसरा प्रकार ज्ञान-प्रदाता है : उरु-जंघा पर नख-खत, लहरीले केशों की भीनी सुगंध, सुन्दर मुख का आकर्षण। कुल मिलाकर इन नाड़ी-सूत्रों की संख्या इकतीस जोड़ी है। मनुष्य और प्रकृति की भी शाश्वत जोड़ी है।

हार्मोनों द्वारा पुरुष-स्त्री के मानवीय शिल्पायन

हमारे शरीर में विभिन्न प्रकार की ग्रन्थियाँ विशेष प्रकार के रस का उत्सर्जन करती हैं जिन्हें हम हार्मोन कहते हैं। अनेक प्रकार के **हार्मोनों** में से प्रत्येक के अपने भाषिक-सम्प्रेषण होते हैं अर्थात् इनके आदेश वही अंग ग्रहण कर सकता है जिसको ये लक्षित होते हैं (एंडोक्रिनोलॉजी इन्हें अस्थि-रक्त-जीन से भी संलग्न करती है)।

पहले एस्ट्रोजन नारी-हार्मोन माना जाता रहा था; परन्तु यह नर-नारी दोनों में (एड्रिनल ग्रन्थि द्वारा) उत्पन्न होता है। शर्त यही है कि व्युत्पन्न इस हार्मोन को देह के ऊतक (टिश्यूज) भी अंगीकार करें अन्यथा मनुष्य की मृत्यु या विकृति हो जाती है। मनुष्य-देह के एपिफाइसेस नामक अस्थि-छोर अठारह वर्ष की उम्र तक कठोर होकर परस्पर संघुलित हो जाते हैं। इससे अस्थि-पिंजर की वृद्धि बन्द हो जाती है। उसका/उसकी काठी तथा कद निश्चित हो जाता है।

नर–नारी का अपरिपक्व शरीर (अंडाणु–शुक्राणु–अजीवित सुसुप्त अवस्था में) मुग्धावस्था में होता है। परिपक्वता के संकेत यौवन–काल का संकेत करते हैं। और...

(अ) टेस्टोस्टेरान (नर–हार्मोन) विकसित हो जाता है जो किशोर से युवक बनने में पर्याप्त सक्षम है। यह हार्मोन उसके मस्तिष्क को बदल देता है। यह झिल्लियों में रिसकर रासायनिक क्रियाएँ प्रारम्भ करता है—यह कामोत्तेजना है। जब पुरुष तीस वर्ष का होता है तब उसके शरीर में टेस्टोस्टेरान हार्मोन का निर्माण अधिकतम मात्रा में होता है। यह सिर्फ यौन इच्छाओं को ही अंजाम नहीं देता बल्कि व्यक्ति के मनोबन्ध (मूड) को बेहतर रखने में भी सहायक है। इस हार्मोन के कारण पुरुष सुन्दर तथा सुडौल दिखता है और उसकी कार्यक्षमता में भी वृद्धि होती है। अधिक शराब या मोटापे की वजह से हार्मोन का बनना कम हो जाता है। महिलाओं में पचास वर्ष की उम्र के आसपास एस्ट्रोजेन होर्मोन का निर्माण बन्द हो जाता है। लेकिन पुरुषों में टेस्टोस्टेरान का निर्माण जारी रहता है। मुधमेह उन्हें नपुंसकता का शिकार बना देता है।

(आ) स्त्री में डिम्ब–ग्रन्थियाँ उद्दीप्त हो जाती हैं ताकि अंडाणु सक्रिय हो उठेंगे।

अनुक्रम में एस्ट्रोजन हार्मोन बाहर आकर रक्त में जा घुलता है जो उसे परिपक्व नारी में रूपान्तरित कर देता है। उसके मस्तिष्क में भारी बदलाव आता है।

बस, यौन तृष्णाग्नि धधक उठती है। उससे संघर्ष जारी हो जाता है। हाँ, हार्मोन–स्तर ज्यादातर रात में ही बढ़ता है। प्रजनन–तंत्र इतना उत्तेजित हो जाता है कि मेरुदंड से लिंग या योनि में ज्यादा रक्त भेजता है जिससे वह सामान्य आकार से पाँच गुना या आकृति में स्फीतारुण होकर सम्भोग के लिए मन्मथित हो उठता है। आयुर्वैदिक भाषा में कहें कि एस्ट्रोजन परम यौन–सुख प्राप्त/प्रदान करने में अधिशेष ऊर्जा भी देता है। फलतः शुक्राणुओं का निर्माण तथा अंडाणु में बेचैनी होती है।

एक हलका–सा स्पर्श भी उत्तेजित कर देता है। टेस्टोस्टेरान यौवन में शारीरिक विकास करता है जिसकी दर प्रतिवर्ष बहुत तेज हो जाती है।

यौन विकास में शरीर में तेजी से बढ़ने वाली कोशिकाएँ पुरुष के लिंग तथा स्त्री की भग में होती हैं। टेस्टोस्टेरान बाहुमूल तथा उरुसन्धि में बाल उगाता है। ये बाल पसीना सोखते हैं जो तीखी गंध–दुर्गन्ध में बदलकर गैस के रूप में फैलता है। पुराने जमाने में यह गंध अपेक्षित थी, किन्तु आधुनिक युग में अवांछित।

इसी तरह तेरह वर्ष की उम्र में किशोरी में एक मासिक–चक्र उद्भूत होता है जो उसे युवती तथा मातृत्व की देहरी पर ला खड़ा करता है। (अठारह साल में पुरुष के हर सेकेंड में करीब एक हजार शुक्राणु पैदा होते हैं किन्तु स्त्री में भी एक आदर्श अंडाणु जुट जाती है)।

यौनावस्था में **वाक्** तथा **स्वर–ग्राम** भी बदलते हैं। वाक् तन्तु जितने लम्बे होंगे, आवाज उतनी ही भारी, मूर्च्छा–मीड़ों वाली होती जाएगी। यह भी ध्यातव्य है कि मानव–प्रजाति में ही यौनावस्था की परिपक्वता सबसे लम्बी होती है, कारण शुक्राणु तथा अंडाणु भी है। स्त्री एक अंडाणु प्रतिमाह की दर से उत्पन्न करती है जो जीवन में करीब चार सौ बनते हैं।

इस तरह हार्मोन काम एवं जीवन चक्र द्वारा प्रकृति–कृति में सहकारी होते हैं। ये अस्थि तंत्र, पाचन–तंत्र, रति–क्रिया आदि को भी अदृश्य रहते हुए भी संचालित–उत्तेजित–नियंत्रित करते हैं।

इनकी तीन श्रेणियाँ हैं—

(i) **थायरॉयड होमोन :** इनसुलिन, एड्रेनलिन, कैल्शिलोनिन।

(ii) **सैक्स हार्मोन :** एस्ट्रोजन, प्रोजेस्टिरान, टेस्टोस्टेरान।

(iii) **पाइनील होवमोन :** मेलाटोनिन। →↓↑←

हार्मोनों द्वारा पुरुष-स्त्री का दैहिक शिल्पायन

एंड्रोजन (अंडकोष से)		एंकड्रोजन (ओवारी से)
↓ एस्ट्रोजन में परिवर्तित →		← एस्ट्रोजन में परिवर्तित ↓

लिबीडो (ब्रह्मरंध्र)

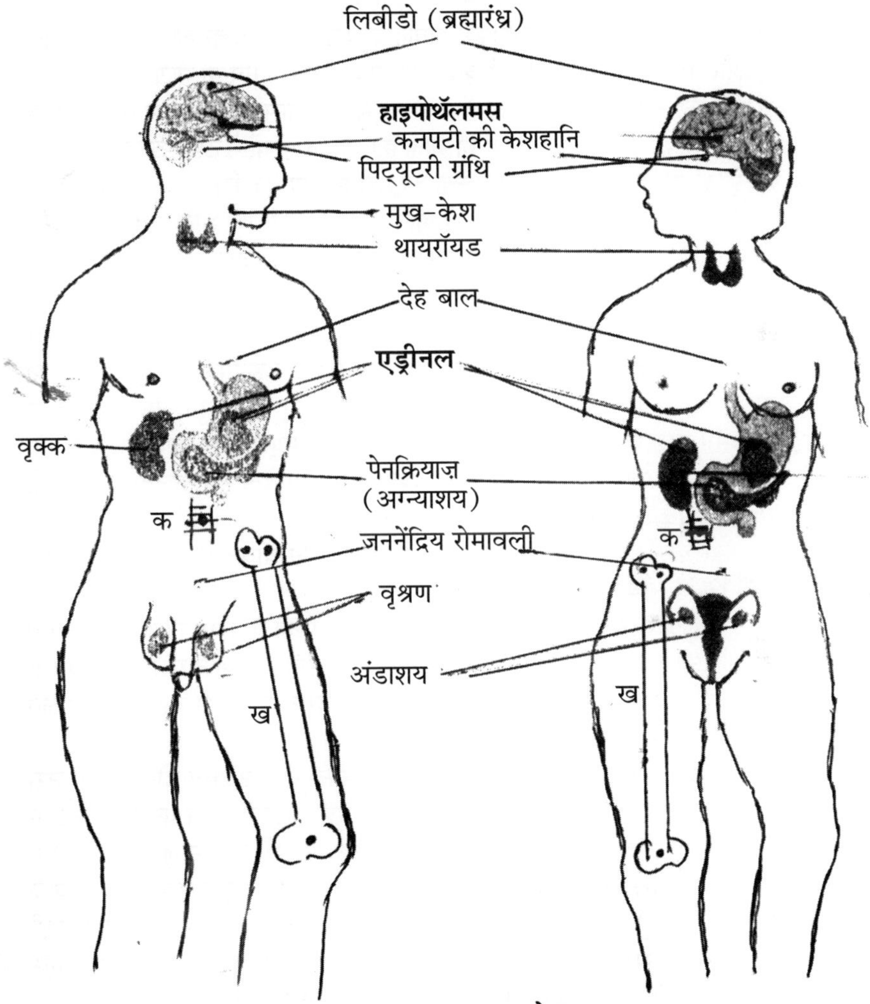

आख्यान

क. कंकाल का खनिजीकरण
ख. संवर्धन पट्टी एवं संघुलन
वृश्रण—शुक्राणु उत्पत्ति
अंडाशय—अंडोत्पत्ति
एस्ट्रोजन—नर-नारी में अस्थिवर्धन तथा संरचना के लिए आवश्यक

अन्य प्रयोजन

* मांसपेशियों की ताकत
* प्रोस्ट्रेट वृद्धि
* त्वचा-ग्रन्थियाँ (देह-गंधें तथा खुजली/गुदगुदी)
* इंसुलिन—संवेदन की वृद्धि
* हृदयाघात के खतरों में कमी

हार्मोन **रंग-भाषा** तथा आकृति-सीमान्त भी बनाते हैं। मानव-देह में बालों की वृद्धि का नियंत्रण, जीवन के विभिन्न चरणों में, हार्मोन करते हैं। (केश के 'फेलिकल्स' नया जन्म नहीं लेते। अब बदलाव आया है)। बुढ़ापे में नर में एंड्रोजन तथा नारी में एस्ट्रोजन नामक हार्मोनों के बीच असन्तुलन हो जाता है। आयुर्वैज्ञानिक पारिभाषिक में इसे 'सेनाइल ट्राइकोसिस' कहा जाता है। यह नाक की कोर, पलकों की छोर में प्रकट होता दिखता है। इसीलिए कान के चारों ओर भी बाल प्रकट होने लगते हैं वृद्धता में। इसी प्रक्रिया में (शायद) बुढ़ापे में कनपटी के बाल ही सबसे पहले सफेद होते हैं।

रजोनिवृत्ति के पश्चात् नारी के स्तनों की आकृति में बदलाव का एक कारक हार्मोन भी है। इसकी विवेचना यथास्थान हुई है। फिलहाल हार्मोनों की उपचार-क्षमता भी प्रयोगशालाओं में संशयग्रस्त है। रजोनिवृत्ति के बाद छिद्रित अस्थियाँ (ओस्टियोपोरोसिस) हो जाना आम हो रहा है।

हम अनुराग (अफेक्शन) के हाशियों को पुनः खोलते हुए कह रहे हैं कि इस स्थिति में हार्मोनों का स्तर ठीक, समन्वित, अनुकूल होना चाहिए, वरना क्रोध, विरक्ति, विकर्षण, एकपक्षीय आत्मदाही प्रेम का असन्तुलन हो जाएगा। दो हार्मोनों की भूमिका बताई जा सकती है—

(i) ऑक्सीटासिन के प्रवाह से हमारे तनाव के स्तरों में घटत होती है जिससे हम सुरक्षित और संरक्षित महसूस करते हैं; तथा

(ii) वासोप्रेस्सिन के द्वारा हमें परिचित/मोहक व्यक्तियों की पहचान करने के साथ-साथ सामाजिक समूहों में भी रहने में सहायता मिलती है और हम आत्मनिर्वासन तथा अन्तर्मुखता से भी विमुक्त होते रहते हैं।

ये दोनों हार्मोन दिमाग के पंथ-परिवहनों के विकास में भी अनिवार्य हैं।

मानव-देह के अंगों की मरम्मत तथा सुधार

स्टेम-सैल पद्धति द्वारा हृदय, यकृत (लिवर), पैंक्रियाज की मरम्मत की जाती है। 'स्टेम-सैल' मानव-शरीर का वह मूलभूत हिस्सा है जो असंख्य हिस्सों में बढ़कर अंगों का विकास करता है। इस सैल (कोशिका) की खासियत है कि यह शरीर के किसी भी अंग का रूप ले सकता है।

जब कोलेस्ट्राल बढ़ जाने अथवा अन्य रुधिर-नलिकाओं में रुकावट हो जाने पर अमूमन **एंजियोग्राफी** अपनाई जाती है जिसके द्वारा रुकावट की सही जगह और आकार का पता लगाकर 'स्टेंट' जैसा स्प्रिंगदार उपकरण डालकर रुकावट दूर कर दी जाती है। अब स्टेंटें में ऊपर रुकावट-निरोधी रेपामाइसिन या पेक्लीटेक्सल का लेप भी लगाया जाता है।

स्टेम-सैल द्वारा मानवीय प्रतिरूपों या **क्लोन** का निर्माण का मसला एक अन्तरराष्ट्रीय बहस का मुद्दा हो चुका है। इसके द्वारा मानवीय भ्रूण (एम्ब्रियो) का निर्माण किया जाता है। एक पक्ष इसके पूर्णरूपेण बुरक़ा-प्रतिबन्ध का हामी है, तो दूसरा मिनी-स्कर्ट-प्रतिबन्ध का। वह इसके आयुर्वैज्ञानिक शोधों को जारी रखने का पक्षधर है। दूसरा पक्ष मानता है कि (**जीनोम** की तरह) 'क्लोन' भी असंख्य लाइलाज बीमारियों का इलाज कर सकेगा। संयुक्त राष्ट्र संघ में बहस जारी है। सामाजिक-नैतिक-मनोवैज्ञानिक द्वन्द्व-दुविधा यह है कि क्लोन से मानव-शिशुओं का निर्माण मानवता को ही अप्रत्याशित परिणामों में धकेल देगा। इसी तरह **धात्री कोख** (सरोगेसी) का मसला भी सुलग उठा है।

मदन जैड़ा की रिपोर्ट (2011) के मुताबिक **स्टेम सैल** यानी स्तम्भ-कोशिकाओं से अब प्रयोगशालाओं में कृत्रिम अंगों का उगाना मुमकिन हो रहा है। मानव के क्षतिग्रस्त अंगों के स्थान पर तैयार की गई कोशिकाओं को आरोपित कर दिया जाता है। भविष्य में यह भी सम्भव होगा कि इन्हीं कोशिकाओं से सम्पूर्ण अंगों को प्रयोगशाला में तैयार कर लिया जाए।

स्टेम सैल थैरैपी में देहांग

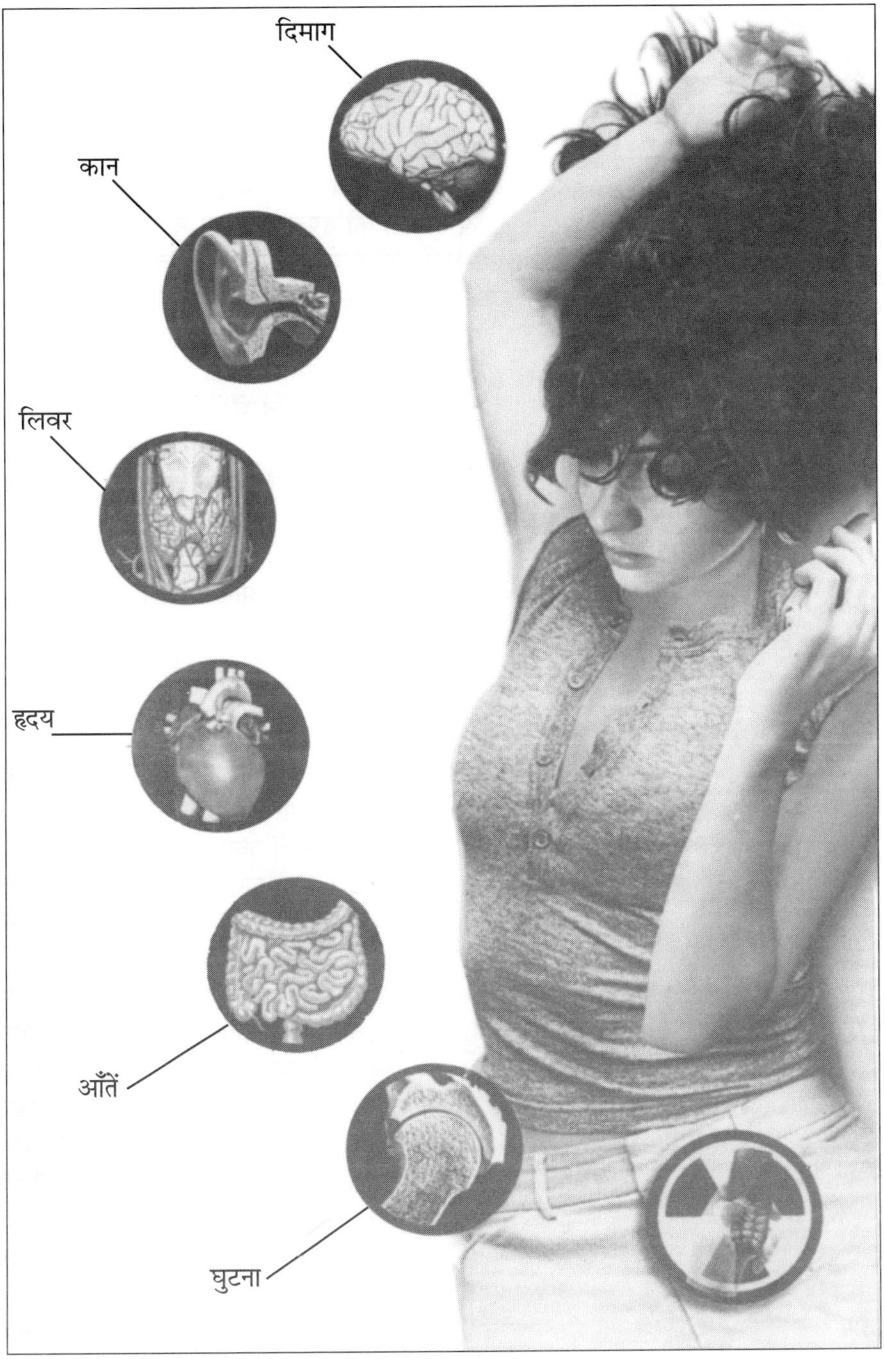

सैलों के द्वारा देह के अंगों की मरम्मत

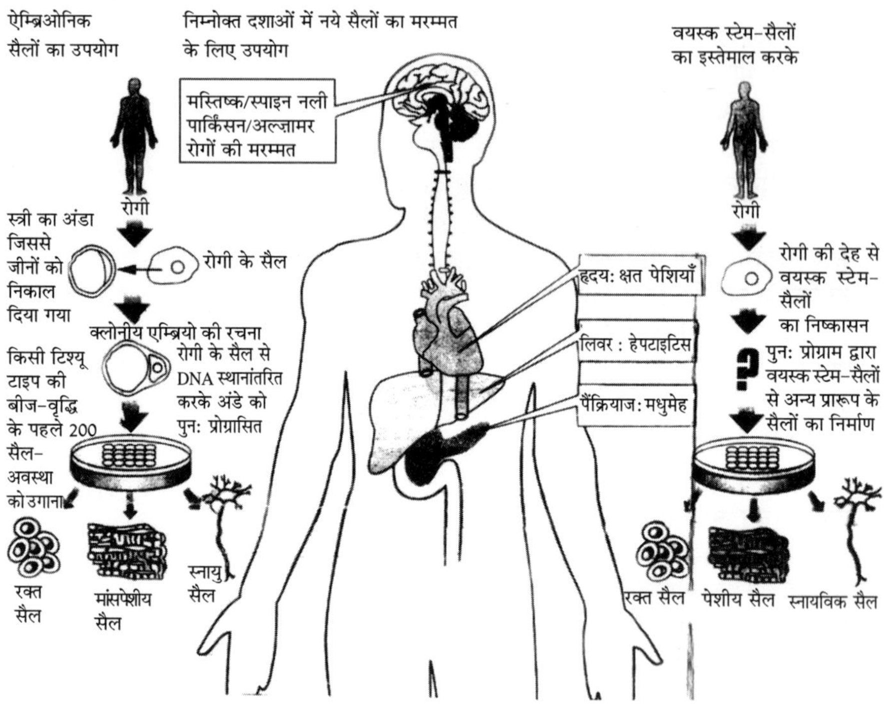

आयुर्वेद के अनुसार, मनुष्य-शरीर में सात कला, सात आशय, सात धातु, सात धातु-मल, सात उपधातु और सात-त्वचा अर्थात् बयालीस तत्त्व होते हैं। इन्हीं के आधार पर शरीर टिका है।

इसमें जीव को जोड़कर तैंतालीस की संख्या पूरी हो जाती है।

स्टेम-सैल से हृदयास्थ (कार्डिएक) कोषाणुओं के निर्माण में भी सफलता प्राप्त हो गई है।

नवजात शिशु की नाल, अस्थि मज्जा और नाक की ऊपरी हड्डी से इसे निकाल कर नैनो आयरन पार्टिकल सस्पेंशन में डुबाया जाता है।

असल में मनुष्य का शरीर असंख्य कोशिकाओं से बना हुआ है जिनमें से उनके अपने-अपने प्रकार्य होते हैं। वे विभाजित होने के बाद भी पुनः पूर्णरूप धारण कर लेती हैं। इस तरह से पूर्ण शरीर का भी निर्माण हो सकता है। अतः स्तम्भ-कोशिकाओं से शरीर के किसी अंग की कोशिका तैयार हो सकती है। मदन जैड़ा बताते हैं कि स्टैम-सैल की प्राप्ति के तीन स्रोत हैं—एक गर्भस्थ शिशु के भ्रूण के तन्तुओं वाला 'भ्रूण स्तम्भ सैल', दूसरा जन्म के समय बच्चे की गर्भनाल से लिया जाने वाला 'कॉर्ड स्टैम सैल', और तीसरा रक्त या अस्थि-मज्जा (बोन मैरो) से एकत्र किया जाने वाला 'वयस्क स्तम्भ-सैल'। बच्चे के जन्म के समय गर्भनाल से लिए जाने वाले सैल बेहतर हैं। आजकल इन्हें स्टेम सैल बैंकों में जमा भी किया जा सकता है। सो, खून के रिश्ते में सभी लोगों के लिए कोशिकाएँ तैयार की जा सकती हैं जिनमें गर्भनाल या भ्रूण से एकत्र की गई ज्यादा उपयोगी है क्योंकि इनसे हर अंग की कोशिकाएँ विकसित हो जाती हैं। इस प्रकार इनसे बीमार व्यक्ति का उपचार हो सकता है।

यह भी जानना जरूरी है कि स्टेम सैल तथा **क्लोनिंग** भिन्न-भिन्न हैं। क्लोनिंग से प्राणी का प्रतिरूप तैयार होता है और यह डी.एन.ए. से निर्मित किया जाता है। किन्तु कोशिकाओं से वह अंग बनाया जा सकता है जिसके लिए उसका इस्तेमाल होना है। मदन जैड़ा यह भी सूचित करते हैं कि डी.एन.ए. भी कोशिकाओं में ही पाया जाता है।

और भी आयुर्वेद उपचार तथा सर्जरी होती हैं। घुटने को बदलना, गुर्दे तथा दिल का प्रत्यारोपण, हृदय में 'पेस मेकर', टूटी हड्डियों में विशेष धातु की छड़ें या पट्टियाँ डालना, कमर और पेट की चर्बी सोखने के लिए 'लिपोसक्शन'-पद्धति आदि, तथापि इन उपायों का प्रयोजन दुरुस्त और स्वस्थ देह के साथ सुन्दर देह भी है।

कुछ देहांगों को मनचाहे सुन्दर आकृति एवं आकार में बनाने-गढ़ने के लिए **प्लास्टिक सर्जरी** का उपयोग होता है।

[इस्लाम के नियमों के तहत दुनिया भर में करीब बारह से चौदह करोड़ बालिकाओं को **खतना** (क्लिटारिसका ऑपरेशन) की यातना से गुजरना पड़ता है। यह बीभत्स परम्परा बच्चियों के प्रति हिंसा तथा भेद-भाव है। संयुक्त राष्ट्र महिला आयोग में विभिन्न देशों की छह हजार महिला प्रतिनिधियों ने इस जबरन प्रथा के खिलाफ आवाज बुलन्द की]।

कुछ देहांगों को सुडौल, सानुपातिक तथा खूबसूरत बनाने की विधियों में अंगों के बाहरी सँवार-सुधार, पुनर्निर्माण तथा परिवर्तन हैं। इस वजह से यह प्रणाली नैतिक समस्याएँ नहीं उठाती। बहुधा इसके जरिये केश-रोपण एवं स्तनों की सुडौल वांछा के लिए उनमें 'सिलिकॉन जेल' के पुष्ठों का प्रत्यारोपण होता है। इसके द्वारा नाक, कान, आँख, बढ़ी तोंद आदि की मांस-त्वचा का समायोजन तथा विन्यास किया जाता है। अब यह 'कॉस्मेटोलॉजी' की एक सहकारी हो गई है। ये सौन्दर्य-निर्माणकत्री प्रशाखाएँ मुद्रा की अपेक्षा **शोभा एवं भंगिमा** की देहभाषाओं को जरूर संशोधित-परिवर्धित कर देती हैं। इनके द्वारा एक आत्मछल तथा विभ्रम फैलता है : बढ़ती उम्र को कम और बिगड़े अंग को सुधरा दिखाना। प्लास्टिक सर्जरी से चेहरे की झुर्रियाँ भी कम की जा सकती हैं तथा त्वचा का रंग भी बदला जा सकता है (पॉप गायक माइकेल जैक्सन द्वारा कई बार उपचार कराने पर उनका चेहरा बिगड़ भी गया था। पॉप गायिका पैट्री बर्न्स का चेहरा भी बुरा बन गया था)। इससे वैसे आग से झुलसे-जले चेहरे भी बेहतर बनाए जाते हैं। प्लास्टिक-सर्जन ई वो पितांगोई को ऐसे दुखियारे अपना मसीहा मानते थे।

कुछ अंगों की प्लास्टिक सर्जरी

नाक में की जाने वाली रेनोप्लास्टी के द्वारा आकृति बदली जा सकती है; जैसे—नाक की मोटाई, बढ़ गई हड्डी, लम्बाई, चौड़ाई आदि की दुरुस्ती।

चिबुक (ठोढ़ी) में मैटाप्लास्टी की जाती है ताकि नाक तथा ठोढ़ी का तालमेल सही हो सके।

कान की सर्जरी ओटोप्लास्टी द्वारा सिर से अलग दिखने वाले अथवा बड़े आकार के कानों को प्राकृतिक आकृति प्रदान की जाती है।

अधर की सर्जरी कोमल त्वचा की पूरी जानकारी के बाद ही की जानी चाहिए क्योंकि चारों ओर झुर्रियाँ भी पड़ सकती हैं।

पलकों की सर्जरी ब्लेफरोप्लास्टी के नाम से जानी जाती है। चेहरे की इस सबसे पतली त्वचा पर ही सबसे पहले झुर्रियाँ नजर आती हैं। इसके द्वारा उसे कसा जाता है।

हलके, छोटे या बढ़े भारी **स्तन** को सुडौल, पुष्ट, उन्नत बनाने के उपक्रम में उनमें 'ओकुलोप्लास्टी' द्वारा गुणवत्ता वाली 'सिलिकॉन जेल' की गद्दीदार पट्टी अन्त:आरोपित की जाती है। पेरिस में दुनिया भर की करीब चार लाख महिलाओं ने स्तनों का आभ्यन्तरीण आरोपण कराया है। बाद में मार्सेली के क्लीनिक संस्थापक जीन–क्लाद–मॉस विवादों में फँस गए। घटिया पुट्ठों के कारण हजारों स्त्रियों के स्तन से उन्हें निकाला गया क्योंकि स्तन के फटने तथा कैंसर तक का खतरा हो गया था।

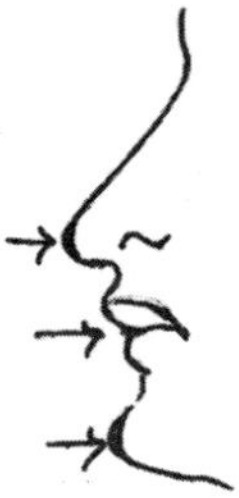

नाक की रिनोप्लास्टी
चिबुक की मेंटाप्लास्टी
अधर तथा पलकों की नाजुक सर्जरी

स्तन पर सिलिकॉन जैल का
अन्त:आरोपण

केशराशि का
प्रत्यारोपण

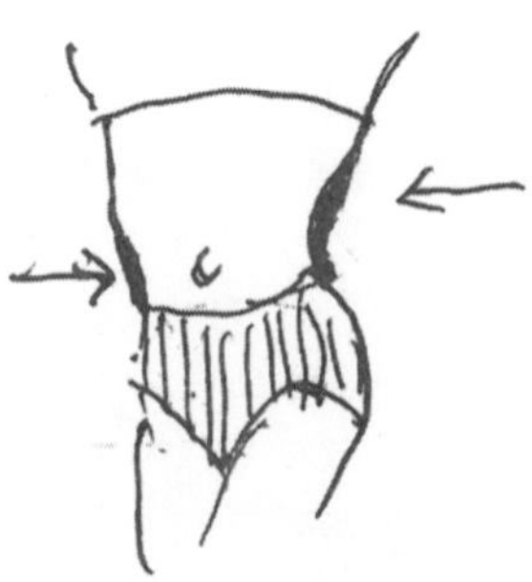

चर्बी–सोखना
(लिपोसक्शन)

पहले बाद में

मर्लिन मुनरो
(नाक और अधर और
पलकों की सँवाराई)

एंजेलीना जॉली
(नाक और ठोढ़ी की
सुन्दरता में इजाफा)

ब्रिटनी स्पीयर्स
(नाक में मामूली-सा
परिवर्तन)

सलमा हयाक
(चौड़ी के बाद
पतली नाक)

सौन्दर्य-उद्योग के तेजी से बढ़ते जाने के कारण देहभाषा के अनुषंगों का भी उभार आया है। सौन्दर्य-प्रसाधन, फैशन-टेक्नोलॉजी, विश्व-सुन्दरी, देश-सुन्दरी की प्रतियोगिताएँ, 'सुन्दरता-पार्लर' आदि का जाल बिछ गया। यह एक कारोबार है।

कॉस्मेटोलॉजी भी स्वप्नों का एक उपक्रम हो गया है। इसका प्रयोजन सौन्दर्य की देख-भाल, रख-रखाव है। इसमें पूरी देह, देह के वस्त्राभूषण, आचार-व्यवहार, मुद्रा-भंगिमा भी शामिल होते जा रहे हैं।

वन्दना सिंह ने इसके कार्यक्षेत्र की जानकारी दी है–''कॉस्मेटोलॉजी का तात्पर्य सम्पूर्ण ब्यूटी केयर से है। हेयर स्टाइलिंग, स्किन केयर, कास्मेटिक प्रोडक्ट्स का इस्तेमाल, मेकअप आदि तमाम बातें इसके अन्तर्गत आती हैं। इसके अलावा प्रोफेशनल्स को फेशियल ट्रीटमेंट, मसाज, स्पा, बॉडी रैप, लेजर ट्रीटमेंट, इलेक्ट्रोलाइसिस आदि बातों का भी पता होना चाहिए। इसके साथ स्किन ट्रीटमेंट व प्लास्टिक सर्जरी सहित तमाम डॉक्टरी उपायों का इस्तेमाल हो सकता है जो खूबसूरती को निखारने के लिए जरूरी है।'' इस इल्म में शहनाज हुसैन का विश्वसनीय योगदान है।

अथच—लातिन अमेरिकी देश वेनेज़ुएला में नारियों द्वारा प्लास्टिक सर्जरी से देहांग—अनुपातों में अनोखे परिवर्तनों का एक जुनून-सा छा गया है। वहाँ से सातवें-आठवें दशक में तीन बार 'विश्व सुंदरी' का चयन हुआ है। सो **नारीत्व के रूप बिंब** का अनोखा प्रादर्श (मॉडल) जादू कर रहा है।—वहाँ नारियों में उत्फुल्ल स्तन-प्रत्यारोपण, गुँधे आटे की लोई जैसा उदर, ऊँची पतली नाक, इंजेक्शनों द्वारा कठोर बनाए गए नितंब अभिप्रेत हो गए हैं। सो, तबले जैसे भुजोत्तोलक नितंब, ततैया जैसी कटि, लम्बी नली जैसी टाँगें बेहतर आत्मसम्मान का निमित्त हो गई हैं। ये बीमारियाँ भी फैला रही हैं।

देह-प्रारूपों के अनुसार ही **सौन्दर्योपचार** होते हैं—

(अ) छरहरे-इकहरे बदन के लिए भार घटाना, चर्बी घटाना तथा इंच (माप) घटाना चाहिए;

(आ) स्वास्थ्य देखभाल के लिए रस-थैरैपी, पुष्प-थैरैपी, बाल झड़ना रोकना, आयुर्वैदिक पारद या स्वर्ण भस्मों का प्रयोग;

(इ) देहयष्टि-सुधार के लिए चेहरा-निखार, स्तन-उभार के अलावा तत्काल दीप्ति का फेशियल, मोती का फेशियल, मोम का फेशियल (इन चार फेशियलों द्वारा विन्यास), इसी के साथ नख-कला एवं केश-रंजन कला का भी उपागम;

(ई) मांसपेशियों की नमनीयता या चुस्ती के लिए थर्मोलीसिस, लेसर-थैरैपी, बायो-पील, वेज-पील, झुर्रियाँ, मेनीक्योर (हाथोपचार), पेडीक्योर (पॉवोपचार), दाग-धब्बे, मुँहासे आदि से निजात।...इस तरह से देहांगों की संज्ञाओं के क्रियापद क्रिया विशेषणों से मंडित-लेपित होते हैं।

लेजर-उपचार के आविष्कारक रॉक्स एंडरसन की विधि द्वारा लेजर सिर्फ चर्बी जलाता है, त्वचा नहीं। इसमें तेल-ग्रन्थियों को नष्ट कर दिया जाता है। मोटापे से बढ़ती तोंद और मुँहासों में यह कारगर है। इसमें 1210 एन.एम. तरंग-दैर्ध्य वाली किरणों को हानिहीन पाया गया। जला अवशेष शरीर स्वयं बाहर निकाल देता है।

समग्र देह-उपचार और देखभाल का निचोड़
(सौन्दर्य की खोज तथा पुनर्निर्मिति)

1. **अवाँछित बाल :** स्त्री/पुरुष, काँख, जननेंद्रिय, टाँगें, कन्धे, (थर्मोलीसिस, इलेक्ट्रोलीसिस, सुई या चिमटी रहित उपचार)।
2. **देह-भार घटाना :** एक पखवाड़े में 7 किग्रा. 15 इंच घटाने का लक्ष्य।
3. **ऊँचाई बढ़ाना :** गैर-सर्जिकल, गैर-हार्मोनल उपचार द्वारा 3 इंच तक का लक्ष्य।

4. **गंजापन दूर करना :** केश-बोंडिंग विधि द्वारा नये केशों की लभता जिन्हें शैम्पू, खिजाब, 'पर्न' द्वारा उपचारित भी किया जा सकता है। नये प्राकृतिक बालों का भी उगना।
5. **खूबसूरत चेहरा :** प्लास्टिक सर्जरी/और गैर-सर्जरी विधि से मुँहासे, मस्से, खरोंचें, झुर्रियाँ, दाग, तिल, आँखों के नीचे की कालिमा, श्यामल ओठ, कीलें, फुंसियाँ, दाने, भौंहों की रचना कमान, सफेद दाग, दाँत।
6. **स्तन-विकास तथा पुष्टता :** आकार व आकृति में संश्लेषण।
7. **बाल झड़ना तथा भूरे-सफेद बाल रोकना :** साथ में रूसी (डैंड्रफ) तथा उकौत (एक्जिमा) दूर करना।
8. **त्वचा की रक्षा तथा निखार :** उबटन/क्रीमें/बादाम/चन्दन/दूध-दही-मलाई।
9. **मांसपेशियों की सुडौलता :** कन्धे, टाँगें, जाँघें, उदर, वक्ष, कटि, गर्दन।
10. **आयुर्वैदिक विभिन्न प्रणालियाँ :** पंचकर्म, योग-शास्त्र, काम-शास्त्र।

देह-घड़ी की जैवताल

यह **जैव-तालों** (बायोरिद्म) का एक समूह है जो सूर्य-किरणों से भी निर्धारित है। यह बालक से किशोर से युवा से वृद्ध होने के चक्र को चलाता है, जो हमारे सोने-जागने के समय को घड़ी-जैसा नियमित करता है, जो कार्य की प्रकृति के अनुसार अवधि तथा गति तथा वेग को नियमित करता है तथा जो ऋतु-चक्र, काल-चक्र तथा जीवन-चक्र के बीच तारतम्यपरक तालमेल बैठाता है—एक ताल बहिर्गत (एक्सोजेन्स), दूसरी अन्तर्गत (एन्डोजेन्स)।

प्रत्येक पुरुष और नारी व्यक्ति का कार्य-व्यापार-निष्पादन इन तीन चक्रों द्वारा भी प्रतिपादित होता है—

तेईस दिनों का शारीरिक चक्र,
अट्ठाईस दिनों का संवेगात्मक चक्र और
तैंतीस दिनों का बौद्धिक चक्र।

ये तीनों चक्र जन्म से शुरू होकर ताउम्र सकारात्मक तथा निषेधात्मक चरणों को आयत्त किए रहते हैं जब व्यक्ति की अदायगी बढ़िया या मामूली होगी। बहिर्गत ताल तापमान तथा सौर किरणों द्वारा अनुप्रेरित है।

'जैव छन्द-ताल वाली (बायो-रिद्मिक) एक संक्रांत' दशा वह तीव्र दशा है जब शारीरिक चक्र तथा संवेगात्मक चक्र निकटस्थ सम्बद्ध होते हैं जिससे कोई संचालक/संघटना/घटना घटा करती है। ये मानवीय सक्रियता के निष्पादन के भी द्योतक हैं। इन्हें हम कामोन्मादी 'चन्द्रकला' से सम्बद्ध कर सकते हैं।

अतः जैव-छन्द-ताल-संक्रान्ति वस्तुतः जैव रासायनिक क्रियाओं के परिणाम हैं जो आसन, मुद्रा बन्ध, भंगिमा, क्रीड़ा, उपचारों को आंगिक संकेताभिव्यंजनाओं में परिलक्षित होते हैं। ये रजस्वल-चक्र, रजोनिवृत्ति-चक्र के भी अनुप्रेरक हैं।

अपने गर्वीले स्वास्थ्य तथा शिखर-प्रतिकर्म के लिए **जैव-ताल** की जानकारी जरूरी है। इससे ही हम अपने बुनियादी रुझानों का निश्चय कर पाते हैं। मनुष्य (नर/नारी) में दिन और रात की ताल, अंधकार और उजाले की ताल में अधिशासक और अधीन के बीच तीव्र और मन्द की दशा होती है। यह **बहिर्गत ताल** का वृत्त है। **अन्तर्मुखी ताल** के वृत्त में (बहुधा दिन और उजाले में) सोचना, दत्त-चित्त होना, निर्णय लेने की क्षमताएँ सबसे बढ़िया होती हैं।

दोनों प्रकार की प्रक्रियाओं में **ऊर्जा** का उपभोग होता है। यांत्रिक-स्थैतिक ऊर्जा गतिज

में तब्दील होती है अर्थात् आपस में अदला-बदली करती है। टकराने पर, मुद्रा और बन्ध में ऊर्जा टकराई गई वस्तु पर आ जाती है—हथौड़े से या मुद्रा में विशेष अंग-उपांग में। अत: संघर्षण तथा संस्पर्श वैद्युत् ऊर्जा भी पैदा करते हैं।

हमारे शरीर को सूर्य (की किरणों) से, हवा-पानी-ध्वनि से भी यांत्रिक ऊर्जा मिलती रहती है, यद्यपि स्तनपायी (मेमल) मनुष्य अपनी ऊर्जा अन्दर से भी उत्पन्न करता है। उससे ही हमारी मांसपेशियाँ बनती हैं, उनकी गति तथा शक्ति उभरती है। सो, अगर यांत्रिक ऊर्जा के ताल की सही पकड़ हो तो काम आसान बन जाता है तथा आनंददायक भी। आन्तरिक ऊर्जा मानस, मन, ज्ञानेंद्रियों से उन्मीलित होती है। आन्तरिक ऊर्जा की स्थिति में हमारी मांसपेशियों की गति तथा कार्य बढ़ते हैं। इसके लिए श्वसन की दर, नाड़ी-दर, रक्तचाप बढ़कर ऑक्सीजन की आपूर्ति बढ़ाते हैं। कार्य-काम-नृत्य-क्रीड़ा की देहभाषाओं का भेद यहीं उभरता है। हमारी खास इंद्रियाँ/अंग ऊर्जा के स्पन्दन हो जाते हैं।

अत: जैवताल तथा तन-मन की घड़ी के लिए पुरुष एवं स्त्री की दो श्रेणियाँ मान सकते हैं—दिन के **पपीहे** और रात के **उल्लू** (या चकोर भी); जैव-घड़ी की गति-वांछाओं के अनुकूल। पपीहे-वृत्ति के सुबह ज्यादा चैतन्य तथा चौंकन्ने होते हैं। उस समय देह का तापमान कुछ बढ़ा होता है तथा मांसपेशियाँ ज्यादा ऊर्जस्वित होती हैं। प्रभाती में नर/नारी के कॉर्टीसोल हार्मोन में बढ़ोतरी हो जाती है क्योंकि एड्रिनल का प्रदान बढ़ जाता है। इसकी तुलना में उलूक-वृत्ति के मनुष्यों की जैव-ताल साँझ-ढलने के बाद से बढ़ती है और आधी रात तक उनकी कुंडलिनी-शक्ति जागृत होकर सारी देह को ऊर्जस्वित कर देती है।

नर्मिल नर/नारियों के मनोबन्धों (मूड) में सर्केडियन ताल सक्रिय होती है। अलस्सुबह जब उनका कार्टिसोल-हार्मोन का स्तर तथा तापमान नरम होता है, तब वे कुछ उत्साहहीन तथा व्यथित होते हैं। अपराह्न में जब कॉटिसोल तथा तापमान का स्तर उठता है तो वे खुश-खुश हो जाते हैं। इसलिए हमारे मनोबन्ध भी जैव-रासायनिक (बायो-केमिकल) प्रक्रियाओं से नियंत्रित होते हैं।

सामान्यत: देह का तापमान लगभग 37 डिग्री सेल्सियस या साढ़े अट्ठानबे डिग्री फारेनहाइट होता है। लेकिन इसमें एक अहोरात्रि में हल्की घट-बढ़ होती है। एक निरोग मनुष्य में पहले प्रहर (प्रात: तीन से छह बजे) में अमूमन 35 डिग्री होकर दूसरे प्रहर में चढ़ता है और 37 डिग्री तक पहुँच जाता है। तीसरे प्रहर (अपराह्न तीन से आठ बजे) में 35 डिग्री से गिरकर फिर चढ़ता है और रात्रि साढ़े दस और बारह बजे के बीच पुन: 37 डिग्री हो जाता है। इसके बाद यह फिर गिरता है जो निद्रा का संकेतक है। इस तरह शाम तीन से चार बजे तक का झपकी की तथा रात दस से तीन बजे तक का समय निद्रा की अवधि होती है। यह **देह-घड़ी** है। अगर हम नियमित जागें तथा सोयें तो यह घड़ी स्वत: देह में अन्तरवासी समय-चक्र से संचलित होती है अन्यथा इसमें गड़बड़ी आ जाती है जो नियमित समय-सारणी से ही सुधरती है।

इसके साथ ही प्रात:वेला में पुरुष में शुक्राणुओं की अधिक उत्पत्ति होती है। इसलिए यह गर्भाधान के लिए सर्वोत्तम है। प्रतिपक्ष में रात्रि के दस से ग्यारह बजे का समय मुग्धमिथुनों की केलिलीला के लिए सर्वोत्तम है। देहभाषा-चक्र में यह नाना आसनों एवं बंधों का सर्जक हो जाता है। इस समय-चक्र में पुरुष तथा नारी—दोनों में काम-रति का उन्मत्त समागम हो जाता है।

उपसंहार में स्मरणीय है कि देह में स्थित हृदय की अहर्निश धक्-धक् अपनी नियमितता तथा अविरामता से उसे जीवन भर मिनट तथा सेकेंड की भाषा बताती/चेताती है। खेल-कूद में मैराथन दौड़, बाधा दौड़, 'हीट दौड़ें', नियमित दूरी की दौड़ों में एक सेकेंड के चतुर्थांश से भी कम-से-कम समय मापना विजय का कीर्तिमान है। इसमें देह के अस्थिमंडल की कड़े परिश्रम की सहिष्णुता, मांस-पेशियों की द्रुतगतिशीलता तथा हृदय की विस्फुरित धड़कनें गतिमान 'दौड़-भाषा' की विधायिका हैं।

जब पुरुषों में टेस्टोस्टेरान हार्मोनों का स्तर कमतर होता है तब शक्तिक्षरण, भारहानि तथा सैक्स में रुचि की न्यूनता आदि पैदा होती है। नारियों में भी ओएस्ट्रोजन हार्मोन की कमी ऐसी ही दशाएँ व्युत्पन्न करती है। हार्मोनों की अतिशयता या अतिन्यूनता भी हानिकारक होती है। ऐसी दशा विशेषत: थायरॉयड हार्मोन के कारण होती है। खून की जाँच द्वारा हार्मोनों के स्तर पता किए जा सकते हैं तथा उपचार द्वारा सामान्य स्थिति प्राप्त की जा सकती है।

प्राचीन भारतीय काम-कलाचार्यों ने, शुक्लपक्ष तथा कृष्णपक्ष के तिथि-क्रम के अनुसार, नारी-देह में काम के निवास के आधार पर देह-घड़ी की गणनाएँ की हैं। कल्याण मल्ल ('अनंग-रंग') तथा कर्णाटक के पर्वतशिखर पर स्थित कामेश्वरी पीठ के तंत्राभ्यासी प्रौढ़देव ('रति-रत्न-प्रदीपिका') ने नन्दीशाचार्य तथा गौणी पुत्र (वात्स्यायन नहीं) के मतों का साक्ष्य देते हुए बताया है कि नारी-देह में यह चन्द्र-कला व्याप्त होती है; अर्थात् विशिष्ट तिथि में, विशिष्ट क्रम से, विशिष्ट देहांग में काम-देवता का निवास होता है। **शुक्लपक्ष** स्त्री के दाहिने पाँव के अंगूठे से आरम्भ करके नीचे से ऊपर पूर्णिमा में दाहिनी ओर केश में काम का निवास होता है, आरोहण करता है। **कृष्णपक्ष** में स्त्री के वामांग में शिर केशों पर काम निवास करता है और अवरोहण करके अमावस्या में नीचे पाँव के अंगूठे में रमण करता है। इस भाँति काम-देवता की क्रमशः नारी-काया प्रवेशपरक देह-घड़ी गतिमान होती है।

तदपि नारी–काया में एक–एक माह वाली पुनरुक्त काम–देवता की यह देह–घड़ी परिकल्पित नियोजन–जैसी ही है। यह चन्द्रमा द्वारा संचालित केलिकला है जो देह के तप्त बिन्दुओं की तिथिवार पहचान कराती है।

रमणी–देह में काम–विचरण के चन्द्रकला–पंचांग की यह पद्धति नन्दिकेश्वर द्वारा प्रवर्तित अथवा सम्मत है। तालिका प्रस्तुत है—

रात को साढ़े दस से साढ़े ग्यारह बजे का समय उलूक–वृत्ति का, अर्थात् सुरति–क्रीड़ा के लिए सर्वोत्तम होता है जब देह–घड़ी प्रतीक्षाकुल संकेत देने लगती है। इसके लिए रमणी के मासिक–चक्र में ओवोरीय हार्मोन उत्तरदायी हैं। मासिक धर्म के ठीक पहले हताशा या चिढ़ के मूड हुआ करते हैं। इसके पश्चात् खुशी और उल्लास के मनोबन्ध उभरते हैं। वास्तव में दिवा–रात्रि के विश्राम–कार्य वाले पैटर्न हाथ–घड़ी के बजाय जैव–घड़ी द्वारा प्रोत्साहित होते हैं। तदनुसार पुरुष के भी मासानुकूल मनोबन्ध–वृत्त होते हैं। ये अन्तर्मुखी हैं।

(विशिष्ट तापमान (98 डिग्री से ज्यादा) में कामेच्छा उद्दीप्त होती है)।

नारी–देह में काम–विचरण की देह घड़ी : 'चन्द्र–कला'

शुक्लपक्ष			कृष्णपक्ष
तिथि	**दाहिनी ओर**	**बाईं ओर**	**तिथि**
(पूर्णिमा) 15	मस्तक की केशराशि		1
14	नेत्र		2
13	ओष्ठ		3
12	कपोल		4
11	कंठ		5
10	कुक्षि (काँख)		6
9	स्तन		7
8	वक्ष–स्थल		8
7	नाभि		9
6	नितम्ब का कटिदेश		10
5	योनि		11
4	घुटने		12
3	पाँव के टखने		13
2	चरण		14
1	पाँव के अंगूठे		15 (अमावस्या)

तदपि इन कलाओं का नियंत्रण भी तो देह–घड़ी की लयताल (रिद्म) करती है। हमारी देह की चौबीस घंटों वाली जो आन्तरिक जैविक देह घड़ी है उसका नियंत्रण एकल प्रोटीन करती है। यह जेट (वायुयान यात्रा) पिछौकड़ जीवनशैली की अनियमितता तथा कुछ स्वास्थ्य–समस्याओं से गड़बड़ा जाती है। ये जैव–रासायनिक परिस्थितियाँ हैं। वाशिंगटन के प्रो. जेम्स मोरे व डोरोथी के अनुसार, देह के नैसर्गिक लयताल का नियंत्रण काफी जटिल प्रकिया है। देह की कोशिकाओं के सक्रिय या निष्क्रिय होने पर प्रोटीन में तब्दीली होती है और देह–घड़ी में

विक्षोम अर्थात् उथल-पुथल मच जाती है। फलत: 24 घंटे वाली यह घड़ी 42 घंटे वाली तक भी हो जाती है; अर्थात् 1/3 निशिवासर की बढ़ोतरी हो जाया करती है। खेल, विरह, भोग, उत्सव, चिन्ता आदि की अनवरत आवृत्तियों की दशाएँ उत्प्रेरक का काम करती हैं। बाहरी घटनाएँ अन्दरूनी दैहिक घटनाओं से जुड़ जाती हैं। इससे हरेक दैहिक क्रिया अदल-बदल जाती है। देह-प्रोटीन की ये कोशिकाएँ **अर्धनारीश्वरीय तथा अर्धपुरुषेश्वरीय द्विकर्मी** होती हैं।

भारतीय ज्योतिष का 'काल-पुरुष'

इसके अवयव के रूप में बारह राशियाँ :

अंग	राशि	अंग	राशि
सिर	मेष	पेड़ू	तुला
मुख	वृष	लिंग	वृश्चिक
स्तन	मिथुन	जंघा	धनु
हृदय	कर्क	उरू	कुम्भ
उदर	सिंह	पाँव	मीन
कमर	कन्या		

'नक्षत्र-पुरुष' की मिथकीय धारणा

नक्षत्र	अंग	नक्षत्र स्वामी
अश्विनी	घुटने	अश्विनी कुमार
धरणी	मस्तक	काल
कृत्तिका	नितम्ब	अग्नि
रोहिणी	पिंडली	ब्रह्मा
मृगशिरा	नेत्र	चन्द्रमा
आर्द्रा	केश	रुद्र
पुनर्वसु	अँगुलियाँ	अदिति
पुष्य	मुख	वृहस्पति
आश्लेषा	नख	सर्प
मघा	नासिका	पितर
पूर्वाफाल्गुनी	चोपस्य	भग
उत्तराफाल्गुनी	पायु	अर्यमा
चित्रा	हाथ	सूर्य
स्वाति	ललाट	विश्वकर्मा
विशाखा	भुजाएँ	शुक्राग्नि
अनुराधा	वक्ष	मित्र
जेष्ठा	ग्रीवा	इन्द्र
मूल	पाँव	निर्ऋति

पूर्वाषाढ़ा	जंघा	जल
उत्तराषाढ़ा	जंघा	विश्वे-देव
अभिजित	—	ब्रह्मा
श्रवणा	कर्ण	विष्णु
धनिष्ठा	पीठ	वसु
शतभिषा	हास्य	वरुण
पूर्वा-भाद्रपद	बाहुएँ	अजैव-पाद
उत्तरा-भाद्रपद	बाहुएँ	अहिर्बुहन्य
रेवती	उदर	पूषा

जैव मापिकी (बायो-मीट्रिक्स) की भी वैज्ञानिक विधि है

इस जैव निजता का इस्तेमाल केवल सही शिनाख्त के लिए ही होना चाहिए। इसके द्वारा निजता का उल्लंघन कदापि नहीं किया जाना चाहिए।

इससे व्यक्ति की **अलग-अलग** पहचान बिल्कुल सटीक पहचान : स्कैनिंग द्वारा **भीड़** की स्कैनिंग का कोई मतलब नहीं।

यह व्यक्ति के शारीरिक अंगों के आधार पर पहचान की तकनीक है : आँखों की आइरिस (मणितारिका), चेहरे, अँगूठे तथा अँगुली के निशान, हथेली की छाप तथा आवाज को लेकर स्कैनर कैमरा सॉफ्टवेयर तकनीक से—(i) विभिन्न कोणों से स्कैनिंग, (ii) फिर उसका विश्लेषण, (iii) फिर सूचनाओं को आँकड़ों में तब्दील करना उर्फ 'डिजिटाइजेशन' कर लेना और (iv) अन्ततः पहले से उपलब्ध आँकड़ों से उसकी तुलना करके शिनाख्त की पुष्टि कर देना।...आइरिस के आधार पर की गई पहचान भी बिल्कुल सटीक होती है, डी.एन.ए. परीक्षण की तरह।

मानव-देह की स्वतंत्रता

अब हम **देह की मुक्ति** के मानवतावादी विमर्श में देह के नये पाठ खोलेंगे। इसके अन्तर्गत बुनियादी कामनाओं की संतृप्ति है। इसके प्रतिपाठों में आराम है, विश्राम है, श्रम है, व्यायाम है, भोग है, सुख है, आनन्द है। देह-केंद्र में सीमित रखने की प्रतिज्ञा में कहा जा सकता है कि यह मुक्ति-विमर्श बुनियादी कामनाओं एवं आवश्यकताओं से प्राप्त होता है। यह पहली सीढ़ी है—क्रिया तथा ज्ञान शक्ति में प्रस्थान-कलश रखने की। अतः देह के टैक्स्ट के भीतर चलने वाली अभाषिक अन्तर्पाठीयता इतनी सशक्त है कि भोक्ता/द्रष्टा के पाठ में नये-नये प्रतिपाठ बनते-बनाते हैं। (यहाँ डेरिडा के अनुषंग लिए जा सकते हैं)। उनकी नई-नई परतें तथा संकेत एवं चिह्न, प्रतीक एवं सूचक सामने आते हैं। इनका पहला फागुन मुहावरों-कहावतों में अनुमित होता है। हम अभिज्ञान द्वारा उनकी चौम्सकीय गहरी-परतें हटाते हैं। इस तरह पूर्व की प्रताड़ना-बर्बरता-हिंसा-अवमानवीयता के प्रतिपक्ष में (अब) स्वास्थ्य-सौन्दर्य-शक्ति-शील की सेमिओलॉजी रचित होती आती है।

हम सारत्व पहचानें तो, **देह की मुक्ति** का, आवश्यकता का सम्पूरक (मानवतावादी) पाठ पहले तो योग है, फिर काम, फिर कर्म, फिर प्रकाश, फिर विमर्श। देह-भाषिक **कर्म** में हम व्यवहार को बदलते हैं अथवा भिन्न-भिन्न तकनीक सिखाते हैं। **काम** में रति एवं प्रीति के भोग, सुख-तृप्ति पाते हैं तथा **ज्ञान** में देह एवं सोच की मैत्री से देह का नियंत्रण-संचालन करते हैं। फलतः देह में सौष्ठव एवं सुकुमारता संरक्षित रहती है।

अतएव **देह का मानवतावादी विमर्श** है—

(i) स्वच्छन्दतावाद देह-मुक्ति का मनोदैहिक पाठ है;

(ii) काम-कला देह के सुखद भोग (एवं यातना) का प्रतिपाठ है;

(iii) शिक्षा, स्वास्थ्य, समानताधर्मी समाज देह-जागरण का पाठ है;

(iv) प्राचीन नगर-वधुएँ, राज-नर्तकियाँ, गणिकाएँ, वेश्याएँ, किन्नर, 'गे' और 'लेस्बियन', बार-गर्ल और सैक्स वर्कर आदि देह की निर्द्वन्द्व आर्थिक मजबूरी या एकाकीपन की अपनिर्मिलता के साथ-साथ नवल-नवीन : छानबीन की ध्वजाएँ फहराती हैं।

हमारा त्रि-सूत्री देह-कीर्तन है—नारी स्वतंत्रता, दलित-स्वतंत्रता तथा आदिवासी-स्वतंत्रता। ये ही सर्वप्रथम हैं।

हमें कोड-मिक्सिग के बजाय मन्तव्य-पदों के तात्पर्य पृथक्-पृथक् उपलब्ध होते हैं—

देह की परतंत्रता **(सत्ता-धुरी पर)←विभिन्न संरचनाओं में प्रकार्य बदल जाते हैं→**	**देह की विमुक्ति** **(कर्म-धुरी पर)**
नकारात्मक (—)	स्वीकारात्मक (+)
अनुकूलन	अनुकूलन (हेजिमनी का)
अनुशासन	अनुशासन (समूह का)
नियंत्रण	नियंत्रण (सत्ता का)
[हानि]	[उपलब्धि]

वह मैं—यह मेरी देह

तो मानव-देह के बुनियादी मसले क्या हैं? सम्प्रति देहभाषा के पारदर्शी दर्पण में ही हमें नैतिकता की जर्जर किन्तु कठोर-निर्मम जंजीरों को तोड़कर ही साक्षात्कार करना होगा।

जिन्दगी कैसे जिएँ? और दुख से कैसे छुटकारा पाएँ? तथागत ने महाकरुणा द्वारा, मार्क्स ने सपूर्ण उद्धार द्वारा तथा ओशो ने सम्भोग से समाधि द्वारा आदि मार्ग बताए। तो, खुशी कैसे हासिल करें?

हम इच्छा और ज्ञान के द्वैत तथा दुविधा के बीच आ खड़े होते हैं : इच्छाओं को पूरा करना तथा ज्ञान की रोशनी से आत्मोद्धार करना। किन्तु ज्ञान तथा प्रतिज्ञान (मतभेद, विवाद) का तो चोली-दामन का रिश्ता है। सो, हमेशा होती है—चुनने में मुश्किल। सो, हम कर्मयोगी होते हैं।

देहभाषा-वृत्त में इच्छाओं के अन्तर्गत सैक्स एक बुनियादी अर्थात् मूल वृत्ति (इंसटिंक्ट) और एक 'सुख-सिद्धान्त' भी है। यह सम्पूर्ण मानवीय अनुभवों का आनन्दप्रदायक तथा परम सुखपूर्ण हिस्सा है। इसकी ही असंख्य देहभाषिक गतियाँ—अभिव्यंजनाएँ-मुद्राएँ परिव्याप्त हैं। यह एक ओर सौन्दर्य तथा श्रृंगार से संलिप्त है, तो दूसरी ओर शरीर की शक्ति तथा देह की उन्मत्त ऊर्जा से। यह अश्लीलता तथा नैतिकता के सामाजिक बोधों से भी जुड़ता है। इस हाशिए पर सार्वजनिकता, निरंकुश भोग, यौन हिंसा, खुलेआम शरीर का प्रदर्शन या प्रखंडन आदि देहाचार के औचित्य के सवाल उठते हैं। सैक्स का भारतीय ढर्रे वाला निरंकुश दमन भी अपनिर्मिलता तथा पाशविक अपराध, बलात्कार, दरिन्दगी को दहकाता है। रिश्ते-नातेदारियाँ भी सैक्स के नैतिकता एवं गोत्र-व्यभिचार (इन्सेस्ट), वैधता आदि की अहम भूमिका अदा करती हैं। इसलिए देहभाषा का प्रयोजन तो मानव-देह का सम्मान तथा सुरक्षा और समझदारी, मानव-सम्बन्धों तथा सम्प्रेषणों में समरसता और सौजन्य है। देहभाषाएँ इन्हीं की महा-संवाहक हैं। वे भी प्रकृति, संस्कृति तथा सिरजना की उत्प्रेरिकाएँ हैं।

अतएव मैं देह देखता हूँ, महक सूँघता हूँ, स्वाद लेता हूँ और संस्पर्श करता हूँ। बस, मैं बोलता नहीं।

सभी ज्ञानेंद्रियाँ एक साथ कहती हैं—**देह को बोलने दो!** फिलहाल वाच तथा वाक्य के शब्दाक्षर हमारे स्फोट के बाहर हैं। परन्तु इनके अलावा मेरी समग्र देह, उसके देहांग, उससे उन्मीलित ज्ञानेंद्रियाँ एक गोष्ठी में सम्मिलित होने को तत्पर हैं। उनकी अपनी-अपनी कई उपरूपिम **देहभाषाएँ** प्रतिभागी हैं। इसलिए नेत्रों को, ओठों और जीभ को, नाक को, हथेली तथा तलुओं को, बाहुओं और टाँगों को, स्तनों और नितम्बों को, कमर और जाँघों को, उँगलियों और केशों को, अर्थात् **समस्त देहांगों** को, बोलने दो।

अब पंच ज्ञानेंद्रियों के चक्रचिह्नों की कई विधियों, कई देहांग-रूपों तथा कई शैली-चिह्नकों की अवाचिक-निर्भाषिक भाषाओं को भी बोलने दो।

स्वस्थ-स्वच्छ, मांसल-ऐंद्रियिक, सुन्दर-चेतन **देह** में नैसर्गिक सुगंध (फेरामोन) परिव्याप्त है। कार्यों ने उसे शक्ति दी है, जिम (-नेसियम) ने बलिष्ठ देह, प्रसाधनों ने सौन्दर्य, व्यवहार ने शील। मंडन तथा लेपन द्वारा भी हम देह में अनेक संकेतों-व्यंजनाओं को आमंत्रित करते हैं—उत्प्रेरणा, उत्तेजना तथा देहोत्तीर्णता के निमित्त। अत: अब देह को बोलने दो।

त्वचा और मांसपेशियाँ, स्नायु-प्रणाली और रक्त-प्रणाली देह के परिधान और सिंगार (के विभिन्न फैशन अभिकल्प भी) देह की लक्षणा तथा व्यंजना को इंगित करते हैं। देह में स्पर्श तथा आलिंगन तथा चुम्बन भी अपनी-अपनी भाषा बोलते हैं। स्नायु और पेशियों के मेल से भावों एवं विचारों वाली **भंगिमाएँ** मुकुलित होती हैं। अस्थि-संयोजन के पैटर्न तथा अंग-संचालन **मुद्राओं** का बखान करते हैं। बाहुओं और टाँगों से सम्बोधन, कंठ-काकु तथा तमतमाए कानों से विभावपूर्ण प्रतिध्वनियाँ कँपकँपाती हैं। इन सभी को भावुक मन और संवेदनशील चित्त ही पढ़ सकता है। अत: **तन** और **मन** के गहरे अनुभव घुलमिल जाया करते हैं।

इसी सम्मिलन में **एकल** (योगासन, व्यायाम), **युगल** (कामासन, कुश्ती, युगल नृत्य, एरोबिक) तथा **समूह** (टीम के खेल, भीड़ के जुलूस, उत्सव, नाट्य-मंचन) आदि अपने ढंग

के काव्य तथा प्रोक्तियों का विधान करते हैं। उठे हाथ तथा कसी मुट्ठियाँ, कदमताल तथा आँख-मिचौनी बहुत कुछ कहती हैं।

इसलिए हम आगे के प्रकरणों में, मानव की देह की भूमिका में, **मानव की देहभाषाओं** को बोलने दें?

मैं और तुम अर्थात् मन और तन को एकात्म होने दें!

इसके लिए—

सैक्स को सृष्टिअक्ष होने दो! सौन्दर्यानुभूति और देह-सुख उसके उच्चतर अक्ष हैं।

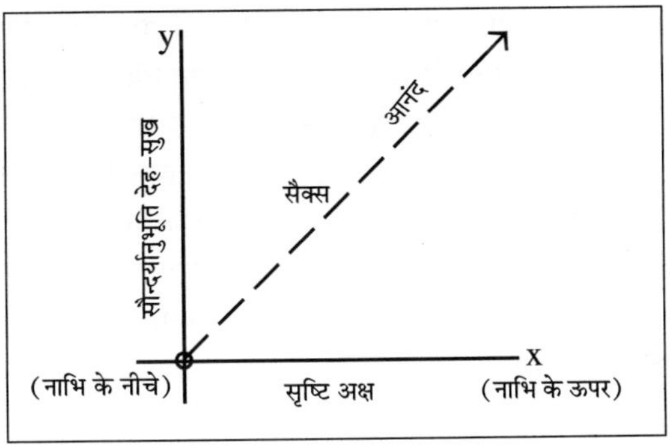

अध्याय : पाँच

देह की प्रणालियाँ और संरचनाएँ

मानव-देह में 70-80 प्रतिशत तक पानी है तथा 10-20 प्रतिशत तक प्रोटीन। इसके बाद अकार्बनिक लवणों, कार्बोहाइड्रेटों तथा न्यूक्लिक अम्लों (डी.एन.ए. तथा आर.एन.ए.) की बारी आती है।

देह तकलीफ और आराम के संकेतों द्वारा नानाविध वार्ताएँ भी करती है : किंवा अन्त:आलाप और आत्मालाप करती है। देह एवं देही वर्तमान में जीवित रहते हैं। देह के बाहर का जगत् भौतिक तथा संसार यथार्थ है। देह को चर्बीयुक्त भोजन, क्रूर हिंसा तथा प्रदूषणकारी तत्त्वों से अशुद्ध नहीं किया जाना चाहिए।

वस्तुत: देह एक जीवित जैव रचना (आर्गेनिज्म) है जो सम्वर्धित होती है, कार्य करती है, प्रतिक्रिया करती है, अपने अंगों को दुरुस्त रखती/करती है। प्रजनन द्वारा अपनी निरन्तरता बनाए रखती है तथा अन्त में शव एवं कंकाल में तब्दील हो जाती है। प्रारम्भ से अन्त तक देह ही हमारी आद्य-आर्ष, निकटतम तथा निजता वाली अद्वितीय थाती है। गरीबी, अशिक्षा, अत्याचार और असामाजिकता के चलते इसकी शनै:-शनै: दर्दनाक क्षय होती रहती है। अतएव यह हमारी पवित्रतम प्राकृतिक निधि है : 'मैं' और 'मेरी' तथा 'हमारी' एवं 'तुम्हारी'।

देह की दस अन्योन्यक्रिय प्रणालियाँ या निकाय हैं जिससे तन-मन-बुद्धि का सातत्य बना रहता है—1. स्नायु-प्रणाली (नर्वस सिस्टम), 2. अन्त:स्रावी प्रणाली (एंडोक्राइन सिस्टम), 3. परिवाही (सर्कुलेटरी) प्रणाली, 4. श्वास (ऐस्पिरेटरी) प्रणाली, 5. पेशीय (मस्कुलर) प्रणाली, 6. पाचन (डाइजेस्टिव) प्रणाली, 7. कंकाल (स्केलेटल) प्रणाली, 8. प्रजनन (रिप्रोडक्टिव) प्रणाली, 9. मूत्रीय (यूरीनरी) प्रणाली तथा 10. त्वचा (स्किन) एवं ज्ञानेंद्रिय प्रणाली।*

1. (7) अस्थि-प्रणाली

अस्थि-संरचना में हम पूरे शरीर में 206 हड्डियाँ पाते हैं जो शरीर-अंग-शास्त्र का विधान करती हैं। मानव अस्थि-पिंजर को मांस तथा **मांसपेशियों** का मंडल अवगुंठित किए है। उसके ऊपर समग्र देह को **त्वचा** का आवरण आच्छादित किए है। अस्तु—

इसके पूर्व हम आकार तथा आयतन के अनुपात के बीच गौर करें। वस्तुत: अस्थियों का आकार **प्रकृति** पर निर्भर है और **आकृति** जीवन-रीति पर। ये दोनों हमारे आकार-आकृति को निर्धारित करते हैं। नतीजन जितने ज्यादा जटिल अस्थियों के जोड़, उतने ही ज्यादा लोच और मोड़ अर्थात् हमारी **मुद्राएँ**। पृथ्वी की गुरुत्वाकर्षण शक्ति के घटने-बढ़ने से हमारी **गति** तथा **कार्य** भी घटते-बढ़ते हैं : हमारी चाल से उद्‌भूत विभिन्न आकार, विभिन्न कदम-ताल, विभिन्न रफ्तार।

* भारतीय जीवन बीमा निगम के मैनेजमेंट डिवलपमेंट सेंटर मुम्बई के 'फॉर ए हैल्दी एंड सक्सेसफुल लिविंग' पर आधारित, पृ. 13-16

देह की दस प्रणालियों की अन्योन्यक्रियाएँ

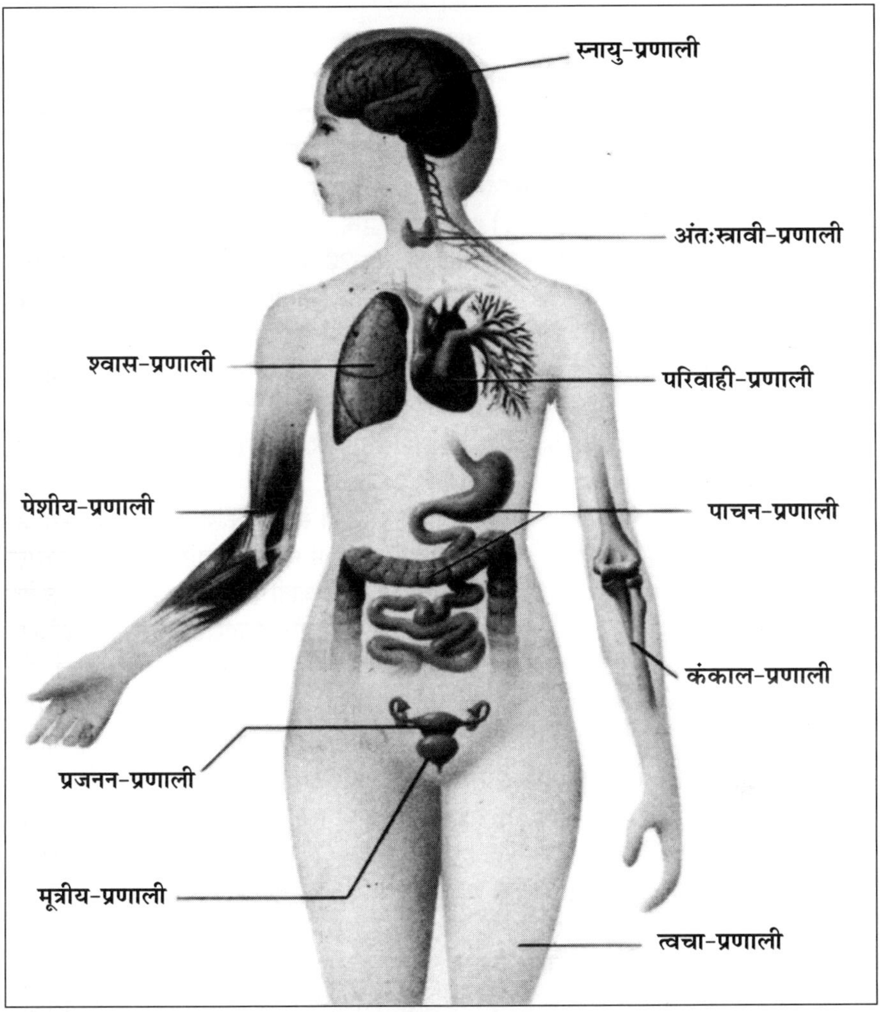

सबसे पहले हड्डियों के कार्य—(i) सबसे मुख्य कार्य यह है कि ये शरीर के पूरे ढाँचे को बनाती हैं और शरीर को एक स्थिर स्वरूप देती है; (ii) इनके मिलने से जो तरह-तरह के जोड़ या बन्ध बने हुए हैं उनसे भिन्न-भिन्न देहांग भिन्न-भिन्न मुद्राओं में कार्यरूप गढ़ते हैं। इनसे मनुष्य चल-फिर बैठ सकता है; (iii) हड्डियों में प्राय: हर-एक मांसपेशी चिपकी हुई है। इस प्रकार अस्थियों एवं मांसपेशियों का घनिष्ठ सम्बन्ध है; (iv) शरीर के जो बहुत ही मुख्य तथा नाजुक भाग हैं उनके लिए हड्डियाँ इस प्रकार से सन्दूक-सा बनाती हैं और उनमें अंगों को सुरक्षित रखती हैं; (v) हड्डियों के अन्दर पदार्थ तथा लाल रक्त-बीजाणु बनते हैं; (vi) कैल्शियम-देहायन भी हड्डियों में होता है और (vii) हड्डियों के कई प्रकार हैं; यथा—लम्बी (हूमर), छोटी (कार्पल), अव्यवस्थित (वर्टिब्रा), चपटी (क्रेनिम में), छिद्रास्थि (ऊपरी जबड़ा), सेसामोइड (पटेला में)। इनसे जुड़कर स्नायु-प्रणाली शरीर के प्रत्येक अंग को संचालित करती है।

देहांगों में चेहरा और धड़, वक्षस्थल, पसलियाँ, मेरुदंड, बाहु-हाथ-पाँव-पंजे विवेच्य हैं।

(अ) **सम्पूर्ण देह के प्रमुख अस्थित-वर्गों में हड्डियों की संख्याएँ**—कपाल-22, मेरुदंड—जुड़कर—26, हाथों की ऊर्ध्व शाखाएँ—32 + 32 = 64, पाँवों की निम्न शाखाएँ—31 + 31 = 62, वक्षस्थल—25, ग्रीवा (स्वर-यंत्र तथा ठोड़ी)—1, कर्ण-3 + 3 = 6, सब अस्थियों की आकृति, आकार, परिणाम एक जैसे नहीं होते। कुछ लम्बी होती हैं, जैसे—जंघा और बाहु की; कुछ छोटी, जैसे—कलाई की; कुछ सपाट और चौड़ी, जैसे—कपाल की; कुछ विरूप कई प्रकार के उभार-आकृति वाली, जैसे—मेरुदंड, कान; छेदों वाली, जैसे—झर्झरी नाक की।

(आ) हमारे **चेहरे** में नाक की दो, बेज एक, झर्झरास्थि एक, आँखवस्थि-दो, नासाफलकास्थि एक, कपोलस्थि दो, तालु की अस्थियाँ दो, ऊर्ध्वहन्वस्थि जबड़े की दो। जबड़े में ऊपर सोलह दाँत तथा नीचे भी सोलह दाँत लगे होते हैं। जबड़े ही हड्डियाँ दाएँ-बाएँ, ऊपर-नीचे हिल सकती हैं तथा कानों के पास जुड़ी होती हैं। कुल संख्या चौदह हैं। आँखों के हड्डियों के बने दो गड्ढे अक्षिगुह्य हैं। इनके बीच से निकली नाड़ी, नाड़ी-मस्तिष्क में पहुँचती है।

(इ) **धड़** का भाग सिर को सँभाले रहता है। इसमें बाहु तथा पैर भी लगे रहते हैं, इसके ऊपरी भाग में।

(ई) पसलियाँ (पार्श्विकाएँ) हैं तथा सामने स्तन। ये मिलाकर **वक्ष-स्थल** कहलाते हैं। नीचे के भाग में नाभि होती है तथा उसके नीचे पुरुष का लिंग अथवा स्त्री की योनि। निम्न भाग में उदर होता है (परिपाक-प्रणाली का)। धड़ के पंजर में तिरपन हड्डियाँ होती हैं—ग्रीवा में सात, उर-स्थल में सैंतीस, पसलियाँ सत्ताईस (जिनमें से दो ऊपर ही तैरने वाली सन्तरणकारिणी हँसुली हैं)। इन्हें एक वक्षः अस्थि जोड़े रहती हैं। उदर में भी नौ हड्डियाँ होती हैं। गुदास्थि तक हड्डियों का एक घेरा या माला बनती है जिसे वस्ति गह्वर कहा जाता है। मेरुदंड में मोहरे या कशेरुकाएँ (वर्टिब्रा) एक के ऊपर एक ऐसे बैठे रहते हैं कि सिर से लेकर धड़ के निचले हिस्से तक अपने छिद्रों के बीच से एक बड़ी और सीधी-सी नाली-सी बनाती हैं। इसे ही सुषुम्ना-नाड़ी कहते हैं। मोहरों के बीच से मार्गों से सुषुम्ना अपनी नालियों को चारों ओर भेजती है। हरेक मोहरा चक्री (कार्टिलेज) के गद्दे से घर्षण रोकता है। ध्यातव्य हो कि शरीर की दृढ़ मांसपेशियाँ इस मेरुदंड के प्रवर्धकों से जुड़ी रहती हैं जिससे (पेशियाँ) शरीर को साधे रहने के साथ-साथ झुकाती-हिलाती हैं। अतः चक्रियों से प्रत्येक मोहरा रक्षित रहता है। मोहरे के ऊपर की खूँटी या प्रवर्धन **प्रथम कशेरुका** के छिद्र में बैठ जाती है तथा ऐसा बन्धन (लिगामेंट) इनको गोलाकार घूमने से बचाता है। प्रथम मोहरे का नामकरण **एटलस** है क्योंकि पृथ्वी को अपने कंधे पर थामे मिथकीय दैत्य एटलस की भाँति यह भी कार्य करता है)।

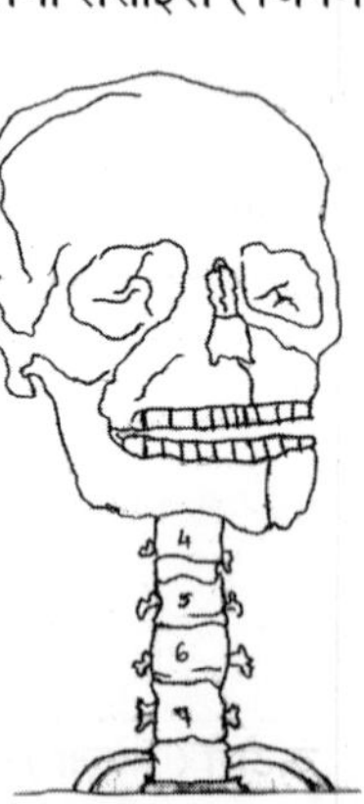

(उ) पसलियों के बीच में जो अन्तर रहता है उनमें 'इंटर कास्टल' पेशियाँ रहती हैं। इनमें से एक पसलियों को उठाती है तो दूसरी गिराती है। पसलियाँ तिरछी भी रहती हैं। यह अनुलोम-विलोम श्वास-क्रिया में होता रहता है। उठने पर समाई बढ़ती

तथा सिकुड़ने पर आयतन घटता है। ठीक से कहा जाए तो जिस समय पसलियाँ उठती हैं तो वक्ष का पोला स्थल और बढ़ जाता है तथा उसमें संस्थित फेफड़े (फुफ्फुस) हवा का गहरा घूँट पी लेता है। इसके बाद पसुलियाँ फिर बैठती हैं। इस समय वक्ष का पोला स्थल भी सिकुड़ जाता है जिससे फेफड़े दबते हैं और पर्याप्त हवा मुख तथा नाक के छेदों से बाहर फेंक देते हैं। इनमें बद्धी (बेल्टों) द्वारा बाँधने-ढीलने की-सी प्रक्रिया चलती है। स्वतंत्रतापूर्वक फैलने-सिकुड़ने से ये महत्त्वपूर्ण अवयव अपना रक्त-शोधन का कार्य स्वतंत्रतापूर्वक कर सकते हैं। इससे भयंकर और प्राणघातक रोग नहीं होते।

हँसुली का एक छोर स्कंधास्थि से तथा एक वक्ष के सामने की चौड़ी व सोस्थि (स्टर्नम) से जुड़ा होता है। इन दोनों के बीच में मांसपेशियाँ होती हैं जिससे ये दोनों अस्थियाँ आपस में बँधी रहती हैं। हँसुली की लम्बाई पाँच से छह इंच होती है। इस अस्थि से छह मांसपेशियाँ लगी रहती हैं।

देह की सबसे अन्दरूनी कंकाल-संरचना

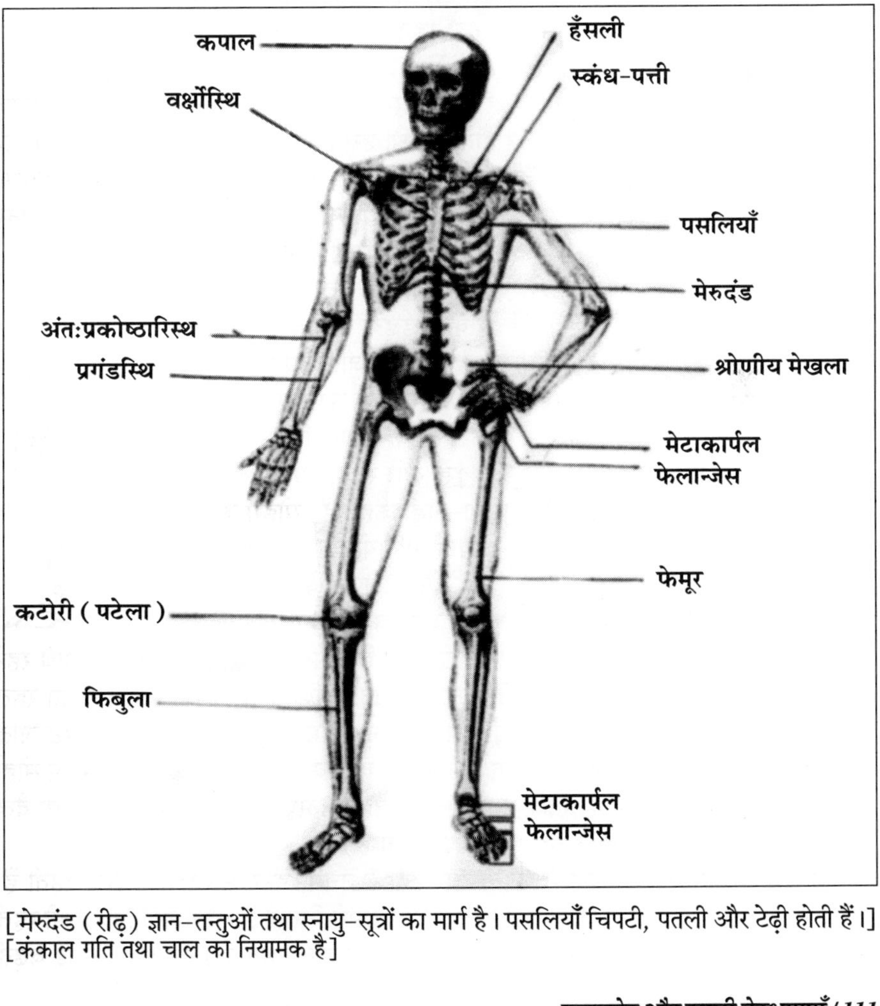

[मेरुदंड (रीढ़) ज्ञान-तन्तुओं तथा स्नायु-सूत्रों का मार्ग है। पसलियाँ चिपटी, पतली और टेढ़ी होती हैं।]
[कंकाल गति तथा चाल का नियामक है]

अस्थि पिंजर (कंकाल)

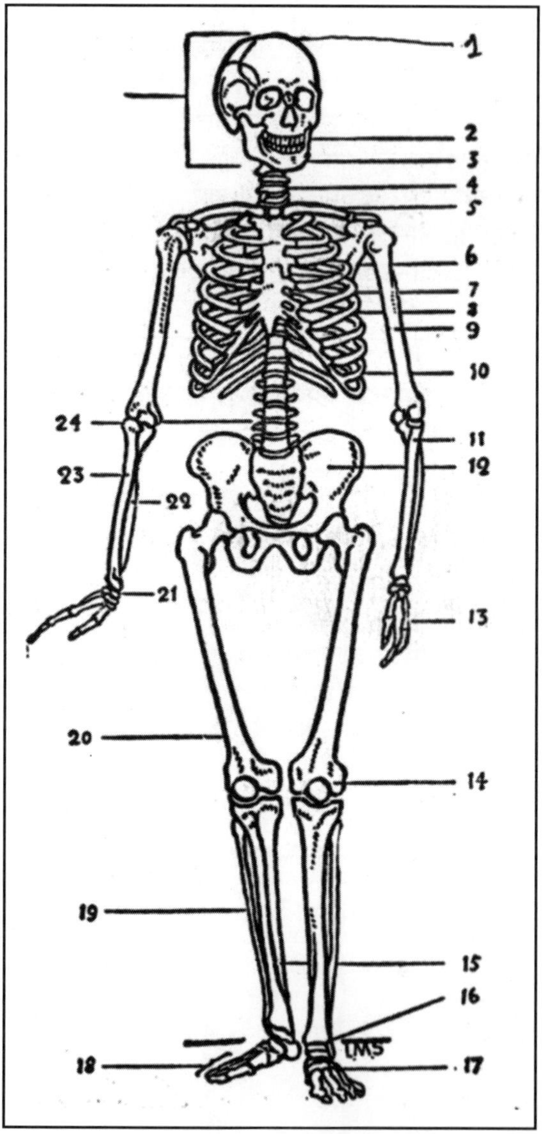

चित्र में : 1. कपाल, 2-3. जबड़ा, 4. धुरादंड (एक्सिएन), 5. हँसुली, 6. स्कंधास्थि (स्केपुला), 7-10. पसलियाँ, 11. प्रगंडास्थि (रेडिना), 12. नितम्ब-मेखला (पेल्विस), 13. आँगुलि-अस्थियाँ, 14. घुटने की कटोरी (पटेला), 15. अन्तःप्रकोष्ठास्थि (टिबिया), 16. गुल्फास्थि (टार्सल्स), 17. पंजे, 18. पादांगुलिक अस्थियाँ, 19. उरु-अस्थि (केमूर), 20. जंघास्थि, 21. कलाई (हथेली मूल), 22-23. बाँह की अस्थिद्वय, 25. कुहनी (पुट्ठे) के जोड़, 25. मेरुदंड (रीढ़ की गुरिया-शृंखला)।

पसलियाँ और उनके बीच फेफड़े

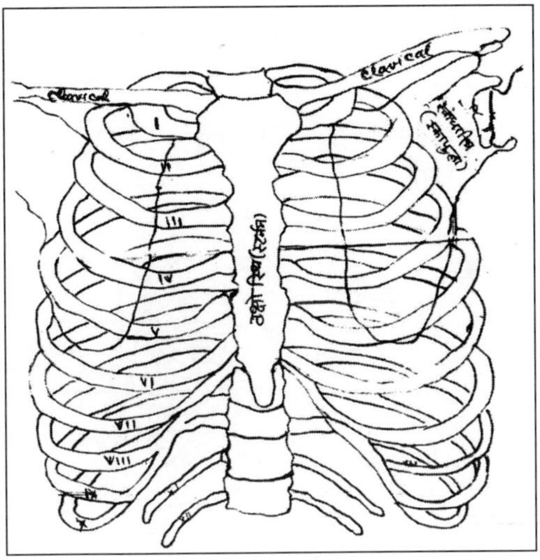

(ऊ) **बाहुएँ** दो होती हैं। प्रत्येक के ऊर्ध्व तथा निम्न भाग। फिर ऊर्ध्व के भी तीन भाग—ऊर्ध्व बाहु (प्रगंड), अग्र बाहु (या प्रकोष्ठ) तथा तीसरा हाथ।

ऊर्ध्व-शाखाओं में दोनों स्कंधास्थियाँ (स्कापुला)। दोनों अक्षकों (कॉलर अस्थि या क्लेविकाल्स) समेत। ऊर्ध्व शाखा में स्कंधास्थि तथा अक्षक (हँसुली), प्रगंडास्थि (हूमेरस) होती है। यह बाहु है। **अग्रबाहु** में बहि:प्रकोष्ठास्थि (उल्ना) तथा अत:प्रकोष्ठास्थि (रेडियस) होती है। **हाथ** में आठ कलाई-हड्डियाँ (कार्पल्स), पाँच अधि-कार्पल्स (करभास्थियाँ) तथा चौदह पोरें या पोर्वे (उँगलियों के फैलांजेस) होते हैं। स्कंधास्थि बाहु की अस्थियों के सिर, अक्षक से जुड़कर उन्हें अपनी जगह पर स्थित रखते हैं।

बाहु में एक लम्बी अस्थि होती है जिसे प्रगंडास्थि (हूमरस) कहा जाता है। इसका एक सिरा स्कंधास्थि की ओर तथा दूसरा कोहनी की ओर होता है जिससे अग्रबाहु की दोनों अस्थियों के ऊपर के सिरे मिले रहते हैं।

लम्बी बाहु

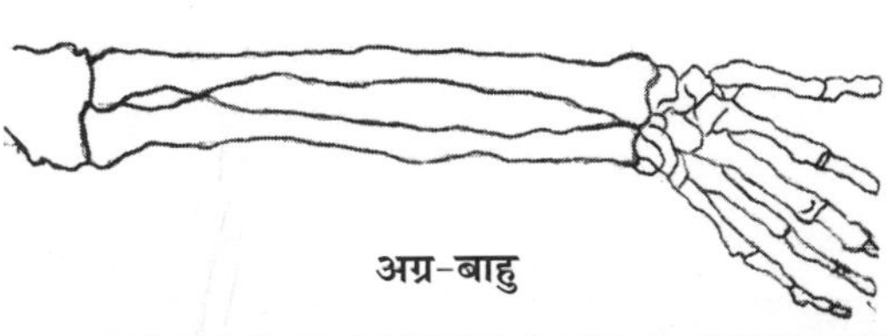

अग्र-बाहु

(ए) **हाथ** में तीन भाग होते हैं—कलाई या पहुँचा (रिस्ट) हथेली या गदेलिया (पाम) तथा अँगुलियाँ (फिंगर्स)। ये कुल मिलाकर सत्ताईस हड्डियाँ हैं।

हाथ

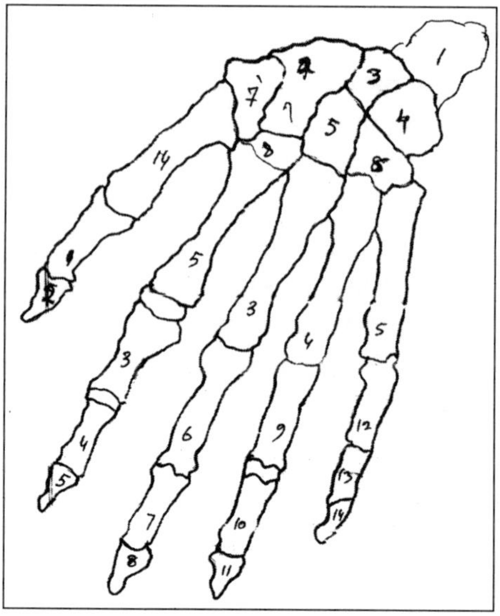

5 करमास्थियाँ
8 हाथ की कलाइयाँ
14 उँगलियों के पोर

कलाई की आठ हड्डियाँ एक-दूसरे से तन्तुओं द्वारा जुड़ी रहती हैं। पाँच कर-मस्थियाँ हथेली की रचना करती हैं तथा कलाई की हड्डियों से जुड़ी रहती हैं। पोर्वे चौदह छोटी तथा पोली हड्डियाँ हैं जो अँगुलियों की रचना करती हैं। अँगूठे में दो हड्डियाँ होती हैं। ये सभी हड्डियाँ तनने वाले मजबूत तन्तुओं से जुड़ी रहती हैं। इससे भारी-से-भारी तथा हलके-से-हलके कार्य एवं स्पर्श कर सकती हैं। ये लेखन, चित्र-रचना, मुद्रा-विधान आदि करती हैं।

(ऐ) **पैर** की हड्डियों का बनाव तथा उनकी संख्या देखने पर उनमें तथा बाहु की हड्डियों में बड़ी भारी समानता पाई जाती है। पैर में तीन अलग-अलग भाग हैं—उरु, जंघा (निचला पैर) तथा पद (चरण)। उरु में केवल एक ही हड्डी होती है, लेकिन जंघा में अग्रबाहु की नाईं दो हड्डियाँ रहा करती हैं। पाद या चरण की हड्डियाँ हमारी कलाई की हड्डियों की नाईं होती हैं। उरु में उर्वस्थित (फेमूर), जंघा में पाली या जन्वास्थि (पटेला), अनुजंघा (टिबिया), तथा पद या पाद में पादास्थियाँ (टार्सेल), प्रपादास्थियाँ (मेटा टार्सेल बोन्स) और पंजे की चौदह छोटी अस्थियाँ (फैलांजेस) होती हैं। ऊर्वस्थि (फेमूर) हमारे शरीर में सबसे बड़ी और सबसे मजबूत अस्थि है। इसके एक छोर पर गोल सिरा है जो कि हमारी नितम्बास्थियों के गुहर में जाकर बैठता है। यह गढ़ा सबसे महत्त्वपूर्ण है।...फिर जंघास्थि हमारी पिंडली के सामने वाली लम्बी हड्डी है। यह हमारे शरीर का भार अपने ऊपर सँभाले हुए है। अनुजंघा (फिबूला) एक लम्बी और पतली हड्डी है जो जंघास्थि के समानान्तर रहती है तथा जोड़ से हट नहीं

सकती। इसका नीचे का छोर हमारे टखने का बाहरी भाग बनाता है। यह हमारी पिंडली की छोटी हड्डी कही जाती है।...पटेला या घुटना-कटोरी घुटनों के जोड़ों के ऊपर होती है।

तीन भागों के **पद** (फुट) की हड्डियों में पादस्थि (टार्सल), प्रपादास्थियाँ (मेटा-टार्सल) तथा पोर्वे (फैलांजेस) होती हैं। पादस्थियाँ सात हैं और वे एड़ी, टखना तथा पैर के पंखे के सिर की रचना करती हैं। प्रपादास्थियाँ पाँच हैं और वे पोर्वें तथा पादस्थित के बीच में रहती हैं। ये टखनों की हड्डियों और पोर्वे को जोड़ने वाली हैं। पोर्वे चौदह हैं किन्तु हाथ के पोरों से छोटे हैं। इनमें गति भी कम है। इन हड्डियों का गुण बल और पुष्टता है न कि हाथ के जैसा लचीलापन। तदपि ये हड्डियाँ शरीर का पूरा भाग सँभाले रहती हैं। अतः ये हाथ की अँगुलियों जैसी पतली और लम्बी नहीं होतीं। तलुवे में जो मेहराब है, वह जमीन को नहीं छूता। वस्तुतः हम अपनी एड़ी तथा तलवे के गोले पर चला करते हैं। यह मेहराब प्लांटा (आर्क) है। स्प्रिंग की तरह कार्य करता है तथा देह को किसी प्रकार के धक्के से बचाता है। यह किसी प्रकार से हिलता भी नहीं है।

(ओ) एक तथ्य यह भी गौरतलब है कि जोड़ों में नरम रखने वाला तेल भी रहता है। उसके सूखने पर देहांग अकड़-से जाते हैं।—लोचहीन हो जाते हैं।

पद (चरण)

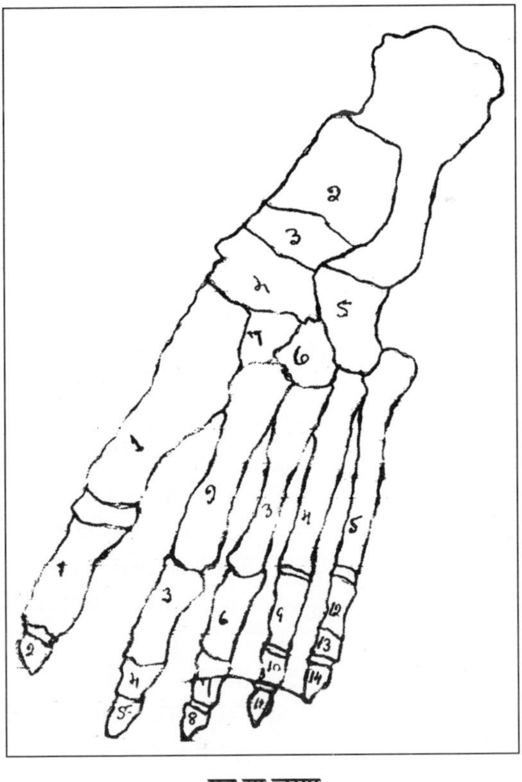

पद या चरण

(औ) पैर की हड्डियाँ

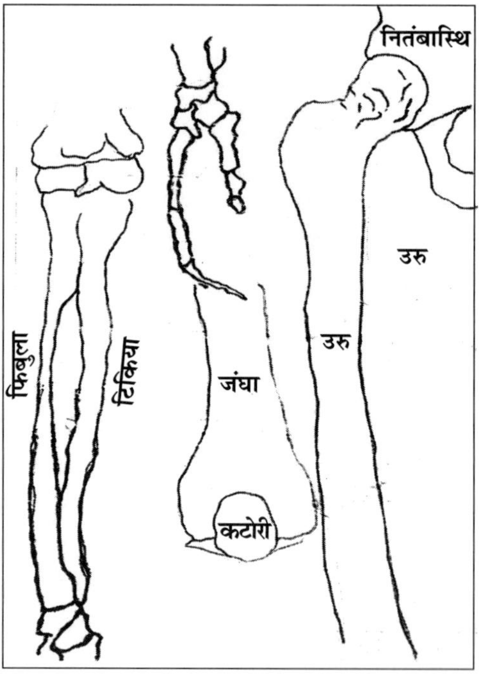

2. (5) मांसपेशीय प्रणाली

वह मांस जो हमारी अस्थियों और पिंजर के ऊपर उसको ढाँके रहता है, वह **मांसपेशी** के नाम से पुकारा जाता है। मांसपेशी का प्रमुख कार्य देह में गति उत्पन्न करना है। खास मांसपेशियाँ शरीर के खास भाग में गतिशीलता उत्पन्न करती हैं। हमारे हाथों तथा पैरों में सबसे बड़ी और मजबूत पेशियाँ होती हैं। वे श्रम तथा कर्म द्वारा सुदृढ़ तथा मोटी हो जाती हैं। नारी की सुकुमार देह तथा मल्ल के देह-सौष्ठव का अन्तर इसे स्पष्ट कर देता है। मांसपेशी भी अलग-अलग भागों से बनी होती है। जितनी भी मांसपेशियाँ अस्थियों पर लगी होती हैं और जिनसे गति उत्पन्न होती है, वे **ऐच्छिक (वालंटरी) मांसपेशियाँ** हैं। इनके बीच का भाग अपेक्षतः मोटा, छोर के दो भाग नुकीले होते हैं। इससे यह सिकुड़ने वाली तथा फैलने वाली पेशी हो जाती है।

हमारे शरीर में लगभग 500 मांसपेशियाँ हैं। इनमें से पैर की पिंडली वाली पेशी सबसे ज्यादा महत्त्व की तथा बहुत अधिक ताकत वाली होती है। इसे 'गेस्ट्रो-कोनिमियस मसल' कहते हैं। यह हमारी एड़ी की हड्डी से जुड़ी होती है। चलते समय हरेक आगे रखने वाले कदम पर यह मांसपेशी और इसके मजबूत तन्तु हमारे शरीर के सम्पूर्ण भाग को उठाते हैं।

दूसरी मजबूत मांसपेशियाँ हमारे **सिर** को ग्रीवा (गर्दन) के ऊपर सीधी अवस्था में रखे रहती हैं तथा हमारी इच्छा के मुताबिक उसे प्रत्येक दिशा में घुमा भी सकती हैं।

हमारा **चेहरा** भी बहुत सारी परस्पर गुँथी हुई मांसपेशियाँ रखता है जो अपनी गतियों के द्वारा हमारे हृद्‌गत हर्ष, दुख, उल्लास, पीड़ा, सुख आदि की (चेहरे में) **भंगिमाएँ** उत्पन्न करता है जो बाह्यारूप में निर्भाषिक प्रकटावा करती हैं।

अपने **जबड़े** की मजबूत मांसपेशियों की सहायता से हम जबड़ों में गति उत्पन्न करके

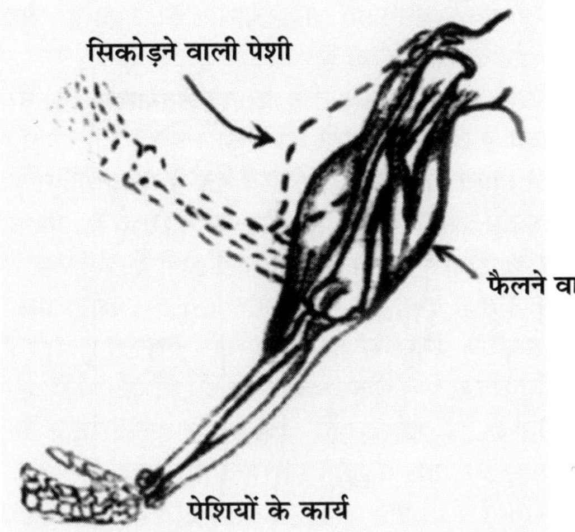

भोजन को चबाते हैं। इसी तरह हमारी **जीभ** की कोमल मांसपेशियाँ स्वाद-कलिकाओं द्वारा रस-भोग एवं दाँतों—मूर्धा-तालु के बीच गति छन्द बनाकर शब्दों तथा आवाजों को उत्पन्न करती हैं। यही हमारी वाचिक भाषा कहलाती है।

हमारे **धड़** में जो दो भाग, अर्थात् वक्ष-स्थल और उदर, होते हैं, उन दोनों को हम एक चपटी मांसपेशी द्वारा दो अलग-अलग भागों में विभक्त करते हुए पाते हैं। इस मांसपेशी को 'वक्ष-उदर-मध्यपेशी' (डायफ्राम) कहा जाता है। यह महत्त्वपूर्ण पेशी हमारे वक्ष की आधारभूमि बनाती है। जिस समय हम साँस लेते हैं तो दो हमारे ये दोनों पोले स्थान डायफ्राम के सिकुड़ने के कारण खूब बढ़ जाते हैं जिससे उनमें खासी मात्रा में हवा भर जाया करती है।

बाहु में भी सिकुड़ने-फैलने वाली मांसपेशी पाई जाती है। तदपि ये परस्पर विरोधी न होकर वैकल्पिक तथा सम्पूरक होती हैं। ये बाहु को ऊपर खींचती हैं तथा सिकुड़ने पर अंग को फैलाती है, जैसे गंडास्थि और ट्रिसेप्ट—इनमें से पहली खींचने वाली तथा दूसरी फैलने वाली होती है।

3. (3) रक्त-प्रणाली

रक्त एक ऐसा तरल द्रव्य है जिसके द्वारा देह के सारे अंगों का पोषण होता है। यही शरीर में निकलने वाले अनावश्यक तत्त्वों को बाहर भी करता है। यह पूरे शरीर के वजन का 1/12 अंश होता है।

रक्त के **प्रमुख प्रकार्य** हैं : शरीर के प्रत्येक अंग का पोषण करना तथा उनमें सुचारु रीति से कार्य संचालन कराना; शरीर के अनावश्यक तत्त्वों का उत्सर्जन करना; प्रत्येक देहांग को ऑक्सीजन देना तथा कार्बन डाई-ऑक्साइड गैस बाहर फेंकना; शरीर के बाहरी कीटाणुओं-विषाणुओं को मारना और उनसे बचाव करना तथा शरीर का एक-सा तापमान बरकरार रखना।

रक्त के तत्त्वों में प्रमुख 'प्लाज्मा' है जो रंगरहित होता है। इसमें मुख्यत: लाल रक्त कार्पसल तथा श्वेत रक्त कार्पसल पाए जाते हैं। इनकी संख्या करोड़ों से हजारों तक होती है (एक क्यूबिक मिलीमीटर में)। लाल कणों के कारण रक्त का रंग लाल दिखाई देता है। खून की प्रगुणता अलकेलाइन (क्षारीय, खारी) होती है। अन्य गुणवत्ताओं में से इसका जम जाना (कॉगुलेशन) खास है, जिससे घाव का बहना बन्द हो जाता है। किन्तु रक्त शिराओं तथा

धमनियों में नहीं जमता। अगर थक्के बन जाएँ तो हृदयाघात हो जाता है। यह शुद्ध रूप में स्वास्थ्य-स्फूर्ति-सौन्दर्य का भी विधायक होता है।

रक्त-परिप्रवाह (सर्कुलेशन) से सम्बन्धित तीन अवयव हैं—हृदय, धमनियाँ एवं शिराएँ। सारे शरीर का अशुद्ध रक्त हृदय में आकर फेफड़ों को भेजा जाता है और वहाँ से शुद्ध होकर फिर से हृदय में लाया जाता है। फिर धमनियों द्वारा सारी देह में परिप्रवाहित होता है।

हृदय दोनों फेफड़ों के मध्य में पसलियों के पीछे थोराक्स में स्थित है। यह पान (ताम्बूल) या बन्द कमलकली के आकार का होता है। इसकी दीवारें मोटी होती हैं। यह चार भागों में विभक्त होता है—दायाँ-बायाँ ऑरिकल तथा दायाँ-दायाँ वैंट्रिकल। ये ही अशुद्ध एवं शुद्ध रक्त का आवागमन कराते हैं। इसका पथ एवं प्रवाह संचालन पथ-बंध (वाल्ब) करते हैं। ये चतुर्भाग क्रमशः सिकुड़ते-फैलते अर्थात् धड़कते या धक्-धक् करते हैं। माँ के गर्भ में पाँच माह के भ्रूण का हृदय जो धड़कना शुरू होता है वह कई दशकों-वर्षों तक धड़कता रहता है। जब धड़कना बन्द होता है, तब मृत्यु हो जाती है। अतः धड़कनें ही रक्त-परिप्रवाह को नियमित करती हैं।

नाड़ी (पल्स) सिर्फ धमनियों में ही पाई जाती है। उसमें खून का बहाव हृदय की धड़कन के ऊपर निर्भर है। एक मिनट में जितनी ज्यादा धड़कनें होंगी, उतनी ही बार खून 'आयोर्टा' में फेंका जाता है। इस पद्धति से खून का प्रवाह एक-सा रहता है। अतः नाड़ी-गति की परीक्षा की जाती है। सामान्यतः वह एक मिनट में बहत्तर बार फैलती है क्योंकि हृदय भी एक मिनट में 72 बार खून (फेफड़ों में) फेंकता है।

रक्त-परिप्रवाह भी चार भागों में विभाजित है—कोरोनरी, पलमोनरी, सिस्टेमिक तथा पोर्टल। कोरोनरी सबसे पहली धमनी हैं जो हृदय को रक्त देती है। पलमोनरी हृदय तथा फेफड़ों के बीच में होती है। हृदय से रक्त इसी के माध्यम से फेफड़ों में आकर शुद्ध होता है और वापस जाता है। सिस्टेमिक प्रायः शरीर के सब अंगों को खून पहुँचाता है। इसका चक्कर काफी बड़ा है। पोर्टल द्वारा शरीर के कुछ खास अंगों तथा यकृत (लिवर) के बीच रक्त-प्रवाह होता है।

रक्त नलिकाओं तथा स्नायु बन्डलों का संजाल

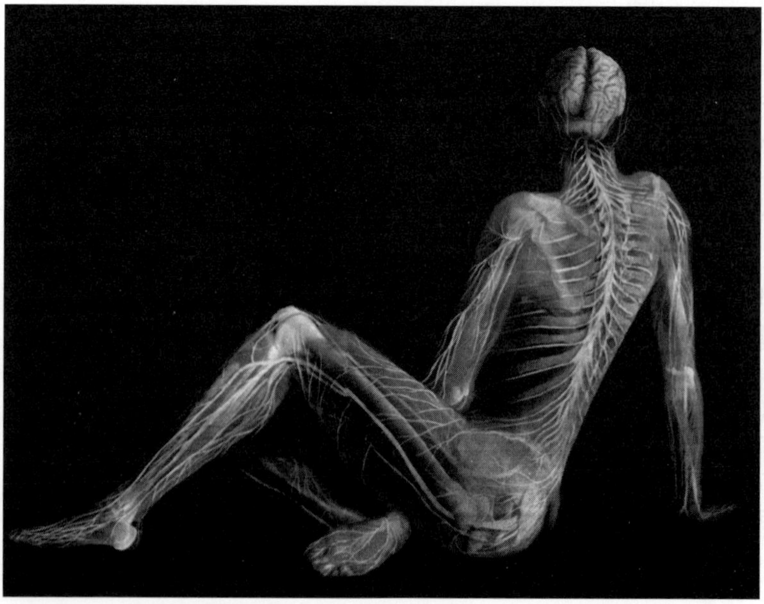

4. (6) भोजन-प्रणाली

यह शरीर को गर्मी प्रदान करती है; शरीर की वृद्धि में सहायता करती है, देह में क्षय-क्षरण आदि को भी दुरुस्त करती है, स्वास्थ्य एवं सौन्दर्य का सम्वर्धन करती है।

भोजन में निम्नलिखित पदार्थ पाए जाते हैं : (i) प्रोटीन—यह वृद्धि तथा क्षय-क्षति में सहायक है; (ii) चर्बी—यह गर्मी तथा ऊर्जा प्रदान करती है; (iii) कार्बोहाइड्रेट—ये गर्मी तथा ऊर्जा की आपूर्ति करते हैं; (iv) अकार्बनिक लवणादि—ये भी गर्मी तथा ऊर्जा में सहायक; (v) कार्बनिक लवण—ये भी वही कार्य-प्रतिपालक; (vi) जल—पाचन तथा विस्तृत संघुलन हेतु; और अन्तिम (vii) गैस—ये पानी में भी घुली-मिली रहती है। अत: परिपाक-प्रणाली देह को **ताप** एवं **ऊर्जा** प्रदान करती है। इसके अन्तर्गत पाचन-क्रिया के उपांग होते हैं—ओसोफेगस से गुदा-मार्ग तलक। मुख्यत: आमाशय, छोटी-बड़ी अँतड़ियाँ, लिवर-ग्रन्थि, गॉल ब्लेडर तथा पैंक्रियाज। सहायतार्थ मुँह तथा ड्यूडेनम में कई प्रकार के पाचक रस निकलते हैं—लार तथा गैस्ट्रिक से लेकर पैंक्रियाटिक एवं अँतड़ियों तक। कुल मिलाकर पाँच।

मूलत: मुख, आमाशय और ड्यूडेनम पाचन-क्रिया के मुख्य कर्ता हैं।

मानव-देह के शिर की **स्नायु-प्रणाली** तथा **ज्ञानेंद्रिय-प्रणाली** मिलकर देहभाषा के प्रेरक एवं कारक एवं सूचक पक्ष को परिपूर्ण कर देते हैं।

(अ) देह से भोजन तक का महोत्सव

खेलकूद और केलिक्रीड़ा (सम्भोग/संगम) के आनन्ददायक प्रतिकर्मों के सही/प्रभावक तरीकों तथा सलीकों को पहले जानना, फिर नियमों को समझना भी अभिलषित होता है। समुदायों के देह-केंद्रित अनुष्ठानों तथा कर्मकांडों के प्रयोजन एवं रस्में आदि भी खुलासे करती हैं कि मनुष्य कैसे अपनी मुश्किलों तथा इच्छाओं को हल करते हैं। आदिम समाजों के कबीले शिकार में, जादू में, मुखौटे पहने में जो आकृतिबंध बनाते हैं वे देह-केंद्र में विशिष्टक (सिग्निफायर) तथा विशिष्टता (सिग्निफिकेंस) होते हैं। ये तीनों उदाहरण देहाचार तथा देह-पंचांग को पढ़ सकते हैं। ये रस्मों, मुद्राओं तथा आवेगों की अभिव्यक्तियाँ भी करते हैं।

इसी कड़ी में विश्व-स्वास्थ्य संगठन ने **देही-देह** के स्वास्थ्य के पाँच आयाम गिनाए हैं—शारीरिक, मानसिक, सम्वेगात्मक, आत्मिक तथा वित्तीय। शारीरिक के अन्तर्गत फिलहाल हम **भोजन** को केंद्र में लेंगे (इसकी शारीरिक नींव प्रोटीन, लवणों, विटामिनों, धातुओं तथा कार्बोहाइड्रेटों का सेवन है)।

चुस्ती-दुरुस्ती (फिटनेस) के उपाय **कमतर देह-भार** तथा **देह-आकृति का सुधार** हैं। इसमें सौन्दर्य-क्लीनिक भी सहायता कर रहे हैं तथापि हम दो-तीन आयामों में चक्रमण कर सकते हैं—(i) टमी (पेट) व टिप (नितम्ब) चौचक हों, बाँहों के ऊपरले की दृढ़ता हो, जाँघ की पुष्टता हो, भार कम से कमतर हो, आकृति-सुधार हो, पयोधर उन्नत अथवा वक्ष-स्थल चौड़ा हो और त्वचा का कसाव चमकदार हो। इसमें सौन्दर्य-क्लीनिक की सहायता भी होती है—(ii) उम्र-प्रतिरोध (एन्टी-ऐजिइंग), झाइयाँ-प्रतिरोधन (एन्टी-पिगमेंटेशन), मुँहासों का उपचार (एक्ने-ट्रीटमेंट), गोराई (स्किन-ग्लो), नेत्र-तलों के काले गोलों का निराकरण, दुहरी ठोढ़ी का लोप, मुहाँद्रा-उठान (फेस लिफ्टिंग) तथा अन्य सौन्दर्योपचार (मेनीक्योर, पेडीक्योर, वैक्सिग)।

यह स्वस्थ-सुन्दर **देह-महोत्सव** है। इसकी बाह्य संरचना प्रस्तुत की जा सकती है—

संक्षेत्र	तन्दुरुस्त बदन के अभिधान			
खेलकूद (स्पोर्ट्स)	—	✓	✓	✓
देह-बन्धान (बॉडी-बिल्डिंग)	✓	—	—	✓
अभिनय	✓	✓	—	—
काम-क्रीड़ा	✓	✓	✓	—
नृत्य	✓	✓	✓	—
योग	✓	✓	✓	—
सौन्दर्य-भूमा	✓	✓	✓	✓
प्रगुणता	सुडौल 1	फुर्तीला 2	हलका 3	गठीला 4

1 तथा 4 = संरचना (स्ट्रक्चर); 2 तथा 3 = प्रणाली (सिस्टम)।

देह-महोत्सव की अन्य श्रेणीय तालिकाएँ भी बनाई जा सकती हैं—

(i) बत्तीस लक्षण, अष्टांगवती नायिका,
(ii) काम-सूत्र के पुरुष-स्त्री प्रारूपण,
(iii) कलाओं वाले दिव्य अवतार,
(iv) योग तथा काम के क्रमशः एकल, युगल आसन,
(v) नृत्य की मुद्राएँ, ऊर्जाओं का श्रीचक्र,
(vi) अभिनय के 'करण',
(vii) व्यायाम के विधान,
(viii) रैम्प पर मॉडल, विभिन्न प्रतियोगी सुन्दरियाँ,
(ix) फौज की नेत्रियाँ, गुरिल्ला-शहीदनें; तथा
(x) आधुनिक प्रारूप-पंक्ति (टाइपोलॉजी)।

नृत्यांगना तथा नृत्यलिपिकत्री चन्द्रलेखा ने नारायणी गणेश से वार्ता करके कुछ अनुपम बिन्दु उद्घाटित किए हैं (2004)—

देह—विशेषतः नारी-देह—विभिन्न ऊर्जाओं का पुंज है जो **शक्ति** एवं **श्रीचक्र** में प्रतीकायित है। 'श्री' पुरुष एवं नारी, अर्द्धनारीश्वरमय है। शरीर तो यौनता-ऐंद्रियिकता-आत्मिकता के त्रिकोण का सह-अस्तित्व है। ऐसे ही कई एककेंद्रिक त्रिभुजों से श्रीचक्र बनता है। यह सीमान्त नहीं स्वीकार करता। यह मात्र गति है, प्रवाह है। इसके केंद्र में सभी अन्तर्लीन है। यही **बिन्दु** है अर्थात् सृष्टि, सृजन एवं प्रकृति है। बिन्दु ही नृत्य-देह की नाभि है। अतः 'स्थिरता' (स्टिलनेस) में भी तो धड़कनें हैं, साँसें हैं, मन और चेतना है। रक्त-संचार और स्नायु-निखार है। अतः अंग से आंगिक का दैहिक अनुशासन है अर्थात् योग है, भरतनाट्यम है, कलारिप्पायत्तित (यौद्धेय कला) है। अतएव देह ही छिपी और आद्य ऊर्जा का आदि स्रोत है। यही **प्राण** है।'

देह में ऊर्जा शक्ति तथा प्राण के संचित कोश के लिए उसकी **प्रतिरक्षण-प्रणाली** (इम्यून सिस्टम) एक तरह से हमारी देह-सुरक्षा करती है। इस प्रणाली में कोशिकाओं की कतारें होती हैं जो (देह में) घूम-घूमकर निगरानी करती हैं। उनका मिशन होता है प्रतिरोध (रेजिस्टेंट) तथा पुनरुद्धार (रेस्टोरेशन)। अगर यह मिशन असफल हो जाए तो मानव की शिव-देह का शव में क्षय हो जाता है। असल में ये देहांग-रक्षक उन सिपाहियों जैसे पाबन्द हैं जो घावों को पुरते हैं; संक्रमण और रोगों से बचाते हैं। यह क्षेत्र 'इम्यूनोलॉजी' का है। इसका रूपक है—मानव-देह को रणक्षेत्र बनाना। एक ओर बैक्टीरिया, वाइरसों तथा पैरासाइटों की शत्रु सेना है तो दूसरी ओर हमारी इम्यून-प्रणाली के रण-बाँकुरे। यह रण जीवन-पर्यन्त चला करता है। कमजोर स्वास्थ्य, स्वच्छता का अभाव और असन्तुलित **भोजन** शत्रुपक्ष के सिपह-सालार हैं।

हम **भोज्य पदार्थों** के प्रकारों का जायजा तथा जायका लेते हैं। ये स्वाद (रस), सुगंध, सौन्दर्य (पोषण) के कारक हैं। इनके छह प्रकार हैं—

1. **भोज्य** — जिसे रौंध-रौंध कर खाया जाए — (दाल-रोटी),
2. **भक्ष्य** — जिसे निगल कर खाया जाए — (खीर, खिचड़ी, मोहनभोग),
3. **चोष्य** — जिसे चूसकर खाया जाए — (आम, ईख),
4. **लेह्य** — जिसे चाटा जाए — (चटनी, शहद),
5. **चर्व्य** — जिसे चबाकर खाया जाए — (सेब, अमरूद),
6. **पेय** — जिसे पिया जाए — (दूध, पानी, चाय, शराब, शरबत),

7. इसी क्रम में **रस** के अनुसार भी भोजन के छह भेद हैं। इसीलिए यह खटरस-व्यंजन कहलाता है—(चरक-संहिता)—

> *वादुम्लाऽय लवण: कटुकस्तिक्त एव च।*
> *काषायश्येति षटकोऽय रसानां सग्रह: स्मृत:।।*

फिर **ऋतु** के मुताबिक—हेमन्त में स्निग्ध पदार्थ, अम्ल रस हो, दूध, घी व तेल हों,

वर्षा में अम्ल, लवण और घृत का प्रयोग हो,
वसन्त में सोंठ आदि का प्रयोग अधिक हो,
ग्रीष्म में शीतल एवं मधुर भोजन हो।

फिर **प्रहरों** के अनुसार—सुबह को कलेवा, दोपहर को ज्योंनार, रात को छाक (से छका जाए)।

और विप्रों की प्रिय मधुर मिठासें : सुक्रोस (गन्ने व चुकन्दर से बनी चीनी, ग्लूकोस (सरल शर्करा), फ्रक्टोस (फलों की मिठास), लैक्टोस (दूध की मिठास) और अन्त में माल्टोस (गेहूँ-चावल-अन्न की मिठास)।

देह की चुस्ती-दुरुस्ती का पक्षवाक्य यह है कि आहार जीवन के लिए है, न कि जीवन आहार के लिए। इस न्याय से आहार उतनी ही मात्रा में जीमें, जितनी ऊर्जा-इकाई अर्थात् कैलोरी शरीर की ताकत को आवश्यक हों। हमें चर्बी से बचना चाहिए। सारिका मित्तल (डाइटीशियन) की दो तालिकाओं को उद्धृत किया जा रहा है—

(अ) आवश्यक कैलोरी		**(आ) कैलोरी कैसे भस्म करें**	
अवस्था	**कैलोरी/रोज**	**गतिविधि**	**कैलोरी**
पुरुष :			
बैठने का कार्य	2425	लेटना	1.0
मध्यम श्रम-श्रेणी	2875	बैठना	1.5
भारी श्रम-श्रेणी	3800	खड़े होना	2.5
महिला :			
बैठने का कार्य	1875	ड्राइविंग	3.0
मध्यम श्रम-श्रेणी	2225	चलना	3.0
भारी श्रम-श्रेणी	2925	झाड़ू मारना	5.0
		सीढ़ियाँ उतरना	7.0
		सीढ़ियाँ चढ़ना	10.18

कमर तथा नितम्ब का ज्यादा अनुपात होने पर चर्बी का जमावड़ा अधिक होता है तथा इससे (चर्बी के न जलने पर) देह में अधिभार (ओवर वेट) के साथ-साथ मोटापा भी हो जाता है। चिकने पदार्थों को खाने पर कोलेस्ट्रॉल बढ़ता है जिससे हृदय में कोरोनरी रोग हो जाते हैं। यही नहीं, लकवा तथा मधुमेह के खतरे भी बढ़ जाते हैं—इन्हें मिलाकर 'सिन्ड्रोम-X' कहते हैं। दिल्ली में यह पुरुषों में 25 प्रतिशत तथा स्त्रियों में 40.3 प्रतिशत व्याप्त है। मूलत: यह एक मेटाबोलिक सिन्ड्रोम है।

कमर की परिधि **पुरुष**—102 सेंटीमीटर
स्त्री— 80 सेंटीमीटर

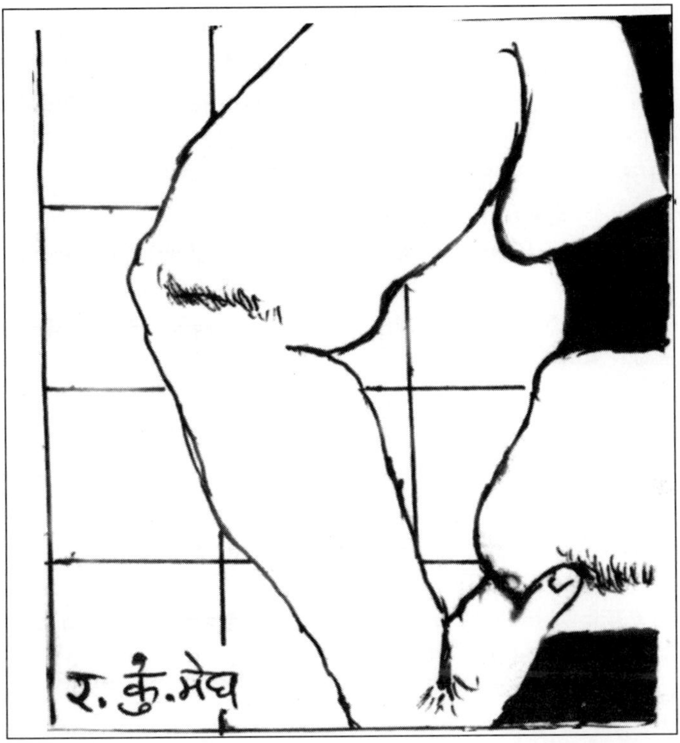

आजकल बहुधा बाहर का/से **शीघ्रम आहार** (फास्ट फूड) लेने की जो नई संस्कृति प्रचलित हो गई है, उससे घरेलू पूर्ण भोजन विरल होता जा रहा है। पिज्जा, स्नेक्स, ठंडे पेय, नूडल्स आदि ने जो जीवन-शैली बदली है, उससे मोटापा, मधुमेह, हाइपर तनाव, हृदय-रोग, बस गया कमर दर्द जैसी बीमारियाँ घर कर रही हैं। शीघ्रम आहार तथा व्यायाम के अभाव के कारण प्रौढ़ पुरुषों और रजोनिवृत्त (मेनोपॉजल) नारियों की बाहर कढ़ी थुलथुलाती तोंद तथा चटचटाती रीढ़ सर्वत्र दृष्टिगोचर हो रही हैं। इससे स्वास्थ्य के जोखिम के साथ-साथ भद्दी शक्ल का भी आविर्भाव होता है। इससे धमनियों में सूजन के साथ-साथ कई हृदय-बाधाएँ भी हो जाती हैं क्योंकि चर्बी की परतें-पर-परतें जमती जाती हैं। ऐसी है देह की विद्रूपता?

इसके अलावा कैल्शियम (चूने) के पर्याप्त ग्रहण के अभाव में अस्थियाँ फुसफुसी और दुर्बल होकर अनेक प्रकार के अस्थिरोगों (आर्थ्राइटिस) को पनपा रही हैं क्योंकि हार्मोन असन्तुलित हो जाते हैं और डगमग मेरुदंड देह को झुका देता है।

इस तरह देह के लिए भोजन एक चार्टर है।

हर संस्कृति के भोजन में स्वाद और गंध और शिष्ट अनुष्ठान का बहुत महत्त्व होता है।

[हिन्दू गोमांस नहीं खाते, मुसलमान सुअर का गोश्त नहीं खाते। अफ्रीका के कई कबीले सुअर का गोश्त खाते हैं, उत्तर-पूर्व भारत की कुछ जनजातियाँ कुत्ते का मांस खाती हैं। वैष्णव/हिन्दू प्याज-लहसुन को तामसिक मानते हैं जबकि यूरोप में सड़ा हुआ दूध (पनीर) की गंध उम्दा मानी जाती है]।

इस उपक्रम में भोजन और उसके कुछ निषेधन या वर्जना (टैबू) का सहकार होता है। क्रूरतापूर्ण वध/पशु-बलि में निर्दयता तथा प्रति निषेधों की समस्या उभरती है। गन्दगी और स्वच्छता, सुगंध और पवित्रता भी निर्धारक है। असल में रसायन (पाक-) शास्त्र भी भोजन को स्वाद तथा खुशबू सिखाता है। मनुष्य की कोशिकाओं में लगभग दो सौ पचास ग्राम नमक होता है और नमक स्वाद को बढ़ाता है। स्वाद-चक्र में ब्रेड में फर्मेंटेशन से ही सारे स्वाद तथा खुशबुएँ पैदा होती हैं। **घरेलू आहार** स्वास्थ्य, स्वाद, सुगंध से युक्त होता है जबकि **दावत** में स्वाद, सजावट तथा अधिकाधिक व्यंजन होते हैं। अजब खेल है सजावटी (डेकोरेटिव) भोजन-टेबल और शृंगारिक (आर्नामेंटल) बाँके नैनों से परोसने वाली लोककवि घाघ-दर्शिता गृहस्थिन के बीच (बाँके नैन परोसे जोय घाघ कहैं...होय)।

अन्ततः हम **भोजन-प्रसाधन** और देह के मनोबन्ध वाली भाषा को भी छू लें।

भोजन को चौकी अथवा टेबल पर सौन्दर्य-सज्जा एवं परोसने के तरीकों-सलीकों द्वारा हम आकर्षित, सम्मानित तथा अन्तरंग होते हैं। सब्जियों तथा पुलाव में, खीर तथा मिठाई में क्रमशः मसालों और मेवों से सुगंधें फैलती हैं।

शैफ़ (रसोईगीरी) के दायरे में संजीव कपूर, हेमन्त ओबेराय, संजीव भाटिया, तरला दलाल शोहरत पा गए हैं। परम्परा से सिद्ध निष्णात नारियाँ पिछड़ रही हैं। इन्होंने पाक (कुकिंग), सज्जा (केटरिंग) पोषण (न्यूट्रीशियन) के कार्यों को मिला दिया है। अतः अब स्वाद एवं सुगंध के साथ सजावट भी देह-भोग का एक शिष्टाचार हो गई है। इनमें भी सर्जनात्मकता जरूरी है।

सनम! **रसोई** भी देह-सम्वर्धन वाली पाक-कला की अन्तरंग प्रयोगशाला ही है : भोजन का रसायनशास्त्र। इन्हें 4 डिगरी सेन्टीग्रेड पर रखना पड़ता है ताकि कोशिकाएँ बर्बाद न हों अन्यथा वे सड़ने लगती हैं। कोशिकाओं के भी तरह-तरह स्वाद के, स्वास्थ्य के सूक्ष्म कीटाणु होते हैं। उनकी दीवारों के टूटने पर वे सड़ने लगती हैं। उचित तापमान पर पकाने से स्वाद एवं गंध के अणु खुल पड़ते हैं (स्वाद पाँच प्रकार के हैं—मीठा, नमकीन, तीखा कड़ुवा, सोंधा, कसैला)। गंध के अणुओं के बिना स्वाद नहीं पहचाना जा सकता। ...फल पकाए नहीं जाते। वास्तव में नाक के प्रकार्य के बिना कोई स्वाद नहीं आता।

सबसे अन्त में, खाने की **टेबल** या चौकी/पीढ़ी पर प्रस्तुति में सजाने और रंगों का संयोजन करने पर जिज्ञासा तथा संतृप्ति बढ़ती है (हरी पालक के साथ सफेद पनीर, बादामी वड़ों के साथ दही और केचप)। भोजन का स्थान, समय और अवसर हमारी देह के सामाजिक प्रकार्यों को अनचेतन में ही प्रभावित तथा संचालित करते हैं।

(आ) मोटापा

सामान्यतः **मोटापे** (ओबेसिटी) में चर्बी का संचयन ठोढ़ी, गर्दन, कमर, जाँघों तथा नितम्बों पर होता है जिससे शरीर-रचना में बढ़ा पेट, मोटी कमर तथा भरी छाती हो जाती है। इसके अलावा जरा-सी हरकत में साँस फूलने लगती है। इसका कारण भोजन की मात्रा तथा शारीरिक श्रम के बीच असन्तुलन है।

(क) मोटापा में अतिरिक्त कैलोरियाँ चर्बी में तब्दील हो जाती हैं। अतः मध्यम श्रेणी के औसत व्यक्ति को देह के प्रति किलोग्राम के लिए तीस कैलोरियों का हिसाब रखना चाहिए। आहार-नियमन से भार-हानि होती है। शारीरिक श्रम से मांसपेशियाँ ज्यादा कुशल हो जाती हैं। मनुष्य के थायरॉयड हार्मोन तथा एड्रेनलिन का स्तर नीचे आ जाता है।

इसके साथ ही भूख में सन्तुलित करने वाला लेप्टिन का स्तर भी कम हो जाता है अर्थात् 'कम लेप्टिन और कम देह-भार।' असल में लेप्टिन हार्मोन मस्तिष्क को संकेत भेजा करता है कि देह में कितनी मात्रा में चर्बी है अर्थात् कितना आहार चाहिए अर्थात् कितनी भूख लगनी चाहिए। ये लेप्टिन की कारगुजारियाँ हैं।

मोटापा एक बीमारी है जिससे कई बीमारियाँ लग जाती हैं (मस्तिष्क का लकवा, जोड़ों का दर्द, हृदयाघात, मधुमेह आदि)। मोटापे और मधुमेह के बीच करीबी रिश्ता है।

इसकी माप-जोख का फार्मूला बी.एम.आई. (बॉडी-मास-इंडेक्स) है अर्थात् देह की लम्बाई और भार के आधार पर माप करना। जिनका बी.एम.आई. पच्चीस से ज्यादा होता है उनकी शुमार 'अधिभार' वालों में होती है। जब बी.एम.आई. 29.9 से अधिक हो तब उसे 'मोटापा' (ओबेसिटी) माना जाता है। इसकी जाँच 'रक्त शर्करा' तथा 'लिक्विड प्रोफाइल' विश्लेषण द्वारा की जाती है।

मोटापे के मापन (बी.एम.आई. अर्थात् शरीर-वजन-सूचकांक) के विपरीत देह-मापन की एक दूसरी विधि (डी.एन.एक्स.) 'दोहरी ऊर्जा-एक्सरे' की है। इसे ज्यादा भरोसेमन्द तथा सही तरीका पाया गया क्योंकि यह मापता है कि जोड़ा कितने दिनों तक एक साथ आबद्ध रह सकता है।

जेनेटिक्स, मनोविज्ञान, सह-सम्बन्धता-विमर्श तथा उर्वरता (फर्टिलिटी) के हिसाब से भी पुरुषों के चौकोर जबड़े, बड़ी नाक, छोटी आँखों, सख्त मांसपेशियों अर्थात् **गठीला** (बॉडी-बिल्ट) बदन के मुकाबले अच्छे नैन-नक्श, फूले हुए ओठ, बड़ी या नुकीली पतली आँखें तथा ज्यादा आकार वाली भौंहों अर्थात् **सलोना** बदन वाले समदेही नर ही नारियों की पसन्द हुए। उम्र, कद, पालन-पोषण (जीवन-शैली), सैक्स-व्यवहार, समाज-दैहिक कुशलता (स्वास्थ्य)— दोनों पक्षों में निर्णायक पाई जाती हैं। यह प्रभावशाली और आकर्षक सम्बन्धों के बीच भी फर्क करता है। तो, वरेण्य देहभाषापरक व्यवहार गठीले की अपेक्षा सलोने की धुरी पर होता है। यह विरोधाभास भी है कि महिलाओं जैसी आकृति वाले पुरुषों तथा मर्दानी कद-काठी वाले पुरुषों के बीच स्त्री की पहली पसन्द बहुधा पूर्ववर्ती होते हैं। ये परिणाम लिंडा बूथरायड, डेविट प्रेट, डेन जैक्सन (डरहम, सेंट एंड्रूज, एबरडीन यूनिवर्सिटियाँ, यू.के.) ने निकाले हैं। अत: नारियों की पसन्द सुन्दर के बजाय सलोने पुरुष; एवं पुरुषों की पसन्द हस्तिनी की अपेक्षा पद्मिनी, शंखिनी और चित्रिणी नारियाँ हैं।

तदपि मोटापे से निजात पाने के लिए सामान्यत: अगर पुरुष अत्यधिक खेलकूद तथा कसरत का अभ्यास करते हैं तो नारियाँ व्रत-उपवास करके, बेहद कम खुराक लेकर तथा जुलाब आदि का सेवन करके अतिरिक्त कैलोरियों को उत्सर्जित कर देती हैं। भाप-स्नान तथा एरोबिक्स उनके अन्य उपाय हैं।

प्राचीन काल में वात्स्यायन मुनि ने प्रजनन-अंगों को (गुप्त देह-रचना), आकार, कद, उम्र के आधार पर ऊर्जा (पुरुष) तथा धारण (नारी) के ध्रुवान्तों पर काफी संगत वर्गीकरण किया है। पुरुषों को शश, वृष तथा अश्व वर्ग में एवं नारियों को मृगी, वडवा और हस्तिनी वर्ग में सूचीबद्ध किया गया है।

(ख) मोटापे के प्रतिपक्ष में **निर्मित देहयष्टि** (बॉडी-बिल्डिंग) प्रस्तुत है। यह सुकोमल न होकर गठीली होती है जिसके लक्षण नसों समेत उभरी मांसपेशियाँ, सुडौल जाँघें और पुष्ठ उभरे स्कन्ध, पतली कमर आदि हैं। इसके लिए 'हाड़तोड़ कसरत, जीतोड़ खाना तथा बिस्तरतोड़ आराम' जरूरी है (सतीश लाल)। शरीर को आकृति देने के जुनून में पहले तो उसे गठीला बनाने के लिए नमक छोड़ना पड़ता है (ताकि मांसपेशियों की सख्ती थोड़ा कम हो) जिससे उनमें उभार आए और दूसरे देहयष्टि की निर्मिति में फायदे-नुकसान वाली कुछ दवाओं का भी (युवक/युवती) सेवन करते हैं। मेनाबोल नसों को सख्त करती है तो खूनी दस्त भी ला सकती है। डेनाबोल आकार बढ़ाती है तो गुर्दे पर प्रभाव डालती है, न्यूराबोल ताकत का टीका है जो हड्डियों को नुकसान भी पहुँचाता है, क्रेटीन मांसपेशियाँ बढ़ाती है तो पथरी भी बनाती है, क्लीन ब्यूट्रोल पानी का स्तर कम करता है तो सीने में दर्द भी पैदा करता है, ट्रेस्टोस्टेरॉन आक्रामकता बढ़ाता है तो महिलाओं जैसी छाती और मुँहासे भी उभारता है, डेकाडूरीलीन नितम्बों को आकृति देता है तो गुर्दे में खराबी भी पैदा करता है। सिस्ट्रेस्ट्रॉन अगर भूख बढ़ाता है तो पेट में दर्द भी बढ़ाता है तथा एनाबोल देहयष्टि की पपिंग बढ़ाता है तो यकृत को दुर्बल भी करता है। निष्कर्ष यह कि देहयष्टि की निर्मिति में दवाओं का सेवन नहीं, बल्कि चर्बी कम करने के लिए नियंत्रित-सन्तुलित खान-पान तथा व्यायाम ही सही कारक हैं। देहयष्टि में जैतून/सरसों के तेल अथवा आयोडेक्स या विक्स को भी मला जाता है। सत्तर किलो वजन वाली देह के लिए रोज एक सौ चालीस ग्राम प्रोटीन भी चाहिए।

हृष्ट-पुष्ट देहयष्टि का गठीलापन

इस भाँति हम देखते हैं कि 'मोटापा' और 'निर्मित देहयष्टि' के बीच द्वन्द्व छिड़ा हुआ है। मोटापा एक बीमारी भी है तो बॉडी-बिल्डिंग अतिशय दृढ़ता। पहले का लक्षण थुलथुलापन है तो दूसरे का कठोर गठीलापन। मोटापे में वजन बढ़ने तथा चर्बी की परतों के चढ़ने के सामाजिक, आर्थिक तथा जैविक कारकों की भी छानबीन जारी है। मौजूदा अनुसन्धानों से फ्रैंक हीलेंड तथा मेरी बर्क ने सर्वगणितीय प्रादर्श (मेथमेटिकल मॉडल) के जरिए नतीजा निकाला है कि **वजन** के मानदंड बदल सकते हैं तथा आयुर्वैदिक लिहाज से **सुन्दरता** के भी

सुनिश्चित प्रतिमान नहीं है। अब देह-लिखतों में भद्रलोकों तथा महिलाओं के इच्छित वजन के पैमानों में बदलाव आते जा रहे हैं। फिल्मों में बॉबी दिओल, ऋतिक रोशन, सलमान खान तथा प्रतियोगिताओं में 'मिस्टर-क/ख/ग—शहर' की निर्मित देहयष्टियाँ प्रतिदर्श (सेंपल) मानी जा रही हैं।

प्रसंगात् समझें कि 'बॉडी बिल्डिग' तथा 'मॉडलिंग' एक नहीं हैं। काया-निर्माण में मांसपेशियाँ मानो शरीर फाड़कर बाहर आ रही होती हैं किन्तु उसमें अक्सर आत्मविश्वास और मानसिकता जरूरी नहीं है।

मॉडलिंग में केवल शरीर ही नहीं, बल्कि सुन्दरता और दिमाग की भी जरूरत होती है। मॉडल पात्र प्राय: छरहरी और सुडौल और सुकुमार होती/होते हैं। वे डिजायनर पोशाकें पहनकर रैम्प पर प्रदर्शन करती हैं।

अत: देह तथा दिमाग—दोनों को ही संरूप देना प्रयोजनीय है।...शारीरिक व्यापार और चेष्टाएँ भावों की द्योतक हैं। वे रूढ़िबद्ध भी होती हैं। उनमें नवलता तथा सम्भावनाएँ लानी पड़ती हैं। कारण कि धमनियाँ सारे शरीर की रक्तवाहिका हैं तथा स्नायु-चक्र दिमाग और मेरुदंड से अंगों तक संकेत ले जाने वाले तन्तुवाहक हैं।

अतएव मोटापा घटाने में **आहार-नियमन** और **व्यायाम** के साथ-साथ ही **यौन** की भूमिका होती है। हम प्रकृति से ऐंद्रियिक होते हैं अर्थात् समग्र देह का संवाहन अर्थात् देह-स्नान अर्थात् तप्त देहांग-बिन्दुओं द्वारा तीव्र उत्तेजन करके कैलोरियों को भी जलाते हैं। यहाँ एक फार्मूला सक्रिय रहता है—'यहाँ छुओ : वहाँ छुओ :: धीरे-धीरे बाँधो : शीघ्रता से मुद्रा बदलो!' **आल न्यू डायटर्स गाइड टु वेट-लॉस ड्यूरिंग सैक्स** के लेखक आहार-विशेषज्ञ रिचर्ड स्मिथ बताते हैं कि एक सम्पूर्ण समागम में 455 कैलोरी, एक साधारण चुम्बन में 3 कैलोरी, एक तीव्र नि:श्वास युक्त चुम्बन में 5 कैलोरी से 40 कैलोरी जल जाती हैं। समागम-पूर्व ललित क्रीड़ा में 147 कैलोरी दग्ध होती हैं। देह-भाप के अनुसार, मिथुन-बन्ध में 147 से 200 कैलोरियाँ जलती हैं। इनमें प्रगाढ़ आलिंगन तथा चुम्बन-झड़ी जोड़ दी गई है। अतएव देह-बन्ध तथा देह-भार भी वैज्ञानिक अनुराग (अफेक्शन) एवं कामराग (पैशन) के नियमों से चालित होते हैं।

पुनश्च: के उपागम ने सुडौल गठीली देह और अंग-प्रदर्शन को पुरुषों का भी विलास, विनोद तथा अभिनय बना दिया है।

पुरुष द्वारा भी **जिस्म का तिलिस्म** प्रदर्शित किया जाता है। स्वयं को युवा, गठीले बदन वाला, बलशाली, सुडौल तथा सैक्स-अपील (आकर्षण) से युक्त सिद्ध करने के लिए केवल पैंट पहनकर (सलमान खान), हसीनाओं के घेरे में कमीज उतारकर (शाहरुख खान), अर्द्ध निर्वसन होने का फैशन चालू करते हैं। यह एक तरह से अभिनय है जिसकी कतार में आमिर खान, ऋतिक रोशन, संजय दत्त, अजय देवगन भी शामिल हो रहे हैं (प्रो. सुमन्त मिश्र की टिप्पणी)। इसका संश्लिष्ट रूप तो 'बॉडी-बिल्डिंग' है, अन्ततोगत्वा।

सारांश यह है कि मोटापे में **देह-विकृति** के लक्षण यों हैं—हवा-फूला थुलथुलापन, दुर्बलता, शीघ्र थकना, तेज हाँफना, कान्तिहीनता, अतिशय भूख या चटोरापन, शिथिल गति, उदासीनता, रुग्णता आदि।

इसका विकल्प सन्तुलित तथा पौष्टिक आहार और निर्दिष्ट-सीमित व्यायाम हैं।

अब मोटापे के विरुद्ध नर-नारी आर-पार की लड़ाई छेड़ रहे हैं क्योंकि इससे मधुमेह, हृदयाघात, लिवर तथा गुर्दे की घातक बीमारियाँ हो सकती हैं। 'जंक'-आहार, ज्यादा शराबखोरी

और मांसाहार, अति काम-विलास के कारण घड़े जैसी तोंद तथा टीले जैसी जंघाएँ हो जाती हैं। स्त्रियाँ विवाह तथा प्रसूति के बाद लापरवाह होने पर अपना शरीर ढीलने लगती हैं। अतः अब दोनों ही व्यायामशाला (जिम) में कसरतें करते हैं। साथ ही, सन्तुलित-पुष्टाहार, चर्बी रहित भोजन तथा व्यायाम ही इसके निवारक हैं। प्रमुख लक्ष्य देह में इकट्ठा अतिरिक्त या अधिशेष कैलोरियों को भस्म करके क्लोरेस्टाल-स्तर को घटाना है। इसके पश्चात् **देह-शोभा** निखर आती है।

देह-भार घटाने अर्थात् 'जीरो-फिगर' बनाने का जुनून युवतियों को विशेषतः मरीज बना रहा है। एक सन्तुलित चतुरंग ही इसका निदान है—निर्दिष्ट व्यायाम तथा निर्धारित आहार; नतीजन सही आकाराकृति और स्वास्थ्य। इस चतुरंग के असन्तुलन से रोगों से लड़ने की क्षमता क्षीण होती जाती है। चक्कर आएँगे तो कमजोरी बढ़ जाएगी। अतिशय व्यायाम तथा आहार में गड़बड़ी से भी हड्डियाँ कमजोर हो जाती हैं। इनमें मनमानी नहीं करनी चाहिए। अतः मोटापे का विरुद्धक ध्रुवान्त ' 0-फिगर' भी वैसा ही प्राणघातक है। दोनों ही आत्महन्ता हैं। देह का आदर्श आँकड़ा '10-फिगर' है। श्रेष्ठ **सन्तुलित देह** के चक्रचिह्न हैं—तन्वंगी शरीर-यष्ठि, फुर्तीली कार्यक्षमता, क्षुधा-नर्मिलता, नीरोग दशा, त्वचा-कान्ति, स्वास्थ्य, फलस्वरूप—शान्ति, प्रसन्नता और शोभनता।

5. (4) श्वास-प्रणाली

श्वास-प्रणाली में यद्यपि देह की हरेक जीवित कोशिका संलिप्त होती है तथापि यह कार्य नाक और मुख की सहायता से फेफड़ों का है : निःश्वास अर्थात् साँस अन्दर खींचना और उच्छ्वास अर्थात् साँस बाहर निकालना। फेफड़े पसलियों, रीढ़ तथा वक्षोऽस्थि द्वारा संरक्षित होते हैं। फेफड़ों के बीच में ही हृदय स्थित है।

योग में **प्राणायाम** द्वारा श्वास-प्रक्रिया को जीवनवर्धक बनाया जाता है। इसके सहवर्ती **आसन** (देह-मुद्राओं का व्यायाम) हैं और ये प्रत्याहार (आभ्यन्तरी करण), ध्यान (एकाग्रता), समाधि (सिद्ध तन्मयता) द्वारा सम्पादित होते हैं। वस्तुतः यह प्राणधारण ही **आसन** का मूल है। **मुद्रा** इसकी प्रतीकात्मक भंगिमा, **बन्ध-देह** के मार्मिक अंगों का (प्राणायाम-नियंत्रण द्वारा) सिकोड़ना-फैलाना है; **प्राणायाम** श्वसन का अनुशासन तथा **धारण** मानस को स्थिर करना है।

6. (1) स्नायु-प्रणाली

आठ अस्थियों से बने कपाल के भीतर **मस्तिष्क** होता है। यह बिलकुल गोल न होकर कुछ अंडे की शक्ल का होता है तथा पिलपिले धूसर पदार्थ का बना होता है। चिकना तथा सपाट भी नहीं होता बल्कि गहरी 'सीताओं' एवं उभरे 'चक्रांगों' की संरचना है। ये क्रमानुसार एक-दूसरे से जुड़े होते हैं।

मस्तिष्क के चार स्पष्ट भाग होते हैं—सबसे बड़ा **बृहत् मस्तिष्क** (सेरिब्रम), दाएँ-बाएँ दो गोलार्धों में बँटा होता है। दोनो गोलार्धों के नीचे और पीछे की ओर **लघु मस्तिष्क** (सेरिबेलम) है जो छोटे गोले के आकार का है तथा इसके नीचे 'द्वन्द्व' के समान निकलता हुआ भाग 'सुषुम्ना' है। सुषुम्ना मस्तिष्क से नीचे से आरम्भ होकर पृष्ठवंश की नीचे की नली से होती हुई अन्त तक पहुँचती है। तब यह बहुत-सी नाड़ियों का पुंज बनाती है जो शरीर के

भिन्न-भिन्न भागों में चली जाती हैं। इस पुंज को सौषुम्निक नाड़ियाँ (स्पाइनल नर्ब्ज) कहते हैं। ये इकतीस जोड़े होते हैं।

इसी तरह मस्तिष्क से भी नाड़ियों के बारह जोड़े निकलकर भिन्न-भिन्न अंगों में जाते हैं। ये गंध-नाड़ी, दृष्टि-नाड़ी, नेत्रचालन-नाड़ी, मुख तथा सिर आवेष्ठक नाड़ियाँ, श्रवण-नाड़ी, स्वाद-नाड़ी, श्रौत नाड़ी, ग्रीवा-नाड़ी आदि।

ये नाड़ी-चक्र एक पूर्ण विकसित कम्प्यूटर जैसे ही हैं।

मस्तिष्क के दोनों गोलार्धों के बीच में खोखला आयतन है। इनके पाद में मस्तिष्क-प्रकोष्ठ (वेंट्रिकल्स) होते हैं।...**बुद्धि** का सम्बन्ध मस्तिष्क-रचना से होता है। उसकी आन्तरिक रचना इतनी गूढ़ होती है कि उस पर चक्रांगों एवं सीताओं की जितनी अधिकता होती है, उतना ही बुद्धि का विकास होता है। ये बुद्धि-स्थिरांक (इंटेलिजेंस-कोशेंट : आईक्यू) के मापक हैं।

मस्तिष्क

जैसा कि हम बता आए हैं कि मस्तिष्क तीन भागों में विभाजित है—बृहत् मस्तिष्क, लघु-मस्तिष्क तथा मेडुला ऑब्लॉनगाटा। आगे उनके पृथक-पृथक प्रकार्यों को लेंगे।

मूलरूपेण **बृहत्-मस्तिष्क** (सेरिब्रम) को दाएँ-बाएँ गोलार्धों के जो हिस्से हैं, वे ऊँचे-नीचे हैं तथा 'गाइरस' और 'सुलकस' कहे जाते हैं। मनुष्य की इच्छाशक्ति तथा ज्ञान-शक्ति इनमें ही व्युत्पन्न होती है। इस तरह बृहत् मस्तिष्क के कार्य-विशेष के अन्तर्गत बाहर के आगत आवेशोत्तेजनों को ग्रहण करना, उनके संस्मृत प्रभावों का भंडारीकरण करना तथा परिणामकारी क्रियाओं को उत्पन्न करना है। अत: मनुष्य में इच्छा, संवेग, बुद्धि की शक्तियाँ जितनी ही अधिक उन्नतिशील होती हैं उसी के अनुसार सुलकस एवं गाइरस ज्यादा गहरे होते जाते हैं।

लघु-मस्तिष्क (सेरिबेलम) का मुख्य कार्य मांसपेशियों के प्रकर्मों को संचालित करना है। अत: यह बृहत् मस्तिष्क से उत्सर्गित कार्यों को एक नियमित अवस्था तक पहुँचाता है; अर्थात् मांसपेशियों की गतियों की तेजी-मन्दता, कोमलता-दृढ़ता को मर्यादित करता है।

मेडुला ऑब्लांगाटा मस्तिष्क का सबसे पिछला हिस्सा है जो मस्तिष्क तथा सुषुम्ना, दोनों से सम्बन्धित है। यह प्राय: डेढ़ इंच लम्बा होता है। यह भी झिल्लियों से ढँका होता है। इसके प्रकार्य बहुत कुछ सुषुम्ना के कार्यों से मिलते-जुलते हैं। इसमें खास प्रकार के स्नायु-कोषाणु (सेल) होते हैं जो फेफड़े, हृदय, रक्त-घटिकाओं के कार्यों को ठीक तौर से संचालित करते हैं।

सम्पूरक सुषुम्ना (स्पाइनल कॉर्ड) के खास कार्य हैं। यह शरीर के विभिन्न अंगों से स्पाइनल स्नायु के द्वारा सन्देश लेकर मस्तिष्क को भेजती है। आहूत सन्देशों को मस्तिष्क के आदेश से गतिक सूत्रों द्वारा शरीर के विभिन्न अंगों को स्थानान्तरित करती है तथा कभी-कभी तो यह स्वयं भी मस्तिष्क का कार्य निभाने लगती है। इन्हें हम प्रत्यावर्तित कार्य (रिफ्लेक्स एक्शन) कहते हैं। यह भी नोट किया जाए कि सुषुम्ना से भिन्न-भिन्न स्थानों को निकलने वाली इकतीस जोड़ी सुषुम्ना-स्नायु-पुंज हैं जो देह के भिन्न-भिन्न भागों में कार्यरत हैं।

इस भाँति बृहत् मस्तिष्क से जो बारह जोड़ी क्रेनिएल स्नायु-कुलक निकलते हैं वे निम्नलिखित हैं—1. सुगंधग्राही स्नायु, 2. दृष्टि स्नायु, 3. ओकुलोमोटर, 4. ट्राचलियर, 5. ट्रिगेमिंड, 6. एबडुसेन्ट, 7. मुख-परक, 8. ध्वनि-परक, 9. ग्लासोपेरिंगील, 10. वेगस, 11. एस्सेसरी तथा 12. हाइपोग्लोसल। यह सब सुषुम्ना-प्रत्यंचा का विन्यास है जिसकी लम्बाई कोई अठारह इंच होती है। (इसके प्रकार्यों का उल्लेख किया जा चुका है।)

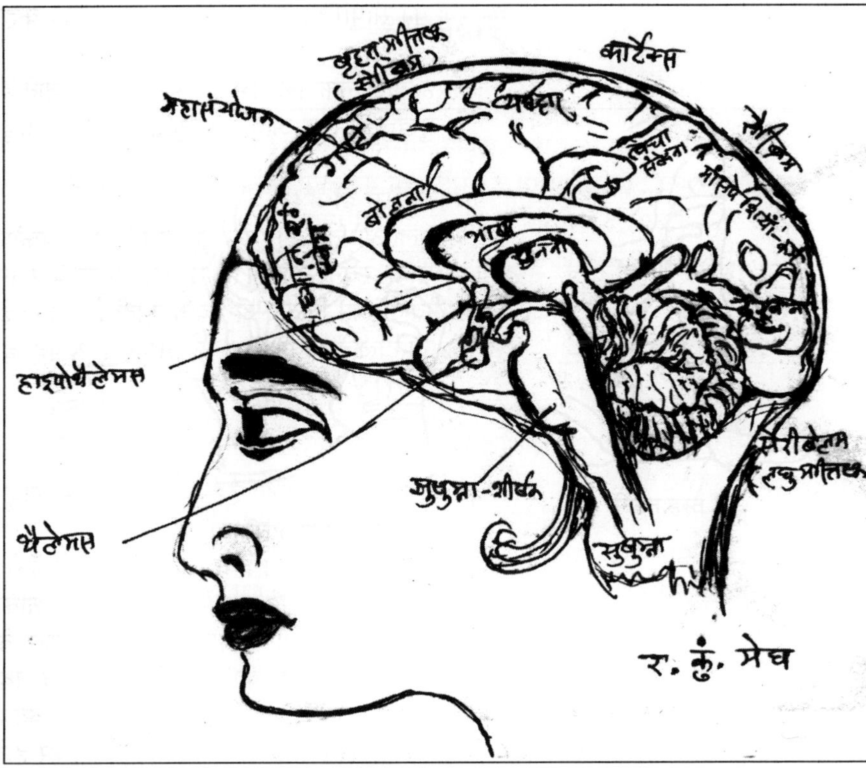

मस्तिष्क में ज्ञानेंद्रियों के बारह नाड़ी-स्थल, जहाँ से भाषा—देहभाषा का उन्मीलन होता है।

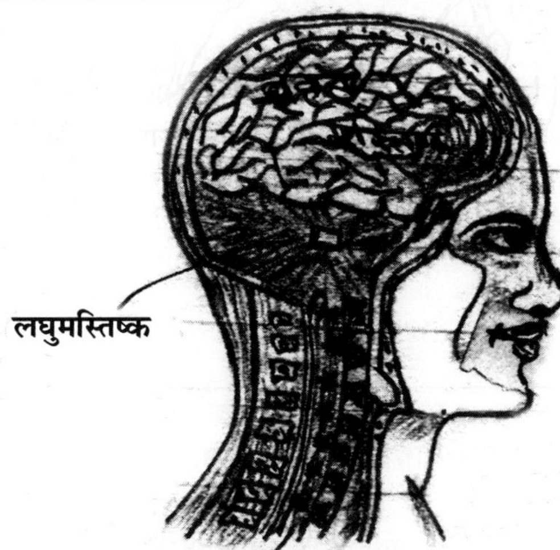

सारांश में—स्नायु-प्रणाली में मस्तिष्क, मेरुदंड और नाड़ी-तंत्र के साथ नेत्र और कान भी शामिल हैं। यह **मानवीय संचेतना** का मानो दुर्ग है। मस्तिष्क सभी प्रकार की ऐच्छिक-बाह्य गतिविधियों को नियमित तथा समायोजित करता है।

'मस्तिष्क-स्टेम' में थेलेमस एवं हाइपोथेलेमस जैसे गठन भी शामिल हैं जो भूख, प्यास, नींद, यौन व्यवहार को नियमित करते हैं। मस्तिष्क का दायाँ गोलार्ध देह के वामांग को तथा बायाँ गोलार्ध दाहिने अंग को संचालित करता है। सम्प्रेषण का माध्यम स्नायविक रेशों का बंडल होता है जिसे 'कार्पस कोलासम' कहा जाता है। बायाँ गोलार्ध भाषा, गणित और तर्कणा में विशेषता देता है तो दायाँ गोलार्ध दिक् के प्रत्यक्षण, कला और संगीत, सृजनात्मकता तथा प्रज्ञात्मक चिन्तन का अनुप्रेरक है।

अब दिमाग के नये नक्शे के अनुसार, उसके विभिन्न तकनीकी नामों के बजाय प्रकार्यों के अनुसार नामकरण किया जाए (हमने भी ऐसा ही किया है), यथा—व्यवहार क्षेत्र (हाइपोथैलेमस), संवेग क्षेत्र (हाइपोथैलेमस का अग्र-भाग), भाषा एवं बौद्धिकता का क्षेत्र (फ्रन्टल लोब), दृष्टि तथा श्रवण क्षेत्र (आप्सिकल लोब), सन्तुलन क्षेत्र (दिमाग का पिछला भाग), स्पाइनल नली (सेजुड़ा), संवेदना क्षेत्र (बाएँ हेमिस्फेयर का पैराइटल लोब), जागरूक बनाता दाहिना हिस्सा, खुशी दिलाता बायाँ हिस्सा।

मस्तिष्क की ऊर्जा सौ मिलियन न्यूरोनों से पैदा होती है। बाएँ गोलार्ध में भाषा होती है जो संवेग तथा संवेदना के क्षेत्रों से मिलकर कार्य करती है तथापि पागलपन और सृजनात्मकता के बीच भी भेद भरा रिश्ता है—कवियों बायरन, वर्जीनिया वूल्फ, मायकोवस्की, भुवनेश्वर, महाकवि निराला, हैमिंग्वे।...मनोरोगों का एक अलग आयाम है।

7. (2) अन्तःस्रावी प्रणाली

अन्तःस्रावी प्रणाली में मानव-देह के विभिन्न प्रकर्म तथा ताल का सशक्त संयोजन होता है, यद्यपि इनका प्रत्यक्ष अन्तरण गोचर नहीं होता। इस सबका नियंत्रण हार्मोन करते हैं जो एक प्रकार से रासायनिक सन्देशवाहक हैं। इनका दायरा यौन प्रकार्यों से लेकर रोज़मर्रा के आहार की उपयोगिताओं तक फैला है—

'हाइपोथेलेमस' देह के तापमान, भूख, प्यास आदि को नियंत्रित करता है; 'पिचुअरी-ग्रन्थि' अस्थिवर्धन को नियंत्रित करने के साथ अन्य ग्रन्थियों की क्रियाओं को नियमित करती हैं; 'थायराइड-ग्रन्थि' (ग्लैंड) देह में कैलोरी के ईंधन के इस्तेमाल को नियंत्रित करती है तथा देह का विकास भी करती है; 'एड्रिनल ग्रन्थि' लवण तथा जल के सन्तुलन को कायम रखती है और आपात् काल के लिए देह को तैयार करती है; 'पैंक्रियास' द्वारा रक्त में शर्करा का स्तर नियंत्रित होता है तथा 'ओवारीज' स्त्रियों में यौन विकास को नियंत्रित करती है।

8. (8) प्रजनन-प्रणाली

प्रजनन-प्रणाली एक ओर तो पुरुषार्थ काम के जीव-विज्ञान एवं काम-कला के सौन्दर्योपभोग से जुड़कर लिंग एवं योनि के संगम वाले प्रकार्यों, देह की मुद्राओं एवं भंगिमाओं से जुड़ी है तो दूसरी ओर गर्भावस्था एवं प्रसव में वैज्ञानिक-नैतिक आयामों का प्रकाशन करती है (देखिए आगे का कामविषयक अध्याय)।

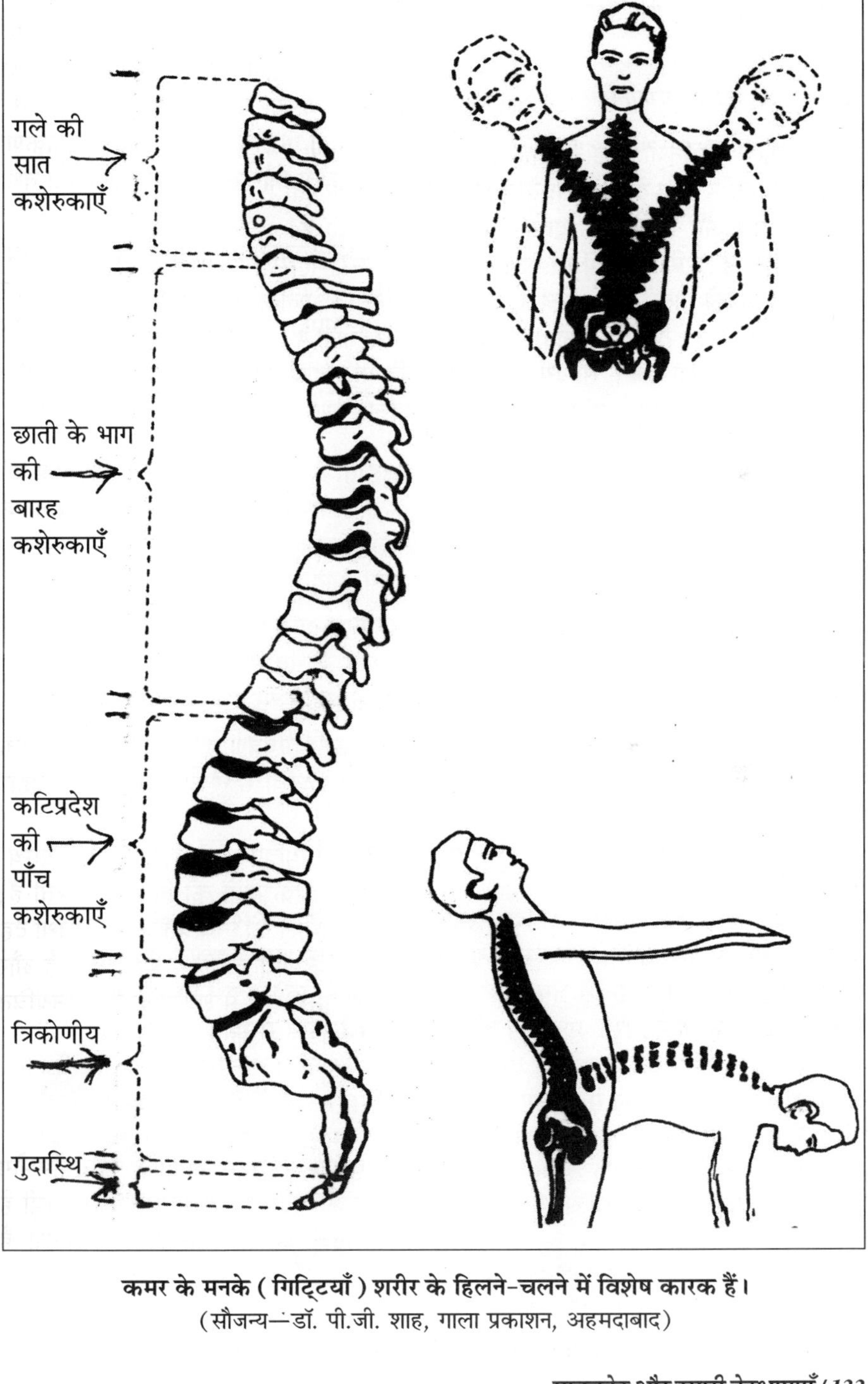

कमर के मनके (गिट्टियाँ) शरीर के हिलने-चलने में विशेष कारक हैं।
(सौजन्य—डॉ. पी.जी. शाह, गाला प्रकाशन, अहमदाबाद)

9. (9) मूत्रीय-प्रणाली

मूत्रीय प्रणाली का प्रजनन-प्रणाली से आत्यन्तिक निबन्धन होता है। इसमें गुर्दों तथा मूत्र-नली की स्वच्छताकारिणी तथा उत्सर्जक भूमिकाएँ होती हैं।

10. (10) त्वचा-प्रणाली

त्वचा-प्रणाली की निजी सत्ता है। यह देह का संरक्षण करती है। उसकी आकृति-आकार के सीमान्त बनाती है तथा देह का 'द्वितीय परिधान' भी कहलाती है।

यह स्पर्श और वर्ण-आभा द्वारा सूचनाएँ प्रेषित करती है। आजकल गोराई तथा प्रेमलता इसके प्रयोजन हैं। झुर्रियाँ, अवांछित केश-रोम, तिल, मस्से, मुँहासे आदि इसके विकार भी प्रतीत होते हैं। त्वचा को गोदनों, चित्र-रचना, आभूषणों, मंडनों (आलक्तक, मेहँदी, हल्दी, काजल, चन्दन, सुगंध आदि) तथा पोशाकों द्वारा सजाया-सँवारा जाता है। वस्त्रालंकृत होना तथा निर्वसन होना—दोनों ही कला-काम-सौन्दर्य-कर्मकांड आदि के सुदीर्घ लुभावने/ललचावने/प्रकार्य हैं। फैशन-प्रदर्शनों तथा सौन्दर्य-प्रतियोगिताओं में तो त्वचा-गुणवत्ता का अत्यन्त महत्त्व होता है।

11 (10) ज्ञानेंद्रिय-प्रणाली

कुछ दर्शनों में इच्छा-क्रिया-ज्ञान को प्रकृति की शक्तियाँ माना गया है। ज्ञान का उन्मेष प्रकाश तथा विमर्श में होता है।

इस अनुषंग में पाँच ज्ञानेंद्रियाँ मानी गई हैं—नेत्र, कर्ण, नासिका, जिह्वा तथा त्वचा। इनसे ही **संवेदना** अर्थात् संज्ञान अर्थात् ज्ञानेंद्रियोद्रक (सेंसेशन) उद्भूत होते हैं जो क्रमशः रूप, शब्द, गंध, रस तथा स्पर्श हैं (देहभाषाओं के प्रसंग में हमें शब्द-विचार स्थगित करना पड़ता है)।

पंच कर्मेंद्रियाँ उक्त ज्ञानेंद्रियोद्रेकों अर्थात् 'सेंसेशनों' की सहकारिणी हैं। इसी अनुक्रम में संवेदना के अन्तर्गत संज्ञातता तथा संचेतना को भी शामिल किया जा सकता है। देहभाषा—वृत्त में ज्ञानेंद्रियोद्रेक पारधूमिल (टांस्लूसेन्ट) एवं अभिज्ञानात्मक ('यह वैसा ही है') हुआ करते हैं। हमारे लिए भी यही भूमिका अभीष्ट है। पंच-ज्ञानेंद्रियों तथा पंच-तन्मात्राओं का यह **आश्विन-युग्म** है।

संवेदन भिन्न-भिन्न प्रकार के संवेदक-स्नायुओं द्वारा मस्तिष्क के (Celebral Hemisbhere) के पिछले भाग में पहुँचते हैं। मस्तिष्क में यही प्रभाग **संवेदक क्षेत्र** कहलाता है। अतः संवेदक स्नायु द्वारा पहुँचाया गया सन्देश जब मस्तिष्क में पहुँचता है तब वह हमें किसी खास वस्तु की ओर आकर्षित करता है। इसी आकर्षण की परिभाषा **संवेदना** (सेंसेशन) है। ये आनन्ददायक तथा दुखदायक, दो प्रकार के होते हैं तथा भिन्न-भिन्न स्थानों में महसूस होते हैं (पैर में लगा काँटा, हाथ में झुलसन, गाल में चुम्बन) उसी स्थान में महसूस होते हैं, तथापि असल में ये सब मस्तिष्क में जाकर होते हैं। वही इन सबका उद्गम है। हमारा मस्तिष्क ही संवेदक स्नायु द्वारा लाए गए सन्देश को संवेदना में बदल देता है। अतएव स्पर्श, गंध, स्वाद, दृश्य श्रोत तथा संस्पर्श की विशेष संवेदनाएँ होती हैं।

(I) स्पर्श

यह शक्ति प्रायः शरीर के सब भागों में किन्तु भिन्न-भिन्न भागों में भिन्न-भिन्न परिणामों में।

सबसे अधिक स्पर्श-शक्ति उँगलियों के पोरों/छोरों में होती है, उसके बाद ओठों में तथा सबसे कम स्पर्श-शक्ति पीठ में होती है।

क्योंकि स्पर्श-क्रिया **त्वचा** से सम्बन्धित है, अतः त्वचा की बनावट जानना जरूरी है। यह दो तहों में होती है—

(क) त्वचा की रक्षा करने वाला 'एपिडर्मिस'। यह उत्तेजना को ज्यादा होने से नियंत्रित करती है। इसके लिए यह आवश्यकतानुसार मोटी अथवा पतली होती है (क्रमशः अँगुलियों के छोरों, योनि-अधरों, लिंगमुख तथा अधरों में पतली)। तुलना में (हाथ की) गदेली, स्तन, नितम्ब तथा (पैर के, तलुवों) में मोटी।

(ख) 'डर्मिस' की तरह पहली के नीचे होती है। यह रेशों (फाइबर) से बनी होती है जिसमें छोटी-छोटी रक्त-घटिकाएँ आकर खुलती हैं। साथ-साथ छोटी स्नायुएँ भी यहीं पूरी हो जाती हैं। इनकी ऊबड़-खाबड़ तह 'पेपिला' कहलाती है। जहाँ पर पेपिला में स्पर्शी-कषाणु होते हैं वहाँ सबसे तीव्र संवेदना होती है।

स्पर्श द्वारा ही देह का तापमान पता चलता है। जीभ तथा ओठों में तापमान की भी तीव्र-मन्द संवेदना होती है।

(II) रस (स्वाद)

यह जीभ में पाया जाता है। खास तौर पर उसके पिछले हिस्से में। यह भी उपरली तथा गहरी तहों से बनी है। इसकी गहरी तहों के पेपिला बड़े और भिन्न प्रकार के होते हैं। जो अगले हिस्से में होते हैं वे बहुत ही छोटे तथा अधिक मात्रा में होते हैं। पिछले हिस्से के पेपिला सबसे बड़े तथा छोटी मात्रा में होते हैं और लघु गढ़ेदार भी होते हैं।

'स्वाद-कलिकाएँ' जो स्वाद ग्रहण करती हैं, उनमें पेपिला की अधिभूमिका होती है। अन्न-नली, वायु-नली तथा गालों की भीतरी सतह में ये कलियाँ होती हैं—छोटी-छोटी अंडाकृतियों में।

इस तरह स्वाद से सम्बन्ध रखने वाली दो स्नायुएँ होती हैं—पाँचवीं तथा नौवीं। स्वाद पाने के लिए खाद्य पदार्थों का मुँह में लार के साथ मिलना-घुलना आवश्यक है इसलिए अघुलनशील पदार्थों का कोई स्वाद नहीं मिलता। स्वाद भी तीन भागों में बँटा होता है—मीठा (छोर पर), नमकीन (छोर पर), कड़वा (ओठ को छोड़कर उपरली सतह पर) तथा तीखा (तेजाबी, क्षारीय) जीभ के पिछवाड़ों के बाजू में। अतः स्वाद रसोद्रेकी है।

(III) गंध

कुछ पदार्थ वायुमंडल में अपने छोटे कण फैलाते रहते हैं। साँस लेने की क्रिया में वे नाक में पहुँचते हैं और उस खास पदार्थ की गंध देते हैं। अतः यह मनुष्य की सूँघने की शक्ति से जुड़ी है।

नाक की भी अन्दरूनी (फेरिंक्स) तथा बाहरली (एन्टीरियर) खुलन होती है। नाक इन दोनों के बीच तीन हिस्सों में विभाजित है—नासिकास्थि (बाहरी), क्रेनिएल (बीच का) तथा कार्टिलेजिनस (पिछला)। ये मिलकर मस्तिष्क में गंध (सुगंध/दुर्गन्ध) की संवेदना सम्प्रेषित करते हैं। ये सूँघने की गति तथा तीव्रता में भी मदद देते हैं। जान लें कि जब हम जोर से साँस लेते हैं तब वायुमंडल की ज्यादा-से-ज्यादा तादाद में गंधवाही पदार्थ के लघु-लघु कण हमारी नाक के दोनों छेदों में प्रवेश कर जाते हैं। ये कण नाक की छत (या मीडियल दीवार) के सम्पर्क में आकर गंध की संज्ञातता उत्पन्न करते हैं।

(IV) श्रवण (शब्द/अक्षर/ध्वनि)

सम्प्रति हमारा तात्पर्य प्रमुखत: ध्वनि (-यों) से है। सुनने का मुख्य अंग कान है जो मुख्यत: नमनकालिक अस्थि में स्थित है और तीन हिस्सों में विभाजित है—बाहरी-मध्य-अन्दरूनी।

बाहरी कान का बहुत-सा हिस्सा दिखता रहता है और कारतूसवत् निर्मित है। इसका एक भाग अन्दर की ओर जाता है। इसके अन्त में एक पतली झिल्ली होती है जिसे ढोलकी (ड्रम) कहते हैं। इस प्रक्रिया में बाहरी कान द्वारा ध्वनि-स्नायुओं को पकड़कर अन्दर की श्रौत स्नायु या श्रोत नली तक ले जाना होता है। अन्दरूनी छोर पतली झिल्लियों से ढँके होते हैं। उनके दो छेद होते हैं।

ढोलकी (ड्रम) बिलकुल पतली झिल्ली के समान और लचीली होती है। यह बाहरी तथा अन्दरूनी कर्ण भागों को विभाजित करती है। जब बाहरी प्रकम्पन अन्दर जाते हैं तब उनके द्वारा ढोलकी भी प्रकम्पित होती है। इन प्रकम्पनों को हथौड़ी, कूटित, मथित अस्थियों द्वारा ध्वनि की प्रकृति, वेग तथा प्रभाव का संज्ञान होता है। यह यंत्र-तंत्र बेहद सूक्ष्म एवं जटिल है। इसमें झिल्लियों की कई प्रकार की भूमिकाएँ होती हैं विभिन्न कर्ण भागों में। यह एक प्रकार की भूलभुलैया है। इसमें ध्वनि-तरंगें एंडोलिम्फ में पहुँचकर छोटे-छोटे कणों को चलायमान तथा कम्पित करते हैं जो मस्तिष्क में पहुँचकर श्रवण की संवेदना पैदा करते हैं।

(V) रूप (दृश्य)

आँखें ललाट-पुटों (ऑर्बिट) के नीचे के गोलों में स्थित हैं। ये गोले करीब एक इंची व्यास के होते हैं।

आँखों के गोले भी तीन तहों में विभाजित हैं—स्कलेरा, क्लोरोइड तथा रेटिना (दृश्य-पटल)।

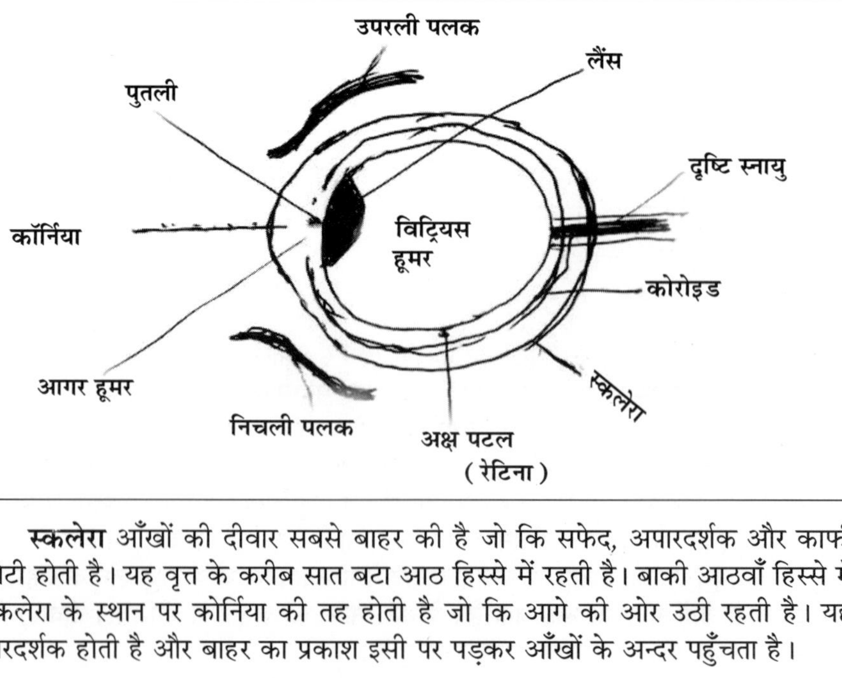

स्कलेरा आँखों की दीवार सबसे बाहर की है जो कि सफेद, अपारदर्शक और काफी मोटी होती है। यह वृत्त के करीब सात बटा आठ हिस्से में रहती है। बाकी आठवाँ हिस्से में स्कलेरा के स्थान पर कोर्निया की तह होती है जो कि आगे की ओर उठी रहती है। यह पारदर्शक होती है और बाहर का प्रकाश इसी पर पड़कर आँखों के अन्दर पहुँचता है।

कोरोइड आँख-दीवार की बीच वाली तह है जो कि अक्षपटल (रेटिना) स्कलेरा के बीच में होती है। इसमें स्नायुएँ तथा रक्त-घटिकाएँ विस्तृत रूप में फैली होती हैं। इसका मुख्य कार्य अधिक प्रकाश को सोख लेना है ताकि किसी भी पदार्थ का बिम्ब ठीक-ठीक दिखे।

श्याम-वृत्त (आइरिस) कार्निया के पीछे का अपारदर्शक पर्दा है जिसके बीचोबीच एक छेद होता है जिससे पुतली (पीपुल) कहते हैं। श्याम-वृत्त तथा कोर्निया के बीच के खाली स्थान में तरल-द्रव्य भरा रहता है जिसको 'एक्युअस हूमर' कहते हैं। श्याम-वृत्त रेशों का बना होने के कारण फैलता-सिकुड़ता है जिससे पुतली छोटी-बड़ी होती रहती है। श्याम-पटल का यह एक प्रमुख कार्य है। श्याम-वृत्त आँख के 'लेन्स' की फोकसधर्मी दूरी को बढ़ाता है। यह वस्तु या पदार्थ की आकृति को बनाने में भी सहायक होता है।

अक्ष-पटल (रेटिना) में बाहरी आकृति के **बिम्ब** बनते हैं जो दूरी या निकटता, तीव्रता या मन्दता, विभिन्न वर्ण या एक-वर्ण का सम्बोध कराते हैं। इस अन्दरूनी सतह पर दृश्य जगत का प्रतिबिम्ब बनता है। यह 'न्यूरोन' को अनेक परतों से बना है जो आपस में सिनाप्सेस (रेटिना) द्वारा संलग्न है। इसमें विद्युत्-रासायनिक क्रियाओं द्वारा मस्तिष्क के केंद्रों में सूचनाएँ अग्रसारित होती हैं। नेत्र-पटल के केंद्र में दृष्टि-स्नायु (नर्व) है जो 2×15 मिलीमीटर की है और गोलाकृत है। यह रक्त-धारिकाओं को रेटिना में परिचालित करती है। ध्यातव्य है कि न्यूरोन परतों में से फोटो-कोशिकाएँ प्रमुख हैं।

सबसे अन्त में यही निष्कर्ष है कि देहभाषा के चक्रचिह्नों में हमारा प्रमुख सरोकार अस्थि-प्रणाली, मांसपेशीय-प्रणाली, स्नायु-प्रणाली और ज्ञानेंद्रिय-प्रणाली के चतुरंग से है।*

चीनी **एक्यूपंक्चर थैरपी** में सही देह-बिन्दुओं पर पिनें (सुइयाँ) चुभाकर देहांग को पुनरुज्जीवित किया जाता है जिससे देह के माध्यम से ऊर्जा प्रवाहित हो सके। इसमें देह-सन्तुलन तथा विश्रान्ति प्राप्त होती है।

शरीर के दोनों ओर स्थित मेरिडियन

पूरा नाम	संक्षिप्त नाम
1. फेफड़े (लंग्स)	Lu
2. बड़ी आँत (लार्जइंटेस्टाइन)	LI
3. जठर (स्टोमक)	St
4. प्लीहा (स्पलीन)	Sp
5. हृदय (हार्ट)	H
6. छोटी आँत (स्माल इंटेस्टाइन)	SI
7. मूत्राशय (यूरीनरी ब्लेडर)	UB
8. मूत्रपिंड (किडनी)	K
9. पेरिकार्डियम् (पेरिकार्डियम)	P
10. ट्रिपल वोर्मर (ट्रिपल वार्मर)	TW
11. पित्ताशय (गाल ब्लेडर)	GB
12. यकृत (लिवर)	Liv

* इन प्रणालियों में मैंने अपने दादा (बड़े भाई) स्व. दोणाचार्य की कतिपय सम्बन्धित लिखतों का भी भरपूर उपयोग किया है, जो उन्होंने बहत्तर साल पहले (1939) अनुलिपिकृत की थीं।

चौदह मेरिडियनें

चीनी एक्यूपंक्चर के अनुसार—बारह मुख्य मेरिडियेंस (उपर्युक्त) तथा दो मध्यस्थ मेरिडियनें हैं—

कन्सेप्शन वेसल—CV,

गवर्निंग वेसल-GV.

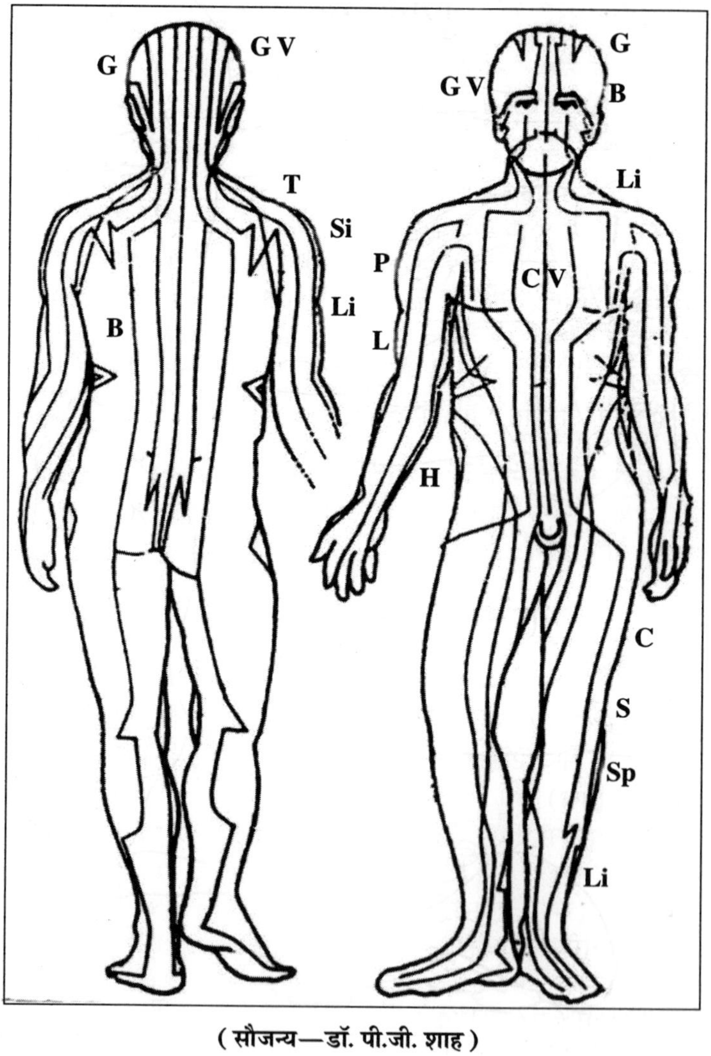

(सौजन्य—डॉ. पी.जी. शाह)

अध्याय : छह

देह-भेद, देहानुपात तथा देह-मुद्रा-शोभा

मिस्त्र में ज्यादातर खड़ी हुई या ऊँची पीठिका पर सीधे घुटने सटाए बैठी हुई आकृतियाँ ही आदर्श रही हैं। चित्रलिपि वाली हलकी गहराई में खोदी गई आकृतियाँ एक-चश्म में बनी हैं। फाराओ रामसेस-I की सम्मूर्ति ईजिप्शियन पुरुष का तथा महारानी नेफ्रेतीती की छवि नारी का आदर्श रही हैं। रामसेस के समय मोजेज के नेतृत्व में यहूदियों का महापलायन हुआ था। उनके आसन प्रायः स्थानक (खड़े हुए) एवं पार्श्वगत (एक-नेत्र) होते थे।

फाराओ रेमसेस प्रथम (1295 ई.पू.) मिस्त्र के दिग्विजयी समुद्रगुप्त तथा पल्लवराज राजा जैसे थे। प्राचीन ग्रीकों (हेलेनिक यूनानियों) ने पुरुष-शरीर के प्रतिमानों की प्रेरणा प्राचीन ईजिप्शियनों से ही ली थी। उनसे ही यूनान में वास्तु और शिल्प में परिष्कार आया था। उनमें शरीर-स्थित तंत्र, अनुपात तथा क्षय-वृद्धि की यथार्थता ही आदर्श होती गई। संस्थानगत प्रतिष्ठान बनते गए।

देह-चक्र : 1. मस्तक (ललाट), 2. कनपटी, 3. गाल (कपोल), 4. जबड़े, 5. गर्दन, 6. ठोढ़ी, 7. श्वासनली (ट्राचिआ), 8. [...], 9. हाथ (कलाई समेत), 10. भुजा, 11. ऊपरी बाँह, 12. कुहनी 13.-14. काँख, 15. दायाँ वक्ष, 16. छाती (वक्ष-स्थल), 17. कन्धा (स्कन्ध), 18. बायाँ वक्ष, 19. बाँह, 20. उदर (जठर), 21. यकृत् (लिवर), 22. प्लीहा (लिवर), 23. उरु मूल (ग्रोइन), 24. श्रोणि प्रदेश (पेल्विस), 25.-26. नितम्ब, 27. ऊपरी टाँग (जाँघ), 28. घुटना, 29. पिंडुली (काफ), 30. टखना, 31. चरण (पद), 32. टाँग।

[8. मेरुदंड (रीढ़ की गुरियाँ) : यह पीठ में देह की प्रलम्बता का भी आधार है। इसमें ही स्नायु-तन्तुओं एवं नाड़ी-सूत्रों के मार्ग हैं] देखो, अगला पृष्ठ।

बाह्य काया

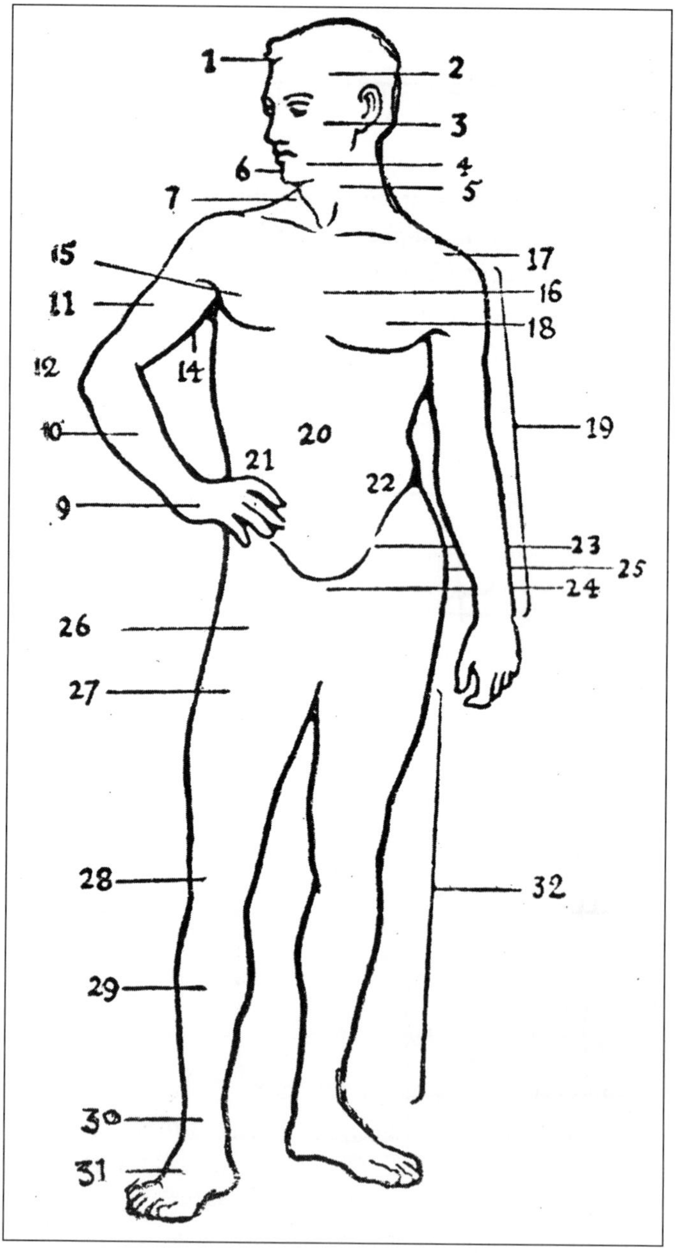

1
2
3
4
5
6
7
15
17
11
16
18
12
14
19
10
20
21
22
9
23
25
24
26
27
28
32
29
30
31

समानुपात के प्रतिमान मिस्त्र :
अठारहवाँ राजवंश (1738–1102 ई.पू.)

फाराओ रेमिसेज प्रथम

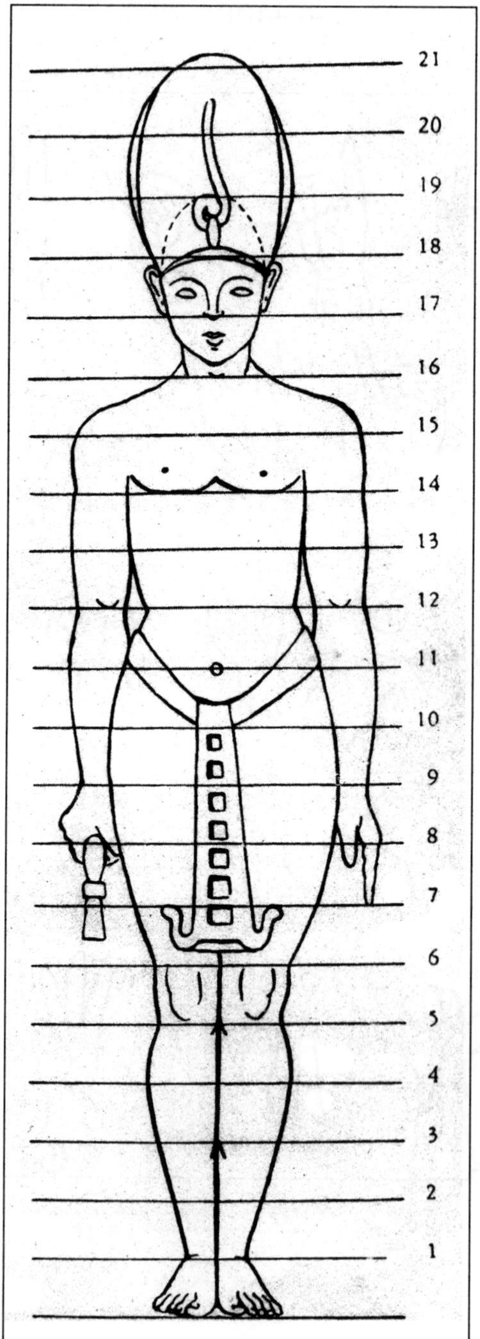

तीर्थंकर गोम्मटेश्वर

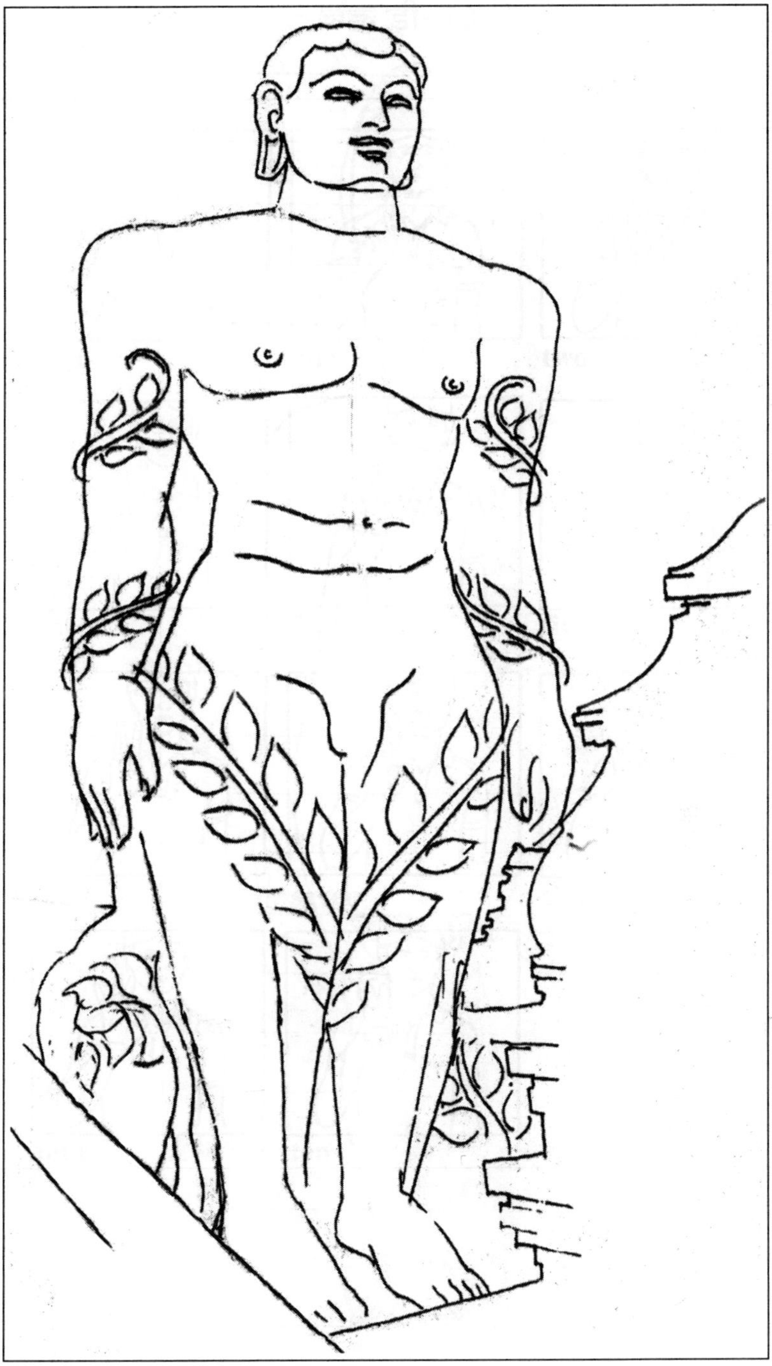

11— पद्मपाणि अवलोकितेश्वर

स्वर्णिम कुंडलिनी (गोल्डन स्पाइरेल) का वैज्ञानिक मान एक अनुपात 'फाइ' (Phi) को सर्वोत्तम मानता है। इसके अनुसार शंख का प्रत्येक चौथाई मोड़ अपने पूर्ववर्ती चतुर्थांश की तुलना में केंद्र से 1.618 गुना दूर होता है।

इस अनुपात को कला तथा वास्तु में एक आदर्श प्रतिमान के तौर पर स्वीकार किया गया है। इसे **स्वर्णिम अनुभाग** (गोल्डन सेक्शन) कहा जाता है।

'π' = 'पाई' = 1:1.618
या
10:16.18

'पाई' [π] से आँकी जा सकती है खूबसूरती

मिलो द्वीप की शिल्पित वीनस

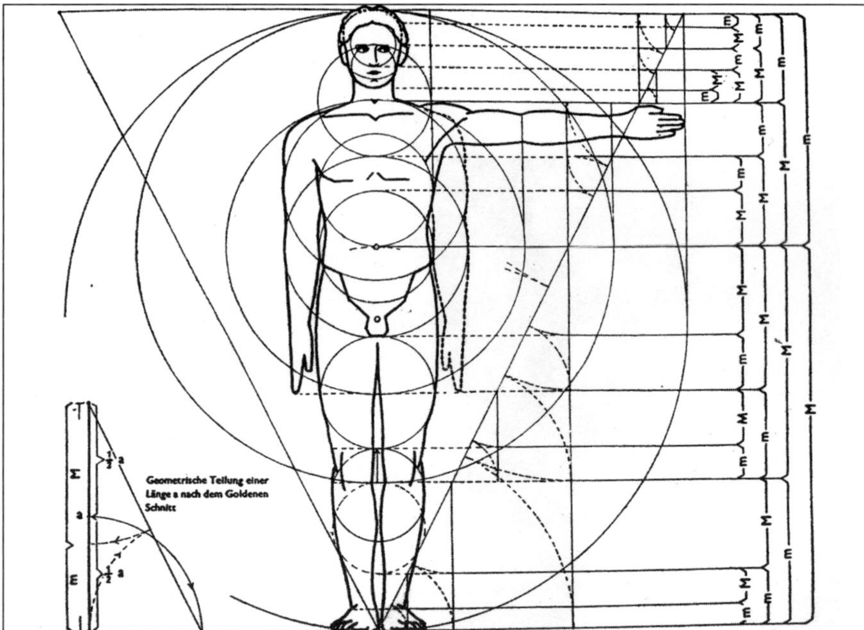

एम-सीरीज़-M,m,m'

'गोल्डन सेक्शन' तथा अन्तर्निहित ϕ-सीरीज़ के माध्यम से विश्लेषण [रिनासाँ का अनुपात]

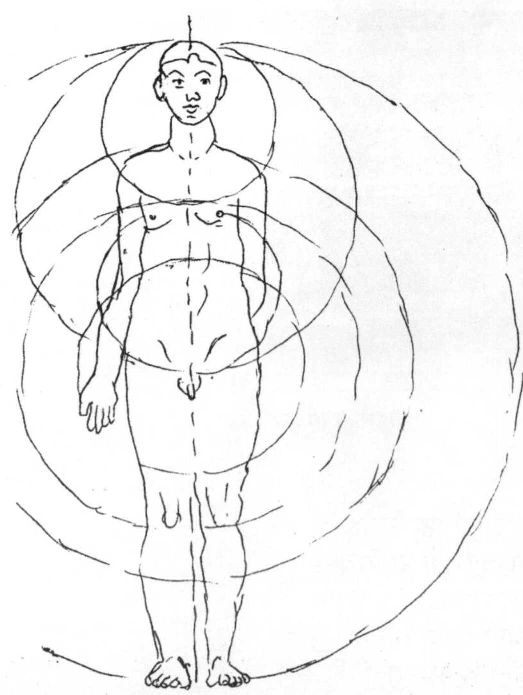

लघुमानक (माइक्रोकॉज़्म)

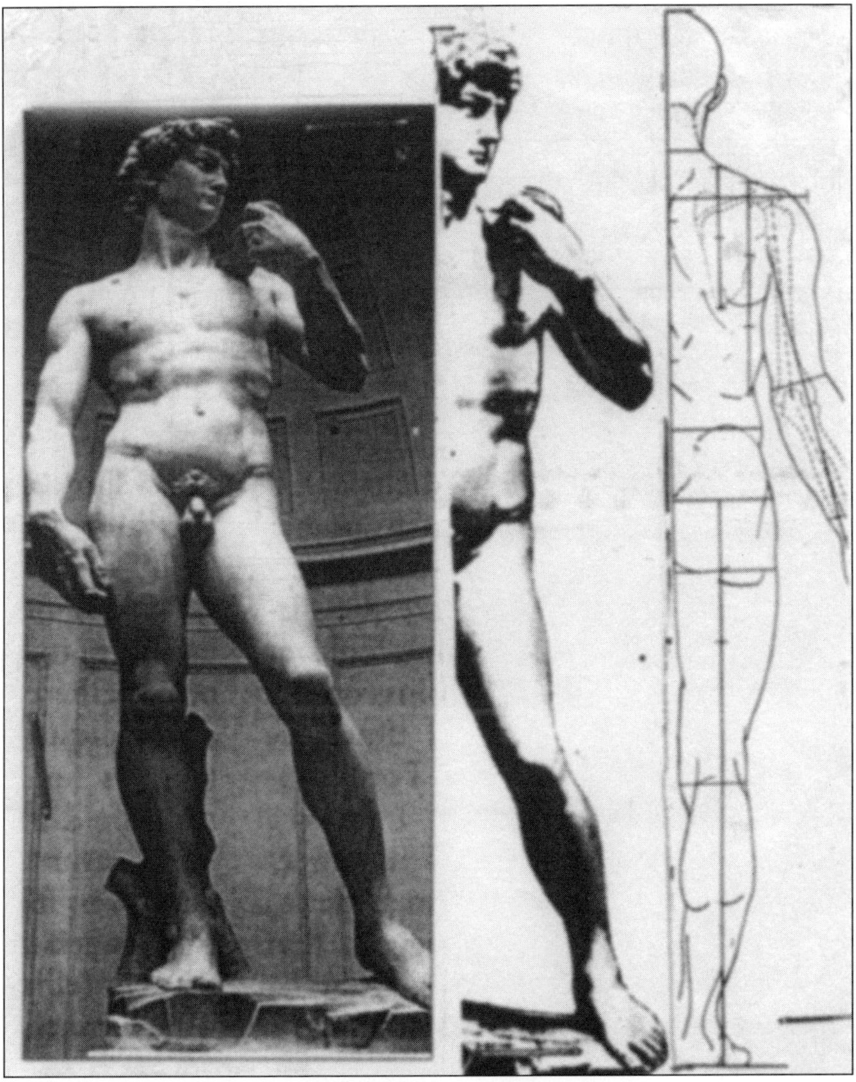

माइकेल एंजिलो द्वारा शिल्पित डेविड

आसन-मुद्रा, भंग-भंगिमा के देह-भाषिक परिप्रेक्ष्य को उद्‌घाटित करते हुए शिल्पाचार्यों ने **प्रमाण** के अन्तर्गत अनुपातों पर विचार किया है। कालिदास ने सद्यःयौवना पार्वती की काया को सुविभक्ता (सुविभक्तगात्रा) एवं चतुर्समानुमित (चतुरस्त्रशोभित) कहा है ('कुमारसम्भव')। मूलतः प्रमाण एवं **स्थान** (देह-भंगिमा) पर शिल्पाचार्यों ने, कामकलावेताओं ने भी, बल दिया है। उन्होंने ब्रह्म-सूत्रों एवं पक्ष-सूत्रों को सही खींचने का निर्देश दिया है। अतः नौ प्रकार के **स्थानों** का निर्देश है। इनमें से पाँच के 'स्थान' आकृति को सम्मुखता से पार्श्व तक अंकित

करने से सम्बन्धित हैं* : तथा चार स्थान आकृति के पिछौवे (पोस्टीरियर) को अंकित करने से सम्बन्धित हैं** [(दे. 'मानसोल्लास'—II. 3.180-81), विष्णु धर्मोत्तर पुराण का चित्र-सूत्र (39, 2-3), समरांगण सूत्रधार (79. 1-4), भारतीय चित्रकला में नारी रूप-विन्यास—I, 84-85 (कमलेश दत्त पांडेय)]।

अन्य प्रमुख भेद निर्दिष्ट हो गए हैं—समभंग—त्रिभंग—अतिभंग।

इसके अलावा देह में तेरह प्रकार की **क्षयवृद्धि** हैं—इष्टागत, अनृजुगत, मध्य-अर्धार्ध, अर्धार्ध, साचीकृत मुख, नत, गंडपरावृत्त, पृष्ठागत, पार्श्वागत, उल्लेप, चलित, उत्तान तथा वलित।

इस भाँति से स्थान-प्रमाण-क्षयवृद्धि का एक त्रिकोण देहांगों की आकृति, रेखाओं तथा मुद्राओं की रूपभाषा बनाता है। 'काम-सूत्र' के भाष्यकार यशोधर की परम्परा अनवरत चलती है।

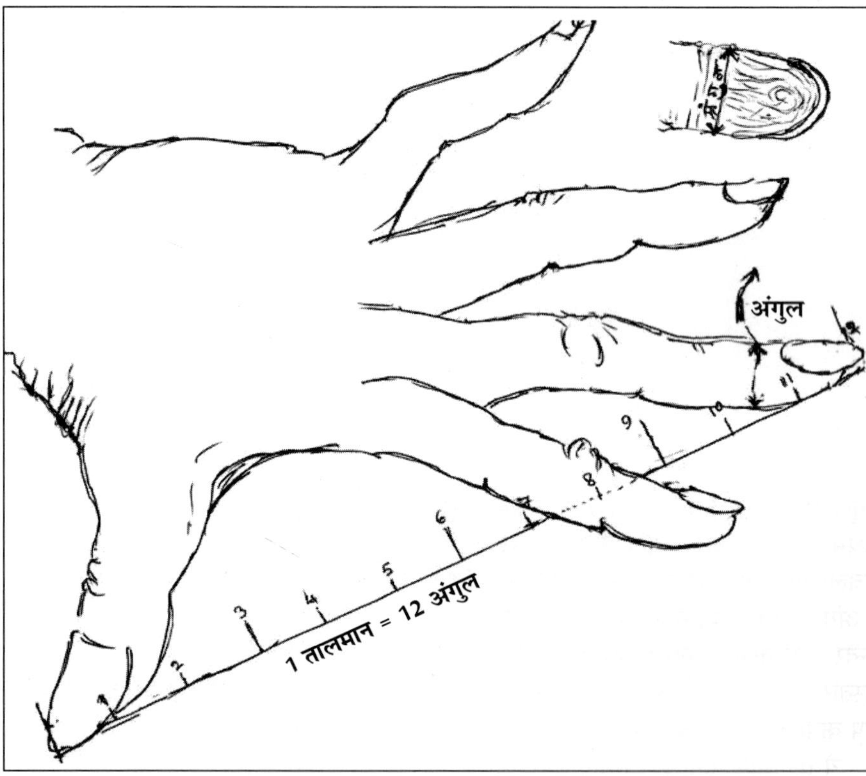

* ऋज्वागत, अनृजु, साचीकृत, अर्धविलोचन, पार्श्वगत

** परावृत, पृष्ठागत, परिवृत्त, समानत।

मानव, देव-देवी, दैत्यादि की ऊँचाई-चौड़ाई के तालमान

मानव	:	5½-7 ताल
सर्व-देवियाँ	:	8 ताल
सर्व-देवता	:	9 ताल
राम, विष्णु, रुद्र, ब्रह्मा, बलराम	:	10 ताल
स्कन्द, हनुमन्त	:	11 ताल
क्रूर देवता—राक्षस दैत्य, असुर, पिशाच	:	16 ताल

इन मान-प्रमाणों में **नव-ताल** आदर्श है जिसके 8-9-10 विभाग हो सकते हैं।

'मत्स्य-पुराण', 'समरांगण सूत्रधार', 'बृहत्संहिता' में शरीर बिम्ब के सभी अवयवों के मान निरूपित हुए हैं।
औसतन अंगुलमान द्वारा मुख का मान बारह अंगुल का अर्थात् **एक ताल** का होता है।
मुखमान ही शेष अंग-प्रत्यंगों के परिमाण निर्धारित करता है।
मुखमान को बारह या नौ भागों में विभाजित किया जाता है।
सभी अंगों की लम्बाई-चौड़ाई-ऊँचाई अंगुल के द्वारा मापी जाती है।
यह परिपाटी है कि स्त्री-देह (छवि) कृशांगी हो तथा उसके स्तन, उरु प्रदेश एवं जंघाएँ स्थूल हों।
पद्मासन या ललितासन में देवी की सम्मूर्ति या छवि कन्धे से लेकर नितम्ब तक डमरू की आकृति की हो।

7-8-10 तालमान के प्रमाण से अन्य अंगों के विभाग पाए जाते हैं : मुख एकताल, चार अंगुल में ग्रीवा (कंठ), कंठ से हृदय तक एक ताल, नाभि से गुह्य- भाग एक ताल, गुह्य से साथम दो ताल, चार अंगुल में घुटने, पैर के तले दो ताल, जाँघें दो ताल, पैर की घुटनी का निचला भाग चार अंगुल। अन्य उपांगों में नासिका की ऊँचाई चार अंगुल, आँखों की लम्बाई दो अंगुल, ओठ दो अंगुल, कान चार अंगुल, दोनों कन्धों का विस्तार दो ताल, दोनों स्तनों का अन्तर एक ताल, स्तन-मंडल दो अंगुल, स्त्रियों की कटि का विस्तार डेढ़ ताल, स्तन का विस्तार एक ताल, स्त्री का उदर-प्रदेश चौदह अंगुल आदि। इस तरह नव (नौ) ताल का कुल माप कपाल से पैर तक का होता है।

ये तालमान मानदंड (स्केल) पर गुणित-भागित किए जाकर छोटे-बड़े आकार के होते रहे हैं। इस तरह ये प्रतिमाओं तथा वास्तविक देहों—दोनों पर ही लागू हुए हैं।

'विष्णुधर्मोत्तर पुराण' के चित्र-सूत्र में **पंच-महापुरुष** हंस, भद्र, मालव्य, रुचक और शशक बताकर उनके मान क्रमशः 108, 106, 104, 100 तथा 90 अंगुल बताए गए हैं। ['बृहत्संहिता' में इनका क्रम इसके विपरीत है]। इसी तरह अपने पुरुष के समीपवर्तिनी **पंच-महारमणी** भी बताई गई हैं जिनके मान अपने पुरुष के मान के प्रमाण से निर्धारित हुए हैं। इस भाँति वास्तविक देह, प्रतिभा और चित्र, तीनों को मान की व्यास-रेखा पर एकतान कर दिया गया है। (स्त्री को पुरुष के कन्धे तक होना ज्यादा उचित माना गया है)। यहाँ हंसमान आदर्श है।

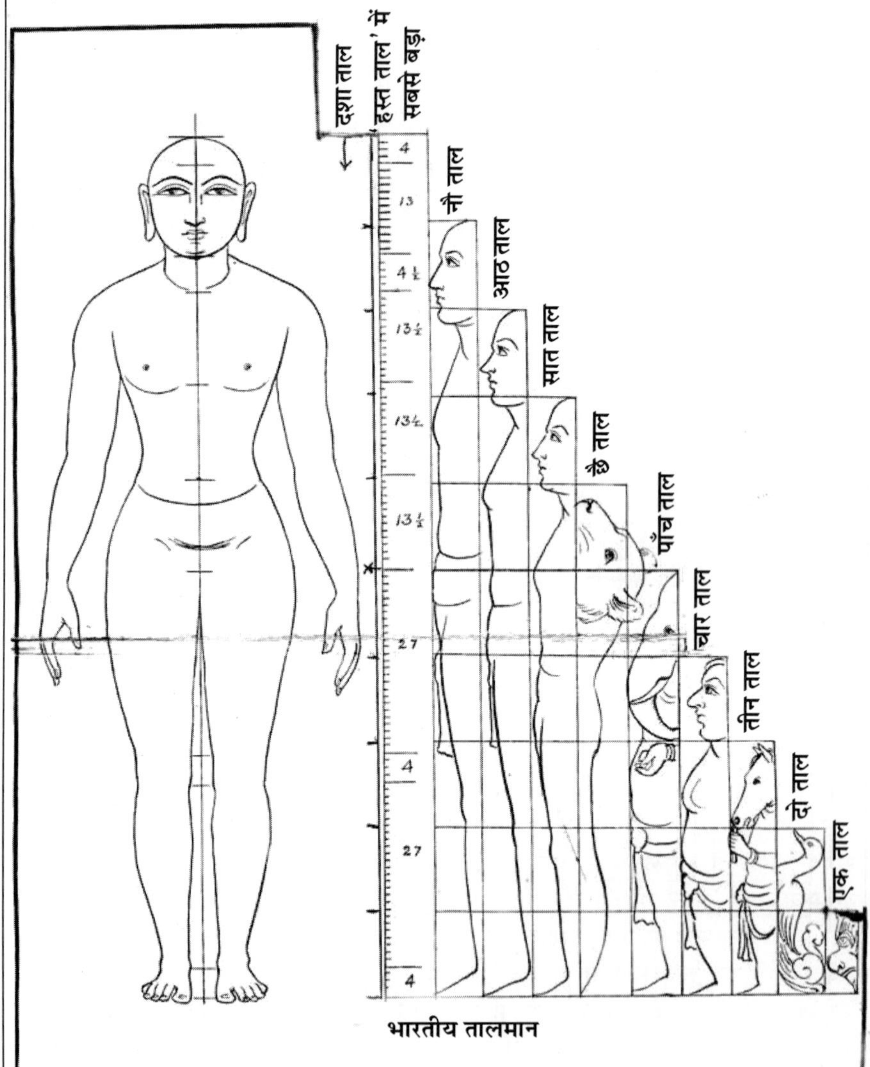

भारतीय तालमान

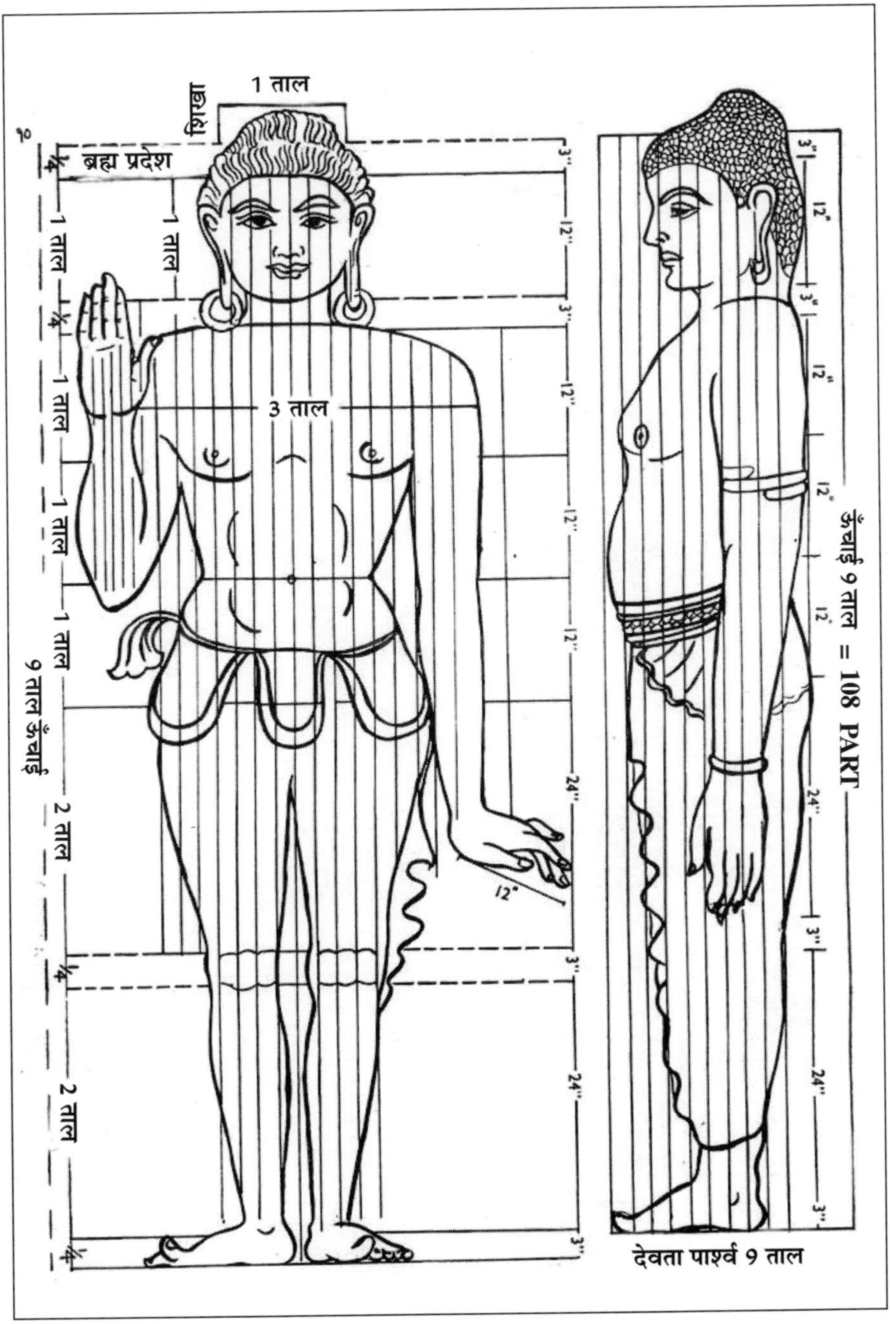
1 ताल
शिखा
ब्रह्म प्रदेश
1 ताल
3 ताल
9 ताल ऊँचाई
2 ताल
ऊँचाई 9 ताल = 108 PART
देवता पार्श्व 9 ताल

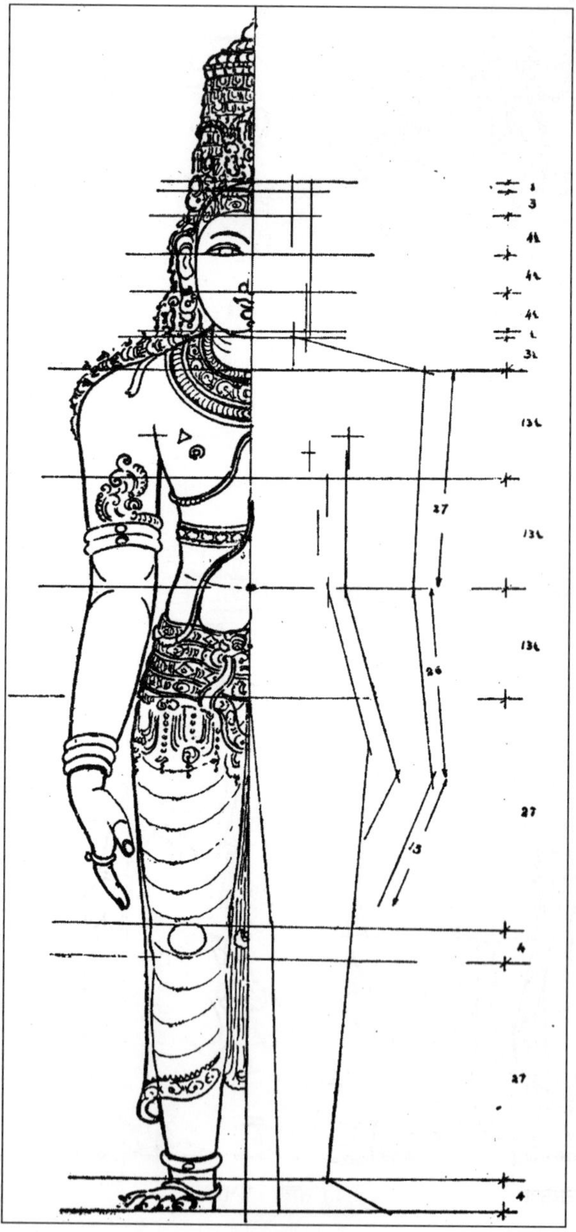

उत्तम दशताल

प्रतिमा मान–प्रमाण : तालमान

10 ताल : श्री राम　　10 ताल : रुद्र　　10 ताल : बलराम

11 ताल : कार्तिकेय　　11 ताल : हनुमंत　　11 ताल : भूत

12 ताल : वैताल   13 ताल : राक्षस   14 ताल : दैत्य   15 ताल : ऋषि

शीर्ष (प्लम्ब) रेखा

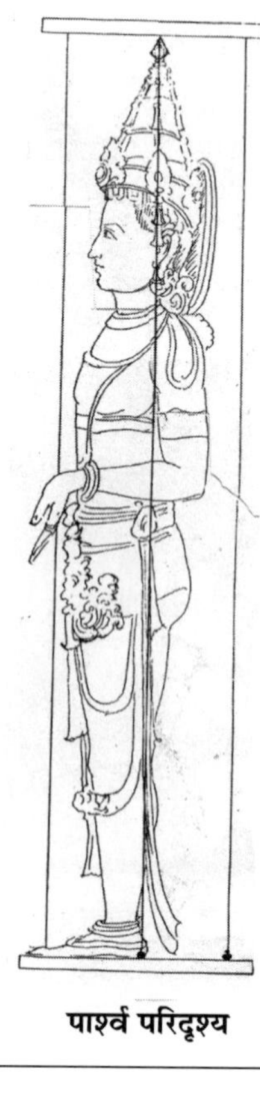

पार्श्व परिदृश्य

गर्भवती नारी

एक अभिनव देह–भेद तथा देहानुपात संलक्षित होता है—**गर्भवती नारी** में। वह माँ होती है। वह सृष्टि की सह–रचनाकर्त्री है। वह द्वितीय प्रकृति तथा महत्‌शक्ति है। वह गर्भधारण से लेकर नवजात के जन्म तक की एक नई अभिभूमिका वाला सफर तय करती है। तब उसका मनोदैहिक लोक रति एवं प्रणय ध्रुवान्तरों वाला न होकर ममता एवं जननी वाला हो जाता है।

सृष्टि की सह-रचयिनी : माँ (मातृ-देवी)

पूर्वेतिहास में वह **मातृदेवी** (मदर-गॉडेस) के रूप में पूजनीय रही। परवर्ती इतिहास में **देवी-माता** हो गई। आज वह **सरोगेट माता** भी है। उसकी लम्बी यात्रा 'पर्यंकशायिनी रमणी' (वुमन ऑफ बेड) से लेकर 'कर्तव्यशीला स्त्री' (वुमन ऑफ ड्यूटी) को जोड़कर 'चिरन्तन नारीत्व' (ईटर्नल फेमिनीन) में परिपूर्ण हो जाती है।

ऐसी नारी के देह-आँगन तथा मानसिक आकाश में महत्त्वपूर्ण परिवर्तन हो जाते हैं। उसकी देह का अनुपात डमरू की तरह नहीं रहता, उसके स्तन कलशवत् नहीं रहते। सम्पूर्ण देह की आकृति ऊपर से बेलनाकार होती हुई नीचे फैली गगरिया हो जाती है। इसे सौन्दर्यबोधशास्त्र तथा देहानुपात में **नासपाती जैसी** कहते हैं। उसमें काम तंद्रिल हो जाता है, अर्थात् 'उसे देखने पर कामसर्प अन्धा तो हो जाता है।'

मातृ नारी सबसे बड़ी रचनाकार है। उसका नौ माहों का सफर नव-युग का कल्पान्तर जैसा है। उसका कष्ट उल्लास होता जाता है। वह वधुकान्ता से वंश-संचालिका जननी हो जाती है। इस दौरान उसको रक्त की मात्रा, होमोग्लोबिन आदि के प्रति भी बेहद जागरूक होना अनिवार्य है।

ऐसी नारी की देह दूसरी देह का निर्माण करके जन्म एवं जीवन देती है। उसे आराम तथा व्यायाम—दोनों ही मुद्रा एवं गति की अनुमति चाहिए। ऐसी स्थिति में उसमें ऑक्सीटासिन नाम का हार्मोन स्रावित होने को प्रस्तुत होता है जिससे गर्भाशय ठीक रहता है। इसी के साथ स्तनों में दूध-ग्रन्थियाँ सक्रिय हो जाती हैं। यह उल्लास की आद्यन्त अवस्था है।

निसर्ग-सुन्दर तथा पूर्ण काम देह : (सौजन्य : 'संडे गार्जियन')

प्रदर्शनवाद तथा गोपन-देह रति

लगभग छह दत्तक बच्चों की माँ एंजेलीन जोली (1975)

कंकाल-प्रणाली

केवल शरीर का मूलाधार ही नहीं है, बल्कि अस्थिमज्जा (बोन-मैरो) द्वारा रुधिर का सम्भरण भी करती है। हड्डियों का जीवितम् चूना (कैल्शियम) है। कपाल-रीढ़-पसलियों की त्रयी देह की 206 में-से 80 अस्थियों का समूह बनाती हैं। मेरुदंड में 24 जोड़ीदार गुरियाँ होती हैं। शेषांगों में कन्धे, भुजाएँ, हाथ, नितम्ब, टाँगें तथा पैर मिलाकर 'उपबन्धी कंकाल' (अपेंडीकुलर स्केलटन) कहे जाते हैं। श्रोणी से लेकर टखने और पाँव तक **देह का अधोभाग** बनता है।

यद्यपि अस्थियाँ मजबूत तथा अनम्य हैं किन्तु **अस्थि-बन्ध** (ज्वाइंट) की सीमित-निर्धारित गतिकी द्वारा मुड़ती-घूमती-झुकती तथा किसी विशिष्ट दिशा-दशा में संचालित होती हैं।

बन्ध (ज्वाइंट) हड्डियों को **यथास्थान** रखते तथा उनकी **गति** को ठीक तरह से संचालित करते हैं। बन्ध को रगड़ने-घिसने-चटकने-अकड़ने से बचाने के लिए चर्बीदार पदार्थ उपास्थि (कार्टिलेज) की एक गद्दी होती है जिसे मज्जा से तर रखा जाता है। अस्थिबन्ध रेशेदार गुच्छों से ढँके होते हैं और रबड़ की तरह लचीलेपन व घटने-बढ़ने की संक्रिया कराते हैं। कुल मिलाकर ये **गति** तथा **चाल** के संचालक-संरचयिता हैं।

मांसपेशियों से संयुक्त बन्ध **प्रमाण** तथा **क्षय-वृद्धि** के प्रकारों का आभास तथा आगाज कराते हैं—दृष्टागत, अनृजुगत, मध्य-अर्धार्ध—अर्धार्ध—पृष्ठागत, पार्श्वगत, नत, साचीकृत

मुख, गंडपरावृत्त, चलित, उत्तान, वलयित, उल्लेप, परिवृत्त, समानत, ऋज्वागत। ऐसी दशा में बन्ध **मुद्रा** में भी रूपायित हो जाते हैं। और ज्ञानेंद्रियों से संस्कारित होकर मुद्राएँ **भंगिमादि** हो जाती हैं। भंगिमाएँ तो रसरूपा हैं। इस भाँति प्राथमिक **देहभाषा** का चक्र पूरा घूम जाता है। बाद में **देहभाषाएँ** उन्मीलित होती हैं।

(क) मुद्राओं समेत बैठे हुए आसन

सुखासन

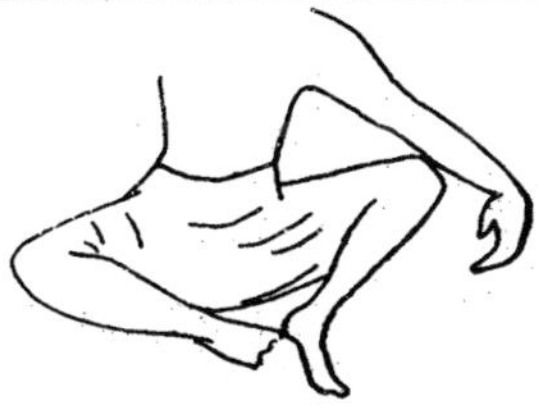

लीलासन

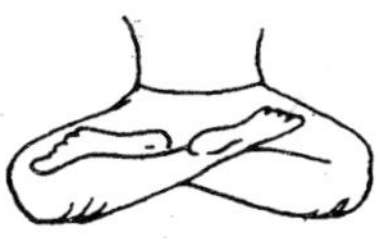

पद्मासन

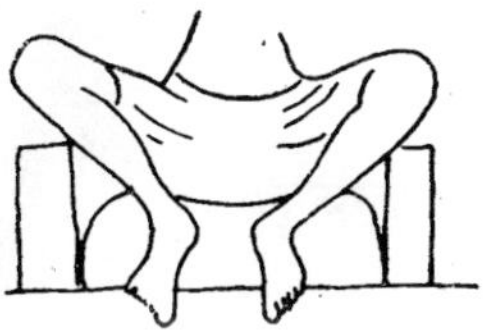

सुपार्श्वयासन

(ख) भंग सहित खड़ी हुई मुद्राएँ

समभंग

त्रिभंग

अतिभंग

(ग) हस्तमुद्राएँ

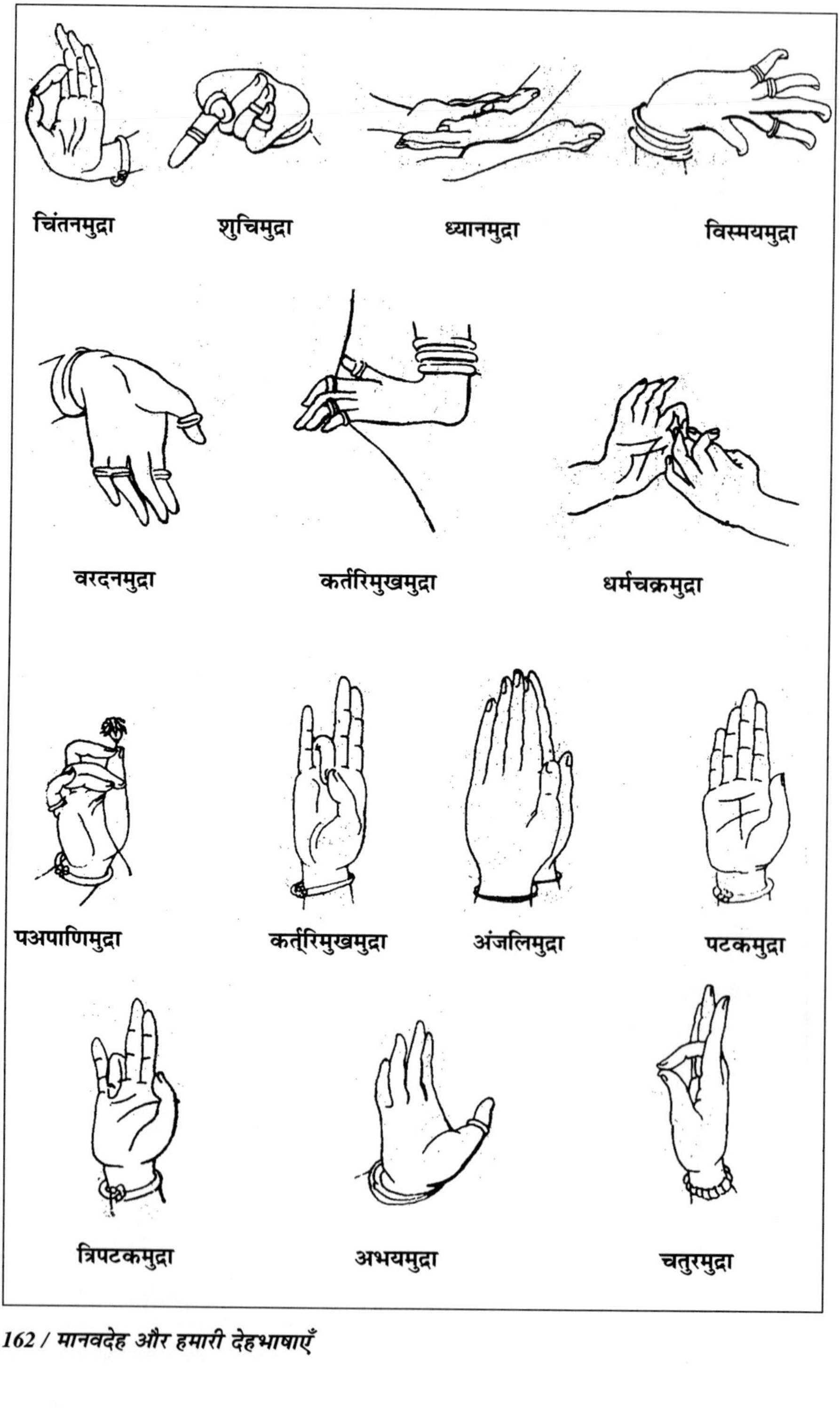
चिंतनमुद्रा
शुचिमुद्रा
ध्यानमुद्रा
विस्मयमुद्रा
वरदनमुद्रा
कर्तरिमुखमुद्रा
धर्मचक्रमुद्रा
पअपाणिमुद्रा
कर्तरिमुखमुद्रा
अंजलिमुद्रा
पटकमुद्रा
त्रिपटकमुद्रा
अभयमुद्रा
चतुरमुद्रा

हस्तमुद्राएँ

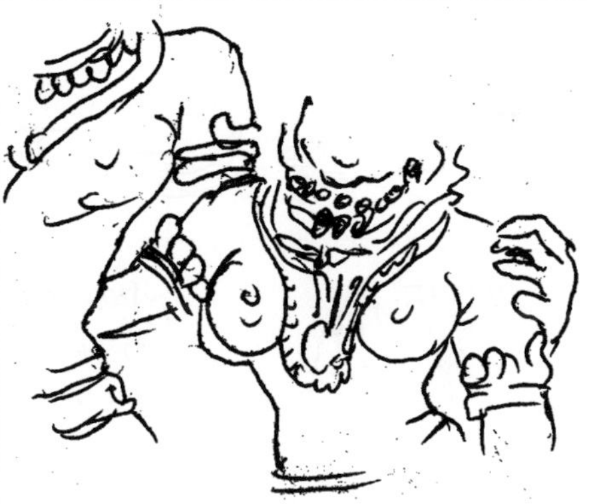

आलिंग हस्त

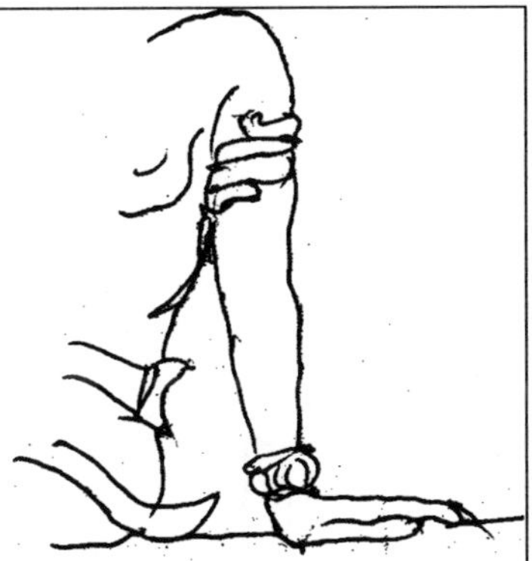

निद्रत हस्त

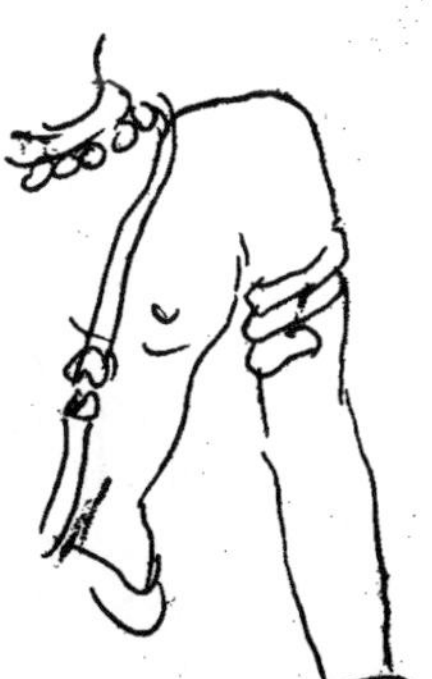

लोल हस्त

कटि हस्त

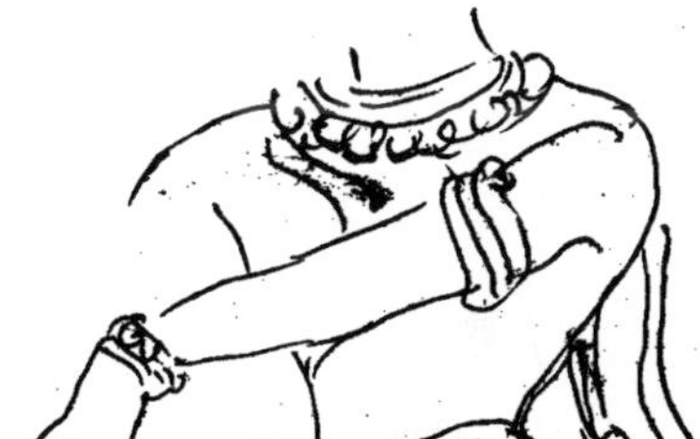

गज हस्त

हस्तमुद्राएँ

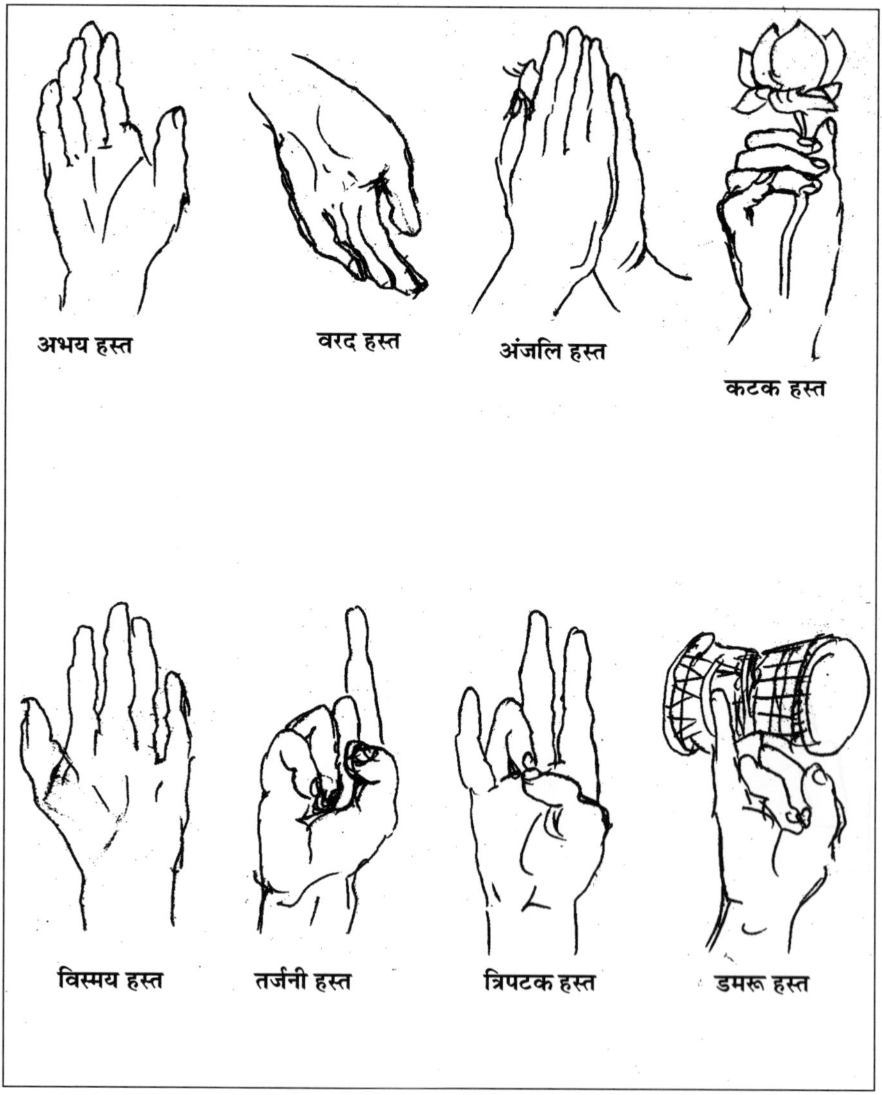
अभय हस्त
वरद हस्त
अंजलि हस्त
कटक हस्त
विस्मय हस्त
तर्जनी हस्त
त्रिपटक हस्त
डमरू हस्त

'सादृश्य', 'प्रमाण' तथा 'क्षय-वृद्धि' के अनुसार देहभाषाओं के अन्तर्गत चुने हुए बन्ध, मुद्राएँ, भंगिमाएँ आदि।

ऋज्वागत

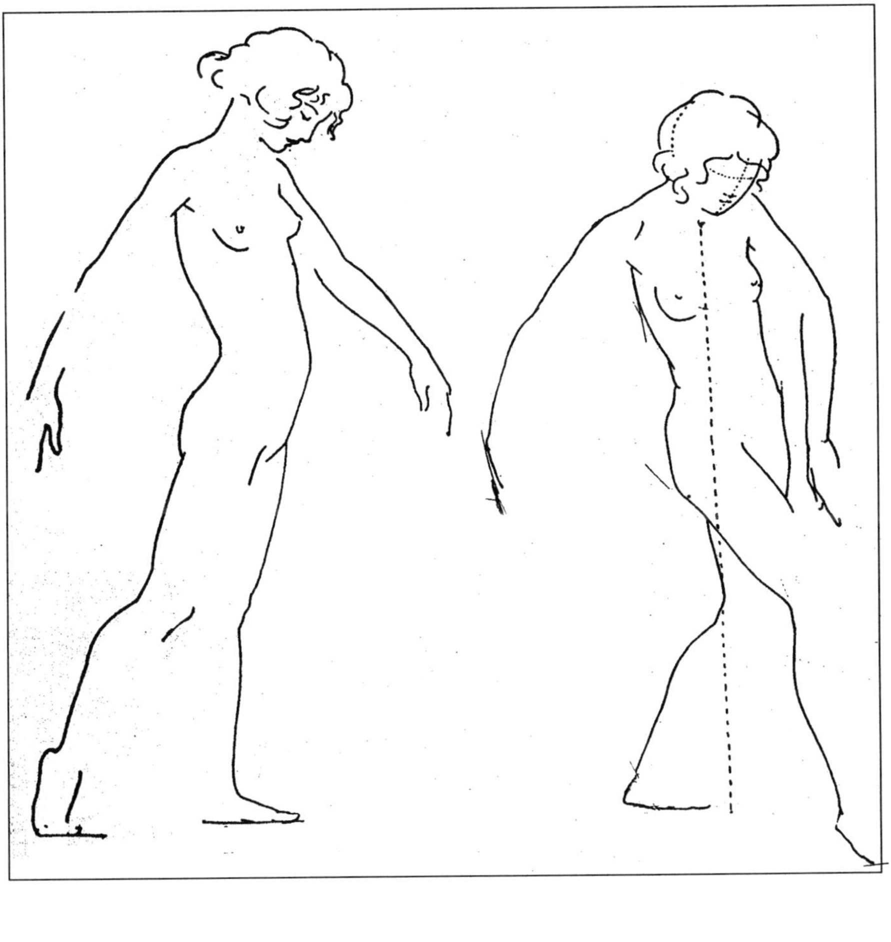

पार्श्वगत

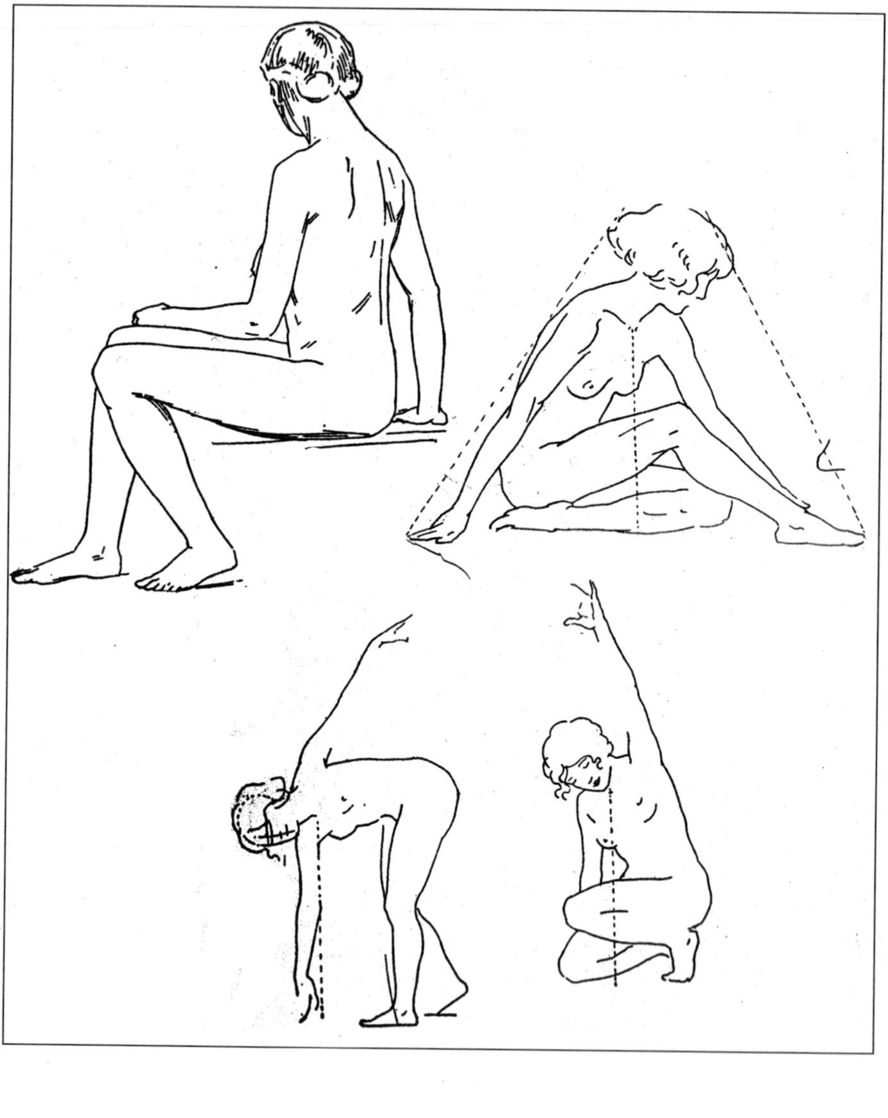

पृष्ठागत

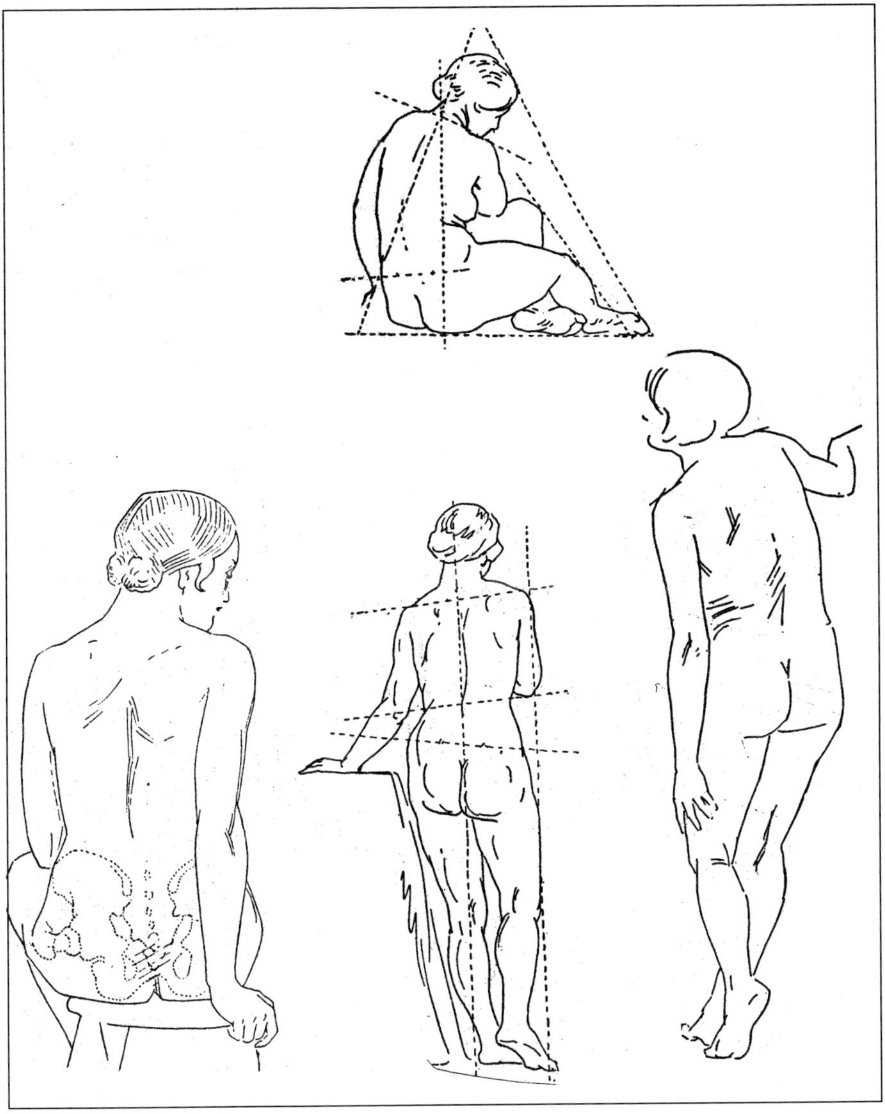

साचीकृत

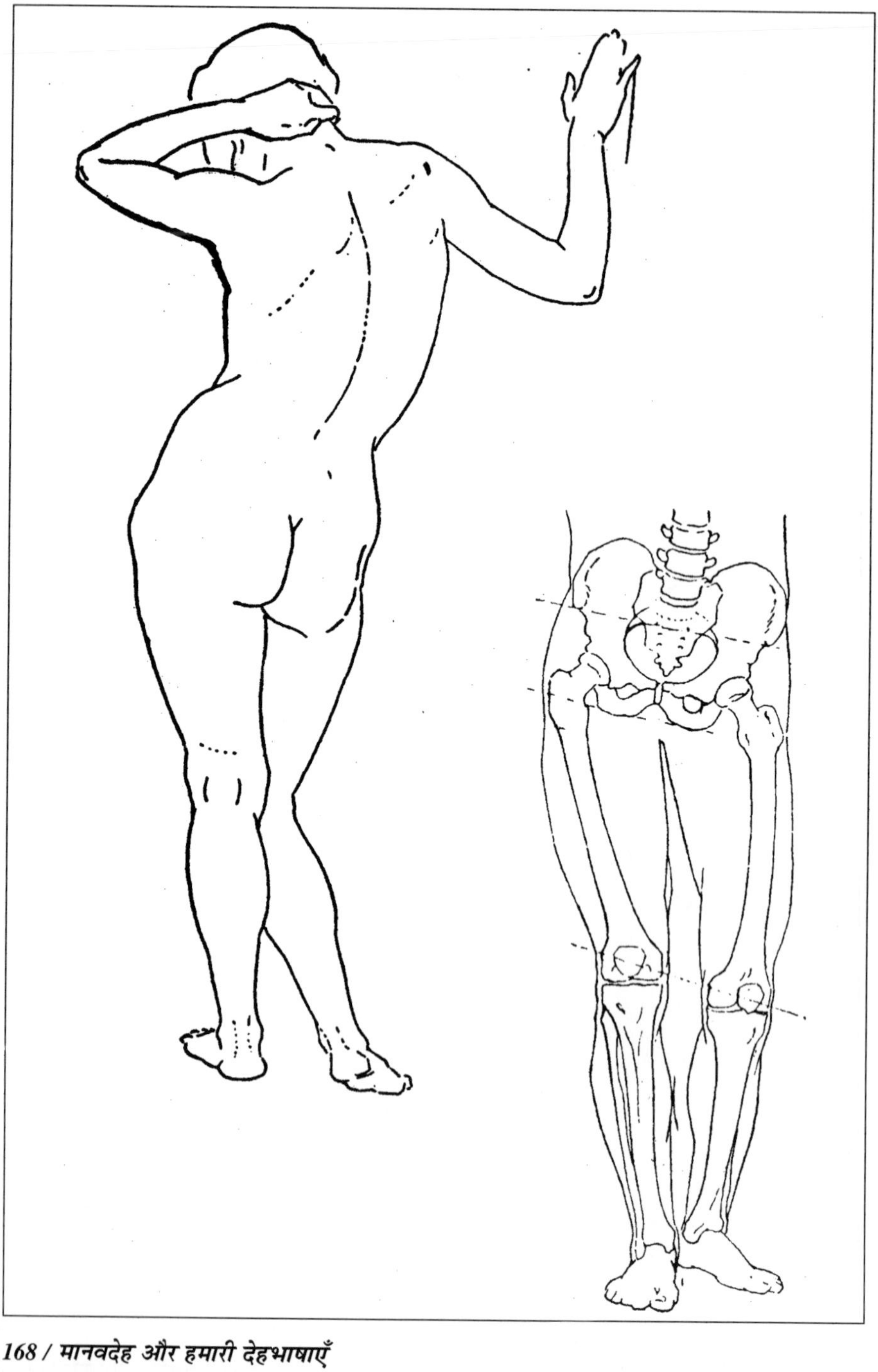

मध्य अर्धार्ध

गंड परावृत्त, अर्ध-गंड परावृत्त

परिवृत्त

उत्तान, दृष्टागत

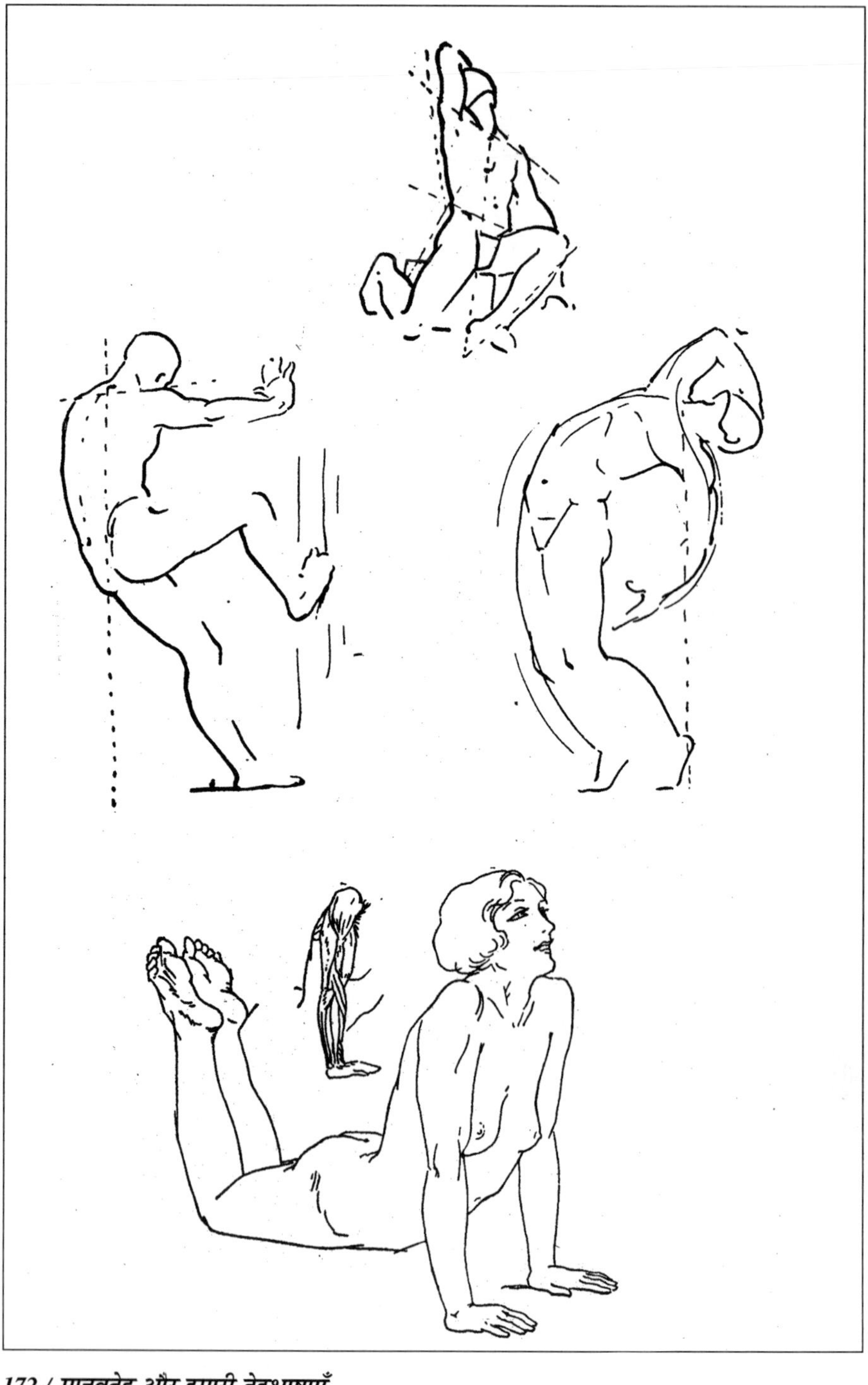

वलयित

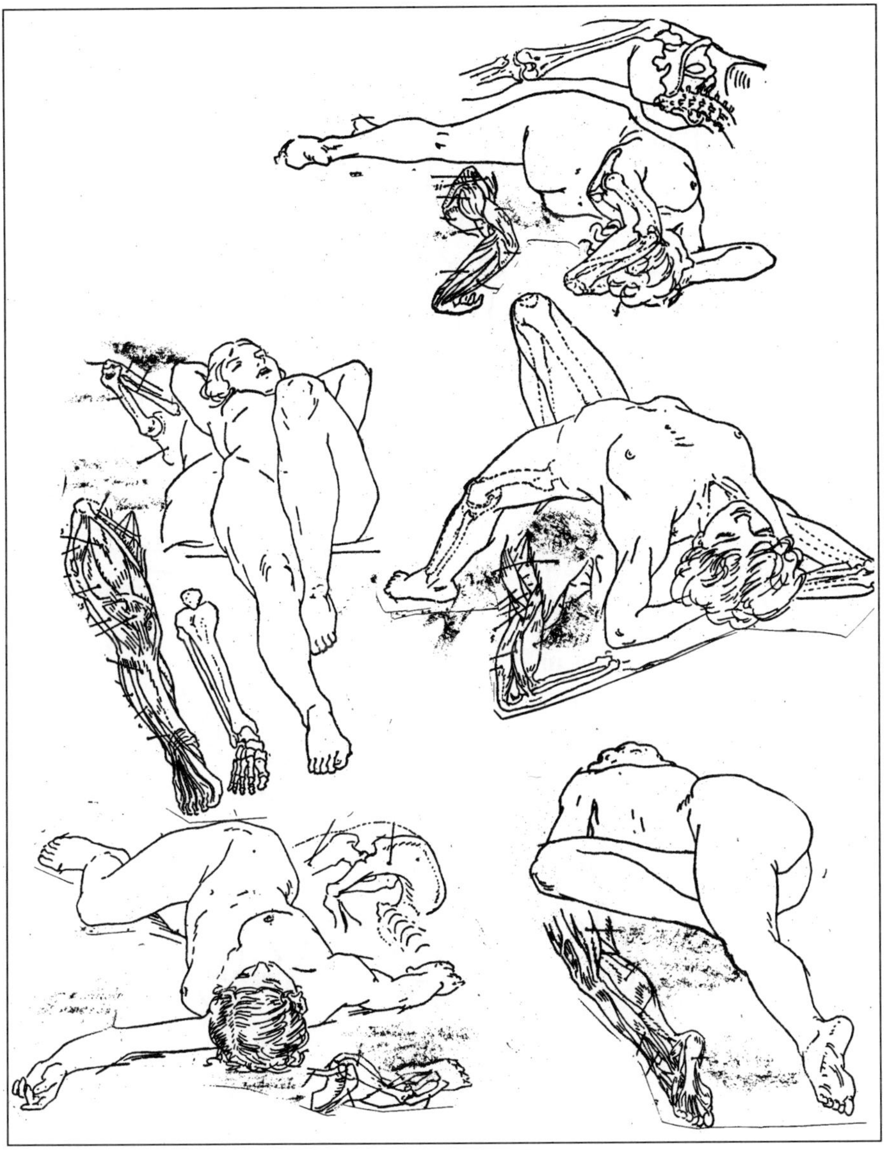

अमेरिकी चिह्न-भाषा (हस्त-संचालित)

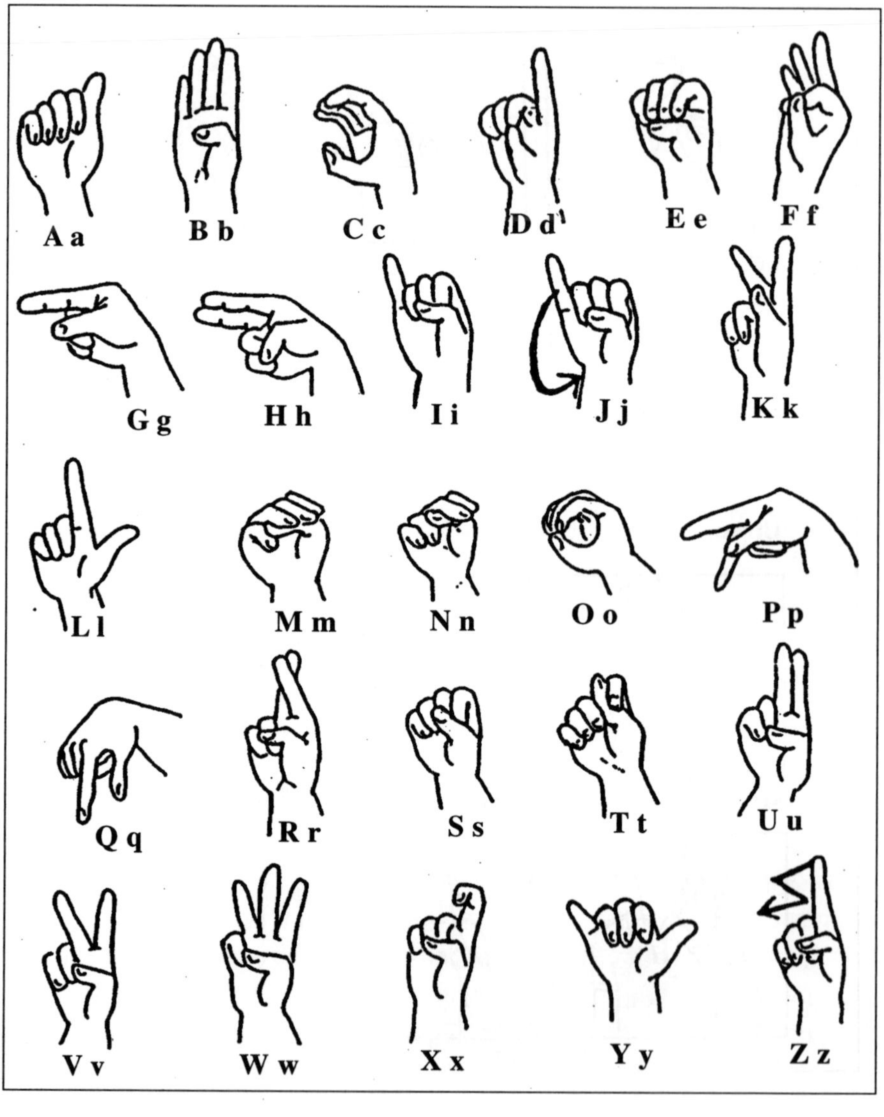

अंक डी-10

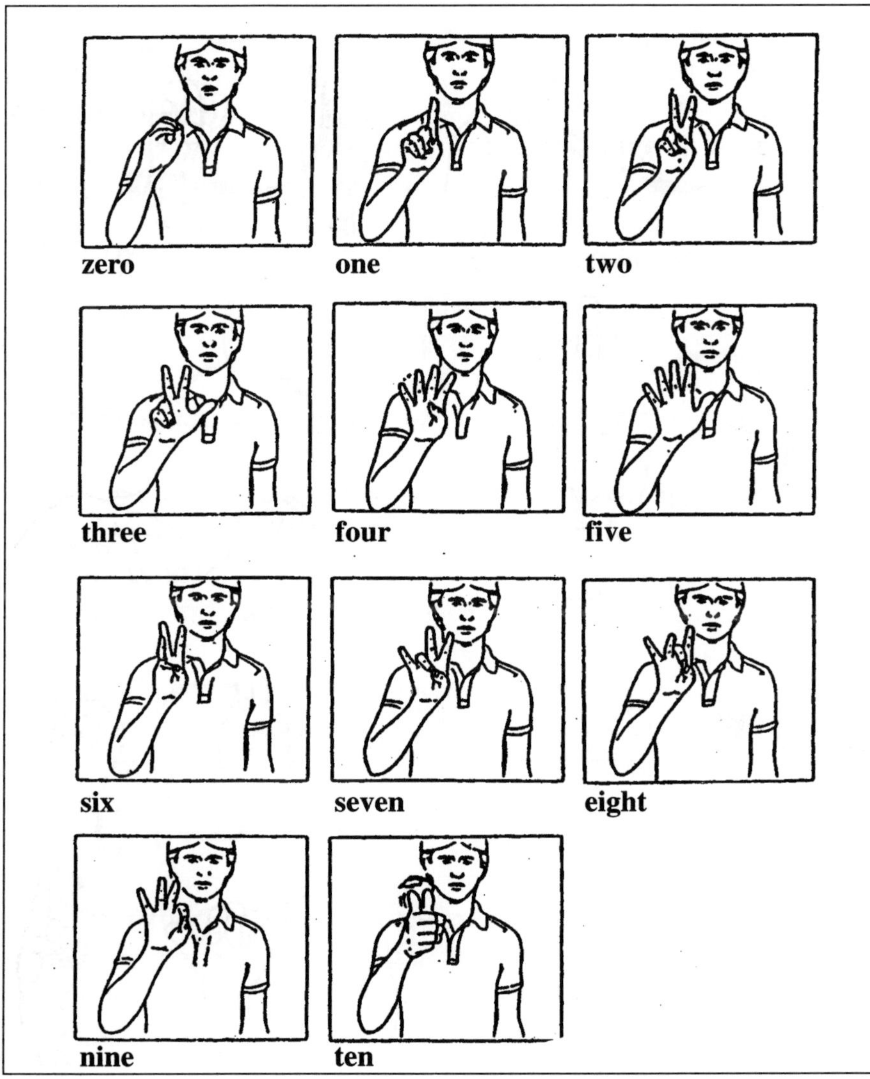

सप्ताह के दिवसवार

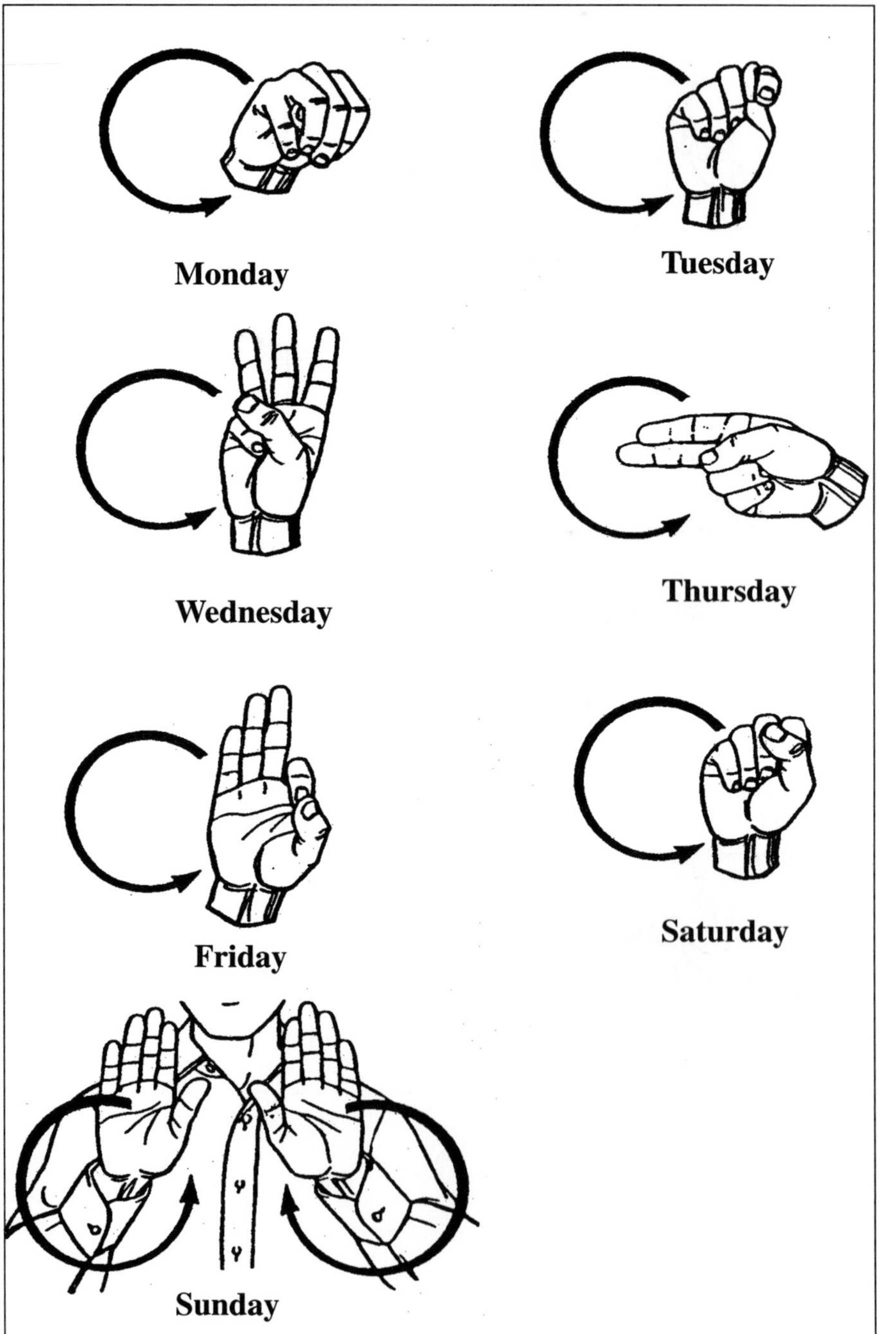
Monday
Tuesday
Wednesday
Thursday
Friday
Saturday
Sunday

देह : एक रेत-घड़ी

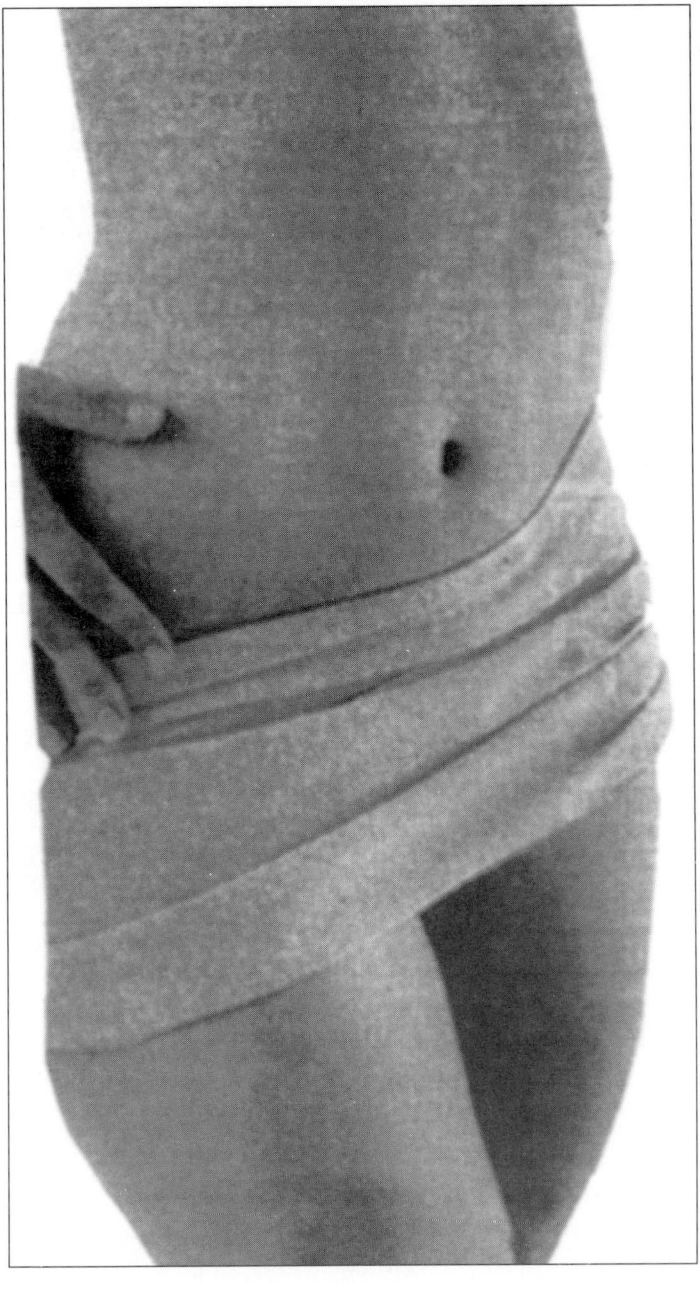

देह : एक वायलिन (कामरति की रागमाला)

मानवीय आरामदेह मुद्राएँ—तनावमुक्ति की विधियाँ—भी लैंगिक भिन्नता की प्रतीति कराती हैं। पुरुष अक्सर टाँगों को अलग-अलग रखने की मुद्राएँ अपनाते हैं—नारियों की बनिस्पत।

यह भी ध्यातव्य है कि नारियों द्वारा टाँगों को आपस में **गुणक** चिह्न [ ] या '**ह**' चिह्न [ ] अथवा '**डमरू**' चिह्न [ ] में सटाकर बैठने की मुद्राएँ अपने प्रजनन-अंग की सुरक्षा की सामाजिक सचेतक हैं। यह साड़ी की घुमावदार निचोड़ के जैसी हैं। ये नग्नता को स्वयमेव छिपाने की भी प्रतीकात्मक मुद्राएँ हैं। हमें यह भी संज्ञान होता है कि कुछ देहांग उभयात्मक, अनावृत्तक तथा अवगुंठनकारी एक-साथ होते हैं; विशेष प्रकरण में। ये गोपन-दृश्य रति (वोयुरिज्म) के भी चोर उत्प्रेरक हैं।

देह-धुरी पर जो चतुरंग बनता है उसमें देह-गतियाँ (खाना, चलना, कूदना, आसन, नृत्य, कार्य, क्रीड़ा), वेशभूषा, अलंकार धारण तथा देह-मुद्राएँ आती हैं। इनमें हस्तमुद्राएँ तथा

जंघा–मुद्राएँ विविध संकेत देने वाली चक्रचिह्नक हैं। ये स्वास्थ्य की देखभाल भी करती हैं तथा आत्मबल भी देती हैं।

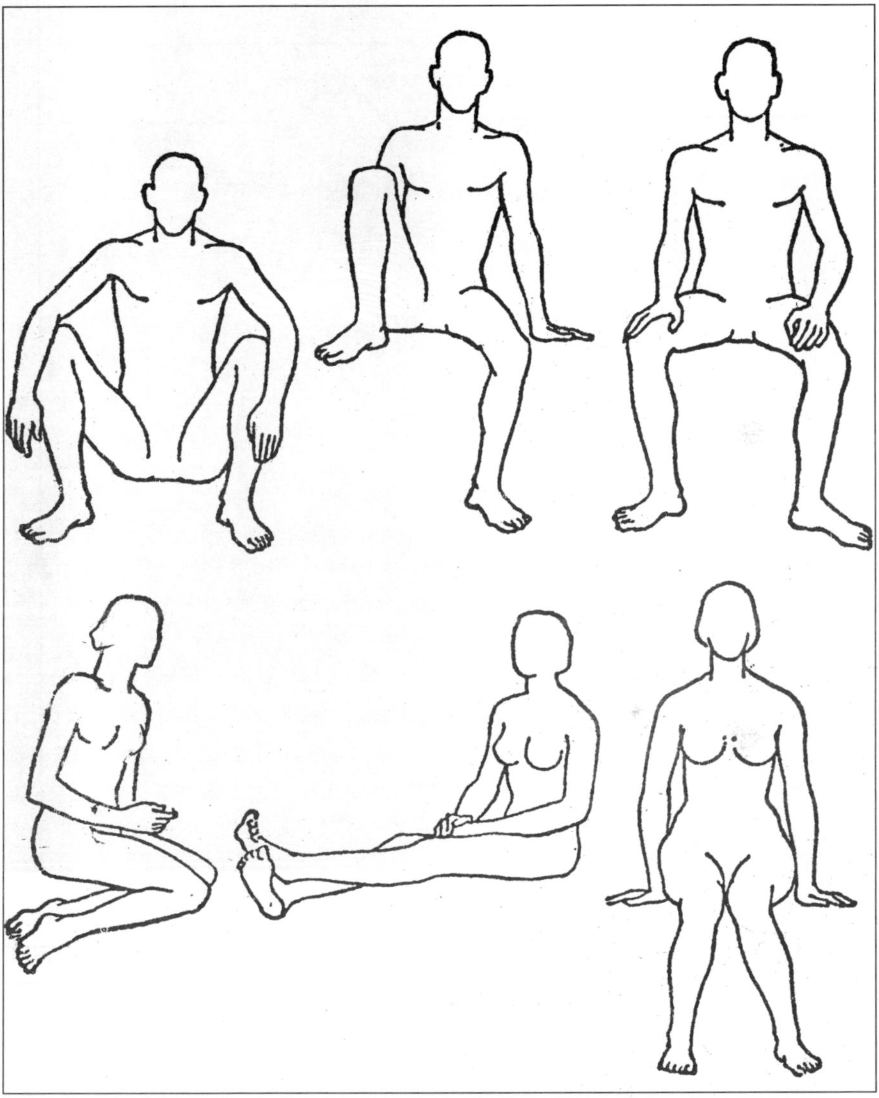

अध्याय : सात

अवलोकन तथा स्पर्श

[क] अवलोकन (देहदृष्टि : विजन)

यह प्रकाश तथा अँधेरे के बीच, लुकाछिपी, आँख मिचौनी, गुप्त प्रकट-क्रीड़ा तथा लज्जा-विलास का खेल है।

इसमें देह के निर्वसन से नग्न होने की, वस्त्राच्छादन से वस्त्रालंकारपरक सोलह-सिंगारों के आह्लाद की प्रक्रिया भी चलती रहती है।

प्रकाश तथा अंधकार दोनों ही नर-नारी के जीवन की यौनता को आमूलचूल बदल देते हैं।

[अ] पहले अँधेरा

अंधकार में अज्ञानता (एनॉनिमिटी) होने की वजह से भय, संस्कार, हिचक, कुंठा आदि से मुक्ति मिल जाती है। यह हमें अपराध-बोध की जकड़न से भी आजाद करा देता है। अत: बेहद शर्मीली संकोची महिलाएँ भी अँधेरे कक्ष एवं शय्या में दबंग, बेपर्दा, हिम्मती हो जाया करती हैं। कारण कि वे उन फान्तासियों के इन्द्रजाल बुनने लगती हैं जिनमें **विफलता की चीखें** व सन्नाटे अनुपस्थित हो जाते हैं और वे ही अधिनायिकाएँ हो जाती हैं। पुरुष भी निरंकुश तथा नवोन्मेषी हो जाते हैं। अत: हम असली पुरुष/नारी के मिथुनत्व में आबद्ध होकर भी बेझिझक इतर मनोरथिक नारी/पुरुष का विपरीत तथा मनोवैज्ञानिक प्रक्षेपण (प्रोजेक्शन) कर डालते हैं। नैंसी फ्राइडे ने 'माई सीक्रेट गार्डन' में एक नारी में भ्रान्ति एवं यथार्थता की अधिव्याप्ति की मिसालें दी हैं। पढ़ें कि सार्डिन मछली वाले लुकाछिपी के खेल में एक अँधेरी रात में ऐम्मा नाम की नारी घर की सबसे ऊँची मंजिल के एक कमरे में जाकर छुप गई। उसमें केवल एक शय्या थी। वह बिस्तर में दुबककर किसी खोजी का इन्तजार करने लगी। उस कमरे में अन्य खोजियों की आवाजें पहुँचना मुश्किल थीं। तभी उसे पद-चाप सुनाई दी। उस पुरुष से वह अपरिचित थी। शायद युवक भी उसकी आदतें जानता हो, किन्तु फिलहाल दोनों अचीन्हे थे।

वह आया तथा झट-पट तथा खामोशी से अँधेरे में उसकी शय्या में खिसक आया। दोनों की साँसें एकदम थमी थीं ताकि कोई दूसरा न ढूँढ़ ले। दोनों के हाथ एक-दूसरे की अनजानी देहों को टटोलने लगे। ऐम्मा की त्वचा में फुरफुराहट होने लगी। उसने भी पुरुष को नियमित करते हुए उसके हाथों को अपने वक्ष-स्थल के ऊपर ला रखा। उसने जिप ख़ोल दी तथा अपने नितम्ब ऊपर उठाते हुए पुरुष की हथेलियों को नीचे का तकिया बना दिया। घने अँधेरे में दोनों एक-दूसरे के देहांगों से विलास करने लगे। दोनों के शरीर कौतूहल में एक-ताल में क्रियाशील हुए। नीचे खोजों का शोर तेज हो रहा था। ऐम्मा की तलाश उसका नाम पुकारते हुए होने लगी।

दोनों षड्यंत्रकारी जैसे 'और'-'और' के सीत्कार कर रहे थे। परम सुख का अमृत झरने को था। दोनों अजनबी ही थे, तदपि कुंठाएँ तथा पार्थक्य बेमानी थे।

सो, अँधेरा छिपाने वाले आच्छादन की भूमिका बनता है। उसके आवरण में सभी चिन्ताएँ विलुप्त हो जाती हैं। अँधेरा अनावश्यक दृश्य वस्तुओं से भी विलग कर देता है। इससे एकाग्रता अपने चरम केंद्र को छू लेती है। इस दशा में स्पर्श, सुगंध तथा स्वाद के प्रति भी तल्लीनता केंद्रीभूत हो जाती है। एक नितान्त निजस्वी संसार में हम आ जाते हैं। ऐसे में हम जिस प्रकार, जिस देहांग को जानना चाहते हैं, उसे देखने के लिए मन्द प्रकाश-पुंज को दिशा निर्देशित कर सकते हैं।

एक सौन्दर्यबोधशास्त्री युवक ने एक दृष्टान्त सुनाया। नवविवाहित जोड़ा गोवा के होटल के एक कमरे में रुका था। वैलेंटाइन-दिवस की रात में उसने लाल गुलाबों की झालरें शय्या पर लटका दी थीं। कमरे में घुप्प अँधेरा करने की योजना के साथ उसने कामातुर नववधू से आग्रह किया कि वह केवल पारदर्शी झीने पेटीकोट को पहने तथा ऊपर आवक्ष में मलमल की केवल छाती-ढाँकती लहराती कमीज। वह दोनों हाथों में काजू की शराब के एक-एक खनकते पैग लेकर आए। तब वह संगीत बजा देगा तथा टेबल-लैम्प से पच्चीस वॉट वाली रोशनी पीछे से झिलमिला फेंकेगा। नववधू वैसे ही ठुमकती आई। अलकायक्षिणी का चमत्कार घट गया। निर्दिष्ट देहयष्टि पर जो गलियारेनुमा रोशनी की मन्द फुहार पड़ी तो उसकी सम्पूर्ण देह जादुई नग्न-देह का आभास दे उठी। दिव्य-स्नात मन्द प्रकाश के उस इन्द्रलोक में दोनों गोद में लिपटकर मदमस्त मदिरा के घूँट पीते रहे। वे वलयित युगनद्ध हो चुके थे। रंगबिरंगे चूड़े ठन्-ठन् ठनक रहे थे। ताल बँध गई थी।

अंधकार को चीरती जो चीखें और सीत्कार प्रतिध्वनित होते हैं, वे देह की जुगलबन्दी के सही **ताल** (रिद्म) के हैं। वे देहछन्द के सूचक हैं—मन्द्र से तीव्र से मूर्च्छापरक। वे चीखें भोग-सुख (प्लेजर) में संलिप्त होती हैं। यह दशा 'मुलायम पोर्न' से इतर है।

[अ] फिर उजाला (प्रकाश)

बहुधा प्रकाश में विफलता वाली चीखें गुंजरित होती हैं।

प्रकाश हमें यथार्थता दिखा देता है। मनोग्रन्थियों के कारण यह मौनता का षड्यंत्र बुनता है। तब समागम ही (यदि पाप की दुविधा नहीं हो तो) अपराध प्रतीत होता है। अतः प्रकाश भोलेपन और भोंदूपन—दोनों को ही उजागर कर देता है। इस दशा में अधो-देह का अवलोकन प्रायः निषिद्ध हो जाया करता है, तदपि ताकाझाँकी तथा अवलोकन तो अचम्भे का शुभारम्भ भी है। इससे वांछित बिम्बावली एवं प्रत्याशाओं की सम्पूर्ति होती है। अवलोकन-प्रक्रिया में हम कई चीजों को अजनबी-से देखते हैं, कौमार्य से युवावस्था के अपरिभाषेय अनुभव करते हैं, अन्वेषण करते हैं और पुनः-पुनः आश्चर्यचकित होते हैं। हमें आवक्ष (कटि से ऊपर का देह-भाग) का तालमान, जंघाऊर्ध्व के मध्य की रोमावली का रंग, उलटा लेटे किसी नंगम-नंगा के नितम्बों पर—रसिक या रसिका द्वारा—बेंत से ताड़ना (पिटाई)। ये ऊर्ध्व देहांग के कौतूहल-बिन्दु हैं। मार्गरेट मीड ने पोलिनेशिया के सोआमा द्वीप में किशोर से युवा होते हुए युवक-युवतियों के ऐसे कई कौतूहल संकेतित किए हैं। इसी तरह वयस्क होते हुए यौवनधारी शयनकक्ष की दरारों, खिड़कियों के चटके काँचों की ढीलों, चाबी-छेदों आदि से रतिलीन मिथुनों का 'रतिगोपन-दर्शन' (व्यायेरिज्म) एक मधुर तृष्णा धधकाते हुए प्रशिक्षित भी करता है।

एक प्रसंग हमारे स्वात्मीय युवक का है। वह विज्ञान में स्नातक की पढ़ाई करता था और जेठ-आषाढ़ की रातों में ऊँची अटरिया पर बल्ब के सामने टेबल लगाकर पढ़ता था। पूर्णिमा

की रात में एक तीस-पैंतीस साल की दूर के रिश्ते की नारी गर्मी तथा पसीने से परेशान होकर ऊपर सोने आ गई। वह एक बड़ी उम्र के पुरुष से ब्याही थी तथा यौन-अतृप्त थी। वह उसी एक शय्या पर आकर लेट गई। वह पेटीकोट और चोली नहीं पहने थी। मात्र सूती एकलाई की साड़ी पहने थी। चन्द्रमा अपने पूरे जोबन से हमारी देहों के ऊपर चढ़ रहा था। स्वजन युवक अधरात कुतराने के बाद उसे निहारने लगा। वह उनींदे होने का बहाना कर रही थी। बार-बार अपनी साड़ी को जाँघ तक ऊपर खींचती, पल्लू से अपने आवक्ष को पंखा करती करवटें अदल-बदल रही थी। युवक बदहोश होकर उसकी (अपनी ?) शय्या पर आकर पैताने बैठ गया। तलुवों को गुदगुदाते हुए बोला—"मुझे नींद नहीं आ रही।" (नींद तो उसे भी नहीं आ रही थी)। बस, अचानक उसका नैतिक मन (सुपर ईगो) तथा प्रबल सनातन संस्कार जाग उठे। उसने युवक की पीठ थपथपाई। गलों को ऐंठा तथा हड़बड़ा कर तुर्त-फुर्त नीचे उतर गई। ...सुबह घर में कानाफूसी के साथ कोहराम मचा। स्नातक युवक धूप चढ़ जाने पर ही नीचे उतरा। बाद में वह प्रौढ़ा नारी यौन-कुंठा से ग्रस्त होती गई और उम्र-भर के लिए मनोरोगिणी हो गई। बार-बार बस उसी युवक से मिलने-देखने की तृष्णाग्नि में धधकती रही। वह निस्सन्तान भी रही। स्वजन युवक का यह पहला-पहला सैक्स-उत्तेजन था। वह भी ताउम्र नारी-देह के प्रति प्यास और स्ववंचना के नागपाश में उलझा रहा। उसका दाम्पत्य शालीन किन्तु घिसा-पिटा हो गया।

सो उजाला एक या दोनों साझीदारों को परस्पर एक-दूसरे की देह को अधिकाधिक अवलोकन का अवसर देता है। इसकी वंचना या प्रशमन से कई अवनिर्मल ग्रन्थियाँ बन जाती हैं।

प्रकाश में घूरना तो अशिष्ट (वल्गर) होता है किन्तु उड़ती-तैरती-झपकती नजरों का दीवानापन बढ़ता जाता है। यह सभी तरह की संवेगात्मक अभिव्यंजनाओं के रहस्य उघाड़ डालता है तथा नई वर्जनाओं से भी बाँध डालता है। अतएव श्वेत-श्याम-रतनार आँखों का मुँदना तथा खुलना कई अवाचिक भाषाओं की चिह्नक रचना करता है। दृष्टि के ही बन्धान में **शय्या** रतिविलास का रंगमंच हो जाया करती है। उसका भूगोल, सुख, आराम, गद्दे, तकिए आदि कर्ताओं के संस्कार-संस्कृति-स्वभाव से समन्वित होते हैं।

इन चक्रचिह्नों में प्रमुख **दर्पण** भी हैं। सेमुएल डंकेल दर्पण के द्वारा गोपन-रति-दर्शन (वायेरिज्म), प्रदर्शनवत्ता (एक्जिबिशनिज्म) तथा आत्मरति (नार्सिसिज्म) के प्रयोजनों की फलीभूतता मानते हैं। दर्पण के छायारूप यौनता-उत्तेजक हैं। ये अभिकर्त्ता-युगलों में पस्पर जागरूकता को प्रगाढ़ बनाते हैं। दर्पण के व्यवहारकर्ता नंगे होने तथा नंगे दिखने से निडर हो जाते हैं। दर्पण जननेंद्रियों की अन्तर्क्रियाओं को विस्तारपूर्वक जीवन्त तथा केंद्राभिसारिता को साक्षात् करते हैं ('लव-लाइव्ज़', पृष्ठ 167)।

इसी कड़ी में गे टालसे ने 'प्ले-ब्वाय' पत्रिका के समूह के बुलारो तथा बारबरा का एक प्रसंग बताया है। जब बुलारो विलियमसन के घर पहुँचा तो अकेली बारबरा ने द्वार पर ही प्रगाढ़ आलिंगन तथा आकुल चुम्बन से उसका पुरजोर स्वागत किया। जब वह अन्दर कमरे में पहुँचा तो उसे दीवारों तथा छत पर जड़े हुए दर्जनों दर्पणों की एक चलचित्रशाला नजर आई। बारबरा ने बुलारो का यह प्रस्ताव मान लिया कि रात्रिभोज में देरी से जाएँ और पहले सीधे शयनकक्ष में चले आएँ। दोनों मदमस्त प्रणयी निर्वसन हो गए। बुलारो शय्या पर लेट गया। तब नग्न बारबरा नखरेवाली खिलंदड़ी मुस्कान के साथ शय्या पर रेंगती हुई चढ़ी और उसकी तरफ बढ़ आई। उसके थर्राते स्तन बुलेरो के वक्ष-स्थल से रगड़ रहे थे। उसने अपने मुख-मैथुन से 'फेलाशियो' की शुरुआत की। और... ! बुलारियो इस बिरले दृश्यानुभव से चकित था। क्योंकि बारबरा के कई रूप कई कोणों से, कई प्रकार से मुद्राओं-भंगिमाओं में प्रतिबिम्बित हो रहे थे।

अन्तर्कक्ष में सभी ओर जड़े दर्पणों के बीच

उसके कई हाथ तथा कई मुख कार्यलीन दिख रहे थे। यह एक दृश्यात्मक रहस्यानुष्ठानिक रंगरलियाँ जैसा महोत्सव था (दे. दाइ नेबर्स वाइफ, पेन बुक्स, लन्दन, 1984, पृष्ठ 190)।

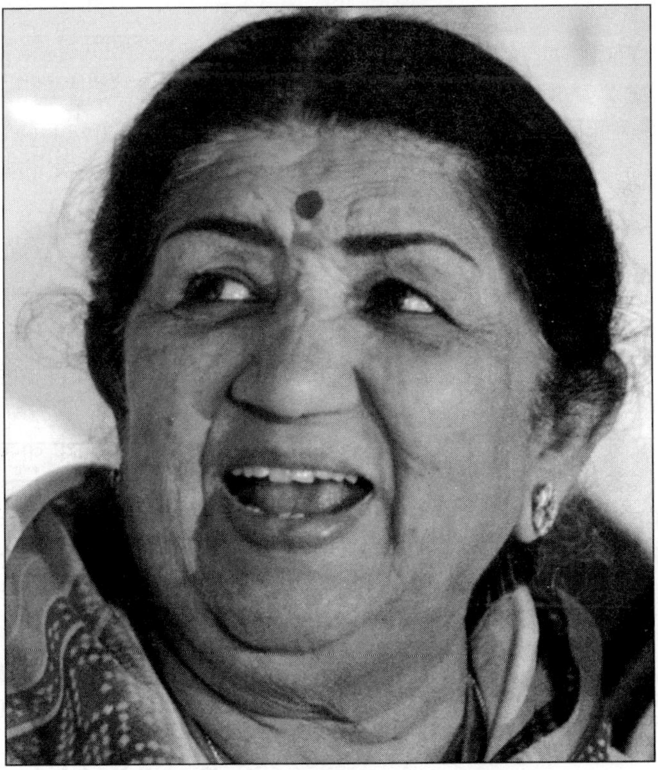

सोममयी पश्यन्ती से वैखरी : लता मंगेश्कर

तस्लीमा नसरीन

सानिया मिर्ज़ा

सेरेना विलियम्स

मुखमंडल की शोभा-लिपियाँ

'उमराव जान' : ऐश्वर्या राय

सोममयी हेमामालिनी

माधुरी दीक्षित : धक्-धक् बाला

सोममयी शबाना आज़मी

कपिल देव :
क्रिकेट
के महानायक

पॉप संगीत के सम्राट :
माइकेल जैक्सन

आधुनिक वीनस : मेरिलिन मोनरो

बहुरूपी : अनिल कपूर के दो रूप

[ख] स्पर्श और त्वचा

स्पर्श और त्वचा का अभिज्ञान रूप (नेत्र-दर्शन) तथा स्पर्श (संवाहन के भेद, जैसे—छूना, चुमकारना, गुदगुदाना, लेपन, मंडन, मालिश, नखक्षत्) आदि के द्वारा होता है। यह मानवाकृतियों की सीमारेखा, मुद्राओं को रूपाकारों तथा रोमांच, स्वेद, वेपथु, ताप-जैसे संचारियों की अभिव्यंजक भी है। इनका एक विधान **स्पर्श-थैरेपी** भी है।

उत्तम त्वचा के लक्षण हैं—मासूम, कोमल और बेदाग़, चमकीली और चिकनी, कान्तिपूर्ण और जवाँ। इसके लिए बाहरी उपायों में फेस पैक, मास्क, फेशियल, क्रीम और लेजर आदि का इस्तेमाल किया जाता है। ये खूबसूरती तथा नई दर्शनीयता के उपचारक हैं। इनके द्वारा भी अनचाहे बाल, मुँहासे, मस्से, चोटों के निशान, आकाराकृति-विकृति (प्लास्टिक सर्जरी द्वारा), तिल, विटिलोगो एवं सोसाइसिस का उपचार होता है।

झुर्रियाँ, बढ़ती उम्र तथा अन्य कारणों से, त्वचा की सबसे बड़ी समस्या हैं। ये आन्तरिक दबाव एवं तनाव की अभिव्यंजक तथा उम्र और स्वास्थ्य की भी सूचक हैं। जब त्वचा में कोलाजेन और इलास्टिन नामक प्रोटीन की मात्रा लगातार कम होती जाए तो त्वचा की कान्ति

क्षीण होती जाती है। चिपचिपे, मैल, धूल, धुआँ के कण भी रोम-छिद्रों को बन्द करते हैं। तेज धूप में देह का उद्भास (एक्सपोज़र) भी झुर्रियाँ पैदा करता है क्योंकि सूर्य की तेज किरणों में हानिकारक परा-बैंगनी तरंगें भी होती हैं जो उक्त प्रोटीनों को क्षीण करती जाती हैं। इसके अलावा चलभाषों (मोबाइल फोन) के टचस्क्रीन तथा की-पैड में अनेक विषाणु होते हैं जो त्वचा-रोग (डर्माइटिस) पैदा करते हैं। मोबाइल फोन में निकेल धातु तथा उसके व्यवहार से उत्पन्न वैद्युत-चुम्बकीय तरंगें (ईएमडब्लू : इलेक्ट्रो-मैगनेटिक वेब्ज) त्वचा के ऊतकों (टिश्यू) को विनष्ट कर देते और प्रोटीनों की संरचना गड़बड़ा देते हैं। यह सब देह-चिह्नकों की संकेतावली है। इनका प्रकटावा झुर्रियों द्वारा होता है।

त्वचा दर्पण भी है

अतएव त्वचा शरीर की सबसे व्यस्त विशालतम इंद्रिय है जो समग्र शरीर-भार का छह प्रतिशत अर्थात् 130 पौंड के बालिग में आठ पौंड के लगभग है।

— यह करीब अठारह वर्गफुट घेरती है।

— इसकी दो परतें होती हैं :

डर्मिस (त्वचा)	उप-त्वचा (एपिडर्मिस)
(नीचे की परत जिसमें रक्तकोशिकाएँ, स्नायु, मांसपेशियाँ, केशमूल, तैल, रन्ध्र आदि होते हैं)।	(ऊपर की परत जो छाले, जलन, झटके पर सूज/फूल जाती है। इसमें रक्त-कोशिकाएँ नहीं होती हैं तथा इसकी शिरोपरत निर्जीव-सी होती है)।

— त्वचा से रक्त कोशिकाएँ, स्नायु, स्नायु छोर, पसीने तथा तैल की ग्रन्थियाँ होती हैं।

— यह सबसे **बड़ी** होने के साथ-साथ सबसे ज्यादा **व्यस्त** इंद्रिय भी है।

— इसके कई विशिष्ट प्रकार्य हैं :

(i) यह आभ्यन्तर काया को रसायनों, विषाणुओं तथा तीव्र प्रकाश किरणों से बचाती है।

(ii) यह देह के तापमान का भी नियमन करती है, पसीने से, खुश्की से। तापमान को ठंडा करना। तापक्षय कम होने पर गर्मी होती है।

(iii) यह 'सेबम' नामक चर्बी द्रव्य की आपूर्ति करती है।

(iv) जब त्वचा की शय्या की ग्रन्थियाँ अतिशय सक्रिय हों तो मुँहासे, जब अतिरिक्त निष्पन्द हो तेल आपूर्ति में, तब झुर्रियाँ पड़ती हैं।

— त्वचा की देखभाल का मूल मंत्र है, 'उस पर कम-से-कम वस्तुएँ धरो, ज्यादा-से-ज्यादा निश्चिन्त रहो।'

— त्वचा का लवलीन, स्वच्छ (निर्मल) तथा सुकुमार होना लक्ष्य है। इसका सर्वोत्तम प्रसाधन इसकी तैल-ग्रन्थियों से स्रावित तैल है। बहुत ज्यादा साबुन, शैम्पू तथा धोना-धाना ठीक नहीं है। हथेली, एड़ी और मुख का विशेष ध्यान रखो।

अतएव संगीत-थेरैपी, अट्टहास-थेरैपी के क्रम में सुगंध-थेरैपी तथा **स्पर्श-थेरैपी** भी देहभाषा के स्वास्थ्य का एक संवाद है। यह थेरैपी ऐंद्रियिक संवेदना की उन्नायक है और त्वचा के नीचे गहराई तक उत्तेजना पैदा करती है। यह देह-महक (फिरोमोन्स) को सक्रिय करती है।

त्वचा के दैहिक निषेध-सूचक

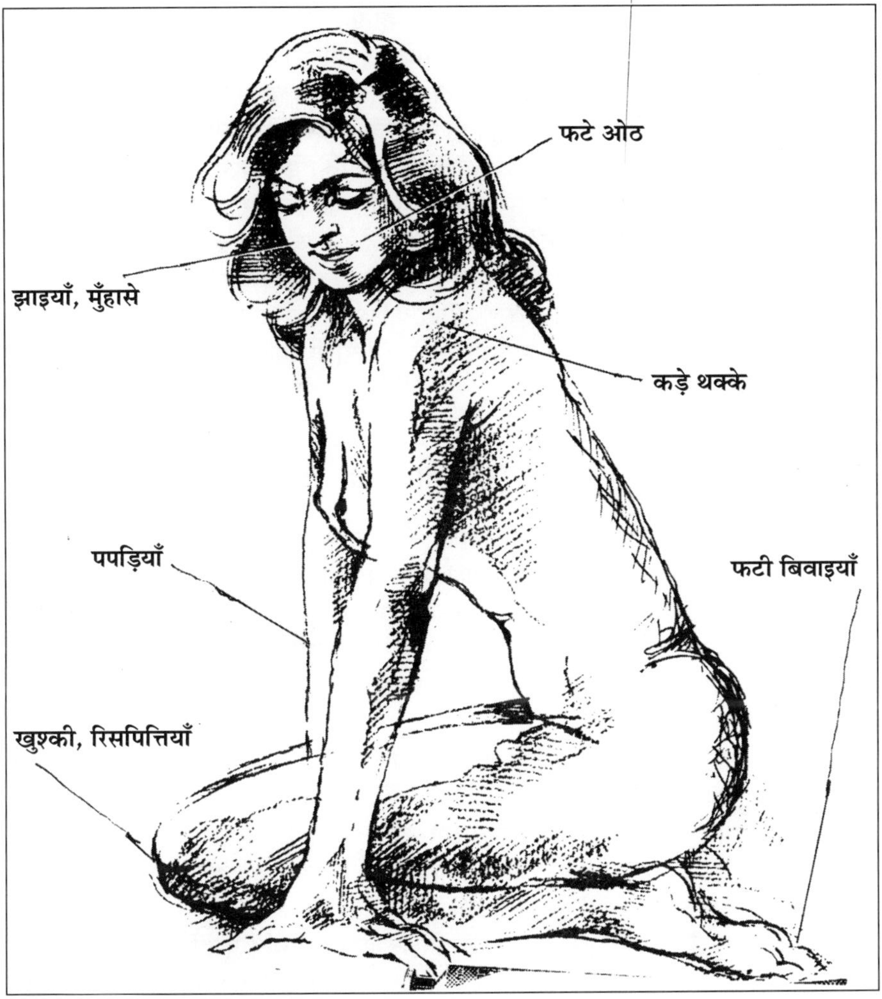

देह के स्वास्थ्य के लिए आहार में दलहनों (दालों), रेशोंवाली सब्जियों, सूखे मेवों, फलों का सन्तुलित ग्रहण जरूरी है। ये विटामिन—ए, ई, बी और सी से युक्त होते हैं। इससे त्वचा की प्राकृतिक कोलाजेन प्रोटीन सक्रिय हो जाती है। अन्य उपचार भी हैं, जैसे—उन मांसपेशियों में बोटोलिनम टोक्सिन के टीके लगाना जो त्वचा की सतह पर झुर्रियाँ पैदा करते हैं, बोटोक्स के अलावा झुर्रियों वाले स्थलों पर कोलाजेन एवं हाइलुसेनिक एसिड के टीके लगाना, त्वचा की ऊपरी परतों पर लेजर किरणों के आघात द्वारा प्राकृतिक कोलाजेन प्रोटीन को सक्रिय करना। दैनिक व्यायाम आनन्द मानकर करो। तैरना, खेलना (हॉकी फुटबॉल, क्रिकेट), नाचना, योगासन करना आवश्यक है। इकहरी (स्लेंडर) छरहरी देह के लिए नीरोग त्वचा के लिए पसीना निकलना आवश्यक है।

त्वचा में मंडन तथा लेपन की भूमिका तथा संवाहन (मालिश) की भूमिका होती है।

इस भाँति त्वचा तन तथा मन की भाषा भी कहती है। यह यौवन, स्वास्थ्य तथा सौन्दर्य की विधायिका भी है।

तथापि कठोर श्रम करने वाले मनुष्यों की मेहनत, परिश्रम, परिधान, भोजन, सुदृढ़ मांसपेशियाँ आदि उनकी त्वचा की दीप्ति और स्वास्थ्य की संरक्षक होती हैं।

त्वचा दूर-संस्पर्शी (टेलिपैथिक) भी होती है। रोता हुआ शिशु अन्य की अपेक्षा अपनी माता की गोद का स्पर्श पाते ही बहुधा चुप हो जाता है। एक अन्धा व्यक्ति हथेली छूकर या उसके कन्धे पर हाथ रखकर कर्ता की शिनाख्त हो जाती है। एक्यूप्रेशर में विशिष्ट अंगों की त्वचा पर विशेष ढंग तथा ऊर्जा द्वारा दाब देने पर व्याधि का उपचार हो जाता है।

त्वचा के कुछ स्थल 'तप्त बिन्दु' (हॉट प्वाइंट) होते हैं जो मात्र छुवन या मलने द्वारा ही प्रबल उत्तेजना फैलाकर मुद्राओं तथा भंगिमाओं का भी अनुकूलन करते हैं।

त्वचा पर गोदने तथा चित्र-रचना वस्तु-रति (फेटिश), वर्च-चिह्न (टोटेम), अर्थाभिप्राय (मोटिफ), चिह्न (साइन), चिह्नक (मार्कर) आदि की अभिभूमिकाओं का निर्वहण करते हैं। इनका जिक्र यथास्थान होता रहेगा।

त्वचा स्पर्शसंकेती भाषा भी है

अ. स्पर्शी भाषा त्वचा-संलिप्त है। मुद्राओं और नेत्रों की सर्वाधिक गहरी तथा पश्यन्ती-मध्यमा भूमि की देहभाषा एक स्पर्श-भाषा रूप भी है।

स्पर्श-भाषा अनुकूल तथा प्रतिकूल, दोनों परिस्थितियों में घटती है। यह मल्ल तथा सैक्स से लेकर जुलूसों और प्रतारणा तक व्याप्त रहती है।

इसमें प्राथमिक इकाई तो युग्म है जो कामासनों, मल्ल-कार्यों, फिगर स्केटिंग, बॉक्सिंग में नाना प्रकार्य करती है।

स्पर्श मुख्यत : हाथों द्वारा होता है, फिर पाँवों द्वारा भी, फिर जीभ, गले, ओठों द्वारा भी।

स्पर्श किए जाने वाले अंग अलग-अलग स्थियों में अलग-अलग शिष्टाचार, मर्यादाएँ, संकेत (सेमिओटिक्स) तथा अन्ततः 'साझा किए हुए क्षण तथा सम्बन्ध' परिलक्षित करते हैं। ये अनिर्वचनीय तथा अवचनीय होती है।

स्पर्श-भाषाएँ अवचेतना से उन्मीलित होकर अर्थात् कुंडलिनी से मध्यमा में आकर अभिव्यंजित होती है। ये देहभाषा की 'व्यंजना शक्ति' कही जा सकती है।

बड़ों के चरण छूना, छोटों के सिर पर हाथ फेरना, प्रशंसक द्वारा पीठ थपथपाना, प्रतिद्वन्द्वी द्वारा पंजे लड़ाना, चूतड़ पर लात या बेंत मारना, गाल पर थप्पड़ मारना, आलिंगन करना, चुम्बन करना आदि अन्तरंग मनोभावों के संकेतक हैं।

स्पर्श से रोंगटे खड़े हो जाना, पसीने से तर हो जाना, काँपने लगना, देह-तप्त हो जाना, ओठ फड़कने लगना आदि सात्त्विक (स्पर्श-जन्य) अनुमान भी है।

आ. **स्पर्श** त्वचा के माध्यम से देह का सन्देशवाहक है। सम्बद्ध मनुष्य के अलावा देह की त्वचा को रेशमी-ऊनी-सूती-टेरिलीन-टेरिकॉट के **परिधान** भी छूते हैं।

पुनश्चः स्पर्श की देहभाषा की कुछ लघु-बंकिम तरकीबें

(ये स्पर्श-सुख तथा आनंदकारक पीड़ा के कुछ पक्ष भी हैं):

- मालिश (मसाज)—दुर्लभनीय देह को सुकोल, चिकनी बना देना,
- प्रहार (स्ट्रोक)—धक्का लगाना, आहिस्ता से,

- दुलारना (करेस)—लाड़ना, हिलारना,
- चिकोटना (पिंच),
- खरोचना (स्क्रेच)—नरवक्षत, दंतक्षत,
- झुलाना (रॉक-एन-रॉल),
- बंध (रतियुग्मता में सैक्स पोश्चर)।

अथच

- नितंब पर (स्पैंक)—बैंत या हथेली से थाप-पिराई,
- चुमकारना (स्नैप)—काटना, चुटकी लेना,
- तरसाना (टैंटलाइज़)—ललचाना,
- रगड़ना (रबिंग)—बैंत या हथेली से थाप-पिराई,
- सहलाना।

देह-त्वचा का सोने-चाँदी-प्लेटिनम, लाख-काँच-गिलेट (या जिलेट) के गहने संस्पर्श करते हैं।

देह-त्वचा को **हवा** (शीतल-मन्द-सुगंध अथवा तप्त-सूखी-तेज) या **प्रकाश** (दीपक का, चाँद का, सूरज का, मर्करी-छड़ का), या **जल** (गंगा का, वर्षा का, स्नानागर का, या पावन कर्मकांडों का) भी छूते हैं। उनके पृथक्-पृथक् संवेदन तथा सन्देश होते हैं। देह-त्वचा को **अग्नि** (दाह में, तापने में) तथा तेजाब (हिंसा में) भी नुकसान पहुँचाते हैं।

अन्ततः स्पर्श **युगल-मुद्राओं** में ही प्रगाढ़ ढंग से संलिप्त करता है। यह मुद्राओं का, भंगिमाओं का, ऐंद्रियिकता तथा उत्तेजना वाला व्याकरण भी गढ़ता है। सो, यह कठोर-कोमल, सहलाने-दुलराने, प्रताड़ना-मालिश करने, पीड़ा देने-सुख देने, वाला भी होता है। यही मुद्रा-भंगिमाओं को शोभा एवं लावण्य की कृतियाँ भी बनाता है।

संवाहन (मालिश) में तो त्वचा पर हाथों का जादू छाता है। इसमें परिवेश भी सम्वर्धक है। मोमबत्तियों से झिलमिलाता कक्ष, हलके स्वर का मधुर संगीत, तरोताजा सुगंध मिलकर मूकानुभव कराते हैं। वस्तुतः इसमें कर्मी के हाथ ही बोलते हैं—सम्पूर्ण देह पर एड़ी से चोटी तक। साथ में मुस्कान भी, कर्ता की।

संवाहन भार घटाता है, विश्रान्ति वेला को समाधिस्थ करता है और...और स्वयं से संलग्न कर देता है।

अतएव स्पर्श-थैरेपी अवसाद (डिप्रेशन) तथा तनाव (टेंशन) से भी बचाती है। इसका एक अन्य प्रकार **रेकी** तथा **एक्यूप्रेशर** है।

मालिश में कर्ता अपने हाथों, उँगलियों, अँगूठे, हथेली का इस्तेमाल करते हुए कर्मिक के विशिष्ट देहांगों पर बुनियादी मुद्रात्मक क्रियाएँ करता है; यथा, उँगलियों व हथेली से थपथपाना, दोनों हथेलियों के बीच से नमनीय अंग थोड़ा खींचना, हलकी मुट्ठियों से तालयुक्त प्रहार, कोमल अस्थि-जोड़ों को चटकाना, थपथपाना, मलना, दबाना, करवटाना आदि वास्तव में यह एक प्रकार से कर्मिक, परंतु 'अकर्मक व्यायाम' है। अतएव मालिश से नस-नाड़ियाँ स्वस्थ होती हैं, रक्त-संचार ठीक होता है, मांसपेशियाँ लचीली हो जाती हैं, पाचन-तंत्र ठीक रहता है; मोटापा कम होता है, शरीर में चुस्ती आती है तथा वह स्फूर्तिवान एवं दीर्घायु होता है।

अध्याय : आठ

देहांगों के उष्ण स्थलों, तप्त बिन्दुओं तथा एक्यू-दबाव, एक्यू-छेदन के स्थल-बिन्दुओं की बहुसंस्पर्शी देहभाषा

देह के उपचार तथा शरीर की काम-लीला, दोनों में ही अंगों-उपांगों के स्थल एवं बिन्दु की गुणवत्ता और शक्ति ढूँढ़ी गई है।

देह के काम-लीला-सुख वाले उष्ण स्थल एवं **तप्त बिन्दु** अथवा शरीर के रोग-निवारक एक्यू-दबाव एवं एक्यू-छेदन (भेदन) वाले **स्थल-बिन्दु** सम्पूर्ण काया के अन्तर्बाह्य में विद्यमान हैं। इन दोनों ही विभागों में दर्शन, उपचार तथा मूल्य-तत्त्व प्रभावशाली रहे हैं। ये यही निरूपित करते हैं कि प्रत्येक प्राचीन संस्कृति में **देह की जैव-वैद्युत् संरचना** के साथ-साथ इच्छा-क्रिया-ज्ञानपरक आधिभौतिक **देह-छाया** भी परिकल्पित हुई है। इसके व्यवहार तथा व्यापार 'सांस्कृतिक संरूप-बन्ध' (देह-सिंगार, मुद्राएँ, भंगिमाएँ, गतियाँ) भी बुनते हैं। अत: (मेलिनोवस्की तथा) किन्से कहते हैं कि 'अधिकांश लोग यह जानकर ताज्जुब करेंगे कि कामासन मानवीय संस्कृति के वैसे ही उत्पाद हैं जैसे कि भाषा और वेश-भूषा।' (सोशल बिहेवियर इन ह्यूमेन मेल, पृष्ठ 373)। इस प्रकार इनसे कई सहकारी सिस्टम भी आविर्भूत होते हैं। ईजिप्ट में फाराओ (देह)—ममी (देहात्मा), ग्रीस में आर्फियस बनाम हर्मीज़, भारत में पुरुष-प्रकृति, चीन में यांग-यिन, ग्रीस में अपोलो-डायोनीसस, परवर्ती पश्चिम में मधुरता (ईसाइयत)—आलोक (हेलेनवाद), अरब में मजाज़ी-हक़ीकी आदि ऐसे ही प्रत्यय-युग्म हैं। तकरीबन सभी का लक्ष्य है : शरीर स्वस्थ हो, मन स्वच्छ हो तथा जीवन सुन्दर हो! इनके असन्तुलन से पवित्रता बनाम अनैतिकता, प्रेम बनाम हिंसा, भोग बनाम रोग, योग बनाम सुख के सनातन द्वन्द्व चलते रहते हैं।

एतदर्थ हम देहांगों पर **(अ)** एक्यू-दबाव तथा एक्यू-छेदन, **(आ)** देहांगों के उष्ण स्थल तथा तप्त बिन्दु तथा **(इ)** स्पर्श, संवाहन (मालिश), **(ई)** घर्षण, नखच्छेद, आलिंगन आदि का विवेचन करेंगे। ये सभी मिल-जुलकर **बहु-संस्पर्शी देहभाषा** का भी अस्फुट विन्यास करते हुए प्रतीत होते हैं।

हमारी त्वचा इन सबकी आधार-भूमिका है। पूरे शरीर की **त्वचा** में बीस लाख से अधिक पसीने की ग्रन्थियों का जाल फैला हुआ है जो एक थर्मोस्टेट की भाँति देह का तापमान नियंत्रित करती हैं, विषाक्त तत्त्वों का रिसाव करके निष्कासन करती है तथा विशिष्ट निजी देह-गंध की पहचान देती हैं। त्वचा देह-दीप्ति तथा संवेदनों की संवाहिका है। यही नवजात तथा प्रसूता माता के बीच प्रथम अभिज्ञान और अनुराग की 'मौन भाषा' शुरू करती है।

युवा एवं प्रौढ़ की स्वस्थ तथा सुन्दर त्वचा छिद्र एवं दाग रहित, मुलायम, चिकनी एवं

लचीली होनी चाहिए। इसके लिए मंडन, लेपन, संवाहन आदि प्रसाधनों का उपयोग हुआ करता है ताकि मूल त्वचा तथा (उसके नीचे स्थित) उप-त्वचा सक्रिय बनी रहें। जब त्वचा कमजोर और ढीली होने लगती है तो **झुर्रियाँ** व **झाइंयाँ** पड़ने लगती हैं। अत: यह बूढ़ेपन की भी द्योतिका है।

अच्छी त्वचा के कारक अच्छा आहार, अच्छी दर्शनीयता तथा संतृप्तिपरक अच्छी यौनता (स्वास्थ्य तथा दीप्ति) हैं। इस त्रित्व में यौवन की रमणीयता ही आत्मविश्वास, आन्तरिक मादन तथा सम्मोहकता से उत्कीर्ण होती है। अत: हमें देह-धुरी पर प्रणय तथा देह-ऊर्जा का पुन:-पुन: अनुसन्धान एवं सम्मान करना चाहिए। ध्यातव्य है कि **एस्ट्रोजन** नामक हार्मोन-समूह नारियों में यौनता (सैक्स) और यौवन का संवर्धक है जो त्वचा में झिलमिलाता हुआ सौन्दर्य-लावण्य का संकेतक है। देह-ऊर्जा का यह भी सत्यापित संज्ञेय है कि त्वचा के कुछ **काम-सन्तप्त क्षेत्र** विशेष उत्तेजना प्रवण हैं। इनमें जननेंद्रिय-क्षेत्रों के अलावा कुचाग्र, उरु (जाँघ का ऊपर वाला भाग), नाभि, ग्रीवा का गुदगुदी वाला पृष्ठ, कमर के गुदगुदाने वाले पार्श्व, मेरुदंड, नितम्ब, घुटनों की पिंडलियाँ तथा तलुवे-एड़ी आदि हैं। इनमें भी जननेंद्रिय-गुदा के मध्य का 'स्वर्णिम-त्रिकोण'—जहाँ मूलाधार-चक्र में कुंडलिनी प्रसुप्त होती है—अत्यधिक कामोत्तेजक है।

इस भाँति रूप, रस, गंध, श्रवण-वाक् तथा **स्पर्श** में-से देहभाषा की धुरी से यही अन्तिम सिद्ध होता है। इसमें पुरुष-स्त्री की त्वचा की परस्पर प्रगाढ़ता के बन्ध, दोनों की देहों के उष्ण स्थल के तप्त बिन्दु सैक्स-संवेदना उद्दीप्त कर देते हैं। इनमें भी ओठों तथा जीभ की महती उत्तेजना धधकती जाती है।

(अ) देह के उष्ण-स्थल या तप्त बिन्दु (हॉट प्वाइंट्स)

मानुष-देह और देहांग प्रकृति की सर्वोच्च तथा सर्वोत्तम सृष्टि हैं। इसीलिए एक ओर तो मनुष्य ब्रह्मांड के केंद्र में सूर्यवत् अभिषेकित है तो दूसरी ओर जो कुछ सम्पूर्ण ब्रह्मांड में जैसा-जैसा है, वही कुछ पिंड (देह) में वैसा-वैसा है। अत: देह के कुछ अंग तथा अंग में भी कुछ लघुस्थल या लघुत्तम बिन्दु विशिष्ट संवेदन, उत्तेजन, कर्मण, मुद्रा-भंगिमा आदि के प्रसारक या अभिसारक हो जाते हैं।

देह और देहांग वही हैं लेकिन **योग** में विशिष्ट अष्टचक्र तथा तीन नाड़ियाँ हैं, **नाट्य** में नवरस है तथा प्रत्येक रसानुकूलन से उद्भूत (आंगिक) अनुभाव हैं। इसी तरह **काम-लीला** (स्पोर्ट ऑफ लव) में भी अंगों में/अंगों के उष्ण-स्थल या तप्त-बिन्दु उद्घाटित किए गए हैं।

सम्पूर्ण देह में **मुहांदरे (मुखमंडल) के अन्तर्गत** केश, ललाट, कान, नेत्र, त्रिपुटी (नेत्रों के बीच नासिका का ऊपरी भाग), कपोल, अधर (ऊपरला-निचला); **कन्धे से ऊपर** ग्रीवा तथा नीचे वक्ष, स्तन, चूचुक, काँख, भुजा, उदर, नाभि, पीठ, कटि, पार्श्व तथा **कटि के नीचे** योनि, लिंग, जाँघ, पदताल आदि ऐसे स्थल या बिन्दु माने गए हैं। इनका एक कारक 'एस्ट्रोजन' होता है।

उष्ण स्थल या तप्त बिन्दुओं की पहचान है कि वे नर-नारी (विशेषत: मर्दवादी जीवनशैली में नारी) में **मनोवेग** (पैशन) की भावधुरी होते हैं, उनमें शुक्लपक्ष-कृष्णपक्ष के पखवाड़ों वाली चन्द्रकला (एक बटा सोलहवाँ भाग) के अनुसार स्पन्दन बढ़ता-घटता है। इनके द्वारा रति-लीला को सुखानन्द तथा सन्तृप्त आराम मिलता है तथा ऐसी सन्तृप्ति के लक्षण (देह-लांछन में) रोंगटे खड़े होने वाला रोमांच तथा अस्फुट ध्वनि वाले सीत्कार होते हैं।

इन स्थल-बिन्दुओं को उन्मीलित करने में देह/देहांग को हलराना-दुलराना, चूमना-नख चुभाना, मुष्टिका-प्रहार-थपथपाना, दबाना-मलना, हौले से काटना-उँगलियों से दबाना, चूमना-खींचना, धकेलना, शिवलिंग-योनि-मिलन आदि हैं। इन संक्रियाओं के मूल में यह पवित्र एवं दिव्य 'ऋत्' सत्य दीप्तिमान है कि सभी नृ-वानरों (प्राइमेट्स) में यौन-आकर्षण तथा सृष्टि-प्रजनन के दो-तीन-चार तप्त केंद्र हैं—(i) जननेंद्रिय तथा उसके परिवृत्त क्षेत्र तथा (ii) हमारे यौन-व्यवहार के निर्धारक क्षेत्र। इसकी परिधि में नारी का स्मर-मन्दिर जो ऋतु, चन्द्रकला-ताप, ऋतुमती दशा में **फैल** जाता है तथा **गंध** को भी फैलाता है। स्थलिक जननेंद्रियों से **काम-सलिल** तथा कद्रु भी उत्पन्न होता है। इस तरह यह दृश्यगंध का जैविक मिथुन है। (यहाँ—उरुमूल ज्यादा सन्तप्त होता है)। (iii) पृष्ठ में नितम्ब-क्षेत्र तथा (iv) जंघा, पिंडलियाँ और पाँव-तालु आदि। अन्ततः दो ही प्रमुख केंद्र हैं : स्तन-मंडल और नितम्ब।

तदपि पूरे जैविक विकासपरक सिन्ड्रोम में जो ग्राफ बिन्दु दिपते हैं वे अधर, नासिका, जीभ, चूचुक, लिंग व योनि हैं। समलैंगिकता में भी यही सिन्ड्रोम तत्प्रकारेण सक्रिय होता है। वस्तुतः देह के कतिपय अंग ध्वनि, रूप एवं गंध द्वारा सम्प्रेषण करते हैं। ये ऐंद्रियिक घटक होने के साथ-साथ प्रसारक भी हैं। सम्प्रेषण एवं प्रसारण का एक जीव-विज्ञानी कारण यह भी है कि हम नंगे नर-वानरों अर्थात् मनुष्यों की चिकनी देह के सभी ग्रन्थि-क्षेत्र केश-स्तबकों से आच्छादित होते हैं जो तीव्र उत्तेजक गंध को प्रवहमान करते हैं ताकि वह छितराकर आकर्षण-आमंत्रण-संगम कराए। इसीलिए वक्ष, चूचुक, काँख, नाक के नीचे, गुदा, योनि वाले स्थल केशाच्छादित भी हैं। अतः स्वच्छता इनकी जरूरत है।

देह-संकेतों में से कुछ अभद्र और टैबू वाले भी होते हैं। इन्हें हम अश्लील या अनैतिक मान लेते हैं। बहुधा ये चोली और कच्छे से ढँके जानेवाले उपांग होते हैं। टैबू के रूप में संस्कृतियाँ ज्यादा सक्रिय होती हैं : इस्लाम में आँखों-कपोलों-ओठों को बाहर में ढाँपने के लिए बुर्क़ा तथा सिखी में खुले केशों को ढँकने के [लिए पाग] उदाहरण हैं। इसी तरह कुछ देह-चक्रचिह्न कुलीन, लाक्षणिक एवं अनुरागपरक होते हैं : जैसे अंगूठियाँ, सिन्दूरी माँग और आलक्तक-चरण। इस तरह देहांगों का यह संकेत-विज्ञान हमारे व्यवहार का उद्घाटन तथा निर्धारण भी करता है। खुतना और (योनि बन्धक) लोहे की कमर पेटियाँ भी इसके विचित्र पक्ष हैं।

तथापि देहांगों के कुछ शैली-चिह्नकों के आधार पर देही का नामकरण तक होता है। ये शैलीचिह्नक मात्र इशारे हैं; जैसे—आमंत्रण ओठ (रेखा, विपाशा बसु), इच्छाकुल आँखें (कैथरीन जीटा जोन्स, पेनेलोप क्रुज़), लोलुप कपोल (निकोल क्रिडमान, प्रीति जिन्टा), धक्-धक् गर्ल (माधुरी दीक्षित), तड़ित जंघावली (श्रीदेवी), पपीहा कंठी (मीना कुमारी), मोर नितम्बिनी (करीना कपूर), पद्मिनी देही (ऐश्वर्या राय), नीली आँखों वाला शो-ब्वाय (राज कपूर), चिर कुमार (अशोक कुमार), महानायक (अमिताभ बच्चन) आदि, तथापि देह को नंगी मांसलता वाला कार्निवाल नहीं होना चाहिए जैसा कि रियो-डि-जेनियरो में होता है। तृष्णाग्नि धधकाने की इजाजत तो कोई संस्कृति नहीं देती रही है। यह सम्भव है कि नारी-पुरुष खास देह-मॉडलों का अनुकरण करें। इस प्रसंग में बेवर्ली हिल्स के डॉक्टर-द्वय रिचर्ड फ्लेमिंग तथा टोबी मायेर ने 'इंस्टीच्यूट ऑफ ऐस्थेटिक्स एंड रिस्ट्रक्टिव सर्जरी' के तत्त्वावधान में लगभग 1500 महिला-रोगियों का सर्वेक्षण करके (2002 में) बताया कि वे दर्पण में अपने उत्तेजक सुदर्शन तथा देहाकृति की कामना रखती हैं। वे बहुधा संरूप के फिल्मी मॉडलों के अनुरूप खुद को ढालने की तमन्ना करती हैं। उनके वरीयता-क्रम में ब्रिटनी स्पीअर्स, जेनिफर लोपेज, एंजेलिना जोली आदि हैं।

धक्-धक् गर्ल (माधुरी दीक्षित)

सो, इस प्रकरण का समापन हम पूरब और पश्चिम के देह-दर्शन के अन्तर से करते हैं। पूरब में देह में मनोवेगों के अपकर्ष-उत्कर्ष का क्रम चन्द्रमा-केंद्रित है जो अमृत अर्थात् सोममय तथा शीतल तृप्ति है (भारत)। पश्चिम में वह उष्ण या तप्त बिन्दु-केंद्रित है जो अग्निमय है। अथच पश्चिम में काम-कला प्रायः मुख-मैथुन से शुरू होती है (फैलाशियों तथा कुनिलिंगस), जबकि पूरब में देह-प्रशंसा तथा काम-शोभा से। भारत में केलि-शय्या सौभाग्य-शय्या है। अब यह मात्र आदर्श रह गई है। आज यथार्थ भयानक है। अन्त में एक सारणी पेश है। [इसकी अधिष्ठापनाएँ तो कल्याण मल्ल (पन्द्रहवीं-सोलहवीं शती) की है। इन्हें रिचर्ड बर्टन ने तालिका-बद्ध किया है]।

पद्मिनी गन्धा (ऐश्वर्या राय)

ललचौहें कपोल-भँवर (प्रीति जिन्टा)

शुक्लपक्ष सम्वर्धित चन्द्रिका दाईं ओर		स्थल तथा बिन्दु जिनके स्पर्श से मनोवेग उत्तेजित होते हैं	कृष्णपक्ष अँधेरा पखवाड़ा बाईं ओर	
दिन	**स्थल**		**स्थल**	**दिन**
15	सिर और केश	केश पकड़ना तथा अँगुलियों से सहलाना	सिर और केश	1
14	दाईं आँख	चुम्बन और दुलारना	बाईं आँख	2
13	निचला ओठ	चुम्बन धीमे से काटना	उपरला ओठ	3
12	दायाँ कपोल	यथोक्त	बायाँ कपोल	4
11	कंठ	नखच्छदन	कंठ	5
10	पार्श्व	यथोक्त	पार्श्व	6
9	कुच	हाथ में ग्रहण और माड़ना	कुच	7
8	पूरा वक्ष	खड़ी हथेली से थपथपाना	पूरा वक्ष	8
7	नाभि	खुली हथेली से थपथपाना	नाभि	9
6	पुट्ठा	मुष्ठि में थामकर निचोड़ना-सा	पुट्ठा	10
5	योनि	घर्षण के साथ शिश्न-प्रवेश	योनि	11
4	घुटना	घुटने द्वारा दबाव देना	घुटना	12
3	पाँव की पिंडली	पिंडुली तथा अंगुलियों से दाब देना	पिंडली व पाँव	13
2	पैर	पंचे से दबाव देना	पैर	14
1	ऐड़ी	यथोक्त	चौड़ी ऐड़ी	15

देह के कतिपय तप्त ऊर्जा-स्थल/बिन्दु

विश्व में ऊर्जा (एनर्जी), शक्ति (पॉवर) तथा बल (फोर्स) में रूपायित होती है। देह में भी जैविक प्रकार से ऐसी लीला घटा करती है। ये लीला-छायाएँ जैसी हैं।

हम देह की त्रिआयामी परियोजना करें। हमारी एक **स्थूल देह** है, दूसरी **सूक्ष्म देह**, तीसरी **कारण** अथवा **सहज देह**। स्थूल देह पंचमहाभूतों से निर्मित काया है जिसमें पंच ज्ञानेंद्रियाँ, पंच कर्मेंद्रियाँ, पंच तन्मात्राएँ तथा मन-बुद्धि-अहंकार—ये अठारह तत्त्व हैं। सूक्ष्म देह इन अठारह तत्त्वों से निर्मित है तथा स्थूल शरीर में ही संस्थित है। सुषुप्ति-अवस्था भी इससे सम्बन्धित है। दोनों देहों का एकतान व्यापार होने पर शक्ति-चक्र गतिमान हो उठते हैं। सहज देह में पंचप्राणों की स्वचालिता घटित होती है। यहाँ सभी प्रकार की इंद्रियों-तन्मात्राओं की गति शान्त होती है। यहाँ सम्भोग से समाधि तक की एकतानता है।

कुछ गूढ़ साधनाओं में यह सम्भोग की समाधि के सुख से आनन्द तक का उत्कर्ष है अर्थात् अलौकिक आनन्द की इहलौकि परम 'भग (लिंग) आसन' की अवस्था **महा-सुख** है (यह सदेह स्वर्ग पहुँचने की मिथ्या भ्रान्ति है जिसे **मुक्ति** मान लिया गया)। अत: तरुणी (महामुद्रा) के प्रति अटूट प्रेम ही **महा-राग** है। इसे कमल-रस या अमृत-रस भी कहा गया

है। सहज देह के सहज–रस से ही **महा–सुख** की प्राप्ति होती है। इस तरह दूसरी विषुवत् रेखा पर **महा–मुद्रा, महा–राग,** और **महा–सुख** एकतान हो गए। सम्पूर्ण सम्भोगी देह ही महामुद्रा हो गई। सिद्धों ने तो फान्तासी को पूरा परवान चढ़ाते हुए माना कि अर्द्धरात्रि को ही महासुख–चक्र रूपी कमल खिलते हैं जिन पर कुलिश शक्ति–आसीन होता है। तो यह है देह–भोग का **कमल–रस**! इसमें शक्ति ही स्त्रीत्व (काइनेटिक एनर्जी) है। इसमें ही काम एवं योग का सन्तुलित–समन्वित उपाय है।

इनमें से पहला हमारा भौतिक संसार, दूसरा मनोभौतिक संसार तथा तीसरा अध्यात्म–('आत्मा' नहीं) परक संसार से संलिप्त है। इस तरह देह में कई सिस्टमों वाले पृथक्–पृथक् बल–स्थल हैं। शक्ति–बिन्दु हैं जो सूक्ष्मातिसूक्ष्म मनोबन्धों (मूड्स) एवं भंगिमाओं (जेस्चर्य) का विधान करते हैं। उनके स्पन्दन ही बिन्दु–स्थल हैं। ये स्थूल से सूक्ष्म के लोक में फैलते हैं। योग के भी अपने ऐसे शान्त बिन्दु हैं, काम–कला में ऐसे उत्तप्त बिन्दु हैं, एकूपंक्चर में सन्तुलन–बिन्दु हैं; अर्थात् विभिन्न प्रणालियों के भिन्न–भिन्न प्रकार्यों के लिए भिन्न–भिन्न शक्ति–बिन्दु हैं। इनका उन्मीलन त्वचा के स्पर्श से होकर अनन्त ऊँचाइयों और अगम गहराइयों तक महामन्थन कर डालता है—हमारी कई देहों का। आयुर्वेद के भी पीड़ा–रोग बिन्दु हैं। नृत्य में भाव मुद्रा–बिन्दु है। इनसे ही 'भंगी' तथा 'लौ' का अपसरण होता है। एक प्रणाली का बिन्दु, दूसरी में निस्पन्द हो सकता है अर्थात् उसके अतिशय बलशाली होने पर वह सम्पूर्ण देह को आवृत्त कर सकता है। अतएव किसी एक बिन्दु–स्थल से भी सम्पूर्ण देह में वैद्युत्–चुम्बकीय तरंगों का विकिरण होता है। आधार मेरुदंड है जो स्थूल शरीर से इन्हें संचारित–संचालित करता है।

इस परियोजना का विस्तार करें। योगासन, काम–सम्भोगासन, नृत्य, खेल–कूद, कुश्ती आदि मेरे स्वाधीन अंगों तथा सम्पूर्ण देह, दोनों का, किंवा मेरे जीवित का भाग है। ऐसे अवसरों पर—एकाग्रता के कारण—पूरी देह का सारत्वीकरण हो जाता है। तब रक्त, स्नायु, पेशी, ऊत्तक, अस्थिपिंजर की स्थिति मिलकर उसी विशिष्ट अंग की सत्ता सम्पूर्ण देह में कायान्तरित (मेटामार्फोज्ड) कर देते हैं। वह अंग अथवा मुद्रा केंद्रीभूत ऊर्जाकोश बन जाती है, शक्ति–ध्रुवान्त की तरह सक्रिय हो जाती है, आकर्षण–विकर्षण के बलाघातों का आपस में टकराते हुए।

एकल अथवा युगल की विचित्र दशा भी होती है। हमारी देह पर दूसरे का अधिकार होता है तथा दूसरे की देह पर हमारा प्रभुत्व अथवा इसकी अदला–बदली। तब एक देही की रक्षापंक्ति छिन्न–भिन्न होती है। दो देहें आपस में एकैक हो जाती हैं अथवा प्रतिद्वन्द्विता में एक अधीन या समर्पित या कमजोर हो जाती हैं। तो, एकैक होना या देह की रक्षा–सीमा का खंड–खंड होना परसार विरुद्धक भी है (कुश्ती, मुक्का युद्ध)।

तथापि अपनी देह पर तो हमारा स्वाधिकार ही श्रेयस–प्रेयस है—सामाजिक, सांस्कृतिक, राजनीतिक, भौतिक नजरियों से।

तो, क्या देह में उत्तप्त या तप्त बिन्दु/स्थल देह–पूजा हैं? हाँ, जी!

ये वे बिन्दु अथवा स्थल होते हैं जो काम–कला के उत्तेजक–केंद्र होते हैं (वात्स्यायन) इनके दो ध्रुवान्त हैं—**संसर्ग** तथा **सन्तृप्ति**।

इसके पहले हम कई आनुषंगी बिन्दुओं का लेखा कर लें—

(अ) देह में **मर्म बिन्दु** भी होते हैं जिन्हें दबाने से मनुष्य या अंग अशक्त तथा निष्क्रिय हो जाता है। केरल में युद्ध–कला या कुंगफू में यह लक्षित है।

(आ) **उपचार-बिन्दु** होते हैं जिन्हें छेदने / बेंधने से पीड़ा या रोग दूर होते हैं (कान, अँगुलियाँ, तलुवे, गर्दन) या एक्यूपंक्चर विधि।

(इ) **संवाहन-स्थल**—देह के इन स्थलों को मलने या इनकी मालिश करने से थकान दूर हो जाती है, स्फूर्ति आती है तथा देहाकृति दुरुस्त होती है।

(ई) **कुरूप अंग-स्थल** देह के कुछ भद्दे अंग होते हैं/हो जाते हैं। इन्हें प्लास्टिक सर्जरी द्वारा ठीक तथा सुडौल बनाया जाता है—उदर, स्तन, ओठ, नाक, कमर आदि।

(उ) कुछ अंग गोदने तथा चित्र-रचना के लिए भी : स्तन, कपोल, ठोढ़ी, नाभि, जंघा आदि।

ये पाँचों ही देहभाषा प्रसंगों में यथा-तथा विवेचित होंगे। फिलहाल, हमारा लक्ष्य देह के तप्त बिन्दु/स्थल हैं। हम बिल क्लिंटन तथा मोनिका लेविंस्की प्रकरण को सर्वथा उपयुक्त मानते हैं। यह जिरह क्लिंटन तथा न्यायाधीश के बीच छिड़ी। मूल समस्या थी कि **यौनात्मक (सैक्सुअल) सम्बन्ध** क्या है ? परिभाषा तय की गई कि यह किसी नर/नारी के प्रजनेंद्रिय (योनि, लिंग), गुदा, श्रोणि (धरन), वक्ष, उरुसन्धि या नितम्बों से ऐसा संसर्ग (सम्पर्क) है जिसमें किसी अन्य नारी/नर की सैक्स-कामना को उत्तेजित करना या संतृप्त करना हो।

यह सहमति तो बनी कि मुख-मैथुन (अधरों का चुम्बन) उक्त सूची में शामिल नहीं होने के कारण यौन सम्बन्ध नहीं है क्योंकि इसमें इरादा न तो उत्तेजित करना और न ही संतृप्त करना है। फलतः निर्णय हुआ कि देह के तप्त बिन्दु या/तथा स्थल योनि, गुदा, नितम्ब, स्तन, ग्रोइन अथवा आन्तरिक जाँघ हैं। इस प्रकार अधर परिभाषा से बहिष्कृत हो गए (किन्तु कुनीलिंगस या फैलासियो पर जज ने सवाल नहीं पूछे तथा क्लिंटन ने जवाब नहीं दिया)। क्लिंटन का कहना था कि उन्होंने मोनिका लेविंस्की से 'सैक्स-सम्भोग' नहीं किया। इसलिए वह इसे 'सैक्स-सम्बन्ध' नहीं मानते। अलबत्ता अनुचित सम्पर्क, अन्तरंग सम्बन्धों के लिए वे क्षमाप्रार्थी हैं।

तथापि बिल क्लिंटन तथा मोनिका लेविंस्की के सैक्स कांड में **देह के उत्तप्त बिन्दुओं** पर बहस के कुछ अंश कैनेथ स्टार्र ने दिए हैं।

क्लिंटन ने सैक्स के प्रकरण, सम्बन्ध, सम्पर्क को अपरिभाषित-सा बताते हुए केवल एक शर्त कही—'सैक्स-सम्भोग'। अधरों का मुखमैथुन सैक्सचक्र में नहीं आता। उनसे पूछा गया कि क्या किसी का स्तनों को छूना या चूमना 'सैक्स-परिभाषा' के अन्तर्गत आएगा ?

किसी अन्य का **स्पर्श** किस उद्देश्य से किया गया ? क्या उसका मन्तव्य सैक्स-वासना या कामातुरता को उत्तेजित करना है ? क्या स्पर्श का आशय उत्तेजित करना अथवा काम-तृप्ति है ?

हाँ, ये उत्तेजित या तृप्त करेंगे, अगर हम देह के इन स्थलों से सीधे/प्रत्यक्ष संसर्ग में आएँ तथा हमारा लक्ष्य उत्तेजना अथवा तृप्ति हो।

इस प्रकार उसके स्तन को **चूमना** या उनका **स्पर्श** करना भी 'सैक्स-सम्बन्ध' की परिधि में आ जाएँगे।

क्लिंटन का कहना है कि उन्होंने मोनिका लेविंस्की से सैक्स-सम्भोग नहीं किया। इसलिए वह (अपना) **सैक्स-सम्बन्ध** नहीं मानते।

बेशक अनुचित सम्पर्क, अन्तरंग सम्बन्ध के लिए वे क्षमाप्रार्थी हैं।

यूँ, **देहभाषा** में **सम्पर्क** तथा **स्पर्श** भी शामिल हो गए—बहिर्मुख।

हमारी देह-छाया तथा हमारा देह-बिम्ब, दीपक अथवा दर्पण के सामने आकर एकात्म होता है या फिर हमसे ही अजनबी हो जाता है। एक आदमकद दर्पण के सम्मुख जब हम वस्त्र सज्जित अथवा नंगम-नंगा आन खड़े होते हैं तब हम अपनी ही देह से अजनबी होकर उसे

पहचानने में उलझ जाया करते हैं। हम अपनी देह की स्वयं यात्रा करते हैं। हम नितान्त नग्न होकर देह-रति, देह-पूजा अथवा देह-ग्लानि का अनुभव करते हैं। सब कुछ बदल-सा जाता है, ऐसे आत्म-साक्षात्कार में। देहभाषा का सम्पूर्ण व्याकरण-पुरुष हम में अन्तर्लीन होता है। हमारी स्थूल देह तथा सहज देह आमने-सामने रू-ब-रू होती है। दुहरा दूँ कि एक ही व्यक्ति की दो देहें हैं। आत्मरति (नार्सिसिज्म) है तथा अर्द्ध-नारीश्वरत्व/अर्धपुरुषेश्वरीत्व भी : पारस देव-रूप तथा अवचेतन दानव-रूप भी, विभक्ति भी, मिथुनत्व भी। देहभाषा इसे ही परिलक्षित करती है।

शायद 'हमारे' सामने यह कोई 'मैं' है जो अपरिचित है, अनखोजा है, तदपि हम तो बीत रहे हैं परन्तु यह अभी-अभी, बिलकुल अद्यतन, अछूता, छाया-रूप, नवीन है। यही हमारे अस्तित्व का सारत्व है। यारब! मेघदूत की अलका नगरी मानो यक्षिणी का विशाल दर्पण है। जानकी वल्लभ शास्त्री ने कहा है—"दर्पण को ताका तो पीछे खड़े की लालची आँखें दिखीं। फिर तो लाज की लपेट में आ गई।" यही राधा और उसकी शक्ति-रूप छाया ललिता की एकता एवं विरोध है।

वाणी से परा-पश्यन्ती वाले अन्य भाव या मनोबन्ध (मूड) की मनोरथिक अभिव्यक्ति सम्भव नहीं है। चेष्टाओं से उसका पहला आभास मिलता है—स्याम गौर किमि करौं बखानी?

कई पूर्वीय संस्कृतियों में भावानन्द-विभोर होना एक पवित्र दशा होती है। शारीरिक शुद्धि एवं तृप्ति इसका मूलाधार-चक्र है। इससे दैहिक सम्बन्धों की शुरुआत होती है। सैक्स में साथी होना शर्त है। यूनानी लोग तो शारीरिक सुन्दरता के लिए अनुपात तथा सन्तुलन को प्रमुख मानते थे। शारीरिक सौन्दर्य ही नैतिक सौन्दर्यबोध या ऐस्थेटिक्षा भी है। तो हम देह-प्रतीकों में कमलासीना लक्ष्मी, सीप (शुक्ति) पर खड़ी एफ्रोदाइती, रोमी वीनस तथा वात्स्यायन मुनि की रति तक की यात्रा कर रहे हैं। यही काम-मन्दिर का मानस देह-तीर्थ है। यौनोत्तेजक भी है।

अब हम दो-तीन-चार आधारभूत देहांगों की अवाचिकता का अनुशीलन करेंगे—अधर, नाभि, नितम्ब तथा स्तन का; तथापि आधुनिक तालमान क़ायम है—34" (वक्ष-स्थल), 21" (कमर), 35" (नितम्ब)। इसमें थोड़ी-बहुत खींचतान हो सकती है, हस्तिनी के भी सम्मोहन से।

(क) अधर

अधर के रस को अमृत माना गया है। गुलाबी गालों के साथ ही कोमल, रेशमी लाल अधर एस्थेटिक्षा के भी आदर्श हैं। बच्चों तथा किशोर-किशोरियों के ओठ प्रकृत्या ज्यादा लाल होते हैं। शनैः-शनैः वे बड़े अथवा मोटे, लम्बे अथवा चापमय हो जाया करते हैं। वे लिप-स्टिक द्वारा रँगे जाते हैं—नाना समताल वर्णों में। प्रणयावेग में उन पर हलके दन्त-क्षत के निशान शुभ होते हैं—प्रदर्शनीय। यों, एक प्रणाली का बिन्दु-स्थल दूसरी में निस्पन्द हो सकता है एवं एक बिन्दु एक से अधिक प्रणालियों में भी सक्रिय हो सकता है। स्थूल शरीर में मेरुदंड इनका आश्रय है। अधर में कई प्रणालियाँ तिरोभूत हैं।

नीचे मानवीय अधर-रूपों के भेद रेखित हैं—(A) पूर्ण ओठ, (B) पतले ओठ, (C) त्वचा-रेखा की कोर दिखाते अधर, (D) विस्तारित कोर, (E) बड़े मोटे ओठ (जूलू जन), (F) कामधनुष-से ओठ (पुरुषों की अपेक्षा नारियों में ज्यादा आम), (G) दागदार छँटाई हुए अलंकरण (न्यूजीलैंड का माओरी कबीला), (H) दागिल गोदनों वाली अतिशय वार्धकता (एनू जन), (I) ओठों पर दागदार गोदने (उत्तरी ताइवान-चीन), (J) लाल लिपस्टिक समेत मोम-आलेपित अधर, (K) बाहरली त्वचा तक भी लिपस्टिक पोत कर बनाई गई नकली अधर-रेखा।

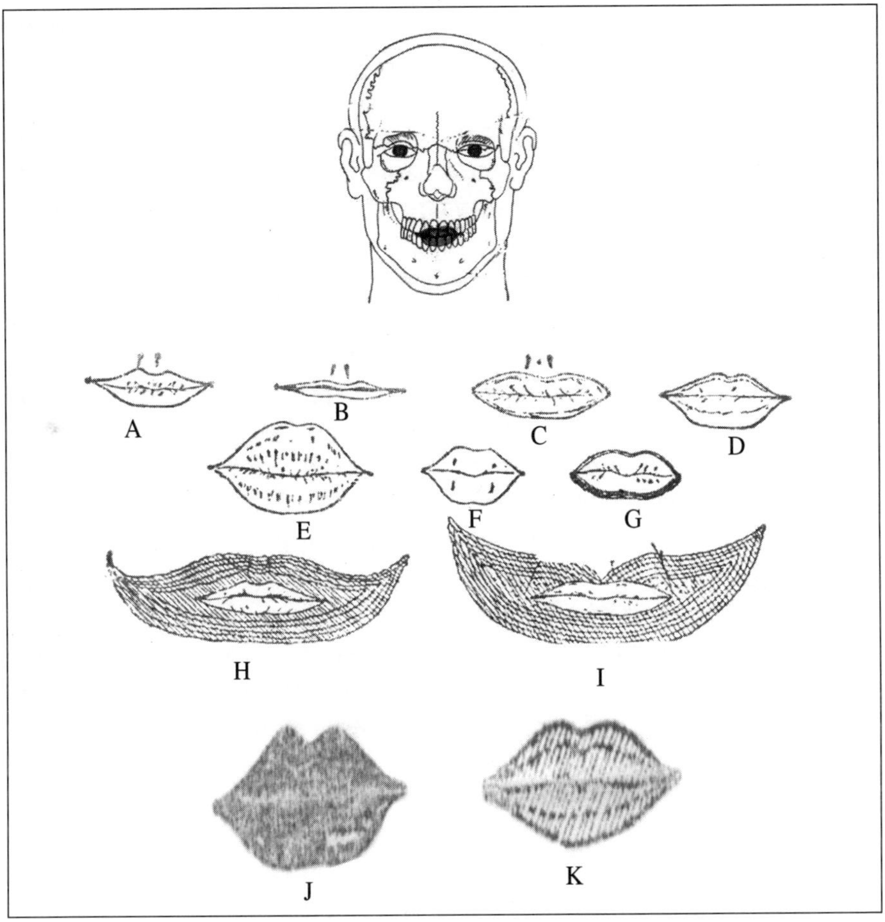

अधर की कोरों से कपोल शुरू होते हैं। ये मिलकर गाल में गड्ढे (कपोल-भँवर) और गूढ़ मुस्कान की भाषा भी गढ़ते हैं। इनकी अरुणिमा, तरलता, मन्द कम्पन, फैलाव एवं संकुचन, मृदुलता, थरथराहट आदि कई संचारी भावों का द्योतन भी करती है। अत: ये मनोभावों की गूढ़ता के उद्घाटक एवं उन्नायक हैं। असल में ये पश्यन्ती एवं मध्यमा वृत्ति के लुके-छिपे छविदूत हैं। अधरों पर उँगली धरना, अधरों को पान जैसे मुखरागों से रंजित एवं सुगन्धित करना, अधर न खोलना आदि मुहावरे भी अपनी भंगिमाधर्मी प्रोक्तियों का उन्मीलन करते हैं। अतएव अधरपुट, मिथुनों के अधर-बन्ध, देह-भाषिक सन्धि तथा समास के व्याकरण भी हैं। अधर-पुट में स्नायु-पुंज संवेदनशील तथा तीव्र संवाही होते हैं।

अधर तथा जिह्वा की कान्त मैत्री होती है। इनके बीच की दन्तमाला द्वारा क्षत् (काटना) काम-कला में पीड़ा को सुख में उदात्तीकृत करता है। इसी तरह जीभ द्वारा अधर-पान, अधरों के चक्रव्यूह में मिथुन की जीभों का भी रस-युद्ध तथा मन्थन अमृतपायी होता है। अत: अधर देहभाषा की अतुल्य बाह्य अभिव्यंजनाओं, मौन के अभिकर्त्ता हैं।

सो, अधर-केलि प्रथम अन्तरंग सोपान है जिसमें पुरुष-स्त्री की दो दूनी चार अधर-पँखुरियाँ गुँथ-सिल-बिन्ध-सी जाती हैं।

शताब्दियों के अभ्यासों से सिद्ध शास्त्रीय एवं लोकधर्मी काम-कला में **मिथुन-चुम्बन** के बन्धों की भंगिमाओं के भेदोपभेद किए गए हैं। इन्हें कुछ साभिप्राय शब्दावलियों से सर्वदा मंडित किया गया है। यथा—

...केवल पुरुष द्वारा स्त्री के अधरों का बलपूर्वक चुम्बन (मिलित), निष्क्रिय स्त्री द्वारा कामेच्छा से अपने ओठों को चुम्बन के लिए कँपकँपाना (स्फुरित), अपने अधरों पर धरे हुए पुरुष-ओठों को स्त्री द्वारा (पुरुष की) आँखें मूँदकर जिह्वा द्वारा अधरों को रगड़ना (घट्टित या बन्दिक), दोनों द्वारा अपने-अपने सम्पूर्ण ओठों को परस्पर अग्रोन्मुख करना (सम), पुरुष द्वारा अपने तिरछे ओठों से चुम्बन करना (तिर्यक), पुरुष द्वारा स्त्री की ठोढ़ी एवं केशराशि को पकड़कर, मुख-कमल सामने करके, चुम्बन करना (भ्रान्त), उपर्युक्त सम-तिर्यक-भ्रान्ति चुम्बनों में जबर्दस्ती चूषण करना अर्थात् चूसना (अवपीड़ित), तर्जनी तथा अंगूठे से स्त्री-अधर को खींचकर, बिना पीड़ा दिए, सहज चुम्बन करना (द्विजा ग्रहण), दोनों द्वारा एक-दूजे के ओठों का उत्फुल्ल रस-पान (सम्पुटक), सम्पुटक के ही अन्तर्गत जिह्वा द्वारा भी छक-कर रस-पान (प्रबोधित), नींद का बहाना करके नेत्र मूँद कर लेटी रमणी का चुम्बन (प्रिया-चुम्बन), स्त्री या पुरुष परस्पर की परछाईं का चुम्बन करें (छायिक), अपनी कामाग्नि में उन्मत्त पुरुष या स्त्री चित्र का चुम्बन करें (संक्रात), दूर से ही दो अंगुलियों को ओठों से चूमते हुए दाईं बाँह पसार कर आगे हथेली खोलकर हिलाना (उड़न चुम्बन) आदि-आदि।

उपर्युक्त संकेतक बन्धरूपों में देह-भाषिक लज्जा और गोपनता, बहाना और बल, आवेग और शालीनता, मौन आमंत्रण और सन्देश, रस-तृष्णा तथा कुंठा-मुक्ति आदि संलक्षित किए जा सकते हैं। वस्तुतः मिथुन-चुम्बन-बन्ध स्पर्श-रूप-रस-गंध का एक सौन्दर्यानुभूतिमय त्रिपुरसुन्दर अन्तर्लोक है जिसमें दोनों कामधीरों के दन्तद्वार के आर-पार अधर और जिह्वा आगामी रमण-सज्जित रति-रण के अभ्यास करते हैं।

(ख) मुख-चुम्बन

मुख-केंद्र में देहभाषा का अन्य प्रकटीकरण **चुम्बन** है। इसमें अधर-पुटों, दन्तमाला तथा जिह्वा का एक (अस्थिविहीन) त्रिपुट है। जिह्वा से स्वाद, दन्तों से पाश तथा अधरपुटों से स्पर्श एवं **गंध** मिलकर समावेशी होते हैं। यह क्रिया भी निर्भाषिक है। इसका परिपूर्ण रूप मिथुन-युगल के अधरपुटों का प्रगाढ़ बन्ध है किन्तु यह एकल भी होता है। एकल पक्ष में माता द्वारा पुत्र और पुत्रवधू के माथे या कपोल का चुम्बन, बड़ों द्वारा छोटों के ललाट या सिर-केशों का चुम्बन, सखा-सखियों द्वारा हथेली का चुम्बन विशिष्ट संस्कृति की मर्यादा तथा संकेत के लाक्षणिक चिह्नक हैं।

सम्प्रति हम मिथुन-युग्म के चुम्बन को लक्ष्यीभूत करेंगे।

चुम्बन अनुरक्त कामाकुल पुरुष-स्त्री द्वारा परस्पर अधरपुटों के वलयन का प्रगाढ़ बन्ध है जिसमें दन्त (क्षत) तथा जिह्वा (चूषण) का भी विलक्षण योगदान होता है। इसमें **रस** एवं **स्पर्श** के साथ **गंध** की भी संयुजता होती जाती है। मिथुन के उभय अधरपुटों के संगम के अलावा यह एकल भी होता है। चुम्बन के स्थानों में अधर, स्तन, जिह्वा, योनि, शिश्न, निम्नोष्ठ के अलावा ललाट, नेत्र, केश, कपोल, वक्षस्थल भी हैं। इनमें से प्रत्येक का अपना देह-रसायन परिलक्षित होता है, प्रकरण के अनुसार। यह सैक्स-केंद्रित अथवा मर्यादा-प्रदर्शक भी होता है। उक्त कारणों से भी चुम्बन **मुद्रा** की अपेक्षा भंगिमापरक विनायक भी होता है। अतः यह **बन्ध** है।

अधर-पुट तप्त तथा अत्यन्त सुकोमल आरक्त बिन्दु हैं जिनमें रक्त-कोशिकाओं का पुंजीभवन तथा स्नायुओं का तीव्र-संचारी सम्प्रेषण होता है। अधर ताप तथा शीतलता के भी मापक हैं। अतः इनमें व्याकुलता तथा दाहकता अन्तर्निहित है ('और एक फिर व्याकुल चुम्बन, रक्त खौलता हो जिससे'—प्रसाद)। सो, ये तृष्णाग्नि तथा संतृप्ति, दोनों के ही हेतु हैं। इनमें चरम-सुख तथा एकात्मकता की ध्यान-दशा लब्ध होती है।

अधरों की चुम्बन-वार्ता

सर्वोत्तम **चुम्बन** आर्द्र (रसीले) ओठों का होता है जब अधर और जीभ मिलकर कोमलता से चूसते हैं जिससे ताजी लार का स्राव **शहद** से भी ज्यादा मीठा हो जाता है। इससे देह में नख से शिख तक रोमांच तथा वेपथु रूप (कँपकँपी) फैल जाती है। यह अतिशय **अंगूरी शराब** पीने के बराबर होता है।

जानम! एक हड़बड़ाहट में जल्दबाज समागम की अपेक्षा एक रसीला चुम्बन कई गुना बेहतर है।

चुम्बन की देहभाषा में मुखमंडल मानो पूर्ण चन्द्र अथवा बालारुण जैसा होता है। इसमें केंद्रीय सक्रियता दोनों मुखों के चारों ओठों तथा जीभ की होती है। चुम्बन-स्थलों में निचला ओठ, नयन, कपोल, ललाट, ग्रीवा, मुख-अन्दर, वक्ष, स्तन, स्तनों के बीच की कन्दरा, नाभि, जंघा, (विरलता में शिश्न एवं योनि) आदि हैं। इनकी नाममाला भी मुद्रा-एवं-अनुभाव तथा भंगिमा की अभिव्यंजना करती है अर्थात् नयन को मूक वाणी प्रदान करती है—सम्पुटक (परस्पर अधर पान), वन्दिक (मुख में जीभ देना), रसनायुद्ध, अवपीड़ित (ओठ काट लेना), घट्टित, स्फुरित, प्रतिबोधित (सोते में), छायिक (छाया का) आदि। यह पश्यन्ती के बाद का मध्यमा वाला कटिबन्ध है।

दूसरी कोटि में **नक्ष-क्षत, दन्त-क्षत** आते हैं। इनकी चित्रात्मक भाषा है जो यथा-तथा स्पष्टतापूर्वक अवकूटित की जा सकती है।

अतः जब देहभाषा के भोग तथा योग के मिथुनीकृत आयाम में हम पहला कदम रखते हैं तो ओशो रजनीश की ध्यान-साधना का महासूत्र चौंकाता है—'सम्भोग से समाधि की ओर'। लेकिन यह तो शताब्दियों पुरानी साधनाओं में प्रतिफलित होकर 'पूर्ण-काम' तथा 'काम-कला' को सिद्ध करता आया है।

मुँह (माउथ) तथा मुहांद्रा (फेस) मिलकर 'मुख' बनाते हैं जिसके केश, कान, मस्तक, नयन, नाक, ओठ, गाल, ठोढ़ी, गर्दन आदि सभी ऐंद्रियिक या रागपरक प्रवेश-पत्तन हैं। ये केलि तथा क्रीड़ा का पूर्वाभ्यास कराते हैं तथा प्रदत्त सन्दर्भों में अवाचिक है। इनकी निर्भाषिक परिणति सीत्कार-ध्वनियों तक सीमित होती है।

मुखमंडल के **मुख** के अन्दर जीभ तथा दाँत और आर्द्रताकारिणी औषधिक लार होती है। बाहर अरुण पाटल-से दो अधर। यह आस्वादन का हेतु तथा ऐसा प्रवेश-द्वार है जिसमें सखा/सखी के रसीले परमाणु कण (मॉलिक्यूल) परस्पर घुलमिल जाते हैं—चुम्बन, पान, चूषण की क्रियाओं में। यह जननेंद्रिय के कुछ प्रकार्य भी निभाता है। अतः अनेक मुख-मैथुन की स्थितियों का भी विधायक है।

इस भाँति मुख केवल **आवेष्ठित** ही नहीं, अपितु छानबीन और धकेल भी करता है (किन्तु दन्त-क्षत के अलावा चुभन नहीं करता)। यह घर्षण, घूर्णन, थपथपाना, चूमना, दबाना, चिंहुटना, काटना भी करता है।

मुख की सीमाएँ भी हैं। यह समग्र शरीर के बजाय साझीदार के लिंग/योनि तथा नारी के कुचों पर केंद्रित होता है। अतः प्रेमलीला की एकात्मकता सीमित हो जाती है। यह हाथ की तरह बलशाली नहीं है।

यदि हम सहज, स्वच्छ, स्वाभाविक, सुन्दर, सुष्ठु, सुखद काम-क्रीड़ा को मिथकीय काम-देवता तथा रति की, उनके सहचर सोम और गंधवों की, टोली की लुकाछिपी भी मान लें तब तो यहाँ खेल (स्पोर्ट/गेम) के कई और पदबन्ध खुल-खुल जाते हैं।

यदि दन्त-क्षत् हो तो उसमें **चोटिल** (इंज्योर्ड) नहीं होना चाहिए यद्यपि ओठों का संवाहन तथा लार उसके आयुर्वैदिक उपचार हैं। यदि नख-क्षत के चिह्नक (मार्कर) अंकित किए जाते हैं तो नाखून तूलिका की तरह इस्तेमाल होते हैं अर्थात् वे मात्र हलकी-सी लाल **खरोंच** करें न कि गहरा छील दें। यदि चुम्बन की आवेशी क्रीड़ा होती है तो उसमें जबड़ों का **विस्थापन** (डिस-लोकेशन) नहीं होना चाहिए बल्कि ओठों को एक घाटी जैसा तथा जीभ को नौका-जैसा हो जाना चाहिए। उपर्युक्त खेलों में पैटर्न वाला चक्रमण (रोटेशन) तथा चूषण (सकिंग) प्रमुख होते हैं और प्राणायाम की कपालभाँति काम्य होती है। मुख-सुरति में रगड़ तो वांछित है किन्तु घर्षण वर्जित। प्रहरण (प्रहार/ताड़न) के खेल भी दोस्ताना मल्ल-जैसा पूर्वाभ्यास हैं। इनमें **मोच** या **कुचलना** (स्मेशिंग) नहीं हो बल्कि गहराई में मांसपेशियों तथा स्नायु पुंजों को सक्रिय, तीव्र एवं गतिमान करना ही लक्ष्य हो।

अतएव इन लघु-लघु 'खेलों' में लचीलापन (फ्लैक्सिबिलिटी) तथा गति (स्पीड) ही एक पूर्णकाम इकाई बनाती हैं। खेल के पारिभाषिक में हम कह सकते हैं कि ये प्रतियोगिता के पहले गरमाने की (वार्मिंग अप) प्रक्रियाएँ हैं जिनसे वेग और ऊर्जा तथा उत्तेजना स्पन्दित होकर उत्कर्षोन्मुख होती है।

चुम्बन

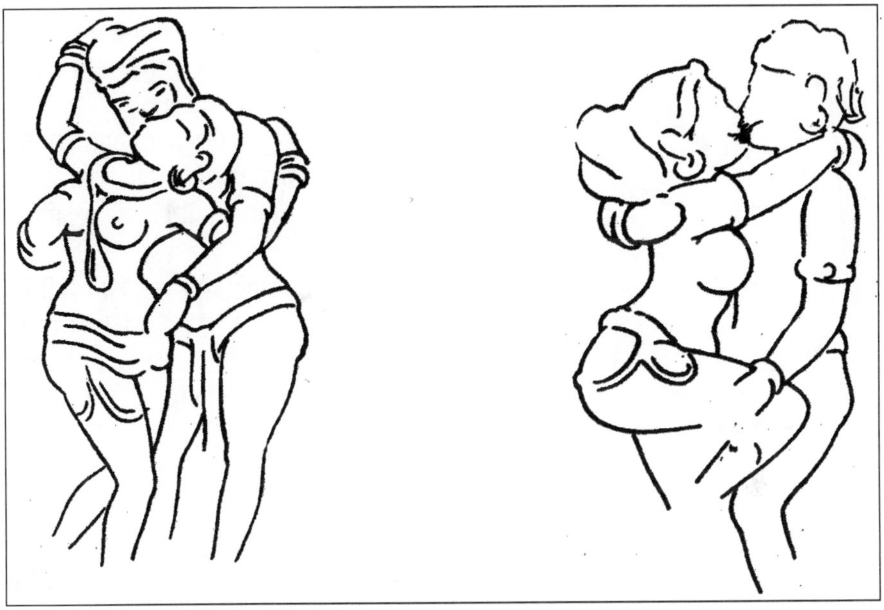

अग्नि और सोम-सुरा : राष्ट्रकूट-कला (कैलास-मन्दिर) के स्तम्भों में मिथुन

यौन-अदाओं में-से जल्दबाजी में किए गए समागम के मुकाबले एक गीला-रसीला चुम्बन बेहतर होता है। अधर-पल्लवों के बाहर का चुम्बन आनन्ददायक नहीं है, मात्र औपचारिकता है।

चुम्बन तथा सम्भोग की जुगलबन्दी है। सर्वोत्तम चुम्बन वह है जिसमें गीले-रसीले अधरों पर छाप लगाई जाती है, भींगे ओठों को चूसा तथा जीभ से ललकारा जाता है तथा हलके से दंत-दाब किया जाता है। कुल संयोजन में धीमे-धीमे कोमलतापूर्वक जो मीठी तथा ताजी लार निकलती है उससे साझीदार की जीभ का शुभमिलन प्रगाढ़ हो जाता है। ऐसा गोपन लार-बहाव वसन्त के शुद्ध शहद से भी ज्यादा मधुर तथा औषधिक होता है। ऐसी क्रिया में युगल की पूरी देह में कँपकँपी लहरा जाती है जो अतिशय मदिरा-पान से भी अधिक पेंचदार है।

चुम्बन-प्रकारों की भी देहभाषिक नाममाला है—नीचे के ओठ को कँपाते हुए किन्तु ऊपर का निष्क्रिय रखे (स्फुरित), प्रिय की आँख ढँकती हुई जिह्वा के अग्रभाग से प्रिय के ओठ का चुम्बन (घट्टितक), बिना दाँतों के काटे अपने ओठ से उसे जबरदस्ती से चूसना (अवपीड़ितक) तथा जिह्वा से जिह्वा का प्रगाढ़ चुम्बन (रसनायुद्ध) इत्यादि।

आलिंगन में आमने-सामने का मिलन, संसर्ग और संघात होता है। दोनों देहें (प्रसाद के अनुसार) मानो मदिरा से भरे तप्त परिरम्भ-कुम्भ हो जाते हैं जिनसे मन्द-मन्द निःश्वासों के झोंके निकलते हैं। अधिकांशतः ये रूप-भाव-लावण्य योजना से युक्त होते हैं जिनमें केंद्रीय मुद्राएँ बाहुएँ निभाती हैं। वे ही भंगिमाओं तथा सात्त्विक अनुभावों की लक्षणा देती हैं। ये वृक्षाधिरूढ़क, लतावेष्ठनक (मन्द सीत्कार के साथ), तिल-तंडुल, नीर-क्षीर, लालाटिक, स्तन-संघाती, जघन-श्लेष, अप-विद्ध आदि भेदों से अभिषेक करते हैं।

आलिंगन और चुम्बन

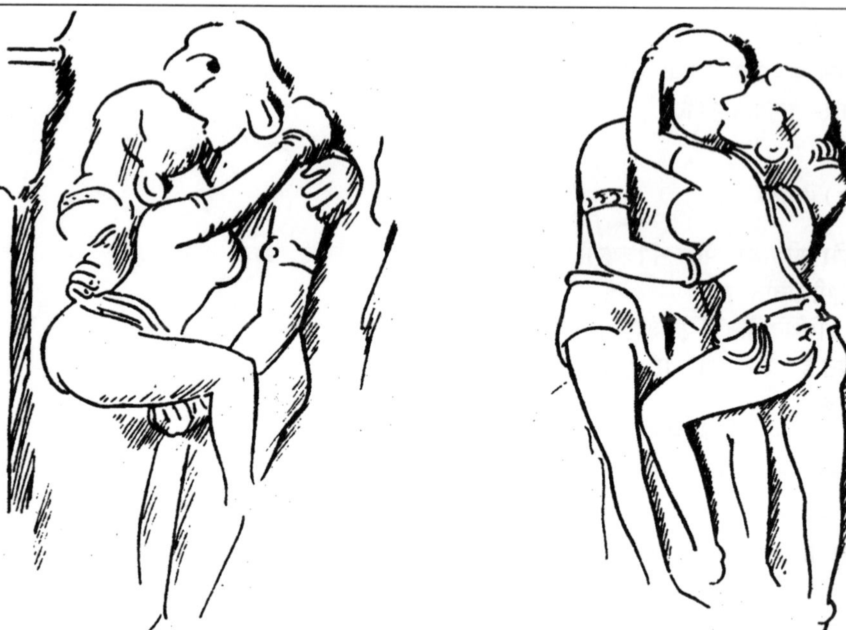

एलौरा का कैलास-मन्दिर

उत्तानपाद आलिंगन

सारत्व यह है कि आलिंगन समग्र देह-संस्पर्श है—शाल-वृक्ष से लिपटी लता के समान खड़े-खड़े चिपकी चुम्बन-सुख का भी भोग करती भोगिता (लतावेष्ठित), शय्या के ऊपर दोनों अदल-बदलकर जंघाओं तथा भुजाओं को एक-दूसरे में लिपटाकर आलिंगन (तिल-तंडुलक), एक-दूसरे की गोदी में बैठी या आमने-सामने शय्या पर लेटी का आलिंगन (क्षीर-जलक) आदि।

(ग) नाभि

नाभि की गहरी भँवर में त्रिवली का संगम होता है। यह तीसरे नेत्र की भाँति है। यह शुद्ध ऊर्जा का भी प्रतीक है।

मिथकयान में शेषशायी विष्णु पद्मनाभ हैं क्योंकि उनकी नाभि से सृष्टि-कमल निकलकर स्थित है। वे अपनी चार भुजाओं में-से एक में कमल धारण किए हैं। उनकी श्रीशक्ति भी पद्मा (लक्ष्मी) है।

सौन्दर्य-विधायकों (ब्यूटीशियंस) की दृष्टि में **नाभि** स्तन की तरह ही महत्त्वपूर्ण है। उसको अतल-उच्च स्थल बनाने के लिए आजकल शल्य-क्रिया (सर्जरी) की जाती है ताकि यह उपेक्षित-सी सैक्स-प्रतीक फैशन-डिजाइनों को अद्योवस्त्रों का लंगर भी बन जाए। इसे करधनी का विकल्प बनाकर नाभि-छेदन करके उसमें डिजाइन वाले सोने के छल्ले, चाँदी की

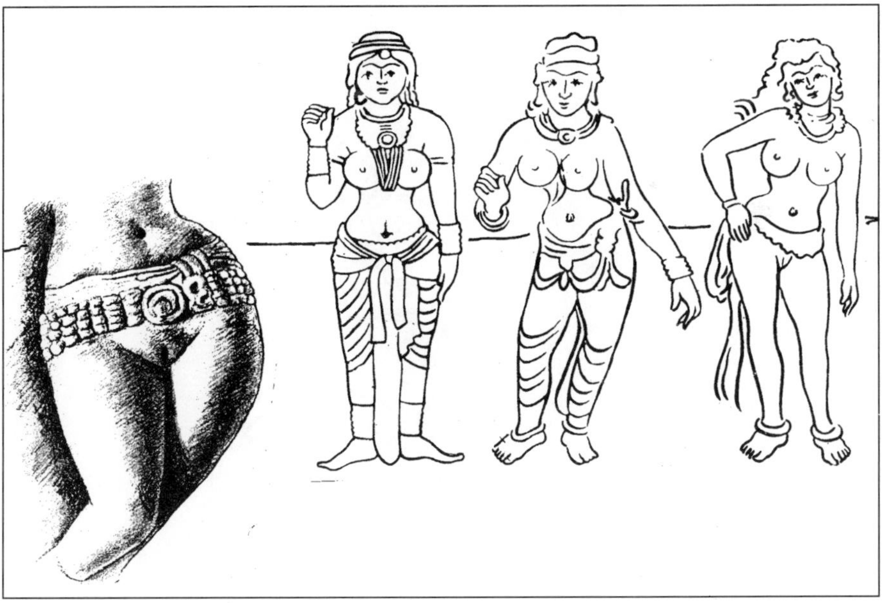

छोटी मछली तथा प्लेटिनम की नन्ही छुरी भी लटका-झुला दी जाती है। यह तो देह को एक शिल्पाकृति की तरह तराशना है—भँवर को गहराना तो कूपजगती को ऊँचा उठाना। यह एक गहने की भाँति ही बेशकीमती बना दी गई है। यह आकर्षक है, किन्तु लुकती-छिपती ताकझाँक को उकसाती उद्दीपन! अभिनेत्री बिपाशा बसु ने अपनी नाभि में छेद करवाया है।

(ङ) नितंब

शुंग तथा कुषाण काल की यक्षिणियाँ नग्न हैं और वे उर्वरता एवं प्रजनन के अनुष्ठानों की भी कर्त्री हैं। उनकी देह में स्तनों एवं नितम्बों की पृथुल-पुष्टता लक्ष्यीभूत है। उनके प्रमुख आभूषण कई लड़ियों वाली करधनियाँ तथा पाँतों में मोटी झाँझें हैं। लड़ियों की संख्या में नानाविध अनुष्ठानों के अभिप्राय हैं।

'तंत्र' में मिथुन केंद्र में आ गए। शिव एवं पार्वती के प्रतीकों से उनमें कापालिक और डाकिनी, योगी और सुन्दरी की नग्न मिथुन-मुद्राएँ शिल्पायित हुईं। उनकी समागम-मुद्रा को 'महामुद्रा' कहा गया है जो महा-सुख में मोक्ष प्राप्त कराती है।

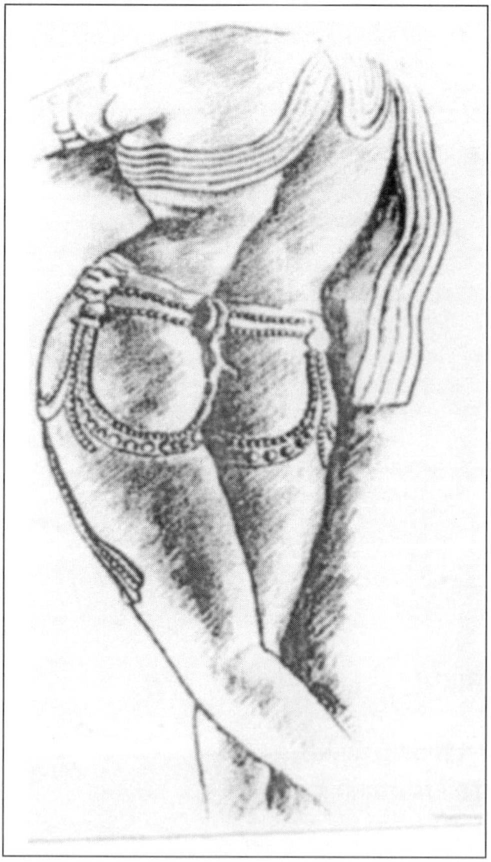

मथुरा तथा खजुराहो (ई.पू. 10वीं शदी), भुवनेश्वर एवं पुरी के मन्दिरों में सुर-सुन्दरियाँ (अप्सराएँ) तथा मिथुन अंकित हुए। मिथुन-मूर्तियों की स्थानक (खड़ी) स्थितियों में स्त्री-अंकन में पीठ तथा नितम्ब-पाँवों का रूपायन हुआ है क्योंकि दो में से एक की पीठ ही दिखाई जानी जरूरी थी। अत: देह-शोभा में **नितम्ब** भी वैभव-लीला-रति-विलास के हेतु एवं निमित्त बने। यह एक अनूठा देह-भाषिक नवोन्मेषशाली परिप्रेक्ष्य था जिसमें स्तनों की अपेक्षा

नितम्ब ही वशीकरण हो गए। कला एवं काम-कला में नितम्ब की प्रधानता का एक प्रसंग 'दश कुमार चरित्र' में उल्लिखित है जहाँ चित्रकार कलहकंटक श्रेष्ठि अनन्त कीर्ति की चंग-मलंग पत्नी की विपुल सौन्दर्य-यष्टि पर इसलिए आसक्त हुआ; क्योंकि वह 'नितम्बवती' है, तो एक उत्तम चित्रकार ने अपने 'एक आदर्श' (नितम्ब) का निजी चुनाव कर लिया। परवर्ती धारा में 'गरु नितम्बा' भी शोभा-भार का प्रादर्श (मॉडल) छोड़ गए। यायावरीय राजशेखर तो नितम्बों पर ही मंत्रमुग्ध रहे थे। इनकी वजह से पाँव सीधे नहीं धरे जाते। उन्हें अवलम्ब चाहिए।

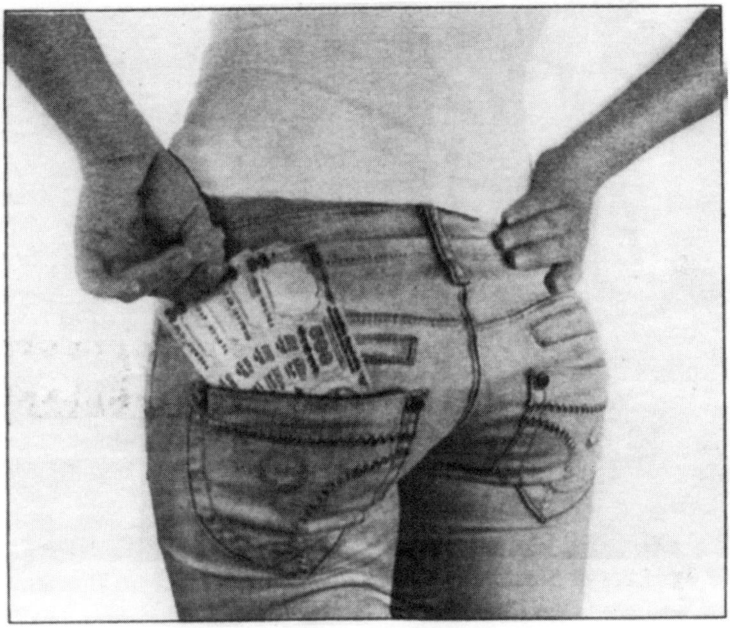

नर-नारी की **जननेंद्रियों** के अलावा मध्यकाल में **स्तन** तथा **नितम्ब** मिलकर अनंग रंग चतुरंग बनाते हैं। चीनी ताओ में तीन गिरि (नामों) की औषधि रस-रसायन है—जीभ, स्तन एवं योनि। वाराहमिहिर ने **नितम्बों** को विस्तीर्ण, पुष्ट, भारी और काँची-कलाप से युक्त बताया है तो पंडित कोका रमणियों को 'नितम्बिनी' कहना पसन्द करते हैं। नितम्ब कछुवे की पीठ के सदृश उन्नत तथा ढलवें होना अच्छे हैं। ये कामदेव का वास-स्थल बताए गए हैं। ये नृत्य तथा काम-कला में महत्त्वपूर्ण भूमिका निभाते हैं। चाल को गजगामिनी बनाते हैं तथा त्रिभंग को लचक-मटक-ठुमक प्रदान करते हैं। यायावरी आचार्य राजशेखर तो इन पर फिदा थे। विपरीत रति में तो ये डॉल्फिन मछलियों की तरह उछलते डुबकी लगाते हैं। ये किंकिणी का कोलाहल भी थाप तथा ताल से संयुक्त करते हैं। चित्रकार माधुरी-फिदा-हुसैन ने 'गजगामिनी' की अपनी फिल्म में माधुरी दीक्षित तथा गणेश का मेल कराकर रति-रहस्य भी गहराया है।

अप्सरा, लक्ष्मण मंदिर, खजुराहो

नितम्ब (वीनस)

नितम्ब (डेविड)

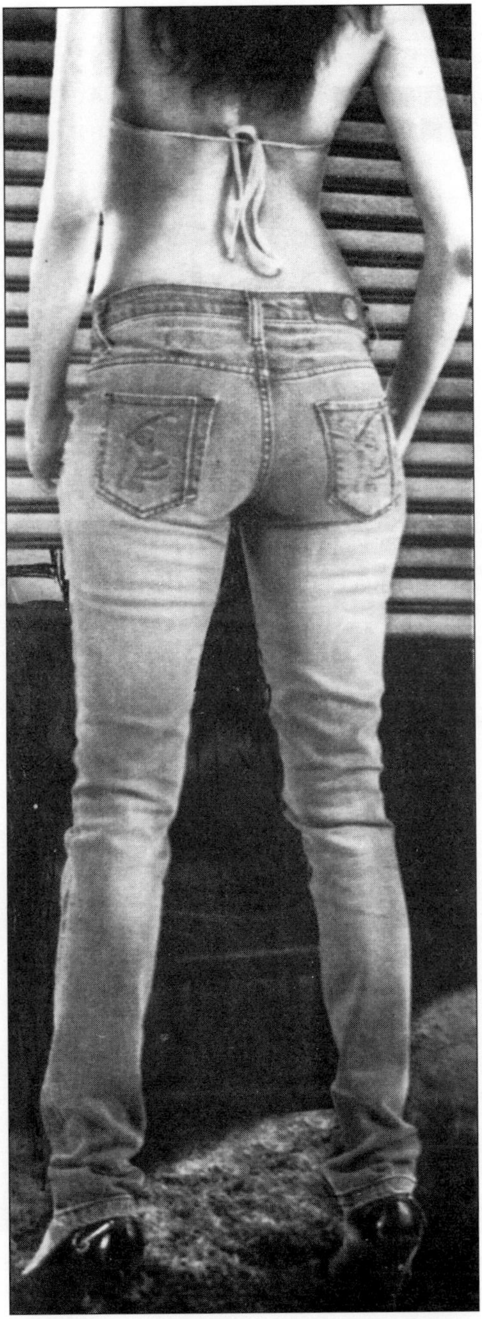

(च) स्तन

पंडित कोका ने **स्तनों** को वर्तुलाकार, पुष्ट, समान, कठोर लक्षणों से युक्त बताया है। गोवर्धनाचार्य औन्नत्य, विस्तार, दृढ़ता, पांडुता, अग्रभाग की श्यामता को उनके प्रगुण बताते हैं। काव्यरूढ़ि में उनकी उपमा सुपारी, कमल, बिल्व (बेल), हरितकुम्भ, कलश से की गई है। कवि अश्वघोष ने उन्हें स्वर्ण-कलश बताया है। यथास्थान इनका देहशोभित दिग्दर्शन होगा, तदपि देहांग के रूप एवं आकृति की अनिर्वचित भाषा के अनुसार इनका विस्तार अपेक्षित है। हम पुनः वराहमिहिर, नन्दिकेश्वर, कोका, कल्याण मल्ल, प्रौढ़ देवराज की सप्रसंग व्याख्या करेंगे। पद्मिनी के उठे हुए मोटे स्तन (पीनोतुंग कुचा), चित्रिणी के मोटे स्तन (पीन पयोधर), शंखिनी के छोटे स्तन (स्वल्प स्तनी), हस्तिनी के पृथुल स्तन (पृथुल स्तना), मृगी के उन्नत एवं सुन्दर स्तन (सुतुंग स्तनी), बडवा के परस्पर सटे हुए, गोल, सामने उठे हुए एवं मोटे उरोज (सरलस्थूल निमिड कुचभारा पृथुस्तनी) बताए गए हैं। सर्वांत में 'मार्कंडेय पुराण' के अनुसार देवी के उरोज चन्द्रमा के तेज से उद्भूत माने गए हैं (दुर्गा सप्तशती भी, पृष्ठ 78-79)। देहभाषा की सर्वोत्तम सादृश्य- मूलकता में उन्हें **स्वर्ग के उभय चन्द्रमा** माना गया है। इनका निदर्शन यथास्थान होगा।

स्तन अमृत समान दूध प्रवाहित कर मानवत्ता की शिराओं में जीवन की संजीवनी भर देते हैं।

दुग्धस्रावी कोशिकाएँ ही वर्द्धमान चूचुक (निपल) की प्रतिनिधि हैं।

रजोनिवृत्ति के पूर्व स्तनों में चर्बी का (कठोर) जमाव भी होता है। उसके पश्चात् स्तन शिथिल होकर सिकुड़ने लगते हैं, किन्तु दुग्धवाहिकाओं में जो गाँठें होती हैं अगर वे मासिक धर्म के बाद भी बनी रहें तो कैंसर का खतरा हो सकता है।

आधुनिक कीमिओ-थेरैपी तथा रेडियोथेरैपी द्वारा कैंसर-ग्रस्त गाँठ निकाल दी जाती है। पूरा स्तन नहीं काटा जाता। अतः शिशु को स्तनपान कराना अनिवार्य कर देना चाहिए।

चूचुक (निपल), श्याम चूचुक-मंडल तथा स्तन मिलकर विभिन्न प्रजातियों तथा रमणियों के पयोधरों की आकृति-आकार निर्धारित करते हैं, यथा—

(A) छोटे मंडल तथा छोटे चूचुक मध्यम आकार के गोल सेब जैसे (इटली);
(B) मध्य अकार का चूचुक-मंडल
(C) अतिशय बड़ा चूचुक-मंडल
(D) उर्त्तुग चूचुक तथा मंडल
(E) उन्नत वक्षस्थल में प्रतीप चूचुक
(F) लम्बे अंगूरवत् चूचुक तथा उरोज
(G) पपड़ी से छँटे मंडल और हस्ति कुम्भ से उरोज
(H) अति कसे-बढ़े स्वर्ण-कलश से स्तन (भारत) तथा
(I) झुलते चूचुकों संग काले पिचके फली-नुमा स्तन (पोलिनेसिया)। ⟶

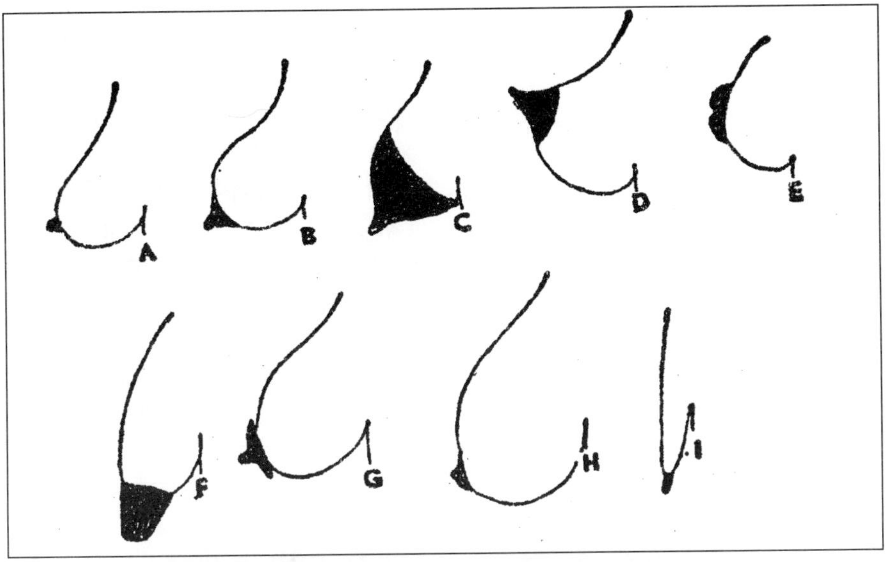

देव युग्म, जैन मन्दिर (खजुराहो)

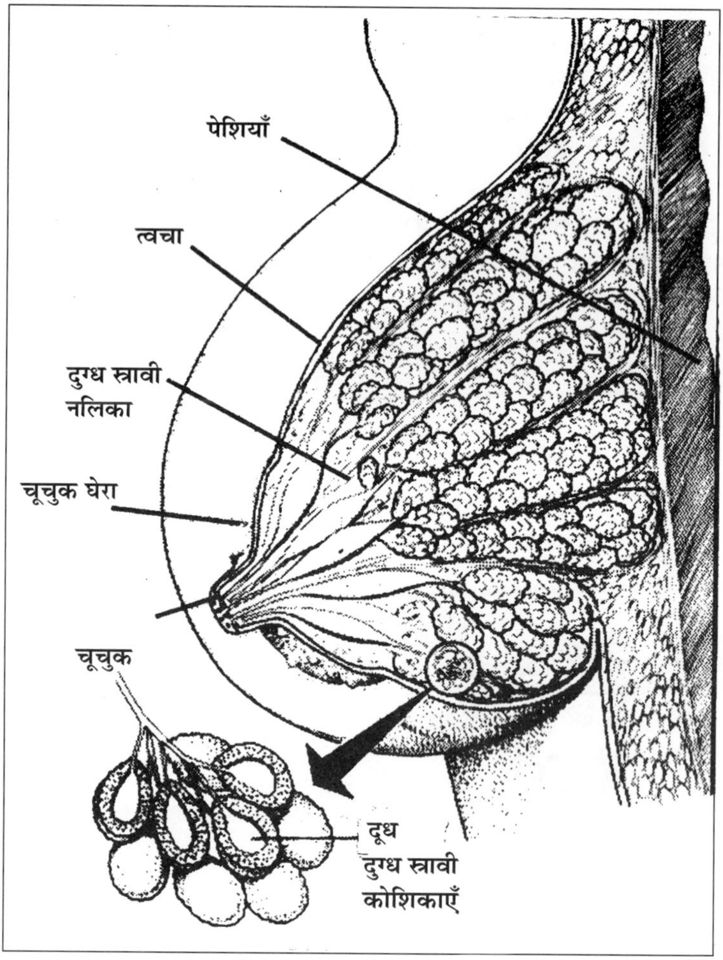
पेशियाँ
त्वचा
दुग्ध स्त्रावी
नलिका
चूचुक घेरा
चूचुक
दूध
दुग्ध स्त्रावी
कोशिकाएँ

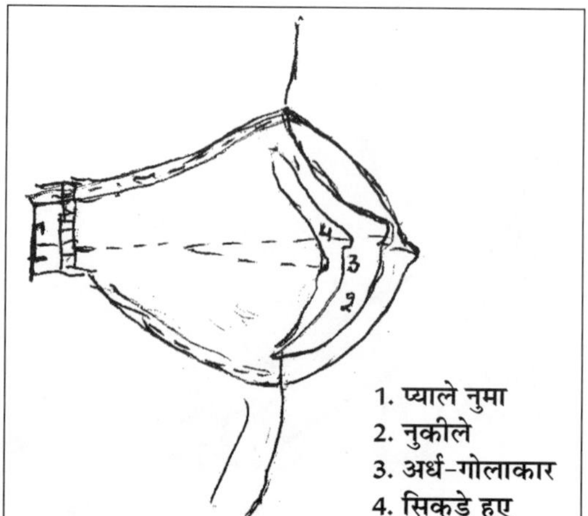
1. प्याले नुमा
2. नुकीले
3. अर्ध-गोलाकार
4. सिकुड़े हुए

रूप-रेखा में **स्तन-ग्रन्थि** गोलाकार है। यह चूचुक पंक्ति से खड़ी रेखा में दूसरी से छठी पसली तक विस्तृत होती है तथा पड़ी कतार में बाहरली सीमा से चौथी पसली की सहायक रेखा तक की होती है। गोलक का निचला-अर्धांश ज्यादा घुमावदार चाप वाला होता है—उत्तरार्ध की तुलना में। इसीलिए इसकी उपमा गोल चन्द्रमा से की जाती है जिसके मध्य में गहरी श्यामलता है।

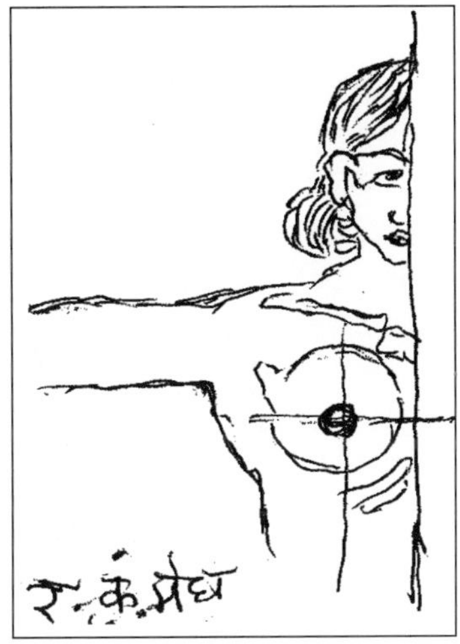

बिलवालि मृण्मूर्ति

नेवासा मृण्मूर्ति

बेग्राम हाथी दाँत
पर उत्कीर्ण
(अफ़गानिस्तान)

अजन्ता गुफा-2
भिति-चित्र

सौजन्य :
कमलेश दत्त पांडेय

भारतीय सामुद्रिक में विशेषतया कुच चार श्रेणियों में रखे गए हैं। **प्रथम**—प्याले या चषक का आकार, **द्वितीय**—अर्ध-गोलाकार, **तृतीय**—नुकीले और **चौथे**—थैलेनुमा। स्वस्थ तथा पूर्णरूपेण विकसित स्तन गोल-नुकीले माने गए हैं—

उभार तथा गठन कुच को आकार एवं आकृति देते हैं। ये शोभा के भार भी हैं।

ये यौवन के पदार्पण से शारीरिक गठन के भी प्रमाण होते हैं।

ये सौन्दर्यवर्धक हैं। चित्रकला एवं शिल्प-कला में शरीरविज्ञान के अनुसार इनके अनुपात का भी संयोजन किया गया है—अजन्ता में, इटली के रिनासाँ में। शिल्प में शुंगों-कुषाणों की यक्षिणियों तथा खजुराहो की मिथुन-मूर्तियों में।

(स्तन-पान कराने से/स्त्रियों में सैक्स-हार्मोन का सन्तुलन बना रहता है। उन्हें एनीमिया, बच्चेदानी तथा स्तन कैंसर जैसे गम्भीर रोगों से बचाव मिलता है।)

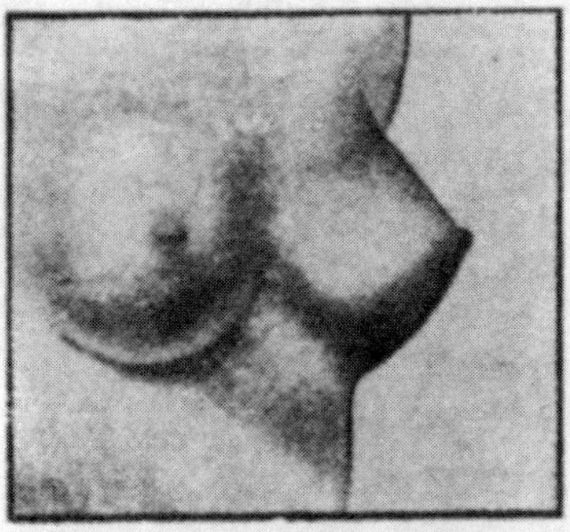

(1) प्यालेनुमा कुच

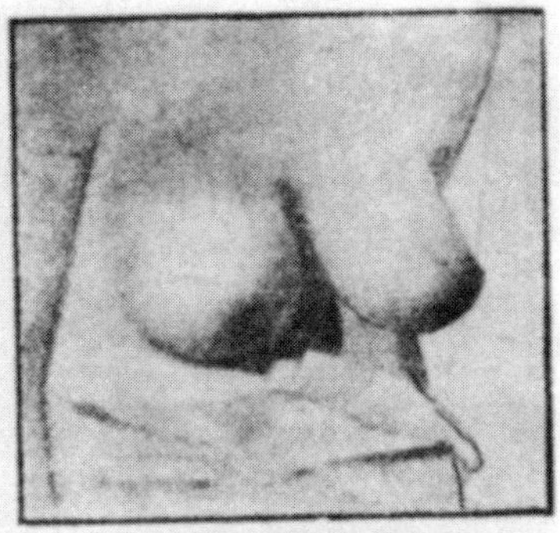

(2) प्यालेनुमा कुच

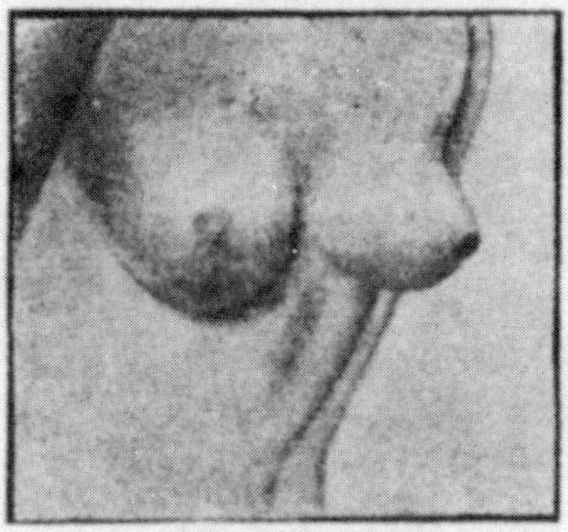

(3) अर्ध गोलाकार कुच

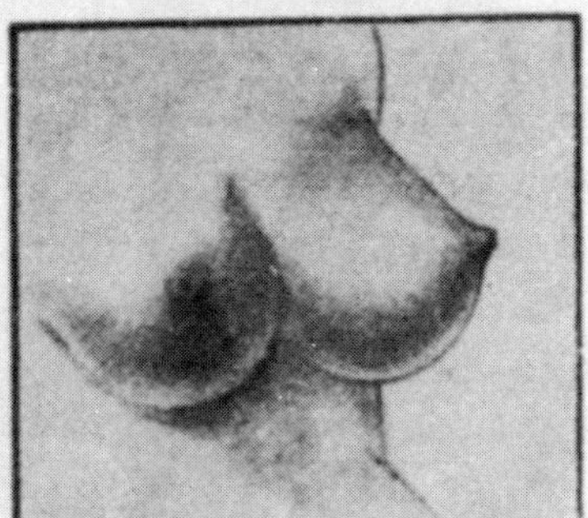

(4) अर्ध गोलाकार कुच

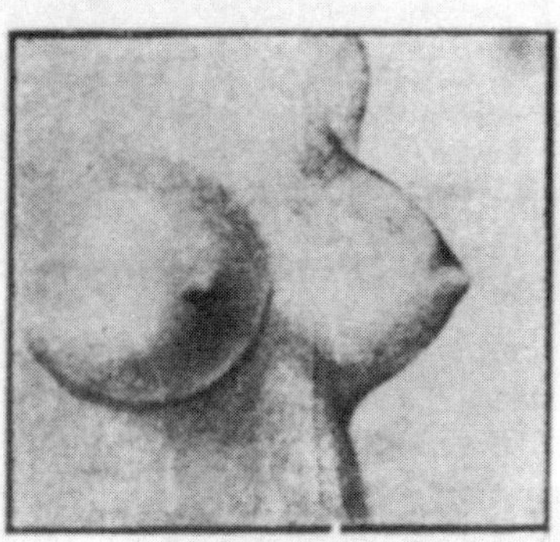

(5) नुकीले कुच

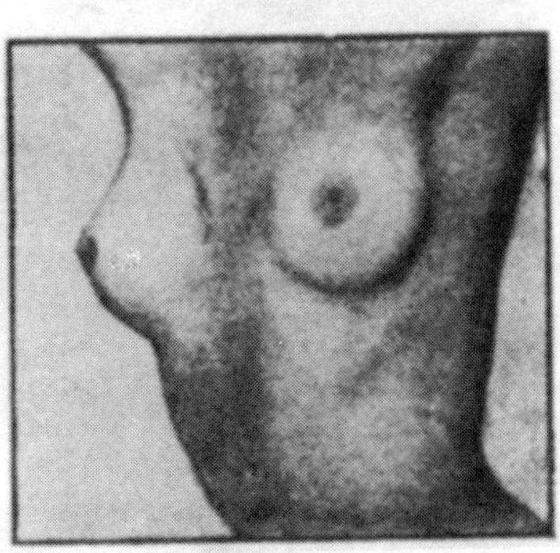

(6) नुंकीले कुच

कुल मिलाकर स्तन वक्षों के आकार तथा आयतन को बढ़ाते हैं। इनकी आकृतियों के लक्षण मनोदैहिक भाषा तथा मूड के भी प्रतिपादक होते हैं। इन्हें सुडौल, समुन्नत तथा सुन्दर बनाना देह–शोभा को आमंत्रण है।

दोस्त! इसी पोलेमिक्स में 'पुनश्च' को संलग्न करने की इच्छा हो आई है।

प्राचीन भारत में पुरुष–सत्ताक बहुरतिमूलक रूप–बन्ध में नारी के अधरों–स्तनों–नितम्बों को खास अहमियत दी गई। मीठे अधर, कुम्भ–कलश स्तन और कूर्मपीठ से नितम्ब प्रादर्श हो गए। यही पुनश्च पहचानें बनीं। हमने भी इसी से (श्रीगणेश की अपेक्षा) श्रीअनंग किया है। ये भी पुरुषों की लालसा के मुताबिक उपमानित हुए तथापि 'किशोर–किशोरी–आकृति' का आदर्श ही मोहक स्वप्न बनता गया, मुग्धा किशोरी नायिका के मनोलोक तथा लघु चित्रफलकों में। हमारे स्रोत प्राचीन भारतीय भ्रान्तियाँ एवं यथार्थताएँ भी हैं—शक्ति तथा सुकुमारता की। काम–शास्त्र में कामासनों रति–क्रीड़ाओं पर ही बल दिया गया। प्रत्युत अश्लीलता या वर्जना या कुंठा प्रायः परित्यक्त ही रहीं। वहाँ सुख और संतृप्ति के ध्रुवान्त हैं। सौन्दर्य तथा प्रेम कमतर हैं। उसके बाद न जाने क्यों—कैसे, वर्गीय उठा–पटक के कारण, आदिम–अप्रतिम यक्षिणियों–सुरसुन्दरियों के बजाय योगिनियों, प्रेतनियों और डाकिनियों के तंत्र–मंत्र छाते गए। सहज नारियाँ महामुद्रा में बँध गईं। राधामय महाभाव को लम्बी प्रतीक्षा करनी पड़ी तथापि स्तन तथा नितम्ब ढँके या खुले रहे बारम्बार। ये जटिल सामन्तीय विधियाँ मध्यकालीन अन्तर्विरोधों को भी उघाड़ती हैं। हमारे पास महान परम्पराओं वाले रिनासाँ के बोट्टिचेली, लियोनार्दो, माइकेल एंजिलो नहीं थे तथापि लघु परम्परा के कश्मीरी पंडित सेठ, किशनगढ़ के निहालचन्द,...गढ़वाल के भोलाराम तो थे जिन्होंने नारी देह–शोभा के अतुल्य देहांगों को मांसल दीपमालिकाओं में जगमगा दिया। आधुनिक युग में राजा रवि वर्मा, अमृता शेरगिल, जार्ज कीट, आरा तथा हुसैन भी हमारे साक्षी बने। अमृता तो कामुक–प्रिया–मांसल नारी को मानो वापस बुला लाईं। उन्होंने स्तनों एवं नितम्बों को मांसलता एवं उत्तम लालिमा में निमग्न कर दिया। उन्होंने अजन्ता–काँगड़ा से एकात्म होते हुए पाल गागिन के आदिम–भोलेपन में अपने पुरुष–प्रकृति–नारी का त्रिकोण अन्तर्लीन कर दिया। वस्तुतः उन्होंने ग्रीक तथा भारतीय एस्थेटिक्षा तथा अनंग–रमणोत्सव को भी समरसता से सराबोर कर डाला।

स्तन

नारी के स्तन पुरुष के लिए सुकोमलता के प्रतीक रहे हैं। वह रति–क्रीड़ा में उनको थपथपाता, मर्दन करता, चूमता, पीता और चूसता है। स्वयं नारी भी अपनी जननी के वक्ष के ऊपर ही पालित–पोषित होती है। किंवा सम्पूर्ण मैथुनी सृष्टि में नारी के स्तन (का दूध) ही मानवता को जीवन–धारा देते हैं।

रति–छवि के सन्दर्भ में, (2012 में) न्यूयॉर्क फैशन–सम्राट में नारी–वक्षस्थल का पीन–सुडौल स्तनों के बीच की घाटी (विभक्ति) के प्रदर्शन को लेकर सिन्डी क्राफर्ड तथा लिज़ हर्ले ने बहस छेड़ दी। साथ में उनके कुचों की सुडौलता, पीनता और उत्तालता को लेकर फैशन–अभिकल्पियों में चर्चा गर्म हो गई। दोनों मॉडलों का कहना था : 'यदि वह द्रोणी व गोलाई तुममें है तो उसे प्रदर्शित करो'।

[सन् 2012 में साहित्य के नोबल पुरस्कार विजेता चीनी लेखक मो यान ने अपने 'बड़े स्तन और चौड़े नितम्ब' नामक उपन्यास में पूर्ण मातृत्व-वृत्ति तथा सुदृढ़ श्रम-शक्ति को प्रतिच्छायित किया है। पहले

सिंडी क्राफर्ड

लिज़ हर्ले

इस कृति पर प्रतिबन्ध लगा दिया गया था। बाद में उसके हटते ही यह काफी लोकप्रिय हुई।]

एक सहकारी सन्दर्भ में मेरी महिला सखी ने मनमौज में अपनी सहेली का नील-गूढ़ रति-रहस्य कह डाला। वह नारी अपनी दूसरी प्रसूति के एक पक्ष बाद की पूर्णिमा में नीम की पत्तियों के जल से नहाकर, पाँवों में आलता-माँग में सिन्दूर लगाकर, पायलें और करधनी पहनकर, उबटन-लेपन के बाद चाँदनी में छत पर आ लेटी। अधरात होने पर अपने पति का इंतजार करने लगी। नवजात के रोने पर उसे बाएँ स्तन का पान कराने लगी। तभी उसकी माँ ने उसके पति अर्थात् अपने दामाद को चालाकी करते हुए ऊपर छत पर धकेल दिया। साथ ही नीचे की सीढ़ियों पर कुंडी लगा दी। ऐसी भारतीय प्रथा जो है।

हल्दिया गोल पूर्ण चन्द्र के नीचे ऐसी सुकुमार, सुचिक्कण, सुरभित कान्ता को लेटी पाकर वह भी बगल में आकर लेट गया। नवजात बाएँ स्तन से दूध पीते हुए शान्त हो गया। अचानक पति ने उसका दायाँ स्तन-पान करने का हठीला उल्लास प्रदर्शित किया। दूध की एक पतली धार रुक-रुककर चूने लगी। पत्नी ने कहा—इसे 'बूँद-बूँद' चाट लो। फिर उसने भी चुहलभरी रति-क्रीड़ा में स्वयं अपने दाएँ स्तन को दबाते हुए धारोष्ण दध की तेज धार उसके मुँह पर छिड़क डाली। छितरे धाराकणों से चौंधियाया पति चित लेटा ही था कि रतिरण उद्धत उसकी सखीकान्ता अपने पेटीकोट को उठाकर उसके ऊपर पुरुषायित में धम्म से कूद कर बैठ गई और विजयिनी की तरह ऊपर-नीचे उछलती धमाल-धमाचौकड़ी मचाने लगी। कमर का हिंडोला सब कुछ कर गया। वात्सल्य तथा सम्भोग-शृंगार के विरुद्धों का यह विचित्र मेल दुर्दमनीय और अद्भुत था, सौन्दर्य-उपभोग की चरमावस्था थी [वह पुरुषायित-बंध था]। असल में सुदीर्घ उपरति (वर्जन) के उपरान्त की प्रसूति सद्यःप्रसूता नारी में रति की तीव्र उत्तेजना हो जाती है। पुरुष द्वारा भी स्तन-पान से बहुधा धारोष्ण दूध की श्लथ बूँदें छलक पड़ती हैं। पुरुष को ऐसे मधु-अमृत का पान करके आजीवन पूजाभाव से कृतज्ञ होना चाहिए।

काम-रति-केंद्र से इतर सामाजिक धुरी पर जो तप्त-स्थल हैं, उनकी व्याख्या आर. डेल गुथ्रिक ने पाश्चात्य दृष्टि से की है। **पुरुष-देह** में ऊँचा कद मानपद (स्टेटस) का, आनत भौंह श्रेष्ठता का, लहकते गाल यौवन का, भारी लिबास (पौरुषेयता का), मजबूत जबड़े रौब-दाब (डामिनेंस) का तथा चौड़े गाँठ वाली नेकटाई आक्रामकता का द्योतक बताई है।

स्त्री-देह में निचली केश-रेखा यौवन का, बड़ी आँखें भोलेपन का, मुलायम चिबुक (ठोढ़ी) अधीनता का, छींटदार हलके लिबास पद-मान का, उठी कपोल-हड्डी कुलीनता एवं शक्ति का तथा रेत-घड़ी-सी देहाकृति—सैक्सपरक तत्परता का द्योतन करते हैं।* इन तप्त-स्थलों का अभिज्ञान दृश्यों, ध्वनियों तथा गंधों से होता है। सूचना के इन्हीं कटिबन्धों में सामाजिक अलंकरण का प्रवेश होता है। इनका सम्प्रेषण पलक झपकते हो जाया करता है। हमारे कुछ देहांग सामाजिक सूचक होते हैं। वे मनुष्य की प्राणिशास्त्रीय संरचना पर निर्भर होते हैं। इसी भाँति अलंकरण तथा आकर्षण अन्योन्याश्रित होते हैं। ये हमारे कुछ देहांगों का सामाजिक विन्यास करते हैं। मुलायम तथा लाल ओठ, महमह-महकते बाहु मूल (काँख), विलक्षण जननेंद्रिय-सुरभि, भारी गठीले नितम्ब, बड़ी-बड़ी आँखें सामाजिक व्यवहार तथा सहकार के भी सूच्यचेतक हैं। ये प्रतीकात्मक भंगिमाओं के भी सन्देशे हैं। ये पुरुष तथा नारी की आत्मछवियाँ हैं जिन्हें हमने दीपक-छाया तथा दर्पण-बिम्ब कहा है। देहभाषा आकर्षण की नजर, महक की तीव्रता तथा व्यवहार की रहस्यात्मकता से मौन वार्ता करती है।

---

* 'बॉडी हॉट स्पॉट' कंगारू बुक्स, पॉकेट बुक्स, न्यूयॉर्क-1971

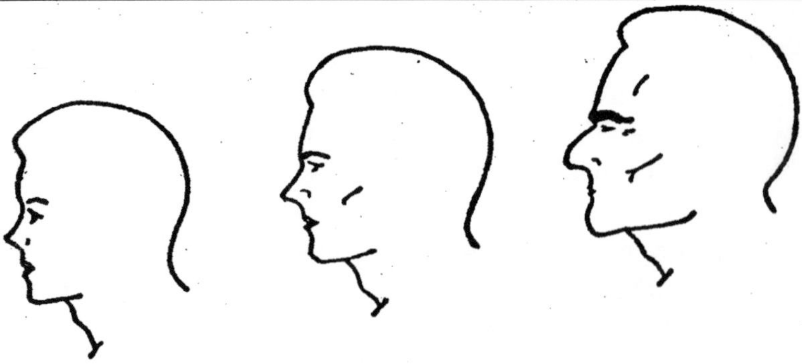

उठी हुई कपोल-अस्थि

पीछे खिसकती केश रेखा

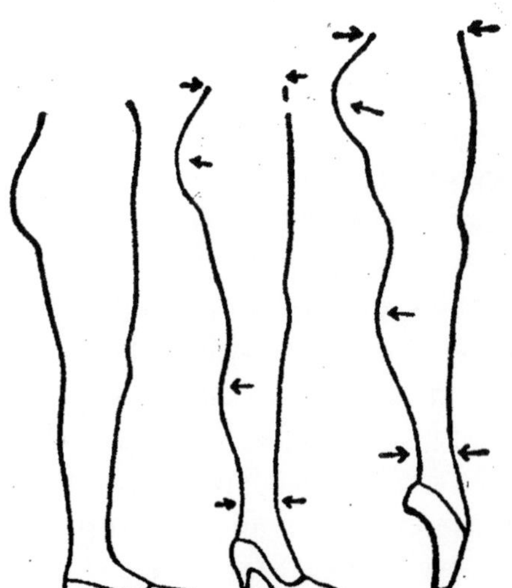

नितंब-निर्णीत चाल

अक्सर शरीर पर जन्मजात छोटे-छोटे **तिल** के काले तथा **लहसुन** के लाल निशान बने होते हैं। वे स्त्रियों के अयत्नज अलंकार की भाँति सौन्दर्योद्दीपक तथा पुरुषों के सौभाग्य-सम्वर्धक होने के इशारे तथा अभिप्राय हो जाते हैं। सामुद्रिक में तो इन्हें शुभ-अशुभ, अच्छे-बुरे प्रभाव डालने वाला भी बताया गया है।

पुरुष

- जिस पुरुष के सिर (मस्तक) पर तिल होता है, वह हर जगह इज्जत पाता है।
- आँख पर तिल होता है तो वह नायक पद पाता है।
- मुख पर तिल होता है तो उसे बहुत दौलत मिलती है।
- गाल पर तिल होता है तो उसे स्त्री का सुख मिलता है।
- ऊपर के होंठ पर तिल हो तो धन पाता है तथा चारों तरफ इज्जत मिलती है।
- नीचे के होंठ पर तिल हो तो वह व्यक्ति कंजूस होता है।
- कान पर तिल हो तो वह खूब पैसे वाला होता है।
- गर्दन पर तिल हो तो उस व्यक्ति की लम्बी उम्र होती है तथा उसे आराम मिलता है।
- छाती की दाहिनी तरफ हो तो उसे अच्छी स्त्री मिलती है।
- दाहिने कन्धे पर तिल हो तो वह व्यक्ति कलाकार होता है। क्षेत्र कोई-सा भी हो सकता है।
- हाथ के पंजे पर तिल हो तो वह व्यक्ति दिलदार व दयालु रहता है।
- पाँव पर तिल हो तो उस व्यक्ति के विदेश-यात्रा का योग बनता है।

स्त्री

- जिस महिला के गाल पर तिल होता है उसे अच्छा पति मिलता है।
- महिला के बाईं तरफ मस्तक पर तिल हो तो वह किसी राजा की रानी बनती है।
- आँख पर तिल हो तो पति की बहुत अधिक प्रिय होती है।
- गाल पर बाईं तरफ तिल हो तो ऐशोआराम का सुख मिलता है।
- जाँघ पर लहसुन रहस्यवृत्ति का द्योतक है।
- कलाई पर मिलनसार स्वभाव होता है।
- तलुवे पर हो तो वर्चस्विता ठाठ से मौजें उड़ाओ।

देहभाषा के **चिह्नक** के रूप में इन निशानों में सम्मोहन तथा वशीकरण का आमंत्रण अवश्य होता है। ये मानो सुख-यश-धन-प्रीत आदि के भविष्यसूचक हैं। ये व्यक्तित्व में आत्मविश्वास तथा आत्मरति के भी उत्प्रेरक हैं। इनके सुनिश्चित अभिप्रेत अर्थीय गारन्टी हैं। ये कोरे अंधविश्वास हैं।

अन्य लघु-तप्त चिह्नक या स्थल

मुखमंडल पर एक वृत्त का छायाभास (फैंटम) भी माना जाता है। इसे **आभा-मंडल** अथवा प्रभा-मंडल कहते हैं। यह मुख-केंद्र में चुम्बकत्व तथा ऊर्जा का परिकल्पित एक चेतन घेरा है, किंवा उसकी प्रतीति है। यह मनुष्य में अधिक शक्तिशाली तथा अलग-अलग होता है।

देवी-देवताओं तथा महा/महत्त्वपूर्ण पुरुषों-नारियों की मूर्तियों एवं चित्रों में सिर के चारों ओर दीप्तिमान दिखाया जाता है।

उत्तम मानक आकृति के तौर पर **स्तन** सुडौल, गठीले, उन्नत, उभरे होने चाहिए। चित्र-चिह्नों के स्वरूपों में कलाखचित **नखच्छेद** स्तन को सजाते हैं। ये कामवेग तथा राग को उत्तेजित भी करते हैं। इनके आठ प्रकार हैं : आच्छुरित (स्पर्श द्वारा खराश-उत्पत्ति के साथ-साथ खरोंच की ध्वनि), अर्धचन्द्र, मंडल (दो अर्धचन्द्र आमने-सामने अंकित होकर एक गोल बनाएँ), लेखा (बहुल लम्बी न हो), व्याघ-नख (स्तन के चारों ओर खिंची वक्र लेखा), मयूरपदक (पाँचों नखों से स्तन को दबाकर खींचने से चूचुक की ओर खिंची छोटी लेखाएँ), शशप्लुटक (स्तन के अग्रभाग में पंचनखपदानि) तथा उत्पल-पत्रक (कमलपत्राकार नखक्षत) स्तन-पृष्ठ में।

योनि-नथझुलनी या मदनछत्र (या क्लिटॉरिस) महिला की योनि में बहुरति-भोगी लघु नुकीला स्थल होता है। इसने महिलाओं के आनन्द में क्रान्ति ला दी। यूरोप में मास्टर्स एवं जॉनसन इसे सुर्खियों में लाए। इस उद्घाटन ने लड़कियों में बहुल रति-स्खलन की क्षमता-दक्षता का अभिज्ञान कराया (जबकि पुरुष केवल एक बार ही स्खलन-क्षम होते हैं)। कुछ देशों में मदनछत्र काट-छाँटने की प्रथा भी चालू रही। व्यापक प्रयोजन को लें तो **योनि-शुचिता** (वर्जिनिटी) का भंजन भी तप्त-बिन्दु का छेदन के जैसा है। इसका माध्यम देह की एक स्वीकृत रस्म है। जब कोई गुणग्राही धनवान रसिक नागरिक वेश्या की हवेली या कोठे में किसी यौवनांगम-लब्ध-किशोरी को प्रथम समागम में अनुष्ठानित करता है अर्थात् उसका कौमार्य भंग करता है तो वह उसकी नथ उतारने की रस्म सम्पन्न करता है। इसके लिए वह नायकिन (सदा-सुहागिन) को उचित कीमत अदा करके नज़राना देता है। यह प्रथा प्रकारान्तर से सुहागरात को रति-कक्ष (कोहबर) की शर्त होती है जब बेताब पति नव-वधू की शर्तों तथा शालीनता की इज्जत का **वचन देते** हुए उसकी नथुनी उतारता है। इतर संस्कृति की भी एक मिसाल है जहाँ हंगरी की (काल्पनिक नाम वाली) जान्द्रा की योनि-शुचिता को एक अमेरिकी ने डॉलर-1886 में खरीदी थी (2002)।

प्रहार (प्रहणन) भी विशिष्ट दशाओं में खास देहांग को संतप्त-सूजन-दग्ध या तृप्त-सन्तुष्ट करता है। दंड के लिए छात्र की हथेली पर छड़ी से प्रहार, छात्रा के नितम्बों पर बेंत से प्रहार, पीठ पर घूँसे या कठोर थपथपाहट, गालों पर चाँटों की झड़ी, कान मरोड़ने के प्रतिक्रम में रति-क्रीड़ा में कुंडलित शक्ति-स्थलों पर हथेली या मुट्ठी रागरसपूर्ण प्रहणन किए जाते जाते हैं—स्तनों के बीच के विवर में, पीठ, जाँघों, पींडियों, उरु-पार्श्वों, गंडस्थल (गाल) आदि पर। देह इस तरह भी स्वयं को उद्घाटित करती है। दन्त-क्षत तथा नख-क्षत प्रहार के ही लघुतर इच्छित प्रकार हैं।

किसी सामाजिक परिस्थिति में—(नर्वसनेस) की भी देहभाषा अनकहे-अन्यान्य कहे भेद प्रकट करती है, गैर इरादतन मुद्राओं तथा हरकतों के जरिए, यथा—उँगलियों से मेज पर तालयुक्त थापें देना, आँखें झपकाना, गला पोंछना, बगलें झाँकना, माथे या मुँह पर रूमाल धर लेना इत्यादि। ये सभी आत्मविश्वास-न्यूनता के द्योतक हैं।

नतीजन देह-संचालन में विशिष्ट देहांगों में-से ग्रीवा, आँखें, बाँहें (कुहनी, कन्धे, हथेली तथा उसकी उँगलियाँ) स्तन, पाँव (घुटने, टखने-एड़ियाँ, तलुवे, पंजे), नितम्ब, जघन-सन्धि, उरु, कटि हैं।

इनके संचालन से ही विशिष्ट-स्थितियाँ बनती हैं जिनसे देहभाषाओं का उद्भव और रूपायन होता है। संचालित होने पर आसन तथा मुद्रा, स्थिर योग के अलावा नृत्य, काम-क्रीड़ा, खेल-कूद, कुश्ती-दौड़ें आदि भी शामिल हैं।

देहांग तथा देहांग-संचालन, स्थितियों के द्वारा—(क) कर्मकांडी सिस्टम बनाते हैं, (ख) ज्ञानेंद्रियोत्तेजक सिस्टम बनाते हैं तथा (ग) सौन्दर्यबोधात्मक सिस्टम भी बनाते हैं। ये सिस्टम देहभाषाओं के आयामों में अन्तर्निहित एवं अनुस्यूत होते हैं।

इस प्रसंग के समापन में कहा जा सकता है कि प्रहणन (प्रहार) तथा (एक्यू)-**पंक्चर** के देह-भाषिक प्रयोजन लगभग एक समान होते हैं। मसलन **एक्यूपंक्चर** में देह के सही छेदित बिन्दुओं में विशिष्ट बारह बिन्दुओं में फेफड़े, बड़ी आँत, जठर (पेट), प्लीहा (स्पिलीन), हृदय, छोटी आँत, बड़ी आँत, मूत्राशय (यूरिनरी ब्लैडर), गुर्दा (किडनी), पेरिकार्डियम, ट्रिपल वार्मर, पित्ताशय (गाल ब्लैडर) और यकृत (लिवर) हैं। ये ही शरीर के दोनों तरफ स्थित 'मेरिडियन' माने गए हैं। शरीर के बीच में स्थित दो मेरिडियनों में कन्सेप्शन बेसल (सीवी) एवं गवर्निंग वेसल (डी.वी) भी हैं।

(आ) मैथुन में कमल-कुलिश की युगनद्धता

नर-नारी देह के तप्त सील-बिन्दुओं का शीर्ष उनकी जननेंद्रिय (लिंग, योनि) हैं। उनका भी जो चरमोत्कर्ष है, वह **मैथुन** है।

आगे हम मुनि वात्स्यायन, नन्दी, गौणीपुत्र, औद्धालिकी, लाडखान, प्रौढ़ देवराज महाराज आदि की साखी से देहभाषा के इस काम-अध्याय की व्याख्या करेंगे।

श्रीगणेश एक छोटे-से उदात्त प्रसंग से करें। इक्कीसवीं सदी के प्रथम दशक के आठवें साल में सैन मेन्डीज 'रिवोल्यूशनरी रोड' का निर्देशन करते समय लियोनार्दो डी. कैप्रिन तथा अपनी पत्नी अभिनेत्री केट विंस्लेट के कुछ सैक्सी दृश्यों को फिल्मा रहे थे। दोनों ही सकुचा, झिझक रहे थे। तब स्वयं सैम ने तनाव को दूर करते हुए लियोनार्दो को बताया कि वह केट विन्सलेट के नितम्बों को किस तरह से तथा कहाँ पर थामे। तनाव फुर्र हो गया। बेहद उन्मादक कई दृश्य उभरते आए। देहभाषा का एक नैसर्गिक रहस्य भी उजागर हो गया।

हमारी मूलवृत्तियाँ (इंस्टिंक्ट) आहार-निद्रा, भय-मैथुन, पीड़ा-सुख आदि हैं। ये एक क्रान्तिक बिन्दु पर स्फुरित होकर सम्वेगों (इमोशंस) में उन्मिलित होने लगती हैं। मैथुन (सम्भोग/सहवास) का मूलवृत्ति गूढ़ धूप-छाँही संचारियों में क्षणे-क्षणे भय में, पीड़ा में, परम सुख में, प्रचंड वेग के साथ, नये-नये भाव-चिह्नों में रूपान्तरित हो जाती है। इन सभी में

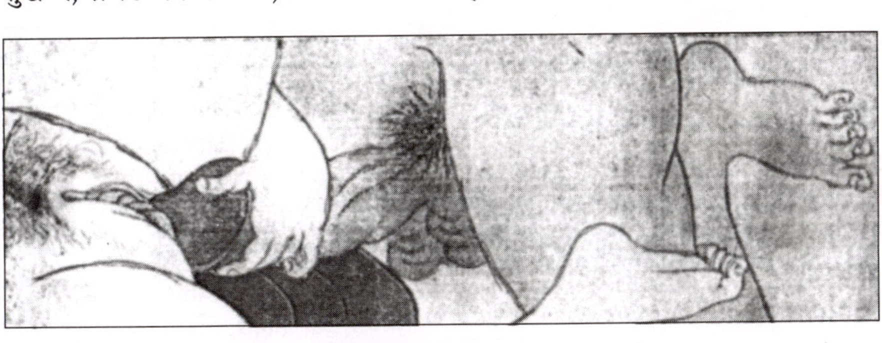

युगनद्ध : सम्भवतः जापानी चित्रकार ऊटामारो

कामेच्छा का उत्कर्ष है जब **लिंग-योनि युगनद्ध** होकर समरस हो जाते हैं। इसमें पीड़ा सुख हो जाती है, भय साहस हो जाता है, कठोरता सुकुमारता में पिघल जाती है तथा निर्बल लज्जा शक्तिवान रति-रण हो जाती है। तो, इन सन्तप्त स्थल-बिन्दुओं की अनादि वासना का उन्मीलन ऐसे होता है ! हमारी साक्षियों ने इस **रति-आनन्द** के लिए रस, राग, प्रीति, भाव, रति, वेग, समाप्ति जैसे शब्द-बन्ध तथा **सुरत** (सम्भोग) के लिए रत (रमण), रह (एकान्त), शयन, मोहन जैसे पारिभाषिकों का विधान किया है। इनमें से शायद कोई भी वाचिक भाषा से संयुक्त नहीं है।

ऐसे चरमोत्कर्षपूर्ण **परम-सुख** के लिए काम-पुरुषार्थ के साधक मुनियों एवं आचार्यों ने मिथुन (जोड़ों) की सही अवस्था तय की है। पुरुष के (पशुरूपी कामबल) तथा उसके लिंग का एवं स्त्री की (मादा पशुरूपी शक्ति) तथा उसकी योनि का मापदंड निर्धारित करते हुए विधान किया है—

पुरुष	**स्त्री**
शश (छह अंगुल)	मृगी (छह अंगुल)
वृष (नौ अंगुल)	बड़वा [(घोड़ी) नौ अंगुल]
अश्व (बारह अंगुल)	हस्तिनी (बारह अंगुल)

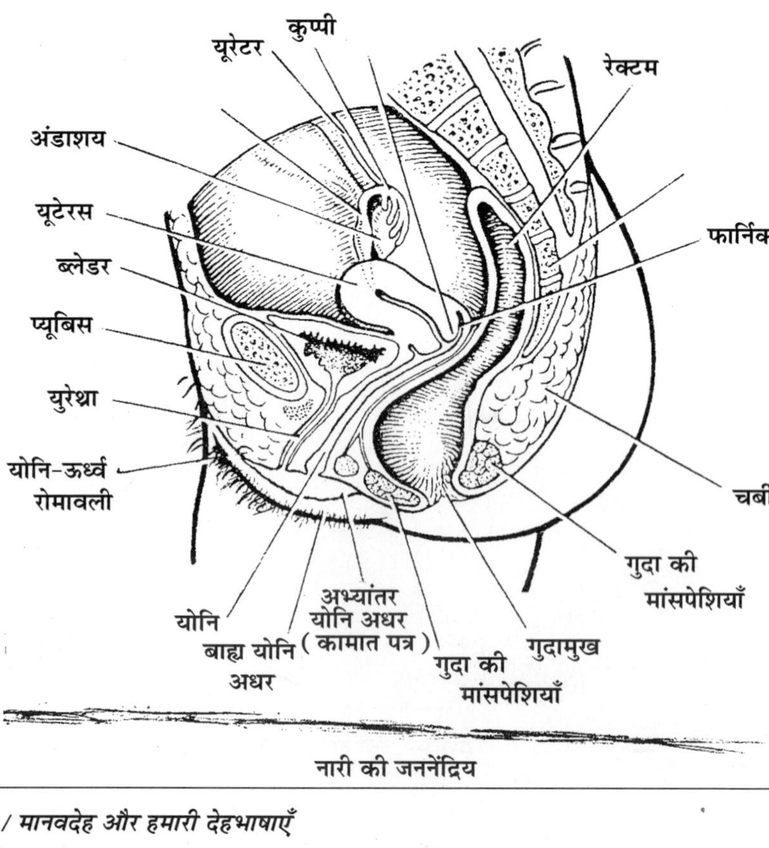

नारी की जननेंद्रिय

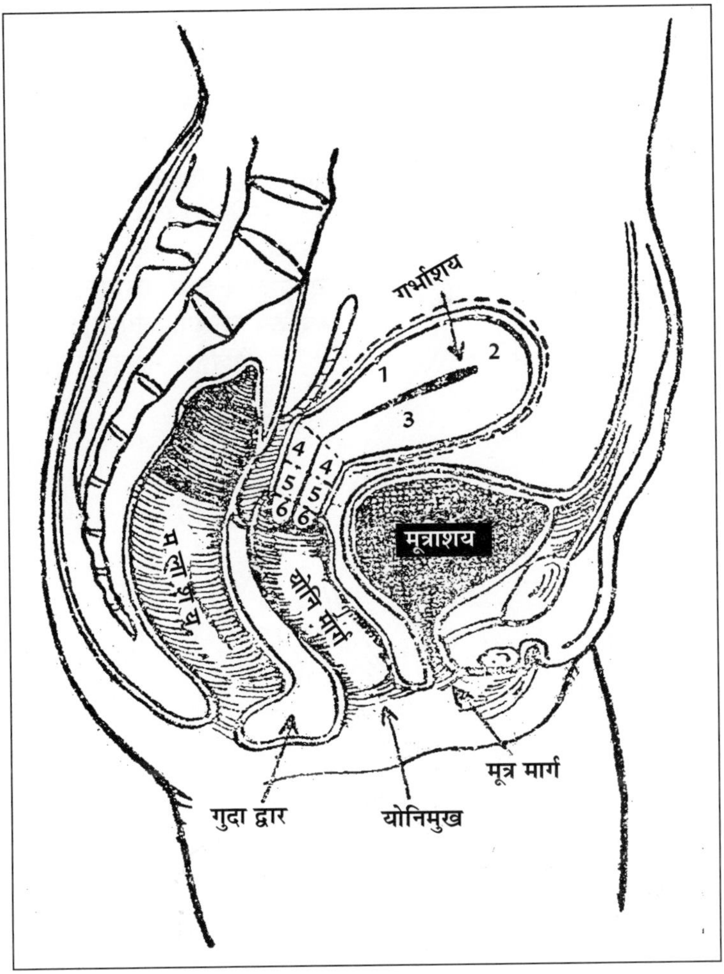

यथोक्त

इनके बीच मैथुन **समरति** है। जोड़ी बिगड़ने पर विषम-रति होती है।

इसी अनुक्रम में मुनि-आचार्यों ने लिंग की लम्बाई-गहराई-मोटाई निर्धारित करने के साथ **योनि** की गहराई-कसावाई-महकाई तय की है। पद्मकिंजल्क-कोमला योनि कमल की-सी चौड़ी, खिली हुई, मांस से भरी सुकोमल होती है; गुटिकाकीर्णा गोल, संकुचित, सिकुड़ी होती है; द्वलिचयाकुला हाथ की उँगलियों को इकट्ठी करने जैसी भीतर फैली होती है : तथा गोजिह्वाभा खर-स्पर्शा योनि (गाय की जीभ की तरह) खुरदुरी होती है। कुछ ने पाँच भेद किए हैं—कूर्म-पृष्ठ, गज-स्कन्ध, पद्म-गंध, रोमरहित, सुविस्तीर्णा। उन्होंने योनि की आयुर्वैदिक संरचना की प्राक्कल्पना भी की है—

(i) लिंग से मिलते ही समरति में अभियोजित होने वाली कामांकुश लिंगकृता है। इसे कामातपत्रा नाड़ी कहते हैं;

(ii) योनि-छिद्र के ऊपर नासिका की बनावट जैसी मन्मथ-छत्र (क्लिटॉरिस) है;

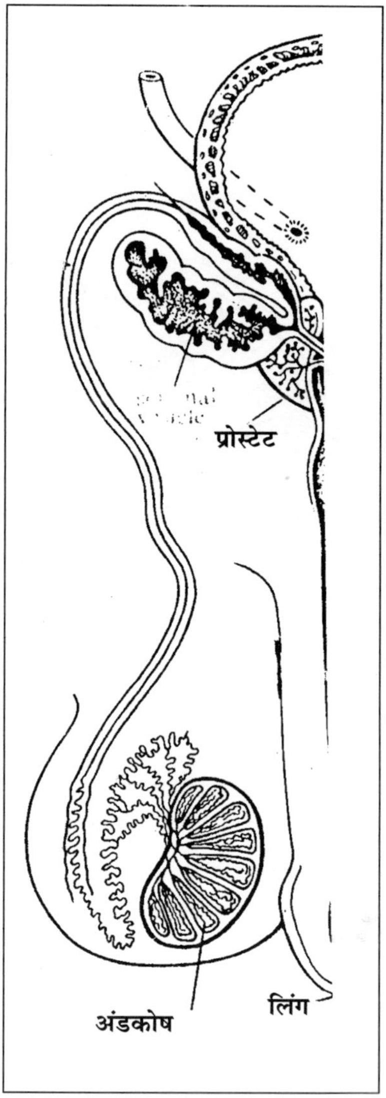

(iii) योनि के थोड़ी भीतर काम के मदजल से भी पूर्णचन्द्रा–नाड़ी है; तथा

(iv) योनि के बाह्य योनि–अधर का तोरण तथा अभ्यन्तर योनि–अधर हैं। इनको सर्पिल सघनता देने वाली रोमांच भयकारी योनि–ऊर्ध्व–रोमावली है।...योनि की यह विशेषता भी है कि जाँघें फैलाने पर इसका कसाव शिथिल हो जाता है।

पुरुष–लिंग की रचना में लम्बाई–मोटाई–गहराई–सुडौलता एवं कड़कपन के पाँच आधार हैं। साथ ही शश (खरगोश), वृष (साँड़) तथा अश्व के समतुल्य, काम–बल आधार हैं। उनमें अंडकोष, लिंग–अधर, पौरुष–ग्रन्थि की विलक्षणता है। उसमें भी लिंग–ऊर्ध्व रोमावली रोमांच उद्भावक होती है।

इस पृष्ठभूमि के साथ आगे काम की देहभाषा में मुद्राओं, गतियों, ध्वनियों की भूमिका का वितान–बन्धान तैयार होता है।

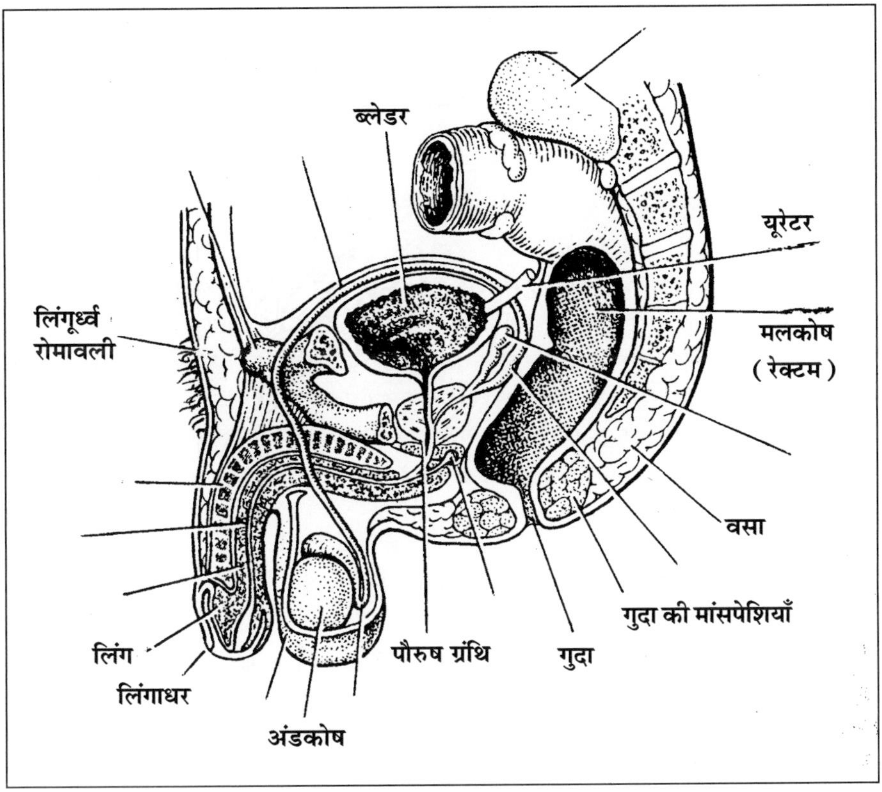

नर की जननेंद्रिय

आसनों का प्रयोजन लिंग एवं योनि का एकमेव कसा, बद्ध, प्रगाढ़, दीर्घ 'बंध' है जो नर-नारी को युगनद्ध करते हैं। ये बहुविधेन नाना आकृतियों तथा आकारों में शक्ति, वेग, क्रिया, क्रीड़ा को संचालित करके दोनों को परम सुख तथा समरति से संतृप्त करते हैं। सभी आसनों में नर द्वारा जाँघें फैलाने से लिंग लम्बा तथा कठोर तथा नारी द्वारा (जाँघें फैलाने पर) योनि शिथिल ग्राहिका हो जाती है। आसन जननेंद्रियों की महामुद्राएँ हैं जो महाभाव में लीला-ललित होती हैं। इनका विस्तार काम-कला की देहभाषा-विषयक परिच्छेद में सविस्तार हुआ है।

मैथुन में मिथुनों के **आसनों** के पाँच प्रकार हैं—उत्तान (चित लेटकर), तिर्यक (तिरछे पड़े-पड़े), आसित (बैठकर), स्थित (खड़े होकर) तथा आनत (झुककर)। (उक्त आसन-मुद्राएँ यथास्थान अभिलक्षित हैं)। हम साम्यरूपकात्मक (देहभाषिक) ले रहे हैं।

इन आसनों तथा बँधों की देहभाषा की मुद्राएँ तथा गतियाँ साम्यरूपकात्मक (एनालॉजिकल) हैं जो वनस्पति, पशु-पक्षियों के प्रकार्यों से भी आहूत हैं। यथा—

(अ) **उत्तान**—उत्फुल्लक (खिलखिला फूल), मर्कट (वानर की भाँति), स्मरचक्र, सम्पुट (रत्नों की पिटारी), बडवाका (घोड़ी की समपाद चाल), लतावेष्ठ (लिपटी हुई लता), वेणु-विदारित (बाँस को बीच से चीरना), प्रेंखा (झुलना), त्रैविकम (टाँगों की ठुमकन), रतिबाण, फणाभृत पाश (सर्पों का युगल कुंडलन), कूर्मासन, मूलांक (शिव के त्रिशूल जैसा)।

(आ) आसित—पद्मासन (कमल की तरह चतुष्कोणीय अभिसार), मत्स्य, ज्वालामुखी, मर्दितक, स्वस्तिक, मयूर।

(इ) स्थित—दहयात्मक (दही मथने जैसा), दोला (झूला), त्रैविक्रम (दुलकी-तिलकी चाल ठाढ़े-ठाढ़े)।

(ई) आनत—धेनुक (दुधारू गाय जैसा), श्वानक (कुत्ते जैसा), गर्दभ (गधे जैसा), ऐम (हाथी जैसा), कुलिश (वज्र जैसा)।

(उ) अभिकर्म-विपर्यय—मन्थन, हूला (दुधारी तलवार-सा), वाराहघात, वृषघात, चातक विलास, चारुनारीक्षिता, लीलासन, भ्रमर, कुक्कुट, गरुड़, देवबन्ध, चक्रबन्ध, उपवीतिका (जनेऊ के जैसा) आदि-आदि।

[इनके स्रोत—रति-रहस्य, पंचसायक, स्मर प्रदीपिका, रतिमंजरी, अनंग-रंग, रति-कल्लोलिनी, शृंगार रस प्रबन्ध दीपिका, रति-रत्न (प्रदीपिका)]।

[ध्यातव्य है कि इस प्रसंग में **योग** तथा **तंत्र** (कापालिक, कौल, योगिनी, भैरवी) के भी गूढ़ तथा रहस्यवादी अनुष्ठान जुड़ते चले गए हैं]।

नर-नारी युगल के मैथुन में देहभाषा-सन्दर्भित कई **सीत्कारें** भी अनुरणित होती हैं—

(i) हिंकृत (मुख-नासिका मिलाने से ध्वनि),
(ii) स्त्रनित (मेघ-सी गम्भीर प्रतिध्वनि),
(iii) सीत्कृत (सर्प श्वास के जैसी सी-सी सीटी),
(iv) उत्कृत (वेणुविदारण से चरमर-चरमर), एवं
(v) फूत्कृत (मेघ की बूँद पानी में पड़ने से अथवा शरबत या शराब भरे मुख में कम्पित रोमांच पर बूँदों के बिफरने से)।

आसनों में जो रति-रण होता है उसमें युगलों की मुद्राओं के संग-संग कई **गतियाँ** (मूवमेंट) भी हैं—

(क) गहरे और उथले बेधना, छेदना (पेनिट्रेशन),
(ख) गहरे और उथले घूर्णत करना (रोटेशन),
(ग) गहरे और उथले अगल-बगल (डोले-सा) झूलना (रॉकिंग)।

हम कुछ भारतीय सौन्दर्य रूपकों द्वारा इन्हें रूपायित कर सकते हैं—

(क) धरती-आकाश में ऊपर-नीचे कल्लोल करता हंस,
(ख) घने जंगल में घूमता कस्तूरी मृग तथा
(ग) सरोवर में तैरती सोन-मछलियाँ (यह चीनी काम-कला विधि के अनुकरण पर है)। इन आसनों एवं बंधों में गतियाँ सम, मध्यम तथा प्रचंड होती हैं।

(इ) मिथुन-सुरति

मिथुन-सुरति में जननेंद्रियों के अलावा (**हाथ**-सहकारी), **मुख** एक अन्य प्रमुख प्रवेश-पत्तन हैं। यह रति-प्रदीपन में **मुख-मैथुन** का प्रकार है। नृतत्त्वशास्त्र में इसका आदिम कबीलाई उद्गम मातृसत्ताक अवस्था वाले स्त्रीराज्य हैं जिनमें कौमारी-पूजा आनुष्ठानिक थी। खजुराहो के चन्देलों की भाँति कर्णाटक के पर्वत शिखर के कामेश्वरी पीठ के तांत्रिक प्रौढ़ देवराज ने ('रति-रत्नी प्रदीपिका' में) दोनों प्रकार के योगिनी-चक्रों एवं वीर-चक्रों जैसे मुख-मैथुन को **औपरिष्टिक** कहा है। जब स्त्री पुरुष के शिश्न को अपने मुख से चूसती-निचोड़ती है तो

तंत्र में कौलाचार

उसे 'पुरुषायित औपरिष्टिक' (फेलाशियो), तथा जब पुरुष द्वारा अपने मुख से रमणी-भग का चूषण-मन्थन किया जाता है तो हम उसे **योषिता-औपरिष्टिक** (कुनीलिंगस) की संज्ञा देते हैं। वस्तुत: ये मुद्राओं की अपेक्षा 'बन्ध' हैं।

जब मुख एक अन्य प्रवेश पत्तन बनता है जब **स्वाद** भी जुड़ जाता है तथा दोनों के अपने-अपने यौगिक बिन्दु (मोलिक्यूल्स) परस्पर घुलमिल जाते हैं। फलत: मुख भी एक यौनेंद्रिय की भूमिका निभाता है। मुख केवल समावेशी ही नहीं, बल्कि अन्दर भेदक या बेधक भी हो जाता है। यह—प्रहनन (प्रहार), चाटने, ताड़ने एवं चूमने की क्रियाएँ भी करता है। अत: मुख-मैथुन में हम एक-दूजे के वास्तविक स्वाद से भी तृप्त होते हैं। इसलिए **हाथ** के प्रयोग की अपेक्षा इससे अधिकाधिक आत्मीय अन्तरंगता कायम होती है तथापि इसमें प्रतिकर्मी की सम्पूर्ण देह न होकर उसका जननांग होता है।

तथापि परम्परावृती समाजों में इस रति-क्रीड़ा पर घोर वर्जनाएँ (टैबू) भी हैं। तदपि पुरुषायित औपरिष्टिक (फेलाशियो) में नारी सक्रिय वर्चस्वमयी आक्रामक होती है किन्तु जब पुरुष योषिता-औपरिष्टिक (कुनीलिंगस) निष्पादित करता है तो स्त्री निष्क्रिय-सी, समर्पित भोक्ता का महासुख पाती है। अत: कल्याण मल्ल ने योषिता-औपरिष्टिक को 'स्मरगृहे मातंगलीला' और प्रौढ़ देवराज ने 'करिकर क्रीड़ा' कहा है। इसमें पुरुष स्त्री की योनि में जीभ डालकर मदमाते गज की भाँति अस्फुट ध्वनियाँ उच्चारता हुआ क्रीड़ा करता है।

मुख-रति के 'औपरिष्टकरेत' बन्धों की भंगिमाओं को पारिभाषिक दिए गए हैं। यह विचित्र क्रीड़ा मुख और भग (पुरुष पक्ष) तथा मुख और लिंग (नारी पक्ष) द्वारा सम्बर्धित होती है।

सो, भैरवी-चक्र तथा योगिनी-चक्र सदृश इसके योषिता बन्धों में पहले **पुरुष-पक्ष** को लिया जाए। प्रौढ़ देवराज द्वारा इसके आठ प्रकार बताए गए हैं—

(i) नारी की योनि में जीभ डालकर ओठों से उसके भग-पल्लवों को धीरे-धीरे खींचकर चूमना (अधर-स्फुरित),

(ii) काम-मन्दिर के तोरणों को नासिका से पृथक् करके अन्दर जीभ-संचालन करना (जिह्वा भ्रमणक),

(iii) नासिका तथा ओठों द्वारा योनि के अन्दर जीभ से प्रबल मर्दन करना (जिह्वा-मर्दित),

(iv) मर्दन से निकले रति-जल को पी लेना (चूषित),

(v) जाँघों को ऊपर उठाकर नाभि-छिद्र तथा उरुसन्धि को जीभ से चाटते हुए रति-मन्दिर के तोरणों को जीभ से चारों ओर घुमाना एवं रति-जल को पी लेना (उरु-चूषितक),

(vi) स्त्री के हाथों पर अपने सिर रखते हुए जघन-मध्य के मूल भाग को अपने पाणि-पल्लव पर रखकर अपनी छाती पर आसीन भग को जीभ से घुमाना तथा रति-जल पी लेना (उत्क्षोभक),

(vii) शय्या पर सोई रमणी के पाँवों के नीचे खड़ा होकर कमर को अपने कन्धों पर धारण करते हुए जीभ से आलोड़ित काम-मन्दिर का चुम्बन करते हुए सम्भोगोपरान्त योनि-जल को निरन्तर चूमना (बहुचूषित) तथा

(viii) परस्पर विपरीत दिशा में सोते हुए पुरुष योनि का तथा स्त्री लिंग का चुम्बन करे (काकिल-रत)।

प्रौढ़ देवराज ने नारी द्वारा पुरुषायित-औपरिष्टिक-क्रीड़ा के भी आठ भेद गिनाए हैं—

(क) रमणी लिंग को मुख के समीप लाकर खिन्नता का ढोंग करते हुए उसे छोड़ दे (निमित्त),

(ख) लिंग को दोनों ओठों से दबाना (पार्श्व द्रष्ट),
(ग) ओठों से अन्दर सुड़कते हुए सीत्कार करना (सन्दंश),
(घ) ओठों से मुख के अन्दर लेते हुए चूसना (अन्त:सन्दंश),
(ङ) लिंग मुख का ओठ की तरह तीव्र चुम्बन करना (चुम्बित),
(च) मुख के खोल में उसे जीभ के बीच जकड़कर मुख को सिकोड़ना–फुलाना (परिसृष्टक),
(छ) मुख में दबाते हुए बार–बार छोड़ना–जकड़ना (आम्रचूषित) तथा
(ज) लगातार ताल से शीघ्रता एवं वेगपूर्वक सम्पूर्ण लिंग का चूषण ताकि स्खलन हो जाए (संगर)।

मातंग–लीला (करिकर–क्रीड़ा)

विनायक–विनायकी की 'करिकर–क्रीड़ा'
नागेश्वर मन्दिर, कुम्भकोलम : उत्तर चोल–युग

'...स्मरगृहे मातंगलीलायितम्'।।2/2।।

—अनंग–रंग

'जिह्वामन्त: प्रवेश्यैव परितो भ्रमयेत् स्तुतम्
चूषयेद्रतिपानीयं तदुच्चूषितकं स्मृतम्।'।।2/48–49।।

—रति–रत्न प्रदीपिका

आम्रचूषित औपरिष्टिक

विकोशितं ध्वजं चार्धमात्रं वक्त्रे प्रवेश्य तु।
अवपीड्यादयं तं चाकृष्यान्तर्मुंचति प्रिया।
तदाम्रचूषिताख्यं स्यादाम्रचूषणसम्यतः।
—'रतिरत्न प्रदीपिका' षष्ठोध्यायः ।।34।।

जब पुरुष-देह में काम-देवता तथा नारी-देह में रति-देवी अन्तर्लीन हो जाते हैं तब कामी-पुरुष का स्पर्श-ब्रह्म तथा कामिनी नारी का रूप-ब्रह्म तत्त्वमसि से हो जाते हैं। सुधीर कक्कड़ ने अपने उपन्यास में ऐसी दशा को **शरीर की आराधना** बताया है। व्यापारी कीर्तिसेन तथा कामिनी चन्द्रिका के द्वारा प्रसन्नता में उन्मत्तता का औपन्यासिक भाष्य किया गया है कि "...कीर्तिसेन पहला पुरुष था जिसका लक्ष्य प्रेम था, आनन्द नहीं। जब वे दोनों बिस्तर में निर्वसन लेटते तो वह अपनी उत्तेजना को भूलकर अपने हाथों, होंठों और जीभ के द्वारा उसके (अर्थात् चन्द्रिका के) शरीर की आराधना में लम्बा समय बिताता। वह उससे सक्रिय भागीदारी के बजाय स्थिरता और अपनी श्रद्धा का स्वीकार चाहता था। वह उसके पसीने, राल और प्रेमद्रव जैसे शारीरिक स्रावों को **देवी की पूजा** में मिलने वाले उस **प्रसाद** की तरह ग्रहण करता, जिसे किसी **श्रद्धालु** की पवित्र भावना के साथ खाना चाहिए, न कि किसी **प्रेमी** की हठीली लोलुपता के साथ। सम्भोग के बाद वह उसे स्नान कराता, वस्त्र पहनाता,

बालों की वेणी गूँथता और आभूषणों से अलंकृत करता जैसा कि कोई **पुजारी** मन्दिर में देवी की प्रतिमा के साथ प्रात: और सान्ध्यकालीन अर्चना के बाद करता है।

" 'किसी स्त्री के लिए इससे बड़ा सम्मान और प्राय: हमेशा नहीं, इससे बड़ा आनन्द और कुछ नहीं है'—चन्द्रिका ने कहा। ...'और हमारे शरीरों और हमारी भावनाओं का तालमेल इतना सम्पूर्ण था कि हर बार जब हम सम्भोग करते तो मुझे लगता कि मैंने गर्भ-धारण कर लिया है।...और मैं सघनतम स्खलन से गुजरती थी। मेरी योनि प्रकम्पित हो उठती थी। यह अनुभूति मेरे सभी अंगों में फैल जाती थी। मैं **पहली बार** अपने शरीर को एक सम्पूर्ण इकाई के बतौर महसूस कर रही थी, जिसके हर रन्ध्र से जीवन प्रवाहित हो रहा था। ऐसा लगता था, मानो मेरे शरीर में हर जगह योनियाँ हैं और मैं कहीं भी **आनन्द** की अनुभूति कर सकती हूँ।' "
[दे. 'काम-योगी' (एसेटिक ऑफ डिजायर का अनुवाद), सुधीर कक्कड़, पृष्ठ 92, 93, 94, राजकमल प्रकाशन, नई दिल्ली-2000]

हाँ! हमारी जैव-इंद्रियग्राह्य (सेंसुअल) देह के प्रत्येक इंच की अवाचिक भाषा होती है तथा प्रत्येक संतप्त इंच संतृप्त होने को उद्विग्न होता है—

हर्षोन्माद (एक्सटेली) में आहें, कराहें, चीखें। प्रकर्म, मुद्रा, भंगिमा, संकेत उसके सिग्नल देते हैं। ये रत्यात्मक (इरोटिक) कला तथा विधा के प्रशिक्षक भी हैं। इसी भाँति **यातना** में हूक, हाय, भय, क्षय भी आहत इंचों को प्रशमित करते हैं। अन्य **स्थितियों** के भी अपने-अपने देहभाषिक आकृतिबंध होते हैं।

(ई) देह के रोगनिवारक बिन्दु-स्थल : [दबाव (एक्यूप्रेशर) तथा छेदन (एक्यूपंक्चर)]

ये दोनों प्रकार चीनी सभ्यता की प्राचीन उपचार-प्रणालियाँ हैं जिनमें दवाओं का इस्तेमाल नहीं होता।

प्राचीन चीनी सभ्यता में शरीर-रचना तथा जीवन-शैली में सुई या हाथ द्वारा मानव-देह के निश्चित बिन्दुओं पर छेदन या दबाव डाला जाता है जिससे देह में बहने वाली शक्ति नियमित तथा सन्तुलित होकर उसे नीरोग, अत: स्वस्थ बना देती है। यह हजारों साल पुराना, सुंग-काल में परिष्कृत हुआ आयुर्वेद है। यद्यपि इसमें शरीर के लगभग एक हजार बिन्दुओं को पहचाना गया है, तिस पर भी सौ बिन्दु ही अधिक महत्त्वपूर्ण हैं जो कि विशेषतया हाथ, पैर, घुटने, सिंह, कान, मेरुदंड, पाँवों के तलवों पर केंद्रित हैं। इन दबावों तथा छेदन से शरीर-ऊर्जा तथा शरीर-गति बढ़ती है।

इसमें प्राण-शक्ति का प्रत्यय **ची** है, जो धनात्मक पुरुष-तत्त्व **यांग** तथा त्रणात्मक स्त्री-तत्त्व **यिन** में विभक्त है। भारतीय-धारा में **पुरुष** और **प्रकृति** तत्त्व का समानान्तर द्वैत है। शरीर में यांग-यिंग का सन्तुलन तथा समरसता मनुष्य को स्वस्थ रखती है। भारतीय अवधारणा में त्रिगुणात्मक प्रकृति (माया) तथा त्रिगुणात्मक (वात-पित्त-कफ) मानव- देह की प्रकृति के बीच सन्तुलन तथा सामंजस्य से यह दशा प्राप्त होती है (सम्पूर्ण प्राण-शक्ति या जीवनी-शक्ति बहुत कुछ गायत्री जैसी है)। यांग तथा यिंग तथा उनके प्रगुण 'द्विपर्ण-विरुद्धता' (बाइनरी अपोजीशन) जैसे हैं। यांग-यिंग का युग्म क्रमश: पुरुष-स्त्री, धन-ऋण, दिन-रात, ग्रीष्म-शीत, ऊपर-नीचे, बाहर-भीतर, गर्म-ठंडा, प्रकाश-अँधेरा, सूर्य-चन्द्र तथा छोटी आँत-हृदय, बड़ी आँत-फेफड़े, पित्ताशय (गाल ब्लेडर), यकृत (लिवर), जठर (पेट), प्लीहा (स्पलीन), मूत्राशय (यूरिनरी ब्लेडर), गुर्दा (किडनी) आदि भी हैं (यह प्रकृति द्वारा सृष्टि के उन्मीलन-निमीलन के जैसा भाषित होता है)।

वस्तुत: **एक हजार** बिन्दुओं के समूह को **चौदह** मुख्य भागों में बाँटा गया है जिन्हें नाड़ी (चैनल या मेरीडियन) नाम दिया गया है। इन चौदह नाड़ियों में से दो स्वतंत्र हैं तथा शरीर के बीचोबीच मध्यरेखा के आगे-पीछे स्थित मानी गई हैं जो धारणात्मक घटिका तथा निर्देशात्मक घटिका की-सी अदाकारी करती हैं—हठयोगियों की इला व पिंगला नामक नाड़ियों जैसी। शेष बारह नाड़ियों की दो-दो की छह जोड़ियाँ बनती हैं जो शरीर के दाईं और बाईं ओर शक्ति को प्रवाहित करती हैं। अतएव छह यांग-नाड़ियाँ तथा छह यिन-नाड़ियाँ। वे क्रमश: बड़ी-आँत-फेफड़े, छोटी आँत-हृदय, पित्ताशय-यकृत, जठर-प्लीहा, मूत्राशय-गुर्दा हैं। इस तरह से छेदन या/दबाव द्वारा **विशिष्ट बिन्दु** से उत्पन्न होने वाली तरंगें **प्रभावित अंग** का उपचार करती हैं।

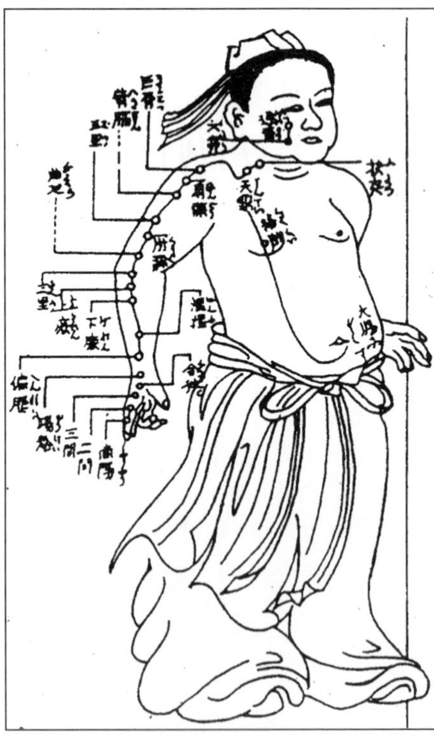
बाँह व मुख के दबाव एवं छेदन बिंदु

इसी भाँति एक्यू-छेदन (भेदन) में भी यांग-यिंग के ध्रुवान्तों पर प्राय: वे ही बिन्दु तथा मेरीडियन सक्रिय रहते हैं। इस पद्धति में चाँदी या ताँबे की सुई से शरीर छेदने में कोई दर्द नहीं होता। यह निश्चित बिन्दुओं पर भेदी जाती है तथा आलपीन से भी अधिक पतली होती है। इस प्रसंग में महाभारत में अर्जुन द्वारा घायल भीष्म पितामह के लिए बाणों की नोकों से बनाई गई शर-शय्या प्रासंगिक है। ऐसे ही एक लिजन्धर के अनुसार कामाचार्य पंडित कोका ने एक मदमस्त कामातुरा को संतृप्त करके उसके तप्त अंगों पर सुइयाँ

छेद दी थीं। यह उनके कामोपचार के दृष्टान्त के तौर पर उद्धृत होता है। इस तरह एक्यू-दबाव एवं एक्यू-छेदन और हठयोग में प्राणायाम अर्थात् प्राण-वायु का तालयुक्त अभियोजन—तीनों का प्रयोजन एकैक है [आयुर्वेद में यह प्रकार्य वात-पित्त-कफ के सन्तुलन तथा पंचकर्म द्वारा निष्पादित होता है]।

देह की ग्रन्थियों, अंगों, उपांगों के अनुसार ही **मेरीडियनों** के नामकरण हुए हैं। इन्हीं पर एक्यू-दबाव एवं एक्यू-भेदन के **बिन्दु** अवस्थित हैं।

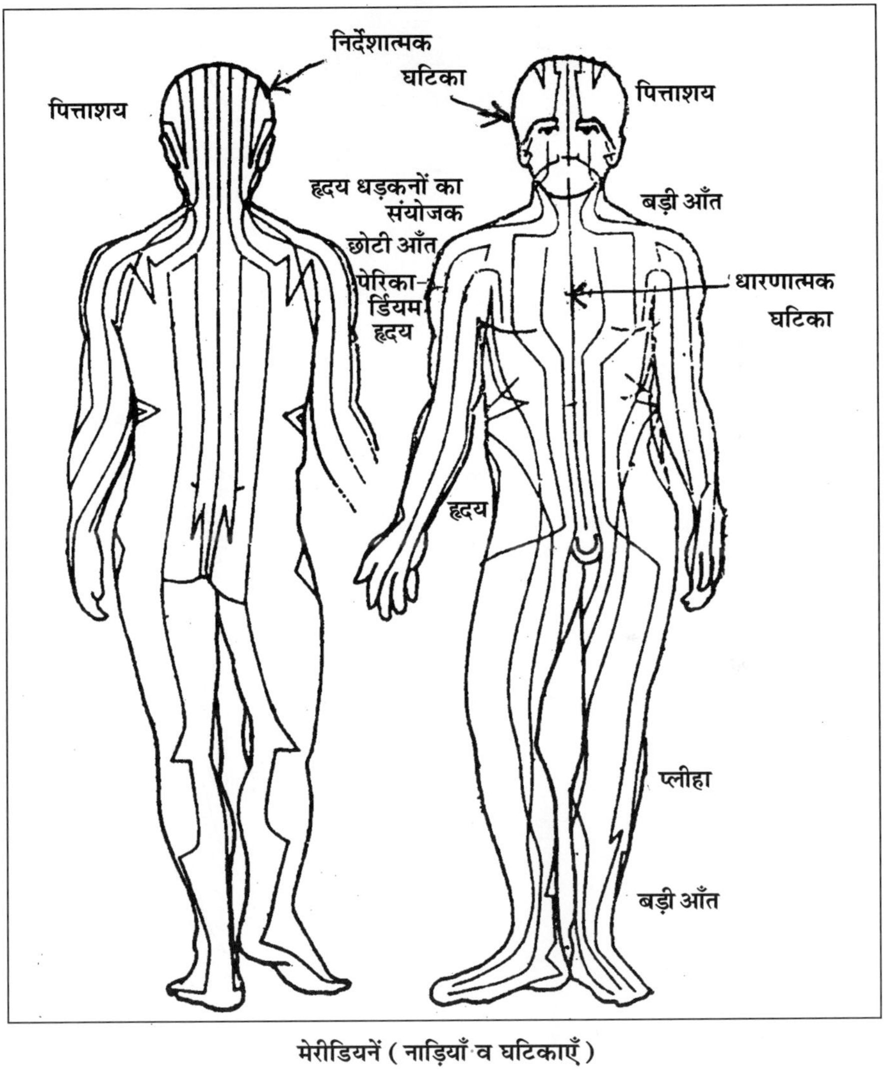

मेरीडियनें (नाड़ियाँ व घटिकाएँ)

तन (क्रिया) और **मन** (इच्छा) और **विचार** (ज्ञान) की द्वन्द्वात्मक तर्कशील की (डाइलेक्टिकल रीजन) आधिभौतिक व्यास-रेखा पर प्रकृति और पुरुष, शिव और शक्ति, लिंग और योनि, पाश और त्रिशूल, भोग और योग के द्वैत को शैव-दर्शन में मौलिक ढंग से संकल्पित किया गया है।

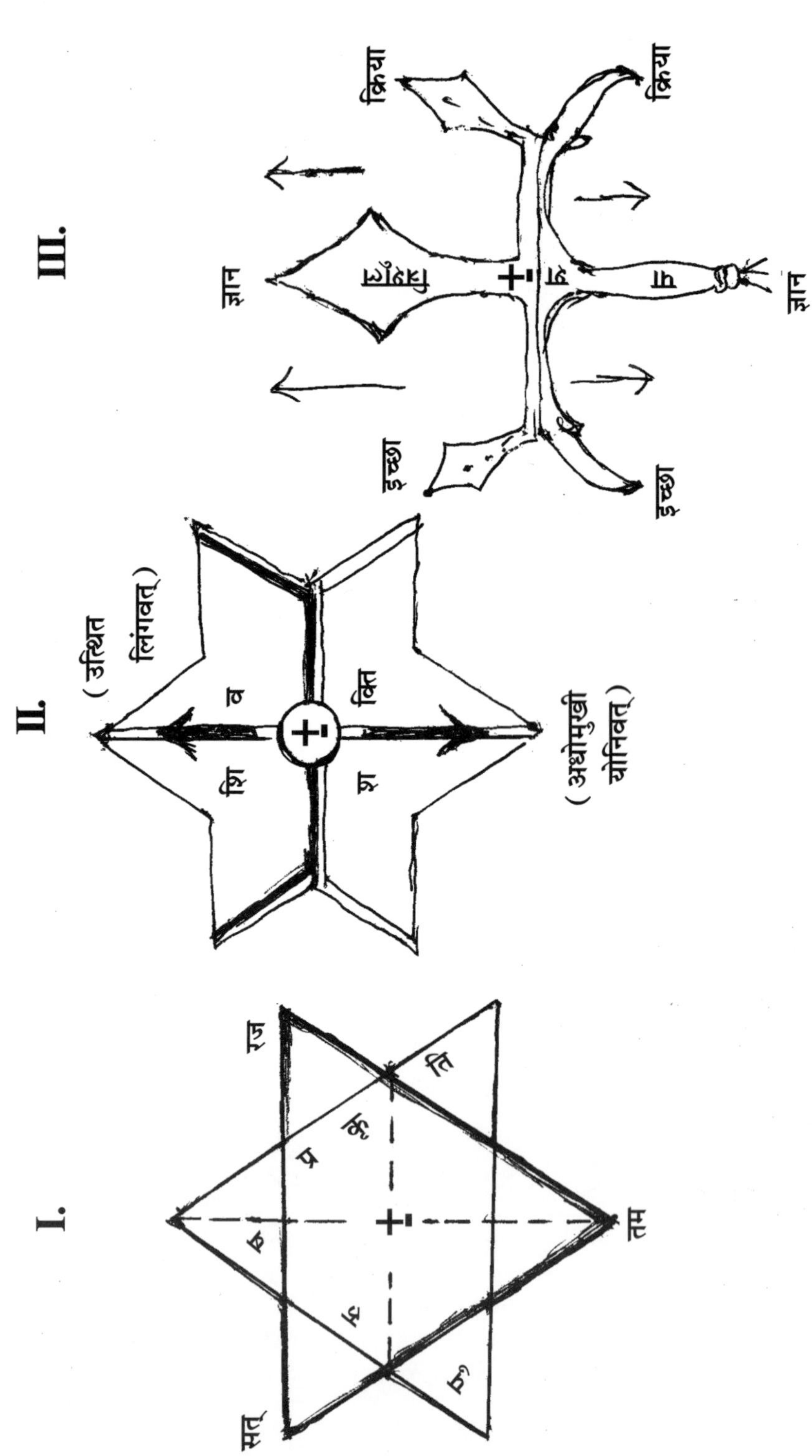
I.
सत्
रज
तम
II.
(उत्थित
लिंगवत्)
(अधोमुखी
योनिवत्)
III.
ज्ञान
क्रिया
इच्छा

अन्ततोगत्वा देह–प्रकार्य, देह–भोग तथा देह–भुगतने के नियामक ज्ञान तथा अभिलषित इच्छा हो जाती हैं। एक महात्रिकोण सम्पूर्ण हो जाता है।

'फान्तासीय उपचार' भी

सम्प्रति हम सैक्सीय फान्तासियों तक ही सन्दर्भित हैं। परम्परा–व्रत से तो **फान्तासी** विफलता की चीख होती है लेकिन यह अवाचिक प्रोक्ति खोज और अन्वेषण की एक विधि–सी है। नैंसी फ्राइडे 'माई सीक्रेट गार्डन' में बताती हैं कि इसमें 'सब–कुछ' आन्तरिक है, पूर्णतः सुरक्षित एवं संरक्षित है। वह सब–कुछ वे भाव–विचार–कार्य हैं जो हमें यथार्थता में संत्रस्त करते हैं। इस तरह हम फान्तासी के अन्तराल में यथार्थता का विस्तार करके उसे सुखद सुन्दर–सन्तृप्त पूर्ण–काम बना देते हैं। इस वृत्त में नारियाँ अनेक सैक्सी उद्दंड कामज्वरीय तथा शैतानी–कृत्यों का छायानाट्य कर सकती हैं। पुरुष कई आदर्श तथा स्वेच्छाचारी आर्केटाइपल बिम्बों को दीपित कर सकते हैं। वे अपनी ऊर्जाओं को बन्धनमुक्त कर देते हैं जो यथार्थता में बहिर्मुखी नहीं हो पातीं। फान्तासी बासीपन को निष्कासित करके विविधता अर्थात् नाना–रूपता का अनुसन्धान करती है।

अध्याय : नौ

काम-मिथुन : मादक मन्मथ तथा मादन रति

वात्स्यायन मुनि (ई.पू.-प. तीसरी शताब्दी), पंडित कोक (11वीं शती), कल्याण मल्ल (16वीं शती) की परम्परा में नाना प्रकार के कामासन अपनी ही देहभाषाओं के सघनीभूत तथा पुंजीभूत स्वरूप हैं। ये धर्म-धुरी में **काम** तथा **कला** के अक्षों पर क्रियान्वित होते हैं। ये युगलरूप में युद्धनद्ध की दशाएँ स्वयंसिद्ध करते हैं। इनका सरोकार केवल गर्भाधान-पूर्व दशाओं से है। कामासनों के अन्तरंग कामातुर कर्ताद्वय एक-जैसे साध्य से अनुरंजित पुरुष और नारी का जोड़ा है जो परस्पर मित्र, मेहरबान पति-पत्नी या अनुरागी प्रणयी-युगल होते हैं। यूँ पुरुष-पुरुष, स्त्री-स्त्री के बीच भी ये सम्बन्ध होते आए हैं और समाज शनैः-शनैः इन्हें वैध स्वीकृति भी देने को बाध्य है। कामासनों में समगोत्रता वर्जित है। वह गोत्र-व्यभिचार (इन्सेस्ट) है। मनोरथिक और निर्बंध कामासनों में दोनों सम्पूर्ण देहें गुँथकर संलिप्त होती जाती हैं। काकु-स्वर, रूप, रस, गंध, स्पर्श की उपभाषाओं के साथ-साथ त्वचा-हाथ-पैर-कान-नाक-जीभ की नाना मुद्राएँ, प्रकार्य, संचारी भाव-अनुभाव की भंगिमाएँ भी अतिशय भाषाएँ रचती हैं। इनमें ही नारी और पुरुष की **संश्लिष्ट देह** तथा **सम्पूर्ण-रति** की प्रति-स्थापना हुई है। महाशक्तिमयी रति-महारानी की मतवाली मिथुन-लीलाओं की जय हो! विजय हो!! यही आधुनिक भरतवाक्य है।

पितृ-सत्ताक भारतीय रूढ़ियों में नारीत्व की यौनता दमन-दलन, वर्जनाओं तथा निषेधों की शृंखला की कड़ियों से जकड़ी है, तो पुरुष के मर्दवादी आचरण में नारी महज भोग्या मानी जाती है। ऐसे में हम यथातथा सज्जन पुरुष तथा सौम्य नारियाँ तो पा सकते हैं लेकिन बहुधा बदतर प्रेमियों और ठंडी रमणियों की भीड़ ही मिलती है, ज्यादातर कर्तव्यशीला नारियाँ ही मिलती हैं : शय्या की रति-प्रवीणा नारियाँ कमतर। उनका खुलापन वैसी **फान्तासियों** के लुभावनेपन में तो मुखर ही नहीं हो पाता जो जीवन की बोरियत से विमुक्त करती आई हों। ऐसी भेदभरी तथा अनोखी कलनाओं की स्वीकृतियाँ तथा सम्बोधन तक बेहद विसंगत माने जाते हैं। अतः वर्जनाएँ एवं निषेध तथा फान्तासियों के उन्मुक्त प्रकाशन का अभाव मिलकर काम-कला को अधूरा, कुंठित, विकृत बनाते हैं। संस्कृत के तिरसठ के बजाय छत्तीस का आँकड़ा ही व्यंजन-शैली बन जाता है।

कोई भी कामासन तभी सिद्ध होता है जब हम बशर्ते यौनता की आराधना करें अर्थात् दोनों प्रथम संस्पर्श से लेकर अन्तिम स्वेद शिथिल देह की मधुरता, मादकता, मंत्रणा और गुप्त यंत्रणा में विधिवत् प्रशिक्षित भी हों। यही **सम्पूर्ण यौनता** है जिसमें पीड़ा (नख-क्षत, दन्त-क्षत, चिकोटी, व्यायाम आदि) भी सुखानन्द में रूपान्तरित हो जाती है। सम्पूर्ण यौनता की दशा में एकान्त या अन्धकार में मानो दो षड्यंत्रकारी कलाकार सक्रिय होते हैं जो परस्पर की गहरी छानबीन, तथा ताकझाँक नवेली उपलब्धियाँ प्राप्त करते हैं। इसमें कक्ष या सहेट के सम्मोहक रूपान्तर के अनुकूल ही दोनों अभिनेता भी दर्पणवत् तथा शोभामंडित ढंग से आत्मरूपान्तरित एवं आत्मोत्तीर्ण होते हैं। सम्पूर्ण यौनता में **पूर्व क्रीड़ा** (फोर प्ले) काम-रति के आह्वानक दिव्य

अनुष्ठानों के-जैसी होती है। इसके बिना पश्चकला सदैव अपूर्ण, पशुवत् और राग-रंग-रहित हो जाती है। पूर्ण काम में तो संवेदनाएँ एवं उत्तेजनाएँ सम्पूर्ण देह, प्रत्येक अंग तथा पोर-पोर, रोएँ-रोएँ, रग-रग में संचरित होती है। ऐसी क्रीड़ा और कला में किसी भी देह-भाषिक मुद्रा तथा भंगिमा के निष्पादन में दो में से किसी एक को कोई मुनादी नहीं हो सकती। अतएव यह मनोवैज्ञानिक महासत्य है कि एक सामान्य, सहज, स्वस्थ्य और यौनात्मक व्यक्ति (नर या रमणी) तथा स्वयं ब्रह्म भी ऐकाकी नहीं रम सकता।

अतएव काम-सम्भूत देहभाषाओं के लिए मर्यादित यौनता की अर्चना जरूरी है। उसकी आशंसा और भी वरेण्य है। ऐसा विग्रह वर्जित या पाप कतई नहीं है। इसके प्रभामंडल की देहभाषाओं में **त्वचा** बेहद जीवन्त हो उठती है तथा सभी कर्मेंद्रियाँ अपनी-अपनी भाषाओं का उन्मीलन करके भोग का सम्वर्धन करने लगती हैं। अतः वात्स्यायन के अनुसन्धान से प्राप्त जननेंद्रियों के माप, आकार तथा देहों का मुद्रात्मक सन्तुलन निर्णायक हो जाता है। यह एक सन्तुलित, उदार, अपराधमुक्त तथा स्वस्थ समाज की पहचान बनता है।

अन्तर्कक्ष तथा रति-क्रीड़ा का महारास

ईपिकूरियनों, महासुखवादियों, देहपूजकों, स्वस्थ मिथुनों जैसे सुख-खोजियों के लिए अन्तर्कक्ष में मधुर दृश्य एवं अवाचिक ध्वनियाँ उद्दीपक होती हैं। ये रति-कला के अनुषंग हैं। अन्तर्कक्ष में आधा अँधेरा-आधा-उजाला होना आमन्त्रणकारी होता है।

गहरे अँधेरे, क्षीण उजाले की धूपछाहीं में मुखमंडल, आलिंगनबद्ध भुजाएँ, सुडौल-गोल स्तन और मर्दनकारी अंगुलियाँ, गतिमान नितम्ब, थरथराती कमर, चंचल कन्धे, चूचुक, नाभि, लम्बे लहराते तकियों पर फैले केश, नितम्ब थामू सुदृढ़ हथेलियाँ, सिसकियाँ और चीखें, तालयुक्त प्रहार तथा खिलखिलाती हँसी, फुसफुसाहट तथा गुनगुनाहट आदि का अलौकिक बैकुंठ प्रकट होता है।

इसके सहवर्तन में देह-आवृतियों, आकारों, गठनों (टेक्सचर्स), स्वराघातों (टोन्स) की भाषाएँ होती हैं। घुटनों पर से ऊर्ध्व त्रिकोण बनाती टाँगें या पुनः उरु से वैसा ही त्रिकोण बनाती जाँघें, लतावेष्ठित आलिंगन, पुरुषायित या रमणीशायित आसन, सुकोमल फूले तकिए, थमी हुई या ज्वारा-भाटी साँसें, धनुषाकृत देहें, पसीने की बूँदों से छलछलाती त्वचा मिलकर देह-गाथा बताती हैं।

बहुधा बाँहों में गोदने, जाँघों में नख-क्षत की रक्तिम चित्रावलियाँ, पायलें, कंगन, किंकिणी, कंठहार तथा बन्द दरवाजे एक दैहिक सौन्दर्यबोधशास्त्र रचा करते हैं जो देह-शृंगार, देह-संरक्षण, देह-ऊर्जा देहभाषा के अन्तर्वाक्य हैं। देह-संवाहन (मालिश), सुगंध-लेपन देहभाषा के छन्द हैं जो एक कवि, कथाकार, ब्यूटीशियन की भूमिका अदा करते हैं। [दे. 'दाई नेबर्स वाइफ', पृष्ठ-315]।

अतएव जिस सामान्य-जैसी **अवाचिक देहभाषा** का भी सार्वजनिक बनाम निजी परिस्थितियों में चारित्र्य एक सौ अस्सी डिगरी ध्रुवान्ती हो जाता है उसके चक्रचिह्नों में परस्पर लिपटाना, झप्पी डालना, आलिंगन करना, चुम्बन लेना, हथेलियों की उंगलियाँ फँसाकर पद्म मुट्ठी बनाते हुए चलना, गलबाँही डालना तो आमफहम हैं।

विपरीत लिंगी तथा विवाहित-अविवाहित स्थितियों में ये अस्तित्व से उछलकर संस्कृति के टैबू-केंद्र में आ कूदते हैं। इनके बीच अतिक्रमण की रेखा तय करना सचमुच जबर्दस्त आधुनिक चुनौती है।

योग में यौन (सैक्स) का प्रशान्त पक्ष होता है, **खेलकूद** में उत्तेजक पक्ष एवं **उन्मत्त रति** में उग्र युद्ध पक्ष।

भारत में यह योग, अनुष्ठान, आनन्द, परितृप्ति और कला से जुड़ा है। यह एक 'शास्त्र' है। चीन और जापान में यह एक कला तथा अरब में कारीगरी के रूप में निर्देशित हुआ है।

अगर हम इसके प्रचंड-प्रबल मन्मथकारी स्वरूप को लें तो एक नया गुह्य-गूढ़ युगनद्ध रूपक सामने अचानक दृश्यमान होता है—रति-चंडी और काम-भैरव की गुत्थमगुत्थी! यहां देह-मुद्राएँ बेहद पेंचदार, शक्तियुक्त तथा क्षणे-क्षणे परिवर्तित होती हैं। रति-चंडी के अक्ष पर यह खेलकूद उचक-उचक कर, कूद-कूदकर, उछल-उछल कर, चिपक-लिपट कर होती है। काम-भैरव के अक्ष पर इसमें खेल-क्रीड़ा रगड़-रगड़ कर, डुबो-डुबो कर, फेंट-फेंट कर, घुमा-घुमा कर, चूस-चूस कर, धक्का-धक्का कर अष्ट सिद्धियाँ देती हैं। इसकी यही गुप्त देहभाषा है।

वास्तव में यहाँ दो के बीच मानो एक नूरा कुश्ती, खेल तथा युद्ध, **ध्यान** (ज़ेन) तथा **व्यायाम** का निरन्तर सम्मोहक अभ्यास चलता है। इसमें सदा-सर्वदा नवलता बनी रहती है। यहाँ शास्त्र एवं कला एवं क्रीड़ा का त्रिविक्रम है, प्रयोग है।

बहुधा यह एक विभ्रमकारी दुर्ललित युद्ध जैसा भी प्रतिपादित हुआ है—सशस्त्र काम-योद्धा तथा निःशस्त्र भोली-भाली रतिगौरा ('गौरी' नहीं) के बीच रण! इसी तरह से यौन रोगों तथा एड्स से बचाव के लिए 'सुरक्षित सैक्स अभियान' के तहत (दक्षिणी) अफ्रीका, अमेरिका में कई आयोजन किए जाते हैं जिनमें पुरुष 'कैप्टेन कंडोम' तथा स्त्री 'एडमिरल वैजाइना' का बहुरूपी बनती हैं।

हमारे यहाँ कामाध्यात्म योग और उपासना में दिव्यावदान प्राप्त करता आया है। हिन्दू पार्वती-योनि-पीठ में स्थित उत्थित शिवलिंग की शीतल-जल-अर्घ्य चढ़ाकर पूजा करते हैं। यह संयुक्त उपासना है। इसका मन्दिरों में एक रूपायन 'करिकल्लोल' के रूप में भी हुआ है जिसमें विनायक की सूँड़ और विनायकी-शक्ति की योनि के बीच थर्राती क्रीड़ा हो रही है (कुम्भाकोनम् मन्दिर)।

यह भी धार्मिक विश्वास है कि संगम या परिणय के पहले रमणी सोम, गन्धर्व तथा अग्नि की केलि-सखी होती है। (इन तीनों देवों के प्रतीक स्वयमेव उद्घाटक हैं)।

चीन में **यिन** एवं **यांग** युगनद्ध होते हैं, प्रकृति तथा पुरुष, शिव एवं शक्ति की भाँति।

यहाँ पर एक नया आधुनिक आयाम भी खुलता है। अगर पुरुष और नारी को खुलेपन तथा स्वतंत्रता से चुनने की छूट हो तो शारीरिक एवं संवेगीय निबन्धन में 'जीन' निर्णायक अभिभूमिका निभाते हैं। ये सामाजिक दायरा तय करने में इच्छाओं को दिशागति देते ही हैं, साथ-साथ यौवनावस्था के आगे बढ़ने पर खुद भी सक्रिय होते जाते हैं। अतः जीन साथी के चयन को भी प्रभावित करते हैं। वर्जीनिया कॉमन वेल्थ यूनिवर्सिटी के कैनेथ एस. कैंडलर के नेतृत्व में शोधकर्ताओं ने अध्ययन में पाया है कि जैसे-जैसे व्यक्ति विकसित होता है उसके जीन भी सक्रिय होते जाते हैं। ये हम-उम्र समूहों तथा अन्तरंग मित्रों के चुनाव को प्रभावित करते हैं। फलागम के तौर-तरीकों पर ये भविष्यानुमान पेश करते हैं कि साथी/कामरेड का सामाजिक व्यवहार तथा देह-भाषिक आचार-व्यवहार कैसा होगा। अतः मनोविज्ञान तथा मानवीय जैनेटिक्स मिलकर प्रवृत्तियों का आरेख खींच सकते हैं जिसमें कामेच्छाएँ, जैनेटिक कोड, पारिवारिक माहौल, आर्थिक दशा तथा सामाजिक व्यवहार किशोरावस्था से लेकर यौवन एवं प्रौढ़ावस्था को द्विअक्षीय (एक्स-वाई) करते हुए एकतानता लाते हैं। तदपि अन्ततोगत्वा जैविक निर्णायक तो जीन तथा किशोरावस्था ही होती है जो जोड़ों तथा सामाजिक समूहों को तैयार करती है।

अथच, आधुनिक सन्दर्भ में देह का चयापचय (मेटाबालिज्म) एक-रेखाक कार्यकारणवादी

नहीं होता। उसमें पुनर्निवेश (फीडबैक) के आधार पर आत्म–पुनर्नवीकरण होता है। अतः यह सह–उन्मीलन तथा कायान्तरण (मेटामार्फोसिस) है। इसलिए काम में अग्नि और सोम, इंद्रियाँ और प्राण, देह और भोग का सह–पुनर्नवीकरण एवं कायान्तरण होता है। हमें याद रखना होगा कि यह सब स्व–संगठनात्मक भी है क्योंकि जीनोम तो संजाल (नेटवर्क) हैं जिसमें नियंत्रणकारी संक्षेत्र (देहांग/इंद्रियाँ) यह निश्चित करते हैं कि विशिष्ट जीन–समूह कहाँ और कैसे अभिव्यंजना और क्रियाशीलता करें।

समय–घड़ी द्वारा संचालित आधुनिक रहन–सहन वाली एकरस घिसीपिटी जिन्दगानी भी अप्रत्याशित अवनर्मिलताएँ उभारती है। दिन–भर शहर में कार्यरत होकर चूर–चूर होना, फिर दूर के उपनगरीय क्षेत्र में घंटों लगाकर पहुँचना और फिर रात का खाना खाकर निढाल होकर शवनिद्रा में बेहोश हो जाना—यह सब समकालीन समाज का कुंठाकारी अभिशाप है। ऐसे में प्रणय, सौन्दर्य तथा सैक्स, सभी कुछ धुंधुकारा में विलुप्त होते जाते हैं। ऐसे में बहुधा मनुष्य (नर और नारी) समूह अथवा भीड़ में तो शर्म–संकुचित हो जाते हैं किन्तु निजता (प्राइवेसी) में अकुंठ कमल जैसे खिल उठते हैं। यह पुनर्नव्य होने का एक रहस्योपचार है कि निजी सुरक्षित क्षण तथा ठाँव मिलें। तब हमारे नित–नवीन देह–कौशल तथा यौन–उत्सुकता की साक्षी काम–शय्या होती है। इसके भी गुप्त उद्दीपन निर्वसन तथा वस्त्रालंकृत होने में भी छुपे हैं।

युवकों तथा युवतियों को स्वस्थ–सुन्दर, रोगरहित–शालीन, संतृप्त बनाने के लिए यौन–शिक्षा तथा प्रशिक्षण अनिवार्य है ताकि बलात्कार, तेजाब से झुलसाना, 'इज्जतदारी वाली हत्याएँ' अपहरण आदि पर अंकुश लग सके। **निरोध** (कांट्रासेप्टिव) का व्यवहार कानूनी तथा नैतिक तथा अनिवार्य होना चाहिए, बारह साल की उम्र से। '*नैतिक सुधारवाद*' का यही असली घोषणा–पत्र है [दे. 'दि ज्वॉय ऑफ सैक्स' भी, **डॉ. एलेक्स कम्फर्ट**, 1963]। हमारा लक्ष्य भी यही, केवल यही है।

लक्ष्मण–रेखाओं से विमुक्त दशाओं में एलेक्स कम्फर्ट ने शरीर–रचना–विज्ञान (एनॉटमी) की बहुरूपता का, पूर्ववर्ती रति–क्रीड़ा की विविधता का, सुकुमारता के नियमोल्लंघनकारी करतबों का निरीक्षण किया। प्रगाढ़, अन्तरंग तथा अत्यन्त अजनबी मिथुनों का अध्ययन भी किया। उन्होंने वस्त्रालंकृत होते हुए और निर्वसन होते हुए शरीरों का पर्यवेक्षण किया और नर–नारी को देखा कि वे मृगी–आरोही, एवं अश्वारोहिणी हैं। उन्होंने नितम्बों, भुजाओं, कमर, जंघाओं की विभिन्न मुद्राओं में गुरुत्वाकर्षण के केंद्रों के प्रमापन की कोशिशें कीं। उन्होंने बेहद अबला–दबी सी शर्मीली कुंठित रमणियों को प्रचंड रति–विलासिनी में तब्दील होते पाया। (उपकरणों में कई तकियों की दिशा–निर्देशक भूमिका का भी उन्होंने अवलोकन किया)। यह तो कालिदास के अनुभव पुंज का ही अनुमोदन है जब वे पूर्वमेघ में कहते हैं, '*ज्ञातस्वादो विवृतजघनां को विहातुं समर्थः*। **41**।।—अर्थात् कौन रसिक पुरुष फैली–खुली जाँघों वाली रमणी का त्याग करने में समर्थ होगा?

मुनि वात्स्यायन ने कई प्रकार के आसनों तथा रति–क्रीड़ाओं, रति–बन्धों का शालीन योगोन्मुख प्रयोजन सिद्ध किया है। उन्होंने 'गोपन दृश्य–रति' (वोयूरिज्म) का मनोरहस्य तो नहीं बताया। यह 'अकर्मक–देहभाषा' (पैसिव बॉडी–लैंग्वेज) का विलक्षण संसार है। चित्रकला और शिल्पकला का तो मूलाधार यही है।

वस्तुतः मनोविज्ञान, नीतिशास्त्र तथा सौन्दर्यबोधशास्त्र के चतुरंग में **यौन का जीवविज्ञान, समुच्चय** केंद्रीभूत करना पड़ेगा। इनके द्वारा ही दम्पती शगुन–कक्षों की ऊब तथा कुरूपता से छुटकारा पा सकते हैं।

देह-भाषिक प्रकार्यों में विधुरों, विधवाओं तथा परित्यक्ताओं पर भी ध्यान देने की जरूरत है। नारी-सशक्तीकरण तथा नारी-विमुक्ति का कुंजीपटल यहाँ भी है। नारी में यौन विलासावधि अपेक्षतया अधिक पाई जाती है।

नारी-सशक्तीकरण तथा नारी-विमुक्ति का एक भेदक बिन्दु उसका **शिश्नात्मक नारी** (फेलिक वुमेन) होना भी है। उसके भी जो भग-शिश्न (क्लिटॉरिस) अर्थात् स्मरछत्र होता है वह उसको प्रकृति की महाशक्ति बनाता है। इस अभिज्ञान-हीनता ने ही/भी शताब्दियों से नारी को अबला, दासी, अनुवर्तिनी बनाए रखा था। अब यह रहस्य बेपर्दा हो गया है। देहभाषा में भग-शिश्न का स्पर्श, महक तथा स्वाद भी नई-नई प्रोक्तियों का उद्‌घाटक है। इसके द्वारा ही नारी बालिका-दशा से पूर्ण यौवनावस्था (प्यूबर्टी) में पदार्पण करती है तथा सैकड़ों वर्जनाओं, लक्ष्मण-रेखाओं, निषेधों, कुंठाओं से भी विमुक्त होती जाती है। इससे समलैंगिकता (होमो-सेक्चुअलिटी) या लेस्बियन दशा का भी आह्लाद होता है। यह 'नग्न-लावण्य' का भी सौन्दर्य-सूत्र है। यहाँ 'नग्न लवलीनता' के लावण्य का भी मादन उभर आता है। सो, इसमें किशोरावस्था की शरारतें भी अभिव्यंजित होने लगती हैं।

तदपि पवित्रता से दंशित या शुचितावादी मानस पर तो 'देह का आतंक' हावी रहता है। दैहिक प्रणय उनके लिए पाप/दुष्कर्म है। असल में हमें **सैक्स** के समुचित आदर तथा **देह** के अजीब अनुभवों के मोहित भय के प्रति सन्तुलन बनाना होगा। रमणी के नारीत्व तथा पुरुष के पौरुष की रहस्यात्मकता को लारेंस ने 'लेडी चैटर्लीज़ लवर' में उद्‌घाटित किया है। ... 'सैक्स-अकर्मकता' तो नारियों को वफ़ादार पत्नी बनाए रखती है। मनोवैज्ञानिक विल्हेम राइख़ ने ऐसी नारी-स्थिति को 'यौन-निषेधक' बताया है। अधिकतर विवाहित लोगों में 'स्वाधिकार-समस्या' अधिकाधिक होती है जिससे प्राथमिक सम्बन्धता तथा अपराध-बोध व्याप्त हो जाता है। इनके अक्षुण्ण रहते हुए भी विवाहेतर सैक्स आनन्द तथा समझदारी को कई गुना बढ़ा सकता है। इसे हम खुलकर स्वास्थ्योनमुख करना चाहेंगे।

पुराने परिप्रेक्ष्य में (ही सही) **महर्षि चरक** ने भी स्त्री की ऐंद्रियिकता में कोमल स्पर्श, शोभन छविरूप, वशीकरणीय, संगीतात्मक ध्वनि (शब्द), मधुर सुगंध तथा रसीला स्वाद-रस गिनाए हैं। ये पंचेन्द्रिय-पुंज हैं। इससे स्त्री 'दुलारी' भी हो जाती है। इस प्रकार आकृति, उम्र, वाणी तथा म्रुदा का एक चतुरंग पुरुष-नारी, दोनों के लिए वांछनीय है।

सैक्स में परस्पर प्रदानता-आदानता का महासुख होता है। जितना सुख आप देंगे उतनी ही तृप्ति आप प्राप्त करेंगे। '**आत्मा** को कलुषित करने की अपेक्षा **देह** को तृप्त करना बेहतर है।' संभोग में निर्वसन देह होना ही श्रेयस्कर है। या फिर कसे हुए आभूषण नहीं पहने हुए हों। नियंत्रित प्राणायाम के संग वज्रासन और शवासन दुर्बलताएँ दूर रखेंगे। साँस उखड़ने पर रति-श्रम रोक देना चाहिए।

संभोग एक स्वस्थ तथा सम्पूर्ण जीवन की अनिवार्य शर्त है। इसे बलात्कार, पाशविकता, व्यभिचार, गोत्र व्यभिचार से आद्योपान्त दूर रखें। इसे मर्दवादी या अराजक नारीवादी सोच से अलग रखा जाए क्योंकि यह एकायामी तथा जैविकी-विरुद्ध है।

[अवश्य ही कई व्याधियाँ हैं जो मात्र मानसिक हैं, जैसे कि स्त्रियों में अश्मिभूतता अर्थात् रति-हिमशीतलता (फ्रिजिडिटी) या सुरति-भय, पुरुषों में शीघ्र वीर्यपतन, शिथिल उत्थित लिंग, स्खलनहीनता आदि। इनसे निवारण आत्मविश्वास और मानसिक आश्वासन, योग अथवा तन्मयता द्वारा भी प्राप्त किए जा सकते हैं।

संभोगोपरान्त नीरसता धार्मिक मनोरोगों में से एक है।

संभोगविषयक कुंठाएँ : घने अँधेरे में संभोग से घबड़ाएँ मत बल्कि आदमकद दर्पण को साक्षी बनाएँ)। संभोग पाप या विकृति है, संभोग अशुचिपूर्ण कर्म है। यह सब कुछ तो मानो मालकौस सुनते समय कानों में उँगली डाल लेना है।]

अतएव केलि-शय्या को सौभाग्य-शय्या बनने दें! आदमकद दर्पणों के साक्षात्कार में आलिंगन-चुम्बन की भाषा जुड़कर वैदिक तथा सनातन काम-देवता का महाकाव्य रचती हैं।

सामन्तवादी व्यवस्था में एक रसिक अभिजात सामन्त अर्थात् 'नागरक' की जीवन-शैली को **अष्टयाम** में बाँटा गया है। उसका प्रादर्श (मॉडल) तो एक सभ्य गृहस्थ का है, लेकिन प्रतिदर्श (सेम्पल) एक भोगविलासी का ही है। उसका भवन, उभय शय्याएँ, शय्या-उपकरण, क्रीड़ा-पक्षियों के पिंजड़े, वृक्ष-वाहिका, (प्रात:कालीन सज्जा, स्नान), भोजन, सायं-शृंगार, शयनकक्ष में नायिका की प्रतीक्षा, उत्सव, क्रीड़ा, मदिरापान, गोष्ठी आदि में उसकी दिवारात्रि-चर्या अवकाशी लीला में रत रहती है।

उसके सहकार-मंडल में पीठ-मर्द, विट्, विदूषक, वेश्या, भिक्षुणी, विधवा, अविवाहिताएँ, विलासिनी, सुहागिनें आदि हैं। उसका धनकामिनी-धनदायिनी, सहायिकाओं, मर्मचतुराओं, प्रिया की सखियों, साध्वियों, वय:सन्धिनियों जैसी पर-स्त्रियों से संभोग अनुचित नहीं माना जाता था। क्यों?

हम ऐसी सामाजार्थिक आभिजात्य व्यवस्था तथा ऐसे सामन्तीय मॉडल से परकीयकृत (एलियेनेटेड) हो चुके हैं। वह दुनिया छूट चुकी है। तदपि मनुष्य और मानव-देह की प्रकृत् समस्याएँ तथा आयुर्वैदिक संरचनादि सृष्टि-विधान के अंग-प्रत्यंग हैं।

[हाँ, शुरू में ही कुछ यौन-'पोर्न' तथा अपनर्मिलताएँ भी निस्संकोच जान लेना यौन-व्यवहारों को नर्मिल (नॉर्मल) बनाने में सहायक होंगी : साध्वियों एवं ननों द्वारा मोमबत्तियों, लम्बे पतले बैंगनों, कोमल कच्चे खीरों द्वारा स्वयं-संभोगी होना, स्त्रियों द्वारा पारस्परिक योनि की मुख-रति, पुरुषों तथा नारियों द्वारा हस्त-मैथुन, समरत नरों द्वारा आपसी समागम (सोडोमी) आदि। इनकी नर्मिलता-अपनर्मिलता के विषय में मतभेद हैं।]

भारतीय चित्र एवं शिल्प की (आधुनिक काल के पूर्व की शताब्दियों में) देह का यक्षेतर योग-प्रादर्श ही परिपूर्णता को सिद्ध करता आया है।

चीन और जापान की यौन-संस्कृति में **पुरुषायित बन्ध** की सर्वमान्यता है। इसके अलावा उनके कामासनों में मुद्रा की अपेक्षा **ताल-लय** की नृत्यात्मक विधि अपनाई जाती है अर्थात् चक्की की तरह पीसना, झूले की तरह पेंग लेना और धकेलना आदि। ये **गति के पैटर्न** रचते हैं। अत: उथली और गहरी धँसाई, ऊपरी तथा अन्दरूनी घूर्णन या पार्श्वगत डावाँडोल प्रकम्पन एक छन्दताल बनाते हैं। यह चीनी सौम्यता की संस्कृति का हिस्सा है।

इसके लिए संयुक्ति में, काम-व्यूह, रति-कला तथा काव्य चित्र-रूपकों की अधिभाषिक देह-प्रोक्तियों का व्यवहार हुआ है। कुछ उदाहरण : **उड़ता हुआ ड्रेगन सर्प** (उत्तान जृंभिक बन्ध), जिसमें पुरुष आठ गहरे तथा छह उथले धकेलें लगाता है, जिससे सघन पयोधर चोट खाकर बरस पड़ते हैं; **जंगल में बाघ** (आनत हस्ति/ऐभ आसन) जिसमें पुरुष बारी-बारी से छह-आठ धकेलें लगाता है। इनकी कुल संख्या सौ तक होती है; **जेड-कमलिनी का रज-जल से लबालब बह पड़ना** (त्रि/हरिविक्रम बन्ध); **...अनमोलस्वामिनी यिन तथा महाप्रभु यांग** (स्थित कीर्ति-बन्ध) जिसमें कमलिनी का कोश पूर्णत: खिल जाता है तथा सुगन्धित पराग-तुहिन उसे ढाँक लेते हैं। इस दशा को **खड़े हुए बाँस तरु** भी कहा जाता है। **झूलते-कूदते बन्दर** (भ्रमर-बन्ध) में नारी नौ गहरे तथा पाँच उथले धकेलें लगाती है। कुछ

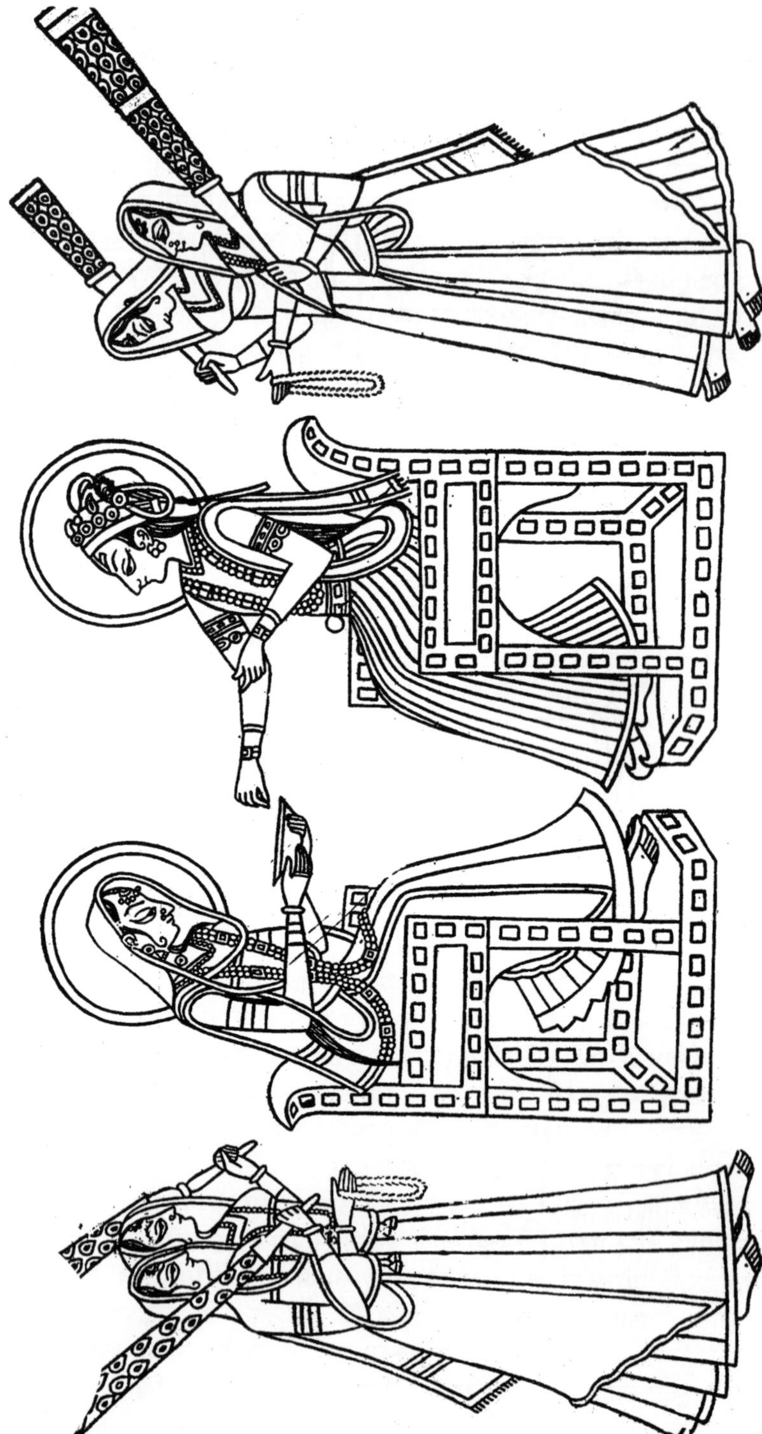

अष्टयाम में ताम्बूल-भोग (किशनगढ़) 1850'.

शालभंजिका, नागार्जुनकोंड, द्वितीय/तृतीय शती

भारतीय चित्रकारी में पुरुष के वेश में स्त्री-आकृति

[श्रीराधा भी कृष्ण के साथ पुरुष-वेश में तथा श्रीकृष्ण राधा के साथ स्त्री-वेश में केलि-क्रीड़ा करते थे।]

अन्य बन्धासन-रूपकों के नाम **फूल की छानबीन करती तितली की मुद्रा, शहद को मथता हुआ मधुमक्खा, भूले हुए विहंग की वन में वापसी, पठार चढ़ता हुआ भूखा घोड़ा, गोबिलिन मछलियों का विलास** (लेस्बियन काम-केलि) आदि हैं।

जापान में अर्ध-पद्मासन में आसीन बेनजाइतेन देवी का कमल उसी प्रकार पूज्य है जिस प्रकार **रति-रहस्य** नितान्त गूढ़-गुप्त-गोपनीय, अन्तरंग तथा अनिर्वचनीय भी होता है। 'काम-सूत्र', 'अनंग-रंग' या 'रति-रत्न-दीपिका' आदि इसके भोग तथा आनन्द के हेतु देह-वार्ताओं तथा मुद्रा-भंगिमाओं के साधनादि निर्देशित करते हैं। इसके पूजित चिह्न (टोटेम) कामदेव के वाहन **शुक** तथा काम-भाषा के अधिवक्ता (अरबी) के प्रतीक **कपोत** माने गए हैं। ये दोनों परम-ज्ञाता मानवीय भाषा नहीं बोल सकते, केवल स्वरों व ध्वनियों की अधिभाषा के संकेत बताते हैं।

शुक (तोते) से जुड़ी मिथक : एक बार पार्वती ने शिव से काम-कला के सम्पूर्ण रहस्य जानने की ठान ली। शिव ने उन्हें किसी निर्जन, सुनसान स्थान में रात को वे रहस्य बताने की रज़ामन्दी दे दी। जब वे एक गूढ़ गुफा-सुरंग में रहस्य बता रहे थे तभी अचानक कहीं ऊपर से एक तोता अर्थात् शुक टें-टें पुकार उठा। शिव ने तुरन्त उसे दंड (या शाप) दिया। वह एक ऋषि-पत्नी के गर्भ में प्रविष्ट हो गया तथा नौ महीनों के बाद **शुकदेव मुनि** के रूप में जन्मा।

युवक हो जाने पर भी वे निष्काम रहे। जब एक बार एकान्त सरोवर में कुछ युवतियाँ स्नान कर रही थीं तभी वहाँ से अर्धनग्न-से शुकदेव मुनि गुजरे। युवतियाँ बिलकुल लापरवाह होकर जल-क्रीड़ाएँ करती रहीं मानो कोई पुरुष मौजूद ही नहीं हो। थोड़ी देर बाद एक बूढ़े ऋषि गुजरे तो सभी झट छिप गईं और वस्त्रों से अपने अंग ढाँप लिए। हैरान ऋषि ने उनसे पूछा कि एक युवक को सामने पाकर तो तुम बेपरवाह रहीं लेकिन मुझ जैसे वृद्ध ब्रह्म-ज्ञानी के सामने इस तरह छिप गईं, क्यों? उत्तर मिला कि शुकदेव मुनि इंद्रियजीत हैं और पूर्ण निष्काम हैं। लेकिन आप में दमित तृष्णाग्नि (अवचेतन) धधक रही है।

स्त्रियाँ असल में क्या चाहती हैं?

अब हम एक विलायती कथा के मिथेतिहासिक 'रि-मिक्स' की रचना करेंगे।

वात्स्यायन मुनि को 'काम-सूत्र' के प्रणयन में कई उलझनें आ रही थीं। अवकाश में वे कैलाश-यात्रा पर चल पड़े। शिव एकान्त में पार्वती को गुप्त रति-रहस्य बता रहे थे। एक तोता छिपकर सब कुछ सुन रहा था। वात्स्यायन भी वहीं शुक के पास खड़े हो गए। क्रुद्ध शिव को लगा कि वात्स्यायन भी छिपकर सब सुन रहे थे। सो, उन्होंने शाप दिया कि मुनि उनके एक प्रश्न का उत्तर दो वर्षों के भीतर पता लगाकार बताएँ अन्यथा अवधि बीतने पर शिव-रात्रि तक साँप द्वारा डँसने से उनका प्राणान्त हो जाएगा। प्रश्न था—**स्त्रियाँ वास्तव में क्या चाहती हैं?**

परेशान वात्स्यायन उज्जयिनी लौट आए। उन्होंने हरेक से सवाल पूछा—राजकुमारियों से पूछा, नगर-वधुओं से पूछा, वेश्याओं और संन्यासिनियों से पूछा, शठों और विदूषकों से पूछा; किन्तु किसी से भी सन्तोषजनक उत्तर नहीं मिला।

नगरी के नागरकों और विद्वानों ने कहा कि वृषभों तथा हाथियों तथा अश्वों की शालाओं के बीच रहने वाली बूढ़ी चुड़ैल ही इसका उत्तर दे सकती है। वात्स्यायन उसके पास गए। वह उत्तर बताने को सशर्त राजी हो गई। कठोर शर्त यह लगा दी कि वह अपने अन्तरंग मित्र नाटककार शूद्रक से उसकी शादी करा दें। 'मृच्छकटिक' की रचना में स्वयं शूद्रक भी कई

समस्याओं में उलझे थे। लेकिन अपने मित्र वात्स्यायन से सब कुछ जानकर उसकी जीवन-रक्षा के लिए ब्याह को सहमत हो गए।

बूढ़ी चुड़ैल बेहद कुरूप थी, उसके टूटे दाँत बाहर को निकले थे। वह अश्लील हरकतें करती चलती थी। बहरहाल विवाह हो गया। उस मौके पर भी उसने भद्दे, गन्दे तथा अश्लील शृंगार किए। उसने उत्तर बताया : "स्त्री वास्तव में यह चाहती है कि अपने जीवन की वह स्वयंस्वामिनी हो।" यह महासत्य था। विद्वानों ने माना कि अब वात्स्यायन का जीवन बच जाएगा।

अगले दिन शिव-रात्रि के पहले की पूर्णिमा को शूद्रक की सुहागरात आई। वे सुहाग-कक्ष में दाखिल हुए तो सेज पर देखा कि एक अद्वितीय सुन्दर पद्मा मोहिनी लेटी है। स्त्री ने ऐलान किया कि उन्होंने (शूद्रक ने) उसके साथ इतना सम्मानपूर्ण और प्रेमपूर्वक व्यवहार किया, जिससे वह अब से रात में अद्वितीय सुन्दरी रहेगी और शेष दिन भर बूढ़ी चुड़ैल। यदि वे चाहेंगे तो अन्य विकल्प के तौर पर वह दिन-भर सुन्दर मोहिनी रूप में और रात में विकराल बूढ़ी चुड़ैल के रूप में भी रह सकती है। उसने यह फैसला शूद्रक की मर्जी पर छोड़ दिया।

प्रति-उत्तर में शूद्रक ने यह फैसला भी उसी पर छोड़ दिया। इस पर उस रमणी ने निर्णय लिया कि वह अहर्निश अर्थात् दोनों समय मोहिनी-कामिनी के एक ही रूप में साथ रहेगी क्योंकि कवि ने पुनः उसका मान रखा कि वही, सचमुच, अपने जीवन की स्वयमेव अधिकारिणी है।

शूद्रक ने वात्स्यायन को सब कुछ बताया। आह्लादित वात्स्यायन पुनः कैलाश-तीर्थ में शिव के सामने उपस्थित हुए। उत्तर से शिव परम सन्तुष्ट हुए और आर्ष रहस्य बताते हुए वात्स्यायन को उपदेश दिया कि अगर तुम्हारे 'कामसूत्र' की स्त्री स्वयं अपनी देह की स्वामिनी तथा आत्मनिर्णय करने की अधिकारिणी नहीं होती तो जीवन और समाज, दोनों ही में सब कुछ कुरूप, अश्लील एवं भयावह हो जाएगा। मुनि ने इसे शिरोधार्य किया।

मुनि वात्स्यायन का लक्ष्य सुखी परिवार रहा। वे चतुर्वर्ण की सीमाओं को प्रायः लाँघ गए थे। तदपि उनका सन्दर्भ-आयाम अभिजन ही थे।

उन्होंने **काम** का गहरा ज्ञान चतुर्थ पुरुषार्थ के रूप में, जीवन की मूल सिसृक्षा तथा सुख के रूप में किया। तदपि वे भी धर्मशास्त्र के परिमंडल में ही विचारक मुनि रहे। वे अपने युग (ई.प. तीसरी शती) के दर्पण एवं दीपक भी रहे हैं।

उन्होंने **काम** को एक ओर सकुमार कलाओं की लज्जा तथा लालित्य से तथा दूसरी ओर आकर्षक काम-क्रीड़ा के मादन-मोहन एवं काम-रंग से सायुज्य कर दिया। तत्कालीन नारी-व्यवहार के पैटर्न और यौन-व्यवहार को भी एकतान किया। सफल विवाह तथा विलास के लिए उन्होंने कन्या से कान्ता से 'धर्म-पत्नी' से गृहिणी की अवधारणाएँ भी उत्तरोत्तर उन्मीलित कीं तथापि धनवानों (श्रेष्ठिजनों तथा सामन्तों) के लिए बहुकामिनीत्व एवं वेश्यावृत्ति को भी निरूपित किया। 'दाम्पत्य' के घेरे व्यापक तथा खुले भी रखे।

निष्कर्षतः कहा जा सकता है कि परिणय की एकसूत्रता में हमारे मुनि ने परिवार की स्पिरता, नर-नारी की प्राकृतिक मूल इकाई, यौन तथा काम की अनादि वासनापरक मूलवृत्ति एवं व्यवहार में क्रीड़ा तथा सुख के मूल्यों का समन्वय किया। वे एक सामाजिक विचारक थे।

हमें ध्यान रखना होगा कि मुनि वात्स्यायन ने काम-कला को पूर्ण-काम बनाते हुए शिक्षा देने के साथ-साथ प्रशिक्षण भी दिया है—स्वस्थ तथा प्रसन्न देह द्वारा अन्तर्मुखी सर्वांग कामसुख-देहभोग का उत्कर्ष! हमारा उद्देश्य भी यही है।

मध्यकाल से उभरते हुए अनेक रोग उनके समय में लगभग कमतर और क्षीणतम थे। यदि थे भी तो मुनि ने उन्हें चरक-सुश्रुत के हवाले सौंप दिए गए। इसलिए वात्स्यायन ने उन्हें नहीं

निरावृत्त किया। उन्होंने गर्भधान, प्रसूति आदि को भी नहीं शामिल किया। ये पक्ष आयुर्वेद (पंचकर्म/त्रिदोष), योग, ध्यान के बहुत बाद में, आधुनिक युग में, देह-केंद्रित लेजर-उपचार, कॉस्मेटिक शल्यकर्म, आहार-समायोजन द्वारा सम्पन्न हुए।

मुनि की सीख तथा साक्षी थी कि देह-मार्जन-नीराजन में डरना, घबड़ाना, रूढ़िग्रस्त, पापभीरु नहीं होना है, बल्कि पाँवों, आँखों, भुजाओं, जाँघों आदि देहांगों द्वारा मस्ती एवं तृषाग्नि का प्रकाशन-प्रदर्शन करो। नखक्षत्-दन्तक्षत्-प्रहरण आदि आज के हलके-फुलके एक्यूपंक्चर तथा एक्यूप्रेशर की मानिन्द ही हैं। उनके उपचार थे—रक्तचाप (हाइपर टेंशन) घटाओ, रक्त शर्करा (मधुमेह) भगाओ, शरीर-वजन (ओबेसिटी) दूर करो, चलो-फिरो (आर्थाइटिस), निर्बाधित (एस्थमा) स्वाँसें लो, भरपूर सोचो स्पष्टतया (माइग्रेन)।

कुछ समकालीन फिल्मों में भी ये शिक्षाएँ दी गई हैं। हम बता आए हैं कि 'उत्सव' में वृद्ध वात्स्यायन गणिकाओं-वारांगनाओं के आवासों में गोपन-रति-दर्शन (वोयूरिज्म) के द्वारा भी कामासनों का भाष्य लिखते हैं। 'कामसूत्र' फिल्म में एक कामदमित (ठंडी) पत्नी राजकुमारी व बाँदी के बीच मनोवैज्ञानिक दुविधाएँ उद्घाटित हुई हैं (एक कामिनी बनाम सेविका के कंट्रास्ट में)। दोनों ही फिल्मों की मुख्य अभिनेत्री रेखा है।

इस तरह देहभाषा के चक्रचिह्नों से परिवर्तमान भारतीय संस्कृति में यौन (सैक्स) का रूपान्तरण भी समझा जा सकता है तथापि वर्तमान के कुछ महाप्रश्नों को सुलगा लिया जाए।

क्या भारतीय सन्दर्भों में फ्रायड की यौन-धारणाएँ, जस-की-तस अनुप्रयुक्त हैं? नहीं! क्या यौन (सैक्स) तथा यौनता (सैक्सुअलिटी) भी स्वस्थ-सामाजिक भोग-सुख की अनिवार्यता नहीं है? भारतीय परम्परा में यह गुप्त एवं गन्दा, अनैतिक एवं अश्लील, अपवित्र एवं वर्जित, रोमैंटिक रोधी-असामाजिक माना जाने लगा है। यद्यपि सुदीर्घ संस्कृति-प्रवाह में काम (धर्म के साथ) प्रमुख पुरुषार्थ है तदपि विवाह-पूर्व प्रेम-स्वच्छन्द प्रेम—और परकीय प्रेम—पूर्णतः निषिद्ध रहा है। सन्तोष तथा संयम, ब्रह्मचर्य तथा अक्षत-योनि साध्य रहे। यहाँ सवाल उठता है कि क्या हर्ष और सुखभोग या ऐंद्रियिक और यौनात्मक समानार्थक हैं? क्या ये परस्पर पूरक हैं? क्या निरक्षरता, कुंठा तथा रूढ़िगर्विता यौन-सुख को विखंडित नहीं कर देती? क्या भारतीय मिथकों-किंवदन्तियों-निजधरों में ब्रह्मा द्वारा सरस्वती से बलात्कार, इंद्र द्वारा अहल्या से सहमत समागम, मोहिनी-मादन द्वारा विष्णु का यौन-छल, दुर्गा द्वारा महिषराज से छद्म व्यवहार, शूर्पनखा की लक्ष्मण के प्रति मोहाशक्ति (इनफैचुएशन) संस्कृति के ही इतर तृणमूल यथार्थ नहीं हैं?

क्या पारिवारिक-सम्बन्धताओं में देवर-भौजाई, जीजा-साली, सास-बहू, श्वसुर-पुत्रवधू के रिश्तों में टोटेम-टैबू आदि के विरोधाभास नहीं हैं?

अब जाँचें : यौन-सम्बन्धों की छायाओं-उजालों को। झुग्गी-झोपड़ी में आर्थिक कारणों से सहज रूढ़िमुक्तता, मध्यवर्ग की प्राणघातक रूढ़िजकड़न, वैभवशाली अभिजनों की मौज-मस्ती, मन्दिरों में मधुर लीला, देवताओं के बीच प्रतीकात्मक यौनाध्यात्म आदि के प्रतिरूप कैसे नकारे जा सकते हैं?

वस्तुतः सैक्स एक जीवनशक्ति है, हमारी पृथ्वी की विमुक्ति (लिबरेशन) की सबसे शानदार चीज है। यह समानता तथा सर्वांगता का व्यासपीठ है। इसमें स्वाधीनता तथा आत्मक्रान्ति अन्तर्निहित है। एक सूक्ति है—'तुम दोनों करो, करो, और करो या करते हुए देखो!' तदपि ये अश्लीलता तथा पोर्नोग्राफी के खतरों से भी खबरदार करते हैं क्योंकि ये मादकता को विकृतिलोलुपता में अधोमुखी कर देते हैं, भले ही इनसे थोड़ा-बहुत विरेचन या क्षतिपूर्ति का विभ्रम फैलता हो।

*[मध्यकाल में भी **महासुखवादी** थे जो सदेह स्वर्ग जाने को रासायनिक क्रियाएँ करते थे। **वाममार्गी** थे जो महामुद्रा में वीर्य को योनि-संचित के बजाय ऊर्ध्वगामी करने की महामुद्रा द्वारा द्वैतता का मोचन करते थे। 'आसन' तथा 'मुद्रा' के विचित्र 'बंध' (अनेकानेक मांसपेशियों एवं स्नायुओं का संकुचन-ग्रन्थन) ढालते थे। **तांत्रिकों** ने 'चक्र' में प्रजनन-अनुष्ठानों का समाहार जारी रखा। इसका उदात्त स्वरूप **श्रीचक्र-पूजन** है। इस भाँति द्वैतता की विलीनता के देहबंधों में 'भगासन' तथा नारीत्व के त्रिपुर-सुन्दरी तथा त्रिपुर-भैरवी स्वरूप प्रकट हुए। अब **शिव-शक्ति** या **शिव-पार्वती** के अद्वैत के बजाय लेटे हुए शिव तथा उनके वक्ष पर खड़ी हुई काली का नया मोटिफ भी उभरा। इस तरह हम महामुद्रा से महाभाव और महामुद्रा से महाकाली के महानृत्य में देहासन तथा देहबंध भी प्रकल्पित होते पाते हैं। इस भाँति भोग तथा योग के, महाभोगी तथा महायोगी के शिवत्वमय सामरस्य उभरे। वे पुरुष तथा प्रकृति के ही आयाम हैं। इनमें द्वैत है, लेकिन द्वन्द्व नहीं। अत: यौन-सम्बन्ध ही प्रेम की सर्वोच्च अभिव्यंजना है। इसीलिए यह **जीवित लौ** है जिसमें अशिष्टता (वल्गेरिटी), ईर्ष्या तथा टकराव-मनमुटाव की कोई गुंजाइश नहीं। यह जीवित लौ अँधेरे में भी आत्मचेतना की विस्मृति है, इसमें नग्नता पवित्र हो जाती है।]*

केवल महाऋत् सूक्ति यही है कि सम्पूर्ण **नग्नदेह** (जीविल लौ) न तो कदापि सार्वजनिक हो और न ही क्रीत दास/दासी जैसी हो।

एक '**जीवित लौ**' की अन्योक्ति के कूट की चाबी है कि अगर नग्न रमणी अपमानित, अपहृत, दंडित, विवश या अपावन नहीं है तो वह दैहिक तथा मानसिक अवरोधों को लाँघ जाती है। फ्रांस की जोन-ऑफ-आर्क सूली पर चढ़ाने को बंदिनी बनाई जाकर पूर्णत: नग्नावस्था में अश्वारूढ़ा थी, ग्रीक मिथक की देवी यूरोपा साँड़ (देवेन्द्र जियस) के ऊपर नंगी सवारी करके पूजित हुई।

ईजिप्ट के सक़्करा-तीर्थ में तो **वृषभ की पूजा** होती थी। अब वहाँ रेगिस्तान है किन्तु भूमिगत कक्षों से लगभग सत्तर वृषभों की ममियाँ मिली हैं। उस पवित्र मन्दिर तथा परिसर में परित्यक्त महिलाएँ, देवदासियाँ, वेश्याएँ रहती थीं। वह यौनाचारों का भी केंद्र था। वृषभ-मृत्यु पर उसकी पूजा दो क्वाँरी जुड़वा बहनें तब तक किया करती थीं जब तक कि दूसरे वृषभ की मृत्यु न हो जाए। (ममीकरण के बाद वृषभ देवता हो जाता था)। दूसरे वृषभ की मृत्यु के बाद ही जुड़वाँ क्वाँरियाँ विवाह कर सकती थीं। वहाँ बाँझ औरतें तथा नपुंसक मर्द भी अनुष्ठान करते-कराते थे।

(काल-चक्र में हमारे मुनि को भी कामचक्र के अन्तर्गत पुरुष के अश्व तथा वृषभ शक्ति वाले भेद करने पड़े हैं।)

अब हम आदि-आर्ष स्रोत ऋग्वेद से अपने मुद्दे लेकर जिरह आगे बढ़ाते हैं। ऋग्वेद के आठवें मंडल के 34वें मंत्र में **लिंग** का वर्णन है—

आसंग (प्लायोग नामक राजा का पुत्र था जो शापवश स्त्री हो गया) के आगे वह (लिंग) स्थूल देखा जाता है। वह हड्डी से रहित बड़ा और नीचे की ओर लटक रहा है। आसंग की भार्या शश्वती ने उसे (लिंग को) देखकर कहा—आर्य! आप बहुत उत्तम भोग के साधन को धारण करते हो :

अन्वस्य स्थुरं दद्रसे पुरस्तावनस्य अरुखराम्ब भाण:।
शश्वती नार्यभिचक्ष्याहु सुभद्रमयं भाजनं विभर्षि।।34।।

(बाद में आसंग पुरुष हो गया। अंगिरा की कन्या शश्वती उसकी पत्नी थी।)

नग्न देहों का ब्राजीली साम्बा-नृत्य समारोह की निर्द्वन्द्वता

नग्न देहों की नैसर्गिकता

दसवाँ मंडल, 86 सूक्त/छठे मंत्र में इंद्राणी—'न कोई स्त्री मुझसे अधिक सौभाग्यशाली है, न ही सुपुत्र वाली ही है। इस प्रकार न कोई स्त्री पति के पास मुझसे अधिक शरीर को प्रफुल्ल ही कर सकती है, न रति-समय दोनों जाँघों को ही उठा सकती है। इंद्र सबसे श्रेष्ठ है।'

15वें मंत्र में इंद्र को गायों के बीच शब्द करते हुए साँड़ की तरह रमण करने को कहा गया है। 16वें मंत्र में इंद्राणी की उक्ति है कि जिसका लिंग जाँघों के बीच लटकता है, वह रमण नहीं कर सकता। रमण वही कर सकता है जिसके बैठने पर रोमवाली पुरुषेंद्रिय बल-प्रकाश (उत्थि) करती है। 17वें मंत्र में इंद्र ठीक इसके उलटे लक्षण कहता है। भर्तृहरि की एक और साखी (शृंगार खंड से)—

कामदेव पर **मंगलाचरण** लिखा है—

'शम्भुस्वयंभुहरयो हरिणेक्षणानां
येनाक्रियन्न सततं गृहकुम्भदासाः।
वाचामगोचरचरित्र पवित्रिताय
तस्मै नमो भगवते मकरध्वजाय।।

—जिस कामदेव ने संसार के सिरजनहार-ब्रह्मा, पालनहार-विष्णु, तारनहार-महेश को भी अपनी-अपनी पत्नी के लिए पानी भरने और घरेलू चाकरी करने पर लगा दिया उसे वाणी द्वारा अगोचर और परमपवित्र मकरध्वज मन्मथ देवता को मेरा नमन है।

द्रष्टव्येषु किमुत्तमं मृगद्रशः प्रेमप्रसन्नं मुखं
घ्रातव्येष्वपि किं तदास्यपवनः श्राव्येषु किं तद्वचः।
किं स्वाद्येषु तदोष्ट पल्लवरसः स्पृश्येषु किं तद्वपुः
ध्येयं किं नवयौवनं सहृदयैः सर्वत्र तदिवभ्रमाः।।

—श्लोक 7

—सहृदयों के लिए सर्वोत्तम दृश्य या दर्शनीय वस्तु कौन है? वह मृगनयनी का प्रेम-प्रसन्न मुख-मंडल है। सूँघने योग्य कौन है? वह प्रेयसी का श्वासोश्वास उत्तम है। सुनने योग्य क्या है? वह उसके मधुर उत्तम वचन हैं। सबसे अधिक स्वादिष्ट क्या है? वह अधर-पल्लवों का रस है। स्पर्श के लिए सर्वश्रेष्ठ कौन है? वह उसकी उत्तम देह है। ध्येय क्या है? नवयौवना के विभ्रम (चटक-मटक) में सभी स्थान पर निमग्न रहना।

नो सत्येन मृगांक एष वदनीभूतो न चेन्दीवर-
द्वंद्वं लोचनतां गतं न कनकैरप्यंगयष्टिः कृता।।
कित्वेवं कविभिः प्रतारित मनास्तत्त्वं विजानन्नपि।
त्वङ्मांसास्थिमयं वपुमृगिदृशां मन्दोजः सेवते।।

—श्लोक 46

—सच्ची बात यह है कि न कभी मृगांक चन्द्र (आकाश से उतर कर) किसी तरुणी के वदन में रहता है, न ही इन्दीवर की पंखुरियाँ उसके दोनों लोचनों में समाई गई है और न ही उसकी अंगयष्टि स्वर्णांगी है। यह सब कवियों की मनगढ़ंत बातें हैं। इसे लोग भली भाँति जानते हैं कि मृगनयनी की अंगयष्टि त्वचा-मांस-हाड़ से बनी है परन्तु/फिर भी वे मोहवश रमणी के वशीभूत सेवक बन जाते हैं।

हेमन्ते दधिदुग्ध सर्पिरशना माञ्जिष्ठवासोभृतः।
काश्मीर द्रवसान्द्रदिग्धवपुषः खिनः विचित्रै रतैः।।
वृत्तौरुस्तन कामिनीजन कृताश्लेषा गृहाभ्यन्तरे।
ताम्बूलीदलपूगपूरितमुखा धन्याः सुखं शेरते।।

—श्लोक 97

—धन्य हैं वे जो शीत-हेमन्त ऋतु में दूध-ददी का सेवन कर शरीर पर काश्मीरी केशर व कस्तूरी का लेपन कर, थककर गाल में पान की गिलौरी दाबे, लाल वसन धारण किए, चित्र-विचित्र आसनों से रति-क्रीड़ा कर थक-थकाकर कामिनी की गोल-गोल जंघाओं तथा स्तनों के साथ बद्धालिंगन करके गृह के अन्दर सुख की नींद सोया करते हैं।

सारांश—क्या मानव-देह अशोभन तथा पाप है? इससे तो अस्वस्थ कौतूहल उत्पन्न होता है। अतः सम्पूर्ण नग्न-देह ही व्यक्तित्व के आभामंडल (औरा) में घिरती है। इससे ही दैहिक सौन्दर्य समृद्ध तथा आराध्य होगा। अतः दोनों लिंगी पूर्णतः नग्न होकर सहकारी हैं तो अन्तरंगता तथा परिचयता भी समुन्नत होगी।

लक्ष्य—देहभाषा-केंद्र पर स्वच्छ एवं स्वस्थ एवं प्रकृत देह में ही स्वस्थ मानस का अधिवास है। उससे बलात्कार और विलुब्धता (सिडक्शन) अनजाने हो जाएँगे। हम एक रहस्य भी बताते हैं कि शिल्प देह-टैबू को मिटाता है, तो चित्र उसे छिपाता है। देह-शोभा की समग्रता देहवर्जना का विसर्जन करती है।

ऐसे प्रसंगों की तरह ही सुधीर कक्कड़ की मिथकोपन्यासिक कृति **दि एसेटिक ऑफ डिजायर** ['कामयोगी' नाम से हिन्दी में अनूदित—राजकमल प्रकाशन, दरियागंज, नयी दिल्ली, 2001] है। इसमें मलंग वात्स्यायन को कौशाम्बी जनपद का गृहस्थ वैश्य माना गया है जिनकी माँ अवन्तिका तथा मौसी चन्द्रिका—दोनों ही प्रसिद्ध गणिकाएँ थीं। मुनि को काम-कला का अवाचिक व्याकरण उनकी मौसी चन्द्रिका के ही स्तनों, कटि, जंघाओं का साथ-साथ शृंगार करने-कराने के स्वानुभवों द्वारा सिद्ध हुआ बताया गया है, तदपि उनकी उपजीव्य एवं निमित्त सुरति चंचल तरुणियाँ और केलि-चतुरा स्वच्छन्द गणिकाएँ प्रतीत होती हैं। [सर्वसाधारण कामकाजी चाकरियों, दूतियों, कुट्टनियों की अन्य कोटियाँ थीं।] ये सामान्य गृहस्थिनें तो थीं लेकिन बलिष्ठ श्रमजीवी स्त्रियाँ लगभग नहीं थीं। उपन्यासकार के निरूपण में विलक्षण देहांगों तथा देह-रूपकों के व्याकरण उद्घाटित होते हैं।

एक अन्य सन्दर्श शशि कपूर की कला-फिल्म **उत्सव** में भी हुआ है। इसमें रेखा ने वसन्त सेना तथा फीरोज खान ने वात्स्यायन मुनि की अभिभूमिका निष्पादित की है। फिल्म में मुनि को लगभग नाटककार शूद्रक का समकालीन-सा माना गया है। वे वसन्तसेना जैसी गणिका की व्यस्त हवेली में रोमान्टिक प्रणय-रीतियाँ तथा मैथुन (आसनों) के निदर्शक-मुद्रा लिपिकार ब्राह्मण ब्रह्मचारी बनाए गए हैं।

वस्तुतः पंचम वैदिक भरत मुनि तथा आयुर्वैदिक वैद्य चरक के अतिरिक्त काम-सूत्रधार वात्स्यायन मुनि की वृहत्त्रयी ने पुरुष-स्त्री देह एवं काम-भाषा के गूढ़ रहस्य समझाए। उन्होंने शुंगों अथवा गुप्तों की सामन्तीय शक्ति और सुकुमारता के प्रदर्शक पालतू वृषभ, अश्व, हाथी, शश (खरगोश), मृग आदि पशुओं के समतुल्य पुरुष एवं स्त्री के (उन्हीं के नाम-गुणों से) भेद-विभेद कर डाले। लिंग एवं योनि के प्रमाण (माप) तथा संभोग-अवधि के आधार पर वात्स्यायन ने मनुष्यों के समरत-विषमरत फर्क किए। ऐसे वर्गीकरण के लिए स्वास्थ्य-सौन्दर्य शक्ति से संयुक्त काम-भाषा के नये सन्दर्भ प्रस्तुत किए। ऐसी भाषा में भावभंगिमाओं की गहन संरचनाएँ (डीप स्ट्रक्चर्स), व्यतिरेकी मुद्राएँ, सात्त्विक अनुभावों की अवाचिक शोभा-भाषा उन्मीलित हुई है।

ठीक इसी कथा-दृष्टि (थीम) को लेकर एक-दूसरी मिथक भी है। श्रीनगर या तत्कालीन अवन्तिपुर के अवन्तिस्वामी-मन्दिर में शिव का निवास! एक बार पार्वती ने कामकला के सारे रहस्य जानने को शिव से आग्रह किया। शिव ने शर्त रखी कि वे एक नितान्त अज्ञात स्थल पर, बिना किसी वाहन तथा भूषण आदि को धारण किए, सब कुछ सिखा देंगे। वे दोनों हिमालय की ओर चल पड़े। शिवपुर (सोपोर) में नान्दी को छोड़ दिया, चन्दनवाड़ी में त्रिशूल छोड़ दिया, आगे मस्तक का अर्धचन्द्र भी उतार दिया। शेषनाग स्थल पर गलहार सर्प को भी मुक्त कर दिया।

इससे उनका निहंग शरीर बेहद उत्तप्त हो उठा। अतएव वे एक बर्फानी गुफा में दाखिल हुए। जब गौरा पार्वती को सब कुछ सिखला रहे थे तभी कहीं ऊपर से एक सफेद **कबूतर-जोड़ी** गुटर-गूँ टोका-टोकी करने लगी। इससे विक्षुब्ध शिव ने यह विधान कर दिया कि यह कपोत-जोड़ी 'अनंग' तो नहीं होगी, लेकिन 'अमर' होकर वहीं रहेगी तथा यह गुफा-गर्भ भी अदृश्य-अज्ञात हो जाएगा। आज वही **अमरनाथ** की गुफा के रूप में खोजी गई और वहाँ कपोतों का भी वास है। अब लाखों की तादाद में शिवभक्त-भक्तिनें 'छड़ी-मुबारक' लेकर अमरनाथ गुफा की यात्रा करती हैं, प्रतिवर्ष श्रावण में।

आधुनिक युग के महानगरों तथा समृद्ध क्षेत्रों में पश्चिम का अनबूझा प्रभाव उत्तरोत्तर हावी होता जा रहा है। युवा वर्ग में मूल्य-व्यवस्था प्रायः ध्वस्त हो चुकी है। उपर्युक्त मिथकों के माध्यम

से काम के पुरुषार्थ तथा रति-दर्शन का जो भाष्य हुआ उसमें **काम** की एक स्वस्थ तथा स्वच्छ, निजी तथा गोपनीय, संस्कारित तथा आध्यात्मिक भोगवादी तथा योगपरक सत्ता है। आज तो सार्वजनिक (पब्लिक) और निजी (प्राइवेट) के बीच लक्ष्मणरेखा प्राय: मिट रही है। अत: हम मिथकों की मिसालें छोड़ने को लाचार हैं।

आज समझाने तथा सिखाने के लिए शिव-पार्वती संवादों की जगह फिल्म, टेलिविजन, मोबाइल तथा इंटरनेट पर इंटर-एक्टिव सैक्स ने वैयक्तिक सीमाओं में भी सेंध लगा दी है। इन्होंने अभिकर्ताओं को सभी तरह की सूचनाओं से बखूबी लैस कर दिया है। आज के संवाद-स्थल पवित्र, सुरक्षित या संरक्षित गुफाएँ भी नहीं रहीं। आज उनका विस्तार पार्क, रेस्तराँ, होटल, सिनेमा-हॉल, कॉफी-केबिन, लाइब्रेरी, कारें आदि हो गए हैं। अब शुक या कपोत के बजाय निर्द्वन्द्व व्यवहार के लिए बियर और वाइन के घूँटों का दौर चलता है। इसलिए अपनी कामातुरता (पैशन) में ऐसी सार्वजनिक हमलावर अभिव्यक्ति अपने सभ्य पारम्परिक भारतीय समाज में किंचित् अभद्र तो मानी ही जाएगी। चलो, विवाहित जोड़ों के लिए लाचारी में छूट भी दे दी जाए किन्तु अविवाहित युवक-युवतियों में विवाह-पूर्व सैक्स-अनुभव अथवा विवाहितों में भी विवाहेतर सैक्स-सम्बन्ध गैर-वफादारी, धोखाधड़ी तथा अनैतिक होने की श्रेणी में आ सकते हैं। वे अपराध तथा यौन शोषण की सरहदें भी छू लेते हैं। हम फैसला देने के काबिल तो नहीं हैं। बुनियादी सवाल उभरता है कि क्या **सार्वजनिक** (पब्लिक) स्थलों में सहज गोपनीय तथा वैयक्तिक देहभाषा भी अश्लील अथवा फूहड़ दिखाई नहीं देगी? क्या हम मर्यादा तथा शालीनता को रूढ़ि बताकर इस कदर हाशियाबंदी में फेंक दें ताकि **सार्वजनिक** बनाम **निजी** (प्राइवेट) के बीच का फर्क ही मिट जाए? अब एकान्त में या निजता में पुरुष-स्त्री कुछ सीखना या जानना नहीं चाहते, बल्कि स्वयंअनुभूत शिक्षित होने का ही घमंड करते हैं। यौन शिक्षा का राष्ट्रीय लक्ष्य जागरूकता पैदा करना है : न कि सार्वजनिक शर्म तथा निजी निष्ठा के बीच के अन्तर की समझदारी मिटा देना, उन्हें बैरी बना देना।

हम यह मानते हैं कि शहरों, सड़कों, झाड़ियों, निर्जनों, गलियारों में **बलात्कार** की अपेक्षा सिनेमा, चित्रकलाकृतियों, शिल्पी मूर्तियों, सांस्कृतिक पुस्तकों आदि में सैक्स का दिखाना एवं निदर्शन ज्यादा सामाजिक, रूढ़िभंजक, शिक्षाप्रद और कुंठा-निवारक है। प्रस्थान (इस्केप) तथा विकल्प के रास्ते के लिए यह तो किया ही जाना चाहिए। कन्या-भ्रूणहत्या, देह-व्यापार, एड्स के खतरनाक प्रसार को रोकने के लिए यह किया ही जाना चाहिए। अतएव हम **सैक्स की शिक्षा** को स्वास्थ्य, नैतिकता और सामाजिकता के लिए जरूरी मानते हैं। हमने यही प्रयास भी किया है। अनेक प्रकार के यौन-रोगों के खिलाफ भी यह कवच है।

यहाँ हमने **कामकला** (इरोटिका) तथा **अश्लीलता** (पोर्नोग्राफी) के बीच अन्तर को गहराने का प्रखर आत्मसंघर्ष किया है। अश्लीलता में भदेसपन (वल्गेरिटी), बीभत्सता तथा हिंसाजन्य क्रूरता होती है जबकि **यौन** (सैक्स) देह एवं प्राणसंवेग-ग्राही होता है। यौनता में देह का सुडौल तथा सलोना और स्वच्छ होना (अर्थात् 'सैक्सी' होना) साध्य है। यौन के वृत्त में अकेलेपन पर भी जीत हासिल की जाती है। यौवन में पदार्पण करने पर युवक-युवतियों की देह में परिवर्तन होने लगते हैं। यही तो **यौन-जागृति** है, जब युवा देहों में स्तनाग्र (निपल) तथा गुप्तांग-जघन की केशराशि भी तप्त-बिन्दु (हॉट प्वाइंट्स) हो जाती हैं, जब यौन-फान्तासियाँ वशीकरण पुहती हैं। भारत में कामासनों के नाम एवं चीन तथा अरब में संगम की विधियाँ मोहक, ललित, चंचल फान्तासियों से गर्भित हैं।

यदि **यौन जागृति** परम-सुख में परवान होती है तो प्रतिपक्ष में **यौन-शुचिता** (वर्जिनिटी) **का खो जाने** में भय को गुप्त सुख में उत्तीर्ण करना है। यह बलात्कार के विपरीत भयवशीभूति

तथा भोग–उत्सुकता के बीच की द्वन्द्व दशा है। प्रथम सहवास में भय तथा परम–सुख का परवर्ती अनुभव ही खामोश रजामन्दी तथा परवर्ती सम्बन्धता में शिरोधार्य होता जाता है। अनिर्णय मौन स्वीकारना हो जाता है।

प्रथमत: 'अक्षत–योनि' खोने की एक क्लासिकल मिसाल बेहद खूबसूरत, अत्यधिक शक्तिशाली, अपार संसाधन स्वामी (अमेरिकी राष्ट्रपति) जॉन केनेडी तथा मिमी अलफोर्ड का प्रकरण है। कैनेडी ने ह्वाइट हाउस में उसे अन्तर्वासिनी (इंटर्न) नियुक्त कर लिया। मिम्मी जेक्वलीन कैनेडी की छात्रावास–सहेली थी उसे ह्वाइट हाउस देखने तथा कर्मचारियों से परिचित होने को बुलाया गया। फिर अन्दरूनी तरण–ताल में उसे तैरने–नहाने के लिए बिकिनी दी गई। भींगी अवस्था में ही कैनेडी आ गए और उसे कई शानदार–सुन्दर कमरों से घुमाते हुए अपनी पत्नी के निजी शयन–कक्ष में लिवा ले गए। शय्या के निकट पहुँचकर उन्होंने उसके दोनों कन्धे थामे और उसे लिटाने का उपक्रम किया। वह अपनी कुहनियों के बल झुककर शय्या पर टिक गई। लेटने–बैठने की बीच की स्थिति में पहुँच गई। शनै:–शनै: कैनेडी ने उसकी शर्ट के बटनों को खोलकर स्तन–मर्दन किया। फिर उसकी पेंटी नीचे सरका दी। भयोन्माद की दुविधा में स्वयं मिम्मी निर्वसन हो गई। कैनेडी उसके ऊपर थे। मिम्मी ने जो कुछ भी किया, उसे वह संचेतना से नहीं समझ सकी।

मिम्मी स्तम्भित भ्रमित तथा वशीभूत हो गई थी। अमेरिका के सबसे सत्ता–शक्ति वाले तथा बेहद प्रसिद्धि वाले मनुष्य से वह पुलकित तथा रोमांचित हो गई थी। वह राष्ट्रपति की सर्वोच्च भव्यता तथा सत्ता में डूबकर खो गई थी। यौन–शुचिता खोने की यह 'ना–हाँ–गोधूलि' मानी जाएगी। लगभग पाँच दशकों तक स्वयं मिम्मी अल्फोड इस 'मधुर रहस्य' को छाती में छुपाए रही। एक ओर तो वह अमेरिका के सबसे अधिक सत्ताशक्ति वाले मर्द की चाहत होने पर **हर्षित** थी तो दूसरी ओर उसे सारे कांड पर **गर्व** था। (उसकी आत्मकथा 'वंस अपान ए सीक्रेट' का हवाला)। ऐसे प्रसंग तंत्र की महामुद्रा–योगिनी, भैरवी–तंत्र कौलाचार समेत त्रिपुर–भैरवी से तुलनीय है।

शरीर एवं यौनता (सैक्स) में प्रेम तथा सौन्दर्य का प्रगाढ़ युग्म होता है। पुरुष–नारी या पति–पत्नी के मिथुन का आधार कामुकता तथा प्रजनन, दोनों ही हैं। दोनों पर हमारा सृष्टि–विधान लागू होता है। अतएव कामक्रीड़ा के दौरान दोनों को ही सक्रिय रहना चाहिए अन्यथा आत्मघाती मनोग्रन्थियाँ पड़ जाती हैं। पुरुष–स्त्री की शरीर–रचना स्वयं युग्म एवं द्वन्द्व मय है अर्थात् परस्परपूरक **एक जोड़े** की है। अत: वे अपनी वासनात्मक फान्तासियों को भी साकार कर सकते हैं, उन्नयन करते हुए कलाकारों जैसे।

निजी पक्ष में अश्लीलता का सवाल लगभग नहीं उठता। यूँ तो सार्वजनिक तौर पर अर्धेक निर्वसनता की प्रक्रिया में अश्लीलता का आद्य प्रारम्भ होता है लेकिन सामाजिक अश्लीलता का प्रतिकार अश्लीलता द्वारा भी किया जाता है। तब उसे कतई अश्लीलता नहीं करार दिया जा सकता। जोर और जुलुम, अनैतिकता और नंगेजपने के खिलाफ हल्ला बोलने में कतिपय मुद्राओं वा अदाओं (पोस्चर्स) वा हरकतों को भी अपनाया जाता है। मुँह पर कालिख पोतकर धिक्कार–जुलूस निकालना, अद्योवस्त्र उघाड़कर पाछा (पोंद) दिखाना, (मणिपुर में बलात्कारजन्य हत्या के विरुद्ध—) नारियों द्वारा नग्न मार्च, दबंगों और बाहुबलियों द्वारा कलंकित करने हेतु नारी को नंगा करके सरेआम घुमाना, कपड़े फाड़ देना आदि अप्रतिमानक (एनोमिक) कृत्य भी प्रचलित हैं। शायद ये सीमोल्लंघन कहे जा सकते हैं। जैनेंद्र की एक पात्र सुनीता में यह विचित्र विरोधाभास परिलक्षित है।

अब सबसे पहले भारत का उदाहरण लें। नितान्त निजीतौर पर **कामासनों एवं काम–**

क्रीड़ा की देहभाषाओं के अपने एक-एक शिथिल व्याकरण हैं जिनमें वागङ्गों के अभिकार्य हाथ-पैर, जंघा-कटि, कन्धा-काँख, अधर-ग्रीवा, नितम्ब-जननेंद्रिय निभाती हैं। इनकी संकेतक कुंजी में आलिंगन-चुम्बन, आसन, नख-क्षत, दन्त-क्षत एवं केश-संवाहन के अर्थाभास होते हैं। कल्लोल-क्रीड़ा तथा तैल-मर्दन में भी एक व्यायाममोहित उपभाषा उभरती है जिसमें तर्जनी एवं मध्यमा अँगुलियाँ कल्लोल में फणींद्र भोग, अर्धचन्द्र, करिहस्त एवं स्मरांकुश को अभिनीत करती हैं। क्रिया और क्रियाविशेषण की तरह मर्दन, ताड़न, मन्थन, घूर्णन तथा चूषण सक्रिय हो जाते हैं। यहाँ शिल्प की 'स्थित' तथा 'आनत' मिथुन-मूर्तियों की अधिकता की अपेक्षा अर्धनारीश्वरीय उभय देहों के पांच वाक्य-बन्ध अर्थात् **कामासन** होते हैं। इनके नामकरण स्वयं में अवाचिक गोपनीय तथा अनुपम चित्तवीथी की रति-सुन्दर रचना करते हैं। मिथुन के अन्तरंग बन्ध-प्रकार मानो बहुविध देह-डिजाइनें हैं—

(क) उत्तान (चित लेटकर)—समपाद, नागर, त्रैविक्रम, व्योमपाद, स्मरचक्र, कुलिश, अवतारित, शूलांक, सौम्य, नागपाश, जृम्भित, लतावेष्ठित, वेणु विदारित, स्फुट, प्रेंख या हिल्लोलासन, इन्द्राणी-आसन;

(ख) तिर्यक (तिरछे लेटे हुए)—वीणासन, सम्पुट, कर्कट, समुद्रगक, वाडव;

(ग) आसित (बैठकर)—पद्मासन, बन्धुरितासन, फणिपाश, कूर्मासन, परिवर्तित, युग्मपद, सिंह-आसन;

(घ) स्थित (खड़े होकर)—विमर्दित, मर्कट, जानुकूर्पर, हरिविक्रम, कीर्तिबन्ध;

(ङ) आनत (झुककर)—धेनुक, वानरासन, हाथी या ऐभासन;

(च) पुरुषायित—विपरीत, भ्रमरबन्ध, उत्कलित।

[**स्रोत**—वात्स्यायन, जयदेव, पंडित कोक, कल्याण मल्ल तथा प्रौढ़ देवराज आदि।]

भारत में शिवलिंग-पूजा। इन पर गुह्य-गुप्त बुद्धों और तिब्बती युगनद्धों का प्रभाव भी लक्षित है। इसमें यांग-यिन के सिद्धान्त भी अन्तर्भुक्त होते गए। जापान में 'जननेंद्रिय-रण' के कई रोमांचक रूप हैं जिसमें वृहद् शिश्न ही विजयी होता है। (हम आगे एक सूमो-मल्ल कुश्ती में इसे निदर्शित करेंगे)। चित्रकार सुगीमूरा (ई.प. 1680 का दशक) के बाद 'ऊकीयो-ई'-शैली में चित्रकार ऊतामारो तथा होकुसाई ने अद्‌भुत रागोन्मत्त रंगीन चित्रफलक बनाए हैं।

साम्प्रतिक प्रसंगों का औचित्य शिव प्रसाद सिंह के एक उद्धरण से भी समर्थित होता है—

'' 'तात्कालिक शारीरिक आनन्द' को इस देश में कभी झुठलाया गया हो, ऐसा मुझे नहीं लगता। जहाँ वात्स्यायन ने 'कामसूत्र' को, चार्वाक ने शरीर को ही समूचे सुखों का साधन माना, तांत्रिकों ने नारी-समागम अथवा मुद्रा-सेवन के भीतर से अचिन्त्य सुख की कल्पना की, बौद्ध सिद्ध नितम्ब को श्रीपर्वत और सिद्धपीठ मानते रहे, पौराणिक ऋषि सुबह-शाम, सन्ध्या-असन्ध्या को विचार करके भी मैथुन में लीन होते रहे, सृजन के देवता के रूप में युगबद्ध योनि और लिंग पूज्य बने। यही नहीं, अपेक्षाकृत ज्यादा शालीन और सात्त्विक कही जाने वाली वैष्णव-साधनाओं में भी काम और रति को प्रचुर महत्त्व दिया गया'' (आधुनिक परिवेश और नवलेखन, पृ. 244)।

असल में तो ब्रह्मांड की प्रकृति एवं कृति (सृष्टि) अर्थात् **ऋत** में ही छन्दताल व्याप्त है। इसे हम **नाड़ी-स्पन्द** (पल्स) कहते हैं। प्रकृति और पुरुष, यांग और यिन, कमल और कुलिश, लिंग और योनि, सौरमंडल में सूर्य (अग्नि) चन्द्र (सोम) एवं पृथिवी, उच्छ्वास और निःश्वास, हृदय की धक्-धक्, ऋतु-चक्र, दिवा-रात्रि, सभी तो ऋत् के ही नाड़ी-स्पन्द जैसे हैं।

इसी रूपक से जैविक कामासन तथा देह-मुद्राएँ आदि डिजाइन होती हैं। यह वैज्ञानिक कार्टेजियन रूपक से प्रयाण भी करता है। इसके ताल-छन्द में सृजन और कल्पना, सौन्दर्य और

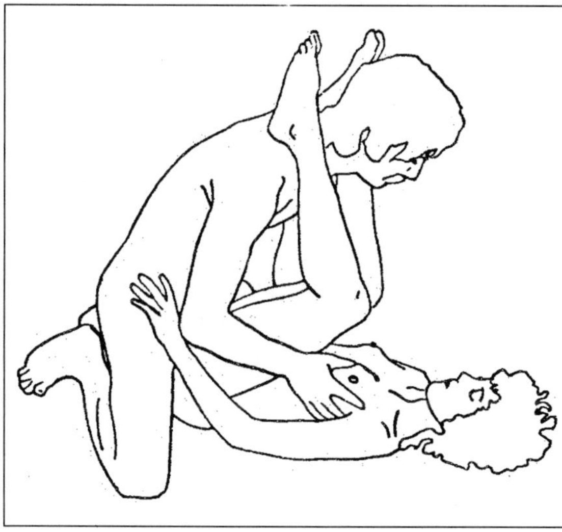

लोकोमोटिव
'उड़ता हुआ नाग-दैत्य' (ड्रेगन) [चीनी नाम]
'उत्फुल्लुक' [भारतीय नाम]

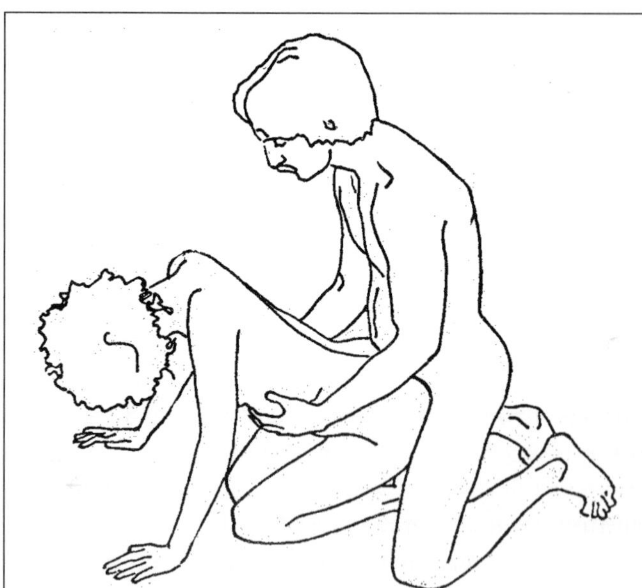

पीछे से प्रवेश
'जंगल में बाघ' [चीनी नाम]
आनत 'धेनुक' [भारतीय नाम]

आनन्द परिव्याप्त है। यह आधुनिक प्रौद्योगिकी का भी उद्गम है। कला एवं क्रीड़ा में इसे हम छन्दताल या तालछन्द भी कहेंगे। चीन की यौन संस्कृति पर इसकी ललित-सुन्दर रूपकछायाएँ झिलमिल होती हुई हम अवलोकित करा आए हैं।

यह भी ध्यातव्य है कि कामासनों में निजीपन (प्राइवेसी), गोपनीयता (कान्फिडेंशियल) तथा गुप्तता (सीक्रेसी) है। ये कामातुरता एवं ऊर्जा पर आधारित हैं। इनमें विलास-शृंगार, निर्वस्त्रता-सज्जा, मधुरता-मादकता, लीला-उपचार आदि होते हैं। इनमें पुरुष एवं स्त्री की युगलता होती है। दोनों ही सक्रियमान होते हैं। अगर स्त्री लज्जा एवं भय से मुक्त होकर संलिप्त हो तो दोनों एकसमान एकैक अर्थात् अर्द्धनारीश्वर और अर्द्धपुरुषेश्वरी होते हैं। यही 'रति-रहस्य' है। स्त्री भी कामातुरता के सर्वोच्च शिखर को अमन्द गति से छू लेती है।

इस प्रसंग को जारी रखते हुए हम एक व्यासरेखा को पहले खींचेंगे—पुरुष के अवचेतन में नारीभाव-प्रतिमा (एनिमा) तथा नारी के मन में पुरुषभाव-प्रतिमा (एनिमस) विराजमान रहती हैं। इनके कई कायान्तरण हुए हैं। मातृसत्ताक परिवारों में मातृदेवी की उपासना अथवा उनकी योनि की सृष्टि-बिन्दु के प्रतीक रूप में पूजा या पितृसत्ताक व्यवस्था में शिव की लिंगऐंद्रिय की पूजा (आखेटक युग के पश्चात्) होती रही। परवर्ती चरण में कौमार्य (वर्जिनिटी) पवित्रता एवं परिवार का मानक हो गया। नारी के अंग-प्रत्यंग काम-सौन्दर्य की हाट और अलंकार बन गए। सामन्त युग में ऐसा ही हुआ।

मुनि वात्स्यायन, पंडित कोक, प्रौढ़ देवराज, कल्याण मल्ल, ज्योतिरीश आदि ने प्रजनन-अंगों के आयुर्वैदिक उन्मान-उपमानों तथा प्रकृति एवं जाति का संयुक्त का अनुमान किया। पुरुष की लिंगेंद्रिय की लम्बाई एवं मोटाई तथा नारी की योनि की गहराई एवं चौड़ाई को आधार बनाया गया।

इसकी तुलना में **अश्लीलता** के घेरे में सैक्स की अतिशयता, बर्बरता और क्रूरता, नग्नता (नेकेडनेस), निर्वसनता की (न्यूडिटी) सुकुमारता का कत्ल, बलपूर्वक संभोग, बलात्कार, अनेक प्रकार की यौन-अपनर्मिलताएँ (पर्वर्जंस) आती हैं। इन्हें कतई इजाजत नहीं दी जा सकती, किसी भी सभ्य समाज तथा शालीन व्यवहार में।

इसलिए यह एक बेहद नाजुक मसला है। जब युवा नर-नारी का पारगमन किशोरावस्था (आत्मरति) से वयस्क यौवनावस्था में होता है तभी उन्हें यौन-शिक्षा तथा यौन-व्यवहार का स्वस्थ और सही ज्ञान अनिवार्यतः होना चाहिए। उन्हें अनेक प्रकार के यौन-व्यवहारों की विलक्षणताएँ जानना चाहिए, मसलन, वेश्यावृत्ति, समलैंगिक रति (लेस्बियनिज्म, 'गे'-इज्म), निम्फोमेनिया (स्त्री द्वारा अनेक पुरुषों से संसर्ग) 'लोलिता' परक बालारति (प्रौढ़ पुरुषों की बालिकाओं से रति), सामूहिक यौन-क्रियाएँ, हस्तमैथुन, प्रत्यवेशी (ट्रांस्वेस्टाइट), प्रत्यौनवर्तन (ट्रांस-सैक्सुअलिटी)। हमें यह नहीं भूलना चाहिए कि यौनक्षुधित तथा रूढ़िग्रस्त समाज में सैक्स दनादन बिकता है। इन जघन्य फान्तासियों की दुनिया पंकिल और खतरनाक भी होती है।

अतएव हमारा श्रेय तथा लक्ष्य है : पुरुष एवं स्त्री की सुन्दर और सलोनी, स्वस्थ्य और स्वच्छ देह, तथा देह से केंद्रापसारी भावों-मुद्राओं-अभिव्यक्तियों की बहुविध भाषाएँ!! एक समान्तर संसार का सन्दर्श (विजन)!! एक पवित्र संगम!!

निष्कर्ष रूपेण विराट्-विराज सांस्कृतिक सन्दर्श में हम पाते हैं कि काम-मिथुन सृष्टि के विश्वकर्मा हैं। **केलि-शय्या** पर अमर सौभाग्य-शयन होता है। शय्या ही आनन्द की धुरी है। अतः इसमें संभोग का, सौन्दर्य [के स्पर्श तथा दृष्टि और लावण्य (नमक) तथा माधुर्य (ईख) का, सौभाग्याष्टक] का निवास है ('मत्स्यपुराण के अनुषंग से)।

फलतः पुरुष-देहांग छोटा (छह अंगुल लम्बा) अर्थात् **शश**, मध्यम (नौ अंगुल लम्बा) अर्थात् **वृष** और बड़ा (बारह अंगुल का) अर्थात् **अश्व** (वत्) मापा गया। इसी के समानान्तर नारी का (गुप्त) देहांग अल्प (छह अंगुल गहरी) अर्थात् उत्तुंग स्तना **मृगी,** सामान्य (नौ अंगुल गहरी) अर्थात् सटे-गोल स्तना **वडवा** एवं अधिक (बारह अंगुल गहरी) अर्थात् पृथुल स्तना **हस्तिनी** मापी गई।

आगे मध्यकाल में जाति-लक्षणों को आधार बनाने वालों में पंडित कोक तथा कल्याण मल्ल ने प्रस्थान-कलश रखे। उन्होंने निर्भाषिक पंचेंद्रियजन्य लक्षण तय किए—**पद्मिनी** (कोमलांगी, हरिणचितवनी, श्रीफल-से उन्नत स्तन, गोरी, कृशांगी, कामसलिल में कमलपुष्प गंध वाली), **चित्रिणी** (छोटे स्तन, मांसल जंघा, अल्प देह रोमावली, रतिजल में शहद की-सी गंध), **शंखिनी** (लम्बा कद, पतला शिर, लम्बी अंगुलियाँ, उष्ण-देह, छोटे स्तन, रतिजल में क्षार की-सी गंध वाली) तथा **हस्तिनी** (लम्बी स्थूल देह, गौरवपूर्ण, पृथुल स्तन, मन्दगति, रतिजल में हाथी के मद की भाँति तीव्र गंध)।

पुरुष-धुरी में शक्ति ही आधार बनी रही अर्थात् पशु विज्ञान (जूलॉजी) और आकार के आधार पर शश (खरगोश), वृषभ, मृग और अश्व ही कायम बने रहे। अलबत्ता नारियों के लिए हस्तिनी के साथ-साथ जलोत्पन्न पद्म से पद्मिनी और शंखिनी तथा सुकुमार कला से कल्पित चित्रिणी का भी अनुप्रवेश हुआ। अब केवल जननेंद्रिय के माप से आगे स्तन, वर्ण तथा सुगंध (काम-सलिल या रति-जल) भी मानक बन गए। देह-गंध (फेरोमीन) केवल तप्त-बिन्दु में घनीभूत हो गई। उसके लक्षण जानी-पहचानी होना, तीव्र या मन्द होना, शीतल या उष्ण होना तथा आह्लादक होना निश्चित हुए। आज की भाषा में कह सकते हैं कि नर-नारी के जेनेटिक प्रोफाइलों (अर्थात् मानवीय ल्यूकोसाइट एंटीजन : एच.एल.ए.) के बीच तालमेल बैठाया गया।

इस तरह गंध, वर्ण और देहयष्टि की भाषा का यह त्रित्व निश्चित हो गया जो कलाशास्त्र और समाजशास्त्र में शताब्दियों तक लागू होता रहा।

इस प्रकार आसनों की देहभाषा के अन्तर्गत समरत रमण (शश + मृगी, वृष + वडवा, अश्व + हस्तिनी) तथा विषम्रत रमण (शश + वडवा, शश + हस्तिनी, वृष + मृगी, अश्व + मृगी, अश्व + वडवा)। इनका प्रयोजन चुनाव करके सर्वोच्च रति-सुख प्राप्त करना है। इनका लक्ष्य 'सुरक्षित सैक्स' की गारन्टी करना भी रहा है।

कामशास्त्री प्रौढ़ देवराज ने विभिन्न नामरूपों के लिए आसन भी निश्चित किए हैं—

आसन	नारी	सुगंध	पुरुष
कमलासन	पद्मिनी	कमल	शशक (6)
नागरिक आसन	चित्रिणी	मछली	मृग (8)
वेणु विदारित आसन	शंखिनी	क्षार-गंध	वृषभ (10)
स्कन्धपाद आसन	हस्तिनी	मद-गंध	हय (12)

वस्तुतः कामासनों का स्रोत सृष्टि एवं योग में आच्छादित है। वैदिक युग में घुमन्तू तथा आखेटक दशा तक में, तथा ग्रीस के अति प्राचीन गुह्य अनुष्ठानों में इनके रहस्य ढँके हैं। महाभारत में कहा गया है कि पुराकाल में प्राचीन कुरु देश में नारियाँ अनावृत्ता तथा स्वच्छन्दता चारिणी होती हैं। मद्र देश में स्वच्छन्द नारियाँ मद्यपान में मस्त होकर नाचती हैं। वे मैथुन में भी निर्बन्ध

हैं (कर्ण पर्व, 27, 88)। तात्पर्य यह कि आद्य शरीर भोगायतन है। भोग-लीला में मिलन है। पुरुष-प्रकृति के **युग्म** में मिथुनी भाव है, तो स्त्री-पुरुष के **द्वन्द्व** में रमण। युग्म एकाकी नहीं रमता तथा द्वन्द्व एकाकी रमण नहीं करता। यह पुरुष-प्रकृति, यांग-यिन है।

इस भाँति वैदिक महारूपक के समवाय से आर्ष शरीर में भी अग्नि के द्वारा निरन्तर अनुपम **यज्ञ** हो रहा है इसके परिणाम यौनता, पुष्टि, सृष्टि, बल, तेज एवं ओज हैं। **अग्नि** के देह-तापमान : कामाग्नि, जठराग्नि, रुग्णाग्नि, रूधिर ताप, तृष्णाग्नि आदि संरूप भी हैं। अग्नि रमणीयता में स्थित है, किंवा रमणीयता उससे संस्थित है ('त्वद् सुभग सौगनानि'—सामवेद)। हम अग्नि का मन्थन करते हैं। हमारी इंद्रियाँ (गो) और हमारी प्राणशक्ति (अश्व) ही सभी कामनाओं को परितृप्त करती हैं। इसी न्याय से वात्स्यायन ने वृषभ और अश्व के साधर्म्य ग्रहण किए होंगे। इसी भाँति **अग्नि** और **सोम** का युग्म है, तो अग्नि तथा **सोम-सुरा** का द्वन्द्व!! यहाँ तो हमारा आदि सूत्र उन्मीलित होता है।

अग्नि नरत्व को, पुंसत्व को बढ़ाता है, अग्नि की जीभ में मधु होता है। अत: वैदिक पुरुष समिधा (शिश्न प्रतीक) द्वारा स्मर-मन्दिर की वेदी में अग्नि की पूजा करें। घृत और सुगंध (स्पर्श एवं गंध) अग्नि का पोषण करते हैं। यजुर्वेद में अग्नि को सर्वोत्तम युवा, यशस्वी तथा अंगिर: (अंगों का रस) कहा गया है। अग्नि अमृत है। यह जीवन और वनस्पति की सृष्टि है जो हमें मृत्यु के पाश से मुक्त करता है।

अग्नि का साक्षी सोम [(एवं) सुरा] या सोम-सुरा है। ये अश्विनी हैं अर्थात् ये कर्ता-युगल एवं द्वन्द्व हैं।

सोम गैरिक भावसलिल की मधु लहरों पर क्रीड़ा करता है। अत: सोम रमणग्राही है। (तो क्या सोम शक्ति और अग्नि पुरुष है ?)। सोम की आह्लादिनी शक्ति भी है। सोम के मद की, भावावेश की बड़ी महिमा है जो उसे **सुरा** से मिलाकर अन्तर्लीन करती है। अत: सोम में आनन्द ही आनन्द है, चन्द्रमा की शीतलता है तथा इन्द्र की इंद्रियों की शक्ति है। सुरा में लीन होकर यह नारीत्वमय होकर, तीव्र वेग वाला, बलशाली हो जाता है—सुरा-सोम! सोम-सुरा ही सूर्य (अग्नि) को शक्ति सम्पन्न करती है। इस भाँति हम अग्नि-सूर्य तथा सोम-सुरा के युग्म एवं द्वन्द्व को उन्मीलित होता हुआ पाते हैं।

इसलिए कामासन अग्निहोत्र एवं सोम-यज्ञ के उभय रूप हैं। ये सोम की नीवीं हैं। कामासन मानो शरीर-वेदिका पर समिधाएँ एवं आहुतियाँ हैं। अग्नि एवं सुरा-सोम मानो कर्ता युगल हैं। ऐसे अश्विनीय युगल-यज्ञ में हम भावावेशी मानव अग्नि ताप के साथ सुरा-रस (सुरति) का पान करते हैं। अग्नि पुरुष से और सोम सुरा की शक्ति से सम्वलित है। ये पुरुष-स्त्री को कामातुरीय कर्मवान बनाते हैं। अत: सोम-सुरा मधु है, पवित्रता की कारक है। यह इंद्रिय-पुष्टता देती है, हर्ष देती है, बल देती है और अन्तत: तेज और ओज तथा अमृत और आनन्द देती है। ये ही तो कामासनों का शास्त्र, कला, क्रीड़ा, मुद्रा, भंगिमा, बन्ध एवं विग्रह भी हैं। तथास्तु। पश्य कामदेवस्य काव्यम्!!

खजुराहो
(ई.पू. 950-1050)
त्रिविक्रम
आसित बन्ध

जापान
(होकुसाई कलम)

खासतौर पर चीन, भारत तथा जापान में काम-कला प्रशिक्षण के लिए चित्र-एलबम, मूर्तियाँ तथा चित्र-संग्रह, चित्र-कुंडलियाँ आदि शताब्दियों से निर्मित होती रही हैं।

चीन में रति-चित्र, भारतीय कलमों की तरह, बेहद सुकुमार, सही अनुपात वाले, नैसर्गिक तथा लावण्यमय है। वे शरीररचना-मान के बजाय भाव-मान से अनुप्राणित हैं।

एक सर्वोत्तम काम-विषयक आख्यान (ई.पू. 77-76) में एक ऊर्ध्वरेता कामशास्त्री का उल्लेख है। मिंग वंश (अठारहवीं शताब्दी) के दौरान लिखे गए उपन्यास 'जोउ-पउ-ट्यूयान' (मानवीय छिपना-लुकना) में वेई-यांग-शेन नामक एक प्रतिभाशाली युवा स्कॉलर की ऐसी सुशिक्षित एवं सौन्दर्यगर्विता पत्नी यू सियांग [जेड (स्फटिक)-पुष्प] का चित्रण है जो एक तो केवल अन्धकार में ही सुरत करती है और दूसरे परिपाटीबद्ध स्थितियों का उल्लंघन नहीं करती थी। उसको कभी स्खलन का चरम-सुख तक नहीं मिला। लाचार होकर पति ने एक काम-चित्रों वाला एलबम खरीदकर उसे शिक्षित करना शुरू किया। पहले प्रबल विरोध तथा आनाकानी के बाद वह अनुकूलित हुई। इसके उपरान्त वह शनैः-शनैः एक कामातुर, सन्तप्त ऐंद्रियाणी तथा रागोन्मत्त नायिका में विकसित हो गई।

इस कड़ी में चीनी काम-चित्रों तथा काम-सूक्तियों में प्रत्येक स्थिति तथा आसन को काव्यात्मक नामावली दी गई है, जैसे—**मथती हुई मधुमक्खी, भटके परिन्दे का जंगल में लौट घुसना, गोब्लिन मछलियों की छह-नौ (नम्बर) की स्थिति** आदि। कुछ निर्वचन : **गोब्लिन मछलियों की स्थिति** में लेस्बियन आचरण है। दो स्त्रियाँ एक-दूसरे के ऊपर लेटती हैं कि दोनों की योनियाँ मिलती हैं तथा उनकी अधर-पंखुरियाँ इस तरह खुलकर घर्षण करती हैं जैसे कि मछलियाँ मुख खोलकर कोमल तन्तुओं को कुतरती हैं।

उड़ता हुआ नाग-दैत्य (ड्रेगन) नामक आसन में नायिका चित लेटकर अपनी दोनों टाँगों को अपनी धरन से सीधे उठाकर नायक के कन्धों पर जमा देती हैं तथा नायक उसके नितम्बों को अपनी जाँघों के बीच दाबकर झुकते हुए अत्यन्त सक्रिय होता है तथा गहराई तक प्रविष्ट होता है।

जंगल में बाघ नामक आसन में नायिका शय्या पर झुकती या लेटती है। उसकी पीठ ऊपर की तरफ होती है। नायक पीछे से प्रवेश करता है तथा अदला-बदली करके तालक्रम से पाँच उथले तथा छह गहरे धक्कों के साथ-साथ जब सौ की गिनती पूरी करता है तब 'जेड (स्फटिक)-पुष्प' रज-प्रवाह में खुल-खिल उठता है तथा जीवन की सारी चिन्ताएँ बहा ले जाता है। ...इसी तरह स्वामी यांग तथा बेशकीमती स्वामिनी यिन एक स्थिति में युगल घुटनों से एक चौथाई ऊँची गद्देदार चौकी के सामने खड़े होते हैं। स्वामिनी यिन अपनी एक टाँग उठाकर चौकी पर रखती है तथा स्वामी युंग धीमे से प्रवेश करता है। इस मुद्रा की ताल नौ उथले तथा एक गहरा धक्का है। यह तब तक जारी रहता है जब तक फूल का हृदय पूरी तरह खुल-खिला आता है और सुगन्धित ओस-कण उसे ढँक लेते हैं। **खड़े हुए बाँस** नामक स्थिति है।

सुगन्धित द्रव्य के झलकते ही पवन झकोरों से बाँस बार-बार झूम उठते हैं और युगल चौकी पर पीठ के बल लेट जाते हैं। इससे तृष्णाग्नि-शमन तथा दीर्घायु की प्राप्ति होती है।

पींगें भरती बन्दरी आसन में स्वामी यांग उपवन में छायादार वृक्ष के नीचे रखी एक चौकी पर आसीन होकर ऊपर झूलती हुई एक शाख को थाम लेता है। उसकी गोदी में सुन्दर स्वामिनी यिन आमने-सामने बैठकर शिश्न-कील पर ऊपर-नीचे झोंके लेती है। पूरी उत्तेजन-अवस्था में नायिका यिन नौ गहरे तथा छह झटके लगाकर अन्दर तल तक प्रवेश करती है। यह पुरुषायित-बन्ध की तरह है; अर्थात् बन्दरी अन्दर घुस जाती है।

इस तरह विभिन्न स्थितियों-आसनों में विभिन्न तालों के छन्दों के देह-आर्केस्ट्रा सुर साधते हैं। चीनी-संस्कृति में इसे **कुसुम-रण में रति-सन्धान** माना जाता है।

इसी लड़ी में उपर्युक्त मधुमक्खी, परिन्दे तथा घोड़े के भी रूपक-कोड हैं जो देह की समानान्तर सांस्कृतिक रासलीला में पुरुष-नारी को अभिकर्ता मिथुन यिन-यांग (शक्ति-शिव) बना देते हैं।

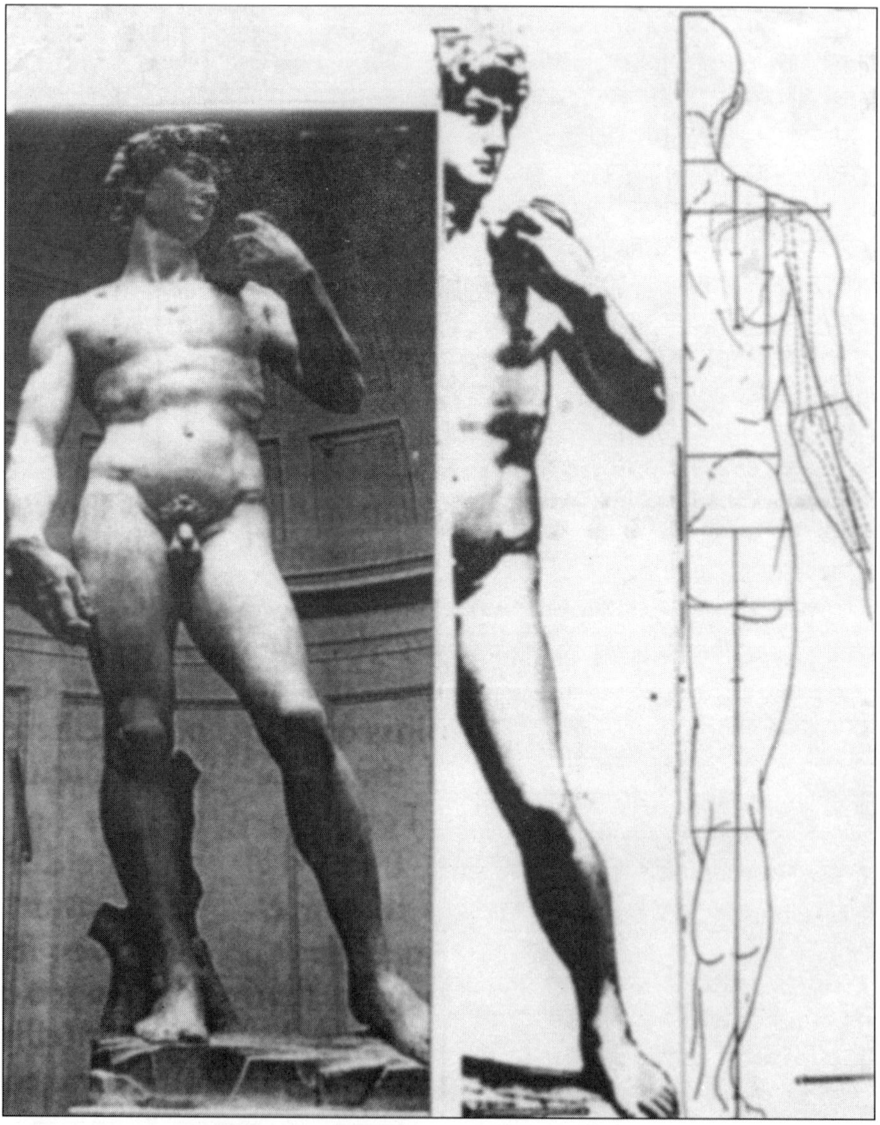

सामने पीठ से

पद्मपाणि की अस्थि दैहिक मुद्रा

अप्सराएँ

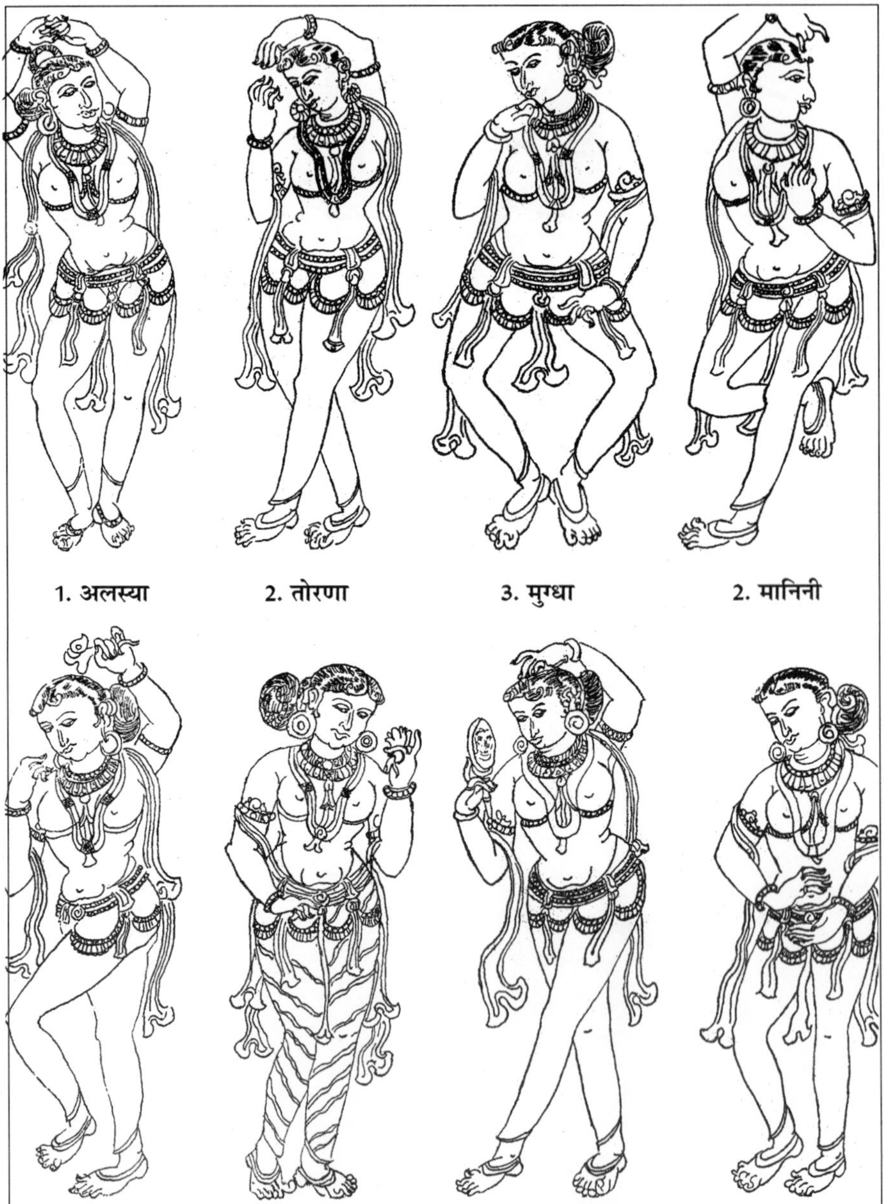

अप्सराएँ

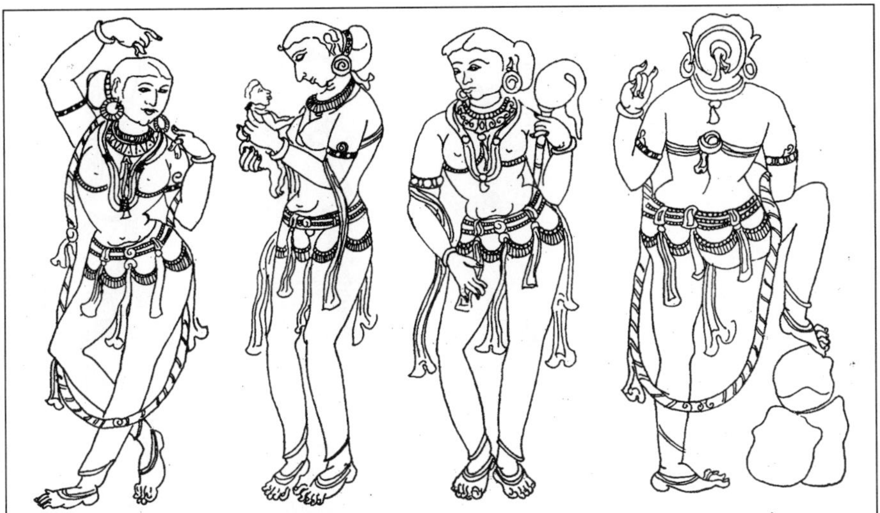

9. केतकी भरणा 10. मातृभूमि 11. चामरा 12. गुंठना

त्रिभंगमुद्रा और ललितालस्य-भंगिमा

चित्र-31 : रूप-प्रतिरूप, पूर्वी तोरण-वृक्षका का पृष्ठ भाग (पाषाणमूर्ति), सांची स्तूप-1
(चित्र एवं अनुकृति : पांडेय)

चित्र-33 : रूप-प्रतिरूप, वृक्षका (पाषाणमूर्ति), गिरियासपुर

(चित्र : कमलेश दत्त कमलेश)

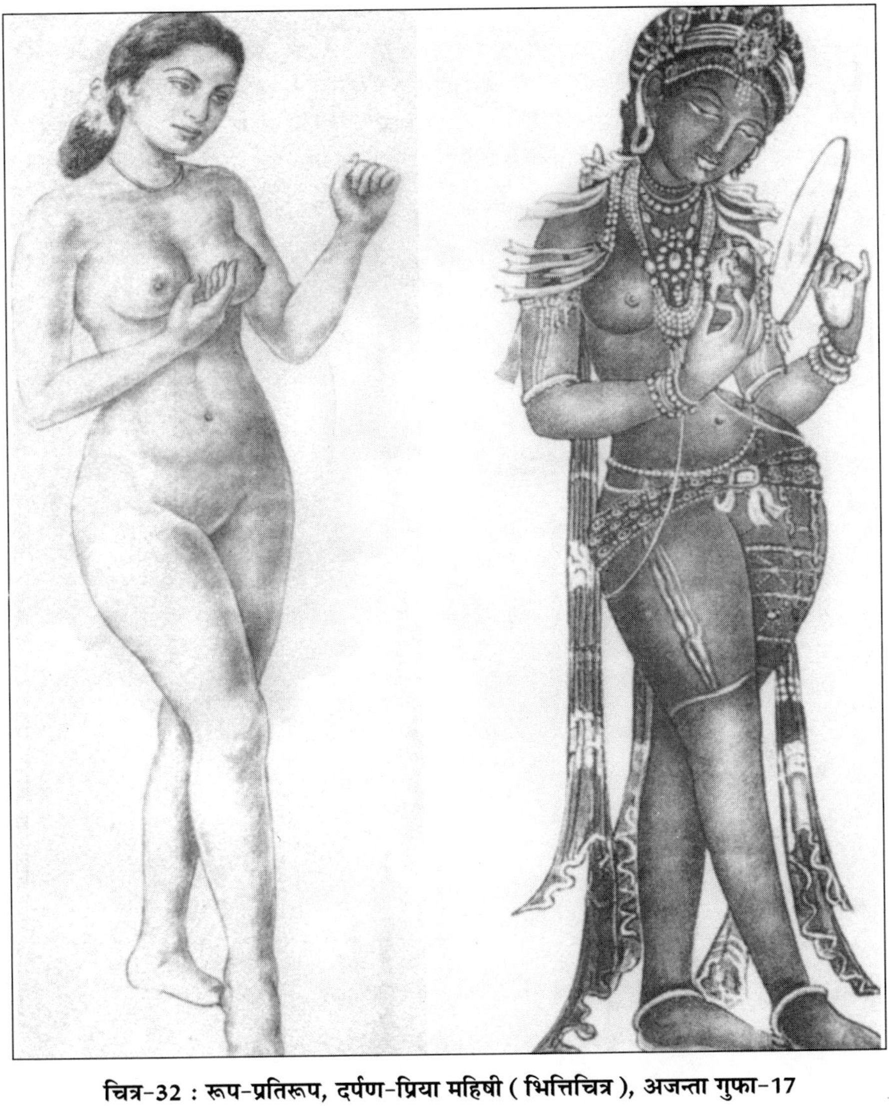

चित्र-32 : रूप-प्रतिरूप, दर्पण-प्रिया महिषी (भित्तिचित्र), अजन्ता गुफा-17

(चित्र एवं अनुकृति : कमलेशदत्त पांडेय)

समलैंगिकता (होमो-सैक्सुअलिटी) पर भारत के सर्वोच्च न्यायालय ने (फरवरी, 2012) को कहा कि असामान्य और अप्राकृतिक यौन सम्बन्ध में फर्क है। कुदरत के विपरीत यौन इच्छाओं को **असामान्य** तो कहा जा सकता है, लेकिन इसे **अप्राकृतिक** कहना मुनासिब नहीं होगा। जस्टिस द्वय जी.एस. सिंघवी तथा सुधांशु ज्योति मुखोपाध्याय की पीठ ने इस अपराध की श्रेणी के बाहर रखने का समर्थन करते हुए कहा कि समलैंगिकता को 'बदलते सामाजिक परिवेश' में देखने की जरूरत है। कई कथित अनैतिक बातों को स्वीकृति मिल चुकी है। भारत में भी अविवाहित जोड़ों के साथ रहने (लिव-इन रिलेशनशिप) पर भी प्रतिकूल कानूनी राय नहीं है। इसी तरह धात्री-कोख (सरोगेसी) को भी स्वीकृति मिल चुकी है। 'टेस्ट-ट्यूब' शिशुओं का जन्म भी मानक अस्पतालों में किया जा रहा है। कानूनी मान्यताओं का दायरा भी उदार तथा व्यापक होता जा रहा है।

समलैंगिकता

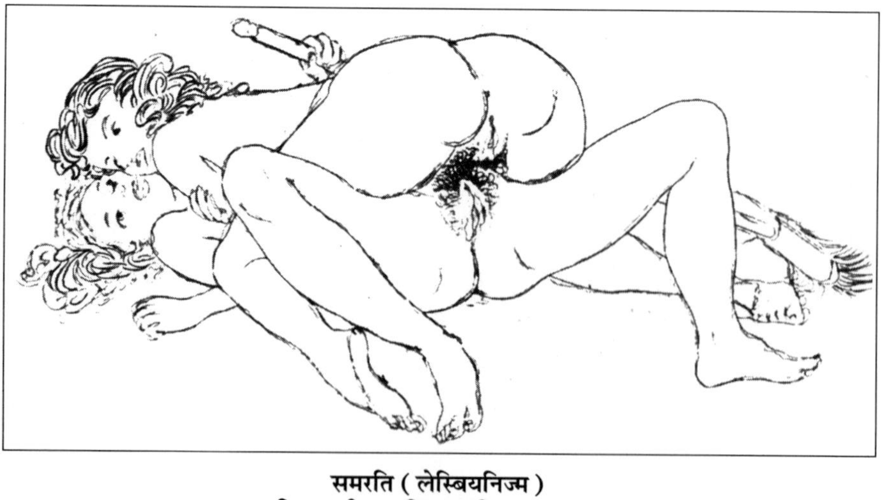

समरति (लेस्बियनिज्म)
[चित्रकारी : मारिआ ताज़िन (फ्रांस)]
'गोबलिन मछलियों की स्थिति' वाली चीनी स्थिति

चित्र-23 : कंठाश्लिष्ट नारी (चित्रांश सिंहल अवदान),
लगभग पाँचवीं शती ई., गुफा-17 अजन्ता
(अनुकृति : पांडेय)

श्रीराधा बने कृष्ण तथा श्रीकृष्ण बनी राधा
[परिधान एवं प्रकार्य-विपर्यय]

मिथुन की प्रणयकेलि

मृग पुरुष तथा चित्रिणी नारी

कमलासन

'गोबलिन मछलियों की स्थिति' [चीनी नाम]
[लेस्बियनता (मुगल कलम) की समरति]

'खड़े हुए बाँस' (चीनी कलम)

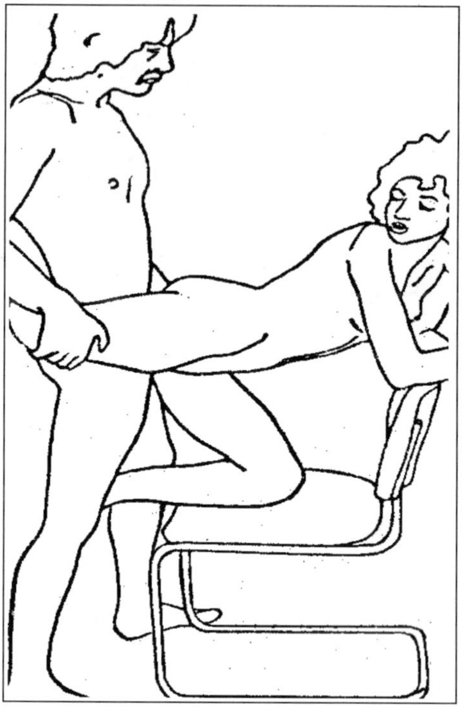

'खड़े हुए बाँस' (चीनी)
'पहिएदार कुर्सी' का परिवर्तभेद (ग्रीक तथा यूरोपीय)

भारत

भारतीय काम-कला का लक्ष्य पूर्णकाम है। इसमें मुद्राओं तथा आसनों पर **योग** एवं **तंत्र** का प्रबल प्रभाव है। योग की पद्मासन-मुद्रा, तंत्र की युगनद्ध-महामुद्रा के साहचर्य में शैवों की शिवशक्ति का समरस-भाव तथा वैष्णवों की युगल महाभावपरक मिथुन-दशाएँ तथा आसन निर्धारक रहे हैं।

इनके निदर्शन और प्रशिक्षण के लिए मत-सम्प्रदाय (कल्ट) शरीर-रचनाशास्त्र (एनाटमी) का ग्रीक बाह्य सन्दर्श नहीं किया गया। अपितु अधिचेतना अर्थात् स्प्रिचुअलिटी का अनुपालन हुआ है। इसलिए देह-संघटना में आध्यात्मिक अभिलषित तथा प्रतीक भी अन्तर्निहित हो गए हैं।

स्थितियों तथा आसनों के नामकरण में वनस्पतिशास्त्र (बोटेनी), जीवशास्त्र (बायोलॉजी) एवं योगधर्मशास्त्र की अनुकारिता और साम्यरूपकता (एनालॉजी) का भी समायोजन हुआ है।

पहले तो वात्स्यायन मुनि ने **पशु-सादृश्य** (पशुबल-पशु-गुह्येंद्रिया की संस्थिति) के आधार पर मैथुन-जोड़ीदारों को सुनिश्चित किया। गुप्तेंद्रियों (लिंग एवं योनि) के अंगुलमान से उन्होंने समरति वाली जोड़ियाँ बनाईं, यथा—शश (6) और मृगी (6), वृष (9) और अश्वा (9), अश्व (12) और वडवा (12)।

सहवर्तन ने नारी की **देह-गंध** (फेरामेन) के मुताबिक उनका पद्मगंधा पद्मिनी, हस्तिमद गंधा हस्तिनी, मत्स्यगंधा शंखिनी एवं चित्रिणी कोटि बनाई। ये भेद मैथुन-आधारित नहीं थे। जयदेव तथा 'अनंग-रंग'-कार ने इनका अनुकरण किया। ऐसी भूमिका में काम-क्रीड़ा में पूर्ण नग्न और अर्धेक निर्वसन की प्रक्रिया तथा दशा में **अश्लीलता** के आविर्भाव को प्राय: असंगत समझा। अलबत्ता **गोपन रति-दर्शन** (वोयूरिज्म) की चालाकी का अनुमोदन भी किया क्योंकि उस दशा में दर्शक रति-क्रीड़ालीन निष्पादकों की शैतान नजरों से ओझल बना रहता है। अत: अशिष्टता या पाप प्रतिभाषित नहीं होता।

अन्तत: मोटाई और लम्बाई के आधार पर **लिंग** के मुसल तथा वंश कवीर भेदों के साथ उसे शिश्न-मंडूक भी बताया गया है। गहराई तथा लम्बाई के आधार पर **भग** के भी भेद किए गए। उसकी भी पाँच कोटियाँ हैं—कूर्म-पृष्ठ, गज-स्कन्ध, रोमरहित, सुविस्तीर्ण तथा पद्म-गंध। उसमें तीन नाड़िया हैं—मदन-पत्र (मदनागार डोला), पूर्ण चन्द्रा और कामात-पत्रा। योनि के संवाहन की विधियों में—फणींद्र भोग, अर्धचन्द्र, करिहस्त, स्मरांकुश आदि के तकनीक हैं। सो, यह चक्र पूरा घूम जाता है।

गोपन रति-दर्शन

आसनों की मुद्राओं के अनुरूप उनके नामकरण हुए हैं। ये हठयोग के व्यायाम भी माने जा सकते हैं।

हम प्रौढ़ देवराज द्वारा विभिन्न नाम-रूपकों द्वारा किए गए आधारभूत जोड़ियों का विवरण देते हैं—

नारी	गंध	पुरुष	अंगुलमान	आसन
पद्मिनी	कमल-गंध	शशक	6	पद्मा (कमला-) सन
चित्रिणी	मछली-गंध	मृग	8	नागरिक आसन
शंखिनी	क्षार-गंध	वृषभ	10	वेणुविदासित आसन
हस्तिनी	मद-गंध	हय (अश्व)	12	स्कन्धपाद आसन

इसकी अतिशयता में मृगी और पद्मिनी, अश्वा और शंखिनी की भी समतुल्यता खोजी गई है।

इसी के अनुषंग में कामासन-चक्र में योग तथा तंत्र की एकता भी कायम हुई है। प्राणायाम द्वारा तथा मैथुन द्वारा समाधि प्राप्त होती है। 'रति-रत्न-प्रदीपिका' में तो कौल-तांत्रिकों की मुद्राएँ भी दी गई हैं।

महाकवि कल्याण मल्ल ने 'अनंग-रंग' में सुरति (संभोग) के पाँच प्रकार बताए हैं—(i) उत्तान (चित लेटकर), (ii) तिर्यक (तिरछे पड़े-पड़े), (iii) आसित (बैठकर), (iv) आनत (झुककर) तथा (v) स्थित (खड़े होकर)।

'उत्तानकं तिर्यगथासिताख्यं स्थितं तथैवानतकं रतज्ञैः।
पंच प्रकारं सुरतं प्रदिष्टं तस्य प्रभेदान् क्रमतो ब्रवीमि।।10/3।।

उन्होंने यह भी निरूपित किया कि काम-कला में हरिण, गर्दभ, श्वान, महिष आदि अनेक जीवों की तरह मैथुन के अनेक आसन कल्पित किए जा सकते हैं—

'एणं गार्द्धमकं चैव शौनं सैरिभकं तथा।
कामकेलि कलाविज्ञः प्रायेणैवं प्रकल्पयेत्।।10/39।।

हम भी पहले बता आए हैं कि आसनों के मूलाधार वनस्पतिशास्त्र, जीवशास्त्र तथा योग-तंत्र में भी प्रकल्पित हैं। उक्त पाँच देह-स्थितियों से ही चौंसठ कामासनों का व्याख्यान हुआ है।

प्राचीन चीन में 'गहन-गुफा-आचार्य' के अनुसार संभोग की नौ शैलियों से तीस से ज्यादा आसन नहीं होते। शैलियाँ श्लथ एवं दृढ़, तालयुक्त एवं स्थितियुक्त होती हैं। बहुधा पाँव तथा भुजाएँ स्थितियों की रचना करती हैं।

इनमें दो प्रतिभागी स्त्री एवं पुरुष अवश्य होते हैं।

सेमुएल डंकेल ने चार भेद गिनाए हैं—(क) मिशनरी, (ख) स्त्री-पुरुषायित, (ग) पार्श्व प्रवेश तथा (घ) पीछे से प्रवेश। इनके कई उपरूप हैं।

भारतीय सन्दर्भ में हम पाँच भेद लेंगे तथा कुछ प्रमुख आसनों में उनके यथासम्भव साम्य का उल्लेख भी कर देंगे।

(अ) उत्तान

1. **उत्फुल्लुक या व्योमपाद**—शय्या की रंगशाला में लेटी स्त्री अपनी दोनों जाँघों को ऊपर रखे तथा पुरुष जाँघों को कटि-भाग के बाहर फैलाकर उसके दोनों स्तन पकड़कर रमण करे। यह छवि प्रफुल्लित फूल की तरह तथा रति की सुन्दरता के आह्लाद की तरह अथवा मन्मथ की पताका की तरह फहराती प्रतीत होती है। [वनस्पतिशास्त्रीय]

1.1. **कौर्म-बन्ध**—सीधी लेटी जो स्त्री दोनों बगलों में हाथ-पैर फैला ले और पुरुष भी मुख पर मुख, जाँघों पर जाँघें और हाथों पर हाथ रखकर रतिरमण हो। [प्राणीशास्त्र]

1.2. **वाराहघात और वृषघात**—ये जननेंद्रियों के परस्पर घर्षण की प्रक्रिया तथा संख्या से सम्बन्धित हैं।

2. **जृम्भित**—सोती हुई प्रिया अपने प्रेमी के कन्धों पर दोनों पाँव रखें [देहाकृति-विज्ञान 3 फिजियोनॉमी]।

3. **सम्पुट**—चित लेटी स्त्री तथा पट्ट लेटा पुरुष दोनों जाँघें सीधी तथा विस्तृत करके रमण करें [रत्नपेटी की तरह]।

4. **समपाद**—चित लेटी हुई स्त्री की दोनों जाँघें पुरुष की गोद में रखी जाकर सहवास [रूपाकृति-विज्ञान]।

5. **वेणु-विदारित**—सीधी सोती हुई प्रिया अपने प्रेमी के कन्धों पर क्रमेण बार-बार कभी इस पैर को, कभी उस पैर को विस्तृत करके रमण करे [वनस्पतिशास्त्रीय]।

6. **नागर**—चित लेटी हुई स्त्री के जाँघें (योनि के पास) बैठे पुरुष की जाँघों से ऊपर होकर कटि के बाहर निकल जाएँ। ऐसा सहवास [रूपाकृति विज्ञान]।

7. **प्रेंखोलित**—नायिका अपने घुटने मोड़कर जाँघें संश्लिष्ट कर पाँव योनि के पास रखे और नायक की नाभि के पास सटाए। नायक उसकी कमर पकड़े। नायिका अपने दोनों पैरों से नायक को धीरे-धीरे झुलावे [चीनी 'पींग भरती बन्दरी' के समरूप : जीवशास्त्रीय]।

8. **इन्द्राणी**—सीधी सोती हुई नायिका अपने पार्श्व की दोनों जाँघों को फैलाती हुई प्रेमी की जाँघों से सटाकर रमण करे [रूपाकृति-विज्ञान]।

9. **पुरुषायित**—काम-पीड़ित नारी चित लेटे पुरुष के ऊपर चढ़कर स्वयं पुरुष की तरह कमर हिलाती हुई रमण करे [पुरुषायित या विपरीत रूप-बन्ध]।

(आ) तिर्यक

10. **वीणासन**—प्रिया के बार-बार करवट से लेटा प्रेमी प्रिया के एक पाँव को अपनी छाती से लगा ले और दूसरे को शय्या पर ही रहने देकर रमण करे [वीणा तारों की तरह]।

(इ) आसित (बैठकर)

11. **पद्मासन**—स्त्री अपने बाएँ पाँव को दाहिनी जाँघ पर तथा दाएँ पाँव को बाईं जाँघ पर रख ले। फिर उन्हें पेट की ओर ऊपर सिकोड़ ले। फिर पुरुष उसे ग्रहण कर रमण करे [वनस्पतिशास्त्र]।

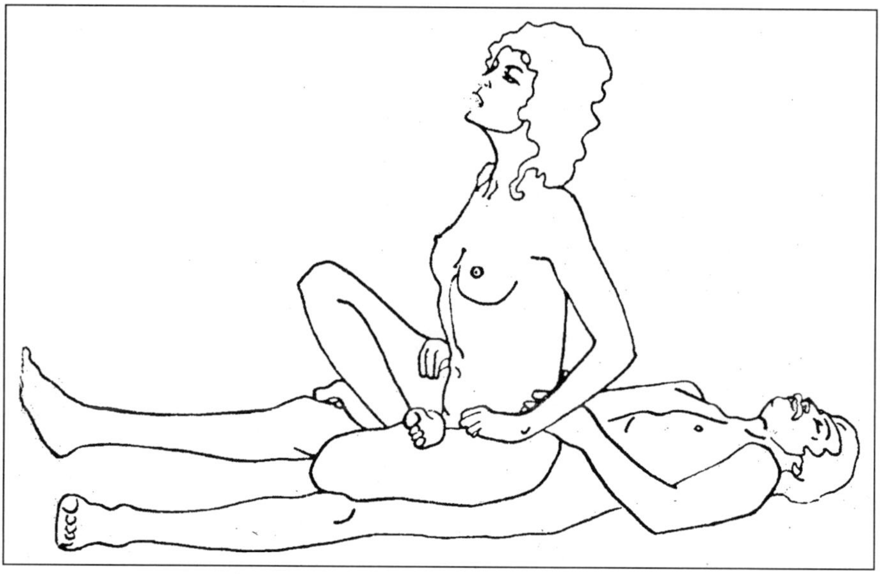

आसित 'पद्मासन'

12. **फणिपाश**—स्त्री अपनी दोनों भुजाओं को पुरुष के गले में डाले तथा पुरुष भी उसकी कोहनियों के बीच में होकर अपनी भुजा को कंठ पर डाल दे। ऐसी कुंडली बनाकर रमण करें (जीवशास्त्र)।

(ई) आनत

13. **धेनुक**—स्त्री अपने दोनों हाथ भूमि पर रखकर नीचे को मुख करके पाँवों को भी भूमि पर गाय की तरह टिका देती है। पुरुष उसकी कटि पर आरूढ़ होकर वृषभ की तरह रमण करता है [जीवशास्त्र]
14. **वानरासन**—धेनुक आसन को कुछ संशोधित करके स्त्री अपने मस्तक एवं स्तनों को भूमि से लगा देती है तथा नितम्बों को कुछ ऊँचा कर देती है। पुरुष घुटनों के बल उठकर वानर की भाँति सहवास करता है [प्राणिशास्त्रीय]
15. **ऐभ**—स्त्री अपना मस्तक मुख भुजा कुच भूमि पर लगाती हुई अधोमुखी होकर पड़ जाती है। पुरुष उसके नितम्बों को ऊँचा उठाकर हाथी की तरह चढ़कर रमण करता है [जीवशास्त्रीय]

(उ) स्थित

16. **त्रैविक्रम**—दीवार के सहारे खड़ी हुई नारी को गले में पुरुष अपनी भुजाओं से आलिंगनबद्ध कर ले। स्त्री एक पाँव को ऊपर कर ले तथा दूसरा पाँव जमीन पर ही टिका हो। वह भी नायक की ग्रीवा में एक हाथ डालकर चुम्बन करती/कराती संभोग करती है।

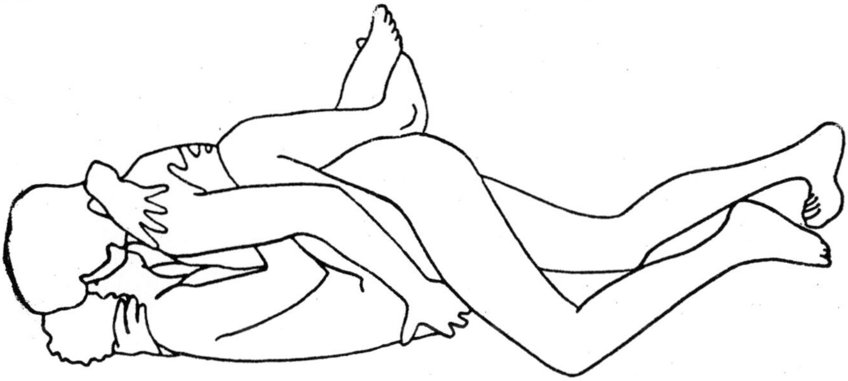

मिशनरी स्थिति : एक उत्तान-बन्ध : 'समपाद'

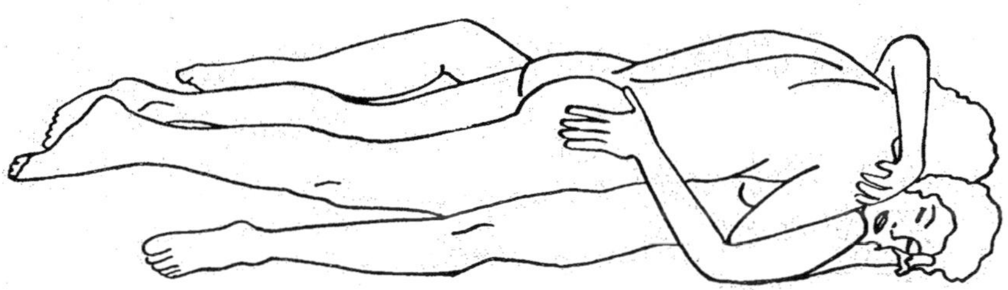

मिशनरी आसन : (अ)-3 : उत्तान 'सम्पुट'

फ्लानक्वेट (अ) : उत्तान 'वेणु-विदारित'

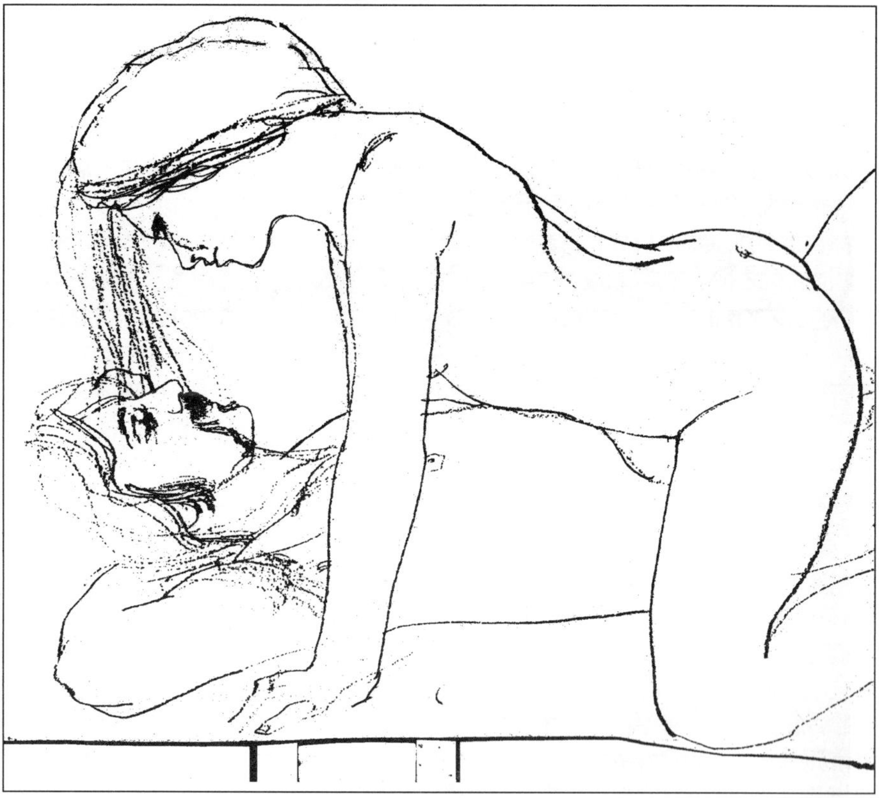

'पुरुषायित' बन्ध

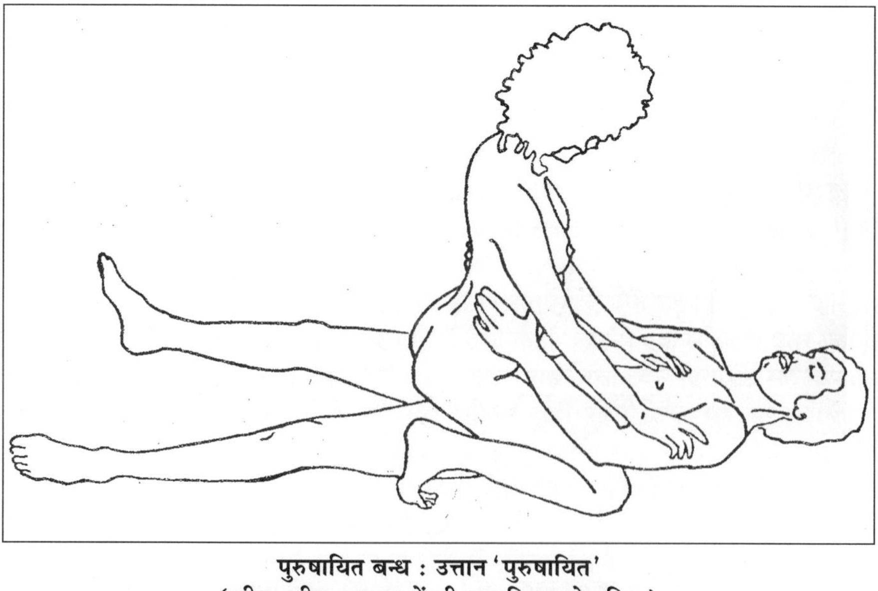

पुरुषायित बन्ध : उत्तान 'पुरुषायित'
(ग्रीस, चीन, जापान में भी अत्यधिक लोकप्रिय)

'पुरुषायित' की तैयारी

'सम-पुरुषायित' का तितली-कटिबन्ध (बटरफ्लाई जोन)
[जब पृथ्वी तथा चन्द्रमा की गुरुत्वाकर्षण शक्ति शून्य तथा समतोल हो जाती है, तब वहाँ तितली-कटिबन्ध कहलाता है। यहाँ ऐसा ही 'बन्ध' है।]

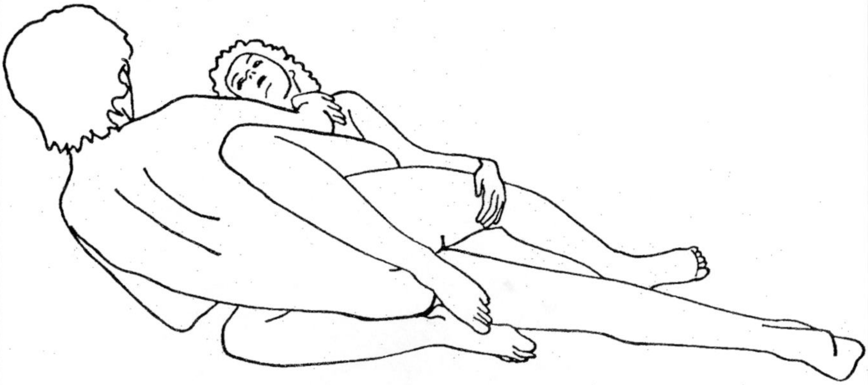

पार्श्ववर्ती स्थिति 'इन्द्राणी' आसन

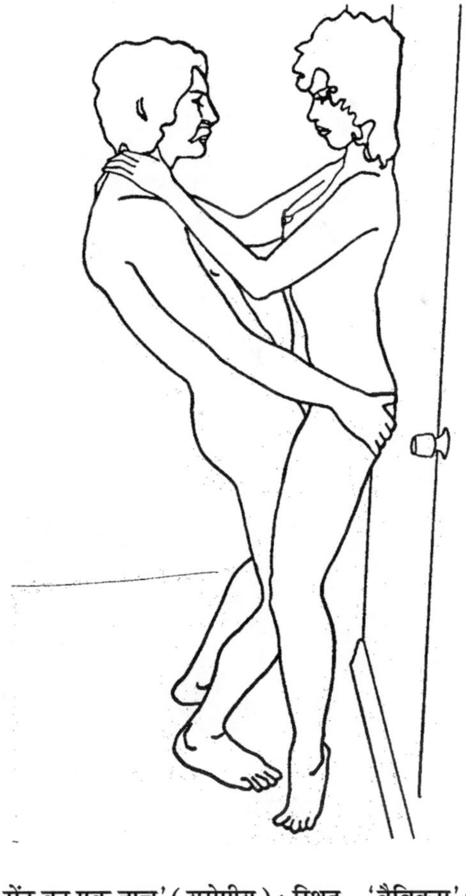

'दस सेंट का एक नाच' (यूरोपीय) : स्थित—'त्रैविक्रम' (क)

कृष्ण-राधा (हाथी दाँत पर), विक्टोरिया एंड अलबर्ट म्यूजियम, लन्दन
आसित 'फणिपाश'

आसित 'धेनुक'

जापान

जापानी काम-सुन्दर जीवन तथा काम-केंद्रित कलाकृतियों में शैक्षणिक तथा अनादि वासनात्मक (लिबिडोपरक) गुणवत्ता रही है। यह 'जेन' तथा 'तंत्र' आयामों वाली बौद्धमत-धारा से शुरू होकर छठी शताब्दी में ठेठ जापानीयम् हो गई, यद्यपि वहाँ बौद्ध धर्म चीन तथा कोरिया के रास्ते से आया था। अत: बोधिसत्वों से लेकर ललिता, तारा, उग्रतारा, नीलतारा आदि काम द्वारा 'निर्वाण' का मार्ग बन गए। उनका प्रयोजन युगनद्ध-महामुद्रा रहा है। अत: उनकी धार्मिक-काममय अर्थात् 'कामाध्यात्म कला' की सर्वोच्च प्रभावशाली 'नग्न बेंतेनियाँ' हैं जो महादेवी बेनजेइतेन की विचित्र आसीत (बैठी) मुद्राओं में अंकित की गई हैं।

जापानी संस्कृति में मरजीवणे समुराई—योद्धाओं की भी दुर्धर्ष परम्परा रही है। सो, मध्य-कामाकुरा-युग में महास्थविर तोबा द्वारा एक खर्रा तैयार किया गया—'योबुत्सु कुराबे' अर्थात् लिंग-योनि के बीच समुराई-रण। यह किंचित् व्यंग्यात्मक होने के बावजूद रति-वीरांगना तथा काम-शूरमे के बीच प्रचंड युगल-युद्ध को दर्शाता है। हम इस कुंडलिनी के कुछ फलक दे रहे हैं।

जापानी कामाध्यात्म में चीनी 'यिन-यांग' तथा भारतीय तंत्र का प्रभाव है। वहाँ चित्रित 'शुंग' (आसन) वाले एलबम बने, मन्दिरों में भी मिथुन-मूर्तियाँ खोदी गईं। महाभिक्षु टोबा (1053-1140) ने धर्मानुष्ठानों की दृष्टि से अतिरंजित बड़े अनुपात वाले शिश्न-योनि चित्रण की जो परम्परा शुरू की, वह प्रचलित हो गई। इसी के साथ-साथ समुराई (योद्धा-वर्ग) ढंग के मल्ल-युद्ध में स्त्री-पुरुष का रति-रण चित्रित हुआ। कई काष्ठपट भी चित्रित किए गए, तथापि जापानी यौन चित्रों का सर्वोच्च विकास इडो-काल (1600-1868) में क्योटो नगरी में हुआ। इसका संरक्षण क्योटो का श्रेष्ठि वर्ग था। तब योशीवारा नामक मुहल्ले में हजारों वारांगनाएँ रहती थीं। वे वहाँ के कलाकारों का मंडल व मॉडल बनीं।

जापानी नागरिक सदैव चरम यौन-सुख को अपना मौलिक अधिकार मानते रहे हैं क्योंकि वह 'मानसिक स्वास्थ्य संरक्षण' की शर्त है। इस विश्वास का प्रसार चित्रकार सुगीमूरा (1680 का दशक) ने किया। ईडो-युग में यौन-कला तथा साहित्य का अप्रतिम विकास हुआ।

सन् 1750 के दशकों से शुरू होकर बाद में कियूनागा, उटामारो, एई शी, कूनीसादा जैसे चित्रकार हुए। अठारहवीं शदी के अन्तिम दशक में 'युकीयो-ई' शैली का सूत्रपात हुआ, भरपूर रंगीन छपाई का। इस शैली के दो अद्वितीय चित्रकार उतामारो (1753-1806) तथा होकूसाई (1760-1840) थे। ऊटामारों ने सबसे पहले जीवित मॉडलों को आधार बनाया। अपनी वृद्धावस्था में होकूसाई ने तीन बड़े शुंगा-एलबम बनाएँ [खास तौर पर वल्वा (भग) के मॉडल']। परवर्ती 'यूकीयो-ई' उस्तादों ने समृद्ध परम्परा की वह ऊँचाई नहीं छुई।...बहुत बाद में 'मेई जी काल' (1868-1912) में कुछ महत्त्वपूर्ण काम-केंद्रित कलाकृतियाँ रची गईं। उन्होंने प्राचीन जापान को रूमानी रंगत में पेश किया।

आगे दिए गए नौ आरेखन रतिचंडी तथा कामभैरव के योनि-लिंग की गुत्थम-गुत्थी को जापानी सूमो-कुश्ती के दृष्टान्त द्वारा प्रतीकायित करते हैं—

東

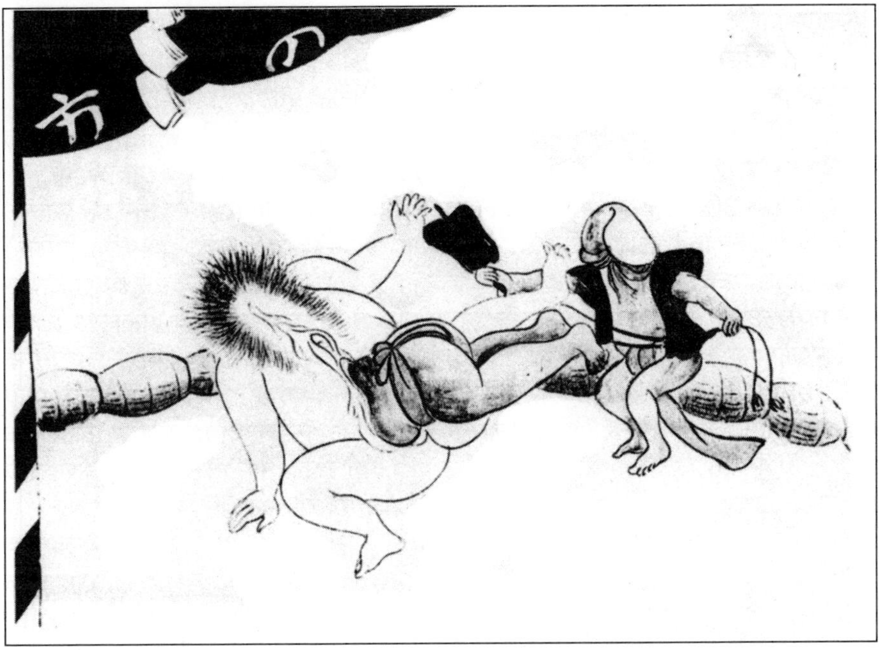

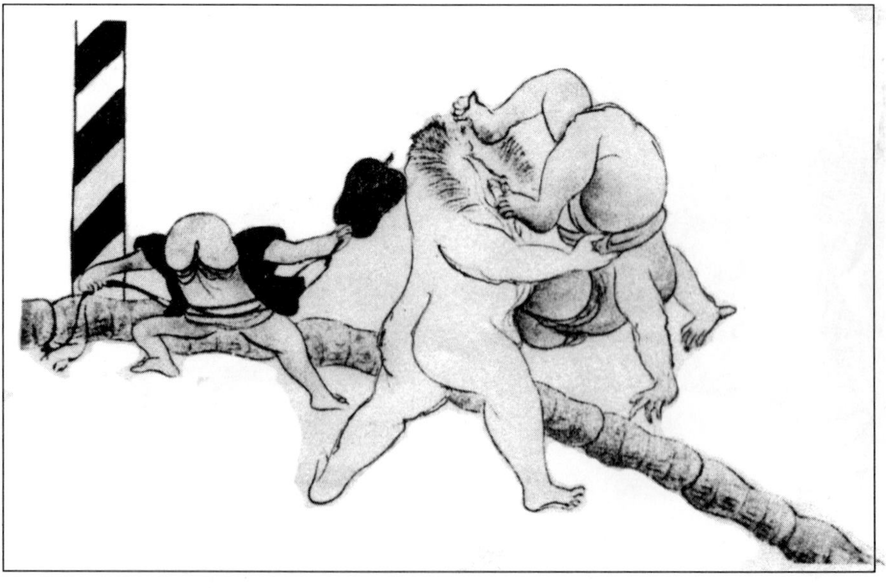

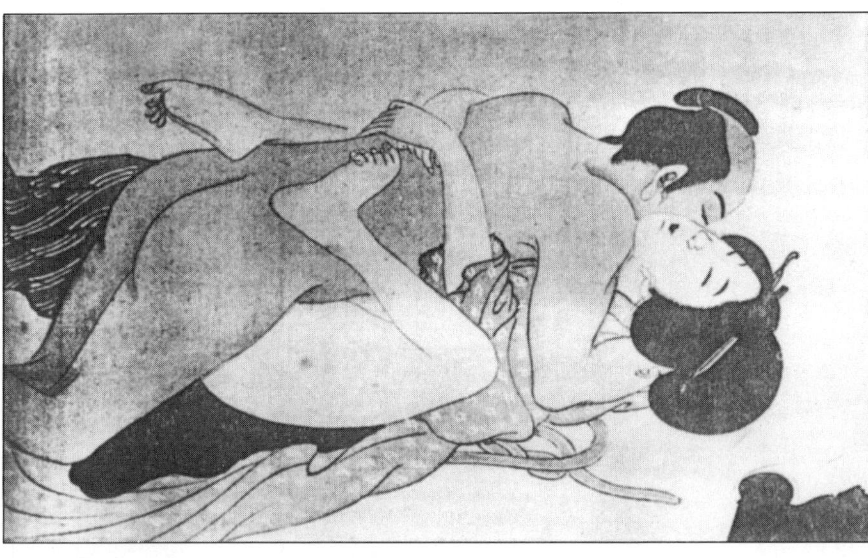

सम्भवतः जापानी चित्रकार ऊतामारो का अंकन
(समपाद-आसन)

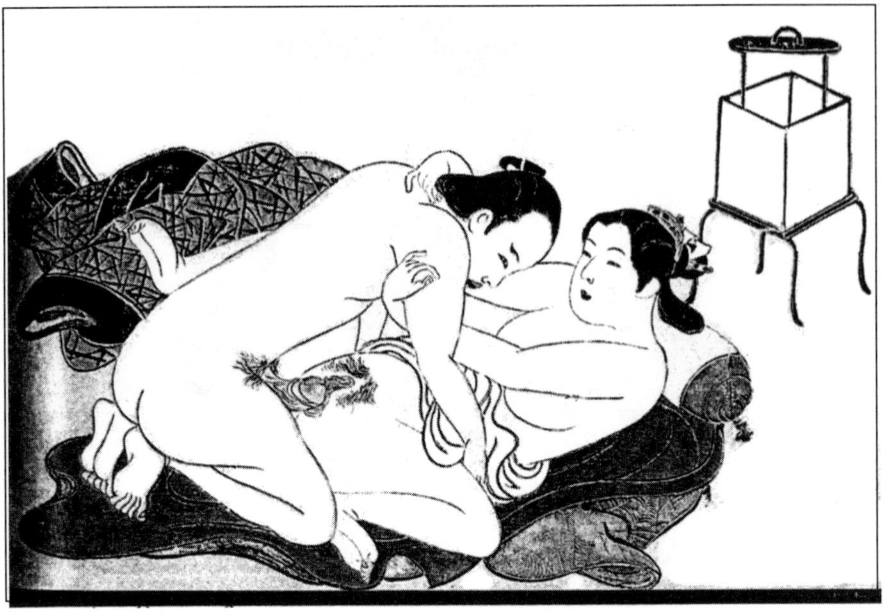

चित्रिणी का नागर-आसन

जापान की उकीयो शैली

कूर्मासन

अरब

इसके कामशास्त्र का नाम **खुशबूदार बागीचा** है।

सहवास में गतिवेगों के नामरूप—

1. **नेजे-अल-देका (कुएँ में रहट बालटी)**—प्रवेश के बाद मर्द-औरत प्रगाढ़ आलिंगन में आबद्ध होकर मर्द एक धक्का लगाकर पीछे निकाल लेता है। औरत भी अनुयायिनी होकर धक्का मारती है, फिर हट जाती है। इस प्रकार बारी-बारी से अन्दर-बाहर की क्रीड़ा चलती रहती है—समय तथा ताल को छन्द देकर। दोनों परस्पर हाथ पर हाथ, पाँव पर पाँव रखे रहते हैं [वात्स्यायन-प्रणीत 'कौर्म-बन्ध (कछुए जैसा तैरना) के समकक्ष]।
2. **दोक-अल-अर्ज**—मर्द अपनी टाँगें सीधे फैलाकर बैठ जाता है और औरत आकर उसकी रानों (जाँघों) पर बैठ जाती है। वह मर्द के पीछे-पीछे अपने पैरों की गाँठ बाँध लेती है और शिश्न के प्रवेशोत्तर परिदर्शिका बनती है। फिर वह अपनी बाहुओं को मर्द की गर्दन पर लपेट लेती है। मर्द भी कुक्षियों का आलिंगन करते हुए उसे उठने और उतरने का मार्गदर्शन करता है, जब उसका शिश्न पूरी गहराई तक ऐसे प्रवेश कर जाए कि योनि-रोमावली भी अन्दर तक चिपक जाएँ। बिना निर्गम के ऐसा जोशीला प्रकर्म।

3. **ताचिक-अल-लुएब**—(कठघरा-बन्दी) कहलाता है।

4. **अल-किउर्ची (उदर-से-उदर सटाना)**—मर्द तथा औरत सीधे आमने-सामने खड़े होते हैं। औरत अपनी जाँघें फैलाती है। तब मर्द अपने पाँव नारी के पाँवों के बीच आगे बढ़ाता है। औरत भी अपने पाँव थोड़ा आगे बढ़ाती है। पुरुष का एक पाँव थोड़ा और आगे होता है ताकि दोनों के उदर आपस में बिलकुल सट जाएँ। दोनों ही एक-दूसरे की बाँहों से एक-दूसरे के नितम्बों को जकड़ लेते हैं। प्रवेश करके दोनों अन्तर्ग्रन्थित होकर सहवास करते हैं।

धनुष कोष्ठक (यूरोपीय) : स्थिति—'त्रैविक्रम' [ख]
'अल-किउर्ची' (अरबी)

5. ऐसे में इसे ('नेजे-अल-देला' की तर्ज पर) **—तेजा-अल-देला** कहा जाता है [कल्यान मल्ल-सम्मत स्थित आसन **त्रैविक्रम** से तुलनीय]।

6. **हथोऊ-अल-नेकानोऊ (शुतर्मुर्ग की पूँछ)**—बिस्तर पर पीठ के बल लेटी हुई औरत के सामने मर्द झुकते हुए उसके पैर ऐसे ऊपर उठाता है कि केवल उसका

शिर तथा कन्धे ही बिस्तर पर आराम से टिक जाएँ। प्रवेश करने के बाद वह औरत के नितम्बों को कमानी की तरह गति एवं वेग देता है। अपने पक्ष से औरत अपने टाँगें उसकी गर्दन पर लपेट लेती है।

7. **केचेफ-अल-आस्तीन (पीठ का अन्योन्यान्न संदर्शन)**—मर्द पीठ के बल टाँगें सीधी फैलाकर पड़ जाता है। स्त्री उसके उत्थित लिंग पर ऐसे आन बैठती है कि उसकी पीठ मर्द के चेहरे की सिम्त में हो। मर्द उसके पार्श्वों पर अपने पाँवों तथा जाँघों द्वारा दबाव कसता है। गुरुत्वा केंद्र को कायम रखने के लिए औरत भी अपने दोनों हाथ बिस्तर पर जमा देती है ताकि गति और ताल चालू रहे। औरत की शरारती नजरें मर्द के नितम्बों पर गड़ी रहती हैं।

8. **अल-केलोची (गर्मी की पालवाली किश्ती)**—औरत पाजामी, सलवार या जीन्स पहनती है जिसे वह एड़ी पर गिरा देती है। तब वह आनत (झुककर) अपनी गर्दन को जीन्स के मुहाने तक फँसा आती है। ऐसे मौके पर मर्द उसकी टाँगें थामकर बिस्तर पर पीठ के बल पटक देता है जिससे वह कुलाटी भरी कलाबाजी कर लेती है (क्या चित से पट्ट हो जाती है ?)। तब मर्द की टाँगें औरत की टाँगों के ऊपर हो जाती हैं। वह औरत के गुप्तांग में बेहद जिद्दी दाखिला कर लेता है। (पतलून या जीन्स की घेराबन्दी के कारण उसकी टाँगें बँधी-सी हो जाती हैं और जीन्स या पाजामी कश्ती के पाल की तरह टँग जाती है)।

9. **नेजा-अल-कौस (इन्द्रधनुषी कमान)**—तिरछी (तिर्यक) लेटी हुई औरत के सामने मर्द भी उसकी पीठ से चिपककर लेट जाता है तथा उसके पाँवों के मध्य से प्रवेश करता है। गुरुत्व-केन्द्र (ग्रेविटी) के कारण उसके हाथ औरत की पीठ के ऊपर टिक जाते हैं। औरत भी (मर्द की) टाँगों को यथासम्भव ऊपर उठाती है ताकि वे उसके यथासम्भव नजदीक हो जाएँ। ऐसे में वह मर्द के बदन के साथ ऐसी इन्द्रधनुषी कमान बनाती है जिसे वह खींच रही हो।

10. **निक-अल-कोहोउल (पीछे से सहवास)**—औरत अपने कन्धों पर लेटकर नितम्बों को तकिए के जरिए ऊँचा उठाती है। मर्द पीछे से आकर प्रवेश करके औरत की पीठ पर विश्राम लेता है तथा प्रवेश करता है। औरत अपनी कुहनियों के गोले में अपनी बाँहें फँसा देती है। [पंडित कोका के 'धेनुक' आसन से तुलनीय]।

11. **अल-मोदार-वली (अन्दरूनी मिस्त्री)**—औरत अपने नितम्बाधार पर ऐसे बैठती है कि केवल नितम्ब के कुछ बिन्दु ही भूमि-स्पर्श कर रहे हों। मर्द भी ऐसी ही स्थिति में हो जाता है। दोनों की गुप्तेंद्रियाँ एक-दूसरे के आमने-सामने हो जाती हैं। औरत अपनी दाईं जाँघ को मर्द की बाईं जाँघ पर रख देती है। प्रतिकार्य में मर्द भी अपनी दाईं जाँघ को औरत की बाईं जाँघ पर टिका देता है।

इस तरह एक खुला जाल बुना जाता है। मर्द प्रवेश कर लेता है। तब बारी-बारी से हर-एक थोड़ा पीछे झुकते तथा बाँहों के ऊर्ध्व भाग को पकड़ते हुए, मन्थर धक्के लगाते हुए झूला-झूलते हैं। बैठे हुए उनके अधो-नितम्ब इस झूला-लीला को गति तथा ताल देते हैं।

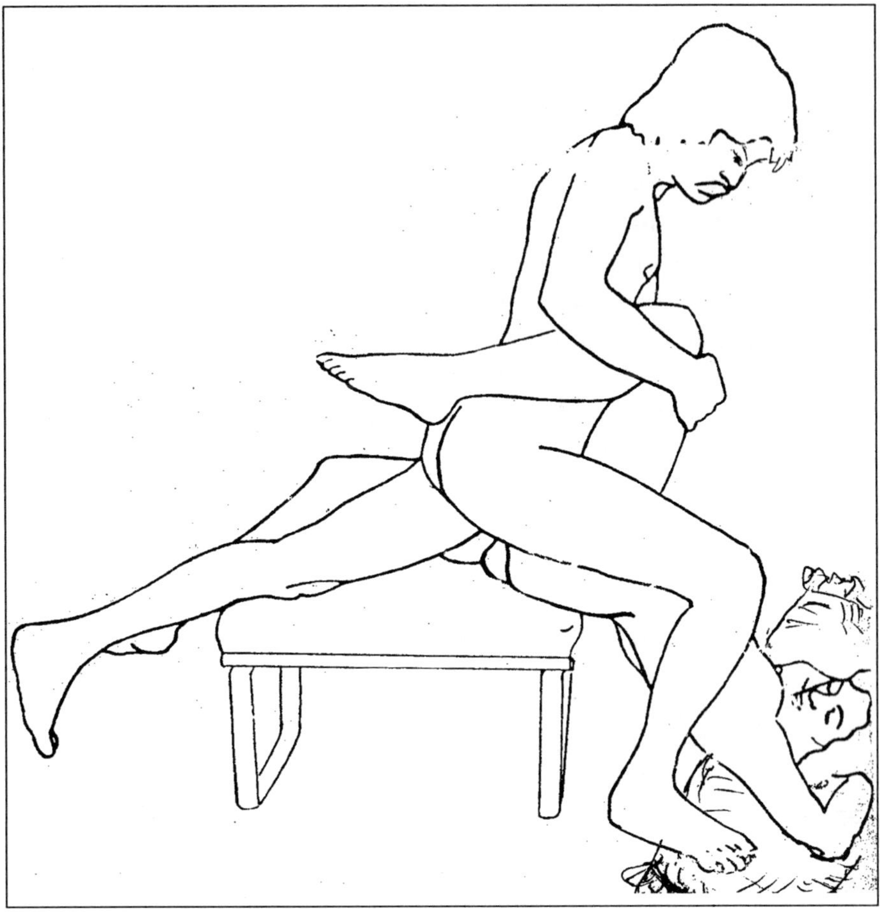

'हथोऊ-अल-नेकानेऊ' (अरबी)
'छड़ी बदल' (यूरोपीय)

कुछ अपनर्मिल दशाएँ

सैक्स में जो देह-भाषिक मनोदैहिक निर्व्यवस्थाएँ होती हैं वे एतद्रूपेण-नर्मिल (नॉट-सो-नॉर्मल) नहीं होतीं। अत: मुद्राएँ एवं भंगिमाएँ भी अनेक अर्थों तथा संकेतों वाली हो जाती हैं, जिनके विभेदक क्रोमोसोम, हार्मोन, देह-कंकाल, टेस्टिज एवं ओवरी आदि होती हैं—

(i) **प्रत्यौनवर्ती** (ट्रान्स सैक्सुअल) दशा का नामकरण हेनरी बैंजामिन ने 1954 में किया था। इस दशा में नर या नारी अपनी लिंग-दशा से असन्तुष्ट तथा अस्वाभाविक-अप्राकृतिक होती है (इसका उभयलिंगता से कोई रिश्ता नहीं है)। पुरुष में नारी तथा नारी में पुरुष सुषुप्त होता है। मनुष्य शारीरिक दृष्टि से नर्मिल होता है। बस, जननेंद्रिय तथा वक्ष के ऑपरेशन द्वारा उसका मूल सैक्स बहिर्गत कर दिया जाता है। उदाहरण—युद्धक पाइलट तथा मोटर-चालक और दो बच्चों का पिता राबर्ट मार्शल कोवेल यौन-परिवर्तन कराकर राबर्टा एलिजाबेथ कोवेल हो गए। 1964 में

टोक्यो ओलिंपिक में चैंपियन दो रूसी बहनें टमारा प्रेस तथा इरिना प्रेस की क्रोमोसोम-गणना होने पर वे स्त्रियाँ नहीं पाई गईं।

(ii) **प्रत्यवेशी** (ट्रान्सवेस्टाइट) नामकरण जर्मन यौन शास्त्री मैग्नस हर्शफेल्ट ने 1910 में किया था। यह दशा कोई अवनर्मिलता या विपथन नहीं है बल्कि नर या नारी होने के बावजूद उक्त लिंगी व्यक्ति में विपरीत लिंग के वस्त्राभूषण पहनने और तदनुरूप व्यवहार करने की लालसा सक्रिय होती है।

(iii) **अन्तर यौनवर्ती** (इन्टर सैक्सुअल) दशा में नर या नारी—दोनों ही मनोदैहिक भूमिकाओं में प्रस्तुत तथा उत्तेजित होते हैं। वस्तुतः भ्रूण जैविक दशा में हममें-से हरेक यौनरहित होता है। बाद में एक ही केंद्र से उसमें लिंग या योनि का उन्मीलन हो जाता है।

(iv) जब दोनों जननेंद्रियाँ उन्मीलित होकर कोई एक अनावृत्त होकर सक्रिय भी हो जाती है तब **उभयलिंगता** (हर्माफ्रोडाइटिज्म) होती है। एक विचित्र उदाहरण महिला खिलाड़िन पिंकी प्रमाणिक का है। वह दोहा, मेलबोर्न में स्वर्ण-रजत पदक विजेता रही है (2006)। कोलकाता में अनामिका आचार्या के साथ साझीदारी करके रहती है। अनामिका ने उस पर बलात्कार का आरोप करके मुकदमा ठोंका है। पिंकी के लिंग-निर्धारण-परीक्षणों से पता चला कि वह महिला नहीं, पुरुष है। अपमानित पिंकी ने फरियाद लगाई है कि उसके साथ सर्कस के एक जोकर की तरह बर्ताव किया जा रहा है। यह तो एक भीषण मनोवैज्ञानिक अनाड़ीपन हो रहा है।

(v) **भ्रान्त यौनता** से आगे उभरकर, लिंगोच्छेदक कराकर या स्त्री बना दिए गए या नपुंसक मनुष्य हिजड़े (यूनक) होते हैं।

वस्तुतः ऐसी अवनर्मिल-अपनर्मिल अवस्थाओं-दशाओं का एक कारण दमित मनोवृत्तियों का आक्रामक-अकुंठ-विस्फोट भी है जब सैक्स बाधित, क्षुधित, अपूर्ण या प्रशमित हो जाता है। एक ताजी मिसाल ई.एल. जेम्स महिला की किताब **फिफ्टी शेड्स ऑफ ग्रे** है जिसमें सैक्स की नीरसता तथा ठंडेपन को दूर करने के लिए मौज-मस्ती मसालेदार दृश्यादि हैं। इनमें एक सिद्ध-काम करोड़पति क्रिश्चियन ग्रे तथा अनुभवहीना कालेज छात्रा अनास्तासिया स्टील की कामोत्तेजक दृश्य कथाएँ दी गई हैं। सारी दुनिया में इसकी चालीस लाख प्रतियाँ बिक चुकी हैं (2012)। इसमें आत्मपीड़न-रति (मैसोकिज्म) तथा परपीड़न-रति (सैडिज्म) की मसालेदार रति-क्रीड़ाएँ प्रदर्शित हुई हैं। इसी आधार पर लन्दन की एक करोड़पति बैंकर महिला अपनी सैक्स-क्रीड़ाओं को मसालेदार बनाने के लिए अपने ठंडे मर्द से पुस्तक के दृश्यों के अनुकरण करने का आग्रह किया करती ताकि नीरस जीवन सुरस हो। वह यह नहीं कर सका। अतः तलाक का मुकदमा दायर है (2012)।

III

मानव-देहभाषाएँ

[अनुप्रवेश-अनुपाठ]

[अ] अनुप्रवेश

यद्यपि देहभाषा निर्भाषिक-अवाचिक है अर्थात् शब्द एवं अर्थ के साहित्य तथा व्याकरण से परे है, लेकिन उसका भी निर्वचन तो वाचिक भाषा में ही प्रकट होता है। इसलिए देहभाषा को, शब्दरहित दशा में, सचेतन करना पड़ता है अर्थात् उसमें स्पर्श-रूप-रस-गंध की ज्ञानेन्द्रियों को चित्र एवं भाव-बिम्ब की धुरियों पर ले आना पड़ता है। इनमें से भी रस और गंध उपभोग के साथ-साथ ही विलीन हो जाती है तथा स्पर्श भी गति-क्रिया तक संलिप्त रहता है। सो, हमें परा-पश्यन्ती-मध्यमा का अतिक्रमण करते हुए वैखरी वृत्ति और उसके शब्दार्थों अर्थात् अभिधा-लक्षणा-व्यंजना-रूपक-प्रतीक-प्रोक्ति अर्थात् **रूप-केन्द्र** में ही संचरण करना पड़ता है। इसलिए चारों ज्ञानेन्द्रियों के सहकार में मुद्रा-भंगिमा, गति-प्रकर्म, कूट-संकेत आदि संशिष्ट देहभाषा में जुड़ जाते हैं।

परिणामतः अवाचिक देहभाषा तथा भासिक शब्दभाषा, द्वन्द्व न्याय से परस्पर गुँथकर, एक समन्वित भाषा का विन्यास करती है। हमने इसका **संश्लेषणात्मक आश्विन-भाषा** नामकरण किया है।

इसलिए इसके मंडल में मुद्रा-भंगिमा, कूट-संकेत, रीति-वृत्ति (मैनरिज्म)—रूपक, प्रतीक-बिम्ब, चित्र-मूर्ति, योग-काम, परिधान-सिंगार, नृत्य-नाट्य, व्यवहार-अनुष्ठान, आदि की बहुविध-विविधधर्मी एक देहभाषा नहीं, बल्कि **अनेक 'दे-ह-भा-षा-एँ'** उन्मीलित होती आती हैं, तथापि चित्र-बिम्ब और मुद्रा-गति इन भाषाओं के **वाङ्ग** एवं **रूपकांग** हैं। हम इसी आधारभूमि से आगे बढ़ेंगे।

अध्याय : दस

देहभाषा का उद्‌भव-विकास : कब, क्यों, कैसा ?

नृ-वानर (चिम्पांजी आदि) से नृमानव-मानव के क्रम-विकास के कारण इनके 'जीनों' में 95^{+}- प्रतिशत समानता पाई जाती है। नृ-वानर **निर्भाषिक** अवस्था में स्थिर रहे गए और नृमानव-मानव अवाचिक से **भाषिक** अवस्था में संक्रमण करता गया। इसलिए उसमें निर्भाषिक ध्वनि-मुद्रा देहभाषा तथा वाचिक शब्दार्थक सामाजिक भाषा का भी संगम हुआ।

दूसरा संगम क्रमशः **मूल वृत्तियों** (इंस्टिंक्ट्स) तथा उसके बहुविध-बहुल सूक्ष्म रूपान्तरणों अर्थात् **संवेगों** (इमोशंस) का भी हुआ।

उक्त दोनों संगम लाखों-लाख वर्ष पुराने हैं और निरन्तर हैं।

आरम्भिक अवस्था में प्रमुखतया मूल-वृत्तियाँ ही **प्रकर्म** (एक्शन) का मूलाधार थीं। सुख-दुख, भय-क्रोध, करुणा-बीभत्स, क्षुधा-सैक्स, प्रेम-घृणा, स्वप्न-निद्रा आदि ही सामूहिक कार्यों के निदेशक थे। तब सम्वेग सुषुप्ति की तंद्रा में थे। केवल गतियाँ-मुद्राएँ, आदतें एवं आवृत्तियाँ ही प्रकर्म की धुरी थे। तब (वाचिक-) भाषा कंठ के काकु (लेरिंक्स) के नीचे सरकने की प्रतीक्षा गें थी ताकि ध्वनियाँ स्फुटित होकर स्वर तथा व्यंजन उच्चरित कर सकें। तब अक्षर नहीं थे। शब्द तो दूर के मरीचिकमृग थे। कालान्तर में भाषा के उद्‌भव के साथ ही सारा सन्दर्श बदल गया। काल (क्रिया) तथा दिक् (संज्ञा) तथा परिदृश्य (संयोजकों) का बोध हुआ और **यथार्थता के प्रत्यक्षीकरण** की गाँठ चटकने लगी। यही नहीं; गुफा-मानवों के 'झुंड' आखेट दशा से 'समूह' में परिवर्तित हो चले थे और प्राथमिक समाज-रचना शुरू हो चली।

यथार्थता का प्रथम सन्दर्श **शैल-चित्रों** में हुआ। गुफा-मानव के समूहों ने जो शैल-चित्र बनाए, वे बहुधा मूल-वृत्तियों पर आधारित हैं। उनमें यथार्थता का देशकाल सीमित घटनाओं वाला, आनुष्ठानिक-जादुई प्रदर्शक प्रत्यक्षण है। उनके मानवों की रेखाक-गोलाकृत ज्यामितिक आकृतियाँ भी भय-क्रोध-सुख-रौद्र प्रदर्शक हैं। उनकी यथार्थता भ्रान्तिरंजित है। ...क्रमशः जब वे अपने संसार में दो यथार्थताओं की तुलना करने लगे अर्थात् देशकाल का प्रथम आगाज करने लगे, तब **साम्य रूपकात्मकता** (एनॉलॉजी) द्वारा संज्ञान (काग्निशन) शुरू हुआ। इस तरह आद्य-भाषा एवं समाज तथा देशकाल एकतान होने लगे। तब अभिव्यक्ति में अवाचिक मुद्रा-गतियों के साथ-साथ शब्दार्थ-रूपकों का समावेश हुआ। इस तरह यथार्थता का बोध साम्यरूपात्मक हुआ अर्थात् **अधिभाषा** (मेटा लैंग्वेज) और रूपक घुलमिल गए। फलतः अवाचिक एवं वाचिक भाषाओं का भी अन्तर्विलयन होने लगा। इससे मूल-वृत्ति तथा सम्वेग का भी संगम हुआ। परिणामतः देहभाषा और वाचिक-भाषा का सामंजस्य हो चला।

देहभाषा वाचिक भाषा को अतिरिक्त मनोदैहिक आयाम प्रदान करने लगी तथा वाचिक भाषा भी देहभाषा को प्रयोजन एवं लाक्षणिक-अनुभाव परक सम्प्रेक्षण तक ले चलने लगी।

इस भाँति मूल–वृत्ति का, संवेग का उभयात्मक अर्थात् छिपा एवं प्रकट जो तादात्म्य हुआ उससे दोनों भाषाएँ सहक्रमिक, समानान्तर, तुलनात्मक एवं सम्पूरक होने लगीं।

इसके स्पष्टीकरण के लिए मूल–वृत्ति तथा संवेगों की दशाओं का आकलन अपेक्षित है।

यदि हम पुर्वैतिहासिक अक्ष पर आरेखन करें तो 'X-क्षैतिज रेखा में पशु एवं मूल–वृत्तियों' तथा 'Y-प्रलम्ब रेखा पर **मानव** एवं मूलवृत्ति–संवेग–संयुक्तता को लेना होगा। यह भी ध्यान में रखना होगा कि दोनों में ही **आवश्यकताएँ** समान हैं।

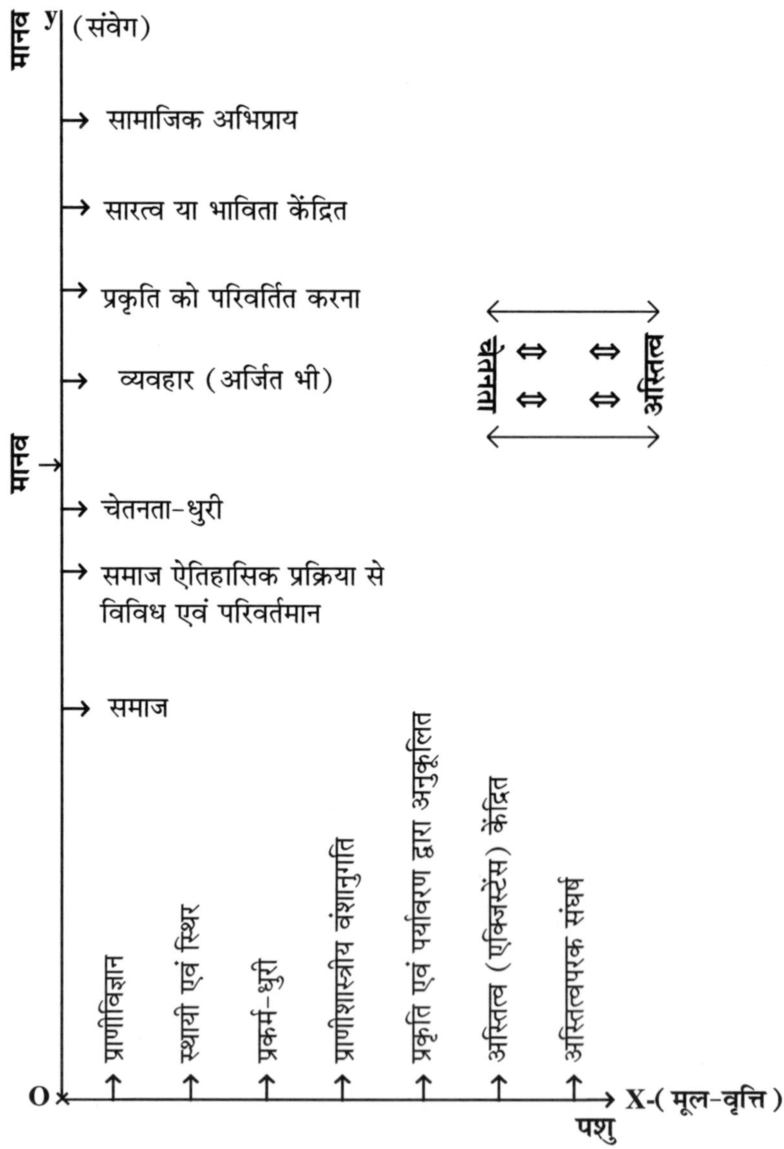

सूचक : OX-मूल–वृत्ति; OY-संवेग

अतएव हम निस्सन्देह यह सही अनुमिति कर सकते हैं कि समाज एवं प्रकृति तथा इतिहास के त्रिकोण में मानव की नृमानवीय मूलवृत्तियाँ विकीर्ण होती हुई नाना उप एवं अनु-रूपान्तरणों में विकसित होती हुई **सम्वेगों** तथा **संचारियों** का उन्मीलन करती गईं। इससे अनुभूतियाँ तथा अन्तर्बाह्य परिवेश के प्रति प्रतिक्रियाएँ उभरीं तथा स्वयं मनुष्य अपनी मनोभिवृत्तियों (एटीच्यूड्स) का भी विकास करता चला। उसने भी प्रेम और विश्वास जैसी भावनाओं में तात्कालिकता, क्षणिकता बनाम स्थायित्व का द्वन्द्व झेला जिससे देहभाषा के उपरूपों को भी उत्कर्ष मिला। सो, सम्वेग मनुष्य की क्रियाशीलता को संवेदनात्मक करते हैं। वे सम्बन्ध, सौन्दर्य, बुद्धि, मूल्य, कार्यवृत्त, समाज एवं संस्कृति से संचालित होते तथा संचालन करते हैं।

अतएव शैल-चित्रों, मिथकीय मानस तथा साम्यरूपकता से संवलित यथार्थता का अभिज्ञान करने वाला नृमानव—आदिमानव **मूल वृत्तियों एवं सम्वेगों** का भी विनिमय और अन्तर्मुक्ति करता हुआ आधुनिक मानव हुआ—अर्थात् कोई दो लाख साल पहले वह **सामाजिक-आधुनिक मानव** हुआ। सत् में निर्भाषिक देहभाषा तथा संस्कार में वाचिक भाषा का उत्कर्ष उसे प्रकृति एवं संस्कृति की धुरी बना गया। उसकी देहभाषाएँ पश्यन्ती तथा मध्यमा से उद्भूत होने लगीं। अत: देहभाषाएँ हमारे दो आदि आदिम आयामों को छू रही हैं—मूलवृत्ति एवं सम्वेग तथा 'जीन' पुंज। मूलवृत्तियाँ पशु एवं मानव दोनों में समान जैसी हैं। ये भी आधुनिक मानव तक गहरी अनादि वासना में अनवरत सुषुप्त चली आ रही हैं। इनका प्रकृति से अन्तर्विरोध एवं सामंजस्य और सामाजिक जीवन में व्यवहार एवं अन्यथाकरण ही विविध सम्वेगों, मनोदशाओं, अन्तर्द्वन्द्वों आदि को उद्घाटित करता है। अत: मनुष्य की अतिरिक्त आवयविक (आर्गेनिक) खूबी देहभाषा है। देहभाषा अवचेतनपरक छलावरण भी करती है [डेस्मांस मॉरिस ने 'दि नैकेड ऐप' में नृ-वानर के जीवदैहिक हाशियों को लिया है]।

अन्य अत्याधुनिक हाशिया **जीन्स** का है। ये हमारी देह-रचना, देह-व्यवहार, देह-प्रवृत्तियों को किंचित् पूर्वनिर्धारित भी करते हैं। इनकी वजह से भी **व्यक्ति-मानव** की देहभाषाएँ विलक्षण तथा शैलीचिह्नक हो जाती है। देहभाषाएँ—(i) एक तो स्वयं देह में संस्थित हैं—दैनिक व्यवहार, नृत्य, नाट्य, काम, खेलकूद; (ii) दूसरे कृति के मानव संसार में मौन हैं—चित्र, शिल्प, वेशभूषालंकृत देह तथा (iii) तीसरे, आह्लाद (एक्सटेसी), उन्माद (एनामनेसिस), विक्षिप्तता (मैडनेस), और छल-कपट की दशाओं में देह-संक्रिया के साथ देहभाषाएँ भी विशृंखल हो जाती है। सारांश में देहभाषाएँ एक ओर 'भावचित्र-मुद्रापरक भाषा होती हैं (नृत्य, नाट्य) तो दूसरी तरफ छिपी एवं रहस्यात्मक एवं अवाचिक अर्थात् वाचिक भाषा की अभिव्यंजना के साथ एवं समानान्तर।

अपनी सुदीर्घ प्रोक्तियों में हमने एक विचित्र स्थिति भी पाई है। अक्सर या कभी-कभी वक्ता या कर्ता भी जाहिराना तौर पर कहते कुछ हैं किन्तु छलावरण करते हुए, अभ्यन्तर से सचेत रहते हुए, वे अन्य का सम्प्रेषण करते हैं जो उनकी 'प्रायोजित देहभाषा' की मुद्राओं एवं भंगिमाओं में भी आभासित हो जाता है। मसलन, माँ अपने शिशु को आँखें तरेर कर डाँटती है किन्तु वास्तव में उससे 'लीला' करती है। यहाँ द्वन्द्व है। अत: लीला को भी देहभाषा का बंधान दे दिया जाता है। उदाहरण बढ़ाए जा सकते हैं। मान एवं कोप की प्रणय-दशाएँ भी ऐसी ही हैं (इनमें दुविधा भी है)।

आश्चर्य-धुरी पर भी एक अन्य उदाहरण

हमारे सुदीर्घ मध्यकाल के द्वितीय कालिदास अर्थात् तुलसी बाबा **दिव्य सौन्दर्यबोधशास्त्र** (ऐस्थेटिक्षा) की अलौकिक दुविधा में वशीभूत थे। वे परब्रह्म राम तथा आदिशक्ति सीता के सौन्दर्य का यथार्थ काव्य-उपादानों से सीधा इहलौकिक 'बखान' कर ही नहीं सकते थे। ऐसी दशा में वे निस्पन्द-अवाचिक परा-पश्यन्ती-मध्यमा वृत्तियों के त्रिकोण के मध्य में भक्त-बिन्दु थे। वे देहभाषाओं की अनिर्वचनीयता में निमग्न थे। अलौकिक का लौकिक बखान कैसे करते?

सो, ग्राम लोक के परिवेश में भोलीभाली रमणियाँ जब पूछती हैं कि हे सुमुखि! ये तुम्हारे क्या लगते हैं, तो सीता बहुरि अपने आंचल को ढाँप कर तिरीछे नयनों से राम को देख लेती है। देहभाषा सारी लावण्य-ललित प्रोक्ति बता देती है। लौकिक परिवेश में आलम्बन-आश्रय, दोनों ही लीलामुक्त क्रीड़ायुक्त हैं। आखिर तुलसी कारण बता ही देते हैं कि ग्राम्य वनिताएँ भी जान रही हैं कि वे (राम) कोटि मनोज को लजाकर पराभूत करने वाले हैं तथा वे (सीता) सु-मुखी अर्थात् सत्चित सुन्दर शोभा वाली हैं और अपनी मजबूरी आखिर बता ही डालते हैं कि इनके रूप (नाम-गुण) का बखान तो कोटि ब्रह्मा, कोटि सरस्वती भी अपनी कोटि क्षमताओं एवं गिराओं द्वारा नहीं कर सकते हैं। वे कोई प्राकृत् जन नहीं हैं। अतः अवाचिक भाषा का कूट खुल जाता है। अन्यत्र भी एक अन्य देह-भाषिक खुलासा है कि (ब्रह्म) बिना पाँव चलता है तथा बगैर कान के सुनता है (बिनु पद चलै सुनै बिनु काना)।

तंत्र की मुद्राओं-आसनों-अनुष्ठानों में भी शब्दों की मात्र ध्वनि-संकेत की गुह्यता-गूढ़ता आतंकित करती है। इसी लड़ी में छायावाद में जो 'रहस्यवादी छाया' का हाशिया है उसमें अनुभूति की गहराई, 'मैं'-की शैली की गोपनीयता, 'मैं-तुम' की सम्बन्धता की मौन भाषा की भ्रान्तियाँ झिलमिलाती हैं : बिम्ब तथा छायाओं की। ऐसी 'अवाचिकता' का भंजन भवानीप्रसाद मिश्र की लैंग-पैरोल वाली एक-धर्मिता तथा धूमिल की 'सपाटबयानी' में परवान चढ़ती है। पुनः शब्दार्थों का अभिधात्मक वर्चस्व कायम हो जाता है।

इस तरह से देहभाषा भी किंचित् शास्त्र-द्योतित, अनुष्ठान-निर्धारित, कर्मकांड-अनुमोदित तथा उक्त अलंकार-रंजित होती जाती है। उसका कथित अवाचिक व्याकरण भाव, सम्बद्ध-प्रत्यावर्तन परक भी होता जाता है। अतएव वैयक्तिकीकृत, सामाजिक-प्रकार्यगत, आभ्यन्तरिक तथा स्वच्छन्द पश्यन्ती दशाओं में देहभाषा के प्रकरण अपने कूट/चिह्न/भ्रान्ति/चेष्टा/रहस्य आदि को खोलते हैं। यह भी नामुमकिन फान्तासी नहीं लगती कि डेस्मांड मॉरिस ने मानव को (एकायामी—) एक प्राक् आदिम **नंगा नृवानर** घोषित तथा सिद्ध किया है [इस पर हम प्रथम खंड—'मानव' के अन्तर्गत विचार-विमर्श करते आए हैं]।

हम गुप्त देहभाषा के संकेत वाले कुछ जुमले पेश करते हैं जिनकी तस्करी लखनऊ के तिरछी टोपी वालों तथा शोहदों की महफिलों से की है—

'चवन्नी उछाल के सैंया दिल माँगे/पहलै चुम्मे में ही गाल काट खाए/जाँघें दिखाती है पर, देती नहीं/आई गए रे लखनौवा के शोहदा! लड्डू भी खाएन, इमरती भी खाएन, गुझिया पे घात लगाए गए रे लखनौवा के शोहदा' (मिठाइयाँ क्रमशः स्तन, अधर और जननेंद्रिय के इंगित हैं) इत्यादि।

बृहत्तर फलक में देह के जो शास्त्रीय-मनोसामाजिक **अलंकार** हैं वे अब भी देहभाषा की आधार-रेखा पर अंकित किए जा सकते हैं, यथा—

(क) अंगज—भाव, हाव, हेला;

(ख) **अयत्नज**—शोभा, कान्ति, दीप्ति, माधुर्य, प्रगल्भता, औदार्य, धैर्य तथा

(ग) **स्वभावज**—लीला, विलास, विच्छित्ति, विभ्रम, किलकिंचित, मोहासित, कुट्टमित, बिब्बोक, ललित, विकृत, मद, तपन, मुग्धता, विक्षेप, कुतूहल, हसित, चकित, केलि आदि।

ये मध्यकालीन आभिजात्य-चक्र से जुड़े 'अलंकार' हैं, मर्दवादी भोग-विलास के संकेतक हैं तथा ज्यादातर नारी की रति-काम-धुरी पर घूमते हैं। इनकी व्याख्याएँ साहित्यशास्त्र के किसी भी ग्रन्थ से प्राप्त की जा सकती हैं।

सो, इसकी पूरकता जरूरी है—'हम-तुम-वे' के सम्बोध से।

हम— हमारी देह शब्दों के परे **क्या** कहती है? [इसके लिए देह को उचित मुद्रा एवं भंगिमा में आना होता है।]

तुम— तुमसे **कैसे** कहती है? [यथा, मुस्कानों से, भौंहों से, ओठों की फड़कन/दहकन से, भुजाओं के मोड़/जोड़ से, अँगूठे को जेब को बेल्ट या जेब में फँसाने ने, टाँगों को तालयुक्त थपथपाने से, नितम्ब पर दोनों हाथ रखने या दुलारने से इत्यादि।]

वे— वे शब्दों के परे **क्यों** समझते हैं? [जागरूक नहीं होते हुए भी, भाषा की रिक्तता की, दोनों पक्षों से, आपूर्ति करते हैं।]

देहभाषा का उन्मीलन

(i) कैसे होता है? यदि **मिथक** का जन्म पूर्व-तार्किक मानसिकता की देन है, **भाषा** साम्यमूचकता स्थिति में उद्भूत हुई है, तो **देहभाषा** मानव-देह में परा-पश्यन्ती-मध्यमा के बीच समुद्र-मन्थन की खामोश हलचल में अंगड़ाई लेती है।

देहभाषा शब्द-बिना अभिव्यंजना की पहचान है। इसकी प्राथमिक इकाई शब्द नहीं, बल्कि बिम्ब है, अर्थात् हर स्थिति को बिम्ब में देखना, हर कार्य को दोलक गति में बदल देना; मानो चित्र तथा नृत्य का प्रारम्भ हो। देहभाषा का निदर्शक अन्य की मुद्राओं-भावों का तो सन्दर्श करता है, तो देहभाषा का कर्ता अपनी वार्ता को सम्पूर्णत: सम्प्रेषित करने मानो अनुभावों की नृत्यलिपि—(कोरियोग्राफी) में तुर्तफुर्त साथ-साथ रूपान्तरित करता जाता है। इस भाँति यह दोहरा व्यापार है। इसका उद्गम गुफा-मनुष्य की उन दशाओं में है जब वह उन पशुओं के मुखौटे लगाकर या शक्लें रँगकर निकलता था जिनका शिकार करना होना था। अत: शब्द तथा मुद्रा-विचार-भाव के बीच एक खामोशी है, उत्सुकता है, नृत्य है, चित्र है, देहशिल्प है और ढँका वात्याचक्र है। इसके अनुभव को विभिन्न देहांगों के कम्पन-थिरकन-मटकन-झूलन, मुद्रा-भंगिमा-स्तब्धता आदि के द्वारा प्रदर्शित किया जाता है।

अत: इसका उद्गम भंगिमा-बिम्ब तथा मुद्रा-सम्मूर्ति है। जब ये पैटर्न एक आवृत्ति समन्वय वाली रचना भी बन जाते हैं तो इन्हें देहभाषा (के व्याकरण के बजाय), उसकी नृत्यलिपि-रचना (कोरियोग्राफी) मानने में कोई आपत्ति नहीं होनी चाहिए। अत: देहभाषा के समारम्भ में अनुभूति-अभिव्यंजना की शारीरिकता (फिजिकलिटी) होती है—वाचिकता नहीं।

अनुष्ठानों से जुड़कर देहभाषा पवित्र-शुद्ध भी हो जाती है, व्यायाम से जुड़कर सौष्ठव तथा ताकतवर होती है, नाट्य एवं नृत्य से जुड़कर ललित तथा सामूहिक होती है, काम और योग से जुड़कर सुखभोग-मन्थनकारी तथा समाधिलीन होती है। इसलिए देहभाषा के प्रथम स्पन्दन में बिम्ब-मुद्रा-दोलन-गति का संपुजन होता है। जैसे नृत्य में उदर-नाभि की दोलक गति, नितम्ब की मटक, अर्द्धबाहु या पाद का उछाल होता है; काम तथा योग के आसनों में

गतिमान देह और प्रशान्त देह का द्वन्द्व होता है इसी तरह ऐकल, युगल तथा समूह की प्रतिक्रियाओं में फर्क़ है।

इसलिए देहभाषा की संरचना में ज्यादा-से-ज्यादा वर्ण-विहीन, अक्षर-विहीन, शब्द-विहीन—बस, स्वर की ध्वनियाँ शामिल रहती हैं क्योंकि वे शब्दार्थ नहीं बनातीं। वे ध्वनन-अनुरणन की संकेतन-मात्र हैं।

अत: हम भाव और विचार तथा अनुभूति से प्रयाण करके आकृति तथा रूप एवं सम्मूर्ति की ओर गतिशील होते हैं। शब्द का स्फोट तो उस महायात्रा का गुंजार है। अत: देहभाषा निपट शारीरिकता से सम्वर्न्धित होती है।

तदपि देहभाषा के लिए व्याकरण तो नहीं, **पैटर्न-पुंज** अपेक्षित है। वह उसे संगठित करके एक (रचना नहीं, अपितु—) **अनुरचना** (कम्पोजीशन) बनाता है, वरना प्रत्येक व्यक्ति की अस्थानांतरित देह-गतियाँ ही होंगी। पैटर्न के अस्तित्व में आने पर ही हम मौन-अवाक् सम्प्रेषण-सन्देश के परिसरों में दाखिल होते हैं अर्थात् देहभाषा का जन्म होता है। इसके बाद से देह-अन्वीक्षा (वाच), देह-वार्ता (टाक) तथा देह-पूजा (वर्शिप) आदि की नाभि-नालें पारिजात खिलाती हैं।

मूलरूपेण देहभाषाएँ खामोशी की भाषाएँ हैं।

देहभाषा का मूल प्रतिपाद्य तो **मौन** (चुप हुआ) तथा **अवाक्** (बोलने में सक्षम, किन्तु किसी परिस्थितिवश बोलता नहीं) मनुष्य या व्यक्ति है [हमारा सरोकार जन्मजात मूक (गूँगे) तथा बधिर (बहरे) जन नहीं हैं। हम वैसे समाज में नहीं जन्मे-पले। हम उस दशा को मूलाधार बना रहे हैं जहाँ शब्द (कर्ण तथा गिरा अनुस्यूत) को विलम्बित एवं स्थगित कर दिया गया है। जहाँ भाषा के सामाजिक प्रकर्म वैयक्तिक मनोरथों में कूटित-अनुभावित हो गए हैं।]

शब्देतर अन्य ज्ञानेंद्रियाँ जागरूक और सक्रिय होकर यह आपूर्ति करने लगती हैं अर्थात् रूप (चित्र, शिल्प, शृंगार, वेशभूषा, नग्नता-निर्वसनता), रस (स्वाद, पाक, अधरपान), गंध (खुशबुएँ, मंडन, लेपन), स्पर्श (ताप, गति, प्रकर्म, नृत्य, भंगिमा, मुद्रा) अपने प्रकार्य करती हैं। इसलिए हमने शब्द-धुरी से केंद्रापसरण करके, शेष ज्ञानेंद्रियों के सभी प्रकार्यों को ही नाना भाँति की देहभाषाएँ स्वीकार करके, चतुर्दिक अनुसन्धान-अनुचिन्तन किया है।

दूसरे, अब हम भाषा के वाच् तथा तात्पर्य वाले महावाक्य के एवं वाक् और मनोरथ के पश्यन्ती-वाक्य के बीच भी पहले-पहल फर्क करना चाहेंगे। शब्दार्थ तथा अन्तर्वाक्य तो देही-देह जैसे हैं। ये हमारी वैखरी-वृत्ति में आकर विकीर्ण होते हैं। लेकिन, इसके पहले?

इस दशा तक पहुँचने में हम जब अनुभव करने-सोचते, पढ़ते-लिखते हैं तब भी मौजूदा अन्तर्निहित-अनुस्यूत भाषा द्वारा ही उद्देश्य-विधेय सँवारते हैं। अलबत्ता हम मौन होते हैं। ऐसी निर्वाक् दशाओं में, भाषिक सम्प्रेषण की कतिपय अवाक् दशाओं में, हम एक अवाक् एवं मौन स्थिति में भी संग-संग गुँथी हुई विरासतदार सामाजिक भाषा को भी सुनते (पढ़ते), लिखते (बोलते), अनुभव करते (सोचते) हैं। यह दोहरा व्यापार सहक्रमिक (सिनक्रॉनिक) चला करता है। अत: यह एक अजीब तथा गूढ़ मनोदैहिक तथ्य है। अत: हम इसको उद्घाटित करके ही देहभाषाओं की अनेकता एवं औचित्य के साक्षी होते हैं।

अनमानवीय जगत् में पक्षियों तथा पशुओं की क्रियाएँ, मुद्राएँ आदि **संकेत-भाषा** कही जाएँ। खासतौर पर हंसों, सारसों और मोरोंकी, डॉल्फिनों और शार्कों की, उनके शारीरिक सहकार के समागम की, उनके नृत्य की तथा अपने पंखों के रंगों के प्रदर्शन की तुलना में मानवीय संसार में निर्भाषिक अनुभाव, सहकार, दृश्य कर्म, मुद्राएँ, कार्य आदि **देहभाषाएँ** कही जाएँ। यह

भेदीकरण हमें कई साम्यरूपकताओं को समझाएगा; विशेष रूप से पशु-पक्षियों के साम्य-सारूप्य-साधर्म्य पर आधारित, मानवीय अंगों तथा भावों के आसन एवं मुद्राएँ। नृत्य तथा खेल-कूद, काम तथा योग में तो इनकी भरभार है।

अर्नस्ट कैसाइरर तथा सुज़ाने लैंगर ने मिथक तथा भाषा के अन्तर्सम्बन्धों को व्याख्यायित करते हुए एक अधिष्ठापना में मिथक के बीज-शब्दों तथा अभिप्रायों (माइथीमों) को **सर्जक देवता** की संज्ञा दी है। मनुष्य के मनोदैहिक बदलाव भी भाषा को प्रभावित करते हैं। इसलिए भाषा के भाषिक एवं निर्भाषिक, दोनों स्वरूपों को वैज्ञानिक तरीके से समझना चाहिए। मनुष्य शैशव से ही पहले अवाचिक, फिर भाषिक भाषा ग्रहण करना शुरू कर देता है। अत: उसकी मानसिकता भी एक जैविक प्रक्रिया है। उसमें भी परिवर्तन होता रहता है। अत: हमें अनुभूति की सापेक्षता पर भी जोर देना चाहिए। अत: देहभाषा-विमर्श अनिवार्य है।

इस प्रसंग का सारांश देना श्रेयस्कर है।

भाषा-देह की भी दो दशाएँ—

नग्न देह—(परा-पश्यन्ती प्रकोष्ठ में) निर्भाषिक कटि-बन्ध एवं

वस्त्र-अलंकार सज्जित देह (सौन्दर्य कान्ति के भुवन में) वाचिक दर्पण-बंध।

निष्कर्ष यही है कि—

(क) भाषा को यदि एक हंस माना जाए तो उसके दो डैने हैं—वागङ्ग (पार्ट्स ऑफ स्पीच) तथा वाक्रूपक (फिगर्स ऑफ स्पीच)। ये समकालिक हैं।

(ख) भाषा को यदि एक महानौका माना जाए, तो उसकी दो पतवारें हैं—ज्यादा गहराईवाली (परा-पश्यन्ती), कम गहरी तरंगायित (मध्यमा-बैखरी, रूपकात्मक)।

इनमें भी **परा** बोध, अनुभूति, स्मृतियों की; **पश्यन्ती** मुद्राओं की; **मध्यमा** साम्यरूपकों की तथा **बैखरी** मुखर शब्दार्थों की भाषा है।

खामोशी की कई देहभाषाएँ

(i) तो ऐसी चुप्पी वाली, किन्तु गति एवं संकेतों, मुद्राओं एवं भंगिमाओं वाली (अवाचिक) भाषा का उद्‌गम कहाँ है?

वह **परा** के अनादिकाल तथा **पश्यन्ती** के संक्रात काल में क्रमश: उन्मीलित तथा स्पन्दित होती है। वह **मध्यमा-वृत्ति** के अनन्त काल में आकर आद्य सांस्कृतिक संरूप धारण करती है। अत: वह भी **त्रिकाल-भाषा** है। मध्यमा-वृत्ति इदम् तथा अवचेतन के गोधूलि-क्षेत्र में अनेक मनोरथों-तात्पर्यों के बीच डावाँडोल दशा में रहती है अर्थात् वह शब्देन्दुसूर्यरथी है।

हम मध्यमा में जो अनुभूति-अनुभव करते हैं उनकी अभिव्यक्ति सचेतन **वैखरी-भाषा** में भिन्न हो जाया करती है; अर्थात् जो शब्दार्थ नहीं बता पाते उसे (मध्यमास्थित) निर्भाषा रूप अन्य मूर्त-अमूर्त, दृश्य-श्रव्य, माध्यमों से सम्भावित सम्प्रेषण तलाश करने लगते हैं। अतएव यह सम्भावनाओं तथा विकल्पों का लोक है। अतएव अवाक् एवं मौनता शब्दार्थों वाली भाषा के पूरक होकर समानान्तर अनुभावों एवं अभिनय, मुद्राओं एवं भंगिमाओं की भाषा भी हैं। ऐसी त्रिकाल-भाषा की नाभिक से जैविक देह की मुद्राओं तथा भंगिमाओं के साथ-साथ चित्र, मूर्ति, अभिनय, नृत्य आदि की भाषाओं के सन्धान भी संयुक्त हो जाते हैं। ये देह-बिम्ब में घनीभूत हो जाते हैं।

देह-बिम्ब अतुल बलशाली तथा अभिनव पुनर्नवा होते हैं। पहली श्रेणी में समस्त देह, वेशभूषा, सामाजिक व्यवहार होते हैं तो दूसरी में देहांग-केंद्रित दशाएँ। शारीरिक व्यापार और चेष्टाएँ प्राय: भाव-व्यंजक हैं [सात्त्विक, संचारी, अनुभाव, अयत्नज अलंकार], वे रूढ़ और

परम्पराबद्ध भी हो जाया करती हैं; अन्यथाकृत भी। इसलिए उनमें नयेपन की सम्भावनाएँ अभिनीत करनी पड़ती हैं (यथा, चेहरे पर भोलापन, आँखों में चंचलता आदि वाले नर-नारी 'खतरनाक' होते हैं—बहुत ज्यादा नहीं। यथा, **नजर** हमें मार डालती है, हम पर कब्जा गाँठ लेती है, हमें आतंकित कर देती है, हमें आमंत्रित करती है, हमें खल्लास कर देती है तथा हमें मंत्रमुग भी कर डालती है। ये सभी देह-बिम्ब की मनोलीलाएँ हैं)।

हम देह-बिम्बों का आरेख बनाकर इसके अक्षों का सूत्रायन करेंगे। इसके लिए सेम्योर फिशर की अधिष्ठापनाओं का भी सहारा लिया जा सकता है।

हमने देह-बिम्बावली में देह-व्यवहार तथा बोध को लेकर मुद्रा एवं भंगिमा के अक्षों पर जो आरेख प्रस्तुत किया है उसका शारीरिक (नृतत्त्वशास्त्रीय-समाजशास्त्रीय), मनोवैज्ञानिक तथा शारीरिक (आवेशकारी-वैचारिक) दिशान्तरीय त्रिपुर है। हमने उसमें देह-रसायन तथा देहभाषा की व्यासरेखा को ध्यान में रखा है। एमील दुर्खीम के शिष्य मार्सेल गौस ने **देह-व्यवहार** की

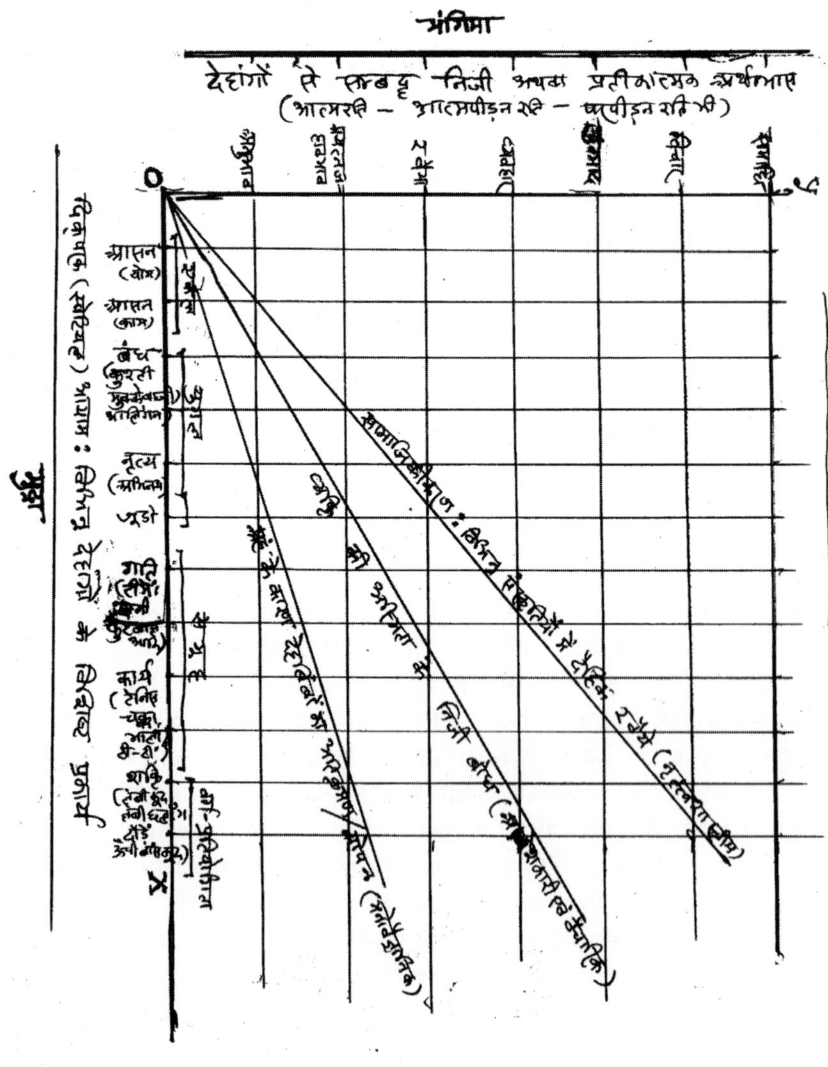

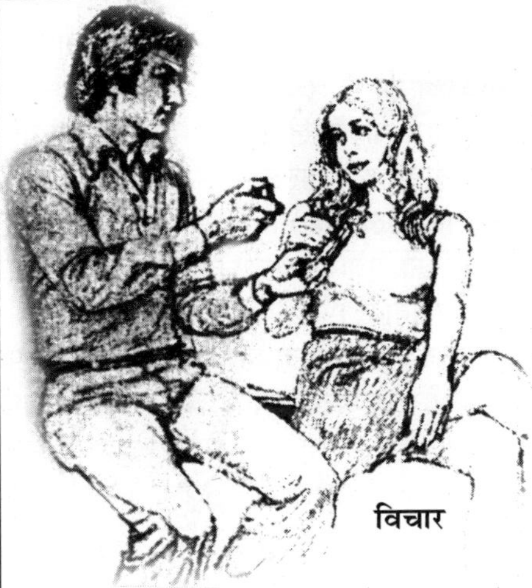

विचार

व्यवहार

रवैया

भावना

रवैया

कनखियों से : मेरे बारे में... ?

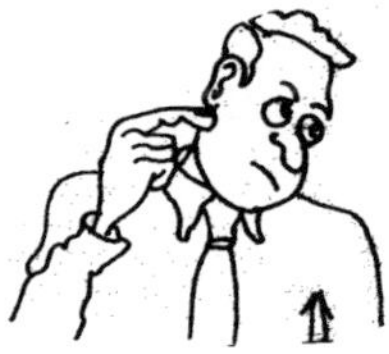

अपने हाथ की तर्जनी से कान के नीचे खुरचना : संशय या अनिश्चयता

गाल पर हाथ तथा चिबुक पर अँगूठा, दोनों पैर परस्पर गुँथे : नापसन्दगी या असहमति

कन्धे उचकाना : दुविधा है, समझ में नहीं आ रहा।

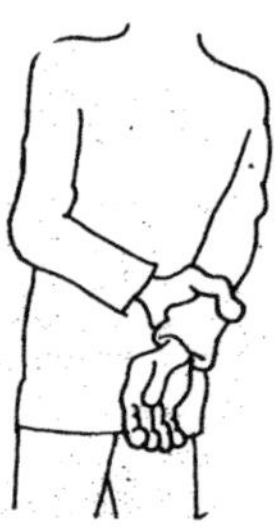

पीठ पीछे हाथों को पकड़ना : सोच-विचार में, संयम की चेष्टा

कोहनियाँ टिकाकर दोनों हाथों की उँगलियों का आपस में गूँथना : कुंठा या दुविधा।

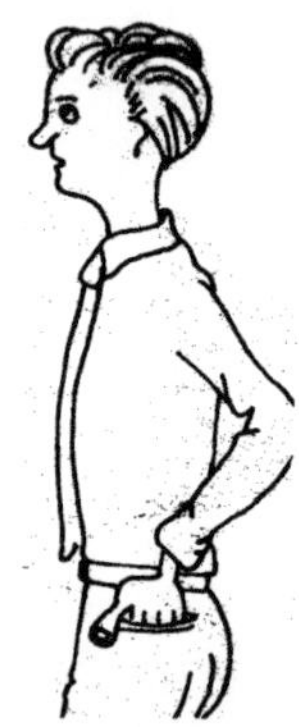

जेब में हाथ, बस अँगूठा बाहर, फैली आँखें : कुछ छिपाना, कुछ जासूसी करना, कुछ आक्रामक होना।

दोनों पीछे बाँधे हाथों में से एक कसकर जकड़ा : बहुत नाराजगी है।

समाधि मुद्रा, नेत्र बन्द : विश्रान्ति तथा ज़ेन।

(**साभार :** 'मधुरिमा' से)

धुरी पर शारीरिक–मनोवैज्ञानिक—समाजशास्त्रीय त्रिपुर बनाया है और उसमें **देह–अभिव्यक्ति** भी शामिल कर ली है। अतएव हमारे, सेम्योर फिशर तथा मार्सेल गौस के प्रादर्श से, देह–अभिव्यक्ति (सम्बोध) एवं देह–व्यवहार के द्विपक्ष खुल जाते हैं। हम **अपनी निजी देह** के स्वामी (कर्ता, ज्ञाता, भोक्ता) होने के साथ–साथ **अपनी सामाजिक देह** के बाबत सीखना भी शुरू करते हैं क्योंकि मानव–देह का सामाजिक पक्ष भी तो होता है। उसमें उपर्युक्त आयाम अन्तर्भुक्त होने के साथ–साथ [देह माध्यम में] शारीरिक–सामाजिक–वैयक्तिक की अन्तर्सम्बन्धता भी अन्तर्ग्रथित है। इसमें व्यक्ति बनाम समूह (स्व <पर>अन्य) के बीच आन्तरिक प्रतिपक्ष–समन्वय भी हैं। मोटापे को यूरोपीय रेनोएँ तथा रूबेंस की चित्रकारी में खूबसूरती दे दी गई है। रूबेंस की नग्न रमणियाँ मोटी–मुटल्ली, थुलथुली हैं तो रेनोएँ के उत्सवप्रिया प्रदर्शिकाएँ। बोट्टिचेली तथा जम्मू की गुलेर की कला में दुबलेपन–इकहरे–छरहरे बदन का भी समान्तर आदर्श मिलता है। इस भाँति एक **साधारणीकृत मानव–देह** की परिकल्पना कर सकते हैं।

मानव–अस्तित्व की सामूहिक प्रकृति के प्राचल की छानबीन ने **संकेत विज्ञान** (सेमिओटिक्स) का विकास किया। इसका व्यापक समाहार चल देह–विज्ञान (काइनेसिक्स) में हुआ। सो, देह में त्वचा के सीमान्त के आगे कार्य तथा गति पर देह–माध्यम में चित्रकारी–शिल्पशास्त्र, नृत्य और ऐरोबिक भी अन्तर्बद्ध हो जाते हैं। (रति–जल, कंडू, पसीना, मूत्र, वीर्य, रज भी देह की आन्तरिक गतिविधियाँ हैं)। तो, यही 'समग्र देह' है।

तो, एक व्यक्ति द्वारा स्वदेह की अवधारणा में **अहं** के कारण देह–बिम्बों का अतिक्रमण तथा गोपन होता है। फलतः आत्मरति (नार्सिसिज्म), आत्मपीड़न रति (मेसोकिज्म) तथा परपीड़न रति (सेडिज्म) के बोध उजागर होते हैं। इनके द्वारा वह देहानुभवों को संश्लेषित करता है। इससे अस्मिता के सहकार में निजी बोध आविर्भूत होता है। इसे **परिधानता** (क्लोथिंग) के साथ–साथ सुधारी **प्लास्टिक सर्जरी** से भी जोड़ा जा सकता है ताकि एक मनोरथिक **देहछवि** का शोभित प्रक्षेपण हो [उलटे शिजोफ्रेनिया में रोगी स्वदेह से ही परकीयकृत होने का अनुभव करके अव–व्यक्तीकरण करता है, वह अपनी देह–सीमाओं में भेद नहीं कर पाता]।

जब स्नायुवैज्ञानिक देह–तंत्र [देह–यंत्र नहीं] पर हम विचार करते हैं तो फ्रायड भी हस्तक्षेप करते हैं। वे मानते हैं कि अस्मिता तथा अहं की संरचना में—शिशुता से ही—देह–बिम्ब की अवधारणा क्रियाशील हो जाती है। शिशु हाथ–पाँव चलाकर, स्पर्श तथा गंध द्वारा 'स्व' का बाह्य 'निःस्व' से फर्क कर पाता है। जुंगकृत लिबीडो का विकास भी देह–वृत्तियों के संसर्ग से होता है। फ्रायड तो मानते हैं—यौन परक ऊर्जा और संवेदनशीलता को देह के मौखिक, गुदावर्ती, प्रजननपरक केंद्रों पर अनुक्रमानुसार स्थलीकृत करके व्यक्ति का मनोयौन धर्मी (साइको–सैक्चुअल) विकास होता है। इसके लिए वे ग्रीक मिथकों को ही पारिभाषिक बना डालते हैं—ओडीपस, इलेक्ट्रा, एरॉस, नार्सीसस आदि। शिल्डर ने अन्यान्य देह–बिम्बों की संघटना पर विचारते हुए बताया कि 'कोई व्यक्ति किस प्रकार अपनी देह का प्रत्यक्षण विविध स्थितियों में करता है।' उन्होंने उन देहानुभावों का विश्लेषण किया जिनकी चारित्रिकता जागने में, सोने में, असामान्य देश–प्रस्थानकों की परिलक्षणा में, कुछ ड्रगों के सेवन में तथा शिजोफ्रेनिया की दशा से गुजरने पर उजागर होती है। उन्होंने **एक विचार** पर खास तौर पर जोर दिया कि देह–विघटन (आतंक–संत्रास–अत्याचार में) की संघटना उन्हें वर्गीकृत करती हैं जो क्रोध (तथा भय को) स्वयं अपने विरुद्ध आत्मरत ढंग से परिलक्षित कर डालते हैं। शिल्डर के ये अतुल्य उद्घाटन हैं। इसी कड़ी में हम **फैंटम** (छायाभासी, मनोलीलारूप) अंगों के विभ्रामक बिम्बों की चर्चा कर लें।

फैंटम–देहांग वह संघटना है जो देह–प्रत्यक्षण को संगठित करने की समस्या से जूझती है। इसमें एक नर्मिल पुरुष और स्त्री भी विलक्षण ढंग से उस देहांग का आत्मरत प्रत्यारोषण

करते हैं जो कि है ही नहीं, अथवा दुर्घटना या ऑपरेशन में लुप्त हो गया है। यह केंद्रीय स्नायुमंडल को प्रभावित करनेवाला **फैंटम-अनुभव** है। अन्धे सूरदास द्वारा रंगों का संसार या अन्धे होमर द्वारा हेलेन के अद्वितीय सौन्दर्य का उद्‌घाटन इसकी मिसालें हैं। (काम-कला में विपरीत रति अर्थात् पुरुषायित बंध में स्त्री यह फान्तासी करती है कि उसके एक विभ्रान्त लिंग है तथा पुरुष यह परिकल्पना करता है कि उसके लिंग स्थान पर विभ्रान्त योनि है)। इसीलिए मानव (नर/नारी) में उभयलिंगी (हर्माफ्रोडाइटिक) अनुभूतियाँ मौजूद हैं। इन्द्र के सहस्त्रभग होने या इलावर्त में शिव के रमणी या प्रिया का पीछा करके सूर्य का मृग होने की मिथकें इसी अर्धनारीश्वर, अर्ध पुरुषेश्वरीयता या प्रजननअंगी ईर्ष्या की द्योतक है। इसमें भी एक मनोरहस्य यह है कि देह के प्रति नर उन अंगों से असन्तुष्ट रहते हैं जो छोटे हैं तथा नारियाँ उनसे कि जो 'काफी बड़े' हैं। फलतः इससे अरक्षा एवं घटते आत्मविश्वास की सामान्यीकृत अनुभूति सुगबुगाती है। यह **देह-आकार** के प्रत्यक्षीकरण का नतीजा है। यह भी देह-बिम्ब का ही क्षेत्र है। व्यक्ति स्वदेह के प्रतिबोध का प्रगटावा अहं-संलिप्तता की तीव्रता के साथ करता है।

तो देह-बिम्ब के संगठन के अक्ष कई हैं। क्या यह दिक्-परक आयामों अथवा काल-परक आयामों में ही आरेखित किया जा सकता है? क्या यह विभिन्न-देह-प्रभागों के कार्यों तथा गतियों, मुद्राओं तथा भंगिमाओं के विशेषीकृत प्रकार्यों द्वारा सम्पूर्ण होता है? अथवा क्या देह-क्षेत्र को संस्कृति द्वारा निजी तथा प्रतीकात्मक अवदान से आयामित किया जा सकता है? यहाँ जानना अभी तो फिलहाल मुश्किल है। हम आगे पहचान की पहल करते चलेंगे।

देहभाषाओं का उन्मीलन तथा संरचना

(ii) भाषा की अपेक्षा तो अनेकानेक 'अर्थ भ्रान्तियों' वाली है। देह-व्यवहार तो देह-बिम्बावली से सह-अस्तित्व करके ही निष्पादित होते हैं। अतएव हम एक-दो मुश्किलों में फँसते हैं—देह-प्रदूषण तथा देह-सीमान्त-अनुरक्षण।

[अध्यात्मवादी धारणाओं में मानव-देह अपवित्र, अशुद्ध, पापमय तथा क्षणभंगुर है। उसमें काम-क्रोध-मद-लोभ आदि शत्रुओं का निवास है। नारी-देह तो नर्क की खदान, जहरीली नागिन के समान और माया है। हमारा इस क्षेत्र में कोई खास ज्ञान नहीं है। अतः अपनी मूढ़ता स्वीकार करते हुए हम इसे त्यागते हैं]।

(क) हम निस्सन्देह स्वीकार करते हैं कि स्वदेह की सीमाओं का बिम्ब अस्मिता-बोध देता है। यह बिम्ब स्व-पर-अन्य अर्थात् यहाँ-वहाँ-बाहर के बीच फर्क कायम रखता है। इसे समझाने के लिए लोकगाथाओं और मिथकों के **पाठ** की अन्तर्वस्तु में झाँकते निरन्तर ढँकी रहने वाली विचारवस्तु (थीम) तथा मिथकाभिप्रायों (माइथीम) की पहचान की जाती है। यह पहचान देह (या स्व या अहं) के सीमान्तों के प्रति हमारी अभिवृत्ति को द्योतित करती है। जैसे—लक्ष्मणरेखा (सीता), नाक-कान (शूर्पणखा), पंख (जटायु), तृणमूल (अशोक वाटिका में बन्दिनी सीता के हाथ में धारित वरद रक्षक), बिछिया (लक्ष्मण सीता की सम्पूर्ण देह में केवल यही पादागुष्ठालंकार पहचानते हैं)। तो, अन्तर खुल जाता है।

तो, क्या शारीरिक परिवर्तन मनस्तात्त्विक परिवर्तन से होता है अथवा ऐसे शारीरिक परिवर्तन का सचेतन प्रत्यक्षण ही संवेगों की संसृष्टि करता है? तदपि—हर्ष, शोक, पीड़ा, भय, क्रोध आदि के संवेगों का आयाम सामाजसांस्कृतिक भी है। इसीलिए प्रजाति या समुदाय या राष्ट्र के सम्वेग दूसरे से भिन्न भी होते हैं। भाषा की भाँति सांस्कृतिक भिन्नता देहभाषा में भी भिन्नता उत्पन्न कर देती है। यह सूत्र ध्यान में रखा जाना चाहिए।

किसी समाज-संस्कृति, शासन-सत्ता में पीड़ा देने/सहने की सीमाहीन क्षमता या सहिष्णुता है तो किसी अन्य में विद्रोह तथा क्रान्ति है। किसी व्यवस्था में तापस संयम है तो किसी में निर्बाध भोग की उद्दाम लालसा। इस वजह से भिन्न के साथ ऐकक संस्कृति में भी सम्वेगों की देहभाषिक अभिव्यक्ति दूसरी में गलतफहमी पैदा कर देती है। कई मुद्राएँ मौन—किन्तु आनुष्ठानिक या परिपाटीय—होती हैं। बातचीत करने में ये चालढाल देह-भौतिक फेनामेना ही हैं किन्तु इनकी **सदृश्य वर्णमाला** (जेस्चरल एलफाबेट्स) भी है।

इसी के चलते एक संस्कृति में **अभिनय** एवं **नृत्य** की देह-भाषिक मुद्राएँ-भंगिमाएँ रूढ़िबद्ध होकर शास्त्रीय हो जाती हैं। हम चाहें तो इन्हें 'शैली चिह्नक मुद्राएँ' कह लें। इन्हें **मुद्रागतिक भाषा** (काइनेस्थेटिक सिम्बालिज़्म) से भी अभिहित कर सकते हैं। जैसे—जाने की, आने की, स्वगत की, विदा की, भोजन की, शयन की, सिंगार की, स्नान की, आदाब की, आलाप भी। ...इनसे **मुद्रापरक आदतें** बनती हैं। वे वैयक्तिक, सामाजिक, सांस्कृतिक एवं वैश्विक्—चारों ही होती हैं। एक दिलकश मिसाल : नृतत्त्ववेत्ता एडवर्ड सेपिर ने **मुस्कान** (हँसी) की सांस्कृतिक भिन्नता की अन्वीक्षा की है—एक/अन्य संस्कृति में, पुरुष की, स्त्री की, किशोरियों की, प्रतिष्ठानों के ध्यक्षों की। हमारे पास लियोनार्दो रचित रोम की मोनालिसा की रहस्यमय, निहालचन्द मोरध्वज रचित किशनगढ़ (राजस्थान) की बनी-ठनी जी की सौन्दर्यगर्विता, तथा प्रसाद की 'कामायनी' में श्रद्धा की त्रिपुर सुन्दर मुस्कान की मिसालें तो नहीं-नहीं-नहीं भुलाई जा सकती हैं। रसखान भी गवाह हैं कि—'ए माई री वा मुख की मुस्कानि...'।

इनके अपने-अपने शिष्टाचारक विधान हैं। एक संस्कृति की कार्यसंवाहक आदतें, दूसरी में अबोधता अथवा गलतफहमी भी पैदा करती है। मसलन अभिवादन के ढंग, चरण-स्पर्श या चुम्बन के ढंग। ऐसे ही रुदन के ढंग, हँसने के ढंग, यौनाचरण के ढंग होते हैं।

तो, मनुष्य की बैठने की तथा लगभग सभी तरह की मुद्राओं की शरीरशास्त्रीय तथा अस्थिवैज्ञानिक सीमाएँ होती हैं तथापि उनके कई संरूप-उपरूप-लघुरूप होते हैं जिनका चयन सांस्कृतिक तथा एस्थेटिक्षीय होता है। आसनों, मुद्राओं, भंगिमाओं की विविधता तथा बहुलता के उन्मीलन तथा संरचना का यह एक आयाम है।

सारांश में, और ज्यादा सांस्कृतिक व्यवहार-चक्र में मुद्रा-भंगिमा के रचना-विधान को स्पष्ट करने के लिए देह से जुड़े कतिपय **मुहावरों** तथा **रूढ़ियों** को लेते हैं। इनमें देह द्वारा अर्थग्रहण ने नैसर्गिक **प्रतीकों** एवं **रूपकों** में अवाचिक सम्प्रेषण की अनिश्चित गलियों में घुमाया है। इनके सन्दर्भों या प्रतीकों को मनोरथ या तादात्म्य के अनुसार जोड़कर उद्घाटित किया जा सकता है; यथा—जम्हाई लेते समय अंगुलियों को चटकाना, बाँहें उछालकर नवविवाहित बेटी का फेरे में स्वागत, नववधू के कोंछ में चावल डालना, पार्वती द्वारा लीलाकमल की पांखुरियाँ गिनना, अधर की तमतमाती दाड़िम-लाली, पीठ थपथपाना, कमर में चुटकी काटना, कटारी-सी लहकती पसुलियों में तेज साँस, बड़ी-बड़ी आँखें (हरिण/खंजन/मीन जैसी)—हथेली में समा सकने भर कमर, ककड़ियों-सी लैला की उँगलियाँ, सहजन की फलियों जैसी मजनू की पसलियाँ, काली घटा वाली जामुन गुच्छे जैसा जूड़ा, तबले जैसे मटकते नितम्ब, ऊँघते-से मुखड़े को हथेलियों की अंजुरी में भर लेना, दाँतों से तिनका कुतरना, पाँवों के अँगूठे से धरती कुरेदना, ठोढ़ी चूमना, तुम्हारी एक-एक भंगिमा का हृदय की धड़कनों में सरगम बजाना, अवयवों का गंधमादन-रचाव, वृषभ-स्कन्ध आदि। यही प्रतीत होता है कि चित्र-शब्द तथा मुद्रा-शब्द की जुगलबन्दी है। सो, हम कला की तरह अधिग्रहण (रिसेप्शन) की ऐस्थटिक्षा में आ पहुँचे हैं। मुहावरों-कहावतों, कविसमयों-रूढ़ियों का भी देह-भाषिक चमत्कार जो होता है।

भारत में तो विभिन्न अनुशासनों और साधनाओं के अनुसार मुद्राओं की सर्वप्रचुर शब्दावली

है। **संवेगों** तथा **मुद्राओं** की सांस्कृतिक नींवें भी होती हैं। हमें समझ में आता है कि मानव-देह की कुछ औपचारिक या अभ्यासी आदतों का सम्बन्ध भी विशिष्ट भाषा, मिथकयान तथा उक्त संस्कृति के अक्षों पर चलता है। एक बृहत्तर वृत्त में उप-संस्कृतियों के लघु-लघु चक्र भी बन जाते हैं : बंगला-केरली-पंजाबी-हिमाचली-तमिल-राजस्थानी-मराठी-हिन्दी देशी या जैन-बौद्ध-वैष्णव-शैव-तांत्रिक-शाक्त, शिया-सुन्नी, सहजधारी-केशधारी, कामरेड-कमंडली, सवर्ण-दलित आदि। कई बार तो गतिकी (डायनेमिक्स) के **तकनीक** भी जीवन्त होते हैं—कामिनी का झूमते हुए मन्दमन्थर चलना (गजगामिनी), नितम्बों को दोले सा डुलाना (कालबेलिया नाच), पंजों के बल चीते-सा चलना (धीरोद्धत), अजगर की तरह जाँघों का परिचालन (भुजंगत्रसित), विष्णु-मोहिनी की भाँति लालित्य-लोच (मोहिनीअट्टम), लट्टू की तरह घूमना (मणिपुरी नृत्य) आदि। खामोशी की भाषा के लिए भी शब्दबन्ध तथा पारिभाषिक बनाना लाजिमी होता है।

ऐतिहासिक-सांस्कृतिक आयाम में **अपवाद** भी हैं। कुछ मुद्राएँ सभी संस्कृतियों में एक जैसी हैं या उन्हें समझ लिया अथवा स्वीकार कर लिया गया है। 'वी'-का चिह्न, बन्द मुट्ठी का अंगूठा नीचे झुकाना (कुचल देना, पटक देना) या ऊपर उठाना (थम्स अप) स्त्री द्वारा टाँगों को गुण चिह्नक मुद्रा में (उलटा देवनागरी का चार अंक) रखना। बन्द ओठों पर पहली **तर्जनी** उंगली धरना (वर्जना, मौन रहने का आदेश), छाती पर उलटी खुली हथेली रखना (सहमति, प्रीति का अनुभाव), सर झुकाना (सम्मान या हार की अभिव्यक्ति), महफिल, समागम, सभा में जमीन पर बैठने पर पालथी मारना आदि।

यह एक महासत्य है कि अंधकार में हमारी देह, केवल हमारी ही देह होती है। सभी की निद्राएँ सुरक्षात्मक-विश्रामपूर्ण होती हैं। **निद्रा-मुद्राएँ** निद्रासमापन के पहले आँखें बन्द पलकों में द्रुत हरकतें भी करती हैं (रेपिड आई मूवमेंट : आर.ई.एम.पी.)। ये सपने देखने के देह-भाषिक लक्षण हैं। ...ने निद्रा-अवस्थाएँ बताई हैं। ये प्राय: सार्वत्रिक ही हैं।

निद्रागमन

निद्रा मुद्राएँ : सुरक्षात्मक

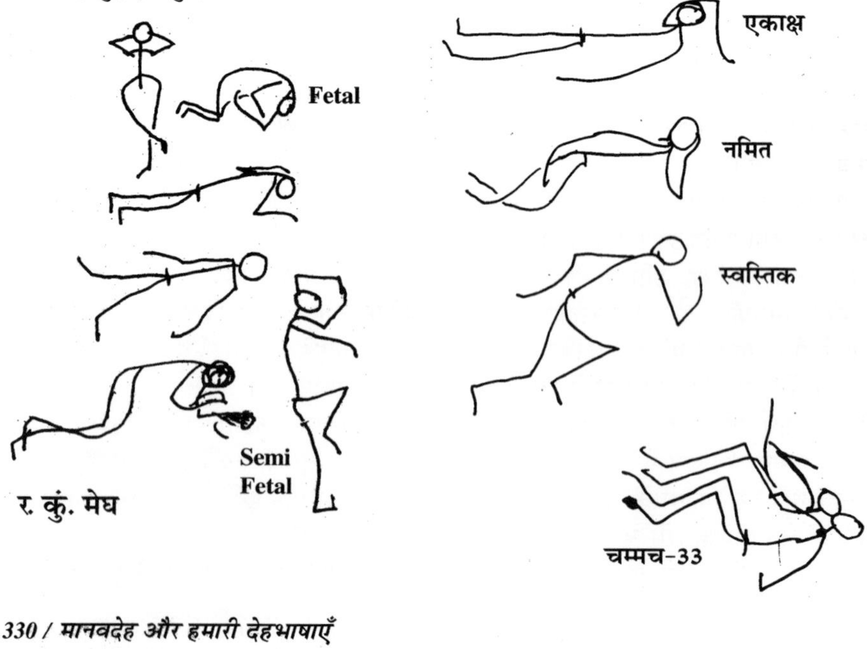

(ख) आधुनिक भारत के पिकासो उर्फ चिकार मकबूल फिदा हुसैन (1915–2011) की महासूक्ति से हम श्रीगणेश करते हैं : **इन सभी दृश्य कलाओं में देहभाषा ही तो है।** वे कौन–सी दृश्यकलाएँ तथा उनमें देहभाषा का उन्मीलन कैसे होता है ? इसका मुद्राचक्र–प्रवर्तक भाष्य उन्होंने शीला वैषुणा को समझाया (टाइम्स ऑफ इंडिया, सटर्डे टाइम्स, 27–7–1998)। हम उसे विस्तारपूर्वक दोहराने के पहले बता दें कि एक साल की उम्र में वे अपनी माता खो बैठे थे। सो, उसकी वेश–भूषा की हल्की याददाश्त तो है किन्तु शक्ल नहीं (वे लियोनार्दो की तरह मातृ–ग्रन्थि में संलिप्त थे। अत: मदर टेरेसा अथवा काली, दुर्गा, अम्बा की मातृशक्ति वाली उनकी चित्रसारी में सभी मुखछवि–विहीन हैं। इसके साथ ही वे नितम्ब की चालगति के प्रति रागबद्ध हैं। उनके आदर्श पुरुष–रूप माइकेल एंजिलो कृत डेविड तथा मोजेज के शिल्प, नटराज का ब्रह्मांड को आगोश में लेनेवाला विग्रह और सर्वाधिक अभिनेत्री माधुरी दीक्षित द्वारा, मराठी नवसारी साड़ी की नितम्बों पर काँच खोंसकर, पहिराई तथा उसकी गजगामिनीयता उन्हें आच्छादित किए रही। दृश्यकलाओं की गतिकी तथा ऐस्थेटिक्षा पर उनका फलक विशाल है। पश्चिम के फ्रांसीसी चित्रकार एडुआर डेगस (1834–1917) ने भी बैले नर्तकियों के तैयार होने, नृत्यगतियों का अभ्यास करने, नृत्यलिपि को अभिनय में स्थानान्तरित करने में जो कमाल दिखाया है वह 'चित्र' को भी 'फिल्म' जैसी गति में रूपान्तरित कर देता है)। अतएव हुसैन के **फिदा–देह–भाषिक चित्रसूत्रम्** के भाष्य के लिए यह मनोसांस्कृतिक भूमिका हृदयंगम करना लाजिमी है। यहाँ हार्मोनों की भी एक रासलीला हो रही है। उनके दो कूट नितम्ब और अश्व भी हैं।

शीला वैषुणा को उन्होंने बताया—'निश्चित ही तुम्हारे मुस्कराने की अदा में, सर को डुलाने में, हाथ को पीछे झटकने में, गर्दन को झुकाने–उठाने में देहभाषा ही तो बोली जाती है। कभी–कभार तो कान की सीप तक आकर्षित करती है। कई मौकों पर मैंने निषेधी देहभाषा तक का आगाज किया है। नारी–रूप प्रकृति में सर्वसुन्दर संरूप है।'

अपने देश की चोल कांस्य–मूर्तियाँ तो देहभाषा के बेहद ललित रूप हैं। उसी तरह नटराज की पौरुषेय आकृति है जिसका सम्बन्ध सम्पूर्ण ब्रह्मांड है। यह मानव–संरचना के सर्वोत्तम विग्रहों में–से एक है। पश्चिम में माइकेल एंजिलो ने डेविड, तथा मोजेस को शिल्पाकृत किया तथा रोम में 'पाइटा' का समूह–शिल्पायन भी बनाया। ये सभी यथार्थ हैं, जैविक हैं, जीवन्त प्रतीत होते हैं। योगी कवि कालिदास द्वारा देह–रूप का विवरण तो कितनी सहजता से विश्वोत्तीर्ण हो गया है। मैंने उनके उस मूल श्लोक को अपनी फिल्म **गजगामिनी** में उद्धृत किया है जिसमें उन्होंने गति को गजगामिनी अर्थात् भूधराकार हथिनी की मृदुमन्थर चाल अर्थात् वेणुगीतात्मक लावण्यपूर्ण गतिदशा कहा है।'

वे कहते हैं कि मैं अभिनेत्री **नूतन** की देहभाषा से सम्मोहित था। क्या चेहरा, और कैसी सुन्दर भाषा उसकी देह बोलती थी। **मधुबाला** को अतुलनीय सुन्दरी कहा जाता था, लेकिन मैं तो हिमीभूत हो जाता था। **श्रीदेवी** थी जिसने चाँदनी फिल्म में तांडव नृत्य किया था। वह अतुल्य था। मैंने फिल्म को पन्द्रह बार देखा था। **मीना कुमारी**—'साहिब बीबी और गुलाम' फिल्म में 'न जाओ सैंया' गीत में थीं। मैं उस फिल्म को भी कई बार देखने गया—महज उस गीत के लिए।

अब मैंने यह अद्‌भुत भाषा **माधुरी दीक्षित** में खोज निकाली है। जैसी वह फिल्मों में है, वैसी ही यथार्थ जिंदगानी में। वह बनावटी नहीं है। ...सचमुच उसकी देहभाषा का वशीकरण मुझ पर छा गया है। जब मैंने 'हम आपके हैं कौन' फिल्म देखी थी तब तक मैं उससे मिला तक नहीं था। उस फिल्म के गाने 'दीदी तेरा देवर दीवाना' में एक छविबन्ध (शॉट) था कि गाना शुरू होते ही वह थम जाती है, पीछे मुड़ती है। तुम उसके नितम्बों का अवलोकन करते हो। वह पाँच कदम पीछे चलती है। वे भव्य थे। और कोई दूसरी नर्तकी फूहड़ता जताती,

लेकिन माधुरी दिव्य थी। बाद में उससे मुलाकात करने पर मैंने बताया, ''मैंने इन पाँच कदमों में तुम्हारी खोज कर ली है। आप बेहूदा भी हो सकती थीं किन्तु आपने नारी-गरिमा की पावनता बरकरार रखी।'

जहाँ तक मेरा सरोकार है, नितम्ब-गतियाँ एक महत्त्वपूर्ण देहभाषा है। इसी वजह से मैं अपने देशिक नृत्य रूपों पर मुग्ध हूँ तथा **बाला सरस्वती**, इंद्राणी वर्मा तथा अन्य का भी प्रशंसक हूँ। मेरे चित्रफलकों में भी उनकी छवि-आकृतियाँ साकार हुई हैं। बाला सरस्वती की भी नितम्ब-गतियाँ आश्चर्यजनक थीं। मैंने सोचा कि अपने कैमरे से पुरुषों, स्त्रियों की पीछे की मुद्रा से तसवीरें क्यों न खींचूं?

पश्चिम में **ग्रेटा गार्बो** की सबसे भव्य देहाकृति थी। उसकी नयनों की कोरों पर भी हलकी-सी हरकत तक विश्वोत्तीर्ण कर डालती थी। ...फिर **इनग्रिड बर्गमान** थी। वह तो अतुल्य थी।

अत: देहभाषा महज ऐंद्रियिक ही नहीं होती। मैंने मदर टेरेसा पर बीस से ज्यादा वर्षों तक चित्रकर्म किया है। उनकी निजी, खास देहभाषा थी। उनमें माता का चिरन्तन बिम्ब था। भारतीय फलसफे का सारत्व भी शक्ति है जिसका आद्यरूप नारी है—काली या दुर्गा या अम्बा या अन्य किसी अवतार में। इसलिए इन सभी अवतारों में देहभाषा की पूजा विद्यमान है।

इसीलिए मैं 'अपने एक वर्ष की उम्र में बिछुड़ी माँ (की अदृश्य छवि) को निरन्तर तलाश रहा हूँ। यही वजह है कि मदर टेरेसा पर मेरे चित्रफलकों के चेहरे आकृतिविहीन हैं।'

हुसैन के 'देहभाषिक चित्रसूत्रम्' में मूर्तिकला, चित्रकला, नाट्यकला, संगीतकला, फिल्मकला, नृत्यकला आदि का एक ही व्यासरेखा पर समाहार हो गया है।

तो, यह देहभाषा के उन्मीलन की संरचना का दूसरा महत् प्रस्थान-मार्ग है। सच है कि सारी दृश्यकलाएँ **देह**-केंद्र पर ही केंद्राभिसारी (सेंट्रीफूगल) एवं केंद्रापसारी (सेंट्रीपेटल) हैं। यद्यपि भूतपदार्थों तथा माध्यमों के प्रकट रूप में वे निश्चेष्ट-निस्पन्द होती हैं लेकिन अभ्यन्तर में उनमें प्राणों की लौ दीपित होती है, प्रत्येक पात्र की नाड़ी तेज चलती है, पृष्ठभूमि-अग्रभूमि ऐनिमेशन से सक्रिय हो उठती हैं, मुद्रा में कार्य तथा गति की समानुभूति (इम्पैथी) का उद्रेक होता है, वेश-भूषा स्पर्श से लहराती है, गहने कान लगाने पर क्वणित-रणित होने लगते हैं। ये भी देहभाषिक विभ्रान्तियाँ तथा प्रतीतियाँ हैं।

कार्टून : माधुरी दीक्षित तथा माधुरी फिदा हुसैन

(ग) देहभाषाओं के उन्मीलन तथा संरचना का तीसरा आयाम अवाचिक कर्ता–कर्म से भिन्न अन्य का/अन्य के द्वारा आलोचिन्तात्मक भाषिक निर्वचन ही है।

तो क्या निर्वाचक और निदर्शक बाहरी ही होता है जब दो कर्ता–प्रतिभागी–अवाचिक–भाषिक उभयस्थिति में एक साथ संलिप्त हों ? हम जानते हैं कि भाषिक स्थितियों में लगभग आधा भाग निर्भाषिक भाषा का ही होता है। तभी 'वाच' (स्पीच) परिपूर्ण होती है।

तो क्या बाहरला निदर्शक/निर्वाचक/व्याख्याता/आलोचिन्तक महज एक जासूस है ? क्या वह गोपन अनुराग–दर्शक (वोऐयूर) है ? इसके लिए सर्वथा उपयुक्त तो **डेस्मांड मॉरिस** (1928) ही हैं। उन्होंने जिस मनुष्य–केंद्रित विश्व की परिकल्पना की है, उसकी धुरी वह ही है, एक आद्य/आर्ष **नग्न–वानर** (नैकेड ऐप) है। उन्होंने वानरों की निगरानी से लेकर मानवीय पशु के रूप में मनुष्यों की निगरानी की है। उन्होंने जन्तुवैज्ञानिक (ज़ूलॉजिकल) जगत में मनुष्यों को भी एक मछली या एक वानर या एक पक्षी के रूप में—ऐसा ही जानकर/मानकर—सम्मिलित किया है। इसलिए कहा जाता है कि फ्रायड ने सुना, लेकिन देखा नहीं, लेकिन मॉरिस ने देखा, पर सुना नहीं। इसलिए जनाबे आली मॉरिस तो संसार के सबसे अधिक कानूनपालक गोपन रागदर्शक अर्थात् 'वोयेऊर' हैं।

डेस्मांड मॉरिस ने तो डार्विन को भी पछाड़ दिया। उन्होंने तो ऐलान तथा फर्मान कर दिया कि इनसान सर्वदा से वन्य साम्राज्य का ही हिस्सा है। इसलिए हम मानवीय संसार में मनुष्य को साक्षी बनाएँगे। हम वानर→नृ–वानर (प्राइमेट)→नृ–मानव (होमो–सेपिएंस) शृंखला वाला **मनुष्य** अवलोकित करेंगे। अत: हमारा लक्ष्य–सन्धान दुहरा है—एक अवाचिक भाषा में संलिप्त मानव और दूसरा उनकी अवाचिक भाषा को शब्दार्थों वाली भाषिक भाषा में निदर्शित करने वाला देहभाषा का वेत्ता। दूसरा ही भाष्यकार है जो मौन देहभाषाकारों की गतिविधियों का जासूस या गोप रागदर्शक है। वह इन्हें विश्वस्त तथा विश्वसनीय प्रोक्ति में रूपान्तरित कर देता है—संचारी, मुद्रा, भंगिमा, गति, कार्य, व्यवहार, वेशभूषादि का खुलासा करते हुए। वह भाषिक तथा अभाषिक भाषारूपों में साम्यरूपकताएँ कायम करता है। यह रोजमर्रा की सामान्य व्यावहारिक दशा है।

इसका दूसरा विकल्प है। चित्र, मूर्ति आदि में प्रतिरूपित आकार–आकृतियाँ माध्यम तथा कौशल की निर्मिति होती हैं। उनमें बहुकालिक गतिशीलता, प्राण शक्ति नहीं होती। हम उनमें जीवन, समाज तथा प्रकृति का समानान्तर संसार को प्रक्षेपित करके तुलना भी करते हैं। उनकी सम्पूर्ण गतिकी आद्योपान्त अस्तित्त्व तक अचल रही है। वह स्वायत्त तथा अपरिवर्तनशील होती है। अतएव उनको भाषा प्रदान करनी पड़ती है। उस भाषा के सन्दर्भ प्राय: वर्तमान नहीं होते। उनका देशकाल भी अन्य एवं अन्यथा होता है। ऐसे में उनकी देहभाषा कैसे उद्‌घाटित की जाए ? एक ही आदि मार्ग है। हम कृति/विधाओं के शास्त्रों की भाषा के पारिभाषिकों, शब्दबन्धों में उन्हें ढाल दें। जब सर्वप्रथम किसी आचार्य ने उनका अवकूटन किया होगा, तब वे पारिभाषिक गढ़े गए होंगे। अत: प्रत्येक कला–विधा तथा कलाकृति–रूप के पारिभाषिक ही उनमें प्रस्तुत मानव, प्रकृति तथा समाज की अनन्त जनान्तिक मौनता को ऐतिहासिक संवाद से मंडित करते हैं। इसलिए **चित्रकला** के अपने पारिभाषिक–शब्द–बन्धेजी कुलक हैं। प्राचीन परम्परा में यशोधर सम्मत **रेखारंग वाले अंगों में** मुद्रा (रूपभेद तथा प्रमाण), भंगिमा (भाव एवं लावण्य), पर्यावरण (योजनादि की अग्रभूमि–पृष्ठभूमि), वेशभूषा (गणिकाभंग), छवि (सादृश्य) तथा आधुनिक–पूर्व की **पहाड़ी कलमों में** अष्टांगवती अष्टनायिकाओं की मुद्रा–भंगिमाएँ, बारामासा एवं रागमाला की दशाओं के अनुसार रंग–योजनाएँ, नख–शिख की सुकुमार रेखाएँ, रीतिवादी प्रकृति छवियाँ,

ललित एवं सुन्दर के उद्घाटन के लिए साया–उजाला, साया–सुषमा, मोती–महावर (सोलह सिंगार, अलंकार), झीना–ओढ़ाना (झीने वस्त्र, सलमे–सितारे वाले घाँघरे, चूनरी, सुथन्ने), अंग–महावर (काले–चमकीले केश, मेहँदी लगे हाथ, आलक्त रंजित पग) आदि के पारिभाषिक, शब्दबन्ध (टर्म्स) तथा पदबन्ध आदि का आश्रय लेना आवश्यक ही है।

शिल्पायतन के अन्तर्गत भी मुद्रा एवं भंगिमा के लिए विभिन्न माध्यमों वाली प्रतिभाओं में लांछन, लक्षण, चिह्न एवं प्रतीक अभिप्राय, शैली आदि के मिलवर्तन में स्थित (पूरी) देहों के लिए **प्रमाण** एवं **भंग** (समभंग, अतिभंग, त्रिभंग, द्विभंग), सादृश्य, क्षयवृद्धि आदि के लिए निश्चित शब्दावली विन्यस्त होती आई है।

इसलिए हम पुनः–पुनः दोहराते चलते हैं कि सामान्यतः पाया गया है कि भाषिक सम्प्रेषण का पचपन प्रतिशत **देहभाषा** है। अड़तीस प्रतिशत (टोन) द्वारा अभिव्यंजित होता है। केवल सात प्रतिशत ही **वाचिक भाषा** द्वारा अभिव्यक्त होता है। लिखित भाषा और चित्रफलकों, शिल्प–प्रतिरूपों पर यह लागू नहीं होता। उनमें खामोशी की भाषा की ही यूटोपिया है।

इसी कड़ी में भारतीयम (इंडोलॉजी) में **वास्तु–पुरुष** की परिकल्पना ही नहीं, परियोजना भी हुई है। वह आद्योपान्त मूक–मौन है तथा सभी आठों दिशाओं में परिव्याप्त है। उसकी धुरी नाभि (गर्भ गृह) है। आधुनिक जैविक वास्तुशास्त्र भी तो उसका सचेतन अंगीकार करता है।

वास्तु तथा **देह** दोनों में ही **पंचभूत** होते हैं—देह में एक ढंग से तथा वास्तु में अन्य ढंग से। वास्तु में वे पृथ्वी (निर्माण–वस्तुएँ : सीमेंट, मार्बल, काँच, काष्ठ, लोहा, पीतल, बालू, बजरी, चूना आदि था विभिन्न पेंट), अग्नि (रसोई व देह में), जल (हमाम में), वायु (सुगन्धित परिवेश वाले कमरों, उपवन में), आकाश (छतों–मेहराबों–गुम्बदों–झरोखों में) अपने आदि स्वरूप में उपस्थित हैं।

एक **वास्तु–कृति** में **कर्मेंद्रियों** की भी अन्योक्ति होती है : विशिष्ट वास्तुस्थल में विशिष्ट कर्म! उसकी विशिष्ट ज्ञानेंद्रियाँ भी होती हैं अर्थात् विशिष्ट प्रकार्यधर्मी स्थलों के विशिष्ट बोध : शय्या के, अध्ययन–कक्ष के, शृंगार कक्ष के, पुस्तकालय के, पूजा–स्थल के, आहार–मेज के। ये प्रतिकर्म तथा प्रकार्य सीमाबंध हैं।

यद्यपि वास्तु जैविक (आर्गेनिक) तथा प्राणिशास्त्रीय (बायोलॉजिकल) नहीं है, तदपि उसमें मानव–देहांगों के जैसा संपुंजन है। उसमें अन्तवर्ती सजावट भी है, कई दृश्य कलाओं को संश्लिष्ट तथा अन्तर्भुक्त भी किया जाता है। यह अब विज्ञान की ज्यामिति–त्रिगुमापिका से ज्यादा संयुक्त होता जा रहा है।

वास्तुकला के **उपमान** अर्थात् मॉडल भी होते आए हैं—कैलाश का शैल–शिखर, उलटा मुँदा कमल, धनुष, गोलाकार झोंपड़ी, चक्र, गोकर्ण, आमलक, तीर–कमान आदि। वास्तु–निर्माण की ऐतिहासिक **शैलियाँ** तथा **अलंकार**–अभिप्राय आदि भी होते हैं।

वास्तु–इमारतें अनेकानेक तलों वाली आकाशचुम्बी होती जा रही हैं। विभिन्न निष्पादनों के मुताबिक भी उनके ब्लूप्रिंट खींचे जाते हैं। अस्पताल, स्कूल, मार्केट, हवाईपत्तन, रेलवे–स्टेशन, लोक सभा, चौक–चौराहे, मार्केट, मन्दिर, थिएटर, कलावीथी, लाइब्रेरी, कारागार आदि। ये सामूहिक तथा सामाजिक तथा प्रतिसीमित होते हैं।

व्यक्तिगत भवन एवं गृह/निवास/घर में भी पारिवारिक रवायतों–आदतों–आवश्यकताओं–परिपाटियों का भी खयाल रखकर विधान किया जाता है।

निष्कर्ष यही है कि किसी वास्तु–निर्माण के विभिन्न प्रभाग ही अंग हैं तथा उन प्रभागों में निष्पादित कार्यवाहियाँ ही प्रभागांगों की **वास्तु देहभाषा** हैं।

(घ) देहभाषा के उन्मीलन तथा संरचना के चौथे आयाम में गति एवं कार्य वाले

विभिन्न मंचों पर निष्पादित होने वाले सकल-युगल-सामूहिक नृत्य, अभिनय, कुश्ती, प्रतियोगिताओं, खेल-कूदों के लिए नाना भाँति की विभिन्न नियमों-विधियों, गतियों-व्यवहारों आदि के लिए अपनी-अपनी देहभाषाओं के शब्दकोश एवं व्याकरण हैं। इनका निर्वचन यथास्थान होगा।

(iii) **क्या देहभाषा का सार्विक व्याकरण, तदुपरान्त शब्दकोश बनाया जा सकता है?**

यह प्रथम द्रष्ट्या तो असम्भव है।

यह सवाल वैसा ही है कि क्या अवाक् गतिविधियों की कोई वैश्विक व्यासरेखा है? क्या एस्थेटिक्षा की अधिभाषा, कामशास्त्र की सुखद कलाएँ, नृत्य की मुद्राएँ, शब्दार्थक हैं? ये विशिष्ट संस्कृतियों की आधार-भूमि पर विभेदक रहेंगी। हाँ, इनका अन्तर सांस्कृतिक विनिमय होता आया था, आता रहता है, होता रहेगा। यही आदिमता और आधुनिकता को एकतान करता है। तदपि ऐसा कोई विधान नहीं है। देहभाषिक इकाइयों तथा उनके अर्थों के बीच कोई समानान्तर समतुल्यता नहीं है। यह देहभाषा-वाचिक भाषा का कोई **द्विआयामी समान्तर कोश** हो सकता है जिनमें—देहभाषिक इकाइयों (मुद्रा, भंगिमा, वेश, अलंकार, गति, कार्य) को सूचकों, द्योतकों, इंगितों, संकेतों, चिह्नकों, मनोरथों, प्रयोजनों, अभिप्रायों, प्रतीकों, साम्य रूपकों, अतर्क रेखाओं द्वारा बस अनुमित या अभिज्ञात किया जा सकता है क्योंकि अर्थ-धुरी बिलकुल ही अनिश्चित है।

इसी तरह देहभाषा का व्याकरण कैसा? पश्यन्ती-मध्यमा वृत्ति पर अधिकांश घट रहा है जो वैखरी तक आ नहीं पाता, अवचेतन में अपने वेश बदलता रहता है कि चेतन में ज्ञान से आलोकित नहीं हो पाता। इसमें **वाङ्ग** ही नहीं हैं (संज्ञा-सर्वनाम, क्रिया-क्रिया विशेषण, संयोजक आदि।) बस हम **वाक् रूपकांग** में साहचर्यों के विकल्पों से घिर जाते हैं। अतः बस समानुभूति (इम्पैथी), समतोलनाभूति (साइनीस्थिसिस), सहानुभूति (सिम्पैथी) आदि की व्यंजना—रेखाएँ ही झिलमिल होती हैं। इसके अलावा हरेक प्रधान संस्कृति की अपनी भव्य परम्परा होती है। इसमें सार्वभौमिकता भी बिरली है। इसलिए व्याकरण के बजाय **हमें यथा सम्भावित** पर ही आधारित रहना पड़ेगा। निष्कर्ष यही है कि देहभाषा में व्याकरण तथा शब्दकोश की परियोजना ही समीचीन नहीं है। फिर भी मामले पर गौर तो करें।

कुछ क्षेत्रों में जब शास्त्र और परम्पराएँ, रूढ़ियाँ और रीतियाँ, अनुष्ठान और कर्मकांड आदि आवृत्तिपरक स्थायित्व ले लेते हैं तब वे निर्धारित होकर **व्याकरणभाषी** हो सकते हैं। तब एक दैहिक व्याकरण का विभ्रम हो सकता है; यथा—कामशास्त्र एवं योग के आसन, खेलकूद में गेन और फाउल के नियम, नृत्य शैलियों में मुद्राएँ, चित्रकारी में कलमें, सामाजिक व्यवहारों में शिष्टाचार आदि।

लेकिन देहभाषा-व्यापार प्रथमतः कर्ता युगल-केंद्रित है, ग्रहीता/द्रष्टा तो परवर्ती दर्जे में है, इसलिए हमें अन-आवृत्तिपरक स्थितियों में मनोरथ, प्रयोजन, अभिलषित तात्पर्य आदि को अवकूटित (डि-कोड) ही करना होगा। तब उनकी चाबी प्रकरण ही होंगे; तब उनके कई-कई संकेत एवं सन्देश हो सकते हैं; तब उनका आधार 'प्रभावन प्रदान करना' (टू गिव इफेक्ट) ही होगा; तब हमें दुभाषिए (इंटरप्रेटर) या भाष्यकार की साखी ही शिरोधार्य करनी होगी।

हमें यह खयाल रखना होगा कि देहभाषा की व्याख्याओं तथा निर्वचनों में संस्कृति की भी महत्तम भूमिका होती है जो अर्थ के बजाय साभिप्राय होती है—सार्थकतापूर्ण। इसलिए उसमें बेसमझे व्याकरणिक अर्थों को जड़ना एक गलत तथा आरोपित निष्कर्ष होगा। अतः हमें नाचना होता है, दिवास्वप्नों के साथ भी।

सो, निर्वाचिक भाषा–अवाचिक भाषा के ध्रुवान्त की भाँति देह में ध्रुवान्तता की डायलेक्टिक्स निरन्तर कार्यरत है—देह–प्राण, जीवन–मरण, गोरा–साँवला, जन्म–मृत्यु, सुन्दर–असुन्दर, सत्त्व–तम, पीनता–क्षीणता, इच्छा–कर्म, पीड़ा–सुख, सक्रिय–निष्क्रिय, नग्न–वस्त्रालंकृत, लम्बा–ठिंगना, अन्तर्मुखी–बहिर्मुखी, भोग–तप, पुरुष–स्त्री, बच्चा–बूढ़ा आदि। सभी देहांगों को ऊपर से त्वचा के सीमान्तक ढाँके हैं।

महानिष्कर्ष :

(ङ) अनुमिति यही है कि **भाषा** की निर्भाषिक–वाचिक धारावाहिकता में परा तथा पश्यंती तो दोनों में आम हैं। इनमें से ही देहभाषा की मुद्राएँ तथा वाचिक भाषा के वाक्यांश प्रकट होते हैं।...मध्यमा–वृत्ति तो मानो निर्भाषिक देहभाषा की **आंतरिक वैखरी** है।

यह तो अच्छा ही है कि ये देहांगों के वागङ्ग (पाट्र्स आफ़ नॉन–स्पीच) हैं। तदुपरांत **वाचिक भाषा 'मुखर वैखरी'** में स्फुटित होती है। पहले यह एकालाप (मोनोलॉग), और फिर संवाद (डायलॉग) में वाक्य–रचना गढ़ती है। इसके बाद उन्नीत तथा परिष्कृत होकर वाद–विवाद (डिक्लेमेशन), परिसंवाद (डिबेट), विमर्श (डिस्कोर्स) आदि के प्रौढ़ रूपायन ढलते हैं। पुनश्च:, गणित तथा विज्ञान के विकास के साथ आदिम चिह्नों के समतुल्य संकेत, सूचक तथा संचित्र और प्रतीक परक आयाम सूक्ष्म मानसिकता को अभिव्यंजित करते हैं। तब यह **वाचिक भाषा की निर्भाषिक आनुष्ठानिक अथवा ज्ञान भाषा** कही जा सकती है।

एतद् प्रसंग में स्मृति, स्वप्न, भावना और चिंतन में भी तो अंतर्लीन–अंतर्धान मौन–मूक, अचल–मुद्रारहित **देहभाषा** की सक्रियता चालू रहती है (उपचेतन में)।

सो हम प्रत्यावर्दन करते हैं : **मिथकीय मानस** में क्रियाएँ पहले एवं संज्ञाएँ बाद में। मिथक–चक्र में ध्वनियाँ पहले तथा शब्दाक्षर बाद में। सो इन चारों (क्रिया–संज्ञा, ध्वनि–अक्षर) की उथल–पुथल के दरमियान शैलचित्र तथा गुफ़ाचित्र बने।... इनसे मानवीय संप्रेषण संलक्षित हुआ।।...वर्णमाला से वाक्य–विन्यास में मात्राएँ तो स्वरलिपियों की सर्वसमावेशी ध्वनियों की संकेतक हैं। ये देहभाषा द्वारा वाचिक भाषा को बुनती–पुहती है। इस भाँति अक्षर से वर्ण, **वर्ण** (शब्द चित्र) से वाचिक–निर्भाषिक, दोनों भाषाओं का उन्मीलन–निमीलन होता रहता है।

अध्याय : ग्यारह

देह और भाषा से देहभाषा
तथा
देहभाषाओं का चतुरंग

हमारी सर्वप्रथम प्रतिश्रुति है कि
हम देह को, अपनी सम्पूर्ण सर्वांग देह को जानें-पहचानें

[अ] देह के रूपक

नाट्य, नृत्य, शिल्प, चित्रकलाएँ शरीर-केंद्रित हैं। शरीर दृश्य एवं संदर्श है। शरीर ही हमारे अस्तित्व की धुरी तथा सारत्व के X-Y अक्ष वाला है। शरीर काम-रूप, भोग-रूप, श्रम-रूप, सौन्दर्य-रूप, भाव-रूप, ज्ञान-रूप है। अत: शरीर की रक्षा करो, संरक्षण करो, स्वस्थ रहो, सुन्दर रखो, सक्रिय और सुखी रखो तथा स्वच्छ रखो। शरीर से ही इंद्रियात्मकता, भावनात्मकता, चिन्तनात्मकता का उद्गम होता है। शरीर द्वारा सृजन और निर्माण होता है। शरीर ही उत्तरोत्तर कई सूक्ष्म संरूपों में अन्तरण करता है। अत: देह-पूजा और देव-पूजा पर्याय हैं। देह-पूजा प्रेय तथा श्रेय-पूजा श्रेय है। दोनों ही संयुक्त तथा लौकिक हैं, पारलौकिक या आधिभौतिक तो पूर्वानुमितियाँ मात्र हैं।

शरीर का अन्त निधन है, राख और मिट्टी है। शरीर और कथित आत्मा—दोनों ही अस्तित्व शून्य हो जाते हैं।

भावना की गहराइयाँ भोग की मादकता
ज्ञान की ऊँचाइयाँ संघर्ष की आवश्यकता

प्रणय देह-रसायन को परिवर्तित कर देता है।

न्यूरो-सर्जन के अनुसार प्रणयरत दम्पतियों, मिथुनों में प्रणय-स्नायविक पारेषक प्रचुर मात्रा में उपलब्ध होता है। इस मोलिक्यूल को 'प्रणयाक्षु' नाम दिया गया है। काहिरा यूनिवर्सिटी के न्यूरो-सर्जन खैरी-अल-सामरा ने आगे बताया कि विभिन्न प्रकारों के, विभिन्न बंधों में, अनुरागों जैसे प्रीत, मैत्री, रोमांटिक रोमांस, इश्कमिजाजी, इश्क हकीकी तथा काम-क्रीड़ा में विभिन्न 'स्नायविक पारेषक (न्यूरो टांसमीटर) संलिप्त होते हैं।

(प्रणय में **अन्तरंग सम्बन्धता** पर सुधीर कक्कड़ ने मनोवैज्ञानिक कार्य किया है।)

(I) देह : यज्ञवेदी का महारूपक

अग्नि को अमृत और सुरेता कहा गया है। धावा इसे उत्पन्न करता है। अग्नि मृत्यु के पंजे से छुड़ाती है। अग्नि को अग्नि से शांत करते हैं।

अग्नि चयन : गृहस्थ का अत्यन्त महत्त्वपूर्ण कार्य यज्ञवेदी का कुंड पंख फड़फड़ाते हुए पक्षी के आकार का बनाया जाता है (यजुर्वेद अध्याय-10)। मंत्र दस में **यज्ञ** को सोम की नीवीं कहा गया है। नीवीं कमरबंध है। वह मानो सोम को बाँध लेता है। ...**मानव शरीर** भी इसी तरह से एक वेदी है। इसमें 10800 नाड़ियाँ हृदय में आकर जुड़ी हुई हैं। **पृथ्वी** भी एक वेदी है। **सौर-जगत** तथा **निखिल विश्व** भी वेदी है। इस वेदी के अग्निकुंड में प्रतिपल आहुतियाँ पड़ रही हैं। प्राण शक्ति या ऊर्जा आ भी रही है, निकल भी रही है।

पृथ्वी को वेदी मानने पर मानस-अग्नि का चयन होता है। सविता ने प्रथम **मन** और **बुद्धि** को तत्त्वज्ञान के लिए संयुक्त किया। फिर द्यावा की **अग्नि** से ज्योति का संग्रह करके उसे पृथ्वी की वेदी पर स्थापित किया। ...अत: स्वर्गारोहण करने वालों के लिए **सविता** प्रकाश के दिव्य द्वारों को उन्मुक्त कर देता है। सविता देव वाचस्पति है। वह अपने प्रकाश से वाणी को पवित्र कर रहा है।

(जब **यज्ञ** के कर्ता **अश्विनी** होते हैं तब)—सौत्रामणि यज्ञ (यजुर्वेद) में—सोमरस के साथ सुरापान भी किया जाता है। चक्रवर्ती सम्राट अश्वमेध यज्ञ करते थे। **अश्व** राजा तथा राज्य, दोनों का प्रतिनिधित्व करता था। वेद में **अश्व** इंद्रियों के लिए तो **गो** प्राण के लिए प्राय: प्रयुक्त हुआ है।

शरीर में भी अनुपम यज्ञ हो रहा है। सभी इंद्रियाँ, सभी अवयव, अपरिग्रह भाव से इस यज्ञ में भाग ले रहे हैं। शरीर में पुष्टि, बल, तेज, ओज, वीर्य, रज आदि इसी यज्ञ के परिणाम हैं (सामवेद : ऐन्द्र कांड)। इस यज्ञ के लिए दिव्यता का आधान आवश्यक है। ...इसमें अग्नि अतिथि है, अग्नि रथ है—रमणीयता में स्थित है या रमणीयता अग्निदेव में स्थित है—'त्वद् विश्वा सुभग सौभगानि'। जिसने इस रथ का आश्रय ले लिया उसकी जीवन-यात्रा निर्विघ्न हो गई। सब (नारी/नर) उसके प्यारे मित्र बन गए।

हम **अग्नि** का **मन्थन** करके उसे प्रज्वलित करते हैं। अथर्वा निकट ही, अन्दर ही, अपने कर्मों में खोजता है, अर्थात् तन्मय होकर। अग्नि द्यावा के शिर तथा पृथ्वी के ककुत या कूबड़ पर भी है। हमारी वाणियाँ इसी अग्नि को प्राप्त करें। यह अग्नि सुन्दर पराक्रम, सौभाग्य एवं ऐश्वर्य एवं इंद्रिय शक्ति-सम्पन्न सुन्दर पुत्रों की जननी हैं। देखो यह **वैश्वानर अग्नि** ॠत् से प्रकट हो गई है।

'सामवेद' में पावमान कांड में **सोम** का मद है, नशा है, भावावेश है परन्तु वह सुरा की तरह निंदनीय नहीं, वरेण्य है, प्रशंसनीय है (2/470)। 'सोम, तुम इन्दु हो, स्वामित्व प्रदान करने वाले हो, मधुमत्तमय हो, संजीवनी अमृतधारा पिलाने वाले हों।

(II) देह-त्रिकोण

(क) देह के ध्रुवान्त में **रोग तथा भोग** स्थित हैं। **रोग** देह के अकर्म हैं। वे देह का क्षरण तथा क्षय करते हैं। **भोग** देह के प्रधर्म हैं। वे देह को पोषण तथा ऐश्वर्य और अनुराग प्रदान करते हैं। देह को 'भोगायतन' भी कहा जाता है। सारे कर्म, सारे मार्ग और सारे प्रकाश-विमर्श (मेनिफेस्टेशंस) देह के माध्यम से ही होते हैं। देह भौतिक (फिजिकल) तथा पदार्थवादी (मेटीरियल/ऑर्गेनिक) है। देह के स्पन्दन का प्रथम उन्मीलन इंद्रियाँ (पंचेंद्रिय-पंच-तन्मात्राएँ) हैं।

(ख) हमारी देह का अस्तित्व **दिक्** में तथा सत्ता **काल** में है। जब तक हम रोग-भोग में संलिप्त रहते हैं तब तक वह हमारा 'व्यक्तिगत-वैयक्तिक समय' है। जब हम

क्रिया से ज्ञान में उन्मुख होते हैं, तब वह हमारा 'सामाजिक समय' है। और जब हम देहान्त से देहोत्तर स्थिति में मात्र स्मृति-विरासत-सत्ता हो जाते हैं तब वह 'ऐतिहासिक समय' होता है। उसका प्रत्याह्वान वर्तमान काल में तथा प्रक्षेपण भविष्य में पुनर्निमित होता है। इससे अतीत वर्तमान का छायाभास हो जाता है। अत: ये मनुष्य की देह तथा चेतना के **त्रिकाल** हैं (परिवर्तन को काल ही निर्दिष्ट करता है)।

(ग) हम में **प्रेम और सम्मान** का भी द्वैत-द्वन्द्व रहता है। बिना सम्मान के प्रेम प्राय: दैहिक सुख, क्रूर उत्तेजना और स्वार्थपूर्ण पशुता है। बिना प्रेम के सम्मान भी मात्र छूँछा, निष्प्राण संवेदन है जिसमें संवेग अनुपस्थित है। प्रिय के प्रति सम्मानरहित प्रेम की विकृति हिंसा, अधिकार तथा घृणा में होती है। सम्मान से संयुक्त प्रीत समरसता तथा संतृप्ति, सौन्दर्य और स्वास्थ्य में परिणत होती है। अत: नकारात्मक पक्ष में प्रेम और घृणा, प्रेम और हिंसा, प्रेम और दुष्कर्म होते हैं।

(III) देह की लचक (स्प्रिंग) प्रणाली

आठ अस्थि जोड़ों तथा मांसपेशियों के संयोजन से जो संघात तथा लोच होता है उससे देह की **लचक-प्रणाली** बनती है। यही मुद्राएँ बनाती हैं। इनकी बड़ी जटिल संरचना है : मसलन मनुष्य के हाथ-पैर में ही पैंतीस हड्डियाँ होती हैं। चढ़ने पर मांसपेशियाँ खिंचती हैं, हाथ से खींचने पर संचित ऊर्जा आगे बढ़ने में इस्तेमाल होती है, मांसपेशियों की ताकत की पेटियाँ नितम्ब भी हैं जिनके पुट्ठे गद्दे (कुशन) का कार्य करते हैं। ग्रेविटी के विपरीत शरीर को ऊपर उठाने में ज्यादा ऊर्जा खर्च होती है। दौड़ने में थमने पर ऊर्जा संचित तथा खुलने पर प्रवाहित होती है। इसके साथ ही झटके झेलने के लिए मांसपेशियाँ अंग-प्रत्यंग को झूलना (स्विंग) बनाती हैं। अत: गति, गतिवेग, गतिदिशा में हम देहभाषा की मुद्राओं में दबावों (प्रेशर) का अध्ययन करते हैं—दौड़ने-चलने, कूदने-छलाँग लगाने में। ये सब लचक-मुद्राओं के सर्जक हैं।

(IV) देह के उत्तर-रूपक

अथच देह-रूपक के **चन्द्र मंडलीय** तथा **सामुद्रिक रूपायनों** की लावण्य-नीराजित अदा-कारियाँ हैं।

कामशास्त्र में देहांगों पर **चन्द्रकला** की चित्रलिपियों को कामरति की देहभाषा के प्रभाग में लिया जाएगा। अंगों का सिंगार, मंडन-लेपन-भूषण भी देह-रूपक हैं जिनकी पराकाष्ठा नृत्य-नाट्य, योग और काम में होती हैं। **सामुद्रिक-हाशियों** का विवरण देना **भंगिमाओं के वर्धन** का भेद बनाता तथा खोलता है।

स्त्री-लक्षण द्वारा स्त्री का कथित भाग्य निर्णय होता रहा है। आधार : जन्म-क्षेत्र, सौन्दर्य, वय, चाल-ढाल, गुणशीलता। **बायें हस्त** (हथेली) की रेखाओं को बाँचना : चमर, अंकुश, अश्व, धनुष आकृति पर (Body Signs) राजकुमार या श्रीमन्त से विवाह। चक्र, स्वस्तिक, शंख, कमल, मीन **(पद पर)** होने पर राजा से विवाह होना।

ग्रीवा पर तीन सिलवटें—सौभाग्यदात्री। **पिता की मुखाकृति वाला चेहरा** सम्मानजनक। **गोदुग्ध धवल उच्च दंत पंक्ति**—सौभाग्यदात्री।

हँसन लक्षण—स्मित/मन्द हास्य/गालों में गड्ढे (कपोल भँवर), खुले नयन : सौभाग्य व संस्कार।

नासिका छिद्र—छोटे-गोल सुभगता, लम्बे नेत्र व भ्रम रसी काली पुतली—सुखद जीवन।

मुलायम बालों से युक्त धनुष-सी भृकुटियाँ जो त्रिपुंड में न मिलें—उत्सव प्रिया।

कोमल बंकिम कर्ण कुहर—गान प्रिया। **गजवत् मस्तक वाली**—वैभवशालिनी।

लम्बे घुँघराले बाल—शुभ-शकुन युक्त।

वक्षस्थल के बाएँ पर तिल—पति-प्रिया।

बाएँ गाल पर तिल—सुस्वादु भोजन सिद्धि।

[नारी के कर-पल्लव में लक्ष्मी वास करती है और जब पुरुष उसे थामता है तो ऐश्वर्यशाली पाणिग्रहण होता है] साथ ही 'कुलीनता' भी।

(V) देह : चिकित्सक (सरजन) और सैक्स वैज्ञानिक (सैक्सोलॉजिस्ट)

वैद्यकीय नैतिकता के सवाल—

(a) हाइमेना-नाप्लास्टी—शल्य चिकित्सा का एक खतरनाक धंधा है जिसमें युवतियों के योनि प्रवेश की भग्न झिल्ली का पुनर्निर्माण किया जाता है। गायनेकोलाजिस्ट तथा प्लास्टिक सर्जन इसके लिए पच्चीस से लेकर चालीस हजार रुपए तक बटोर रहे हैं। समाज के समृद्ध वर्ग की अठारह से अठाइस वर्ष की अविवाहित युवतियाँ इस रोग का शिकार हैं। क्योंकि वे 'अक्षत-योनि' (वर्जिन) भासित होना चाहती हैं। मोटी फीस तो गुप्तता रखने के लिए है। यह भारतीय पुरुषों के अहं को शह देने के लिए अनैतिक चलन है। यह सुविदित है कि कौमार्य-झिल्ली केवल सम्भोग से ही नहीं बल्कि कठोर शारीरिक कार्यों से भी फट जाती है। यह पुरुष के दम्भ को पोषित करनेवाली फूहड़ तथा विकृत अपेक्षा है।

(b) यह **भ्रूण-हत्या** की तरह ही घृणित व बर्बर कृत्य है।

(c) इकहरी-छरहरी देह के लिए खुराक में नियंत्रण व सन्तुलन।

(d) अरबी मुस्लिम स्त्रियों में मदनछत्र-उच्छेदन का रिवाज विश्व के मुस्लिम पुरुषों में सुन्नत या खतनें की प्रथा।

क्या मुख-मैथुन (Oral Sex) को यौन-सम्बन्धता माना जाए? ...इंडियाना के ब्लूमिंगटन स्थित 'किन्से इंस्ट्रीच्यूट' ने सन् 1999 में शोध छापकर बताया कि—1991 में 599 छात्र-छात्राओं का विभिन्न यौन-सम्बन्धी समस्याओं पर साक्षात्कार करके यह पाया कि उनमें से 59 प्रतिशत यह नहीं मानते कि मुख से जननेंद्रिय सम्पर्क समागम करना है। बिल क्लिंटन ने भी अपने व मोनिका लेंविंस्की प्रकरण में यह बयान दिया (1998) कि यौन-सम्बन्धों की उनकी परिभाषा में मुख-मैथुन वैसे कार्यों में शामिल नहीं है। वात्स्यायन, कोका तथा कल्याण मल्ल इसे सामान्यतया स्वीकृति नहीं देते, यद्यपि निषेध भी नहीं करते।

रजोनिवृत्ति (मेनोपॉज) की दशा भी नारी-देह में तनाव तथा अवसाद पैदा कर सकती है।

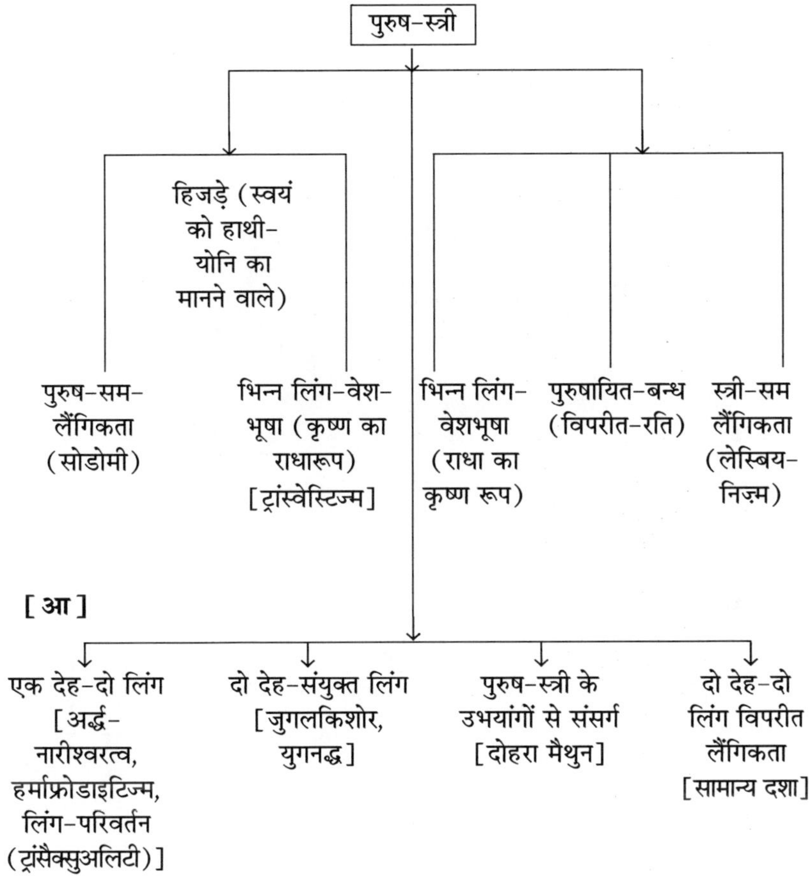

[इ]

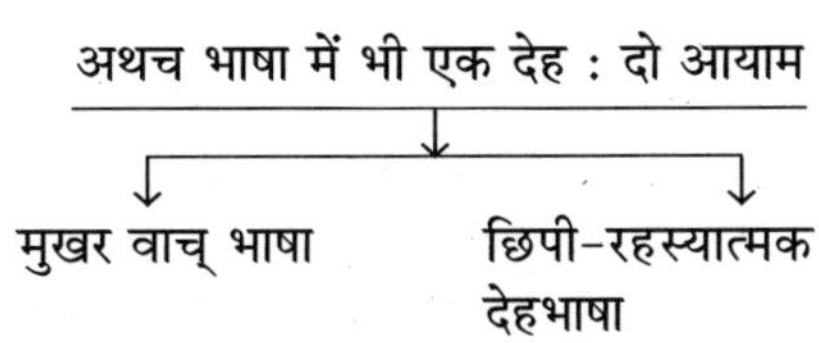

अंततोगत्वा यही मुखर (वैखरी) भाषा तथा
छिपी रहस्यात्मक देहभाषा का द्वंद्व-भाव है।

[अ] पुरुष-स्त्री : इस सृष्टि के प्रत्येक पुरुष के भीतर स्त्री और प्रत्येक स्त्री के भीतर पुरुष की सत्ता सतत विद्यमान है। यही बात ऋग्वेद में 'अस्यमावीय सूक्त' में यों ही कही गई है : 'जिन्हें पुरुष कहते हैं, वस्तुतः वे स्त्रियाँ हैं। जिसकी आँखें हैं, वही इस रहस्य को देखता है। अन्धा इसे नहीं देख पाता।'—'स्त्रियः सतीस्तां उभे पुंस आहुः पश्यदक्षण्वान्न विचेतदग्धः'—ये ही प्रवृत्ति-पुरुष, नर-नारी के रागात्मक सम्बन्ध हैं। यही द्वन्द्व-भाव है, मिथुन-भाव है। अन्ततोगत्वा यही मुखर (वैखरी) भाषा तथा छिपी रहस्यात्मक देहभाषा का द्वन्द्व-भाव है।

भिन्न-लिंग-वेशभूषा

'मिस्टर चंडीगढ़, 2004' प्रदीप कुमार : देह की काट तथा घुमाव

'हम स्वयं की **देह** में एक **छिपी हुई लैंगिकता** (जेन्डर) में भी जीवित रहते हैं।'

अन्ततः **मानव** की भाँति भाषा भी पवित्र मंत्र बनाम लौकिक तंत्र, उत्कृष्ट बनाम निकृष्ट तथा विकसित या अविकसित होती है। इसमें **देह** ही माध्यम तथा मध्यस्थ, दोनों है। देह ही भोग तथा योग (मोक्ष) का साधन है। देह में मन-बुद्धि-चित्त-अहंकार हैं और अमर जीन्स भी है। देह से पृथक् न तो प्रकृति है, न आत्मा और न ही पुरुष। प्रकृति से पृथक् तो देह की सत्ता भी नहीं है।

मानव-देह के नाना रूपायन देहभाषा, देह-शोभा, देह-सिंगार तथा देह-पूजा, देहात्म आदि हैं (यह 'शिवदेह' अर्थात् जैविक ऊर्जा से विहीन होने पर शव-देह हो जाती है और अन्ततः 'शव-भस्म' में लीन हो जाती है। देह से पृथक् न तो जगत् है, न प्रकृति, न अध्यात्म, न आत्म। देह की प्रगुणता सत्ता है तथा गुणवत्ता चैतन्य। अतः देह ही दीपक है, आकाशदीप है। यह सुख और दुख का, आनन्द और शोक का, करुणा और यंत्रणा का आयतन है; नीलम शिला है और मेघवर्षा है।

देह से परे, पृथक्, इतर, ऊपर और कुछ नहीं है। जो भी ये सब हैं उनका आधार तथा माध्यम देह ही है। अतएव लोकायत देह ही सृजन-केतन एवं सृष्टि-परिपूर्णता है। देह ही लघु ब्रह्मांड तथा लघु प्रकृति है। देह-विग्रह में ही अवतार-उद्धार का अवतरण-आरोहण क्रम चलता है। यह निर्गुण-निराकार, असीम-अनन्त है, लेकिन देश-काल तथा साकार-सगुण में केंद्राभिसार करती है। देह ही संरूप तथा सौन्दर्य और रूप तथा शिव एवं सत्य में बँधी है। देह लीला करती है और उसका अवसान भी होता है। अतः हम सभी देह को ही हविष देते हैं। 'देह का अन्त होता है। देह अमर है।' भौतिक-जैविक देह के ही इंद्रियाँ, मन, बुद्धि, चैतन्य और आत्मा आदि संकाय हैं। शिव की ऊर्जा समाप्त होने पर वे सभी शव, शव होकर पंचतत्त्व में विलीन हो जाते हैं। इनमें-से कोई भी अमर नहीं है और जन्मान्तर-यात्री भी नहीं है। वे मात्र आध्यात्मिक फान्तासियाँ हैं। पाग में मोर-पंख लगाए कबीर इसके साक्षी हैं। हमने जान लिया है।

[आ] भाषा

भाषा की बाह्य अभिव्यक्ति मुख तथा कान द्वारा होती है। अतः इसमें शब्द और ध्वनि, शब्द और अर्थ की संयुक्तता है। इसी वजह से इसमें सम्प्रेषण और अनुभवन होता है। इसमें सर्वत्र द्वैत ही द्वैत है।

कंठ-ध्वनि के स्फोट के जो प्रकार हैं वे स्वर तथा व्यंजन हैं। ये **आद्य** एवं **अनादि** अक्षर ही हैं जो मिलकर **शब्द** बनाते हैं।

भाषा में **काल** (क्रिया, क्रियाविशेषण, समयबोधक टेन्स) और **दिक्** (संज्ञा, सर्वनाम, कारक) को जोड़ने वाले संयोजक (प्रिपोजीशन) होते हैं जो उसे सार्वत्रिक वर्गों; यथा—वाक्य-विन्यास (सिंटेक्स), रूप-विज्ञान (मार्फोलॉजी), अर्थ-विज्ञान (सीमेंटिक्स) में बाँटते हैं। ये सब व्याकरण तथा विरामचिह्नादि Punctuation द्वारा वाक्यों, अन्तर्वाक्यों की रचना करके प्रोक्ति के, भाषा के शास्त्रीय तथा बोली वाले स्वरूपों को प्रक्षेपित करते हैं। अतः भाषा के कई प्रकार, कई प्रकार्य, कई शैलियाँ हो जाती हैं।

भाषा के **लिखित** (लिपि रूप) तथा **मौखिक** (वाच् रूप) स्वरूप होते हैं। इनके द्वारा ही सम्प्रेषण और चिन्तन तथा अनुभव द्वारा कार्य-व्यापारों का चक्र चलता है। इनसे ही सभ्यता तथा संस्कृति का, शताब्दियों की निरन्तरता में, निर्माण होता है। अतः भाषा व्यक्ति की, मनुष्य की, मानव-समूह की, मानव-समाज की साँझी सम्पत्ति होने के साथ-साथ, संयुक्त, सामूहिक

प्रवहमान, शाश्वत परम्परा + विरासत + धरोहर है। यह बहुकालिक (डायाक्रोनिक) होकर अपनी संरचना, नियमों, शब्दकोश तथा अर्थों (पर्यायों, बहु–अर्थकों) में घट–बढ़ करती रहती है। अत: विभिन्न क्षेत्रों में **व्यवहार** ही भाषा की जीवन–शक्ति तथा उपयोग–बल हैं। इसका विकास व प्रयोग योजनाबद्ध तरीकों से होता है। यह जनजीवन का त्रिनेत्र है।

भाषा और **मिथक** का उद्‌गम एकैक है, प्राक्–आदिम है। मानव की परा–पश्यन्ती–मध्यमा–वैखरी की अनादि तथा सामूहिक अवचेतन की चिति (साइकी)–भूमि से इन दोनों का उन्मीलन हुआ है। अत: ये आश्विनरूपा हैं—सहकालक्रमिक (सिनक्रोनिक) तथा समानान्तर। अत: भाषा के मौखिक अवतार के साथ–साथ छिपे, गुप्त, रहस्यात्मक, कूट रूपादि पश्यन्ती और मध्यमा में हैं। अत: मुख के विकल्प के रूप में भाषा देह में **देहभाषाओं** के (परा, पश्यन्ती, मध्यमा की मधुमती भूमिका में) रूपायनों तथा रूपान्तरणों में—शब्द से प्रस्थान करके—रूप, रस, गंध, स्वर तथा स्पर्श द्वारा भी अवाचिक–निर्भाषिक कई देहभाषाओं का विन्यास करती है। उसकी इकाइयाँ भी (शब्द/शब्दार्थ की अपेक्षा), मुद्रा–भंगिमा, गति–व्यवहार, संकेत–अभिनय, मनोरथ–मन्तव्य, चक्रचिह्न–कूट आदि हो जाते हैं। अत: रूप, रस, गंध, स्पर्श की इंद्रियाँ हमारी नवीन धुरियाँ हो जाती हैं।

भाषा को फान्तासी तथा यथार्थता की अभिव्यक्ति करने में शताब्दियों की सुदीर्घ घुमावदार–लड़ाकू–भटकाऊ रास्तों से गुजरना पड़ा है।

यथावत् से वास्तविकता तक पहुँचने में उसे पहले **मिथकों** के लोक, फिर पशु–कथाओं के लोक, फिर धर्म–लोक, फिर निजंधर–लोक को पार करके **इतिहास** तक आना पड़ा अर्थात् '**तथ्य**' की प्रमुखता तक पहुँचने में शताब्दियाँ लगीं।

इससे भाषा सामूहिक तथा सामाजिक विरासत होती गई। जटिल और सूक्ष्म, रहस्यात्मक और विलक्षण अनुभवों की अभिव्यक्ति के प्रारम्भिक रूप निर्भाषिक, संकेती, फिर साम्यरूपकात्मक (एनालॉजिकल) तथा परावर्तन में, अतिरूपात्मक (हाइपरबोलिक) थे।

धर्म–चक्रों में वे प्रतीकात्मक (सिम्बालिक) तथा नीति–चक्रों (फेबल) में अन्योक्तिपरक हो सके।

मिथक से इतिहास तक की यह भूलभुलैया यूँ तय हुई। हम ज्यों–ज्यों इतिहास से **समाजशास्त्र** अथवा **समाजविज्ञानों** की ओर बढ़े त्यों–त्यों भाषा की साम्यरूपकात्मक तथा अतिशय रूपात्मक रीतियाँ शिथिल होती गईं।

प्रत्यक्षीकरण की नाना पद्धतियों ने हमें प्रवृत्ति–चक्र में प्रवेश दिलाया। प्रवृत्यात्मकता (टेंडेंशियसनेस) ने वर्गीय 'यथार्थता' का भी अधिष्ठान कराया। अब भाषा अन्य–अनेक–अन्यत्र संसारों का रूपकात्मक आश्रय लेने के बजाय अपने एकल–बहुलजटिल–सूक्ष्म संसारों की भी छानबीन करने लगी। इनसे **देहभाषा** तथा **अनिर्वचनीयता** की दशाएँ खुलीं।

भाषा मिथक, धर्म, जादू से शनै:–शनै: रिश्ते बढ़ाती–जोड़ती–तोड़ती हुई **विज्ञान** के प्रगाढ़ बन्धन में व्यवस्थित यथावत् होने लगी।

इस तरह '**रोमेंटिसिज्म**' से '**रियलिज्म**' की ओर बड़ी लम्बी छलाँग कतई आसान नहीं रही। '**विश्व–क्रान्तियों**' के सहवर्तन में अब '**सूचना–प्रौद्योगिकी**' की क्रान्ति दस्तक दे रही है। साथ ही **देहभाषाओं** के लीला–कमल खिल उठे हैं। सो, कम से कमतर से कमतम भाषा प्रवेश करने का तारतम्य प्रतीक, गाली और मंत्र में मिलता है। मंत्रों तथा वैज्ञानिक चिह्नों में तो शब्द के बजाय अक्षर, अंक, संख्या, वर्ण एवं ध्वनि ही शेष रह जाती है। देहभाषा निर्भाषिक होकर मात्र ध्वनि तथा स्वर–संकेतक हो जाती है।

एक बीच की कड़ी भी है, **कहावतों और मुहावरों** की। ये शब्दार्थ से अन्य, अन्यथा, अन्योक्त, अनिर्दिष्ट सम्प्रेषण करते हैं : यथा—नाइयों की इस बारात में सब ठाकुर ही ठाकुर हैं/कौवे की जमात में हंस की निशानदेही तो करो/बगुले अपने पंखों पर मछलियों को सैर कराने निकले हैं/यह गणेश-परिक्रमा अनन्त है/एक मूँठ सोंठ से चूहा पन्सारी बन बैठा/न रहेगा बाँस, न बजेगी बाँसुरी/न रहेगा नौ मन तेल, न नाचेंगी राधा/खरगोश के सींग मापने या बिल्ली के बाल गिनने में रिसर्च का घमंड करना/मूँछें या ऊलकें कतरकर मोटापा कम करना/कौवे के पंजे से चित्र रचना करके मोलाराम के गिलहरी पूँछ खालों वाले लघुचित्र का मुकाबला, इत्यादि-इत्यादि।

यही प्रतीति की जा सकती है कि देहभाषाएँ बहुधा अर्थ की मनोरथिक या तात्पर्यात्मक शक्तियों में घूमती हैं। वे शब्द की नाभि तक नहीं पहुँचतीं। अतः वे शब्दार्थ-प्रतिपादक अनुभूतियों-अनुभवों-संवेदनाओं का पूँजी भवन होती हैं। वे ध्वनि की असंलक्ष्यी हैं। वे बहुप्रकार्यों की निष्पादक हैं। वहाँ देह-मुद्रा स्वयमेव एक महावाक्य हैं तथा भंगिमाएँ उसमें अर्थीय 'रजिस्टर' हैं। इस तरह से नृत्य में, नाट्य में, चित्र में, मूर्ति में, खेल-कूद में देह ही साहित्य हो जाती है। यहाँ मूक-मौन भाषा में मानो शब्दहीन भावार्थ प्रकट किए जाते हैं। ये ही तो एक-से-अनेक **देहभाषाएँ** हैं।

ऐसे **आभ्यंतरीकरण** (इंटर्नलाइजेशन) में भाषा की परा-पश्यन्ती तथा बाद में मध्यमा-वैखरी **वृत्तियों** की लीला है। हम इनका निदर्शन करें—

(i) परा : यह उवाच तथा अर्थ से परे है। यह हमारी क्षमता से परे की दृष्टि है। इसमें ज्ञान और क्रिया में समीकरण है अर्थात् ज्ञान ही क्रिया है तथा क्रिया ही इच्छा है। इसमें सभी शक्तियाँ (चित् आनन्द, इच्छा, क्रिया, ज्ञान) बिन्दु में वामनीकृत हैं।

यहाँ स्वेच्छा/स्वतन्त्रेच्छा का वर्चस्व है। इसके बहुत बाद में अर्थभेद शब्द-शक्तियाँ पैदा करते हैं।

(ii) पश्यन्ती : यहाँ अमूर्त सन्दर्श है। इसमें अनुप्रवेश के लिए मानस को समाधि में संस्थित होना चाहिए। इसमें भाषा-पूर्व अवस्था का स्फुरण होता है। यहाँ इच्छा मात्र ही मनोरथिक सृष्टि है। यह वृत्ति अर्थ की झिलमिलाहट महसूस करती है, किन्तु कह नहीं सकती।

(iii) मध्यमा : यह गोधूलि-क्षेत्र है। यहाँ विधेयोन्मुख ज्ञान की मानस-वाणी का स्पन्दन है। इसमें इदं प्रधान तथा अहं गौण होता है अर्थात् अनाहत शब्द प्रधान और अर्थशक्ति गौण। तदपि शब्द और अर्थ—दोनों पृथक् होने लगते हैं। यहाँ नृत्य की अक्षरीय भंगिमाएँ तथा नाट्य की अभिनय मुद्राएँ उन्मीलित होती हैं। यहाँ वाचिक भाषा का अभ्युदय होने को है, अर्थात् शब्द एवं अर्थ—दोनों पृथक् होकर चलते हैं।

(iv) वैखरी : यहाँ अभिव्यक्त ज्ञान है। इसके अन्तर्गत इदम् एवं अहम्—दोनों का ऐक्य है अर्थात् 'शब्दार्थ' का जन्म होता है [मैं = यह हूँ]। यहाँ इच्छा, ज्ञान, क्रिया, प्रकाश, विमर्श एकतान होकर सम्प्रेषण करते हैं तथा अर्थ के सहवर्तन में भावार्थ, मनोरथ, तात्पर्य, वक्रोक्ति, ध्वनि आदि का फैलाव करते हैं।

इसके साथ ही अभिधा-लक्षणा-व्यंजना की शब्द-शक्तियों का स्फोट होता है। **ध्वनि** आविर्भूत होती है।

स्पष्ट है कि **देहभाषा** तो मध्यमा के पूर्व तथा **वाच्/वाक् भाषा** मध्यमा के उपरान्त अपने नवोन्मेष सिद्ध करती हैं। ध्यातव्य हो कि फर्डोनेंड सौस्यूर ने भी इस प्रादर्श (मॉडल)

पर अपनी अधिष्ठापनाएँ की हैं। सम्प्रति हमारा सरोकार मुख्यतया देहभाषा-चक्र में परा-पश्यन्ती से है। तथापि ये चारों धारावाहिक दशा में **पूर्ण भाषा** को उद्‌भूत करते हैं।

संरचनावादी मिशेल फूको (1926-1984) ने 1975 में रोजे पॉल हुआ (?) से कहा था कि समाज में **पवित्रता** की तथा भाषा और संस्कृति में **उत्कृष्टता** की ऐसी कौन-सी कसौटियाँ हैं कि देह या देहभाषा का **पाठ** (टैक्स्ट) उत्कृष्ट या पवित्र अथवा उत्कृष्ट और पवित्र (कालिदास, तुलसी, सेंट आगस्टाइन)—दोनों हो जाता है। वे मानदंड कौन-से हैं?

दलित-समाज तथा **दलित-विमर्शक** साहित्य क्यों आभिजात्य (जातिगत) पवित्रता तथा वर्गीय उत्कृष्टता के विरुद्ध है? क्योंकि उसके नए शब्द, नई भाषा, नए नेता, नए अनुभव तथा नई अभिव्यक्ति हैं। उसका 'अभिनव पाठ' है। किन्तु इसी धारावाहिकता में **नारी-विमर्श** की पोलेमिक्स या आभिजात्य-चक्रों में मार्क्सवादी पाठ न तो 'पवित्र' है, न 'उत्कृष्ट'। वे नास्तिक, सामंजस्यभंजक तथा विचारवादी हैं। क्या वे काल से आगे अथवा कालविरोधी हैं? एक शताब्दी पूर्व कबीर का पाठ उत्कृष्ट नहीं माना गया था, यद्यपि वह अपवित्र नहीं था।

अत: मूल कारण तो मानव समाज के उभरते वर्ग को नए समूह, नई आवश्यकता, नई स्वतंत्रता, नए शब्द-संसार का जन्म है। वह चौंकाता है, उत्तेजित करता है, फिर प्रतिबद्ध भी करता है। वह अन्य सत्ताधीश समूहों की मुख्यधारा से पृथक् है अथवा उनकी मान्यताओं को खंडित करता है या अनुभव-चक्र में अभी परिपक्व नहीं हुआ। इसलिए शायद दलित-विमर्श और नारी-सशक्तीकरण अभी तक उत्कृष्ट नहीं बताया जाता। पवित्रता का सवाल तो अवान्तर है। यह भाषिक संसार सीधे स्थापित सत्ता तथा स्वार्थी राजनीति के वर्चस्व (हेजिमनी) को चुनौती देता है। अत: **सही पाठ** की नियति ही पोलोमिकल है। वह लोकधर्मी उत्कृष्टता-लक्ष्यी है।

तो **देह की भाषा का पाठ** क्या है? उसकी प्रकृति कैसी है? हमें इसी की आलोचिन्तना भी करनी है कि क्या देहभाषा के भी पाठ-अनुपाठ-प्रतिपाठ-उत्तरपाठ हो सकते हैं? हम मानते हैं कि हाँ... '**हैं**'। अब इन्हें जानने की ओर अग्रसर होना है।

[इ] देहभाषा

सार्वजनिक विवेक की यह एक अत्यन्त सरल-सीधी तर्करेखा है कि (मौखिक) भाषाएँ कई प्रकार की हो सकती हैं, जैसी कि बोलचाली और साहित्यिक, दार्शनिक और वैज्ञानिक, प्रतीकात्मक और भावनात्मक आदि। इसी अनुक्रम में नृत्य एवं नाट्य, चित्रकला एवं शिल्पकला, काम-शास्त्र एवं योगाभ्यास, वास्तु एवं संगीत आदि की भी शास्त्र-मंडित (मौखिक आयामी भी—) भाषाएँ हो सकती हैं। इस एक-बहु न्याय से **अवाचिक भाषा** भी हो सकती है। वह शब्द-निरपेक्ष होगी। वह रूप (चित्र) तथा मुद्रा (स्पर्श) सापेक्ष होगी। अत: सर्वप्रथम जिस निर्भाषिक भाषा का उन्मीलन होता है वह अवाचिक देहभाषा है। वह **एकायामी देहभाषा** है। यह हमारी आधुनिक रूढ़ि के रूप में व्याप्त है। दैनिक या विशेष मौकों पर, प्राय: दो जनों के बीच अथवा समूहों में, व्यवहार और सम्पर्क और सम्प्रेषण में मौखिक भाषा से अधिक हमारे उपांगों-प्रत्यंगों की देहभाषा पचास प्रतिशत से ज्यादा होती है। तभी अभिव्यक्ति तथा सम्प्रेषण—दोनों परिपूर्ण होते हैं। किन्तु इनका अनुसन्धान संकुचित हो गया है। मात्र व्यवहार और संस्कार, चाल और ढाल तथा हरकतों और आचरण में यह रूढ़िबद्ध कर दी गई है। हम इसे ही एकायामी देहभाषा जानते हैं। अत: इसमें शब्दकोश-व्याकरण आदि से विमुक्त देहभाषा का वही आयाम लिया जाता है जिसमें मनुष्यों के आपसी सम्पर्क, मानवों के सामाजिक व्यवहार तथा सामूहिक आचरण का निर्वचन हो। हम इस व्यासरेखा से एक सौ डिगरी दूसरे छोर पर चलते हैं।

हम कुछेक बार बता आए हैं कि नृतत्त्वशास्त्र के अनुसार पशु से नृ-वानर से नृ-मानव के क्रमविकास (इवोलूशन) के घटकों में उसका रीढ़ के बल सीधे खड़े हो जाना, इसके दो पाँवों का हाथों में रूपान्तरित हो जाना, उसकी दो पार्श्ववर्ती आँखों का मस्तक के नीचे सीधे आ जाना, पार्श्ववर्ती गतिक कानों का स्थिर हो जाना आदि रहे हैं। इस तरह वाराह या नृसिंह प्रतीकों से सामाजिक पशु सामाजिक मानव एवं दिव्यावतार परशुधारी से धनुषधारी श्रीराम का दैवी आर्केटाइप विराज गया यह अलौकिकता भी **देह-ध्रुवान्त** पर हुई है।...फिर—

आदि मानव को सामाजिक मानव बनाने के मनोदैहिक-मनोसामाजिक पाँच घटकों का पंचायतन सांस्कृतिक कायान्तरण करता है—पशुवत् यूथ (झुंड) से संगठित समूह (ग्रुप) में सम्बन्धित होना, भाषा एवं मिथक की रचना करना, उत्पादन-प्रणालियों तथा उत्पादन-सम्बन्धों का ऐतिहासिक विकास, मानव की अत्यधिक चिकनी, पतली, सुकोमल त्वचा से गहरी संवेदनशीलता का विकास तथा बुद्धि एवं सम्वेगों का उत्तरोत्तर उत्कर्ष।

अतएव हम देह-केंद्रित जीवन में **देहभाषा** के निर्वचन के लिए धर्म और नीति, विज्ञान और दर्शन आदि के वितान-बंधान नहीं ले रहे हैं। वे भाषिक हाशियों के वैज्ञानिक-टेक्नोलॉजिकल-सूचनात्मक क्रान्तित्रयी की मुखर संस्कृति हैं। हमारा प्रमुख लक्ष्यशर (टार्गेट) मानव अस्तित्व (एक्सिटेंस) की पहली विभूति एवं विराज **देहभाषा** है।

पशु-पक्षी तथा अन्य जीव प्रकृति एवं पर्यावरण से प्रतिक्रिया करते और अनुकूलित होते हैं। मानव इनसे संघर्ष करके इन पर विजय प्राप्त करता आया है। पशु-पक्षी आदि भाषा के **शब्द** नहीं बोलते। वे ध्वनियों-स्वरों के विस्फोट करते हैं। मनुष्य ध्वनियों को स्फोट द्वारा अक्षरों में बदलता आया है। वह कल्पना तथा परिश्रम द्वारा रचना एवं निर्माण करता है तथा प्रतीकों एवं शैलियों में उन्हें वक्रता देता है। पशु यह सब नहीं कर पाते। (थोड़ा बहुत चिम्पांजी-प्रजाति के आदि वानर में ऐसा उन्मीलन हुआ है)।

मनु मोजेस द्वारा देहभाषा का प्रथम पाठ
(चित्र : माइकेल एंजिलो की अनुकृति)

इस तरह निर्भाषिक देहभाषा मानव की नृ-वानर मूल वृत्ति के तथा शरीर शास्त्र एवं शरीरास्थिरचनाशास्त्र की आदि-अनादि शाश्वत भूमि है। इसीलिए मानव जाति अपने व्यवहारों तथा आचार-विचारों में लगभग आधी वाचिक भाषा तथा आधी से ज्यादा व्यक्तिगत मुद्राओं-भंगिमाओं एवं समाज सांस्कृतिक कार्य-व्यवहार के लिए रीतियों तथा सार्वजनिक आचारों-रवैयों का इस्तेमाल करती है। इस तरह देहभाषा की व्युत्पत्ति भाषापूर्व आदिम इशारों-संकेतों, मुखौटों-चिह्नों (गोदनों-रंगलेपनों), ध्वनियों-स्वरों वाली है। इस अनुसन्धान को लाल रेखा से अधो-अंकित किया जाए। इसीलिए इससे अर्थ-भ्रान्तियाँ की व्यंजनाधर्मी कालजयी यात्राएँ होती हैं।

दोहरा दें कि मानव प्रतीकों और बिम्बों का व्यवहार करता है, शाब्दिक भाषा द्वारा सम्प्रेषण करता है, प्रकृति से संघर्ष करता है, और उससे भी बेहतर रचना करता है। वह प्रकृति तथा पर्यावरण के बावजूद कल्पना तथा यथार्थता द्वारा एक **प्रति-संसार** का भी निर्माण करता है अर्थात् अनुपस्थित अतीत और भविष्य के कल्पलोक (यूटोपिया) में सुखी-दुखी, खुश-उदास हो सकता है। सो, ऐसे कई परोक्ष/दिवा-स्वप्निल प्रति-संसारों तथा मानुषी प्रति-बिम्बों की मनोदशाओं में देहभाषाओं का जन्म होता है। वे धुँधली तथा निर्भाषिक-अवाचिक हुआ करती हैं। अधिकांशत: शब्दधुरीविहीना होती है अर्थात् परा-पश्यन्ती-मध्यमा के अमूर्त-अवचेतन क्षेत्रों की भी हैं।

(अ) उदाहरण :

(i) 'हम डूबते-तैरते पाते हैं तैराक माइकेल फेल्प्स को' (हृदय अनुभव गतिवेग है और गति दिशामय मुद्रा है)।
इसे प्रकट करेंगे : हथेलियों और अंगूठों की हस्तमुद्राओं या लहराती बाहुओं से कि सन्ध्या सूर्य की तरह डूब रहा है अथवा कुम्भ की तरह डूबता-निकलता बह रहा है।

(ii) 'वह चली जा रही है' (गति)।
इसे प्रकट करेंगे : कैट-वाक (बिल्ली चाल) या गजगामिनी—के रूपक से।

(iii) 'माँ पीठ के बल लेटी बच्चे के हाथों को थामे घुटनों पर पेट रखे झुला रही है।'
इसे प्रकट **करेंगे** खिले कमल पर सुनहली मछली उछल रही है।

आखिर देहभाषा के भी अर्थ और (प्रतीक) सम्प्रेषित करने होते हैं। अनुभव तो अवाचिक दशा में हो जाते हैं किन्तु प्रतीति के लिए उपमा का तथा अर्थ-प्रेषण के लिए रूपक एवं प्रतीक का ही आश्रय लेना होगा।

अत: देहभाषा की मुद्राओं-भंगिमाओं-अदाओं का (निश्चित) शब्दकोश नहीं होता। ये अर्थ-भ्रान्ति तथा व्यंजना के कटिबन्ध वाले होते हैं।

(आ) किन्तु नृत्य, काम, योग, अनुष्ठान आदि की मुद्राएँ अर्थ-कर्मता की निर्धारित धारावाहिकता होती हैं। अत: यहाँ देहभाषा के वाक्य पूरे होते हैं, किंवा वे नृत्य-कथा, अनुष्ठान-चक्र काम-लीला को एक प्रोक्ति या कथा भी दे देते हैं।

(इ) किन्तु देहभाषा में मुद्राएँ-भंगिमाएँ-अदाएँ-अनुभाव-इंगित आदि शाब्दिक भाषा के अवगुंठन (बहाना), पूरक (सप्लीमेंट) तथा छलावरण (कामोफ्लाज),

चेष्टाएँ तथा उद्दीपक आदि भी हुआ करते हैं—ये देहभाषा के 'कूट' (कोड) हैं।

पूरक : देहांगों का क्रमशः सोलह सिंगार, हाथों पर मेहंदी, पीठ और कलाई पर गोदना।

अवगुंठन : मुख दाएँ-बाएँ करते हुए (अस्वीकृति) आँखें बन्द कर लेना/ बाँहें गले में डाल देना।

छलावरण : प्रिय को गुरुजनों/माता-पिता के सामने नजर नीचे किए रखना तथापि हाथ कंगन की आरसी से एकटक देखना; सप्तर्षि द्वारा पार्वती को शिव से विवाह का प्रस्ताव मिलने पर उसके द्वारा बाएँ पैर के अंगूठे के नाखून से भूमि कुरेदना तथा हाथ में लिए हुए लीला-कमल की पंखुरियाँ गिनना; दीपक बुझाकर हीरे की माला झुलाना (द्रुत दीप्ति करना)।

उद्दीपन : आँखें फड़कना, गाल/कान लाल होना/पायलों को खाट की पाटी से बजाना/हाथों से अंजुली बनाकर सन्ध्या में मिलने का संकेत देना, बाँहें उठाकर अंगड़ाने की चेष्टा, क्रोध दबाने को मुख बन्द रखना तथा भृकुटि को सरल बनाए रखना (संकेत); चेष्टाएँ इनसे काव्य-शास्त्र, काम-शास्त्र भरा पड़ा है।

(ई) फिर क्रीड़ा-लीला-कार्य शुरू होते हैं—ज्ञानेंद्रियाँ 5 + कर्मेंदियों 5 के। यहाँ सर्वनामों के ताल-छन्द चलते रहते हैं— 'कैसे-कैसे व्यंजित करें, किसको लक्ष्यीभूत करें, क्या से क्या हो जाना/कर डालना, 'कौन हो तुम खींचते जो मुझे अपनी ओर।

कहीं-न-कहीं (दिक्), कभी-न-कभी (काल),

कोई-न-कोई तो आएगा, कुछ करेगा, कुछ देखेगा, कैसे देखेगा, क्यों छुपाएगा ? कोई दशारे देगा ही।'

(उ) ये (सर्वनाम) ही नामकरणों की संज्ञाओं में तब्दील होते जाते हैं—नृत्य-भाषा, योग-भाषा, काम-भाषा, मल्ल-भाषा (दाँव-पेंच), आदि का नियति/कला/के कंचुकों से संयुक्त पारिभाषिक-तकनीकी शब्दों में तब्दीली।

तो क्या हम विख्यात नृत्यांगना मृणालिनी साराभाई के महासूत्र को अंगीकार कर लें—"आप देखें...कि (लेखन)—वाचन, संकेतन बिलकुल नृत्य-रूप ही तो हैं!" (1999) ? तो क्या मुद्रा-भंगिमा वाली देहभाषा समानान्तर **अपने वाक्य** के साथ-साथ **अपनी नृत्यलिपि-रचना** (कोरियोग्राफी) भी करती है ? हम इस पर आगे यथास्थान विचार करेंगे।

इस प्रसंग में एक दिलचस्प बहस देहभाषा के उद्भव तथा विकास पर कुछ अन्तर्दृष्टि देगी।

जर्मनी की नृतात्त्विक शोधों से यह माना जाता था कि नियंडरथल-श्रेणी के मानव बात कर सकते थे क्योंकि उनमें कपाल में एक अस्थि-नाली मिली है जिससे संकेत मिलता है कि उनका स्नायुचक्र-संश्लेष इतना विकसित हो चुका था कि वे वाचिकता के उपयुक्त अपनी जीभ को विविधेन तथा संवितेन नियंत्रित कर लें। इसे 'अकादमी ऑफ साइंसेस' में चुनौती दी गई (1919)। यह कहा गया है कि उक्त अस्थि-नलिका इसमें सक्षम नहीं होती (बर्कले के डेविड डेगास्टा)। वस्तुतः यह दिमाग के आकार और उसकी माप की जटिल पहेली है। करीब तीन लाख साल पहले जर्मनी की नियंडरथल-घाटी में वे पूर्व-मानव रहा करते थे। आधुनिक मानव की वाचिकता की क्षमता कोई चालीस हजार साल पहले विकसित हुई है। (फिलहाल आधुनिक मानव के दिमाग का आकार बारह सौ पच्चीस क्यूबिक सेंटीमीटर है, जबकि

निकटस्थ पूर्ववर्ती होमो–इरेक्ट्स के दिमाग का आकार आठ सौ क्यूबिक सेंटीमीटर था। अत: उक्त हाइपोग्लोसल नली के आधार पर सही है कि चालीस हजार साल पहले का मानव (हम लोग) केवल **देहभाषा** द्वारा ही सम्प्रेषण करते थे। मृणालिनी ठीक ही तो हैं)।

देहभाषा के विकास का अनुमोदन साइकियाट्री भी करती है। संजय चुघ ने सैक्सीयता तथा आह्लाद (एक्सटेसी) के बीच के रिश्तों की छानबीन में कई यौन मिथकों का मंजन करते हुए बताया कि चरम–सुख की अवस्था में सम्पूर्ण देह मात्र गतिवेग हो जाती है। भाषा के नाम पर बस कुछ ध्वनियाँ अथवा सीत्कारें ही अनुरणित होती हैं। अत: अनादि वासना का हाशिया भी देहभाषा के विराज का उन्मेष सिद्ध करता है।

—यह भी तथ्य है कि सैक्स–भेद भी मुद्राओं में फर्क लाते हैं। गर्भावस्था तथा स्तनपान की दशा में स्त्रियाँ अपने 'ढंग' से बैठती हैं। सामान्यत: किशोरियाँ/युवतियाँ कुर्सी पर, जमीन पर टाँगें अलग–अलग करके नहीं, बल्कि एक के ऊपर एक, एक–दूसरे का गुणा बनाते हुए रख लेती है। अत: संवेगों एवं मुद्राओं के सांस्कृतिक आधार भी होते हैं।

अन्य आदिम देह–मुद्राएँ भी हमारी प्राक् कल्पना की सम्पुष्टि करती हैं—

उन्मत्त आह्लाद में देहभाषा की अन्तरंगता

एक सामूहिक नृत्य में अजगर की तरह जाँघों का परिचालन, एक नृत्य में भुजंग त्रसित-सा, मकड़े की तरह घेरे मोहिनी अट्टम में, एक में मगर की तरह ताकझाँक।

हम पिछली महासूक्ति को दोहराते हैं कि यदि **मिथक** का जन्म पूर्वतार्किक मानसिकता में यथार्थता के रूपात्मक प्रत्यक्षीकरण की देन है तो **देहभाषा**, मिथक से संलिप्त, किन्तु भाषा के समानान्तर, परा-पश्यन्ती-मध्यमा वृत्ति अर्थात् पूर्वभाषिक वेदी की अनुभूति है। यह शब्देतर अभिव्यंजना है। इसकी इकाई शब्द नहीं, बल्कि मूर्त/अमूर्त बिम्ब है।

अतः देहभाषा का महासूत्र है—बिम्बों में देखना तथा हर कार्य को दोलक गति में रूपान्तरित कर देना।

इसमें भाव/विचार तथा बिम्ब के बीच भी जो मौनता है वहाँ देह अपनी भाषा गढ़ रही होती है। यह मौनता एक अवलोकन है, ध्यान है, उद्विग्नता है तथा प्रखर चयन-दुविधा है। इसके अनुभव को विभिन्न देहांगों-प्रत्यंगों के कम्पन-थिरकन-भटकन, मुद्रा-भंगिमा द्वारा अभिव्यंजित किया जाता है। अतः यह मुद्रा-बिम्ब तथा भंगिमा-छाया है। यह देहभाषा की शब्दार्थ इकाई की तरह है—**बिम्ब-छाया**। जब ये पैटर्न एक सुव्यवस्थित रचना बन जाते हैं तब देहभाषा की 'नृत्यलिपि- रचना' (कोरियोग्राफी) का विन्यास होता है। अतएव देहभाषा में अभिव्यंजना की शारीरिकता है (वाचिकता नहीं)।

देहभाषा अनुष्ठानों से जुड़कर, देह की तरह, दिव्य एवं पवित्र प्रतीत होती है, व्यायाम से जुड़कर सौष्ठव तथा शक्तिवती होती है, नाट्य एवं नृत्य से जुड़कर लय-ताल-ललित एवं सामाजिक होती है तथा काम और योग से जुड़कर सुखभोगी तथा ध्यानमग्न होती है, इत्यादि।

इस भाँति देहभाषा में मुद्रा-बिम्ब-दोलक गति का संपुजन होता है; जैसे, नृत्य में हाथ-पाँव की दोलकता, नितम्ब की मटक, ऊर्ध्व बाहु की लपक तथा पाद की ठुमक होती है, काम तथा योग के आसनों में सुदृढ़ एकरस बन्ध होता है, तदपि एकल व युगल तथा युगनद्ध में फर्क है।

सारे शास्त्रों, सूत्रों एवं सूक्तों का सिस्टम **पारिभाषिकों** पर स्थित है। वे परम्परा से गृहीत होते हैं, इल्हाम से दिग्दर्शित होते हैं अथवा समसामयिक जरूरतों की अपेक्षाओं से गढ़े जाते हैं। बहुकालिकता में अन्तर्विरोधों एवं सामंजस्य द्वारा व्यवहार में उनका व्यापक प्रचलन हो जाता है। वे अनुकारयित्र बन जाते हैं। **देहभाषा** तथा **वाच्-भाषा** भी शब्दार्थों तथा संकेतों-मनोरथों द्वारा परस्पर विनिमय किया करती हैं।

एक निर्भाषिक देहभाषा तथा निष्पादक अनेक देहभाषाएँ मूलरूपेण विविध कार्यों-अभिलक्षितों, तथ्यों-दशाओं की सम्प्रेषक हैं। इसलिए उनकी अर्थवत्ता के बजाय प्रकरण तथा व्याख्याओं का निदर्शन ही संलक्षित किया जा सकता है। इनके अभाव में वे सम्प्रेषण-भ्रान्तियों में अनबूझ हो जाती हैं।

सो, आदि वानर (प्राइमेट) से लेकर नृ-मानव (होमो-सेपिएंस) तक हमारी देह का शरीर-यंत्र तथा काया-विधान गुरुत्व/**गुरुत्वाकर्षण** (ग्रेविटी) के एक केंद्र एवं तुला-तरंग (फलक्रम) द्वारा संचालित-सन्तुलित होता है। कारण कि, विराट् घूमती पृथ्वी के गोल होने के कारण उसका मूल गुरुत्वाकर्षण-**केंद्र** बहुत-बहुत नीचे गहराई में दूरस्थित है और कण-कण-परमाणु-रचित हमारा शरीर भी उसी से संचालित है। पृथ्वी के गोल होने के कारण गुरुत्वाकर्षण-**बल** भी चारों ओर एकसमान तथा कंपायमान होता है। सो, प्रकृति में केंद्र एवं बल की डायलेक्टिक्स क्रियमाण है। मानव-शरीर पर भी यह सभी देहांगों और सन्धियों पर

समानान्तर तथा हलका या वज़नी होकर असमान है। 'शारीरिक बल' भी इससे निर्धारित होता है। हमें मालूम हो कि गोलाकार/वर्तुल/बंकिम/एक जैसे आकृतिबन्ध में भी सतही तनाव तथा बल (निश्चलता में) सबसे कम होता है। ये घटक पिंड (शरीर) तथा ब्रह्मांड पर लागू होते हैं। अत: देह-मुद्राएँ एकल या युगल या समूह में सन्तुलित होती हैं क्योंकि वे देह-गठन से संचालित होती हैं। तथापि ऐकल या युगल अथवा युगनद्ध, दूर अथवा नजदीक देहों में (जब) परस्पर गुरुत्वाकर्षण एकसमान होता है तब खेल में अथवा कामासन, योगासन, नृत्यादि में वह स्थिति **तितली कटिबन्ध** कहलाती है। पृथ्वी तथा चन्द्रमा के परस्पर विपरीत आकर्षणों के एकसमान क्षेत्र का वैज्ञानिक नाम (बटरफ्लाई जोन) हैं। हमने देहभाषा में भी इसे अनुप्रयुक्त किया है। खजुराहो की सुरबालाओं तथा मिथुन-मूर्तियों में यह बखूबी दृष्टिगोचर है।

देह-न्याय से बाह्य **देह-मुद्रा** (पोश्चर) और मनोदैहिक **भंगिमा** (जेस्चर) हमारी प्राथमिक इकाइयाँ होंगी। मुद्रा में जो प्रकरण या प्रसंग का प्रभा-मंडल बनता है उसमें संकेत/चिह्न/प्रतीक उसे मौन विविध अर्थीयता के इंगित/देते हैं। इसी तरह भंगिमा तो स्वयमेव रस-रूपा है। यह देह की असंलक्ष्य व्यंजना है। यह मुद्रा को नाना प्रकार के भावों से शोभनशालीन बनाती है।

इनकी विभेदकता के निमित्त हम समग्र देह के लिए **आसन**, देहांगों की वृत्ति या संस्थिति के लिए **मुद्रा**, मानव देह में शक्ति के गहरे केंद्र के लिए **चक्र**, यौन सुरत के लिए **बंध** तथा प्रतीकात्मक परिवृत्त के लिए **मंडल** का अनुप्रयोग कर सकते हैं। कुछ हस्तमुद्राएँ प्रतीकात्मक तथा रूढ़ हैं; यथा—अभय मुद्रा, वरद मुद्रा।

देहभाषा के संक्रान्त सूचक एवं चिह्नक

(अ) मानव अंगों से जुड़े **मुहावरे** देहभाषा के सूचक (इंडिकेटर्स) माने जा सकते हैं—आँखें झुकाना, ओठ फड़कना, कमर लचकना, भृकुटि तनना आदि।

(आ) मानवीय **व्यवहार** से जुड़ी **कहावतें** भी देहभाषा के अनिर्वचित की सूचक और चिह्नक—दोनों हैं।

(इ) देह के अंगों तथा व्यवहारों के प्रदर्शन के विभिन्न प्रकार—शब्दार्थ शक्तियों तथा प्रतीकों की तरह—सूक्ष्म देहभाषा के अन्तरों तथा अन्तरण के द्योतक हैं।

यथा—एक ही भावदशा को कई सूचकों द्वारा प्रकट करना अथवा एक ही देहभाषा सूचक से कई सूक्ष्म भावान्तरों-व्यवहारों की विश्वसनीयता जाँचना। ये द्विअर्थक, अनेकार्थक, श्लेषपरक होते हैं। [मामल्लपुरम् में तपस्यारत योगी]—

(ई) सामुद्रिक लक्षण तो कोरमकोर देहभाषा चिह्नक हैं ही—गालों पर तिल, ठोढ़ी पर गोदना, त्रिवली, लम्बी नाक, उभरे/पृथुल नितम्ब, वृषभ-स्कन्ध, नुकीली उँगलियाँ, बड़ी-बड़ी आँखें/पुरुष का कपाट वक्ष, आकर्ण नेत्र/आजानु बाहु/अन्यान्य अभिप्राय एवं इन्डेक्स : अंगड़ाई/दाँतों से तिनका कुतरना/पांव के अंगूठे से धरती कुरेदना/ठोढ़ी चूमना/अंक में भरना/हथेली में समा सकने-भर कमर/ऊँघते से मुखड़े को हथेलियों में ले लेना/सवालिया मुद्रा/मेरे मन में तुम्हारा तन मुँद जाता है/पीठ थपथपाना/लहकती-सी तेज साँस/(पार्वती द्वारा—)लीला-कमल की पंखुरियाँ गिनना/अधर की मधुर लाली/मसलन से छिटकी कानों की

लाली/बाँहें उछालकर/उँगलियों का पंखा आँखों के ऊपर बनाकर प्रिय को देखना/जमुहाई लेते समय उँगलियाँ चटकाना (थकान)/अवयवों का उन्मादक रचाव/एक-एक भंगिमा का हृदय को झनझना देना/बालों के ऊपर उँगलियाँ फिराना/गाल को चुटकी से मसल देना/घुटनों तक लहराते केश/उलटे पैरों निकलना/अंगूठा या ठेंगा दिखाना/दाहिनी आँख का फड़कना/दूधिया हँसी-मुस्कानों से धुला-पुंछा शिशु/स्वेदकण पोंछना/अपने ही अंगों में सिमटना-सिकुड़ना/पुरुष के गले में बाँह उलझाकर झूलना/गर्दन घुमाकर लट झटकना/घुटने पर कोहनी टेकना।

इस पायदान पर आकर किसी भी तरह के विधेयक (ऑब्जेक्टिव) शब्दार्थ अपने मूल आशय को तिरोभूत कर देते हैं। वे अनुमोदित-अनुमानित संकेतों-चिह्नों, मुद्राओं-भंगिमाओं में प्रवेश कर जाते हैं। **सम्प्रेषण** अर्थोत्तीर्ण होकर प्रकरण-विनिवेशी हो जाता है। कुछ लुभावने इंगितों के उद्धरण (प्रकरण बदलने पर)—

(i) हाथ उठाकर मुट्ठी बाँधना—
- जुलूस में : हम एक हैं।
- गोष्ठी में : हम सहमत हैं।
- सम्बन्ध में : इरादा पक्का है।

(ii) पलकों का झपकना—
- परिश्रम के कारण : श्लथता।
- आलस्य वश : उनींदापन।
- गन्दगी में : असुन्दर दृश्य।

(iii) ओठों को चाटना—
- धूप में : तृष्णा के कारण।
- मिथुन संग : चुम्बन आमंत्रण।
- सर्प के सामने : भयवश।

(iv) बटन खोलना—
- गर्मी की उमस में : तापमान।
- देह के खिंचाव में : निर्वसन होना।

(v) नीवीं गाँठ खोलना—
- गर्भावस्था में : देह-स्फीति।
- केलि शय्या में : सुरति-सहकार।
- निमंत्रण पर : लिबास बदलकर नई पोषाक की तैयारी।

(vi) निर्वसनता—
- सामाजिक दरिन्दगी में : जोन ऑफ आर्क या फूलन देवी सिन्ड्रोम में प्रतिशोध।
- अतिशय दमन से : बन्धन मुक्ति।
- स्नानागार में : नहाना।

(vii) हाथ मिलाना—
- एक पक्ष द्वारा इतनी गर्मजोशी से प्रतिपक्ष की हथेली दबाना कि उसका उल्लास मरी हुई मछली जैसा हो जाए और उसमें अधीनता की ग्रन्थि बन जाए।

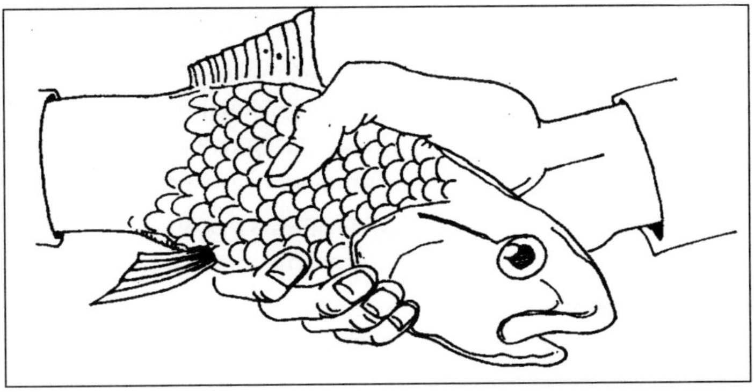

(viii) दीप बालना—
— साँझ हो गई है की व्यंजना।
— नववधू को कोहबर में आना होगा।
— वृद्धों के सोने का प्रबन्ध करें।
— बालकों को पढ़ने बैठना है, इत्यादि।

मूक अभिनय (माइम)

मध्यमा को लाँघते हुए वैखरी के अनुषंग में, अभिनय-त्रयी में-से वाचिक के बगैर आंगिक-आहार्य के द्वारा ही देहभाषा अभिनीत भी की जाती है। प्रसंगशः जरा भारत की प्रथम अवाक् फिल्म 'हरिश्चंद्र' (1913) तथा 'आलम आरा' बोल-चित्रपट (1931) का स्मरण भी किया जाए। फलतः कुछ प्रश्न उठ आते हैं—

(एक) क्या देह के बिना भाषा अस्तित्वमाण है?

(दो) क्या भाषा में केवल कंठनलियों का एक कुलक है?

(तीन) प्रथम कौन है—अनुभाव या शब्द? शब्द या मुद्रा? देह-मुद्रा या उवाच-भाषा?

(चार) क्या शब्दविहीन देहभाषा अथवा देह-मुद्रा एकान्ततः मुमकिन है?

(पाँच) पहले कौन उन्मीलित हुआ—शब्द या मुद्रा? [जवाब होगा—कौन है—नैसर्गिक सम्प्रेषण का माध्यम!] 'परान्य'? ...['स्व' भी तो हो सकता है। स्व-प्रेषित देहभाषा ही सबसे उर्वर भूमि है।]

(छह) देहभाषा मूलतः एक निष्पादन (पर्फामेंस) है। इसलिए क्या दो के बिना सम्प्रेषण हो सकता है?

(सात) क्या भावरहित देह-मुद्रा हो सकती है? आखिर देह किसी-न-किसी मुद्रा (पोस्चर) अथवा स्थिति (पोजीशन) में तो होगी ही। एक हाथ से ताली नहीं बजती; अर्थात् देहभाषा और शाब्दिक भाषा के बीच मूर्त-अमूर्त, चिन्तन-वाच् का प्रकट-अप्रकट रिश्ता तो कायम रहता ही है।

इसलिए मूल मुद्दा यह है कि दो के बीच सुस्पष्ट सम्प्रेषण का माध्यम कौन-सा है—शब्द या मुद्रा? अर्थ या भंगिमा? इसका रहस्य तो छिपा है एक शिशु के भाषा—अधिगम में! या फिर एक विदेशी/अनजानी भाषा को समझने में। ऐसी स्थिति में आंगिक अभिनय/आहार्य देहांगों में; अथवा शिशु की मनोदैहिक प्रतिक्रियाओं-प्रतिबोधों में।

ऐसे में भंगिमाएँ प्रथम तथा मुद्राएँ द्वितीयक होकर आधारभूमिका बनेंगी। हम संसार में

संरचनाओं (स्ट्रकचर्स), समाज में आकृतिबन्धों (पैटर्नंस) का अनुसन्धान करते हैं। उनका अभिज्ञान दो प्रकार से करते हैं : मुद्रा से/शब्दार्थ से। क्या मुद्रात्मक अनुभावों के बिना सम्पूर्ण भाषा सम्प्रेषित की जा सकती है ? कदापि नहीं। मनोविज्ञान तथा देह-दशा का **शाश्वत युग्म** होता है। हम मुद्रात्मक अभिव्यक्ति से जुड़कर भाषा के प्रवाह तथा व्याकरण को आत्मसात् करते हैं।

अतः मौन अभिव्यक्ति ही **मूक अभिनय** है। टूटे हुए वाक्य, जटिल विचार, द्वन्द्वयुक्त तर्क आदि की सम्पूर्ति साथ-साथ मूक अभिनय करते हैं, किंवा वे ही अभिनयात्मक, नृतात्मक मुद्रात्मक **स्वायत्त वाक्य** हो जाया करते हैं। मुद्राएँ शब्द के बजाय अक्षर में अवगाहन करती हैं। वे गूँगी-जैसी हैं, किन्तु बहरी-जैसी नहीं। अभिनय-भाषा में इसका यथावत विस्तार होगा।

अन्ततोगत्वा **देह-वार्ता** (बॉडी टाक) तथा **देह नज़रकशी या चौकसी** (बॉडी वाच) का एक युगल बनता है। पहली के अन्तर्गत हम वाचिक भाषा से तथा दूसरी से पर्यवेक्षण-चितवन-दिग्दर्शन का समाहार करते हैं। मसलन कवि बिहारी ने आँखों के वर्णों की चितवन का उद्घाटन करते हुए कहा है कि उसमें श्वेत रंग अमृत का, श्याम रंग मरण का तथा रतनार रंग मद का अभिकर्ता है। अथच उनकी एकबारगी चितवन ही क्रमशः जिलाती, मारती तथा मदहोशी में झुमाती है।

यहाँ देह की ऐतुद्देशीय वार्ता एवं चौकसी या नज़रकशी से उन्मीलित मुद्राएँ एवं भंगिमाएँ, फिर बिम्ब, व्यंजित हो रहे हैं। इससे प्रकरण-वक्रता (रेफरेंशियल नुआंस) इस त्रिकोण (मुद्रा-भंगिमा-बिम्ब) के चक्रचिह्न बना देती है। इससे ही देहभाषा का अन्तर-माध्यमान्वेषी ऐसे महाकाव्य का संविधान होता है जिसमें 'अभिप्राय एवं प्रतीक चिह्नों तथा मूर्तियों का भी सन्निकर्ष ग्रहण कर लेते हैं। एक भेद यह भी खुलता है कि अवाचिक (नॉन-वर्बल) भाषा में तो बातचीत की प्रमुखतः दुभाषिया जैसी **अर्थान्तर-न्यासी-मुद्राएँ** ही हुआ करती हैं।' ये प्रकारान्तर से **बिम्ब** बनकर एक मौन अर्थवत्ता से मुखर होती हैं। इसे समतोलन (साइनाईस्थीसिस) कह लें। ऐसी दशा में देहभाषा मात्र सम्प्रेषण-कुशलताओं (कम्युनिकेशन स्किल्स) से निर्बन्ध चारों ओर केंद्र-अपसरण करती है क्योंकि चार्ल्स डार्विन तथा बर्डविस्टेल के मुताबिक मानवों में रू-ब-रू सम्प्रेषण से अधिकता तो दूरवर्ती सम्प्रेषण होता है जो अ-वाचिक है तथा यह 65 प्रतिशत से भी अधिक होता है। डार्विन ने तो 'दि इमोशनल एक्सप्रेशन इन मैन एंड एनिमल्स' (1872) में यही निष्कर्ष दिया।

अलबर्ट मेराबियन के मुताबिक तो किसी **सन्देश** के समग्र प्रभाव में तकरीबन सात प्रतिशत वाचिक (केवल शब्द) तथा अड़तीस ध्वन्यात्मक [आवाज के सरगम, (इनफ्लैक्शन) तथा अन्य स्वरादि] तथा कोई पचपन प्रतिशत ही अवाचिक होता है ['टैक्टिक्स इन सोशल इनफ्लुएंस' (1969) तथा 'साइलेंट मैसेजेस' (1971), प्रकाशक : क्रमशः प्रेंटिस हॉल (न्यूजर्सी) तथा वाडस्वर्थ, कैलिफोर्निया]। अतः हम भी इन सभी रूपान्तरणों को शामिल करते हैं क्योंकि ये अवाचिक-वाचिक की धारावाहिक भाषा के सामाजिक प्रकार्य हैं। ये ही महापात्र विश्वनाथ के 'महावाक्य' के आधुनिक दर्पण हैं। इसमें देह-वार्ता तथा देह-नज़रकशी की कान्त मैत्री है।

- व्यापक व्यासरेखा में देहभाषा को निर्भाषिक सम्प्रेषण माना गया है। इसमें देह—अर्थात् मानव-देह—एक जीवन्त जैविक इकाई है। जो वेग (स्पीड), गति (मूवमेंट), स्फुरण (थ्रिल) तथा मुद्रा (जेसचर) द्वारा क्षणे-क्षणे नानाविध रूपान्तरों को अभियोजित करती है। ये उसके अलिखित-अभाषिक **पाठ** है।

जब ये रूढ़ि होकर अभिप्राय, आशय या पारिभाषिक बन जाते हैं तब अभिव्यक्ति की इकाइयाँ मान लिए जाते हैं। ये देहभाषा के सम्प्रेषण का अलिखित क्रियमाण व्याकरण बनाते हैं। सो, **देह** कैसे कहती है ?

देह कहती है नेत्रों से, मुस्कान से, भौंहों से, स्पर्श से, हाथ-पाँव की गति से, मुद्राओं से। अत: देह सीखने से अधिक जीवणे से जुड़ी है।

तो, जीवन्त देह नाट्य में अभिनय से, नृत्य में मुद्रा से, योग में सन्तुलन से, काम-भोग में बन्ध से, खेल-कूद में देह-संचालन से कहती है, प्रकार्य करती है, प्रकर्म सम्पादित करती है।

- अब अगर चित्र एवं शिल्प में हम **सृजित देह** (जीवन्त/जैविक) देह के बजाय अथवा 'निर्मित देह' (वास्तु-पुरुष की) को लें तो वह क्षणे-क्षणे परिवर्तमान रूपों के बजाय एक स्थिर कलावस्तु या कलावास्तु (आर्टिफेक्ट) होगी। चित्र में यह दो आयामों वाली तथा शिल्प में अढ़ाई (रिलीफ के चित्रार्ध में) अथवा तीन आयामों (लम्बाई-चौड़ाई और मोटाई) वाली होगी। वह क्रमश: संरूप या आसन में ढली होगी। उनकी देहभाषाओं में 'प्रभावन देना' (गिव इफेक्ट) होगा तथा हठात् विश्वास (मेक-विलीफ) में आयत्तीकरण करना होगा। उनका प्रभाव भी अन्यान्य होगा—शोभा और शैली। किन्तु उनमें वेग एवं गति तो नहीं ही होगी। उसमें ग्रहीता का प्रत्यक्ष व्यापार भी नहीं होगा क्योंकि उन कृतियों में क्रिया नहीं है।

अतएव एक ही प्रतिमा-संरूप या चित्रफलक विविध आशंसक एवं बहुकालिक क्रमिकता में कई अभिव्यंजनाएँ करेंगे। इसलिए उनमें भी लक्षणा और विमर्श (व्यंजना), प्रकाश (ऊहा) होगा।

इसलिए देहभाषा **दो प्रशाखाओं** वाली हो जाती है—(i) जीवित मानवों की तथा (ii) कृतियों-निर्माणों की (भी)।

दैहिक तथा भाषिक सम्प्रेषण : समानान्तर और प्रतिपूरक

ग्रीक नाटककार—ईस्किलस (ई.पू. 525-456) ने 'एगामेमनन' में लिखा था, 'अगर हमारी भाषा के कपाट तुम्हारे लिए बन्द हैं और तुम हमारे तर्कों को भी नहीं समझते तो हमसे वाक् (व्यॉइल) के बजाय बर्बर मुद्राओं में वार्ता करो।'

हम इसे निथार कर कह सकते हैं कि वाचिक सम्प्रेषण के अर्थों के समर्थन में देह सक्रियमाण हो जाती है और उसके माध्यम मुद्राएँ, स्वराघात, गतिवत्ता, स्पन्दन आदि हैं। तात्पर्य यह है कि केवल शब्द सम्पूर्ण अर्थ नहीं प्रेषित करते। यही देहभाषा की धुरी है। हम भाषण या संवाद के नेपथ्य में मुद्राओं के गतिक प्रकर्म में, तदुपरान्त देह की आभ्यन्तरिक वृत्तियों—अर्थात् परा, पश्यन्ती, मध्यमा—में पैठते हैं। मूल मुद्दा **दैहिक सम्प्रेषण** का है।

आधुनिक युग में हम बर्बर-मुद्राओं तथा नृशंस हरकतों का आश्रय नहीं लेते। हम दैहिक सम्प्रेषण के लिए संकेत (साइन)—संचेत (सिग्नल)—सूचक (इंडिकेटर)—मुद्रा (पोश्चर) से कूट (कोड) तक की छानबीन करते हैं। हम चल मुद्रा-शास्त्र (काइनेस्टिक्स) द्वारा देहगतियों अर्थात् देह और गति के माध्यम से सम्प्रेषण करते हैं। इस पैराडाइम में मुद्रा अपेक्षाकृत स्थिर है। सो, देह-स्पन्द द्वारा सम्प्रेषण होता है। इसीलिए एडवर्ड शेपीर ने कहा है कि शारीरिक मुद्रा-भंगिमा एक कूट है जिसे सफल सम्प्रेषण के लिए **सीखा** जाना चाहिए। इसी सीखने में खेलकूद, योग, काम-बन्ध, नाट्य, नृत्य आदि अपने-अपने कूट-कोशों के साथ मौजूद होते हैं तथा विविध-विभिन्न देहभाषाओं का विन्यास करते हैं। आधुनिक नृभाषिकी

तथा समाज–भाषिकी में केवल एकायामी देहभाषा पर ही बलाघात होता आया है। देह–व्यवहार के एक नहीं, अनेक विशिष्ट कूट होते हैं। अत: नए कूट–सम्प्रेषण के नए क्षेत्र हैं। इसीलिए मुद्रात्मकता को नए–नए प्रादर्श (मॉडल) की तलाश हुई।

सो, मानव को बर्बर मुद्राओं की जरूरत नहीं है। वह ईडन–कानन में अध:पतित फरिश्ता नहीं, बल्कि नृ–वानर से ऊर्ध्वारोहित नृ–मानव (होमो सेपिएंस) है। अथच वानरों के मुकाबले में भी चिम्पांजी नृ–वानर मानवों के ज्यादा नजदीकी है। प्राचीन भारतीय दार्शनिक चिन्तन में ईश्वर भी मानव–देह धारण करके धरती को ही स्वर्ग बनाने के लिए **अवरोहण** अर्थात् अवतार लेता है, जबकि जैविक मानव प्राणी दीप्तिमान होने के हेतु **आरोहण** करता है। वह नृ–वानर से नृ–मानुष होने के प्रक्रिया में काल और नियति, राग और विद्या तथा कला की पाँच कंचुकीय विभूतियों से संयुक्त असीम शक्तिमान होता गया।

मानव–जीव जड़ और चेतन तत्त्वों की एक डायलेक्टिक्स है। वह (नर/नारी) युगल रूप में भी अदृश्य है। वह **मूल प्रकृति** *[मूल प्रकृति के आठ विभाग हैं–मूल प्रकृति, महत्, अहंकार, पाँच तन्मात्राएँ (शब्द, स्पर्श, रूप, रस, गंध)। ...कालान्तर में मूल प्रकृति से ही अन्य सोलह तत्त्व (वि–कृतियाँ) पैदा होते हैं। ये 'विकार' हैं–पंचमहाभूत (पृथ्वी, जल, अग्नि, वायु, आकाश); पंच ज्ञानेंद्रियाँ (श्रोत, त्वचा, नेत्र, रसना, प्राण); पाँच कर्मेंद्रियाँ (हाथ, पैर, जिह्वा, उपस्थ (भग, लिंग) गुदा) तथा एक मन।]* की असीम शक्ति प्राप्त करके **पूर्ण पुरुष** हो जाता है। देहभाषा के चक्रचिह्नों के लिए ऐसे ही मनुष्य (पुरुष/स्त्री) का निर्वचन, निरूपण, निर्माण होता आया है।

इस भाँति 'पुरुष' तथा प्रकृति में द्वैत है, विशिष्ट द्वैत है, परन्तु द्वन्द्व नहीं है।

इसी लड़ी में योग एवं काम देहभाषा के कई छुपाव–दुराव खोल सकते हैं।

देहांगों पर कई प्रकार की **किरणें** कई ढंग से प्रभाव तथा परिवर्तन निष्पादित करती हैं; जैसे, एक्स–किरणें, परा–बैंगनी किरणें, अव–रक्त किरणें, लेसर–किरणें, गामा–किरणें आदि।

इसी प्रकार **क्रोड़–मांसपेशियाँ** (कोर–मसल्स) भी देह की संरूपता, समझदारी तथा आशंसा का केंद्रीय भावन करती है—सर्वोत्तम परिणाम तथा न्यूनतम पीड़ाघात! क्रोड़–पेशियाँ द्विशाखीय पेशियों द्वारा उभार और कठोरता के विपरीत बल एवं शक्ति देती हैं, आकार को लम्बा बढ़ाती हैं तथा काया और मेरुदंड को चोटिल नहीं होने देतीं। ये क्रोड़–पेशियाँ गुदा–योनि–लिंग की, उदर (एब्डोमेन) की, मेरुदंडता की, श्रोणि–प्रदेश की, कलाई और चरण–पंजों की, कन्धों और घुटनों की अन्तर्बाह्य संचालिका होती हैं। ये विशेषतया रीढ़, श्रोणि तथा कन्धों को सुस्थिर करती हैं, मुद्राओं एवं काया की कतारबन्धता (एलाइनमेंट) को सुधारती हैं, क्रियाएँ करते वक्त देह के वजन का, परिवर्तित गुरुत्वाकर्षण—केंद्र के अनुसार, वितरण करती हैं। वस्तुत: ये एक आदर्श सन्तुलन एवं सहिष्णुता का विधान करती हैं। कुल मिलाकर **लावण्य** (ग्रेस) और **तरलता** (फ्लुडिटी) के संवर्धन के हेतु काया की क्रोड़–मांसपेशियों का मजबूत होना लाजिमी है (पहलवानी के सन्दर्भ इतर होंगे)।

इसीलिए मल्ल–व्यायाम और चूर–चूर परिश्रम के विपरीत **योग** की श्रेष्ठता की अधिष्ठापना होती है। योग में स्फीत, सुदृढ़, सुडौल काया के बजाय सुकोमल, स्वस्थ, सुन्दर, सुदृढ़ और सन्तुलित काया लक्ष्य होती है। अत: योग और एरोबिक और काम–बन्ध के बीच एकतान व्यापार होता है जिसकी धुरी समाधि (एकाग्रता), सहिष्णुता तथा सन्तुलन है। देह की ऐसी दार्शनिक परियोजना में आसनों तथा मुद्राओं का सही ढंग से निष्पादन बेहद अनिवार्य है। उसमें शरीर तंत्र (ऐनाटमी) का शैलीय रूपायन एवं अतिक्रमण होता है। योग देह और मेरुदंड को चोटिल–शिथिल और तनावयुक्त नहीं होने देता।

मुनि वात्स्यायन तथा पंडित कोका द्वारा प्रदेशाभिधान परक, और यूरोपीय मार्गरेट मीड एवं ब्रोनिस्लाव मेलिनोवस्की द्वारा आदिम एवं अतिआदिम पाषणयुगीन आर-पारीण सांस्कृतिक अध्ययनों ने विशिष्ट संस्कृतियों में व्यापक सैक्स-व्यवहारों और मिजाजों-अभ्यासों ने नृतत्व शास्त्रीय एवं सौन्दर्यबोधशास्त्रीय आयाम भी उद्‌घाटित किए हैं। इस तरह के अभिज्ञानों से रहनी की संवेगात्मक स्थितियाँ तथा देह की सत्ता की सुखभोगी दशाएँ गहराई से, ओजस्विता से अभिलक्षित होती हैं।

सेमुएल डंकेल देह-भाषिक चक्रचिह्न बताते हैं कि उत्थित लिंग (पीनिस), सूजन से अरुणाया भग-शिश्न (क्लिटॉरिस), तने हुए कठोर कुचाग्र संवेगात्मक स्थितियों के प्रमापक हैं। नपुंसकता अथवा चिन्ताग्रस्तता में ये लक्षण अन्यथा हो जाया करते हैं तथापि एक जीवन्त सैक्स-सम्बन्धता के **पाँच** दैहिक लक्षण हैं : घनिष्ठता, स्वत:स्फूर्ति, दैहिकता, प्रतिबद्धता एवं सम्भोग-सुख। इनमें से हर व्यक्ति के अपनी-अपनी प्रणय-अवस्थाएँ और सैक्स-व्यवहारों के आकृतिबन्ध हुआ करते हैं। डंकेल ने आगे देहोत्तेजना के **चार** चरण भी गिनाए हैं : उत्तेजना-चरण, समयावधि-चरण, चरमोन्माद-क्षरण और समाधेय चरण ['लव लाइब्ज' ऐरो बुक्स लन्दन, 1982]। कामचक्र में चिन्ता तथा हताशा प्रबल बाधा हैं।

इस तरह से देह की **कामचक्र-पूजा** पूरा घूर्णन कर लेती है।

हम मुनि वात्स्यायन, पंडित कोका, कल्याण मल्ल, प्रौढ़ देवराज, हेवलॉक ऐलिस, किन्से तथा कीटिंग, मेलिनोवस्की आदि के अनुसन्धानों को वैज्ञानिक, वास्तविक तथा यथातथा स्वीकार्य मानते हैं। कीटिंग ने आर्नल्ड टायन्बी के मत को उद्‌धृत करते हुए बताया कि—प्रगतिशील संस्कृति वही है जो अपने युवा एवं प्रौढ़ों के सैक्स-अनुभवों को विलम्बित करती है, (ब्रूनो बेटेल हाइम के अनुसार भी) अगर कोई समाज सैक्स को टैबू नहीं करता तो उसके बालक सापेक्ष यौन स्वाधीनता में वयस्क होंगे। किन्तु यहाँ से हमें 'आदिमता' के आयाम में दौड़ नहीं लगा लेनी है। यारों, समझ लें।

हमें यह स्वीकार्य है कि देह-व्यवहार तथा देह-स्पन्द विचित्र कूट है। इनका संरचनात्मक-व्यवहारवादी अध्ययन वैयक्तिक तथा सामाजिक दृष्टिकोणों से किया जा सकता है। ये ही हमें परवर्ती 'भाषिकीय तथ्य' की ओर ले जाते हैं।

अतएव देह-व्यवहार के संरूप (आइकन) में **मुद्रा** (जेस्चर) प्राथमिक है और **प्रोक्ति** (ध्वनि/शब्द/वाक्य/अनुच्छेद/डिस्कोर्स) द्वितीयक। सेपिर के मुताबिक प्रोक्ति का (भी) अध्ययन पृथक्-पृथक् विश्लेषणनीय स्तरों की क्रमश्रेणी (सीरीज) के रूप में हो सकता है। हम ऐसे समग्र प्रोक्ति-काम प्लेक्स में ठीक-ठीक वहाँ अंगूठा रख सकते हैं जहाँ ऐसा-वैसा येन-केन-प्रकारेण निर्णय हासिल होता है। अत: प्रोक्ति के सम्प्रेषण के भी विलक्षण स्तर हैं। तदपि हम उन स्तरों के साथ देह-व्यवहार की सम्बन्धता का प्रत्यभिज्ञान कर सकते हैं। इससे वाचिक भाषा तथा निर्वाचिक देहभाषा में एकतान व्यापार झिलमिलाता मिलेगा। हम आद्य संकेत-चक्रचिह्न, मूक अभिनय, प्रतीकवाद, रहस्यवादी भंगिमाओं का अवकूटन कर सकते हैं। यह तथ्य अवश्यमेव ध्यान में रखना होगा कि मुद्रापरक संकेतों वाली देहभाषा व्याकरण मुक्त है। उसके शब्दकोश नहीं हैं। अगर वह विशिष्ट कलाओं-विधाओं-कार्यों की हैं तो उसमें शास्त्रीय तथा रीतिबद्ध पारिभाषिक हैं। इस दशा का शिखर चलमुद्राशास्त्रीय (काइनेस्टिकल) नृत्यलिपि रचना (कोरियोग्राफी) है जो निष्पादन में संकेतों एवं कूटों एवं मुद्राओं का नियमन करती है। दूसरे नाट्याभिनय द्वारा भी संवेदनाओं तथा संवेगों की पहचान की जाती है। तो हम दावा करते हैं कि देह-व्यवहार में अर्थ का लोप नहीं होता। इसका प्रमाण शिशु की गतिवत्ता वाली मुद्राएँ हैं। यह कहने में भी कोई आपत्ति नहीं होनी चाहिए कि **मुद्रा-रूपिम** (जेसचरल मॉर्फीम) होते हैं। अलबत्ता इससे ही मुद्राएँ भाषा से विच्छिन्न हो जाती हैं।

सो, मुद्राओं के रूपिमों (मार्फीम्स) के तीन तत्त्व हो सकते हैं—1. अवस्थिति (पोजीशन), 2. परिरूपण (कानफिगरेशन) तथा 3. गतिवत्ता (मूवमेंट)।

उदाहरण :

भौंह

मस्तक–गति

हाथ–गति

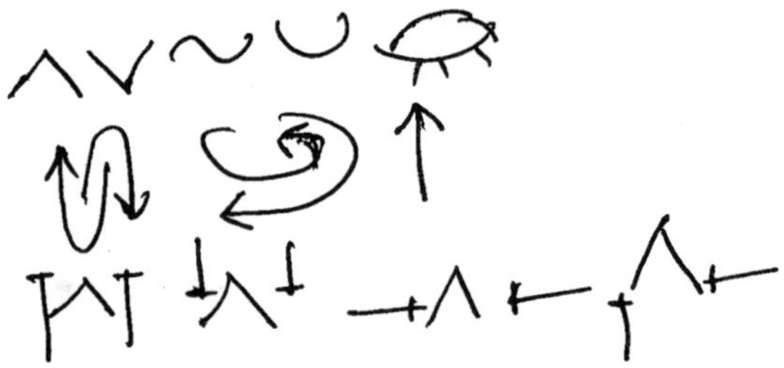

ऐसी ही ज्योमितिक आकृतियों द्वारा शिर की, पलकों की, अधरों की, ठोढ़ी की, कन्धे-हथेली की, कटि–जाँघ–नितम्ब की, पाँव की मुद्रा–संहिता प्राक्–कल्पित की जा सकती है। उसकी समानान्तर अन्तर–सांस्कृतिक तुलना भी की जा सकती है।

देह को संस्कार, कर्मकांड, अनुष्ठान भी रूढ़–प्रारूपी (स्टीरियोटाइप) बनाते हैं, यथा—**पुण्य कर्म** करो (देह नाशवान है), **दिव्यता** से पवित्र बनाएँ (देह अपावन है) एवं **मोक्ष** या **निर्वाण** या **मुक्ति** (देह का मरण)।

अन्तिम महासूत्र : देह तथा भाषा की अश्विनता और समानान्तरता के कारण **मुद्रा** की उभयात्मक स्थितियाँ हो सकती हैं—(i) वाक्–इतर तथा (ii) वाक्–संयुक्त।

[इ] देहभाषाएँ

हमारी प्रथम प्रतिज्ञा एक देहभाषा से अनेक **देहभाषाओं** के संसार में अनुप्रवेश की है। अत: एकरेखाक देहभाषा से इतर बहुविध–बहुलधर्मी देहभाषाएँ हमारा प्रेय तथा श्रेय हो सकती हैं। यही हमारी अनिवार्यता, फलत: स्वतंत्रता है।

इसलिए मानव–देह की धुरी में केवल **शब्द** अनुपस्थित है। **रूप** का वितान और बंधान छा गया है। एकरेखाक देहभाषा का ऐसा प्रदेय रहा है।

तथापि रूप से अतिरिक्त और अतिशय **रस** है, **गंध** है, **स्पर्श** है। इससे बहुविधेन मांसपेशियों तथा अस्थि–जोड़ों की मुद्राओं एवं गतिविधियों के साथ–साथ अब स्नायुचक्र तथा मनस्तत्व के स्पन्दन भी स्पर्श–गंध–रस द्वारा शामिल होते हैं।

यही सारतत्त्व है देहभाषा तथा देहभाषाओं का। इसकी मूलाधार जैविक तथा जीवित समस्त इंद्रियों समेत देह है। अतएव अनेक देहभाषाओं के अपने–अपने, पृथक् और संयुक्त, मुद्रा–गतियों के, पारिभाषिक–आनुष्ठानिक शब्दबन्धों के निश्चित–ध्वान्त, एकायामी–बहुआयामी, केंद्रापसारी–केंद्राभिसारी, संकेत–चक्रचिह्नों के कुलक (सेट्स) **नए भाषालोक** का त्रिपुर बनाएँगे।

यह शब्दविहीन त्रिलोक त्रिपुरसुन्दरी तथा त्रिपुरभैरवी के स्वप्नों का है। यह सांकेतिक–चिह्नक–मन्तव्य–मनोरथ परक है। इसमें छिपी देहभाषा तथा रहस्यात्मक देहभाषा की लीलाएँ हैं। इनकी सार्थवत्ता निकालने का परिणाम सांस्कृतिक होगा, वर्ना एकरेखाक भाषा की भाँति फिसल पड़े तो हर गंगा!

देहभाषाओं के बहुसांस्कृतिक कूट-संकेत

अतः देहभाषाओं के नए अवाचिक भाषा-लोक का संविश्चमत्कार अनुष्ठानों में, नृत्य और नाट्य में, योग और काम में, चित्र और शिल्प में, परिधान और मुखौटों-गोदनों में, अलक्षित गौरवशाली है। वह चमत्कार आदेशात्मक-सन्देशात्मक-लक्षणबद्ध तथा विश्वास-केंद्रित है। उसमें मिथक एवं भाषा के पश्यन्ती-मध्यमा वृत्तियों की शोभा छायाएँ जगर-मगर करती हैं। वे संस्कृति-प्रदर्शक हैं। यह एक विराट् मूल्य-अभियान है।

अतएव देह, देह का स्वरूप, देह का रस, देह का (त्वचोद्‌भूत) स्पर्श, देह की गंध आदि का संयोजन देह के नाना प्रकार्य तथा प्रकर्म को प्रदर्शित करते हैं। वे नृत्य और नाट्य, काम और योग, यौद्धेयता और खेल-कूद, परिधान (देह की द्वितीयक त्वचा) और देह-मंडन-लेपन आदि की देहभाषाओं का विधान करती हैं। वे कई शास्त्रों एवं अनुष्ठानों से अनुशासित-नियमित हैं। अतः वे प्रतिनिधि, प्रतीक तथा अभिप्राय परक भी हो जाया करती है।

निष्कर्षरूपेण कहा जा सकता है कि देहभाषाओं की शब्दविहीनता तो स्थायी है। परन्तु इन्हें केवल अवाचिक-असंलक्ष्य मुद्रा-भंगिमा, गति-कार्य, व्यवहार-आचरण में ही संकुचित नहीं किया जा सकता। ऐसा करने पर हम 'व्यवहारवादी मनोविज्ञान' की एकांगिता में संकुचित हो जाएँगे।

अपनी देह : निष्कर्षरूपेण हम भी खुद से सवाल करते हैं कि मितराँ, हम-आप अपनी देह को ही कितना, कहाँ जानते हैं ? क्या हम आदमकद आइने के सम्मुख नग्न होकर अपनी पेशी देते हैं ? अतः हमारे लघुदर्पण-बिम्ब बेहद छोटे, लेकिन छाया-बिम्ब बेहद बड़े हो जाते हैं। हम ताउम्र देह को क्षणभंगुर, अपवित्र ? पंकिल ? षट् रिपुओं का लाक्षागृह भी माने रहते हैं।

दुविधाओं में हम तो देह-शोभा का भी देह-दुराव करते हुए यौवन बिता देते हैं। क्या हम **अपनी देह** की पहचान बेहद मुश्किल बना चुके हैं ? हमने देह को अवांछित सरहदों की सुरक्षा में, अन्दर से खंड-खंड कर डाला हूँ। हमारी सरहदों की टूटन हिंसक और फूहड़ हो जाया करती है। हम तो सुन्दर सपने और भरपूर फान्तासियाँ भी भोगने में शरमाते हैं। क्या हम रेत के पुतले हैं ?

यह भी सच है कि देहभाषा **एक गन्दे अजनबी** के सामने अनिश्चित देहाचार करती है और हमारी देह-शोभा देह-दुराव में कच्छपीय हो जाती है। हम देह-शोभा में अपनी अभिवृत्ति (एटीच्यूड) का न तो उद्‌घाटन कर पाते हैं और न ही कामनाओं का प्रदर्शन। आत्मनिर्वासन (सेल्फ-ऐतियेनेशन) की अचीन्ही दशा में **एक अजनबी** से प्रथम साक्षात्कार में ही सरहदों की सुरक्षा हमें डरावनी/लुभावनी फान्तासियों में भरमा देती हैं। देह की सरहदों का टूटना असम्भव-सा हो जाता है। सुखदायी सैक्स बनाम क्रूरता, यंत्रणा और आह्लाद के अन्तर्विरोधों में हमारा आत्म-सार्थकता वाला संघर्ष चला करता है। इसलिए देहभाषाओं की यह संहिता हमारी देह तथा देहभाषाओं का रिनैसाई स्वर्ण युगान्तकारी अभिज्ञान हो सकेगी।

हम देह के सर्जनात्मक तथा सौन्दर्यबोधात्मक और समाजसांस्कृतिक बिम्बों की तलाश देहभाषाओं के अभियानों द्वारा करने को कृत-संकल्पित हैं। अस्तु—

देहभाषाएँ जीवित मानव-देह, जैविक मानव-देह से अनुस्यूत हैं। ये उपन्यास-नाटक-कहानी-महाकाव्य आदि के साहित्य के काल्पनिक पात्रों एवं वाकयों-घटनाओं से मनमाना या शून्यवत् सरोकार रखती हैं, यदाकदा उदाहरण-दृष्टान्तों के सिवाय। वर्तमान तथा अतीत में जो कुछ जीवन्त है, सत्तावत् है, जीवित है, घट रहा है, घट चुका है उसके यथार्थ एवं वास्तविक परिप्रेक्ष्य से ही यह अन्तर्भुक्त है। इसलिए इसमें संकेत-तात्पर्य, मुद्रा-भंगिमा, गति-कार्य का ही मूलाधार है तथा उनका सम्भावनापरक दुभाषियापन है। इसमें साहित्यिक आलोचना के मानदंड अप्रासंगिक हैं। निस्पादन-अनुष्ठान-अभिनय-नृत्य-योग-काम-शास्त्र आदि में

दुङ्ह्वांग-महोत्सव में 'उड़ती हुई अप्सराएँ' का अभिनय करती चीनी नर्तकियाँ (2009)
[कई देह-भाषियों का संयोजन वस्तुतः वास्तुशास्त्रीय होता है।]

देहभाषिक चक्रचिह्न प्रायः शास्त्रों एवं पारिभाषिकों तथा शब्दबन्धों द्वारा निश्चित-निर्धारित हैं। इनकी क-ख-अक्ष रेखा कर्मक-अकर्मक क्रियाओं तथा स्पन्दित मुद्राओं-भंगिमाओं-भावों वाली हैं। अतः यह अर्थभ्रान्ति तथा नियोजित कार्य के ध्रुवान्तों में अथवा अनुमिति के तर्केतर छायाओं-उपछायाओं में द्वन्द्व-दुविधायुक्त रहती है। इसकी प्रथमान्तिम शर्त यही है कि यह निर्भाषिक तथा अवाचिक है। इसके कर्ता जीवित मनुष्य तथा मानव-समाज, सामाजिक व्यवहार तथा व्यक्तिगत आचरण हैं।

अलबत्ता एक अन्तर्विरोध भी अभिलक्षित होता है जब हमारा मुकाबला चित्रफलक तथा शिल्पप्रतिमा से होता है। ये दोनों दृश्यात्मक हैं, स्थिर हैं, परिवर्तमान गति एवं मुद्रा से विहीन हैं। अतः हम इनकी देहभाषा की अनुमित व्यंजना कर सकते हैं। इस प्रकर्म में भी वास्तुसूत्र तथा चित्रसूत्र के पारिभाषिक हमारी अन्वीक्षा के साक्षी हो जाते हैं। वस्तुतः यहाँ एक अवाचिक दृश्य कृति की देहभाषा का साक्षर भाष्य किया जाता है। अतः अवचनीय देहभाषा की हम अपनी वाक् द्वारा प्रतीति करते हैं। हम दृश्यकृति को जीवित-जीवन्त जानकर उसकी देहभाषा का बंधान तथा वितान बनाते हैं।

तो देहभाषा में जब शब्द स्तब्ध हो गए। तब रूप, रस, गंध और स्पर्श की इंद्रियाँ ही सम्प्रेषण और अनुभवन कराएँगी। अतएव देहभाषा की किसी भी संहिता में चित्र के सादृश्य तथा व्याख्याएँ संकेत एवं चिह्नों के बराबर का महत्त्व रखते हैं। अतः अवाचिक देहभाषा का दूसरा आयाम है **चित्रमयता** (रूपायन)। इसके अनुषंग में ही रस-गंध-स्पर्श की त्रयी देहछायाओं की छवि पूरा करती है।

हमारी कार्यशीलता की दिशाएँ भी उपर्युक्त हैं। देह की **गति** (मोशन) तथा **वेग** (बंकिमता,

परिवर्तमानता) तीसरा आयाम है। **मुद्रा** गति को वेग तथा वृत्ति प्रदान करती है। मुद्रा और गति देह के विज्ञान (फिजियोलॉजी) तथा अस्थितंत्र (एनाटमी) पर निर्भर तथा निर्धारक हैं। यह देहभाषा का तीसरा आयाम है। ये ही **देह संरचना** तथा **प्रकार्यों** के विधायक भी हैं।

इसलिए हमारा उस सन्दर्श (विजन) से 180-डिग्री प्रस्थान करना लाजिमी हो जाता है जो देहभाषा को मात्र व्यक्तियों के सम्पर्क, व्यवहार, कार्यक्षेत्र तथा आचरण में संकुचित कर देते हैं। हमने यही किया है और देहभाषा की वाचिक भाषा तथा सांस्कृतिक जीवन की भाषा से अपेक्षित मैत्री भी कराई है।

इसलिए हमें मिथ्या नैतिकता और अश्लीलता तथा प्रतिगामी मर्यादामानों से भी प्रयाण करना पड़ा है क्योंकि निर्भाषिक वितान में हम छिपी तथा रहस्यात्मक देहभाषा के कूटों को कैसे खोलते? रूढ़ियों और प्रतिगामी प्रतिमानों के पीछे चलने पर तो हमारा बेड़ा गर्क हो जाएगा और हम सही दिशा में एक कदम भी आगे नहीं बढ़ा सकेंगे।

निष्कर्षतया, प्रवाचक–दुभाषिए–व्याख्याता को तो मौन देहभाषा का खुलासा शब्दार्थोंवाली समकालीन भाषा में ही करना होता है अर्थात् निर्भाषिक को ही भाषिक आकार–प्रकार देना होता है। हमें देहभाषा–चक्र के अन्तर्गत शब्दों के बजाय स्वरों–ध्वनियों को शामिल करना ही होता है।

पीठ पर देह–कला का चित्रफलक : जिस्म बना कैनवास

सारी दुनिया में बॉडी आर्ट की लोकप्रियता दिनोंदिन बढ़ती जा रही है और साम्यवादी चीन भी इससे अछूता नहीं है। दक्षिणी चीन के गुआंगझाऊ शहर में बॉडी आर्ट की एक प्रदर्शनी आयोजित की गई। इस प्रदर्शनी में प्रस्तुत एक मॉडल ने अपनी पूरी पीठ पर एक क्लासिक पेंटिंग कराई थी, जिसे दर्शकों ने काफी सराहा। यह पेंटिंग 'द ड्रीम ऑफ द रेड चेम्बर' नामक चीनी उपन्यास पर आधारित थी। 200 वर्ष पहले यह उपन्यास जिआ बाओ यू ओर लिन दाइ यू की प्रेमकथा पर लिखा गया था। उपन्यास की ही तरह इस पेंटिंग में भी प्रेमी युगल को एक बगीचे में प्यार करते दिखाया गया है।

तो, मूल धुरी देहोद्भूत लय एवं तालों, छन्द एवं वर्णों, आकृति एवं रंगों की भी है, अगर कौशल–निर्मित कृतियों के रूपप्रद (फिगरेटिव) मानवों के अंकन–निर्माण को लें।

शब्द की, अर्थ की, छन्द की लय के बजाय कौशल–निर्मित कृति में देह की, अंग की, प्रत्यंग की यथार्थ तथा कला–निर्मित लय से हमारा सरोकार हो जाता है। नृत्य में नृत्यांगना की देह, कामासन में मिथुन–देहें ही शब्द–अर्थ–मुद्रा बनकर पूर्णकाम होती हैं। शिल्प में भी रंगविहीनता को पदार्थ का वर्ण तथा गुरुता क्षतिपूर्ति करती है। ऐसे में (दृश्य) कृतियों की भाषाओं के देहभाषा का **अधिभाषा** (मेटा लैंग्वेज) के रूप में विस्तार करके समझा जा सकता है। अधिभाषा का—और देहभाषा की भी—एक समानता है कि दोनों दो धरातलों पर सक्रिय होती हैं और यह सक्रियता **अन्यापदेशिक** (एलिगॉरिकल) है। इसमें 'वस्तु' के प्रस्थान मस्तिष्कोन्मुख की अपेक्षा देहोन्मुख (दिक् परक) होते हैं। अधिभाषा तथा देहभाषा, दोनों ही मानव देह की उत्सवधर्मी हैं। ये बातें ध्यातव्य हैं।

विविधेन समावेशी अधिभाषा में सृजनशीलता अद्भुत, अनुपम तथा अद्वितीय होती है। उसमें चमत्कार तथा एस्थेटिक्षायन संलिप्त होता है। उसकी प्रोक्तियों तथा निर्वचनों एवं निरूपणों के क्रोड़ में कोई **रूपक** (मेटेफर) तो होता ही है, लेकिन उपमान–उपमेय–सम्बन्ध बेहद छायानट हो जाते हैं, किंवा वे उलटे–पुलटे, दूर–पास के तथा एक विधा से

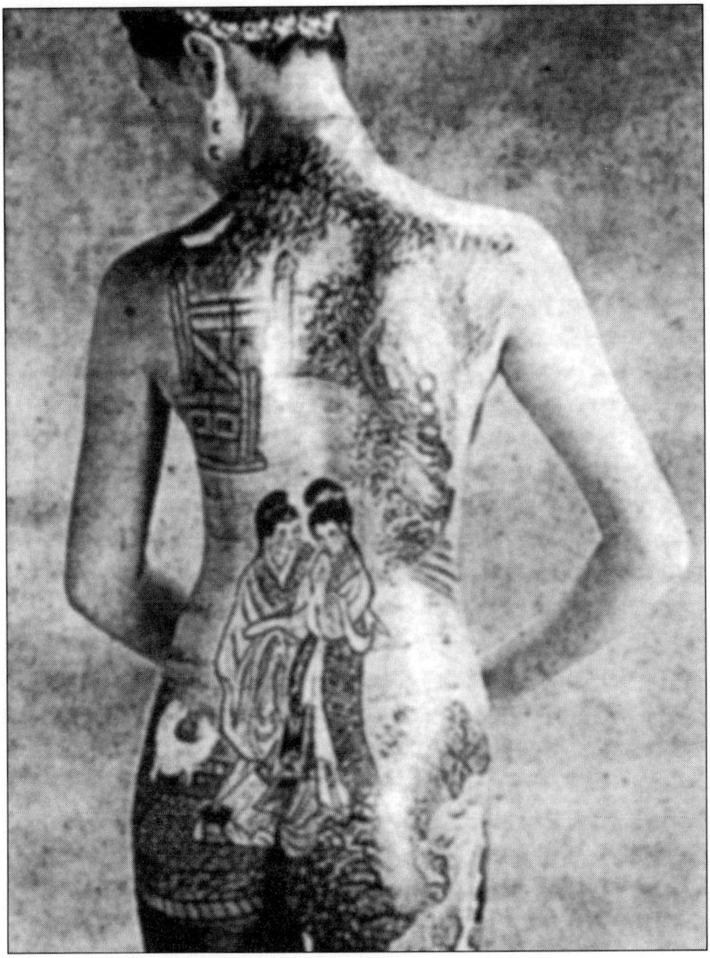

देह-चित्रकार दम्पती : झांग ताइमेई और हुआंग युन

दूसरी विधा में स्थानान्तरण-टैकनोलॉजी (ट्रांस्फर टैकनोलॉजी) से कायान्तरण या कायाकल्प करते जाते हैं। उनमें न तो साम्य होता है, न ही सादृश्य या साधर्म्य। बस, यह प्रतीति निरन्तर होती है कि उपमेय देह तथा विभिन्न सिसृक्षाएँ घुलते-मिलते जाकर एक विनिर्मितिपरक उपमान रसायन बना रहे हैं। अतएव हमें उनके कूट विविध एवं उचित स्रोतों से उद्घाटित करने होते हैं।

हालाँकि, चित्र एवं शिल्प की भाँति, **वास्तु** देहभाषा के वृहद् मंडल में नहीं आती तथापि मात्र ज्ञान विनोद के खातिर हम उसकी चर्चा कर रहे हैं।

भारतीयम (इंडोलॉजी) में **वास्तु पुरुष** की परिकल्पन ही नहीं, परियोजना भी हुई है जो सभी दिशाओं में परिव्याप्त है जिसकी धुरी नाभि है। 'आधुनिक जैविक वास्तुकला' भी उसे सचेतन अंगीकार करती है।

'वास्तु' और 'देह' दोनों में पंचभूत होते हैं। देह में तिरोभूत समाहित होते हैं तो वास्तु में

पृथ्वी (सीमेन्ट, बालू, बजरी, ईंटें, काष्ठ, चूना, काँच, फाइबर ग्लास), निर्माण वस्तुएँ—विभिन्न (रंग), अग्नि (रसोई में), जल (हमाम में), वायु (सुगन्धित उपवन में), आकाश (छतों-मेहराबों-गुम्बदों, झरोखों में) अपने आदि रूप में उपस्थित हैं।

एक वास्तु-कृति की कर्मेन्द्रियाँ होती हैं—विशिष्ट वास्तु-स्थल में विशिष्ट कर्म, विशिष्ट ज्ञानेंद्रियाँ होती हैं। विशिष्ट स्थल के विशिष्ट बोध: शय्या के, अध्ययन कक्ष, शृंगार कक्ष के, पुस्तकालय के। ये प्रकर्म तथा प्रकार्य सीमित तो हैं ही।

वास्तु में 'मानव-देह' की प्रतिकृति तो नहीं होती। किन्तु उनमें कई दृश्य कलाओं को संश्लिष्ट एवं अन्तर्भुक्त किया जाता है। यह विज्ञानाश्रित होती जा रही है।

वास्तुकला के (पर्वत, झोपड़ी, कुंडली, आमलक, तीर-कमान, कमल आदि से) **मॉडल** होते हैं। वास्तुकला की ऐतिहासिक **शैलियाँ** होती हैं। वास्तुकला के **अलंकरण** होते हैं। वास्तुकला के विभिन्न प्रकार्य (अस्पताल, स्कूल, मार्केट, रेलवे स्टेशन, थिएटर, मन्दिर, लाइब्रेरी) भी होते हैं। ये अधिकतर सा-मू-हि-क तथा सा-मा-जि-क होते हैं।

वैयक्तिक भवन और गृह में पारिवारिक आदतों-आवश्यकताओं-भावनाओं का भी ध्यान रखा जाता है।

हमें यह भी आत्मोद्घाटन हुआ जब हमने—'व्यवहारवादी मनोविज्ञान तथा 'मैनरिज्म' (रीतिवाद, के शऊर, सलीकों) के अतिरिक्त, अन्य प्रकार की देहभाषाओं का साक्षात्कार किया। इसलिए हमें अपने अनुचिन्तन की प्राक् कल्पना (हाइपोथीसिस) को विस्तृत करते हुए केंद्रापसारी (सेन्ट्रीफ्यूगल) करना पड़ा। फलत: आगे विवेचित प्रमुख देहभाषाओं के अभिकल्प (पैटर्न) भी खोजने पड़े हैं। हमने यह पाया कि जब-जब नृत्य, अभिनय, शिल्प, चित्र, कर्मकांड, कुश्ती, खेलकूद, योग, काम, आतंक आदि शास्त्र, रूढ़ि अथवा परम्परा द्वारा निर्धारित हो जाते हैं (कुछ क्लासिकी शिखर भी छू लेते हैं), तब-तब वे निर्भाषिक होकर शुद्धरूपेण शब्देतर या अर्थेतर नहीं रह पाते। ग्रहीताजन तत्काल ही उनका कूट खोल देता है क्योंकि वे चिरपरिचित-से होते हैं। यह उन क्षेत्रों में कालपरक संवर्धन का परिणाम होता है। अत: ग्रहीता का संप्रेषण-व्यापार, पारिभाषिक में अन्तर्मुक्त होकर, 'मौन उवाच' (साइलेंट स्पीच) या सर्वज्ञात साक्षी हो जाता है।

अन्ततोगत्वा महासूत्र है : **देहभाषा में शब्द नहीं, मुद्रा और बिम्ब (चित्र)!**

जिस तरह दीवार पर आदमकद **दर्पण** हमारी परिपूर्णता तथा आत्मशक्ति का माध्यम है, उसी तरह निर्भाषिक **देहभाषा** हमारे उपचेतन का दर्पण है। यह हमारी वाचिकता के अधूरेपन को—मुद्रा-भाव-भंगिमादि द्वारा—एक ऐसा देहात्म बनाती है जिसमें चेतन-उपचेतन, ज्ञान-राग, संमूर्तन-संकेतन तथा मौन एवं मुखर संयुक्त हो जाते हैं। इसके साथ ही हमारी अभिव्यक्ति और संप्रेषण भी एकतान हो जाते हैं। यह भी सच है कि वाचिक भाषा तथा निर्भाषिक देहभाषा में स्थायी अनमिल अन्तर्विरोध कदापि नहीं है।

[ई] निर्भाषिक देहभाषा तथा वाचिक भाषा की गूढ़ मैत्री

देहभाषा-व्यापार भी कर्ता-कर्म की अवाचिकता में, मुद्रा-भंगिमा से संप्रेषण करता, एक ऐसा संवाद है जहाँ दोनों ही शब्दों से परे किंचित् चेतन-अचेतन हैं। वे कुछ 'अतिरिक्त' कह रहे हैं।

इस तरह देहभाषा सहवर्ती सहयोगिनी वाचिक भाषा को मापांकित (मोडुलेट) करती है। इसके लिए दोनों का परिवेश अन्त:क्रियाएँ करता है। कर्ता अर्थात् हम, अर्थात् हमारी देह—शब्दों के परे—क्या कहती है? इसके लिए हमें मुद्रा को भी उचित-अनुकूल मौन इशारे-भंगिमाएँ रचनी होती हैं। अत: मुद्रा और वाचिक शब्द के बीच तालमेल बैठता है।

अब कर्म-पक्ष से द्वन्द्व उभरता है कि वह भी शब्दों के परे क्या समझता है। उसका बोध-ग्रहण—बिना उसके जागरूक या सचेतन हुए भी—उसके मनोरथ तथा कर्ता के तात्पर्य के बीच गुत्थम-गुत्थ होगा।

देहभाषा में **संप्रेषण-व्यापार** इन उभय साक्षियों के बगैर सार्थकताबोधक नहीं हो सकता।

अत: देहभाषा सहवर्ती वाचिक भाषा को समायोजित करने के लिए सबसे पहले **पारिभाषिक** गढ़ती है। फिर उन्हें संज्ञा-सर्वनाम/क्रिया-क्रियाविशेषण के साहचर्य में संलिप्त कर देती है। यह सब पश्यन्ती-मध्यमा के गोधूलि-क्षेत्र में घटता रहता है।

पारिभाषिक अथवा शब्दबन्ध (टर्म) की नाममाला के बगैर देहभाषा प्राय: निस्तब्ध ही बनी रहेगी और उभयात्मक संप्रेषण-व्यापार अवरुद्ध रहेगा, किसी भी तरह का, कैसा भी, सार्थक सांकेतिक संप्रेषण नहीं होगा। सभी कुछ इतर तथा इतस्तत: बना रहेगा।

अत: देहभाषा-अनुचिन्तन पर भी लेखन में पारिभाषिकों का निर्धारण अपेक्षित है। व्यवहार में तो अवचेतन धरातल पर अन्तर्वाक्यीय व्याकरण भी चालू रहता है, मसलन, नाट्य में बातचीत का ज्यादा विधान तो अभिनय करने तथा दिखाने अर्थात् इन दोनों द्वारा ही अधिकाधिक आधिकारिक संप्रेषण करने वाला होता है। वैसे ही हम देहभाषा-वृत्त में मुद्राओं तथा पारिभाषिकों, सम्भावित इंगितों तथा व्याख्याओं की पूरकता को समाहित करते हैं। इसलिए क्या इसे भेद का खुलना नहीं मानें कि विवेचन, निरूपण, निर्वचन, निदर्शन में तो दोनों पक्ष ही मुद्राओं, कार्यों, गतियों, भंगिमाओं (भाव-अनुभूति) द्वारा ही मौन संवाद भी कर रहे होते हैं? हम भी उन्हें 'व्यवहारवादी मनोविज्ञान' तथा 'मनोविश्लेषण' के द्वारा प्रोक्तियों में ढालते हैं तथा अनाहूत पारिभाषिकों की भी खूबियाँ खोलते हैं।

अब इसी भूमिका को आगे बढ़ाएँ।

ऐसी दशा का मूलभूत कारण संबद्ध प्रत्यावर्तन (कंडीशन्ड रिफ्लेक्स) से जुड़े मुद्रा के तनाव तथा उनका संवेगों से लगाव है। इस दशा में कर्ता एवं कर्म, हम तथा वे के मुद्रा-प्रकारों तथा गैर-मुद्रात्मक सांस्कृतिक फेनामेनाओं के बीच अन्तर्सम्बन्ध हैं। इसलिए मुद्रात्मक आचरण के मनोवैज्ञानिक तथा सांस्कृतिक आयाम भी उसके कारण में संलग्न हो जाते हैं।

यह मुद्रा का व्यापक परावर्त विस्तार है। सो, विभिन्न प्रकार के कार्यकलाओं (कपड़ा बुनना, लकड़ी की तराशी, शिल्प का उत्कीर्णन, चित्र का वर्णकाभंग, सितार या तबला बजाना आदि) में भी तो विशिष्ट 'रिफ्लेक्स' पैदा होते हैं। वे ही हमें निश्चयात्मकता की ओर उन्मुख करते हैं। इससे हम देहभाषा के विधेयों का अनुमान लगा लेते हैं। शव-संस्कार की कई वर्जनात्मक मुद्राएँ, बच्चे को कनिया में लेने की, सम्भोग में पाँव-पलोटन की, वधू की गोद-भराई की, कार्यालय में विशिष्ट परिधान पहनने की जो मुद्रा-भंगिमाएँ होती हैं, वे देह-कुशलता द्वारा सन्देश-संकेत से भी सम्वर्धित हो जाती हैं।

एक विशेष हाशिया फाइलोजेनेटिक मुद्राओं का लिया जा सकता है। उनकी पर्यावरण के साथ प्रकार्यपरक सम्बन्धता होती है जो प्राय: विज्ञात होती है—पुष्प चयन, भ्रमर-बाधा, योगासन, आलिंगन-प्रकार, ललाट-बिन्दी, शयन-मुद्राएँ, नृत्य में हस्तमुद्राएँ, कुश्ती में दाँव आदि। ...भारत में तो विभिन्न अनुशासनों के अनुसार, मुद्राओं का प्रचुर 'थेसारस' है। आगे—

बायें : नृत्यनाटिका (बैले) में अभिनय की विशिष्ट मुद्रा (पकड़ना) द्वारा असाधारण उपलब्धि तथा भावना की गहराई का आभास।

दायें : यथार्थता में जल की गहराइयों में तैरने की मुद्रा में व्यक्ति। मछली का भी कौतूहल तथा व्यक्ति की एकाग्रता सम्प्रेषण–व्यापार की अवाचिक–भाषिक मैत्री का भेद खोल देते हैं

भाषा तथा देहभाषा की कूट (कोड) परक कान्त मैत्री

'मछली' एक कूट की 'गति–धारा' है।

सारांश यह है कि **मुद्राएँ** बहिर्गत भौतिक जरूरतों की प्रदर्शक अभिव्यक्ति हैं तथा **भंगिमाएँ** बहुधा संवेगों की अभिव्यंजना हैं। ये अन्त:क्रियाओं द्वारा सचेत हैं। ये मानवों के बीच **निर्वाचिक सम्प्रेषण** के आधार हैं।

नृतत्त्ववेत्ता निर्वाचिक व्यवहार–पैटर्नों का, भाषा से साहचर्य कराकर, उन चाबियों तथा पेंचों को हासिल करते हैं जो **गतियों** से ज्यादा महत्त्वपूर्ण **शैली–कुलक** हैं अर्थात् जो मुद्रा एवं भाषा के बीच सम्प्रेषण का व्यापार कराते हैं। यही 'काइनेसिक्स' का भी विधान है। ...यहाँ–वहाँ/आगे–पीछे/ऊपर–नीचे/दाएँ–बाएँ/तिरछे–सीधे/पास–दूर/आदि का इस्तेमाल सभी मानवप्राणी करते हैं। इसके विराट् रूप (मैक्रो) में अवतार–उद्धार/आरोहण–अवरोहण/आक्रोश–क्रान्ति भी परिलक्षित होते हैं। इस विधि से कार्यकुशलता की सुदक्ष तकनीक तथा क्रियान्वयन की सहवर्ती कर्मणा का व्यापक दैहिक प्रशिक्षण भी मिलता है। हम रात–दिन से षट्–ऋतु, अंगूठी से सौरमंडल, दुख से महाकरुणा, चिथड़ा–सुख से आनन्द–समाधि में कालोत्तीर्ण हो जाते हैं।

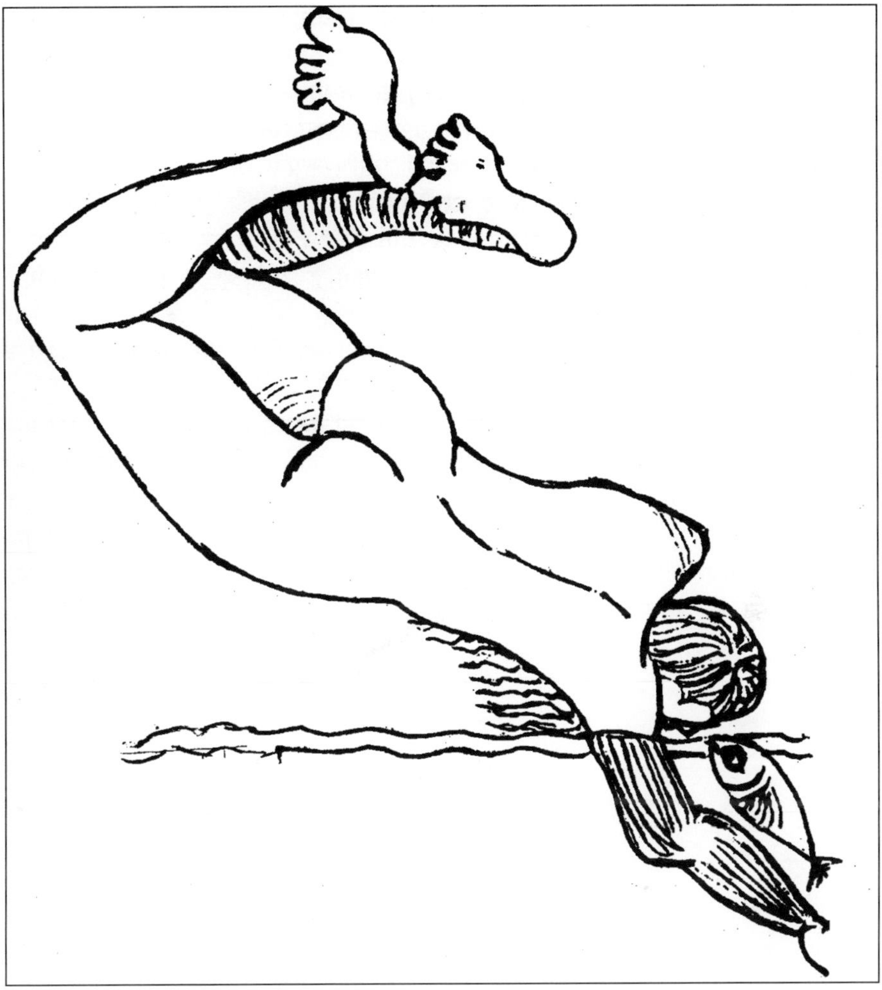

बैले-अभिनेता जल में मछली को दुलार रहा है

[उ] देहभाषा में छिपी वाचिक भाषा का भी छिपा उत्सव मनाया जाता है

द्वैत के कारण ही भाषा—देहभाषा के वर्गीकरण होते हैं।

जो स्तुतियाँ हैं, जो कथाएँ हैं वे मोहनीअट्टम, भरतनाट्यम, कत्थक, कथकलि में जब प्रस्तुत की जाती है तब भी वे मुद्राओं, वेशभूषा, गतियों द्वारा कथा-भाषा की अनुपूरक/सहकारी/स्वतंत्र नृत्य-भाषा का विधान करते हैं।

इसी तरह चित्रकला में भी उसके षडंग कथा-भाषा की तरह चित्र-भाषा का विधान करते हैं।

कामासनों तथा योगासनों में 'एकल मुद्रा' होती है और उसका नामकरण किसी कथा, किसी पशु-पक्षी, किसी आयुध आदि के अनुसार होता है। चीनी संस्कृति में तो यह बेहद काव्य-ललित होती है।

उपर्युक्त दशाओं में एक पक्ष या दोनों पक्षों की व्याकरणिक चाबियाँ **तुलना** द्वारा खोली जा सकती हैं। इनमें शब्दार्थ-मुद्रा-प्रतीकों की धुंधदर्शिता होती है।

लेकिन जब एक ही वृत्त में (वाक् या देह) की चाबी या दोनों की चाबियाँ भिन्न-भिन्न हों तब क्या करें ? तब देहभाषा की अभिधा कदापि नहीं बन सकती। उसके अर्थ का निर्धारण प्रकरण/सन्दर्भ ही करेंगे; अर्थात् एक ही देहभाषा विभिन्न प्रकरणों/सन्दर्भों तथा भिन्न-भिन्न अनुमानों-पूर्वानुमानों को लुकाती-प्रकट करती रहेगी।

- इसके अलावा विशिष्ट संस्कृति के रीति-रिवाज, अनुष्ठान, आचार-व्यवहार भी देहभाषा को यथासम्भव संकेतित कर सकते हैं। हिंदुओं के षोड्स संस्कार भी मिसाल हैं।
- वेश-भूषा तथा सिंगार-आभूषण भी देहभाषा की लिपि को अवकूटित करने का अभिधर्म निबाहते हैं।

अत: यही नतीजा निकलता है कि वाचिक भाषा की एकायमिता को बहुल आयामी बनाने वाली देशभाषाएँ (वेशभूषा, सिंगार, अलंकार, आभूषण) ही हैं। वे वाचिक-भाषा को सम्मूर्ति से आगे मुद्रा से आगे गति या सक्रियता तक ले जाते हैं। वे एक प्रकार से वाचिक-भाषा की निष्पादक (पर्फामर) जैसी हैं। नृत्य और चित्र और संगीत में हम ऐसी अमूर्ततता का सम्मूर्तता में रूपान्तरण परिलक्षित करेंगे। इसे हम वाक्-भाषा का उत्सव कह सकते हैं। यह वाक्-भाषा की नखरीली-ललचौनी अदाकारी भी है।

अध्याय : बारह

देहभाषा के वर्गीकरण का उपागम (एप्रोच) तथा प्रणाली (मेथड)

इस प्रखंड के लिए हमारा एक **त्रिकोण** है—मानव—मानव-देह—मानव-देहभाषा। इसके केंद्र में अशाब्दिक-अवाचिक **रूप** या बिम्ब या छवि या मुद्रा या संकेत हैं।

इसके अन्तर्गत मानव-(I) तथा मानव-देह-(II) मूलरूपेण नृतत्त्वशास्त्र, इतिहास तथा पुरातत्व के क्षेत्र से भी सम्बद्ध है। हमें इसके लिए द्वन्द्व अथवा अन्तर्द्वन्द्व तथा दुविधा का सामना नहीं करना पड़ा है।

इसलिए सम्पूर्ण **रूपरेखा** के इस खंड में **समस्याएँ** नहीं हैं। अत: ये हमारे सुनिश्चित लक्ष्यटेक रहे हैं।

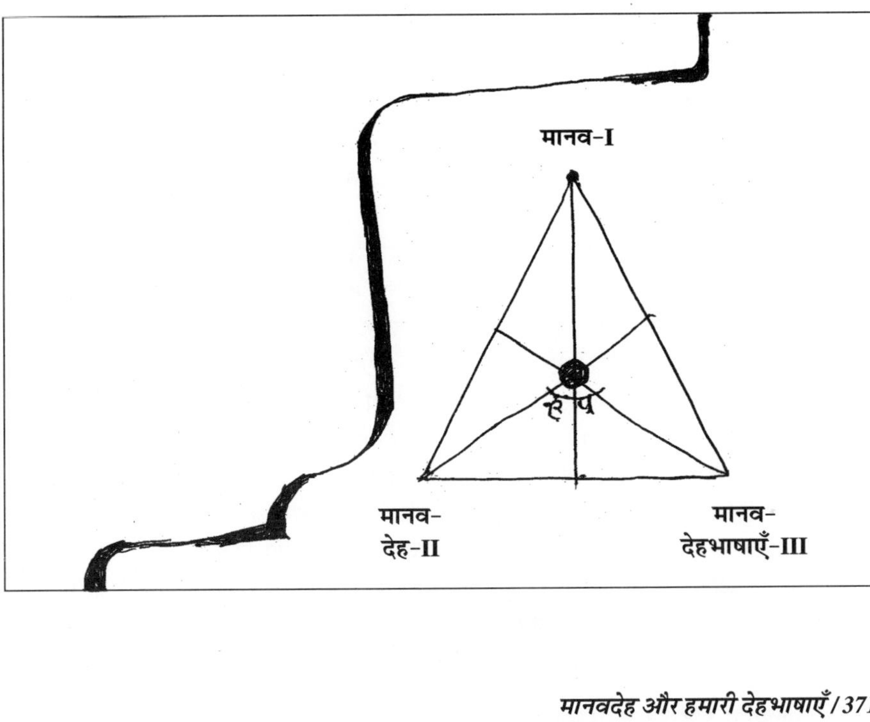

अतएव हम देहवार्ता के चक्र में अनुप्रवेश करते हैं। इसमें देहभाषा तथा देहभाषाएँ लक्ष्यीभूत रहेंगी।

अभी तक ज्यादातर व्यवहारवादी (बिहेवियरिस्टिक) मनोविज्ञान तथा रीतिवादी (मैनसिज्म) की अदाकारी के अन्तर्गत शऊर एवं सलीके की रोज़मर्रा जिन्दगी में निर्देशिकाएँ (गाइड्स) द्वारा देहभाषा को अत्यन्त सीमित-संकुचित कर दिया गया है। हम इसे **ऐकायामी देहभाषा** मानते हैं। यह दैनिक जीवन के यथार्थ में व्यक्तिगत तथा सामाजिक आचरण वाली है और देह के रोज़मर्रा के सामाजिक प्रयोजनों से ही संलिप्त है। इसमें समाजसांस्कृतिक वितान तथा 'सांस्कृतिक पैटर्न' अनुपस्थित-से रहे हैं। हमारा लक्ष्यशर उक्त दोनों भी हैं। हमें यह भी पता है कि देहभाषा—देहभाषाओं में हमारे आश्रय न तो **शब्द** हैं और न ही निर्विकल्प आत्मा। हमें तो आद्योपान्त देहधुरी के अस्तित्व में देहमुद्रा-देहभंगिमा, बिम्ब-छाया की अन्तर्दृष्टि—सन्दर्श की प्रतीतियाँ करनी होंगी।

तदपि ऐकायामी देहभाषा से प्रस्थान करने के लिए हम **रोजमर्रा की जिन्दगी की यथार्थता** का समाजशास्त्रीय परिप्रेक्ष्य याद कर लें। इस यथार्थता के ध्रुवान्त 'यहाँ' (दिक्) एवं 'अभी' (काल) हैं। यह 'रू-ब-रू' अर्थात् आमने-सामने होती है। यह दूरियों से 'वहाँ' एवं विलम्ब से 'तभी' का भी समावेश करती है। सो, इसके रूपाकार साम्प्रतिक तथा गतिक हैं। अतएव ये दर्पण एवं बिम्ब की तरह हैं भी और नहीं भी : यथार्थता एवं भ्रान्ति या बिम्ब और छाया के पारस रूप।

आगे हम 'अखंड देह' तथा 'सम्पूर्ण देह' की अवधारणाओं के उपागम से प्रणाली का पल्लवन करते रहेंगे। 'भोगायतन देह' अगली लक्ष्यटेक होगी।

(क) हम देहभाषाओं के इस **अन्यथाकरण** में अब **अखंड देह** को ले रहे हैं। परन्तु इसमें भी (अमूर्तता एवं अवधारणा के धरातल पर) यथार्थता तथा भ्रांति के द्वंद्वात्मक अन्तर्विरोध वर्तमान रहते हैं।

सृष्टि एवं मानक के उद्‌भव के सर्ग में **नग्नता** ही उसकी नैसर्गिक स्वाभाविक, मिथकीय, निर्भाषिक अवस्था रही थी। इसलिए शताब्दी-दर-शताब्दी आधुनिक युग में भी आभा (टोन), वर्ण (कला), मुद्रा (पोश्चर), भंगिमा (जेश्चर), कर्मण्यता (एक्टिविटी), गतियाँ (मूवमेंट), गतिवेग (स्पीड), समानुपात (प्रोपोर्शंस), तनाव (टेंशन), हर्ष (चियर्स), ओजस्विता (वाइटेलिटी) आदि मनुष्य के अन्तर्बाह्य की अभिव्यंजना करते हैं। इसलिए इनसे ही उन्मीलित देहभाषाएँ हैं और वे विविध हैं।

देह मानव के संवेगात्मक इतिहास तथा अत्यन्त गहरी अनुभूतियों से जुड़ी चीजों को महसूस करती है। वह दैहिक तथा देहेतर एवं देहोत्तर अनुचिन्तन भी करती है। ये उसके चरित्र तथा व्यक्तित्व, वर्गीय समाज तथा बहुविध संस्कृति के द्योतक हैं [दे. 'दि बॉडी रिवील्स', रोन कुर्ज़ और हेक्टर प्रेस्टेस, पृ. यकुम, बेंटम, 1977]।

देह की मांसपेशियों और अस्थिजोड़ों के अचल तथा चलायमान आकृतिबन्ध मनुष्य की देह के अस्तित्व तथा व्यापार के उन्नायक हैं। उनसे ही मुद्राओं तथा रूपोंवाली देहभाषाएँ सन्दर्श (विजन) बुनती हैं। इसलिए, है अखंड देह!

सांस्कृतिक नृतत्त्वशास्त्र की खोज है कि सांस्कृतिक भिन्नता—भाषा की तरह—देहभाषा में विभिन्नता पैदा करती है। इसी के साथ संवेदनात्मक एवं अधोभाषिकीय (मध्यमाजनित) भंगिमाएँ अनिर्वचनीय उप-क्षेत्र की हैं (सेपिर)। यह उनकी अधि/उपरि वृत्ति तथा प्रकृति है।

सो, ईजिप्ट, चीन, भारत, यूनान, मेसोपोटामिया आदि की विभिन्न संस्कृतियों में **उत्पत्ति** के चलते मानव-व्यवहारों में बहुत ही चतुर नीतियाँ विकसित की गई हैं जो आसन, मुद्रा, भंगिमा,

अदा, क्रीड़ा, कला, व्यायाम में संलक्षित होती हैं। इन नीतियों के आधार पशु-पक्षी, औजार-हथियार, व्यायाम-क्रीड़ा से कई साम्य भी रहे हैं। इनका प्राक् **प्रयोजन** है : सृष्टि के विकासक्रम में मानव-वंशबेल को फैलाना। इसके लिए जैविक प्रक्रिया है : प्रजनन के हेतु शुक्राणु एवं डिम्ब का मिलन तथा उस मेल को सुनिश्चित करना। यही सब कुछ **काम** (-देवता) की लीला-क्रीड़ा है। अतः सृष्टि को 'मिथुनीकृत' कहा गया है। इसके लिए प्रकृति में स्तनपायी जीवों में से अधिकांश नर (पुरुष) बहुमादाव्रती होते हैं [जलसिंह (सील), विशेष हरिण, बया] एवं तुलना में नर ज्यादा बड़े एवं बलशाली भी।

देह-मंच पर यौनकाम में मस्तीभरी क्रीड़ा, सुकुमार कला, पीड़ामधुर व्यायाम, उन्मादक सुखभोग और स्वतंत्रतादायक कर्म—इन पाँचों की सायुज्जता होती है, बशर्ते पाप और अपराध और अत्याचार की स्थितियाँ न हों। अतः जुल्म तथा जुर्म तथा गुनाह से स्वतंत्र यह पंचक सम्भोग से समाधि से दिवास्वप्न की सीढ़ियों वाला है। इसके लिए अनेक आर्केटाइपल प्रतीक गढ़े गए हैं : कमल-कुलिश, विवर-सर्प, नली-बिन्दु, सूर्य (अग्नि), पृथ्वी (जल), चीनी यिन-यांग (कछुवा-साँप), ऊर्ध्वमुखी-अधोमुखी त्रिकोण आदि।

इसी अनुक्रम में नग्न-देह तथा आच्छादित देह, वाचिक भाषा तथा **देहभाषा** आती है।

सांख्यदर्शन में पुरुष और प्रकृति स्वतंत्र हैं, जबकि शैव दर्शन में ये अनित्य भी हैं और परतंत्र भी। इसी शैव दर्शन के अन्तर्गत आता है **रसेश्वर दर्शन**। इसके अनुगामी स्वयं को 'माहेश्वर' कहते हैं। कैलाश वाजपेयी : 'अनहद' पेज-70, 2006, रसेश्वर दर्शन का बल देहयष्टि पर है। इसमें पारद (भवसागर से पार करनेवाला) के सेवन के स्वस्थ और सुदृढ़ शरीर प्राप्त होने का विधान है।

महाप्रश्न

हमारी मुक्ति की कल्पना देहावसान के बाद ही क्यों ? अतः आयु की सीमा तथा शरीर क्षीणता/क्षरण की सीमा लाँघकर अर्थात् भोग (क्रिया) और योग (संयम) करके **सदेह मुक्ति** का लक्ष्य है—रसेश्वर दर्शन। देह क्रिया ही तो गति है, जीवन है।

रसेश्वर दर्शन में शुक्र का नाम बिन्दु है। इसकी अधोगति को कालाग्नि तथा ऊर्ध्वगति को रुद्र कहा गया है। **पारद** को शिव का बिन्दु तथा **अभ्रक** को उमा की रज। अतएव बिन्दु को ऊर्ध्वगामी करने पर ही मनुष्य अमरता की कल्पना कर सकता है। यह अमरत्व ही **हठयोग** की साधना है। पुरुष और स्त्री के सहयोग से ही सृष्टि सम्भव है : पुरुष सोम-तत्त्व है और नारी अग्नि-तत्त्व। अतः यह सृष्टि 'अग्नि-सोमीय' है। अतः जब तक दोनों नहीं मिलते, विकास नहीं होता। सिद्ध योगी सरहपा इसके आचार्य हैं। ये वज्रयानी शाखा से भी जुड़े।

(ख) नग्न देह की आदिमता की मुद्राएँ : 'अग्नि-सोमीय' **आलिंगन तथा चुम्बन**

सारत्वतः देह **कला** की तरह है तथा (शब्दहीन) **भाषा** की तरह। कला-हाशियों पर देह पर चित्रांकन, सिंगार, वस्त्राभरण, गोदने, आलेपन करते हैं। भाषा-हाशियों पर सर्वप्रथम नग्नता-निर्वसनता-परिधान के त्याग से प्रकृति को ही अनाच्छादित करते हैं। हम यह **चित्र-शब्द** तथा **मुद्रा-शब्द** द्वारा करते हैं। परिधान की शालीनता के सिद्धान्त (बिकनी, स्ट्रिपटीज, बीच (पुलिन)-पहनावा आदि) दुविधाओं तथा अश्लीलता को सुलगाते हैं। इसलिए देह द्वारा तात्पर्य या मनोरथ के ग्रहण ने नैसर्गिक चिह्नों में सम्प्रेषण की गतियाँ सुझाई हैं। ये भाषिक के बजाय भौतिक-दैहिक हैं।

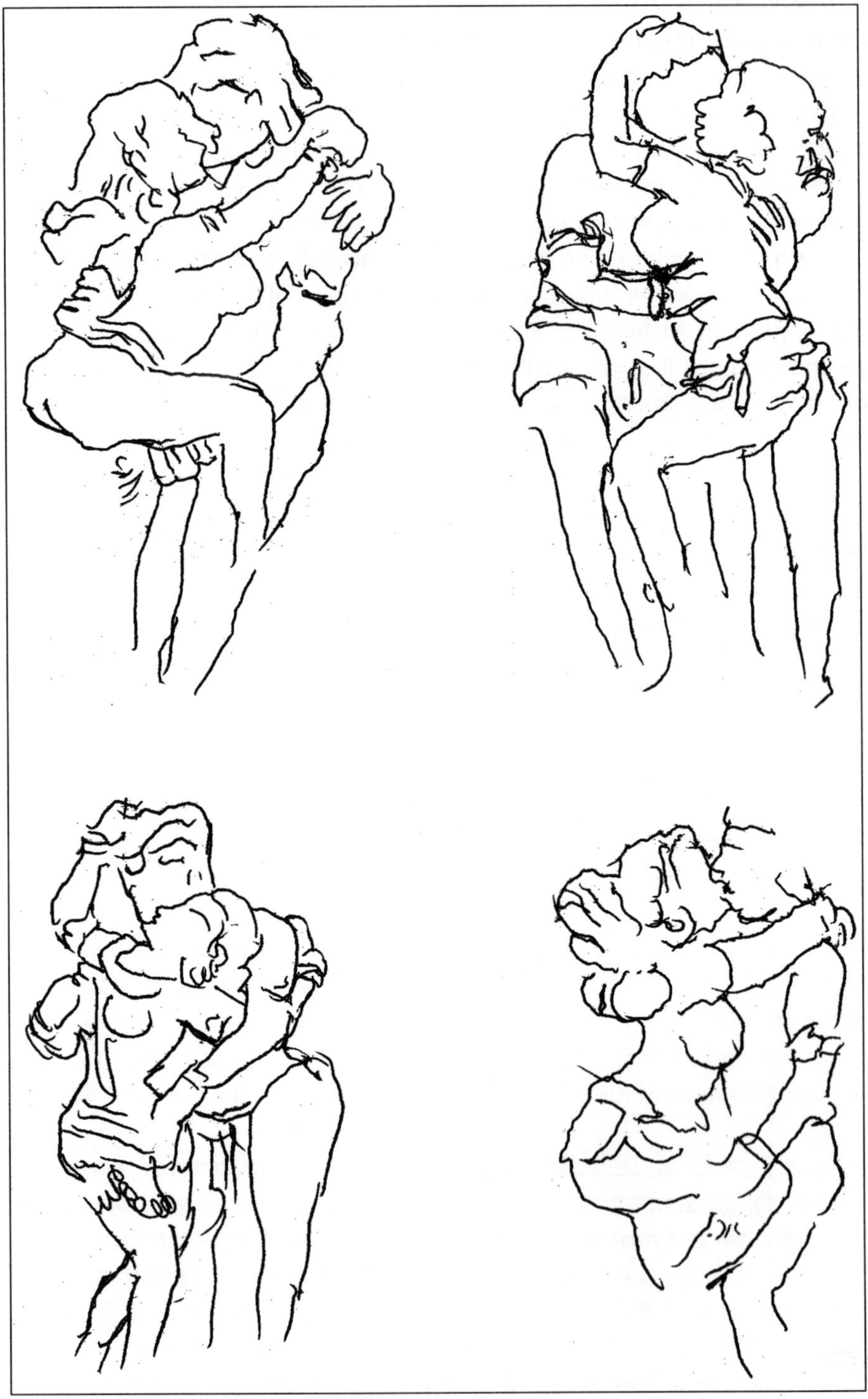

अग्नि एवं सोम-सुरा : राष्ट्रकूट-कला [कैलाश मन्दिर के स्तम्भों में मिथुन]

मुद्रा-शब्द के कई अक्ष हैं—योग द्वारा स्थिर, चिह्न के द्वारा खोजी-जासूस, रूढ़ पन्थ से प्रयाण में निरन्तर आइडियोग्राफ, प्रतीकवत् (तिलक लगाना, आलता रँगना, सिन्दूर धारण करना), देहचिह्नक दृश्य वस्तु या दिक् से सम्बन्धता से सम्प्राप्त आदि।

(ग) देह के अंग ही धारक-धार्य-न्याय वाले हैं। देहभाषा के प्रयोजन के हेतु हमारी **सम्पूर्ण देह** की विनिर्मित (डिकांस्ट्रक्ट)—जैसी होती है। इसके छह **अंग** (सिर, कटि, हाथ, वक्षस्थल-स्तनित भी, पार्श्व, चरण) हैं, छह **उपांग** (आँख, भौंहें, नाक, अधर, कपोल, ठोढ़ी), छह **प्रत्यंग** (कन्धे, बाहु, पीठ, उदर, उरु, जंघा) और एक **जननेंद्रिय** (लिंग या योनि), अर्थात् कुल मिलाकर उन्नीस देहांग हैं। इसी क्रम में हमारी पाँचों इंद्रियों की भी अपनी-अपनी देहभाषाएँ उभरती आती हैं। (अवाचिक न्याय से ही चित्रकला, शिल्पकला, संगीत, वास्तु आदि भी माध्यम-कौशल-निर्मित देहों का सृजन करते हैं। फिर बड़े घेरों में योग-काम, नृत्य-नाट्य, खेलकूद-मल्लता, परिधान, यंत्रणा-शव देह) आदि की भी अपनी-अपनी देहभाषाएँ आन जुड़ती हैं। एक समूह प्रस्तुत हो जाता है और उसका वर्गीकरण भी अनिवार्यता बन जाती है। (हमने **शव** के कपाल तथा अस्थि-कंकाल को भी शामिल किया है)। अस्तु।

अब हम त्रिकोण से आगे **चतुरंग** को लेते हैं। मानव, परिमंडल में देह और भाषा, तथा देहभाषा एवं देहभाषाएँ। देह की नाभि रूप है तथा **भाषा** की शब्द है। **देहभाषा** अवाचिक एकायामी एक मानव केंद्रित होती है जबकि देहभाषाएँ बहुआयामी तथा एक-से अनेक समावेशी भी होती हैं। संलग्न रेखा-न्यास (चार्ट) इसे उजागर करता है—

आगे हम देहभाषा के चौदह-पन्द्रहादि खम्भों वाले भुवन की खिड़कियाँ खोलते चलेंगे।

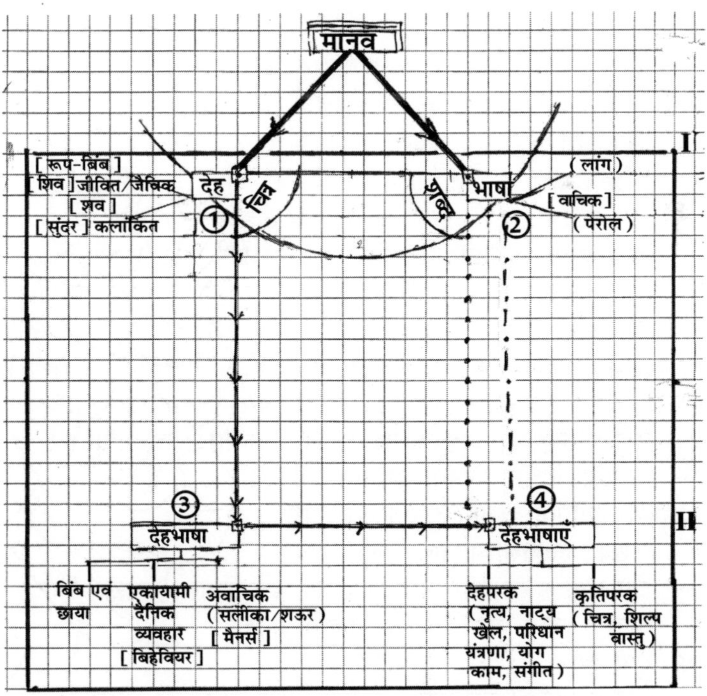

उद्गीथ :

(i) मानव, मानवदेह, मानवभाषा, (ii) देह, देहभाषा, देहभाषाएँ [कोष्ठकों में उनके घटक तत्त्व], (iii) चतुरंग (1),(2),(3),(4), (देह, भाषा, देहभाषा, देहभाषाएँ)

[एक] सर्वप्रमुख वर्गीकरण के अन्तर्गत

(i) मानव की अवाचिक तथा निर्भाषिक भाषाओं की मूलभूत इकाइयाँ—देह और भाषा, चारों इंद्रियाँ (शब्द छोड़ते हुए), संकेत, कार्य, गति, मुद्रा, भंगिमा, अभिनय, कूट, चिह्न आदि।

(ii) देह में/की/पर रचित भाषाएँ—नृत्य, नाट्य, केश-सज्जा—मंडन-लेपन, मेहँदी, आलक्तक, गोदना, देह-चित्रण आदि।

(iii) देह से नि:सृत भाषाएँ—योग, काम, खेलकूद, कुश्ती, यंत्रणा आदि।

(iv) शिव-देह का शव होने पर—कपाल तथा कंकाल।

(v) मानवीय कौशल में रचित भाषाएँ—चित्र, मूर्ति, वास्तु, संगीत आदि।

(vi) देह को आवेष्ठित-आवरणित करती भाषाएँ—परिधान, अलंकार, सौन्दर्योपचार आदि।

[दो] कुछ विस्तृत समावेश

(i) देह की कर्मेंद्रियों-ज्ञानेंद्रियों से सम्बन्धित भाषाएँ :
— आँख (रूप) से जुड़ी
— कान (ध्वनि) से जुड़ी
— त्वचा (स्पर्श) से जुड़ी
— जिह्वा (रस) से जुड़ी
— नाक (गंध) से जुड़ी
— अंग-प्रत्यंग से जुड़ी अनेक भाषाएँ/मुद्राएँ

(ii) देहांगों पर क्षत् चिह्न तथा बन्ध और चित्र-रचना :
— **दन्त-क्षत्**
— **नख-क्षत्**
— **अंग-छेदन :** कान, नाक, नाभि, स्तन, देहांग पर गोदने
— **अंग-बन्धन :** गहने, हार, शिरफूल, करधनी, नूपुर, मुखौटे
— **अंग-रचना :** त्रिवली, कलाई, नाभि, स्तन, पीठ, जाँघ, हथेली फेशियल, मेहँदी।

(iii) देहांगों की मुद्राओं के आधार—नाट्य, नृत्य, काम-कला, यौद्धेय कला, योगासन, मल्ल-कौशल, खेलकूद (एरोबिक, एरोबेटिक्स, जिमनास्टिक)
— पशु-पक्षियों की आकृति, शक्ति, गति, क्रियाओं के आधार पर
— एकभंग, द्विभंग, त्रिभंग, समभंग, अतिभंग

(iv) देह की द्वितीयक त्वचा (ड्रेस/क्लाथ/ड्रेपरी) :
— पोशक, लिबास, पहनावा, वर्दी, बुरका
— लेप तथा मंडन और संवाहन (तेल, इत्र फुलेल, उबटन, बिन्दी, काजल, आलता, जूड़ा, वेणी, अलक, दाढ़ी) आदि।

(v) **क.** गुप्त दर्शन :
— गुप्त देहदर्शन (वोयेरिज्म), झरोखा-दर्शन, कंगन की आरसी से देखना, दर्पण झलकाना, पुरुषायित में अन्य की आँखें मूँदना।

ख. गुप्त मुद्राएँ :
— अंजलि (रात को मिलने का संकेत)
— पाँव के अंगूठे से भूमि कुरेदना (लज्जापूर्ण सहमति)
— दोनों हथेलियाँ अंगूठे-उंगलियों से मिलाकर कली बनाना (सम्भोग का आमंत्रण)
— उँगलियों से पल्लू पकड़कर घुमाना (आत्म संकोच)
— माथे पर आलता, कन्धे पर झरे केश, साड़ी पर पान के छीटें (परकीय से चोरी-चुपके साँठ-गाँठ)
— नयन-संकेत, अंगूठे द्वारा कई संकेत
— टाँगों को गुणा, धन, पूर्ण विराम मुद्रा में रखना आदि

(vi) निर्वसन तथा नग्न :
— शनैः-शनैः वस्त्राभूषण से सजना
— शनैः-शनैः वस्त्रों व गहनों को उतारना
— दंड, अपमान/घृणा, कुलीनता हेतु नंगा करके घुमाना, नंगा छोड़ देना

(vii) प्लास्टिक तथा कॉस्मेटिक उपचार :
— मोटापा घटाना, देहवर्ण बदलना, केशराशि का वर्ण बदलना
— देहांगों को मनलुभावन आकार देना
— देहांगों को पुनः गढ़ना

(viii) आतंक एवं संत्रास :
— हत्या, अपराध, यंत्रणा, प्रताड़ना, अपहरण, बलात्कार, क्रूरता, बलि, भ्रूणहत्या, वधू दहन, विधवा-दहन, दलित-दहन, देह-व्यापार आदि के फलस्वरूप देह क्षत-विक्षत, अंग-भंग, छिन्न-भिन्न कर देना
— मानव-बम
— शव, कंकाल आदि

[तीन] इनसे जुड़े आसन तथा मुद्राएँ (अन्तर्भुक्त)

अ. प्रमुख योगासन—अनुलोम-विलोम-भ्रामरी
— पद्मासन, भुजंगासन, धनुषासन, शीर्षासन, मांडूकासन, सिंहासन, अर्धचन्द्रासन, वज्रासन, शलभासन, मयूरासन, पश्चिमोत्तानासन, शवासन आदि।

आ. कामासनों में—युगनद्ध/मिथुनमुद्रा युक्त—लेटे, बैठे/खड़े, चित्त-पट्ट, दाएँ-बाएँ
— बाँहों तथा टाँगों का उपयोग—स्पर्श में बाँधना, लपेटना, जकड़ना, मरोड़ना, झुलाना [इसमें नितम्बों पर बोझ तथा टाँगों की ताली खोलना, बाँहों का शृंखलित हार, जाँघों की थरथराहट] आदि की मुद्राएँ।

इन कई अनुक्रमों में '*सम्पूर्ण*' देह के **भंग** (एकभंग से अतिभंग), सम्पूर्ण देह के **आसन** (योग, कामशास्त्र, नृत्य) तथा सम्पूर्ण देह की **कृति** (नृत्य, नाट्य, खेल, कुश्ती आदि) हो जाया करती है।

और इन्हें '*अखंडता*' देने में पंचभूत-पंच तन्मात्राएँ-पंच ज्ञानेंद्रियाँ-पंच कर्मेंद्रियाँ देह तथा भाषा का संयुक्त समुपरंजन करती है।

(ग) निष्कर्षतः मानव की अखंड देह तथा सम्पूर्ण देह **'भोगायतन देह'** भी तो है। मोटापा-रुग्णता, स्वास्थ्य-दुर्बलता, विकलांगता-उन्मत्तता, मातृत्व-वैधव्य-विधुरता इसकी

भोग दशाएँ हैं। देह दैहिक-चक्रों में कायान्तरण करती है—नवजात, शिशु, बालक, युवक/युवती, प्रौढ़, वृद्ध तथा अन्ततः शव में।

हमारी प्रोक्ति-धारा के समापन का सार है कि पहले हमने मानव-देह की भाषा का जो त्रिकोण (मानव-देहभाषा) बनाया था उसके केंद्र में (शब्द के बजाय) **रूप** था। अब हम जिस त्रिभुज को प्राप्त कर रहे हैं उसकी नाभिक **देह** ही है (तथा भुजाएँ अखंड देह-सम्पूर्ण देह-भोगायतन देह हैं)।

अखंड देह (I)

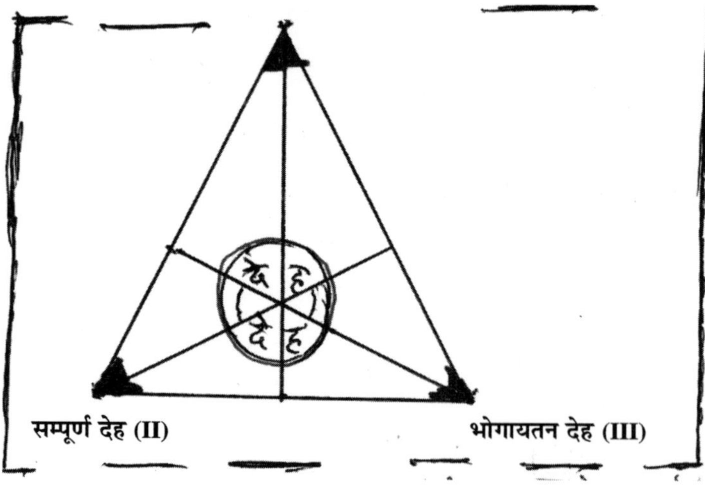

इस तरह आगमनात्मक प्रणाली (इंडक्शन मेथडलॉजी) का देह और भाषा का, अर्थात् देहभाषा का चक्र पूरा घूम जाता है। इसकी अराएँ विभिन्न देहभाषाओं के रूप में विकीर्ण होती हैं।

प्रथम वर्गीकृत रूपरेखा के आधारभूत खंडों को ओ-के करने के पहले कुछ अवशेष दशाओं-दिशाओं का पर्यालोचन अभीष्ट है।

देह तथा देहांगों के आकृति-आकार में अनुपात (प्रोपोर्शन की निर्धारणता)

(क) **1.** देह में बहुधा अ : ब, अथवा मुंड : रुंड के बीच 1: 9, 1: 8, 1: 6 या 1: 5 के अनुपात से देवता, मनुष्य, यक्ष या बौनों का आकार, तदनुसार समाज के उनके देह-प्रकार्य तथा देह-मुद्राएँ भी तय होती हैं।
तदनन्तर अ : ब :: स : द, अ : ब :: ह : स, द्वारा अनुपात की जटिलताएँ तदनुसार मुद्राएँ, कार्य, गतियाँ भी जटिल होती जाती हैं।

2. देहांगों में आकृति के निर्धारक ग्रेविटी, समरूपता (सिमेट्री, हार्मनी), अभिकल्प (डिज़ाइन) आदि होते हैं। ये साम्यरूपकों का विधान करते हैं। मसलन—हथेली = मछली, मछली = योनि, योनि = कुमुदिनी

3. देहांगों में आकार (उपमेय) के निर्धारक साधर्म्य-अलंकार, सादृश्य-उपमान होते हैं।

मसलन—स्कन्ध = सिंह, जंघा पाद = हाथी की सूँड़, पीठ = कूर्म- पृष्ठ, धनुष = भौंहें, कमल नाल = बाँहें

इस भाँति 2 और 3 नख-शिख की उपमान रूढ़ियाँ, चित्त के अभिप्राय, मुद्रा की प्रतीतियाँ बनाते हैं जो भौगोलिक, सांस्कृतिक प्रकार्यात्मक होती हैं।

(ख) अतएव हम यहाँ भी एक **चतुरंग** पाते हैं, अंग-अंगी में—

(i)

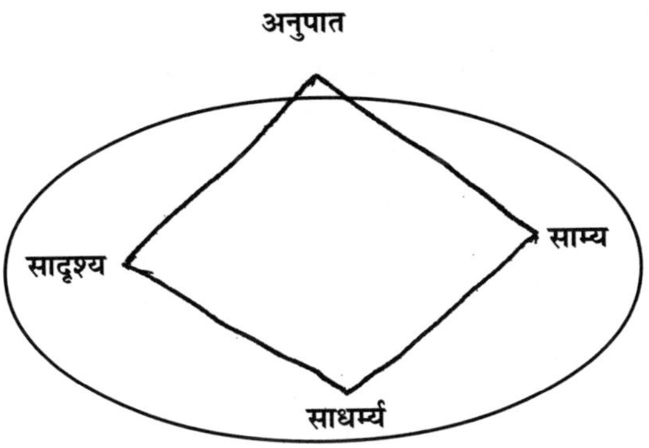

(ii) देह की कनक-छड़ी या आबनूस-यष्टि में अनेक छोटे-बड़े, जोड़-मोड़-मरोड़ (ट्विस्ट) होते हैं। ये देहांगों की खास पहचान हैं।

— गर्दन, कन्धे, कुहनी, नितम्ब, निम्न घुटने, प्रमुख जोड़ (ज्वाइंट) हैं।

— हाथ-पाँव (दोनों की उँगलियाँ), हथेली व पद की उँगलियाँ, अधर, कमर आदि गौण (जोड़) है जो **मोड़** (कर्व) बनाते हैं।

(iii) जोड़ तथा मोड़ मिलकर **मरोड़** (ट्विस्ट) का विधान बनाते हैं।

इस भाँति (i + ii + iii) मिलकर सम्पूर्ण देह की खड़ी (समभंग, अतिभंग, द्विभंग-त्रिभंग), बैठी (पद्मासन, सिंहासन, ललितासन), लेटी (शवासन, उत्तानपाद), पार्श्व (चक्रासन) आदि मुद्राएँ तथा गति बनाते हैं।

(ग) गुरुत्वाकर्षण (ग्रेविटी), ऊर्जा (एनर्जी) तथा मनोदैहिक अवस्थाएँ मिलकर मुद्राएँ-भंगिमाएँ (अनुभाव), छन्द-ताल-लय (संगीतात्मकता), समरूपता-विलक्षणता (आकल्प) आदि का विधान करती हैं।

[यह खंड पुनरावृत्ति जैसा तो है किन्तु देहभाषाओं के लिए अनुस्मारक का धर्म निबाहेगा]

देहभाषा तुलनात्मक है और इसकी प्रमुख इकाइयाँ भाषेतर हैं

देहभाषा द्विभाषिक नहीं कही जा सकती। यह अलबत्ता दो स्तरों वाली है—प्रत्यक्ष एवं परोक्ष। वाचिक भाषा या वाक् का समानान्तरत: (उसी भाषा का) दैहिक अनुवाद अथवा दुभाषियापन होता है। धुरी या मूलाधार प्रथमत: वाचिक शब्द ही होते हैं। सो, यह विधि-विधान **दैहिक अनुवाद** केंद्रित है।

इसीलिए देहभाषा के भी वर्गीकरण होते हैं। विभिन्न देहांगों तथा देह-कार्यों के अनुसार।

शब्देतर देहभाषा के उन्मीलन में कोई संकेत, चिह्न, मुद्रा या कूट (कोड) इसकी बुनियादी इकाइयाँ बनाते हैं। इसके दोहरे अर्थ भी त्रिज्यात्मक (टेन्जेंटपरक) अर्थात्

प्रकरण–सन्निहित होते हैं। निर्वाचिक होने के कारण इसके खुलासे के लिए शब्द–भाषा, चित्र–भाषा सन्दर्भ होगी—चित्र, शिल्प, नृत्य, नाट्य, वास्तु आदि। अतः देहभाषा वर्गीकृत होती चलेगी।

—किन्तु लक्ष्यभाषा—प्रकरण के परिमंडल में—**भाषिक** या अन्य रूपों में **दृश्य** ही होगी। इसलिए हम इसे यदि तुलनात्मक नहीं तो तुलनात्मक वृत्ति वाली कहेंगे। एक श्रव्य तथा दूसरी दृश्य।

देहभाषा का अभ्युदय लिखित भाषा में नहीं हुआ करता। अतः शब्द को चित्र में अंग–प्रत्यंगातरित किया जाता है। इसलिए यहाँ नयन बनाम गिरा की द्वन्द्वाकारिता है—चित्र ⇐ शब्द, शिल्प ⇐ शब्द, नृत्य ⇐ शब्द, नाट्य ⇐ शब्द, वास्तु ⇐ शब्द आदि। इस भाँति हम दृश्य–चक्र में देहभाषा की जो चाभियाँ (संकेत, चिह्न, मुद्रा, भंगिमा, कूट आदि) पाते हैं वे ही शब्दों के तालों को खोलती हैं।

इस भाँति देहभाषा का कथिक वाक्य–विन्यास पूर्वानुमिति एवं अर्थभ्रान्ति वाला होता है। सो, देहभाषा की चाभियों एवं तालों की बीच **अन्तराल** है, पृथक्–पृथक् माध्यमों का। इसीलिए देहभाषा तर्कपूर्व, (प्रि–लॉजिकल) तथा साम्य धर्मात्मक (एनालॉजिकल) भी होती है।

इनके भी अधरों को पढ़ो

'मेरी अन्तरात्मा कहती है कि मैं आपका प्रस्ताव स्वीकार नहीं करूँ।'

'हाँ, मैंने यह कहा था और सच्चे दिल से इसे मानती हूँ।'

'कोई बात नहीं। संघर्ष तो किया। फिलहाल कामयाब नहीं रहे।'

'मैं अपने निर्णय पर दृढ़ हूँ आपसे प्रार्थना है कि इसे स्वीकार कर ही लें।'

(**अनुकृति** : र.कुं. मेघ)

सोनिया नरूला ने भी देहभाषा में कथन एवं चिन्तन की भिन्नता पर कुछ उभयात्मक व्याख्याएँ दी हैं—

सकारात्मक	नकारात्मक
खुली बाँहें और हाथ : खुलापन और अभि-ग्रहण	छाती पर बँधे हाथ : सुरक्षात्मक तथा समापन मूड
आगे को झुकना : वार्तालाप में अभिरुचि	बँधी भुजाएँ तथा टाँगें : आत्मकेंद्रित तथा शक्की
मुस्कराते या हँसोड़ होने की चेष्टा : मित्रवत्	हाथों को जेब में धरे खड़े होना : अनिश्चित या शक्की
आँखों का कनखियों से थम-थमकर सम्पर्क : कौतूहल एवं एकाग्रचित्त	जीभ घुमाते (दाँतों के बीच), बाल सँवारते या गहने को हाथों से हिलाते : उबाई या नर्वस
खुली हथेली : विश्वास योग्य तथा पहुँचकामी	पीछे को झुकना : बेचैन तथा बिना आराम
सुनते हुए सिर को बारम्बार झुकाना : ध्यान तथा सतर्कता के साथ	नेत्रों का सम्पर्क नहीं, किन्तु अपलक घूरना : अ-विश्वसनीय
सीधे कन्धे : सकारात्मकता	लटके झुके कन्धे : अनिश्चयता
बातें करते हुए हाथ की मुद्राएँ बनाना : गम्भीरता से वार्तालाप में संलिप्त	पीछे झुकते हुए हाथों को सिर के पीछे बाँधना : वर्चस्व के लिए नज़रकशी

अनहद* (विशाल धमाके) के संगीत की प्रतिध्वनि से ब्रह्मांड आज भी अनुरणन में लीन है

बिग बैंग से महातिमिर में **अन्तरिक्ष** एवं **काल** बने। प्रकाश का उद्भव हुआ। प्रकाश ही पदार्थ बना। सितारे एवं आकाशगंगाएँ बनीं। वे परस्पर टकराते रहे। इससे गतिशील पदार्थ सक्रिय हुआ। सो, ब्रह्मांड हमेशा-निरन्तर विस्तारित होता आ रहा है। अन्तरिक्ष के जीवन-काल में 'हमेशा' मात्र एक क्षण हो सकता है। जल से मिलकर वह जीवन बनाता रहा। ध्वनियाँ छा गईं—प्रकृति में, पशु-पक्षियों में, प्राकृतिक-संघटनाओं में। किन्तु बिग बैंग ने 'शब्द' को व्युत्पन्न नहीं किया। सृष्टि के आरम्भ में मनुष्य भी मुद्राओं-भंगिमाओं, कार्यों-संकेतों से भाषा का कार्य निष्पादित करता था। शब्द का जन्म काफी बाद में हुआ, जब कंठ में काकु नीचे खिसकर का ध्वनियों को स्फोट में बदलने लगा। अत: 'कॉस्मॉस' या ब्रह्मांड की सृष्टि करने वाले विशाल धमाके का मौन संगीत आज भी चतुर्दिक गूँज रहा है। लगता है कि 'ऋत्' का उद्गम यही है।

प्रकृति की भी **ऋतुचक्र की घड़ी** है। सूर्य के चारों ओर ग्रहों की परिक्रमा, **मनुष्य की जैविक देह-घड़ी**, हृदय की धक्-धक् तथा उच्छ्वास-नि:श्वास सभी उस अनहद नाद का सरगम हैं।

ब्रह्मांड-वीणा के पंचशक्ति वाले तारों (प्रकाश, ऊष्मा, चुम्बकत्व, ध्वनि, विद्युत्) से झंकृत यह संगीत प्रकृति का उन्मीलन-निर्मिलन करता है, मनुष्य के कार्यों को गुरुत्वाकर्षण से संचालित करता है। इसी महाक्रतु द्वारा सभ्यताओं का उत्थान-पतन, संसार में सर्वकुशल का उत्तर-जीवन, समाज में वर्ग-संघर्ष द्वारा नए संसार का निर्माण तथा जीवन का आत्मसंघर्ष एवं

* 'अनहद नाद'—ये माइक्रो-तरंगों तथा मैक्रो-तरंगों की ध्वनि-रहित लहरियाँ हैं।

बाह्य सहयोग का संचालन हो रहा है। और, हाँ! इसी से मानव-देह के अंग-उपांग-प्रत्यंग-लिंगयोनि मिलकर सहस्रदल कमल की पंखुरियों की भाँति इसी 'नाद' की रागमालाएँ हैं। देहभाषा तथा देहभाषाएँ उसकी मौन लिपियाँ हैं।

इसीलिए विभिन्न संस्कृतियों में **मानव-देह** की भी रचना के विभिन्न मानदंड, आदर्श, उपमान तथा प्रकार्य (चतुरंग) तय हुए—ईजिप्ट, चीन, भारत, ग्रीस आदि में।

प्राचीन संस्कृतियों में **पूर्ण मानव-देह** (इसकी चर्चा हम निकट व्यतीत में ही कर आए हैं) की परिकल्पना हुई है। भारत में सोलह कलाओं से युक्त देह-बिम्ब, बत्तीस या छत्तीस लक्षणों से युक्त स्त्री-देह आदि। इसके अलावा मानव-देह की सर्वोत्तमता के लिए भी विभिन्न उत्तमताओं का संयोग किया गया। उदाहरण—दुर्गा, तिलोत्तमा तथा पद्मिनी, कृष्ण।

इससे भी आगे 'अर्धनारीश्वर', अर्धपुरुषेश्वरी, 'युगल किशोर' के रूप में पुरुष-प्रकृति, नर-नारी का द्वैताद्वैत स्थापित हुआ। यह सम्भोग-समाधि का भी अद्वैत है। यह महाभाव-महामुद्रा की अन्तर्लीनता है। शायद इसीलिए देहांगों में भी दो-दो का सन्तुलन हुआ है। इसी क्रम में काल के तीन (अतीत-वर्तमान-भविष्य), दिक् के तीन (लम्बाई-ऊँचाई-चौड़ाई) तथा मनुष्य के तीन (सत्व, रज, तम) की डायलेक्टिक्स गतिमान है। इसी दित्व और त्रित्व के विधान में वाचिक भाषा और निर्भाषिक देहभाषा का अन्तर्विरोध या पक्ष-प्रतिपक्ष चलता रहता है। हमें ग्रेविटी धरती माता से जोड़े रखती है और हम देहभाषा द्वारा ब्रह्मांड के अनहद नाद को स्पन्दित करते रहते हैं। अस्तु।

इस प्रत्याख्यान के समापन के साथ, हमारी आगमनात्मक (इंडक्टिक) पद्धति से 'उपागम' एवं 'प्रणाली' द्वारा संयुक्त किया गया, देहभाषाओं का आगे व्याख्यायित होने वाला **वर्गीकरण** भी पूर्ण सिद्ध हो जाता है। वह चतुरंग है—मानव की देह और भाषा तथा देहभाषा एवं देहभाषाओं का। वह है शब्दविहीन, किन्तु चित्र-अन्तर्लीन।

सुकुमार देह-अक्ष पर चार भ्रान्त वचनीय शब्द-बन्ध काफी प्रयुक्त होते हैं—लास्य तथा लावण्य (ताल और लय) नृत्त में एवं लीला और विलास (विशाल जघन स्थल और पाद-विन्यास) चित्र-रचना में।

इनके केंद्र में भी **नारी-मुद्राओं** का नवल दिव्य प्रभामंडल-सा द्रुत दीप्त है—चित्रिणी (नृत्यभावा च चित्रिणी), गान्धारी (गान्धारी नाम नर्तकी), देव-शाखा (गोलचक्र नृत्यवर्त्ती देव-शाखा), चन्द्रावली (अंजलीबद्धा नर्तकी च चन्द्रावली), सुलोचना, सुगंधा (सुगंधा च चक्रं नृत्यं च कुर्वति), मानवी (हारहस्ता च नृत्यांगी मानवी), मानहंसा (पृष्ठ वंशोद्भवा नृत्या मानहंसा), सुन्दरी, सुस्वभावा (ऊर्ध्वपादे चतुर्भंगी स्वभावा करौ मस्तके), भावचन्द्रा (हस्तपादौर्योगमुद्रा भावचन्द्रा सुनर्तकी), मृगाक्षी (मृगाक्षी सकला नृत्या), रम्भा (हस्तद्वयेन छ्वरिकेधृत्वा नृत्य च कुर्वते, ऊर्ध्वीकृत दक्षपादं नाम्ना, रम्भा नर्तकी), मंजु घोषा (नृत्यावर्तं च कुर्वति)। जया (शिरसि कलशं ध्रुर्वी जया नृत्यं च कुर्वती), मेनका (हस्त में तलवार तथा ढाल के साथ), लीलावती (आलस्य-दशा में), विधिचित्ता (दर्पण-दर्शना), सुन्दरी (उचित नृत्य रूप में), सुभागिनी (कमल नयना तथा पाँवों से काँटा निकालती हुई), हंसावली (घुटने पर झाँझर या घुँघरू बाँधती हुई), सर्वकला (उदास मुद्रा में दायाँ हाथ वरदमुद्रा तथा बायाँ हाथ ललाट पर), कर्पूरमंजरी (प्रमुख स्थायी भाव में तल्लीन होकर नृत्यरत)। इनमें ही देहभाषा के करण, अंगहार, पद, गतियाँ, भ्रामरी, आकाशचारी भंगिमाएँ अभिलक्षित हैं।

और भी अतिरिक्त देह-भाषिक रूपिम (मार्फ), भुजंग त्रसित (अतिभंग मुद्रा), बिन्दी या सिन्दूर लगाने को दर्पण थामे हुए, सिर दर्पण ही ओट टुक झुका हुआ (विविधता-मुद्रा),

काँटा निकालते और मेहँदी या महावर लगाते हुए [शुभगामिनी या मानहंसा], आँखों में काजल लगाते हुए एक पैर पर देह टिकाए तथा दूसरे को घुटने से मोड़े हुए, स्नान के बाद केशों से जल निचोड़ना (मथुरा या संघोल की यक्षिणी-प्रतिभा), परिधान पहनना, पत्र लिखते हुए (भुवनेश्वर, पत्र लेखा)। इस कड़ी में चिन्ता, हर्ष, उत्सुकता, स्मृति, क्रीड़ा, लीला, चापल्य आदि के संचारियों की अभिव्यक्ति। ...इसी धारा में काम-केंद्रित विलास-मुद्राएँ भी हैं। खजुराहो में एक टाँग से खड़े हुए तथा दूसरा किंचित् आगे झुका या कमर, ग्रीवा, घुटनों से देह त्रिभंग-मुद्रा में, या लावण्य युक्त समतोलन, या कामातुरता में निरावृत्त होते हुए। ...खजुराहों में ये प्रमुख हैं—लीलावती, विलासवती, विविध चित्रा, सुन्दरी तथा पूर्व वर्णित सुन्दरियाँ-सुर-सुन्दरियाँ, इत्यादि की सूची पीछे दी गई है।

(आगे हम चित्र तथा शिल्प, नृत्य तथा नाट्य में भी समानरूपेण प्रयुक्त होने वाली कुछ प्रमुख हस्त-मुद्राएँ दे रहे हैं)। एक उदाहरण से हम देहभाषा की सूक्ष्म छायाओं के कूट खोलेंगे। चित्र-मूर्ति-नृत्य में एक नायिका **प्रतीक्षा** के भाव को उत्सुकता, निराशा, बेसब्री, आह्लाद आदि से प्रकट करती है। इसके लिए वह दरवाजे पर चौखट के सहारे अपनी **शारीरिक स्थिति** का 'अंगहार' बनाती है—इस इन्तजार में थकान को चेहरे पर बिखरी अलकों से दिखाया जाता है। वह दरवाजे की चौखट पर खड़ी है क्योंकि सामाजिक स्थिति के तहत वधू को बाहर की देहरी तक जाने की परिपाटी नहीं है। वह नववधू है क्योंकि (चित्र में) पाँव में पाजेब-बिछिया तथा आलता के चक्रचिह्न हैं। उसके चेहरे पर मुस्कान है तथा साथ ही बेताबी का अन्दाज दोनों हाथों की मुद्राओं से अभिव्यक्त है। उसके चेहरे पर नृत्य तथा चित्र में आत्मविस्मृति को छाती से थोड़ा सरके हुए स्तन दर्शाते पल्लू से प्रकट किया जाता है। साथ ही उसकी साड़ी पर पड़ी सिलवटें इसे और भी गहराती हैं। वह अकेली है और फुर्सत के क्षणों में ऊबी हुई है। यह भी एक पद्धति है।

इन्तजार में आशा-निराशा

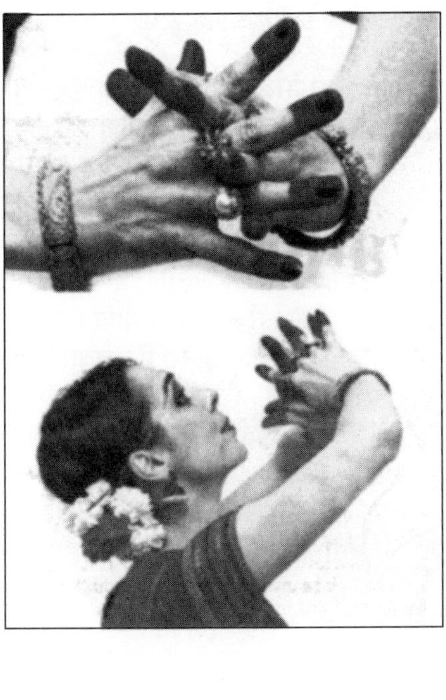

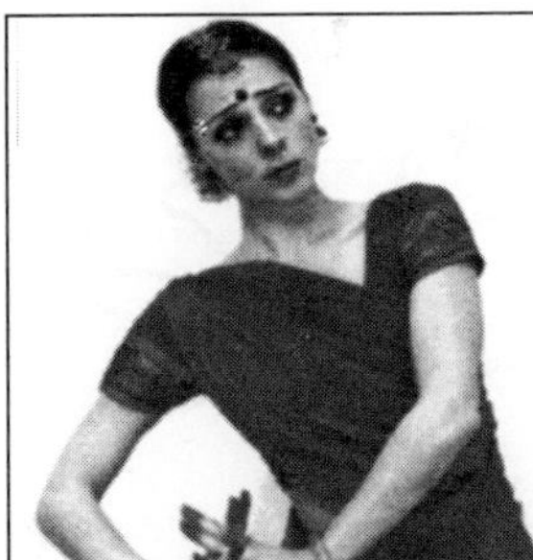

प्रिय के इन्तजार में निराशा : निकोलीना निकोलेस्की द्वारा प्रदर्शित तीन कत्थक-हस्तमुद्राएँ।

श्याम वर्मा की एक रचना

कटक मुख

अर्धचन्द्र

कर्तरिमुख

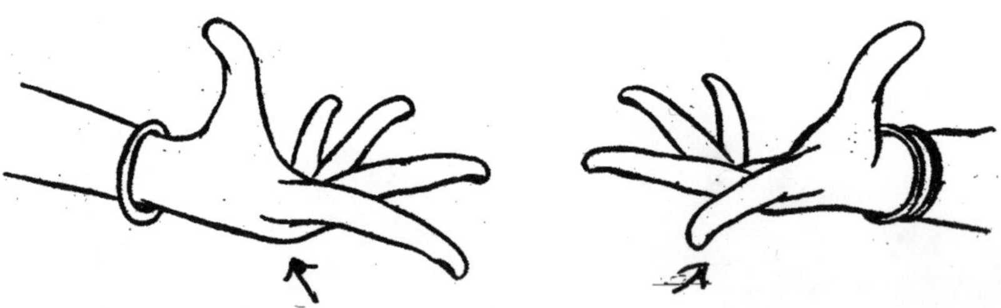

ऊर्ध्वस्थताल पद्म

पद्मकोष

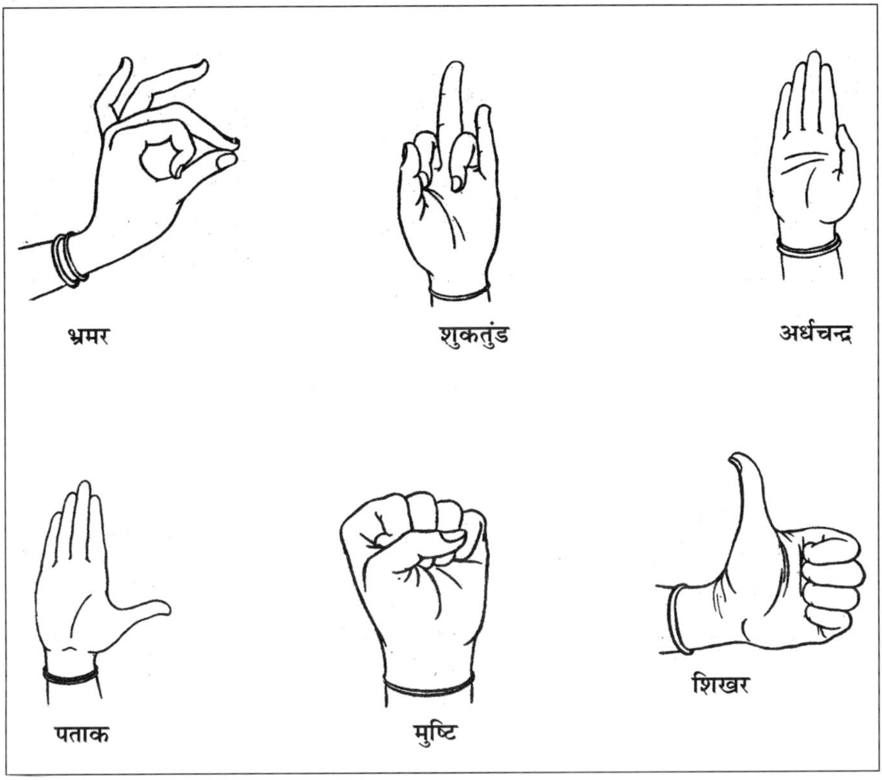

रायपुर-बिलासपुर की पांडवानी गायिका-अभिनेत्री तीजनबाई की समेकित मुद्रा-भंगिमा

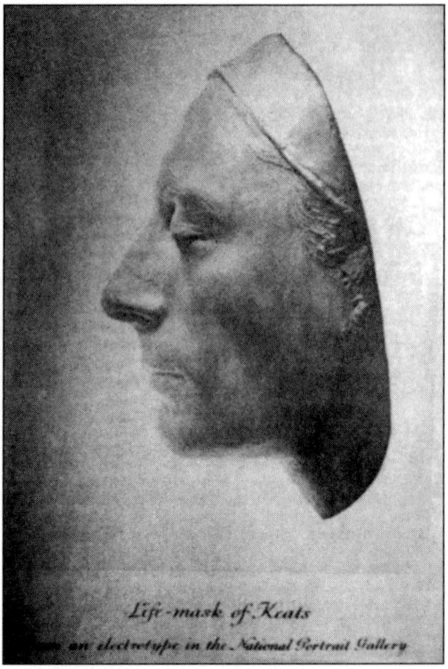

कवि जॉन कीट्स के शव के मुख का साँचा

चेहरे (मुहांद्रा, आनन, मुखमंडल) के सन्दर्भ में तो देहभाषा तथा मुखड़े का सामंजस्य होना अभीष्ट है। आनन की हर भंगिमा को बोलना चाहिए; मुहांद्रे को पारदर्शी होना चाहिए। मनुष्य के मुखमंडल की मांसपेशियाँ आवेगों को अभिव्यक्त करती हैं जो लगभग सार्विक भी है। भय-हर्ष, घृणा-आक्रोश, आश्चर्य-उदासीनता, शोक-हास्य। भावनाएँ जैसे-जैसे मन में उभरें, चेहरे की एक-एक **भंगिमा** भी वैसी ही बदलती जाती है। इस तरह मुखमंडल आईना बन जाता है और भंगिमाएँ उसकी भिन्न-भिन्न छवियाँ, छायाएँ। **भावनाओं** की दृष्टि से माधुरी दीक्षित, तब्बू, **मुद्राओं** के लिए अमिताभ बच्चन, शाहरुख खान, उर्मिला मातोंडकर, **भंगिमाओं** के लिए रेखा, स्मिता पाटिल, बिपाशा बसु का नाम लिया जा सकता है।

ज्यादातर अटकलों पर अनुमान लगाने के साथ चीनी 'फेंग शुई' की विधि तथा रूपाकृति विज्ञान (फिजिओनॉमी) द्वारा चेहरे को पढ़ा भी जाता है। पेशानी बुद्धि के बाबत बताती है : सँकरी पेशानी वाले व्यावहारिक होते हैं और शीघ्र निर्णय लेते हैं। चौड़े माथे वाले स्वप्नद्रष्टा होते हैं। मोटी झाड़ियों-जैसी भौंहों वाले ऊर्जावान और ओजस्वी होते हैं जबकि पतली भौंहों वाले दुर्बल और जिनकी दोनों भौंहों के बीच फासला होता है वे अलग-थलग स्वभाव के होते हैं। चौड़े जबड़े तथा बाहर-निकली ठोड़ी वाले उत्साही एवं हठी तथा ठोढ़ी में दरार वाले ऊर्जस्वित होते हैं। इसी प्रकार गाल फेफड़े का, भौंहें लिवर, ओठ पाचन क्रिया की दशा की सूचना देते हैं। ये प्रवृत्तिमूलक है। कुछ अन्य संकेतक भी द्रष्टव्य हैं : लम्बे और पतले नथुने शारीरिक दुर्बलता के तथा चौड़े मजबूत फेफड़ों के संकेत हैं, सूखे और पिचके गाल या पीला चेहरा पाचनतंत्र की गड़बड़ी की सूचना देते हैं, बहुत अधिक देह-शर्करा से मुँहासे हो जाते हैं, भरी हुई ठोढ़ी ज्यादा कोलेस्ट्राल जमा होने की चेतावनी है, सूजे ओठ पेट में अम्ल की अधिकाई बताते हैं, आँखों के नीचे या हाथों पर झुर्रियाँ या आँखों के नीचे काले घेरे बढ़ती उम्र के चुगलखोर हैं (झुर्रियाँ तथा घेरे आदि सूर्य की पराबैंगनी किरणों द्वारा त्वचा के झुलसने से भी उभरते हैं), इत्यादि।

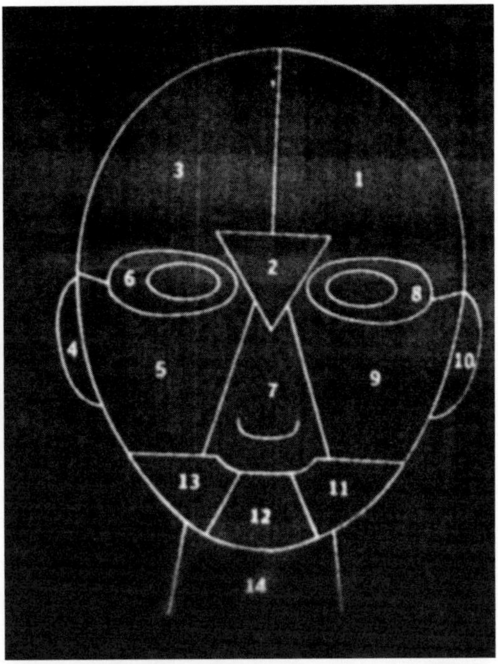

यह **चेहरे के नक्शे को पढ़ने की** चीनी-विधि है जो समझाती है कि **चेहरे** का कौन-सा भाग **शरीर** के किस भाग की बात बताता है। खंड 1 व 3—फेफड़ों तथा पाचनतंत्र से सम्बद्ध कि पौष्टिक भोजन की जरूरत है। खंड 2—भौंहें के बीच भारीपन लिवर की गड़बड़ का सूचक है कि हलका भोजन किया जाए, खंड 4 व 10—कान गुर्दे से जुड़े हैं कि उनका लगातार गरम बने रहने पर परहेज करें तथा पानी ज्यादा और शराब कम पिएँ, खंड 5 व 9—गाल साँस का हाल कहते हैं कि एलर्जी से बचें, खंड 6 व 8—आँखों के नीचे काले घेरे गुर्दे की गड़बड़ बताते हैं कि देह में निर्जलीकरण है, खंड 7—नाक के गोले या ऊपरी ओठ की सूजन रक्तचाप का भी संकेत है, खंड 11 व 13—जबड़ों में गड़बड़ी है तो दाँतों की फिक्र करें, खंड 14—गले तथा सीने का ऊपरी भाग त्वचा के हाल को सबसे पहले दिखाता है कि इसे धूप से बचाते रहें।

मुखमंडल के संवर्धन के उपचार में बॉटुलिनियम-पद्धति का चलन आधुनिक देशों में है। इससे चेहरा युवक/युवती जैसा नज़र आने लगता है और झुर्रियाँ नियंत्रित हो जाती हैं। यह महँगा इलाज एक बैठक में छह माह तक प्रभावी रहता है। यह एक प्रकार से लेजर-शल्यकर्म है।

झुर्रियों के उभरने के कारणों में मांसपेशियों की सिकुड़ती हरकतें, फोटो (प्रकाशकीय) उम्र वृद्धि, कोलाजन तथा अधोत्वचा-झिल्ली में वसा की परत की हानि है। कई प्रकार के बॉटुलिनियम टाक्सिनों में 'ए'-कोटि का टीका प्रभावित देहांग में लगाया जाता है ताकि झुर्रियाँ दूर हो जाएँ।

मुहांद्रे की झुर्रियों की कई रूपछवियाँ बन जाती हैं। नेत्रों के तन्निकट में कौवे के पंजों जैसी रेखाएँ, नाक के नज़दीक से विकिरित होने वाली खरगोश जैसी कतारें, गर्दन की झुर्रियाँ, ठोढ़ी के गढ़े, टेढ़ी भृकुटि रेखाएँ बन जाया करती हैं। मूलरूपेण यह मांसपेशियों की गड़बड़ियों को दूर करती है।

[प्रसंगवश देहभाषा-विधान में एक सवाल बहुत परेशान करने वाला है क्योंकि मेडिकल की तरह यह क्षेत्र भी कथित अश्लीलता से प्रस्थान करके ही वैज्ञानिक-सामाजिक हो सकता है। क्या शुद्ध-स्वच्छ हाथ-मुख, कटि-जंघा, पाँव-तलुवों के विपरीत नितंब-स्तन, योनि-लिंग देह के अपवित्र, गन्दे या अनचाहे अंग हैं? ये अश्लील, अदर्शनीय या गोपनीय क्यों माने जाते हैं? कई वजूहात हैं...क्योंकि ये टोटेम भी हैं, और टैबू भी, अर्थात् ये आकर्षक-विकर्षक दोनों हैं। सौन्दर्य-दृष्टि से एकान्त में नितम्ब एवं स्तन को सुन्दर, आकर्षक, प्रेयस माना गया है, किन्तु सार्वजनिकता में इन्हें अवगुंठन में छिपाए रखा गया है। तदपि दोनों जननेंद्रियाँ अभी भी अश्लील, अपवित्र तथा भद्दी मानी जाती हैं (जोकि गलत है : हम मातृमूर्तियों तथा शिव-लिंगों को कैसे समझेंगे, पूजने से हटकर? यक्षिणियों की योनि तो अद्वितीय शोभा से करधनी-सज्जित हुई है; पूजित भी रही है गुप्तों के काल तक)। अतः यह एक आत्महंता मनोवृत्ति है। पूरी देह ही एक पवित्र मन्दिर-सी है)]

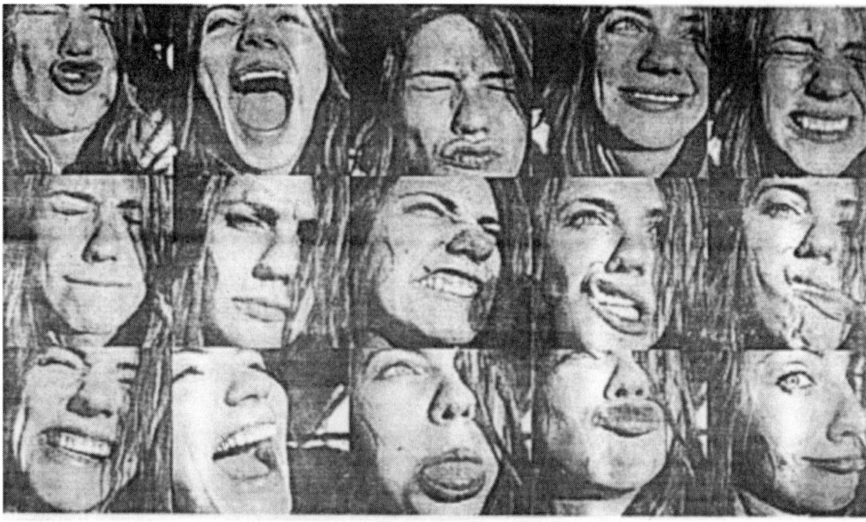

चेहरे की देहभाषा के अंग्रेजी मुहावरे : फेस द म्यूजिक (डाँट खाना), (मेकिंग फेस (मुँह बनाना), फेस लिफ्टिंग (सुधार करना) ऑन द फेस वैल्यू (सिर्फ सतही तौर पर देखना), वियरिंग ए लांग फेस (निराश हो जाना), डूयेल फेस (दोहरा व्यक्तित्व), रियल फेस (असलियत), स्टोन फेस (भावहीन), ऍग ऑन योर फेस (अपमान होना), राइटिंग ऑन योर फेस (सब कुछ दिख जाना), स्लेप ऑन द फेस (बुरी तरह मात देना), पुटिंग ए ब्रेव फेस (बहादुरी का स्वांग करना) आदि।

[अमर उजाला या दैनिक भास्कर से साभार, 20. 8.06]

हस्त-सम्पादित वर्णमाला

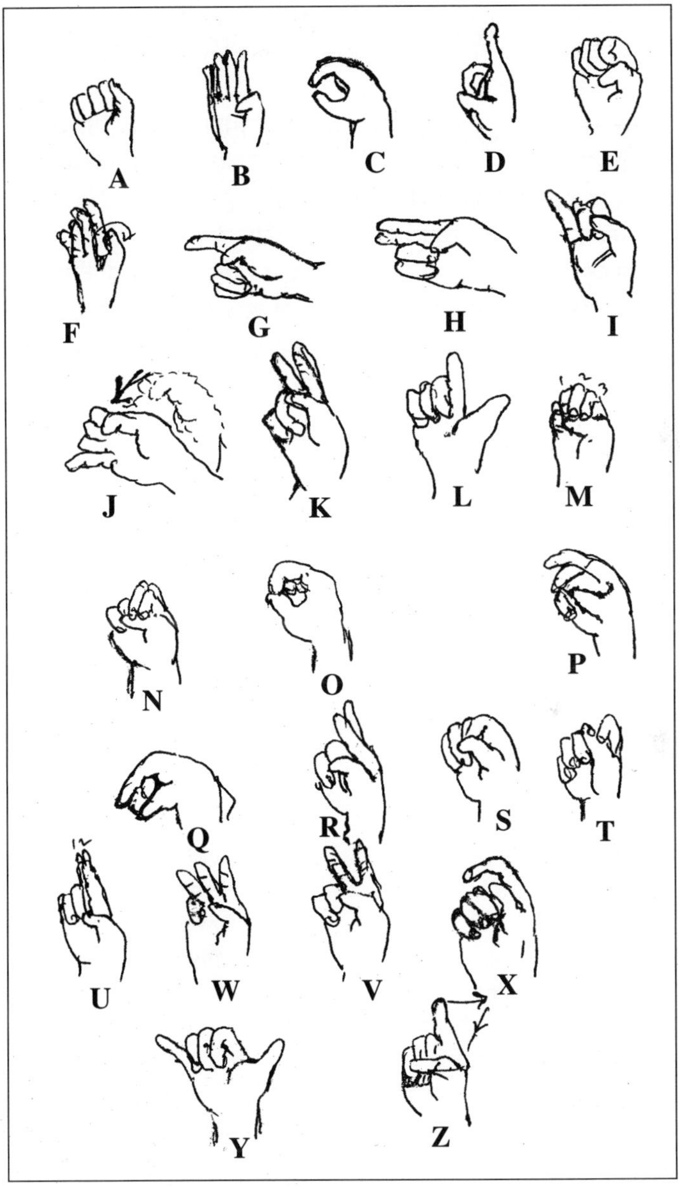

गूँगों-बहरों की देहभाषा की हस्त-मुद्राएँ

भाव (संचारी) तथा शोभा (अलंकार) मूलक अयत्नज देह-आनन-भंगिमाओं की धुरियाँ

वास्तव में ये देहभाषाओं के पूर्ण राग-से हैं। ये अयत्नज (अलंकार) तथा भाव (संचारी) देहभाषाओं के अग्रदूत-से हैं। ये सूचक, चिह्नक, लक्षक, प्रकाशक तथा उत्प्रेरक हैं [नर व नारी, दोनों के लिए संचारी हैं]।

इनमें से कुछ सम्पूर्ण देह में संचरणशील तथा दीप्तिमान है, कुछ विशिष्ट अंगों-उपांगों में तथा कुछ विशिष्ट दशाओं—स्थितियों में प्रकरण के अनुसार, भंगिमाओं एवं मुद्राओं में प्रभावन करते हैं। ये देहभाषाओं की वेदिकाएँ हैं।

इनके स्पष्टीकरण के लिए हम चित्रकार मकबूल फिदा हुसैन द्वारा अपनी 'गजगामिनी' नामक फिल्म की नायिका पर कही गई उक्ति दोहराते हैं : '**माधुरी दीक्षित** की बॉडी लैंग्वेज बेहद मोहक है।' उनका इशारा उन कतिपय अयत्नजों और संचारियों की ओर भी था। उन्होंने खुद भी माधुरी की मस्तानी चाल (गजगामिनी) का, उनके बोलने की थैया-छैंया, चलने का ताल का, देखने के अन्दाज का, अनुपम लावण्य तथा सुन्दरता की स्वामिनी होने के गर्व का, जीवन्त अभिनय का उल्लेख किया है। ये घटक-तत्त्व प्रकारान्तर से अयत्नज एवं संचारी के रथिक बिम्बों में समाहित हो जाते हैं।

इस पूर्व पीठिका के साथ हम इन अनिर्वचनीय-से अभाषिकों का शास्त्रीय निरूपण करेंगे।

स्त्रियों में यौवनावस्था में सत्वज बीस **अलंकार** माने जाते हैं—

स्वाभाविक अलंकार (20)

- शारीरिक (3) या शरीरज अलंकार
  - भाव
  - हाव
  - हेला
- सत्व भाव (7) या अयत्वज अलंकार
  - शोभा, कान्ति, दीप्ति
  - माधुर्य, प्रगल्भता
  - धैर्य, औदार्य

  [अयत्न रूप में पाए जानेवाले इन्हें प्रकटित करने में कोई यत्न नहीं करना पड़ता]
- स्वभावज भाव (10)
  - लीला, विलास, विच्छित्ति, विभ्रम
  - किलकिंचित, मोट्टायित, कुट्मित, बिब्बोक
  - ललित, विहृत

  [स्वभाव से ही स्त्रियों में स्थित रहते हैं]

सत्त्व

वह अवस्था है जब व्यक्ति सर्वथा निर्विकार रहता है। इस अवस्था के बाद विचार की जो सर्वप्रथम स्थिति पाई जाती है जिसमें विकार बड़े अस्फुट रूप में रहता है, उसे **भाव** कहा जाता है।

भाव

यह विकार शरीर के अन्तस् में ही छिपा रहता है और इसकी तुलना बीज की उच्छूनता से की जा सकती है। जिस तरह पानी, मिट्टी आदि के संयोग से अंकुरित होने के पहले बीज कुछ उच्छून हो जाता है, उस समय बीज में विकार तो होता है लेकिन वह विकार बीज के अन्तस् में ही होता है।

इसी प्रकार नायिका के अन्तस् में पाए जाने वाला श्रृंगार (विकार) 'भाव' नाम से अभिहित होता है। ...यह शारीरिक अलंकार है। मुग्धा नायिका में सर्वप्रथम भाव का स्फुरण होता है—पहले की चंचल नज़र अब अलसाई-सी लगती है, बचपन में खेलों का पहले वाला आनन्द अब अपनी सखियों को सम्भोग की बात करते सुन कर दिलचस्पी में बदल जाता है। पहले की तरह पुरुषों की गोद में नहीं बैठती अर्थात् वह बाला धीरे-धीरे नवीन यौवन के आविर्भाव से युक्त हो रही है। ...मानो काम-देव के बाण मारने पर महादेव का धैर्य कुछ-कुछ उसी तरह लुप्त हो गया हो! जैसे चन्द्रोदय की आरम्भिक दशा में समुद्र चंचल हो उठता है (कालिदास, कुमारसम्भव)! वैसी ही उसकी दशा है।

हाव

नायिका में बातचीत कम करने की अवस्था का होना तथा श्रृंगार का होना **हाव** कहलाता है। यह हाव आँख, भौंह आदि अंगों में विकार उत्पन्न करता है। यह हाव स्वाभाविक तथा शरीरज देहभाषिक अलंकार है।

e.g. स्वयं धनिक का छन्द—

जं किं पि पेच्छभाणं भणमाणं रे जहातहचेअ।
णिज्झाअ णेहमुद्धं वअस्स मुद्धं णिअच्छेह।।

[यत्किमपि प्रेक्षमाणां भणमानां रे यथात थैव।
निध्यीय स्नेहमुग्धां वयस्य मुग्धां पश्य।।]

।। 2 ।। 23

'हे मित्र, उस नायिका को देखते हुए या बोलते हुए, दोनों का जो कुछ असर होता है, वह एक-सा ही होता है। या तो तुम स्नेहमुग्धा भोली नायिका को दृष्टिपात करती देखो, या बोलती देखो, एक-सा अनुभव होगा।'

यहाँ नायिका का दृष्टिपात भी आह्लादकारक है। इस प्रकार उसमें 'हाव' की स्थिति सूचित हो गई।

हेला

यही 'हाव' जब श्रृंगार रस को प्रकट रूप में अच्छी तरह अभिव्यक्त करने लगे, तो **हेला** नामक शरीरज अलंकार बन जाएगा। हेला में नायिका के विकास स्पष्ट रूप में परिलक्षित होते हैं तथा प्रकट रूप में चेष्टा के द्योतक होते हैं।

e.g. स्वयं धनिक की गाथा—

तह झत्ति से अपत्ता सत्वङ्गं विब्भमा थणुब्भेए।
संसइअबालभावा होइ चिरं जह सहीणं पि।।

[तथा झटित्यस्याः प्रवृत्ताः सर्वाङ्ग विभ्रमा:: स्तनोद्भेदे।
संशयित बालभावा भवति चिरं यथा सखीनामपि।।]

।। 3 ।। 34

— ज्योंही इसके स्तन उद्भिन्न होने लगे, त्योंही इस नायिका के सारे अंगों में इस ढंग से विलास व विभ्रम प्रवृत्त होने लगा कि इसकी सखियाँ भी एकबारगी इसके बालभाव के बारे में संशय करने लग गईं।

सारत्व

निर्विकारात्मक सत्व से जब विकार का सर्वप्रथम विस्फुरण पाया जाता है, तो इसी प्रकार के प्रथम स्फुरण को **भाव** कहते हैं।

नायिका में बातचीत कम करने की अवस्था का होना तथा शृंगार का होना **हाव** कहलाता है। यह 'हाव' आँख, भौंह आदि में विकार उत्पन्न करता है।

यही हाव जब शृंगार रस को प्रकट रूप में अच्छी तरह अभिव्यक्त करने लगे तो **हेला** नामक शरीरज अलंकार बन जाएगा। ये विकार प्रकट तथा स्पष्ट होते हैं। ...रूप, विलास तथा यौवन के कारण जब नायिका के अंग विभूषित हो उठते हैं तो उस अलंकार को **शोभा** नामक अयत्नज अलंकार कहते हैं।

शोभा में नायिका में कामविकार नहीं होता। जब कामार्विभाव के बाद इसकी कान्ति और अधिक बढ़ जाती है तो वही शोभा राग (काम) के उत्पन्न होने से सघन होने के कारण **कान्ति** नामक अलंकार होती है।

उदाहरण—'कादंबरी' में महाश्वेता-वर्णन।

नायिका में अनुल्वणता या रमणीयता का होना **माधुर्य** नामक भाव कहलाता है। मधुर आकृतियों के लिए कुछ भी मंडन बन जाता है—

मधुराणां मंडनं नाकृतीनाम्

—कालिदास

कान्ति नामक भाव का विशेषत्व या विस्तार **दीप्ति-भाव** कहलाता है।

— मन के शोभादि का न पाया जाना भाव **प्रागल्भ्य** नामक भाव कहलाता है। सदा प्रेम से युक्त रहेगा, नायक के प्रति अनुकूल रहना **औदार्य** कहलाता है।

प्रागल्भ्य

पर यह तो बताओ, अन्य स्त्री-सम्भोग की सूचना देता हुआ, चारों ओर फैलता हुआ—यह नवीन सुगंध किस ढंग से छिपाया जा सकता है। यह गंध ही बता रहा है कि तुम अन्य नायिका का उपभोग करके आ रहे हो।

प्रतिदिसमपरस्त्री सङ्गशंसी विसर्पन्
नवपरिमलगंधः केन शक्यो वरीतुम्।

(शिशुपालवध, एकादश सर्ग)

शोभा

रूप, विलास तथा यौवन के कारण जब नायिका के अंग विभूषित हो उठते हैं तो उसे 'शोभा' नामक अयत्नज अलंकार कहते हैं। उदाहरण, 'अनाघ्रातं पुष्पं किसलय मलूनं...' या

'कुमारसम्भव' के सप्तम सर्ग में विवाह के लिए सजाई जा रही पार्वती, 'तां प्राङ्मुखी तत्र निवेश्य बालां क्षणं व्यलम्बन्त पुरो निषण्णा। भूतार्थ शोभाह्नियमाण नेत्राः प्रसाधने सन्निहितेऽपि नार्यः।। (—उस बाला पार्वती को पूर्व दिशा की ओर मुख करके बिठाकर अन्य स्त्रियाँ उसके सामने बैठकर एक क्षण के लिए ठिठक-सी गईं...पार्वती का प्रसाधन करने से रुक-सी गईं। पार्वती की नैसर्गिक शोभा को देखकर वे स्तब्ध हो गईं, उनके नेत्र लज्जित हो गए कि इस नैसर्गिक सौन्दर्य के लिए इन बाह्य प्रसाधनों की क्या जरूरत? इस भाँति वे पार्वती का प्रसाधन नहीं कर सकीं)।

लीला

नायिका के अपने मधुर अंगों की चेष्टाओं के द्वारा प्रिय (नायक) के वाग्वेश चेष्टादि का श्रृंगारिक अनुकरण करना 'लीला' नामक भाव कहलाता है। उदाहरण, स्वयं धनिक की गाथा—

तह दिट्ठं, तह भणिअं, ताए णिअदं तहातहासीणम्।
अवलोइअं सइण्हं सबिब्भगं जह सवीत्तिहि।।
[तथा दृष्टं तथा भणितं तथा नियतं तथा सीनम्।
अवलोकितं सतृष्णं सविभ्रमं यथा सपत्नीभिः।।]

— उस नायक का देखना इस ढंग का, बोलना इस ढंग का, नियंत्रण इस ढंग का तथा आसन ग्रहण करना (बैठना) इस ढंग का है कि उसकी सौतें विलास व तृष्णा के साथ उसे देखती हैं।

दस स्वाभाविक भाव

दस स्वाभाविक भाव—नायिका के मधुर अंगों की चेष्टाओं के द्वारा प्रिय (नायक) के वाग्वेसचेष्टादि का श्रृंगारिक अनुकरण करना **लीला** नामक पूर्वोक्त भाव कहलाता है (जैसे वह बोलता है, वैसे ही नायिका बोलती है—जैसे वह चलता है, वैसे ही यह चलती है)।

— प्रिय के दर्शनादि के समय नायिका की अंगचेष्टाओं तथा बोलचाल में जो विशेष प्रकार का तात्कालिक विलास पाया जाता है, उसे **विलास** कहते हैं।

— थोड़ी-सी वेशभूषा व साज-सज्जा भी जहाँ कान्ति को अधिक पुष्ट करती है, वहाँ **विच्छित्ति** नामक भाव होता है। (गोरे कपोल-गोरोचन की पत्रावली)। [शोभा—कान्ति—विच्छित्ति]

— जल्दी के कारण समय पर आभूषणों का उलट-पलट पहन लेना **विभ्रम** कहलाता है।

— नायिका में एक साथ क्रोध, अश्रु, हर्ष तथा भय का सांकर्य पाया जाना **किलकिंचित** कहलाता है।

प्रिय की कथादि का श्रवण-मनन करते समय उसके भाव से प्रभावित हो जाना, एक तान हो जाना, **मोट्टायित** कहलाता है।

— रतिक्रीड़ा में नायक के द्वारा केश तथा अधर को ग्रहण करने पर मन से प्रसन्न होने पर भी नायिका जब बाहर से क्रोध करे तो वह **कुट्टमित** भाव कहलाता है।

— जब नायिका गर्व तथा अभिमान के कारण इष्ट वस्तु के प्रति भी अनादर दिखाती है तो उसे **बिब्बोक** नामक भाव कहते हैं।

— कोमल तथा स्निग्ध प्रकार से अंगों का विन्यास **ललित** नामक भाव कहलाता है।

यथा—यह नायिका यौवन के आविर्भाव होने पर इस तरह का आचरण कर रही है, जैसे बिना ताल के ही नाच रही हो! वह भौंहें टेढ़ी करके, हाथरूपी किसलयों को फैलाती हुई बात करती है।

आँखों के अपांग से बड़े मधुर-मधुर ढंग से देखती है और चलते समय अपने चरणकमलों को बड़ी लीला (भाव) के साथ उठाती है : एक कुशल नर्तकी जैसे ताल व संगीत के आधार पर अंग, अपांग तथा उपांग का विक्षेपादि करती है, वैसे भी यह भी कर रही है।

धनिक की स्वर्निर्मित आर्या—

चलति कथञ्चित्पृष्टा यच्छति वचनं कथञ्चिदाली नाम्।
आसितुमेव हि मनुते गुरुगर्भमरालसा सुतनुः।।

(**दशरूपक** 4।।28।।)

— गर्भ के अतिभार के कारण अलसाई हुई सुन्दरी किसी तरह चलती अवश्य है तथा सखियों के पूछने पर किसी तरह उत्तर भी अवश्य देती है; पर सच पूछो तो वह एक जगह पर ही बैठी रहना चाहती है।

× × ×

जहाँ नायिका समय आने पर भी तदनुकूल वाक्य का प्रयोग लज्जा के कारण नहीं कर पाती; वहाँ **विहृत** नामक भाव माना जाता है—उदा. पैर के अंगूठे से।

कला-विभाव

शृंगार रस में कला-विभाव—उदाहरण 'मालविकाग्निमित्र' में यहाँ मालविका की नृत्य-कला के द्वारा अग्निमित्र के हृदय में स्फुरित स्थायी भाव शृंगार रस के रूप में परिपुष्ट हो रहा है—

हस्तैरन्तर्निहितवचनैः सूचितः सम्यगर्थः
पादन्यासैर्लयमुपगतस्तनमयत्वं रसेषु।
शाखायोनिर्मृदुरमिनयः षडविकल्पोऽनुवृत्तै-
र्भावे भावे नुदतिविषयान् रागबन्धः स एव।।

— इस मालविका ने अपने उन हाथों के संचालन के द्वारा भाव के अर्थ की व्यंजना ठीक तरह से करा दी है, जिनके संचालन में जैसे शब्द (वचन) छिपे बैठे हैं। जिस तरह **शब्द के सुनने पर** उसके अर्थ की प्रतीति होती है वैसे ही उसके **हस्तसंचालन** से अर्थ व्यंजना हो रही है, मानो वचन इसके हाथों में छिपे हैं!

जब वह एक क्रिया के बाद थोड़ी देर द्रुत, मध्य या विलम्बित विराम (लय) का आश्रय लेती है, वैसे ही इसके **पदन्यास** ने लय को रस के साथ तन्मय बना दिया है।

दर्शक इसके लय के पहुँचने पर रसमग्न हो जाता है। हस्तसंचालन तथा पदन्यास के द्वारा किया गया छह प्रकार का (आंगिक, शारीरिक, वाचिक, मुखज तथा चेष्टाकृत से आंगिक के तीन प्रकार तथा वाचिक, आहार्य एवं सात्त्विक ये तीन प्रकार [=छह]) कोमल अभिनय जो शाखा वाला (हाथ के विचित्र संचालन वाला) है, प्रत्येक भाव के प्रकाशन के

साथ-साथ हृदय में विषयों को प्रेरित कर रहा है। यही **अनुराग** है—यही रागबन्ध या **प्रेम** कहा जा सकता है।

× × ×

विभ्रम भाव का उदाहरण (विपरीत विलास)—नायिका द्वारा आभूषण-मंडन करते वक्त ललाट में अंजन, आँखों में लाक्षा रस (आलक्तक) तथा कपोल पर तिलक लगा लेना।

उत्पातजनित **आवेग** में अंग शिथिल हो जाते हैं—

पौलस्त्य पीनभुजसम्पदुदस्यमान-
कैलाससम्भ्रभविलोलदृशः प्रियायाः।
श्रेयांसि वो दिशतु निह्नुत कोपचिह्नः-
मालिङ्गनोत्पुलक मासितमिन्दुमौलेः।।

— पुलस्त्य के पौत्र रावण की पुष्ट भुजाओं से कैलास के उठाए जाने पर डरी हुई पार्वती के नेत्र चंचल हो उठते हैं। उनका क्रोध कम पड़ जाता है तथा शिव के प्रति उत्पन्न **प्रणयकोप-चिह्न** छिप जाते हैं। वे भय तथा सम्भ्रम से महादेव का आलिंगन कर लेती हैं जिसके कारण महादेव (इन्दुमौलि) का शरीर रोमांचित हो उठता है। महादेव का यह पार्वती-आलिंगन जनित पुलक आप लोगों को कल्याण प्रदान करे।

× × ×

किलकिंचित भाव का उदाहरण—रतिक्रीड़ा के समय जुआ खेलते समय किसी तरह समय पाकर, मेरे द्वारा उसके अधर को जीत लेने पर टेढ़ी भौंहों वाली उस नायिका ने कलकल कंठ से अर्धस्फुट आवाज करते हुए—लज्जा, रुदन, मुस्कराहट तथा क्रोध के अस्फुट मिश्रण से उद्भ्रान्त मुख को मेरी ओर कर दिया। (धनिक का स्वपद)

किलकिंचित्—

रतिक्रीड़ाद्यूते कथमपि समःसाद्य समयं
मया लब्धे तस्याः क्वणित कलकण्ठार्धमधरे।
कृत भ्रूभङ्गासौ प्रकटितविलक्षार्धरुदित-
स्मितक्रोधोद्भ्रान्तं पुनरपि विदध्यान्मयि मुखम्।।

(**धनिक दशरूपकम्**-2।। 39।।)

× × ×

देह की बातचीत

डेस्मांड मॉरिस ने प्रमुख कर्मेंद्रियों की मुद्राओं की पर्याप्त व्याख्या-माला पेश की है।* यह मूलवृत्तियों (इंस्टिंक्ट्स) पर केंद्रित है तथा की परिवीक्षा यूरोपीय परिप्रेक्ष्य में कूट खोलती है। इसलिए हमने यह प्रादर्श (मॉडल) संशोधित करके अपनाया है।

हम मुहावरों-कहावतों को भी देहभाषा का एक प्रकार पाते हैं जिसे **देह-वार्ता** कहना भी असंगत नहीं लगता। जो इन मनोदैहिक मुद्राओं के स्वतःस्फूर्त अनागत-आगत विधाता हैं, वे सांस्कृतिक जीवन-शैलियों से संस्कारित हैं। यह वार्ता एक प्रकार से रीतिधर्मिता (मैनरिज्म)

---

* 'बॉडी टाक', डेस्मांड मारिस, जोनाथन केप, लन्दन, 1988

जैसी रूढ़ भी हो चुकी है। यह ऐतिहासिक-जातीय अस्मिता की भी चक्रचिह्न है; यद्यपि इसके मूल विधाता इसकी प्रामाणिकता की पुष्टि करने को मौजूद नहीं हैं। काल-प्रवाह में इसकी मुद्राओं के तात्पर्य भी भिन्न-भिन्न होते रहते हैं। अतएव हमें **मुद्रा,** उसके **तात्पर्य,** उसके **कार्य,** उसके **प्रकरण** तथा उसके **देह-स्थान** का पंचायतन बनाना पड़ा है।

इसके दृष्टान्त के लिए हमने आठ सचित्र मुद्राएँ भी निदर्षित की हैं। लगभग अन्य की भी इसी भाँति की व्याख्याएँ की जा सकती हैं जिसमें आलोचिन्तकों के कालानुवर्ती मनोरथ भी घुलमिल जाएँगे। आगे हम शेष की चुनी हुई सूची ही देंगे। इस भाँति यह भी एक **लघु-देहभाषा** का अमानत हो जाता है।

तो क्या मुहावरे-कहावतें शब्दधुरी से छिटककर अर्थ की त्रिज्या (टैंजेंट) में घूमती हैं? वे शब्द तक सीधे नहीं पहुँचतीं। उनके भूलभुलैया मार्ग तर्काभाषी तथा साम्यरूपकात्मक होते हैं। उनके अर्थ अनुभूतियों-प्रक्षेपणों-तादात्म्यीकरण द्वारा ढलते चलते हैं। वे व्याख्या-वृत्त में बहुलता-सूचक हैं। यहाँ मानो देह ही स्वयं शब्द है तथा मुद्रा अर्थभ्रान्ति (एम्बिग्विटी)। सारांश में; मूक भाषा में शब्दहीन भाव प्रकट करना ही लभ्य है।

जब हम शाब्दिक क्रिया के प्रति आश्वस्त नहीं होते तब अर्थ या मनोरथ उलट-पुलट जाया करते हैं। अक्सर सूक्ष्म निरीक्षण का साधन शरीरविन्यासशास्त्र (फिजियोनॉमी) भी है। **चेहरे** को ही लें। चेहरों की अपनी-अपनी अस्मिताएँ होती हैं जिससे उनकी निजी हस्ती संलक्षित होती है। आँखें छोटी होने पर कम विश्वसनीयता, घनी भौंहें व चौड़ी मूँछें होने पर दृढ़ता, लोगों से नजरें चुराने पर सन्देह उत्पन्न करना, मुस्कराकर गलती स्वीकार कर लेना, बाल बढ़ाकर नवग्रीवा करने पर अन्तर्ह्लाद या जुनून आदि असंलक्षित ध्वनि के जैसे हैं। इस तरह हमारी इकाई मुद्रा (शब्द-वृत्त) घुली भाव-भंगिमा (अर्थ-वृत्त) हो जाती है।

हम कुछ दिशाओं में उन्मुख हो सकते हैं—

(अ)

(क) मानव-अंगों से जुड़े **मुहावरे** देहभाषा के अभिसूचक (इंडीकेटर) तथा चिह्नक (मार्कर)—दोनों माने जा सकते हैं; आँखें झुकाना, ओठ फड़कना, कमर लचकना, भृकुटि तनना आदि।

(ख) मानवीय व्यवहार से जुड़ी **कहावतें** भी देहभाषा की सूचक एवं चिह्नक हैं।

(ग) देह के अंगों तथा व्यवहारों के प्रदर्शन के विभिन्न प्रकार शब्दार्थ-शक्तियों की भाँति—देहभाषा के सूक्ष्म अन्तरों एवं अन्तरण के द्योतक हैं। उदाहरणार्थ—**कई** सूचकों (पर्यायों), **कई** सूक्ष्म भावान्तरों-व्यवहारों (अयत्नज अलंकार) द्वारा **एक** ही भाव-दशा की सार्थकता जाँचना। ये अनेकार्थक, श्लेषार्थ-जैसे होते हैं (जैसे दक्षिण के मामल्लपुरम् के विशाल शिलापट-अंकन में तपस्यारत योगी की अपरिचयता)।

(आ)

(घ) सामुद्रिक लक्षण तो कोरमकोर देहभाषा-चिह्नक हैं—गालों पर तिल, ठोढ़ी पर गोदना, जाँघ पर लहसुन, घनी काली त्रिवली, लम्बी नाक, उभरे-पृथुल नितम्ब, वृषभ-स्कन्ध, नुकीली उँगलियाँ, बड़ी-बड़ी आँखें, पुरुष का कवचवक्ष, आजानु बाँहें।

(ङ) अन्य अभिप्राय सूचिकाएँ (इनडेक्स) : अंगड़ाई में दोनों बाहुलताएँ ऊपर उठाना, दाँतों से तिनका कुतरना, पाँव के अंगूठे से धरती कुरेदना, ठोढ़ी चूमना,

अंक में भरना, हथेली में समा सकने भर बर्र जैसी कमर, ऊँघते मुखड़े को हथेलियों का अवलम्ब देना, सवालिया मुद्रा, मेरे मन में तुम्हारा तन मुँद जाता है, पीठ थपथपाना, अधर की मधुर लाली, अंजलि में मुँदता कमल धरकर झरोखे पर आ खड़े होना, मसलन से उभरी कानों की लाली (प्रसाद), अंगुलियों का पंखा आँखों के सामने बनाकर प्रिय को निहारना, जमुहाई लेते समय अंगुलियाँ चटकाना (थकान), एक-एक भंगिमा से हृदय को झनझना डालना, बालों पर उँगलियाँ फिराना, गाल को चुटकी से मसल देना, घुटनों तक लहराती वेणी, उलटे पैरों निकल जाना, ठेंगा दिखाना, दाहिनी आँख का फड़कना, पसीना सुखाना, अपने ही अंगों को अंगों में दुराना, मिथुन के गले में बाँहें फँसाकर झूलना, गर्दन घुमाकर केश-लट झटकना, घुटने पर कोहनी टेकना। अत: यह भी एक देह-भाषिक शब्दकोश है।

(इ)

शब्द-शक्तियों की तरह (किन्तु अलक्षित) देह की मुद्राएँ भी होती हैं। वे प्रकरण-वक्रता से भिन्नार्थ या भानार्थ या तात्पर्य या औचित्य धारण कर लेती हैं। खुली हथेली/बँधी मुट्ठी करके बाँह ऊपर उठाना, अन्तरंग वार्ता या कुश्ती-दाँव में गलबाँही डालना, प्यास या उन्माद में ओठ चाटना, शिशु या विजेता की पीठ थपथपाना आदि ऐसी ही विविध-सम्भवा हैं।

हमने आगे औचक ही कुछ मुद्राएँ बेतरतीब छाँटने-निरूपित करने, परिवर्धित करने के लिए चुनी हैं—

चरण स्पर्श (माँ के लिए), गले लगाना (मित्र), माथे पर हाथ रखना (आशीर्वाद), नमस्ते करना (अभिवादन), नाक-भौं सिकोड़ना (अरुचि)।

अन्य : पालथी मारना, उँगली पकड़ना, कान खींचना, अंगड़ाई लेना, अँगुलियाँ चकटाना, ताली बजाना, ओठ बन्द रखना, कान खड़े हो जाना, गाल थपथपाना, पीठ थपथपाना, ताल ठोंकना, बीड़ा उठाना, कन्धे उचकाना, कमर मटकाना, आँखें नचाना, भौंहें तानना, दाँत काटना, जीभ निकालना, ओठ चाटना, नथुने फूलना, अंगुलियाँ चूम लेना, कान खोलकर (सुनना), बाँहें फैलाना, दाँत किटकिटाना, गाल फुलाना, पेट बजाना, कुहनियाना। यह एक समान्तर सूची है जो मुद्राओं और मुहावरों का खुल्ला यौगिक भी है।

दोनों हाथों को कमर के समानान्तर लाकर हथेलियों को चित करके सभी अंगुलियाँ एक साथ ऊपर हिलाना (बच्चे को गोद में लेने का प्रलोभन)/ जमीन पर बैठकर घुटने कन्धों के सामने मोड़कर पाँवों को हथेलियों से घेरकर अंगुलियों को गुत्थम-गुत्थ कर लेना, घुटनों (विश्राम)/इसी मुद्रा में घुटनों-अंगुलियों के जाल के बीच सर झुकाकर टिका देना (चिन्ता, शोक), घुटने ऐसे ही मुड़े हों : एक बाँह उसे घेरे तथा दूसरी विरोधी पैर की उँगलियाँ छुवे (लज्जा)/किसी से मृत्यु की संवेदना प्रकट करने पर बस उसके कन्धे पर हथेली रखकर उँगलियों से दाब दे देना (हजारों शब्दों से भी ज्यादा गहरा)।

— कभी-कभी तो यशनाम भी मुहावरे बन जाते हैं—धक-धक गर्ल (माधुरी दीक्षित), माधुरी फिदा हुसैन (चित्रकार), थंडरिंग थाइज़ (श्रीदेवी), रहस्य सुन्दरी (रेखा), शहीदे आजम (भगत सिंह), बिग 'बी'

(अमिताभ बच्चन), फ्लाइंग सिख (मिल्खा सिंह), ट्रेजेडी किंग (दिलीप कुमार), उड़नपरी (पी.टी. उषा), सदाबहार हीरो (अशोक कुमार), स्वर कोकिला (लता मंगेश्कर), चेन्नई का मोजार्ट (ए.आर. रहमान)। ऐसे नामकरण वस्तुत: उनके सम्पूर्ण व्यक्तित्व-कृतित्व के—मूल से भी कई गुना—विराट् बिम्ब हैं। हम इन्हें **देह-बिम्ब** बता चुके हैं। ये मूलत: शब्दार्थ से अन्यथाकृत हैं।

तने हाथ की मुट्ठी

तात्पर्य : चुनौती, न्योता।

कार्य : सामने के लोगों को देख कर ललकारना या संगठन का संकल्प जताना।

प्रकरण : हाथ या तो ऊँचा उठा तना है जो न्योता है या फिर कुहनी पर टिकास है जो लड़ाई की चुनौती है। यह द्वन्द्वयुक्त मुद्रा होती है। अत्यन्त प्रबल कर्म की आमंत्रक।

स्थान : सार्वत्रिक

र.कुं. मेघ

नयन ढँकते हुए

तात्पर्य : आपने मुझे साहचर्यों में बाँध दिया।

कार्य : बन्द आँखों में-से एक पर तर्जनी धरे अधखुली हथेली से शान्त-गम्भीर। यह उदासी का भी इशारा है।

प्रकरण : यह मुद्रा दर्शक / प्रतिपक्षी को प्रतिक्रिया के लिए प्रेरित करती है।

स्थान : हिन्दी-पट्टी की नारियों की आम मुद्रा, जब वे पहेली में उलझें।

र.कुं. मेघ

नितम्ब पर थपकी

तात्पर्य : विश्वास तथा प्रोत्साहन।

कार्य : पुरुष साथी 'मैं हूँ न!' का विश्वास दिलाता।

प्रकरण : हौसला बढ़ाने, साथ देने, आकर्षण जताने की बहुविध मुद्रा।

स्थान : पश्चिम में डेटिंग पर, मिथुनों के भारत भ्रमण में उदारता का स्वत्वाधिकार।

र.कुं. मेघ

जीभ निकालकर हिलाना

तात्पर्य : चिढ़ाना, ललचाना।

कार्य : सामने के व्यक्ति को आँखें झमकाकर तथा दायाँ हाथ से उसकी लुंजपुंज लाचारी को जताना।

र.कुं. मेघ

प्रकरण : इसमें हास–परिहास तथा व्यंग्य की स्थिति भी है। आँख, जीभ तथा दाईं हथेली का सहकार है।

स्थान : बेहद बेतकल्लुफी भरी जगह।

तर्जनी को धँसाना

तात्पर्य : रति–क्रीड़ा।

र.कुं. मेघ

कार्य : बायीं हथेली को गोल ताला बनाकर, दाएँ हाथ की तर्जनी को चाबी–सा घुसेड़ना।

देश : सार्वत्रिक।

पाँव की तालाबन्दी

तात्पर्य : अरक्षित या डरा–डरा।

कार्य : देह के ऊपरी भाग के प्रदर्शन से पृथक् दूसरी भावदशा का सूचक। अगर मैत्रीपूर्ण वार्तालाप है तो भय के दूर भागने की सम्भावना। ये मुद्राएँ किशोरियों नवयुवतियों का एक अभिप्राय भी हैं।

स्थान : सार्वभौम।

र.कुं. मेघ

गोद में कमल

तात्पर्य : लज्जा तथा आत्म-मुग्धता।

कार्य : अंजलि में कमल लेकर हृदय से आलिंगन में भरना।

प्रकरण : आगत मधुर स्थिति में तल्लीनता। कमल के ऊपर से भँवरा अन्दर मुँदने की प्रतीक्षा के सूचक द्वारा रात में मिलन का सन्देश। यह कवि-समय भी है।

कमल की कालिदासी मिथक के अनुसार यह वाग्दत्ता पार्वता के हाथों में घूमता लीला-कमल।

अयत्नज अलंकार—कान्ति तथा दीप्ति स्वभावज भाव-विच्छित्ति एंड विलास

स्थान : भारतीय क्लासिक अभिप्राय है लज्जा और प्रीत, मिलन और माधुर्य का।

र.कुं. मेघ

आँख मारना

तात्पर्य : अन्तरंग के लिए, अत्यन्त निजी भेद छुपाना।

कार्य : साथी को देखकर एक आँख बन्द तथा दूसरी खुली।

प्रकरण : इसमें एक साँझा रहस्य दो के बीच होता है। बन्द आँख साथी/साथिन के लिए। खुली अन्य के लिए। यह जार कार्य का भी द्योतक है। शिष्टाचार की दृष्टि से यह भद्र नहीं है।

स्थान : गोष्ठी/टोली में। सर्व–व्यापी।

[आ] अनुपाठ

इस खंड में निम्नलिखित प्रमुख ग्यारह देहभाषाओं का निर्वचन होगा :

अध्याय

13. यंत्रणा की देहभाषा : मानव–देह की परतंत्रता
14. देहोत्तर शव की देहभाषा
15. योग और तंत्र, कुश्ती और कसरत की देहभाषाएँ
16. खेल में देहभाषा
17. 'सोम' एवं 'काम' देवताओं की देहभाषा
18. मुखौटे तथा गोदने की देहभाषा
19. चित्र–सृजित देह तथा देह–चित्र की देहभाषा [चित्र, शिल्प, वास्तु, नगर–निवेश]
20. नाट्याभिनय में देहभाषा
21. नृत्य की देहभाषा
22. संगीत की देहभाषा
23. 'द्वितीयक त्वचा' (परिधान तथा आभूषण) की देहभाषाएँ

अध्याय : तेरह

यंत्रणा की देहभाषा : मानव-देह की परतंत्रता

देहभाषा के वैश्विक आयाम में **प्रकृति एवं मनुष्य** का ही शाश्वत आश्विन-युगल है। इसके समानान्तर जो विशिष्ट सभ्यता-संस्कृति-समाज की अस्मित देहभाषा की सहतरंग चलती है, वह आगे छलाँग लगाती है, स्थिर हो जाती है, पिछड़ जाती है, बिखर भी जाती है। भारत में प्रकृति और पुरुष के प्रत्ययों को लेकर कालिदास ने **प्रकृति और नारी** की कान्त मैत्री के अमृतपर्व वाला महामार्ग प्रवर्तित किया। इतिहास में वैश्विक देहभाषा से सांस्कृतिक देहभाषा और उसके अन्तर्गत अनेकानेक लघु देहभाषाओं का आविर्भाव तथा पल्लवन-कुसुमन होता रहा है, तथापि देहभाषा तथा देहभाषाओं का प्राचल अवाचिक भाषा है और वह अनिर्वचनीयता को, मुद्राओं, भंगिमाओं, संकेतों, चिह्नों, लक्षणों, गुणों, अभिप्रायों-माइथीमों आदि के द्वारा यह नानाविध सन्देश देती रहती है। सो, सम्प्रति हम भारत का परिप्रेक्ष्य लेंगे।

देह के चिह्न व गुण, मुद्रा व अभिप्रेत होते हैं। वे पुरुष और नारी के **आद्यरूपात्मक** (आर्केटाइपल) **बिम्बों-प्रतीकों** में सभ्यताओं के प्रभामंडल तथा परिसर-घेरे बन जाते हैं। नरश्रेष्ठ श्रीराम, नट-नागर श्रीकृष्ण, नटराज शिव तथा ध्यानी बुद्ध के साथ-साथ आदि शक्ति दुर्गा, महाभावरूपा राधा तथा चिरन्तन प्राश्निक उमा (पार्वती) के इर्द-गिर्द देहभाषा के कई अनुप्रेरक खुलते रहे हैं। इनमें प्रकरणों की, प्रतीकों की, मिथकों की, अनुष्ठानों की, व्यवहारों की, वेश-भूषा की, मुद्रा-भंगिमाओं की पूरी, संसृति देहभाषा की परा-पश्यन्ती मधुमती वाली भूमिकाएँ अन्तर्निहित हैं। असल में देह के अव्यक्त पाठों के भीतर-बाहर चलने वाली अन्तरूपाठ्यता तथा अन्तर-सांकेतिकता ही तो सुन्दरता एवं बीभत्सता के, मुद्रा तथा भंगिमा के, अनुभाव तथा संचारी के, यातना तथा आह्लाद के, दुख तथा आनन्द के, परतंत्रता तथा स्वाधीनता के नये-नये अनुपाठों को उद्घाटित करती है।

इनकी समझदारी-साझेदारी के लिए ही इक्यावन (?) शक्तिपीठ, (नर-) बलि के लिए कुछेक लक्षणों से युक्त देह, तिल और त्रिवली, नाभि तथा गाल के गड्ढे (कपोल-भँवर), गोदने और मुखौटे, शक्ति के सूचक (एकादश-द्वादश) शिवलिंग, बत्तीस लक्षणों से युक्त कुमारिका हमारे कुछेक सन्दर्भ-बिन्दु हैं। इनके आधुनिक प्रतिपक्ष में उपन्यासों के बाणभट्ट, मारीश, बीजमुप्त, भुवन जैसे पात्र लिए जा सकते हैं।

शुरुआत मानवता के बचपन के आर्केटाइपल बिम्बों के आधुनिक संस्करणों से की जा सकती है। अन्याय, अत्याचार, यंत्रणा, क्रूरता को निरपराध सहने वाले जन के पक्ष में—पहले—अलौकिक महानायक, अर्द्धदेवता परित्राण करते आए थे। आज अतिप्राकृतिक-अतिमानवीय—छलावरण (कैमाफ्लाज) वाले नायकों-नायिकाओं के देह-भाषिक अद्‌भुत-असम्भव—आश्चर्यरस परम करतब अच्छाई-बुराई, देवत्व-दानवता के बीच के प्रबल संग्राम को लोकपक्षधरता के साथ उठा रहे हैं, कई अन्तर्विरोधों तथा खामियों के बावजूद। अतः भय, आतंक, आह्लाद, अद्‌भुत से मानवीयता की संयुक्तता हुई है।

पश्चिम में ये हैं—स्पाइडर मैन, हैरी पाटर, आयरन मैन, बैट मैन, कैट वुमन, 'डार्क नॉइट' आदि। यहाँ फान्तासियों, फैंटमों तथा बेलगाम आकांक्षाओं–प्रत्यशाओं का विचित्र संसार है।

कैट वुमन

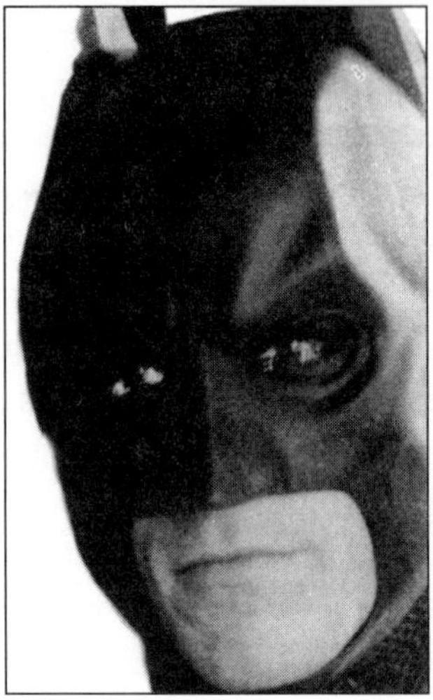

बैट मैन

स्पाइडर मैन

सो, कई महत् प्रश्न उठते हैं। क्या देह केवल क्षणभंगुर, भोगायतन तथा अपवित्र है? इनसानी बर्दाश्त की हदें क्या हैं? क्या इसके पश्चात् उत्तरजीविता या व्यक्तित्व की भव्यता या देह का विनाश तथा मरण है?

हॉब्सबाम तथा मिशेल फोको ने देहों तथा विशिष्ट कारकों पर विचार करके दस्यु तथा पुलिस और न्यायाधीश, शिकार (विक्टिम) तथा दास, अपरिचित तथा प्रतिद्वन्द्वी, बन्दीवान तथा बागबान के कठिन प्रश्न उठाए हैं जहाँ वाचिक भाषा से उत्तरोत्तर उत्तीर्णता होती जाती हैं।

क्रूरताओं तथा अमानवीयताओं की अँधेरी छायाएँ लम्बी तथा मौन होती हैं। यंत्रणा तथा प्रताड़ना के कई तरीके हैं, जैसे—बलात्कार, अपहरण, देहदहन आदि। ये नृशंसता, हिंसा और बर्बरता की हदें पार कर जाते हैं। इनका लक्ष्य देह को घायल करना, पशुवत् बनाना, सजा देना—प्रतिशोध लेना तथा अन्ततः **देह को नष्ट** करना है। सत्ता या दबंगई इसको नियंत्रित-अनुशासित-अनुकाम्य बनाती है। (सफेद आतंक तथा लाल आतंक के बीच संघर्ष अनवरत है) उसके जेल और पुलिस के दो ध्रुवान्त हैं (फूको का सिद्धान्त)। उसका मॉडल है, एक केंचुआ-देह। इसके लिए वह सर्वप्रथम एवं सर्वाधिक देह को दबाती-झुकाती, खंड-खंड करती और आज्ञाकारी बना डालती है। हमारे पुरुषार्थ तथा प्रयोजन, व्यवहार तथा आचरण, भाव तथा विचार, श्रेय तथा प्रेय ही देह-गाथा बनते हैं जो संकेतों तथा चिह्नों द्वारा कही जाती है। जो मूल्यार्पित देही यंत्रणा और यातना को भी आह्लाद एवं आनन्द के धरातल पर उन्नीत कर देते हैं वे देहोत्तीर्ण होकर शहीद या यशस्वी हो जाते हैं। उनका बिम्ब यथार्थता से भी कई गुना बड़ा होता जाता है। असंख्य अच्छे नर-नारी ऐसे ही कृती होते हैं। उनके प्रतिनिधियों के रूप में हम उनकी देह-कथा की भी पूजा और आराधना करते हैं। भगतसिंह और 'चे' ग्वेवारा मिसाल हैं। उनकी यशकाया हमें अँधेरे से ज्योति की ओर, मृत्यु से अमरता की ओर लिए चलती है।

तदपि यातना तथा वहशियत के आयाम का वह खूनी-नरसंहार भी अमिट है। हिटलर के नाज़ी लोग स्लाव एवं यहूदी और बोल्शेविकों को शैतानियता का गठजोड़ मानते थे। 1941 में तीस हजार सोवियत कैदियों का नरसंहार किया। इसके अलावा पोलैंड के **आस्विज़ कैंप** में यहूदी-समुदाय का नरसंहार मचाया। कोई सवा लाख सोवियत युद्ध कैदियों की हत्या के बाद कोई...लाख यहूहियों का नरसंहार किया गया। उन्हें बन्द प्रकोष्ठों में कार्बन मोनो ऑक्साइड गैस छोड़कर, बाद में शवों को भट्ठियों में ठूँसकर जला डाला गया। इसी तरह इक्कीसवीं सदी में गुआनतामो कैदखाने में इराकी युद्धबन्दियों के साथ अमानुषी, बीभत्स, पाशविक अत्याचार किए गए। हमारे पास बस खून से सने कपड़े, क्षत-विक्षत देह, झुलसी-धुँधुवाती अस्थि-भस्म का ही सबूत रह जाता है। अतः प्रतिगामी सत्ता का एकान्तिक लक्ष्य होता है—**देह और मस्तिष्क को कुचल डालो!** सत्ताधारियों को अन्यायपूर्ण वर्चस्ववादी सोच जकड़ लेती है। वे बहशी, भौंचक्के, डरे हुए, क्रूर तथा बेरहम हो जाते हैं। गोली से भूनकर, एनकांउटर कर, जलाकर मार डालना उनके खामोश तरीके हैं। अतः सत्ता और ताकत मानव को विद्रूप एवं विकृत बना डालती है। उन्हें जनता जनगण न होकर अप-मानुष हो जाती हैं। वे परपीड़क राक्षस हो जाते हैं। उनका सारा तर्क झूठ का इन्द्रजाल होता है। युद्ध और यंत्रणा की मशीन में तो वर्दी पहनकर मर्द और औरतें—दोनों एक जैसे हो जाते हैं। तो, सत्ता ऐसे वहशी और पाशविक हो जाती है। स्त्रियाँ तथा दलित जन दमन के आसान शिकार बन जाते हैं। इलाहाबाद हाईकोर्ट के जस्टिस मुल्ला ने यह व्यवस्था दी थी कि उत्तरप्रदेश पुलिस बदमाशों का एक संगठित गिरोह है। झूठी मुठभेड़ें भी आम वारदातें हैं।

देह और मस्तिष्क को कुचल डालने के सूत्रबन्ध के विकल्प में दूसरा उद्देश्य उभरता है—**देह को (खंड-खंड भी) संरक्षित रखो परन्तु मस्तिष्क को कुचल डालो!** इसके विरोध में भी मोर्चाबन्द होनेवालों में अरुन्धति राय तथा विनायक सेन जैसे लोग हैं। यह दशा **देह की परतंत्रता**

डार्क नाइट

कैट वुमन

की रणनीति पर आधारित है। प्रभुता स्थापित करने के लिए देह को झुकाना, दबाना, प्रताड़ित करना, अनुशासित करना, अधीन करना अर्थात् देह का दमन एवं दलन करना; लेकिन उसे संरक्षित रखना। इस अनुक्रम में कारागार के जन्म से अस्पताल के शवगृह की ओर धकेल कर मनुष्य के मस्तिष्क को ही निस्पन्द, संवेदनशून्य, लकवाग्रस्त-सा बना दिया जाता है। सत्ता का यह अद्‌भुत विमर्श है—अनुशासन तथा सजा। क्या ज्ञान का पुरातत्त्वशास्त्र यही है ?

ज्ञान के ऐसे विकराल पुरातत्त्व की साक्षी भी, पर-पश्यन्ती मध्यमा स्तरों में छटपटाती मौन देहभाषा भी मशाल है। उसकी आधार रेखा रीढ़हीनता-विचारहीनता-संवेदनहीनता के विरुद्ध है। परंतु शिकार को यह देह-भाषिक मुद्राओं में झुकाती है, दबाती है, बाँधती है, आज्ञाकारी बनाती है, परम भोग्या तथा दास बनाती है। अतएव परतंत्रता के लक्षण हैं—संभावनाहीनता, संवेदनहीनता तथा विकल्पहीनता। ऐसी परिस्थिति में देह की आत्मकेंद्रित-आत्ममुग्ध-आत्मतुष्ट मन:स्थितियाँ शून्य में विलीन हो जाती हैं। एक पक्ष के लिए शहीद, दूसरे के लिए शिकार?

संपूरकता में यंत्रणा या यातना का प्रयोजन **देह** को विनष्ट, विकृत्व या खंडित या टुकड़े-टुकड़े कर डालना तथा **व्यक्तित्व** को भी विघटित/विभाजित कर देना होता है। अबू गरेब जेल, गुआन्तानामो का यातना-शिविर, आतंकवादी कार्यवाहियाँ, वर्जित या ठुकराए प्रेम में तेजाब फेंककर मुख को क्षत्-विक्षत् कर देना, आरी चलाकर शरीर को दो टुकड़ों में चीर देना (काश्मीर), दलितों को झोपड़ी में आग लगाकर जला डालना ('हरिजन गाथा'), सन्तान के लिए तांत्रिक द्वारा बच्चे/बच्ची की बलि, अजटेक-सभ्यता में युद्धबन्दी के हृदय को काटते हुए निकालकर देव-बलि देना, अनेक प्रकार के यौन अपराध, सफेद आतंक बनाम नीले-पीले आतंक, पिता के सामने बेटे का कत्ल, पति के सामने ही पत्नी का बलात्कार (राशो-मोन फिल्म), फिरौती के लिए किसी का अपहरण फिर हत्या, उँगलियों-पाँवों से जिन्दा नाखून नोंच-निकालना, आँखों में तेजाब डालकर अन्धा बना देना (भागलपुर जेल में पुलिस-कार्यवाही), अनेक आतंकवादी कार्यवाहियों में बेगुनाहों की देहों के चिथड़े उड़ा डालना (बम-विस्फोटों द्वारा), जाति-बाहर प्रेम/विवाह करने पर पिता/भाई द्वारा पुत्र-पुत्री/बहन की हत्या। बलात्कारी का लिंग चाकू/मुख से काट देना, प्रेम में बेवफाई पर प्रेमिका की योनि को क्षत्-विक्षत करके मार देना, आदि-आदि।

अब हम इनकी देहभाषा-व्यापार की प्रोक्तियाँ गढ़ेंगे—सबसे पहले हम आतंक तथा आतंकवाद (टेररिज्म) को लेते हैं। सैद्धान्तिक के बजाय आतंकवादी गुटों तथा कार्यों पर केंद्रित होना पड़ेगा क्योंकि यह इस्लाम तथा दो सभ्यताओं की टकराहट का मामला न होकर राष्ट्रवाद, सांस्कृतिक तथा धार्मिक जज्बातों से भी जुड़ा है। इसमें अब धन और आदमी दोनों संलिप्त हैं। इसके अन्तर्गत **भय** या आतंकवादी **कार्य** द्वारा सारे समाज तथा शासन में सब कुछ सुन्न कर देना आता है। विचित्र विरोधाभास है कि आतंकवादी गुट न्याय पाने को आतंक का सहारा लेते हैं तो सत्ता एवं राज्य न्याय को कुचलने के लिए छलावरण द्वारा सफेद आतंक तथा काले आतंक का उपयोग करते हैं। आतंकवादी गुट तरह-तरह के रहे हैं। उनके लाल आतंक, हरा आतंक, नीला आतंक, वासन्ती आतंक रहे हैं। इस तरह देश के साथ ही देह के भूगोल भी छिन्न-भिन्न होते जा रहे हैं। इनका साधन आदमी की दरिन्दगी है। भूमंडलीकरण, साठगांठी (क्रोनी) पूँजीवाद तथा उपभोक्तवाद के हाशियों ने न तो आदमी को बेहतर बनाया है, और न ही एक विवेकशील उन्नत सिविल समाज-व्यवस्था की ओर कदम बढ़ाए हैं। केवल पाशविकता और बर्बरता की देह-भूमि पर तांडव कर रहे हैं।

इराक में तो वर्दीधारी पुरुष तथा स्त्री एकसमान बर्बरता प्रदर्शित करते रहे। पत्रकार सेमूर हर्श ने मेजर जनरल एन्टोनियो एम टेगूबा की गुप्त रिपोर्ट (2004) को उजागर करते हुए बताया है कि सारी हरकतें-व्यवहार अबु गरीब तथा गुआनतामो (क्यूबा) जेल में किए गए। कैदी पीड़ा से कराहते रहते थे। जेल की बेजुबान दीवारें उनके जख्म की चीखों को सोख लेती थीं।

'वहाँ प्रताड़ना की सारी सीमाएँ लाँघ दी गई थीं। कैदियों को नंगा रखा जाता था, उनसे कई निकृष्ट कार्य कराए जाते थे। उन पर रासायनिक लाइटें तोड़ी जाती थीं, फास्फोरस डाला जाता था। उनको नंगा करके ठंडा पानी डाला गया और पुरुष-कैदियों को बलात्कार की धमकी दी गई। उन पर खूँखार फौजी कुत्तों तक को छोड़ा गया। उन्हें एक-दूसरे के ऊपर लेटकर पिरामिड बनाने तथा हस्तमैथुन के लिए मजबूर किया गया। उन्हें पीटा भी जाता रहा। कई कैदियों ने पिटाई से दम तोड़ दिया। लाश को सेलोफीन में लपेटकर बर्फ पर रख दिया जाता रहा।' इस तरह से 'यंत्रणा का शासन' लागू किया गया।

इसके अलावा भयानक यंत्रणा/प्रताड़ना के छह खास तरीकों से देह तथा चेतना कुचली जाती थी—

1. अटेंशन ग्रेन (मारने के लिए झपटना),
2. अटेंशन स्लेप (थप्पड़ मारना),
3. बेली स्लेप (पेट में घूँसे मारना),
4. लाँग टाइम स्टैंडिंग (ज्यादा देर तक खड़े रखना),
5. कोल्ड सैल (ठंडे स्थान पर रखना),
6. वाटर बोर्डिंग (कैदी पर तेजधार छोड़ना)।

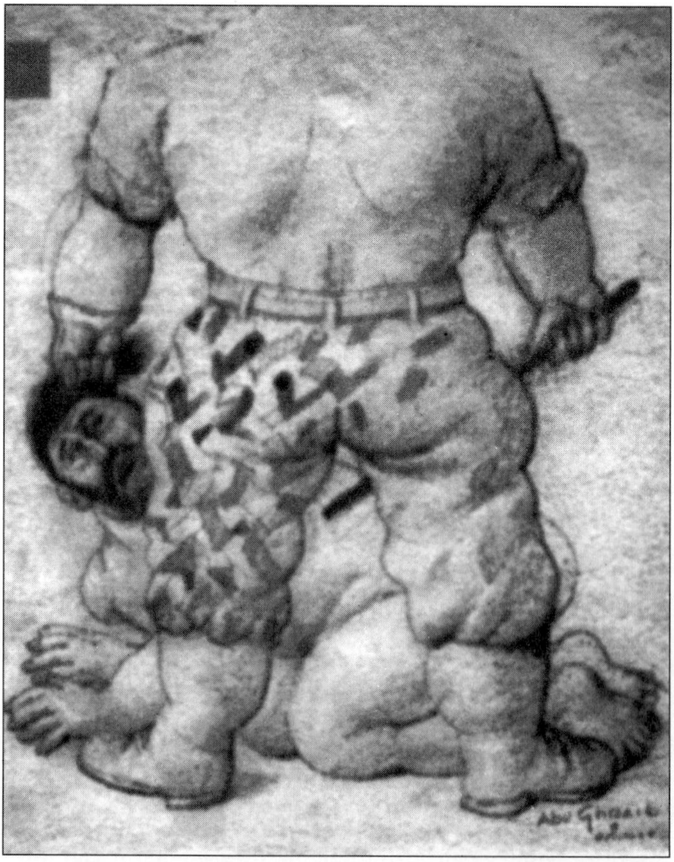

इराक के अबू गरेब जेल में : चित्रकार फर्नेंडो बोरेरो, मेक्सिको, 2005

और उनसे मनचाही/मनमानी स्वीकारोक्तियाँ रेकार्ड करा ली जाती थीं। अब जोड़ ही दें : बलपूर्वक खुद का पेशाब पिलाना तथा बिजली के तेज वोल्ट के झटके लगाना।

रवांडा (अफ्रीका) में (1994)—नस्ली युद्ध में केवल सौ दिनों में दस लाख लोगों का कत्ल किया गया। अढ़ाई से पाँच लाख महिलाओं के साथ बलात्कार किया गया (अस्सी लाख की कुल आबादी में)। आज वे लाइलाज **एड्स** से मौत का ग्रास बन रही हैं। इस युद्ध में कभी विजय नहीं मिलेगी।

एक तीसरा युद्ध **सूडान** का बर्बर तथा मध्ययुगीन रण है (2001–2004)। सूडानी सैनिक तथा मिलिशया जब डारफुर के इलाकों में घुसते हैं 'तो जलते मकानों से उठता धुआँ तथा ममता के आँचल की तलाश में सिसकते बच्चे तथा मौत का सन्नाटा उनका स्वागत करता है। पुरुष मारे जा चुके हैं। सैनिक चुनचुन कर अपहृत तथा अवयस्क लड़कियों तथा युवा-प्रौढ़ महिलाओं को पकड़ लेते हैं तथा लूट के माल की तरह उनका बँटवारा कर लेते हैं। महिलाओं के साथ पकड़े गए बच्चों को भी गुलामों के रूप में सैनिकों को दे दिया जाता है। महिलाएँ भी सैक्स-गुलामों की तरह एक-एक सैनिक को सौंप दी जाती रहीं।' इस कार्रवाई में हैवानियत का नंगा नाच होता था। इसी कड़ी में निर्भया के साथ सामूहिक बलात्कार (2012) ने सारे देश को थर्रा दिया है।

भारत में काश्मीर, दिल्ली, अयोध्या, अक्षरधाम, जम्मू, वाराणसी आतंकवादी गुटों के शिकार बने हैं। मसलन, दिल्ली में कानफोड़ बम-विस्फोटों में मारे गए लोगों के शव इतनी बुरी तरह झुलस गए कि उनकी पहचान तक सम्भव नहीं हो पाई। अस्पताल में रखे अनपहचाने शव सड़ने शुरू हो जाते थे। सड़कों पर खून की नदी बहती थी, कटे-फटे देहांग छितरे रहते थे और चप्पल तथा अन्य सामान पड़ा रहता था।

कश्मीर घाटी में सोलह साल के आतंकवाद (1990–2006) के दौरान करीब एक लाख से ज्यादा औरतें विधवा हैं और करीब अढ़ाई लाख बच्चे अनाथ। बच्चे भिखारी और बँधुआ मजदूर की जिन्दगी जी रहे हैं (समाजशास्त्री बशीर डाबला तथा अब्दुल गनी मदहोश की रपट : 'प्लाइट ऑफ कश्मीरी ऑर्फेन चिल्ड्रेन')।

सफेद आतंक की छोटी घटनाएँ भी प्रतिरोध जुलूसों में उजागर हो जाती हैं। मणिपुर की मिसाल लें। एक स्कूल-अध्यापिका मैबम अप्रोबी को दस दिन तक गिरफ्तार रखकर प्रताड़ित किया गया; थांगजम मनोरमा देवी के साथ बलात्कार करके उसकी हत्या कर दी गई। असम राइफल्स के खिलाफ निर्वस्त्र प्रौढ़ महिलाओं ने प्रदर्शन जारी रखा। यह अभूतपूर्व विरोधी-प्रदर्शन था (जुलाई, 2004)। मनोरमा का गोलियों से क्षत-विक्षत् शव मिला था। राज्य के सफेद आतंक से टकराने मरजीवणे उग्रवादी लाल आतंक उभरते रहते हैं।

हम समाजशास्त्रीय **अप्रतिमानता** (एनॉमी) की दशा को भी कुछ अपवादों में पाते हैं, जब समाज तथा जीवन में सही रास्तों से न्याय और प्रदेय नहीं मिल पाता तो भ्रष्टाचार, अन्याय तथा अत्याचार के द्वारा उसे प्राप्त किया जाता है। यहाँ सन्दर्भ इससे भी जटिल निषेधात्मक अप्रतिमानता का है जब प्रदेय तथा न्याय नहीं मिल पाने की दशा में पीड़ित नितान्त लाचार व्यक्ति स्वयं प्रतिशोध के द्वारा न्याय करता है और अपराध तथा अत्याचार से अवैधानिक तरीके से लड़ता है। हमारे सामने **दस्यु रमणी फूलन देवी** की ज्वलन्त मिसाल है—(उस पर 'बेंडिट क्वीन' नामक फिल्म भी बनी है)।

आरम्भ में बुन्देलखंड के एक गाँव की एक भोली-भाली मल्लाहिन युवती को गाँव के ठाकुर अपनी हविश का शिकार बनाते हुए लगातार सामूहिक बलात्कार करते रहते हैं। उसे गाँव में नंगा करके घुमाते तक हैं। उसकी देह तथा आत्मा—दोनों को कुचल डालते हैं। दूसरे

मनोरमा देवी की हत्या के विरोध में असम राइफल्स के खिलाफ प्रदर्शन करती निर्वस्त्र प्रौढ़ महिलाएँ (इम्फाल : जुलाई, 2004)

चरण में वह चम्बल के डाकुओं के गिरोह द्वारा अपहृत कर ली जाती है। उसकी दूसरी जिन्दगी शुरू होती है। वह बन्दूक थाम कर अत्याचारियों को गोलियों से भूनती है। अब वह खुद आतंक का पर्याय हो जाती है तथा स्वयं न्यायाधीश्वरी भी। वह सरकार तथा राज्य के 'सफेद आतंक' के जंजाल से बाहर स्वतंत्र है। अन्ततः वह एक मुहिम के तहत आत्म-समर्पण करके सज़ामाफ़ होती है। तीसरे चरण में वह निषादों की आरक्षित सीट से (समाजवादी पार्टी के टिकट पर) चुनाव लड़कर लोकसभा सदस्य बन जाती है। सर्वान्त में विमुक्ति के बाद पति बने पुरुष द्वारा ही उसकी हत्या कर दी जाती है।

इस भाँति उसकी देह के सामाजिक कार्य तथा व्यवहार के कई प्राचल (पैराडाइम) बदलते हैं। नितान्त भोलेपन की अबला दशा में वह अपराध-अन्याय का शिकार होती है। अब उसे अदालतों से न्याय नहीं मिल पाता। सो वह स्वयं अत्याचार-अन्याय से प्रतिशोध लेने अर्थात् न्याय लेने/देने के लिए दस्युरमणी बनती है। फिर वह अप्रतिमानता के निषेधक चक्र-चिह्नों से उबर कर एक सांसद, एक पत्नी तथा निषाद-समुदाय की प्रतिनिधि तक बन जाती है। अन्ततः धोखे और लालच में उसकी भी हत्या हो जाती है। यह अपराध एवं दंड की विपर्यय देह-गाथा है।

वह अनेक प्रताड़ित-विवश नारियों का आदर्श हो गई। छतरपुर जेल में दस्यु-सुन्दरी **गायत्री** एक महिला कैदी है। मासूम चेहरे वाली कोमलांगी अट्ठाईस वर्षीय (1976) गायत्री 'हर हालत में अत्याचार तथा शोषण के खिलाफ लड़ने' के पाठ का अभ्यास करके पढ़ाती भी है। उसके आराध्य दो हैं—फूलन देवी और श्रीकृष्ण। उसका मिशन है—अन्याय के खिलाफ लड़ना तथा लोगों को लड़ने की प्रेरणा देना। अब उसका लक्ष्य है—समाज सेवा।

इसी कड़ी में कुछ और महिलाएँ भी अप्रतिमानता द्वारा न्याय तथा देह-सम्मान छीनने को रणसज्जित हैं। हमें दस्युओं पर हॉब्सबाम के शोधकार्य के सन्दर्भ अवश्य देखने चाहिए।

अप्रतिमानता का एक जघन्यरतिक (पोर्नोग्राफिक) आयाम भी है। आई.ए.एस. की आकांक्षी सुन्दरी **अनारा गुप्ता** का। वह ब्लू फिल्म तथा देह-व्यापार के तिलिस्म में झोंक दी गई जिसमें राजनीतिज्ञ, अफसर तथा लड़कियाँ भी संलिप्त पाई गईं और गिरफ्तार की गईं। इसके बाद उस पर, उसके भाइयों, पिता, माता पर शर्महया, बेइज्जती, परेशानियों, निन्दाओं का पहाड़ टूट पड़ा। वह लगातार गन्दे जाल में फँसाती गई। सन् 2001 में 'मिस जम्मू' बनी अनारा एक बदनाम, बेशर्म, बदचलन होने की शोहरत पा गई। ...तब से तवी नदी में बहुत पानी बह चुका है। कई भँवर और बाढ़ें आ चुकी हैं। अनारा का ऐलान है—'अब मेरे पास गँवाने को कुछ भी नहीं है। मैं इस गर्हित धंधे में हरेक को बेनकाब करके रहूँगी...मैं अपनी इज्जत को दोबारा हासिल करूँगी।'

समानान्तर मिलती-जुलती राजस्थान की एक विवाहित नर्स **भँवरी देवी** की संत्रास तथा यौन-शोषण की देह-गाथा है। अपराध तथा दुष्कर्म छिपाने को उसकी हत्या कर दी जाती है (2011)।

देह-भंजन का एक भारतीय अनुष्ठान है—**बलि**। यह तांत्रिकों द्वारा अन्धविश्वासी याचकों की इच्छापूर्ति वाला **काला जादू** है।

इस जघन्य, बीभत्स, वहशी प्रथा की कई गलियाँ हैं। मसलन, पश्चिम बंगाल में धार्मिक परम्परा के नाम पर बच्चों के शवों को कब्र से निकालकर, उनके सिर काट लिए। फिर साधक उन्हें लेकर घंटों नाचते रहे। इसी उपक्रम में एक जगह शिव को प्रसन्न करने को तीन शवों के सिर काटकर मन्दिर में चढ़ाए (मुर्शिदाबाद जिले के जालांगी गाँव में)। तांत्रिक देवी को प्रसन्न करने के लिए बेहोशी का 'प्रसाद' खिलाकर किसी बच्चे, बालिका, युवक की बलि देते हैं। एक तांत्रिक शिकार को बेहोश करके गला, जाँघ, सिर आदि काट देते हैं। जब लोगों को पता चला तो उन्होंने मिट्टी का तेल छिड़ककर उसे जिन्दा जला डाला। एक तांत्रिक के आदेश से बार-बार गर्भ गिरने से रोकने को एक महिला ने एक दो वर्षीय दूध पीते बच्चे को मारकर उसके खून से स्नान किया अथवा अपने गुप्तांग धोए।

कन्या-भ्रूण-हत्या का इतना अधिक प्रचलन है कि पंजाब तथा हरियाणा में लिंगानुपात इतना विषम हो गया है कि उत्तर-पूर्व झारखंड से स्त्रियाँ खरीदकर लाई जाने लगीं और वे मात्र सैक्स-कर्मी बनकर नरक में बास करती हैं।...देश में एक समुदाय में किशोरियों की योनि के स्मरमंदिर का परिछीलन (खतना) अमानवीयता की निशानी है।

वहशी-प्रथा की एक कड़ी **दहेज** के लिए वधू-दहन है। दहेज को लेकर महिला की पिटाई या सास-ससुर-पति द्वारा उसको जलाकर मार डालना या गर्भस्थ शिशु तक की मौत करा देना। एक मामले में तो दहेज-लोभी पति ने पत्नी की हत्या करके उसका गला काटा, दोनों हाथ, दोनों पाँव काटे और आँखें निकाल लीं। एक मामले में क्रोध में दुधमुँही बच्ची को माँ की गोद से छीनकर जमीन पर पटक-पटककर मार डाला।

सबसे अधिक देह-विनाश तथा विखंडन तो **बलात्कार** है। बलात्कार एकपक्षीय पाशविक (ब्रूट) तथा बर्बर (सेवेज) सुखभोग या देह-तृप्ति है। इसमें प्रताड़ित नारी को सुख के बजाय भय, घृणा, अपराध-अपमान आत्माहुति की आग में ताउम्र जलते रहना पड़ता है। इससे भी जघन्य कृत्य मीडिया उजागर करता रहता है। बलात्कार के मामले (अदालतों में सत्तर हजार का आँकड़ा लाँघ चुके हैं। कुछ डरावनी भीषण मिसालें : गर्भवती की बलात्कार के बाद हत्या, एक से लेकर पाँच-छह वर्ष तक की कन्या से बलात्कार, बलात्कार की शिकार महिला की धारदार हथियार से बाईं टाँग काटी, कई मिसालों में सबूत मिटाने को जीभ काट डाली)। बलात्कार के मामले भी केवल दस प्रतिशत दर्ज होते हैं तथा उसमें भी केवल पाँच को ही सजा मिलती है।

अन्तर्जातीय विवाह अथवा अवैध-प्रेम सम्बन्धों में भी जोड़ों की बेरहम हत्याएँ कर दी जाती हैं। कई बार युवती/युवक के प्रेम-प्रसंग के चलते अन्धविश्वासी गाँव वाले महिला को पहले पीटते हैं, फिर निर्वस्त्र करके पूरे गाँव में घुमाते हैं। कई बार युवती/युवक के परिजन दोनों ही हत्या करके नदी किनारे शवों को जला देते हैं। यहाँ 'मेरी देह', 'मेरी जिन्दगी', 'मेरा चुनाव', 'मेरी प्राइवेसी' जैसी देह-दशाओं की कोई अवधारणा ही नहीं उभर पाई। इसी के कंट्रास्ट में जिन्दा मांस का व्यापार या जिस्म-फरोशी भी चालू है। यह गुप्त धन्धा नैतिकता-सम्बन्ध-सामाजिकता से बिलकुल असम्बद्ध होकर केवल बेहद धन-कमाने से जुड़ गया है। जिस्म-फरोशी की मंडी में नाबालिग लड़कियों को बेचा जाता है। सौदे की कीमत उम्र तथा रूप-रंग से तय होती है। इस मंडी में पन्द्रह साल से पैंतीस साल तक की लड़कियाँ सप्लाई की जाती हैं। गरीबी और लाचारी और लालच तथा धोखाधड़ी से परिवार इसमें फँस जाते हैं। सौदे बीस हजार से तीस हजार तक तय होते हैं। लड़की को भी एक रात के तीन से पाँच हजार मिल जाते हैं। सौदे की जगह होटल या संभ्रान्त कालोनियों में लुके-छिपे-सुरक्षित अड्डे होते हैं।

अवैध सम्बन्धों का एक दहशत भरा पक्ष यह भी है कि जिसने भी दूसरे के अवैध सम्बन्धों का विरोध किया, वह मारा गया, चाहे वह पति हो या पत्नी। कुछ मामलों में अवैध सम्बन्धों का विरोध करने के बजाय, अवैध सम्बन्ध रखने वालों को ही मार डाला गया। एक ओर ये हत्याएँ हैं तो दूसरी ओर प्रेम-प्रसंग में असफल होने पर जोड़े अपनी भी जान कुर्बान कर देते हैं। एक और भी केवल डंगटपाऊ हाशिया है कि भारतीय नारियों की विदेश में बसे पुरुषों से शादी कराकर माता-पिता इन्तजार करते रहते हैं किन्तु विदेशी दूल्हा वापस नहीं आता। वहाँ उसका परिवार तथा बच्चे पहले से ही हैं। पंजाब में ऐसी हजारों स्त्रियाँ निर्वासन झेलकर विधवा जैसी जिन्दगी बिता रही हैं। अस्तु।

हिंसा-चक्र में यंत्रणा/प्रताड़ना, आतंक-संत्रास की स्थितियों में **देह** कुचले जाने, विखंडित होने, विनष्ट होने के सन्देश समझे जा सकते हैं; अर्थात् देह-भाषिक अर्थों के संकेतन से आगे और परे, प्रस्थानित होकर **सन्देश** देती है। सामूहिक वहशी बलात्कार, दहेज के लिए वधू-दहन, फिरौती के लिए अपहरणोपरान्त शिकार बच्चे/बच्ची की हत्या, दलित-दलन, बलि, डकैती या पुलिस-तांडव की कुछ प्रतिनिधि मिसालें ऐसे ही सन्देश तथा चक्रचिह्न हैं। प्रतीक

कृत्यों में गैंग रेप, नाक काट देना, लिंग काट देना, कान काट लेना, मुँह पर तेजाब फेंककर बदसूरत बना देना, मिट्टी तेल डालकर जलाना, गुदा या योनि में डंडा या पत्थर डाल देना (सोनी सोरी कांड), छाती पर जलती सिगरेट से घावों की माला पहनाना आदि विशिष्ट सन्देश देते हैं। अब इन सतियों के शव के कटे-देहांग शक्तिपीठ नहीं बन सकते। यंत्रणा अनन्त है, यंत्रणा की देह-कथा अनन्त है, तथापि उक्त सभी को देह में यंत्रणा/आतंक के अवाचिक भाषा-चिह्नक (लैंग्वेज मार्कर) कहे जाने में ही औचित्य है। अब महिला-सशक्तीकरण के अन्तर्गत जो अभियान जारी है उसमें विभिन्न संवैधानिक गारन्टियाँ देकर कानूनन बराबरी, लिंग के आधार पर कोई भेद-भाव नहीं होना, रोजगार के समान अवसर, समान काम के लिए समान वेतन, कामकाज का उपयुक्त और मानवीय वातावरण और मातृत्व लाभ तथा पंचायतों, नगरपालिकाओं, विधानसभाओं एवं लोकसभा में तैंतीस प्रतिशत सीटों का आरक्षण शामिल है।

दलित-जन भी प्रताड़ता, अपमान तथा संत्रास से छुटकारा पाने की लम्बी लड़ाई छेड़ रहे हैं। दलितों की बस्ती को आग लगाकर भस्मीभूत कर देना, गाँव-निकाला की घटनाएँ थमी नहीं हैं। कुछ हड़कंपी मिसालें हैं। कौशाम्बी के पिपरी क्षेत्र के बूँदा गाँव में दलितों के मुँह पर कालिख पोतने के बाद जूतों की माला पहनाकर, उनको अर्धनग्न करके गाँव में घंटेभर तक घुमाया गया क्योंकि शक था कि एक प्रेमी युगल के फरार होने का सुराग वे जानते हैं (2012)। ...हरिद्वार के रंगाचारी आश्रम में दलित महिलाओं के साथ दुर्व्यवहार के अन्तर्गत जब एक दलित महिला पंचायती नल पर पानी भर रही थी तो ऊँची जाति की महिलाओं ने अछूत कहकर बालटी फेंक दी। इस पर महिलाओं के बीच आपसी तकरार के बाद ऊँची जाति के पतियों ने बदला लेने के लिए दलित महिला को घर से खींचकर निर्वस्त्र कर दिया और गली में घुमाया (1998)।—सारे अन्याय-अत्याचार जारी हैं।

अब भूमंडलीकरण के दौर में बड़ी कार्पोरेट कम्पनियों द्वारा आदिवासी इलाकों की जमीनें, जंगल, वृक्ष, भूतल की खनिज सम्पत्ति पर कब्जा जमाने के लिए उन्हें पुश्तैनी इलाकों से बेदखल किया जाता है। इसके लिए अग्निकांड होते हैं तथा सफेद आतंक के तहत उन्हें गोलियों तक से भून डाला जाता है। ओडिशा के एक आदिवासी क्षेत्र के सभी पुरुष-स्त्री-बच्चे जेठ की तपती जमीन पर लेटकर धरने पर बैठ गए थे तब (रिपोर्ट है कि—) उन पर अंधाधुंध गोलियाँ बरसाई गईं। राजस्थान में भी ऐसा ही कुछ हुआ।

आगे हम यंत्रणा-यातना-आतंक-संत्रास की कुछ चुनी हुई दशाओं का **सोदाहरण-वर्गीकृत भाष्य** देंगे। भाष्य तो भाषिक ही हो सकते हैं क्योंकि स्थिति या व्यवहार-चक्र में संलिप्त कर्ता एवं ग्रहीता तो अवाचित ही होंगे, लेकिन भाष्यकार अथवा प्रतिपादक तो भाषिक माध्यम से ही अभिव्यक्ति करेंगे अर्थात् मुद्रा-भंगिमा, कार्य-व्यवहार को शब्दार्थ में रूपान्तरित करके।

1. **प्रकरण** : लुटेरों ने घर में अकेली एक गर्भवती महिला के साथ सामूहिक बलात्कार कर उसकी हत्या कर दी।

देहभाषा के चक्रशैली-चिह्नक (मुद्रा, वस्त्रादि वाले) या 'देह-चिह्नक' :
श्याम चूचुक तथा उभरा पेट (गर्भवती)
निर्वस्त्र पड़ा शव, देह पर खरोंचों के निशान। (बलात्कार)
आसपास बिखरे उसके कंगन व चूड़ियाँ (लगता है कि बलात्कारियों के साथ हाथापाई)
मकान का कमरा (घर में अकेली महिला)

नकदी और आभूषण गायब (बलात्कारी लुटेरे थे)

2. प्रकरण : जम्मू-कश्मीर के पुंछ का एक गाँव जिसमें एक आम आदमी को मुजाहिदीन ने तड़पा-तड़पाकर मार डाला, मुखबिर करार देकर।

देहभाषा के चिह्नक : नाजुक अंगों पर सिगरेट से जलाए निशान, उँगलियाँ-बाजू, पाँव, नाक, कान कटे हुए बिखरे, रगड़कर काटी गई गर्दन। मरने तक अंग काटे जाते रहे। बाहर खेत में क्षत-विक्षत लाश उर्दू में लिखा एक नोट : 'जो भी हिन्दू या मुसलमान भारतीय फौज की मदद करेगा, उसका यही अंजाम होगा।'

3. प्रकरण : कश्मीर के मीराकदल क्षेत्र में एक युवती का नग्न शव मिला जिसके दोनों स्तन कटे हुए थे।

देहभाषा के चिह्नक : युवती पंडित थी। आतंकवादियों ने उसकी हत्या की, दोनों स्तन काट डाले। आतंकवादियों के आदेश न मानने पर चेतावनी। (क्योंकि) युवती ने उनका प्रतिरोध किया था।

4. प्रकरण : बोलिविया के जंगलों से क्यूबाई सरकार के अनुरोध पर क्रान्तिकारी 'चे' ग्वेवारा का शव-कंकाल खोज निकाला गया, लगभग सैंतीस साल बाद सी.आई.ए. के एजेन्टों ने उसे घायल अवस्था में जिन्दा पकड़कर मार डाला था (1967) तथा अज्ञात स्थान पर फौज ने जल्दबाजी में खाई खोदकर गाड़ दिया था।

देहभाषा के चिह्नक : पूरे कंकाल की एक बाँह गायब थी (उसमें 'चे' का नाम गुदा था, सो फौजी जनरल सबूत के तौर पर उसे काट ले गए थे)। पूरे कंकाल पर सूखा लाल श्याम खून जमा हुआ था। छाती की हड्डियों में दो सूराख बने थे (यातना के लक्षण एवं गोली के निशान)। कंकाल (अस्थिफूल) को शहीद के पवित्र अवशेष के प्रतीक में क्यूबा के सेंटा क्लारा शहर में एक स्मारक बनाकर पुनः सम्मान सहित दफन कर दिया गया।
कंकाल शवासन-मुद्रा में मिला था।

5-6. प्रकरण : **(क)** कटा हुआ सिर अजमेरी दरवाजे पर टँगा—औरंगजेब की हुकूमत।
(ख) श्री तेगबहादुर का कटा हुआ शीश गुरु के शिष्य चाँदनी चौक लाकर रकाबगंज ले गए।

देहभाषा के चिह्नक : **(क)** बादशाह औरंगजेब ने अपने भाई दारा शिकोह का भी सिर कटवाकर अजमेरी गेट पर टँगवा दिया था।
(ख) औरंगजेब ने गुरु तेगबहादुर का शीश कटवा दिया। उनके शिष्य उचित संस्कार के लिए उसे ले भागे।

7.	**प्रकरण**	:	नीता नाम की एक महिला ने फाँसी लगाकर खुदकुशी कर ली। एक सुसाइट नोट में अपनी मौत के लिए किसी को जिम्मेदार नहीं ठहराया। पति ने कहा कि वह सीढ़ियों से गिर पड़ी थी। मायके वालों ने कहा कि उसे दहेज के लिए तंग किया जा रहा था—दो लाख रुपए माँगने शुरू कर दिए थे।
	देहभाषा के चिह्नक	:	तीन माह का बच्चा छोड़ गई, डॉक्टरों ने पोस्टमार्टम में बताया कि चुन्नी/रस्सी के फन्दे से गला घुटने से मौत हुई/शरीर पर यंत्रणा (पिटाई) के नीले निशान/फाँसी का फन्दा जो पंखे के हुक्क से बँधा मिला/दहेज-हत्या।
8.	**प्रकरण**	:	पुलिस ने शिकार के पति तथा माता को गिरफ्तार कर लिया। — रात करीब डेढ़ बजे शिकार की चीखें गूँजी, मदद की गुहार के लिए। — थोड़ी देर बाद पड़ोसी इकट्ठे होकर दरवाजा खटखटाने लगे। — शिकार की दो बेटियाँ (6 साल की) तथा एक बेटा (4 साल का) है।
	देहभाषा के चिह्नक	:	घर के चारों ओर से जलांध (की गन्ध) फैली — गुसलखाने में शिकार हरप्रीत कौर (34 साल की) की जली देह पड़ी थी। — 70 प्रतिशत से ज्यादा जला था। — दम्पती कलह की वजह थी।
9.	**प्रकरण**	:	निरंकुश जमींदार के गाँव के तीन दलित बच्चों (12, 11, 14 वर्ष) पर उसके बेटे ने घड़ी चोरी का इलजाम लगाया।
	देहभाषा के चिह्नक	:	जुल्म और यातना के प्रकार— — तीनों को बेतहाशा पीटने के बाद रस्सी से बाँधकर कमरे में बन्द कर दिया। — रस्सी से बाँधकर कुएँ में लटकाया। — कमरे में कुतिया छोड़कर कटवाया। — मोटर का कंडेंसर खोलकर वहाँ तारें जोड़कर बिजली की चिंगारियाँ निकालकर जला डालने को आतंकित किया।
10.	**प्रकरण**	:	सीतापुर (उ.प्र.) में प्रेमी युगल को काट डाला। पुलिस ने हथियार बरामद करके कार्यवाही शुरू कर दी। — प्रेम-सम्बन्धों से बौखलाए युवती-पक्ष ने प्रेमी युगल की सरेआम हत्या कर दी। घटना के दौरान दोनों प्रेमलीला में व्यस्त थे। बीभत्स नजारा देखकर गाँव

के लोगों की रूह काँप गई। हत्या करने के बाद हत्यारे भागे नहीं। लोगों में भगदड़ मच गई।

देहभाषा के चिह्नक : युवक अवधेश रघुवर की युवा पुत्री लौंगश्री से गाँव के सुनसान सहेट में मिलने पहुँचा।

— युवती के परिजन पीछा करते हुए आ पहुँचे और दोनों को आपत्तिजनक स्थिति में देखकर आगबबूला हो गए और उन्हें मारते-पीटते घर ले आए।

— युवती के परिजन हँसियों से दोनों पर ताबड़तोड़ प्रहार करने लगे। दोनों को हँसियों से टुकड़े-टुकड़े काट डाला। गर्दनें भी अलग कर दी गईं।

11. **प्रकरण** : एक ही गोत्र में शादी का विवाद। करनाल के एक ही गाँव में पवन और कविता को एक ही गोत्र में शादी करने पर एक वाल्मीकि 'खाप' ने दैहिक सजाएँ दीं।

देह-भाषिक गतियाँ : उस कंगारू अदालत अर्थात् खाप-पंचायत द्वारा दम्पती से उनका आठ-दस दिनों का नवजात शिशु **छीन लिया** गया, उसका **अपहरण** किया गया तथा गैर-कानूनी तरीके से अज्ञात स्थान में **नजरबन्द** रखा गया। यह सजा भी दी गई कि एक ही गोत वाले वे पति-पत्नी अब से भाई-बहन की तरह रहेंगे।

— पुलिस ने शिशु को बरामद करके वालदैन को सौंप दिया।

12. **प्रकरण** : कथित हत्यारे को गुस्साई भीड़ ने पीट-पीटकर मार डाला। आरोपी कालोनी में सटा हुआ पड़ोसी था। उसने एक तीन साल की अबोध बच्ची रिया का बलात्कार करने के बाद हत्या कर दी। आरोपी पहले भी उसी आबादी की एक नौ साल की लड़की के साथ बलात्कार की सजा के दौरान जमानत पर छूटा था।

भीड़ की देह-भाषिक सामूहिक कार्यवाहियाँ : आरोपी बच्ची को घुमाने ले जाता और मिठाई दिया करता था जिससे पड़ोसियों व माँ का विश्वास जीत लिया था। पुराने शक में कालोनी के लोगों ने आरोपी के घर पर धावा बोल दिया। एक बक्से में बच्ची के ही कपड़ों से लिपटा शव बरामद हुआ। उसके साथ बलात्कार करने के बाद गला रेत कर काटा गया था। क्रोधित भीड़ ने दुष्कर्मी को बाकायदा बेरहमी से पीट-पीटकर मार डाला। समाज में आक्रोश और दहशत छाई रही।

13. **प्रकरण** : कृष्णा को उसके पति ने मिट्टी का तेल छिड़क-कर जलाया।

पैंसठ फीसदी जली होने पर मौत से जूझ रही (क्रोध की शिकार)

उसकी जेठानी ने अस्पताल के रास्ते में उसके कान की सोने की बालियाँ, गले की सोने की चेन, हाथों की चूड़ियाँ तथा अँगूठी उतारकर अपने पास रख लीं (अधिकार वंचिता व निरलंकृत)।

वह लखनऊ में एक जागरूक पत्रकार युवती थी। विवाहित तथा दो बेटियों के पिता से उसने सामाजिक विरोध के बावजूद मूर्ति के सामने प्रेम-विवाह किया था।

पति द्वारा चाय बनाने पर मना करने पर इसे आज्ञा का उल्लंघन समझकर मिट्टी के तेल का कनस्तर ऊपर उँड़ेल कर माचिस लगा दी और भाग गया (मर्दवादी अहं तथा अधिकार का दम्भ)।

कृष्णा को तत्काल अपनी बीमार माँ को देखने जाना था। अतः चाय को टाला। कृष्णा का टेरीकाट का सूट जलकर उसकी देह में चिपट चुका था (औचित्य तथा प्रेम की फूहड़ता)।

कृष्णा का सम्पूर्ण मोहभंग प्यार और विश्वास एक झटके में चकनाचूर (1998)।

14. प्रकरण **(अ)** : पत्नी और दो मासूम बच्चे जिन्दा जलाए।

सिरसा (हरियाणा : सितम्बर, 2012) में एक पति ने हैवान बनकर अपनी पत्नी अमरजीत कौर तथा दो साल की बेटी नवदीप और छह माह के बेटे सहजपाल को अधमरा करने के बाद एक सन्दूक में डालकर जिन्दा जला डाला।

पति के एक स्त्री से अवैध सम्बन्ध थे जिसका विरोध अमरजीत करती थी। इसको लेकर निरन्तर गृह-कलह होती थी।

हैवानियत और दरिन्दगी की सारी हदें लाँघकर पति को अवैध सम्बन्धों से रोकने पर यह बीभत्स, घिनौना, भयानक कांड घटा।

(ब) : छत्तीसगढ़ की एक अध्यापिका सोनी सोरी की योनि में एक आला पुलिस अधिकारी ने पत्थर भर दिए।

शिवलिंग-पार्वतीयोनि के तथा स्वतंत्र रूप में भी सृष्टि-शक्ति-योनि पूजक इस देश में ही ऐसा हो सकता है।

अरुन्धति राय ने गलत तो नहीं कहा है कि भारतीय समाज सबसे अधिक 'सड़ा-गला' है। इसमें 'असमानता' भी भारतीय संस्कृति का एक आधारभूत पक्ष है।

15. प्रकरण : 'आपने हमें आमंत्रित किया, धन्यवाद! बहुत अच्छा लगा!'

मन्तव्य : बोलने का अन्दाज, करने का अन्दाज, देखने का अन्दाज, चखने–सूखने का अन्दाज आशय तय करेगा, निमंत्रण का। यानी बोलने के तरीके का चेहरे के भावों से सीधा सम्बन्ध है।

दिशा : ईमानदारी से बोलते समय हम हौले-से मुस्कराएँगे। आश्चर्य से बोलते समय हमारी भँवें ऊँची हो जाएँगी। क्रोध के समय आँखें तनी रहेंगी। व्यंग्यात्मक लहजे में बोलते समय ओठ कुछ तिरछे अन्दाज में खुले रहेंगे।

निर्धारण : इस वाक्य में निम्न आशय उचित होंगे : ईमानदारी और आश्चर्य।

16. **प्रकरण** : एक नारी को किसी भी विवाहिता युवती की डोली को देखते ही अचानक दौरा पड़ जाता है।
(यह मनोरोगी की प्रतीकात्मक भ्रान्ति है। ऐसे में उसे स्वागत करती हुई सास के रूप में राक्षसी दिखाई देती है और डोली अरथी में बदल जाती है। तब उसे प्रतीत होता है कि जैसे एक और बलि की भेड़ मारने के लिए ले आई गई है।)

लक्षण : जमीन पर गिर पड़ना, सारा शरीर ऐंठने लगना, दाँत भिंच जाना, पैर जकड़ने लगना, चेहरे पर घोर **यातना** और चिन्ता नजर आना। [सन्दर्भ : इन्दु बाली की 'जीवन पौधा' कहानी]

निदान : नारी को 'हिस्टीरिया' (उन्माद) का दौरा पड़ता है। इसके कारणों में सैक्स की अतृप्ति, विरोधी परिस्थितियाँ, आसपास का माहौल तथा अन्य कोई कारण हो सकता है।

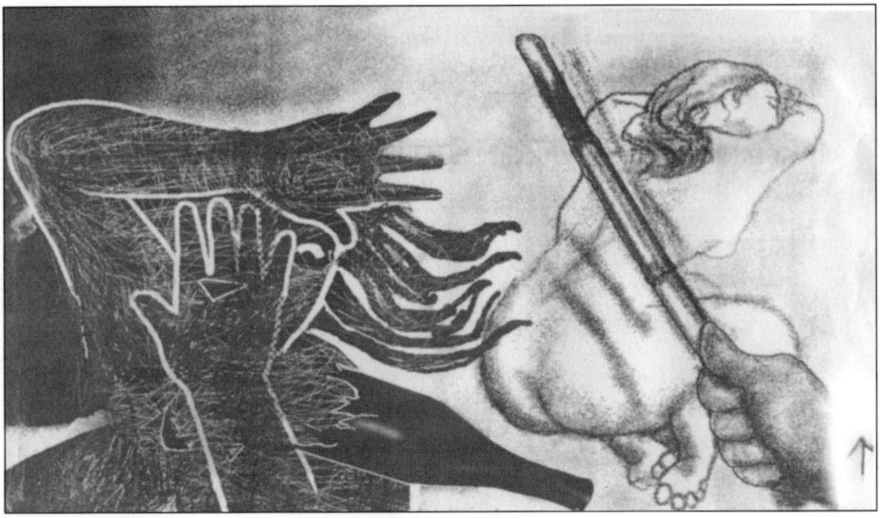

चित्रकार रवींद्र

मायावरण (हैलुसिनेशन) की मनोदशा में डोली = अरथी, सास = राक्षसी हो जाती है क्योंकि ऐसा नारी–उत्पीड़न उसने सुना/देखा है। यह शारीरिक रोग नहीं है। मानसिक दबाव या द्वन्द्व का सही समाधान ढूँढ़ने पर उपचार हो जाता है।

यातना/आतंक में देह को कुचलने, अन्तरात्मा का कुचलने के बाद बीभत्स परिणति जीवन को ही कुचल देने अर्थात् मृत्यु में होती है। इस दुखान्त के लिए भी कई देहभाषाओं में मनोदशाएँ हैं, यथा नववधू को जलाकर मार देना या बाँझ द्वारा पंखे से लटककर आत्महत्या (दहशत, अफसोस), पाँच आतंकी ढेर (राहत), फलाँ का निधन (भारीपन), फलाँ चल बसे (सामान्यता), फलाँ दिवंगत हो गए (सद्भाव), फलाँ का स्वर्गवास हो गया (सम्मान), फलाँ ब्रह्मलीन हो गए या पंचतत्त्व में लीन हो गए (अध्यात्म भाव), फलाँ नहीं रहे (विछोह), पाँच आतंकी मार गिराए (शौर्य), फलाँ की मौत (मात्र सन्देश), दबंग मुठभेड़ में मारा गया (सफलता), फलाँ का अन्त (मानवीयता), फलाँ की हत्या (क्रूरता), फलाँ को गोली से भून डाला (क्रूरता), फलाँ अल्लाह को प्यारे हो गए (मुक्ति), फलाँ अकाल चलाणा कर गए (असामयिक निधन), फलाँ जवान शहीद हो गया (गर्व)।

हमारे मेहरबाँ!, यंत्रणा–यातना–आतंक–संत्रास की उक्त भयानक, रौद्र, बीभत्स देह–दशाओं की भयंकरता के बहिर्गत भाष्य प्रस्तुत करने का हमारा एकमात्र उद्देश्य यही है कि हमारे समाज में लोगों को अहसास हो कि हम कहाँ से कहाँ जा रहे हैं, कि अब हम सबको जात–धर्म–प्रान्त–ऊँच–नीच से छुटकारा पाते हुए मानव–देह को सम्मान दें, दलित–देह को आदरमय समानता दें तथा नारी–देह की पूजा करें, आदिवासियों को मानवाधिकार दें। हमारा मुक्ति मार्ग यही है—अतीत को आगे बढ़ाकर क्रान्तिकारी परिवर्तन–चक्र में लेते आएँ। अकेला व्यक्ति तो शून्य होता है। बन्द मुट्ठी ऊपर उठाएँ। इतिहास बदनवार बन जाएगा। कल हमारा है!

अन्तिम हलफिया बयान

भारत जैसे एक **देश** की भूमि, जनगण, समाज, सभ्यता-संस्कृति, भाषा, राज्यसत्ता मिलकर उसकी भी **देह** बनाते हैं।

भारत की **देहभाषा** भी है। उसकी देहभाषा के भविष्यद्रष्टा प्रारब्धकर्मी कारक होंगे—

(अ) नारी-सशक्तीकरण तथा महिला-समानता

(आ) दलित-समानता तथा स्वतंत्रता एवं

(इ) आदिवासी आधिकारिता तथा विमुक्ति।

यही हमारी विराट् देशिक देहभाषा का महाभारत एवं रामायण का **द्वन्द्वात्मक न्याय** होगा।

अध्याय : चौदह

देहोत्तर शव की देहभाषा

सृष्टि-फलक में मानव के सन्दर्श के उपरान्त, उसकी जैविक देह का महाभागवत समझने के साथ-साथ, अब हम मानव-देह की उत्तर-गाथा में उस **देहभाषा-भूगोल** तथा **देहगाथा-यात्रा** को लेते हैं जो मनुष्य शव को शिवत्व देती आई है। ये शताब्दियों से मूक इतिहास तथा मौन सभ्यता की अन्तहीन रामायणें तथा रक्तरंजित महाभारतादि हैं। तो, हम एक ऐसी मिथक से शुरुआत करते हैं जो **देहभाषा-भूगोल** की शक्ति का केंद्रापसरण करती है। जो सती-दहन के मिथकाभिप्राय से प्रज्वलित है।

जब अपने पिता दक्ष के वैदिक यज्ञ के आयोजन में अपमानित होकर शिवकान्ता सती यज्ञकुंड में कूदकर जल मरीं तो शिव वेदेतर सती की मृत देह को कन्धे पर रखकर चारों ओर उद्‌भट भाव में नाचते हुए घूमने लगे। प्रलय से आशंकित विष्णु ने अपने सुदर्शन-चक्र से सती के अंग-प्रत्यंग (तथा अंगभूषण) काट डाले। वे इक्यावन या तिरपन खंडों से विभक्त होकर जिस-जिस स्थान पर गिरे वहाँ **शक्ति पीठ** कायम हो गए। एक देशव्यापी देहभाषा-भूगोल का विधान तैयार हुआ। **कुछ :** शर्करर (तीन चक्षु), सुगन्धा (नासिका), काश्मीर (कंठ), ज्वालामुखी (जिह्वा), जलन्धर (स्तन), वैद्यनाथ (हृदय), नेपाल (जानु), उत्कल (नाभि), त्रिपुरा (दक्षिण पाद), कामगिरि (योनि), प्रयाग (हस्तांगुलि), काली-पीठ (दक्षिण पादांगुलि), वाराणसी (कर्ण-कुंडल), कुरुक्षेत्र (गुल्फ), श्रीशैल (ग्रीवा), काँची (अस्थि), शोण देश (नितम्ब), रामगिरि (अन्य स्तन), वृन्दावन (केशपाश), श्रीपर्वत (दक्षिण गुल्फ), प्रभास (उदर), गोदावरी तीर (गंड), मिथिला (वाम स्कन्ध), नन्दिपुर (कंठहार), लंका (नूपुर), विराट् (पादांगुलि), मगध (दक्षिण जंघा) आदि। ये 'तंत्र' की देहभाषा बन गए, मुद्रा समेत।

ये देह की आदि बिन्दु-शक्तियाँ हैं। इनमें अपमान (निन्दा) और अनुराग (आदर), क्रोध (घृणा) और शान्ति (शक्ति) के विरुद्धों का सामंजस्य है। और यहीं देहभाषा के स्पन्दन की हलचलें हैं : एक प्रकट तथा दूसरी अन्तर्निहित। तो, देहभाषा वाचिक तथा अवाचिक ध्रुवान्तों में भी अंग-अंग अपनी शक्ति-शोभा-शील को इंगित करती आ रही है।

यह मिथक **महादेह-गाथा** की भी सूचक है। इतिहास-चक्र में युद्ध, दंगे, बलवे, वर्गीय मुठभेड़ें, समागमों में भगदड़, आतंकवादी-हत्याकांड आदि ऐसी दर्दनाक दुर्घटनाएँ हैं जब लाशों के अम्बार बिछ जाते हैं। ऐसी परिस्थिति में ज्यादातर बेगुनाह और गैर-संलिप्त लोग मारे जाते हैं। ऐसी खामोश देह-गाथाएँ करुणा, शर्म, विवशता, असहिष्णुता, स्वार्थ एवं क्रोध का सैलाब ले आती हैं। बस, चीत्कारें, सिसकियाँ, विलाप, स्तब्धताएँ और बर्बादियाँ बच रहती हैं। अपराधी दंड के भागी हैं। इसलिए हर परिस्थिति में खामोश **शव** को आदर तथा अनुराग देना ही चाहिए। इसके बाद तो उनका अस्तित्व अनन्त में शून्य हो जाएगा। ऐसी घटनाएँ मानवता के कटे हुए/काटे गए अंग-प्रत्यंग जैसी हैं।

श्रीगणेश पुरातात्त्विक शवों से इसलिए करते हैं क्योंकि वे देहभाषा के खामोश दस्तावेज होते हैं और इतिहास बताते हैं। वे भी देह से मृत-देह (शव) से अस्थि-कंकाल अर्थात् मृत्यु के अनेक वर्षों बाद मांस-त्वचा से निर्जलीकृत सूखा ढाँचा मात्र हो जाते हैं। हमें ईजिप्ट, मोहनजोदड़ो, पोम्पेई, अजटेक, इन्का (मेसो अमेरिका) पेरू में ऐसे कंकालों की विभिन्न अवस्थितियाँ सभ्यताओं की महागाथा बताती हैं। वे मृतभांडों और ताबूतों के साथ वास्तु-तथ्य (आर्टिफैक्ट) हो जाती हैं। ये मानो एक देहभाषा की महागाथा के मूक दस्तावेज हैं (ईजिप्ट में नेफरतीती, रेमसेस, तूतनखामून, अखनातोन आदि की ममियाँ आज भी संरक्षित हैं)। यूँ तो कंकालों का भी पोस्टमार्टम होता है तथापि एक्स-रे, कंप्यूटर के द्वारा इतिहास का पुनर्निर्माण किया जाता है। हजारों साल पुराने शवों में तो कोई तरल द्रव्य बचता नहीं। उनके बचे रह गए केशों, अस्थि-खंडों, रेशों, ऊतकों द्वारा उनका परीक्षण किया जाता है। उनके मूल मुखमंडल भी बताए गए हैं। ईजिप्ट की मिसालें जीवन्त हैं। फाराओं की कब्रों में रखे गए सामान तथा शवों (ममियों) पर लपेटे गए वस्त्रों एवं अलंकारों आदि से उनकी सामाजिक हैसियत निर्धारित की गई है।

साथ ही विचित्र रही है उनकी महासुखवादियों जैसी **अमरत्व** की तलाश!!

शव

नैदानिक दृष्टि से **मृत्यु** की आधुनिक परिभाषा मस्तिष्क की मृत्यु के पश्चात् ही है।

इसके बाद देह **शव** (या मुर्दा) हो जाती है। शव को सुरक्षित रखने के लिए ठंडक (बर्फ) लाजिमी है जो मृत-देह को सड़ने से कुछ रोकती है। ज्यादा सड़ी हुई लाश (लार्वों-कीड़ों) से भरी हुई होती है। बालों और नाखून से मृत्यु का समय निर्धारित किया जा सकता है। फिर हड्डी बताती है कि क्या हुआ था, कब हुआ था। लेकिन मस्तिष्क की कोशिकाएँ (न्यरोन्स) ऑक्सीजन के न मिलने पर पाँच मिनट में मरने लगती हैं।

शव अथवा—शिवत्व विहीन—लाश एक जैविक (ऑर्गेनिक) अपशिष्ट तथा जीवन का भौमिक पूर्णविराम है। लाश साबुत होती (डूबने, आत्महत्या, स्वाभाविक मौत में) अथवा क्षत-विक्षत (दुर्घटना, हत्या, लाम या युद्ध/दुश्मनी/संघर्ष जैसी स्थितियों में मृत्यु पर)। अत: यह क्रोध-भय, आतंक-करुणा, दया-क्षमा, अनुराग-शोक के प्रबल भावों का उद्वेलन करती है। यह मूलत: वैराग्य-धर्मी होती है जो संसार की निस्सारता तथा जीवन की आकस्मिक क्षणभंगुरता एवं भविष्य के लक्ष्यों का भी बोध कराती है। तथापि भारतीय दर्शन में यह अमर आत्मा द्वारा देह-त्याग (शिव से शव हो जाना) तथा देह का अग्नि-संस्कार द्वारा पंचतत्व में विलीन हो जाना है। ओशो रजनीश और कबीर जैसे चिन्तकों द्वारा मृत्यु को आनन्दोत्सव मानना, परमप्रिय से मिलने की सौभाग्य-यात्रा या स्वर्ग में पुनर्जीवन पाकर देवरूप—होकर रहने की आस्था या 'कयामत' के दिन कब्र में सोते हुए जागकर फलागम का इन्तजार आदि मानी जाती है। विभिन्न सभ्यताओं तथा विश्वासों द्वारा 'शव' को ये मौनमूक तात्पर्य दिए जाते हैं।

शव को सम्मान देना एक उत्तम सभ्यता की प्राथमिक निशानी है जो मनुष्य को पुरखों, समाज तथा विरासत से जोड़ती है।

शव का एक शिवस्वरूप होता है जिस पर इच्छामृत्यु जैसी प्रशान्ति, सौम्यता, विमुक्ति तथा परितृप्ति झलकती है। यह एक प्रकरण है जो कि—शव-देहभाषा के सहज अर्थों का विनयन करता है।

दूसरा प्रकरण लाश का वह विकृत-विद्रूप रूप प्रतिबिम्बित करता है जिसमें यंत्रणा (टॉर्चर),

आतंक (टेरर) तथा संत्रास (हॉरर) की त्रासद भंगिमाएँ एवं चिह्न अनुमित होते हैं। बम-विस्फोट, युद्ध, प्रतिशोध, वधू-दहन, दंगों और राज्य की दमनकारी कार्यवाही में बर्बरता, नृशंसता, आँखें फाड़कर घूरती हैं। नर-संहार, कारागार तथा युद्धबन्दी-शिविर ऐसे कई दृष्टान्तों से भरे पड़े हैं जो तथाकथित विजय, सिद्धि अथवा कानून-शान्ति को कायम करने का ऐलान करते हैं। इनमें शव अकेले या सामूहिक या चिथड़े-चिथड़े, बिखरे हुए अथवा छिपाकर गड्ढों में गाड़े हुए मिलते हैं। इनमें उनको काट डालने, जला देने, तेजाब से मुख या वक्ष को गला देने, गले, पेट, छाती, ललाट, कनपटी, गुप्तांग में गोली मारने अथवा बलात्कार या दहेज के कारण लटकाकर की गई हत्याओं/आत्महत्याओं के जटिल भेद हत्यारों की कारगुजारियों को परिलक्षित करते हैं।

प्रत्यक्षतः धूप, हवा तथा सीलन से बचाए रखने पर शव शताब्दियों तक संरक्षित रहते हैं (मिस्र, पेरू)। पूर्णतः बर्फ में दबकर हिमीभूत होने पर भी शव सड़ते और विक्षत नहीं होते। साइबेरिया के बर्फीले रेगिस्तान में करोड़ों साल पुराने रोएँदार महागज (मैमथ) के दफन हुए शव मिले हैं। हिमालय में पातर नचौनी, पठार के रूपकुंड में सैकड़ों साल पुरानी एक फौजी टुकड़ी के संरक्षित शव प्राप्त हुए हैं। आगे हम ऐसी तफ्तीश करेंगे।

लाश की आनुष्ठानिक विश्रान्ति क्रमशः **जमीन** या **मुर्दाघर** (मार्चुअरी), कब्र या चिता होती है। अस्पताल में किंचित् लावारिस या विलम्बित दावेदारी की दशा में या कानूनी परिस्थिति में शव मुर्दाघर में रखी जाती है। उसकी आयुर्वैदिक **शव-परीक्षा** (पोस्टमार्टम) होती है।

डॉक्टरों द्वारा शव-परीक्षा में शव की चीरफाड़ होती है तथा बाद में वह टाँकों से सिल दी जाती है। उससे मृत्यु के सही कारण का पता चलता है : लाश (साबुत या टुकड़ों में कटी) को बोरे या बक्से में बन्द करना, मुर्दाखारों (गिद्ध, गीदड़, लकड़बग्घे, जंगली कुत्ते) द्वारा अधखाई लाश, वधू-दहन में जला-झुलसा शव, स्वाभाविक या गोली से भूना या अंग-उपांग का गायब हो जाना, क्षत-विक्षत होना, कट जाना या गला घोंट देना, जला देना या जहर पीना/पिलाया जाना, चाकू से गोदा जाना, पत्थरों से कुचला जाना, बलि देना आदि भी देह की शव-रूप में अवाचिक प्रोक्तियाँ हैं। इसमें रासायनिक परीक्षण के अलावा माप-जोख करके भी लिंग और उम्र और देह की अन्दरूनी स्थिति का पता लगाया जाता है।

शव-परीक्षण की माप-जोख का पहलू भी बहुत जरूरी है, शिनाख्त या मौत के असली कारण का पता जानने के लिए उदाहरण : चंडीगढ़ की एक कांस्टेबल जसविन्दर कौर की परिपक्व गर्भावस्था में सीवर के गटर में गिरने से मौत ने जब स्वाभाविक मृत्यु और साजिशन हत्या के बीच सन्देह पैदा किया तो दोबारा शव-परीक्षा हुई। इसमें शरीर का वजन और लम्बाई-चौड़ाई, साइज, कमर और छाती का माप, नितम्ब का माप—इसलिए जरूरी हो गए कि गर्भावस्था के माह को सुनिश्चित किया जाए तथा यह भी नतीजा निकाला जाए कि विशिष्ट साइज के गटर में बहती हुई विशिष्ट साइज की लाश किन स्थलों पर फँसी और देह में कहाँ-कहाँ खरोंचें लगीं। ये सभी तथ्य जाँच का अहम हिस्सा बन गए हैं। इनके आधार पर ही जस्सी के शव की नकली बनाकर गटर में प्रवाहित करने पर ही मृत देह मूकता में ही सब कुछ बता देगी। इन जानकारियों से पति तथा ननद तथा अन्य गवाहों के बयानों की सच्चाई भी प्रकट हो जाएगी।

'शव' में पूर्ववर्ती शिवत्व की शिनाख्त बची रहती है लेकिन 'मुर्दा' मात्र अनाम निपटान की एक भौतिक वस्तु होता है। वस्तुतः मृत-देह और कंकाल—दोनों की ही वाचिक भाषा और भाषिक लिपि नहीं होती। अतएव शव के पोस्टमार्टम द्वारा नामों, घटनाओं, मृत्यु के कारणों की लांछनीय-लाक्षणिक भाषा लिखी जाती है। मृतक की अन्तिम मुद्रा भी कई

सूचनाएँ देती है। मुसलमान सुलतानों की हुकूमत के जमानों में शहर के आम व खास दरवाजों पर हारे हुए राजाओं, सुलतानों, सूबेदारों, अमीरों आदि के कटे हुए सर लटका दिए जाते थे। औरंगजेब ने अपने बड़े भाई दाराशिकोह का कटा सर दिल्ली के खास (अजमेरी) दरवाजे पर लटका दिया था।

इसी के विपरीत यह भी रिवाज था कि मुस्लिम हमलावर बर्बरता पूर्वक जीते गए राजाओं-सामन्तों की औरतों को जीत का माल मानकर आपस में बाँट लेते थे। इसी के परिणामस्वरूप राजपूताने की स्त्रियों में **जौहर** प्रथा चल पड़ी जिसमें अन्तिम युद्ध के लिए पतियों, भाइयों, पिताओं के प्रस्थान करते ही उनकी सुहागिन या क्वाँरी स्त्रियाँ एक बड़ा-सा अग्नि-कुंड बनाकर उसमें स्वेच्छा से कूदकर **आत्माहुति** दे देती थीं। वह जीवित शवों का एक मरण-त्योहार बन गया था। यह सती-प्रथा की जबरदस्ती के विरुद्ध था। अन्त में हम कुछ बे-लड़ीवार कथ्य बताते हैं—

- मृत-देह की दशा-दिशा-मुद्रा से उसके अन्तिम जीवन की कहानी तथा मृत्यु के कारणों के चिह्न मिल जाते हैं जिससे पुलिस और जासूस द्वारा जाँच की जाती है और उसे वाचिक भाषा में अनूदित किया जाता है।
- तांत्रिकों के बहकावे पर पुत्र-प्राप्ति के लिए या दूसरों के भड़कावे पर जायदाद पर कब्जा करने के लिए या किसी आनुष्ठानिक सिद्धि के लिए बच्चों की, तीसाधिक लक्षणों से युक्त नारी की बलि देना [और तांत्रिक-अनुष्ठान में बलि-बाल के रक्त से बाँझ स्त्री द्वारा अपने स्तनों तथा योनि का स्नान कराना ताकि 'सिद्धि' द्वारा वह उर्वर बन जाए]।
- सुपारी लेकर हत्या करना (कॉन्ट्रेक्ट किलिंग)।
- अपराधों द्वारा कई तरह से घटित मृतकों के शव (सेक्स-हिंसा में, दहेज-प्रताड़ना में)।
- आत्महत्याएँ (असफलताओं, अकेलेपन, कर्ज का बोध, बेवफाई, प्रेम में विफलता, परीक्षाओं में असफलता आदि के कारण)।
- आत्मदाह या आत्महत्या।
- वधू-दहन, कन्या-भ्रूण-हत्या।
- उत्पीड़ित-शोषित लोगों की झोपड़ियों को जलाकर उनके वासियों को भी जला डालना।
- नकली मुठभेड़ तथा पुलिस हिरासत में मौत इत्यादि।

यहाँ तक आने के बाद हम देह-धुरी पर आतंक और संत्रास, उत्पीड़न और प्रताड़ना की लांछनपरक संकेतसूचक देहभाषा के उपभेद में अनुप्रवेश करते हैं।

दुनियाभर के युवा-वर्ग तथा हिरावल जनगणों को एक क्रान्तिकारी घटना ने आतंकित करने के बजाय संघर्ष के आह्लाद से भर दिया था। बोलिविया के जंगलों में **'चे' ग्वेवारा** (1928-1967) को पकड़कर एक सुदूर ग्रामीण कोठरी के अन्दर गोलियों से भून कर खत्म कर दिया। बोलिवियाई राष्ट्रपति ने उनके शव से दोनों हाथ-पंजों को कटवाकर फिदेल कास्त्रो को भिजवाया था। साथ ही एक पूरी बाँह का उच्छेदन करके अमेरिका की सी.आई.ए. को उनकी मृत्यु की सम्पुष्टि के लिए भेजा गया था। इसी तरह भगतसिंह, राजगुरु, सुखदेव के शवों को अंग्रेज शासकों ने चोरी-छिपे अज्ञात स्थान में जला दिया था (23-3-1931)।

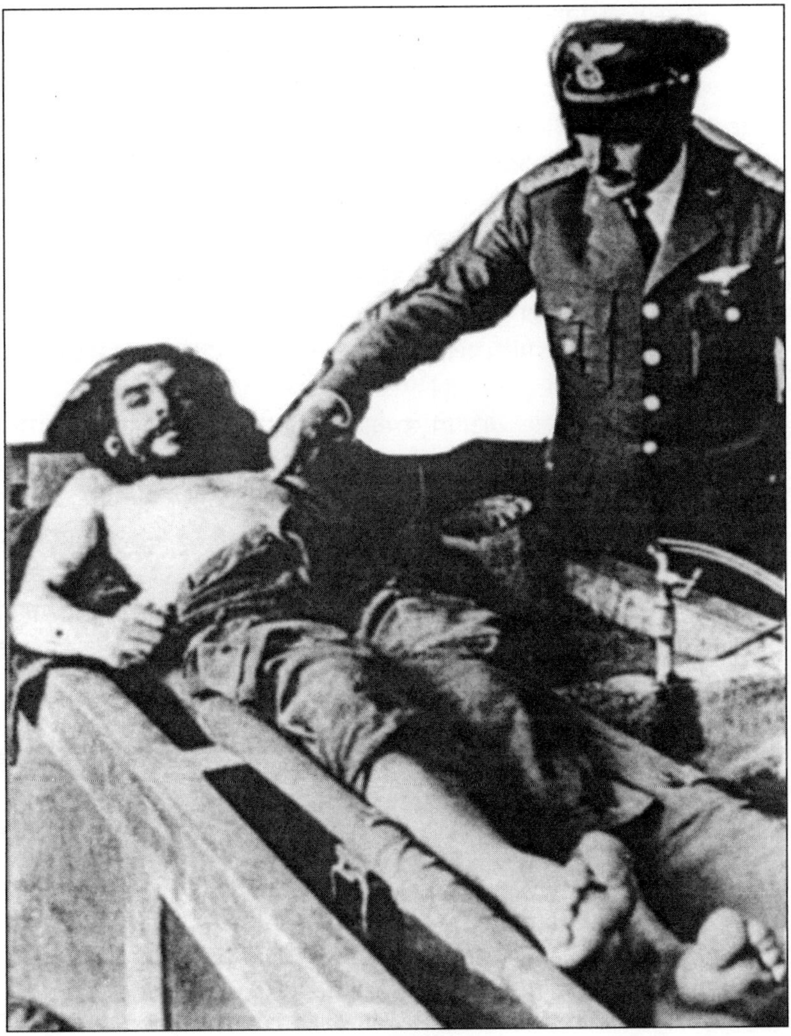

'चे' का शव

एक विपरीत सन्दर्भ में 'पॉप-संगीत' के बादशाह **माइकेल जैक्सन** (1958-2009) की मन्दभागी मौत है। उनके शव-परीक्षण (ऑटोप्सी) से पता चला कि जीवित अवस्था में भी वे कंकाल मात्र रह गए थे। वे बमुश्किल कुछ खाते-पीते थे। उनके उदर में बस किस्म-किस्म की गोलियाँ भरी मिली थीं। वे गंजे हो चुके थे, पसलियाँ टूटी थीं। उनके नितम्ब, जाँघें तथा कन्धे इंजेक्शनों की सुइयों से छलनी हो गए थे। वे पीड़ा-निवारक गोलियाँ बेतहाशा खाने लगे थे। प्लास्टिक सर्जरी के गहरे निशान मांस पर कायम थे और नासिका-छिद्रों के बीच का पुल ध्वस्त हो चुका था। उन्होंने तो आत्मविनाश ही कर डाला था। उनका मुहांद्रा विकृत हो गया था। परीक्षण-रपट के मुताबिक मरते वक्त भी उन्होंने सिर पर बालों की टोपी (विग) पहन रखी थी तथा पेट में लगभग शून्य आहार था।

सौन्दर्य की रम्भा **मेरिलिन मोनरो** का भी मादक द्रव्यों तथा पीड़ा-निवारक गोलियों की अतिशयता की वजह से निधन हुआ था। उनके शव-परीक्षण से भी यह बात सम्पुष्ट हुई थी।

इस तरह शव तथा कंकाल एवं कपाल पूरी की पूरी अपनी गुप्त देहभाषा द्वारा एक **व्यक्ति** की जीवनी तथा **मनुष्य** का इतिहास बताते हैं।

पूरे या खंडित **कंकाल** के अलावा खंडित या जले हुए **शव** भी देह-गाथाओं का उल्था करते हैं। एक सच्ची मिसाल लें।

चंडीगढ़ में एक बीस-पच्चीस साल के युवक की जली हुई लाश सेक्टर बावन में (2006 में) मिली थी। उसकी देह की रचना तो कर ली गई किन्तु व्यक्ति की शिनाख्त नहीं हो सकी। देह सत्तर प्रतिशत जल गई थी।

शव एक प्लास्टिक ड्रम में पोलीथीन की परतों से लपेटा जाकर फेंका हुआ था। पहचान मिटाने के लिए वह जला भी दिया गया था जिससे पालीथीन देह तथा त्वचा में जलते-पिघलते हुए घुलमिल गया था और चेहरा लगभग एक काला पिंड हो गया था। देह के नजदीक एक प्लास्टिक थैले में विदेशी ब्रांड की एक कमीज भी मिली थी।

पहले तो यह अनुमान बैठाया गया कि कत्ल किया गया शिकार मध्यवर्ग का था। इसके बाद 'केंद्रीय फोरेन्सिक प्रयोगशाला' के विशेषज्ञों ने माप-जोखकर निश्चित किया कि वह शिकार छह फीट ऊँचे कद का था। इसके उपरान्त यह भी तय हुआ (शेष बची हुई त्वचा के आधार पर कि) वह गोरे रंग का था। सम्भावित सुरागों के लिए 'विसरा' तथा डी.एन.ए. के नमूने लेकर नतीजे पुलिस को भेजे गए कि कत्ल जहर खुरानी से नहीं, बल्कि हथियारों से किया गया था क्योंकि गले की हड्डियाँ व फेफड़ों की पसलियों पर चोट थी। अन्ततः मुखाकृति-निर्माता विशेषज्ञों ने उसके मुहाँदरे की भी पुनर्रचना कर दी। गन्ध तथा जलने की प्रक्रिया से यह भी निश्चित हुआ कि युवक का शव मिट्टी के तेल से जलाया गया था। अतः वह ग्रामीण क्षेत्र का रहा होगा। बाद में उसकी मुखाकृति के पैम्फलेट रेलवे स्टेशन, बस अड्डे, सार्वजनिक स्थलों पर चिपकाए गए। देह-गाथा तो बन गई किन्तु व्यक्ति नहीं पहचाना जा सका।

शव की चिह्न-भाषा

मानव-शव के खंडित होने, बाद में सड़ने तथा गलने पर विशेष प्रकार की दुर्गन्ध आती है—उसमें कीड़े पैदा हो जाते हैं और उस पर मक्खियाँ उड़ आती हैं। इससे मौत की कालावधि तथा शव की दशा की सूचनाएँ मिलती हैं। साबुत अथवा क्षत-विक्षत या अंग-भंग देह-शव बताता है कि मनुष्य की मृत्यु किस प्रकार से हुई—चाकुओं से गोदकर, अंगों को काटकर, रेल से कटकर, दुर्घटना में कुचलकर, बम-विस्फोट में अंगों के चीथड़े छिटकाकर, गला रेत कर, दम घोंटकर, हाथ-पाँव बाँधकर, छत से फन्दा लगाकर लटककर, पानी में डूबकर, आग में जलकर, कुत्तों द्वारा नोंचे जाकर आदि-आदि। ये सभी देह-शव के चक्र-चिह्न हैं।

इस भाँति **शव की चिह्न-भाषा** बहुधा पारिस्थितिक घटना एवं शव तथा स्थल की छानबीन से संयोजित हुआ करती है।

सूचनाएँ : एक मृतक महिला की **नग्न-देह** मिली	**शव-चिह्नों** की छानबीन—
1. चंडीगढ़ रेलवे स्टेशन से करीब दस से पन्द्रह फीट दूरी पर, झाड़ियों में एक महिला की लाश मिली।	(i) अपराध-विशेषज्ञ तथा टोही कुत्तों द्वारा सुराग/कारण का पता लगाने की कोशिश हुई।
2. लाश पर कीड़े चल रहे थे। दुर्गन्ध आ रही थी।	(i) शव कम-से-कम तीन दिन से पड़े-पड़े सड़ी हालत में मिला।
3. लाश का एक हाथ कटा हुआ था।	(i) सम्भवत: रेल से कटकर मरने की दुर्घटना हुई।
4. कई जगह पर चोट के निशान थे।	(i) चमड़ी देखकर अन्दाज है कि केमिकल डालकर शव को बिगाड़ने की कोशिश की गई। (ii) अधिक खून बहने से महिला की मृत्यु हुई। (iii) लेकिन पुलिस को कोई हथियार बरामद नहीं हुआ।
5. महिला की उम्र करीब तीस से पैंतीस साल के बीच रही होगी।	(i) अपहरण और बलात्कार (या हत्या का मामला भी हो सकता है। पुलिस छानबीन करने में जुटी है)।
6. कपड़े कई जगह से फटे थे।	(i) कपड़ों से अनुमान है कि वह भिखारिन या मजदूरिन रही होगी। (ii) नग्न-देह और क्षत-विक्षत अंगों से बलात्कार की सम्भावना लगती है।
7. मृतक महिला की शिनाख्त नहीं हो पाई।	(i) अपराध अधिनियम के अनुच्छेद 174 के तहत मामला दर्ज। (ii) लाश सरकारी अस्पताल भेजी गई। (iii) शिनाख्त के बाद पोस्ट-मार्टम होगा ताकि मृत्यु के सही कारण पता लग सके।

शव-परिरक्षण तथा अलंकरण (ममी) वाली चित्रलिपिक भाषा

भूमध्य सागर के उत्तर में यूनान (ग्रीस) तथा दक्षिण में मिस्र (ईजिप्ट), दोनों में ही देह-धुरी पर क्रमश: **शिव**-साधना और **शव**-आराधना शताब्दियों तक प्रचलित रही। प्राचीन यूनान में **देह-शिव** की पूर्णता का एक आदर्श चतुरंग था—स्वस्थ तथा सुन्दर, सुडौल तथा सौष्ठवपूर्ण।

प्राचीन मिस्र में **देह-शव** के परिरक्षण, संस्कार, अलंकरण तथा अमरत्व की चतुर्मुखी आराधना जारी थी।

प्राचीन मिस्री सभ्यता में मृत-देह को **ममी** [ममियाह (अरबी) का तात्पर्य मोम या टार द्वारा मृत शरीर को सुरक्षित रखना] कहते हैं। इसलिए मृतक के शरीर पर रसायनों के लेप करके, उसे मलमल से लपेटकर, सुरक्षित रखा जाता था ताकि आत्मा शरीर को पहचान कर उसमें लौटकर वापस आ सके। यह ममीकरण की पद्धति कहलाती है।

क. देह-शव का ममीकरण

ख. ममी-पेटिका में शव-देह

प्राचीन मिस्र में दो ममियाँ विश्वविख्यात हैं : पहली—महान योद्धा फाराओ रेमेसेज द्वितीय (ई.पू. 1290–1224) की तथा दूसरी—बालक बादशाह (फाराओ) तूतनखामून (ई.पू. 1333–1323) की। उसकी मृत्यु 3500 वर्ष पहले अठारह साल की उम्र में हुई थी। सन् 1922 में हॉवर्ड कार्टर ने उसका पिरामिडनुमा मकबरा खोजकर खोला था जहाँ उसकी परिरक्षित ममी मिली। उसका स्वर्णमंडित मरण-मुखौटा विश्वविख्यात है। हम अपना निर्वचन तूतनखामून की ममी पर केंद्रित रखेंगे।

प्राचीन मिस्रवासियों के विश्वास ही **देह-शव की आनुष्ठानिक भाषा** का विधान करते हैं। वे मानते थे कि मृत्यु के बाद एक दूसरा जीवन शुरू होता है। इसलिए मृतक के अक्षत तथा सम्पूर्ण व समस्त शव को दूसरे जन्म के लिए तैयार करना होता था। अत: देह-शव को परिरक्षित (प्रिज़र्व) करना लाजिमी था। उनका विश्वास था कि मानव की आत्मा एक पक्षी की तरह होती है जिसका चेहरा मनुष्यवत् होता है। यह आत्मा-पक्षी दिन-रात में कहीं भी, कभी भी भ्रमण कर सकता है लेकिन रात होने पर दुरात्माओं के भय से वह मृतक शरीर में आ जाता है। उनका दर्शन था : 'मृत्यु के बाद एक नया जीवन है। अत: धरती पर नाम-रूप-गुण बचे रहना चाहिए—देह (ममी) तथा सम्पदा के द्वारा।'

ममी की रखवाली करने वाली देवी आइसिस तथा देवी मुट की आकृतियाँ भी आभरणों पर अंकित होती थीं। ...ममीकरण पाताल के देवता ओसिरिस के अन्तिम निर्णय का हेतु अर्थात् उसकी परिचर्या का पुनराभिनय माना जाता था।

मिस्रियों का यह भी विश्वास था कि फाराओ (राजा) का उन्हीं लक्षणों के साथ पुनर्जन्म होता है। इसलिए मृत्यु के पश्चात् द्यु-लोक में भी उसकी भू-लोक जैसी जरूरतें होती हैं। मध्यान्तर में वह भोर का लुब्धक (ओरियन) तारा हो जाता है। अत: तूतनखामून के मकबरे में भी दैनिक व्यवहार की वस्तुएँ, जैसे—खाना, रत्नाभूषण, जूतियाँ, पलंग, मुकुट, राजदंड आदि रखी गई थीं। इसी के सहकार में मृतक व्यक्ति की आन्तरिक इंद्रियाँ (मस्तिष्क, हृदय, गुर्दा, लिवर, विसरा आदि) भी, ममीकरण के पहले, निकालकर अलग-अलग घटिकाओं में रख दी जाती थीं।

तो, तूतनखामून के मकबरे का परिदृश्य इसी प्रकार का था। सांकेतिक चित्रलिपि (हायेरो-ग्लाइफिक्स) द्वारा व्यक्ति का विवरण, जीवन की महत्त्वपूर्ण घटनाएँ तथा पद आदि चित्रित कर दिए जाते थे। तूतनखामून की ममी-पेटिका को पेचीदा अभिकल्पों (डिजाइन्स) द्वारा सजाया गया है। उसकी ममी का मरण-मुखौटा ठोस सोने का तथा एक सम्राट के लक्षणों वाला है क्योंकि (विश्वास के मुताबिक) राजा का उन्हीं लक्षणों से 'युक्त' पुनर्जन्म होगा।

इस बालक सम्राट के मकबरे से 'कला-वास्तुओं' (आर्टिफेक्ट्स) का जो खजाना मिला है वह परिलक्षित करता है कि—

(i) प्राचीन मिस्रवासियों ने मरणोपरान्त जीवन की अवधारणा में कैसी बढ़ोतरी की;
(ii) मकबरा-निर्माण में किस तरह की उन्नति की, तथा
(iii) सोने तथा रत्नों के आभूषणों तथा अन्य उपकरणों के निर्माण में कितनी प्रगति की; तथा
(iv) विशिष्ट भारतीय काष्ठ चन्दन, भारतीय पुष्प कमल, भारतीय पक्षी सारस का अंकन भी—पर्शिया के माध्यम से—भारत एवं ईजिप्ट के सम्पर्क को द्योतित करता है। इस सूची में हम चीता को भी शामिल कर सकते हैं। इसके लिए वहाँ के मेम्फिस एवं हवारा शहरों की ओर भी जाना पड़ेगा।

प्राचीन फैराओ का विश्वास शताब्दियों बाद भारत के सिद्धों के विश्वास से मेल खाता

है जो 'महासुखवादी' थे और मानते थे कि (जीवित देह के बजाय) देहशिव को सदेह (अर्थात् बिना मृत्यु के) ही स्वर्ग की प्राप्ति हो सकती है, वज्रयानी साधना द्वारा [जैसा कि ईजिप्ट में ममीकरण तथा पुरोहितों के मंत्रों द्वारा होता था]।

इस भाँति **शव-देह एवं देह-शिव की आनुष्ठानिक भाषा** में कई स्तर एवं संरचनाएँ, कलावस्तुएँ एवं अलंकरण, ममीकरण एवं महासुखवाद आदि अनुस्यूत हो गए हैं—ममी के, मरण-मुखौटे के, ममी-पेटिका के, संचयित उपयोगी वस्तुओं के तथा भित्तिचित्रों की रचनाओं में।

किशोर फाराओ तूत-आङ्ख-आमून का मरण-मुखौटा

न्यायालीय औषधि-विज्ञान (फोरेन्सिक मेडिसन) के डॉक्टर दलबीर सिंह बताते हैं कि **शव** के क्षेत्र में नैनो-टेक्नोलॉजी के प्रयोग द्वारा अज्ञात शव की शिनाख्त तथा मौत के सही वक्त का भी पता चल जाएगा।

शव में पड़े **कीड़ों** के डी.एन.ए. और देह के **ऊतकों** (टिश्यूज) से मृत्यु का सही अनुमान लगाया जा सकेगा। इस टेक्नोलॉजी के इस्तेमाल से शव की **गन्ध** से भी मृत्यु के समय का अनुमान लगाया जा सकता है क्योंकि मौत के बाद से ही देह से कई प्रकार की गैसें निकलना शुरू हो जाती हैं। इनसे भी मौत के सही समय का अनुमान लगाया जा सकता है।

कंकाल

मृत्यु के दो-तीन साल पहले हुई मृत्यु वाला शव ही पूरी तरह **कंकाल** बन जाता है (यह मृत्यु तथा शैतान का प्रतीक एवं जादू-टोने का साधन भी बनता है)।

मानव जीवन में पूर्ण कंकाल 206 हड्डियों वाला होता है। इसी से मांसपेशियाँ चिपकी होती हैं। मेरुदंड देह को सहारा देकर उसे घूमनेवाला बनाता है। कूल्हे एवं रीढ़ की हड्डी से धक्के की शक्ति आती है। हाथ सबसे जटिल अंग है। हाथ ने हमें ज्ञान, कार्य-कौशल तथा कलाकारी दी है। भार को जाँघों तथा पिंडलियों पर डालकर रीढ़ की हड्डी '$' आकार ग्रहण कर लिया करती है। चलने में ताकत, लोच व सन्तुलन कूल्हे, घुटनों व टखनों से आता है। कंकाल ही जीवन की विकास-कथा बताते हैं।

अब तो आकृति-विशेषज्ञ कंकाल से भी वे सारी सूचनाएँ प्राप्त कर लेते हैं जो जीवित-देह की मुखछवि या देह-दशा रही होगी। ईजिप्ट, पेरू आदि की ममियों तथा साइबेरिया के मेमथ या कैलिफोर्निया के डायनासोरों के कंकालों या अस्थि-अवशेषों से अपराध-विज्ञान एवं पुरातत्त्व-पूर्वेतिहास तथा इतिहास का सटीक पुनर्निर्माण कर सकता है। इस भाँति शरीर से शव की, शव से कंकाल की जैविक-पुरातातित्त्वक-ऐतिहासिक यात्रा चलती रहती है। आजकल एक्स-किरणों, सी-टी स्केन की प्रौद्योगिकी द्वारा कंकाल से सम्पूर्ण देह का तथा मृत-देह के (वर्षों साल पुराने) किसी जैविक अंश से डी.एन.ए. द्वारा जीवन का प्रतिरूपण (क्लोनिंग) तक हो सकता है। अतः हजारों साल पुराने मैमथ या डायनासोर (तुलनीय 'जुरासिक पार्क' फिल्म) या मनुष्य या प्राणी को, विशिष्ट सत्त्वावशेष उपलब्ध होने पर, पुनरुज्जीवित किया जाना सम्भव हो गया है।

मृतक या ममी के साबुत कपाल से तीन-आयामी चेहरा बनाने की तकनीक लगभग 90 प्रतिशत सही नतीजे देती है। इसमें कपाल की डिजाइन को कंप्यूटर में लोड कर दिया जाता है। 'चेहरे के ऊतकों की मोटाई' (फेशियल टिश्यू थिकनेस) के मुताबिक पूरे मुख के कोई उन्तीस सीमा-चिह्न होते हैं जिन पर कंप्यूटर की सहायता से ऊतक रोपित किए जाते हैं। इसके बाद उन्हें चेहरों पर संवर्धित किया जाता है। जब पूरे चेहरे पर त्वचा का रंग निखर आता है तब खोपड़ी के मुताबिक नाक-नक्श आदि नाप कर बनाए जाते हैं। इससे मुखछवि की असली पहचान हर तरफ से हो जाती है, त्रि-आयामी प्रविधि के द्वारा।

कंकाल पुरातत्त्व (आर्किओलॉजी) की पुरावस्तु बन जाता है। उसमें शरीर का आखिरी कायान्तरण (मेटामार्फोसिस) तथा इतिहास के काल-निर्धारण के तथ्य अन्तर्न्यस्त होते हैं। प्राप्त कंकाल की मुद्रा भी घटना एवं परिस्थिति की ओर दैहिक संकेत करती है। यह कंकाल की **मुद्रा-भाषा** जैसी है। इसमें इतिहास के काल, देश, घटना एवं परिस्थिति की सूचनाओं

के कूट खोले जाते हैं। इसके साथ ही कंकाल की उम्र, बीमारी आदि का लेखा-जोखा होने के साथ-साथ प्राकृतिक हादसों का भी अज्ञात सबूत उद्घाटित होता है। यह तो हम अभी बता ही आए हैं कि आजकल तो ईजिप्ट तथा पेरू की हजारों साल पुरानी ममियों (संरक्षित अस्थि-कंकाल) की मुखाकृतियों की पुनर्रचना भी होने लगी है।...

पेरू, ईजिप्ट, मोहनजोदड़ो, पोम्पेई के कंकाल विशेष तौर पर इतिहास-निर्माता, धर्म दर्शन-अन्वेषी, संस्कृति-दर्पण, मानव-व्यवहार के निरूपक भी सिद्ध हुए हैं। आर्यमंडल (हिन्दू, जैन, बौद्ध, सिख) में मृत-देह के अग्निदाह-संस्कार के कारण भारत के सुदीर्घ इतिहास की अपूरणीय क्षति हुई है। इससे ऐतिहासिक चरित्रों, उनकी जीवन, उनकी घटनाओं आदि के पुष्ट प्रमाण मिट जाने से सभ्यता की भी हानि हुई है। इससे युगों, मन्वन्तरों, महाकाल, अकाल आदि की अवधारणाओं से काल-बोध धुँधला होता गया है।

हम नेफरतीती तथा किशोर फाराओ तूतनखामून की ममियों की चर्चा कर चुके हैं। सम्प्रति प्रथम महान निर्मात्री महिला-फाराओ महारानी हात्शेप्सुट की ममी के माध्यम से पुनः **शव-भाषा** का उन्मीलन करेंगे।

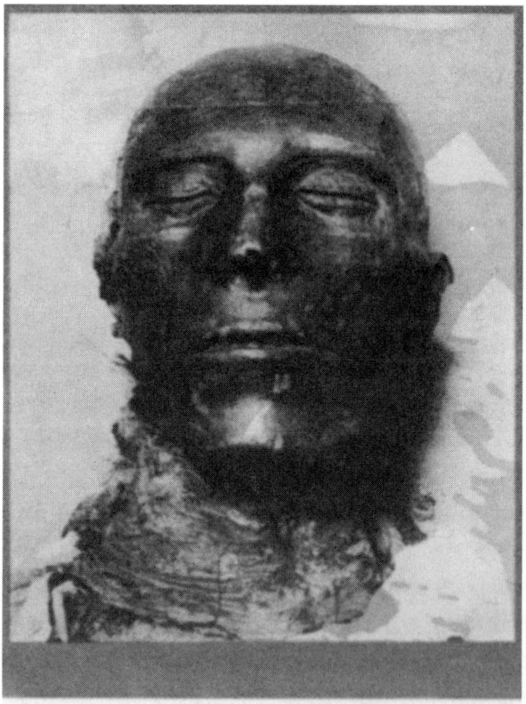

मिस्री फाराओ (सम्राट) की 'ममी' (शव-कंकाल)

सन् 1903 में थीब्स में राजा-रानियों की घाटियों में ही उसकी ममी मिली थी किन्तु तब तक उसकी शिनाख्त नहीं हो सकी। सन् 2007 में ज़ाही हवास्स तथा याहिया ज़करिया गाद के प्रयासों से काहिरा-संग्रहालय के तलघर में स्थापित डी.एन.ए. प्रयोगशाला में उसकी ममी की शिनाख्त कर ली गई है। ई.पू. पन्द्रहवीं शताब्दी में अठारहवें राजवंश की हात्शेप्सुट मिस्र की अत्यन्त शक्तिमती रानी थी जो पुरुष-फाराओं की तरह नकली दाढ़ी भी लगाती थी। बाद

3300 वर्ष पूर्व किशोर तूतनखामून फाराओ की ममी (शव-कंकाल) के 'सी-टी-स्केन' द्वारा पुनर्निर्मित सही मुख (सन् 2005 ई.)

में उसके सौतेले बेटे थुटमोसिस तृतीय ने प्रतिशोधवश उसकी छवियों तथा अवशेषों को सिलसिलेवार नष्ट कर दिया था, तथापि हात्शेप्सुट, नेफरतीती और क्लिओपेट्रा प्राचीन मिस्र की क्रमश: तीन महारानियाँ अर्थात् महिला फाराओ थीं। मलिका हैचेप्सट की ममी के सी.टी.स्कैन से पता चला कि उसके घुटनों में आस्ट्रो-आर्थ्राइटिस, पेट में फोड़ा तथा मुँह में एक दाढ़ में भी जहरीला फोड़ा था। इनसे उसकी कष्टदायक मौत हुई। स्कैन के इन नतीजों ने इतिहास दोबारा लिखवा दिया कि उसकी हत्या नहीं की गई थी। वह एक शक्तिशाली महिला फैरो थी जिसने मर्द की तरह सफल राज किया था। कई इमारतों की निर्मात्री उसने कार्नाक का महान पूजा-स्थल भी बनवाया था जो आज भी मौजूद है।

प्रतिपाद्य ममी का बायाँ हाथ छाती पर रखा हुआ था। यह प्राचीन मिस्र में राजवंश के पहचान की एक परम्परा थी। इसी क्रम में उसकी शवपेटिका से लेप किए गए अंगों के अलावा उसका नाम खुदा गुमशुदा एक दाँत भी मिल गया जिसका जबड़े के साथ सटीक मिलान हो गया।

ममी से यह भी परिलक्षित हुआ कि महारानी की देह में मोटापा था। मोलिक्युलर जेनेसिस्ट याहियागाद ने यह भी निश्चित किया कि उसकी मृत्यु पचास वर्ष की उम्र में हुई थी कि सम्भवत: उसे मधुमेह था तथा यकृत में कैंसर भी था।

डी.एन.ए. अनुक्रम में पृथक् दाँत का एक कूल्हे की एक हड्डी से मिलान करने पर यह

पक्के तौर पर अनुमित हो गया कि रानियों की घाटी की अनचीन्ही ममी रानी हात्शेप्सुट ही हैं। इस तरह तूतनखामून के मकबरे के खोजी हावर्ड कार्टर से लेकर जाही हवास की लगातार कोशिशों की सिद्ध फलश्रुति होती है।

समानान्तर एक आधुनिक प्रसंग में रूस में बोल्शेविक क्रान्ति के दौरान सन् 1918 में ग्यारह जुलाई को रोमानोव-वंश के अन्तिम सम्राट जार निकोलस द्वितीय, उनकी रानी तथा चार बेटे-बेटियों का वध कर दिया गया था। सन् 1991 में कुछेक के अवशेषों को खोज डी.एन.ए. परीक्षण करके सेन्ट पीटर्सबर्ग के कैथेडल में उन्हें दोबारा दफना दिया गया। उस समय 10-13 वर्ष के छोटे राजकुमार अलेक्सेई तथा 18-23 वर्ष की राजकुमारी मारिया के अस्थि-अवशेष नहीं मिले थे। 2007 में एक गड्ढे में उनकी भी हड्डियों के 44 छोटे टुकड़े तथा एक चीनी मिट्टी की जापानी सुराही मिली। उनका भी परीक्षण किया गया। उनमें गोलियों के सूराख नहीं थे। तेजाब से जलाकर उनका अन्त किया गया था।

दाँत को ही लेकर सांस्कृतिक नृतत्त्व की मौलिक स्थापनाएँ हुई हैं। मानव-पुरखों के दँत-जीवाष्म का विश्लेषण करके जाँचकर्ताओं ने पाया कि सन् 1987 से मानव-विकास और प्रसार का जो 'अफ्रीका से बहिर्गमन' का सिद्धान्त चालू था, उसमें संशोधन हुआ कि 'आधुनिक (होमो सेपियन्स) मानव का विकास भूमंडल के विभिन्न केंद्रों की विभिन्न आबादियों से हुआ। वह एककेंद्रिक नहीं है। अतः अफ्रीकी आबादी के बजाय एशियाई आबादी ने लाखों-करोड़ों साल पहले यूरोप को आबाद किया था।

इसका आधार यह है कि दाँत-जीवाष्म में आधुनिक मानव के पुरखों की जेनेटिक अभिव्यंजनाओं के अधिक अवयव हैं। इसके लिए खोजी जाँचकर्ताओं ने अफ्रीका, एशिया तथा यूरोप के मानवीय पूर्वजों के लगभग पाँच हजार दाँतों की आकृतियों के अध्ययन के साथ-साथ उनके माइटोकांड्रियल डी.एन.ए. के अन्तरण की दर का भी विश्लेषण किया। इस प्रकार अब यह नवीन प्रस्थापना हुई कि विकासक्रम में एशियाई पूर्वजों की (अफ्रीकी पूर्वजों के मुकाबले में) अधिकाधिक अभिभूमिका रही है क्योंकि यूरोपीय दाँतों में अफ्रीकी दाँतों की अपेक्षा अधिक एशियाई अभिलक्षण पाए गए हैं।

अनेक शताब्दियों बाद कंकाल **जीवाश्म** अर्थात् पाषाणी कंकाल (फॉसिल) में तब्दील होकर नृतत्त्व तथा पुरातत्त्व की प्रोक्तियाँ लिखाते हैं।

अस्थियाँ तो संजीवनी हैं

क्रमविकास में हड्डियों का ढाँचा जीवन के लिए एक नई क्रान्ति थी जिससे मजबूती, सुरक्षा, देह-मुद्राएँ तथा गति संचालन की नई दिशाएँ विकसित हुईं। प्रजातियों में अस्थियों का ढाँचा विकसित हुआ तो उनकी उपजातियों तथा रूपों में भी अनेक तब्दीलियाँ आती गईं।

इस तरह रूप-संरूप में भी विलक्षण बदलाव आ जाते हैं और ये प्राणी को जिन्दा रहने/रखने के काबिल बनाते हैं।

अस्थियों में **कार्बन** अपने आइसोटोपों सहित पचास से सौ साल की इकाई वाला कालनिर्धारण कर देता है। आइसोटोपों सहित ऑक्सीजन अस्थियों द्वारा यह भी निर्धारित करता है कि कोई लोकजन एक निश्चित समय में कहाँ पर मौजूद थे। इन आइसोटोपों को जलवायु तथा ऊँचाई मानक (ऑल्टीच्यूड) प्रभावित करते हैं। इससे बाहर से आए हुए आव्रजक लोगों की शिनाख्त होती है। मसलन मैक्सिको के 'अग्नि-पिरामिड' में पीछे हाथ बँधे कंकाल मिले हैं। उनका ऑक्सीजन-आइसोटोपीकरण जापानी पुरातत्त्ववेत्ता सबूरो सुगीयामा

ने किया और सिद्ध किया कि वे मैक्सिको के युद्ध–बन्दियों तथा पकड़े गए बंधकों के हैं। और कि, लगभग दो हजार साल पुराने पिरामिड–नगर टिओटीहुआकन को लगभग ई.प. 650 में प्राकृतिक शक्तियों ने नहीं, बल्कि हमलावर यूरोपियों ने नष्ट कर डाला था। यह कार्बन–तिथि निर्धारण द्वारा सुनिश्चित हुआ।

इसी के सहवर्तन में **देह** के क्षय या संरक्षण पर भी सन् 2009 के नोबल–पुरस्कार–विजेता (टैक्साज के) जेरी शेय ने **रक्त–परीक्षण** की एक विधि द्वारा यह पता लगाने का समीकरण दिया है कि कोई व्यक्ति कितने साल तक जीता रहेगा और उसकी उम्र बढ़ने की रफ्तार क्या होगी। उन्होंने खोजा कि क्रोमोसोम के अन्त में पाई जानेवाली 'टेलोमिअर्स' नामक रक्षा–टोपियों (प्रोटेक्टिव कैप्स) की लम्बाई यह निर्धारित करती है। इस तकनीक से वर्धित अवस्था काले नर–नारियों की **जैविक आयु** का अनुमान लगाया जाता है। उम्र बढ़ने के साथ या जीवन–शैली या कैंसर, हृदय–व्याधि, व्यायाम, मोटापा और एल्जीमर्स जैसी बीमारियाँ टेलोमिअर्स की जाँच के आधार पता लगाई जा सकती हैं।

इस तरह अस्थि एवं रक्त का यह तिल–तन्डुल संयोग है।

कपाल

ईजिप्ट के अठारह–उन्नीस साल की उम्र में मरे युवा फाराओ (सम्राट) तूतन–खा–मून की हजारों साल पुरानी ममी के **कपाल** से उसकी प्रामाणिक मुखाकृति के वैज्ञानिक पुनर्निर्माण का जिक्र हम कर आए हैं।

अब एक पहेली है 'शिलर–कोड' की। जर्मन के महाकवि गोएथे के आत्मीय मित्र कवि नाटककार फ्रेडेरिख शिलर (1759–1805) की मृत्यु राजयक्ष्मा से पैंतालीस वर्ष की आयु में हो गई थी। लेकिन 1826 में वाइमर के मेयर कार्ल लेबरर्ट श्खाबी शिलर के पारिवारिक कब्रिस्तान जाकर शिलर का कपाल लेकर उसे संरक्षित करने पहुँचे। वहाँ उन्हें तेईस कपाल मिले। उनमें से सबसे बड़े को वे शिलर का कपाल मानकर ले आए तथा उसे ग्रेंड ड्यूक के पुस्तकालय में जमा करवा दिया। वहाँ पहले से ही एक कपाल था जो शिलर का बताया जाता था। इस तरह शिलर के दो कपालों की अनबूझ पहेली ने जन्म लिया। एक कपाल स्वयं गोएथे चुपके से उठा लाए और अपने घर में गुप्त तरीके से दबा दिया। उन्होंने 'शिलर के कपाल की अन्वीक्षा करते हुए' शीर्षक एक सम्बोधन–गीत (ओड) भी लिखा। इस तरह शिलर के दो कपाल मौजूद माने गए। असली की पहचान के लिए साहित्यालोचकों, कला–इतिहासकारों, विष–वैज्ञानिकों तथा नृतत्त्ववेताओं के बीच वाद–विवाद चला आ रहा था।

अन्ततोगत्वा इसे सुलझाने के लिए दो कदम उठाए गए हैं : एक—1826 में चल बसी शिलर की पत्नी तथा उनके दूसरे बेटे के अवशेषों से उनके दाँतों, जाँघ की अस्थियों के डी.एन.ए. का कवि शिलर के कंकाल तथा केशों की अलक से मिलान करना। दूसरे—गोएथे के घर में दफन शिलर के तथाकथित कपाल को भी ढूँढ़कर मिलान करना।

कपाल की मुखाकृति का पुनर्निर्माण भी देहभाषा का एक आयाम है। आज से हजारों साल पहले ईजिप्ट के फाराओं सम्राटों की ममियों (औषधि–लेपित शवों) के कंकालों–कपालों से उनकी देहों (सम्राट रेमसेस) तथा चेहरों (रानी (नेफरतीती) की रूपाकृति विज्ञान, एक्स–रे, कंप्यूटर आदि के अनुप्रयोगों द्वारा) निर्मितियाँ की गई हैं। वैज्ञानिकों ने इटली के महाकवि दान्ते (1265–1321) तथा जर्मनी के संगीतकार मोत्जार्ट (1756–1791) के चेहरों का भी पुनर्निर्माण कर लिया है।

एक रूढ़ि के तहत महाकवि **दांते एलिगेयरी** की कठोर डीलडौल तथा बंसी काँटे-जैसी नाक अंकित की जाती रही है। रिनाँसा चित्रकार सान्द्रो बोट्टिचेली (1445-1510) ने भी करीब पौने दो सौ सालों बाद उन्हें ऐसे ही चित्रित किया था। लेकिन 'दिवाइन कामेदी' का यह प्रणयी मुश्किलों भरी जिन्दगी जिया था। उसे कारावास भुगतना पड़ा। प्रथम दृष्टि में बीट्रिस से एकपक्षीय प्रणय और उसकी मृत्यु का दंश झेलना पड़ा तथा मध्ययुगीन फ्लोरेंस की राजनीति के दुष्चक्रों का भी शिकार होना पड़ा था। ऐसे परिदृश्य की विपरीतता में पीसा यूनिवर्सिटी के प्रोफेसर फ्रांसेस्को मेलिग्नी ने दांते के दुर्भाग्य तथा शोक में भी झाँका। उन्होंने बहुज्ञानानुशासनी विधियों द्वारा दांते के चेहरे का पुनर्निर्माण किया (2006)। इसके लिए महाकवि के कपाल (खोपड़ी) का प्लास्टर प्रादर्श तथा कंप्यूटर की त्रि-आयामी प्रौद्योगिकी तथा अन्य तकनीकों का इस्तेमाल करके उनकी मांसपेशियों तथा त्वचा को संवेदोत्थित कर दिया। उन्होंने एक कोमल मन वाले दांते की खोज करके बताया कि उनके नेत्र विशाल, गोल जबड़े तथा शालीन अभिव्यंजना थी, यद्यपि नाक जरूर हुकदार थी, 'वे एक ऐसे इनसान की तरह दिखाई देते हैं जो दुनिया में रहे, जिन्होंने अपने दुर्भाग्य तथा शोकों को भी भोगा।...उनका चेहरा हारा-थका, चूर-चूर तथा भ्रमित नजर आता है।' इस नृतत्त्वशास्त्री ने निष्कर्ष निकाला।

फ्रांसेस्को मेलिग्नी ने चित्रकार ग्योटो (1267-1337) के मुहांद्रे का भी पुनर्विन्यास किया है। उसे भी रोचक पाया—'क्या हाड़-मांस थे उन लोगों के और वे कैसी जिन्दगानी बसर करते थे!'

इसी कड़ी में बेहद टूटी-अनिश्चित कड़ियों के साथ जर्मन संगीतकार **वोल्फगांग एमाडियस मोजार्ट** के उस कपाल (खोपड़ी) के आधार पर उनकी मुखाकृति बनाई गई जो प्रामाणिक तौर पर उनका नहीं था। जिन अस्थियों और कंकाल का परीक्षण किया गया वे शायद मोजार्ट की

संगीतकार मोजार्ट

इस पद्धति का एक चरण ऐसा भी है कि मृत्यु के तुरन्त बाद शव के मुखमंडल का प्लास्टर-लेपन द्वारा साँचा बनाया जाता है। युवा रोमांटिक कवि जॉन कीट्स (1795-1821) का मुखौटा उनके चित्रकार-मित्र जोसफ सेवर्न ने तैयार करवाया था।

दादी यूफोसिना तथा उसकी भतीजी जेनेट के थे। यही पाया गया कि इन तीनों में कोई जीन-वर्ती सम्बन्ध नहीं है। डी.एन.ए. परीक्षण में भी यही पाया गया। इसके अलावा 1801 में जोसेफ रॉथमेयर ने मोजार्ट की कब्र से जो कपाल खोद निकाला था वह भी गायब हो गया था। कई दशकों बाद वह 1902 से 'मोजार्ट फाउंडेशन' के पास है। अब एक दुविधा कायम है कि यह कपाल मोजार्ट का नहीं है और दो सौ सालों से यह झूठ फैला है, और यह कि कपाल तो

असली है अर्थात् मोजार्ट का है किन्तु खुद को संगीतकार के रिश्तेदार बताने वाले दोनों लोग झूठे हैं। यह प्रकरण यहीं स्थगित किया जाता है।

इसी पद्धति का एक चरण ऐसा भी है कि मृत्यु के तुरंत बाद शव के मुखमंडल का प्लास्टर-लेपन द्वारा साँचा बनाया जाता है। युवा रोमांटिक कवि जान कीट्स (1795-1821) के फैनी के असफल प्रेम में क्षयरोग से मरने के बाद उनके चित्रकार दोस्त जोसफ सेवर्न ने यह साँचा तैयार करवाया था।

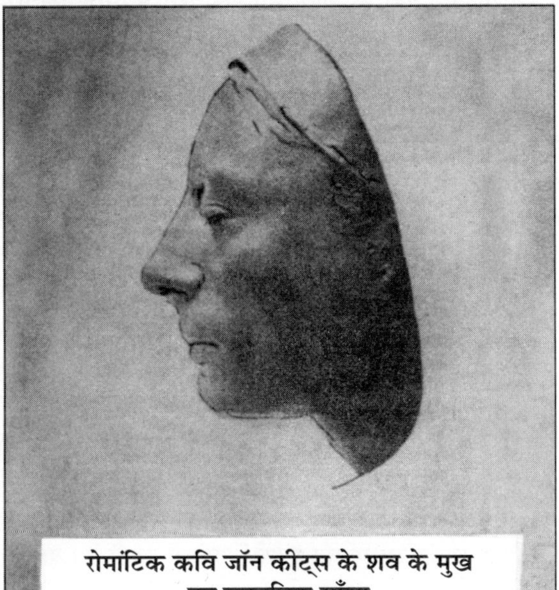

रोमांटिक कवि जॉन कीट्स के शव के मुख का वास्तविक साँचा

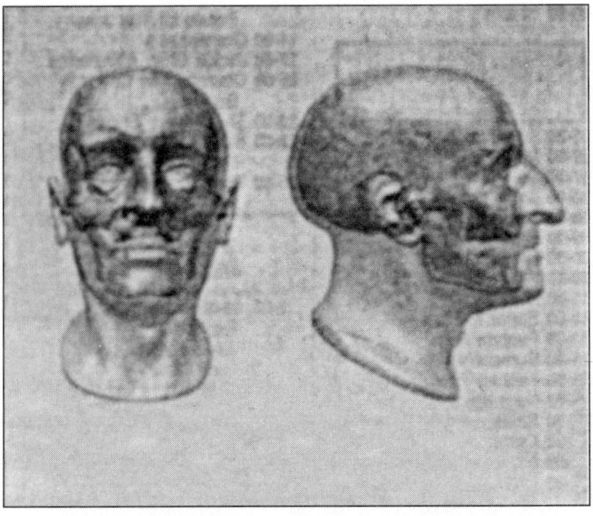

त्रि-आयामी पुनर्निर्मिति में महाकवि दांते का मुखमंडल

हम देखते हैं कि वर्षों या शताब्दियों पुराने साबुत या खंडित कंकाल पर सही मुखाकृति की रचना देहभाषा का जादुई करिश्मा है। इसकी नृतात्त्विक-औद्योगिक विधियाँ हैं। नस्ल के अनुसार देह-रंग तथा त्वचा का विन्यास होता है। आँखों को प्राय: पहले चरण में फिट किया जाता है तथा भाव भी प्रक्षेपित किए जाते हैं—जीवनी के अनुहरण में। कपाल के ढाँचे की माप-जोख करके 'ऊतक चिह्नक (टिश्यू-मार्कर) चिपका कर खोंसे जाते हैं। फिर लगाए गए उन चिह्नकों के मुताबिक विशेष मुलायम लुगदी की मोटी-चपटी, पतली-गोल-महीन परतें थापी जाती हैं जो बाद में सख्त हो जाती हैं। इस तरह मुंड-कपाल पर मांसल-भाव-प्रदर्शक जीवन्त मुखमंडल आक्षेपित हो जाता है। यह 90-95 प्रतिशत तक सही होता है। बाद में भौंहों-पलकों-ओठों आदि को बना/रंग कर एक 'बस बोलने वाली' छवि बना दी जाती है।

मरणासन्न जीवितों के झुलसे/जले, कटे-फटे चेहरों का भी पुनर्निर्माण होता है। चीनी युवती जियाओ लाइवेंग का बिजली हीटर पर फँसा चेहरा सँवारा गया। इसी कड़ी में 11/7 में आतंकवादी विस्फोट में एक लावारिस शव के कुछ बालों तथा त्वचा के आधार पर शिल्पकार दत्तात्रेय बापट ने जो चेहरा बनाया है, वह आतंकवादी की पक्की शिनाख्त कर सकेगा (2006)। अपराध-विज्ञान में तो इस प्रकार चेहरे बनाकर कई गुत्थियाँ सुलझाई जाती हैं।

इसके साथ ही जरा हम देह-धुरी पर देह-शोभा की तैरती-काँपती-झिलमिल भाषा का भी अनुमान करें—देह और छाया, देहभाषा और देह-साक्षात्कार। देह और दर्पण। देह और **छाया**। देह के बगैर छाया का अस्तित्व तथा दर्पण के बगैर देह की सत्ता की प्रतीति नहीं है। जड़ तथा चेतन दशाओं के अनुसार छाया की भी तदनुसार गतिविधियाँ होती हैं। छाया लघु से विस्तृत तथा विराट् से वामन भी होती है। छाया का स्रोत दीपक या सूर्य है। छाया सदैव देह से संलग्न होती है। यह सर्वदा जमीन का स्पर्श किए हुए रहती है। यही सम्बन्ध देह तथा देहभाषा का है।

देह के **अभ्यन्तर** में जो मोती जैसी तैरती हुई आभा है या ऊतकों-त्वचाओं से पैदा की हुई हलचल है जो लाल-नीली-पीली होती है। वह **लावण्य**-समेत भंगिमाएँ-भावनाएँ हैं। देह से जुड़ी, परन्तु पंचभूमि के सम्पर्क से दूरान्त प्रभामंडल की **दीप्ति** होती है। ये देह के रूप-गुण-धर्म हैं। लावण्य तथा दीप्ति देह-केंद्र से अपसरण करके जो देह-परिमंडल बनाते हैं, वह देह का चुम्बकीय एवं सुरक्षित संसार है, वहीं नाना देहभाषाएँ भी उद्विग्न रहती है।

[भारत जैसे देश में दाह-संस्कार के कारण देह के कोई भी अवशेष नहीं शेष रहते। इससे इतिहास में कालनिर्धारण, मनुष्य के व्यक्तित्व तथा देह की पुनर्रचना नहीं हो सकती है। रोमिला थापर ने इसे मानो बेरहम ऐतिहासिक क्षति एवं क्षय माना है।]

विष-विज्ञान (फोरेन्सिक साइंस) प्रयोगशाला, डी.एन.ए. प्रयोगशाला तथा शव-विच्छेदन (पोस्टमार्टम) द्वारा विश्लेषण के पश्चात् कंकाल या कपाल या शव की उम्र, लिंग, दशा, कद, मृत्यु के कारण, असली वाल्दैन, रक्तीय रिश्तेदारों आदि का निर्धारण होता है। इसी उपक्रम में भौतिक नृतात्त्विक विधियों के द्वारा कपाल पर प्लास्टर-लेपन द्वारा मुखानन की सही तथा मूल आवृत्ति-छवि बना ली जाती है जो शताब्दियों और सालों पहले विलुप्त हो गई थी। फाराओ तूतनखामून और महारानी नेफरेतिती के प्रसंगों में हमने उनकी मुखशोभाओं का सटीक निदर्शन किया है। इस तरह शव और कंकाल तथा कपाल की भी भाषाएँ होती हैं। उनके वैज्ञानिक-जैविक अर्थ को कूट खोलकर हासिल किया जाता है।

कपाल में ही शरीर और शव और कंकाल के बेहद रहस्य समाए हुए होते थे/हैं। कपाल–विज्ञान के द्वारा एक ओर मनुष्य की व्यक्तिगत सुन्दरता तथा नस्लपरक मुखछवि की पुनर्निर्मिति की जाती है तथा दूसरी ओर मानवों की प्रजातियों (रेसेज) की विविधता भी निश्चित की जाती है।

मानव–विकासक्रम में अफ्रीका के ईथोपिया क्षेत्र में 32 से 42 लाख साल पहले का एक जीवाश्म मिला है जिसका नामकरण 'लूसी' किया गया। यह हूस्टन के 'प्रकृति–विज्ञान संग्रहालय' में संरक्षित है तथा इसकी वैज्ञानिक पुनर्निर्मिति तैयार की गई है।

इसका त्रि–आयामी प्रादर्श या मॉडल हम दे रहे हैं—

'लूसी'

भारत में कापालिक तथा कपालमुंडधारी देवी 'काली' के मतसम्प्रदाय भी रहे थे। कंकालदेही 'चामुंडा' की भी परिकल्पना है। कंकाली का कपाल खप्पर इस्तेमाल करने वाले कापालिक-अघोरी भी रहे। आधुनिक युग में खोपड़ी हाथ में लेकर नृत्य करने वाले 'आनन्दमार्गी' समूह भी उभरे। यूँ महागाथा चलती रही। ये विचित्र शव-साधनाएँ हैं।

तो क्या ईजिप्ट के फाराओ तथा भारत के शवसाधक वज्रयानी समानान्तर यात्रिक रहे?

मृत-देह अर्थात् शव अर्थात् हमारे हेतु शव का भी शाश्वत् शिवत्व। मृत-देह के भी अपने असंख्य तरह के संकेतक-चिह्नक-लांछन सारी महागाथा के अध्याय खोल देते हैं। ये अपराध विज्ञान (फोरेंसिक साइंस), पुरातत्त्वशास्त्र, शव-विच्छेदन (पोस्ट-मार्टम), पुलिस जाँच-पड़ताल द्वारा अवकूटित किए जाते हैं। मृत-देह की प्रमुख विचार-वस्तुएँ हैं—

(क) लावारिस शिशु, बलि से क्षत्-विक्षत किशोर-किशोरी, बलात्कार के बाद हत्या किए गए नारी-शरीर।

(ख) गोलियों से भूने गए शरीर, कत्ल किए गए शरीर, डकैती या आतंकवादी बर्बरता में चिथड़े किए गए शरीर।

(ग) विष (साँप काटे, जहर दिए गए) तेजाब फिंकाए गए, गले शरीर, आग से झुलसे-जले शरीर।

(घ) अवैध यौन-सम्बन्धों के चलते विकृत शव।

(ङ) जीवन में असफल, विवाह में हताश आत्मघाती शव, भिन्न-भिन्न जाति-धर्म के प्रेमयुगलों की इज्जत-बरकरारी हत्याएँ (ऑनर किलिंग), रेल से कटकर, नदी में कूदकर, फाँसी लगाकर, सल्फास-गोलियाँ खाकर, बीमारी से ऊबकर, कर्ज में डूबकर, दुर्घटना में कुचले जाकर आदि कारण, तथा

(च) अनेक रहस्यात्मक अज्ञात कारण/ये सभी प्रकरण देहभाषाएँ/देह-गाथाएँ गढ़ते हैं।

इनके कंकाल-कपाल अस्थियों की दशाओं, निशानों, अवस्थाओं, मुद्राओं आदि के आधार पर भी लिंग, उम्र, मृत्यु के कारणादि का खुलासा करते हैं।

तो ऐसे लिखित-उल्लिखित होती है मानव-देह की मृत-देह की भी भाषाएँ।

संस्कृति, पुरातत्त्व तथा इतिहास की साक्षी यही है कि मृत-देह ही **अमृत-देह** (यशकाया) होती है। अमृत-देह—जब तक मनुष्य में जीवन है तब तक वह अ-मृत तथा अमृत—दोनों है। चुनाव उसका तथा परिवेश का होता है। इस देह की भी एक जैव घड़ी है। इस देह की आकृति के कई सौन्दर्यबोधशास्त्रीय रूपंकर हैं। इस देह में कई रहस्यमय यक्षिणियाँ (साइरेने) गुनगुनाती रहती हैं जो अवचेतन के बहुरूपी बिम्ब उछालती हैं। इस देह की मुद्राएँ/बिम्ब/भंगिमाएँ वस्त्रालंकार/गलियाँ/कार्य आदि नाना प्रकार की **देहभाषाओं** का विधान करते हैं। इस न्याय से मानव की ममीकरण वाली प्राचीन शवयात्रा (तथा मध्यकालीन लोकायती महासुखवाद) **अमरत्व** की खोज है, जैसा कि ईजिप्ट, चीन और पेरू में हुआ था। अलबत्ता आदिम अमरत्व अदेह आत्मा न होकर सदेह अ-मृत था। मृत्यु का **भय** दोनों दशाओं में परिव्याप्त है। उसे जीतने की कोशिशें जारी रखीं आत्मा द्वारा पुनर्जन्म ने, रिसरेक्शन (ईसाइयत), क़यामत (इस्लामी) ने।

पुनर्जन्म तथा नई योनि में आत्मा का निवास ही **कर्म-फल** है। वैदिक 'सकाम लौकिक कर्म' का अगला आध्यात्मिक रूपान्तरण 'निष्काम कर्मफल' में हो गया। अतः **देह** तो नाशवान क्षणभंगुर है लेकिन उसे आत्मा का वस्त्रावास माना गया। लेकिन **आत्मा** अमर है। देह का तो जन्म-मृत्यु होती है लेकिन आत्मा अजर-अमर है। वह न जनमती है, न मरती है जबकि

देह–वीर्य–रजांड का संगम है। ...तो पुनर्जन्म का साथी कौन है? यही महाप्रश्न महायोगी कबीर ने भी पूछा था। जब मनुष्य की भौतिक काया तथा इहलौकिक चेतना ही नहीं बची तो आत्मा को उनका साक्षी कैसे मानें? परम आत्मा (परमात्मा) से कैसे पता करें? यार, आत्मा का जन्म या पुनर्जन्म तो होता नहीं। देह तो मृत्यु से समाप्त हो जाती है। तो हम हाइपोथैटिक ढंग से (न कि जीन या डी.एन.ए. के माध्यम से) जीवन की जन्म–जन्मान्तरवादी देहात्मवादी कार्य–कारण श्रृंखला चला रहे हैं। अत: हिन्दुत्व के अलावा शायद किसी भी धर्मदर्शन में **अपात्रतामय कर्म–भोग** (अन–डिज़र्व्ड सफरिंग) की आस्था नहीं है। इससे अन्याय तथा अनुचित का प्रतिकार ही नहीं सुगबुगाता। मानव सब कुछ बिना तर्क से कर्म–फल मानकर, शिरोधार्य कर लेता है। हमारे पास तो शव (अस्थियाँ, कंकाल) तथा अस्थिपिंजर ही इस एकल शरीर की आर्किओलॉजी तथा आर्किटेक्चर हैं। हमारे मूलाधार यही हैं। ये अस्तित्व एवं सत्ता—दोनों के उत्प्रेरक हैं। ये हमारी अतींद्रिय भाषाएँ हैं।

कंकाल से ही हमारी कालोत्तीर्ण पहचान हो सकती है।

इसीलिए इतिहासकार तथा नृतत्त्व शास्त्री कहते हैं कि भारत में वैदिक–हिन्दू–चक्रघूर्णन के अन्तर्गत शव का **दाह–संस्कार** प्रचलित है। इससे हमारे सुदीर्घ इतिहास में देश–काल, घटना–स्थान, नेता–जनजीवन आदि के निर्धारण में अपार क्षति हुई है। हम अपने अनेक तीर्थों, निजंधरों, लौकिक उत्सवों, किंवदन्तियों के स्रोतों से वंचित होते गए। इससे राष्ट्रीय गौरव एवं गरिमा भी निर्ममतापूर्वक विनष्ट होती गई है। प्रतिपक्ष में ओशो रजनीश (1932–1990) के निर्वाण–दिवस का महत्त्व ले सकते हैं। इसमें अनुयायियों ने गान–संगीत तथा झूमते नृत्य के साथ आयोजन किया। स्वयं रजनीश का कहना था कि मृत्यु भी जीवन की तरह सच तथा महत्त्वपूर्ण है। इसलिए जैसे जन्म की खुशियाँ मनाते हैं उसी तरह मृत्यु का भी उत्सव मनाएँ। मृत्यु द्वारा मानव केवल इस देह को त्याग देता है। ओशो ने अपनी समाधि पर भी लिखवाया—'ओशो न जन्मे, न विदा हुए!' उनकी समाधि भी उनका शयनकक्ष बनी। ओशो ने **भावातीत ध्यान** का प्रतिपादन किया है—

एक निरन्तर अक्षर का अनुरणन। उसे वे आचरण में आत्मसात् करवाते रहे। वे स्त्री–पुरुष के, सम्भोग–समाधि के, जन्म–मृत्यु के बीच की खाई को पाटते रहे। ...वास्तव में **काल** अनादि है, अनन्त है। काल न तो जन्म लेता है और न ही उसका अन्त होता है। काल एक चक्र है, घूमता–आता–जाता रहता है। ओशो ने अपने निर्वाण पर भी यह सूत्र नवोन्मिषित किया कि वे न तो जन्मे और न ही विदा हुए, अर्थात् वे कालोत्तीर्ण–देशोत्तीर्ण–शब्दोत्तीर्ण सत्ता हैं।

रास्ते–राहत में देह के कुछेक दर्दनाक तथा फूहड़ (एब्सर्ड) स्थितियों की भी अन्वीक्षा करें।

प्रतिभाशाली आदिवासी चित्रकार जांगड़ सिंह श्याम की मृत्यु जापान में एक प्रकल्प पूरा करने के दौरान हो गई थी। मिथिला–संग्रहालय में उनका आगत शव पाँच दिन तक लावारिस पड़ा रहा (2001)। मकबूल फिदा हुसैन, मंजीत बाबा, गुलाम मोहम्मद शेख, नीलिम शेख, विज्ञान सुन्दरम्, निर्मल वर्मा, जय जेतली आदि के क्षोभ–प्रदर्शन के बाद कुछ कार्रवाई हुई। यूँ इस कबीलाई कलाकार का कई बार शोषण–उत्पीड़न होता रहा।

इसी तरह ट्रेड यूनियन नेता शंकर गुहा नियोगी की हत्या एक भाड़े के हत्यारे पलटन मल्लाह ने की। उसे दो उद्योगपतियों तथा चन्द नेताओं ने सुपारी–रकम दी थी। अन्याय से प्रतीकात्मक लम्बी लड़ाई लड़ते हुए नियोगी के समर्थक लगातार तेरह वर्षों से उनकी अस्थियों के सामने दीप जलाते रहे थे। हत्यारे को उम्रकैद मिलने के बाद नियोगी की आदिवासी पत्नी के नेतृत्व में श्रमिकों ने अस्थि–विसर्जन किया (1995)।

भारत में बलात्कार और दहेज और भ्रूण–नाश के कारण गिनतियों का कोई लेखा–जोखा नहीं है। इस क्षेत्र में राष्ट्रीय महिला आयोग सक्रिय तो है। ...ऐसे ही कूड़ों–डिब्बों में फेंके गए भोले नवजातों के शवों को कुत्तों द्वारा नोचकर खाने की वारदातों के भी हम आदी हो चुके हैं। हम देह–व्यापार के प्रति भी संवेदनशून्य हो गए हैं। कोलकाता के बर्दवान जिले में भगीरथी के तट पर दस–दस हजार में मानव–कंकाल बेचे जाने का कारोबार चालू रहा। देहांगों के व्यापार की कोटि मिली–जुली है। मृत–देह प्रायः लावारिस गरीब लोगों, बीमार आदमियों, अभागे कैदियों, दुर्घटनाग्रस्त मुसाफिरों की होती है। उनके देहांगों को प्राप्त करके अन्य जीवितों के देहों में सर्जरी द्वारा प्रत्यारोपित किया जाता है तथा कंकालों को भी मोटी रकम लेकर बेच दिया जाता है।

कैसा महान भारत है अपना! यहाँ अंगदान करने वाले कर्ण भी हैं। एक मिथक का फिर हवाला दें। सिन्धु–मन्थन में आविर्भूत हुए थे महावैद्य धन्वन्तरि तथा देवताओं के उपचारक युगल अश्विनी कुमार। हमारा **आयुर्वेद** आयु का विज्ञान है (शव का नहीं)। यह प्राकृतिक चिकित्सा–पद्धति है। मुनि धन्वन्तरि मानव और देवताओं—दोनों के ही कुशल चिकित्सक थे। ...धन्वन्तरि चाहते थे कि मनुष्य और प्रकृति का अटूट रिश्ता हमेशा बना रहे। हम भी तो देहभाषा के सिन्धु–सेतुबन्ध द्वारा मानव और प्रकृति की कान्त मैत्री के विजिगीषु हैं।

इसके कुछ सन्दर्भ सांस्कृतिक रूपान्तरण वाले भी हैं। देवी काली मुंड–मालाएँ पहनकर श्मसान में भी नृत्य करती है। कालभैरव भी कपाल पहने हुए होते हैं। भूतनाथ (शिव) के भैरव–नृत्य में भी कपाल के अलंकार होते हैं। कापालिक, अघोरी आदि कपाल के खप्पर बनाकर उसमें खान–पान करते हैं। मध्यकालीन तंत्र–मंत्र में यह एक प्रेत–निवारक या जादुई यंत्र या टोटेम होता था। वर्तमान में भी **बंगाल** में आनन्दमार्गी साधु **एक** हाथ में कपाल तथा दूसरे में अग्निचषक थामकर सामूहिक नृत्य करते हैं [अन्य सन्दर्भों के लिए बंकिम चन्द्र चट्टोपाध्याय के 'आनन्दमठ' तथा 'कपाल कुंडल', शिवानी का 'ओ भैरवी' जैसे गल्प भी द्रष्टव्य हैं]। तिब्बती लामा भी कई कपाल–अनुष्ठान करते हैं।

कपाल के अन्तिम सन्दर्भ में एक धर्ममिथक का देह–भाषिक कूट खुलता है कि किस प्रकार साम्प्रदायों के बीच वैमनस्य तथा संघर्ष को 'लिजेंड' में कायान्तरित कर दिया जाता है— अनुष्ठानों तथा रीतियों की रूढ़ियों से। प्रसंग 'गोरक्ष–सिद्धान्त संग्रह' में कापालिक पन्थ के उद्‌भव तथा उनका वैष्णवों से टकराव का है। कूट तथा चक्रचिह्न **कपाल** है।

एक बार विष्णु के चौबीसों अवतार मद तथा मुद्रा में उन्मत्त हो गए। वाराह, नृसिंह तथा अन्य अवतारों ने धरती को विदीर्ण करना, जंगली पशुओं से संत्रस्त करना, गाँवों और नगरों को भयभीत करना आदि शुरू कर दिया। कृष्ण में व्यभिचार के भाव छा गए, राम शूर्पणखा पर मोहित हो गए, परशुराम ने एक के पाप के कारण सहस्त्र क्षत्रियों का वध शुरू कर दिया।

नाथों से यह अन्याय और कुकृत्य नहीं देखे गए। क्रोध में आकर उन्होंने चौबीस **कायाबिम्बों** का रूप धारण करके चौबीस अवतारों से युद्ध छेड़ दिया। उन्होंने समर में उन चौबीस अवतारों के सिर काट दिए और उनके कपाल अपने हाथों में लेकर घूमने लगे।

सिर कटने के कारण अवतारों का मद (घमंड) तथा मुद्रा (रति) मिट गई। फलतः नाथों ने उन्हें वरदान दे दिया और सिरों को धड़ से जोड़कर जीवित कर दिया। नाथों ने दूसरे कपाल ले लिए और (उनमें से कुछ) **कापालिक** हो गए।

अध्याय : पन्द्रह

योग और तंत्र, कुश्ती और कसरत की देहभाषाएँ

योग मानवीय चित्तवृत्तियों का निरोध है। यह साधना है, भोग नहीं। नीरोग देह तथा स्वस्थ जीवन इसके साध्य हैं। धर्म एवं दर्शन से संयुक्त होकर यह साधना है। अत: योग में प्राकृतिक चिकित्सक की दृष्टि तथा साधक की संदृष्टि का संयोग भी है। हठयोग तथा तंत्र—इसके दो प्रमुख आयाम हैं। दोनों में ही आसन, मुद्राएँ तथा क्रियाएँ सम्पादित होती हैं। इसी कटिबन्ध में यह देहभाषा का भी उन्मेष करता है।

अष्टांग योग के अन्तर्गत **यम** (आत्मनियंत्रण), **नियम** (अतिरिक्त आत्मनियमन), **आसन** (यौगिक आसन), **प्राणायाम** (श्वास-पद्धतियाँ), **प्रत्याहरण** (इंद्रियों की उपरामता), **धारण** (मानस-स्थैर्य), **ध्यान** तथा **समाधि** (पूर्णत: आत्मोत्तीर्णता) आते हैं। यह एक '**अतीन्द्रिय शक्ति**' की भाषा अर्थात् मनोदैहिक भाषा भी है।

अत: योग में इंद्रियाँ तथा आवेग—दोनों पर प्रभुत्व स्थापित होता है। योग देह और मानस को विश्रान्ति तथा शक्ति प्रदान करता है जिससे मनोरोग नहीं उभरते। योग आत्मा को कलुषित करने की अपेक्षा देह को परितृप्त करता है। योग देह की अन्तर्बाह्य समझदारी तथा सौष्ठव है। अत: आध्यात्मिकता की बाहरी संरचना से गहराई में योग एक **मनोदैहिक भाषा** भी है जो सहकार, सम्प्रेषण तथा समायोजन को संवर्धित करती है। यहाँ स्वस्वायत्त-स्वयं-स्वार्थ से विमुक्ति का आदर्श है। इस तरह पतंजलि और वात्स्यायन का भी सहकार हो जाता है। यहाँ योगी और नागरक भी मानो परस्पर पूरक हो जाते हैं। योगी का मार्ग साधना एवं सिद्धि है तो नागरक का प्रेम और रमण। अनुशासन तथा आत्मनियंत्रण दोनों में अभिलषित हैं। अलबत्ता एक बुनियादी फर्क यह है कि **योग** में पुरुष/स्त्री एकल होती है जबकि काम में पुरुष और नारी का युगल एवं द्वन्द्व। दोनों ही प्रभेदों में मनुष्य शक्ति की एकाग्रता तथा धैर्यपूर्वक देह-साधना द्वारा पूर्णकाम होते हैं। इस प्राचल पर काम एवं योग, 'अध्यात्म' में अन्तर्लीन होते हैं।

प्रथम प्रस्थान से पर हमारा **शरीर** 'पंचमहाभूतों' [पृथ्वी, जल, अग्नि, वायु व आकाश] से बना होता है। किसी वजह से जब इनके आपसी सन्तुलन में विकार उत्पन्न होता है तब शरीर में **दूषित पदार्थ** एकत्रित हो जाते हैं तथा हमारा शरीर व्याधिग्रस्त (रुग्ण) हो जाता है। योग-पद्धति में **छह कर्मों** [नेति, धौति, नौलि, त्राटक, कपालभाँति एवं शंख प्रक्षालन] की यौगिक चिकित्सा द्वारा शरीर में संकलित उन विषैले पदार्थों को बाहर निकाल शरीर को शुद्ध किया जाता है। सो, योग **शुद्ध शरीर** को अधिष्ठापित करता है। इसका तात्पर्य है कि प्राकृतिक नियमों के अनुरूप शरीर को पुनर्नवा करके 'देह तथा प्रकृति के बीच सन्तुलन' की पुन: प्रतिष्ठा की जाती है।

एक दूसरे प्रस्थान के मुताबिक हमारा शरीर 'पंचकोषों' [अन्नमय कोष, प्राणमय कोष, मनोमय कोष, विज्ञानमय कोष तथा आनन्दमय कोष] से निर्मित होना प्रकल्पित किया गया है (तैत्तरीयोपनिषद्)। और जब इनके बीच आपसी समरसता में अन्तर्द्वन्द्व उत्पन्न होता है तब

तनाव एवं मनोरोग उभरते हैं अर्थात् तब मनोमय कोष एवं विज्ञानमय कोष के बीच तनाव की दशा में अन्नमय कोष (जैविक शरीर) प्रभावित होता है। और जब इनके बीच समरसता की स्थिति होती है तब आनन्दमय कोष की उदात्तता सिद्ध होती है। ऐसा ही कुछ यूनानी वैद्यक आचार्य अरिस्तोतेलस के कैथार्सिस के निदान हैं।

इसका लक्ष्य है—**मन** तथा **इंद्रियों** को नियंत्रित करते हुए शरीर में स्थित विभिन्न (कथित) **नाड़ी-मंडलों** तथा पराचेतना वाले **अष्ट-चक्रों** की चैतन्यानुभूति तथा ध्यान-समाधि।

नाड़ी-गति

सम्प्रति **देह-वार्ता** के जारी प्रसंग में **नाड़ी-परीक्षा की भाषा** का निरूपण अपेक्षित है, यद्यपि आयुर्वेद में आठ प्रकार से रोग-परीक्षा बताई गई है।

कविराज प्रभाशंकर वैद्य (सागर) ने गहन स्पर्श-संकेतों का पशु-पक्षी जगत के उपमानों द्वारा आयात्तीकरण को सूचीबद्ध किया है क्योंकि यहाँ मुद्राओं का हस्तक्षेप लगभग नहीं होता।

मनुष्य के शरीर में कुछ करोड़ (साढ़े तीन?) मोटी और बारीक नाड़ियाँ होती हैं जो नाभिमूल में बँधी होती हैं तथा रात-दिन आपाद-मस्तक रक्त तथा वायु को प्रवाहित किए रहती हैं। इनमें भी चौबीस नाड़ियाँ प्रमुख हैं। और इस पुंज में **एक नाड़ी** परीक्षा करने के योग्य है। प्रभाशंकर वैद्य ने नाभिमूल में स्थित नाड़ीचक्र को पड़े कछुवे के समान उपमित करते हुए एक साँग रूपक बनाया है—कछुवे के बाईं तरफ मुख में दो नाड़ियाँ, पूँछ में दो, दाहिने हाथ-पैर में पाँच तथा बाएँ हाथ-पैर में पाँच नाड़ियाँ हैं। ये सम्पूर्ण नाड़ियाँ जो मनुष्य की प्रकृति से संचरित मनुष्य में प्रकृति दत्त त्रिदोष-धारक हैं—वात, पित्त और कफ।

इनमें से किसी एक की प्रमुखता उसकी अपनी प्रकृति तय करती है। और ये नाड़ियाँ ही वात-पित्त-कफ द्वन्द्वज त्रिदोषों को, रोगों तथा रस तथा रक्त आदि के विकारों को विशेष **गतियों** से स्पन्दित करती हैं। परीक्षणीय नाड़ी हाथ के पहुँचे (मणिबन्ध) तथा अंगूठे की जड़ में स्थित गाँठ में धड़कती है। उस गाँठ को तीन अंगुलियों [अंगूठे के पास की तर्जनी, बीच की मध्यमा तथा बीच के पास वाली अनामिका] से दबाकर नाड़ी की गति की परीक्षा की जाती है। तर्जनी के नीचे वाली नाड़ी वात की, मध्यमा के नीचेवाली नाड़ी पित्त की तथा अनामिका के नीचे वाली नाड़ी कफ की जानी गई है। हाथ के अंगूठे की जड़ में 'जीव-साक्षिणी' नामक नाड़ी है।

गति की सबलता, निर्बलता, मन्दता, शीघ्रता तथा विशिष्ट चाल एवं लय आदि नाड़ी-प्रकोप को इंगित करते हैं। स्वस्थ मनुष्य की नाड़ी केंचुए की गति के समान धीरे-धीरे सम चाल से चलती है। अस्वस्थ दशा में वात की नाड़ी साँप और जोंक की चाल से, पित्त की अधिकता में बटेर और भेक के समान चंचल तेज चाल से, कफवृद्धि की अवस्था में मोर, कबूतर, मुर्गा, राजहंस के समान स्थिर चाल से चलती है। इनके अदृश्य स्पर्श-संकेत बेहद सूक्ष्म हैं। वैद्य द्वारा अपनी अंगुलि से मापित दबाने पर नीचे रोगी की विशिष्ट नाड़ी का अहसास होता है। तीनों दोषों के नाड़ी-गति का स्पष्ट क्रम उपर्युक्त है।* अथच, यदि नाड़ी अपने स्थान से पृथक् जैसे पित्त की नाड़ी कफ की चाल (राजहंस) के समान, कफ में वात की गति

---

* राजहंस मयूराणां पारावत कपोतयोः।
कुक्टादि गतिं धत्ते धमनी कफ संवृता।।

(साँप) के समान या वात में पित्त की गति (कौवे) के समान चलने लगे तब रोगी के रोग को असाध्य जानना चाहिए। यूँ सभी ज्वरों में नाड़ी की गति गरम और तेज अथवा गरम और मन्द चलती है।

हम देखते हैं, नाड़ी की अदृश्य एवं सूक्ष्म गतियों (मन्द, क्षीण, तीव्र, गर्म, शीत) को जिन पशु-पक्षियों की गतियों से उपमित किया गया है, वे दुर्लभ नहीं हैं, जैसे—बटेर, राजहंस, कपोत, कुक्कुट, काग, मयूर; साँप, जोंक, मेढक, वृश्चिक, हाथी। यूनानी पद्धति में गतियों के नाम हैं— 'गिजाली' (मृग के छौने की तरह उछलती-कूदती), 'मोजी' (जल की तरंगों-सी), 'दून्दी' (कीड़े के समान धीरे-धीरे), 'मिन्शारी' (लकड़ी पर आरा चलाने पर खरखराहट की तरह), 'जनवुलफार' (चूहे की पूँछ के समान), 'नुम्ली' (चींटी और मोर की चाल की तरह), 'वाकियुल्वस्त' (स्वस्थ प्राणी की निर्दोष नाड़ी की धड़कन) इत्यादि।

इसके पश्चात् **आसन** (मुद्रा) के नियमित अभ्यास का विधान है। आसनों द्वारा—

(क) मांसपेशियाँ तथा स्नायु-चक्र सबल बनाए जाते हैं,
(ख) रक्तसंचार ठीक किया जाता है,
(ग) प्राणायाम द्वारा श्वास-प्रश्वास की गति को लयबद्धता प्रदान की जाती है, तथा
(घ) चित्त-वृत्ति के निरोध द्वारा समाधि (ध्यान) एवं प्रशान्ति सिद्ध की जाती है [इसी भाँति अनुकृत काम के आसनों से तल्लीनता द्वारा युगनद्धता में आनन्द की सिद्धि की जाती है]।

पतंजलि ऋषि ने **योग-सूत्र** का विधान किया है तो वात्स्यायन मुनि ने **काम-सूत्र** का प्रतिपादन किया। दोनों विधियों में देह की सुप्त, दुर्लभ, अतीन्द्रिय तथा उदात्त वर्णमाला को समझदारी से सिखाया गया है। ये शिक्षाएँ हैं, बाजारीकरण नहीं। अस्तु, इनमें योग के शीर्षासन एवं शवासन से लेकर सैक्स के चौरासी बन्ध या आसनों की संयुक्तता है।

कुछ **प्रमुख योगासन** हैं—चक्रासन, पद्मासन, वज्रासन, गोमुखासन, मत्स्येन्द्रासन, गोरक्षासन, जानुशिरासन, शीर्षासन, उत्तानपादासन, सर्वांगासन, मत्स्यासन, भुजंगासन, धनुषासन, शवासन आदि।

इनमें से विशिष्ट आसन रोगों से भी छुटकारा दिलाते हैं। यक्ष्मा तथा दमा की बीमारियों से सिद्धासन, शीर्षासन, सर्वांगासन, मत्स्यासन, अर्द्धमत्स्येंद्रासन और भुजंगासन; कब्ज-निवारण के लिए हलासन और पादहस्तासन; पाचन क्रिया सुधारने के लिए बद्धपद्मासन, सर्वांगासन, वज्रासन और पश्चिमोत्तानासन; अर्श (बवासीर) के लिए सिद्धासन, शीर्षासन, गोमुखासन, धनुरासन, अर्ध-मत्स्येन्द्रासन; मधुमेह (डायबिटीज) के लिए चक्रासन, मयूरासन, सिद्धासन, शीर्षासन, सर्वांगासन, हलासन और मत्स्यासन; गर्भाशय एवं बीजाशय के रोगों के लिए भुजंगासन, शलभासन, सर्वांगासन; कंठ-रोगों के लिए सुप्त वज्रासन, मत्स्यासन, सर्वांगासन; हृदय-रोग के लिए शवासन, बद्धपद्मासन, सिद्धासन; अनिद्रा के लिए सर्वांगासन, शवासन; मासिकधर्म की अनियमितता के लिए धनुरासन, मयूरासन, सुप्त वज्रासन, पश्चिमोत्तासन; नपुंसकता के लिए पद्मासन, सिद्धासन, मंडूकासन, वज्रासन, सुप्त-वज्रासन, गोमुखासन आदि। खबरदार रहें कि ये सभी सिद्ध प्रशिक्षक या गुरु के आदेशों से ही करने चाहिए। यह **योगासनिक मुद्रा की देहभाषा** है।

इतिहास-चक्र के अप्रत्याशित प्रभावों ने तंत्र तथा योग का संगम कर दिया : योगी→से कामयोगी→से भोगी (शिव)→सिद्ध→युगनद्ध। सो, तंत्र-योग का आध्यात्मिक प्रतीक शिव है। प्रकारान्तर से अर्द्धनारीश्वर, फिर युगनद्ध, फिर महामुद्रा का आविर्भाव हुआ।

इसलिए उभयात्मक **देह-सुख** आनन्दोल्लास में देहोत्तीर्ण होता है। यही तंत्रालोक का इहलौकिक रहस्य है। सो, तंत्र का अभ्यासी **सिद्ध** कहलाता है। सिद्ध काम तथा योग का सन्तुलित उपाय करता है, समन्वय करता है।

सिद्धों के **तंत्र-योग** के अनुसार अर्द्धरात्रि में ही महासुखचक्र रूपी **कमल** खिलते हैं तथा रति के समय सुरतवीर की परिणति रौद्र में होती है; अर्थात् रौद्र और श्रृंगार का भी संगम होता है; अर्थात् सहस्त्रार कमल-चक्र में शिव एवं मूलाधार चक्र में शक्ति का वास है। शक्ति कुंडलिनी-रूपा है। सो, देह में ही शिवशक्ति अन्तर्लीन होते हैं। तंत्र-योग में **देह** भी तो विलक्षण है। अगर पूर्व वर्णित शिव 'रौद्र' हैं तो कुंडलिनी-शक्ति भी 'चंडाली' है।

हमारे सरोकार तंत्र-योग की देहभाषा है। अतः हम उसी पर केंद्रित रहेंगे।

(क) जब वाणी की 'परा' का सम्बन्ध योग के 'नाद' से करा दिया गया तो मूलाधार-चक्र में अवस्थित शब्द, अभिव्यक्ति की इच्छा होते ही, कंठ में गतिमान होता है (वहाँ विशुद्धाख्य चक्र है)। इसकी भाषा का काव्य-भाषा से निकटस्थ सम्बन्ध है। अतः काव्य-रचना भी एक **सिद्धि** है। अतः देहभाषा पश्यन्ती-मध्यमा में उत्थित होने पर **राग** से संयुक्त हो जाती है अर्थात् सिद्धि के बजाय अ-मुखर-रूपकात्मक राग। यह नितान्त लौकिक न होकर **महाराग** होती है (जबकि शब्द का उत्कर्ष तो नागेश भट्ट ने 'शब्द-ब्रह्म' में कर डाला है)। परा में द्वैत तथा विरोधाभास तथा कूट हैं। वे देहभाषा में भी स्थानान्तरित होकर पश्यन्ती तथा मध्यमा में 'कूट' तथा 'सादृश्य' हो जाते हैं, यथा—मेढक द्वारा सर्प का भयभीत होना, बैल द्वारा प्रसव किया जाना, सिंह द्वारा गाय को चराना आदि। देहभाषा में गुप्त तथा रहस्य से मंडित हो जाते हैं।

तो सिद्धों के **महा-राग** से **महा-रस** की व्युत्पत्ति होती है। इससे ही उनके आनन्द अर्थात् **महा-सुख** की सिद्धि होती है।

इस उपक्रम में ही सम्भोग से समाधि में उत्थान होता है। इसलिए तांत्रिक सिद्ध सदेह स्वर्ग पहुँचकर अमर्त्य अमृत-आनन्द का भोग करने का तर्क मानते हैं। वे कई साम्य रूपकों (एनालॉजी) की संरचनाओं से अनुभूति जताते हैं—कमल और कुलिश, पारद और गेरू, स्वाति और मोती, गेहूँ और चावल आदि। इसके लिए ही उन्होंने बुनियाद से समारम्भ किया; अर्थात् वीर्य एवं रज का संगम अर्थात् पुरुष और नारी का समागम। यही सुख है। इसे स्थायी तथा अक्षय बनाने के लिए वीर्यपतन एवं रजक्षरण का स्तम्भन अर्थात् **अखंड सम्भोग**! उनका तर्क है कि प्रकृति और पुरुष द्वारा भी, सूर्य और पृथ्वी द्वारा भी यही हो रहा है।

इसके लिए एक यंत्र चाहिए। वह है—**महामुद्रा** [नारी द्वारा विशिष्ट आसन में पुरुष के साथ मिलन-मिथुन]। तरुणी या प्रौढ़ा महामुद्रा है (वह गृहिणी या परकीया होती है)। उसके प्रति साधक का अटूट प्रेम तथा अखंड सम्भोग ही 'महामुद्रापूर्ण महाराग' है। यह महाराग **समरस** है; अर्थात् नायक एवं नायिका दोनों ही एकैक हैं। वे स्खलित हुए बगैर भी एकसाथ युद्धनद्ध-लीन हैं अर्थात् **सहस्त्रभग** हैं। वे भगासन में प्रतिष्ठित जो हैं।

[इसके लिए एक नये प्रकार का नायिका-भेद भी उद्भूत हुआ—योगिनी, चंडाली, शुंडिनी, मातंगी, रजकी, डोम्बी, शबरी आदि]।

इस तरह दो विरुद्ध विचारधाराओं की प्रचंड टकराहट लक्षित हो रही है—योग और भोग, अर्थात् अलौकिक आनन्द और इहलौकिक महासुख। इसे हम अन्ततोगत्वा अतिरिक्त उन्मीलित करने जा रहे हैं।

तंत्र की **छिन्नमस्ता** ('महाकाल-संहिता') देवी या रसना या ललना या तारा, जो भी हो, है। उसके एक पार्श्व में डाकिनी व वर्णिनी मौजूद है तो दूसरी ओर उसके चरण के नीचे रति एवं काम—विपरीतरति-आसन के बन्ध* में संलिप्त हैं। दुर्गापूजा के दसवें दिन शबरोत्सव में, सम्भोग के अनुकरण के साथ-साथ, फूहड़ मुद्राएँ भी बनाई जाती हैं। सो, भेड़ाघाट (जबलपुर) के चौंसठ योगिनियों के मन्दिर में, सिद्धों तथा तांत्रिकों ने योनि-त्रिकोणों में, देवियों की प्रतिष्ठा कर ही डाली। काश्मीरी आगम में त्रिमुख-विष्णु तथा कमलाज-विष्णु एवं बैकुंठ-विष्णु (विष्णु, वराह व नृसिंह) की मान्यता है। अब; कूट खुल गए हैं।

सही

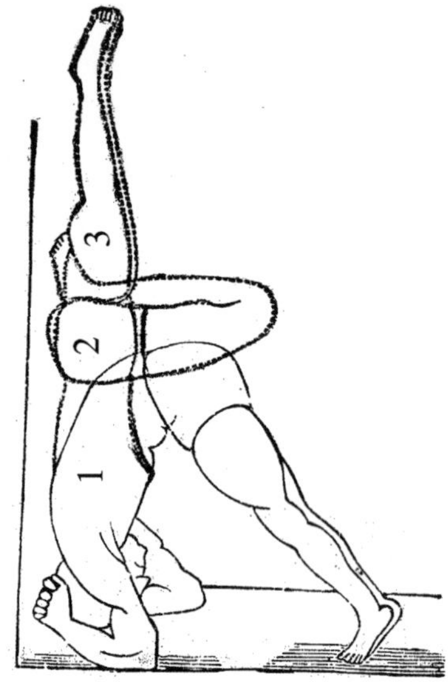

शीर्षासन

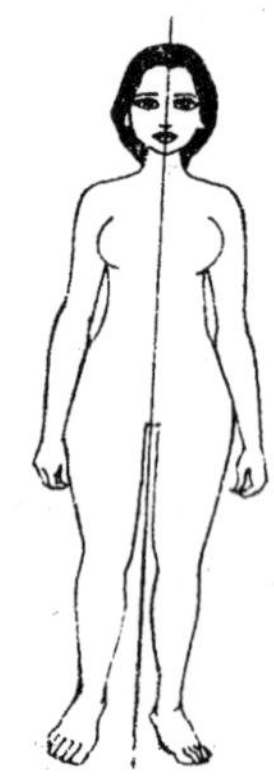

सही स्थिति

वज्रासन : घुटनों, टखनों व पंजों के बल जमीन पर झुको। फिर अपनी ऐड़ियों पर बैठो। हाथों को घुटनों पर रख दो तथा सीधे तनकर बैठो। आँखें सामने खुली हों। धीरे-धीरे गहरी साँसें लो। छाती को फुलाओ तथा पेट को सिकोड़ो। यह आसन मेरुदंड के दर्द में फायदा करता है। इससे गुप्तांगों में स्फूर्ति आती है। यह पाचनशक्ति भी बढ़ाता है। मनोविकारों को भी दूर करता है।

र.कुं. मेघ

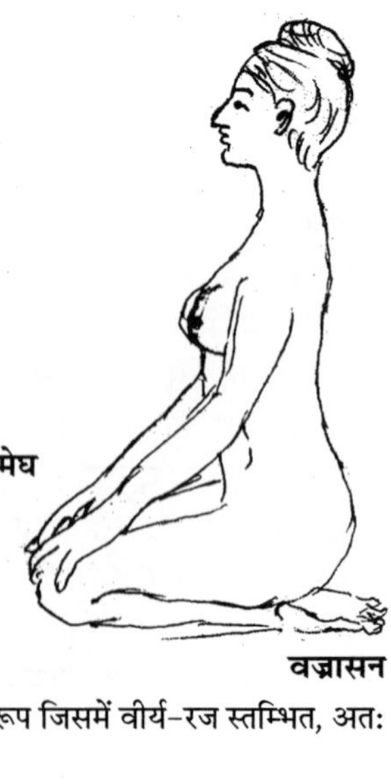

वज्रासन

* 'बन्ध' : मांसपेशियों तथा स्नायु-चक्रों के गुत्थमगुत्थ का एक ऐसा प्रारूप जिसमें वीर्य-रज स्तम्भित, अतः समागम दीर्घ विलम्बित होता रहे।

पद्मासन : यह सरल 'सुखासन' का बेहतर संरूप है। जमीन पर पैर फैलाकर बैठने के बाद टखने से दायाँ पैर पकड़कर बाईं जाँघ पर इस तरह रखो कि एड़ी बाईं (ग्रोइन) पर दबाव डाले। अब बाएँ घुटने को ऐसे मोड़े कि बायाँ पैर शरीर के नजदीक आ जाए। टखने से पकड़कर उठाते हुए उसे दाईं जाँघ पर रखो ताकि दाईं एड़ी बाएँ (ग्रोइन) पर दबाव डाले। इस आसन में दोनों तलवे आकाशोन्मुख हो जाएँगे। एक खिले हुए कमल की पँखुरियों की भाँति। फिर दोनों घुटनों पर उसी ओर के हाथ तानते हुए उलटी हथेलियाँ करके अँगुलियों को भी फैला दो।

(पहली अंगुली) अंगूठे के मूल पर मोड़कर रख लो।

प्राणायाम तथा ध्यान के लिए यह सर्वोत्तम आसन है। इससे कई आसन विकसित हुए हैं। यह योग की धुरी है तथा मेरुदंड की कार्य प्रणाली को दुरुस्त करने के साथ-साथ श्वास तंत्र को सुधारता है। ध्यान के लिए शान्ति तथा मनन के लिए योग-साधना में यही आसन सर्वोत्तम है।

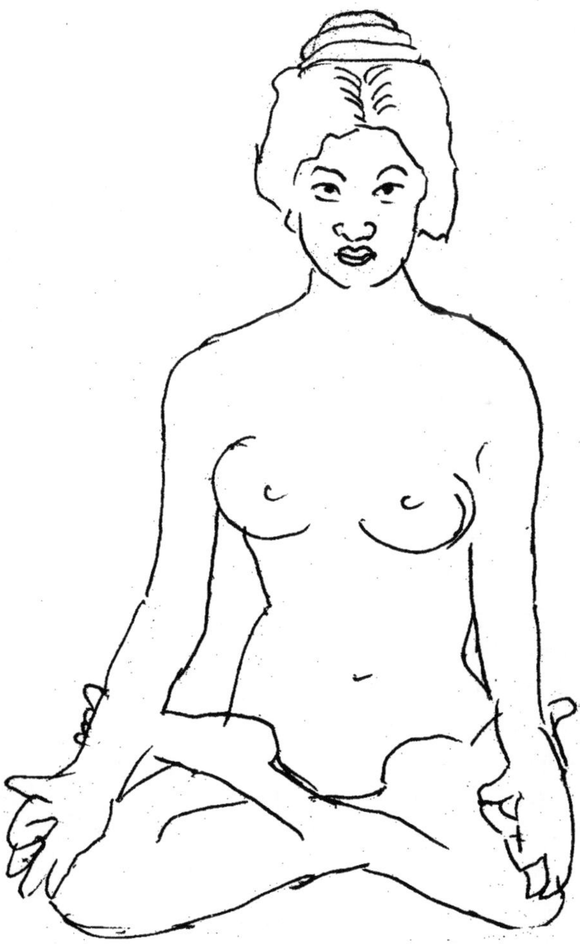

र.कुं. मेघ

पद्मासन

मत्स्यासन में 'पदबन्ध' [पैर फैलाकर लेटने के बाद दाहिने पैर को दाहिनी जाँघ की ओर ले जाकर उसे बाईं जाँघ पर इस प्रकार रखो कि उसकी ऐड़ी पेट के बाएँ भाग के निचले कोने को स्पर्श करे। इसी प्रकार बाएँ पैर को स्थित करो] करके चित लेट जाओ। हाथों की कुहनियों को जमीन पर लगा दो। गर्दन को धीरे से बाहर की ओर फेंकते हुए तालू को अच्छी तरह जमीन पर टिका दो। दोनों हाथों से दोनों पैरों के अंगूठे को पकड़ लो किन्तु घुटने जमीन से न उठने पाएँ। इससे मस्तिष्क की शक्ति बढ़ती है व शौच साफ होता है। रीढ़ की हड्डी के दर्द में, गलसुओं में लाभदायक है। स्त्रियों के लिए विशेषतया लाभदायक है।

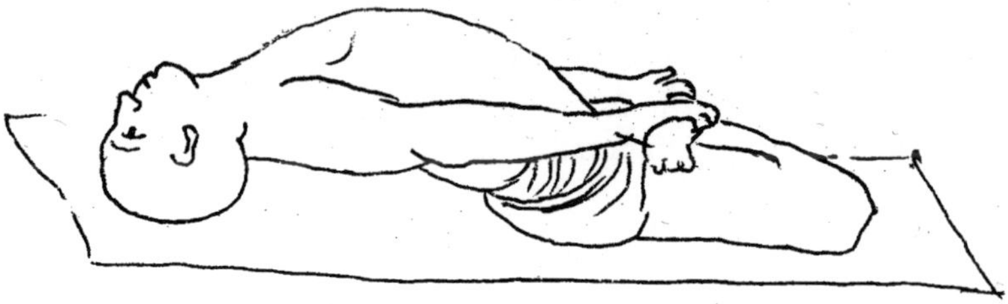

मत्स्यासन

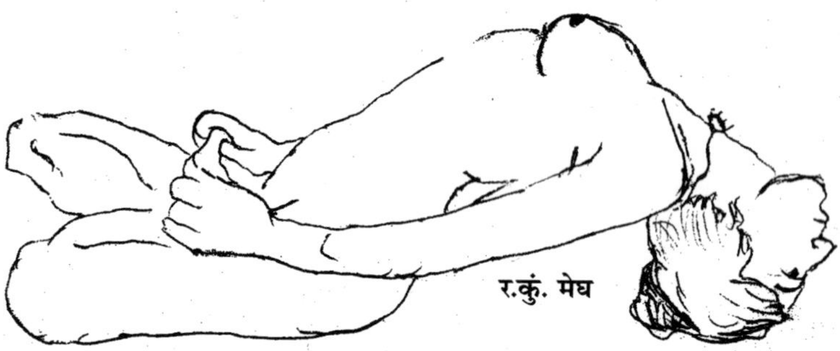

मत्स्यासन

मत्स्येंद्रासन : प्राचीन योगी मत्स्येंद्रनाथ से सम्बन्धित है। जमीन पर बैठकर बाईं टाँग सामने फैलाओ। फिर दाएँ पैर को भूमि पर टिकाते हुए बाएँ घुटने के बाईं ओर ले जाओ। फिर बाईं भुजा को दाहिनी ओर गोल घुमाते हुए दायाँ पैर को बाएँ हाथ से थामो। फिर दाहिने हाथ को पीठ के पीछे ले जाकर दाहिने हाथ के पट्ट भाग पर रखो। बाईं टाँग का घुटना जमीन से ऊपर न उठने पाए। इसी तरह दूसरे पैर से उलटी क्रिया करो। यह आसन गुर्दे तथा मूत्राशय के विकारों में लाभकारी है। स्त्रियों के श्वेत प्रदर में भी लाभदायक है। यह यौन-क्रीड़ा में शक्ति प्रदायक भी है।

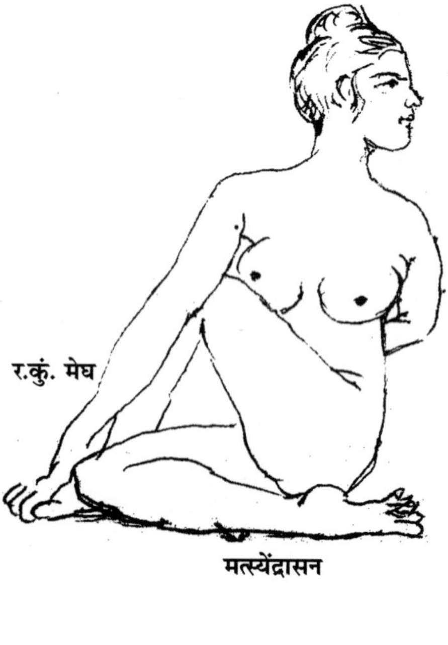

मत्स्येंद्रासन

गोमुखासन में जमीन पर इस प्रकार बैठो कि दाहिने पैर की एड़ी की मूँठ गुदा के नीचे हो। यही गुरुत्वाकर्षण का केंद्र हो अर्थात् मेरुदंड सीधा हो। अब बाएँ पैर को इस तरह मोड़ो कि दाहिनी एड़ी नितम्ब के निकटतम हो। इस तरह दाहिने घुटने के ऊपर बायाँ घुटना आ जाएगा। अब पीठ के पीछे दाहिना हाथ मोड़ो, कन्धे के ऊपर से कुहनी को सर से छुलाते हुए। बायाँ हाथ भी पीठ के पीछे ले जाओ। कुहनी को कन्धे के नीचे लाते हुए अब पीठ के पीछे दोनों का बन्ध बना लो। शरीर सीधा रहे तथा पेट (एब्डामेन) अन्दर की तरफ पिचकी रहे। (गहरी साँसें खींचो) यह आसन दमा तथा तपेदिक में लाभदायक है। पीठ का दर्द भी नियंत्रित करता है। गले की जलन में भी आराम देता है।

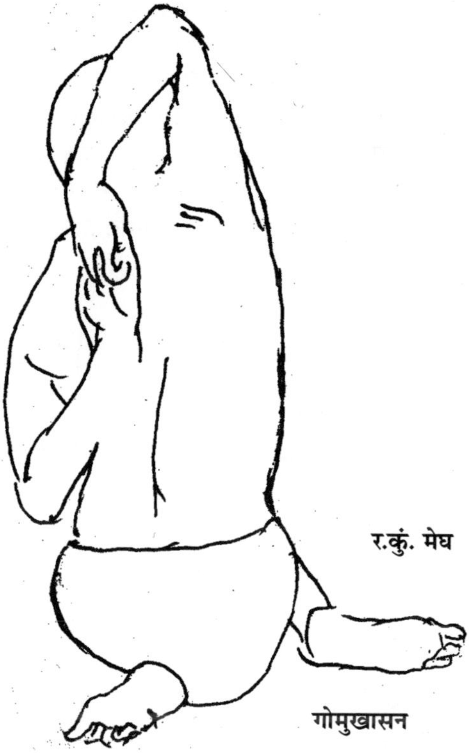

र.कुं. मेघ

गोमुखासन

भुजंगासन में पेट के बल लेटकर फिर दोनों पंजों को जमीन पर टेककर हाथ खड़े कर दो। शरीर पूरी तरह जमीन से चिपटा दो। कूल्हे, घुटने, पैरों के पंजों की पीठ भी जमीन से चिपकी हो। अब क्रम से सिर, गर्दन, गला, छाती और पेट को धीरे-धीरे जमीन से उठाते हुए यथासम्भव तान दो। दृष्टि सामने हो और शरीर साँप के फन की तरह बना हो। इससे प्राणशक्ति बढ़ती है तथा कोष्ठबद्धता दूर होती है।

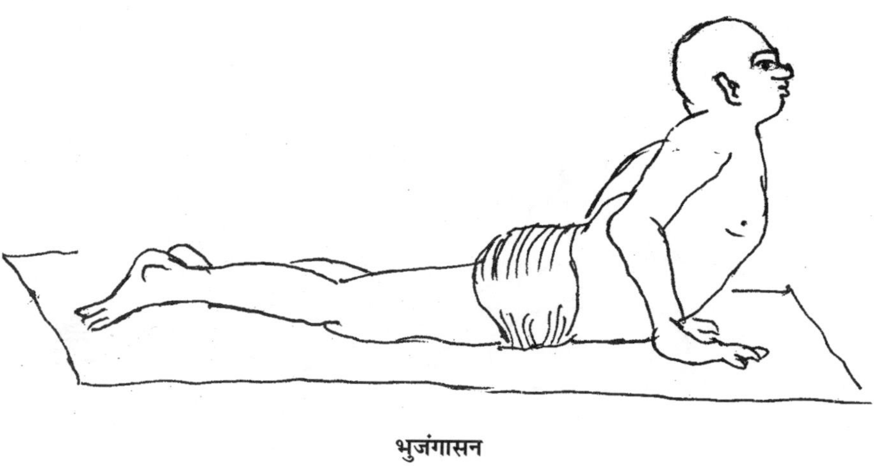

भुजंगासन

मयूरासन : पहले घुटनों के बल जमीन पर बैठो। फिर दोनों हाथ जमीन पर साधारण अन्तर से इस तरह रखो कि पंजे पीछे (भीतर) की ओर रहें। इस आसन से पेट पर पूरा दबाव डाला जाता है। अब दोनों पैरों को पीछे लम्बा फेंककर पैरों को पंजों के बल साधो। हाथों की दोनों कोहनियों को तोंदी के दोनों तरफ लगाकर छाती और सिर को आगे की ओर दबाते हुए पैरों को जमीन से ऊपर उठाने का प्रयास करो ताकि वे कोहनियों के समानान्तर आ जाएँ। फिर सिर और छाती को भी सीधा कर दो। इससे सारा शरीर कोहनियों पर तराजू की तरह बराबर तुल जाएगा। इस समय दृष्टि बिलकुल सामने होनी चाहिए। इससे स्नायु शुद्ध तथा रक्तप्रवाह तेज होता है।

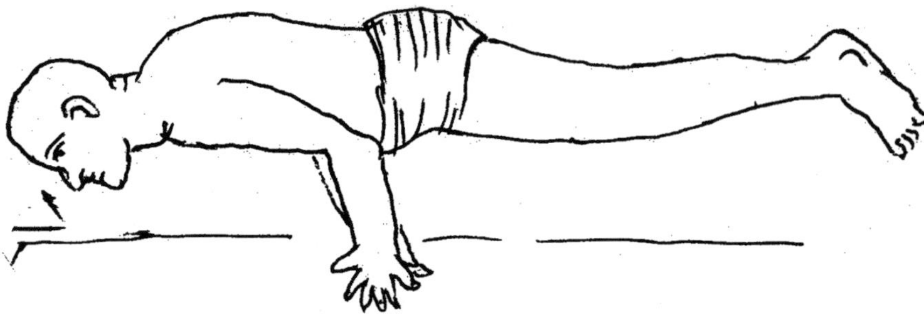

मयूरासन

लोलासन : पद्मासन में बैठे जाओ। अपने दोनों हथेलियों को जमीन पर टिका दो ताकि वे सम्पूर्ण शरीर का बोझ उठा लें (पद्मासन का पदबन्ध बरकरार रखो)। शरीर को थोड़ा ऊपर उठाओ। छाती फूली तथा उदर संकुचित रखो। गहरी साँस खींचो। शरीर स्थिर रखो। इससे स्नायु तथा मांसपेशियाँ मजबूत होती हैं। यह शीघ्रपतन का भी अवरोधक है।

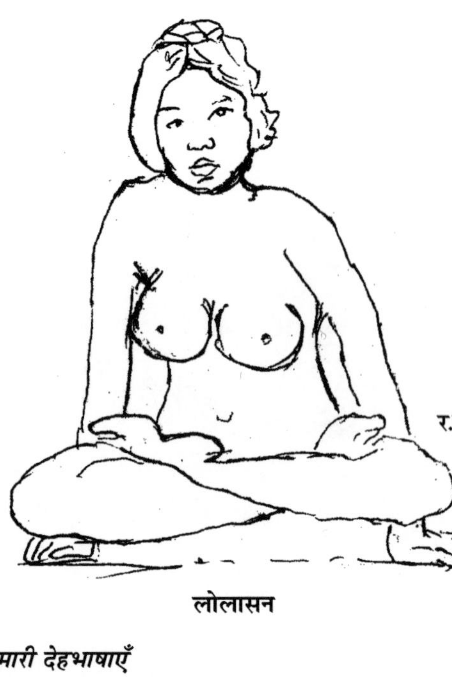

र.कुं. मेघ

लोलासन

र.कुं. मेघ

लोलासन (द्वितीयक)

हलासन : जमीन पर पीठ के बल लेट जाओ और टाँगें ऊपर उठाओ। फिर दोनों हाथों की मदद से कमर उठाओ जब तक कि ऊर्ध्व सर्वांगासन की मुद्रा न बन जाए। इसके बाद टाँगों को तब तक झुकाते चलो जब तक कि बिना घुटने मोड़े हुए वे भू-स्पर्श न कर लें। अन्तत: पीठ के पीछे भुजाओं को समानान्तर फैला दो। इस तरह देह, कंधों, गर्दन व सर पर टिक जाती है। एक हल की आकृति में। आँखें खुली रखो और गहरी साँसें लो। [यह आसन सर्वांगासन भी कहलाता है।] इससे सम्पूर्ण देह की मांसपेशियाँ तन जाती हैं तथा थायरॉयड ग्रन्थि का उपचार हो जाता है। पूरा मेरुदंड भी दुरुस्त हो जाता है। इससे यौन-क्षमता में भी सुधार होता है।

र.कुं. मेघ

हलासन

धनुरासन में छाती के बल लेटकर दोनों पैरों को घुटनों से मोड़कर पीछे की ओर ले जाओ। हाथ भी पीछे ले जाकर दोनों पैरों को पकड़ लो। अब धीरे–धीरे सिर और छाती को ऊपर उठाओ। साथ ही हाथ हाथ को भी ऊपर की ओर खींचते हुए पैरों को ऊपर तानो। शरीर को आगे–पीछे इतना उठाओ कि केवल पेट और कमर जमीन से लगी रह जाए। बाकी शरीर का तमाम भाग उठ जाए और शरीर खिंचकर धनुषाकार हो जाए, पैरों, सिर और छाती के तनाव में बाँकापन आ जाए।

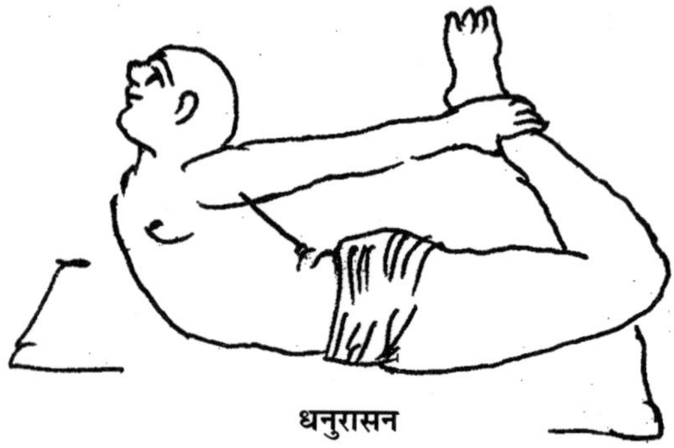

धनुरासन

इससे छाती आगे को फैलती है तथा पीठ का टेढ़ापन दूर होता है। पेट के रोग भी नष्ट होते हैं।

चक्रासन में पीठ के बल लेटकर हाथों तथा पाँवों के पंजे जमीन पर पूरी तरह जमाते हुए सारा शरीर कमर से ऊपर उठाओ। जब शरीर उठकर कमान की तरह तन जाए तो हाथों और पाँवों को भीतर की ओर धीरे–धीरे सरकाते हुए दोनों को आपस में छुवाने का प्रयास करो। दृष्टि आँखों की सीध में रखो। इससे पीठ टेढ़ी नहीं होती तथा पेट और कमर के सब भागों को लाभ होता है।

चक्रासन

अतएव पहले देहभाषा अर्थात् मुद्रा। तदुपरान्त वाक्–भाषा अर्थात् शब्द। मानसिक विकास तथा भाषिक विकास का यही क्रम मानव सभ्यता में लागू होता आया है। यदि शब्द उपमेय बने तो रूपक उपमान (अवाचिक)। इस न्याय से उपमानों के निरीक्षण से ही आसनों के नामकरण हुए होंगे। पद्मासन, धनुरासन, सिंहासन, मत्स्यासन, वज्रासन, लोलासन, हलासन, दंडासन, गर्भासन, वृक्षासन, शुंडासन, वृश्चिकासन, शलभासन, भुजंगासन, गोमुखासन, नौकासन आदि नाम इसी न्याय के द्योतक हैं।

सूर्य-नमस्कार : सूर्योदय से सूर्यारोहण से सूर्यास्त तक की मुद्राएँ।

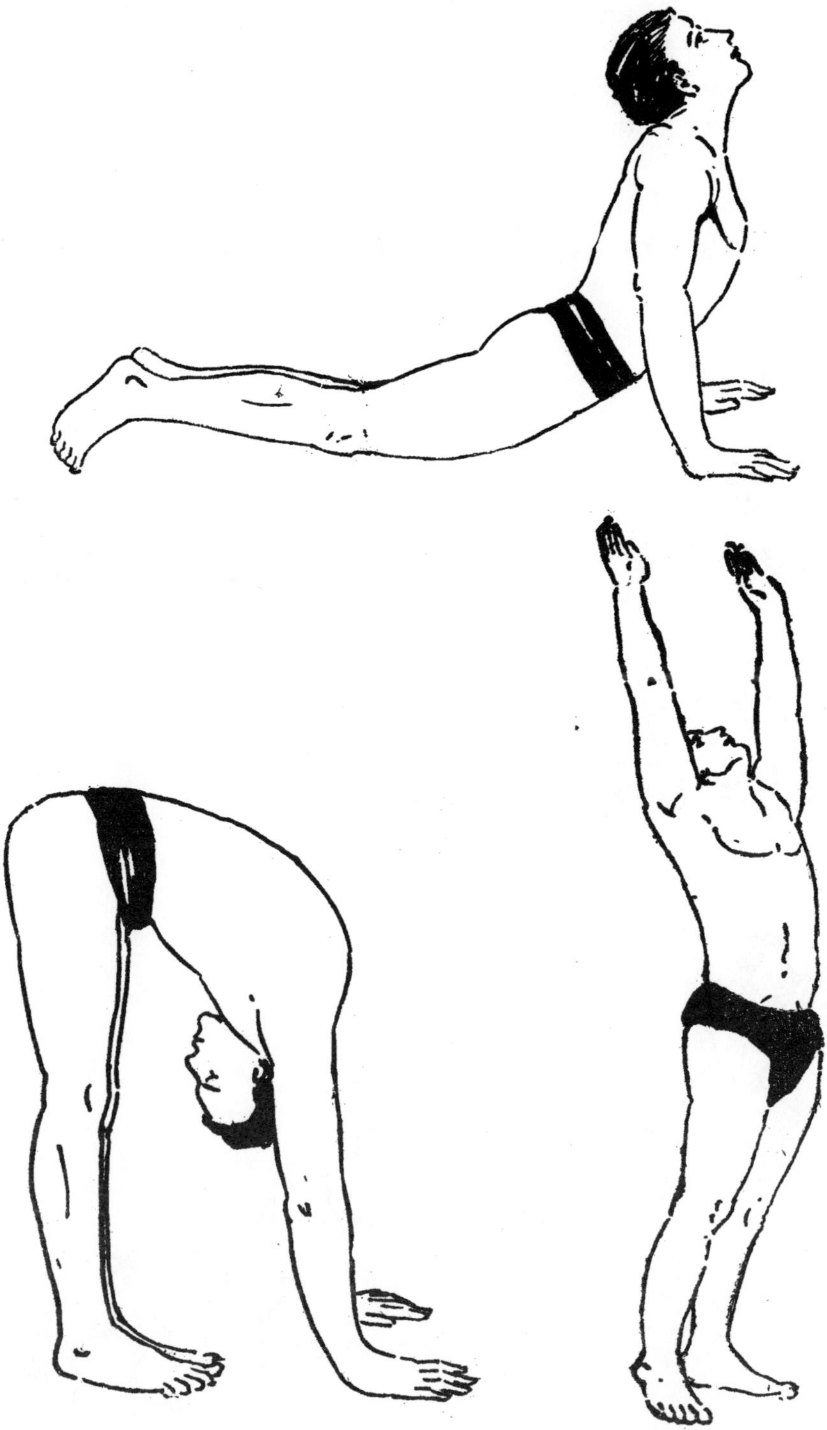

कुश्ती और कसरत

इसी प्रकार **कसरतें** गर्दन, हाथ, पेट, कमर, पैर और हाथ की होती हैं। इनसे शरीर हृष्ट-पुष्ट होता है, स्फूर्ति आती है तथा रोग की सम्भावना क्षीण होती है। **कुश्ती** में कसरत का फायदा उठाकर विविध दाँव-पेंचों द्वारा प्रतिद्वन्द्वी/विरोधी को (अपने बल तथा स्फूर्ति की सहायता से) चित कर दिया जाता है। साथ में अपनी रक्षा भी की जाती है। कसरत तथा दाँव-पेंच की जुगलबन्दी है।

कुश्ती के दाँव-पेंच : (यह दो मनुष्यों के बीच होती है)

आसनों, कुश्ती के दाँव-पेचों तथा सूर्य-नमस्कार आदि के रेखाचित्रों से देहभाषा का यह महासूत्र उद्‌घाटित होता है कि ये सादृश्यमूलक तथा साधर्म्यपरक एवं सारूप्यवर्ती हैं, यथा—

(i) सूर्य-नमस्कार, गर्भासन, पद्‌मासन, शवासन, लोलासन, सर्वांगासन, (साधर्म्य);

(ii) शुंडासन, चतुष्पादासन, वृक्षासन, नौकासन, शीर्षासन, वृश्चिकासन (सारूप्य); तथा

(iii) हलासन, मत्स्यासन, शलभासन, चक्रासन, मयूरासन, बकासन, धनुरासन आदि-आदि (सादृश्य)।

यह भी ध्यातव्य है कि योग में **ध्यान** की प्रक्रिया मनोदशा (मूड) पर असर डालती है तथा इंसान में करुणा एवं शान्ति के **भाव** तथा **भंगिमा** जगाती है। यह भी देह-भाषिक तथ्य है।

कसरत (व्यायाम) में दंड और बैठक

बैठक की मुद्राएँ—सादी बैठक, कूद बैठक, हलकी पेराई।

दंड—सादे, बगल, एक पैरी, एक हत्थी, चक्कर, उँगली, अंगूठा, कुरसी।

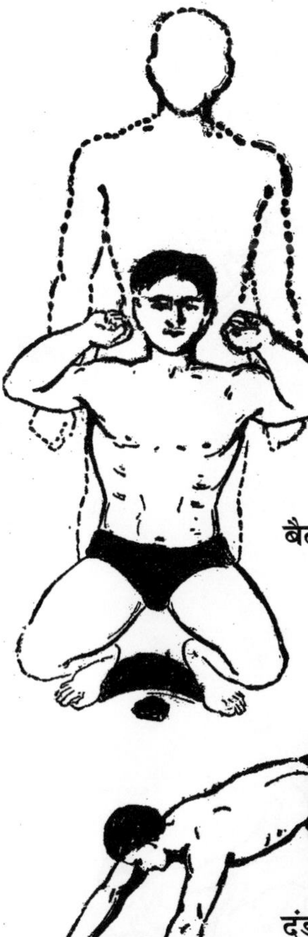

बैठक

दंड

योग और काम

योग और काम के आसनों में कुछ तथ्य सामान्य हैं—

(i) ये मुद्राएँ हैं, अर्थात् दो भिन्न आसनों की गुत्थम-गुत्थी है।

(ii) ये प्राणायाम (श्वास-नियंत्रण) से जुड़े हैं,

(iii) इनका लक्ष्य स्तम्भन अर्थात् शुक्र/रज के क्षरण को थामना है, तथा

(iv) इनका प्रयोजन एकाग्रता एवं समाधि है। तदपि योगासन एकल है अर्थात् उनमें एक ही पुरुष या नारी कर्ता है। काम के आसन कम-से-कम युगल हैं अर्थात् इनमें एक पुरुष-एक नारी, दो-पुरुष, दो-नारी भी कर्ता हैं। इनका उद्‌देश्य रमण और आनन्द है, साधना नहीं। काम की क्रियाविधियों द्वारा ही मन एवं मनन (चिन्तन) द्वारा चिति की ऊर्जा सर्वाधिक प्रभावित होती है। ओशो (रजनीश) ने भी काम तथा योग का समन्वय करते हुए सम्भोग में तथा सम्भोग के द्वारा, समाधि की दशा में पहुँचने का उपदर्शन किया है। कवि दिनकर ने 'कामाध्यात्म' की अवधारणा अपने महाकाव्य 'उर्वशी' में दी है।

योग तथा काम—दोनों की परिणति सन्तुष्टि तथा विश्रान्ति है। दोनों ही घृणा तथा हिंसा, भय तथा क्रूरता के विरोधी हैं। दोनों क्रमशः शिवत्व एवं सौन्दर्य को पल्लवित करते हैं। चित्त-वृत्ति-निरोध योग का तथा मनोरमण, भोग का मनोरथ है तथापि स्वास्थ्य एवं सांस्कृतिक

योग तथा काम
[पद्मासन तथा ललितासन]

परिष्कार दोनों के एकसमान उद्देश्य हैं। कामासनों के बदलने से नवलता आती है तथा ऊब-समाप्त होती है। योग में ध्यान प्रमुख होता है। ऋषि पतंजलि ने योग का विधान किया, तो मुनि वात्स्यायन ने काम-सूत्र का संचयन। दोनों ही क्षेत्रों के आसन सरल से जटिल एवं संश्लिष्ट होते जाते हैं। भारतीय पुरुषार्थ-चतुष्ट्य में धर्म और मोक्ष, काम और अर्थ की जुगलबन्दी है, तदपि योगी तथा नागरक (रसिक) को प्रयोजन भिन्न-भिन्न हैं। योगी आत्मनियंत्रण एवं अनुशासन की साधना द्वारा शान्ति और ब्रह्मानन्द के चरममूल्य सिद्ध करता है, जबकि रसिक काम/कामिनी राग एवं रति के अभ्यासों द्वारा भोग और परमसुख प्राप्त करता है। ये रससिद्ध : हाए, मर-जीवणे! सोहणे!

पुनश्च : योग के ही अन्य प्रकारान्तर हैं—जेन (जापान), शाओलीन तथा कुंगफू (चीन), कलारीपयत्तु (भारत में केरल)। पश्चिम में ब्रूस ली तथा जेकी चेन जैसे अभिनेताओं ने भी इसका प्रदर्शनकारी परिष्कार किया है। उन्होंने विभिन्न ग्रन्थियों (ग्लैंड्स) के सुचारु प्रकार्य तथा हड्डियों के सही संचालन में निपुणता प्राप्त की है। उन्होंने इसे **यौद्धेय कला** (मार्शल आर्ट) के रूप में भी प्रतिष्ठित कर दिया है। इसमें वाचिक भाषा प्राय: मौन होती है।

अध्याय : सोलह

खेल में देहभाषा

खेल में देह को खास वैज्ञानिक ढंग से भी प्रशिक्षित किया जाता है क्योंकि उसके प्रमुख प्रयोजन प्रतियोगिता एवं प्रदर्शन भी हैं। खेल-प्रशिक्षण के सिद्धान्तों पर एल. मात्वेयेव की महत्त्वपूर्ण स्थापनाएँ हैं।*

खेल-कूद में देह और दिमाग की एकता होती है। इसमें देह और भावना की कान्त-मैत्री गौण हो जाती है। तदपि खेल के अपने विज्ञान तथा सौन्दर्यबोधशास्त्र के बीच सामंजस्य लाजिमी है। इस आयाम को प्राय: उपेक्षित किया जाता रहा है। गण-लोकतंत्र चीन तथा कोरिया और जापान की खेल-संस्कृति की उपलब्धियाँ ऐसे सामंजस्य का परिणाम हैं।

हम सबसे पहले **गुरुत्वाकर्षण-शक्ति** (ग्रेविटी) या गुरुत्व को लेते हैं।

प्रकृति की टेक्नोलॉजी दिन-रात हमेशा, कण-कण, क्षण-क्षण हमारी घेराबन्दी किए रहती है। अतएव आवश्यकता एवं स्वाधीनता के निमित्त जीवन तथा जगत् का यह ॠत् है। यह खेल की संस्कृति की विधात्री भी है।

इसी की एक महाशक्ति गुरुत्वाकर्षण-शक्ति (ग्रेविटी) है। इसका मानव- शरीर के साथ शाश्वत संश्लेष है। गुरुत्वाकर्षण एक ऊँचाई पर जाकर तथा दूसरे ग्रह की प्रति-ग्रेविटी से सामना में निरपेक्ष हो जाता है। तब 'भारहीनता' की स्थिति आती है—(अरंक्षित यात्री नील आर्मस्ट्रांग अपोलोयान में पृथ्वी से चन्द्रमा की ग्रेविटी में प्रवेश करने के पहले इसी 'तितली-क्षेत्र' से गुजरे थे। गुरुत्वाकर्षण न होने पर हमारी देह टुकड़े-टुकड़े हो जाएगी)। यह हमारी अस्थियों तथा मांसपेशियों को नुकसान से बचाता है।

ग्रेविटी या गुरुत्व हमारे अस्तित्व के प्रत्येक क्षण पर, प्रत्येक कण पर क्रियमाण रहती है—बैठे, खड़े, लेटे सभी गतियों में। इसका बल हमें निरन्तर पृथ्वीकेंद्र की ओर खींचता है। हमारे सीधे खड़े होने की चेष्टा ही हमें ऊपर की तथा बाहर की ओर पहुँचने की क्षमता देती है। अत: **गुरुत्वाकर्षण से समरसता** बनाना हमारी क्षमताओं को विकसित करता है। इससे असन्तुलन में अन्तहीन संघर्ष करना होता है (जिमनास्टिक/एक्रोबेटिक्य)। क्योंकि ग्रेविटी हमें नीचे की ओर खींचती है। अगर ग्रेविटी से समताल या सन्तुलन भंग हो तो हम धड़ाम हो जाते हैं। अत: **सन्तुलन** बनाने में हमें अधिक ऊर्जा इस्तेमाल करनी होती है।

आदर्श विश्राम रेखा सर्वाधिक सन्तुलन वाली होगी—जो (सिर के) शीर्ष बिन्दु—कान का मध्य—कन्धे का मध्य—नितम्ब जोड़ का मध्य—घुटने जोड़ का मध्य—तथा टखने जोड़ का मध्य एक रेखांक कर दे।

---

* 'फंडामेंटल्स ऑफ स्पोर्ट्स ट्रेनिंग', प्राग्रेस पब्लिशर्स, मास्को, 1981

मांसपेशियाँ तथा अस्थियाँ तनाव-खिंचाव रहित-दशा में यह विश्रामरेखा बनाती हैं। अतः **मुद्रा** तथा **गति** के ये ही उभय अक्ष (को-आर्डिनेट) हैं। इसी विश्रामरेखा पर ऊर्जा का निरन्तर प्रवाह होता है। तांत्रिक शब्दावली में हम 'कुंडलिनी जागरण' कहते हैं। ऐसी स्थिति में अधिकाधिक ऊर्जा का इस्तेमाल फलतः अधिकाधिक गति तथा नवीन मुद्राएँ और देह-आकृतियाँ बनती हैं। ये ही तनाव तथा विश्राम तथा स्फूर्ति की विधायिका हैं।

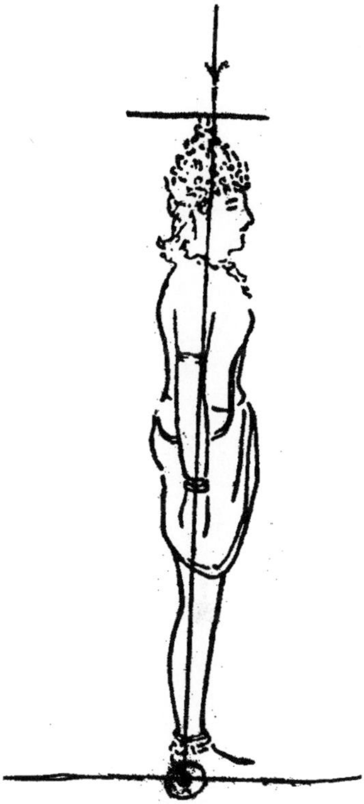

आदर्श-विश्राम-रेखा

अगर हमारी देह एक **पदार्थ** (मैटर) है तो **अणु-परमाणु** के पद्म-महापद्म पुंज से निर्मित होकर **भार** (वेट) भी बनाता है अर्थात् भू-केंद्र की ओर आकर्षित होता है। इनसे ही **गुरुत्वाकर्षण-केंद्र** तय होता है। पदार्थ बटा भार, बराबर है गुरुत्वाकर्षण के।

आदर्श विश्राम-रेखा को विभिन्न मुद्राओं में बदलने पर हमारे देहांग अर्थात् अंग तथा प्रत्यंग ग्रेविटी के **समानान्तर** (पैरेलल) उतनी ही छोटी अदृश्य रेखाएँ बनाते हैं। तब धुरी सन्तुलन होती है। किसी एक देहांग पर भार या बोझ या दबाव डालकर गुरुत्वाकर्षण उसी में घनीभूत अथवा हल्का हो जाता है तथा सम्पूर्ण बल (फोर्स) तथा ऊर्जा (एनर्जी) वहीं यथातथा क्रियमाण होती है। एक्रोबेटिक्स में एक हाथ या पाँव की एड़ी, नृत्य में नाभि-केंद्र या अगला पंजा ऐसी ही अदाकारी करते हैं। वास्तव में गुरुत्वाकर्षण का बल ही तो देह का भार तय करता है। खेल-कूद में इसका ही तो समायोजन होता है कि देह को हलके से-हलका करके कार्य-धुरी पर सम्पूर्ण बल क्रियमाण कर देना।

यहाँ यह भी ध्यातव्य है कि अन्य अंगों-प्रत्यंगों की समानान्तर रेखाओं के छोटे-छोटे केंद्र भी बँट जाते हैं। अतः खिलाड़ी या नर्तक या अभिनेता या योगी या कामलीन नर/नारी **कई प्रकार** से **देह-चक्र** प्रस्तुत कर सकते हैं। ऐसे में सभी समानान्तर आकर्षण-बिन्दु देह के एक अटल बिन्दु की ओर—अर्थात् केंद्राभिसारी होकर—एकत्र होते हैं। इस प्रकार चाहे जिस प्रकार देह का अभिस्थापन किया जाए मूल ग्रेविटी-केंद्र यथावत् रहता है। तात्पर्य यह है कि देह के पदार्थ (मास) का केंद्र तथा गुरुत्वाकर्षण के केंद्र एकैक हो जाते हैं।

अगर पृथ्वी की तुलना में हमारी देहांग का प्रत्यंग बेहद छोटा है तो गुरुत्वाकर्षण-केंद्र भी क्षीणतर-क्षीणतम् अस्तित्व वाला हो जाता है। वस्तुतः यह हाल लेटी हुई, तैरती हुई, पोलबार की दशाओं में हो सकता है।

खेल-कूद में यह भी ध्यातव्य होता है कि **समरूपता** (सिमेट्री) भी ग्रेविटी केंद्र को तय करती है—गोल केंद्र में, एकाकारी छड़ के मध्य में, समबाहु त्रिभुज के उस मध्य बिन्दु पर जहाँ त्रिकोणों के प्रत्येक कोण से नब्बे डिग्री बनाती तीनों रेखाएँ अपनी-अपनी विपरीत भुजा से मिलें। यह **त्रिशूल-बिन्दु** भी होता है।

त्रिशूल-बिन्दु

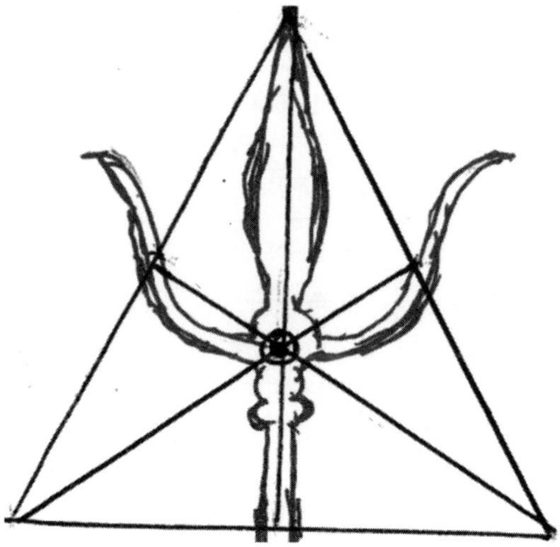

अत: रेखाक ज्यामिति तथा ठोस ज्यामिति के गणित-विज्ञान के अनुसार जड़ पदार्थ तथा देह-पदार्थ, दोनों के ही गुरुत्वाकर्षण केंद्र अस्थिर होते हैं। ये मुद्रा एवं गति एवं कार्य के त्रिभुज-त्रिकोण के अनुसार बदलते, सरकते, चढ़ते, उतरते रहते हैं।

जब दौड़ों-तैराकी आदि में कई समानान्तर बल किसी एक केंद्र (परिणामी रेखा/बिन्दु) पर सक्रिय होते हैं तब उनका परिणामी भी एकैक होता है। जो उसे सिद्ध कर लेता है वह विजिगीषु प्रथम विजयी होता है। ...यह सारा चक्र निर्धारित नियमों के अनुसार होता है। इनका जो भी उल्लंघन करता है वह त्रुटिपूर्ण (फाउल) करार देकर शक्ति-प्रतियोगिता से बाहर कर दिया जाता है।

सामूहिक मैचों (हॉकी, फुटबॉल, वालीबॉल, कबड्डी) में ग्यारह खिलाड़ी/खिलाड़िनों की विभिन्न क्षेत्रफल होते हैं, रक्षा करने तथा हमला करने के। अत: उनमें यह निश्चित करना अस्तित्वहीन है।

युगल खेलों (बॉक्सिग, टेनिस, टेबल-टेनिस, कुश्ती, जूडो, कराटे आदि) में स्थिति और भी भिन्न होती है। उनमें युगल एक ही आकार-प्रकार, भार-उम्र के होते हैं। अत: आरम्भ-बिन्दु फिसल कर अनन्त (इनफिनिटी) भी हो जाता है।

यहाँ ज्यामिति के साथ बीजगणित या एलजबरा के जोड़ का समीकरण भी कार्यरत होता है। यहाँ युगल बराबर के तो हैं किन्तु परस्पर विरुद्ध भी हैं।

हम गुरुत्वाकर्षण-केंद्र (सेन्टर ऑफ ग्रेविटी) के प्रसंग की एक दिलचस्प स्थिति से समापन करते हैं। एक **तितली-कटिबन्ध** (बटरफ्लाई जोन) भी होता है जहाँ पृथ्वी और चन्द्रमा का परस्पर विपरीत गुरुत्वाकर्षण एकसमान हो जाता है। इस पर तो 'मिसाइल मैन' ए.पी.जे. अब्दुल कलाम ही हमें समझा सकते हैं क्योंकि हमारे लिए यह अछूता ज्ञान है, तथापि पृथ्वी के गोल होने के कारण उसका गुरुत्वाकर्षण-बल चारों ओर एकसमान होता है। शायद पहले पृथ्वी तरल (गैसों तथा अग्नि के कारण) थी, फिर गोलाकार हुई (ध्रुवों ने किंचित् अंडाकृति दे डाली)। बस, इस आकृति में सतही तनाव सबसे कम होता है। इसलिए युगबन्ध,

चाहे वे खिलाड़ियों के हों या पहलवानों के अथवा कामरत मिथुनों के, वे दैहिक तनाव तथा दबाव का अनुभव कष्ट–मुक्त तथा मधुर पीड़ा–युक्त होकर करते हैं। यह समानान्तरता (स) की क्रीड़ा है।

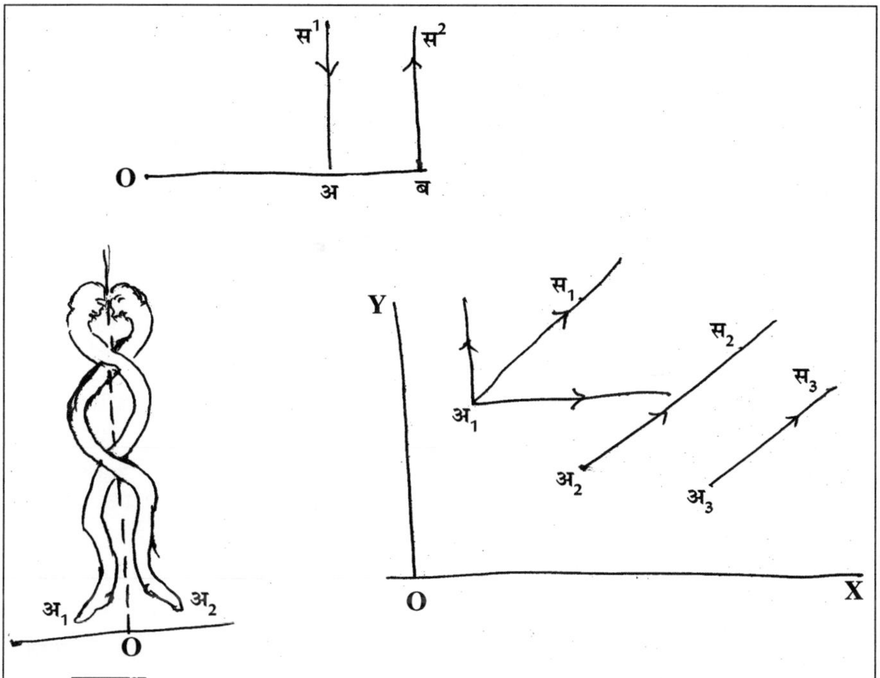

नागबन्ध

निष्कर्ष

गुरुत्वाकर्षण–केंद्र को बदलते हुए स्थिरता या गतिकी या प्रकम्पन प्राप्त किया जाता है। उक्त केंद्र ही मुद्राओं के अनुसार बदलता जाता है, अतः भार (वेट) एवं बल (फोर्स) के स्थल बदल जाते हैं।

मल्ल–मुकाबला

अपेक्षाकृत मजबूत मांसपेशियों की सर्वाधिक उत्तोलन ताकत का निर्धारण आरम्भिक सर्ववेग (वेलॉसिटी) उन्मीलन का कोण करते हैं। इसके लिए वे गुरुत्वाकर्षण–केंद्र को विभिन्न अपेक्षित दिशाओं में आरोहण के हेतु सर्वोत्तम तकनीक का इस्तेमाल करते हैं।

जिमनास्टिक–छड़ (बार) के ऊपर देह के अधिष्ठापन के मार्ग दिशा को तय करने के लिए मूल स्पन्द–दशा में चक्रात्मक गति होती है।

* होराइजेंटल एक्सिस (रोटाप)
* वर्टिकल एक्सिस (ट्विस्ट)
* मेडियल एक्सिस (अक्ष), (लोच)

गुरुत्वाकर्षण (ग्रेविटी) की रेखाएँ

बाहुओं (भुजाओं) के प्रकर्य तरण (तैरने) में परिलक्षित होते हैं—सीधे, मुड़े, झुके, मिश्रित।

खिलाड़ी के दुरुस्त होने के उपांग है—मजबूती (स्ट्रैंथ), सहनशक्ति (एन्डुरेंस), कुशलता (एबिलिटी), फुर्ती (एगिलिटी), लचीलापन (फ्लेक्सिबिलिटी) तथा चलगति (स्पीड)। ...अनुकूलन कार्यक्रम में निम्नांकित पर ध्यान दिया जाए : नियत आहार, व्यायाम, भार-सारणी, विश्राम, निद्रा, उबासीपन, अलकोहल तथा तमाखू के उपभोग।

खेल-कूद के प्रकारों के कुछ कुलक हैं—

(i) अमूर्त तर्क तथा समझदारी से युक्त प्रतिस्पर्धा (शतरंज),

(ii) विशिष्ट शास्त्र द्वारा किसी लक्ष्यशर पर आघात (राइफल, तीर-कमान),

(iii) खिलाड़ी किसी तकनीकी साधन का नियंत्रण करके प्रतियोगिता करें (मोटरसायकल, याच, नौका),

(iv) खिलाड़ी अपनी देह की ताकत तथा इच्छाशक्ति द्वारा प्रतियोगिता करें (कुश्ती, बॉक्सिंग, जिमनास्टिक्स, भारोत्तोलन, तैराकी) तथा

(v) परम्परागत पुराने खेल (दौड़ें, कुदानें, बाँस उछालें, चक्का फेंकना, केवल हाथ या पाँव से मुठभेड़ तथा हॉकी, फुटबॉल, टेनिस, वालीबॉल आदि)।

इन सभी में देह और दिमाग की क्षमता, कौशल तथा ज्ञान का योगायोग होता है। इस तरह खेल-कूद **सामाजिक संघटना** (फेनामेना) तथा **सांस्कृतिक कार्यवाही** भी हैं। ये मानवीय क्षमताओं तथा दक्षताओं की सीमारेखाओं का विस्तार करते हैं और देह का अभिनव रूपान्तरण करते हैं। इस तरह देह सृजन के मनोदैहिक चक्रचिह्न भी अन्वेषित करती है।

इनमें देह को कोई एक आधार-बिन्दु मिलता है या नहीं मिलता है, (जैसे बार या बीम), देह के ग्रेविटी-केंद्र से समर्थित सतह तक की ऊँचाई या दूरी बढ़ाई जाती है, देह को आधार या सन्तुलन देनेवाले समर्थन को हटा दिया जाता है (जिमनास्टिक्स), स्थिर दशा को अचल करके प्रयाण किया जाता है इत्यादि। तदनुसार **देह-मुद्राओं** तथा प्रतियोगिता के नियमों के मुताबिक हम खेल के नाम-रूप-गुण की भाषा का अभिज्ञान तथा खिलाड़ी के आशय तथा इच्छाशक्ति का आगाज करते हैं।

(क) खेल-कूद में **दिक्** तथा **काल** का प्रत्यक्षण भी भिन्न-भिन्न होता है। इसके लिए विशिष्ट प्रशिक्षण है।

सबसे पहले **दिक् की अनुभूति** तथा **दिक्परक गतिक दिशाओं** का सटीक आकलन।

दिक्-सम्बन्धों का सक्रिय प्रत्यक्षण ही देह की दिक्परक गतियों का निर्धारण करता है। इसमें **गतिकी** को नपी-तुली तथा पूर्ण सिद्ध होना चाहिए। इसी के अनुसार देह का कार्य-रूप भी ढलता है और हम खिलाड़ी की अनुभूति एवं मनोरथ की प्रतीति कर सकते हैं। ये देह की गतिमान (काइनेटिक) स्ट्रक्चर का भी विन्यास करते हैं [तैराकी, फिगर-स्केटिंग, जिमनास्टिक्स]। देह को एक कौशल का सबूत देना होता है—बाहरी दिक् तथा प्रतियोगिता क्षेत्र की अनुबन्धित दिक् की सापेक्ष्यता की अनुमिति का। अत: दिक् देह के मुद्रारूपों का रूपान्तरण करती है।

(ख) **मजबूती (दृढ़ता, स्ट्रेंथ) का प्रशिक्षण** का मापन स्थिर दशा से तथा लम्बी दौड़ों से भी होता है। इसमें भी धीमी गतिक दिशा को आरम्भ बिन्दु माना जा सकता है। बाहरी भार को छड़ के सहारे छाती तक, फिर बाँहें उछालकर सिर से ऊपर उठाना इसके प्रशिक्षण का उत्कर्ष है। जिमनास्टिक्स में भी धीमी गति से आरम्भ करके फुर्ती का झटिति-प्रत्यय दृष्टिगोचर होता है। अत: देह-भार और बहिर्गत भार के बीच यहाँ भी सापेक्ष्यता परिलक्षित होती है।

ध्यातव्य है कि इस सन्दर्भ में केवल गति-दिशा (मूवमेंट) ही नहीं, उससे भी महत्त्वपूर्ण **गति-वेग** (स्पीड) मनोरथ को संलक्षित करता है।

मजबूती-संचयन के अभ्यासों का प्रशिक्षण कई प्रकार से होता है—

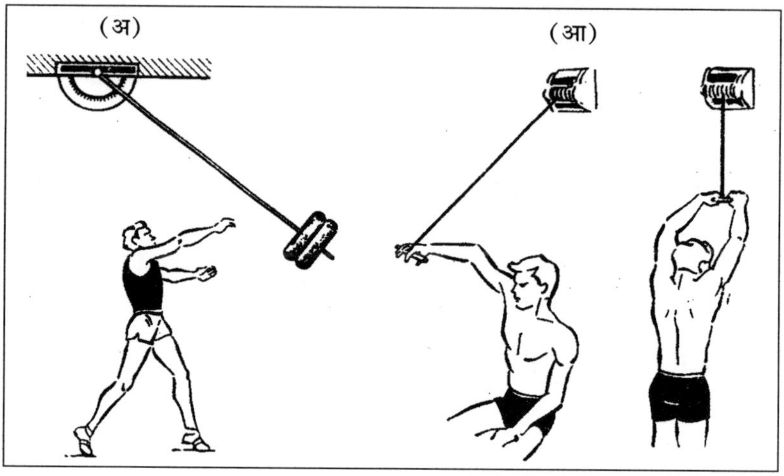

(अ) पेंडुलम में भार बढ़ाते हुए

(आ) स्प्रिंगदार मापयंत्र में खींचते हुए

(ग) इसी भाँति **गति-दिशा** (मूवमेंट) तथा **गति-वेग** (स्पीड) का भी सापेक्ष्य प्रशिक्षण विधानित होता है। इनमें झटका (आघात) द्वारा कुदान (जम्पिग) तथा अतिरिक्त बाहरी वजन का अवलम्ब लिया जाता है।

इस तरह से **गति-वेश** तथा **ताकत** (मजबूती) का संगम किया जाता है।

(घ) सबकी परिणति में **लचीलापन** (फ्लेक्सिबिलिटी) का आयत्तीकरण वांछित हो जाता है अन्यथा देह एक छड़ बनकर रह जाएगी। सो, खिलाड़ी/खिलाड़िनी की मजबूती, गति-वेग तथा लचीलेपन की त्रयी का विन्यास ही उसे उत्तम-उत्तमतर-सर्वोत्तम बनाता है। झुकने (खिंचने) और तनने (तनाव) की दक्षता इसके पहले लक्षण हैं। इसका मॉडल झूला (झूलना) है। इसके लिए देह के प्रमुख जोड़ों अर्थात् **युगल अस्थि-जोड़ों** को संस्कारित करना पड़ता है। (कन्धे-कुहनी-हथेलियाँ, उरुमूल-घुटने-एड़ियाँ-पंजे)।

लचीलापन जिमनास्टिक्स, तालयुक्त जिम, एक्रोबेटिक्स तथा फिगर-स्केटिंग में तो लाजिमी है। इसकी गुणवत्ता ही प्रतियोगिता से सफलता का साधन होती है। इसका महामंत्र है—समरूप-समरसता (हॉर्मनी)। यह झूलनों और झटकों को भी तालयुक्त कर देती है।

लम्बी-ऊँची कूद के दृष्टान्त से लचीलेपन के अभ्यास

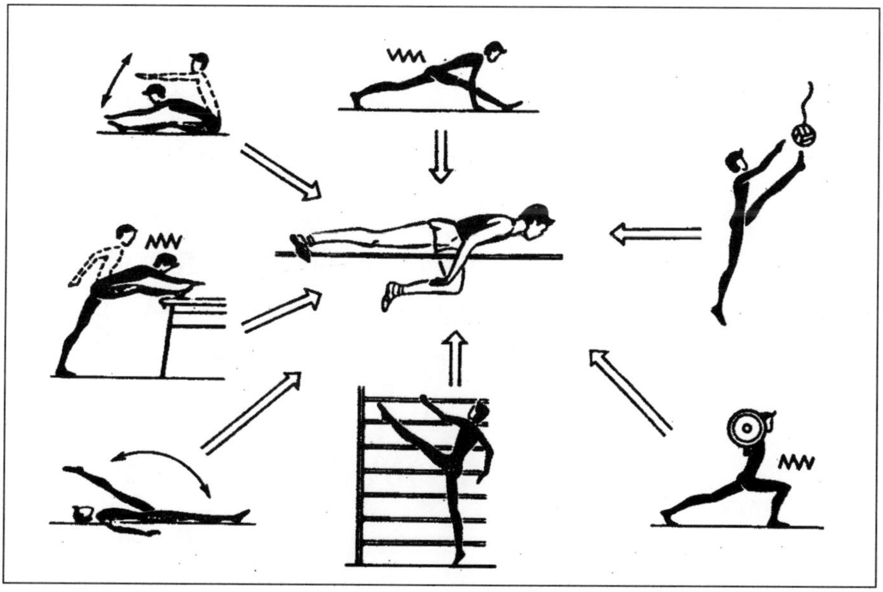

देह की अस्थियों के आठ जोड़

मानव को श्रम एवं विश्राम, सृजन एवं कौशल—सभी प्रकार की सकर्मक-अकर्मक मुद्रा और कार्य में आठ प्रमुख युग्म अस्थिर-जोड़ों की संलिप्तता होती है—दो बाहुमूल, दो कुहनियाँ, दो पाणिमूल तथा अधो-देह में दो उरुमूल, दो घुटने, दो टखने, दो एड़ियाँ तथा दो पंजे। यह कंकाल-निर्माण भी है।

ये गति-वेग (मोशन) तथा गतिक्रम (मूवमेंट) को अभियोजित करते हैं। ये खेल तथा क्रीड़ा पर भी लागू होते हैं। इन सभी पर गुरुत्वाकर्षण-शक्ति का अदृश्य अनुशासन होता है। मांसपेशियों के समायोजन से अस्थि-देह के आधार पर—

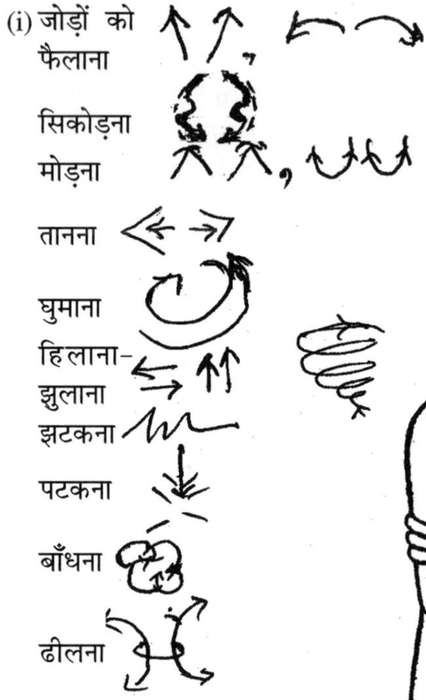

आदि से कार्य-मुद्राएँ बनती हैं।

(ii) इसके अलावा तुला के काँटे की तरह डगमग होना

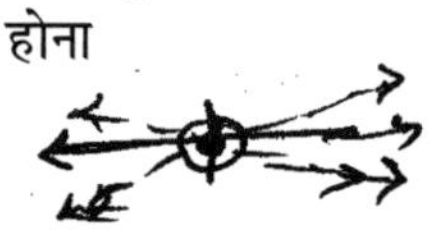

(नितम्ब और कन्धे और जाँघें)

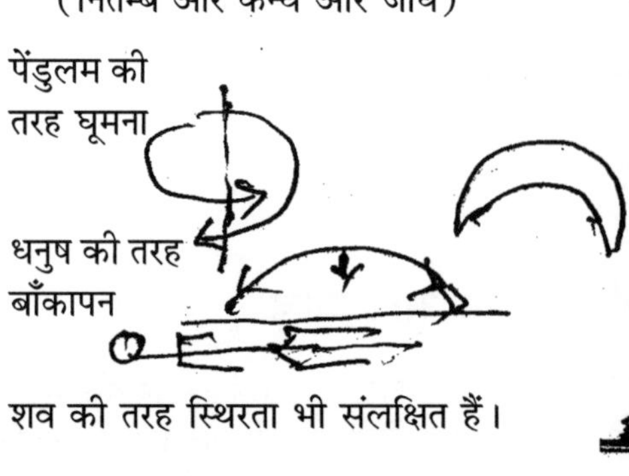

शव की तरह स्थिरता भी संलक्षित हैं।

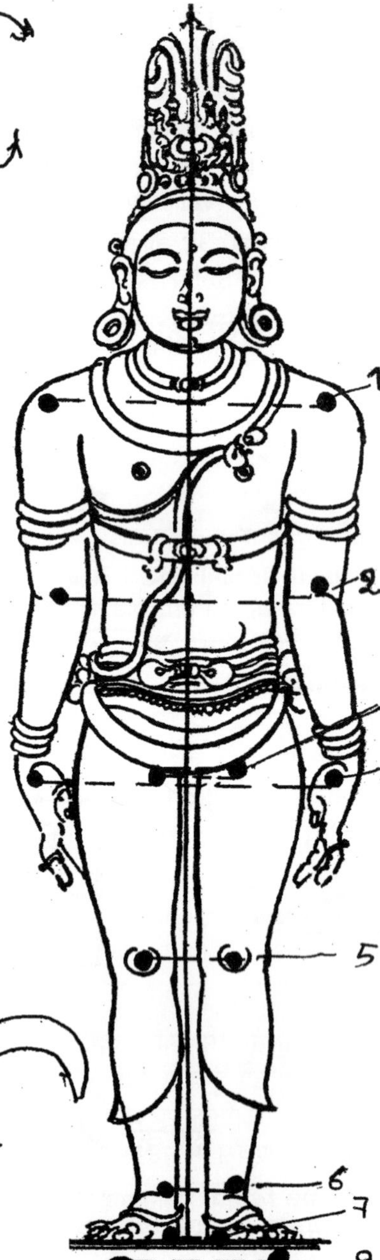

आदर्श विश्राम-रेखा

इस भाँति—

(आ) **नाभि के ऊपर** बाहुमूल (आर्मपिट) संचालक होते हैं तथा हथेलियाँ एवं कुहनियाँ कार्य करती हैं।

(आ) **नाभि के नीचे** उरुमूल (ग्रोइन) संचालक होते हैं तथा घुटने और एड़ियाँ प्रकार्य करती हैं।

देह के उक्त बँटवारे से स्पष्ट है कि हम इनसानी बन्दे केवल कठोर परिश्रम की कोठरी के लिए ही अभिशप्त नहीं हैं बल्कि सुख-भोग के रंगमंच के अभिनेता भी हैं। बाँहों तथा टाँगों से लहराना—झुलाना, बाँधना होता है तथा शिर और श्रोणि से स्थिरता कायम होती है जो ताल (रिझ़) एवं गति (मोशन) का संचालन करती है। अतः ताल एवं प्रवाह एवं स्थिरता का एक लीला-त्रिकोण देहभाषा की अनादि भूमिका है।

इन सबकी कड़ी परीक्षा कुश्ती, कामासनों तथा जिमनास्टिक्स में होती है जहाँ गुरुत्वाकर्षण से उत्तीर्ण होने को देह-मुद्राएँ प्रबल संघर्ष करती हैं। इसलिए **प्रशिक्षण** लाजिमी है—खेल-कूद में, नृत्य-नाट्य में, योगासन-कामासन में। हमारी देह के अंग तथा प्रत्यंग ही शय्या, स्तम्भ, वाल्ट, बार, बीम, जाल, गोल आदि के अभ्यास करते-कराते हैं। कर्म तथा क्रीड़ा में किसी एक अंग/प्रत्यंग पर ही ग्रेविटी का भार ढाल दिया जाता है। यहीं पीड़ा तथा सुख का द्वन्द्व है। ये देहभाषा के छिपे स्पन्दित अर्थ हैं। कुछ विलक्षण दशाओं में देह ही खुद (अन्य) देह को नये शक्तिरूपों में प्रस्तुत करती है। अतः योग और काम, ध्यान और कुंगफू (युद्ध कौशल) एक बिन्दु पर भी मिल जाते हैं।

वस्तुतः देह का व्यापक पैराडाइम योग-ध्यान-व्यायाम-कामकला-सौन्दर्य का पंचसितारा है। हमने अपनी देहभाषा-संहिता में इसी व्यासरेखा की साधना की है। तब मुद्राएँ तथा प्रकार्य, शास्त्र एवं कौशल द्वारा संचालित नहीं हो पाते। वे नये-नये अन्वेषण तथा प्रयोग होते हैं। दर्शनशास्त्र तथा सौन्दर्यबोधशास्त्र ने उपर्युक्त पंचक की पूर्वानुमितियों से त्रिपुर-सुन्दरी तथा त्रिपुर-भैरवी के लोकोत्तर संरूप गढ़े हैं तथा इनसे देहभाषा में रहस्य की उद्भावना होती है।

ऐसे बंधानों से **देह का पुनः संस्कार** तथा **देहभाषा का अभिनव सन्धान** होता है जिसके चक्रचिह्न नियमों तथा अन्तःप्रज्ञा को अन्तर्लीन करते हैं। इनकी व्यास-रेखा दिक् की अनुभूति, गति-दिशा का प्रत्यक्षण, मजबूती तथा लचीलापन आदि के बिन्दुओं से जुड़कर निर्मित होती है।

ओलिम्पिक खेल

ओलिम्पिक खेलों का मिथकीय उद्गम तो लगभग तीस शताब्दियों पहले ओलिम्पिया की प्रशान्त घाटी के पवित्र कुंज में हुआ था। उसका अभिलेख कवि पिंडार (ई.पू. पाँचवीं शती) ने दिया। इसकी आधुनिक शुरुआत फ्रांस के नारोनपियो डे कूबार्टिन ने की। पहले विश्व ओलिम्पिक खेल एथेंस में 1896 में आयोजित हुए थे। सन् 2004 में (चीन के बीजिंग ओलिम्पिक, 2008 के पहले) भी जब एथेंस में ओलिम्पिक-खेलों का आयोजन हुआ था तो एथेंस की मिथकीय नगरदेवी एथेना की मूर्ति को एक घाटी से उभरता हुआ अभिनीत किया गया था।

तथापि सबसे महत्त्वपूर्ण मिथकीय-निजंधर आज भी बारम्बार दोहराया जाता है कि

फिगर स्केटिंग :
बर्फ पर सन्तुलन

490 ई.पू. में एथेनियनों ने पर्शियनों को मैराथन के मैदान में पराजित किया था। ग्रीकों ने फेइडिपीज़ नामक धावक को यह विजय-सन्देश घोषित करने एथेंस भेजा था। उसने घोषणा की थी—"खुशियाँ मनाओ, हम विजयी हुए।" तब इस दौड़ की दूरी कोई 5 किलोमीटर थी और आज कोई 42,195 मीटर है। आज इसका आदर्श उद्देश्य है : राष्ट्रों के बीच, भाईचारे तथा शान्ति के माहौल में, दोस्ताना प्रतियोगिता। इसका लक्ष्य स्वार्थरहित खेल भावना है और विजय की अपेक्षा प्रतियोगिता को महत्ता दी गई है। तदपि प्राचीन काल में लम्बी कूद, भाला-फेंक, तेज दौड़, चक्का फेंक, बाँस-उछाल आदि-आदि जिरह-बख्तरबन्द खिलाड़ियों तथा धावकों द्वारा युद्ध-अभ्यास थे। वस्तुतः पहले के 'युद्ध-खेल' थे। प्राचीन ग्रीकों के लिए विजय ही सब कुछ थी और वे सफलता को ही सार्थकता मानते थे।...प्राचीन खिलाड़ी धोखा-धड़ी, चालबाजी, नज़राना आदि के द्वारा केवल सफलता चाहते थे। यूपोलोस नामक मुक्केबाज ने रिश्वत दी थी, मल्लयोद्धा अपने विरोधियों की पकड़ नाकाम करने को शरीर पर तेल चुपड़ लेते थे। ...हाँ, तब भी स्पार्टा की एक राजकुमारी (साइनिस्का?) ओलिम्पिक की पहली नारी-विजयिनी थी और वह चार घोड़ोंवाली रथ-दौड़ में दो बार सफल हुई थी (ई.पू. 396, 392)। पाइथागोरस का एक पहलवान चेला छह बार चैंपियन बना था।

ओलिम्पिक खेलों की शुरुआत करने पर अतिपुरातन अनुष्ठान निभाया जाता है। खेल शुरू होने के कुछ माहों पहले ही दक्षिण ग्रीस के ओलिम्पिया में देवी हेरा के मन्दिर के खंडहरों में मशाल प्रज्वलित की जाती है। पुरोहितिनों की वेश-भूषा में रमणियाँ सूर्य तथा निम्नोदर दर्पण की सहायता से ओलिम्पिक मशाल प्रज्वलित करती हैं जिसे कोई कीर्तिसिद्ध खिलाड़ी सम्बद्ध शहर के प्रांगण में स्थापित करता है। इसके पहले मशाल विश्व के प्रमुख देशों का चक्कर भी लगाती है [चित्र : बीजिंग जाने की तैयारी में मशाल, 2008]।

अपनी **आधुनिक यात्रा** में ओलिम्पिक खेल सन् 2012 में लन्दन में आयोजित हैं। इनका आयोजन अन्तर्राष्ट्रीय समिति हर चार सालों बाद किसी देश के शहर में निश्चित करती है। 2012 के पहले ये खेल 2008 में बीजिंग में हुए थे। ...अभिलेख के लिए पहले संयुक्त राज्य अमेरिका तथा सोवियत समाजवादी रिपब्लिकों के संघ (रूस) के बीच पदकों की संख्या की प्रतियोगिता होती थी। अब अमेरिका और चीन के बीच यह प्रतियोगिता हो गई है। फिलहाल अमेरिका की झोली में (2012 के पहले) करीब 2302 पदक हैं। चीन डेढ़ दशकों से अखाड़े में कूदा है और उसके पास (2012 के पहले) 385 पदक हैं।

इन खिलाड़ियों पर अनिवार्य प्रतिबन्ध है कि वे मादक द्रव्यों का सेवन नहीं करेंगे तथा खेल-आयोजन में आचरण तथा अनुशासन के नियमों का उल्लंघन कतई नहीं करेंगे, अन्यथा उन्हें अयोग्य घोषित कर दिया जाएगा। ...देहभाषा से जुड़ी कुछ छोटी सूचनाएँ—खिलाड़ी-खिलाड़िनों को चमकीला केश-सज्जा मुखराग (मेक-अप) की सीमित, शालीन छूट है; तालयुक्त जिमनास्टों को बैले टूटू-शैली की स्कर्ट पहनने पर प्रतिबन्ध है; खिलाड़िनें सोने-चाँदी-काँसे के रंगों में नाखूनों की पालिश कर सकती हैं; दोनों लिंगों के खिलाड़ी अनचाहे बालों को साफ कर सकते हैं; तैराकी पूरी लम्बाई वाले 'हाई रैंक' देह-सूट नहीं पहन सकते (पहले कुछ महिलाएँ केवल जाँघिया पहनकर तैरी थीं); आँखों में जलनिरोधक कास्मेटिक इस्तेमाल कर सकती हैं। इसके अलावा लन्दन के ओलिम्पिक गाँव में एक लाख पचास हजार निरोध (कंडोम) भी उपलब्ध कराए गए हैं। चीन में बीजिंग में 2008 में एक लाख दिए गए थे।...हाए, कुन्तल मेघ की समझ में ना आए! हाए, मर जाणा! हमें **स्वच्छता** तथा **पवित्रता** को समझना ही चाहिए। दोनों भिन्न हैं। जो **प्राणी** (जीवात्मा) के साथ सच्चिदानन्द के जितना निकट होता है, वह उतना ही पवित्र है। और जो **देही** देह (सत्), मानस (चित्त), राग (प्रीत) से जितना संतृप्त शुद्ध होता है, वह उतना ही स्वच्छ है। देह की संस्कारिता से गुणवत्ता बढ़ती है। पवित्रता को आनन्द से तथा स्वच्छता को सुख से अन्तर्युक्त किया जाता रहा है, तो ओलिम्पिक आयोजन में लौकिक स्वच्छता का ही अभियान है। स्वच्छ देह ही सुन्दर और स्वस्थ देह का दर्पण है। यह देह-दर्पण कामकला से झिलमिलाता है। देह के इन प्रकार्यों के सहकार में खेलकूद-चक्र में दो प्रमुख कारक हैं—दुरुस्ती (फिटनेस) तथा चुस्ती (फॉर्म)। इस मामले में आकृति (फिगर) लगभग अप्रासंगिक हो जाती है।

इसलिए इन खेलों में **देह तथा ऐंद्रियिकता** के युगम की अपेक्षा **देह और दिमाग** का समीकरण बनता है। खेल-मंच पर इनका वर्चस्व कायम है। हाँ, संकल्प प्रोत्साहक है। यहाँ देह में **काल** का अक्ष-गतिवेग (स्पीड) का तथा **दिक्** का अक्ष दूरी को निकटता में परावर्तक अर्थात् मजबूती का उत्प्रेरक है। लम्बी कूद, ऊँची उठान, बाँस-छलाँग, चक्का-फेंक आदि में निकटता को दूरी तक प्रक्षेपित करना होता है। इनकी व्याख्या यथा-प्रसंग होगी।

एन-आई पोनोमार्योव* ने समय के दो आयाम बताए हैं—कामकाजी समय तथा मुक्त समय।

कामकामी समय में समाज और जीवन की भौतिक कार्यवाहियाँ करते हैं। उत्पादन-साधनों तथा उत्पादन-सम्बन्धों में बँधे होते हैं तथा वर्गीय विषमाओं से संघर्ष करके बेहतर जीवन के लिए भी संघर्ष करते हैं। इस समयावधि को घटाने पर ही **मुक्त समय** ज्यादा मिल सकता है। अतः कामकाजी समय का भी उपयोगी तथा उन्नतिमूलक इस्तेमाल होना चाहिए। मात्रात्मक नहीं, गुणात्मक। ...मुक्त समय तथा वित्तीय पूँजी का मेल ही सांस्कृतिक मूल्यों को

---

* प्रोग्रेस पब्लिशर्स, मास्को, 1981

प्रोत्साहित करता है। मुक्त-समय का दुरुपयोग करने से मनुष्य दुमविहीन साक्षात् पशु होता है। सही है कि यह विश्राम तथा अवकाश (लेजर) के लिए भी इस्तेमाल होना चाहिए। परन्तु मुक्त समय ही सामाजिक विकास के लिए अनिवार्य है।

सवाल यह है कि सही ढंग से इसका आनन्द कैसे प्राप्त करें? यह कैसे मनुष्य के पूर्ण बौद्धिक एवं शारीरिक विकास के लिए भी समायोजित हो? यह समय सर्जनात्मकता तथा अवकाश—दोनों के लिए है किन्तु वरीयता सांस्कृतिक संलिप्तता को देना ही श्रेयस्कर तथा सम्पूर्ण उद्धारकर्ता है। खेल-क्रीड़ा में यह **व्यायाम** तथा **अभ्यास** के लिए अभिलक्षित होता है [केवल आरामतलबी के लिए नहीं]।

इसलिए खेल-कूद हमारे सांस्कृतिक उत्थान, सौन्दर्यबोध तथा सामाजिक श्रेष्ठता के भी मानदंड हैं। ओलिम्पिक-खेल की मशाल इसकी वैश्विक प्रतीक है। प्लेटो तथा पतंजलि इस सत्य को समझते थे।

खेल का दैहिक सौन्दर्यबोधशास्त्र

प्लेटो (ई.पू. 428-348) ने ग्रीस के 'गणतंत्र' में नागरिक का आदर्श एक स्वस्थ-हृष्टपुष्ट-शक्तिशाली युवा खिलाड़ी/खिलाड़िन रखा था। अतः उसके लिए व्यायामशाला (जिमनेसियम) तथा संगीत-वृन्द में प्रशिक्षण अनिवार्य किया था। यूनान में मानव-देह का आदर्श भी एक **खिलाड़ी** रहा है। अतः वहाँ की मूर्तियों में स्फीत शिराओं तथा मांसपेशियों वाले युवक की ही छवियाँ हैं। युवती-मूर्ति में भी स्वस्थ देह उभारी गई है। मिलोद्वीप की टुंडी वीनस प्रतिमा इसका उदाहरण है।...पतंजलि (ई.पू. 150) का प्रादर्श एक **योगी** था। अष्टांग योग में आसन के द्वारा उसकी पूर्णतः स्वस्थ-नमनीय-देदीप्यमान देह का निर्माण अभीष्ट था। इसलिए मानवों की सभी व्यावहारिक (खेल समेत) कार्यवाहियाँ उनके यथार्थता के प्रति सौन्दर्यबोधात्मक मनोवृत्ति का निर्माण करती है। इसी के कारण खेल में मनोवृत्ति का सौन्दर्यबोध वांछनीय है। इसीलिए एक **सुन्दर देह** तथा **गत्यात्मकता** का मनोरथ प्रधान होता है। अतः खिलाड़ी में सौन्दर्यबोधात्मक अनुभूति, अभिरुचि तथा आदर्शों को समाहित किया जाता रहा है। खिलाड़ी की देह की गतियों की शोभा शारीरिक ताकतों की मुक्त क्रीड़ा का परिणाम है। एक खिलाड़ी/खिलाड़िन की देहभाषा की धुरी **शक्ति** तथा **सौन्दर्य** है। यही शील का विधान भी करती है। अतएव ग्रीकों ने संगमरमर की प्रतिमा में तथा भारतीयों ने योगी में सौन्दर्यशाली देह का ही विधान किया है। गति की **दैहिक सौन्दर्य-भाषा** में ऊर्जस्वित गतिशीलता, सुचिक्कणता, हलकापन, लावण्य तथा दक्षता के निर्देश प्राप्य है। इससे शरीर तथा (भावना की अपेक्षा) बुद्धि के बीच समरसता आती है। इसके लिए खेल की कार्यवाहियाँ **देह की संस्कृति** की आधारशिला हैं। सर्वविदित है कि संस्कृति के नुमाइशी तथा प्रतियोगी निर्माण में **मुक्त समय** तथा **वित्तीय पूँजी** का सहकार अनिवार्य होता आया है। इसके बिना कला-संस्कृति के लीलाकमल मुरझा जाते हैं तथा सुदर्शन-चक्र प्रवर्तन में घूम नहीं पाता। बड़े आयोजनों में कुबेर-प्रायोजकों एवं जनता-जनार्दन की जरूरत होती है। ओलिम्पिक खेलों का अन्तर्राष्ट्रीय आयोजन भी ऐसा ही है।

खिलाड़िनें—विशेषतः टेनिस और एक्रोबेटिक में—अपने देह-शृंगार तथा देह-प्रदर्शन के प्रति आत्मरत तथा परान्य-लुभाऊ होती हैं। उनके अधखुले देहांगों की चर्चा हम करते आए हैं, तथापि ऐसी हरकतों से वे खेल तथा प्रतियोगिताओं में सौन्दर्यबोधशास्त्र का प्रथम हाशिया भी उद्घाटित करती है। इसके साथ ही खेल-समारोहों में स्टेडियमों/भवनों में आदमियों,

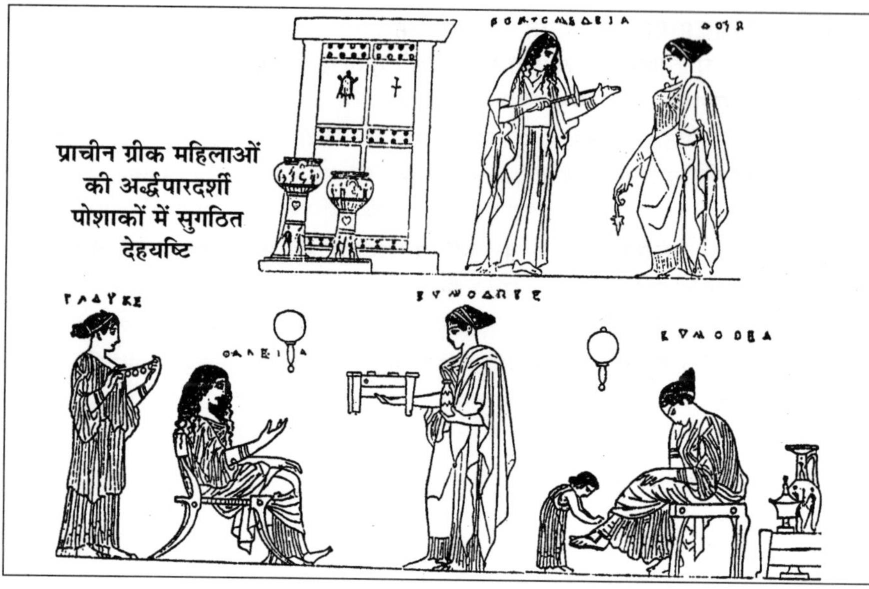

प्राचीन ग्रीक महिलाओं की अर्द्धपारदर्शी पोशाकों में सुगठित देहयष्टि

औरतों, बच्चों की भीड़ खुशी तथा भावावेश को एकसाथ हाथ में हाथ लिए, राष्ट्रध्वज लहराती, मुखों पर रंगीन आकृतियों को रँगे हुए नाचती, शोर मचाली, प्रोत्साहित करती नजर आती है। वह खिलाड़ियों तक पहुँचकर किसी का हाथ छूने को उतावली दिखाती है। यह भी खेल सौन्दर्यबोध का द्वितीय आयाम है। अतएव खेल सभ्यता की भव्य प्रक्रिया का ही एक अंग है जो मनुष्य को भीड़ से समूह से सुसम्य में समुन्नत करता है। वह मानवों का सामाजिकीकरण करता है। खेल-परिवेश में देशभक्ति भी शिवम् एवं सुन्दरम् से संयुक्त हो जाती है। खेल के सौन्दर्यबोधशास्त्र के तीसरे आयाम में विजय-पीठ पर पदक-विजेताओं का स्वागत-सम्मान की विधि है। उनके राष्ट्रध्वज फहराए जाते हैं, राष्ट्रगान की धुन बजाई जाती है, उन्हें पुष्पगुच्छ भेंट करते हुए गले में पदक हार पहनाया जाता है। खेल के सौन्दर्यबोध की चौथी दिशा एरोबिक की है जिसमें संगीत की धुन पर व्यायाम किया जाता है। (यह एक पाश्चात्य चिकित्सा-पद्धति भी है)। इसमें नृत्य-संगीत-परिधान—तीनों की देहभाषाएँ घुलमिल जाती हैं। इससे फेफड़ों की ऑक्सीजन-ग्रहण क्षमता बढ़ती है। यह भी ध्यान योग्य है कि ताल (रिद्म) के बगैर एरोबिक नामुमकिन है।

खेल ऐकल, युगल या टोलीवाले होते हैं। इनमें खिलाड़ी-खिलाड़िनें या टोली अपनी दैहिक क्रियाओं की नियमबद्ध श्रेष्ठता द्वारा कीर्तिमान स्थापित करती है। ये सभी देह के सामाजिक कार्य तथा व्यवहार द्वारा समायोजित होते हैं।

खेल में बहुधा वैयक्तिक भावनाओं की अपेक्षा मानसिक व्यवहार होता है। इनके संरूप है—ताकत, तनाव, मांसपेशियों का फुर्तीलापन, फेफड़ों की शक्ति, गति, गतिवेग, कठोरता, लचीलापन, प्रयोजन, लक्ष्यशर (टार्गेट) आदि। खेल-कूद में ये ही देहभाषा के आधुनिक आयुर्वैज्ञानिक-मनोवैज्ञानिक-नियमसंवित् आयाम है। इनकी देहभाषा योग, कामक्रीड़ा, नृत्य, नाट्याभिनय, वस्त्राभरण आदि की देहभाषाओं से भिन्न होती है अतएव हर व्यक्तिगत या टोलीवर्ती खेल की कुछ रस्मी-क्रियाएँ ही, भावधुरी के, अवाचिक देहभाषा के सन्देश, संकेत, आदेश और व्याकरण हैं; यथा—मैच में फील्ड/कोर्ट के बीचोबीच गेंद रखकर दोनों

टीमें सिक्के से प्रथम पारी तय करती है, गोल के अर्ध घेरे में पैनाल्टी कॉर्नर का चकमा खेलती है, हॉकी-फुटबॉल में पास द्वारा विरोधी को छकाती है, कोर्ट के खेलों में सर्विस की त्रुटि का दंड भुगती है, दौड़ तथा व्यक्तिगत प्रतियोगिताओं में आरम्भ-रेखा का उल्लंघन करने पर हताशा भोगती है, क्रिकेट में रन, लौकना तथा विकेट और स्टम्प फैसला दिलाते हैं। इस सब की निगरानी एक खेल में रेफरी करता है। विवाद में उसका निर्णय ही मानना होता है।

निष्कर्ष यह है कि गत्यात्मकता में मानवीय व्यवहार की अभिव्यक्ति गुंथी है। हमारा व्यवहार ही देह के सामाजिक प्रधर्म प्रकट करता है। इसके अनुषंग में ही हमारा आचरण हमारी प्रतीयमान छवि के विकास को प्रभावित करता है। अत: व्यापक व्यवहारपरक घटक जुड़ते हैं; यथा—मूल्य, पूर्वग्रह, निर्धारित मुद्रा-भंगिमा, नापसन्दियाँ, दुर्बलताएँ, रहस्योद्घाटक अवचेतन चिह्नक आदि। हम यह भी जानते हैं कि देह के सभी अंग-प्रत्यंग मनुष्य की सामाजिक दशा के अभिज्ञान में बराबर का महत्त्व नहीं रखते। खेलों में सम्पूर्ण देह सक्रिय रहती है, तथापि हाथ-पैर, घुटनों-कन्धों की विशिष्ट भूमिकाएँ हैं। खेलों के विशिष्ट अवसरों पर हम अत्यधिक आवेशी हो जाते हैं, भीड़ के मनोविज्ञान से। तदपि सांस्कृतिक वर्जनाओं को दरकिनार नहीं कर सकते।

जब योग या नृत्य में एकल देह की मुद्रा लक्षित हो रही है तो वह अपने शास्त्र के अनुसार सर्वोत्तम प्रदर्शन का प्रस्तुत करेगी (एक देह दूसरी के साथ चुम्बन, आलिंगन, रति में युगनद्ध से तो युगल रूप में तर-तम स्तरों का समरस सुखानुभव करेगी)। जब दो देहें मुक्केबाजी या कुश्ती में गुत्थमगुत्थ हैं तो किसी दूजे को, घायल किए बगैर, नियमानुसार थकाकर परास्त-मुद्रा सिद्ध करानी होगी। जब कई देहों की, पृथक्-पृथक् व्यक्तिगत तौर पर, किसी एक खेल में प्रतियोगिता है तो नियमानुसार कम से कम समय में ज्यादा से ज्यादा दूरी या तयशुदा बारियों में ऊँची से ऊँची उछाल या लम्बी से लम्बी कूद या छलाँग में सर्वप्रथम आने का अनथक प्रयत्न होगा। अत: देहभाषाओं के प्रकार, स्वभाव, लक्ष्य तथा परिणाम मुद्राएँ तथा भंगिमाएँ तदनुसार अनुकूलित होंगी। यह नियमबद्धता, नियम-संक्रमण तथा नियोत्तीर्णता की दशाओं में देहभाषा की विशिष्ट मध्यमा तथा पश्यन्ती वृत्ति का उद्भव एवं उन्मीलन होगा।

कभी कई प्रकार की देहभाषाओं का सामंजस्य भी होता है, जैसे—योग और सैक्स का, नृत्य और नाट्य का, खेल में ऐरोबिक एक्रोबेटिक और संगीत का, यौद्धेय कलाओं में वीर और शान्त का आदि। यही नहीं, बैले और भरतनाट्यम की री-मिक्स अन्ना पावलोवा तथा उदयशंकर ने, कत्थक और फ्लेमैंको की जुगलबन्दी शोवना नारायण ने की है। हम चीन के शाओलिन क्षेत्र के बौद्ध विहार में **कुंग-फू** के यौद्धेय खेल की मिसाल लें (ई.प. 540)। भारतीय बौद्ध भिक्षु '**बोधि धर्मा**' चीन के सम्राट दा-मो से मिले। घने जंगल के बीच उन्होंने शाओ-लिन बौद्ध विहार बनवाया तथा **कुंग-फू** जैसी यौद्धेय कला का विकास किया जिसमें योग-ध्यान-व्यायाम-तप का चतुरंग है। **कुंग-फू** में देह को बेहद प्रशिक्षित, कठोर तथा नमनीय बनाया जाता है। इसमें देह ही स्वयं देह को नये शक्ति रूपों अर्थात् मुद्राओं में प्रस्तुत करती है। **कुंग-फू** में अनेक जानवरों की विशेषताएँ [मुद्रा, गतियाँ, क्षमताएँ] जोड़ी गई हैं। इसमें अंग के किसी एक बिन्दु पर अपार शक्ति केंद्रित करके उसे सक्रिय किया जा सकता है। यह रक्षात्मक है।

(i) विभिन्न खेल-क्षेत्र—विभिन्न खेलों के निश्चित प्रकार के **क्षेत्र** हैं जिनके आकार-प्रकार तथा आकृतियाँ भी तय हैं। अत: खिलाड़ी और उनकी टोलियाँ (टीम) तदनुसार

क्रीड़ा/कार्य/प्रतियोगितादि में अपनी-अपनी देहों का विशेष गतियों/मुद्राओं में समायोजन करती हैं—कोर्ट (बैडमिंटन, टेनिस), टेबल (पिंग-पांग), अखाड़ा (कुश्ती), रिंग (बॉक्सिग, वालीबॉल, पिच (क्रिकेट), ग्राउंड (हॉकी, फुटबॉल), ट्रैक (दौड़ें), पूल (तैराकी), बीम/बार (जिमनास्टिक), रिंक (स्केटिंग) आदि। इन क्षेत्रों तथा नियमों का उल्लंघन दोष और त्रुटि माना जाता है जिससे वे प्रतियोगिता से बाहर कर दिए जाते हैं। कार्य और गति के ये बंधन हैं।

(ii) खेलों में देह-गति तथा देह-बल और देह-मुद्रा कौशल—खेल-कूद

*** गेंद-संचालित** — टेनिस
— क्रिकेट
— फुटबॉल
— स्क्वैश
— वालीबॉल
— गोल्फ
— हॉकी
— बिलियर्ड
— पिंगपांग (टेबल टेनिस)

*** हाथ-संचालित** — बॉक्सिग
— भारोत्तोलन
— हाई जम्प (ऊँची कूद, लम्बी छलाँग)
— हैमर थ्रो (गोलाफेंक)
— चक्का फेंक (डिस्कस थ्रो)
— बैडमिंटन
— नौकायन (याच)
— तलवार प्रतिद्वन्द्वता (स्वोर्ड फाइटिंग)

*** पैर-संचालित** — दौड़ें
— हाई जम्प (कूद)
— लौंग जम्प (कूद)

*** हाथ-पैर-केंद्रित** — तैराकी
— कुश्ती
— जिमनास्टिक
— कबड्डी
— पोलवाल्ट (बाँस कूद)

(iii) कुछ अन्य खेलों में देह-मुद्राएँ तथा देह-सन्देश—

कराटे—केवल हाथ-पैर का कौशल।
पैरों के पैंतरे।

जूडो—दोनों हाथ-पैर। किन्तु पैरों का ज्यादा इस्तेमाल।

कूंग-फू—सिर्फ पहली उँगली से ही मार होती है।
हाथ-पाँव चिड़ियों के चोंच मारने की तरह।

ताइक्वांडो—सिर्फ हवा में कुदान लेकर ही हर वक्त मार होती है।

सूर्या-ताइक्वांडो—अंगुल, हाथ, पैर उछाल—इन चारों का इस्तेमाल।

(iv) **खिलाड़ियों की टोली (टीम) के व्यवहार तथा मुद्रा-कौशल**—एक-दूसरे को तंग तो करो, लेकिन इतना नहीं कि टीम, विभाग या संस्थान को नुकसान हो।

— यह टीम का **सामूहिक** खेल/प्रकार्य/प्रकर्म है। आप अकेले नहीं हैं। आप अकेले ही श्रेय नहीं लूट सकते।

— हम एक-दूसरे के प्रति गर्व का अनुभव करें। इतने लोगों को इतने करीब रहने/कार्य करने का मौका जो मिला है।

— जो भी करो, बहुत मेहनत और बेहद लगन से करो।

— इस तरह के **एकजुट रिश्ते** ही हमें जोखिम उठाने को तथा एक-दूसरे से मदद लेने-देने को प्रेरित करते हैं।

— हरेक का अहं समायोजित हो, किन्तु अहंकार को हतोत्साहित करो। तदपि निष्पक्ष तथा निर्भीक समालोचना होनी चाहिए।

(v) **कुछ परिधान-भाषाएँ (जूडो/कराटे)—**

सफेद बैल्ट—(सबसे छोटी : सीखनेवालों को)।

पीला बैल्ट—(ट्रेनिंग पूरी हो जाने पर)।

हरा बैल्ट—(ट्रेनिंग पूरी होने पर प्रदर्शन : 'काता' करने के बाद ही मिलता है)।

नीला बैल्ट
लाल बैल्ट
काला बैल्ट } (सबमें 'काता' करनी पड़ती है)।

इसके अलावा देहभाषा के हेतु कुछ बातें भी ध्यातव्य हैं—

सामूहिक या **टोली** वाले खेलों के मुकाबलों में शारीरिक बल, सहनशक्ति (स्टेमिना), फुर्तीलापन तथा प्रशिक्षित कौशल आदि ही विजय दिलाते हैं तथा खिलाड़ी/खिलाड़िनें कीर्तिमान कायम करती हैं। ऐसे में किसी एक खिलाड़ी की अपेक्षा टोली-संयोजन का महत्त्व सर्वाधिक है।

कई भाँति की **गेंदों** से संचालित/केंद्रित खेलों (टेनिस, क्रिकेट, टेबल-टेनिस, फुटबॉल, स्कवैश, वालीबॉल, गोल्फ, बिलियर्ड) आदि में हरेक खेल के अलग-अलग नियम तथा तकनीक हैं। खिलाड़ियों का मैदान मानो एक चौड़ा पृष्ठ-सा बन जाता है जिस पर खिलाड़ियों/खिलाड़िनों की गतियाँ, स्थितियाँ, मुद्राएँ—वाक्यों तथा शैलियों की भाँति—क्षणे-क्षणे नवीन एवं आशु ढंग से प्रदर्शित होती रहती है। **हाथ-संचालित** खेलों में मुक्केबाजी (बॉक्सिग), भारोत्तोलन, बैडमिंटन, गोला फेंक (हैमर थ्रो), चक्का फेंक (डिस्कस थ्रो), तलवार-लड़ाई आदि प्रमुख है।

पैर-संचालित खेलों में विभिन्न दूरी तथा दौड़ें, ऊँची कुदान, लम्बी छलाँग आदि तथा—

हाथ-पैर संचालित खेलों में तैराकी, गोताखोरी, जिमनास्टिक, ऐरोबिक, कबड्डी, कुश्ती, बाँस-उचान (पोल वाल्ट) आदि की प्रमुखता है।

उपर्युक्त सभी प्रकार देह-गति, देह-बल तथा देह-कौशल के परिलक्ष्यी हैं। इनमें देश-दिक् की विलक्षण परावर्तक अभिभूमिकाएँ होती हैं।

(vi) **खेल-प्रशिक्षण में देह-कार्य-सूचकों की भाषा के चतुर्भुज—**

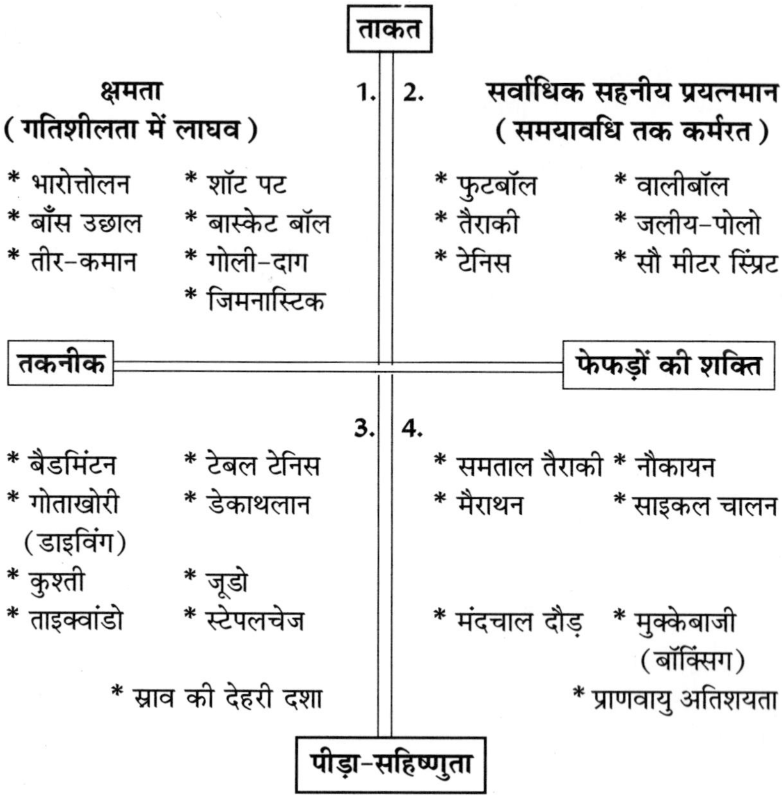

[‘टाइम’, 2012 से साभार]

(vii) विभिन्न खेलों में नई–नई प्रतिभाएँ उभरकर कीर्तिमान स्थापित करती हैं। अत: हम केवल बिना किसी प्रतिमानक के कुछ नाम बता रहे हैं (ये कोई फैसले नहीं हैं)।

टेबल टेनिस : जिआन जिआ लिआंग, जीली, सुबांद्रियो, साइना नेहवाल।

टेनिस : सानिया मिर्जा, स्टेफी ग्राफ, मार्टिना नवराति लोवा, मोनिका सेलेस, जेनिफर कैपरियाती, जोन बोर्ग, बोरिस बेकर (गेंद की कठोर मार तथा कमजोर स्थल में थाप), राफेल नाडाल, विलियम्स–बहनें।

दौड़ें : फ्लोरेंस जायना, मेरी डेकर, पी.टी. उषा, अब्राहम, कार्ल लेविस, मिल्खा सिंह, ईथोपियाई केन्याना।

फुटबॉल : ब्राजील का माराडोना (बलशाली व गौरवशाली)।

तैराकी : माइकेल फेलस, माइकेल ग्रास।

मैराथन : कार्लोस लोपेज।

जिमनास्ट : नादिया कोमानेसी, मेरीलु रेटान, गैवी डगलस।

कूद : अन्जू बाबी जार्ज।

क्रिकेट : सुनील गावस्कर, सचिन तेंदुलकर, कपिल देव।

बॉडी-बिल्डिंग : (इसमें उपकरण से मांसपेशियों में चुस्ती-दुरुस्ती प्राप्त की जाती है)।

सूमो-कुश्ती : मुसा शिमारा, ताकानोहाना, वाका नोहाना।

कुश्ती : सुशील कुमार।

कपिल देव

गेंद का सामना करते हुए सचिन तेंदुलकर के हाथ-पैर

बोरिस बेकर

लसिथ मलिंगा

सानिया मिर्जा

साइना नेहवाल

मारिआ शारापरेवा

आस्ट्रेलियाई गोताखोर

मिल्खा सिंह

कार्ल लेविस

पी.टी. उषा

सूमो कुश्ती

सेरेना विलियम्स (टैनिसनी)

आस्ट्रेलियाई निकोल बोएग्मान की लम्बी कुदान

सौ मीटर दौड़ की 'फिनिश'

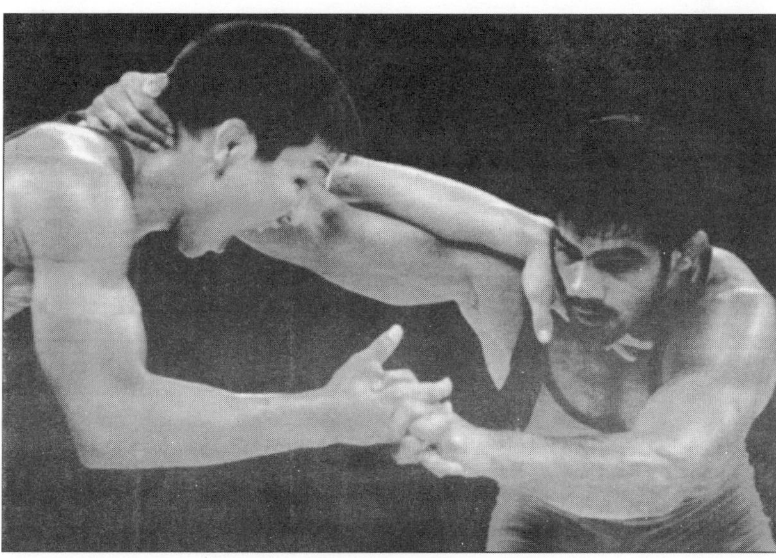

कुश्ती में दाँव लगाते सुशील कुमार

गतिवेग से लम्बी दूरी तक 'चक्का फेंक' में कृष्णा पूनिया

'बाँस उछाल' में कीर्तिमान बनाती चेक ऐथलीट डेनियल बरटोवा (1998)

अध्याय : सत्रह

'सोम' एवं 'काम' देवताओं की देहभाषा

काम तथा सोम का युग्म, मित्र और अरुण की भाँति है। इनकी आहुति-वेदी अनादि वासना है अर्थात् यह आदिम तथा मनोवृत्ति केंद्रित है। **आदिम (कबीलाई) समाज** उन्मुक्त होते हैं। उनके अपने आबद्ध समुदायों के बीच काम एवं प्रेम अर्थात् पंचशरधारी और पीयूषपायी अर्थात् सैक्स एवं प्रणय का सनातन युगल है। आदिम कबीलाई समाज स्वच्छंद होते हैं तथा यौनता भी लगभग लज्जामुक्त होती है। उनमें काम एक सहज तथा स्वाभाविक, अगुह्य तथा अगुप्त—किन्तु निजी—प्रकार्य हैं, प्रजननशाली तथा सुखभागी (मेलिनोवस्की तथा हैवलॉक ऐलिस के साक्ष्य)। खजुराहो के मन्दिर-मंडल के निर्माता चन्देल राजे मूलत: आदिवासी कबीले के बीच से उभरे थे। उनकी कबीलाई व्यवस्था में महादेव तथा कन्दर्प का द्वैताद्वैत था, शिवशक्ति की तरह। उनके शिव महायोगी-महाभोगी दोनों हैं। अतएव योगी की समाधि तथा भोगी का शारीरिक सम्भोग एकैक हुए। मुनि वात्स्यायन के **नागरक समाजों** में यह भोग तथा क्रीड़ा के साथ कला एवं शिक्षा भी हो गया। अतएव इसमें आह्लाद है तथा देह-लीला भी। अत: काम के प्रति एक अन-नैतिक (अ-नैतिक नहीं), दृष्टिकोण अनिवार्य है। सांस्कृतिक नृतत्त्वशास्त्र के परिप्रेक्ष्य में यही निष्पाप आरम्भ बिन्दु है।

मूलत: प्रेम एक भौतिक ताकत भी है। इसमें निर्लिप्तता-निर्वैयक्तिकता नहीं, संलिप्तता-संश्लिष्टता होती है; गुरुत्वाकर्षण शक्ति की। इसमें व्यापकता तथा गहराई होती है आभ्यन्तरिक विस्तार की। काम-सोम देह-केंद्रित हैं। पावन-स्वच्छ-शुद्ध देह की अवस्था **नग्नता** (न्यूडिटी) है। नग्नता में पूरी नृमानवीय खूबसूरती दिखाई देती है। देवियाँ भी प्राय: शिल्प में अर्धनग्न हैं। सो, यक्षिणियाँ और मिथुन भी। इसमें शरीर को एक आजाद ढंग से देख-दिखा, हिला-डुला, कर्म इच्छा लीन कर सकते हैं। इस अवस्था में **आकर्षण का विज्ञान** भी अपने अतिपरम को सिद्ध करता है।

काम और रति, काम-विज्ञान और रतिकला, कामोन्माद की चरम स्थिति और रति-निष्पत्ति की देहभाषा की **स्पर्श-धुरी** पर अधिष्ठापित करने वाले मुनि वात्स्यायन तथा आचार्य मलंग थे। इनका अनुमानित समय ईसा-पश्चात् तीसरी शताब्दी का मध्य था। तब यथेष्ट भौतिक समृद्धि हो गई थी तथा नगर-वृत्त में अत्यधिक गुण-सम्पन्न **गणिका** रमणियाँ कलाओं को सिद्ध करती थीं। अत: चौंसठ कलाओं और चौंसठ कामकलाओं का संगम हो गया था। इसी काल में महायान-धर्म तथा नागार्जुन का अर्थपरक रसायन भी उन्मिषित हुआ था। परिवार के सिस्टम में कन्या-कान्ता—पुनर्भू गणिका (भव्य वेश्या) शामिल होकर समाज में **सुखी-परिवार** की परियोजना कर रही थीं। वर्ण के बजाय यौन तथा रति-रंग भी आधार हो रहे थे। इससे नारी का आयुर्विज्ञान तथा प्रकृति-रूपकों के ढंग से भी वर्गीकरण हो चला था। अत: मुनि और आचार्यों ने पूरी तरह से विवाहेतर सम्बन्धों पर भी उदार विचार किया।

इसलिए 'एक समाजवैज्ञानिक के लिए, यौन-मनोवैज्ञानिक के लिए, भारतविद के लिए तथा नीतिवादी के लिए **कामसूत्र** अत्यन्त महत्त्वपूर्ण शोध-संहिता है। इसने संस्कृत-काव्यशास्त्र तथा नाट्यशास्त्र के क्षेत्रों में भी जबर्दस्त असर डाला। संस्कृत के महान कवि तथा नाटककार

स्पष्ट तौर पर वात्स्यायन के प्रभाव को इंगित करते हैं।' (जी.एस. पेंडसे, 'सोशल फिलासफर्स', पृ. 65, प्रकाशन विभाग, भारत सरकार, दिल्ली, 2000)।

वैज्ञानिक पेंडसे पुणे की औषध-द्रव्य प्रयोगशाला के निदेशक भी हैं। उन्होंने सारांशीकरण करते हुए अभिमत दिया है कि वात्स्यायन का लक्ष्य परिवार की स्थिरता के लिए परिणय में एकसूत्रता कायम करना है। इसके लिए नर और नारी प्राकृतिक मूल इकाई हैं और अनादि वासना मूलवृत्ति (इंस्टिंक्ट) है। अत: विवाह का एकमात्र मनोदैहिक-भौतिक आधार यौन एवं काम के व्यवहार-क्रीड़ा-रंग की त्रयी है। इसमें काम-आसन (बन्ध) तथा रति-क्रीड़ा की निर्वाचिक देहभाषाएँ **स्पर्श-धुरी** पर परम सुख तथा आनन्द-सिद्धि प्रदान करती हैं। अतएव भारतीय समाज तथा संस्कृति में कामशास्त्र का संस्कार एवं पल्लवन-कुसुमायन एक स्वयंसिद्ध विज्ञान-कला-समाजविज्ञान के रूपों में हुआ है। अत: वात्स्यायन ने काम को जीवन की मूल-शक्ति जानते हुए उसका अभिज्ञान एक पुरुषार्थ के रूप में कराया। वे 'धर्म-काम' के परिमंडल में ही आर्ष वैज्ञानिक रहे। यदि अलौकिक काम एक देवता है, पुष्पधन्वा, मीनकेतन, मकराकृत कुंडलधारी अनंग है तो वात्स्यायन तथा मलंग का इहलौकिक काम धर्म, अर्थ के पुरुषार्थों का साधक है। उस समय पांचाल क्षेत्र में काम-विज्ञान का विशेष विकास हो रहा था। 'कामसूत्र' में सप्त अधिकरणों में से धर्म-काम, कामकला तथा मनोविकार की त्रयी है। इसलिए उसमें चौंसठ कलाएँ हैं ('षडंग' वाला चित्रशिल्प सूत्र भी है) तथा सुकुमार कलाएँ हें जिनमें लज्जा-समर्पण तथा आकर्षण एवं काम की मुद्रा-क्रीड़ाएँ एवं रति-भंगिमाएँ हैं। ये भी चौंसठ हैं। इनमें एक धारावाहिक सूत्र है जो नारी के व्यवहार-पैटर्न तथा पुरुष-नारी के यौन-व्यवहारों का उन्मीलन करता है [धनवानों के लिए वेश्यावृत्ति की 'हाँ' तथा नारियों के लिए बहुपतित्व की 'ना' भी है। यह अन्तर्विरोध है]। अत: एक व्यवहार-लड़ी है—कन्या से कान्ता से धर्मपत्नी से गृहिणी और गणिका से वेश्या तक की। मूलत: गणिका और कान्ता की एकात्मयीता ही **वात्स्यायन का महास्वप्न** प्रतीत होती है।

रतिकाम का श्रीभागवत प्रशिक्षण देता है कि शय्या के सम्मुख का उज्ज्वल, पारस रूप मानवाकार **दर्पण** चौदहवीं के शरद चाँद के जैसा इन्द्रजाल ओढ़ाता है।

मिथुन के अधर-पल्लवों पर चंदन का मंडन तथा उरुसंधि (ग्रोइन) पर केसर से अल्पना रचने पर वे **युगनद्ध** मरुत-गंधर्व जैसे **युगल** हो जाते हैं।

सो, मुनि वात्स्यायन ने स्वस्थ एवं प्रसन्न देह द्वारा कामसुख की (आनन्द-) क्रीड़ा का प्रशिक्षण दिया। दो **फिल्मों** में इसकी विस्तारणा है। 'उत्सव' में आसन तथा वेश्याएँ हैं। **काम-सूत्र** में एक ठंडी राजकुमारी-रानी तथा बाँदी की तुलना है—कामिनी नौकरानी बनाम ठंडी-शिलीभूत रानी। अत: यौन (सैक्स) तथा यौनता (सैक्सुअलिटी) भोग-सुख के अनुषंग हैं। भारतीय सन्दर्भ में भी फ्रायड की यौन धारणाएँ अर्ध-अनुप्रयुक्तेय हैं! रूढ़िग्रस्त भारतीय सन्दर्भों में यह गुप्त एवं गन्दा, अनैतिक एवं अश्लील, अपवित्र एवं वर्जित माना जाता रहा है। यद्यपि संस्कृति में **काम** एक पुरुषार्थ है, तदपि विवाहपूर्व प्रणय-रोमांटिक प्रेम—पूर्णत: निषिद्ध रहा है। ब्रह्मचर्य तथा अक्षत-योनि ही साध्य रहे। वस्तुत: परमसुख और आह्लाद समानरथिक हैं। धर्म की अप्सरा-मिथकें बताती हैं कि **नग्नता** पवित्र है, आवरण शाप है। प्राचीन ईजिप्ट में नग्न रमणी-पुजारिन साँड़ के ऊपर नंगी सवारी करके पूजी जाती थी। वह 'जीवित लौ' थी। अन्य नग्न रमणियाँ घेरा बनाकर पीछे चलती थीं।

देहभाषाओं के चक्र-चिह्नों में **शिल्प** देह-टैबू को मिटाता है जबकि **चित्रकला** उसे छिपाती है। तो क्या मानव-देहांग अशोभन तथा पाप है? नहीं। अतएव सम्पूर्ण **नग्न देह** ही व्यक्तित्व की पूरी परिधि में शामिल होती है। इससे दैहिक सौन्दर्य समृद्ध होता है। अगर दोनों

लिंगी पूर्णत: नग्न होकर सहचर हैं तो परिचयता समुन्नत होती है। सो, वात्स्यायन एवं हैवलॉक एलिस और फ्रायड का लक्ष्य है—'स्वस्थ देह में स्वस्थ मन तथा बुद्धि।' ऐसे परिवेश में बलात्कार तथा पथभ्रष्टता (सिडक्शन) अनजाने हो जाएँगे। हमारा लक्ष्य भी यही है।

परवर्ती कालों में **लैंगिक-पहचान** (शिनाख्त, जेंडर-आइडेंटिटी) के जो पुरुषसत्ताक परम्परागतिक अनुबोध (नोशंस) रहे हैं वे पूर्वाधुनिक वृत्त में देहभाषाओं, मुद्राओं तथा भंगिमाओं को भी अवाचिक व्यवहार, मन, भावना तक संलिप्त करते आए हैं (अब ये प्राय: अप्रासंगिक हैं)—

स्त्रीलिंग-विशेषकताएँ	**पुल्लिंग-विशेषकताएँ**
आज्ञाकारिता	प्रभुत्व
आश्रयिता	स्वतंत्रता
अल्पबुद्धिमत्ता	बुद्धिमान
भावुक	विवेकशील
अभिग्राहिणी	आग्राही
अन्त:प्रज्ञ	विवेचक
अबला	बलवान
दब्बू	दबंग
निष्क्रिय	सक्रिय
सन्तुष्ट	महत्त्वाकांक्षी
सहयोगिनी	प्रतियोगी
संवेदनशील	संवेदनहीन
सैक्स-प्रवस्तु	सैक्स-आक्रान्ता
शारीरिक छवि के कारण आकर्षण	उपलब्धियों के कारण मोहक

देहभाषा में 'ऊष्म-गतिकी' द्वारा परमसुख का गणित-पाठ

कामसूत्र के प्राचल (पैरामीटर) पर **देह के भाषाविज्ञान** में देहांगरूपी सौशब्ध तथा मुद्रामुग्ध क्रीड़ाक्रियादि की अर्थीय शक्तियाँ **ऊष्म-गतिकी** (थर्मो-डायनेमिक्स) का भी उद्वेलन करती हैं : मधुर पीड़ा एवं परमसुख के पक्षों में।

सो, हम एक आरेख (ग्राफ) में x-अक्ष नारी का तथा y-अक्ष पुरुष का मान लेते हैं त्रिआयामी हरकतों के कारण हम प्रवाही चार्ट (फ्लो-चार्ट) की संविधि को भी संलग्न कर लेते हैं।

x-अक्ष में जंघाएँ 60% तक फैलकर तलमुक्त त्रिभुज बनाती हैं तो y-अक्ष में 45% का मुड़े घुटनों वाला त्रिकोण बनता है। दोनों की मूल अपनी-अपनी प्रलंब (वर्टिकल) रेखाएँ हैं। इस प्रकार दो त्रिभुज के शीर्ष एक धुरी पर आमने-सामने गुत्थम-गुत्थ होते जाते हैं। इस रसलीन क्रिया-क्रीड़ा के वेग-आवेश में XY का परस्पर भोंकना (थ्रस्ट), मलना, रगड़ना (रबिंग), घर्षण (फ्रिक्शन), झकझोरा या झटका (जर्क) के दुर्लालित छंदों-तालों में गतिवान हो जाता है।

इससे रक्तचाप बढ़ता है तथा आह्लादकारी ऊर्जा व्युत्पन्न होती है। कैसे?

गुरुत्वाकर्षण शक्ति या गुरुत्व अर्थात् 'g' तो एक स्थिरांक (कान्सटेंट) है किंतु दोनों त्रिकोणों के शीर्ष के संघातों एवं संगम से वह खिसकने (शिफ्ट) लगता है अर्थात् विभिन्न देहांगों में अंतरण करता है। वह नाभि से नितंब, कटि से लिंगयोनि, उरुसंधि से ऐड़ी एवं पदपल्लव, वक्षमंडप से कंधों आदि में झूमता-झूलता है। कारण कि, 'g' द्रव्य (मास) बटा भार (वेट) से स्थिर और निर्धारित होता है। तो ऐसी है देहभाषा की जोरावर 'ऊष्म-गतिकी' (थर्मो-डायनेमिक्स)। इसमें प्राणायाम तथा झकझोरे और सीत्कारें ऊर्जा-बल का स्तर उठाते, संगृहीत करते एवं उसकी आपूर्ति करके संतृप्ति करते हैं। यही 'परम सुख' का सहजवादी उत्कर्ष है। ध्यातव्य हो कि इसमें शक्ति तथा ऊर्जा सीत्कार, रगड़ाई, घर्षण, झटकों आदि के द्वारा उत्तप्त होकर देहांगों के तप्त बिंदुओं को भी सुलगा देती है। अलबत्ता हम इसे लौ तथा लय कह लें।

समग्रत: आयुर्विज्ञान चक्र भी 360° घूम जाता है।

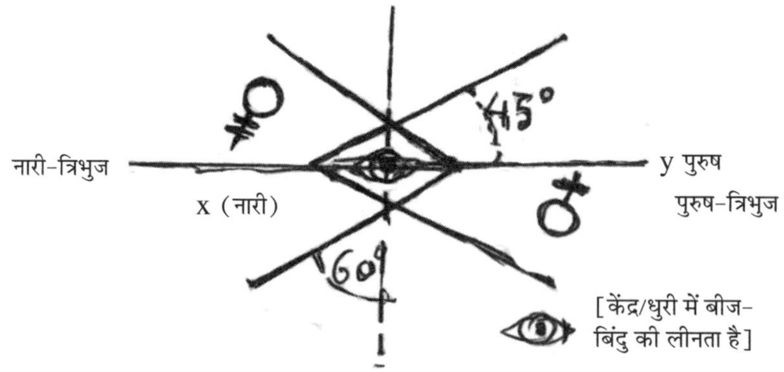

हम इस अध्याय का अपना मुश्किल मुकदमा 'मिथकीयमानसे की उद्घाटक' एक विलक्षण मिथक के द्वारा शुरू करते हैं। इसमें कई अंतर्विरोध पंजे लड़ाते हैं।

स्वर्गिक-दिव्य कैलास में आशुतोष **शिव** के भाल पर लाल ज्वाला देखकर **पार्वती** ने अपने गंगाजल जैसे धवल नखों को लाख से रँगकर लाल कर लिया; उनकी नीलश्याम ग्रीवा को निरख कर अपने मृगलोचनों में काजल आँज लिया तथा उनकी रोमांचित-नुकीली-खड़ी-तनी रोमावली की सेमिओटिक्स का शुभदर्शन करके, रति-उन्मादिनी होकर, **कामदेव** का आह्वान किया कि वे प्रणय तथा सुख के लिए सर्वदा हर्ष प्रदान करें, चिंताएँ दूर भगाएँ तथा प्रचंड रति लीलाओं द्वारा प्रसन्नता एवं तनमन ज्ञान में आह्लाद की सुहाग-वर्षा करें [ये भी 'काम की देहभाषा के ध्रुवांत बनाते हैं।']

चालाक कामदेव के 'तथास्तु' उवाच से शिव का बालचंद्र तो उतर कर उनके वाम पीन पयोधर का भारवाहक हो गया तथा कंठ का सर्प भी उनकी नाभि को गुदगुदाता हुआ नीचे की ओर छुपकर रेंगने लगा। लेकिन तब तक महायोगी शिव समाधिस्थ हो गए थे। [अब हमारे एक आत्मप्रज्ञ मिथक-कुंडल में कामदेव को भस्मीभूत नहीं किया गया, बल्कि...]

...पार्वती एक लोकधर्मी कबीलाई किरातिनी का रूपवेश धारण करके, शिकारिन होकर, कामधनुष के पंचबाण चलाकर, शिव की समाधि भंग करके, उन्हें सम्मोहित कर लेती हैं। वे महायोगी से महारसिक महाभोगी हो जाते हैं। (कामदेव उनको भी उन्मद करना शुरू करता है)। अब तो कामसखा शिव ने पार्वती के उन्नत वक्षमंडप को प्रणाम किया तथा पार्वती ने भी

शिवलिंग का पूजन किया। तदुपरांत शिव ने सर्प को पार्वती की करधनी बनाते हुए उरुसंधि तक लिपटा दिया तथा बालचंद्र को भी ग्रीवा के हार-सा झुला दिया। दोनों की एक झूले की संयुक्त दशा प्रबल-प्रकंपित हो चली : ललित छंद-ताल से झूमती। अतएव अब वे दोनों दैवी मिथुन, हम-तुम जैसे सांसारिक होकर, युगनद्ध मुद्रा में एक सायुज्य लौ हो जाते हैं।

यह अलबेला मिथक-चक्र पुरुष की प्रसन्नता तथा नारी की आराम खिलंदड़ी अकुंठ उन्मत्तता के मनोदैहिक 'कोड्स' अर्थात् कूटों का हैरतअंगेज खुलासा करता है : देहभाषा की संज्ञा(-ना-)त्मक मुद्राओं एवं क्रियाविशेषणों की भंगिमाओं द्वारा।

तथापि प्रारंभ में तो कामचक्र में देहभाषा की कई परंपराव्रती भ्रांतियों से मुकाबला करना होगा कि (स्वामी—) पुरुष (अबला—) नारी का पूर्णपदेन स्वत्वाधिकारी है और नारी की योनि-शुचिता (अक्षत योनि) ही पावन चरित्र है। [यद्यपि हर माह रजस्वला होकर नारी शुद्ध, पवित्र, स्वच्छ और अक्षतयोनि हो जाती है]। ऐसी भ्रांतियों की वजह से ही ज्यादातर अनाड़ी पुरुष-नारी, दोनों प्रायः मूर्ख तथा बुद्धिहीन होते जाते हैं। ऐसे नर-नारी मानो वे अनभिज्ञ बंदर हैं जो रसीले स्वास्थ्यवर्धक नारियल के फल (नारिकेल→नारि-केलि) के रसपान तथां मदिर भोग से वंचित और अजनबी बने रहते हैं। वे तो साक्षात् मानवपशु हैं। देहभाषा ही कमनीय कामिनी नारी एवं कामनायुक्त पुरुष के दैहिक अनुभवों के इहलौकिक सुख (विषयानंद) तथा शिवं सुंदरं को समानांतर बनाती है। दोनों ही सृष्टि तथा सृजन की महत् संरचनाएँ हैं। (अमृता प्रीतम, अमृता शेरगिल, प्रॉतिमा बेदी, तस्लीमा नसरीन तो उत्तम अपवाद हैं)।

सो, कामरति के महाप्रयोजन की कलाक्रीड़ा में अंतर्विरोधों तथा विरोधाभासों का **परिमापी** (रेंज) बहुविध सैक्स तथा अध्यात्म, देहज्वाला तथा मनवृंदावन, गुप्तता और दीवानापन, ऐंद्रियिकता और आदर्श, सौंदर्य और शिवत्व, भोग और त्याग, निजता तथा गोपन, पीड़ा और सुख, मुद्रा और आसन आदि से लेकर निषेधात्मक यथार्थ आयामों में अश्लीलता, बलात्कार, भागजाना, प्रतिशोध, अपराध, पाप, टैबू, पोर्न, मुलायम पोर्न तक की चाँदमारी करता है, तथापि हमारा सरोकार **देहभाषा-धुरी** ही रहेगा। यह अश्लीलता तथा दमित नैतिकता की संस्कारी रूढ़ियों से तटस्थ एवं निरपेक्ष है। आजकल यह विज्ञान तथा समाजविज्ञान, आयुर्विज्ञान तथा गणित, नृतत्त्वशास्त्र तथा शरीरशास्त्र से उत्तरोत्तर संवर्धित है। अतएव इसके चक्रचिह्न भी सर्वांगीण, सांस्कृतिक, समाजवैज्ञानिक, रहस्यगूढ़ एवं मनो-विश्लेषणात्मक हैं। हमारा लक्ष्य स्वच्छ और स्वस्थ, उदात्त और ऐंद्रियिक, सुदक्ष प्रशिक्षित और परमसुखकारी उन्मुक्त काम की देहभाषा का वरण है। हमारी चेष्टा है कि देह का पीलिया तथा आँखों का मोतियाबिंद छँट जाए और एक परिपूर्ण तन-मन-व्यक्तित्व का लीलाकमल भरपूर खिल जाए। पुरुष अर्धनारीश्वर तथा स्त्री अर्धपुरुषेश्वरी होकर प्रतिष्ठित हों!! **नारी-पूजा** के साथ ही जनदेवता भी रमते हैं।

आगे बढ़ने से पहले शुरुआती खबरदारियाँ जान ली जाएँ कि, देहभाषा अवाचिक तथा निर्भाषिक, और अनिर्वचनीय भी होती है। यह मनोरथिक एवं तात्पर्यव्यंजक भी है; यथा— देह-देहांग, मुद्राएँ-भंगिमाएँ, वेशभूषा-शृंगार, निष्पादन-मौनता, कोड—अभिप्राय आदि ही इसकी लिपिक-भाषिक दिशा-दिशाएँ हैं।

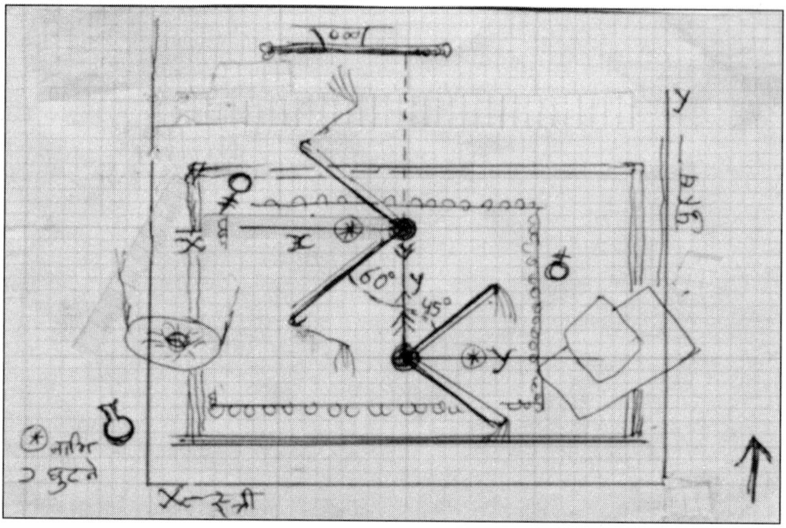
नाभि
घुटने
X — स्त्री
60°
45°

हल्के हिचकोले परिश्रम (जॉगिंग)तथा सैक्स-कार्य के मिश्रण एवं तुलना से कई अनुपम उद्‌घाटन हुए हैं। मान्ट्रियाल की क्यूबेक यूनिवर्सिटी में व्यायामविज्ञान के प्रोफेसर एंटनी डी. करेलिस ने कई मिथकों का खुलासा करके यह अनुसंधान किया कि सैक्स के दौरान वास्तव में कितनी ऊर्जा इस्तेमाल होती है। इसके लिए उनकी पहली प्राक्कल्पना (हाइपोथीसिस) सैक्स को प्रथमतया व्यायाम (परिश्रम) मानने की रही। द्वितीय, उन्होंने इस मिथक को भी निरस्त कर दिया कि सैक्स-व्यायाम के एक सत्र में कोई सौ कैलोरी जल जाती है। ['प्लोस वन', अक्तूबर, 2008]। इसके लिए उन्होंने सैक्स के संघात की मात्रा के परीक्षण किए कि क्या वाकई सैक्स हृदयघात का अवक्षेपण करके मृत्यु की वजह बन सकता है? इसके लिए धड़कानों की सहनीय संख्या को आधारदिका माना गया।

करेलिस ने पाया कि तीस से चालीस साल की उम्र में रति-स्खलन के बिंदु पर पुरुष में हृदयगति इक्कीस स्पदंन प्रति मिनट तथा स्त्री में उन्नीस स्पंदन प्रति मिनट होती है। यह सहनीय पैरामीटर है। तुलना करके उन्होंने पाया कि जॉगिंग (हल्के हिचकोले वाले व्यायाम) के कुछ झटकों में भी प्राय: यही मात्रा होती है। अलबत्ता विवाहेतर सैक्स में यह अपेक्षाकृत बढ़ जाती है।

एंटनी डी. करेलिस और उनकी शोधार्थी-टोली ने इक्कीस विषमलैंगिक युवाओं को तीस मिनटों के लिए पाँव-चक्की पर अभ्यास कराया और शरीर में आंतरिक ऊर्जा की खपत को गतिक-यंत्र (मॉनिटर) से अंकित किया। इसके द्वारा उन्होंने सैक्स की देहभौतिक माप-प्रणाली (मेट्रिक्स) तय की। उन्होंने कम से कम एक माह तक एक सैक्स-क्रिया प्रति सप्ताह की दर से 'देहांतरिक समकक्ष कठिन कार्य' (मेटाबोलिक इक्विवेलेंट टास्क → एम.ई.टी.)की माप-प्रणाली निश्चित की। करेलिस और उनकी टोली ने पाया कि सैक्स एक मध्यमार्गीय मृदुल व्यायाम/अभ्यास है जो पुरुषों को 6-एम.ई.टी. तथा नारियों को 5.6 एम.ई.टी. अभ्यास के गुणयोग की अर्हता प्रदान करता है। यह बहुत कुछ टेनिस के युगल खेल या, ऊँची चढ़ाई के मानिंद है जिसमें जबरदस्ती बगैर एक सहजता है। करेलिस ने निष्कर्ष निकाला कि सैक्स अमूमन चार कैलोरी प्रति मिनट जला देता है। स्त्रियों में यह मात्रा तीन कैलोरी प्रति मिनट है। यह अवधि दस से सत्तावन मिनट प्रति सत्र की है [इसमें पूर्व खेला (फोरप्ले) शामिल है।] तुलना में जॉगिंग में पच्चीस मिनट के औसत में पुरुष कोई नौ कैलोरी प्रति मिनट तथा स्त्री लगभग सात कैलोरी प्रति मिनट जला देती है। अत: सैक्स **परम सुख** के साथ-साथ एक **सार्थक व्यायाम** भी है। उनकी टोली ने यह भी निष्कर्ष निकाला कि जॉगिंग के मुकाबले सैक्स ज्यादा अलमस्त आमोद-प्रमोद का उत्प्रेरक है, अगर वह प्रतिबंध-विहीन, प्राइवेट सहमति-स्वीकृति से भी हो।

अब हम समसमय में अनुप्रवेश करते हैं।

मुखमंडल (फेस) के अन्तर्गत शिर-गति तथा मुहांद्रा और नेत्रों की देहभाषा के कुछ सामान्यीकृत अवलोकन बताए जा सकते हैं—

(क) सिर की गतियाँ—हिलाने पर वक्ता के कथन से सहमति; ज्यादा निहुरने से प्रसन्नता, गर्दन मेरुदंड झुकाने पर आदर।

* नीचा करने पर लज्जा या असमंजस
* आजू-बाजू घुमाने पर वक्ता से असहमति
* बालों के झटकने पर घबड़ाहट

* केश-राशि छूने पर मोहित होने/करने का बोध

(ख) नेत्रों द्वारा प्रतिबोध—

* सीधे ताकने से कतराने पर झूठ बोलना या अतिसम्मान
* बाईं ओर घूरने पर ध्यान का बँट जाना; नीचे ताकने पर कुछ चाल चली जाना
* पुतलियाँ झमकाने पर कोई खुश-खुश प्रत्याशा

(ग) चेहरे की अनुभूतियाँ—

* आवेशरहित मुस्कान पर झूठमूठ की अनुभूति का होना
* बन्द ओठ किसी दाब या सब्र के सूचक
* ओठ कुतरने पर चिन्ता या कामातुरता
* कसे जबड़ों से अप्रसन्नता की सूचना आदि।

—ये व्यक्ति, परिस्थिति, स्थल के अनुरूप प्रयोजन-भ्रान्तियाँ संकेतित करते हैं, तदपि वाचिक-भाषा के प्रतिभास में देहभाषा पर नियंत्रण प्राय: नहीं होता।

इसी प्रकार **पूरी देह** के गतिवाही प्रकर्म—

* आगे झुकने पर अभिरुचि या अनुकूलता की अवस्थिति
* बाँहों या टाँगों को गुण-चिह्नक बनाने पर सुरक्षा के प्रति संचेतना
* हाथ मरोड़ हाथ मिलाने पर गर्मजोशी के साथ धाक या रौब जमाना
* पाँवों को थाप देने पर या तो ऊब या शीघ्रता या भावोन्माद का इशारा आदि।

इनकी उपयोगिता तथा मन्तव्य सुनिश्चित नहीं बताते। विश्लेषक या पर्यवेक्षक के अभ्यास पर ज्यादा निर्भर करते हैं। वह भी इनकी आवृत्तियों के प्रत्यक्ष से बहुधा सही आगाज करता है।

अतएव मुख के सात भाग सही सन्तुलन में सुडौल होने चाहिए—

— माथा (ललाट), ठोड़ी (चिबुक), आँखें, नासिका, दाँत, ओठ, कपोलों की हड्डियाँ तथा जबड़े।

— फिर कद।

— फिर हाथों तथा पाँवों के जोड़ तथा चौड़ा वक्षस्थल और हथेली।

— फिर स्तनों की ऊर्ध्वता तथा नितम्बों की निचली गोलाई, जिन्हें कटि-तराजू-मध्य की भाँति-थरथराती-डावाँडोल करती है।

ये प्रेमी-प्रेमिका के मन के किसी अज्ञात कोने को छू जाते हैं।

हमारी इंद्रियों में **सूँघने की शक्ति** (गंध) का असर होता है—पहली महक में आकर्षण। काम-दशा में सूँघने/स्वाद लेने की शक्ति बहुत बढ़ जाती है। खीरे तथा केले की गंध बेहद उत्तेजक लगती है। रक्त-प्रवाह जितना ज्यादा तथा प्रबल होगा, कामोत्तेजना उतनी ही बढ़ेगी। ऐसे में प्रणय/प्रजनन का मिलन (संगम/सम्भोग) एक आकर्षक एवं बन्धक तत्त्व बन जाता है जिसमें लय-ताल, मुद्राओं-भंगिमाओं की गोपनीय संकेत-भाषा का उद्वेलन होता है। इस आह्लादक खेल के सही/प्रभावक नियमों की समझ/शिक्षा अभिलषित है।

बदन की गंध (फेरोमेन), मदिरा की गंध/पान और इलायची-लौंग की गंध, मोगरे-गैंदे माला की गंध आकर्षण बढ़ाती है। ध्यातव्य हो कि हमारी (ऐसी वार्ता में) शब्द तो नब्बे प्रतिशत नहीं होते। वे संकेत होते हैं, भाव-भंगिमाएँ होती हैं।

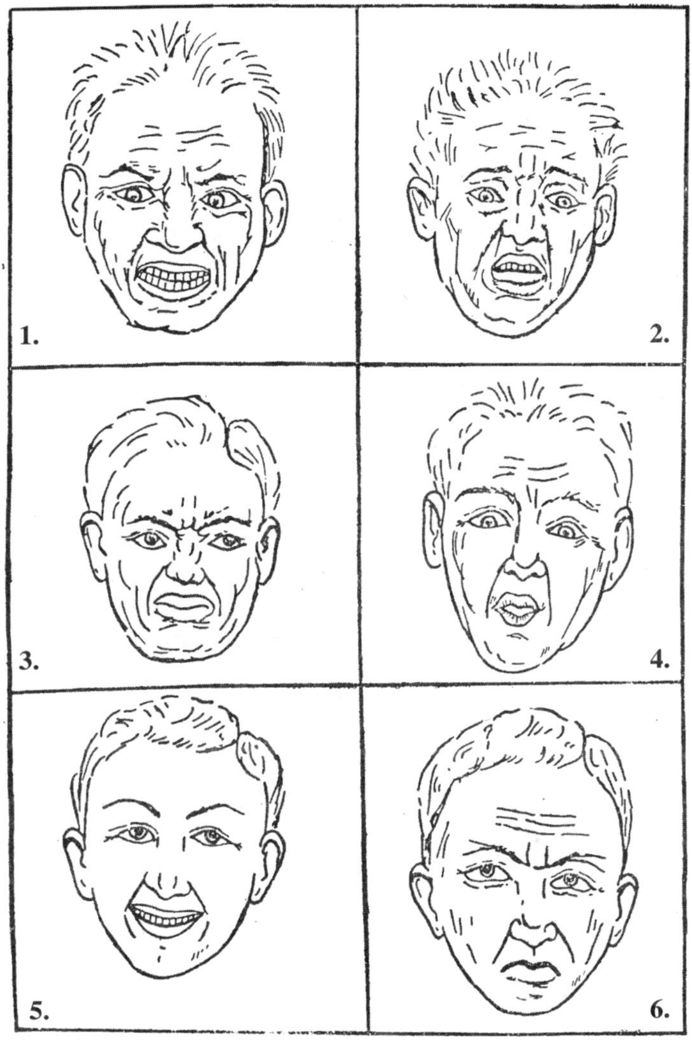

विभिन्न संवेगों की अभिव्यक्ति—
1. क्रोध, 2. भय, 3. घृणा, 4. आश्चर्य, 5. प्रसन्नता, 6. नाखुशी

कुछ देह-भाषिक झुमके—
— बाजू फँसाकर बैठना
— बाजू पीठ के पीछे बाँधना
— अपने घेरे को मजबूत बनाना
— अपने जूतों/सेंडिलों को झुलाना
— थपकी देना—पीठ, जाँघ या कमर में।
— अपने दास्तानों को पकड़े रहना, रूमाल हथेली में लपेटना (मैं तुम्हें चाहता हूँ, गोद में) मेरे करीब आओ, जानेमन!

— किसी की ओर झुकना
— बाजुओं को कैंची की तरह फँसाना
— आँखें बन्द करना (फान्तासी—दिवा-स्वप्नों में डूबना)
— पैरों पर पैर चढ़ाना व बाँहों से घेरे लेना (मैं तुम्हें पसन्द करती हूँ और पास आना चाहती हूँ)
— अंगुलियों के छोरों से मुकाबले करना (निमंत्रण)
— ओठ में दुगुने उत्तेजक स्नायु-बिन्दु होते हैं। उसके बाद पुरुष/स्त्री दोनों के वक्षाग्र, फिर योनि/लिंग के मुखाग्र।
— अंगूठें व उँगली, पाँवों के तलुवे महत्त्वपूर्ण हैं।

यहाँ इस वैज्ञानिक तथ्य को भी जान लें कि आर.एन.ए. में तो जैविक-आनुवंशिक सूचनाएँ होती हैं जो डी.एन.एन. में स्थानान्तरित होती हैं। यह आकर्षण का वह नियम है जो विलास-महोत्सव (ऑर्जी) में परिणत होता है।

इस सन्दर्भ में हम निर्देशक स्टेनली कूब्रिक की फिल्म **आईज वाइड शट** (1998) का हवाला देंगे। उसके प्रदर्शित होने के चार दिन पहले ही उनकी मृत्यु हो गई थी। यह काम और सोम, सैक्स और प्रणय के शाश्वत् रहस्यों को भी परत-दर-परत खोलती है : मादक द्रव्यों, विवाहेतर सैक्स, अज्ञात अँधेरी कोठरियों से निकलकर इंद्रधनुष के छोर छूने तथा मरण में खो जाने की महायात्रा तक। यह हमारी बन्द आँखें फैलाकर विस्फारित करती है। बोनिता (वनिता) बरुआ ने इसका रिव्यू करते हुए बताया कि 'एक कमरे के बीच में एक नकाबपोश पुरुष खड़ा है जो विलासोत्सव (ऑरजी) के पुरोहित की भूमिका अदा करता है—वह नकाबपोश नंगी स्त्रियों के घेरे में है।' अन्य चरित्र भी विचारशील नकाबपोशी तथा रंग-बिरंगे लिबासों में खड़े हैं : इन्द्रधनुष छूने तथा अज्ञात अन्धकार के बीच। पृष्ठभूमि में गीता का एक श्लोक गूँजता है—

परित्राणाय साधूनां विनाशाय च दुष्कृताम्।
धर्मसंस्थापनार्थाय सम्भवामि युगे युगे।।

इसके बाद समूह के जन भिन्न-भिन्न कमरों में चल देते हैं। विविध सैक्स-क्रियाएँ सम्पादित होती हैं। ये दृश्य किंचित् कोमल पोर्न (निर्द्वंद्व काम) वाले अति-यथार्थवादी हैं तथा जिस श्लोक का उच्चार होता है उससे फिल्म वस्तु (प्लॉट) का प्रयोजन खुलता है कि जब-जब सही तथा सहज धर्म-कर्म की हानि होती है तब-तब मैं मानव-धर्म की संस्थापना के लिए युग-युग में पुनर्जन्म लेता हूँ। इस तरह सारा सन्देश प्रकट हो जाता है।

(ओरजी) में सभी सम्भव सैक्स-क्रियाएँ होती हैं, परन्तु अश्लीलता का किंचित् आभास नहीं होता क्योंकि सभी कुछ आनुष्ठानिक है तथा मरणोन्मुख है। यही गूढ़ सन्देश है—सैक्स-मृत्यु-पुनर्जन्म का चक्र। गीता का सन्देश नए उपागम द्वारा प्रसारित किया गया है। अथच कूब्रिक द्वारा संगीत एवं रंगीन लिबास एवं नकाब मिलकर गहरी संरचनाओं वाली देहभाषा के रूप संकेतित करते चलते हैं। उसमें ध्वनि तथा (अनजान छायावाले) चित्र का संगम है (शब्दों का नहीं), महाप्रतीक खुलता है, पुनर्जन्म में। गीता के श्लोक की प्रासंगिकता समर्थित होती है।

सुखद आश्चर्य तो यह है कि सारी फिल्म के परिदृश्य में पूर्णरूपेण सम्मुखीय नग्नता तक को दर्शक वृन्द सहज-सरल ढंग से स्वीकार करता है। यह एक अतुल्य मनोवैज्ञानिक अनावरण भी है (ज्यादातर नग्न-देह के अधोभाग दिखाए गए हैं)। जो मरण की गति का इशारा है, पुनर्जन्म के लिए। यह भी सन्देशा है कि हम कुंठाओं-दमनों में जकड़े मृत्यु की ओर

नहीं जाएँ बल्कि सैक्स के निर्बन्ध लीला-विलास द्वारा साहचर्यात्मक मिथुनत्व को बुनियादी, मानवीय तथा अन्तिम अर्थवत्ता दें।

फिल्म के एक दूसरे सर्वेक्षण में जेने मास्लिन बताती हैं कि इसमें नग्न अभिनयकारी जोड़ी आपस में नहीं दिखतीं, प्रत्युत वे स्वयं को परिपूर्ण-सम्पूर्ण जानती-मानती हैं। उनमें अजनबी भावात्मक मामूलीपन की उत्कंठा तथा अन्तरंगता का अन्तर्विरोधी मेल है। इस तरह पूरी फिल्म में अँधेरे बन्द कमरे की हदबन्दी को ही निर्देशक कूब्रिक ने पूरे ब्रह्मांड का ही प्रतिरूप बना डाला है। इस तरह उन्होंने जीवन के इस नीचे डूबे-छिपे आइसबर्ग को ऊपर उछाल दिया है। नतीजन यह फिल्म हताशा, ईर्ष्या, परकीयकरण (एलिएनेशन), अश्लीलता से मानव/मानवी का उद्धार करके सैक्स के रहस्य लोकों का सहज आदि-अन्त निर्दिष्ट करती है—इंद्रधनुष्य के छोर से गर्भकक्ष के अँधेरे तक का, अर्थात् सैक्स एवं आनन्द के समानान्तर सैक्स और पुनर्जन्म के जीवन-चक्र का। इस तरह यह जीवन की त्रासदी का निष्कासन-परक शुद्धीकरण (पर्जेशन) भी है। दोनों पात्र (वास्तव में टॉम क्रूज तथा निकोल किडमान) विवाह की ईर्ष्याएँ-उदासीनता-खोखलेपन को समझाने के साथ विवाहेतर अनुचित-लोलुप लालसातप्त, मादक द्रव्यों की बदहोशी की रहस्य-यात्राएँ भी करते हैं। यह एक वर्तमान काम-क्लीनिक जैसी फिल्म हो गई है।

इसमें 'अनादि वासना' अर्थात् बुनियादी मूल वृत्ति (बेसिक इंस्टिक्ट) कामधुर, प्राकृतिक, भूख की वृत्ति को अनावृत्त किया गया है। स्टेनली कूब्रिक ने शायद नोबोकोव के विवादपूर्ण उपन्यास 'लोलिता' पर भी फिल्म बनाई है। इसकी विवादास्पद कथावस्तु ने **किशोरी-रति** (पेडोफीलिया) अर्थात् एक वृद्ध पुरुष द्वारा बारह साल की एक किशोरी से रति को लिया गया है। यह जघन्य वृत्ति (पोर्नोग्राफी) की कोटि में मानी गई जिसमें मनोरोगी अपनर्मिल काम तथा सैक्स की दशाएँ हैं। इसमें मधुर के बजाय भयानक, प्राकृतिक के बजाय मनोरुग्ण तथा भूख के बजाय स्वार्थी हविश का संसार है। ऐसा ही दारुण **साडवाद** (साडिज्म) है। इस वृत्ति में अपना आनन्द हासिल करने के लिए दूसरों को कष्ट तथा पीड़ा देना, स्वार्थ, बेरहमी, घृणा एवं हिंसा से जोड़ते हुए परपीड़न-रति को क्रियान्वित करना शामिल है। यह भी सैक्स सम्बन्धी स्याह तथा डरावनी फान्तासियों से प्रचुर मनोवृत्ति का अवनर्मिल (पैथालॉजिकल) हाशिया है। यह बेलगाम अय्याशी है।

उक्त दो मनोरोगों का भी संज्ञान कराना जरूरी है, क्योंकि उचित एवं करणीय बताना ही हमारा लक्ष्यतीर है। एक **संवेगात्मक प्रतिबोध** (इमोशनल रेस्पांस) के चार घटक होते हैं—आवेशात्मक प्रतिक्रिया, शारीरिक, व्यावहारिक एवं वैचारिक प्रतिक्रिया। इसी चतुरंग की पूरकता में यह जानना जरूरी है कि **प्रेम तथा मैत्री** के अत्यधिक रहस्यपूर्ण तथा शक्तिशाली संवेग कैसे संचालित होते हैं। सामान्यत: **प्रणय** पाँच घटकों का पंचप्रदीप है—सैक्स-आकर्षण, मनोवैज्ञानिक उद्दीपन, अन्तरंगता की कामना, चाहत तथा सहमति की तीव्रतर आवश्यकता तथा प्रिय-पात्र को खो देने का बारम्बार उमड़ता भय। अगर ये संवेग मित्र/सहेली के लिए अधिकतर है तो आप रागोन्मत्त प्रणय में लिप्त हैं। इन पाँचों में यौनाकर्षण सर्वाधिक प्रबल है लेकिन मात्र यही प्रणय नहीं है। खो देने का डर सबसे कम अहमियत का है (चीन तथा भारत तथा मध्ययुगीन यूरोप तक में रोमांटिक प्रेम का व्याप्त अस्तित्व नहीं था। यह एक प्रकार से माया, भ्रम, मन-रिपु जैसा वर्जित जादू माना गया था)।

हमारे मुनि जी वात्स्यायन ने भी सैक्स-सुख को प्रजनन तथा परिवार के दायरों में प्राय: नहीं लिया। वे भी नैतिकता की वेदी से कतरा गए।

लेकिन दसियों शताब्दियों के बाद आधुनिक भारत में भी अब, जब विज्ञान शय्या-प्रकोष्ठा

में दाखिल हो गया है, सैक्स एवं प्रेम भी रसायनशास्त्र के समीकरण बनते जा रहे हैं तथा नारी-समानता एवं नारी-सशक्तीकरण प्रभावी आन्दोलन हो गए हैं तथा अति-महानगरों की मर्यादा-नीति-सामंजस्यपूर्ण रहनी-करनी वाली जीवन-शैली छिन्न-भिन्न होकर बुनियादी मूलवृत्ति की तृप्ति तथा देह की स्वायत्तता को जरूरी मानती जा रही है। अत: एकल पतिव्रता या पत्नीव्रत वाले सम्बन्ध छायाओं में धुंधला रहे हैं। अश्लीलता और जघन्यवृत्ति को छूती लोलिता की दास्तान तथा साडिज़्म की परपीड़नरति का जिक्र हम कर आए हैं। ऐसे विचित्र-अपसामान्य देहवादी आयाम मानो आधुनिक कामकाजी पुरुष/स्त्रियाँ के गले में फन्दे कस रहे हैं। हमारी न्याय-प्रणाली चौकन्नी हो गई है। वह **समलैंगिक** (होमो-सैक्सुअल) तथा **बगैर शादी के पति-पत्नी की तरह साथ रहने** (लिव-इन रिलेशनशिप) को मान्यता देने को सहमत है।

दूसरी स्थिति में 'उचित एवं पर्याप्त समय' तक साथ रहने की शर्त लागू हो रही है। सर्वोच्च न्यायालय ने फैसला दिया कि ऐसी सम्बन्धता में रहने वाले पुरुष और महिलाओं से पैदा हुए बच्चे को अवैध नहीं माना जाएगा कि बच्चा पिता की सम्पत्ति में बराबर का दावेदार होगा कि (दिल्ली उच्च न्यायालय ने फैसला दिया) ऐसी महिलाएँ गुजारा भत्ते की हकदार होंगी। यहाँ तो आधुनिक काम-सूत्र लिखा गया। दूसरी नारी वैधानिक तो नहीं, किन्तु सामाजिक पत्नी के रूप में रहने वाला सम्मान पाएँगी। ...कामकाजी दम्पतियों तथा एकसाथ काम करने वाले पुरुष-स्त्रियों के बीच ये क्रान्तिकारी परिवर्तन हो रहे हैं (गीता में वासुदेव कृष्ण ने भी पार्थ से कहा था कि जो कार्य तुम मोहवश नहीं करते, वे विवश होकर करोगे)। इस बहस की पुष्टि में नई सदी में कुछ देशों में अविवाहित जोड़ों के 'लिव-इन' परिवारों में पैदा होने वाले बच्चों का प्रतिशत—डेनमार्क (पचास फीसदी), फिनलैंड (इक्कीस फीसदी), ब्रिटेन (पच्चीस फीसदी), फ्रांस (सत्रह फीसदी), आस्ट्रेलिया (बाईस फीसदी), न्यूजीलैंड (सवा अठारह फीसदी), कनाडा (सोलह फीसदी), मैक्सिको (उन्नीस फीसदी), यू.एस.ए. (अप्राप्त)। यह तो मुक्ति के बाद का स्वैच्छिक बंध (बन्धन नहीं) है। इस प्रसंग को बॉलीवुड ने भी 'सलाम नमस्ते' तथा 'बिन फेरे हम तेरे' नामक फिल्मों में लिया है। उच्च वर्गों में विवाहेतर रिश्तों का भी प्रचलन होता जा रहा है।

अमेरिका में धुरी सैक्स बनाम नैतिकता से हटकर सैक्स नाम स्वच्छन्दता पर चिंगारियाँ छिटका रही है। शय्या-कक्ष के साथ सार्वजनिकता में भी कामुक आजादी फैल रही है क्योंकि उपनगरों तक में आरामदेह, प्राइवेट तथा खुला वातावरण हो गया है। इस क्षेत्र में भी किन्से ने पुरुषों तथा नारियों के यौन व्यवहारों के उद्घाटनकारी तथ्य बताए हैं। अमेरिकी समाज यह भी मानने लगा है कि **यौन विमुक्ति** से हिंसा और युद्ध का खात्मा किया जा सकता है (विल्हेम रोए)। सो, 'राक-एन-रॉल' संगीत एवं नृत्य में सारा जोर संगीत पर हुआ, शरीर के खास हिस्सों को गति एवं मुद्रा को हिलाते हुए। ...क्रमश: शरीर की नग्नता का जश्न भी मनाती हुई 'बीट'-धारा बही। 'प्लेब्वाय' ने अविवाहित पुरुषों तथा नारियों को कामुक आजादी प्रदान की। ऐसा लगता है कि सैक्स की ऐसी दशाओं की एक विलक्षण देहभाषा बनती जा रही है ('ट्विस्ट', 'नृत्य' में अपने शरीर को एक आजाद ढंग से मरोड़ा-ऐंठा तथा हिलाया जाता है)। और बेट्टी फ्रीडम ने यौन की कई मिथकों को तोड़ डाला। हिप्पियों ने नारा-बुलन्द किया—'प्रेम करो, युद्ध नहीं!' कई तरह के मादक द्रव्यों का इस्तेमाल हो चला। मास्टर्स एंड जॉनसन ने, स्त्रियों के मदन-छत्र के उद्घाटन से, एक नई प्रकार की आजादी दे डाली (1960)। नैंसी फ्राइडे ने नारी की रति-कला के अन्य रहस्योद्घाटन किए।* इस तरह वर्जनाएँ (टैबू) टूटती गईं और इनसानी यौन सम्बन्ध पिछली सदियों के मुकाबले कई गुना बदलते गए। सैक्स को

* 'माई सीक्रेट गार्डन?' कंगारू बुक्स का पेपरबैक, न्यूयॉर्क, 1974

जिस्मानी जरूरत तथा कुदरत का एक हिस्सा माना गया है। इच्छा तथा नैतिकता के बीच में कामना की विजय हुई।

हम जानते हैं कि मुनि वात्स्यायन तथा हैवलॉक ऐलिस ने काम को चरम सुख मानते हुए देह तथा जीवन का आदर करने की कड़ी शर्त लगाई है। हम भी इसी वैश्विक दृष्टि का अनुगमन करते हुए काम और देह और जीवन का आदर करने की शिक्षा तथा प्रशिक्षण देने को कटिबद्ध हैं ताकि एक शालीन, स्वस्थ तथा सुन्दर जीवन पल्लवित-पुष्पित हो सके।

उक्त शिक्षा तथा प्रशिक्षण के लिए हमारी सीमा **देहभाषा** है। हमने यही पाया है कि काम एवं रति तथा प्रेम की बहुविध-सर्वाधिक देहभाषाएँ हैं। हम सारांश से शुभारम्भ करेंगे—

(i) इसमें मुद्राएँ (स्थानक, पार्श्व, शयन), आसन, भंगिमाएँ, अनुभूतियाँ, चिह्न, गतियाँ, प्रकार्य हैं।

(ii) क्षेत्र : नयन, स्पर्श, स्वाद, गंध तथा कर्मेंद्रियाँ।

(iii) कर्म : उठाना, मलना, फैलाना, सिकोड़ना, धक्के, क्षत्।

(iv) विधियाँ : नग्नता-निर्वसना-वस्त्रालंकृति।

(v) भाषा : मौनता तथा संकेतों द्वारा सम्प्रेषण। कुछ स्वरों, ध्वनियों, सीत्कृतियाँ का भी अपना सौन्दर्यबोधशास्त्र है।

(vi) ये विविध-बहुल-मिश्रित हैं। कोई व्याकरण नहीं।

(vii) आह्लाद और पीड़ा आत्मरति-आत्म-पीड़न-रति-परपीड़न रति आदि।

अन्ततोगत्वा हम काम-रंगमंच की यवनिका हटाते हैं—

यह एक विरोधाभास है कि...अनंग की देहभाषा? यह है! यह बेहद रतिरहस्यात्मक-रंगपूर्ण है। यह सूत्र-शास्त्र तथा क्रीड़ा है, कला तथा लीला है, रणकौशल तथा मिथुन-जय-पराजय है। यह काफी सेक्टरों में तो **गोपन दृश्यरति** (वोयूरिज्म) जैसी ही है।

दूसरा विरोधाभास मिथक में खुलता है। एक ओर **शैलपुत्री** पार्वती तथा **शबरवेशी** शिव हैं ('किरातार्जुनीयम्' से तुलनीय) तो दूसरी ओर काम द्वारा **शम्बर** (राक्षस) का वध है। एक ओर समाधिभूत शिव हैं जिनकी समाधि के **योग** को **भंग** करके काम मैथुनी सृष्टि को निरन्तर रखने की अनुशास्ता है तथा उसे **भोग** का अनुकारक बनाना प्रारब्ध है, तो दूसरी ओर खुद शिव ही काम का वध करके—बाद में पुनरुज्जीवित करके—उसे **अनंग** में अ-कायान्तरित (?) कर देते हैं। एक मिथक का कुंडल यह भी है कि शिव इलावर्त में नारी हो गए थे तथा **अर्ध-नारीश्वर** होने की पूर्वपीठिका में **अर्ध-पुरुषेश्वरी** होने का अनुभव भी प्राप्त कर चुके थे। समुद्र-मन्थन के अवसर पर वे मोहिनीरूपा विष्णु पर मोहित हो गए थे और उक्त समागम से पुत्र अयप्पा का जन्म हुआ था। वस्तुतः ये योग तथा भोग, पुरुष तथा प्रकृति, शक्ति तथा शिव, काम एवं रति के द्वन्द्वैक्य-कूट हैं जो काम के अन्तरंग अन्तर्विरोधाभास भी हैं।

मिथक की दार्शनिक व्याख्या करने पर **शक्ति** दैवी ऊर्जा का **नारीत्व-अवतार** है। **प्रकृति** होकर यह सृष्टि का शक्ति-तत्त्व है। नारीत्व होने के साथ यह पुरुष द्वारा निर्दिष्ट होती है। चीनी यौन मिथक में यह 'यिन' है। रोमन मिथक-चक्र में मर्करी देवता की माता **माइआ** है। प्रकृति-शक्ति का उपरूप ही **माया-शक्ति** है जो वस्तुतः पदार्थ (सत्) की नाना प्रगुणताओं का पुंज है। इसी क्रम में **पुरुष** है जो सृष्टि का शिव-तत्त्व है। यह निष्क्रिय है तथा प्रकृति को इच्छा द्वारा क्रियमाण बनाता है। चीनी मिथक में यह 'यांग' है। इनके चक्रचिह्न हैं : प्रकृति-नारी : पुरुष-नर :

वात्स्यायन के पश्चात् मध्यकाल के मॉडल (प्रादर्श) आए। काश्मीरी **कोका पंडित** (12 वीं शताब्दी) तथा ओड़िशा के ब्राह्मण **कल्याण मल्ल** (1450–1526) प्रमुख हैं।

"जाहिर है कि कोका पंडित के प्रेमीगण पूर्ववर्ती वात्स्यायन मुनि के प्रणयियों से बहुत भिन्न हैं। कामसूत्रकालीन प्राचीन भारत खुशहाल, प्रमुदित तथा उदारदर्शी था। वह आधुनिक भारत के कबीलाई समाजों जैसा था—संताल, उराँव और नगा समाज। स्त्रियाँ सार्वजनिक जीवन में मुक्त होकर विचरण करती थीं और अलग-थलग नहीं थीं। युवकों द्वारा कुमारियों का प्रेमानुगमन होता था। कभी-कभी बहु-विवाह प्रथा भी सामान्य थी।...विवाह-पूर्व सैक्स के उल्लेख मिलते हैं। राजनर्तकियाँ तथा गणिकाएँ तो अत्यधिक सम्मानित थीं ही, अपितु अन्य वनिताएँ भी रतिरंग-पथगामिनी थीं। इसलिए वात्स्यायन ने उन पर भी विचार करना समीचीन समझा।"*

'अर्द्ध-नारीश्वर'
या
'अर्द्ध-पार्वतीहर'

'वासुदेव कमलजा' नेपाल
या
'अर्द्ध-लक्ष्मीहरि'
(म्यूजियम फुर वोल्कर कुन्द, बेसल, स्विट्जरलैंड)

* डब्लू.जी. आर्चर का मुखबन्ध, 'दि कोका-शास्त्र', अनुवाद—एलेक्स कम्फर्ट, टांडेम बुक्स, लिमिटेड, लन्दन, 1966

— हरेक युवक-युवती का अधिकार है कि वह पूरी तरह जीवन जिये, पूरी तरह प्रेम करे और तब तक स्वस्थ यौन जीवन का भोग करते हुए युवा बना रहे जब तक कि वह ऐसा रह सके। आन्तरिक पक्ष में सुन्दर नारी तथा सौम्य पुरुष ही प्रादर्श मिथुन हैं।

तो पूर्ववर्ती दूती–गणिका–परकीया के त्रिकोण के अतिरिक्त मध्यकाल का परिवर्तित प्रादर्श बना। उसमें जारकर्म (एडल्टरी) बनाम **योनि-शुचिता, वशीकरण** (सिडक्शन) तथा उसके मिलवर्तन में **सती** की दासीनुमा अवधारणा पूज्य हुई। सती के चरित्र–गुण का ध्रुव पति है, पति ही उसके सद्‌गुणों का स्रोत होने के कारण परमेश्वर है, पति ही उसका स्वामी–रक्षक–पोषक है और पति ही खुशहाली तथा गरिमा का आधार है। अलबत्ता एक चोर–कोठरी का तिलिस्म भी खुला। कुबेर और इंद्र केंद्र की अप्सराओं को लेकर स्वेच्छाचार तथा प्रकट में पाप। इसी तरह समानान्तरता में ईसाई मिथक की 'ईव' का साँप और कामुकता बनाम ईसाईयत में माता मरियम जैसी क्वाँरी माताओं के पवित्रीकरण के दैहिक भेदों के बीच ऐतिहासिक टकराव सुलग उठे। इस तरह इस दूसरे त्रिकोण ने देह–धुरी में प्रलय तथा ज्वाला उकसा दी।

साथी, मध्यकाल में ज्यादा आगे बढ़ा जाए।

किशन कान्हा ने युवा सुहागिन गोपियों से चीरहरण, दधि–छीन जैसी लीलाएँ कीं और रासनृत्य की रात्रियाँ आनन्दमय बनाईं। कृष्ण ने गोवर्धनगिरि धारण करके देवेन्द्र इन्द्र का भी उपहास किया तथा ब्राह्मणों के तीर्थ मथुरा के बजाय वृन्दावन को धुरी बनाया। उन्होंने भोग को योगीश्वर एवं नटनागर के रूप में उज्ज्वल बना डाला। कुत्सित नैतिकता के नजरिए से क्या राधाकृष्ण की प्रीत जारमय (एडलट्स) है? वह यौन शुचिता (चेस्टिटी) भी नहीं है। यह पहेली मध्यकाल में महाक्रान्ति का कारक बनी। राधा नैतिकता से पहले मधुरा प्रीत के **महाभाव** की आद्य आराधिका मान ली गई।

'विष्णु पुराण' तथा 'भागवत पुराण' (ई.प. 10वीं शती) में श्रीराधा को विलुप्त रखा गया। बारहवीं शताब्दी में पंडित कोका ने भी अपनी कामकला–पोथी में कृष्ण गाथा के निहितार्थों को उद्‌घाटित किया। जयदेव ने राधा को कृष्ण के बराबर महत्ता दी। उनकी यौन सम्बन्धता की व्याख्या रहस्यवादी–आध्यात्मिक अद्वैत में रूपान्तरित कर डाली गई, यद्यपि उन्होंने अन्यापदेशिक (एलिगॉरिकल) 'रतिमंजरी' भी तो रची।

इसी तरह **शिव–कथा** में भी धर्म ने सैक्स का अधिग्रहण कर लिया। उनकी सम्मूर्ति तो 'लिंग' भी थी। 'लिंग' प्रकृति की 'योनि' पर प्रतिष्ठापित हुआ। इसमें शनैः–शनैः नारी–शक्ति या 'शक्ति' की धुरी बनती गई। शक्ति (नारी) पवित्र तथा गुह्य साधनाओं का स्रोत होती गई। सिद्धों तथा वज्रयानियों के तंत्रादि ने अपनर्मिल–अवनर्मिल दुराचार भी फैलाया। **महामाया** और **महामाता** (जगदम्बा) तथा **महामुद्रा** की साधनाएँ चल पड़ीं। पंडित कोका ने नारी की महामुद्रा तथा महामाया को कामकलाओं में समानान्तरित–सा किया। उनमें रति–क्रीड़ाओं के रहस्य शामिल हो गए। बाद में तो चैतन्य महाप्रभु ने **परकीया रति** को ही सर्वोत्तम घोषित करके मधुरारति को दिव्य अर्थात् **उज्ज्वल रस** की उद्रेककारिणी बता दिया।

मध्यकाल में देह–धुरी पर गुह्य अभ्यास तथा विप्लवकारी क्रीड़ाएँ और विद्रोही स्थापनाएँ होती गईं। लोकायतिक वैश्विक दृष्टिकोण से ही इनका सांस्कृतिक नृतत्त्वशास्त्र उद्‌घाटित हो सकता है। देह–धुरी पर जननेंद्रियों की छानबीन, रचना–संरचना, कार्य एवं प्रक्रियाओं की गहन समझ भी की गई।

अब कोका, कल्याण मल्ल, प्रौढ़ देवराज आदि ने गहराई–चौड़ाई (मोटाई) के प्रमाणों के आधार पर लिंग को लम्बा (कवीर), सुदृढ़ (कड़ा) तथा मोटा (मुसल) भेद किए। योनि के भी पंचगुण खोजे—कछुवे की पीठ के समान (कूर्म पृष्ठ), हाथी के कन्धे के समान (गजस्कन्ध), लोमरहित (अलोमकं), सुविस्तीर्ण और कमल के समान सुगन्धित (पद्‌मगंध)। प्रमाण के आधार पर ही उन खोजियों ने मृगी–शश, बड़वा–वृष, हस्तिनी–अश्व के मिथुन

निर्धारित किए। इन्हें ही **समरत** बताया। इसी की पूरकता में नखच्छेद एवं दन्तक्षत की भी **चित्र-रचनाएँ** बनाई गईं। देहभाषा के चित्रविचित्र अक्ष भी खींचे गए।

इसी क्रम में **आसन** या बंध के देह-शिल्प उपमित किए गए। यथा, कमलासन (पद्मबन्ध), नागपाश, लतावेष्ठित, अर्धसम्पुट, रतिनाग, मेखलाबन्ध, कुलिश, रतिसुन्दर, केशर, धेनुक, उत्कंठ, हिल्लोल, नरसिंह, सिंहासन, विद्याधर इत्यादि।

मध्यकाल में भी देहांगों का चतुरंग ही नहीं, बल्कि **सारी नारी-देह** पर पुरुष ने अपनी मारक-भेदक, कामातुर—सौन्दर्यलोभी नजरें गड़ाई हैं। यह एकपक्षीय सन्दर्श है, तो है। क्या करें? नारी-देह को लता (बेल), दामिनी, (नागिनी भी) जैसा देखा गया। उसमें कृशांगता, सुकुमारता एवं भंगिमा प्रमुख लक्षण हैं। लगता है कि पुरुष-भाव प्रतिमा (एनिमस) ने नारी-भावप्रतिम (एनिमा) को अपने अनुसार ढाल दिया। 'विष्णुधर्मोत्तर पुराण' के चित्रसूत्र में **नारी-विन्यास** के दो निर्देश दिए गए हैं—नारी-देह की लम्बाई पुरुष देह के कन्धे तक हो तथा पुरुष की अपेक्षा नारी का मध्यभाग दो अंगुल छोटा, किन्तु नितम्ब-भार चार अंगुल अधिक हो (चित्र-सूत्र, 371-374)। **नारीदेह-संरचना** में वर्तुलाकार पुष्ठ उरोज, क्षीण मध्यभाग, विस्तृत नितम्ब का विधान है। वैदिक काल में भी नारी के 'वृहत् नितम्ब प्रशंसनीय थे (ऋग्वेद-10.85.92)। देह-भाषिक तथ्य है कि विस्तृत नितम्बों के कारण अलसाई गति होती है (श्रोणी भारादल सगमना—शतपथ ब्राह्मण-1.1.16)। अत: दो अभिज्ञान बने—विशाल स्तन और विस्तृत नितम्ब।

वराहमिहिर ने सामुद्रिक शास्त्र में **शरीर की शुभ्रता** तथा **शकुन** (मांगल्य) को आधार बनाया है। अतएव ये उन्मान (देह की अंगुलात्मक ऊँचाई), मान (भारीपन अथवा चौड़ाई), गति (गमन), संहति (अंग-सन्धियों की संश्लिष्टता), सार (भेदा, मज्जा, त्वचा, अस्थि, शुक्र, रज, रुधिर एवं मांस), वर्ण स्नेह (वाणी, जिह्वा, दन्त, नेत्र एवं नखों की स्निग्धता), स्वर, प्रकृति (वात, पित्तादि), सत्त्व अनुक (आकृति के द्वारा पूर्वजन्म के लक्षण), क्षेत्र (दस भागों में विभाजित देह के अंगोपांग) तथा मृजा (पंचमहाभूतमयी, शरीरच्छाया आदि है (वृहत्संहिता-68.1)।

उक्त आधारों से देह-शोभा एवं **देह-आकर्षण** में वृद्धि होती है। 'सरस्वती कंठाभरण' (1.124) के अनुसार—

मिथकीय मंडल के अन्त में कामकेंद्रित महारूपक है कि शम्बर का वध करने वाला तथा शिव द्वारा भस्मीभूत होने के पश्चात् सृष्टि में व्याप्त अनंग अर्थात् काम (सैक्स) जगत् की माया (विभ्रम) का पुत्र है। वसन्त (यौवन की परिपूर्णता) उसका सखा है तथा रति (अनुराग) एवं प्रीति उसकी कान्ताएँ। शुक उसका वाहन है और वह मकराकृत कुंडल पहनता है। वह पाँच पुष्पबाणों से रति-रण में भी जूझता रहता है।

काम की देहभाषा के तीन आयाम हैं—

(i) **पुरुष एवं प्रकृति :** यह सर्वाधिक सुकुमार समरसता का विधान करते हैं;

(ii) **आसन :** ये सर्वाधिक जटिल, ललित एवं विविध हैं। इनमें ताल (रिद्म) एवं गति (मूवमेन्ट) के सुखदायक रूपंकर होते हैं जिनमें वेगपूर्वक भोंकना (उथले-गहरे), पालना-झुलाना (अगल-बगल), चाक पीसना या (चक्का घुमाना) प्रमुख हैं; तथा

(iii) यह **परमसुख**-प्रदायिनी है। इसकी व्याख्या कामुकतापरक, रहस्यवादी अथवा दिव्य—तीनों प्रकार से हो सकती है। अत: देहभाषा-कर्तृत्व की अनुपम नाममाला है—रति (सम्-भोग), केलि (कामातुर खेल-कूद), कामकला (सैक्स की कला),

रति–क्रीड़ा (यौन के खेल–विनोद), सुरत–श्रम (सुरतोपरान्त थकान) आदि। ये भिन्न–भिन्न विधियाँ तथा अभ्यास है। यह पहला त्रिकोण है, यह जाहिर होता है इन आयामों में—

(क) नृतत्त्वशास्त्रीय उन्मीलन (माया, लीला, सिसृक्षा, शक्ति) है;

(ख) देह की आसक्ति, सम्मोहन तथा आकर्षण है; और

(ग) यौन वर्जनाओं बनाम सैक्स कुशलताओं के बीच द्वन्द्व भी है। इसे हम दूजा त्रिभुज कहेंगे।

हम समाहार कर सकते हैं कि **काम की देहभाषा** में—

(अ) रूप (आँख) तथा ध्वनि (कान) के साथ उत्तरोत्तर स्पर्श (त्वचा), रस (जीभ) एवं गंध (नाक) की भी व्याप्ति होती हैं; यथा—देहांग–स्वाद, देहांग–स्पर्श, देह–गंध;

(आ) इसमें नख–क्षत, दन्त–क्षत, आलिंगन, चुम्बन, निर्वसनता, वस्त्राभूषण, चित्र–रचना भी करते हैं;

(इ) यह देह–भेद, देहांग–रूप, देहांगों की आकृति–आकार, रेखाओं, चिह्नों के आधार पर सामुद्रिक का विन्यास भी करते हैं।

कुल मिलाकर **सोम** के अमृत, **अग्नि** की तप्तदीप्ति तथा **काम** की उन्मत्तता का तीजा त्रिकोण बनता है जिसके केंद्र में मिथुन है।

हमें सोम–अग्नि के सखा काम की अवाचिक देहभाषा को—कई स्थानान्तक टैक्नालाजीय विधियों द्वारा—वाचिक भाषा में प्रत्याभाषित करना होता है। इसे रेखांकित किया जाना चाहिए। यह कार्मिक सूक्ति है। अतएव—इसमें प्रत्यर्थों (रेस्पांसेज) एवं अनुभूत अभिव्यक्तियों (एक्सप्रेशंस) के बंधान रहते हैं। इसमें मांसपेशियों की गतिवत्ताएँ **बन्धों** का, तथा अस्थियों के गुरुत्वाकर्षण वाले रूपाकार **आसनों** का विन्यास करते हैं।

कामोपचार में त्वचा **अरुण दीप्ति** तथा **रजतद्युति** वाली हो जाती है जिसके कारक आलिंगन एवं पूर्व–केलियाँ हैं; यथा—बाँधना, स्पर्श करना, प्रहार करना, अधर–पान, नख–क्षत्, दन्त–क्षत, जननेंद्रिय–चुम्बन–चूषण, उत्तेजन, संवाहन, गुदगुदाना आदि की ललित क्रीड़ाएँ हैं [लेस्बियनता में परस्पर–पीनपयोधर–मर्दन, भगशिश्न को ठुमकाना–घर्षण–सहलाना आदि समलैंगिक सुखानन्द के पहलू हैं]।

इसमें निकट सम्पर्क तथा पकड़ द्वारा मर्दन, ताड़न, मन्थन एवं सम्पीड़न होता है जो मन्दवेग, चंड वेग तथा मध्यवेग परक तथा कालभेद के मुताबिक शीघ्र, चिर और मध्य होता है। आलिंगन, चुम्बन, केशग्रहण की अनेक विधियाँ देहभाषा के रूपक तथा ऊहाएँ हैं। सोम के अमृत तथा कामपरक अग्नि के **संघात** के लक्षणों में प्रमुख केशों के बीच उँगलियों को फँसाकर फिसलाना, अपने ही कपोलों को थपथपाना, वक्षस्थल से पल्लू का लापरवाही से फिसलाना, निचले ओठ को दाँत से दबाना, सहसा लज्जा का प्रदर्शन (शायद स्वयं की रहस्यपरक फान्तासी के कारण), सखी को पकड़कर गुदगुदाना, वार्ता में मधुरता से हकलाना, अकारण आह भरना तथा अँगड़ाना आदि (कल्याण मल्ल)।

मिथुन के **आलिंगन** के प्रकारों में गति–क्रिया का मेल है : लताधिरूढ़, भुजा तथा जाँघों का बंध (तिलतंडुलालिंगन), जाघनालिंगन, क्षीरनीर अंगलिंगन आदि चक्रित किए हैं।

इसी तरह **चुम्बन** के भेदों में स्फुरित, बन्दिक, तिर्यक, सम्पुट, प्रतिबोध आदि गतिक–कार्य हैं ('अनंगरंग')।

त्वचा के स्पर्शमूलक उक्त कई भेदों को यौनशास्त्री मास्टर्स तथा जॉनसन ने भी ऐंद्रियिकता की तल्लीनता के तकनीक माने हैं।

सबसे बड़ी सच्चाई तो यह है कि प्रहणन, दुलार, चिकोटी, खरोंच, थपथपाना, गुदगुदाना, मालिश आदि क्रियाओं को विलास-राशि देह की कठोर, हिमीभूत (फ्रिजिड), कुंठित, वंचित, क्षुधित, अभिवृत्तियों (एटिचूड्स) को शहद जैसी मीठी तथा धुली हुई और मोम जैसी पिघला देती है। इससे अन्तरंगता बढ़ती है एवं सैक्स-बाधाएँ मिटती हैं।

हमें स्पर्श-चक्र में यह भी जान लेना है कि वस्त्राभूषण तथा पोशाक-लिबास की बुनावट, बनावट, माध्यम आदि भी आच्छादक तथा आह्लादक हैं। इनका निरूपण यथा-स्थान होगा।

देह के सामाजिक प्रकार्यों तथा सन्देशों के आधार पर भी पुरुषों में नागरक, रसिक, विट्, विदूषक, शठ, पति, प्रेमी, धृष्ठ एवं काम-स्वभाव के अनुसार वृषभ, अश्व, शश आदि भेद किए गए हैं। इसी भाँति नारियों के अष्टनायिकाएँ, अष्टांगवती, अलसकन्या (आदतन आलसी), मदनिका (सज्जात्मक नारीयष्टि), सुर-सुन्दरी (मन्दिर-अलंकरणकत्री), अप्सराएँ (स्वर्ग की सुन्दरियाँ), गणिका (वेश्या की सर्वोत्तम श्रेणी), नगर-वधू (गणसमुदाय की सर्वोत्तम नारी), वारांगना, विलासिनी (?), पुंश्चली, स्वकीया (पत्नी), परकीया (अन्य पुरुष की पत्नी), दूती तथा काम-प्रकृति के अनुसार पद्मिनी, चित्रिणी, शंखिनी, हस्तिनी आदि भेद किए गए हैं। प्राकृतिक उर्वरता के लिए 'शालभंजिका', गर्भवती नारी के लिए 'दोहदिनी' आदि प्रभेद हैं। कामलीन युगल 'मिथुन' हैं तथा मानव-शिर एवं अश्व-देह वाले मिथकीय प्राणी 'किम्पुरुष-किन्नारी' हैं। ये प्रारूपण (टाइपोलॉजी) सुदीर्घ सामन्तीय मध्यकाल के परिवेश में ही संगत हैं। आधुनिक काल में नारियाँ विश्वसुन्दरी (ऐश्वर्या राय, सुचित्रा सेन), भारत सुन्दरी, फौज की जनरल, प्रोफेसर, अस्पतालों में नर्स, वायुयानों में व्योमबालाएँ, पुलिस में कप्तान, आला अफसर, देश की प्रधानमंत्री आदि भी हैं। अतः उनके सामाजिक प्रकार्य तथा देह-कार्य भी 180 डिगरी बदल चुके हैं। नृत्यांगनाओं, गायिकाओं, अभिनेत्रियों, चित्रकत्रियों के रूप में भी वे नारीत्व की नई-नई देहभाषाओं की आदर्श-प्रादर्श हैं। मूलतः अब वे शक्ति का अवतार हैं काम की उर्वशी के बजाय। अब उनकी आधार-रेखा **नारी-सशक्तीकरण** है। लैंगिक समानता सामाजार्थिक-मनोसांस्कृतिक मूलाधार के तौर पर सर्वमान्य है। हम तो इसके आराधक हैं।

सम्प्रति हमारा सरोकार काम में देहभाषा है। इसकी सरहदों के भीतर ही उस काल का साक्षात्कार करना हमारा अभीष्ट है।

सामन्तों तथा नागरकों के बीच **काम-कला** की महत्ता के कारण इस पर कई शास्त्रों का प्रणयन हुआ। हिन्दू-परम्परा में काम अर्थ के समकक्ष एक पुरुषार्थ है। अतएव काम-विज्ञान तथा काम-कला को दीर्घ कालिक मान्यता मिली हुई थी। इसका उल्लेख 'नाट्य शास्त्र' तथा 'काम-सूत्र' (ई.प. चौथी शताब्दी) में हुआ है। ...काम-सम्बन्धी युगीन ग्रन्थों का प्रतिपाद्य देह-केंद्रित रहे। इनके अन्तर्गत नारियों तथा पुरुषों का प्रारूपविज्ञान (टाइपोलॉजी), उनके यौनपरक चारित्र्य, शरीर शास्त्रीय प्रतिमानों के अनुसार नारियों को आनन्दित करने की विधियाँ, सम्भोगासन, रति-क्रीड़ाएँ, कामोत्तेजक आयुर्वैदिक नुस्खे, स्वयं को सुन्दर बनाने के उपचार तथा स्त्रियों पर वशीकरण-बाजीकरण आदि हैं। **सारे विधान में श्रम और समानता अनुपस्थित है।** और भी : चन्द्रकला, कामासनों तथा अनंग-वास की सैद्धान्तिकी को नारी के कामोद्दीपक अंगस्थलों से ज्योतिष द्वारा भी सम्बद्ध किया गया है। इसके अलावा विलम्बित स्खलन तथा विसृष्टि के ढंग भी बताए गए हैं। इन पर योग तथा तंत्र का प्रभाव बढ़ता गया। अन्ततोगत्वा नारी-केंद्र पर गणिका-परकीया-दूती का एक त्रिकोण बन गया। एक लम्बी परम्परा अचल-सी हो गई।

वात्स्यायन के **कामसूत्र** तथा वाराहमिहिर की **बृहत्संहिता** (ई.प. छठी शताब्दी) के कई विवरणों में समानान्तरताएँ हैं। प्राचीन भारत में **जार-कृत्य** (एडल्टरी) एक तथ्य थी। वह प्रणय की एक विधि थी। वात्स्यायन ने तो परकीयाओं अर्थात् परपत्नियों से सम्पर्क की तेरह विधियाँ तक बताई हैं। उस समय **वशीकरण** (सेडक्शन) आम जैसी घटना थी। ये उन्मत्त एवं उत्तप्त प्रेम का परिणाम थीं। ऐतिहासिक समाजशास्त्र में यह दशा प्रेम तथा मृत्यु का ध्रुवान्त बनाती है—स्वकीया प्रेम और (परकीय) कामान्ध प्रेम। उस मुनि के सामने चुनौती थी कि **सुखी जीवन** की रक्षा की जाए अर्थात् पत्नी और प्रिया को समरूप बना दिया जाए। 'कामसूत्र' में इसीलिए गृहस्थाश्रम में भी/ही 'लीला' तथा 'क्रीड़ा' को, सम्भोग तथा समाधि को, धर्म तथा काम को एकतान कर डाला गया है। अतएव आसन, आलिंगन, चुम्बन, ताड़न, सीत्कृति, दन्त-क्षत, नख-छेदन की नितान्त अनूठी एवं नवल-नवेली **देहभाषा की रचना** की गई है।

काल-चक्र परस्पर गुत्थम-गुत्थ है। अतः विकास की पंक्ति बनाना दुष्कर है। नन्दी, श्वेतकेतु, दत्तक, वाभ्रव्य, सुवर्णनाभ, घोटक मुखाचार्य, कुचुमार, गोणिका पुत्र और अन्ततः वात्स्यायन आदि ने इसके खंड-खंड तैयार करके संयोजित कर डाले। कालों के उलझाव से यह तो परिलक्षित होता है कि मुनि वात्स्यायन कभी नैतिकता की ओर उन्मुख होते हैं तो कभी नीति से प्रस्थान भी करते हैं। वे सही ढंग से मानते हैं कि **कामना** तो प्रकृति से ही—अनादि वासना के रूप में—आविर्भूत होती है। इसका संवर्धन चौंसठ कलाएँ और आसनों द्वारा होता है। इसके सृजन-प्रजनन, विवरण-प्रकरण द्वारा सारे खतरों का निराकरण/निस्तारण हो जाता है। इसे काम तथा कला (काम-कला), काम तथा अध्यात्म (कामाध्यात्म), सुदृढ़, सुरक्षित सामाजिक भूमिका प्राप्त कर लेते हैं।

एक दूसरे ढंग से मुनि वात्स्यायन के ('काम-सूत्र'-प्रणयन) के काल के सांस्कृतिक नृतत्त्वशास्त्र का भी आकलन किया जाए। विद्या दहेजिया कहती हैं कि हम देह का प्रतिकल्प/प्रतिरूप—विशेषतः नारी-देह का रूप एक तो कला में किस तरह से देखते हैं और दूसरे कि हमें उसे किस तरह से देखना चाहिए। इसलिए हमें कला-शिक्षण की ग्रहीत ऐतिहासिक सूचनाओं का अभिलेखन सभी रूढ़ियों, प्रतिबन्धों तथा विद्रूपताओं के साथ समझना चाहिए। हमें सही विचारधारात्मक बिम्बों के मध्य निहारना चाहिए (यह नजरें चुभाने के विरुद्ध है)। यही हमारी 'रूब्रिक'-गोटी का निर्माण करता है। सो, वात्स्यायन के उदार तथा अनुमतिप्रदाता समाज की पकड़ अमरावती, साँची तथा भरहुत (ई.पू. 100) के स्तूपों से ढूँढ़नी चाहिए क्योंकि वह आदिम-कबीलाई-वन्य जातियों वाला एक खुला समाज था। आश्चर्य तो यह है कि इनके निर्माण के प्रायोजकों में भिक्षुक तथा नारी-थेरियाँ भी थीं।

जाहिर है कि उस काल में नारी के शैल्पिक प्रारूप बेहद...(वालपचुअस) हैं। वस्तुतः उस काल में स्त्रियों को उर्वरता (फर्टिलिटी), समृद्धि तथा शुभ शकुन के साथ सम्बद्ध किया गया न कि अश्लीलता या अनैतिकता से। ये नारी के...(एपोट्रोपाएक) प्रकार्य भी रहे हैं। उस दोहरी संस्कृति में ये नारी के द्वितीयक प्रकार्य भी थे। तब वे उसके अर्धदैवी उन्मीलन का ही परिणाम थे। तब वे माताओं-पत्नियों, गृहिणियों-भिक्षुणियों, कामिनीयों-आनुष्ठानिकाओं की भूमिका पर आसीन थीं। अतएव उनको इन्हीं हितों के अनुगमन में कुछ दृश्यात्मक परिपाटियाँ भी विकसित होती गईं (जो परवर्ती तंत्र में विकृत भी हुईं)। हम जानते हैं—सैक्सपरक भ्रान्ति एक लकवे जैसी फैलती बीमारी भी होती है। सो, भारतीय शिल्प में अगर पुरुष की **योगपरक देह** की आदर्शवादी परम्परा रही तो नारी की **भोगपरक** शक्ति नियामक परम्परा भी चली। अतः हमें शिल्प (आइकन), चित्र (बिम्ब), कर्मकांड (कला) में मुद्रारूप देहें खूब मिलती हैं जो

अजन्ता तथा सिगरीया के भित्ति-चित्रों में संयुक्त नर-नारी देहरूप हो गए। उनका उत्कर्ष खजुराहो-भुवनेश्वर के मन्दिरों के मिथुनों में हुआ।

सो, इसी धारावाहिकता में पड़ताल करने पर हम **मिथक आलेखकारी** को भी खँगालते हैं जिसमें **जार-कर्म** (एडलटरी) तक के प्रति किंचित् सहिष्णुता थी। मसलन, (परनारी प्रसंग में) गौतम-पत्नी अहल्या की रजामन्दी से इंद्र उसके साथ समागम करता है; ब्रह्मा अपनी कन्या पर मोहित होकर दौड़े तो शिव ने पंचानन का एक सिर काटकर चतुरानन बना दिया; ब्रह्मा ने अपनी पुत्री सरस्वती के साथ बलात्कार किया, जलन्धर की पत्नी वृन्दा के साथ विष्णु ने छलपूर्वक बलात्कार किया, समुद्र-मन्थन के समय पार्वती-पति शिव मोहिनीरूपा विष्णु पर मोहित होकर समागम करते हैं, गुरु बृहस्पति की पत्नी तारा के साथ गमन करने पर चन्द्रमा राजयक्षमा रोग से पीड़ित हो जाता है, विश्वमोहिनी पर मोहित होने के कारण मुनि नारद कपिवदन हो गए, नहुष को इंद्र-पद प्राप्त हो जाने पर वे इंद्राणी के साथ प्रसंगेच्छा करते हुए काम-सर्प में कायान्तरित हो गए, उर्वशी तथा मेनका के प्रसंगों से ऋषियों, विश्वामित्र का हजारों वर्षों का तप नष्ट हो गया।

परवर्ती शताब्दियों ने धर्म तथा आस्था के आयामों में इन पर प्रतीकों-कर्मचक्र-नियतिचक्र आदि के पर्दे ढाँके जाते रहे। अत: जब तक ये गुप्त हैं, तब तक कोई भी हानि नहीं (क्योंकि नारी हर बार रजस्वला होकर शुद्ध-पवित्र हो जाती है)। शायद तब दैनिक जीवन की माँग होती रही कि इसके द्वारा भी नर-नारी अपनी नवलता तथा अविक्षिप्तता बरकरार रख सकते हैं।

विषयान्तर करके हम यह बताने को ललचा रहे हैं कि अमृता शेरगिल ने कई बार कई ढंग से (निर्वसन-नग्न रूपों में भी) अपनी आत्मछवियाँ चित्रित कीं। उनमें अन्यापदेशिक आत्मकथा के साथ-साथ कामातुर लीलोत्सव एक देह-संरूप बनाते हैं। गीता कपूर कहती हैं—कि ये चित्र विवरिणकाएँ नारी के फेटिश प्रमेयों, भाषिक चक्रचिह्नों तात्कालिक उन्मत्तताओं को क्रीड़ा से अनुचिन्तन में रूपान्तरित कर देती हैं।

निम्नोक्त घटक **नारी सौन्दर्य-वर्धक** हैं—नेत्रों को अंजन, तुंग कुचों को हार, क्षीणकटि को भूषित अन्तर्वस्त्र तथा चौड़े श्रोणी बिम्ब (पेल्विस) को मेखला अधिक सौन्दर्यपूर्ण बना देते हैं। ...ऐसी सुन्दर स्त्रियों का कामदेव दास बन जाता है और उनकी सेवा में धनुष धारण किए हुए सदा तत्पर रहता है—

कादम्बलोनानां उदन्शुक-प्रकट जघननाम्।
अवरुगुणा मंजरीणां कामोवहति चापम्।।

(गाथा के संस्कृत छायाकार कृष्ण दत्त बाजपेयी)। ...सादृश्यों द्वारा विश्वसनीयता आती है।

पूर्ण-देह के दर्शन-दिग्दर्शन के उपरान्त हम **अनंग भाषा** के विरले पक्षों को लेते हैं।

सोम-काम की भाषा में देह-स्पर्श, देह-गंध, देह-स्वाद आदि इकाइयाँ हैं

अवकाशभोगी (लेजरली) तथा भोगवादी मर्दवादी मध्यकाल में नारी-शरीर ही तफसील जाँच का धुरीण विषय रहा है। स्पर्श, गंध तथा स्वाद के ऐसे ही अति सूक्ष्म विषय हैं। हम इनका निरूपण करेंगे। यह ध्यातव्य रहे कि कामरति की देहभाषा की आद्योपान्त धुरी **स्पर्श** है, जो नाना मुद्राओं, आसनों, बंधों, भंगिमाओं, क्रियाओं आदि में साकार तथा सक्रिय होती है।

देह-स्पर्श

स्पर्श में ठहराव या विराम है, सुकुमारता है तथा चिकनापन है। सुगन्धित तेल या फूल इसका प्रभाव स्वर्गिक बना देते हैं। अतः स्पर्श एवं गंध का मेल रहता है।

इसमें **तन** और **मन** में गहरा अनुभव है। इसलिए केवल तन ही नहीं, अपितु मन भी स्पर्श को भोगता है, परन्तु दूसरे प्रकार से। वस्तुतः तन तथा मन के रिश्तों के बीच थोड़ा अन्तर है। स्पर्श उनके बीच संवेदशील मध्यस्थ है। यह सही है कि मन से अलग भी देह होती है, लेकिन विलग नहीं होती। सो, हाथों-अंगुलियों, ओठों-गालों, नाभि-चूचुकों, देह के तप्त बिन्दुओं आदि में स्पर्श की मन्द्र ध्वनि, जैविक गंध, मादक ऊष्मा की अपनी **मौन भाषा** होती है जिसे भावुक मन पढ़ सकता है।

स्पर्श-धुरी पर शरीर की श्याम-सुन्दर या स्वर्णगात होने की रूढ़ि है। उसमें स्निग्धता (कान्ति), चमक (दीप्ति), सुकुमारता (पुलक), कोमलता (नमनीयता) होती है। इसके वर्धक वस्त्र और अनुलेपन और रंजन हैं। अँधेरे में भी स्पर्श से पहचान होती है, स्वेद-कणों से स्पर्श की गहराई तथा विविध भावनाओं की ज्वार-भाटा तरंगों का अनुमान लगाया जाता है। विशेष आभूषण भी देह-पसन्दगी के सूचक हैं। देह-स्पर्श/स्थिति से रंग भी बदलती है—भय या दुर्बलता में पीली, घातक प्रभावों में नीली तथा अनुराग में लाल हो जाया करती है। यह स्पर्श का अन्तर्बाह्य करिश्मा है।

मुखमंडल की चिकनाई शरीर की अपनी प्राकृतिक नमी है। इसे सदैव धोना नहीं चाहिए। इसी तरह त्वचा, चर्बी के द्वारा, शरीर को सर्दी व गर्मी से बचाती है। तनाव में बहुत कम मात्रा में रक्त-संचार होता है जिससे आँखों के नीचे या ओठों के ऊपर लकीरें पड़ जाती हैं। उन्माद और आह्लाद में रक्त-संचार द्रुत-तप्त होता है जिससे कपोल, कान, आँख, हथेली में लाली छा जाती है। त्वचा को तेज धूप से बचाना चाहिए क्योंकि कार्बन-डाई-ऑक्साइड लेजर उसके (त्वचा के) एपिडर्मिस को सुखा या झुलसा देती है। फलतः देह खुरदुरी, झाईंदार या किंचित् कलूटी हो जाती है।

त्वचा की खूबसूरती तथा मोहकता में विटामिन-ई की खासी भूमिका है। पालक या मूंगफली खाने से यह प्राप्त हो सकता है। स्वास्थ्य के लिए इसकी 200 से 2400 इकाइयाँ ली जा सकती हैं, ज्यादा भी नहीं।

यह त्वचा की प्रगुणता से जुड़ा है। इससे देहांगों पर कोमलता-कठोरता, सिहरन-थरथराहट, ताप-शीतलता, प्रस्वेदन-रूखापन, कँपकँपी-पुलकन, रोमांच-गुदगुदी, चिकोटी-सहलाना आदि का मन्द-तीव्र संवेदन होता है। ये ऐंद्रियकता के उत्तेजक हैं।

स्पर्श खोजबीन (सर्च), सूजन, उत्फुल्लता (पेनिट्रेशन), आस्वादन का भी कारक है। स्पर्श देह की बंकिमता (कर्व्ज), गोलाई, समतलता-ढलान, गहराई-ऊर्ध्वता के देह-भूगोल का प्रमापक भी है। मांस के गद्दे जैसा उछाल-दबाव और अस्थियों की संरचना तथा मोड़-जोड़ आदि स्पर्श के माध्यम वाली देहभाषा की मुद्राओं-भंगिमाओं, **लांछनों** (लहसुन, तिल, दागों, भँवरों-चक्रों) एवं **लक्षणों** (फिजियोनॉमी) को अभिलक्षित करते हैं। ये ही **संकेत** (साइन) तथा **बिम्ब** (इमेज) तक परिव्याप्त होते हैं। ये भाषिक शब्दार्थों के पूर्ववर्ती देह-भाषिक मनोरथ एवं तात्पर्य के अभिलषित माने जा सकते हैं।

स्पर्श प्रकाश एवं अंधकार—दोनों के अन्तराल में अपनी क्षीण-मद्धिम-तेज प्रगुणताएँ बरकरार रखता है।

त्वचा बेहद संवेदनशील (सेंसिटिव) होती है। संवेदनशीलता के घेरे में गर्मी तथा ठंडक, पीड़ा तथा सुख, दबाव तथा सहलाना आदि आते हैं।

झुर्रियाँ असल में प्राकृतिक वे महीन दरारें हैं जो सोखती हैं तथा स्वेद को बाहर निकालती भी हैं। ये नुकसान की मरम्मत भी करती हैं।

त्वचा और झुर्रियाँ मिलकर देह के ताप-निष्कासन के 'ताप-नक्शे' भी बनाती हैं। परिश्रम, काम, खेल-कूद आदि में ये नक्शे थर्मोग्राफी का आरेखन करते हैं। इसके अलावा त्वचा के नियत स्थलों की सूचक रेखाएँ शल्य चिकित्सक को निर्देशित करती हैं। अंगुलियों की रेखाएँ व्यक्ति की शिनाख्त करती हैं।

वस्तुओं पर अंगुलि-छापों (फिंगर-प्रिन्ट्स) द्वारा घटनास्थल पर अब मौजूद पुरुष या स्त्री का लिंग भी निश्चित करने की विधि भी केवल कृष्ण तथा चित्र बाला (पंजाब यूनिवर्सिटी, 2012) ने विकसित कर ली है। फोरेंसिक विज्ञान का फार्मूला बनाते हुए उन्होंने पाया कि पुरुषों की अपेक्षा महिलाओं की उँगलियों में नजर आने वाली धारियाँ ज्यादा पतली होती हैं और पुरुषों की अपेक्षा गिनती में एवं आकृति में भी ज्यादा एवं विविध होती हैं। अतः पुरुष और महिला की उँगली-छापें अलग-अलग भी पहचानी जा सकती हैं। अथच, जिस अपराध-स्थल या सेज पर उँगली-छापें मिली हैं, वहाँ लकीरों की संख्या अधिक होने के कारण ज्यादा घनत्व हो जाने पर वे स्त्री की होंगी।

इनसे ही शल्य-सर्जन निर्देशित होता है।

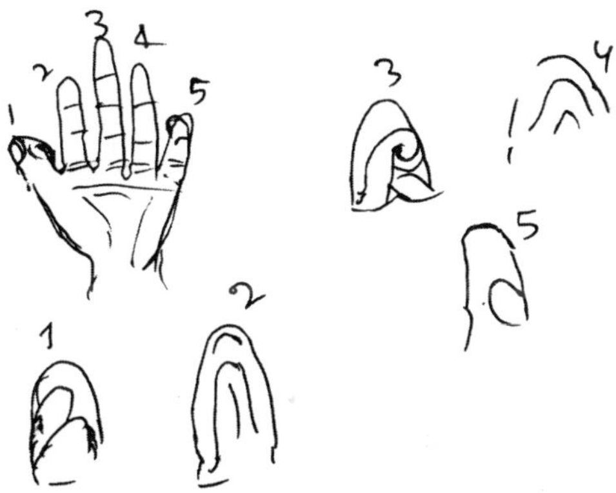

आपस में तन **का** तन से, किंवा हमारा अपने ही तन **से** भी गहरा विराग अथवा निसर्ग **प्यार** होता है (शृंगार तथा वेशभूषा इसके बाहरी इंडेक्स हैं)। और इसका **सुख/दुख** भी भोगा जाता है—ताजे, पके, स्वादिष्ट खाने या चिलकते घाव की तरह।

यह आदि-अनादि-जुगादि सच है कि तन की **भूख** आदिम है। मन के लिए **तन** साधन बनता है, जो झट से या देरी-से मिलन करता है।

इस तरह देहांगों-देह-बिन्दुओं वाली **देहभाषा** तथा **देह-रसायन** की कान्त मैत्री सुफलित होती है।

स्पर्श से फर्क पड़ता है। इससे इनसानी शरीर पर बहुत गहरा असर पड़ता है और तनाव भी कम होता है।

उँगलियों की कोरों (सिरों) पर स्पर्श-संवेदकों का बहुत बड़ा जमाव होता है। अतः ये अन्तरंगता की आत्मानुभूति भी पैदा करते हैं। त्वचा को जीवन्त एवं स्वस्थ रखने के लिए उसे स्वयं या अन्य द्वारा उत्तेजित करने की कोशिश करनी चाहिए।

स्पर्श एवं स्पर्श के प्रकार और विधियाँ हैं। इसके अन्तर्गत चुम्बन, आलिंगन तथा नखच्छेद आदि हैं। ये मानव-मिथुन-आश्रित हैं और सम्प्रति नारी-कृर्त हैं। नारी के देहांगों पर

नखदान करने की सात सौन्दर्यबोधात्मक शल्य-विधियाँ तथा लक्षित ग्यारह **देहांग** हैं : ग्रीवा, हाथ, दोनों जंघाएँ, दोनों कुचमंडल, कटि, दोनों कटि-पार्श्व, पूरा वक्षस्थल, दोनों नितम्ब, दोनों कपोल, योनि-परिकर तथा दोनों काँख।

नखच्छेदन की सात विधियाँ : क्षुरित (ग्रीवा, निचला अधर, कुच पर), अर्धचन्द्र (ग्रीवा एवं कुचमंडल पर), मंडलक (मुखमंडल पर), तरुणाभव रेखा (ललाट, जंघा तथा कुच पर एक अंगुल से लम्बी रेखा) तथा मयूरपाद (स्तन केंद्र में अंगूठा रखकर चारों फैली अंगुलियों से चक्रचिह्नांकन)।

चुम्बन के लिए भी सात देह-स्थल हैं—निचला ओठ, दोनों नयन, दोनों कपोल, ललाट, मुख, दोनों कुच, तथा कन्धे। इसके अतिरिक्त काँख (आर्मपिट), नाभि तथा योनि या शिश्न भी।

आलिंगन के भी भेद हैं—वृक्षाधिरूढ़, तिल-तुंडल, ललाटिक, जघनालिंगन, विद्धक, उरुपगूढ़ तथा दुग्ध नीर आलिंगन।

[दे. कल्याणमल्ल कृत 'अनंग-रंग']

स्पर्श आन्तरिक प्रफुल्लता तथा निस्तब्ध विश्रान्ति, प्रदान करता है। यह तनाव से मुक्ति की दशा का वर्धक है (मसलन कक्ष में मोमबत्तियों का मद्धिम प्रकाश, ताजगी भरी मन्द सुगंध और धीमा संगीत)। अतः यह एक प्राकृतिक चिकित्सा का भी अंग है।

मालिश (संवाहन) भी स्पर्श एवं घर्षण का संचरणशील रूप है। इसकी ऊर्जा के द्वारा देह-भार घटता है, अंग-पीड़ा से आराम मिलता है। इसका अनुभवन आत्मोन्नयन करता है।

स्पर्शी-घर्षण के अन्य प्रकारों में से **अभ्यंगम** (मालिश) तथा **स्वेदम** (भाप-स्नान) भी हैं जिन्हें आयुर्वेद में पंचकर्म-चक्र में रखा गया है। इनका उद्देश्य स्वस्थ व्यक्ति के स्वास्थ्य की रक्षा करना एवं रोगी के रोग का नाश करना है। इनसे शरीर का शुद्धीकरण होता है। ये विषैले तत्त्वों को शरीर के रोमकूपों द्वारा बाहर निकालते हैं। इससे ये यौवन-स्थापन, रोगानुरूप चिकित्सा एवं चर्बीहानि करते हैं। ये रक्त-संचार में सुधार, क्लोरेस्ट्रॉल के संचयन की रोकथाम, शारीरिक मल का नाश, त्वचा की स्वच्छता एवं कोमलता की वृद्धि, बुढ़ापे का अवरोध और स्फूर्तिदायक देहांगों का विधान करते हैं। कामशास्त्र में यह दुर्ललित **संवाहन-क्रिया** तथा **तप्तांग-मर्दन** में प्रतिच्छायित होता है।

मालिश या संवाहन में हाथ और अंगुलियाँ मिलकर भंगिमा-वार्ता करती हैं। उनकी लय और ताल हृदय की धड़कन के निःश्वास-उच्छ्वास से एकतान हो जाती है। अतः यह मौनता अर्थात् अवाचिकता में बेहतर निष्पादित होनी चाहिए। कुशल हाथ/हथेली/अंगुलियाँ/मुट्ठी तथा मुख की मुस्कान मिलकर सुख-संस्पर्शी संवाहन की गूढ़ भाषा बनाते हैं।

संवाहन या **मालिश** के दबाव से अन्दर के संवेदकों को उत्तेजित करके भावनाएँ उन्मीलित की जातीं तथा उपचार बढ़ाए जाते हैं। इस कार्य द्वारा एक की त्वचा का दूसरे की त्वचा से स्पर्श भावनाओं को उद्दीप्त करता है।

संवाहन में पुरुष-स्त्री या युगल द्वारा देह के कतिपय अंगों पर हाथ-हथेली-मुट्ठी द्वारा थपथपाना और मरोड़ना निष्पादित होता है। इसके चार प्रभेद बताए गए हैं—

(i) प्रसरित हस्त, या खुली हथेली से थपथपाना;
(ii) उत्तानहस्त या उलटी हथेली से थपथपाना;
(iii) मुष्ठि, बन्द हाथ के मांसल भाग द्वारा सुनार की तरह कोमल आघात; और
(iv) सम्पात हस्त या हाथ के आन्तरिक भाग को सर्प-फण की तरह बनाकर थपथपाना व घुमावना।

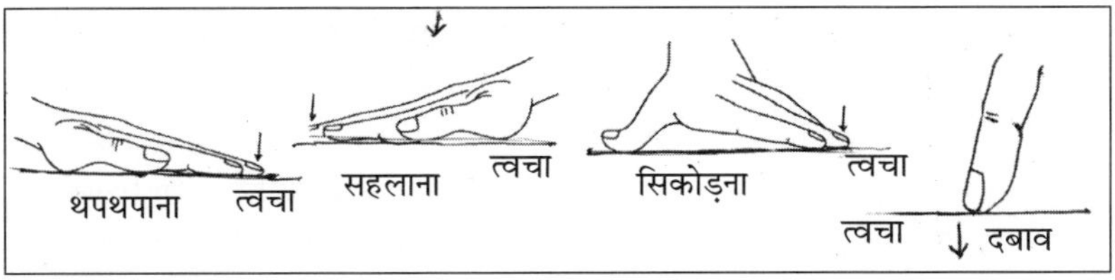

मुख्य संवाहन-स्थल रीढ़ के नीचे का मांस (प्रसरित हस्त से) तथा योनि के आसपास (प्रसरित हस्त से), वक्ष एवं स्तन (उत्तान हस्त से), पीठ और नितम्ब (मुष्टि से) तथा ललाट (सम्पात हस्त से)।

स्त्री द्वारा पुरुष के प्रति (iii) विधि को 'सन्तानिक' एवं (ii) तथा (i) विधि को 'पताका' कहा गया है।

सारांश : संवाहन (मालिश/मसाज)—एक साथ ही उत्तेजना तथा प्रशान्त शमन की अनुभूति देता है। यह मांसपेशियों को चंगा तथा चपल बनाता है। यह प्रहणन, दुलार, प्रकम्पन की क्रियाओं से गुजारता है। यह थपथपाने से विश्रान्ति तथा आराम प्रदान करता है। इसमें तेल के आलेपन द्वारा, भाप की आर्द्रता द्वारा चमक तथा सुकुमारता का संवर्धन होता है। प्रकारान्त से यह सैक्स-अभिरुचि का भी प्रलोभन देता है। यह लिबिडो के रूपान्तरण द्वारा भी मनो-चिकित्सा, **सुगंध-चिकित्सा** का भी कारक है।

स्पर्श में 'चन्द्रकला'

यह परिकल्पना की गई कि कामदेवता के पाँच **पुष्प बाण** (पंचशर) समाधि भंग करके भोग के अनुकारक हैं। वे जलते हुए अग्निमय हैं जो नारी/नर के माध्यम से छूटकर देह में कामाकुलता के घाव बेंध देते हैं। ये बाण हृदय-कुच, सिर-नेत्र, योनि-लिंग को लक्ष्य बनाते हैं। इनके छोड़ने पर शब्द नहीं, किन्तु ध्वनियाँ निकलती हैं। ये देह-सन्देश हैं। इनके नामकरण सीत्कार, किलहिंकृत, हिंकृत, स्वनित, उत्कृत आदि हैं।

शर-वेधन के अलावा कामदेवता शरीर के विभिन्न देहांगों में नखशिख के अनुसार क्रमशः निवास करता है जो चन्द्रमा की शुक्लपक्ष में ऊर्ध्वक्रम में तथा कृष्णपक्ष के अधो क्रम में होता है। यही **क्षय-वृद्धि-क्रम** है। इसे ही **चन्द्रकला** कहा गया है। वस्तुतः यह चान्द्र-पंचांग है जिसे नन्दिकेश्वर ने परियोजित तथा गोपिका पुत्र ने विस्तृत किया है। इसके मुताबिक कृष्ण-शुक्ल पक्षों में/क्रमवार तिथियों में/नारी के देहांगों में/काम का निवास/होता है। यह रति-क्रीड़ा से जाग्रत हो जाता है। यह शुक्लपक्ष की प्रतिपदा में बाएँ पैर की कनिष्ठा अंगुलि से ऊर्ध्व क्रम वाम भौंह तक निवास बदलता है। कृष्णपक्ष में शिर की केशवीथी (मांग) से अधोक्रम में उतरते हुए पैर के अंगूठे तक आकर वास करता है। यही 'चन्द्रकला' का कैलेंडर है। अथच, स्तनों का पूर्णिमा के पूरे चन्द्रमा से तथा योनि/लिंग को नये चन्द्रमा से भी उपमित किया गया है।

(ई) घर्षण (फ्रिक्शन)

यह स्पर्श एवं संवाहन से उच्चतर अवस्था है जिसमें ऊष्मा शनैः-शनैः तथा उत्तरोत्तर तीव्र से प्रबलतर ऊर्जा में बदलती जाती है।

यह काम और क्रीड़ा, खेल और श्रम, कार्य और मुद्रा में संलक्षित होता है। काम-तंत्र के अन्तर्गत संस्कृत कवियों तथा शाक्तों द्वारा नारी तथा देवी (पार्वती, लक्ष्मी, ललिता, तारा, महामुद्रा) के विपरीत-रति वाले **पुरुषायित बंध** में, उनके **व्यायाम-मोहित** शरीर का उन्मादक वर्णन किया गया है।

आम तौर पर **घर्षण** दो देहों या विशिष्ट देहांगों के बीच होता है। इससे उष्णता तथा अस्फुट ध्वनि पैदा होती है। घर्षण की गुणवत्ता दो देहों के बीच रसात्मक-रसायन द्वारा परियोजित होती है। उसके अनुपात से ही आवृत्ति (फ्रीक्वेंसी) एवं तरंगदैर्घ्य (वेव-लैंथ) पैदा होते हैं। इन कारकों से ताप (ऊष्मा) एवं सुर-ताल उभरते हैं। अत: कर्म में, श्रम में, खेल में, रमण में, नृत्य तथा गायन आदि में थकान का अतिक्रमण करते हुए **ताल** (रिद्‌म) का

शुक्लपक्ष ऊर्ध्वक्रम में ↓↓↓	**शुक्लपक्ष की बढ़ती चांदनी स्त्री का वामांग पुरुष का दायांग**	**चन्द्र-कला**	**कृष्णपक्ष**	**कृष्णपक्ष**
प्रथमा ↓	बाएँ पैर का अंगूठा		अमावस्या ↑	दाएँ पैर का अंगूठा
द्वितीया ↓	चरण		चतुर्दशी ↑	पदंगुलि-तट
तृतीया ↓	टखने (गुल्फ)		त्रयोदशी ↑	पैर तलुवे
चतुर्थी ↓	गोड़े जानुनी (दोनों)		द्वादशी ↑	गुल्फ (पैर की गाँठ)
पंचमी ↓	मन्मथ-छत्र		एकादशी ↑	गंडक (कपोल)
षष्ठी ↓	नाभि/नितम्ब		दशमी ↑	जंघातट
सप्तमी ↓	वक्ष-स्थल		नवमी ↑	भग/लिंग
अष्टमी ↓	स्तन-द्वय		अष्टमी ↑	कमर (श्रोणी)
नवमी ↓	कक्ष-देह (बाहुमूल)		सप्तमी ↑	नाभि
दशमी ↓	कंठ-देश		षष्ठी ↑	चूचुक
एकादशी ↓	कपोल		पंचमी ↑	काँख (कक्षस्तरे)
द्वादशी ↓	दन्त एवं ओष्ठ		चतुर्थी ↑	कंठ
त्रयोदशी ↓	नेत्र		तृतीया ↑	अधर
चतुर्दशी ↓	भाल एवं युग-कर्ण		द्वितीय ↑	नयन
पूर्णिमा ↓	सिर के केश (मस्तक)		प्रतिपदा ↑	केशवीथी (मांग)
	शुक्लपक्ष		कृष्णपक्ष का	
			बढ़ता अंधकार	अधोक्रम में
ऊपर चढ़ना			↑↑↑	स्त्री का दायांग
			नीचे उतरना	पुरुष का वामांग

शुक्लपक्ष में वाम पैर से सिर तक — कृष्णपक्ष में सिर से दाएँ पैर के अंगूठे तक

संयोजन होने लगता है जो **मुद्रा** में शिल्पीकृत होता है। इस प्रकार संवेदना एवं उत्तेजना की गहन आवृत्ति विभिन्न स्तरों तथा प्रभेदों को व्युत्पन्न करने के साथ-साथ अनेकानेक आसन, आलिंगन तथा आकृति-बंध का भी विन्यास करती है।

घर्षण बल (फोर्स) तथा शक्ति (पावर) के हेतु हैं। यह दशा तनाव एवं खिंचाव से भी सम्बद्ध है। अतएव घर्षण में चुम्बकीय **आकर्षण** भी है। इसी की प्रतिस्पर्धी धारावाहिकता **ध्यान** का उपादान बनती है। इसमें केंद्रापसरण के बजाय केंद्राभिसार होता है। जब एक देह होती है (जैसे कि योग या व्यायाम में) तब योगी की पूर्ण विश्रान्ति की अवस्था हो जाती है। यहीं उपरामता का उन्मीलन शुरू होकर आभ्यन्तरीकरण होता जाता है। इस तरह आकर्षण-विकर्षण-विश्रान्ति का द्वन्द्वात्मक तर्कायन सक्रिय हो जाता है।

इसी कड़ी में **बल-गतिक-विज्ञान** (काइनेस्थेटिक्स) की शृंखला के अन्तर्गत गुरुत्वाकर्षण (ग्रेविटी) तथा भार (वेट) केंद्रीय भूमिका निभाते हुए काम की मुद्रा को प्रचंड या तालयुक्त क्रियात्मकता प्रदान करते हैं। इस शृंखला में अगल-बगल की गतियाँ, झूलन तथा बेलन जैसी घूमरें, तीव्रता से अन्दर तथा बाहर धँसती-उचकती धक्काधकेल, मन्द-मन्थर गोल-गोल घूमती घर्षण वाली गतियाँ आदि प्रमुख हैं। इनमें देह-धुरी पर गुरुत्वाकर्षण का केंद्र निर्णायक हो जाता है।

भारतीय नियम-मंजरी में मन्द-वेग, मध्य वेग तथा चंड वेग का विधान है। तदपि प्रजनन-इंद्रियों की गहराई-चौड़ाई (स्त्री) एवं लम्बाई-मोटाई (पुरुष) का समतोलन निर्धारित है। गुप्तांगों के प्रभाग में शश और मृगी (6/6), वृष और वडवा (2/9) तथा अश्व और हस्तिनी (12/12) के उक्त अनुपात हैं। अत: 'समरत' ही सर्वश्रेष्ठ है। एक साथ स्खलित होना 'सहस्त्र भग' है।

चीनी रति-संहिता भी वेगवान बनाम मन्थर-मन्थर गतियों पर आधारित है। गतियों के आकृतिबंध ताल और लय के घर्षण (थ्रस्टिंग) घूर्णन (रोटेटिंग) तथा दोलन (रॉकिंग) पर उथली एवं गहरी दो दशाओं में बँट जाते हैं। प्रत्येक मुद्रा में संख्यावाचक गहरे तथा उथले घर्षण (धकेल या घुसेड़) सर्वोच्च सुखदायी बताए गए हैं। ये रगड़न पर आधारित है।

इन सबको छापता है : भारत में 'शक्ति' (प्रकृति) तथा 'शिव' (पुरुष) की युगनद्धता। प्रकृति की शक्ति नारीमय है। अत: 'शिवशक्ति' का उभयलिंगी स्वरूप है।

चीनी नियम-संहिता में 'यिन' (स्त्री-यौन तत्त्व) तथा 'यांग' (पुरुष-यौन तत्त्व) के संयोग से सृष्टि का व्यापार चलता हुआ माना गया है। इसके साथ ही संभोग पुरुष के यांग को काम-ऊर्जस्वित करता है तथा स्त्री की निष्पन्द यिन-प्रकृति को मथकर देह-सुख प्रदान करता है। चीनी काम-आदेशों में यांग-सारत्व के स्तम्भन-संरक्षण को प्रमुखता दी गई है (भारत में शिव-तत्त्व ऊर्ध्वरेता है)। उसके लिए यिन को सोखकर शक्तिशाली होने के लिए कामासनों का योग-ध्यान है। अत: मूल तो 'आसन' हैं। किन्तु इनके प्रतिपादक 'ताल' हैं। ताल घर्षण-घूर्णन-दोलन द्वारा संचालित होता है।

(ओ) प्रहणन [प्रहार (स्ट्रोक) तथा दुलार (पैंटिंग केरेस)]

इसकी विविध तकनीकों का मनोदैहिक (साइको-सोमेटिक) आधार विरोधाभासी है अर्थात् प्रहारजन्य पीड़ा को प्रकट करने के लिए चरमसुख की अनुभूति से जो अस्फुट-सुरीली ध्वनियाँ निकलती हैं, वे सीत्कार-कोटि की हैं।

प्रहार हथेली से, अंगूठे से, एक-दो तीन या चार अंगुलियों से, उलटे हाथ से अथवा

मुट्ठी (मुष्टि) से किए जाते हैं। ये पुरुष अथवा/और स्त्री द्वारा कामोद्दीपन के निमित्त किए जाते हैं।

प्रहार के मुख्य स्थल हैं—मस्तक, पीठ, स्तनों का मध्य भाग, पुरुष का वक्ष और उरुमूल। दोनों की जाँघें, पिंडलियाँ, पखवाड़े (पार्श्व), गाल आदि। प्रहार में थपथपाना और संवाहन (मलना), दबाना और मथना (थरथराना) शामिल हैं। स्तनों के मध्य उलटे हाथ या अंगुलियों से थपथपाने (अपहस्त) से फूत्कार तथा सीत्कार ध्वनियाँ निसृत होती हैं। स्त्री द्वारा पुरुष वक्ष पर मुष्टि प्रहार से उसके कंठमूल से अविच्छिन्न 'काकरुत' (कौवे के समान) ध्वनि उत्पन्न होती है। सम्भोगोपरान्त दोनों के परस्पर प्रहणन से 'कारंडव' (जलमुर्गे की) ध्वनि कंठ से निकलती है। प्रहार में पुरुष भी वराह के समान 'धूत्कृत' ध्वनि निकालता है।

संभोग काल में ऐसे प्रहारों या ताड़नों की देह-क्रियाओं के नामकरण भी किए गए हैं।

कल्याण मल्ल सम्मत पहले स्त्री द्वारा क्रियाएँ। शिर या पीठ का हलका संवाहक मुष्टि प्रहार (प्रसृत), हृदय पर उलटे हाथ से प्रहनन (अपहस्त), पुरुष की छाती पर प्रहणन (सन्तनित), अंगूठे से ठोढ़ी पर (सपताक)।...उभयपक्ष से—कुछ अंगुलियों से कली बनाकर मस्तक पर (फूत्कृत या सपताक), थोड़े जोर से शिर पर (मुष्टि संज्ञक), सीधी फैली अंगुलियों वाले हाथ से गाल पर (समतल)। पुरुष पक्ष से—काँख की पसलियों व योनि पर हाथ फैलाकर थपथपी (समपाणि), मुट्ठी के बीच से मध्यमा अंगुली बाहर निकालकर ताड़न (कर्तरी), मुट्ठी की तर्जनी एवं मध्यमा निकालकर सिर पर (भद्र कर्तरी), भद्रकर्तरी दोनों मुट्ठियों द्वारा (यमलकर्तरी), तर्जनी एवं मध्यमा द्वारा गाल पर (विद्धक), अंगूठे एवं तर्जनी की चुटकी बनाकर स्तन या काँख पर (सन्दंशिका)।

देह-स्वर-ध्वनि

वाचिक शब्द हमारे लक्ष्य नहीं हैं। मुँह (माउथ) के प्रकोष्ठ में ही देहभाषा का एक गूढ़ रहस्योद्पादक निर्भाषिक आयाम अस्फुट-अन्योक्तिद्योतक स्फोट तथा स्वर तथा ध्वनि का है। यह अनिर्वचनीय है। काम-सम्बोधि-चक्र में इसे **सीत्कार** कहा गया है।

स्तनधारी जीवित प्राणियों में जब कंठ में स्थित...काकु नीचे नहीं गिरता, तब ध्वनि टूटती तथा खंडित नहीं होती। इससे स्वर शब्द में परिवर्तित नहीं होते। सो, पशुओं तथा पक्षियों की वाचिक भाषा न होकर मात्र अस्फुट संकेतक-स्फोट, स्वर-ध्वनियाँ होती हैं, चाहे वे ओरांग-उटांग जैसा नृवानर या सुअर या मृगी या साँड़ हो अथवा कपोत या कारंडव (जलमुर्गी) या पपीहा। ये एकायामी ध्वनियाँ हैं।

कामवासना को उत्तेजित करने वाले परस्पर प्रहारजन्य दुख को प्रकट करने के लिए मुख से जो स्वर या ध्वनियाँ (अथवा मर्मर शब्द भी) निकलें, वे 'सीत्कार' कहलाती हैं। ऐसा दुख सम्वर्धित सुखपूर्वक भोग का अंग हो जाया करता है। सन्दर्भित कारणों में तो आनन्द अथवा थकावट जो अस्फुट, तालयुक्त सुरीली ध्वनियाँ उद्भूत होती हैं, वे कोकिल, कपोत, हंसिका, नीलकंठ आदि पक्षियों की ध्वनियों का आभास कराती हैं (क्योंकि वे शब्द या शब्दार्थ नहीं होतीं)।

कल्याण मल्ल ने (अनंगरंग में) सीत्कार के पाँच प्रकार बताए हैं। मुखनासिका से मिलकर, मूर्धन्य से उत्पन्न और कान से निस्रत, ताड़न-ध्वनि 'हिंकृत' है। मेघ की-सी गम्भीर घोष ध्वनि 'स्तनित' है। भुजंग के उच्छ्वास-सी अथवा ओठ को जोर से दन्तक्षत करने पर सी-सी-सी निकलती ध्वनि 'सीत्कृत' है। वेणुविदारण (फाड़ने) के जैसे स्फोट 'उत्कृत' हैं

तथा मेघ की बूँद का जलाशय के पानी में पड़ने पर टप्-टप्-टप् की ध्वनि 'फूत्कृत/मणित' है। यह कंठ से निकलती है।

प्रौढ़ देवराज महाराज ने सीत्कार के सत्रह भेदों का और विस्तार किया है। प्रमुखत: ये हैं : रतिश्रम में थकावट से जल्दी-जल्दी साँसें लेना 'श्वासित' है; जलमुर्गी के समान ध्वनि गुंजार 'कूजित' है; शूकर के समान खुर्र-खुर्र स्वर 'धूत्कृत' हैं तथा सन्धिदशा में अस्पष्ट तथा व्याकुल वाणी 'स्निग्धोक्ति' है। हमने शब्दार्थक उक्तियों को नहीं लिया। इन अवाचिक मर्मर स्वरों के अंग्रेजी समतुल्य मोन्स (सीत्कार), व्हिम्पर्स (पिनपिनाहट), ग्रोन्स (कराह), ग्रन्ट (घुरघुराहट), क्राइज (चीखें/चीत्कार), ट्यूमूलस (हो-हल्ला), क्वाइट स्क्रीम्स (खामोश फूत्कृत), लाउड स्क्रीम्स (स्तनित) आदि हैं, क्योंकि सम्प्रति वे शब्दोच्चार अप्रासंगिक हैं। स्पष्ट है कि ये ध्वनियाँ तथा उनके उपमानबोध कामदशा के अनुभावक तथा पक्षियों की रति-क्रीड़ा के तुल्य भी परिलक्षित हैं। ये काम की तृष्णाग्नि को धधकाने वाली हैं।

इसी कड़ी में प्रौढ़ देवराज ने तांत्रिक मंत्र-ध्वनियों की फान्तासी गिनाई है। यह आनुष्ठानिक है। यह बिन्दु-सहित तथा विसर्ग-सहित है और अग्निरूप सोम तथा काम के अंकारादि स्वरों का ध्यान करके देहांगों की काम-क्रीड़ा तथा रति-सुख की विविधता का द्योतन कराती है। प्रतिपदा से लेकर पूर्णिमा और अमावस्या तक विभिन्न देहांगों से जुड़ी कामोत्तेजक क्रीड़ाओं का एक मंत्र-स्वर में तन्मयीभवन किया गया है। सभी देहांग तृप्त बिन्दु हैं। प्रमुख क्रीड़ाओं में आलिंगन, चुम्बन, मर्दन, क्षत् आदि हैं। सातवीं तिथि से आगे पूर्ण कामकला के विकसित होने पर करिकर-क्रीड़ा या मातंग लीला का वर्चस्व होता गया है।

तिथिवार स्वर-ध्यान निम्नोक्त हैं—प्रतिपदा (अं), द्वितीया (आं), तृतीया (इं), चतुर्थी (ईं), पंचमी (उं), षष्ठी (ऊं), सप्तमी (ॠं), अष्टमी (ॠं), नवमी (लृं), दशमी (लृं), एकादशी (एं), द्वादशी (ऐं), त्रयोदशी (ओं), चतुर्दशी (औं), अमावस्या तथा पूर्णिमा (अं-अः)।

ध्यातव्य है कि उक्त सभी ध्यान-स्वर अंकारात्मक हैं और इनका उत्सर्ग विसर्ग में हुआ है। यहाँ पुरुष और प्रकृति अथवा काम और रति अथवा शिव और शक्ति का द्वैताद्वैत संगम है।

अन्ततोगत्वा सीत्कार और **प्रहणन** (प्रहार) की भी सहवर्ती जुगलबन्दी है।

देह-गंध : 'सुगंध तुममें, तुम्हारे अन्दर, अन्तरतम में है!'

देह-गंध वैयक्तिक अस्मिता तथा दैहिक नैसर्गिकता की द्योतक है। यह बाहरी सुगंधों (इत्र, तेल, पाउडर, सेन्ट, पर्फ्यूम) से अलहदा है। प्रत्येक व्यक्ति की शरीर-आन्तरिकता से बेहद वैयक्तिक गंध का प्रसार होता है जिसे **नैसर्गिक फेरोमोन** की संज्ञा दी गई है। परिवर्तित तीव्र मनोदशाओं में भी काया की आन्तरिक ग्रन्थियों (ग्लैंड्स) से जो स्राव होता है उनकी महक मनोभावों का रहस्योद्घाटन करती है। हम उसे **स्वाभाविक महक** कह सकते हैं। अत: देह-गंध में नैसर्गिक फेरोमेन तथा भावोत्तेजित महक मिलकर **देह-गंध** का अमूर्त पन्थ निर्देशित करती हैं। ये ही तो स्वर्गिक सुरभियाँ हैं। मुख-सुगंध का संवर्धन ताम्बूल तथा देह का परिमार्जन अंग-राग करते हैं (पंडितों के अनुसार, दूध पीते बछड़े का तथा चुम्बन करती रमणी का मुख शुद्ध होता है)।

असल में स्पर्श और गंध (छूना व सूँघना), स्वाद और गंध (पान) की मैत्री होती है।

यह हरेक संस्कृति की महत्त्वपूर्ण विशिष्टता है। मानव-संस्कृति भोजन द्वारा भी अपने आपको परिभाषित करती है—सही/गलत के पैमानों के आधार पर। हम जो कुछ खाते या पसन्द करते या नहीं करते, वह भी हमें परिभाषित करता है। यह साधारण निषेध से लेकर वर्जना, पाप, प्रतिबन्ध तक का नैतिक निषेध या ग्रहण है।

यदि प्रत्येक मनुष्य की व्यक्तिगत नैसर्गिक गंध—**फेरोमेन** होती है तो काम भी पद्म-गंध, शहद-गंध, क्षार-गंध, मत्स्य-गंध द्वारा स्त्री-भेद का अभिज्ञान कराता है। अंधेर तो यह है कि मुनि वात्स्यायन ने प्रेममधु का पान नहीं कराया है। बस वे भोग के महोत्सव के पुरोहित हैं। अतः 'कामसूत्र' में प्रेमी नहीं, विलासी एवं नागरक केंद्र में है। इसमें पवित्र मातृत्व तथा तल्लीन मिथुन-भाव भी गैरहाजिर है। यहाँ कामकला का पाठ पढ़ाया गया है। तदपि विशेष **वय** में, विशिष्ट **दशा** में विशिष्ट स्वेद-ग्रन्थियों से अपेक्षाकृत अधिक स्राव होता है।

भोग-परिवेश में केवल सुख है, दुख भी नहीं। भूख के बाद तृप्ति का उन्मत्त-भोग-विलास। मिथकाभिप्रायों में काम को मीनकेतन एवं मकरकुंडलधारी बताया गया है। क्या भारतीय कृतु में काम सर्प से प्रतीकायित हुआ है ? इस गुप्त विवर के बरक्स वह सर्प-दंश से अधिक सुलगते पंचबाणों से बेंधता है। खजुराहो में पुरुष-अश्व एवं वृषभगंधी संलक्षित है [काव्य में तो नारी और नागिन का सम-समीकरण है (काली वेणी का भी)]। विरह की नागिन बिजली की तरह पलटकर डँसती है।

गंध-सुगंध तो अदृश्य-पारदर्शी वस्त्रों की तरह देह को लपेट-ढाँक लेती है। वह मूलवृत्तियों का वर्चस्व काबिज कर देती है। दुर्गंध विकर्षण पैदा करती है। इत्र दीर्घजीवी होते हैं।

इसलिए रसोईघर और केलि-शय्या-कक्ष हमेशा खुशबुओं से भरे होना चाहिए। शायद खाद्य तथा पेय के उपयोग से भी सुगंधियाँ विलक्षण हो जाती हैं—शर्बत, मदिरा, शहद, लहसुन, सेब, केला, नारंगी—द्वारा यह इंगित होता है। नारी-देह से सामान्यतः रजोगंध और पुरुष-देह से प्याजी गंध आती है। देह-गंध में/के/पर-वाहक स्वेद और त्वक्वाष्प हैं। महक से पहचान भी होती है (भ्रमर कमलगंधी नारियों का पीछा करते हैं, पुरुष मत्स्यगंधा रमणियों के वशीकरण में होते हैं)।

घरेलू आयुर्वैदिक उबटनों अर्थात् आलेपनों (अंग-राग) से मुख तथा देह मलने पर वे गगननील तथा गेहुँई देह स्वर्ण पीत हो जाती है। इसी के साथ कई प्रकार से देह भी सुवासित हो जाती है। सो, सुगंध और सौन्दर्य, स्पर्श और दर्शन के लिए कुछ उबटनों के नुस्खे हैं—बेसन-हल्दी-दही-चन्दन, शहद-दूध-मलाई-बेसन, कच्चा दूध-पिसे बादाम-केसर, जौ का आटा-हल्दी-तिल का तेल, नीबू रस-जौ का आटा गुलाबजल-ग्लिसरीन, शहद-नीबू का रस, जौ का आटा-बेसन-दही-गुलाबजल, बेसन-हल्दी-दही-सरसों का तेल, पके पपीते का गूदा-पके आलू का गूदा इत्यादि। इनकी मात्रा तथा प्रयोग-विधियों की जानकारी अलग से प्राप्त की जाए। देसी सौन्दर्य-प्रसाधनों तथा सुगंधों की विशेषज्ञ **शाहनाज हुसैन** मानी जाती हैं। ये बहुविध-विविध ऐसी देह-सुगन्धियाँ हैं जिनके देहभाषापरक नाम नहीं दिए जा सके और न ही लिए जा सके हैं।

स्पर्श और सुगंध मिथुन बनाते हैं। हम मूंदे नयनों द्वारा भी अपने साथी/संगिनी को पहचान कर रागलिप्त हो जाते हैं।

जैविक पदार्थ के विखंडन से विभिन्न गैसों की दुर्गन्ध भी विकर्षण का कारण होती है।

तदपि सुगंधों का आधार तेल, अल्कोहल, स्प्रिट, इत्र, नीर, परागकण, सूक्ष्म चूर्ण आदि होते हैं। पशुओं में हाथी के गंडस्थल से झरता मद; या कस्तूरी-मृग के कुंडल (सैक्स-ग्रन्थि) से फैलती सुगंध; पद्मिनी, चित्रिणी, शंखिनी नारियों की विलक्षण देह-गंध उनकी देह-प्रकृति मनोवृत्ति, स्वभाव, रति-क्रीड़ा आदि की शिनाख्त भी करती है। यह हार्मोन द्वारा प्रसंस्कारित हुआ करती है। ये सुरभियाँ गुरु-गहन, मधुर, हलकी, सुस्वादु, मसालेदार, सुखद, मन्द-मन्थर होकर छा जाती हैं। भारत में केशों को सूँघना या ताम्बूल की सुगंध अथवा देह में उबटन के लेप, गले में गेंदे, चमेली, मालती, हरसिंगार की मालाओं की गंध **सांस्कृतिक पहचान** भी हैं। माताएँ अपने नवजात को सूँघकर या उसके वस्त्रों की साँस भरकर शिनाख्त कर लेती हैं। यह सब फेरोमोन नामक हार्मोन का चमत्कार है। अतः सुगंध द्वारा सैक्स के वेग, अवधि, प्रकार आदि का भी निर्धारण होता है। रजस्वला नारी की गंध कई प्रकार से गुप्त देहभाषा की द्योतक है। कारण कि, उनका मन्द प्रवाह प्रकारोत्तर से देह का तापमान तथा समागमेच्छा बढ़ा देता है।

जननेन्द्रियों की भी नर-गंध एवं मादा-गंध होती हैं—पशुओं, पक्षियों, जलचरों तथा नरों-वानरों में। काँख, मुख तथा जंघासन्धि में इसकी प्रबलता होती है।

नासिका (नाक) केंद्रित सुगंधों पर त्वचा-वैज्ञानिकों तथा यौन विशेषज्ञों ने शोध करके उनका व्यापक वर्गीकरण किया है—(विशेषकर, ज्वार्डे मेकर, कमला सद-गोपाल ने)। हम उन्हें प्रस्तुत करते हैं—

(i) यौन अनुषंग वाले पशुओं की सुगंधें रासायनिक सम्बन्धता वाली होती है;

(ii) वसा (चर्बी) तथा अम्ल (तेजाब युक्त) सुगंधों का ऐलिफैटिक समूह; तथा

(iii) मौज-उछाल समूह की सुगंधें; जैसे पसीने की गंध, रज-जल की तीव्र गंध, वीर्य-गंध आदि। समागम या उत्तेजना के मौके पर इन आधारों के स्राव से देह का तापमान बढ़ जाता है जो परमसुख/उद्विग्नता में सराबोर कर देता है।

कमला सद-गोपाल द्वारा चौदह गंध-वर्ग विधान है—

1. चमेली (चमेली, मोतिया, लिलाक) आदि।
2. नारंगी (नारंगी, तिरोली, एकेशिया, ओरैंज फ्लावर) आदि।
3. नरगिस (नरगिस, ट्यूब रोज़) आदि।
4. गुलाब (गुलाब, जिरेनियम) आदि।
5. वायोलेट (बोयोलेट, इरिस) आदि।
6. मिमोसा (मिमोसा, एकेशिया) आदि।
7. नींबू (नीबू)।
8. लैवेंडर (लैवेंडर, लारेल) आदि।
9. मिन्ट (पोदीना, सुगन्धित घास, टर्पेंटाइन) आदि।
10. वेनिल्ला।
11. सौफिया (सौंफ, फैनेल, बड़ी सौंफ) आदि।
12. अम्बर (छरीला, ओकमोस)।
13. मसालेदार (दालचीनी, तेजपात, लौंग, इलायची, कालीमिर्च)।
14. काष्ठीय (पाइन, देवदार, चन्दन, यूकेलिप्ट्स) आदि।

(दे. 'अंगराग और सुगंध', पृष्ठ-219-20, हिन्दी समिति, सूचना विभाग, लखनऊ, 1969)

(देह-स्वाद) जिह्वा-रस

जीभ की बुनियादी बनावट यौगिक अणुओं (मॉलिक्यूल्स) वाली है। इसमें दानेदार खुरदुरापन होता है जिसे 'स्वाद-कलिकाएँ' कहते हैं। इसके अलावा यह टेढ़ी-मेढ़ी घुमावों में सक्षम, लार-मिश्रित स्वाद की वाहिका और निरन्तर आर्द्रता से परिपूर्ण है। इसलिए स्पर्श एवं गंध से मिलकर स्वाद की त्रयी-साझीदार से अथवा आहार से, अत्यन्त अन्तरंगता स्थापित कर लेती है। इस प्रक्रिया में जीभ की नोक सूचक तथा संकेतक है। कुल मिलाकर जीभ छानबीन करती है और थपकियों संग चाटती भी है। इस वजह से इसमें स्पर्श तथा स्वाद का भी संगम है।

जीभ पर शोध से नतीजा निकला है कि त्वचा का स्वाद बहुधा नमकीन है। कारण कि, त्वचा देह-ताप का उत्सर्जन तथा पसीने की बूँदों का निर्गमन भी करती है। स्वाद के अगले चरण में नारी द्वारा लिंग के मुख-मैथुन (फेलाशियो) में वीर्य का स्वाद एल्बुमिनाई प्रतीत होता है। प्रतिपक्ष में पुरुष द्वारा योनि के मुख-मैथुन (कुनिलिंगस) में रज-जल का स्वाद क्षारीय (अलकलाइन) होता है। क्षारीयता बार्थोलिन-ग्रन्थियों के स्राव से व्युत्पन्न होती है।

कुल मिलाकर स्वाद-वृत्त पर, फीका-तीखा-निरपेक्षपरक व्यास-रेखा में, खट्टा-मीठा, कड़वा-कसैला, खटमिट्ठा, झागदार, निरपेक्ष (चाय, कॉफी, शराब) आदि बिन्दु आरेखित किए जाते हैं।

देहभाषा पदबन्धों में अधर तथा स्तन और जननेन्द्रियाँ स्वादगंधी देहांग हैं। ये जीभ के माध्यम से भोग्य रस-रसायन हैं। अत: ये मौखिक हैं।

कामोपचार में पद्मिनी की मधु-दुग्ध-गंधी, चित्रिणी की शहद-स्वादगंधी, शंखिनी की क्षार-स्वाद-गंधी—योनि बताई गई है। इसके अलावा **औपारिष्टक** में योनि/लिंग के अन्दरूनी स्वाद का भी विधान है, यद्यपि भारतीय कामाचार्यों ने अपनर्मिल बताते हुए इनकी मुनादी कर दी है, तदपि इन क्रीड़ाओं के शब्दबन्ध बताए गए हैं—मातंग-लीला (करिकर-क्रीड़ा) में पुरुष द्वारा नारी-योनि से मुख-मैथुन काकिल-चुम्बन, नारी द्वारा पुरुष-लिंग से मुख-मैथुन को आम्र-चूषण अथवा कदलीफल-आस्वादन। पश्चिम में इन्हें क्रमश: 'कुनीलिंगस' और 'फेलाशियो' कहा गया है। देह-आस्वाद-भाषा के लिए ये भी प्रासंगिक हैं।

मैथुन में लिंग एवं योनि के अलावा भी अन्य प्रवेश-पत्तन हैं—हाथ एवं ओठ (मुख)। ये 'औपरिष्टक' संभोग के कारक हैं।

यह मुख तथा हाथ द्वारा विपरीत सहकर्मी के लिंग अथवा भग (योनि) में होता है। नर तथा नारी द्वारा इनके आठ-आठ भेदों का निरूपण 'रतिरत्नप्रदीपिका' में हुआ है।

नर द्वारा योनि में जीभ डालकर मैथुन या तर्जनी-मध्यमा-कनिष्ठिका अंगुलियों द्वारा **मंथन** होता है। रोमन कामकला में इसे **कुनीलिंगस** कहते हैं। भारतीय कामशास्त्र में यह **मातंग लीला** या करिकर-कल्लोल है।

इसी तरह नारी द्वारा लिंग को मुख में धर कर चाटना-चूमना-चूसना या हाथ में थामकर संवाहन (मालिश) करना 'आम्रचूषित' कहा जाता है। रोमन कामकला में यह **फैलाशियो** है। दोनों भेदों में उँगलियों और (मुख में लेकर) जीभ से मंथन-मर्दन-चूषण होता है।

कामरति की देहभाषा में यह एक विलक्षण, गूढ़, गुप्त, रहस्यात्मक, तांत्रिक आयाम है।

'अथ संभोगरूपत्वादौपरिष्टिक मुच्यते।
तच्चौपरिष्टकं वक्त्र जघन व्यावृतिर्भवेत्॥16/21॥

—'रतिरत्नप्रदीपिका'

—प्रौढ़ देवराज महाराज

[कामदेव के पंचबाणों के स्थान : सिर, आँख, हृदय, कुच, योनि-लिंग—ये सूर्य और अग्नि, मधु और अमृत के समान होते हैं।]

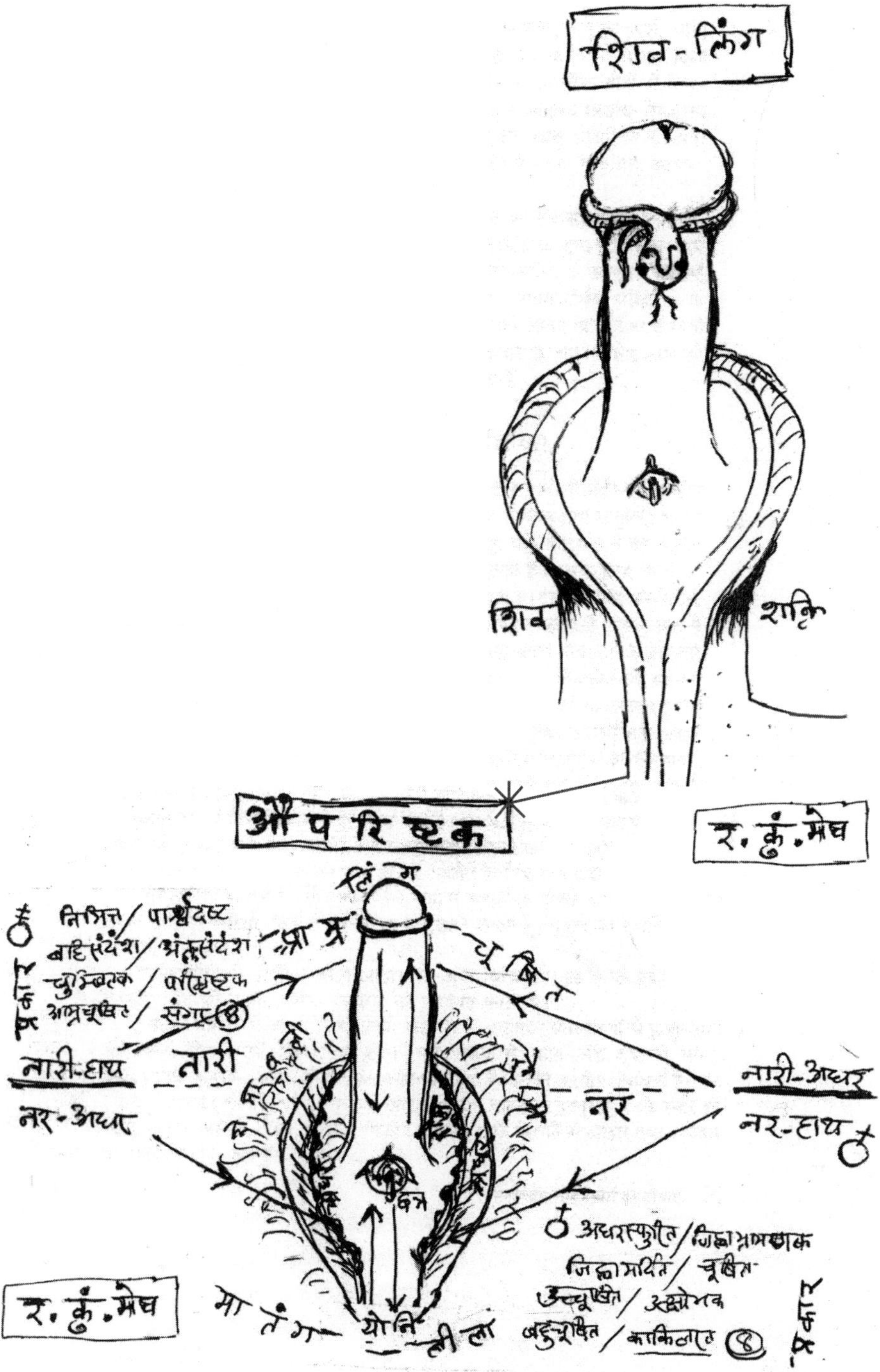

शिव-लिंग
शिव
शक्ति
र. कुं. मेघ
औपरिष्टक
लिंग
नारी-हाथ
नारी
नर-अधर
नारी-अधर
नर
नर-हाथ
योनि
र. कुं. मेघ

हम **देहभाषा के स्वाद-गंधी-चरण** की शुरुआत आयुर्वेद की एक **मिथक** के अवकूटन एवं मौलिक व्याख्या से करते हैं। ब्रह्मा ने प्रजापति को, उन्होंने देवताओं के वैद्य अश्विनी कुमारों को चिर यौवन का तथा धनवन्तरि ने मानवों को स्वास्थ्य तथा सौन्दर्य का उपचार प्रदान किया। धनवन्तरि तो लक्ष्मी के साथ समुद्र-मन्थन से अमृतघट लिए हुए प्रकट हुए। सो, उन्होंने श्रीलक्ष्मी को पद्मगंध से सुवासित कर दिया, उन्होंने पुरुषों को भी अश्व (उच्चैःश्रवा) और नारियों को मछली तथा ऐरावत (हस्तिनी) सुरभियों से सराबोर कर दिया। ये ही तो देह-गंधें **(फेरोमीन)** हैं। ये ही कामसलिल के साथ संयुक्त होती है।

सभी सुगंधें पोरों से निसृत होती हैं, सिर-केश, कुक्षि-केश, लिंग-योनि केश ही उनके प्रमुख स्रोत हैं। (स्वेद तथा लार भी इनके प्रकार हैं)। केवल ओठ ही अमृतपायी तथा अमृत-पानक हैं। उनका स्रोत केश/रोम नहीं हैं। ये धनवन्तरि के विधान हो सकते हैं। रस-स्वाद तथा सुरभित गंध का यही दलित द्राक्षा है। एक अन्य मिथक-कुंडल में मनुष्य की शरीर-रचना में हर-देवता का अंश है, जैसे—नेत्र में सूर्य, पेट में अग्नि, सिर में चन्द्रमा, प्राण में मरुत का वास है। विष्णु का निवास चरण में है। इसलिए शरीरधारी मन नित्यंग, इंद्रियाँ जीवित तथा अपरम्पार चेतना अनुबन्ध है। इसलिए धातुओं की भस्म से भी चिकित्सा एवं नाड़ी-परीक्षा से स्नायु-तंत्र द्वारा रोग-निदान होता है।

देह में ही नौ **द्रव्य** तथा उनके **गुण** बताए गए हैं। आकाश का शब्द, वायु का स्पर्श, अग्नि का रूप, जल का रस, पृथ्वी का गंध, मन का सुख-दुख व इच्छा द्वेष, काल का विभाग, दिशा का संख्या-परिणाम तथा आत्मचेतना का संस्कार होता है। इनके शारीरिक दोषों में वायु-पित्त-कफ तथा मन के रोगों में रज एवं तम बताए गए हैं। सम्पूर्ण आयुर्वेद **त्रिदोष-सिद्धान्त** पर आधारित है। त्रिदोष की क्रियाविधि एवं परिपक्वता **रस, रक्त, धातु** सम्बन्धित है। अतः देह-भाषिक छानबीन भी इसी परिप्रेक्ष्य में होनी चाहिए। अनुषंग में स्वाद-गंध तथा आहार-औषधि लक्ष्य हैं। त्रिदोष मौलिक विषय है।

आयुर्वेद मुख्यतः एक जीवन-दर्शन भी है। यह स्वस्थ देह को नैतिक तथा आध्यात्मिक आयाम प्रदान करता है ताकि मनुष्य अपने संश्लिष्ट क्रिया-कलापों के द्वारा जीवन के चरम लक्ष्यों—स्वास्थ्य-सौन्दर्य-सुख-सौहार्द को प्राप्त कर सके। यह वनस्पतियों से उद्भूत औषधियों पर आग्रह करता है। प्रयोजन है—अच्छा तथा प्रसन्न जीवन! ...सामाजार्थिक परिवर्तनों के अनुसार ही गुणवत्ता पर नियंत्रण रखने के लिए नई-नई विधियों की आवश्यकता उभरती रहती है। अतः दैहिक विशिष्टताओं के अनुसार ही **औषधि** का सेवन कराया जाए। विशेष काल की जीवनशैली के मुताबिक ही अनुगुणीन दवाइयाँ तैयार की जाती हैं।

देह में आहार प्रतिपक्ष है औषधि का

हमें भोजन से ऊर्जा मिलती है। वह प्रोटीन, वसा एवं कार्बोहाइड्रेट के रूप में परिवर्तित एवं संगृहीत होती है। ये ही शरीर को मिलने वाली ऊर्जा के मूल स्रोत हैं। अतः पौष्टिक तथा सन्तुलित भोजन द्वारा व्यक्ति अच्छी-खासी सक्रियता से ओतप्रोत होता है। अन्यथा वांछित क्षमता से देह-मशीन कार्य नहीं कर पाती। कार्य के दौरान मांसपेशियाँ सिकुड़ती-फैलती हैं। इसके लिए ऊर्जा की आवश्यकता होती है जो शरीर में विद्यमान ग्लाइकोजिन से प्राप्त होती है। इसका संग्रह मांसपेशियों तथा यकृत में होता है। वही ग्लूकोज का रूप धारण करके ऊर्जा प्रदान करता है। इससे रक्त में लैक्टिक एसिड की मात्रा अधिक हो जाती है। अतएव ऊर्जा के सामान्यतया तीव्र-गति से लगातार प्रयोग का हल तो विश्राम एवं सन्तुलित आहार ही है।

इसके अलावा व्यायाम भी शक्ति तथा स्टेमिना प्रदान करता है। इसका प्रयोग खेल-कूद-क्रीड़ा में बहुतायत से होता है। ऊर्जा के लगातार प्रयोग से **थकान** होती है जिसे **विश्राम** से दूर किया जाता है। इस चक्र में सन्तुलित तथा पौष्टिक आहार थकान को दूर करने वाला तथा अधिशेष ऊर्जा प्रदान करता है। हमारे शरीर में विटामिन-बी, कैल्शियम तथा फासफोरस आदि स्नायुओं को पुष्ट करते हैं। प्रोटीन के लिए दालें तथा गेहूँ खाया जाए।

असन्तुलित भोजन से शरीर को पर्याप्त मात्रा में आवश्यक पोषक तत्त्व नहीं मिल पाते। इससे चेहरे पर **झुर्रियाँ** पड़ती हैं क्योंकि त्वचा मुरझाने लगती है। मनुष्य को मानसिक तनाव भी नहीं होने चाहिए।

चिकित्साशास्त्री महर्षि चरक ने **आहार की आठ विधियाँ** बताई हैं जो प्रकारान्तर से देहयष्टि, देह की मनसा-कर्मणा प्रवृत्तियों को प्रभावित करती हैं।

'चरक-संहिता' में आहार के दो प्रकार कहे गए हैं—स्थावर (वनस्पतियों से प्राप्त—सूखे मेवे, फल, बीज, सरसों, तिल) तथा जंगम (पशु-पक्षियों से प्राप्त—अंडे, दूध-घी, मांस) आदि। इनके अनुसार, आहार भी हितकर-अहितकर होते हैं। इनकी उपयोग-विधियाँ हैं—पान (पीना), अशन (खाना), भक्ष्य (चबाकर खाना), लेहा (चाटना)। तदनुसार, इनके स्वाद भी मीठा, खट्टा, कसैला, तीखा, कड़ुवा, नमकीन होते हैं। इनके मिलाने से आहार तथा व्यवहार के अनेक भेद हो जाते हैं।

हितकर द्रव्य सात्त्विक आहार शान्त और सन्तोषी, राजसिक विलासी और उदार तथा तामसिक आहार उग्र और अनियंत्रित बनाता है।

आहार-द्रव्यों के स्वाभाविक गुण उनकी प्रकृति है। उन द्रव्यों की **आठ विधियाँ** हैं—

(i) संस्कार : स्वाभाविक गुणों से भिन्न अन्य गुणों को डालना—जैसे, अग्नि संयोग (तलना, पकाना, भूनना), शौच (धोना), मन्थन (बिलोना);

(ii) संयोग : दो से अधिक द्रव्यों के मेल से नए गुण (दूध और चावल, चावल और दाल);

(iii) राशि एवं प्रमाण : उम्र के हिसाब से मात्रा खाना : (हलवे में सूजी, घी, शक्कर, पानी का अलग-अलग परिणाम);

(iv) देश (विशेष स्थान की विशिष्ट उत्पत्ति);

(v) काल (ऋतुओं के अनुसार **नित्यग** द्रव्य); तथा

(vi) परिस्थिति के अनुसार आवरिथक (पथ्य या द्रव्य का ग्रहण);

(vii) उपयोग (भोजन खाने के, भोजन चुनने के आयुर्वैदिक चार्ट); तथा

(viii) उपयोग-संस्था : (न मोटे, न दुबले, न बीमार, न तगड़े—मध्यमार्गीय)।

व्यायाम और भोजन के तुरन्त बाद समागम हानिकारक है। मदिरापान के बाद जिम्मेदार स्थलों में कार्य तथा महत्त्वपूर्ण मनुष्यों से संवाद संयमित होना चाहिए। दुर्गन्धयुक्त भोजन के बाद सम्मुख आना-मिलना अहितकर है आदि। अतएव सामिष तथा निरामिष भोजन के अनुसार पुरुष एवं स्त्री के सामाजिक सम्बन्ध तथा देह के सामाजिक प्रकर्म भी संपादित और निर्धारित होते हैं।

शारीरिक बनावट के आहारपुष्ट देहांगों की समग्रता की सौन्दर्य-भाषा भी होती है। इस प्रसंग में हमारा सरोकार एस्थेटिक्षा (सौन्दर्यबोध) न होकर आकृति-आकार, लक्षण-लांछन तथा समाज-सांस्कृतिक पहचान से है। किसी भी जाति-प्रजाति, राष्ट्र-क्षेत्र के कोई अंग शुभंकर हो जाते हैं। मसलन भारतीय पुरुष के वृषभ स्कन्ध तथा नारी के भरे पुष्ट स्तन, अफ्रीकी नारी के भारी कूल्हे और यूरोप के भूमध्यसागरीय क्षेत्रों में नाशपाती के आकार की देह

तथा सेब जैसे छोटे स्तन शारीरिक बनावट के डार्विनीय 'प्राकृतिक चयन' के द्योतक हैं। फिलहाल हमारा सरोकार केवल 'सौन्दर्य की आकृति' से है। इसमें स्वाद तथा सुगंध (रस-गंध), दृष्टि तथा दबाव (रूप-स्पर्श) की भूमिकाएँ हैं।

देह-संरूप

देह-सौन्दर्य का दर्शन तथा वर्णन होता है। हमारा प्रयोजन वर्णन से नहीं, बल्कि दर्शन से है। हम सौन्दर्य की मात्र देह-शोभा से भी बँध जाते हैं। सो, एस्थेटिक्षा से भी वंचित हो गए, तथापि तुलसी बाबा कई अन्तर्विरोधों का आज भी उद्‌घाटन कर रहे हैं। उन्होंने अपनी दुविधा प्रकट कर दी कि वे श्याम विष्णु-राम का तथा गौर श्रीसीता का बखान कैसे करें क्योंकि यह तो अनिर्वचनीय अवाचिक देहभाषा का क्षेत्र है, क्योंकि रामसीता अवतार हैं और वे मानव-लीला कर रहे हैं, क्योंकि विष्णुराम कोटिमनोजों को लजावनहारे हैं तथा सुमुखि-सीता बेहद भोली-लजीली हैं ? तुम तो दिव्य सौन्दर्य तथा उज्ज्वल-भक्ति-रस में तन्मय हो गए; लेकिन बताओ, तुलसी बाबा ! हम जैसे प्राकृत जन क्या करें ? हमारी व्यास-रेखा तो—इस सन्दर्भ में—इहलौकिक-निर्भाषिक देह-शोभा ही रहेगी।

'नेचर' पत्रिका के नवम्बर, 1990 के अंक में एक उत्तेजक वाद-विवाद छपा है जिसमें कला-इतिहासकार, समाजशास्त्री, मनोवैज्ञानिक और नृतत्त्वशास्त्री ने सौन्दर्य की प्रकृति के बजाय आकृति पर बहस की है। कला-इतिहासकार का मानना है कि काल-प्रवाह में रूबेंस तथा (कह लो—) पिकासो के सुन्दर देह विषयक मानक बदल गए हैं। समाजशास्त्री का मानना है कि जोड़ीदार के चयन में हमारा निर्णय मानव स्वभाव तथा 'जीनों' पर निर्भर करता है [यह खारिज होता गया]। मनोवैज्ञानिक का मानना है कि भिन्न-भिन्न नारीदेह-प्रारूपों (बॉडी-टाइप्स) में से सांस्कृतिक वैभिन्न्य निर्णायक होता है। रेत-घड़ी (ऑवर-ग्लास) वाला पश्चिमी प्रारूप मान्य नहीं पाया गया। औसत भारतीय पुरुष नारी-देह के 36" × 24" × 36" के 3 : 2 : 3 वाले समीकृत अनुपात में कमर को भी 75% अर्थात् 1.5 के बढ़े अनुपात से चौड़ा होना पसन्द करते हैं ताकि वे सहजता से गर्भवती हो सकें। हमें याद है कि चित्रकार मकबूल फिदा हुसैन ने भी नारी-प्रारूप में 'गजगामिनी' को ही आदर्श बताया है। उसकी चाल भी तद्रूप नामरूपक है। हुसैन ने अपनी 'गजगामिनी' फिल्म की नायिका माधुरी दीक्षित के प्रसंग में कहा—'माधुरी दीक्षित की बॉडी लैंग्वेज बेहद मोहक है।' उनका स्पष्ट इशारा उन कतिपद अयत्नजों तथा संचारी भावों की ओर ही है। उन्होंने खुद भी (माधुरी की) 'मस्तानी चाल' का, उसके बोलने व चलने के ढंग का, देखने के अन्दाज का, अनुपम सुन्दरता की स्वामिनी होने के गर्व का, जीवन्त अभिनय का उल्लेख किया है। ये तत्त्व प्रकारान्तर से अयत्नय अलंकारों तथा अनुभावी संचारियों की श्रेणी में सन्निहित हो जाते हैं। वस्तुत: समग्र देह के पदार्थ (मास) से इतर कमर का चौड़ापन नितम्ब के लगभग बराबर प्रतीत हुआ करता है। यह प्रजनन को प्रभावित करता है। अत: कई कबीलों तथा मुस्लिम समुदाय में छरहरी देह को कम महत्त्व दिया जाता है।

क्या इसमें 'जीनों' की भी भूमिका होती है ? इस पर नृतत्त्वशास्त्रियों के विभेदक विचार हैं। वे मानते हैं कि संस्कृति अधिक निर्णायक प्रभावशाली होती है। यह सही है कि आधुनिक मीडिया-मनोरंजन के उत्तेजक सन्देश तथा विज्ञापनों का लालचीपन भी नर-नारियों की रुचियों को अदल-बदल रहा है। अत: वंशानुक्रम के मुकाबले परिपालन प्रभावशाली पाया जा रहा है। यह भी पाया जा रहा है कि देह-सौन्दर्य में चौड़ी कमर वाले स्वस्थ भी रहते हैं। नारियाँ भी पुरुषों के चौड़े वक्षस्थल और फैली उरुसन्धि (ग्रोइन) को पसन्द करती हैं। इस क्रम में

डार्विन के 'प्राकृतिक चयन के सिद्धान्त' का उल्लंघन करते हुए वंशानुक्रम बनाम परिपालन, 'जीन' बनाम संस्कृति के अन्तर्विरोधों के बीच अन्तर्विरोध सक्रिय बने रहेंगे।

हुसैन के कन्ट्रास्ट में सिने-अभिनेत्री **रेखा** (भानुरेखा) द्वारा नर के प्रति कुछ अन्तर्दृष्टियाँ दिखाई गई हैं। बॉलीवुड की इस ग्रेटा गार्बो ने अपनी रहस्यमयता के आवरण को ढँका ही रखा है। उसने सिम्मी गरेवाल तथा जीतेश पिल्लै को अन्तरंग साक्षात्कार में बहुत कुछ अनावृत्त किया है—(1994-1999)। उन्होंने बताया कि तेरह साल की उम्र में ही उन पर परिवार का भार आ पड़ा और वे फिल्म में काम करने को लाचार हो गईं। पिता गणेशन के बिना वे बड़ी होने लगीं और तीन 'अम्माओं' के साथ रहीं। वे श्यामवर्ण थीं। जाहिर है कि अभाव और हीनता में उनमें प्रेम की काँपती लौ झिलमिल रही। उनके सपने तथा मनोकामनाएँ भिन्न थीं, वे उसी से प्रेम किए जाने को लालायित थीं जो उनकी परवाह करे। वे शादी करना और माँ बनना चाहती थीं। जाहिर है, आज अभिनय और सुषमा के शिखर पर पहुँची रेखा का आदर्श तो वह 'तेरह साल की भानुरेखा' ही है। उन्हें यही नारी का असली संसार लगता है। उन्होंने मौज-मस्ती वाले सम्बन्ध कभी नहीं बनाए। अलबत्ता उनकी स्वीकारोक्ति है, एक मर्द अमिताभ बच्चन ने उनकी जिन्दगी को बड़ी लम्बी अवधि तक प्रभावित किया। लगता है कि वे अमिताभ से अभी भी कहीं-न-कहीं भावनालीन हैं। उनकी ताउम्र चाहत यही रही कि उन्हें कोई प्रगाढ़ प्रेम करे। ...पिल्लै को उन्होंने बताया कि परम्परा से सौन्दर्य नारियों का स्वत्वाधिकार-क्षेत्र रहा है। इसलिए ताज्जुब हुआ कि नर-सौन्दर्य प्रतियोगिता (1998) में वे नारियों की तरह प्रतिबोध कर रहे थे—सुकोमलता, फैंसी पोशाकों तथा कमतर वस्त्रों में। वे जानती हैं कि आज नारियों में भी सुन्दरता एवं सौष्ठव (फिटनेस) को लेकर जबर्दस्त प्रतियोगिता हो रही है। यह पुरुषों को प्रभावित करने के लिए नहीं है। हाँ, अपने चारों ओर इतनी सौष्ठवमयी नारियों को देखकर नर भी स्वभावत: चौकन्ने हो गए हैं।

रेखा ने महामंत्र दिया—'स्थितियों से तालमेल बनाकर डटे रहो।' वे कभी चीनी गाउन में, कभी कांजीवरम-साड़ी में, कभी कत्थक-लिबास में, कभी एक कामयोगिनी के परिधान में दृष्टिगोचर होंगी।

उस प्रतियोगिता में रेखा लांछित होने वाली हालत तब देख रही थीं जब मंच पर दर्शक स्त्रियों के झुंड शोर-शराबा बरपते हुए नर-प्रतियोगियों को उखाड़ (हूटिंग) तथा उच्छेदित (रूटिंग) कर रही थीं। अब तक तो नारी-सौन्दर्य प्रतियोगिताओं में नर-समूह पीछे दीर्घाओं में बैठते थे और अवलोकन करते थे। अब तो नारी-शक्ति तथा संगठन की बारी थी कि वे दर्शक-दीर्घाओं पर काबिज थीं तथा नर-प्रतियोगी स्वयं को प्रदर्शित करके उनके प्रोत्साहन के प्रार्थी थे। इसी प्रतीप परिस्थिति को रेखा ने 'काम-सूत्र' नामक फिल्म में स्वयं कामयोगिनी रति-शिक्षिका होकर गोपन रति-दर्शन (बोयेरिज्म) का प्रतिपादन किया। उस फिल्म के कई दिखावने (शो) केवल महिलाओं के लिए आयोजित किए गए। यह तो नारियों द्वारा 'सामूहिक गोपन रति-दर्शन' हुआ। इससे नारी-पक्ष से पुरुष के प्रति बहुत से भेद खुल-खुल गए। यह कोलम्बो, दिल्ली, लखनऊ में घटा। कोलम्बो में तो फिल्म पूरे एक सप्ताह तक केवल महिलाओं के लिए ही प्रदर्शित हुई। ज्यादातर महिलाओं को केवल नारियों के बीच बैठकर देखने से खुशी, स्वच्छन्दता, निर्बन्धता, उत्तेजना, सीत्कारों आदि का अनुभव हुआ। उन कई अप्रतिबन्धित दृश्यों पर वे मुग्ध थीं जिन्हें पुरुषों के साथ देखने पर सकुचाकर सिकुड़ जातीं। बदली परिस्थिति में वे स्वयं को असुरक्षित महसूस नहीं कर रही थीं बल्कि अपना आधिकारिक वर्चस्व जान रही थीं। नारियाँ खुशामदीद बेतकल्लुफ होकर नेतृत्व कर रही थीं। यह तो एक विलक्षण दस्तावेजी अभिलेख हुआ।

इससे पुरुष एवं प्रकृति की एकसमानता तथा तदात्मकता का महाप्रमाण मिल जाता है।

नारी-सशक्तीकरण की प्रचंड राष्ट्रीय अनिवार्यता के बावजूद नारीत्वायन (फेमिनाइजेशन) की मिथक का भंजन होना भी श्रेयस्कर है क्योंकि यह असामाजिक, असन्तुलित एवं अमनोवैज्ञानिक भी है।

नारीत्वायन को **नारी-स्वातंत्र्य** का प्रतिरूप भी माना जाता है। क्या यह नारी-पुरुष के बीच कोई महायुद्ध है? स्थिति के क्रिस्टल की कई तराशी सतहें हैं। सबसे पहले देह-दर्शनीयता को लें। यह तथ्य है कि देहभाषा की प्रबल व्यंजनाओं में मुट्ठी कसना, जफ्फी जकड़ना, जोशीला आलिंगन-चुम्बन है। किन्तु आवेशी प्रेम की स्थिति के लिए सार्वजनिक स्थल के प्रदर्शन का चुनाव युवतियों-युवकों के असंयम का भी विद्रोही धमाका है। अभी भी भारतीय समाज में मध्यम वर्ग एवं पुरुष-अगाड़ी जातियों का वर्चस्व है। उन पर कुछ अशालीन नवकुबेरों द्वारा ऐसे पश्चिमी खुलेपन का प्रदर्शन अपराधों की दुनिया में फेंक रहा है। गैंगरेप तथा मादक द्रव्यों का इस्तेमाल सत्यानाश की ओर धकेल रहा है।

इसी पूरकता में सोनिया पुरी ने चंडीगढ़ की एक हजार कॉलेज की लड़कियों के 'सैक्स सर्वे' (2003) में चौंकाने वाले नतीजे निकाले कि उनमें से तैंतीस प्रतिशत को विवाह-पूर्व के सैक्स-सम्बन्धी अनुभव हैं कि तैंतीस में से पचहत्तर फीसदी गर्भ-निरोधकों के बारे में

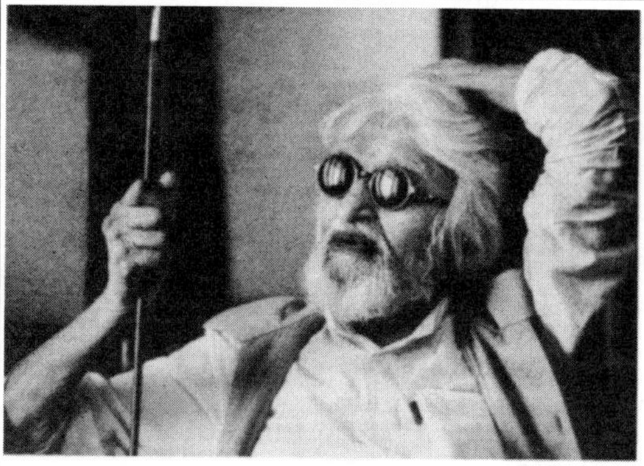

मक़बूल फिदा हुसैन

माधुरी दीक्षित

जागरूक हैं कि अमेरिकी किनसे-रिपोर्ट की तर्ज पर यह 'फीमेल सैक्सुअलिटी' की दर्शनीयता दर्शाता है। जागरूकता का इतना अच्छा स्तर शुभ लक्षण है। अलबत्ता सैक्स और सम्भोग के बीच फर्क करना भी लाजिमी है। देह-रूप-दर्शन के हमारे सन्दर्भ में तो युवतियों (व युवकों) को यौन आसनों तथा रति-क्रीड़ा-मुद्राओं के भी सुदर्शन से परम-सुख पाने की अभिलाषाओं एवं उन छवियों की नैसर्गिकता का भी ज्ञान होता है। अतः सर्वेक्षण को घटिया, सनसनी फैलाने वाला, बदनाम करने वाला बताना बिल्ली के सामने कबूतरी द्वारा आँखें बन्द करके शिकार हो जाने के जैसा ही है।

नारीत्वायन की दूसरी मिथक है आक्रामक नारियों का प्रमुख सत्ताधीश होना। कार्य स्थलों में उनकी संख्या का अनुपात बढ़ने से उनका निर्देशक तथा वर्चस्व भी कायम हुआ है। अब नारी के नियमों तथा आदेशों के अनुसार जीवन जिए जाने की स्थितियाँ भी हैं। नारियों में प्रतिशोध की प्रवृत्ति भी आ गई है। इसके प्रदर्शन भड़काऊ पोशाकों, कड़क आवाजों, तेज-चटकीले सौन्दर्य-प्रसाधनों द्वारा भी हो रहे हैं। परिस्थिति में समताल तब आएगी जब लोकसभा स्त्रियों के तैंतीस प्रतिशत आरक्षण का विधेयक पारित कर देगी। प्रसंगवश वर्जीनिया वूल्फ की 'ए रूम ऑफ वन्स ओन' पढ़ना चाहिए जिसमें उन्होंने नर-नारी के अन्तर को सामाजिक अनुकूलन का अन्तर्विरोध बताते हुए पुरुष की श्रेष्ठता (सुपीरियोरिटी) पर गम्भीर आक्षेप किए हैं। वस्तुतः इसकी जड़ें वर्गीय विभाजन में है क्योंकि श्रमिक वर्ग में दोनों ही पक्षों में बेहद बराबरी की समरसता है। मानवीय प्रकृति तथा गुणवत्ता, दोनों में लगभग एकसमान है। यह माना जा रहा है कि स्त्रियों की यौनपरक तथा प्रजननपरक स्वतंत्रता परिवार, धर्म तथा राज्य से पुनरुत्पादन के साधन लौटा लेगी।

अन्ततः हमें 'स्त्रियों के निजी मर्दों' का भी पुनर्मूल्यांकन करना चाहिए। शोभा दे, मीना कुमारी, अमृता प्रीतम, माताहारी, अन्ना पावलोवा, कैथरीन, श्रद्धा माता, मेरिलिन मोनरो, सुलतान रजिया आदि कुछ बेतरतीब मिसालें हैं। इसी तरह मर्दों में कवि बायरन, डॉन जुआन, रास्पुटिन, कैसानोवा, वाजिद अली शाह आदि भद्रलोक थे भी, नहीं भी। नारीत्वायन के आयाम में किराए की कोख तथा पत्नियों की (गोठ में) अदला-बदली के 'यौनात्मक पैटर्नों' पर भी एलेक्स किन्से से आगे की शोधों का इन्तजार है। एक खबरदारी भी; इस सबके बावजूद—विधवा-दहन से लेकर वधू-दहन और बलात्कृता-दहन तक का नारी-जीवन! ये भी आधुनिक आध्यात्मिक भारत के अन्धे श्रीचक्र हैं जो नवरात्र में देवीनारी के नौ स्वरूपों को भी पूजते हैं। अन्तिम झाँक : लेस्बियनता अर्थात् स्त्रियों की समरति। [ह्वाइट-रिपोर्ट में एक स्त्री की लेस्बियन-स्वीकारोक्ति : मेरे लिए यह अपेक्षाकृत ज्यादा आसान था कि मैं एक अन्य नारी को समर्पण कर दूँ, अपना अहं अर्पित कर दूँ। उसकी त्वचा इतनी कोमल तथा चिकनी थी तथा एक आक्रामक की अधिभूमिका करने का मधुर अवसर सचमुच आश्चर्यजनक था]।

देह-ध्वनियाँ (सीत्कृति)

हमने पहले भी इशारा किया है कि अनंग देवता के पुष्प बाण जलते हुए अग्निमय हैं। ये नर/नारी के देह-धनुष से छूटकर काया में कामातुरता के घाव बेंध देते हैं। इन तीरों के लक्ष्य हृदयदेश, कुच, नेत्र, योनि/लिंग तथा मुख के अधर-कर्ण हैं (चीनी यौन 'ताओ' में जीभ (अधर), योनि/लिंग तथा स्तन को स्वादगंधी रस-रसायन माना गया है)। इनको छेड़ने पर शब्द नहीं, बल्कि विष्णुधर्मी 'इं'-कार, ब्रह्माधर्मी 'ओ'-कार तथा शिवधर्मी 'हुं'-कार ध्वनियाँ निकलती हैं जो नाना रागरंग सूचक सीत्कारें हैं। इसके अतिरिक्त चुम्बन में कई प्रकार की सीत्कार-ध्वनियाँ भी व्यंजनविहीन स्वरमाला बनाती हैं।

अमिताभ बच्चन

रेखा

ध्वनियों के भेद अनंग-रंग

प्रतीत होता है कि विलक्षण ध्वनियों की निश्चित काम-रूढ़ियाँ बन गई हैं। यथा, **हिंकार** (उलटे हाथ से स्तनों को थपथपाना); **फूत्कार-सीत्कार** (मस्तक पर उँगलियों से थपथपाना, नारी द्वारा); हंस, कोयल तथा कारंड **कूजन** करना (मस्तक पर कोमल मुष्टि-प्रहार)। ये मुष्टि-प्रहार परक है।

प्रहारजन्य दुख को छल भरे ढंग से जताने के लिए वास्तविक सुख में **'सी-सी ध्वनि'; हिंकृत** (कर्ण से उद्भूत मेघघोष); **स्तनित** (मेघ-गर्जना के समान जोर से); **श्वतित-रुदित** (सम्भोगजनित थकावट से जल्दी-जल्दी साँस लेना, रोना)।

संभोगोपरान्त ध्वनिया भी हैं—**कूजित** (मुर्गे के समान कंठ से निकली ध्वनि); **घूत्कृत** (वराह के समान कंठ से निकली ध्वनि); **मणित** (जल में लगातार पीपल के फल गिरने के जैसी ध्वनि); **काकरुत** (केवल कंठमूल से अविच्छिन्न कौवे के समान ध्वनि); **सम्प्राप्ति** (संभोग के उपरान्त कारंडव अर्थात् जलमुर्गे की ध्वनि); **धूत्कृत** (बाँस को फाड़ने या तोड़ने की ध्वनि) इत्यादि।

मालूम होता है कि ये सहज और स्वत:स्फूर्त होने के अतिरिक्त चालाक मिथुनों द्वारा प्रायोजित, अभ्यासीय तथा परिपाटी पालक भी रहीं। तदपि ये कार्यवाही के वेग तथा परमसुख के अस्फुट सौशब्द्य हैं।

भाषिक या वाचिक सम्प्रेषण के बजाय पश्यन्ती-मध्यमा के धुँधलके से उद्भूत **स्वनिमों** (फोनीम्स) के संकेत तथा सूचक ही स्फुरित प्रेषणीयता का प्रतिपादन करते हैं। इसके पश्चात् मध्यमा-वैखरी की जो मुखरित गोधूलि आती है वह **स्वरों** से स्फुटित होना शुरू होती है। अन्ततः स्वर एवं व्यंजन (वर्ण) सामान्य भाषा का उच्चार करते हैं। इसका स्पष्ट अभिप्रेत यह है कि अर्थ का जन्म पहले तथा शब्द का उपरान्त में होता है। यदि **अर्थ** अनुभूति-अनुभव से सम्भूत होता है तो **शब्द** का उद्भव प्रतिपादन से होता है। यूरोप तथा अमेरिका में निजता की स्वायत्तता

तथा निजदेह की निर्बन्धता का सम्मान तथा रक्षा करते हुए रति-क्रीड़ा के वक्त फ्लैटों में रहने वाले मिथुन रातों-अधरात इतनी जोर से कराहते, किलकारियाँ भरते, सीत्कारादि करते हैं कि वह सब शोर की सीमा का उल्लंघन करके उनके कमरे के बाहर तक फैलकर पड़ोसियों की नींद हराम कर देता है। अत: 'प्रकोष्ठ-शोर-स्तर' का अतिक्रमण करने पर जर्मनी की डुसलडोर्फ अदालत ने दो सौ नब्बे डॉलर तक के जुर्माने का फैसला दिया (1997)।

इस भाँति देहभाषा में रूप तथा ध्वनि, स्पर्श तथा स्वाद-गंध का जेस्टाल्ट प्रकट होता जाता है। हमें सहज ढंग से इन्हें स्वीकार तथा अंगीकार करना लाजिमी है।

संस्कृत वाङ्मय के मुकाबले में आधुनिक भारतीय सांस्कृतिक रूपायनों में प्रणय/सैक्स के प्रसंग बेहद हताशापूर्ण या छलछद्म वाले हैं अथवा फुटपाथों की मानसिकता में वे फिल्मी मेनोड्रामा या अश्लील चीरफाड़ हैं। हम क्यों नहीं हास्य और सुख को सम्प्राप्य करते? क्यों नहीं प्रेम की धूप और चाँदनी और अँधियारे को समझते? संस्कृत तथा अपभ्रंश धारावाहिकता में तो देवताओं के, ऋषियों के, राजाओं के तथा सामान्य लोक के ये जीवितम् उन्मेष तक पहुँचते हैं और हमारा उदात्तीकरण करते हैं।

इस प्रसंग में सुधीर कक्कड़ ने मनोसामाजिक पटल पर बिंदास प्रतिक्रिया दी है कि "एक मनोवैज्ञानिक के लिए तो यौनता (सैक्सुअलिटी) यौन या सैक्स से कहीं ज्यादा है। एक मामूली आदमी ऐसा नहीं सोचता। ...मनोविश्लेषण में यौनता और अवचेतन मानवीय फान्तासियों का एक सिस्टम है जो विभिन्न स्रोतों से आविर्भूत होता है तथा विविध विधियों से सन्तुष्टि की तलाश करता है। इसमें उत्तेजनाओं तथा संक्रियाओं की एक श्रेणीमाला संलिप्त हुआ करती है जिसका उद्देश्य ऐसे सुख की तलाश होती है जो किसी भी दैहिक आश्यकता से परे प्रस्थान करता है। ...भारत में मर्दों की फान्तासियों में स्त्रियों का भय और भौंचक्कापन होता है। इसके प्रतिलोम में स्त्रियों की अनुभूति में मर्दों से सम्बन्धित क्रोध और हताश ही बहुव्यापी रहती है।" (सुधीर कक्कड़ : 'इंटिमेट रिलेशन : एक्सप्लोरिंग इंडियन सैक्सुआलिटी', वाइकिंग प्रेस, लन्दन, 1990)। वे भी मानते हैं कि सम्भवत: ऐसे परिवेश में नारी की यौनता क्षीण होते-होते शून्य हो जाती है। लगता है कि परम्परागत योग-साधना एवं रूढ़ आकांक्षा में नारी का मातृत्व ही बच रहता है। केवल वही मान्य हो जाता है। तब योग-मानसिकता में शुक्र एवं सूखते कामांशुक-कामसलिल को ही सोम या गंगाजल की भ्रान्ति में उदात्तीकृत करने की परिलक्षणा ही आस्था हो जाती है।

हमने **अनंग कामदेव की देहभाषा** का यह प्रस्तुतीकरण, संयमित-सन्तुलित रहकर, निरन्तर नीतिपरक अकुंठ होकर किया है। हमारा एकमात्र उद्देय रहा है, देह के काममंडित सामाजिक प्रकार्यों तथा दायित्वों को समझना-समझाना।

यहाँ जो इतना विस्तारपूर्ण, तत्त्वान्वेषी निरूपण किया गया है उसका ऐकान्तिक लक्ष्य ऐंद्रियिक-मर्यादित-कुंठाहीन यौन शिक्षा तथा काम-प्रशिक्षण देना ही रहा है। इसलिए कि भारतीय मर्द और स्त्रियाँ यौन-भूख तथा प्रेम-प्यास, अपनर्मिलता तथा अवनर्मिलता, जिंघासा तथा पाशविकता से विमुक्त होकर सहज-सरल-स्वस्थ-शालीन भी बन सकें ताकि निरंकुश दरिन्दगीपूर्ण बलात्कार, कन्याभ्रूण वध, वधू-दहन, गैंग-रेप, यौन दुराचार आदि के कैंसर समाप्त हो सकें। हमारा आधुनिक-पारम्परिक तथा उत्तर-आधुनिक प्रयोजन यही है कि नारी को पूज्य तथा नारी-देह को पवित्र जीवन-मूल्य के तौर पर शिरोधार्य करना। फिलहाल हम बनैली दरिन्दगी, पाशविक आपराधिकता का जो लकड़बग्घी सुख भोग रहे हैं उससे बेतहाशा कुंठित-दमित-क्रूर-बनमानुषी होते जा रहे हैं। यह कैसा समाज बनाया जा रहा है कि कन्याभ्रूण-हत्या चालू है, फिरौती के लिए बच्चों का वध-अपहरण हो रहा है तथा स्वार्थ के लिए हवाले-घोटाले-भ्रष्टाचार के तिलिस्मी जाल बिछे पड़े हैं।

निष्कर्ष की कतार में हम पाते हैं कि कामदेव का भाषा-शास्त्र तो रति-कला है। इसके अन्तर्गत शिवशक्ति की अन्योक्ति में पुरुष-स्त्री अत्यन्त सुकुमार समरसता को सिद्ध करते हैं जिसे रति-रस-रति-सुख-सुरत कहते हैं—

रसो रतिः प्रीतिः भावः रागः वेगः समाप्तिः इति रतिपर्यायाः।
संप्रयोगः रतं, रहः शयनं, मोहनं सुरत इति रतिपर्यायाः।।

—वात्स्यायन

इसमें अत्यधिक जटिल आसनों तथा संस्थितियों का निष्पादन होता है। इसके परम-सुख दिव्यता का बंधान-वितान तक तानते हैं। इसकी निष्पादकता में आलिंगन, चुम्बन, नखच्छेद, गतियाँ, प्रहार, दन्तक्षत, सीत्कार, आसनादि—शीघ्र, शिथिल, वेग से सम्पादित होते हैं। यह ताल एवं दिशा एवं ध्वनियों की एक छन्दस् संगीत तथा रागमाला जैसा है। अन्ततः कहा जाए कि यदि **योग** में समाधि अर्थात् चित्तवृत्ति-निरोध है तो **काम** में संभोग (मनोमन्थन) है। योग **एकल** क्रिया है तो **काम** मूलतः युगल।

दो अध्ययनों के उल्लेख से हम इस देहभाषा का समापन करेंगे। एक है मार्गरेड मीड द्वारा अन्तर्गुणक नृतत्त्वशास्त्रीय तथा दूसरा ब्रोनिस्लाव मेलिनोवस्की द्वारा आदिम संस्कृतियाँ। इन्हें समन्वित करके हम यौन सम्बन्ध में पाँच विलक्षण घटक बता सकते हैं—

(i) अन्तरंगता (इन्टिमेसी);
(ii) सहज स्फूर्ति (स्पान्टेनिटी);
(iii) प्रतिबद्धता (कमिटमेन्ट);
(iv) शारीरिकता (फिजिकेलिटी : मांसलता, पीनता, पुष्टता, स्थूलता, कामातुरता); तथा
(v) सुखभोग (प्लेजर)।

सुखभोगी संभोग के भी चार चरण हैं—

(अ) उद्रेक (एराउजल);
(आ) मध्यवर्ती समस्याएँ (प्लेटू);
(इ) स्खलन (आर्गेज्म); तथा
(ई) निराकरण (रिजोलूशन)।

अतएव हमारा लक्ष्य अपने तथा सामाजिक आचरण का उदात्तीकरण, उद्धार तथा उत्सर्ग करने का एकठ्ठ है। यही चुनौती आज हमारा सामाजिक-सांस्कृतिक-मनोवैज्ञानिक इम्तहान ले रही है, प्रतिपल, प्रतिदिन। हमारे आदर्श कौन हों—यह फैसला हमें-आपको हिल-मिलजुल कर करना होगा।

हमें यह भी सीखना होगा कि शृंगार तथा शालीनता तो देह पर उकेरी हुई शोभा-लिपियाँ हैं। अनादि से अनन्त काल तक नारी और पुरुष इनसे ही सीखते आए हैं। हम ही क्यों मूढ़ और दरिन्दे होते चले जाएँ?

सारांश

काम-रति का जो मिथुनत्व है उसमें काम (सुख) तथा सोम (आनन्द) का भी एकात्म है। अतः काम सोम की बहुविध देहभाषाएँ हैं; यथा—

* मुद्राएँ (स्थानक, पार्श्व, शयन), आसन, भंगिमाएँ, अनुभूतियाँ, चिह्न (नख/दन्त के);
* क्षेत्र : नयन, स्पर्श, आस्वाद, कर्मेंद्रियाँ;
* भाषा : मौनता, स्वर-सीत्कार, संकेत, सूचक;
* प्रकर्म : थपथपाना, उत्तालना, रगड़ना, फैलाना, सिकोड़ना, धँसना, बाँधना;
* दशाएँ : नग्नता, निर्वसना, वस्त्रालंकृति, लज्जा-मुक्ति, लज्जा-लिप्तता, आदि
* आह्लाद और पीड़ा का द्वन्द्वद्वैत।

अध्याय : अठारह

मुखौटे तथा गोदने की देहभाषा

मुखौटे (मास्क)

मुखौटा तथा गोदना—ये दोनों ही आदिम-कबीलाई उद्‌गम वाले हैं। पहला आदि-मानवों की शिकार-क्रियाओं से तथा दूसरा कबीले के सदस्य की शिनाख्त के लिए जुड़ा था। दोनों में ही जादू और विश्वास, अनुष्ठान और सामूहिक कर्मकांड का परिप्रेक्ष्य है। ये हजारों साल पुरानी दुनिया के चक्र-चिह्‌न हैं। कालान्तर में **मुखौटा** नाट्‌य एवं नृत्त, नृत्य आदि का अभ्यंग बना दिया गया। फलत: ये क्लासिक की श्रेणी में आ गए; यथा—ग्रीक त्रासदी, जापान के 'नोह' नाट्‌य, भारत की कथकलि तथा रामलीला आदि।

जादुई अनुष्ठानों तथा धार्मिक कर्मकांडों से जुड़े होने के कारण **मुखौटे** देवप्रतिमा, अर्द्धदेवों तथा राक्षसों के अभिरूपण बना दिए गए और उनका धारक भावाविष्ट तथा देवाविष्ट भी हो जाने लगा। वह एक रहस्यात्मक दशा में इल्हामी होने लगा। इस तरह वे आवेश-ग्रहण करने के माध्यम भी हो गए (मुखौटा-नृत्यों-नाट्‌यों की देहभाषा पर हम यथास्थान वार्ता करेंगे)। मुखौटे और वेशभूषा, कथानक और मुद्राएँ ही इनकी देहभाषा के उपादान हैं।

अभिनेता या नर्तक, ओझा या सिद्ध जिसके मुखौटे लगाता है, उसका एक सुनिश्चित भाव उकेरा/चित्रित किया हुआ होता है। अत: उसके मुख की भंगिमाएँ बिलकुल अप्रभावी हो जाती हैं। वह केवल परिस्थिति-स्थिति और आहार्य के अनुसार ही मुद्राओं द्वारा देहभाषा का प्रकाशन करता है। उसकी अपनी भंगिमाएँ तो छिपी अत: अनाभिव्यंजित रहती हैं। अत: इस चक्र की देहभाषा छिपी और रहस्यात्मक होती है।

मुखौटे दर्शकों में (पात्र-वस्तु-रस के अनुसार) राग, हास्य-उपहास, विस्मयाकुलता (ऑव) तथा आतंक (टेरर) का भाव उत्पन्न करते हैं। वे संस्कृति, दर्शन, भाव, सामाजिक-ऐतिहासिक मान्यताओं पर भी आधारित होते हैं। ईजिप्ट में तो मृतक सम्राट फाराओं तथा रानियों को दफन करते समय उनके मुखमंडल अति-सुन्दर प्रतिछविमूलक स्वर्ण-मुखौटों से आच्छादित कर देते थे।

देहभाषा के हेतु मुखौटों के चार-छह आयाम हैं—

(i) जिनमें रूपंकर ढंग से वास्तविक पुरुष स्त्री के मुखमंडल चित्रित होते हैं;

(ii) विचित्र तथा अद्‌भुत मुखौटे जिनमें भूत-प्रेत, पिशाच, राक्षस-दैत्य आदि के रूप बनाए जाते हैं;

(iii) विचित्र मजाक तथा भड़ौआ पर मुखौटे (कार्टून व कैरीकेचर);

(iv) पशुओं-पक्षियों, ईहामृगों तथा किमाकारों के मुखौटे;

(v) देव-देवियों अतिमहापात्रों के मुखौटे; तथा

(vi) कल्पित कॉमिकों के महिमहानायक-नायिकाओं के नकाब जिनमें फैंटम, स्पाइडर-मैन, बैटमैन, कैट वुमन आदि के कुछ लांछन लगाकर नमनीय कपड़े या प्लास्टिक

अतिमहानायक (केरल)

नृसिंह (आंध्र प्रदेश)

कृष्ण अहम (केरल)

तरह-तरह के मुखौटे

अति-महानायकों-खलनायकों के नकाबों में रहस्य और आतंक (स्पाइडर मैन, सुपर वुमेन, बैट मैन आदि)। प्रायः सभी के नेत्र ढँके हुए होते हैं।

ड्रेगन का मास्क (भूटान)

के आवरण बाँधे जाते हैं। मुखौटे प्रायः लकड़ी या पेपरमैशी के होते हैं और उन पर अनेक रंगों से छबियाँ उभारी जाती हैं।

प्रत्येक मुखौटे के लक्षण, लांछन, सूचक, चिह्न आदि ही उनके धारकों के चरित्र तथा वस्त्रालंकृत देह की मुद्राएँ सब कुछ प्रदर्शित कर देते हैं। इस विधान में देहभाषा के इंगित सुनिर्धारित होते हैं।

त्वचा में/पर गोदना (टैटू)

गोदना एक कष्टदायक प्रसाधन-विधि है जिसमें देहांगों पर सुई को गोद, चुभाकर, खँरोंच कर आकृतियाँ बनाई जाती हैं फिर उन पर विभिन्न रंग भर दिए जाते हैं। यह छाप देह में चिरस्थायी बन जाती है। यह भी आदिम युग की विरासत है।

मुखौटा (या नकाब) मुख के **ऊपर** पहना जाना है और विशेष लकड़ी अथवा पेपर-मैशी का बना होता है। वह मुखमंडल को पूर्णतः आच्छादित कर देता है। केवल दो सूराख आँख के लिए या एक दरार ओठों के लिए खुली होती है। गोदना देह **में** भरपूर छापा जाता है। वह बाँहों, हथेली की पीठ, अंगुलियों, ठुड्डी, कपोल, घुटने के ऊपर, जाँघों, टाँगों के टखनों आदि में अंकित होता है। इस स्थायी नामांकन या चित्रसारी का अभिप्राय, प्रतीक, लांछन, टोटेम-चिह्न, शृंगार उपमान आदि होता है। इस तरह यह देह पर देहभाषा का एक बहुरूपी पटल-सा हो जाता है।

इसका उद्‌भव प्राचीन ईजिप्ट के आदिम कबीलों में हुआ बताते हैं। भारत में यह मध्येशिया की जातियों द्वारा लाया गया। प्रजातिविज्ञान (एथनोग्राफी) के अनुमान के मुताबिक भारत में नट-जाति का यह प्रमुख पेशा था। मोनियर विलियम्स नटों को क्षत्रियों की अवमानित तथा बहिष्कृत शाखा बताते हैं। सी.ई. लॉर्ड (मध्यप्रदेश के जातिविज्ञान के अधीक्षक) ने सन् 1903 में मध्यप्रदेश के आदिजनों में प्रचलित गोदनों का विस्तृत विवरण तैयार किया। इसके पूर्ववर्तन में (1901-1902) बी.ए. गुप्ता ने गोदने को मात्र अलंकरण के अतिरिक्त सामाजिक, धार्मिक, जादुई-टोनाई एवं रहस्यमूलक महत्त्व वाला प्रतिपादित किया (नोट्स ऑन टैटू डिजाइन, 'दि इंडियन एन्टिक्वरी', जून, 1902, जिल्द-31, पृ. 293-97)।

इतिहास-चक्र में गोदना घुमन्तू, आखेटक, पशुपालक प्रजातियों में प्रचलित होता हुआ आधुनिक युग में एक आंगिक शोभा-विन्यास हो गया है। गोंड (विदर्भ), कोल, भील, मीना, माडिया, टोडा (नीलगिरि), कच्छी (गुजरात), कंजर, नर आदि आदिम जनजातियों की तो यह शिनाख्त तथा संस्कार ही है। भीलों और मेघवालों, गोंडों में तो स्त्रियाँ नख से शिख तक गुदी होती हैं जिनमें विभिन्न प्रकार की बनाई गई छापें विभिन्न सूचकों वाली भी होती हैं।

गोदने की छापें स्वयं देह में/पर की देहभाषा का 'थिसारस' जैसी हैं। इनके विभिन्न वर्गीकरण है : प्राथमिक सूचना के अनुसार, ये विशुद्ध अलंकरण (हथेली पर स्वनाम, ठोढ़ी पर तीन नीले बिन्दु, शिशु पर पहचान); सामाजिक पहचान (टोटेम का अंकन, विशिष्ट प्रदर्शन); धार्मिक प्रयोजन (परलोक में आनन्द प्राप्ति, स्वर्ग में सूक्ष्म शरीर में छाप से पुरखों तथा कुल-देवताओं द्वारा पहचानना), जादू-टोना, सुरक्षा आदि के हेतु-निमित्त हैं। मध्यकाल में इन्हें गोदने वाली नटिनें **गुदनार** कहलाती थीं। वे छाप बनाने के बाद मंत्र फूँक कर सप्राण कर देती थी। पद्‌माकर के एक खूबसूरत सवैये की मिसाल में राधा एक गुदनार को बुलाकर उससे कहती है—

'लिखि दे भुजदंड पै बालगोबिन्द, भुजै भगवान, गरे गिरधारी।
ठोढ़ी पै मूरत ठाकुर की, अरु ओठन पै लिखु कृष्ण मुरारी।
हुइ के अधीन सबै लिख दे सुनि ये लिलहारी की गोदनहारी।।'

(हे लिलहारी गोदनहारी, मेरी कलाई में बालगोविन्द, बाहु में भगवान, गले में गिरधारी,

ओठों पर कृष्णमुरारी लिख दे, ठोढ़ी पर ठाकुर (कृष्ण) की मूरत बना दे। सुन, मेरे आदेशों से वह सब कुछ (अनकहा भी) लिख दे, अरी लिलहारी गोदनहारी!)।

लल्लन राय ने अपने शोधकार्य में गोदनों के वर्गीकरण की जो व्याख्याएँ की हैं, हम उनका सार दे रहे हैं (दे.—'रीतिकालीन हिन्दी साहित्य में उल्लिखित वस्त्राभरणों का अध्ययन', पृ. 213–15, पंजाब यूनिवर्सिटी, पब्लिकेशंस ब्यूरो, 1994)। विशेषत: तिल, चन्द्र और रोहिणी, आड़, पंच-पांडव, नवग्रह की अंगूठी, कमल या अष्टकोण, त्रिकोण, मछली आदि आकृतियों के समाज सांस्कृतिक एवं मनोदैहिक आयाम उद्घाटित किए गए हैं (संलग्न देह-चित्रों के प्रथम पन्ने पर आकृतियों का फलक द्रष्टव्य है)। इनमें से त्रिकोण या मछली की छाप प्रजनक योनि की, पंच-पांडव पारिवारिक सामंजस्य की, नवरत्न अंगूठी ग्रह-संयोजन की, चन्द्र और रोहिणी आनन्दमय दाम्पत्य की, कमल और चतुष्कोण-अष्टकोण धनलक्ष्मी तथा श्रीचक्र की तथा तराजू, अटेरन, ऊँट, मुकुट, गोपियाँ (ग्वाले) जातीय तथा व्यावसायिक छापों की द्योतक हैं (व्यापारी, घुमन्तू, बंजारे, चन्द्रवंशी राजपूत)।

प्रजातिविज्ञान की उँगली इनमें अलंकरण, अनुष्ठान जादू और जातीयता की ओर इशारा करती है। ये तो देहभाषा के चक्र-चिह्नों के माध्यम से **सामाजैतिहासिक पंचांग** (सोशियो-हिस्टॉरिकल चार्टर) हैं। ये जनजातियों के क्षेत्रों के जनजीवन और लोकचित्त की चलन, देह-भाषित संकेत-तालिकाएँ भी हैं। इनसे पृथक्-पृथक् रुझान (चलन), अभिरुचि (रुझान), अभिप्राय (मोटिफ) तथा प्रयोजन (परपज) आदि चित्ररचित हैं। ये उनके रहन-सहन तथा लोक-परलोक के जीवनचक्र एवं जीविका कार्यों, गुप्त रहस्यात्मक कृत्यों की भी सूचना देते हैं। ये अपराध-विज्ञानकर्मियों के लिए भी शव और आरोपी की पहचान कराते हैं। अतएव ये जाति-विज्ञान के साथ-साथ नृतत्त्वशास्त्र (एंथ्रोपोलॉजी) से भी सीधे जुड़े हुए हैं।

मथानी, अटेरन, ऊँट, सुई, चलनी, घुड़सवार आदि प्रजातियों के अस्मिता-चिह्न (टोटेम) हैं। दोहरा दें कि कमल, मयूर, मछली, त्रिकोण, स्वस्तिक मांगलिक छापे हैं। चक्र नक्षत्र, सीता की रसोई आदि सुरक्षा-यंत्र हैं, बिच्छू, सर्प, मक्खी, मकड़ा आदि की छापें सहानुभूतिपरक जादू की सूचक हैं। आदिवासियों, कबीलों का यह विश्वास था कि गोदने की छाप स्त्री या पुरुष के सूक्ष्म शरीर के साथ परलोक में जाती है।

गोदने की छापों का एक सामान्यत: खुला वर्गीकरण यह है—

1. शुभ तथा मांगलिक छापें : मछली, पुरइन (कमल) का फूल, लौंग, चकई-चकवा, सतिया (स्वस्तिक), हिरन-हिरनी, मोर, तोता आदि।
2. सहानुभूतिपरक जादू : बिच्छू, नाहर (बाघ), हाथी, मक्खी, मकड़ी आदि।
3. ऐतिहासिक-पौराणिक एवं रक्षात्मक : श्रवणकुमार की काँवर, पंचपांडव, सीता की रसोई, रामलखन की जोड़ी आदि।
4. घरेलू सामान्य उपयोग की वस्तुएँ : बटुआ, पीढ़ी, चलनी, कलशी, पिपिहरी, सीढ़ी आदि।
5. जाति-सूचक चिह्न : गोपी, कृष्ण, मुकुट, ग्वाल, मथानी आदि।
6. अलंकरण-हेतु : झूमर, माथे पर का बुंदा, नाक पर बेसर, पाँव पर झाँझ, पुतलियाँ, कंघी-कंघा आदि।
7. आनुष्ठानिक : दाहिनी पसलियों के बीच कोख पर बुंदा (दुरात्माओं के प्रभाव से स्त्रियों द्वारा अपने दूध को बचाने के लिए क्योंकि उनकी सन्तानें मर जाती हैं); माई की भेंट (रक्षात्मक), घुड़सवार (आंचलिक वातावरण)।
8. रहस्यात्मक छाप : त्रिकोण, मछली, सर्प-झालर (शंख) आदि। (दे. ललन राय, यथोक्त, पृ. 215)।

मैंने दक्षिण में आन्ध्रप्रदेश के श्रीकाकुलम के बनजारों में रतिछल की एक किंवदन्ती नोट की। एक तरुण युवक हरिणी का शिकार करने कुछ माहों के लिए बड़ी दूर जाने के पहले अपनी नई नवेली पत्नी की बाईं जाँघ में एक मछली का गोंदना गुदवाने के अलावा योनि–शुचिता वाली पीतल–पट्टिका भी तालाबन्द करके चल दिया (उन्हें यह आभिजात्य शहरी रस्म विचित्र लगी)।

आदिवासियों के नैसर्गिक कामोत्पीड़न से विह्वल नवेली रमणी ने नकली चाबी द्वारा यौन–पट्टिका खोल डाली और उन्मुक्त विलास में संलिप्त रही। शिकारी कंत के आने की सूचना पाकर चावल से बनी शराब के नशे में उसने दाईं जंघा पर भी एक मछली गोदवा डाली तथा पट्टिका बाँध ली।

जब कंत आया तो उसे इस पहेली पर आश्चर्य हुआ। उसने पूछा। नवेली रमणी ने ठिठोली करते हुए जवाब दिया कि 'वह पुरानी मछली तलफ़ रही थी। उसकी एक बच्ची जन्मी। वही दाईं जाँघ में तैरकर आ गई है। अब अम्मा और बिटिया एक साथ हैं। अब तुम भी मुझको एक बच्चा जनमाओ।'

आदिवासी यौन नैतिकता खुली तथा निर्द्वन्द्व–स्वच्छन्द होती है। कांता के अन्यत्र किसी युवक के पास 'बैठ जाने' की आशंका से उस शिकारी पति ने हँसकर बात मान ली। दोनों मादल बजाते, शराब पीते एक साथ गलबाँही डाले जंगल के निर्जन में छिप गए।

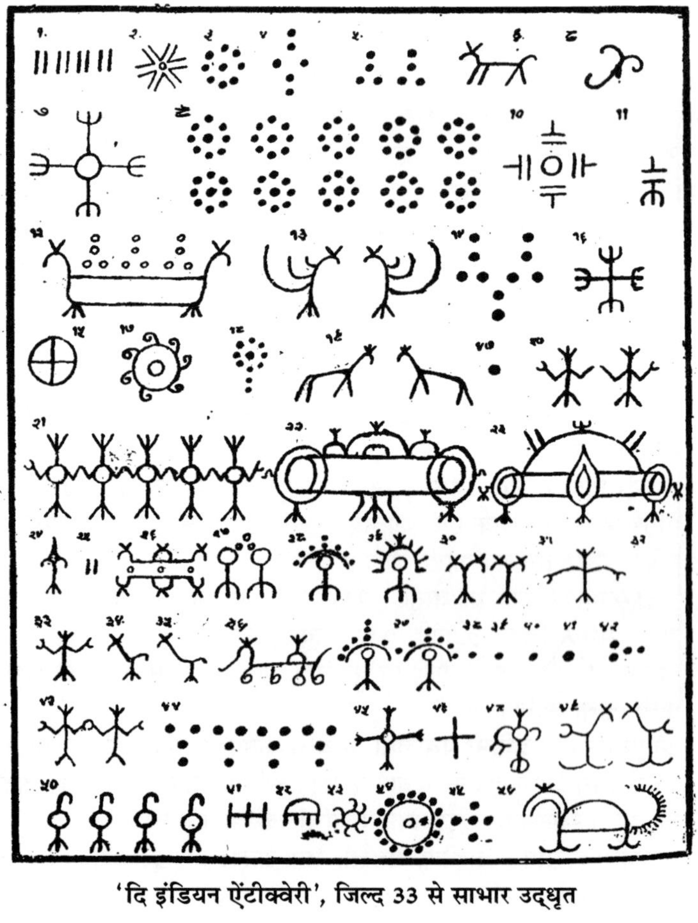

'दि इंडियन ऐंटीक्वेरी', जिल्द 33 से साभार उद्धृत

‘दि इंडियन ऐंटीक्वेरी’, जिल्द 31 से साभार उद्धृत

मध्यप्रदेश के मेघवालों में प्रचलित गोदनों की छापें

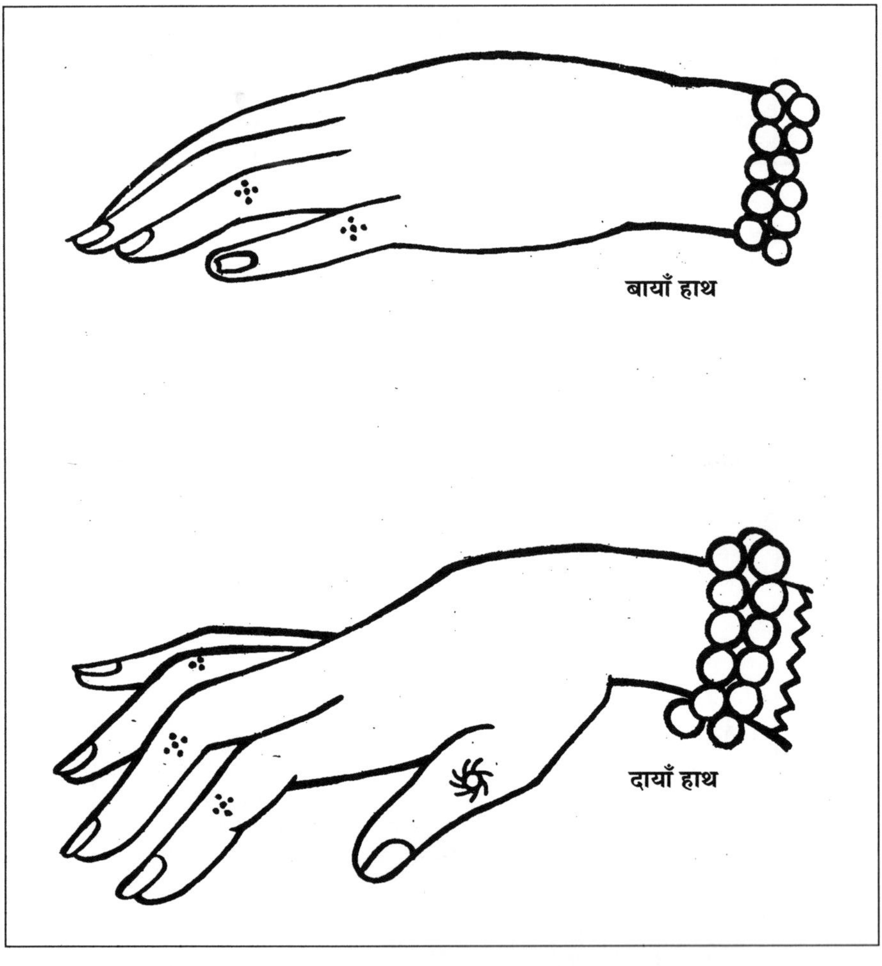

'दि इंडियन ऐंटीक्वेरी', जिल्द 33 से साभार उद्धृत

गोदना गुदवाए हुए मध्यप्रदेश की मेघवाल स्त्री

'दि इंडियन ऐंटीक्वेरी', जिल्द 33 से साभार उद्धृत

गोदना गुदवाए हुए मध्यप्रदेश स्थित बुन्देलखंड की स्त्री

'दि इंडियन ऐंटीक्वेरी', जिल्द 33 से साभार उद्धृत

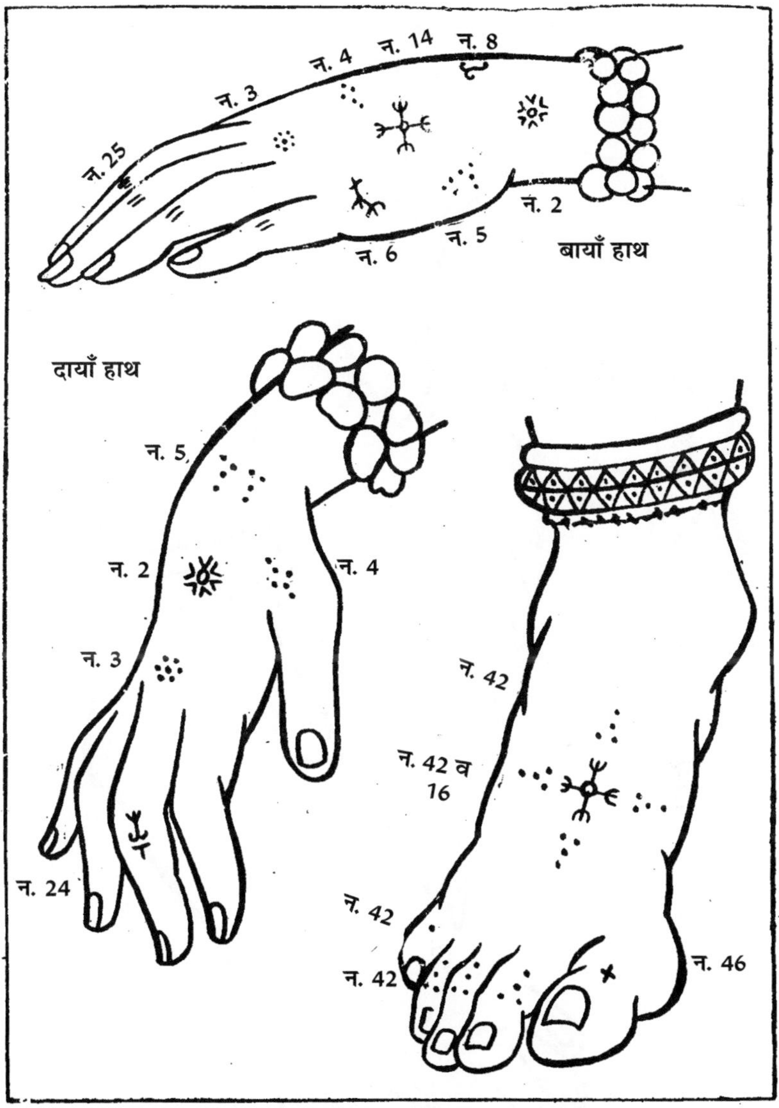

'दि इंडियन ऐंटीक्वेरी', जिल्द 33 से साभार उद्धृत

बुन्देलखंड में प्रचलित गोदने की छापें और अंगों पर उनके स्थान। 3, 4 और 5 संख्यक फलकों में दिखाए गए गोदने शरीर के खुले अंगों को बड़ी ही कलात्मकता से आच्छादित किए हुए हैं। इन उदाहरणों में गोदना वस्त्र एवं आभरण दोनों का कार्य करता हुआ दिखाया गया है।

मध्यप्रदेश के भीलों में प्रचलित गोदनों की छापें

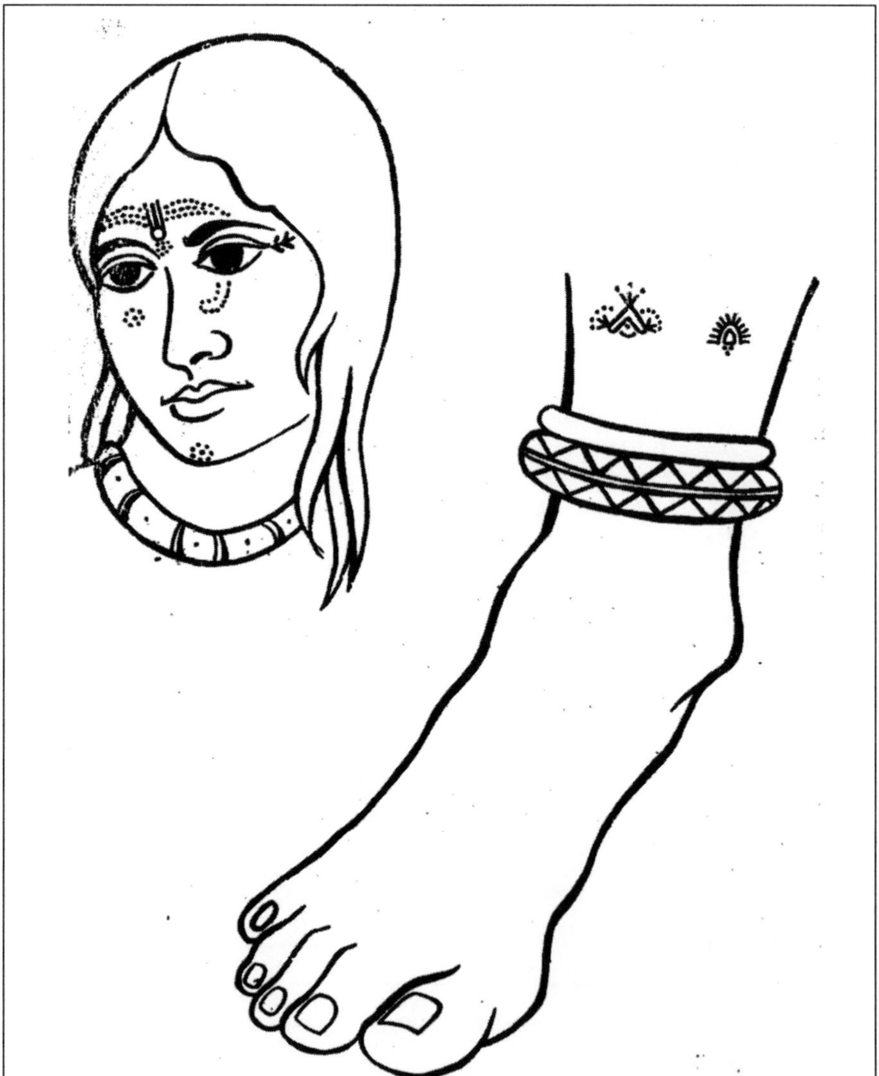

'दि इंडियन ऐंटीक्वेरी', जिल्द 33 से साभार उद्धृत

आधुनिक युग में गोदना

अध्याय : उन्नीस

चित्र-सृजित देह तथा देह-चित्र की देहभाषा

चित्र, शिल्प, वास्तु, नगर-निवेश

देहभाषा (चित्र एवं शिल्प)

(अ) चित्र-देह : 'वणी-ठणी जी' का चित्रफलक

शुरू में हम चित्र एवं दृश्यकलाओं की **दृश्य-भाषाओं** के संसार का साक्षात्कार करें। इसके पश्चात् उनमें अन्तर्निहित **दृश्य-देहभाषाओं** का अभिज्ञान करें। दृश्य कृति की दृश्यभाषा के स्तर पर हम इतिहास तथा संस्कृति, वस्तु (थीम) तथा पात्र, माध्यम तथा तकनीक को लेते हैं; अर्थात् कृति **में** चित्रित/अंकित युग को जीवन्त करते हैं। यह सामाजिक-पटल है।

फिर इसके सहवर्तन में कृति की दृश्य-भाषा को अनावृत्त करते हुए, उसमें अन्तर्निहित **दृश्य-देहभाषा** का उन्मीलन करते हैं। अब इसके स्तर वृत्तान्त एवं स्थितियों, मुद्राओं एवं भंगिमाओं, वस्त्रालंकारों एवं अभिप्रायों, संकेतों-सूचकों एवं देह-चिह्नकों के हो जाते हैं।

इस तरह **पहले आधार में** चित्र/शिल्प में वस्तुत: 'दिक्' की अविचलता (स्टिलनेस) हैं। इसे छुवा भी जा सकता है (सो, स्पर्श की प्रतीति भी है)। तदपि इन दोनों प्रकार की कृतियों में कम-से-कम एक पल को, और अधिक-से-अधिक, एक लीला या परिस्थिति या घटनाचक्र को मूर्त किया जाता है अर्थात् काल को भी दिक् से रूपान्तरित किया जाता है। यह एक अद्वितीय अन्तर्दृष्टि है—काल को मूर्त एवं दृश्य बनाने की। इसमें दोनों भाषा-स्तरों का साहचर्य होता है।

इस सम्मूर्तिकरण का **दूसरा आधार** 'आयाम' भी हैं। चित्र दो-आयामी होता है। शिल्प में तीन आयाम या भित्ति-पटल में अढ़ाई आयाम (रिलीफ) भी होते हैं। दोनों ही विधाओं में कुछ रूप आगे निकलते या पीछे से प्रवेश करते दिखाने को उन्हें पटल के चौखट से काट-सा दिया जाता है। एडवर्ड बुलो ने इस तकनीक को **मनस्तात्त्विक दूरी** (साइकिकल डिस्टेंस) कहा है। समूह या कथापरक कृतियों में इसका प्रयोग ज्यादा होता है।

तीसरा आधार 'सौन्दर्यानुभवपरक' है। चित्र में रेखा-रंगों की जुगलबन्दी होती है जिससे बहुरंगी फलक स्पन्दित हो उठता है। शिल्प के (पाषाण अथवा कांस्य माध्यम में) एकवर्ण प्रतिमा होती है। हमें आयातन-आकृति-मुद्रा तथा प्रकरण की भव्यता में लीन होना पड़ता है। शिल्प में वह वेग तथा भंगिमा नहीं होगी। उसमें ग्रहीता का भोजकत्व (क्रिया-प्रतिक्रिया) प्रशान्त होगा क्योंकि कृति में रेखा-रंगों वाली प्रचुरता नहीं है।

तथापि दोनों ही विधाओं में हमें **प्रभावन-प्रदत्तता** (टु गिव इफेक्ट) करनी पड़ती हैं क्योंकि दोनों प्रकार की कृतियों में पात्र एवं परिवेश, कोई भी जीवन्त तथा जैविक (आर्गेनिक) नहीं हैं। हमें नाना भाँति के साहचर्यों तथा सन्दर्भों को लेकर वृत्तान्त की अन्तरंगता देखनी/सुननी होती है। इसके द्वारा ही मौलिक अथवा अनुकृत संसार की प्रतीति होती है। साक्षात् मानव-देहभाषाओं के मुकाबले इन दृश्य देहभाषाओं में रेखा-रंग तथा आयतन-मुद्रा अवाचिक इकाई (शब्दार्थ जैसी) होते हैं। ये सभी **छवि** हैं। वे सभी कृती द्वारा विरचित तथा काल-प्रवाह-निरपेक्ष होती हैं। इनका निर्वचन मुख्यतः प्रतीकों-अभिप्रायों, लक्षणों-लांछनों, मुद्राओं-शोभाओं द्वारा निर्धारित होता है। इस वजह से सबसे प्रधान प्रणाली यह हो जाता है कि हम चित्र-मूर्ति की देहभाषा के निर्वचन एवं निदर्शन में पारिभाषिकों तथा शब्दबंधों (टर्म्स) का ही आद्योपान्त आधार लेने को आदेशित होते हैं।

अन्ततोगत्वा हमें दो समानान्तर दृश्य भाषाओं के साथ-साथ दो परम्पराओं का भी वहन करना होता है—यदि क्लासिकल परम्परा मुनि वात्स्यायन तथा यशोधर पंडित सम्मत 'षडङ्ग' की है तो मध्यकालीन धारावाहिकता राजस्थानी-मुगल-पहाड़ी कलमों में-से नए-नए अन्तर्सांस्कृतिक शब्दबन्धों की। देह के प्रतिमान आभिजात्य तथा सामन्तवर्गीय हैं; यथा—पतली कमर, लम्बी आँखें, कोमल-क्षीण अंगुलियाँ, नुकीली नासिका, गोल ठोढ़ी, पुष्ट उन्नत गोल उरोज, छरहरी काया। आजकल के नारी-सशक्तीकरण के नजरिए से इन पर प्रश्नचिह्नों की झड़ी लगाई जा सकती है। किन्तु हम इतिहास के काल तथा सामाजार्थिक-व्यवस्था की घड़ी-सुइयाँ इतना आगे तो नहीं घुमा सकते। चित्र-भाषा में प्रभावन-प्रदत्तता के अन्तर्गत अनुभवन और भाविता की जाती है।

इस भाँति लावण्य-योजना तथा वर्णिका-भंग प्रकृति को, नारी की प्राकृतिक शक्ति एवं मनोवृत्ति को तथा चित्राधारित रिनासाँ की अभिरुचियों को साक्षात् किया गया है। मध्यकालीन चित्र-सूत्र तथा छविलोक पूर्ण विराम ले लेते हैं। चित्रफलक एक समग्र 'सांस्कृतिक आकृतिबन्ध' (कल्चरल पैटर्न) में उन्मिषित हो उठते हैं।

क्या हम **चित्र-पुरुष** का विन्यास कर सकते हैं? (वास्तु-पुरुष, काव्यरमणी के विन्यास हमारी इस देहभाषा के महारूपक हैं)। महारूपकों की क्लासिकी-परम्परा में वात्स्यायन सम्मत 'शिल्प (चित्र) के षडंग' तथा चित्र-सूत्र के 'गुणष्टक' (विष्णुधर्मोत्तर पुराण), (स्थान, प्रमाण, मधुरतत्त्व, भूलम्भ, विभक्तता, सादृश्य तथा क्षय-वृद्धि)। नीलम अरुण मित्तू ने यह प्रयत्न किया है (दे.—'रामकथा : मध्यकालीन लघु-चित्रकला और काव्य में', आरेख सं. 28, पृ. 165, राधाकृष्ण प्रकाशन, दिल्ली, 2004)। हम उसकी रचना संवर्धन-समेत कर रहे हैं—

अवाचिक व्यूह के होने के कारण **चित्र-पुरुष** के अंग-उपांग-प्रत्यंगादि **देहभाषा** के घटक भी हो जाते हैं।

चित्र-पुरुष (असांगरूपक)

देहांग	*'काम-सूत्र' एवं 'चित्र-सूत्र' में*	*उत्तर मध्यकाल में*
शरीर अभ्यंग उपांग	स्थान, रूपभेद विभक्तता, प्रमाण क्षय-वृद्धि रेखा	वसलीह लगाना एक चश्म, डेढ़ चश्म दो चश्म
मुद्रा	उपांग मुद्रा	—
वेश-भूषा आभूषण श्रृंगार	सादृश्य वर्णिकाभंग	खुलाई, झीना-ओढ़ाना मोती-महावर
भंगिमा	लावण्य, गुण	साया-सुषमा
गुण	मधुरत्व	
प्राण	भाव	गति
आत्मा	साम्यरूपकता, चमत्कार	—

निष्कर्ष यही है कि उनके प्रकरण, पृष्ठभूमि तथा अग्रभूमियाँ होती हैं अथवा अन्तर्निहित कथा-प्रसंग या अभिप्राय या प्रतिपाद्य। उनके सहकार से हम उनमें चित्रपात्रों की एक स्थित देहभाषा का आख्यान कर सकते हैं। यह पहला स्तर है। दूसरे स्तर पर हम चित्र-सूत्र या शिल्पांग के अंगों के आधार पर चित्रफलक या शिल्प-प्रतिमा की समग्र सौन्दर्यबोधशास्त्रीय अन्वीक्षा करते हैं। इसके अन्तर्गत प्रकृति, कृति, संस्कृति, अभिप्राय के साथ वेश-भूषा, अलंकार-सिंगार, देशकाल, भावलोक आदि का मनस्सौन्दर्यसामाजिक निदर्शन और निर्वचन होता है। चित्र के रेखा-रंगों के बजाय शिल्प में आयतन-लांछन-लक्षण-शैली आदि भी आधार होते हैं।

यह प्रसंग सृजित चित्र-देह (के रूपंकर या फिगरेटिव) चित्रफलक की देहभाषा का है।

इसी के समानान्तर एक दूसरी दशा भी है जब हम खुद देह को ही पटल या कैनवास बनाकर उस पर पत्रावली अर्थात् **गोरोचन-रचना** करते हैं। जब देह के उष्ण स्थलों पर **दंत-क्षत** करते हैं तथा जब देहांगों पर **नख-क्षत्** किया जाता है। यह देहभाषा के संकेतों, सूचकों, चक्र-चिह्नों की ललित मादक चित्रलिपियों, भाव-बिम्बों का उत्तरार्ध है।

(क) सृजित चित्र में देहभाषा

हमारा पहला सरोकार रूपंकर (फिगरेटिव) चित्र-रचना होगी। यह दृश्य है, कालिक नहीं। अतएव स्थिर अपरिवर्तित तथा स्थायी है।

रूपंकर चित्रांकन में माध्यम तथा सामग्री भी अपनी प्रकृति के अनुसार नियंत्रण करते हैं। वे भित्ति (अजन्ता), पट्ट (जैन तथा मारवाड़ी फड़ें), पोथी, मानव-देहांग (स्तन, हथेली, पीठ, जंघा) तथा उन पर गोदने हो सकते हैं। यही चित्र में अंकित पात्रों के देहांगों पर भी अंकन हो सकता है। इस तरह यह पहला द्वैत है।

दूसरा द्वैत है देश तथा काल की अन्तर्लयता। चित्र-फलक के संसार **का** कोई अन्य दिक्-काल होता है तो कलाकार के युग तथा समाज **में** भिन्न देश-काल। इस तरह यह बहुदेशिक तथा द्विकालिक हो जाता है।

तीसरा द्वैत दो समानान्तर परम्पराओं का है। यदि प्राचीन क्लासिक परम्परा वात्स्यायन-यशोधर सम्मत चित्रकला के षडंग की है तो मध्यकालीन धारावाहिकता राजस्थानी-मुगल-पहाड़ी कलमों की।

चित्र में देहभाषा का अभिज्ञान दर्शक की संवेदनशीलता, अभिरुचि तथा चित्रकला के उपांगों, लक्षणों, चिह्नों, अभिप्रायों, रंगों, रेखाओं, शैलियों, प्रकरणों, कालों आदि के संज्ञान के द्वारा ही (यदि सुनिश्चित नहीं, तो—) निर्धारित होता है। अतः इसमें पारिभाषिकों तथा तकनीकों की समझदारी होनी चाहिए अन्यथा 'दृश्यात्मक अनपढ़ता' (विजुअल इलिट्रेसी) व्याप्त रहेगी। चित्र में देहभाषा के ये ही घटक-तत्त्व हैं। इनके द्वारा ही चित्र-देह बातचीत करती है। आगे हम केवल 'नेत्र' को लेकर चित्र में ध्वनि-पथ भरने का उदाहरण देंगे। ऐसे ही प्रकार्य अन्य अंगों के प्रसंग में सम्पादित किए जा सकते हैं।

क्लासिक-परम्परा में वात्स्यायन मुनि तथा टीकाकार यशोधर ने चित्रकला के षडंग गिनाए हैं। आधुनिक काल में अवनींद्रनाथ ठाकुर ने भी उन पर द्वितीय भाष्य प्रस्तुत किया है—

रूपभेदाः प्रमाणानि भावलावण्य योजनम्।
सादृश्यं वर्णिकाभङ्गं इति चित्र षड्ङ्कम्।।

हम देखते हैं कि रेखा (रूप-भेद) और रंग (वर्णिका-भंग) के समानान्तर सादृश्य तथा क्षय-वृद्धि (भावलावण्य योजना) को समान महत्त्व दिया गया है। यहाँ काव्यरमणी की भाँति ही **चित्र-पुरुष** का समायोजन परिलक्षित है। इसे हम आगे लेंगे। यह भी ध्यातव्य है कि क्षय-वृद्धि के तत्त्व शिल्पकृति में प्रमुखतः अनुप्रयुक्त होते हैं। यह भी सुविज्ञात है कि **प्रमाण** के अन्तर्गत शिल्पाचार्यों ने अनुपातों पर विचार किया है (शिल्प में अंगुल एवं ताल के प्रमाण लागू होते हैं)। शिल्पाचार्यों ने मूलतः प्रमाण एवं स्थान (देह-मुद्रा) पर बल दिया है। सूत्रधारों को ब्रह्म-सूत्रों तथा पक्ष-सूत्रों को खींचने का निर्देश दिया है। हम यह भी पाते हैं कि क्लासिक परम्परा में चित्र एवं शिल्प की युगलता रही है (अजन्ता/ऐलोरा)। अतः इनके अंग भी परस्पर अन्तर्भुक्त होते रहे हैं।

मध्यकालीन धारावाहिकता में मध्य एशियाई ईरानी (किंचित् पश्चिमी) प्रभाव भी पड़ा। अतः अंकन, अभिव्यक्ति, पारिभाषिक, चक्र-चिह्न भी बदलते गए (हम पहाड़ी चित्रकला का उदाहरण लेंगे)।

समग्र पहाड़ी चित्रकला (सन् 1700-1900) में एस्थेटिक्षा या सौन्दर्यबोध (शास्त्र) का एक **त्रिकोण** जगमगाता है जिसके शिखर में सामन्तीय आभिजात्य तथा लौकिक-धार्मिक उत्सवप्रियता है। बाएँ पार्श्व में नारी केंद्रपरक मानवतावाद तथा दाहिने पार्श्व में क्लासिकल परम्पराएँ हैं।

(i) **क्लासिक परम्परा** का घेरा रामायण-महाभारत से लेकर भागवत्-गीतगोविन्द, पुराण, ऐतिहासिक गाथा और फिर केशव, मतिराम, बिहारी, रसमंजरी और

लोकगाथाओं में बाजबहादुर-रूपमती के साथ-साथ भावप्रचुर रागमाला, नायिका-भेद, बारहमासा और फिर अनेकानेक कृष्णलीलाएँ शामिल करता है। यही पहाड़ी चित्रकला का सौन्दर्य-लोक है तथा रचना-स्रोत है।

(ii) **नारी-केंद्रित मानवतावाद** के परिप्रपेक्ष्य में कहा जा सकता है कि प्राय: अधिकांश फलकों में रमणीय नारी और आलंकारित सौन्दर्य की मैत्री उसी तरह से है जैसी कि महाकवि कालिदास ने नारी और प्रकृति की कान्त मैत्री की है। सभी कलमों में कुछ रंग-रेखाएँ समान हैं—जैसे कंदब फूल-जैसे गोल छोटे स्तन, शुकनासिका, छोटे पतले अधर, गोलाकृत अधर, कदली जैसी जंघा और शिशु देवदारू जैसे—पाँव। वस्त्राभूषणों में राजस्थानी तथा हिमाचली डिजाइनों तथा लिबासों का मेल है। अष्टनायिकाएँ केंद्र में हैं। श्रीराधा महाभावपरक आदर्श हैं किन्तु पार्वती तथा दुर्गा भी अपने प्रसंगों के साथ मौजूद हैं। सभी दिशाओं में नारी के सौन्दर्य तथा शक्ति का गौरवान्वयन है। पीताम्बर एवं मोरमुकुटधारी श्री कृष्ण धीर ललित नायक हैं।

इस सन्दर्भ में जो वेशभूषाएँ हैं उनमें ज्यादातर छींट या सलमे-सितारे वाले घाघरे, कसी चढ़ी चोली, झीनी पारदर्शी चुनरिया तथा पहाड़ी आंचल के पेशबाज चित्रित हैं।

प्राय: सभी मध्यकालीन कलमों में **रेखा** बेहद सावधानी से मन्द-मन्द प्रवाहित होती है। पहाड़ी-कलम में सुकुमार नमनीयता अधिक है। इन रेखाओं में जादुई यथार्थ के आगाज में जंगलों को वृक्षों के डिजाइनदार छल्लों में घेरकर अंकित किया गया है। यह पहाड़ी चित्रकारों का कौशल है तथापि दो कलमों की विलक्षणता है—बसोहली तथा काँगड़ा।

अलबेले **रंगों** का पिघलता इन्द्रधनुष तो और भी चमत्कारी है। रंगों के रूप-नाम खुद भी बोलते हैं—बदामी, काजलकारी, असमानी, ऊदा, गौरी-छेरी, सब्ज-सोज (हरा), सोजा पिस्तकी, अम्बरी, तोतापंखी, मूंगन, तरबूजी, धुमरा, फाख्ताई, सुना (सोनाई), नारंगी, हिरौंजी, गुलाबी, सिन्धुरी, सुराखी (गेरु), सन्दिल (चन्दनवर्णी), अबरज (सीपवर्णी), रूपा (चाँदीवर्णी), सुफेदा (शंखचूर्णी), बसन्ती (बसमती, अमलतासिका)। उक्त रंगों से अशुद्धियाँ दूर करके उन्हें चमकीला, स्वच्छ अर्थात् 'हलका' कर दिया जाता था। इनके नामकरण के आधार थे—सादृश्य (मूंगिया, बैंगनी) अथवा मूल सामग्री (गेरुआ, सिन्दूरी, चम्पई, अनारी, कत्थई, मजीठी, किशमिशी) एवं स्थान-विशेष (लाहौरी, उन्नावी, मुलतानी)।

(iii) **सामन्तीय आभिजात्य तथा लोक धर्मिक पटल**—यह सर्वत्र अन्तर्विरोधों में झिलमिलाता है, विशेषत: रंगमहलों व अन्त:पुर में, मन्दिर और अभिसार-स्थल में, वेशभूषाओं तथा गहनों में, संगीत-महफिलों तथा शृंगार-प्रसाधनों में, क्रीड़ाविलासों में। सर्वोपरि तो लोकोत्सवों में।

(iv) **पहाड़ी कलमों की एस्थेटिक्षा**—(सौन्दर्यबोध) के संरूप-अन्तर्वस्तु के विधान में माध्यम, कौशल, तकनीक, शैली, थीम आदि ने उनके सांस्कृतिक अभिकल्प (कल्चरल पैटर्न) के तानेबाने बुन डाले। हम इसके **फलक** का एक चतुरंग बनाते हैं—टिपाई, लिखाई, घोटाई एवं खुलाई [ये यशोधर पंडित के षडंग-भाष्य अथवा चित्रसूत्रम् के अष्टांग-अभियोजना से भिन्न हैं]। हम **तकनीक** व **शैली** का विस्तार करेंगे।

श्रीगणेश में **गत्ते** पर 'वसलीज' (लगाने) से शुरुआत होती है। फिर कई पट्टियों में 'अफ़शाँ' (सोने का छिड़काव) द्वारा 'नक्काशी' की जाती है। फिर 'खुशखत' या 'सुलिपि' बनाई जाती है। गत्ते आयताकार (रेक्टेंगल) होते हैं। यदाकदा गोलाकार, चतुर्भुज, दीर्घ अंडाकार (ईलिप्स) भी होते हैं।

इस तैयारी के बाद 'टिपाई' की जाती है। 'लिखाई' में डौली अपनाई जाती है तथा रंगों की परतें लगाकर 'गदकारी' होती है। 'खुलाई' के अन्तर्गत रूपरेखा से 'सरहदबन्दी' होती है। उक्त तीन चरणों के निर्माण के बाद अन्तिम चौथा प्रकार्य ललित सौन्दर्यमोहक 'घोटाई' का होता है।

घोटाई में **साया-उजाला** किया जाता है, **साया-सुषमा** द्वारा सौन्दर्यवर्धक रंगों का समायोजन होता है। **मोती-महावर** द्वारा झीने वस्त्र, सोलह सिंगार, अलंकार, महावर, मेहँदी आदि रचे जाते हैं। आखीर में **झीना-ओढ़ाना** करके लघुचित्र- या फलक मुकम्मिल हो जाता है। झीना-ओढ़ाना में ज्यादातर पोशाकें प्रमुख हैं। इसी तरह अतिरिक्त अंग-महावर के अन्तर्गत काले-चमकीले-लहरीले-अलक, चुम्बीले केश, मेहँदी लगे हाथ, आलक्तक-रंगे पाँव नारी-शोभा के विलक्षण वर्णिकाभंग हैं। यही तो पहाड़ी चित्रकला का 'नारीवाद' (फेमिनिनीज़्म) है। इसमें मुद्रा, संकेत, कूट, गति, क्रिया आदि की प्रतीतियाँ भर देने से देहभाषा खुल-खुल जाती है। यह पहाड़ी-ऐस्थेटिक्षायन (अर्थात् सौन्दर्यबोधशास्त्र) वाली देहभाषा का पारिभाषिक शब्दकोश भी है। इनमें उपयुक्त उपादान की खूबियाँ गूँथ दो, देहभाषा अंगड़ाई लेती जाग जाएगी।

ये शैलीगत फलक वैष्णव-अभिप्रायों से भी झिलमिला रहे हैं। अभिप्राय एवं चक्र-चिह्न की धुरी राधाकृष्ण हैं तथा उनके साथ लीला-प्रकरण और प्रयोजन, बाँसुरी तथा धेनुएँ, राग-रागिनियाँ तथा सखियाँ-नायिकाएँ। समूचे फलक गतिमान हो उठते हैं—लुका-छिपी, दौड़-धूप, आँख-मिचौनी, नृत्य-नाट्य से। भागवत पुराण, गीतगोविन्द, रसिकप्रिया, बिहारी सतसई इनकी नींव हैं। इनमें योग और भोग का, सुकुमारता और सक्रियता का, चमत्कारिक समतोलन (साइनीस्थिसिस) संलक्षित है।

आकृतियों, रेखाओं तथा रंगों के समायोजन से परिष्कृत हैं—तालयुक्त रेखाएँ तथा सरगम और इन्द्रधनुष जैसे रंग। कोमलता एवं लयात्मकता ने नारी-देह की संरचना तथा संघटना की है। इनमें रंगों की शोभा और दीप्ति और द्रुति हैं, वस्त्राभूषणों की झंकार है।

अब हम इस पायदान पर पहुँच गए हैं कि एक चित्रसृजित देह की देहभाषा का निर्वचन कर सकें। इसके लिए भारत के उत्तर मध्यकाल (अठारहवीं शती का मध्य) में राजस्थान की किशनगढ़ रियासत की राजसभा की नृत्यांगन तथा राधा-सर्वेश्वर मन्दिर में ब्रजबिहारी के सम्मुख गाइन व कीर्तनिन **वणी ठणी जी** की शबीह (आवक्ष छवि) लेंगे। वही तो हमारी सलोनी मोनालिसा है। उसके अनुरागी, सनेही, मतवाले, आराधक, चित्ररसिक-कवि राजा सावन्त सिंह (नागरीदास) थे। वणी ठणी जी अलबेली, बड़ी मस्तानी थी। पुष्टि-मार्ग के चक्र में वह युगल-क्रीड़ा के उन्मत्त भोग तथा उपासना में दीक्षित थी (निम्बार्क-मत में कृष्ण की मोहन तथा राधा की मादन भाव से उपासना होती थी)। बाद में वणी ठणी जी तथा नागरीदास वृन्दावन जाकर रहने लगे थे और वहीं उन दोनों का देहान्त हुआ। यह अनिवार्य प्रकरण है।

शबीह (आवक्ष छवि) से दो कूट सबसे पहले : निस्सन्देह यह नागरीदास का ही विमर्श रहा होगा कि चित्रकार निहाल चन्द ने नारी के बाएँ हाथ में **दो कमल के फूल** थमा दिए हैं। अत: वह कमला (श्रीलक्ष्मी) और पद्मिनी नारी एक साथ है। वह विष्णु-कृष्ण की आद्याशक्ति अर्थात् श्रीराधा भी है।

दूसरा कूट वणी ठणी जी के **नेत्र** हैं। वह तो आरूढ़ यौवना (सौन्दर्यगर्विता) है। श्रीराधारानी का रूप धरे इनके नयन मतवारे, मदमाते, मनहर, मुसकाने, रससाने, नत, नींद चुराने, चित्त चुराने, चपल, मुँदे, आरस-अरसाने, खंजन-रूप, रुचिर, उरझाने हैं। यहाँ देहभाषा में नेत्र के माध्यम से पूरा चित्र, नृत्य, संगीत, शिल्प का **देहोत्सव** विद्यमान है। इससे ज्यादा और इससे अतिरिक्त क्या हो सकता है, मितरो! (राजस्थानी कलम)

उसके वस्त्राभूषण ठेठ सामन्ती राजस्थानी हैं। ललाट के ऊपर माँग के आरम्भ से दो इंची व्यासवाला गोल स्वर्णिम शिरफूल, उससे निकली मोती-लड़ियाँ, मोती लड़ियों को जोड़ता बड़ा-सा घंटीनुमा झुमका, खनखनाते मोटे चौड़े कंगन, कलाई से कुहनी तक चढ़ती सिन्दूरी-चूड़ियाँ, गले के नीचे वक्ष के ऊर्ध्व को झुलाता कई लड़ियों वाला कंठहार, एक बड़ी-सी गोल नथुनी जिस पर जवाहरात गुँथे हैं। ...इसी तरह पहनावे में लाल रंग का पोलका (चोली), गले से लिपटी सफेद चूनर, उसके ऊपर सलमे-सितारों से टँकी तथा कोरों की परतों पर गोटों से सधी पिछौरी या पिछवाई ही दृष्टिगोचर हैं। ...अंग-प्रत्यंग गोरे गेहूँ के रंग के हैं। हथेली केसर या मेहँदी से अनुरंजित है। नेत्रों में गहरा, काला काजल है। बेहद काली लटें सर्पवर्तुलता के साथ कान के नीचे तक तथा कन्धों तक पसरी हुई हैं। घनी भौंहों, उठे तने धनुष-सी कातिलाना पलकें, बड़े कमल की पँखुरी-जैसी और एक चश्म (आँख) छटपटाती मछली-सी है। ओठ मीनमुख की तरह अग्रेत्वर रसाकुल आरक्त हैं। अन्ततः वह अंगूठे तथा प्रथम अंगुली की चुटकी से सलमेदा 'बंधेजी', झीनी पिछौरी को थामे एक ओर घूँघट-पट खोल रही हैं तो पृष्ठ-परिदृश्य से अपनी शोधा को लुका-छिपा भी रही है। ओट-मुद्रा जो लिबास की कई तहों में टँकी सुनहली गोट का श्रीचक्र भी सब कुछ कह रहा है, मानो वह **आद्याशक्तिमती राधा** तथा **त्रिपुरसुन्दरी** भी तो है। यह दृश्यकूट महत्त्वपूर्ण है।

सही है कि राजसभा में होने के कारण उसकी वेशभूषा राजसी भी है। वह आभूषणों और रत्नों से नातिदीर्घ सज्जित है। उसकी सघन लम्बी केशराशि खुली है, नेत्रों में बरौनियाँ प्रदर्शित नहीं हैं (क्यों?)। बड़ी-बड़ी घुँघराली ज़ुल्फें तथा झूलती नथ, हाथों में अंजलि-मुद्रा आदि मिलकर ताल एवं लय तथा गति का समानुभूतिमय (इम्पैथिक) वातावरण परिव्याप्त करती हैं। ये समानुपात का समतोलन बनाती हैं। इन आयामों के स्पष्टीकरण के समानान्तर हम देह की मुद्राओं तथा भंगिमाओं को उन्मीलित करते हैं। मुद्राएँ (पोस्शर्च) अस्थि-संरचना तथा मांसपेशियों द्वारा निर्धारित होती हैं। ये आकृति बनाती हैं। अनुषंग में भंगिमाएँ (जेश्चर्य) व्यंजक-ध्वनियों-जैसी हैं। उनमें मांसपेशियाँ तथा देहांग भावानुभूति की अभिव्यंजनाएँ करते हैं। ये वक्रोक्ति की तरह हैं।

इसलिए अब हम, समानुपातिक ढंग से, किशनगढ़ कलम की जयपुर-कलम, मांडू-मालवा-कलम तथा उदयपुर-कलम से तुलना करके कई रहस्य खुलते-उघड़ते देखते हैं। हमने एक ही अनुपात, एक ही मुद्रा, (एकचश्म मुख) की माप-जोख की है। अतः मुद्रा के बजाय भंगिमा की सूक्ष्मता, विविधता, नवीनता, शैली और तकनीक का उद्घाटन होता है। इनमें कपोल और चिम्बुक की हड्डियाँ तथा नेत्रों के अस्थिकोण (मुद्रा की अपेक्षा) भंगिमाओं की सूक्ष्म नवलता तथा विलक्षणता प्रकाशित करते हैं।

अगले दो फलक तुलना द्वारा **विनिर्मिति** (डिकांस्ट्रक्शन) का जादू उघाड़ते हैं। हमने एक ही माप, आकार तथा अनुपात में राजस्थानी चित्रकला की चार शैलियों की तुलना करके पाया कि टुक-सूत बराबर या कि एक नन्हे से टरवे का परिवर्तन कर देने पर कोई भी मुद्रा एक अभिनव **भंगिमा** अंगीकार करके शैली तथा रीति तक बन जाती है। हमने मुखमंडल, नेत्रों, भौंहों, अधर तथा ठोढ़ी से तुलनात्मक उद्घाटन किया है।

'वणी ठणी जी' श्रीराधा
मेवाड़-शाखा शैली, किशनगढ़ (सत्रहवीं शती का मध्य)
'चित्रकार : मोरध्वज निहालचन्द
[वणी ठणी जी 'रसिक बिहारी' उपनाम से कविताई करती थीं]

(ख) विभिन्न कलमों में मुखाकृतियों की भंगिमाएँ

1. किशनगढ़ कलम (की वणी ठणी उर्फ़ श्रीराधा)
2. जयपुर कलम
3. मांडू-मालवा की कलम
4. उदयपुर कलम
   [सभी मुखमंडल एक ही समानुपात (प्रोपोर्शंस) में]

(ग) लघु विनिर्मितियों (डिस्कांस्ट्रक्शंस) में खुलती भंगिमाएँ

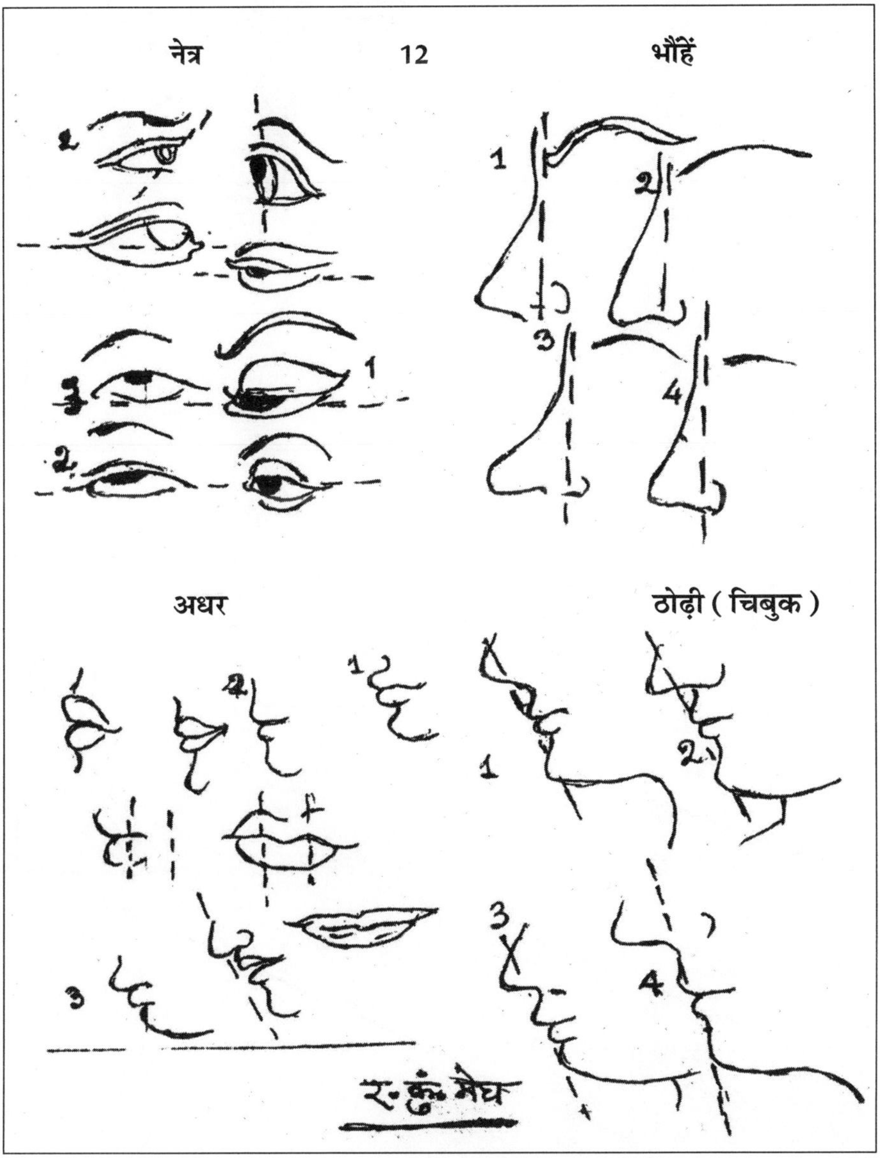

[सभी अंग समानुपात (प्रोपोर्शंस) में]

वणी ठणी के ऐंचे हुए तीर-कमानी लोचन

(ख) इस कोटि में देह-चित्र

इस कोटि में **देह-चित्र** अर्थात् देह पर चित्रित, अंकित चिह्न, लांछन, संकेत, उद्रेक आदि पर चर्चा होगी।

सम्प्रति तीन आयाम हैं—

(i) पत्रावली,

(ii) दंत-क्षत् तथा

(iii) नख-क्षत्।

इनकी चित्रात्मक देहभाषा यथातथा चिह्नों-संकेतों, रूपकों-बिम्बों से अवकूटित (डि-कोड) की जा सकती है।

पत्रावली (चित्र-रचना)

इस क्रिया में देहांग-पटल पर तूलिका द्वारा वर्णिका-भंग अर्थात् रंगीन या रेखीय **गोरोचन चित्र-रचना** की जाती है। बहुधा ललाट, कपोल, ठोढ़ी, स्कन्ध, वक्ष और जाँघें ऐसी चित्र-रचना में फलक का धर्म निबाहती हैं। कांगड़ा तथा गढ़वाल कलम के कुछ लघुचित्र-फलकों में कृष्ण राधा के स्तनों पर चित्रांकन करते दिखाए गए हैं। कुछ चित्रों में रमणी जंघाओं के दोनों ओर तैरकर इस-उस ओर आती मछलियाँ चित्रित की जाती हैं।

प्रवास से लौटे अथवा रात-भर परकीयाओं के पास केलि करके घर आए दक्षिण वशठ कन्त के ललाट पर लाल आलक्तक के चिह्न तथा ओठ पर दंत-क्षत् के सूखे रक्त-बिन्दु को लगे हुए जब स्वकीया कान्ताएँ देखती हैं तो उनकी ईर्ष्या, हीनता और अवमानता के (सात्विक) अनुभाव प्रकट हो जाते हैं।

गोपनीय रति-रंगशाला के अन्तिम अंक में देहपुलक, शरीर के सब अंगों में शिथिलता आना, नेत्र निमीलित होना, गालों पर पसीने की बूँदों का झलकना तथा मदनागारों का कोमल (मार्दव) हो जाना भावसम्प्राप्ति के अनुभाव अर्थात् फलागम हैं।

निष्कर्ष यह है कि इस पूरे चित्र-देह-व्यापार में श्लथ-दृढ़-श्लथ का भावारोही-अवरोही चक्र घूम जाता है। चाहें तो इसे सूक्ति बना लें। [**स्रोत—**'रति-मंजरी' (जयदेव), 'रति-रत्न प्रदीपिका' (प्रौढ़ देवराज) एवं 'अनंग-रंग' (कल्याण मल्ल)]।

इसी के सहक्रम में देह-मंडप में कुछ **रहस्योद्घाटक चिह्न** भी गुप्त देहभाषा की जासूसी करते हैं (मध्यकाल में ये पुरुषपक्षीय हैं), यथा—नायक के विशेष अंगों पर वेणी, आभूषण आदि के दाग, कपोल पर पान-पीक, अधर पर नयन-काजल, भाल तथा अंगुलियों पर महावर, मस्तक पर बिन्दी आदि नायक-केंद्रित हैं। किन्तु ये चिह्न स्त्रियों के वस्त्राभरणों से सम्बन्धित, संकेतित हैं [लल्लन राय (1994), पृ. 251]।

दंत-क्षत् (पिन्च)

मुँह (माउथ) जीभ-दाँत-अधरद्वय की एक इकाई है जबकि चेहरा या **मुहांद्रा** (फेस) ग्रीवा का उत्तर अंग है जिसमें मुँह भी शामिल है। हम मुख-मैथुन तथा मुख-चुम्बन का देह-भाषिक विमर्श कर आए हैं। अब इसी कड़ी में दंत तथा दंत-पंक्ति को लेते हैं जिसकी भूमिका भी

पयोधरों पर 'गोरोचन पत्र-लेखन'

इस समूह में है। देह में **दंत** द्वारा **दंत-क्षत्** अर्थात् दाँतों के निशान बनाए जाते हैं। इसमें उत्तर अधर, नेत्र तथा मुख का अन्तर्भाग वर्जित है।

शिल्प-कला में प्रतिमाओं पर जो 'लांछन' उकेरे या काटे जाते हैं, वे प्रतिमा के कूट तथा भेद भी खोलते हैं। वे बहुत कुछ वैसे ही (जीवित—) मानव-देह पर नख या दंत या कूची या पतली छुरी द्वारा कोमल त्वचा के पटल कैनवास पर क्रीड़ार्थ नख-क्षत्, वशार्थ, दंत-क्षत्, शोभार्थ चित्र-रचना तथा अनुष्ठानार्थ गोदना अंकित किए जाते हैं। ये चित्राभाषिक आकृतियाँ तथा चक्र-चिह्न अवाचिक संकेत तथा इंगित होते हैं।

ये मानो अकलात्मक कलापरक रचनाएँ हैं। अत: ये अप्रयत्नज भी हैं। इनमें ललितकलाओं के लिए जिस समाधि तथा निस्संगता की अपेक्षा होती है, वह भी नहीं है। इनमें निस्संगता तो पूर्णत: अनुपस्थित हैं, बल्कि रागोन्मत्त प्रवेगी संलिप्तता है। नख-क्षत् एवं दंत-क्षत् के चक्रों में तो पुरुष एवं नारी में काम का तीव्र वेग तथा उत्तेजक रतिलीनता लक्षित होती है।

अत: दंत-क्षत् एवं (नख-क्षत्) के लिए देहाकार में तप्त स्थान ही चुने गए हैं; यथा—काँख (कन्धे के नीचे का पसली अंश), जह्नु, ग्रीवा, स्तन, नितम्ब, बहिर्भग, जंघा आदि। इस न्याय से ये रति-रस के अलंकार, रीति तथा शृंगार हैं जो सौन्दर्य के भी संवर्धक हैं।

वात्स्यायन मुनि, कल्याण मल्ल, प्रौढ़ देवराज, नन्दिकेश्वर आदि ने काम-क्रीड़ा में दंत-क्षत् की महासिद्धिपरक परिस्थितियाँ बताई हैं—जब प्रणय की कोप अवस्था हो, नवीन सम्पर्क की पूर्व दशा हो, परस्पर रागमय अवलोकन हो रहा हो, मदिरापान का उत्सव हो, ऋतुमती-स्नान के अनन्तर संगम हो, प्रवासगमन के मौके पर ऐसा स्मृति-चिह्न अंकित करना हो, आदि।

कामशास्त्र के इन आचार्यों ने उपयुक्त दंत-गुण भी बताए हैं—वे स्वच्छ, निर्मल (श्वेत वर्ण), चिकने, बारीक, नुकीले तथा प्रशस्त हों (तमाखू या पान से लिप्से नहीं)। (तात्पर्य यह कि बहुत छोटे, रूखे, लम्बे, टेढ़े-मेढ़े, ऊपर-नीचे, मैले, पीले, दूषित नहीं हों)।

पुरुष-स्त्री मिथुन द्वारा कामवेग में विशिष्ट स्थानों पर **दंत-क्षत** (दाँत से मृदु सुखद काटना) के आठ प्रकार हैं—

(i) निचले ओठ में लालिमा झलकने की गहराई तक दशनच्छेद करना (गूढ़क);

(ii) निचले ओठ तथा बाएँ गाल में इतने जोर से काटना कि हलकी-सी सूजन हो जाए (उच्छुनक);

(iii) निचले ओठ के बीच में **तिल** स्थान में अपने ऊपर एवं निचले दाँतों का छोटा-सा क्षत करना (बिन्दु);

(iv) पुरुष द्वारा स्त्री के अधर में तथा स्त्री द्वारा पुरुष के अधर में अपने ऊपर के दाँत तथा निचले-ओठ से बराबर परस्पर दंत-क्षत करना (प्रवालमणि);

(v) जंघा अथवा नितम्ब पर निचले तथा ऊपरले सभी दाँतों द्वारा लालारुण दंत-क्षत करना कि बिन्दुलित अर्धचन्द्र बन जाए (बिन्दु माला);

(vi) अधिक गहर में बिन्दु माला बनाना (मणिमाल);

(vii) स्तनों पर मोटे, मध्य, अति छोटे गोल आकार के दोनों तरफ दंत-क्षत् करना (खंडाभ्रक); तथा

(viii) दोनों हाथों में मध्य में लालव्रण बनाने वाली दंत-क्षत् रेखा (क्रोड़ चर्चित)।

वास्तव में **दंत-क्षत** की भी अपनी **लघु-देहभाषा** है। जोड़े के दाँत परस्पर चिकने, चमकीले, घने, बारीक, पतले तथा एकसमान हों। कामवेग में ऐसे सुललित-सुकृत दाँतों से काटने पर बने चिह्न दंत-क्षत हैं। परिपाटी से तो ये चुम्बन स्थलों पर ही गोदे जाते हैं।

इनके क्रियान्वयन का भी सचित्र पारिभाषिक का कोश गढ़ा गया है; यथा हम दोहराते हैं : अधरोष्ठ में लालारूख दीप्ति देना **गूढ़क**, चिलने ओठ तथा बाएँ कपोल पर **उच्छुनक,** निचने ओठ के बीच दंत द्वार पर सूजनभरा **बिन्दु क्षत,** बारम्बार परस्पर दोनों द्वारा दोनों ओठों पर दंत-क्षत **प्रवालमणि,** अग्रदंतों से काँख व जंघा पर **मणिमाला,** जंघा एवं ललाट पर नीचे-ऊपर की दंत पंक्ति **बिन्दुमाला** तथा स्तनों के ऊपर चारों ओर की चित्राकृति **खंडाभ्रम** कही गई है।

नख-क्षत (स्क्रेच)

सामान्यतया नख-क्षत एवं (दंत-क्षत) पीड़ादायक, रोमांचकारी तथा सूजन पैदा करने वाले होते हैं। इनसे खरोंच एवं लम्बी लकीरें, काट एवं चाप रचे जाते हैं। ये बाहर देह-स्थानों पर क्षति-चिह्न, रक्त बूँदें तथा रक्त लालिमा छाप देते हैं। तदीप काम-विह्वलता में नख-क्षत सुखदायक होते हैं।

नखों की तराश केवड़े के फूल के समान नुकीली होनी चाहिए। (जयदेव) नख-क्षत गहरा न हो, सुकोमल हो, निर्मल हो, अखंडित हो तथा दृष्टिगोचर हो (कल्याण मल्ल)। दो, तीन या पाँच नखों में पीठ और पसली, काँख और स्कन्ध, जघन और नितम्ब, स्तनों और वक्ष में नख द्वारा चित्र-रचना की जाती है।

नख (नाखून) हाथों की खूबसूरती बढ़ाने के साथ-साथ व्यक्तित्व को भी निखारते हैं। आजकल इन्हें बढ़ाने तथा सजाने का फैशन है। प्राकृतिक नखों पर बतावटी (एक्रिलिक) नख चिपका कर मनचाही आकृति बनाकर उन्हें फेब्रिक रंग तथा नख-पालिश से रँगा जाता है। इस तरह **नख-कला** भी सौन्दर्यशिल्पियों का कौशल बन गई है। इन पर छोटे सलमे-सितारे भी चिपकाए जाते हैं। इससे अभिकल्प (डिजाइन) भी प्राप्त होते हैं। अब हम देह की नख-भाषा का वृत्तान्त बखान सकते हैं।

नख-क्षत शुभ तथा शकुन माने जाते हैं। मिथुन के परस्पर प्रवास से आने, प्रवास में जाने, नवीन सहवास में, ऋतुमती स्नान के अनन्तर नख-चिह्न खींचे जाते हैं। ये सौतों या अन्य प्रतिद्वन्द्वियों के बीच ईर्ष्या तथा क्रोध का हेतु भी होते हैं। ये रोमांच, वैपथु, स्वेद के उद्भावक हैं।

ये काम के तीव्र आवेग, अनुरक्ति, परितृप्ति, कुशलता एवं चातुरी के द्योतक हैं। यही इनकी **नखमय देहभाषा** है। इनके क्षतों के पारिभाषिकों का शब्दकोश निम्नलिखित है—पाँचों अंगुलियों से वक्ष पर कमल-पुष्प, कदम्ब फूल रचना **छुरितक** है, ग्रीवा एवं उभय स्तनों पर बंकिम चाप **अर्धचन्द्र** है, दो आमने-सामने के गोलाकार अर्धचन्द्र **मंडलक** है, जाँघ तथा जननेन्द्रिय के ऊपर दो तीन अंगुल लम्बी अखंड नखक्षति **रेखा** है, कुचमूल से कुचाग्र तक पंचनख-जाल **मयूरपद** अथवा **शशप्लुत** है, टेढ़ी रेखा **व्याघ्रनख** है, और पीठ, नितम्ब, जंघा में कमल-पत्र रचना **उत्पल-पत्र** है। विदा के समय पुरुष या नारी द्वारा परस्पर (घुटने के नीचे की मांसपेशी) पिंडलियों एवं जाँघों पर तीन-चार चिह्नक कोड-रेखाओं का त्रिपुंड खींचकर स्मरण बनाए रखना **स्मारक** है।

रति-क्रीड़ा-समय में समागम में नज़ाकत से देहांग-विशेष में नाखूनों से चिह्न करना ही **नख-क्षत** है।

समागम में तीव्र कामवेग के समय पुरुष तथा स्त्री परस्पर नख-क्षत में संलिप्त होते हैं। दोनों के ही परस्पर तप्त देहांग-बिन्दु प्रायः एक सदृश हैं—कन्धा, जंघा, पसली, पीठ, वक्ष-स्तन, ग्रीवा, नितम्ब-स्तूप तथा योनि-सम्पुट।

नख-दान काम-क्रीड़ा में अत्यन्त सुखदायक, आनन्दोत्कर्षक तथा काम-पीड़ा के आह्लाद में कायान्तरित करने वाला है। इससे उत्पन्न मनोदशाओं की अनिर्वचनीयता को साम्यरूपकता द्वारा भी अभिलक्षित किया गया है। यह क्रीड़ा अपने चित्रुपमान-न्याय से, ललित-रसिक कला तथा लीला भी हो जाती है। अत: यह देहभाषा की प्रथम वर्णमाला कही जा सकती है जो मृदु, मधुर, मोहक नखतूलिकाओं द्वारा त्वचा के ऊपर हलके से मन्मथित की जाती है, लेकिन चिति (साइकी) में गहरी उतरती चली जाती है। इसका यह लक्ष्य कामकला की पूर्णता सिद्ध करना है।

नख-क्षत के छह आर्केटाइपल परिगुण हैं—

(क) यह ऐसी गहरी रेखा में न हो कि घाव बन जाए,

(ख) यह निर्मल हो,

(ग) बढ़ा हुआ हो,

(घ) स्पष्ट दिखाई देनेवाला हो,

(ङ) रेखा बीच में टूटी-फूटी न हो (अर्थात् नखधार में दरातें नहीं हों), और

(च) यह अति कोमल हो।

इसके नखमाध्यम का नितान्त सुकुमार संवेदनशील कौशल लाजिमी है। इसलिए इसके नौ प्रकार भी तदनुरूप दोहराते हैं—

(i) पहले प्रकार में भी उपर्युक्त छह नख-क्षत गुणों को संचित कर दिया गया है। सारांश में पुरुष अपने बाएँ हाथ के नाखूनों से स्त्री के स्तन, कंठ, गाल, स्कन्ध, नितम्ब पर नख-चिह्न लगाए (स्त्री भी ऐसा ही प्रतिकलन करे) जिससे रोम-रोम में तीव्र रोमांच हो जाए तथा पाँचों अंगुलियों और नखों के संस्पर्श से स्वस्फूर्त मदनान्द-ध्वनियाँ प्रस्फुटित होने लग जाएँ। इसे 'छुरितक' कहते हैं।

(ii) ग्रीवा तथा दोनों कुचों या वक्षस्थल पर तिर्यक नख-क्षत (अर्धचन्द्रक)।

(iii) दो अर्धचन्द्रक आमने-सामने (मंडलक)।

(iv) ग्रीवा, कुचों, वक्ष, योनि के ऊपर दो-तीन अंगुल की लम्बी नख-क्षति (रेखाद्वय)।

(v) रेखाद्वय भी टेढ़ी नखक्षति (व्याघ्र नख)।

(vi) अंगूठा समेत चारों अंगुलियों द्वारा स्तन के मूल से लेकर अग्रभाग के चूचुकों तक गाड़ी गई चित्रात्मक नख-डिजाइन (मयूर पद)।

(vii) स्तन के समीप अग्रभाग में पास की सारी अंगुलियों से टेढ़ी-मेढ़ी रेखाएँ करना (शशप्लुत)।

(viii) कुच, वक्ष, जंघा, योनि एवं नितम्ब पर कमल के पत्ते की तरह का नख-चित्रण (उत्पल पत्र); एवं

(ix) विदेशगामी पुरुष द्वारा अपनी कान्ता के स्तनों तथा पिंडलियों पर, जाँघों पर तीन-चार रेखाएँ खींच डालना (स्मारक)।

यदि दंत-क्षत की लक्षणा शैल्पिक है तो नख-क्षत की व्यंजना चित्रलिपिक।

नख-क्षत की देह-सुशोभन-भाषा का सारांश

(i) स्थल—कुक्षि (बगल), दोनों स्तन, गला, पीठ, नितम्ब भाग एवं जंघाएँ।

(ii) शोभाचित्र—आच्छुरित—बाएँ हाथ के सभी नाखूनों से प्रिया के कंठ, स्तन, नितम्ब, जाँघ पर चिह्नांकन—रोमांचक।

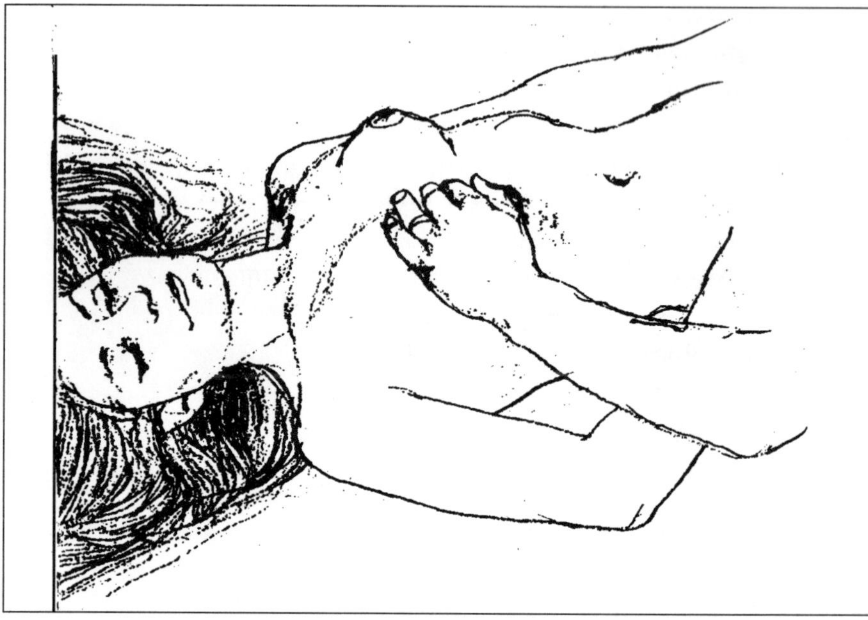

स्तनों पर मयूरपाद-नखक्षत्

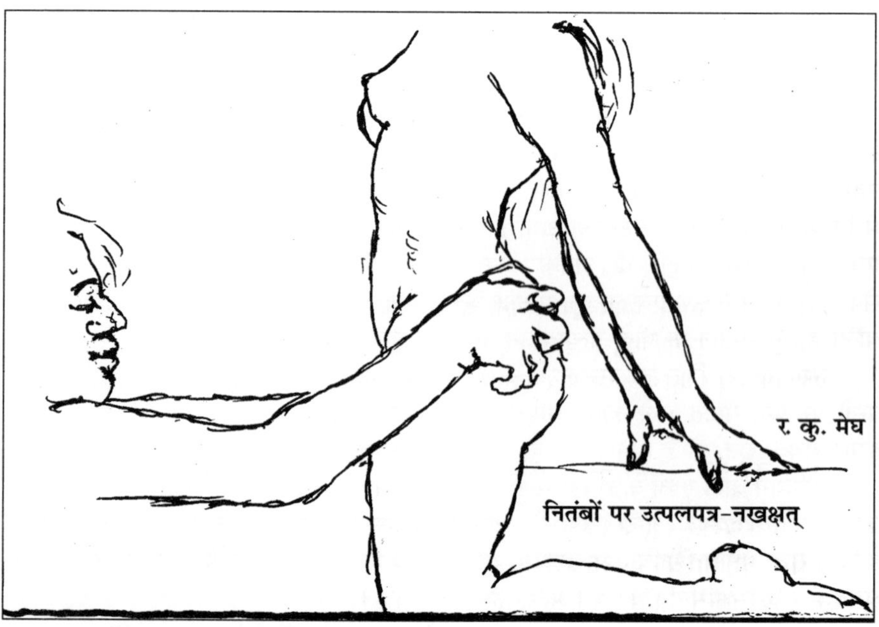

नितंबों पर उत्पलपत्र-नखक्षत्

अर्धचन्द्र—ग्रीवा और दोनों स्तनों पर तिर्यक नख-क्षत।
मंडल—वहीं दो अर्द्धचन्द्र आमने-सामने।
रेखा—ग्रीवा, जाँघ, योनि के ऊपर दो तीन अंगुल लम्बी नख-क्षत।
व्याघ्र नख—गर्दन, जाँघ व भग के ऊपर दो या तीन अंगुल प्रमाण की गहरी टेढ़ी नख-क्षति।
मयूर पदक—स्तन के मूल भाग से लेकर अग्रभाग तक सभी नाखूनों के द्वारा नख-रेखा।
शशप्लुतक—स्तन के अन्त में एवं पास में सारी अंगुलियों से टेढ़ी-मेढ़ी-टूटी छूटी रेखाएँ।
उत्पल पत्रक—स्तन, नितम्ब व जाँघों में कमल-पत्र सदृश नख-चित्र।

(ब) शिल्प में देहभाषा

सम्प्रति देवगढ़ (बुन्देलखंड में ललितपुर के अन्तेवास) के **दशावतार मन्दिर** (ई.प. छठी शताब्दी) में विष्णु के अनन्त शयन वाले पटल या फलक का उदाहरण लिया जा रहा है।

हम जानबूझकर एक शिल्प प्रतिमा के बजाय इस धारावाहिक कथात्मक शिल्प-रचना को ले रहे हैं जिसमें तीनों लोक (स्वर्ग-भू-पाताल) तथा तीन कोटि के पात्रों (देवता, अर्द्धदेवता, आयुध-पुरुष) के समूहों का संपुंजन है। चित्र में दो आयाम होते हैं, शिल्प में तीन। इस पटल में अढ़ाई आयामों का उभार है अर्थात् पात्र एवं घटनाएँ पटल से बाहर/आगे बढ़कर **सक्रियता** की अनुभूति देती हैं, तथापि चित्र एवं शिल्प—दोनों में ही दिक् की अविचलता (स्टिलनेस) होती है। अत: ये स्पर्श भी हैं। दोनों में ही कम से कम एक **पल** को तथा अधिक से अधिक एक प्रसंग या लीला या घटना को मूर्त किया जाता है अर्थात् काल को पल और दिक् (चित्र, शिल्प) को स्थल या आयतन (वोल्यूम) में घनीभूत कर दिया जाता है। यह भी एक अद्वितीय अन्तर्दृष्टि है। काल को मूर्त एवं दृश्य बनाने की, काल को भी छू लेने की।

अब अगर चित्र एवं शिल्प में हम **सृजित देह** (जीवन्त जैविक देह के बजाय) को लें तो वह क्षणे-क्षणे परिवर्तमान के बजाय एक स्थित कलावास्तु (आर्टिफेक्ट) होगी। क्रमश: दो एवं तीन आयामों वाली। शिल्प में रेखा तथा रंग के बजाय **रूपायतन** तथा **मुद्रा-स्थल** की ढलन होगी। उसका प्रभाव होगा : सम्मूर्ति की भव्यता तथा संरचना। किन्तु उसमें वेग एवं गति नहीं होगी। उसमें ग्रहीता का सम्प्रेषण-व्यापार भाषा एवं आचरणपरक नहीं होगा क्योंकि कृति में क्रियात्मकता नहीं है, (उसकी अनुमिति है)। अत: एक ही प्रतिमा, रूप एवं मुद्रा, प्रकाश एवं छाया के प्रभावन द्वारा भी, अनेक संकेत-सूचक देगी, भिन्न-भिन्न पात्र-देश-काल के भेद से। अत: उसमें लक्षण एवं लांछन, प्रकाश एवं विमर्श होंगे। अतएव यहाँ देहभाषा दो शाखाओं वाली होगी—पटल के पीछे प्रत्यावहान की तथा पैनल के आगे अज्ञात की।

इसलिए इस शिल्पकथापटल में कोई भाषिक कहानी तो है नहीं कि दन्-दन्-दनादन पन्नों पर पन्ने गोदते चले जाएँ, अपितु इस शैल्पिक कथायन के देह-भाषिक अवकूटन में हमारे छक्के छूट रहे हैं। अंधेर है कि ये कुंतल मेघ की समझ में भी मुश्किल से आए।

स्वर्णयुग वाले गुप्तों के बिरले मन्दिर बचे हैं—साँची, भीतर गाँव (कानपुर देहात) में ईंटों का मन्दिर तथा देवगढ़ (बुन्देलखंड) में। देवगढ़ का दशावतार विष्णु मन्दिर (ई.प. छठी शताब्दी) है जिसे राजा भागवत गोविन्द ने बनवाया था। वासुदेव शरण अग्रवाल उन्हें चन्द्रगुप्त द्वितीय तथा ध्रुवदेवी (ध्रुवस्वामिनी) का पुत्र मानते हैं।

दशावतार-मन्दिर एक ऊँचे वर्गाकार चबूतरे पर स्थित है जिसके कोनों पर भी चार छोटे मन्दिर थे। अतः वह पंचायतन-मन्दिर भी है। उसका तल-विन्यास-ऊर्ध्व विन्यास सपाट भूमि तथा छत वाला है। इसका मुख्य द्वार (11'2" × 10'9") पर प्रतिहारी, पत्रलता, मिथुन, श्रीवृक्ष तथा प्रमथ उत्कीर्ण हैं। यह गर्भगृह तथा अर्ध मंडप से युक्त (बचा) है। इसकी तीनों दीवारों पर तीन अनुपम कथात्मक पटल (पैनल) उत्कीर्ण हैं। इनमें से हम **विष्णु के अनन्त शयन** की देहभाषा की ही अन्वीक्षा करेंगे।

हम 'अनन्त शयन—पटल' को तीन क्षैतिज परतों में विसंचारित करते हैं—

(i) सबसे ऊपर अनन्त आकाश की पट्टी है। इसमें बाएँ से कार्तिकेय, **इन्द्र,** ब्रह्मा, उमामहेश्वर अपने-अपने वाहनों पर आरूढ़ हैं। माला लिए विद्याधर, प्रमथ भी हैं;

(ii) मध्यवर्ती पट्टी में आदिशेष के कुंडलों की शय्या पर पर्यंक-मुद्रा में विष्णु हैं। उनकी आँखें बन्द हैं अर्थात् वे सुषुप्तावस्था की योगनिद्रा में लीन हैं। आदिशेष अपने सप्त-फण फैलाकर छत्र बना रहा है। विष्णु का बायाँ पाँव फैला है तथा दायाँ घुटने से थोड़ा उठा है। लक्ष्मी पाँवों के पास बैठी पाँवों का संवाहन कर रही हैं। उसके पीछे एक अन्य **नारी** (खड्गधारिणी परिचारिका अथवा भू-देवी) है। साथ में एक **पुरुष** भी है जिसके गले में सर्प कुंडल लपेटे है तथा जो उसके फण को अपने बाएँ हाथ में थामे हुए है (क्या यह गरुड़ है?)। यहाँ विष्णु महाप्रलय के पश्चात् अनन्त सागर में शेष-शय्या पर शयन कर रहे हैं; तथा

(iii) निचली तीसरी पाताली परत में चार नर आकृतियाँ और एक नारी-आकृति हैं। सबसे अधिक मुश्किल इनकी पहचान में हो रही है। वासुदेवशरण अग्रवाल तथा माधव स्वरूप वत्स इनमें से शंख, चक्र, पद्म के तथा कौमुदी (गदा) के आयुध-पुरुष एवं आयुध-नारी मानते हैं, जबकि कुछ इन्हें मधु-कैटभ (दैत्य) बताते हैं जो युद्ध को उद्धृत हैं।

इस तरह यह सम्पूर्ण शिल्प-कथा-पटल मिथकों की अतिप्रचुरता वाला है जिसमें अनेकानेक मिथकीय कुंडल परस्पर गुँथे हैं। हम पहले इस आयाम में अवकूटन करेंगे।

हमारा अगला कदम होगा कि पैनल में, अन्तर्निहित मिथकीय कुंडलन तथा प्रस्थानकों के द्वारा, देहभाषा की दशा और दिशा में मौलिकता, नवीनता, नई खोज को लक्षित किया जाए।

(i) ऊपरी पट्टी—वैष्णव धर्म-साधना वेदान्त के बाद व्यापक असरदार हो गई। अवतारवादी विष्णु सर्वोच्च विश्वदेव हो गए। त्रिमूर्ति में केवल विष्णु के अवतार होते हैं। वैदिक देवता कूच कर गए। लेकिन यहाँ वैदिक देवाधिराज इन्द्र अपने ऐरावत (हाथी) वाहन के साथ उपस्थित हो गया है। उसका एक गण विधाधर भी माला लिए समुपस्थित है (विद्याधर अर्ध-देवता हैं जो पृथ्वी-आकाश के बीच संचरण करते हैं। वे इच्छारूपी, नभस्चर तथा प्रियंवद हैं। वे मानवों से भी यौन-सम्बन्ध कायम करते थे।) दूसरा तथ्य शिव-पार्वती के बजाय उमा-महेश्वर नान्दी-वाहन पर मौजूद हैं। उनका गण बौना प्रमथ भी पास ही है। यही नहीं, श्रीगणेश के बजाय कार्तिकेय अपने वाहन पर दूसरे छोर पर मौजूद हैं। प्रकट सूचनार्थक है कि वाकाटक-सम्राटों की सहकारिता में दक्षिण के चोल और पल्लव साम्राज्यों की धर्मसाधनाएँ भी प्रचलित हो गई थीं। तीसरा तथ्य पद्म पर आसीन ब्रह्मा का है। उनका कमल विष्णु की नाभि से नहीं विकसित हुआ बल्कि अब

देवगढ़ : अनन्तशायी विष्णु

ब्रह्मा स्वतंत्र देवता हो गए हैं। स्वयंभू सृष्टि के लिए शेष-शय्याविश्रामी विष्णु भी 'पद्मनाभ' नहीं रहे क्योंकि महाप्रलय के बाद वे गहन निद्रा में लीन हैं, उनके चारों हाथ खाली हैं तथा आयुद्ध भी नीचे (पाताल) लोक में विश्रान्त हैं। इस प्रकार प्रथम पट्टी से पाँचवीं-छठी शताब्दी की धार्मिक उथल-पुथल, मत और शाखाओं का अन्तर्विरोधी समन्वय आदि ऐसे देह-भाषिक संकेतों, सूचकों, चक्र-चिह्नों से उद्घाटित होते हैं। यह कुंडलों एवं प्रस्थानकों से भरपूर है।

अनन्तशयन में विष्णु

(ii) बीच की दूसरी परत—तो और भी अद्वितीय है। 'विष्णुधर्मोत्तरपुराण', 'अपराजित पृच्छा' आदि के विधानों के अनुसार विष्णु एवं लक्ष्मी के विग्रह-उत्कीर्ण हुए हैं और किंचित् अनुपालन नहीं भी कर रहे हैं। यह दुविधा (डिलेमा) मनमोहक है। दृश्य-विधान महाप्रलय के उपरान्त का है। अतः विष्णु पूर्णपर्यंक-मुद्रा में अनन्त शयन कर रहे हैं। उनकी आँखें बन्द हैं। अतः वे सुषुप्तावस्था की योग-मुद्रा में हैं। विचित्र प्रस्थान यह है कि उनके चारों हाथ खाली हैं अर्थात् चारों दिशाएँ स्तब्ध हैं। अधोवस्त्र के नाम पर पतली करधनी तथा लिंगाच्छादक कौपीन भर है। वे प्रायः निर्वस्त्र-से हैं। घुटने के ऊपर तक अंडाकार पड़ी हुई वनमाला धारण किए हैं। ऊपरवाले चौथे हाथ (अर्द्ध खंडित) हाथ में सन्तान-मंजरी लिए हैं कि नहीं, यह सुनिश्चित नहीं हो पाता। अलबत्ता जो अलंकरण हैं, वे भी न्यूनतम हैं तथा देहांगों का आच्छादन कमतर कर रहे हैं—कीर्ति-मुकुट, कुंडल, एकावली, अंगद, कंकण। उनका बायाँ हाथ शिर को तकिए जैसा सहारा दे रहा है तथा दायाँ हाथ टुक उठी हुई जाँघ पर घुटने के ऊपर टिका है। बायाँ पाँव पूरा अन्त तक फैला हुआ है।

विष्णुपद का संवाहन करती श्रीदेवी

आदिशेष के जो सात फण बालचन्द्र जैसा चन्दोवा बना रहे हैं उनमें से भी मस्तकों पर दीप्त नागमणि उभरकर चमचमा रही है। विष्णु की भंगिमा नितान्त प्रशान्त, समाधिस्थ तथा सन्तुलित है। मुखमंडल सूर्य की भाँति गोलाकृत है। वे विश्राम-ताल में हैं। इससे देहभाषा पूरा वृत्तान्त खोलती जा रही है। उनका हलका-सा उन्नीत दायाँ पाँव दबाती हुई श्रीदेवी श्रीलक्ष्मी अपनी बाईं हथेली से 'उसे' थामे हैं। वह कुंडल पहने हैं। केवल कंचुकी (चोली) धारण किए हैं। वह लीला-विलास की संवाहन-भंगिमा (मालिश) को प्रकट कर रही है। उसका शिर तह किए हुए परिधान से ऊपर लपेटा हुआ है। वह भी आँखें मूँदे हुए है। उसके गले में कंठी तथा स्तन व्यवस्थापक छोटा हार है। वह अपने दाएँ हाथ से विष्णु-पग की उंगलियाँ चटका कर संवाहित कर रही है। उसकी अधोदेह पटल में विलीन है।

उसके पीछे खड़ी खड्गधारिणा की पहचान अनिश्चित है। कुछ मनीषी उसको (विष्णु की द्वितीय पत्नी) भू-देवी बताते हैं। किन्तु उसमें ऐसे कोई भी लांछन चिहि्नत नहीं है। उनके पार्श्व में जो पुरुषाकृति है वह भी नेत्र-निमीलित किए है। उसकी ग्रीवा को सर्प के दुगुने कुंडल घेरे हैं और वह अपने बाएँ हाथ में उसका अर्ध-दृप्त फण थामे हैं। क्या वह मानवीकृत अर्द्ध-देवता गरुड़ हैं ? यह दूसरी पहेली है।

इस तरह यहाँ सभी आकृतियाँ शास्त्रानुमोदन का सृजनात्मक अतिक्रमण करके प्रशान्ति तथा स्थिति का वातावरण प्रक्षेपित कर रही हैं।

(iii) **तीसरी परत** में एक नारी तथा चार-पाँच पुरुषों की जो गतिवत्तापूर्ण या प्रतीक्षादर्शक मुद्राएँ हैं, वे भी अस्मिता की भ्रान्तियाँ पैदा कर रही हैं। जैसा कि हम बता आए हैं कि कुछ उनमें से दो को युद्ध-उद्धत दैत्य मधु-कैटभ मानते हैं जबकि उन पर ऐसे कोई लांछन या अभिप्राय नहीं हैं, सिवाय हाथ में खिंचे हुए खड्ग से अलावा। वासुदेवशरण अग्रवाल तथा माधव स्वरूप वत्स उन्हें आयुध देवता-आयुध देवी मानते हैं, यद्यपि इनके भी मुकुट स्पष्ट सूचक तथा चिह्नक नहीं हैं। ...अत: यह खंड विष्णु के गणों से समायोजित है।

तीसरी परत

इस पूरे पटल में देहभाषा गुप्त तथा रहस्यात्मक भी रही है।

अन्ततोगत्वा इस शिल्पगाथा पटल की देहभाषा की ऐस्थेटिक्षा (सौन्दर्यबोध) का अनावरण किया जा सकता है।

फलक की द्वितीय तथा तीसरी परतों में सभी के केश घुँघराले-छल्लेदार और कान कर्णफूलों से युक्त हैं। सभी एक कंठहार पहने हुए हैं। हरेक की विलक्षण केश-सज्जा है। जूड़े नहीं हैं। तीसरी पट्टी को छोड़कर पहली और दूसरी में क्रमश: दिग्दर्शन तथा विश्राम-लय की भंगिमाएं संलक्षित हैं।

आकृतियों के तालमानों का उल्लंघन हुआ है। पटल की निर्धारित सीमाओं तथा दिक-भेदों से वे निर्धारित हो रहे हैं। विष्णु तथा ब्रह्मा को ही केन्द्रस्थ किया गया है। कारण कि कम स्थान (स्पेस) तथा अधिक पात्रों के कारण सभी आकृतियाँ परस्पर सट-सी गई हैं तथा कुछ संकुचित भी हो गई हैं। दूसरा कारण यह है कि मिथकों तथा मिथकीय कुंडलों की अतिप्रचुरता के कारण कथावस्तु (महाप्रलय के उपरान्त) में अनेक पताकाएँ-प्रकरियाँ (उपकथाएँ) जुड़कर प्रतिपाठों एवं उत्तरपाठों की सूचना दे रही है।

इस पटल में **काल** तथा **दिक्** के तीसरा आयाम विलीन हो रहा है। पटल में अढ़ाई आयामों के कारण सम्पुंजन (कम्पोजीशन) की यह जटिल समस्या व्याप्त है। अत: यहाँ एक ही पटल पर त्रिलोक का ऐसा अद्‌भुत **सम्प्रेषण** है जो हर परत में भाव-दशाएँ तथा भंगिमाएँ बदल लेता है। इसमें काल की अवधि विलीन होने के कारण दिक् की परतें भी एकैक इकाई का बोध कराते हैं। हम ऊपर से नीचे की ओर अवतरण करते हैं।

पटल की पृष्ठभूमि ही आयतन (वोल्यूम) की भूमिका अदा कर रही है जिससे बँटकर पात्र की डेढ़ आयामी प्रतिभाएँ उभर रही हैं। आकृतियों की लम्बाई एकसमान है (विष्णु को छोड़कर)। अत: प्रतिमाओं में भारीपन (गरूपन) की प्रतीति होती है। उनमें पाषाण की प्रकृति के कारण भी अद्‌भुत चमक है जिससे आयतनों में भी रेखाओं का विभ्रम होता है अर्थात् चित्रसारी की खूबियाँ झलकती हैं। प्रतिमाओं में उत्तम तकनीक द्वारा पालिश हुई है। मौर्यकालीन दीदारगंज की यक्षिणी के बाद यह प्रकट हुई है।

विष्णु की देहयष्ठि इकहरी होने के साथ-साथ योग-निष्णात् होकर बलिष्ठ है। उनके अलंकार भी संयमित हैं। वे निर्वसन देह की कलाओं तथा सुषमाओं की देहभाषा की अनुभूति कराते हैं। इसमें अभिव्यंजना तथा तल्लीनता का मिलाप हुआ है। यही लगता है कि विष्णु समेत अन्य पात्रों की देह के दिक् (स्पेस) मानो नमनीय (प्लास्टिक) आयतनों का अतिक्रमण कर रहे हैं।

इसीलिए ज्यादातर प्रतिमाओं की आँखें भी मुँदी हुई हैं।

निष्कर्ष

इस रथिका-बिम्ब वाले शैलपटल पर धर्ममिथकीय, भव्यवृत्तांतीय, शिल्पशास्त्रीय, सूत्रधारीण के चतु:आयामों में, विविध-बहुल देहभाषापरक चिह्नकों, लक्षणों, लांछनों, संकेतों, कूटों का अनुपम जमावड़ा हुआ है।

(स) 'वास्तु-[कार]-पुरुष' की देहभाषा

आखिर कौन है **वास्तु-पुरुष?**

यह भूमिगत होकर पुरातन (आर्कियोलॉजी) है, धराऊर्ध्व होकर वास्तु-शास्त्र (आर्किटेक्चर) है। अत: इसके दो स्वरूप हैं।

(अ) **मिथकीय समय** में 'भवन' को भुवन का समकक्ष बनाने में देवताओं के समूह की भूमिका रही है। यह बेशक एक अप-देवता था; वास्तु-देवता हो गया। देहभाषा का एक मिथकीय महासूत्र खुल गया। महादेव शंकर और दैत्य अंधकासुर के बीच घमासान संग्राम हुआ। युद्ध के दौरान महादेव के पसीने की कुछ बूँदें धरती पर गिरीं जिनसे एक भयंकर प्राणी प्रकट हुआ और लोगों को आतंकित-त्रस्त करने लगा। तब ब्रह्मा के नेतृत्व में देवताओं ने उसे बन्दी बनाकर उसका मुँह नीचे करके औंधा दबा दिया। उसे शान्त करने के लिए ब्रह्मा ने यह वर दिया कि भूमि सम्बन्धी सभी शुभ कार्यों में उसकी पूजा हुआ करेगी। देवता उसके विभिन्न अंगों पर वास करने लगे। इसलिए उसका नाम (दैत्य अंधकासुर से) वास्तु-पुरुष रखा गया। अतएव किसी भी भवन के निर्माण में भूमि-पूजन द्वारा उसकी पूजा होती है तथा उसके अंगों का, दिशाओं का विशेष ध्यान रखा जाता है ताकि सुख-समृद्धि प्राप्त हो। यूँ ही गृह-प्रवेश भी होता है। इस तरह एक मिथक धर्ममिथक में, फिर कर्मकांड में कायान्तरित हो गई। वास्तु-पुरुष का मुख ईशान (उत्तर-पूर्व), चरण नैऋत्य (दक्षिण-पश्चिम), एक घुटना-कुहनी वायव्य (उत्तर-पश्चिम), दूसरा कुलक अग्नि (दक्षिण-पूर्व) में स्थिर माना गया।

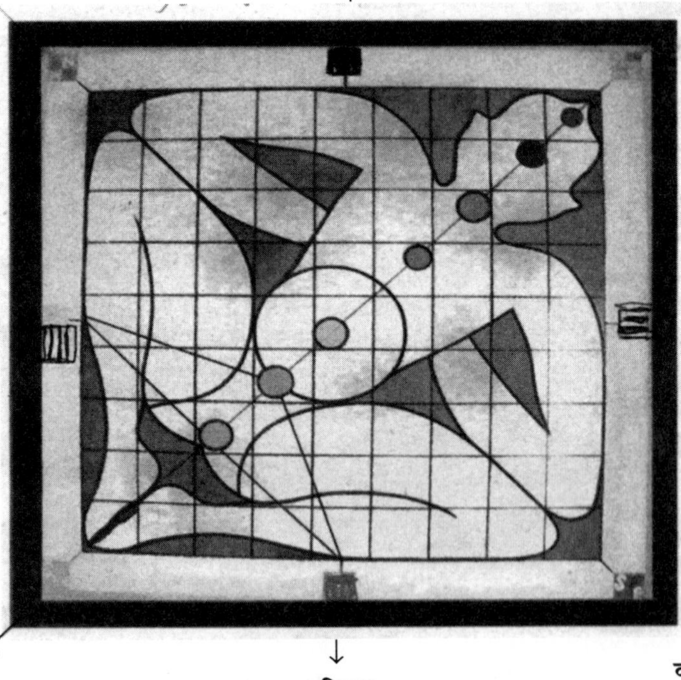

वास्तु-पुरुष के
शरीरावयवों में विभिन्न देवी-देवताओं का वास।

[बृहत्संहिता, अ. 53]

इस तरह वास्तु (पदार्थ) से पार्थिव कृति से ही वृत्तान्त (कथावस्तु) और वास्तु (पदार्थमय संरचना) का सामाजसांस्कृतिक निर्माण हो गया। सो, यह जैव (आर्गेनिक) है/नहीं है। इसमें शब्द और शिव की, अतीत और वर्तमान की, इतिहास और समाजशास्त्र की, पुराने सूत्रधार और आधुनिक वैज्ञानिक वास्तुकार (आर्किटैक्ट)की, विरासत और उपलब्धि की धारावाहिकता है। जो भूमिगत अतीत है, वह पुरातत्त्व है। जो धरा पर प्रकट है, वह वास्तुकला है।

मिथक से इतिहास में छलाँग लगाने पर इसकी कील अभिकल्प (डिजाइन) तथा सन्तुलन (ग्रेविटी सम्मत) है। इसकी धुरी ज्यामिति तथा त्रिकोणमिति रही है—यज्ञवेदी से लेकर ईजिप्ट के पिरामिड की शुरुआत से। ग्रीक देवताओं हीफेस्ट्स से पाइथागोरस तक, वैदिक विश्वकर्मा और त्वष्ट्री से लेकर सूत्रधार तक यह क्रम निरन्तर चल रहा है।

साक्षात् वास्तुकृति में कोई रूपंकर या मानव-आकृति नहीं है। इसमें उपमेय (हिमशिखर) नहीं, बल्कि **उपमान** (मन्दिर, शिखर, किरीट-मुकुट) आधार हैं। अतः वास्तु-पुरुष की देहभाषा प्रक्षेपित (प्रोजेक्टेड) या साम्यरूपित न होकर छिपी हुई (हिडेन) होती है। मुश्किलें तो हैं क्योंकि आधार न तो जैव हैं, न मानव-देह है और न ही देह-चित्र। आरोपण भी नहीं है। अतएव हमें **समानान्तरता** (पैरेललिज़्म) के सहारे प्रतिपादन करना होगा। सो, थोड़े अनाड़ी गंगारामों को वास्तु-पुरुष की छाया-उपच्छाया की घेरेबन्दी में बँधे रहकर देहभाषा की अन्वीक्षा करनी होगी। ये हमारे सीमान्त हैं। हमें ऐसा घेराव करना पड़ेगा। हम वास्तु-पुरुष का प्रतिकल्पित प्रत्याह्वान करते रहेंगे।

इतिहास-चक्र में वास्तु-शास्त्र एक कला है, एक विज्ञान है, एक टेक्नोलॉजी है। आजकल एक उद्योग भी है। यह—यह मानवीय-अधिवासों से संलग्न है। अतः शालीन (डीसेन्ट) रहनी का अनुप्रयोक्ता है। यह सभ्य है, शहरी है। यह त्रिआयामी है। अतः इसमें **सौन्दर्य** और **उपयोगिता** की सिद्धि के लिए डिजाइन तथा सन्तुलन (वैज्ञानिक गुरुत्वशक्ति) का आधार लेना अनिवार्य है। इसके लिए इसमें **द्रव्यमान** (मास) तथा **दिक्** (स्पेस के फासले, आयतन) का समायोजन करना इंजीनियरी तथा प्रौद्योगिकी का करिश्मा है।

नाट्य और **वास्तु**, दोनों समाज के प्रतिरूप हैं। वास्तु में भी सभी कलाओं का समायोजन-सम्पुंजन होता है; यथा—दीवारों पर पटचित्र (म्यूरल); कोनों पर शिल्प प्रतिमाएँ, द्वारों पर गोपुरम्-छाया, कक्षों के आयतन में ध्वनि-प्रतिध्वनि का नियमन, विभिन्न स्थलों के विभिन्न प्रकार्य एवं गतियाँ (रसोई, शयन-कक्ष, स्वागत-कक्ष, स्नानागार, झरोखे आदि), सम्पूर्ण भवन-एकांश में अन्तर-गृह-सज्जा (दरी, गलीचे, तस्वीरें, काष्ठ शिल्प, पर्यंक, पर्दे, पुस्तकों की अलमारियाँ, वस्त्रों के प्रकोष्ठ) आदि।

इसी तरह नींव से शिखर तक भौतिक सामग्री से निर्माण होता है—मिट्टी, ईंटें, लोहा, काँच, कांक्रीट, प्लास्टिक, फाइबर-ग्लास, पीतल आदि का।

अतः वास्तुभवन एक **मशीन** है, तथा एक **जैविक प्राण** का आगाज भी। अतएव वास्तु एक कलाविज्ञान है, एक सामाजिक कला है, जनजीवन की, और एक दृश्य कला भी है।

इतिहास-चक्र में जिस प्रकार देवताओं के प्रतिरूप देवराजा हो गए। उसी तरह वास्तु-पुरुष भी वास्तु-देवता हो गया। मन्दिर ऐसी साम्यरूपात्मकता का रंगस्थल बना। साथ ही ब्रह्मांड का प्रादर्श (मॉडल) भी। इस भाँति मानव-देह—मन्दिर—ब्रह्मांड एक व्यासरेखा से उत्तीर्ण

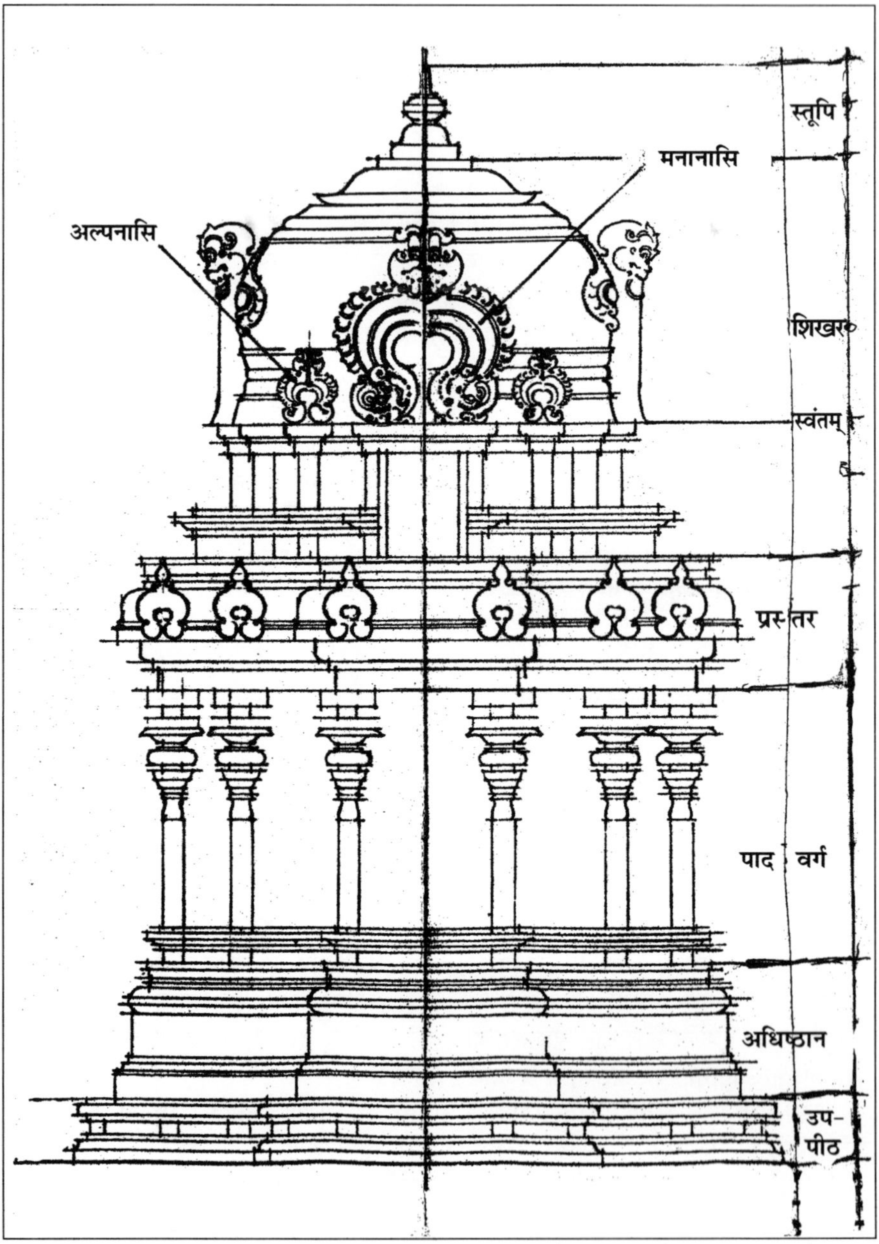

देह-मन्दिर-रूपक

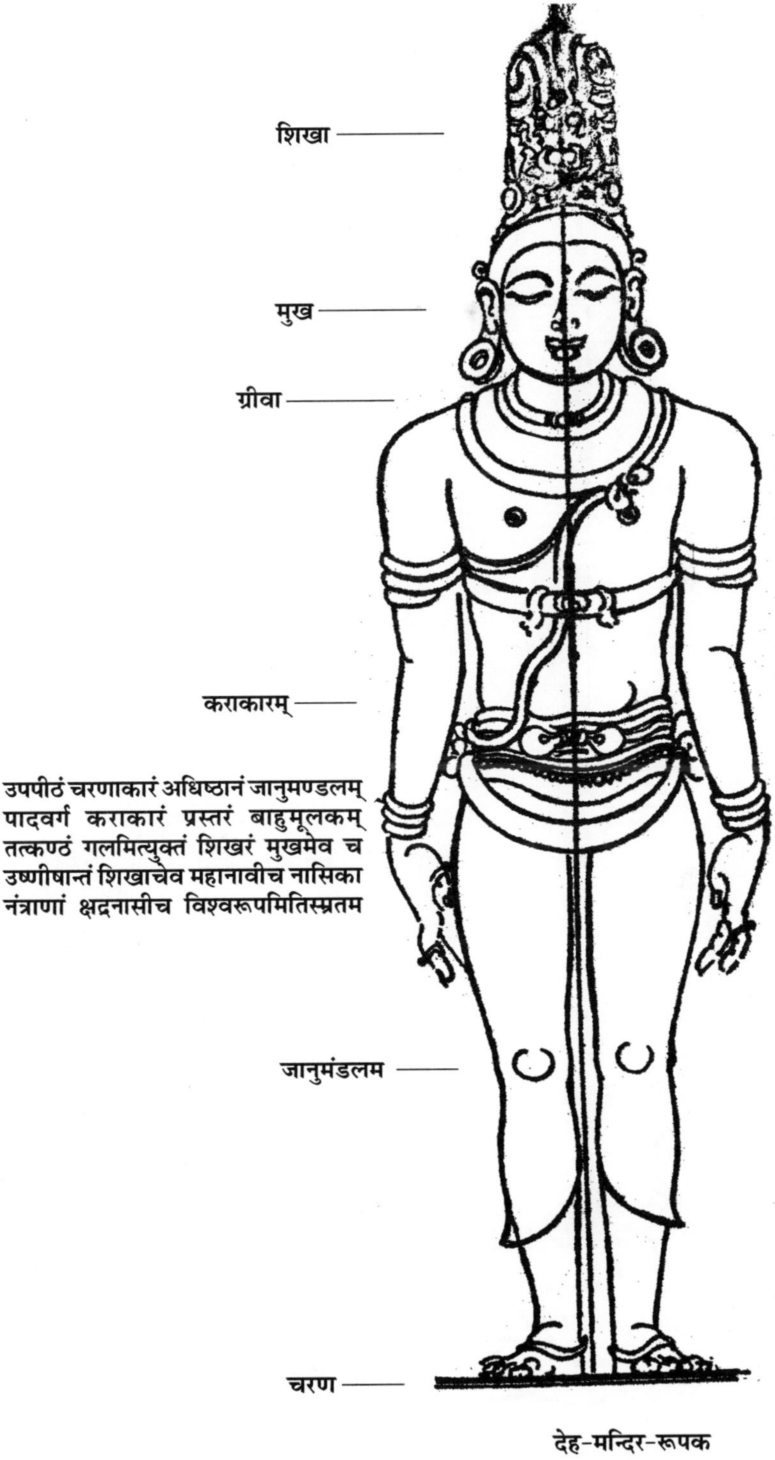
शिखा
मुख
ग्रीवा
कराकारम्
उपपीठं चरणाकारं अधिष्ठानं जानुमण्डलम्
पादवर्ग कराकारं प्रस्तरं बाहुमूलकम्
तत्कण्ठं गलमित्युक्तं शिखरं मुखमेव च
उष्णीषान्तं शिखाचेव महानावीच नासिका
नंत्राणां क्षद्रनासीच विश्वरूपमितिस्म्रतम
जानुमंडलम
चरण

देह-मन्दिर-रूपक

देवतादेह (प्रलंब खड़ी)	मंदिर की संरचना	उपासक देह (भूमि में दंडवत्)
शिखा →	शिखर	← शिर / भौंह
शिर →	गर्भगृह (में मूर्ति)	←
वक्ष एवं उदर →	अन्तराल	← हृदय
→	रंगमंडप	← उदर
— →	ध्वज-स्तंभ	← लिंग / योनि
भुजाएँ →	परिसर	← —
चरण →	गोपुरम्	← चरण
→	—	←
	—	

मन्दिर-परिसर तथा भूमि में दंडवत् उपासक-देह की तुल्योगिता

होते रहे। संलग्न चित्र-रचना इसकी देह-भाषिक अनुमिति है। इससे वास्तु-पुरुष के सांग-महारूपक की देहभाषा वाली समानान्तरता खुल-खुल आती है।

वास्तु-पुरुष के प्रकार्यान्तरण (ट्रान्समूटेशन) भी हुए। एक ओर एक मन्दिर के विभिन्न भागों में खड़े देवता की देह अन्तर्लीन होकर प्रायोजित हुई तो दूसरी ओर भूमि में दंडवत् लेटे उपासक की देह पर मन्दिर के खंडों की समानान्तरता संकल्पित हुई। इस भाँति मन्दिर की धुरी पर देवता-देहांगों तथा उपासक-देहांगों का प्रभावन एवं रूपान्तर संलक्षित किया गया—

भूमिगत वास्तु-पुरुष की देह पुरातत्त्वशास्त्र (आर्कियोलॉजी) का भी मानचित्र होती है। जब-जब पुरातात्त्विक माटी (आर्कियोलॉजिकल मड) खोदकर हटाई जाती है तब-तब वास्तु का आर्टिफेक्ट प्रकट होकर प्रकाशित हो उठता है। ईजिप्ट के पिरामिड तथा महाभीमाकर स्फिक्स (सिंह-नर) ऐसे ही प्रकट हुए। इन्दोनीसिया का बोरोबुदुर, ग्रीक-तुर्क बाइज़ेंटियम, कम्बोडिया का अंगकोरवाट, ग्रीस की पोम्पेई, चीन की भूमिगत मृणमृतियों की सेना, पेरू का माचूपिच्चू आदि ऐसी ही **विरासतें** हैं। ये देहभाषा के लक्षणों, तथ्यों, शैलियों आदि का उद्घाटन करके इतिहास का पुनर्निर्माण करती हैं। आज 'यूनेस्को' (संयुक्त राष्ट्र का शैक्षिक वैज्ञानिक सांस्कृतिक संगठन) ने इन्हें **विश्व धरोहर** घोषित कर दिया है।

ईसा पूर्व पाँचवीं शताब्दी में ईजिप्ट के लक्सौर नगर तथा ईसा पश्चात् सोलहवीं-सत्रहवीं शताब्दी में भारत के क्रमशः हम्पी (विजयनगर) और फतहपुर-सीकरी (आगरा) ऐसे ही भूले-बिसरे, रहनी-करनी से बाहरले शहर हैं [आधुनिक युग में जयपुर, चंडीगढ़, भुवनेश्वर, गांधीनगर आदि ऐसे मेगापोलिस हैं]। प्राचीन ऐतिहासिक शहर जब 'तत्कालीन प्रसंग' और स्थानीय समुदायों से परकीयकृत हो जाते हैं तब उनका पुरातात्त्विक भविष्य भी खतरे में पड़ जाया करता है। तब उनका वाराह-उद्धार देहभाषा के आधार-चक्र ही करते हैं। देहभाषा के प्रकम्पित मूक साक्ष्य उनको सामाजिक एवं सांस्कृतिक आयामों से संलग्न करते हैं। वे पर्यटकों, यात्रियों, छात्रों, शोधार्थियों के ज्ञानपदक हो जाते हैं।

हम्पी की एक मिसाल लें।

मध्यकाल में दक्षिणापथ में विजयनगर के अन्तिम हिन्दू-साम्राज्य का बहमनीशाहियों ने मिलकर विध्वंस कर डाला था (1529)। हम्पी उनकी राजधानी थी जिसके मूक खंडहर विध्वंस-अग्निकांड-तोड़फोड़ के सूचक हैं। हम्पी का पुर-निवेश वास्तु-पुरुष के अनुशासन से न होकर राजनीति, सैन्य-सुरक्षा प्रशासन, धर्मकेंद्र, कला-संस्कृति केंद्र के अनुसार प्रभागों में हुआ था।

कृष्ण देवराय (1509-1529) विजयनगर के सबसे उत्तम शासक थे। वे वीर तथा पराक्रमी, कवि तथा लेखक, मन्दिर-विधायक तथा विद्वानों के सम्मानकर्ता थे। वे अवचेतन में देवता से देवराजापद को आत्मसात् कर चुके थे। उनके प्रादर्श चालुक्य राजे बने। उन्होंने वास्तु तथा राजनीति का गठबन्धन किया, तमिल तथा द्रविड़ प्रांचल पर संस्कृति का विन्यास किया। इस समग्र की निर्भाषिक अभिव्यक्ति 'प्रसन्न विरूपाक्ष' का मन्दिर है जिसमें विष्णु के सिंहासन में बैठे नरसिंह की बाईस फीट ऊँची तथा एकैक पाषाणखंड में तराशी गई प्रतिमा (1528) है। स्पष्ट है कि कृष्ण देवराय ने अपने ही पराक्रम तथा शक्ति तथा आदर्श को इस मूर्ति में तदात्मक किया है। यह तथ्य रेखांकित किया जाना चाहिए, देहभाषा के प्रति-रूपान्तरण के हेतु। विशाल मूर्ति भी खंडित है। बाईं जंघा पर बैठी लक्ष्मी की केवल दाईं भुजा बची है जो नृसिंह की कमर को घेरे है। नृसिंह भी आदिशेष के सप्तफणों के छत्र के नीचे आसीन हैं। उन्हें दोनों ओर से दो लघु हाथी दो स्तम्भाशीर्ष पर बैठे हुए अपनी

विशाल सूँड़ों से तोरण का आगाज कर रहे हैं। यह सभी कुछ देहभाषा सूचित-संकेतित कर रही है (यूनेस्को द्वारा हम्पी एक विश्व-विरासत स्वीकृत है)।

इसी कड़ी में **फतहपुर-सीकरी** (आगरा) का परित्यक्त शहर है। मुगल शहंशाह अकबर अपने पितामह बाबर के कबीलाई परिवेश से संस्कारित होने के कारण मतांध तथा कठमुल्ला नहीं था। वह बुलन्द इकबाल था। उसने अपनी फतहों का यूटोपियाई शहर फतहपुर-सीकरी बसाया था। वह राजधानी तो नहीं टिक पाई, लेकिन बुलन्द इकबाल शहंशाह की प्रतिच्छवि वहाँ का 'बुलन्द दरवाजा' प्रतीक खड़ा है। अकबर ज्ञानखोजी थे। उन्होंने कट्टर इस्लाम के विकल्प में दीन-ए-इलाही की विचारधारा की भी उद्भावना की। यह नया सन्दर्श भी विलुप्त हो गया लेकिन गंगा-जमुनी संस्कृति की धारा का प्रवर्तन हो गया। उनके समय (1556-1605) में चित्रकला तथा वास्तुकला का भी रिनासाँ कुसुमित हुआ।

मध्यकाल के वास्तु की अन्तिम नुमाइन्दा मिसाल **ताजमहल** (आगरा) को लिया जा सकता है। यह पुरातत्त्व का नमूना न होकर वास्तु-रचना है।

ताजमहल की नींव 1632 में पड़ी तथा यह 1643 में पूरा हुआ। इसमें मुगल शहंशाह शाहजहाँ (खुर्रम : 1569-1658-1666) की बेगम मुमताज महल (अर्जुमन्द बानो 1592-1631) तीसरी और आखिरी बार 1633 दफ़न में हुई। उसकी मृत्यु चौदहवें प्रसव में बुरहानपुर में 1631 में हुई थी। शाहजहाँ को उसके बेटे औरंगजेब ने आगरा में छियासठ साल की उम्र में कैद कर लिया। उन्होंने कैद में आठ साल गुजारे। वे पैंतीस साल तक विधुर रहे। यह विस्तार इसलिए कि **करुणा** भी रस-दशा हो गई। वह शोक-व्यथा-वियोग के बाद वेदना की आधारभूमि से उत्तीर्ण हुई। उसमें क्षमा, दया, निर्लिप्तता का समावेश हो गया। अत: ताजमहल की धुरी पर करुणा की देह-दशा पर ऐसा अनुभवन होता रहा [बुद्ध ने भी शोक तथा व्यथा (दुख) से बहुत ऊँचे करुणा को प्रतिष्ठापित किया है। भवभूति ने इसे सर्वोच्च भाव-दशा माना है]। ताजमहल पर शोक एवं करुणा की ऐसी ही भाव-दशाओं के संकेत भरे हुए हैं। मसलन, इसे शाश्वत प्रेम-कहानी माना गया, काल के गाल पर एक आँसू महसूस किया गया (रवीन्द्रनाथ ठाकुर), रोते हुए पाषाणों के बीच में समाधि माना गया, रोती यमुना की एक लहर का सहसा उछलना पाया गया या इसके माध्यम से एक शहंशाह द्वारा दौलत का सहारा लेकर (हम) गरीबों का मजाक उड़ाने वाला बताया गया (फैज़)। ये ही लक्षण तथा चिह्न हैं। ईरानी प्रभाव बहुव्यापी है।

ताजमहल के वास्तु-शास्त्र के सिद्धान्तों में (वास्तु-पुरुष के बजाय) **सममिति** (सिमेट्री) तथा **सन्तुलन** (बैलेंस) आधार हैं। सारी योजना ज्यामितिक है। इसे 'शाहजहाँनी गरीना' (सिमेट्री) बताया गया। इसमें चार भागों वाला बाग, चार खंडों वाला बाजार तथा कारवाँसराय हैं।

मकबरा सफेद संगमरमर का है। बाकी ढाँचे लाल बलुआ पत्थर के हैं। गुम्बदों पर भी सफेद पत्थर हैं। सारी इमारत में एक ही प्रारूप के 'शाहजहाँनी खम्भे' बने हैं।

इसका महाप्रतीक है कि मुमताज 'अदन के बाग़' में आराम से लेटी हुई सो रही है। यह विश्व-आश्चर्य **वास्तु-शोभाओं** का पुंज है।

केंद्रीय गुंबद
2.45 मीटर ऊँचा
17.7 मीटर व्यास
मीनार
41.1 मीटर
मुख्य ढाँचा
62 मीटर
हर तरफ
उभरा वेदिका मंच
6.6 मीटर

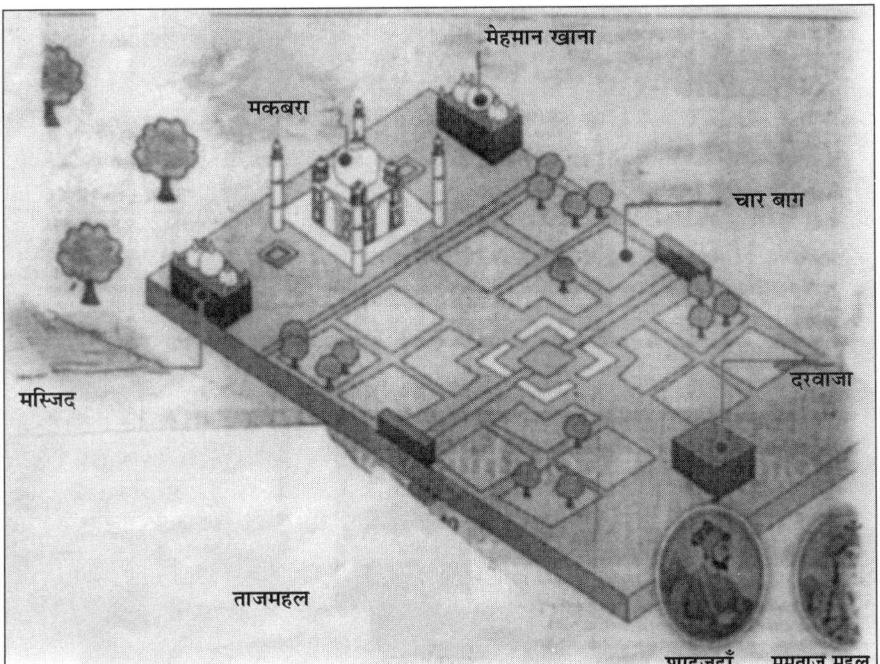
मेहमान खाना
मकबरा
चार बाग
मस्जिद
दरवाजा
ताजमहल
शाहजहाँ
मुमताज महल

(ब) **अब आधुनिक परिप्रेक्ष्य**—इस पटल पर भी कोई भाषा, कोई शब्द नहीं है। सभी कुछ सर्वत्र **दृश्य** है। अतः देहभाषा के चक्र-चिह्न तो हैं, तदपि बेहद सार्वभौम तथा जटिल भी है।

हम दोहरा दें कि आधुनिक वास्तु-शास्त्र एक उद्योग है और उपयोगिता (यूटिलिटी) आधारित है। यह सभ्यता का उपलक्षण है तथा शहरीकरण का व्यवस्थापन है। आजकल यह विज्ञान है और अनुषंग में कला। यह मानवीय अधिवास में रहनी, जीवनशैली, जीवन-गुणवत्ता का सूचकांक भी है। इसका लक्ष्य एक शालीन रहन-सहन है। अब पुराने तक्षक, सूत्रधार आदि के बजाय आधुनिक वास्तुकार और निर्माता, इंजीनियर और वैज्ञानिक का चतुरंग इसका विधान करते हैं। आवास और स्मारक, प्रकार्यात्मक भवन और शिक्षायतन, म्यूजियम और लाइब्रेरी, सभाकक्ष और विवाह-प्रासाद, किले और छावनी, होटल और अस्पताल, थियेटर और सिनेमा, सर्कस और मॉल आदि वास्तु को आधुनिक, नागरिक तथा सामुदायिक बनाते हैं। अतएव वास्तुशास्त्रीय विचार-(धारा) तथा सार्वजनिक अभिरुचि में सामंजस्य इसकी पहचान है। आजकल ग्रामों से शहरों की ओर लोगों का तेजी से अधिकाधिक आव्रजन या पलायन हो रहा है इससे विकास, योजना तथा निर्माण के द्वारा पुर-निवेश का भी विशाल पैमाने पर अभिकल्प एवं सन्तुलन एवं सममिति स्थापित करने की परियोजनाएँ लागू हैं। अतएव सभ्यता कस्बों से उपनगरों से नगरों से महानगरों और अब अतिमहानगरों (मेगापोलिस) में अपना उत्कर्ष प्राप्त कर रही है। अब (पुरानी धरोहरों के अलावा) दुनिया के बीसेक बड़े मेगापोलिस हैं—मैक्सिको सिटी, तोक्यो (जापान), लॉस एंजिल्स (अमेरिका), कोलकाता (भारत), मुम्बई (भारत), बीजिंग (चीन), रियो डि-जेनेरो (ब्राजील), जकार्ता (इन्दोनीसिया), सिंगापुर, काहिरा (मिस्र), मास्को (रूस), दिल्ली (भारत), ओसाका (जापान), मनीला (फिलीपींस), दुबई (ओमान) आदि हैं।

आधुनिक वास्तुनिवेश की प्राथमिक इकाई का आदर्श है—**सुन्दर शहर** : प्रकार्यात्मक तथा उपयोगितापरक शहर!

औद्योगिकीकरण और आव्रजन से जनसंख्या का जो विस्फोट हो रहा है, उससे शहर भद्दे, गन्दे तथा बीमार हो रहे हैं। इनका उपचार नगर-निवेश द्वारा किया जाता है। शहर में वृक्षारोपण, परिवहन की बेहतर प्रणाली, पार्कों का सौन्दर्यीकरण तथा स्वच्छ जल, हवा और रोशनी की प्राप्ति है। एक शहर जो ही उप-शहर बन जाता है—एक गरीबों का शहर, दूजा अमीरों का शहर (प्लेटो)। वैसी खाई को पाटने के लिए खरीदने के सामर्थ्य वाला सस्ता और बेहतर शहर लक्ष्य बनाया गया है। यह स्वीकार्य है कि घर एक गोदाम या कूड़ाघर या मशीन नहीं, बल्कि एक जैव-प्राणी की तरह है जो जीवन को सँवारता-सुधारता है। तदपि एक छोटा-सा भद्र घर अधिकांश दीन साधारण भारतीयों के लिए सपना है। महानगरों के अन्दर ही चारों ओर गगनोच्छेदक कई मंजिला स्काईस्क्रेपर्स डिब्बों की तरह ऊपर से ऊपर रखे जा रहे हैं, जबकि उन्हें फिरनी (पेरिफेरी) पर होना चाहिए। इसलिए अब आधुनिक वास्तु-पुरुष की प्रतीक्षा है जो ब्रह्मांडीय वास्तु-रचना कर सके अर्थात् नगर और प्रकृति अर्थात् भवन और पर्यावरण को एकतान कर सके। वह शहरों का सौन्दर्यबोध तथा लुभावनापन नहीं छीने।

कार्बूज़िए ने ब्रह्मांडीय हथेली का प्रादर्श लेकर **सुन्दर चंडीगढ़** का निर्माण कराया था। यद्यपि उसमें भारतीय सावन-भादों की पुरवाई और जेठ की लपट नहीं है, फिर भी मानव तथा इमारत तथा प्रकृति का त्रिकोण शहर की खुली हथेली को सँवारता है। अभी तक गगनचुम्बी इमारतें शहर की फिरनी पर ही बनी हैं। आगे का हवाला राजनीतिज्ञ तथा बिल्डर और माफिया तय करते हैं। चंडीगढ़ में प्रथम कुछ सेक्टर 'कैपिटल कॉम्प्लेक्स' का छत्ता है। शेष शहर

चार-चार भागों वाले स्वनिर्भर सेक्टरों में बँटा है जिनमें रिहायशी अपार्टमेंटों की कतारें, बाजार, स्कूल आदि हैं। शहर की उसारी में कंक्रीट, काँच, लोहे-ईंटों का इस्तेमाल हुआ है। बाहर के छज्जों पर धूप-विखंडक ईंटों की डिजाइनें हैं। सभी कतारें एक या डेढ़ मंजिला है। सारे शहर में हरियाली छाई है। इसका श्रेय ले-कार्बूजिए, पियरे जैनरे, आदित्य प्रकाश, एम.एन. शर्मा, बी.बी. माथुर, नेकचन्द को जाता है।

खुली हथेली : चंडीगढ़ की प्रतीकात्मक प्रशस्ति 'हम खुली हथेली से ग्रहण करते हैं और भेंट करते हैं।' 'सुन्दर चंडीगढ़' के नगर निवेशक ले-कार्बूजिए का प्रयोजन।

तथापि चंडीगढ़ में कला तथा वास्तुकला की जो अभिनव मैत्री हुई है उसमें विज्ञान और प्रौद्योगिकी, सभ्यता और संस्कृति, सौन्दर्य और उपयोगिता, प्रकार्य और स्पेस का सन्तुलित विधान रहा है। इसे हम '**आधुनिक क्लासिकी वास्तुरूपीय आन्दोलन**' कह सकते हैं। अभिकल्प और सन्तुलन इसके दो ध्रुवान्त हैं। इसमें अन्तराल (स्पेस) एवं द्रव्यमान (मास) का वैज्ञानिक संयोजन होता है।

सैद्धान्तिक तौर पर प्रकार्यवाद का आर्ष वाक्य है—'संरूप (फॉर्म), प्रकार्य (फंकशन) द्वारा निश्चित होते हैं।' प्रकारान्तर से प्रकार्य को प्रौद्योगिकी (टेक्नोलॉजी) ने विस्थापित करके सूत्र संशोधित कर दिया : 'संरूप प्रौद्योगिकी द्वारा निश्चित होता है। अतः संरूपों का निर्माण तकनीकों द्वारा ढाला जाने लगा। संरूप-प्रकार्य-प्रौद्योगिकी के नये त्रिकोण से अस्पताल, होटल, स्टेडियम, दफ्तर, धर्मस्थल आदि का निर्माण हो चला।'

किन्तु क्लासिकी परम्पराओं की दुविधा उपस्थित हुई। अतः समाजवादी व्यवस्था में इस त्रिकोण को सामाजिक लक्ष्यों की और ऊर्ध्वमुखी किया गया, अर्थात् सांस्कृतिक घटकों की भूमिका तथा सांस्कृतिक विरासत को भी परम्परागत शहरी जिन्दगानी के पर्यावरण से संयुक्त कर दिया गया।

अब नया आयाम खुलता है—'वास्तु के' संरूप को **प्रसंग** (कांटेक्स्ट) निश्चित करता है (प्रकार्य से प्रौद्योगिकी के कांटेक्स्ट)। कारण कि, नए सामाजार्थिक रूपायन में नई-नई मानवीय कार्यविधियों की विविधता विकसित हो जाती है। सो, वास्तुकार सामाजिक जिम्मेदारियों के प्रति जवाबदेह हुआ (वास्तु-पुरुष के बजाय)। सो, प्रसंगवाद और उपयोगितावाद की मैत्री हो गई। अतः वास्तु के सामाजिक प्रकार्य भी बदले। आवासीय परिसर ज्यादा घने कतारदार होते गए। मकान अपेक्षाकृत छोटे से मध्यम तथा ऊँची और ऊँची मंजिलों वाले होते गए। मकानों की कतारों के बीच हवाओं की चहलकदमी को गलियारों द्वारा विभक्त किया गया। अब 'ब्लॉक' की धारणा उभरी, प्रि-फेब्रिकेटेड उसारियों का प्रचलन बढ़ा। अपार्टमेंट, मकान या ब्लाक सामूहिक छत्ते हो चले। साथ ही वास्तु-शास्त्र एक 'सामाजिक कला' तथा 'उन्मीलित होती हुई जीवनीय भाषा' की ओर बढ़ चला।

आधुनिकता की संस्कृति नई-नई अभिव्यक्तियों के साधनों के प्रति लक्षित हुई। इसने वास्तु-शास्त्र की **नई कलात्मक देहभाषा** की खोज के लिए उन्मुख किया। अब परिपाटी वाले वास्तु संकुल (द्वीप, वालमार्ट, बंकिम चाप, कोण आदि) के संरूपों के अलावा इमारत की विशिष्ट आवश्यकता तथा प्रकार्य को आधार बनाकर उसे पर्यावरण से अनिवार्यतः संयुक्त किया गया। एक नई वास्तु-देहभाषा का जन्म हुआ।

थियेटरों तथा म्यूजियमों वाले संरूपों में रोमांटिक अभिव्यक्तिधर्मिता की ओर भी ध्यान गया है। बिम्ब-धार्मिता, गतिवत्ता की प्रतीति की भाषा दस्तक देने लगी है। अतः प्रासंगिकवाद (कांटेक्चुअलिज़्म) की नई संदृष्टियाँ उभरी हैं।

कला के नये सौन्दर्यबोधशास्त्रीय तत्त्वों का भी हस्तक्षेप बढ़ा है। अब **वास्तु-देह** के अलंकरण-मंडन-प्रसाधनों में शिल्प, चित्र, भित्तिचित्रों का संपुंजन, संगीत तथा ध्वनि-प्रकाश का संयोजन, घर के सदस्यों, कार्यालयों के कर्मचारियों, संस्थाओं के कर्मियों, कलाकारों के निष्पादन (परफार्मेंस) की सुविधा, श्रेष्ठता तथा प्रतिबद्धता को वरीयता दी जाने लगी है। एक सुन्दर शहर से एक भद्र नागरिक की शालीन देहभाषा बना रहा है, हमारा आधुनिक वास्तु (कार)-पुरुष।

अध्याय : बीस

नाट्याभिनय में देहभाषा*

भरत मुनि (ईस्वी सन् की पहली शती) का 'नाट्य-शास्त्र' पंचम वेद कहा गया है जिसमें चारों वेदों के मुख्य प्रतिपाद्य तत्त्व शामिल हैं।

भरतसूत्र के विस्तार में अभिनय के तीन प्रकार माने गए हैं—वाचिक, आंगिक तथा आहार्य। हम इनमें से वाचिक अभिनय को नहीं लेंगे। भरत के पारिभाषिक तो सूत्र की तरह नाट्य, नृत्त, नृत्य और काव्य तक में अनुप्रयुक्त हुए हैं। पात्र के आश्रय एवं आलम्बन पक्ष को लेकर आंगिक अभिनय काव्य में अनुभाव एवं संचारी भावों में विविध भावेन व्याप्त हुआ है। सम्प्रति हमारा सरोकार अवाचिक (देहभाषा वाले) आंगिक एवं आहार्य अभिनय से ही है।

प्राचीन भारत और ग्रीस में रंगमंच तथा समाज परस्पर रूप-प्रतिरूप अर्थात् तदात्मक होते थे। वस्तुतः नाट्य 'समस्त कुल' (टोटल थियेटर) होता था। इसलिए मुद्राएँ एवं भंगिमाएँ, वेशभूषा एवं कार्य, गति एवं समूहगान आदि मिथैतिहासिक 'सांस्कृतिक आकृतिबन्ध' (कल्चरल पैटर्न) के दर्पण तथा दीपक थे।

भारतीयों के वैश्विक सन्दर्भ की धुरी मिथक होने के कारण सुखान्तिकी नाट्य की जीवनदृष्टि का विकास हुआ, जबकि ग्रीकों के वैश्विक सन्दर्श का केंद्र इतिहास था। इसलिए दुखान्तिकी नाट्य की जीवनदृष्टि पुष्पित हुई। फलस्वरूप भारतीय नाट्य-देहभाषा की प्रकृति तथा संहिति भी तदनुकूलित हुई। यह तथ्य ध्यान में रखा जाना चाहिए।

यह भी ध्यातव्य है कि प्राचीन भारतीय 'रूपक' तथा ग्रीक 'त्रासदी-कामेदी' में अभिनय आद्यन्त रीतिवादी तथा परिपाटी-बद्ध है जिसके कारण वाचिक अभिनय तथा आंगिक अभिनय के बीच समान साम्यरूपकता स्थापित है अर्थात् देहभाषा की मुद्राएँ-भंगिमाएँ, प्रदर्शन-प्रयोग, गति एवं प्रकार्य, सभी कुछ सुनिर्धारित अर्थभ्रान्ति युक्त एवं दर्शक अंगीकृत हैं। अलबत्ता जिन मुद्राओं के कई पर्याय तथा विकल्प हैं, उनकी देहभाषा अभिप्रायों से प्रस्थान करके तात्पर्य एवं प्रकरण द्वारा अनुमित की जाती है। अतः इन क्लासिकी नाट्यों में देहभाषा मूलरूपेण समाजकेंद्रित है। इसीलिए भरत मुनि ने लोग-लुगाई दर्शकों को 'सामाजिक' कहना ज्यादा समीचीन समझा, 'सहृदय' की अपेक्षा। इस भेद को भी हमें याद रखना पड़ेगा।

भरत के नाट्य-विधान में **अभिनय-धुरी** पर देह को अंग-उपांग (मूलतः मुखमंडल)—प्रत्यंग के आयामों में **मुद्रा** के आधार पर, फिर अंग-प्रत्यंग के योगयोग से **करण** एवं **अंगहार** में प्रदर्शित-प्रयुक्त किया गया है। इसी अनुषंग में करण की प्रविधि के अन्तर्गत रस तथा कथा के अनुसार तज्जन्य देहभाषा के तात्पर्य-मनोरथ-संकेतादि परिवर्तित हो जाते हैं; अथवा भंगिमाओं को प्रधानतया उपांग के मुखमंडल में केंद्राभिसारी किया गया है।

* इस अध्याय में रेखांकनों के लिए स्व. सीताराम चतुर्वेदी का आभार-स्वीकार।

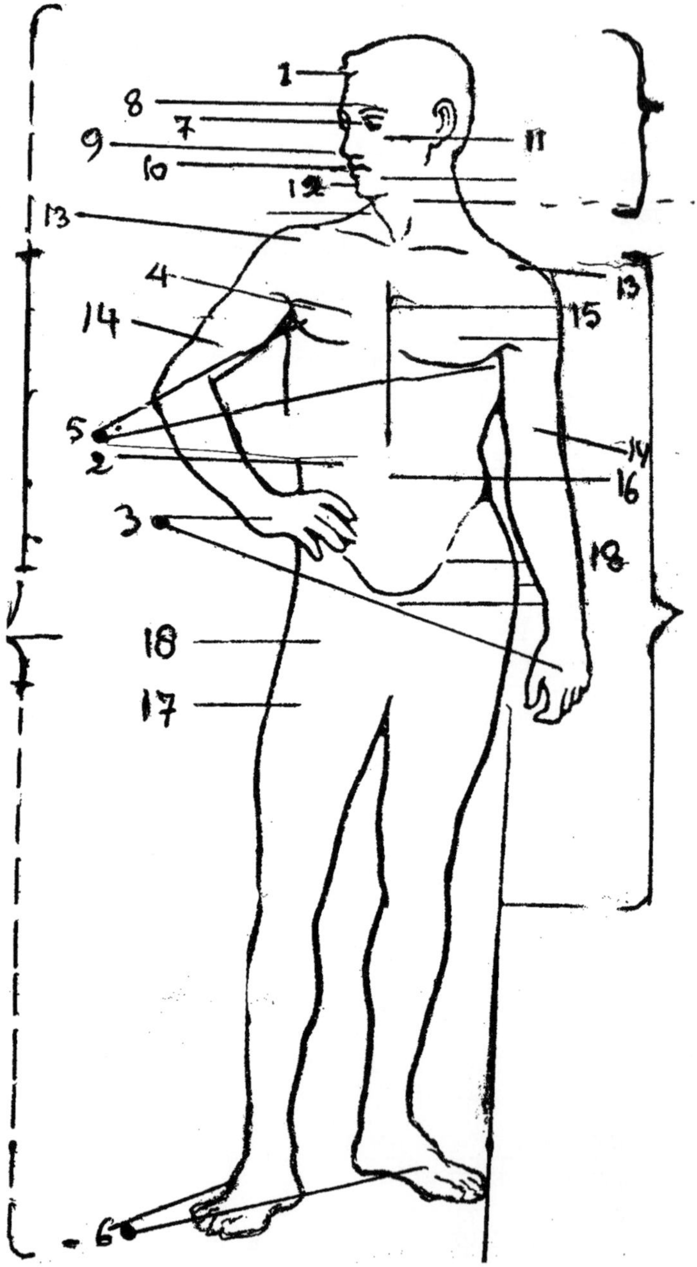

'अभिनय-पुरुष' की देह

* **छह अंग**—1. सिर, 2. कटि, 3. हाथ, 4. वक्ष, 5. पार्श्व, 6. चरण।
* **छह उपांग**—7. आँख, 8. भौंह, 9. नाक, 10. अधर, 11. कपोल, 12. ठोढ़ी।
* **छह प्रत्यंग**—13. कन्धे, 14. बाहु, 15. पीठ, 16. उदर, 17. जंघा, 18. उरु। [साथ में अंगहार तथा करण]

विभिन्न परिस्थितियाँ **गति** की देहभाषा तय करती हैं; यथा—भव्य (विचार या तर्क-वितर्क में नपी-तुली, संयत व मन्द), स्वाभाविक अभिजन द्वारा छोटे कदम रखना। हास्यास्पद (ऐंठते, झूमते-झामते), डगमग (लंगड़े, अन्धे, रोगी की चालें), कामातुर (मत्त-उन्मत्त दशा में भटकती), चुलबुली (बालक, कन्याएँ, मुग्धाएँ), घिसटती (वृद्ध), अशिष्ट (दबे पाँव), केवल पंजों के बल (हत्यारा तथा चोर-उचक्का), चंचलता (युवतियों के हाव-भाव कमर की चटक-मटक)।

देह-विकार द्वारा भी भाव की अभिव्यक्ति होती है, यथा—क्रोध में दाँत पीसना और ओठ चबाना, लज्जा अथवा आदर में सिर झुकाना, इसी तरह अनेक प्रकार की सामाजिक एवं मानसिक अवस्थाएँ अभिव्यक्त करने की सामान्य तथा नाट्य-परिपाटियाँ प्रदर्शित होती हैं—आगे को झुकना, एक पैर को दूसरे पर चढ़ाना, एक ओर का नितम्ब उठाना, भुजा लहराना, मुट्ठी तानना या खोलना, कन्धे उचकाना, नाक-भौंहें सिकोड़ना, बैठे-बैठे पाँवों को ताल में कँपाना, छाती खोलना या तानना, पैर के अंगूठे से भूमि कुरेदना, अंगुलियाँ चटकाना इत्यादि।

इस तरह से मुद्रा और भंगी, गति और अवस्था द्वारा देहभाषा के सामाजिक, सांस्कृतिक, वैयक्तिक तथा सार्वभौम आयाम अभिव्यक्त होते हैं।

अभिनय-दर्पण में एक रूढ़ि या परिपाटी भी तय की गई कि **वेश** तथा **वर्ण** से आच्छादित होकर भी मानव एक-दूसरे के भाव ग्रहण करता है। देहभाषा-सम्प्रेषण की यह विधि गुणाश्रित है।

सत्त्व गुण अर्थात् शुद्ध वेश में : सवर्ण तथा रजोगुण अर्थात् मंगल कार्य, विचित्र रंगबिरंगे वेश में : देव, दानव, यक्ष, गन्धर्व, राजा आदि।

तमोगुण अर्थात् मलिन वेश में : पागल, शराबी, भटका हुआ, दीन-हीन-दुखियारा।

सम्पूर्ण देह की नाना **चेष्टाएँ** ही अभिनय हैं। मुख से **भाव** अभिव्यक्त होते हैं।

मुख में (सिर के अतिरिक्त) **छह उपांग** हैं—आँख, भौंह, नाक, अधर, कपोल और ठोढ़ी। भरत, नन्दिकेश्वर आदि ने इनका पूरा कोश निर्मित किया है जिसे सीताराम चतुर्वेदी ने सूचीबद्ध कर दिया है। हम भी उनका विवरण देते हैं।

सिर के अभिनय के तेरह प्रकार—

1. **आकम्पित**—धीरे-धीरे नीचे-ऊपर हिलाना (स्थिति का अभिज्ञान)।
2. **कम्पित**—थोड़ा-सा धीरे-धीरे इधर-उधर हिलाना (सन्देह, प्रश्नदशा में)।
3. **द्युत**—वेग से इधर-उधर हिलाना (अनिच्छा, विस्मय, विषाद में)।
4. **विद्युत**—वेग से ऊपर-नीचे हिलाना (शील, भय, ज्वर, मदिरामस्ती में)।
5. **परिवाहित**—सिर को एक ओर से दूरी ओर हिलाना (लीला, साधना, हर्षादि में)।
6. **आधूत**—तिरछा करके सिर ऊपर उठाना (गर्व, इच्छा, आत्मश्लाघा में)।
7. **अवधूत**—एक बार ही सिर नीचे झुकाना (सन्देह, संज्ञालोप में)।
8. **अंचित**—सिर को एक ओर को झुका लेना (व्याधि, मूर्च्छा, मतवालेपन, चिन्ता में)।
9. **निहंचित**—दोनों कन्धे ऊपर उठाकर, भौंहें सिकोड़कर, कन्धों को सिर से दूर करके (स्त्रियों द्वारा गर्व, मान, विलास, मोट्टायित आदि में)।
10. **परावृत्त**—एक ओर मुँह फेर लेना (मुँह फेरना या पीछे की ओर देखना)।
11. **उत्क्षिप्त**—ऊपर मुँह करना (उच्च एवं दिव्य प्रसंगों के लिए)।
12. **अधोगत**—नीचे सिर लटका लेना (लज्जा, संकोच, शोक और प्रणाम में)।

13. **लोलित**—चारों ओर सिर घुमाना (व्याधि, मद, प्रेतबाधा, छल या चोरी पकड़े जाने में)।

दृष्टि के अभिनय की रस-दृष्टियाँ (8), स्थायी भावाश्रय दृष्टियाँ (8) तथा संचारी-भावजा दृष्टियाँ (20) हैं।

(क) रस-दृष्टियाँ—

शृंगार (कान्ता)—हर्ष तथा प्रसन्नता से भौंहें एवं कटाक्ष चलाना।

भयानक—ऊपर उठी हुई, स्तब्ध एवं आँखों के फड़कते तारों वाली।

हास्य—सिकुड़ी हुई और चुलबुली आँखों द्वारा कुहक या छल।

करुण—नीचे गिरी पलकें, आँसू भरी आँखें, नासाग्र में जमी दृष्टि।

अद्‌भुत—आश्चर्य के साथ ऊर्ध्व नयन-तारे, फड़कती आँखें।

रौद्र—टेढ़ी भौंहें, क्रूर, रूखी, लाल, खुली स्थिर पलकें—आँखें।

वीर—दीप्त, विकसित, क्षुब्ध, गम्भीर, समान तारों वाली खुली आँखें।

बीभत्स—सिकुड़े हुए पलकों के किनारे, घूमते हुए विचलित तारे, स्थिर बरौनियाँ।

(ख) स्थायी भावजा दृष्टियाँ—

रति-भावजा—मधुर, रसीली, आनन्दयुक्त भौंहें, स्थिर तारे।

हास्य-भावजा—चंचल, हास्यपूर्ण, कुछ-कुछ खुली।

शोक-भावजा—ऊपर ढँकी पलकें, स्थिर तारे, अश्रुपूर्ण।

क्रोध-भावजा—रूखी, स्थिर, खुली पलकें, स्तब्ध, उठे तारे, टेढ़ी भौंहें।

उत्साह-सम्भवा—स्थिर एवं विकसित नयन तारे, द्युप्त, सात्त्विक।

भय-भावजा—खुली पलकों, भयकम्पित तारे, बाहर निकली हुई आँखें।

विस्मय-भावजा—आँख के निरन्तर उठे हुए तारे, खुली दोनों पलकें, समान रूप से विकसित दृष्टि।

जुगुप्सित-भावना—संकुचित पलकें, मिले हुए नयन तारे, घबड़ाई व्याकुल नजर।

(ग) संचारी-भावजा-दृष्टि—

1. **शून्या**—समान तारों-पलकों वाली, सूनी दिखाई देनेवाली, ध्यानमग्न।
2. **मलिना**—चालित पलकों-बरौनियों वाली, भिन्न तारक दृष्टि, अधमुँदी पलकें।
3. **श्रान्ता**—श्रम से पकी, सकुचाई, नीचे की ओर झुकी, श्रमश्लथ।
4. **लज्जान्विता**—ऊपर गिरे हुए पलकें, सिकुड़ी बरौनियाँ, नीचे झुके नयन तारक।
5. **म्लाना**—म्लान और शिथिल पलकों वाली, मन्दमन्थर गामिनी।
6. **शंकिता**—कभी चंचल, कभी स्थिर, कभी ऊपर, कभी नीचे, कभी चकित्, कभी मूढ़वत।
7. **विषादिनी (विषण्ण)**—गिरी पलकें, निस्तब्ध तारक, फैले पुट।
8. **मुकुला**—फड़कती हुई दोनों बरौनियाँ, ऊपर के पलक कुछ खुले, तारे भी उन्मीलित।
9. **कुंचिता**—पलक सिकुड़ी, बरौनियों का अग्रभाग सिकुड़ा।
10. **अभितप्ता**—पलक चलायमान, तारक मन्दगति में, व्यथा-सहित।

11. **जिह्वा**—कुटिलतापरक दृष्टि, लटके पलक।
12. **वितर्किता**—संशयपूर्ण, मन की उथल-पुथल के साथ उठी पलकें, खिले तारक, मानसिक द्वन्द्व की संकेतिका।
13. **सललिता**—रसीली, कोरों पर सिकुड़ी, मुस्कराहट के साथ काम-उद्वेग प्रकाशिका।
14. **अर्धमुकुला**—आधी फैली बरौनियाँ, आनन्दोद्रेक में अधखुली पलकें मुस्कानपूर्ण, चंचल तारों वाली।
15. **विभ्रान्ता**—भयाकुल, अस्थिर तारक, फैले खुले नेत्र।
16. **आकेकरा**—बार-बार आँख के गोले घूमने वाली, आधी खुली पलकें।
17. **विकोशा**—दोनों खुले पुट (पलक), आँखें खुली, अनवस्थित दशा।
18. **त्रस्ता**—भय से खुली दोनों पलकें, भय-कम्पित तारे।
19. **मदिरा**—पलक कुछ सिकुड़े, तारे चंचल, नेत्र संचालन अनवस्थित।
20. **पूर्ण-मदिरा**—कभी पलक गिरें—कभी नहीं गिरें, तारे भी कुछ दिखें, दृष्टि नीचे को चले, मादकता की अधिकाई।

अब विभिन्न दशाओं में ये **देह-भंगिमाएँ**—

शून्या एवं अभितप्ता—चिन्ता में।
मलिना—निर्वेद तथा वैवर्ण्य में।
श्रान्ता—श्रमार्त एवं निर्वेद दशा में।
सललिता—लज्जा में।
ग्लाना—अपस्मार, व्याधि एवं ग्लानि में।
शंकिता—शंका में।
विषादिनी—विषाद में।
मुकुला—निन्दा, स्वप्न, सुख में।
कुंचिता—ईर्ष्या, अनिष्ट, दुष्प्रेक्ष्य में।
अभितप्ता—निर्वेद, अभिघात और अभिताप में।
जिह्वा—जड़ता, आलस्य, कुटिलता में।
सललिता—धृति और हर्ष में।
वितर्किता—स्मृति और तर्क में।
मुकुला—आह्लाद एवं गन्ध-स्पर्शादि के सुख में।
विभ्रान्ता—आवेग और सम्भ्रम में।
विप्लुता—उन्माद, दुख और मरण में।
अंकिकरा—चपलता, दुरालोक्य तथा विच्देद दशा में।
विकीशिता—विबोध, गर्व, अमर्ष, उग्रता, गति में।
त्रस्ता—त्रास में।
मदिरा—मद में।

इसी अनुक्रम में—

आँख के तारों की भंगिमाएँ—भ्रमण, वलन, पात, चलन, सम्प्रवेशन, विवर्तन, समुद्वृत्त, निष्काम, प्राकृत।

पलकों की दशाएँ—उन्मेष, निमेष, प्रसृत, कुंचित, सम, विवर्तित, स्फुरित, पिहित, विताडित।

भौंहों के अभिनय—उत्क्षेप, पातन, भृकुटि, चतुर, कुंचित, रेचित, सहज।

अधर के अभिनय—विवर्तन (सिकोड़ना), कम्पन (कपाना), विसर्ग (आगे निकालना), विनिगूहन (भीतर छिपा लेना), सन्दष्टक (दाँतों से चबाना), समुद्ग (स्वाभाविक दशा)।

कपोल का अभिनय—क्षाम (मुरझाया), फुल्ल (फूला), घूर्ण (फैला), कम्पित (हिलता), कुंचित (सिकुड़ा), सम (स्वाभाविक)—विभिन्न अवसरानुसार।

चिबुक (ठोढ़ी) का अभिनय—कुट्टन (दाँत पीसना), खंडन (ऊपर-नीचे के दाँतों को टकराना), छिन्न (अत्यन्त बल-पूर्वक दाँत दबाना), चुक्कित (मुँह खोलना), लेहन (जीभ से ओठ चाटना), सम (स्वा-भाविक मेल), सन्दष्ट (दाँतों से अधर चबाना)।

* भरत ने **मुख के अभिनय** के छह प्रकार बताए हैं—
  1. **विनिवृत्त**—पूरा खुला हुआ मुख, असूया, ईर्ष्या, कोप, स्त्रियों की अवज्ञा में।
  2. **विधुत**—तिरछा, फैला हुआ, किसी को रोकने या मना करने में।
  3. **निर्मुग्न**—नीचे झुका हुआ या लटका हुआ, गम्भीर अवलोकन में।
  4. **व्यामुग्न**—दोनों ओर फैला हुआ, लज्जा, निर्वेद, उत्सुकता, चिन्ता, यंत्रणा, विनय में।
  5. **विवृत**—अलग-अलग ओठ करके खुला हुआ, हास्य, शोक, भय में।
  6. **उद्वाही**—ऊपर की ओर खुला हुआ, स्त्रियों की लीला, गर्व, कोप, अनादर में।

मुख-राग के विधान (अभिनय में)

क. स्वाभाविक—अर्थ एवं भाव के अनुसार सहज।

ख. प्रसन्न—हास्य, शृंगार एवं मध्यस्थ भावों में।

ग. रक्त—वीर, रौद्र, मदयुक्त एवं करुण में।

घ. श्याम—भयानक तथा बीभत्स में।

* इसी कड़ी में पात्र, वर्ण, गुण आदि के अनुसार **मुख-रंजन** का भी निर्देश है।
* **दर्शन**—प्रकार के भी आठ भेद हैं—
  (i) **सम**—सौम्य रूप से सीधे देखना।
  (ii) **साची**—पलकों के भीतर तारे (पुतली) डालकर देखना।
  (iii) **अनुवृत्त**—आकार या रूप की पहचान की चेष्टा में।
  (iv) **आलोकित**—सहसा दर्शन के मौके पर।
  (v) **विलोकित**—पीछे देखना (सिंह-विलोकन)।
  (vi) **प्रलोकित**—दोनों ओर इधर-उधर देखना।
  (vii) **उल्लोकित**—ऊपर देखना, तथा
  (viii) **अवलोकित**—नीचे देखना (विहंगावलोकन)।

इसमें मुख-रंजन भी सहायक होता है। ये सभी भावों तथा रसों पर लागू हैं।

मुख-रंजन (मेक-अप) का प्रयोजन होता है कि दर्शक को विश्वास दिला दिया जाए (मेक-बिलीफ) कि यह मूल अभिनेता/अभिनेत्री (पृथ्वीराज कपूर, ऐश्वर्या राय) न होकर पात्र (पृथ्वी वल्लभ, पार्वती-पारो) ही है।

कथकली में मुख-रंजन

कथकलि—अभिनय में पुरुष के मुख के निचले भाग पर दाढ़ी के आकार की, चावल के आटे से बनी, 'चुट्टी' लगाई जाती है, ओठों पर कोरों पर गोल बनाते हुए लाल रंग तथा आँखों पर नीचे तक चौड़ी पट्टियाँ बनाते हुए काजल लगाया जाता है तथा मुख को हरे रंग से रँगा जाता है। नाक के अग्रभाग में एक गोली भी (पात्रानुसार) लगा दी जाती है। स्त्रियों के मुख पर हलका पीला रंग लगाया जाता है।

ब्रजमंडल तथा अयोध्या और रामनगर (वाराणसी) में **रासलीला** तथा **रामलीला** में राधा-कृष्ण-गोपियों या राम-सीता भाइयों पर पीला रंग लगाते हैं। इसके साथ ही लाल चन्दन, हलदी या केसर की बुन्दियों अथवा सलमे की लम्बी टिमकियों को नीचे मोम लगाकर चिपकाते जाते हैं।

इस तरह मुख-राग द्वारा त्रि-आयामी देह-शिल्प किया जाता है तथा एक देह पर अन्य देह की विश्वासी-प्रतीति कराई जाती है। यह प्राथमिक 'देहान्तरण' (मेटामार्फोसिस) जैसा होता है। मुख-राग जो मुँह के सभी भागों का 'शृंगार' होता है भूमिका के अनुसार अभिनेता का रीछ या वानर, लंगड़ा या अष्टावक्र, कुबड़ा या लूला में **देह-रूपण** किया जाता है।

मानव-मुखमंडल सात प्रकार के होते हैं—गोल, चौकोर, लम्बे, त्रिकोने, उलटे तिकोने, अंडाकार तथा हीरकाकृत। अभिनेयता के मुताबिक मुख-राग द्वारा मुख-रूप में संशोधन किया जाता है। लक्ष्य है—पात्र से अधिकाधिक तादात्म्य। इस कड़ी में कृत्रिम केशों (विग), दाढ़ी-मूँछों का भी प्रयोग होता है। यह आंगिक पक्ष है।

आहार्य-अभिनय (शरीर की वेश-सज्जा) देह का सामाजिक पहलू भी है जिसमें देश-काल, जाति-वर्ग, कर्म-शील, वर्ग-लिंग आदि को भी सन्दर्भित किया जाता है।

एक प्रक्षेप केश-विन्यास का लें।

केश-राशि : केश चिकने और चमकीले, रेशमीले और घनीले, काले और महकीलेपन, झूलते और झूमते हों तो वे भी क़यामत भरा केशसूत्र गढ़ते हैं : इन पर हाथ फेरना, इन्हें अंगुलियों से सहलाना-सुलझाना-गूँथना। सहकारे केशों का **समहस्तक** कलाविलास है। दोनों

अंडे की प्रोटीन केश के
प्राकृतिक स्वास्थ्य की रक्षिका है

छिड़काव द्वारा केश की उत्तमता

छल्ले बनाने की केश की अनुकूलता

बाल सीधे करने के बावजूद उनकी
स्वाभाविक चमक तयशुदा

हाथों से पकड़कर मुख-चुम्बन के लिए नजदीक लाना भी **सह-समहस्तक,** एक हाथ से पकड़ना **तरंगरंग** तथा केशराशि को हाथों पर लपेटना **भुजंगवल्ली** है। इनका निहित प्रयोजन येन-केन-प्रकारेण चुम्बन है। केश-चुम्बन भी हमें देवताओं की भाँति सुगन्धभोगी बनाता है। ये देहभाषिक विधियाँ हैं।

केश-शृंगार के कुछ प्रकार

छत्राकार

मधुछत्ताकार

भ्रमरक

सीमन्त

साँची, भरहुत, मथुरा, अमरावती, अजन्ता की कृतियों पर आधारित केश-शृंगार में-से बर्हिभारकेश (मोर की तरह ऊपर गोलाकृत), चूर्ण कुन्तल (घुँघराले), एकवेणी, कबरीबन्ध (जूड़ा बनाकर पुष्पहार से बँधे), केशवीथी (माँग से बँटे), मुक्ता/रत्न जाल (रत्न या मोतियों की जाली अन्दर), प्रवेणी (लम्बे), तरंग (लहरीले) आदि भी शताब्दियों से प्रचलित चले आ रहे हैं।

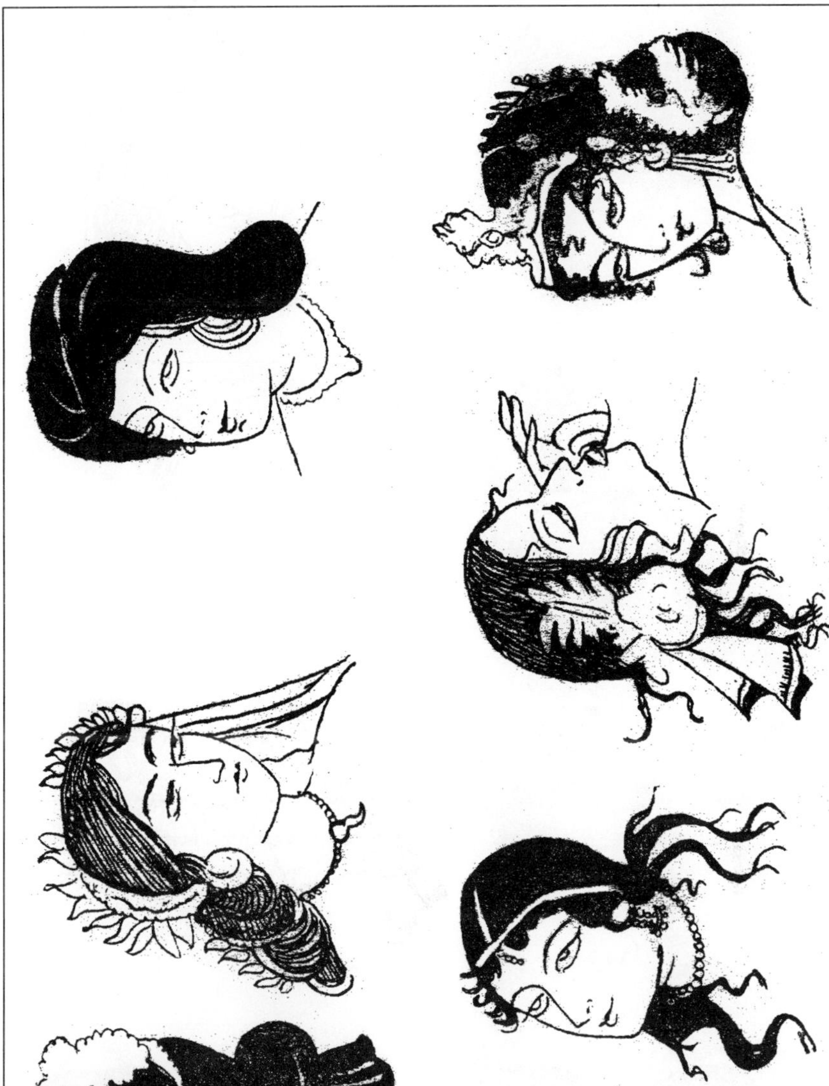

वेणी की सजावट

वेणी-शृंगार

और—पुरुषों की पगड़ियाँ

कामदार साफा (भरहुत)

कामदार साफा (भरहुत)

आभूषण युक्त पगड़ी (भरहुत)

झालरदार पंखानुमा (भरहुत)

लंबोतरा साफा (भरहुत)

वृत्ताकार पुष्पालंकार साफा (भरहुत)

पगड़ियाँ (भरहुत शैली)

प्राचीन शैली की भारतीय पगड़ियाँ (गंधार शैली)

पात्र तथा उसकी अभिभूमिका (रोल) के अनुसार ही उसकी **वेश-भूषा** तथा **आभारण** होते हैं। वे देश-काल के अनुरूप परिवर्तमान हैं। भरत मुनि के समय में गृहस्थ के वेश में प्राचार (चादर) तथा उत्तरीय (कन्धे पर रखा लम्बा अंगवस्त्र) और मालाएँ बताई गई हैं, वानप्रस्थ को वल्कल वस्त्र तथा दंड का विधान है, संन्यासी को शरीर पर कोपीन तथा कन्था और पैरों पर खड़ाऊँ धारण करने का विधान है और योद्धा का हाथ में खड्ग, कन्धे पर तूणीर, वक्ष पर कवच और धनुष रखने का आदेश है। इसी तरह स्त्री-वर्ग में सौभाग्यवती को लाल वस्त्र तथा कुमारी को श्वेत वस्त्र तथा चादर पहनने का परामर्श है। कुलवधू को साड़ी इस प्रकार पहननी चाहिए कि उसका उदर, नाभि, पीठ और स्तन ढँके हों। उसकी साड़ी की चुन्नट पैरों के टखनों तक लटके (आज का 'फाल')। इस तरह देह-राग अभिनय में पूरे व्यवहार तथा स्वभाव को नाट्यवस्तु के अनुसार विकसित करते चले जाते हैं।

आभूषणों में स्त्रियाँ हार, चूड़ामणि, कुंडल, कटक (भुजबन्ध), अर्द्धचन्द्र केयूर, नूपुर, अंगुलीयक (अंगूठी), मेखला आदि पहना करती थीं/हैं। विशेषतः आहार्य-अभिनय में वक्ष पर झूलनेवाले मोतियों के हार, कानों में चन्द्राकृत दन्तपत्र या कुंडल, कमर में तारकरूपी रशना तथा पैरों में रणित नूपुर और हंसक (बिछुए) पहनने की संस्तुति मिलती है।

स्त्रियों के आभूषणों तथा विलेपनों (अनेक प्रकार के उबटन, तेल, चूर्ण आदि लगाकर देह को सुन्दर बनाना) पर सीताराम चतुर्वेदी ने उत्तम कार्य किया है—**तिलक** और **पत्रलेखा** कपोल के आभूषण हैं। त्रिवणी वक्ष का आभूषण है। नेत्र का अंजन, अधर का रंजन और दाँतों के अनेक प्रकार के राग होते हैं।

मुग्धा सुन्दरियों के दाँत मोती के समान चमकने वाले हों या पद्मपल्लव के समान सुरक्त हों। अधर भी पल्लव के समान अश्मराग से द्योतित हों। मुक्तावली, व्याल-पंक्ति, मंजरी, रत्नमालिका, रत्नावली और सूत्र—ये कंठ के आभूषण हैं। द्वेसर, त्रिसर, चतुस्सर और श्रृंखलिका भी कंठ के आभूषण हैं। अंगद और वलय बाहुमूल के आभूषण हैं। अनेक शिल्प से युक्त हार वक्ष के आभूषण होते हैं। मणिजालावनद्ध स्तन का आभूषण होता है। खर्जूरक और उच्छितिक—ये बाहुनाल के आभूषण हैं। कलापी, कटक, शंकु, हस्तपात्र, पूरक और मुद्रांगुलीयक—ये उँगली के आभूषण हैं। मुक्ताजाल से सजा हुआ तलक, मेखला, कांचिका, रशना और कलाप—ये श्रोणी के आभूषण हैं। इनमें से काँची तो एक लड़ की, मेखला आठ लड़ की, रशना सोलह लड़ की और कलाप पच्चीस लड़ का होता है। बत्तीस, चौंसठ या एक सौ आठ लड़ के मोतियों के हार होते हैं जो देवता और राजाओं की स्त्रियों को पहनाए जाते हैं। नूपुर, किंकिणीक, घंटिका, रत्नजालिका, बजने वाले कटक घट्टे के ऊपर पहने जाने वाले आभूषण हैं। दोनों जंघाओं पर पादपत्र, उँगलियों में अंगुलीयक और दोनों पैरों पर अंगुष्ठ-तिलक आभूषित किया जाता है और अनेक प्रकार की चित्रकारी से आलता लगाया जाता है। अशोक के पत्ते के समान रंगवाला आलता स्वाभाविक होता है। यह सिर से लेकर पैर के नख तक के आभूषणों का विवरण बताया गया है। भरत ने यह भी बताया है कि नाट्य के प्रयोग में आभूषण भारी नहीं पहनाने चाहिए, क्योंकि अधिक भारी पहनाने से थकावट होती है, पसीना होता है, मूर्च्छा आती है और हाथ-पैर चलाने में कठिनाई होती है। इसलिए पतली पत्ती के सोने के आभूषण बनवाने चाहिए। रत्नों से जड़े लाख के आभूषण थकावट नहीं उत्पन्न करते।"

विलेपन—"प्राचीन काल में विलेपन का बहुत महत्त्व था। कस्तूरी, कुंकुम और चन्दन का उबटन लगाकर शरीर पर श्वेत अगर लगाया जाता था तथा अधिक गोरा दिखाई देने के लिए गोरोचना का चूर्ण लगाया जाता था। कुंकुम से कपोल, मस्तक आदि अंग चीते जाते थे। शरीर पर कपूर का चूर्ण लगाने का भी प्रचलन था। विभिन्न अंगों पर विभिन्न द्रव्यों के तिलक

और विभिन्न प्रकार की मकरिकाएँ बनाई जाती थीं। बन्धूक-तिलक केवल बन्धूक के पराग से ही बनाया जाता था। ललाट में चन्दन की पत्र-रेखा भी बनाई जाती थी। इसी प्रकार कस्तूरी, कपूर, अगर के रस, गोरोचना तथा तमालपत्र से मुख-बिन्दु, विशेषक आदि नामों वाले तिलक बनाए जाते थे। तिलक के समान ही कपोल और स्तनों पर मकर या मछली के रूप में पत्रावली बनाई जाती थी और सीधी तूलिकाओं से बड़ी कला के साथ आँखों में अंजन लगाया जाता था। वे लाक्षा या यावक-राग (महावर) से अपने पैर रँगती थीं'' (भारतीय तथा पाश्चात्य रंगमंच, हिन्दी संस्थान, उत्तरप्रदेश, लखनऊ, 1964, पृ. 397)।

हस्त तथा हस्तमुद्राएँ

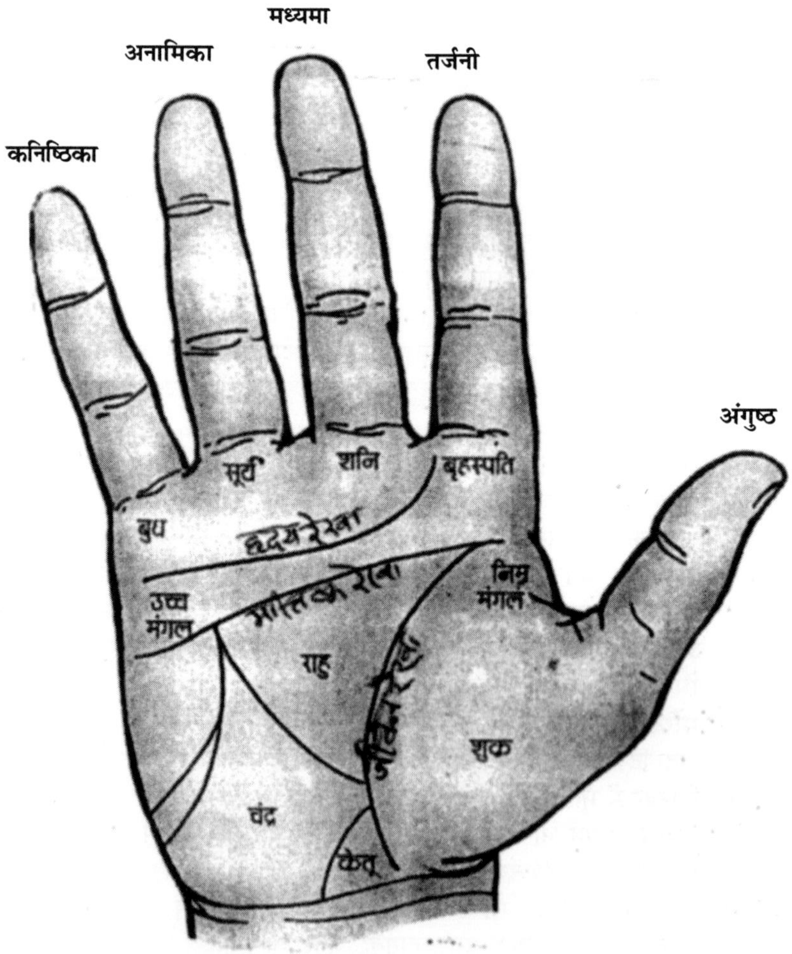

हथेलियों पर पर्वत (माउंट्स) तथा रेखाएँ एवं उँगलियों के नामकरण

हस्तमुद्राएँ

नाट्याभिनय में हाथों—विशेषतया **हस्तमुद्राओं** की विविधता तथा विलक्षणता—की विशेष भूमिका होती है। 'नाट्यशास्त्रकार', 'अभिनयदर्पणकार' तथा 'भारतीय तथा पाश्चात्य रंगमंच'—कार के अनुसार ऐकल (असंयुक्त) तथा युगल (संयुक्त) हस्तमुद्राओं की सूची प्रस्तुत है। ये सभी बहुप्रकार्यात्मक हैं।

ऐकल (असंयुक्त) अभिनय के चौबीस प्रकार—1. पताक, 2. त्रिपताक, 3. कर्तरीमुख, 4. अर्धचन्द्र, 5. अराल, 6. शुकतुंड, 7. मुष्टि, 8. शिखर, 9. कपित्थ, 10. खटकामुख (कटकामुख), 11. सूच्यास्य, 12. पद्मकोष, 13. सर्पशिर, 14. मृगशीर्ष, 15. काँगूल (लाँगूल), 16. अलपद्म, 17. चतुर, 18. भ्रमर, 19. हंसास्य, 20. हंसपक्ष, 21. संदंश, 22. मुकुल, 23. ऊर्णनाभ और 24. ताम्रचूड़।

अभिनयदर्पणकार ने हाथ की इन अभिनय-मुद्राओं के अतिरिक्त कुछ और भी हाथ की मुद्राएँ गिनाई हैं—मयूर, अर्धपताक, सूची, सम्मुख, चन्द्रकला, सिंहमुख और त्रिशूल। इसके अतिरिक्त व्याघ्र, अर्धसूची, कटक, पल्ली।

1. **पताक** में हाथ की सभी उँगलियाँ सटाकर सीधी करके, अंगूठे को हथेली की ओर मोड़कर तर्जनी के बाहरी छोर का स्पर्श कराकर प्रहर करने/होने, प्रेरित करने/होने, हर्ष और गर्व, अग्नि-लपट, पुष्प-वृष्टि आदि के लिए भी।
2. **त्रिपताक** में पताक-मुद्रा में ही अनामिका उँगली के दो पोर हथेली की ओर घुमा दिए जाएँ। आवाहन-विसर्जन, प्रणाम-प्रवेश आदि के लिए।
3. **कर्तरीमुख** में त्रिपताक मुद्रा में तर्जनी मध्यमा के पीछे उठी दिखाई दे। मुख झुकाकर मार्ग दिखाने, मेहँदी-महावर रचने, कुंकुम-शृंगार के लिए दोनों हाथों के युगल कर्तरी मुख द्वारा कई पशुओं का निर्देश भी किया जाता है।
4. **अर्धचन्द्र** में सभी अंगुलियाँ मिलाकर एक ओर फैला दी जाएँ तथा अंगूठा दूसरी ओर धनुषाकृत फैला दिया जाए। इसे स्त्रियों के द्वारा शशिलेखा, शंख, कलश, वलय (चूड़ी), चक्का, कटि, पीनता-क्षीणता, कुंडल आदि के अभिनय में प्रयुक्त किया जाता है।
5. **अराल—** जब तर्जनी धनुष के समान झुका दी जाए, अंगूठा कुंचित हो तथा शेष उँगलियाँ ऊपर की ओर अलग-अलग वलित हों। इसका प्रयोग उत्साह, शोभा, धैर्य, आशीर्वाद तथा अन्य सुखकर भावों के लिए। स्त्रियों द्वारा चोटी गूँथने, अपने सब अंगों को देखने, स्वस्तिक-आकार बनाने, अमृत पीने, प्रचंड पवन के बहने के अभिनय के लिए।
6. **शुकतुंड** में अराल-मुद्रा की अनामिका—उंगली टेढ़ी कर दी जाती है। इसे धिक्कार, विसर्जन, नकार के अर्थ में प्रयोग होता है।
7. **मुष्टि** में हाथ की सभी उँगलियाँ हथेली के बीच में मोड़कर उनके ऊपर अंगूठा चढ़ा दिया जाता है। यह प्रहार करने, आटा गूँथने, भाला फेंकने में प्रयुक्त होता है।
8. **शिखर** में मुष्टि-मुद्रा का अंगूठा ऊपर तथा हथेली फैला दी जाए किन्तु उँगलियाँ मुड़ी रहें। यह भी धनुष ग्रहण करने, घोड़े-बैल की लगाम पकड़ने तथा कामदेव एवं लिंग के अभिनय में भी किया जाता है।
9. **कपित्थ** में शिखर-मुद्रा के अंगूठे के ऊपर तर्जनी को टेढ़ा कर दिया जाता है। इसका प्रयोग अस्त्र-शस्त्र चालन के लिए किया जाता है।
10. **खटाका (कटका) मुख—** जब अनामिका के साथ कनिष्ठिका-उँगली भी ऊपर उठाकर रख दी जाए तब (कपित्थ मुद्रा से वह) खटाका मुख बन जाती है। इसे

दर्पण उठाने, कुंकुम पीसने, लगाम थामने, माला या रस्सी लटकाने तथा स्त्री-दर्शन में अभिनीत करते हैं।

11. **सूची (सूच्यास्य)**—जब कटकामुख-मुद्रा में तर्जनी फैला दी जाए तब वह सूची है। इससे चंचल, झूलते, कम्पित, उठते हुए का अभिनय किया जाता है। इसके अलावा चक्र, बिजली, पताका, मछली, छोटे साँप आदि का अभिनय भी होता है। संयोग में संयुक्त करके तथा वियोग में वियुक्त करके, कलह में स्वस्तिक बनाकर, बंध में एक-दूसरे को दबाकर भी इसका अभिनय होता है।
12. **पद्मकोष** में सब उँगलियों को अलग-अलग अंगूठे के साथ सिकोड़ते हुए उनके सिरे ऊपर एकत्र कर दिए जाते हैं। इसका प्रयोग फल-ग्रहण, स्त्रियों के कुच-दर्शन में होता है।
13. **सर्प-शीर्ष** में सब उँगलियाँ मिलाकर अंगूठे के साथ कुछ झुका दी जाती हैं। जल देने, सर्प-गति दिखाने, मल्ल-युद्ध में ताल ठोंकने में इसका प्रयोग होता है।
14. **मृगशीर्ष** में सब उँगलियों को नीचे मुँह करके मिला दिया जाए और कनिष्ठिका तथा अंगूठा ऊपर रहता है। शक्ति, उल्लास, पासा फेंकने, पसीना पोंछने तथा स्त्रियों के कुट्टमित हाव में प्रयुक्त होता है। यह छत्र-धारण तथा स्मर-मन्दिर के लिए भी संकेतित होता है।
15. **कांगुल**—यह अग्नियों के कुंड के समान मुद्रा है जब मध्यमा, तर्जनी और अंगुष्ठ उठा रहता है किन्तु अनामिका टेढ़ी एवं कनिष्ठिका ऊपर हो जाने की मुद्रा है। मूलतः स्त्रियों के क्रोधपूर्ण वचनों के निमित्त।
16. **अलपद्म (अल पल्लव)**—जब उँगलियाँ हथेली की ओर बिना एक दूसरे को स्पर्श किए हुए घुमा दी जाएँ तब इस मुद्रा में निषेध आदेश, विस्मय-भाव प्रकट होता है, विशेषकर स्त्रियों द्वारा।
17. **चतुर** में कनिष्ठिका उँगली ऊपर उठी तथा अनामिका, मध्यमा और तर्जनी फैली हुई तथा बीच में अंगूठा स्थित होता है। नीति, विस्मय, विनय, चतुराई आदि में प्रयुक्त।
18. **भ्रमर**—जब अंगूठा तो अनामिका के मुख में हो और तर्जनी टेढ़ी हो, मध्यमा एवं अंगुष्ठ एक-दूसरे में फँसे हों तथा अन्य दोनों उँगलियाँ ऊपर को फैली हों, वह भ्रमर-मुद्रा है। इसे कुमुद, कमल और लम्बी नाल वाले पुष्पों के ग्रहण के लिए तथा भौंरा, तोता, सारस, कोयल जैसे पक्षियों के लिए प्रयुक्त करते हैं।
19. **हंसमुख** में तर्जनी, मध्यमा और अंगुष्ठ लड़ीदार पँखुरियों के क्रम में हों और शेष दोनों उँगलियाँ फैली होती हैं। इसका अभिनय शिथिलता, क्षीणता, कोमलता आदि के लिए होता है।
20. **हंसपक्ष**—जब अंगूठा मुड़ा हुआ हो, कनिष्ठिका ऊपर उठी हुई हो और शेष तीनों उँगलियाँ भी फैली हुई हों, वह हंसपक्ष है। तर्पण, गाल को हाथ से टेकने, आलिंगन, रोमहर्षण, स्पर्श, अनुलेपन, संवाहन (मालिश) आदि के लिए इसका अभिनय होता है।
21. **संदंश**—मुद्रा में रस तथा भाव पर बल दिया जाता है। इसमें अराल मुद्रा में तर्जनी तथा अंगुष्ठ को मिला दिया जाता है तथा हथेली का बीच का भाग आमुग्न होता है। यह फूल बिखेरने, डाल से फूल उतारने तथा फूहड़ बातों में घुमाने के लिए प्रयुक्त होती है।
22. **मुकुल** में सब उँगलियाँ ऊपर उठाकर उनके मुख एकत्र कर दिए जाते हैं। इसे देवपूजन, बलि, पद्म और उत्पल-कली के प्रदर्शन तथा कामदेव, नाभि आदि के लिए भी किया जाता है।

23. **ऊर्णनाभ** में पद्मकोष मुद्रा की उँगली सिकोड़ ली जाती है। इसका प्रयोग केशराशि पकड़ने, ढाल या चक्का ग्रहण करने के लिए होता है।

24. **ताम्रचूड़** में मध्यमा और अंगूठा मिला दिया जाता है तथा तर्जनी टेढ़ी कर ली जाती है तथा शेष उँगलियाँ हथेली पर टिका दी जाती हैं। यह डाँट-फटकार तथा शीघ्रता के लिए, शिशुबोलों के लिए प्रयुक्त होती है।

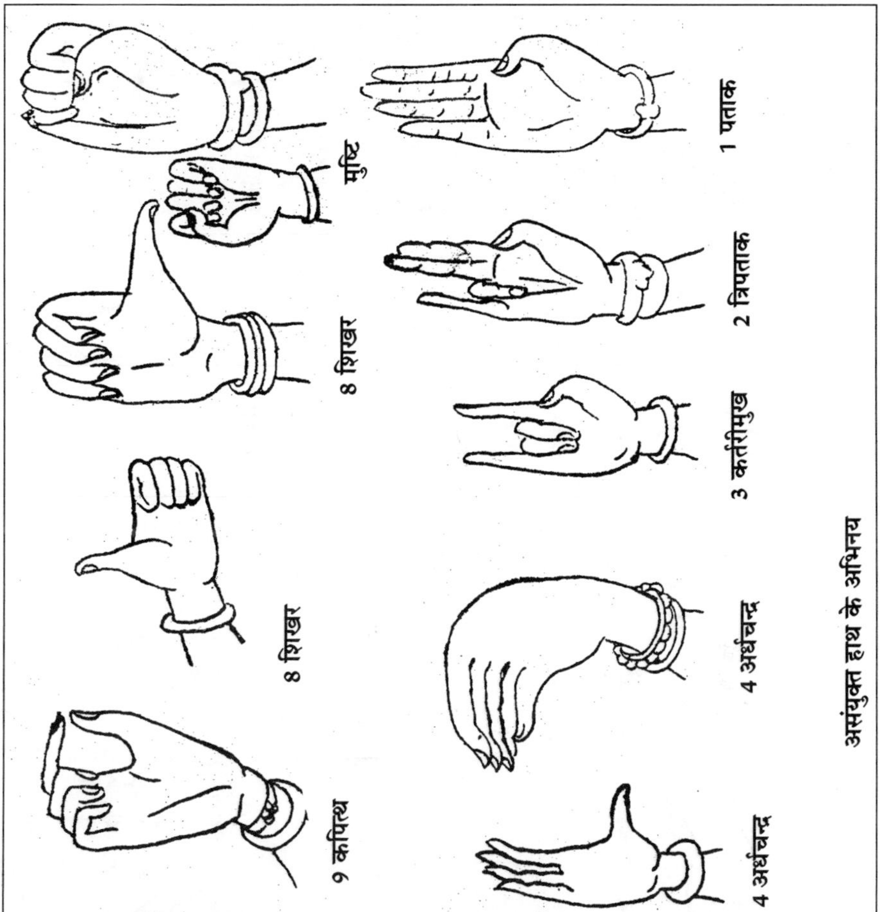

असंयुक्त हाथ के अभिनय

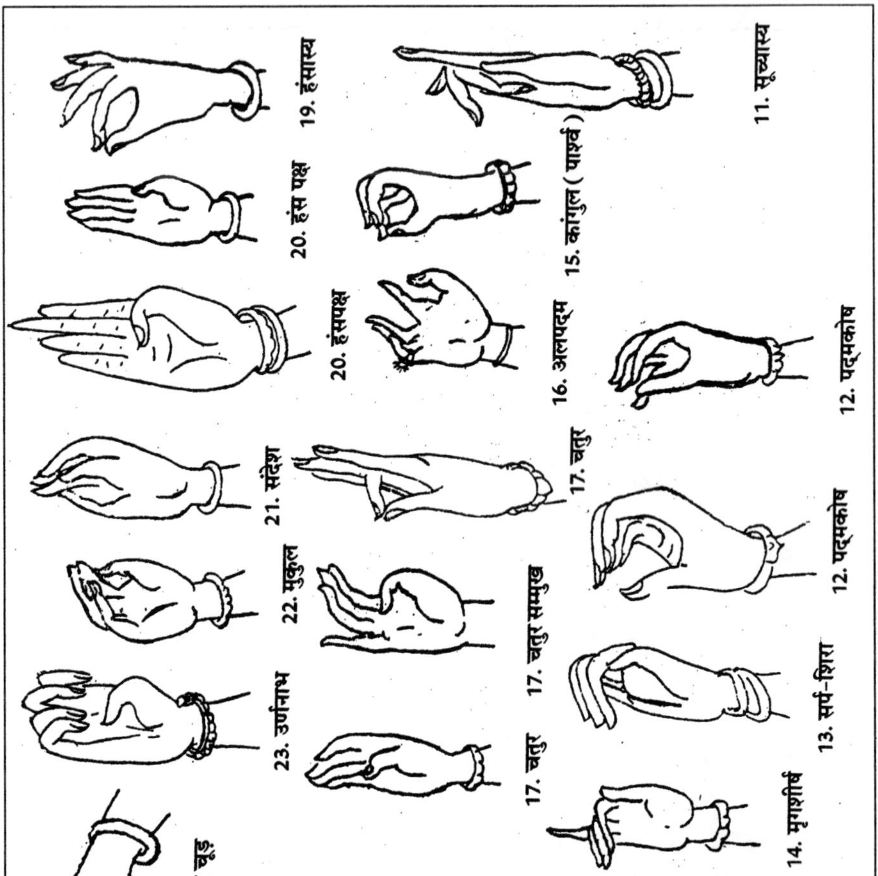

असंयुक्त हाथ के अभिनय

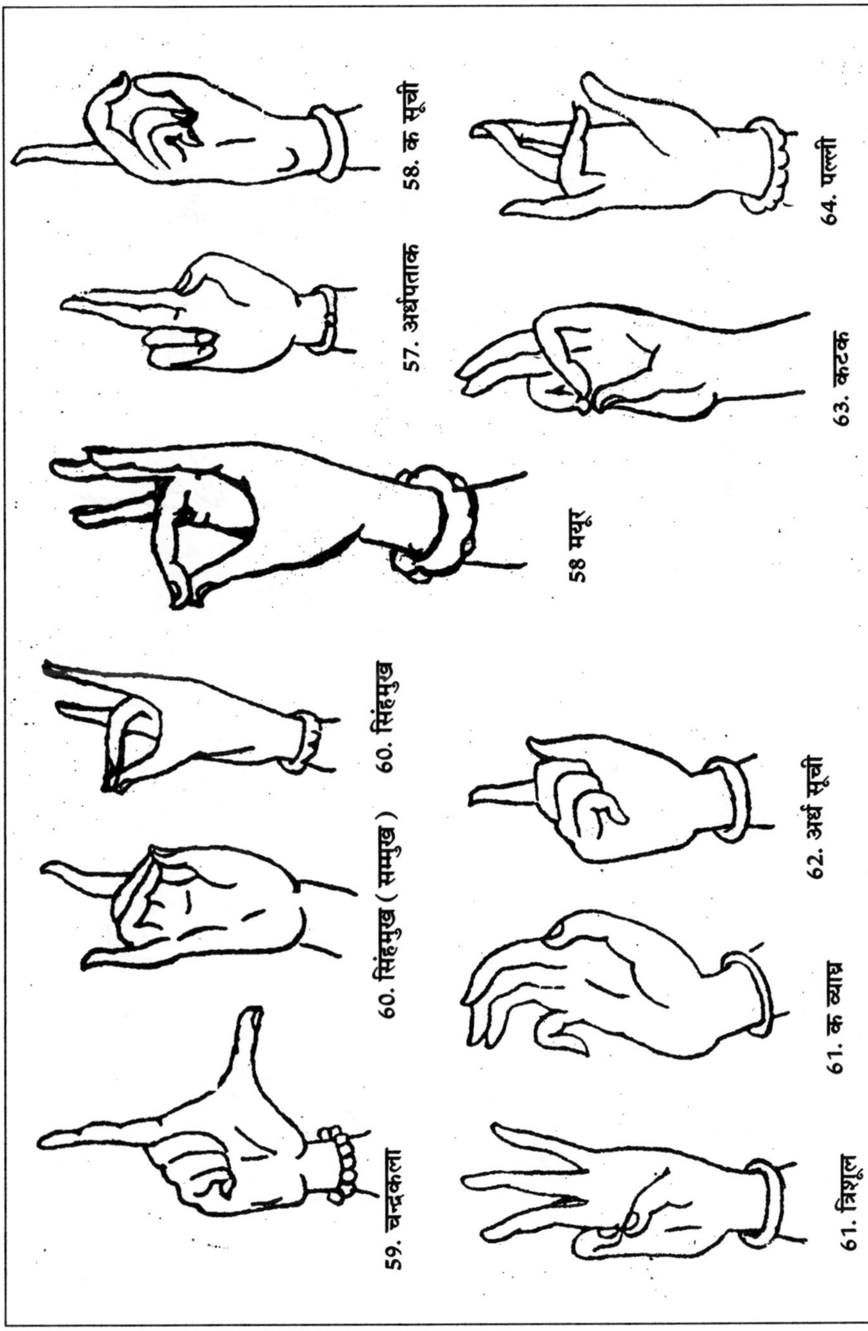

59. चन्द्रकला
60. सिंहमुख (सम्मुख)
60. सिंहमुख
58 मयूर
57. अर्धपताक
58. क सूची
61. त्रिशूल
61. क व्याघ्र
62. अर्ध सूची
63. कटक
64. पल्ली

असंयुक्त हाथ के अभिनय

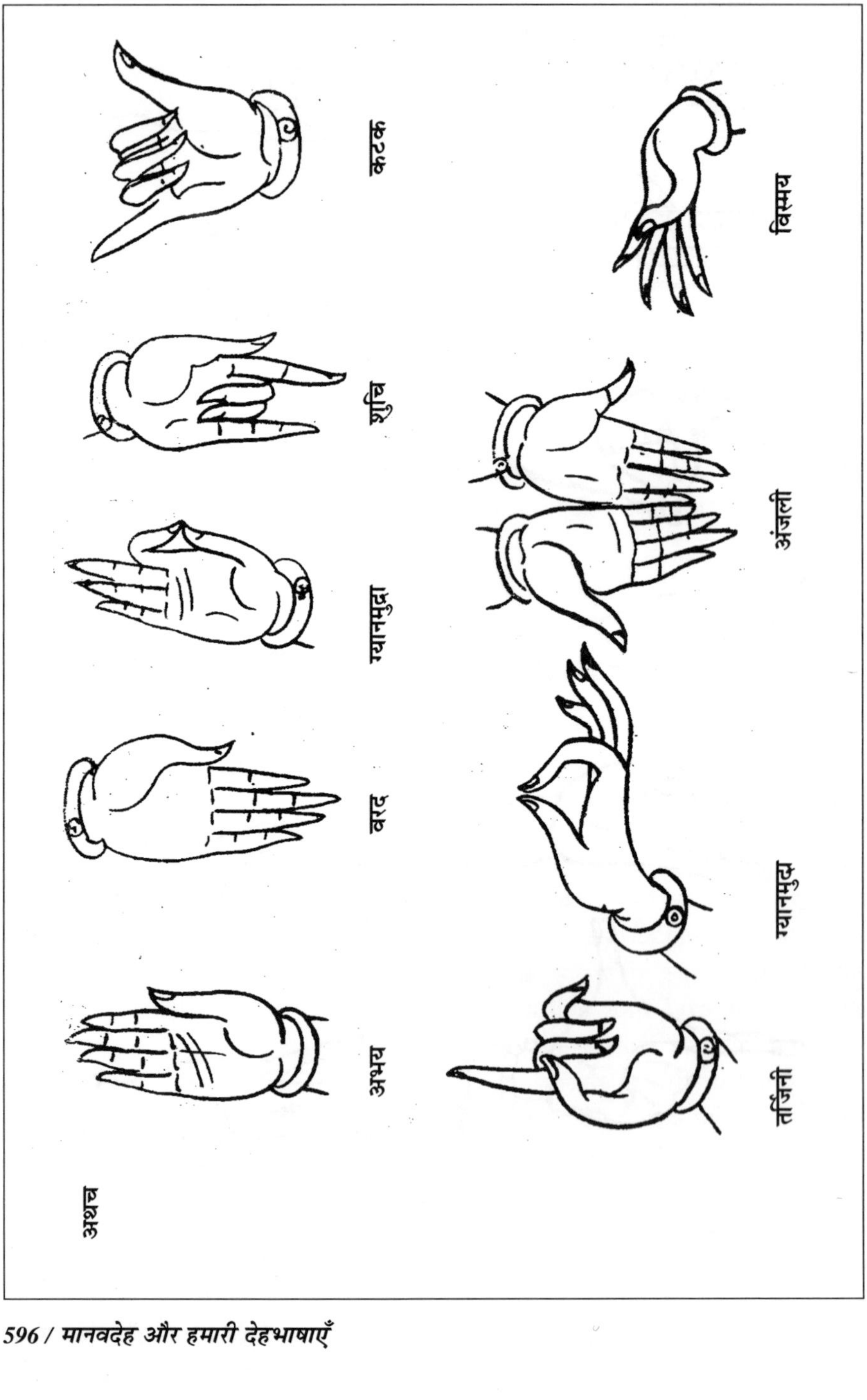

युगल हस्त-मुद्राएँ

ये तेरह हैं—1. अंजलि, 2. कपोत, 3. कर्कट, 4. स्वस्तिक, 5. कटकावर्धन, 6. पुष्पपुट, 7. शिवलिंग, 8. कर्तरी स्वस्तिक।

इसके अतिरिक्त भी उत्संग, निषध, दोल, मकर, गजदन्त, अवहित्थ एवं वर्धमान भी हैं।

1. **अंजलि**—अंजलि में हथेली के किनारे दो 'पताक' हाथ मिला दिए जाते हैं। देवता, गुरु एवं मित्रों के अभिवादन के लिए इस मुद्रा को हृदय, मुख या सिर पर लगाया जाता है।
2. **कपोत**—दो 'पताक'—हस्तमुद्राओं को नीचे कलाई पर तथा ऊपर उँगलियों के छोरों पर मिलाकर गोल करने से यह मुद्रा। विनय, किसी के पास जाने, प्रणाम करने में तथा स्त्रियों को शीत या भय में काँपते हुए हृदय पर रखकर इसका प्रयोग करना चाहिए।
3. **कर्कट** में हाथ की उँगलियाँ फँसाकर बाहर या अन्दर की ओर निकाली जाती हैं। इसका प्रयोग अंगड़ाई लेने, सोकर उठने पर जम्हाई लेने, ठोड़ी को सहारा देने, बड़ा शरीर प्रदर्शित करने के लिए होता है।
4. **स्वस्तिक** में 'अराल'-मुद्रा में दोनों हाथ कलाई पर बाईं-दाईं ओर उत्तान करके रखे जाते हैं। इसे नीचे सीधा लिटाकर मेघमाला, दिशाओं, आकाश, वन, समुद्र, पृथ्वी, विस्तृत स्थान की सूचना प्रदर्शित की जाती है।
5. **कटका-वर्धन**—जब दोनों हाथ कटक या खड़क की मुद्रा में आमने-सामने रखे जाएँ तब यह मुद्रा इंगित होती है। इसका प्रयोग शृंगार, प्रणाम, कुमुद या उत्पल की पुष्प-ताल प्रदर्शित करने, छत्र धारण में करना चाहिए।
6. **पुष्प-पुट** में 'सर्पशीर्ष'-मुद्रा की उँगलियों को मिलाकर तथा तर्जनी के पास जोड़कर संकेतन होता है। इसका प्रयोग जल लाने, धन-धान्य फल-पुष्प आदि को ग्रहण करने में होता है।
7. **शिवलिंग**—अभिनय दर्पणकार ने इस संयुक्त-हस्त का विधान बताया है कि जब बाएँ हाथ से अर्धचन्द्र धारण किया जाए तथा दाहिने पर शिखर बनाया जाए तब इस मुद्रा में पूजा अथवा कामबन्ध या उत्थित लिंग इंगित होता है।
8. **कर्तरी-स्वस्तिक** मुद्रा में दोनों हाथों की 'कर्तरी' से कलाई पर स्वस्तिक बनाया जाता है। इससे पर्वतशिखर, वृक्षों के निर्देश किए जाते हैं।

इसके अलावा **उत्संग** (दोनों हाथों से 'अराल'-मुद्रा बनाकर स्वस्तिक-रूप में आमने-सामने करके झुकाना) में स्त्रियों की ईर्ष्या और निष्पीड़न, निदर्शित होता है। **दोल** में दोनों कन्धे ढीले और मुक्त करके 'पताक'-मुद्रा में लटकाकर विषाद, आवेश, मूर्च्छा आघात का सूचक बताया जाता है। इसके अलावा भी **शकट, चक्र, शंख, पाश, सम्पुट, कीलक** आदि सुस्पष्ट मुद्राएँ एवं मत्स्य, कूर्म, वराह, गरुड़, नागबन्ध मुद्राएँ उन्हीं की सूचक के संरूप में प्रयुक्त की जाती हैं।

इसके अतिरिक्त देवताओं के लिए भी और मुद्राएँ निर्धारित हैं।

वास्तव में भरत तथा नन्दिकेश्वर को मानना पड़ा है कि इन मुद्राओं की कोई सीमा सम्भव नहीं है। 'किसी भी वस्तु की वास्तविक चेष्टा, चिह्न और जाति का ज्ञान प्राप्त करके' इन्हें बना लेनी चाहिए। इसके लिए देश-काल, प्रयोग-लिंग, रस और भाव आदि का विचार किया जाता है।

वास्तव में **हस्त-मुद्राएँ** अभिनय-अवस्थाओं की शैली-चिह्नक (स्टाइल मार्कर) हैं।

ये अभिनीत-वाक्यों की अवाचिक देहभाषा का प्रदर्शित करती चलती हैं—सहवर्ती तथा समानान्तर। यही भारतीय मुद्राओं का **शास्त्रीय रीतिवाद** (मैनरिज़्म) भी है। इनमें प्रकरण तथा सामाजिक जीवन सन्दर्भ-चौखट हो जाते हैं।

संयुक्त हस्त की मुद्राएँ

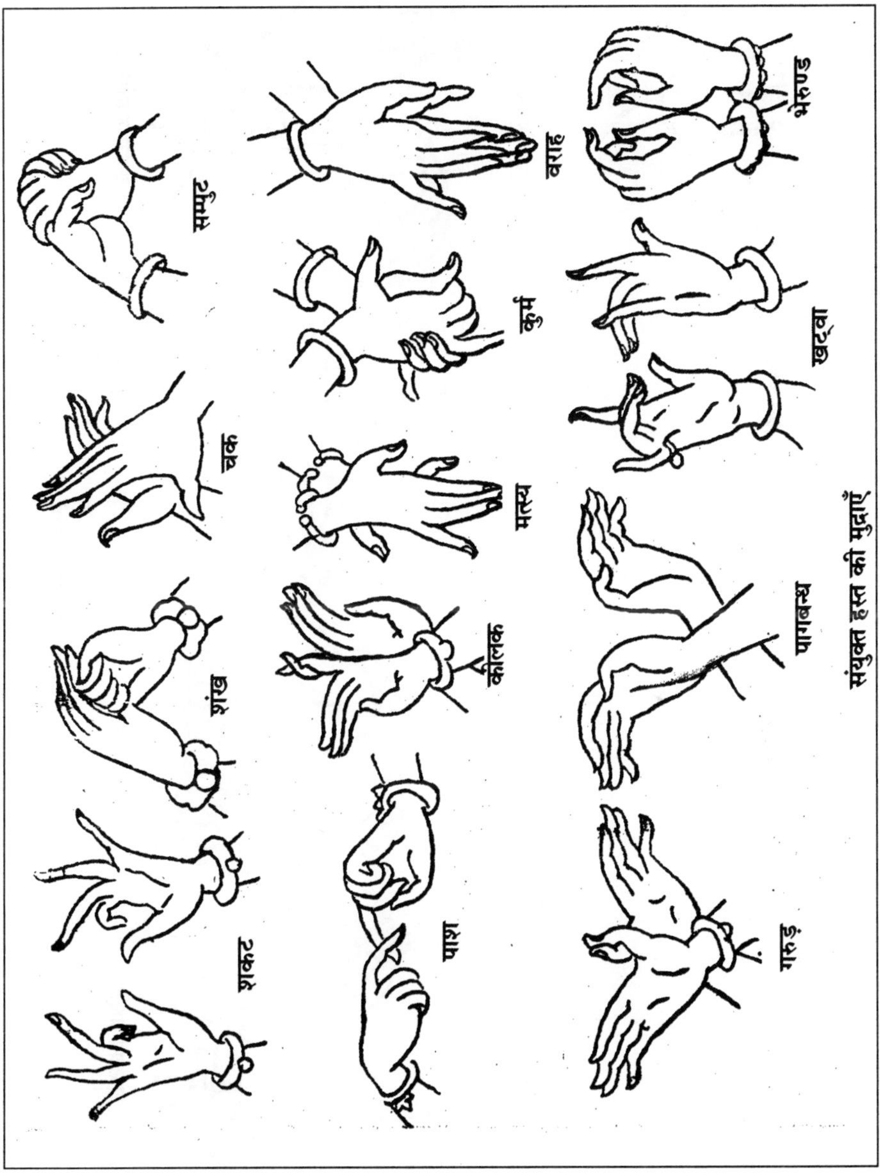

संयुक्त हस्त की मुद्राएँ

वास्तव में हस्त-मुद्राएँ हाथ के प्रकार्यों पर समाश्रित हैं।

रस और भाव के अनुसार हाथों के निम्नांकित प्रकार्य हैं : उत्कर्षण (ऊपर खींचना), विकर्षण (खींचकर हटा लेना), व्याकर्षण (अपनी ओर आकृष्ट करना), परिग्रह (लेना), निग्रह (दंड देना), आह्वान (बुलाना), तोदन (पीटना या अंकुश मारना), संश्लेष (गले लगाना), वियोग (अलग करना), रक्षण (रक्षा करना), मोक्षण (छोड़ना), विक्षेप (नीचे फेंकना), धुनन (हिलाना), विसर्ग (अस्वीकार करना), तर्जन (डाँटना), छेदन (काटना), भेदन (फाड़ना), स्फोटन (फोड़ना), मोटन (दबाना) और ताड़न (पीटना) [सन्दर्भ : चतुर्वेदी, वही, पृष्ठ 288]।

इसके अतिरिक्त भी नृत्त एवं नृत्य में भी हाथ का अभिनय तीन या पाँच प्रकार का होता है—उत्तान, पार्श्वगत, अद्योमुख तथा वर्तुल, स्थित, त्र्यस्त्र।

अन्यान्य देहांग

पार्श्व—नत, सम्मुख, प्रसारित, विवर्तित तथा अपसृत।

जठर (पेट)—क्षाम (पिचका), खल्व (धँसा) तथा पूर्ण (फूला)।

कटि—छिन्ना (बीच से मोड़ी हुई), निवृत्ता (पीछे को झुकी हुई), रेचिता (चारों ओर घूमती हुई), कम्पिता (तिरछी होकर नीचे-ऊपर होने वाली) तथा उद्‌वाहिता (नितम्ब की ओर उठाने के कारण झुकी हुई)।

उरु—कम्पन (पार्ष्णि के नमन एवं उन्मन), वलन (जानु को भीतर कर लेना), स्तम्भन (अपविद्ध क्रिया में), उद्वर्तन (वलित आविद्धता में), विवर्तन (पार्षिण भीतर ले जाना)।

जंघा (पिंडली)—आवर्तित (बाएँ पैर को दाहिनी तथा दाएँ को बाईं ओर चलाना अर्थात् पिंडलियों का स्वस्तिक बनाना), नट (घुटने सिकोड़ना), क्षिप्त (पिंडली का विक्षेप अथवा घुटनों के नमन से नत एवं बहिर्गत विक्षेप), उद्‌वाहित (पिछली ओर को ऊपर उठाना) एवं परिवृत्त (पिंडली को उलट देना)।

कटि-उरु-हस्त-मुद्राएँ

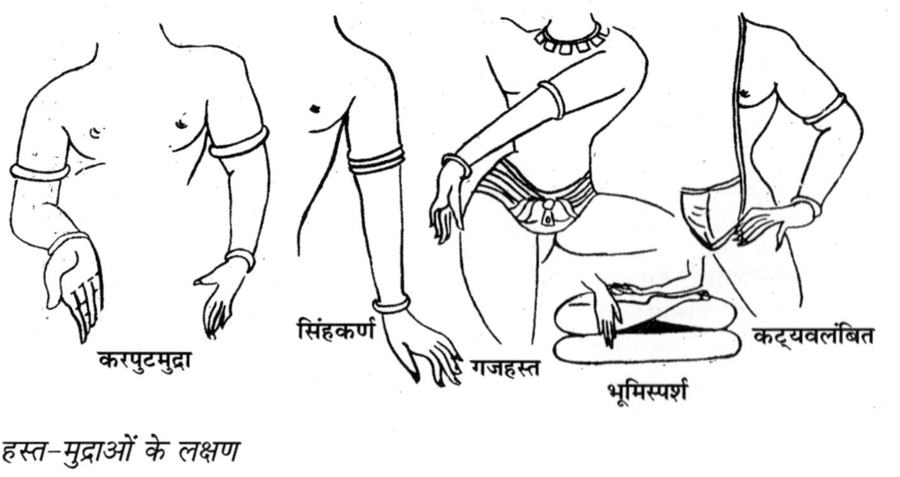

हस्त-मुद्राओं के लक्षण

1. **कट्यावलम्बी मुद्रा**—कमर पर हाथ रखा गया हो, ऐसी मुद्रा। उदाहरणार्थ विठोब की मूर्ति।

2. **गजहस्त या दंडहस्त मुद्रा**—हाथी की सूँड़ या दंड की तरह हाथ रखने की मुद्रा।
3. **सिंहकर्ण मुद्रा**—हाथ नीचे रखकर सिंह के दो कान जैसी मुद्रा।
4. **करसम्पुट मुद्रा**—दो हाथ के पंजे सम्पुट की तरह जोड़ने की मुद्रा को करसम्पुट मुद्रा कहते हैं। दो अधिक मुद्राएँ इस प्रकार हैं :
   (अ) *विस्मय मुद्रा*—आश्चर्य प्रकट करती मुद्रा को विस्मय-मुद्रा कहते हैं।
   (ब) *भूमिस्पर्श मुद्रा*—पद्मासनयुक्त मूर्ति के दाहिने हाथ की उँगली से भूमि-स्पर्श करने का भाव दिखाती मुद्रा को भूमिस्पर्श-मुद्रा कहते हैं। ध्यानी, योगी इस मुद्रा में बैठते हैं। विशेषतः बौद्धमूर्तियाँ इस मुद्रा में पाई जाती हैं। बुद्ध की आसनस्थ मूर्ति की यही मुद्रा है।

अभय, वरद, तर्जनी, ज्ञान मुद्रा और भूमिस्पर्श मुद्राएँ उत्तर भारत की प्रतिमाओं में विशेष मात्रा में दृष्टिगोचर होती हैं। अन्य मुद्राएँ द्रविड़-शिल्प में विशेष पाई जाती हैं। पताका और त्रिपताका शिवनटराज के रूप में तांडव और संहार-तांडव की मुद्राएँ वर्णित हैं। बौद्धशास्त्र में ज्ञान-व्याख्यान को संदर्शन-मुद्रा कहा गया है। बौद्धों और जैनों की आसनस्थ मूर्ति की गोद में एक हथेली पर दूसरी हथेली रखी हुई होती है; इसे योगमुद्रा कहते हैं। विष्णु और शिव की मुद्रा को भी योगमुद्रा कहा गया है। 'अपराजित'—कार ने स्वच्छन्द भैरव की महाकाय इक्कीस ताल की मूर्ति के दो हाथ की योनिमुद्रा कही है।

('भारतीय शिल्पसंहिता', प्रभाशंकर ओ. सोमपुरा, पृ. 16, सोमैया पब्लिकेशंस, प्रा.लि., बम्बई, 1975)।

पाँव (पैर) की चारियाँ तथा मंडल

पद-मुद्राएँ (चारियाँ तथा मंडल) भी हस्तमुद्राओं के समान विविध और महत्त्वपूर्ण हैं।

करण का विन्यास विभिन्न अंगों-प्रत्यंगों की अभिनय-मुद्राओं के मेल से होता है। स्थानक (खड़े होने), चारी तथा नृत्तहस्त के मेल से यह स्वरूप उभरता है।

अंगहार में कई करणों का मेल होता है। अतः हाथ और पैर की गतियों का देहभाषा का अगला पायदान है; अर्थात् करणों तथा अंगहारों के प्रयोग से नाट्य की कथावस्तु की कथा एवं भाव—दोनों प्रकट किए जाते हैं। अतः ये गतिमान होते हैं। **नाट्य-मुद्राएँ** बँधी हुई हैं जबकि करण एवं अंगहार में खुलापन भी है। फलतः हम **प्रतीक-मुद्राओं** के क्षेत्र में भी अनुप्रवेश करते हैं।

पैरों की अभिनय-मुद्राएँ

1. **उद्घट्टित**—पैर के जिस करण में अगले पंजों पर खड़े होकर पार्ष्णि को भूमि पर गिराना।
2. **सम**—स्वाभाविक अभिनय में स्वाभाविक भूमि पर उचित चरण रखना।
3. **अग्रतल-संचर**—पार्ष्णि के उत्थिप्त होने, अंगूठा के फैला होने तथा अंगुलियों के अंचित होने की स्थिति।
4. **अंचित**—पार्ष्णि भूमि हो, पैर अग्रतल-मुद्रा में तथा सब उंगलियाँ अंचित हों।
5. **कुंचित**—जब पार्ष्णि उत्थिप्त हो, उँगलियाँ तथा मध्य भाग भी कुंचित हो।

चारी

पैर, जंघा (पिंडली), उरु और कटि—इन चारों की समानरूपेण चेष्टा को **चारी** कहते हैं। भूमिगत तथा आकाशगत—ये सोलह-सोलह प्रकार की होती हैं। हम कुछ का विवरण देंगे।

(क) भूमि-चारियाँ

1. **पैर**—पैरों को मिलाकर सब नख समान करके पैर रखे जाएँ।
2. **अध्यर्धिका**—दाएँ पैर के पीछे बायाँ पैर करके चलना।
3. **चापगति**—दायाँ पैर बढ़ाकर पीछे कर लिया जाए तथा बायाँ पैर भी दाहिने के साथ आगे-पीछे बढ़ता-घटता चले।
4. **बद्धा**—दोनों पिंडलियों को स्वस्तिक की मुद्रा में आर-पार रखकर उरुओं (जाँघों) का वलन करना।
5. **स्पन्दिता**—जब एक पैर दूसरे पैर से पाँच ताल की दूरी पर हो।
6. **मत्तली**—जब दोनों पैरों से घूमकर उपसर्पण किया जाए तथा दोनों हाथ उद्वेष्टि तथा अणविद्ध हों, आदि-आदि।

(ख) आकाश-चारियाँ

1. **अतिक्रान्ता (अप, पार्श्व भेद भी)**—जब कुंचित पैर को ऊपर उठाकर सामने फैला दिया जाए, फिर उछालकर नीचे गिरा दिया जाए।
2. **ऊर्ध्वजानु**—जब कुंचित पैर को उछालकर जानु को स्तन के पास रखा जाए तथा दूसरे का क्रम स्तब्ध हो।
3. **दोलापादा**—जब कुंचित पैर को उछालकर एक ओर से दूसरी ओर को झुलाया जाए और फिर उस अंचित पैर को गिरा दिया जाए।
4. **भुजंगत्रसिता**—जब कुंचित पैर को उछालकर त्र्यस्त्र उरु को विवर्तित किया जाए तथा कटि एवं जाँघ को विवर्तित किया जाए।
5. **दंडपादा**—जब पैर को नूपुर-पाटिका करके आगे फैला दिया जाए और तत्काल वेग से आविद्धकरण सम्पादित किया जाए।
6. **भ्रमरी**—जब अतिक्रान्त-क्रम करके कटि, उरु और पिंडली परिवर्तित कर दी जाएँ और तलुवे से दूसरे पैर तक चक्कर काट लिया जाए।

   [ये चारियाँ युद्धोन्मुख हैं अर्थात् धनुष, तलवार, वज्र एवं शस्त्र चलाने में प्रयुक्त की जाती हैं।]

   [**मंडल** तथा **अंगहार** गतिमय हैं। ये अंग-प्रत्यंग में ही समाहित हो जाते हैं। इनका भी प्रचुर देह-व्याकरण-विधान है।]

करण

अंग-प्रत्यंगों के अभिनय के उपरान्त करण और (उनके पुंज-) अंगहार की बारी का निरूपण समीचीन होगा। **करण** भी एक-दो-तीन मुद्राओं के मेल से विन्यस्त होते हैं [उल्लेख है कि 'अमृत-मन्थन' तथा 'त्रिपुर-दाह' रूपकों के मंचन में अंगहारों-करणों का उत्तम संयोजन हुआ था]।

भरत ने एक सौ आठ करण गिनाएँ हैं। इनका प्रयोग मुख्यत: चारी, शस्त्र-युद्ध, द्वन्द्व-युद्ध एवं नृत्य में होता है। साधारणत: करणों में बायाँ हाथ छाती पर तथा दायाँ हाथ पैर के

अनुसार गतिमान होता है। इस प्रकार हाथ और पैर, कमर और पार्श्व, छाती और पीठ एवं उदार की गतियों में एक लयताल कायम हो जाती है।

हम कुछ करणों का विन्यास बताते हैं—

तलपुष्प-पुट—पुष्प-पुट बाईं ओर बनाकर तथा पादाग्रसंचार दाईं ओर करके, (पार्श्व भी सन्नत करके) रंगमंच पर फूल बिखेरना।

वर्तित (उलटा)—हाथ को थोड़ा-सा कलाई पर झुकाकर आवृत्त व परिवृत्त बनाना, फिर दोनों हाथ हथेली के सामने की ओर करके जाँघ तक लटका देना कि कलाइयाँ थोड़ी झुकी रहें—असूया तथा ईर्ष्या के लिए।

वलितोरु (उरु या जाँघ को भीतर की ओर मोड़ लेना)—हाथों को शुकतुंड मुद्रा में लाकर छाती पर उँगलियों से परिवृत्त बनाना तथा जाँघों को वलित में रखना। मुग्धा नायिका का निर्देश करने के लिए।

अपविद्ध (वेग से हिलाना)—शुकतुंड बनाकर बाएँ हाथ को जाँघ के ऊपरी भाग में रखा जाए और दायाँ हाथ छाती पर।

समनख—दोनों टाँगों को सीधे तानकर मिलाते हुए खड़ा होना और पंजे धरती पर जमा देना; दोनों हाथ लताहस्त मुद्रा में लटकाकर स्वाभाविक स्थिति में शरीर कर देना। नर्तकी के प्रथम बार रंगमंच पर आने पर।

लीन—दोनों हथेलियों को छाती पर पताक-अंजलि मुद्रा में रखना, ग्रीवा दबाकर कन्धों को निहंचित मुद्रा में रखना। किसी वस्तु की प्रार्थना करने के लिए।

निकुट्टक (कन्धे वाली मुद्राएँ)—जब दोनों हाथ कन्धों के काँटे के ऊपर थोड़े अन्तर से निकुट्ट बनाएँ तथा पैरों को भी निकुट्ट मुद्रा में करें। आत्मश्लाघा के लिए (शरीर को झुकाने तथा उठाने को 'निकुट्ट' कहते हैं)।

अर्धरेचित (आधा चक्कर)—हाथ सूची मुद्रा में अपविद्ध, टाँगें निकुट्ट-मुद्रा में और पार्श्व सन्नत। बुरे या अमंगल विचार के लिए।

उन्मत्त—टाँगें झुकी हुईं, हाथ रेचित-मुद्रा में। अधिक वैभव-मद प्रदर्शन के लिए।

स्वस्तिक—हाथ और पैर दोनों का स्वस्तिक बनाना। दुर्भावना दूर करने के लिए।

अलात (चक्कर काटना)—पैर से अलात बनाकर दाएँ हाथ को कन्धों के छोर से हटाकर ऊर्ध्वजानु चारी करना। कोमल नृत्य में करण।

अंचित (रखना)—अर्ध-स्वस्तिक-मुद्रा वाले हाथ को व्यावृत्त तथा परिवृत्त में रहकर नाक के ऊपर गोलाई में रख देना। परस्पर में जो बेहतर हो, वह प्रसन्नता प्रकट करे।

भुजंग-त्रसित—बाईं टाँग ऊपर उठाकर जांघ को त्र्यस्त्र में घुमाना तथा कमर एवं घुटने गोलाई में निकाल लेना।

ऊर्ध्व जानु—बाईं टाँग उठाकर छाती के बराबर ले जाना तथा हाथों की मनमर्जी से मुद्रित करना। स्वतंत्रतापूर्ण अभिनय हेतु।

निकुंचित (झुका हुआ)—एक टाँग को वृश्चिक-मुद्रा में, बायाँ हाथ गाल के पास तथा दायाँ हाथ नाक के छोर पर। उड़ान के बोध के हेतु।

मत्तल्लि (लटका हुआ)—टाँगों को मिलाते तथा अलग करते हुए लुढ़कना एवं दोनों हाथों को निराशा में छोड़ देना और चक्कर लगाना। अत्यन्त मदोन्मत्तता में।

घूर्णित (घूमना)—दायाँ हाथ वर्तित घूर्णित में, बायाँ हाथ दोल में तथा पैर स्वस्तिक-वर्तित में। भय दिखाने के लिए।

वलित (भीतर मुड़ा हुआ)—दोनों हाथ अपविद्ध और सूची में तथा नितम्ब शीर्ष को विवृत्त करना, फिर चक्कर देकर घुमाना।

ललित—बायाँ हाथ परिहस्त में, दायाँ हाथ अपवर्तित में और पैर बारी-बारी से कुट्टित में। लालित्यपूर्ण नृत्त में प्रयुक्त।

भुजंगत्रस्त-रेचित—रेचित में भुजंगत्रसित बनाया जाए तथा दोनों हाथ बाईं ओर कर लिए जाएँ।

दंडपक्ष—लताहस्त-मुद्रा में दोनों हाथ करके ऊर्ध्वबाहु करण बनाना।

नूपुर—त्रिक (रीढ़ की हड्डी का वह सबसे निचला भाग जो नितम्ब की हड्डियों से मिला रहता है) का वलन करके हाथों को लतारेचित में तथा टाँगों को नूपुर-मुद्रा में रखना।

भ्रमर—टाँगें आक्षिप्त स्वस्तिक में, दोनों हाथ उद्वेष्टित में तथा त्रिक् का वलन होना। वेग से चक्कर काटने के लिए प्रयुक्त।

चतुर—बायाँ हाथ अंचित में, दायाँ हाथ चतुर में तथा दाहिना पैर कुट्टित में। विदूषक द्वारा विनोद तथा आश्चर्य प्रकट करने के लिए।

दंड-रेचित—हाथ-पैर डंडे के समान पूरे फैलाकर विक्षिप्त में रखना तथा हाथ का रेचित करना।

लता-वृश्चिक—दाईं टाँग पीछे की ओर कुंचित ऊर्ध्वलता में मोड़ ली जाए तथा बाईं लता में रखना। देवताओं/पक्षियों का आकाश से पृथ्वी पर उतरने के लिए।

छिन्न—दोनों हाथ अलपद्म-मुद्रा में कमर पर टेक लिए जाएँ तथा कमर वैशाख-स्थानक में हो।

वृश्चिक—दोनों हाथ कन्धे के ढाल पर मोड़ लिए जाएँ और दायाँ पैर पीठ की ओर मोड़कर कुछ दूर पर रखा जाए। आकाश में उड़ने तथा इंद्र के ऐरावत-हाथी के लिए प्रयुक्त।

कुंचित (कोना बनाकर झुकाना)—दायाँ पैर पीठ की ओर घूमा हुआ, दायाँ हाथ भी कुंचित या मुड़ा हुआ तथा बायाँ हाथ उत्तान में। पूजा के प्रदर्शन के लिए।

विक्षिप्त—दोनों हाथ और पैर विक्षिप्त-मुद्रा में पीछे से इधर-उधर तथा पार्श्व में चलाए एवं फेंके जाएँ। गर्वपूर्ण गति के प्रदर्शन के लिए।

दोलापाद (पैर झुलाना)—मुड़े हुए पैर को एक ओर से दूसरी ओर झूले के समान झुलाना तथा हाथों को भी इस क्रिया के साथ चलाना।

निशुम्भित (कुचलना)—पैर को पीछे मोड़ लेना, छाती उठा लेना तथा हाथ की हथेली तिलक-मुद्रा में रखना। यह शिव का प्रसिद्ध नृत्य भी है।

अतिक्रान्त—पैर को अतिक्रान्त क्रम में आगे को फैला देना तथा हाथ को भी तदनुसार गति देना।

गज-क्रीड़ित—बायाँ हाथ जाँघ पर घूम जाए, दायाँ हाथ लताहस्त में हो तथा पैर दोलापाद में।

गरुड़ प्लुत (गरुड़ की उड़ान)—पैर को पीछे की ओर फैलाकर हाथों को लता-रेचित में रखना तथा छाती को भली भाँति उठाए रखना। उड़ने के भाव-प्रदर्शन में।

परिवृत्त (चक्कर काटना)—दोनों हाथ ऊर्ध्व वेष्टित मुद्रा में हों, टाँग सूचीपाद में घुमाई जाए तथा त्रिक भी परिवृत्त में हो।

सूची—झुके हुए पैर को ऊपर उठाकर इस प्रकार रखा जाए कि वह सामने पृथ्वी का स्पर्श करें और हाथ भी पैर के मुताबिक तदनुसार चालित किए जाएँ।

मयूर-ललित—पैर से वृश्चिक बनाकर रेचित में दोनों हाथ रखकर त्रिक को घुमाना।

सर्पिल—दोनों पैर मोड़कर अलग-अलग चलाना, सिर को परिवाहित में तथा दोनों हाथ रेचित में रखना। तीव्र भावावेग या मदमत्तता के लिए।

दंड-पाद—टाँग से नूपुर बनाकर उसे इस मुद्रा में फैला देना और वेगपूर्वक हाथों को आविद्ध में रखना। अभिमानपूर्ण उद्धत गति में प्रयुक्त।

प्रेंखोलित—दोलापाद बनाकर, ऊपर उछलकर, नीचे पैर डालकर त्रिक को परिवृत्त में करना।

नितम्ब—दोनों हाथ कमर के ऊपर हो, हथेलियाँ पताक-मुद्रा में छाती की ओर हों और नर्तकी बद्ध-चारी में हो।

स्खलित—पैरों से दोलापाद क्रम बनाकर तदनुसार हाथ चलाना और फिर हाथों से रेचित तथा घूर्णित करना।

अवहित्थ—दोनों हाथों की उँगलियों को एक-दूसरे की ओर घुमाकर जनित-करण बनाना और उसी मुद्रा में दोनों हाथ नीचे झुका देना। गम्भीर चिन्तन, शोक और दुर्बलता के प्रदर्शन में।

जनित—एक हाथ छाती पर टिका रहे, दूसरा नीचे लटका रहे और पैर पंजे पर टिके हों। यह अभिनय सब गतियों का मूल माना जाता है।

निवेश—दोनों हाथ छाती पर, छाती तनी हो, खड़े होने की मुद्रा मंडल-स्थान में हो। हाथी की सवारी का निर्देश करने हेतु।

मदस्खलित (मद में झूमना)—दोनों हाथ लटक जाएँ, सिर इधर से उधर उछाला जाए और टाँगें वलित-आविद्ध हों। मद-प्रदर्शन के लिए।

लोलित (चारों ओर घूमना)—हाथों को रेचित और अंचित में रखकर सिर हिलाकर चारों ओर घुमाना।

गंगावतरण—पैर के तलुवे को ऊपर करके पीछे को उठा लिया जाए तथा दोनों हाथ त्रिपताक-मुद्रा में नीचे को झुके हुए हों और सिर सन्नत हो।

पुनश्च:

इस बात का निरन्तर ध्यान रखा जाए कि करण में मुद्राओं का दो-तीन-चार समूह होता है। अत: उनका ज्ञान एवं समझ अनिवार्य है।

इस अभिनय-प्रखंड में हमने सोच-समझ-बूझकर आधुनिक नाटक एवं नाट्य के सन्दर्भ नहीं लिए हैं। अत: स्तानिस्लावस्की और बर्तोल्द ब्रेख्त के अवाचिक अभिनय-पक्ष भी नहीं आए हैं। प्रमुख कारण यही है कि इनमें रीतिवाद (मैनरिज्म) के बन्धान नहीं हैं।

सूत्र

'अभिनय-पुरुष' की भाव-भंगिमा-मुद्रा-करण-अंगहार द्वारा ही सम्पूर्ण देहभाषा का सूत्र बनता है।

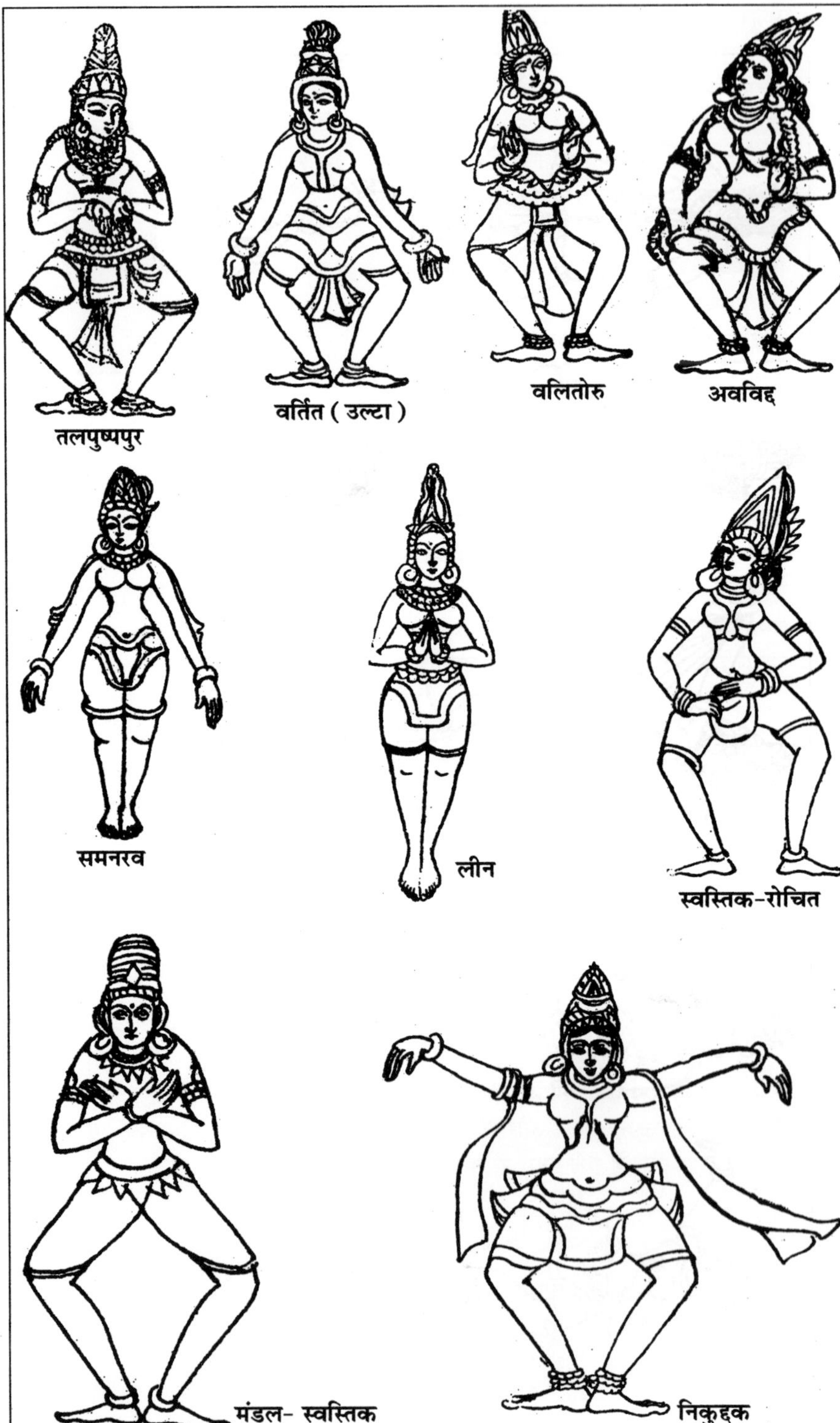
तलपुष्पपुर
वर्तित (उल्टा)
वलितोरु
अवविद्ध
समनरव
लीन
स्वस्तिक-रोचित
मंडल- स्वस्तिक
निकुट्टक

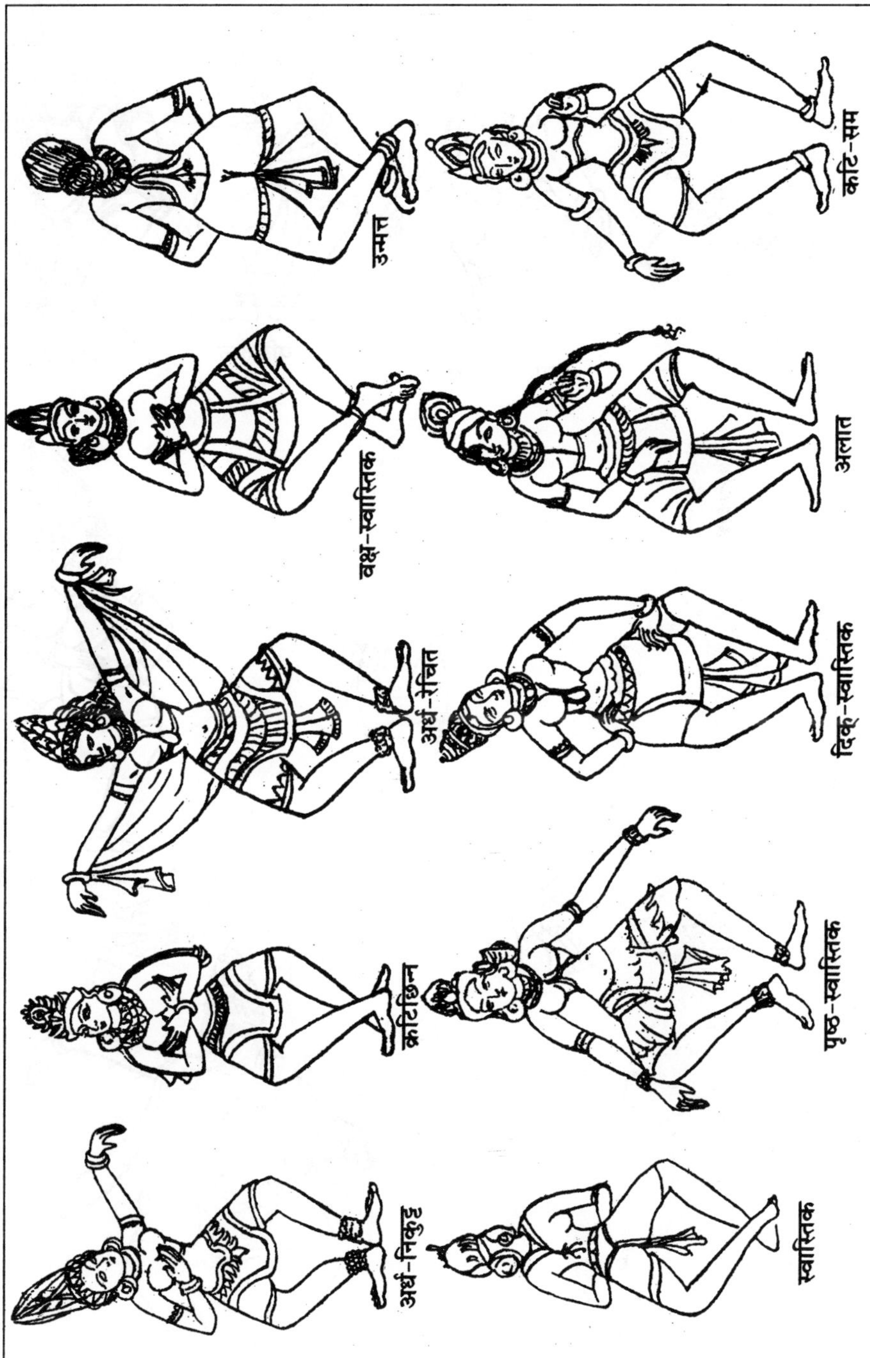
अर्ध-निकुट्ट
कटिछिन्न
अर्ध-रेचित
वक्ष-स्वस्तिक
उन्मत्त
स्वस्तिक
पृष्ठ-स्वस्तिक
दिक्-स्वस्तिक
अलात
कटि-सम

आक्षिप्त-रेचित
विक्षिप्ताक्षिप्त
अर्धस्वस्तिक
अंचितम्
भुजंग-त्रसितम्
निकुंचित
मतल्लि
अर्ध-मत्तल्लि
रेचित निकुट्ट
पादाप-विद्ध

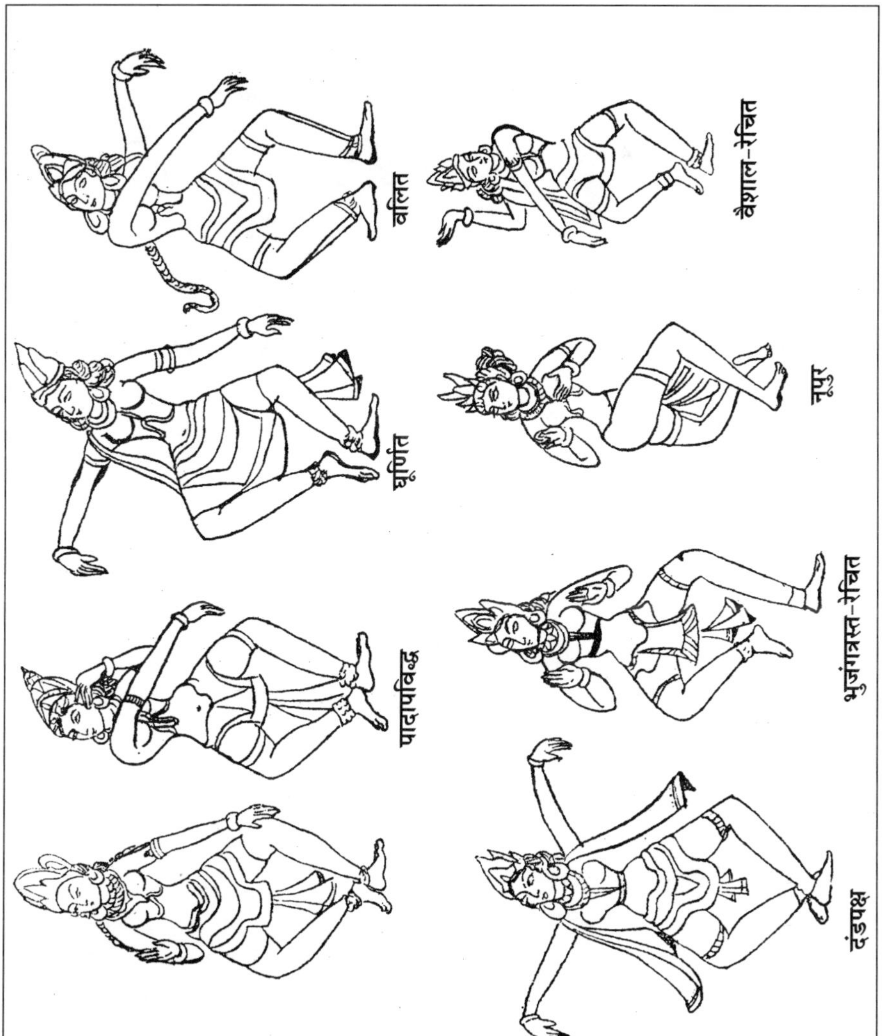
वलित
घूर्णित
पादापविद्ध
दंडपक्ष
वैशाल-रेचित
नूपुर
भुजंगत्रस्त-रेचित

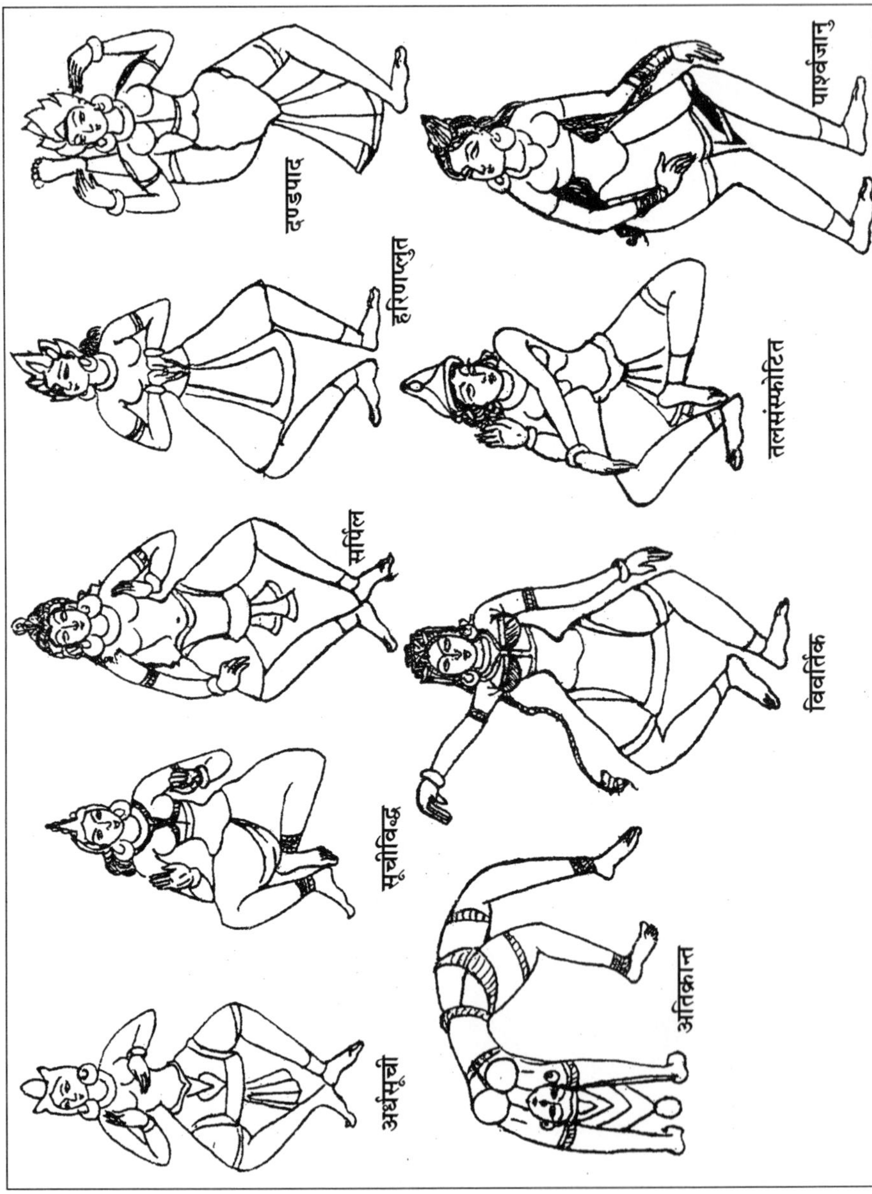
दण्डपाद
हरिणप्लुत
सर्पित
सूचीविद्ध
अर्धसूची
पार्श्वजानु
तलसंस्फोटित
विवर्तिक
अतिक्रान्त

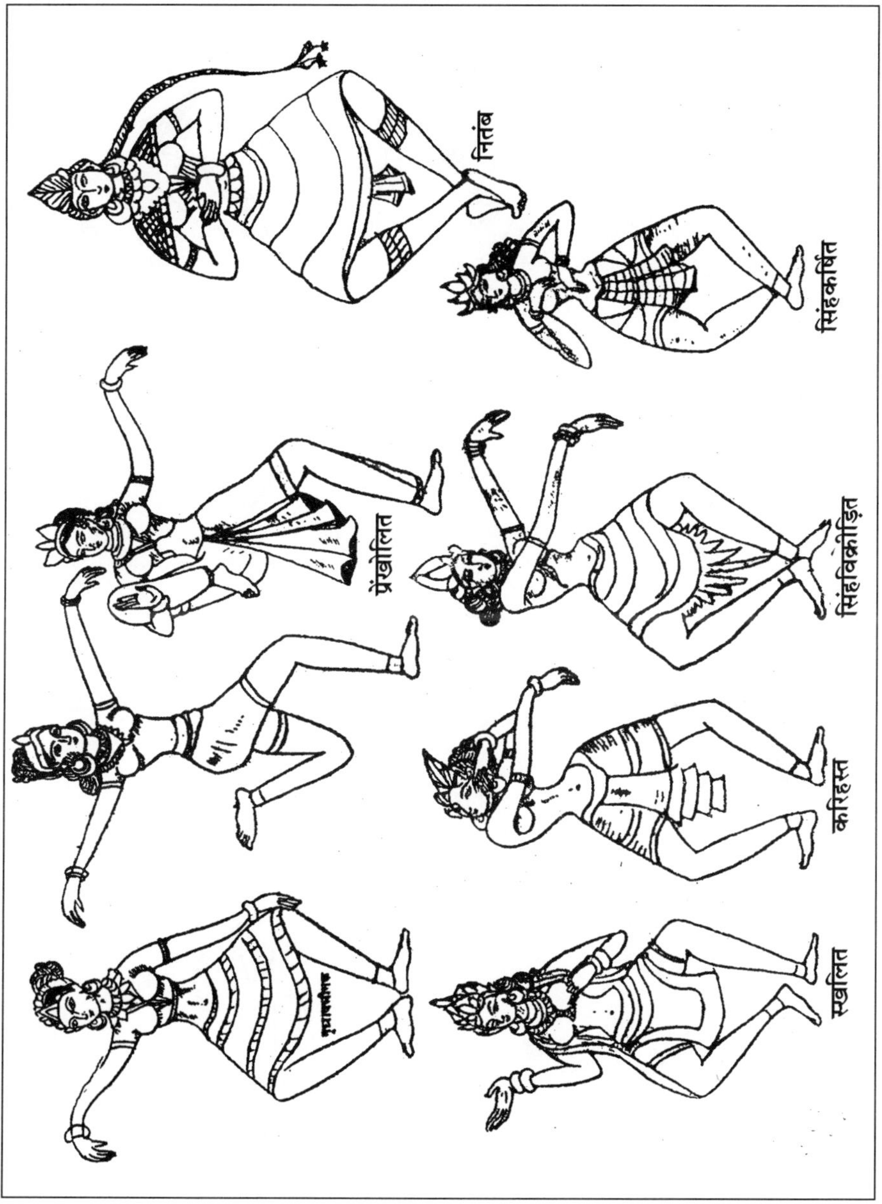
नितंब
सिंहकर्षित
प्रेंखोलित
सिंहविक्रीड़ित
करिहस्त
स्खलित

उद्वृत्त
उपटित
जनित
निवेश
अलक्रीडित
अर्ध्ववृत्त
मद-स्खलित
विष्णुक्रांत

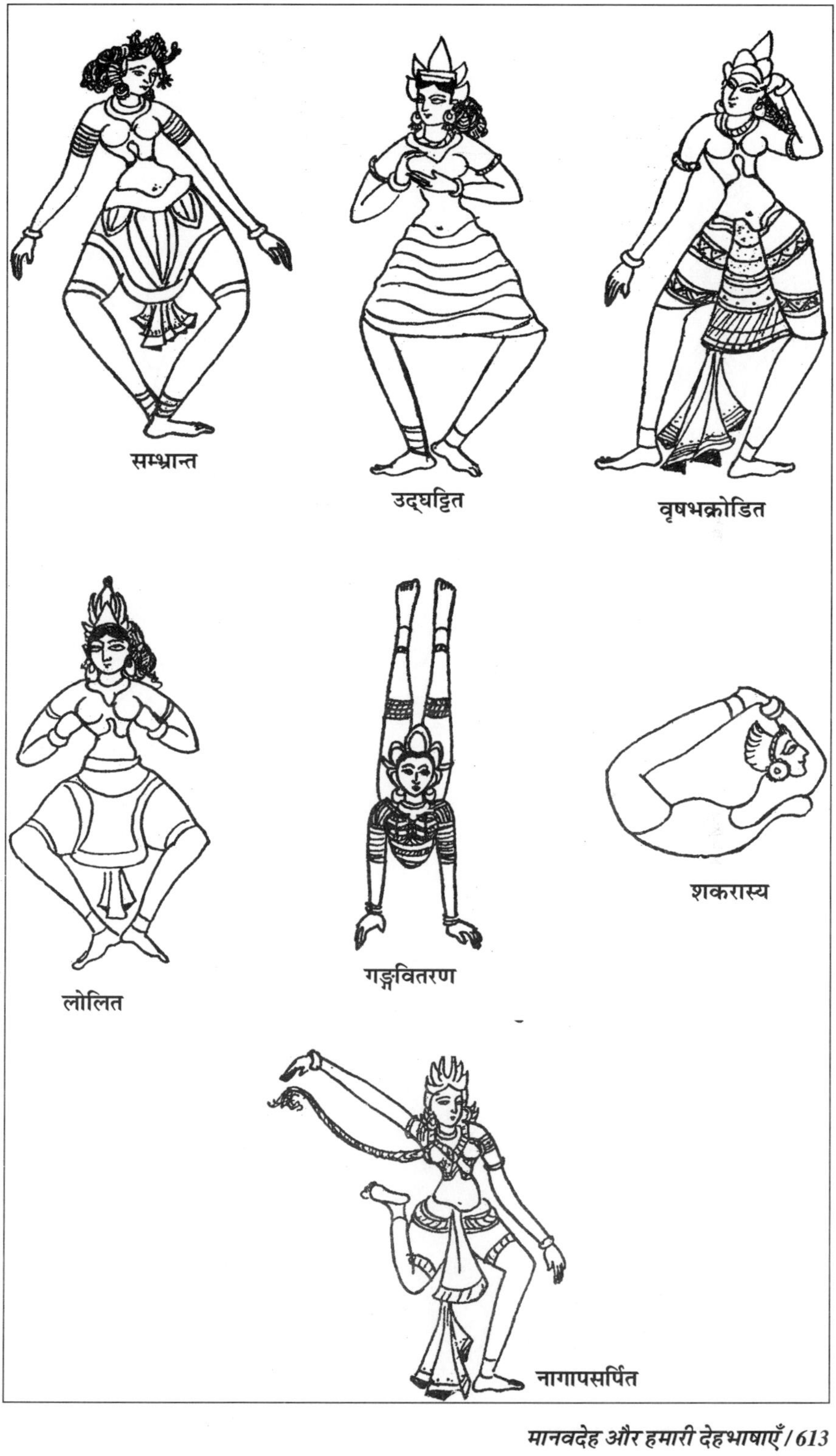
सम्भ्रान्त
उद्घट्टित
वृषभक्रोडित
लोलित
गङ्गावितरण
शकरास्य
नागापसर्पित

वृश्चिक
व्यंसित
पार्श्वनिकुट्टक
ललाटतिलक
उरोमण्डल
आक्षिप्त
अर्गल
विक्षिप्त

लतावृश्चिक
छिन्न
वृश्चिकरेचित
कान्तक
कुञ्चित
चक्रमण्डल
विवृत

अध्याय : इक्कीस

नृत्य की देहभाषा

भरत मुनि (ईस्वी सन् की पहली शताब्दी) तथा नन्दिकेश्वर के वर्गीकरण के अनुसार **देह** के छह 'अंगों'—(सिर, कटि, हाथ, वक्ष, पार्श्व, पैर), छह 'उपांगों'—(आँख, भौंह, नाक, अधर, कपोल, ठोड़ी) तथा छह 'प्रत्यंगों'—(कन्धे, बाहु, पीठ, उदर, उरु और जंघा) के संकेतों से मुद्राएँ, उनके विशिष्ट चक्र-चिह्नों से नृत्य-मुद्राएँ तथा उनसे **नृत्य-रूपों की देहभाषा** बनती है।

नृत्यलिपि-रचना विधान (कोरियोग्राफी) किसी नृत्य का डिजाइन-खाका जैसा होता है। इसके द्वारा हम काव्य (जयदेव), संगीत (राग-रागिनियाँ), पद (तुलसी, मीरा, अंडाल), चित्र व मूर्ति (खजुराहो, कोणार्क, वृहदीश्वरम, अष्टनायिकाओं) को नृत्य के भरत-मंच पर रूपान्तरित तथा कायाकल्पित करते हैं।

इससे देह-वार्ताओं का चक्र बनता है जिसमें गायन और अभिनय और नर्तन, वेश-भूषा तथा मुद्राएँ, मंच तथा रंगशाला—सभी जड़ के बजाय जीवन्त, रूढ़ के बजाय नूतन व सचेतन हो जाते हैं। साथ ही एक अन्तरकलाधर्मी सौन्दर्यबोधात्मक देहभाषा-वाचिक भाषा का समन्वयात्मक प्रसंस्करण भी होता है।

यह देहभाषा शब्दातीत होकर भी भावाभिव्यंजक होती है। इसका सहकार संगीत और गीत तथा अभिनय और शिल्प एवं चित्र से होता है।

इतिहास-यात्रा में हम भरत-नाट्यम से चलकर लातिन अमेरिका के आधुनिक सालसा तथा साम्बा-नृत्यों तक का समावेश करेंगे।

नृतत्त्वशास्त्र तथा पुरातत्त्व और गहन मनोविज्ञान की वैश्वक दृष्टियों से नृत्य का उद्गम तीन आयामों से हुआ—

(i) गुफा-मनुष्यों द्वारा शिकार करते समय मुखौटे लगाकर शिकार का अभिनय करना तथा जादू एवं कर्मकांड में शैल-चित्रों की रचना करना; (शायद इसी अनुक्रम में नृत्यांगना के लिए, देह-पूजा तथा देहभाषा और देह-शोभा, तीनों दृष्टियों से श्रृंगार आवश्यक होता है)।

(ii) युद्ध और बल के अभ्यासों में या फसलों के संग्रहण तथा कार्निवालों में सामूहिक लोकधर्मी नृत्य; यथा—पंजाब का भाँगड़ा, राजस्थान का कालबेलिया, बुन्देलखंड का राई या केरल का कालियापत्यू आदि।

(iii) काम-यौनता और तंत्र को जोड़ते हुए दिक्, काल एवं देह के पैटर्न बनाना तथा सर्वान्त में—शताब्दियों बाद—

(iv) आधिभौतिक महाप्रतीकों का उन्मीलन : सृष्टि रचना, ब्रह्मांड रचना, कालचक्र आदि। इसका भारतीय महारूपक नटराज का तांडव-नृत्य है।

वास्तव में नृत्य नाट्य से संश्लिष्ट होकर तथा नृत्त का उन्नयन करके संवेगों को अत्यधिक

अन्तरंगता से **सम्प्रेषित** करता है। इसलिए नृत्य-थेरैपी के भी प्रयोग चालू हैं। तदपि **अभिनय**-धुरी पर तत्य की परिणति भी रस में होती है। यहाँ पद-हाथ-मुद्रा-देह माध्यम हो जाते हैं। ध्वनि के साथ भावलक्ष्यी आयाम में नृत्त, शब्द लक्ष्यी आयाम में **नृत्य** तथा वाक्यलक्ष्यी आयाम में **नाट्य** की धारावाहिकता की अनुमिति की जा सकती है।

नटराज : नृत्य में ब्रह्मांड-यथार्थता का 'साध्य-रूपक'

वस्तुतः नृत्य और नाट्य परस्पर पारसरूप भी हैं। नृत्य में भी संगीत-काव्य, शिल्प-चित्र का समुपरंजन होता है।

नृत्य को चौथे आध्यात्मिक आयाम को शान्ता सर्वजीत सिंह ने उसे यथार्थता का **साध्य (परम) रूपक** बताकर तीन दिशाओं वाली व्याख्या की है—

(क) ब्रह्मांड की सभी संघटनाओं की एकात्मकता,

(ख) दिक्-काल एवं उनकी सापेक्षता तथा

(ग) विरुद्धों का ध्रुवान्ती सामंजस्य।

और इसके लिए 'नटराज' का महाप्रतीक ही चुना जा सकता है (दे. 'इंडियन डान्स : दि अलटीमेट मेटेफर' : सम्पादिक शान्ता सर्बजीत सिंह, 2000)।

मानो, इस तरह दिक् की ज्यामिति तथा काल का सृष्टि-चक्र एकतान हो जाते हैं—साथ ही...काल-बिन्दु पर देह और भाव तथा देह और ध्वनि अन्तर्लीन हो जाते हैं। ग्रेविटी, ताल और गति के समन्वय में 'पहले **मस्तिष्क** तथा **देह** को पहचानें, फिर **शैली** में जाएँ। यही बैले नृत्य का रहस्य है' (उदय शंकर)।

गति-ताल-गुरुत्व की त्रयी से ही कूदना, हिलाना-डुलाना, नितम्ब की झटक, चलना (सर्प, हाथी, मोर, कपोत्त, सिंह आदि की गति से), झूमना, झुकना, घुमाव लेना, मुड़ना आदि के अनुकरण में अजगर या सर्प की गति, हंस की चाल, मोर की लचक, मकड़े का संजाल आदि से भी **नृत्य-रूप** बनते हैं। धुरी कमर की लोच-लचक है (जैसे 'बॉल बियरिंग' बिठा दी गई हो)। ये भी **नृत्यलिपि** की रचना करते हैं।

इसका अन्य प्रकार से नृत्यांगना तथा नृत्यलिपि-रचयिनी चन्द्रलेखा ने भी 'महाकाल' नृत्य-नाटिका द्वारा अनुपाठ किया है। इसकी चर्चा आगे उनके सन्दर्भ में की गई है।

'महाकाल' : चन्द्रलेखा की प्रस्तुति

इस थीम का तीसरा दु:साहसिक किन्तु बेहद समीचीन आयाम : चेन्नई के कलाक्षेत्र में योग-नृत्य-गुरु नवतेज जौहर क्लासिकी भारतीय नृत्यरूपों को मन्दिर-अनुष्ठानों तथा मिथक-कथाओं से उद्भूत मानते हैं। लेकिन साथ ही उसे **तंत्र** की मुद्राओं तथा सहवर्ती **काम-यौनता** (सैक्सुअलिटी) की दशाओं से भी उन्मीलित बताते हैं। हमने इसका प्रतिपाठ भी आगे दक्षा सेठ के नृत्यरूपी **देहभाषा** के भाष्यों में किया है। अथच, कम-से-कम असम के बीहू में कुछ समानान्तरता है।

विस्तारपूर्वक खुलासों के पहले हम **नत्य-थैरेपी** का जिक्र करना वांछनीय मानते हैं। बंगलूर के सेन्टर फॉर पर्फामिंग आर्ट एंड इंस्टीच्यूट फॉर डांस थैरेपी के सत्यनारायण इसे संगीत-थैरेपी तथा अट्टहास-थैरेपी के समानान्तर बताते हैं।

उनके अनुसार, यह उच्च रक्तचाप को नियंत्रित करती है, मधुमेह (ब्लड शुगर) को घटाती है, गर्भवती महिलाओं की शारीरिक गतिविधियों को सुचारु बनाए रखती है तथा दम्पतियों के यौन-सुख को बेहतर तथा रागपूर्ण बनाती है।

वे रामायण एवं महाभारतकालीन नृत्य की भाव-भंगिमाओं के अलावा प्राकृतिक मुद्राओं एवं शास्त्रीय नृत्य का मिश्रण कर रहे हैं। इसके लिए वे मिथक और रूपक और मुद्रा का समबाहु-त्रिकोणी तंत्र बना रहे हैं। मसलन :

(क) **गर्भवती महिलाएँ** खुद को यशोदा और अपने बच्चे को कृष्ण समझें। इससे माँ और बच्चे के बीच बेहतर सम्बन्ध पैदा होंगे।

इसके बाद उन्हें गाँव की औरतों द्वारा मक्खन बिलोने, गेहूँ पीसने या कुएँ से पानी निकालने जैसी पारम्परिक गतियाँ अपनानी होती हैं। यह थैरेपी 20वें सप्ताह से शुरू करके सात महीने तक जारी रखी जा सकती है। इसे अपनाने के पहले प्रसूति-चिकित्सक से सलाह जरूर लेनी चाहिए।

(ख) ''सैक्स-रागिनी-थैरेपी 'सैक्स-सिम्फनी थैरेपी' में दम्पतियों या मिथुनों को चाहिए कि वे खुद को कृष्ण और राधा समझें। ...इस थैरेपी की अवधारणा द्वारा दम्पती एक दूसरे के ज्यादा नजदीक लाए जाते हैं, साथ में ज्यादा वक्त बिताते हैं। कोष्ठक-गतियों के जरिए यौन-जीवन में जान फूँकी जा सकती है। ...इसमें झूला झूलने या लता-वेष्ठन जैसी गतियाँ ज्यादा उन्मादक होती हैं।

इससे यौन-सुख की लालसा दोबारा पैदा की जाती है और इसका असर यौन-वर्धक दवा से कम नहीं होता।

विभिन्न नृत्यरूपों में देहभाषा

I. भरत-नाट्यम

(i) भरत (ईस्वी के आले-दुआले शुंगों-मौर्यों के बीच) के 'नाट्यशास्त्र' से उन्मीलित **भरत-नाट्यम** सबसे प्राचीन नृत्य माना जाता है (शब्द-विनोद में 'भरत' शब्द का निर्माण नृत्य के तीन मुख्य तत्त्वों—भाव-राग-ताल—के प्रथमाक्षरों को मिलाकर भी बना लें)। 'नाट्यम' में नृत्य तथा अभिनय की संयुक्ति हुई है। सो, **भरत-नाट्यम** की परम्परा में नृत्त और अभिनय और 'अडवु' (पैरों से ताल देना) के नौ चरणों से प्रस्तुत किया जाता है। कपिला वात्स्यायन ने नौवों को सूचीबद्ध किया है।

अतएव इसे विलम्बित, मध्य और द्रुतगति से अडवु तथा करण (छोटी-छोटी अंग-स्थितियाँ) में प्रस्तुत किया जाता है। यह देह-केंद्रित समारम्भ है।

नवतेज जौहर : कला-क्षेत्र (चेन्नई) के योग-नृत्य-गुरु

(ii) इतिहास-चक्र में निष्पादन के दो केंद्र थे—गुरु अर्थात् नटुवार एवं देवदासियाँ अर्थात् दसियात्तम। प्राचीन काल में तमिल देश के हर मन्दिर में देवदासियाँ होती थीं। चोल-युग (नवीं से ग्यारहवीं शती) में तो उनकी संख्या बहुत थी। इन्हें गाने-बजाने-नर्तन-लिखने-पढ़ने की शिक्षा तो दी जाती थी किंतु ये क्वाँरी रहती थीं। ग्यारहवीं शती में तंजावुर के बृहदीश्वर-मन्दिर में चार सौ तथा काँचापुरम के मन्दिर में एक सौ देवदासियाँ थीं। ये मन्दिर में नित्यप्रति तथा प्रतिमाओं की देव-रथयात्रा में मार्ग पर नृत्य करती थीं। मन्दिरों के ध्वज-स्तम्भों के आगे राजदासियाँ, शिवमन्दिरों में देवदासियाँ तथा कुम्भाभिषेक एवं अन्य अवसरों पर स्वदासियाँ नृत्य करती थीं। तब इन्हें प्रकटत: सम्मान भी प्राप्त था। इन मन्दिरों में भी नाट्यमुद्रा-मूर्तियाँ उत्कीर्ण थीं। कुम्भाकोनम के सारंगपाणि-मन्दिर में भी (14वीं शती) नृत्यमूर्तियाँ थीं। चिदम्बरम के नटराज-मन्दिर के चार गोपुरम भी परिलक्षित थे। इस तरह भरत-नाट्यम के नृत्यलिपिशास्त्र (कोरियोग्राफी) की देहभाषा तो मन्दिरों में अंकित है। आधुनिक युग में देवदासी-प्रथा की बुराइयों की पिटारी खुलने से इसको समाप्त करना पड़ा। सन् 1925 में कृष्ण अय्यर ने नाट्याचार्य मेलातुर नरेश अय्यर से भरत-नाट्यम सीखकर मध्यवर्गीय घरों का पहुँचाया। रुक्मिणी देवी अरुंडेला ने देवदासी-कलंक से मुक्ति दिलाकर भद्रलोक की रमणियों को इस ओर मोड़ा। इसी के साथ मेलात्तुर (ग्राम) के **भागवत मेला** (सोलहवीं शती का आरम्भ) द्वारा नाटकों का पुनरुत्थान किया गया। यह इसका गौरवशाली विवादास्पद इतिहास है।

पुन: 'भरत-नाट्यम' के प्रथम स्रोत के संरूप की ओर मुड़ना अभीष्ट होगा; नाट्य-नृत्त-नृत्य के स्पष्टीकरण के लिए।

(अ) अवस्था का अनुकरण ही **नाट्य** है जो रूप है अर्थात् नाट्यरूप ही **रूपक** है क्योंकि उसमें आरोप है। यह **रसों** पर आश्रित है। अत: 'रस ही रूपक है।' यह दस तरह का होता है [सम्प्रति हम वाक्यार्थ-निष्पन्न रस को नहीं लेंगे]।

(आ) **नृत्य** नाट्य से भिन्न है। भावाश्रित नृत्य बिलकुल अलग वस्तु है। लौकिक व्यवहार में नृत्य 'प्रेक्षगीयक' है। नृत्य नाट्य की वस्तु-नेता-रस त्रयी से भिन्न है। नृत्य में रूपाकृति की ऊर्जा तथा शुद्धता की वरीयता होनी चाहिए : दृश्यविधान तथा नियताप्ति के मुकाबले में। यह सौन्दर्यबोधशास्त्र की भी एक दुविधा है। नृत्य में **ताल** (रिद्म) पर अधिकार का प्रदर्शन पद-संचालन, ध्वनि-गम्भीरता तथा हस्त-मुद्राओं द्वारा होता है। ऐसे में मृदंग या तबले या बाँसुरी द्वारा स्वर/सुर डूबने नहीं चाहिए। **वर्णम** (राग में) नर्तकी की स्वच्छ रेखाओं तथा शक्ति-स्थैर्य (स्टेमिना) का सबूत होते हैं। नर्तकी की देह की अपनी ज्यामिति (ज्योमेट्री) और ताल की समरूपता (सिमेट्री) की समरसता पहली शर्त है। आंगिक क्रमिकता भी नर्तकी के मन्तव्य तथा रसिक के अभिग्रहण में तादात्म्य स्थापित करती है। सधी-सन्तुलित **गतियाँ**—हाथों, आँखों, भौंहों, ग्रीवा, धड़ (टोरसो) की मिलकर—नृत्य की देहभाषा की छाया दीपित करती हैं।

यथाप्रसंग **गति** का विस्फोट भी होता है। इस तरह सम-मध्य, द्रुत-तीव्र गतियों के सामंजस्य से लावण्य की उद्‌भावना होती है।

(इ) **नृत्त** ताल एवं लय पर आश्रित होता है। नृत्त में केवल **अंगविक्षेप** पाया जाता है, वहाँ अभिनय का प्राय: अभाव होता है। नृत्त ताल के आधार पर **मात्रा** का

अनुसरण करता है तथा लय के आधार पर **गति** (द्रुत, मन्द, मध्यम) का आश्रय लेता है। इसमें किसी तरह के अभिनय की सत्ता नहीं होती (यह प्राय: मात्र विक्षेप रहता है जो ताल एवं लय के द्वारा नियमित होता है)।

सो, उपर्युक्त (आ)(ई) के चक्र में पदार्थाभिनयरूप नृत्य, नृत्य-**मार्ग** भी कहलाता है तथा दूसरा नृत्त **देशी** (अर्थात् शास्त्रीय नहीं)। इनमें से मधुर तो **लास्य** एवं उद्धत **तांडव** कहलाता है। ये दोनों रूपकों के उपस्कारक होते हैं।

(iii) एक छोटा महत्त्वपूर्ण आधार संगम-काल का 'शिल्पाधिकारम्' महाकाव्य (दूसरी शताब्दी) भी है जिसमें माधवी नामक सुन्दर नर्तकी ने अपनी अभिनय-क्षमता के बल से राजकुमार मोवलन को मोहित कर लिया था। उस समय उसकी नृत्यक्षमता भरत-नाट्यम की ही रही होगी।

(iv) चौथा स्रोत **कुचिपुड़ी भागवत मेला** है। इसका उद्‌गम तो तेलुगु-क्षेत्र था लेकिन यह प्रफुल्लित हुआ तमिल क्षेत्र तंजावुर के मेलात्तुर ग्राम में, सोलहवीं शताब्दी में। रघुनाथ नायक (1600-1634) द्वारा तेलुगु-नवजागरण का एक अंग था, यह 'मेला' भी। बाद में विजय राघव नायक (1634-1673) ने पूर्णरूपेण 'नृत्य-नाटिका' में समुन्नत करके भरत-नाट्यम का ही एक अनुपक्ष बना दिया। बाद के मराठा-शासकों ने भी इसे प्रोत्साहित किया। ...सन् 1895 में मेलात्तुर के नरेश अय्यर ने इसका पुनरुत्थान किया। इसमें कलावन्त, गायक, परिचालक, नर्तक का चतुरंग जुड़ता गया।

नवोत्थान के पहले नट्टुवनार गुरु और देवदासी की सहकारिता थी। एकल प्रदर्शन को 'दसियाट्टम' कहते थे। अब बदली परिस्थितियों में (मन्दिर के बजाय) मंच का प्रबन्धन भी अभिनय की जरूरतों के मुताबिक होता है ताकि अब भी भरत-नाट्यम की मन्दिरों वाली शैल्पिक मुद्राएँ साकार तथा जीवन्त हो सकें; उसमें तालयुक्त पद-संचालन, मुद्रा-प्रदर्शन तथा (प्रकाश-संयोजन से) मुख-राग की भाव-विभोरता उजागर हो सके; मंच में मुख के सभी उपांग तथा हाथ और पाँव गतियाँ रच सकें। इस नृत्यलिपिरचनाशास्त्र का मन्दिर-मूर्ति-शिल्प पर आधारित होने के कारण उसमें शिल्प तथा चित्र (दृश्य) का ऐसा संगम होता है ताकि बिम्ब-विधान सजीव तथा दिग्दर्शित हो। अब तो नट्टुवनार (गुरु) भी आचार्य तथा वरेण्य हो गए हैं—बाला सरस्वती, रुक्मिणी देवी अरुंडाल, मुत्तू कुमारम पिल्ले, चोकलिंगम पिल्ले, पांडनल्लूर मीनाक्षी सुन्दरम् पिल्ले, कांचीपुरम् एल्फा पिल्ले आदि।

मंच पर मृदंगम, ढोल, वेणु, वीणा और वायलिन का इस्तेमाल होता है। नर्तकी मराठा-शैली की लम्बी साड़ी पहनती है। कमर के आगे से घुटनों तक जरी का एक टुकड़ा लटकता है। वक्ष पर आधी/चौथाई बाँह की कंचुकी। सिर पर फूलों की वेणी, कमर में कई लड़ियों वाली खूबसूरत करधनी और कंगन आदि होते हैं।

मंच पर नृत्य की शुरुआत शुद्ध नृत्त से होती है जो विलम्बित-मध्यम और द्रुत गति में 'अडवु' (पैरों से ताल) एवं 'करण' (छोटी-छोटी अंग-स्थितियाँ) की क्रियाएँ चलती हैं। मृदंग पर 'चोल्लु' तथा घुँघरुओं की 'सोल्लुक्कट' ध्वनियाँ गूँजने लगती हैं। गीतों के बोल संस्कृत या तमिल या तेलुगु में होते हैं।

इसके साथ भरत-नाट्यम के पाँच मुख्य अंगों का उन्मीलन होता है—अलारिपु, जतिस्वरम, शब्दम, वर्णम और तिल्लाना। इसके अलावा पदम, जवाली, कृति और कीर्तनभ भी होता है। इनसे मंगलाचरण, ताल, स्वर-भेद, हस्त-मुद्राओं द्वारा भाव-भेद आदि प्रकट होते हैं। वर्णम-चक्र में पहले नृत्य, फिर अभिनय और फिर दोनों के द्वारा गान का भाव उजागर

बाला सरस्वती

लीला सैमसन

यामिनी कृष्णामूर्ति

मृणालिनी साराभाई

मालविका सरुक्कै

कोमला वर्धन

किया जाता है। इसका वर्धन 'कृति' के संगीत में होता है। तिल्लाना तक आकर नृत्य का एक खंड पूरा हो जाता है। इस पूरे आयोजन में गायक (अब नटुनवार के अलावा) नृत्य की पद्धति तय करता है क्योंकि गायन और नर्तन के सामंजस्य की अनिवार्यता है।

भरत-नाट्यम की दीपशिखा तो बाला सरस्वती (1918-1984) रही हैं। वे देवदासी-परम्परा, मातृ-सत्ताक व्यवस्था, अविवाहित मातृत्व के आत्मसंघर्षों से गुजरती हुई एक विद्रोहिणी परम प्रतिभाशाली तथा गुरुआनी रही हैं। वे अपनी नृत्यविधा की संश्लिष्टता की भी संरक्षिका रही हैं। उन्होंने उपासना तथा प्रेम के बीच विरुद्धता को सदैव अस्वीकार किया है। रुक्मिणी देवी अरुंडेल ने 'कला-क्षेत्र' की संस्थापना भी की है। इनकी वर्चस्वी परम्परा में कई ध्रुवतारिकाएँ हैं—मृणालिनी साराभाई, मल्लिका साराभाई, शान्ता राव, कोमला वर्धन, यामिनी कृष्णामूर्ति, मालविका सरुक्के, वेंकट लक्षम्मा, शीरीन वजीफदार, सोनल मानसिंह, लीला सैमसन, किरण सहगल, प्रमिला गौरी बेदी, एम.के. सरोजा, इंद्राणी रहमान आदि।

अन्ततः एक प्रासंगिक महाप्रश्न है : क्या भारत की महानता की परिभाषा केवल उसके प्राचीन मिथकीय अतीत के आधार पर की जाए? क्लासिकी कलाओं के लिए यह प्रचंड महाभारत का समय भी है।

II. ओडिसी

'भरतनाट्यम' की श्रृंखला में 'कुचिपुड़ी' तथा 'ओडिसी' का त्रिक् बनता है। ओडिसी की यात्रा मन्दिरों से गाँवों में हुई तथा स्वतंत्रता के बाद वह मंडप से मंच तक आ गई; 'गोतिपुआ' (लड़कों) और महारी (देवदासियों) से गुरु तथा भक्त, नर्तकियों से कुशल नृत्यांगनाओं तक आराध्य हो गई। इसके रूप तथा शैली में जो परिवर्तन हुए, उसके पीछे यह मनोवृत्ति की स्वीकृति है कि अगर ओडिसी के क्लासिक रूप में व्याकरण तथा शिल्प की अनुकारिता होती है तब नये प्रयोगों का स्वागत होगा। अतः स्त्रीवेश में कौशल दिखाने वाले लड़के (गोतिपुआ)

तथा देवदासियाँ और उनके पूर्ववर्ती देवताओं के सम्मुख बगैर गीत के मूक अभिनय भी नहीं रहे। पूर्ववर्ती शतियों में वैष्णव-प्रभाव ने कायाकल्प कर दिया। तीन दिशाएँ खुलीं—

(क) पुरी के जगन्नाथ स्वामी के नयनपथगामी स्वरूप से अभिभूत कलाकारों ने मंडपों में जयदेव के 'गीतगोविंदम' का गायन-नर्तन-मंचन प्रचलित कर दिया। राधाकृष्ण की लीलाओं में महानायिका राधा के मधुरा भक्ति के चक्र में श्याम-श्यामा के मिलन का कोमल पद-विन्यास छा गया। चैतन्य महाप्रभु की परकीया-रति भी उत्प्रेरक हुई। रघुनाथ-संयुक्ता पाणिग्रही दम्पतियों ने इसे कला और कौशल और भक्ति के शिखर तक पहुँचा दिया।

(ख) उत्कल के पुरी-कोणार्क, उदयनिगिरि-खंडगिरि के मन्दिरों की शिल्प-प्रतिमाओं ने ओडिसी-नृत्य में भी अपना इंद्रजाल फैलाया। नर्तक/नर्तकियाँ मानो शिलीभूत प्रतिमा-मुद्राओं के अनुकरण में आंगिक अभिनय के आरोह-अवरोह की तीव्रता तथा भावों की प्राणयुक्त जीवन्त अभिव्यक्तियाँ करने लगे। ओडिसी की नृत्यात्मकता-लयात्मकता की देहभाषा रची गई।

(ग) सर्वोपरि दो गुरुओं की परम्पराएँ मानक हो गईं—
(i) गुरु केलुचरण महापात्र (1926—) तथा उनकी शिष्या संयुक्ता पाणिग्रही; तथा (ii) गुरु पंकज दास और उनकी शिष्याएँ।

गुरु केलुचरण महापात्र (1926—)

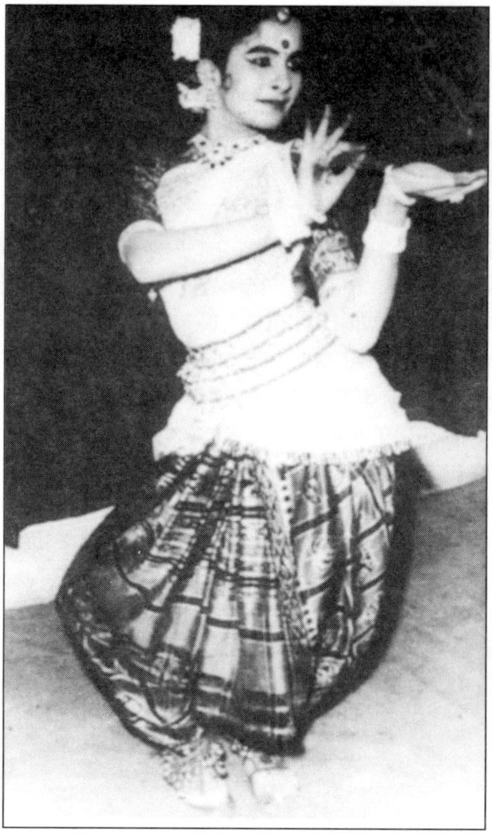

संयुक्ता पाणिग्रही

शिष्या
संयुक्ता पाणिग्रही
(1945–1997)

अमेरिकावंशी शेरोन लॉवेन (मिशिगन में जन्मी)

माधवी मुद्गल

अतएव इस धारा में देबू दास, माधवी मुद्गल, प्रतिभा गौरी बेदी, गौरी मिश्रा, प्रतिभा जेना, शेरोन लॉवेल, सोनल मानसिंह हैं। वजह यह है कि इस विधारूप में लालित्य ज्यादा है, इसमें त्रिभंगी तथा लास्य आदि बहुत अच्छे लगते हैं। साथ ही शास्त्रीय परम्परा की तकनीक में भी चौंकाने वाला परिवर्तन नहीं आया है। मसलन गोतिपुआ के बजाय स्वयं नर्तकी के रूप में गुरु केलुचरण की कान्ता लक्ष्मीप्रिया महापात्र के नृत्य-मंडप पर उतरने से यह परिपाटी समाप्त हो गई। भव्य नृत्यांगनाओं ने देवदासी-प्रथा का अन्त कर दिया।

आजकल यह नृत्य पाँच चरणों वाला हो गया—मंगलाचरण, पल्लवी, अभिनय, बातू मोरव्य। इसके साथ ही ऐकल से सामूहिक तथा नृत्य-नाटिका परक हुआ। 'दुर्गा' एवं 'शिवतांडव' जैसे उग्र-रूप भी मंगलाचरण में प्रवेश पा गए। छन्द के ऊपर निर्भर होकर नर्तक-नर्तकियों की पल्लवी तथा अभिनय भी बदले। मन्दिर-मूर्तियों के अनुकरण पर **अद्भुत मुद्राओं** का संयोजन हुआ, सन्तुलित **पद-विन्यास** संचालन हुआ तथा मनमोहक **भाव-भंगिमाएँ** छाती गईं।

नृत्य के भी चारों अंग देह से विकीर्ण होने लगे—समभंग, चौक तांडव (दोनों पुरुष-अंग), अर्ध-भंग तथा त्रिभंग लास्य (स्त्री-अंग)। इससे नृत्य में अभिनय और शारीरिक अंगों के चलन, दोनों का महत्त्व हो गया। वास्तव में भाव-भंगिमा के कारण ओडिसी अन्य शैलियों से पृथक् है क्योंकि ज्यादातर कथाएँ राधा-कृष्ण के इर्द-गिर्द घूमती हैं।

अन्य विलक्षणता है कि ओडिसी-नृत्यांगना को उसकी वेशभूषा से पहचाना जाता है। नौ गज की लम्बी संभलपुरी रेशमी साड़ी (पट्टा साड़ी), नारंगी, हरे लाल रंग की होती है। एक चुस्त कढ़ाईदार ब्लाउज (कोमचिला), घेरदार कई लड़ियों वाला कमरबन्ध (निबी बन्ध) के साथ कमर के झोबा और माथे की बड़ी गोल लाल बिन्दी से उन्हें अलग से पहचाना जाता है। संयुक्ता पाणिग्रही की तो बड़ी-बड़ी आँखें थीं मानो जिनमें जगन्नाथ स्वामी नयनपथगामी हो गए थे। वे आँखें ही लीलाएँ बोलती थीं तथा उनके अंग-अंग से भाव प्रस्फुटित होते थे। उनमें अपनी आँखें तथा हाथों की उँगलियाँ नचाने की अद्भुत प्रज्ञा (इंट्यूशन) थी। वे अत्यन्त निष्ठावती थीं, पुरी के जगन्नाथ स्वामी तथा काशी के विश्वनाथ की। ऐसी अपार श्रद्धापूर्ण नारी ने केवल बावन वर्ष की आयु में कैंसर से ग्रस्त होने के कारण अपनी आँखें सदा के लिए बन्द कर लीं। बीसवीं सदी के आठवें दशक में जब मैं पुरी में उनके घर में मिलने गया तो पति सुरमणि रघुनाथ ने बताया कि वे जगन्नाथ स्वामी के ध्यान में तन्मय हैं। एक घंटे बाद ही बाहर आएँगी। मैं बिना मुलाकात के चला आया था। ...संयुक्ता ने चेन्नई के कलाक्षेत्र में रुक्मिणी देवी अरुंडेल से छह वर्षों तक भरतनाट्यम का प्रशिक्षण भी लिया था।

III. कथक

सदियों पुरानी क्लासिकी भारतीय नृत्य-परम्परा में 'भरतनाट्यम' सबसे प्राचीन तथा 'कथक' परवर्ती अर्वाचीन है। दोनों ही नृत्यों की देहभाषा का पारिभाषिक कोश रीतिमय तथा नियमबद्ध भी है। कथक की देहभाषा में ताल-लय-वेग का नृत्त-प्रधान मुद्राकोश है तथा पैटर्न भी 'शुद्ध' (प्रामाणिक) है। यह नृत्य भी मन्दिर से दरबारों और महफिल तक आ गया है। सो, भक्ति के कथावाचन-गायन-नर्तन के बजाय शृंगार-चमत्कार तथा सामन्तीय-उमरावी वर्गचरित्र प्रतिबिम्बित हुआ है। प्राय: यह एकल नृत्य है, लेकिन भरतनाट्यम तथा मणिपुरी के मुकाबले में बिरजू महाराज ने राधाकृष्ण-रासधुरी पर इसमें सामूहिक बैले अर्थात् नृत्य-नाटिका के

प्रयोग भी किए हैं। समग्रता में प्रताप-प्रिया पंवार, सितारा देवी, दम्यन्ती जोशी, रानी कर्णा, दक्षा सेठ, उमा शर्मा प्रतिनिधि हैं।

उमा शर्मा

कुमकुम धर

इसके तीन **घराने** अर्थात् शैलियाँ हैं—लखनऊ, जयपुर और बनारस। अब चौथा दिल्ली घराना भी जुड़ गया है। **लखनऊ-घराने** में ठाकुर प्रसाद, बिन्दादीन (1836–1917), कालका, शम्भू महाराज तथा बिरजू महाराज हैं। उनकी रवायत अवध के बादशाह वाजिद अली शाह से प्रभावशाली होती है। यह श्रृंगार-रस प्रधान है। नृत्य और अलंकार का, तत्कार और पेशकार का, तोड़ा और टुकड़ा का, सलामी और आमद का पूरा देह-भाषिक शिष्टाचार है। भाव-लय-ताल की त्रयी है। शोवना नारायण, रानी कर्णा, कुमकुम धर, मनीषा मिश्रा तथा रश्मि बाजपेयी भी कथकिनें हैं।

जयपुर-घराने के सुन्दर प्रसाद और कुन्दन लाल महाराज गुरु हैं। इसमें वीर-रस की प्रधानता है, तांडव-प्रभाव है। भक्ति-रस के छन्दों पर भी अभिनय का चलन है। इस धारा में तबला-पखावज के साथ लम्बी-चौड़ी परतें तथा उलझे बोल चलते हैं। दम्यन्ती जोशी, प्रेरणा श्रीमाली, दक्षा सेठ प्रतिनिधि हैं।

बनारस-घराने में कृष्ण महाराज तथा जितेन्द्र महाराज की गुरुआई में सितारा देवी, गोपी कृष्ण ने नई पीढ़ी का भी निर्माण किया है। **दिल्ली-घराना** सामन्तीय-दरबारी प्रथाओं में भी संलिप्त रहा है। जब नचनियाँ एक पाँव के सहारे चक्कर काटते हुए तथा शरीर का सन्तुलन कायम करते हुए (शराब के) जाम पेश करती थीं।

इस चतुरंग में उमा शर्मा ने लखनऊ-जयपुर के दोनों घरानों को घुलाते हुए (लय एवं ताल के साथ) '**रस**' को भी जोड़ दिया है। उन्होंने नृत्त और अभिनय, गायन और नर्तन का चतुरंग सिद्ध किया है। कुमकुम धर भी भाव एवं लास्य अंग की बारीकियों को बड़े ही शोभित ढंग से प्रस्तुत करती हैं। वे ठुमरी के मुद्रा-नृत्त में भी प्रगल्भा हैं।

कत्थक के कुछ नियम हैं—सर्वप्रथम **लहरा** बजने के एक दो अनुक्रम के बाद तबले पर **परत** या **उठान** बजती है। नर्तक सम से विषम पद में आते हुए **निकास** करता है। निकास के बाद नर्तक/नर्तकी पैरों के पदाघात द्वारा **ततकार** करती है, फिर उसी में थोड़ी-सी **लयकारी** दिखाती है। इस तैयारी के बाद नर्तक **भाव** बनाता है जिसमें भंगिमाओं तथा मुद्राओं का विशेष संकेत मिलता है। यह **आमद** है। आमद के बाद एक तोड़न नाचकर सम पर आते हुए **सलामी** का भाव प्रदर्शित करता है।

इसके पश्चात् नर्तक/नर्तकी तरह-तरह के टुकड़े, तोड़े, परन, तिहाइयाँ, गत, विकास और तबले पर घुँघरू की अनूठी जुगलबन्दी करता है। **ताल** प्रमुख होती है। उसका प्रदर्शन घोड़े की चाल, शेर की छलाँग, हिरन का शिकार, राधा का मान आदि को बोलों के साथ प्रस्तुत किया जाता है। नाचने का क्रम चलता है। ठुमरी और दादरा, वन्दना और पद का गायन भी चलता है किन्तु हमारा अभिप्रेत तो पाँवों की ताल-लय—घुँघरूओं की छन्दोबद्ध रुनझुन से है। शोवना नारायण, मनीषा मिश्रा, कुमकुम धर, रंजना श्रीवास्तव इस पूरे चक्र को प्रतिपादित करती हैं। रंजना श्रीवास्तव ने तो **कथक नृत्य** की धुरी पर **तंत्र** के तीन आयामों की पेशबन्दी की है—तंत्र में '**नाद**' के स्वर बिम्बायित, मंत्र में अर्थविहीन स्मृति सहकारी वर्णाक्षरों का उच्चारण-संचालन तथा यंत्र के अन्तर्गत नृत्य-संरूप में संगठना (कम्पोजीशन) को सिद्ध किया है। इसी तरह कुमकुम धर गुरु लच्छू महाराज के अनुकरण में भाव तथा लास्य-अंग पर केंद्रित रही हैं। वे भी ठुमरी-अंग की प्रिया हैं। ललनप्रिया की ठुमरी '**हँस-हँसि मोहे लगावत गरवा**' तथा बिंदादीन महाराज की ठुमरी '**डगर चलत देखो श्याम कर गहियाँ**' की प्रस्तुत में वे जादू बिखेर देती हैं। उन्होंने गुरु लच्छू महाराज की '**अर्द्धनारीश्वर**' के माध्यम से भी शिव-पार्वती के रौद्र एवं लास्य भाव को, गंगावतरण एवं कामदेव के भस्मीकरण के छोटे-छोटे टुकड़ों तथा तिहाइयों में भी कमाल दिखाया है। कुमकुम को भाव-अंग की तो महारत है।

कथक नर्तक/नर्तकी की वेशभूषा की भी परम्परा है। सिर पर झूलते केश या वेणी और कामदार मखमल की टोपी, मखमल का कुर्ता, उस पर कसी हुई जॉकेट, चूड़ीदार पाजामा, गले में झीना दुपट्टा या उत्तरीय तथा पाँवों में काँसे/पीतल की घंटियों वाले घुँघरू। ताल की बोल पर ही नृत्य चलता है। ...मनीषा मिश्रा ने भी दादरा के बोलों पर यादगार प्रस्तुति दी है—'डगर बीच कैसे चलूँ मग रोके कन्हइया बेपीर'। तो याराँ! ताल और बोल पर घुँघरूओं की थाप—संग यह नृत्तपरक नृत्य चलता है।

— **कथक नृत्य** में वासक सज्जा, अभिसारिका आदि का—नृत्याभिनय बखूबी होता है। उसमें नृत्त और ठुमरी की भी कान्त मैत्री होती है। विभिन्न धरातलों पर हाथों को फैलाना (उड़ने की मुद्रा), हाथों का लतावेष्ठन (आलिंगन/भंगिमा।)

— हथेलियों को (भंगिमा) उलटा करके सरगम जैसे कम्पन से आगे बढ़ाना (पानी की लहरों की मुद्रा) इसके साथ ही 'ता-थई-तत', या 'धिगिथै ता थै' का आलाप। इसके साथ 'गत' का भी निदर्शन जिससे नर्तकी की देह ऐंद्रियिक उत्तेजना में तैरती हुई लगती है।

— इससे अनेकानेक 'दृश्य बिम्बों का सौन्दर्यबोधशास्त्र' उन्मीलित होता है।

— विकर्ष रेखा में लक्ष्य की ओर बढ़ना, जलधारा को पार करना आदि-आदि।

— तालयुक्त संक्रमण के तीसरा, चतुसारा, खंड, मिश्री द्वारा पैरों की अदाकारी होती है।

निर्धारित वेशभूषा में कथकिन

IV. मणिपुरी

इसका क्षेत्र एक छोटी घाटी से युक्त खूबसूरत पर्वतांचल मणिपुर राज्य है जहाँ मेइती, नागा तथा अन्य जनजातियों के साथ कई तरह के लोग रहते हैं। 'अहोम' जनजाति भी यहाँ है। मिथकीय काल में अर्जुन ने यहीं चित्रांगदा का स्वयंवरण किया था। अनेक प्रकार के यौद्धेय नृत्य रूप भी यहाँ प्रचलित है। सम्प्रति हम वैष्णव-परम्परा की **रासलीला** और जगोई, **संकीर्तन** को ही शामिल करेंगे। इसमें लालित्य और अनुष्ठान तथा कला-कौशल की प्रमुखता है।

एक निजन्धर (लेजेंड) के अनुसार, कोई दो सौ साल पहले यहाँ के प्रथम राजा पामहेइबा ने वैष्णव-धर्म में दीक्षा ली थी। वे रामानन्दी मत के अनुयायी थे। अठारहवीं शती के आरम्भ में वैष्णव-उपासना अर्थात् कृष्णभक्ति की प्रेमाश्रयीधारा तथा बंगाली कीर्तन-प्रणाली लोकप्रिय हो गई। उनके पुत्र राजश्री भाग्यचन्द्र (1759-1798) ने एक स्वप्न-दर्शन में श्रीकृष्ण को प्रकट होकर कैना पर्वत में कटहल (जैक) वृक्ष की शाखा से उनकी प्रतिमा बनाने का आदेश दिया। अत: गोविन्द जी की इस प्रतिमा को उन्होंने मन्दिर निर्माण कराकर स्थापित की (पुरी के जगन्नाथ जी की काष्ठ-प्रतिमा का अभिप्राय)। स्वप्न में ही उन्होंने बिलकुल स्पष्ट स्वरूपों में कृष्णभक्तों द्वारा नृत्य को भी देखा। उस नृत्य में राजा ने नृत्य और संगीत और वेशभूषा को सविस्तार स्पष्टत: देखा। दैवी स्वप्न-आदेश के अनुसार ठीक वैसी ही काष्ठ-प्रतिमा तथा नृत्य का आयोजन किया गया। किन्तु राधा की प्रतिमा? यह कमी आखिरी क्षण महसूस हुई। अत: राजा भाग्यचन्द्र ने अपनी बेटी-राजकुमारी बिम्बावती को राधा की भूमिका निभाने को कहा (विम्बावती को क्लासिक नृत्य की थोड़ा शिक्षा मिली थी)। इस तरह पहली बार **रासलीला** का आयोजन हुआ। यह लांगथाबल महल में, चैत्र या कार्तिक माह की पूर्णिमा (1779) को महल-परिवार में नये बने गोविन्दजी मन्दिर में अनुकृत हुई। मन्दिर के गुल्म (गुम्बद) को सोने की परतों से मढ़ा गया था। बाद में राजकुमारी राज-संसार त्याग कर कृष्णभक्तिन हो गईं। हरिनाम-कीर्तन करने वाली इस भक्तिन का नाम अब सीजा लैरोबी हो गया।

जब 1891 में अंग्रेजों ने मणिपुर राज्य का अपने साम्राज्य में विलय किया तो गुम्बद ढहाकर सोने की परतें कब्जे में ले लीं तथा मन्दिर की सामग्री को बेच दिया। मन्दिर के खड़े स्तम्भ शेष रह गए।

राजा भाग्यचन्द्र संरक्षक तथा मौलिक सर्जक भी थे। उन्होंने संगीत तथा संकीर्तन-नृत्य की कई शैलियाँ विकसित कीं। उनके उत्तराधिकारी महाराज चन्द्रकीर्ति (1850-1886) ने भी बंगाल के चौंसठ भक्ति-रास तथा संकीर्तन के चौंसठ अंगों का समाहार किया। इस प्रकार राजमहल ही एक कलामंडल हो गया था। उन्होंने नवीन पदावलियों के लिए संकीर्तनियों को नवद्वीप तथा वृन्दावन भेजा। मृदंग बजाने की नई शैलियों की भी उद्भावना की तथा रासलीला को वार्षिक महोत्सव बना दिया।

अत: होली के अवसर पर फागुन में **ढोल-जात्रा** 'हरि बोल, हरि बोल' से गूँज उठी तथा अषाढ़ की पूर्णिमा के दूसरी तिथि को **रथयात्रा** में 'जय जगन्नाथ, जय जगन्नाथ' के घोष छाने लगे। मन्दिर के प्रांगण में पूरा समूह ही नृत्य और गायन (संकीर्तन) में हिस्सा लेता था। ये दो उत्सव मणिपुरी-नृत्य की धुरियाँ हैं। मृदंग के ढोल-ढमाके इस नृत्यविधा के उद्घोषक हैं। ...अब एक नया गोविन्दजी मन्दिर निर्मित हो चुका है तथा उसमें मूल प्रतिमा स्थापित कर दी गई है।

मणिपुरी रासलीला

मृदंग-वादक

नर्तकी की वेशभूषा

रास के पाँच प्रकार विकसित हुए—महारास, वसन्तरास, कुंजरास, नित्यरास तथा दिवारास। कुछ ऋतु-अनुमोदित, कुछ सर्वऋतुमय। इसी के साथ **रास-मंडप** की भी विधि-विधान के अनुसार शृंगार-सज्जा की गई। पवित्र जल से शुद्ध करने के पश्चात् अनुष्ठानों की अक्षरश: अनुपालना होती है। सभी ओर पुष्प-सज्जा तथा सुगन्धियाँ फैल जाती हैं। मंडप के चतुर्दिक चार द्वार होते हैं। उसमें संकीर्तन भी होता है तथा नर्तन भी।

पहले ढोल वादक (पुंगी), फिर गवैये फिर शंख बजाने वाले। पुरुष-कर्ता सफेद बड़ी पगड़ियाँ तथा लहराती धोतियों को पहने, गले में मृदंग ढोल टाँगे—मंच पर उछलते—धमाल कर नियत मुद्राएँ तथा ताल पेश करते रहते हैं। सारे रास के आयोजन में मन्थरता-मन्दता-मृदुता है। लास्य और लावण्य एकात्म हो जाते हैं। नर्तकियों की देह-मुद्राओं में स्थानक-प्रलम्ब रेखा अखंडित रहती है। यह मणिपुरी नृत्य की विलक्षणता है। इस नृत्य में वेग या प्रबलता लक्षित नहीं है। नर्तकी-गोपियाँ विभिन्न **ताल** और **राग** के अनुसार चक्र बनाती हैं। उनके लाल घाघरों पर कमर से ही एक गोलाकार (बाँस कमानी) जड़ी रहती है जिससे वे लहराते-मुड़ते नहीं। उनके सिर पर से मलमल या श्वेत रेशम का एक लम्बा अल्प-पारदर्शी घूँघट उरुप्रदेश तक नीचे लहराता है। ऐसा भी लगता है कि मानो सभी गोपियाँ अपनी-अपनी धुरी पर घूम रही हैं। अतएव इस नृत्य में डिजाइन, गतियाँ, ताल आदि शान्त और मन्थर हैं। सारा वातावरण दिव्य सौन्दर्यबोध वाला हो जाता है।

V. कथकलि

कथकलि केरल की प्रमुख नृत्य नाटिका तथा अभिनय-शैली है। उसकी पहचान मुखौटे तथा मुख-रंजन है। यह देवी-उपासना केंद्रित है तथा इसकी मूल प्रवृत्ति वीर, रौद्र तथा भयानक रसों वाली है। इसमें यौद्धेय कला के आनुष्ठानिक संरूप भी जुड़ गए हैं। अत: इसमें बलशाली देह-अभ्यास और शारीरिक-प्रशिक्षण शामिल है, अभिनय के अतिरिक्त। एक्रोबेटिक्स तथा मल्ल-कौशल की मुद्राएँ जुड़ गई हैं।

इस नृत्य-रूप की वृत्ति **अद्‌भुत** है। यह एक दूसरी दुनिया में ही ले जाता है। नर्तक/नर्तकी की कोई वास्तविक पहचान तथा देह-आकृति का अनुमान धुँधला हो जाता है। बेहद रंगीन वेशभूषा, विचित्र मुख-सज्जा तथा थालीनुमा मंजीरे और लटकती बजती घँटिया बिलकुल विचित्र अनुरणन से मंडप तथा रंगशाला को गुंजित कर देती हैं।

अर्द्धदैवी पात्रों, देवी-देवताओं, अधिनायकों, राक्षसों-दैत्यों तथा अध्यात्माओं से जुड़ी मिथकें तथा निजंधर इस नृत्य को **अतिप्राकृतिकता** (सुपर-नेचुरलिज्म) से आच्छादित कर देते हैं। यह नृत्य-संरूप स्तम्भित भय तथा **अतिमानवीय** करतबों की प्रतीति कराता है। इसका कोमल पक्ष भी है किन्तु वह द्वितीयक पंक्ति में आता है। कृष्णाट्टम, मोहिनीअट्टम भी इसके उपरूप हैं।

इसमें अभिनय के अन्तर्गत चोलिअट्टम में **शब्द** गाए तो जाते हैं, नाचे भी जाते हैं। मुख्यरूप से मुद्राओं द्वारा शब्द तथा वाक्य के अभिनेत पाठ-अनुपाठ प्रस्तुत किए जाते हैं।

इस नाट्यविधा में अनायकों तथा खलनायकों की भी उपस्थिति रहती है। विदूषक प्राय: अनुपस्थित हैं।

कुल प्रकार यह नृत्यविधा अत्यन्त अद्‌भुत तथा सर्वोच्च प्रतीकात्मक है। इस नाटक में देह-बल अर्थात् मांसपेशियाँ और प्रबल गतियाँ, उछल तथा छलाँग महत्त्वपूर्ण गतियाँ हैं।

मार्गी विजय का प्रदर्शन

मार्गी विजय की प्रदर्शन-सहकार

VI. मोहिनीअट्टम (मोहिनीयाट्टम)

यह नृत्य-रूप कथकलि की ही एक उपशाखा है। यह पूर्णरूपेण **स्त्री-नृत्य** है। यह **लास्य** के वैभव से संयुक्त है। इसके लिए एक केरल के मूलभूत भू-चित्र की लहराती सिन्धु-लहरियों तथा झूमते ऊँचे ताल (ताड़) वृक्षों के समूह की साम्यरूपकता उचित है क्योंकि यह एकल की अपेक्षा सामूहिक है—स्त्रियों की मंडली द्वारा अभिनीत होता है तथा भाव-लय-ताल प्रधान है।

इसके साथ मिथकें तथा लिजंधर (लेजेंड) जुड़े हैं। समुद्र-मन्थन के दौरान मोहिनीरूप विष्णु पर गरलपायी शिव आसक्त हो गए थे। उनके समागम से (गणेश तथा कार्तिकेय के अलावा) आयप्पा का जन्म हुआ था। अतः यह मोहिनी का मोहक अट्टम अर्थात् नृत्य है। लिजंधर है कि केरल-क्षेत्र में भी देवदासी-नृत्य दासियाट्टम की परम्परा थी। नट्टुवन-गुरु जवान लड़कियों को अश्लील कामोत्तेजक मुद्राओं-भंगिमाओं का भी प्रशिक्षण देकर, खूबसूरत पोशाकों में सजाकर, उच्चवर्गीय लोगों की हवेलियों में ले जाया करते थे। यह नैतिक पतन तेरहवीं शती से ही प्रारम्भ हो गया था, विशेषकर चेर-साम्राज्य के पतन के बाद। इसके लिए ब्राह्मण और क्षत्रिय और श्रेष्ठी वर्ण-वर्ग जिम्मेदार था। नतीजन देवदासियाँ तथा नाडुवाजी भी अमीर हो गए थे। मध्यकालीन केरल के इस कोढ़ से मोहिनीअट्टम भी ग्रस्त हो गया था। स्वाति तिरनाल (ई.प. 1829-1847) के शासनकाल में इस व्यवस्था में विप्लव हुआ। सेतुलक्ष्मी बाई (1924-1931) की रीजैंसी में इस प्रथा का उन्मूलन हो गया। आज मोहिनीअट्टम की संरचना में भरतनाट्यम की संगठना का समाज-सांस्कृतिक प्रभाव है। यह पुनर्जागरण सन् 1930 में महाकवि वल्लतोल नारायण मेनन द्वारा 'केरल कलामंडलम' की संस्थापना द्वारा भी हुआ। इसी की पूरकता में उन्नीसवीं शती में त्रावणकोर-राजा स्वाती तिरुमल ने मोहिनीअट्टम की गरिमा की पुनर्प्रतिष्ठा कर दी। इस महाभियान में कल्याणीकुट्टी अम्मा की भी (बाला सरस्वती की भाँति) महती भूमिका रही। कृष्ण पणिक्कर इस श्रेष्ठ परम्परा के अन्तिम गुरु थे। गुरु सदानम् बालकृष्णन के योगदान से दीप्ति ओमाचारी भल्ला ने इसमें **संगीत** का भी भरपूर इस्तेमाल करा लिया।

अब यह एक प्रगीतात्मक (लिरिकल) क्लासिकल स्त्री-नृत्य का अभिधान हो गया है।

इस नृत्य का समारम्भ **चाली** अर्थात् भंगिमा से होता है। ताल-बद्ध रचनाओं में नृत्यांगना ताल तथा पैरों की थिरकन की जुगलबन्दी करती है। इस नृत्य-शैली में लोरियाँ 'ओमणाटिंगल' भी खूब प्रिय है जिनमें वात्सल्य है। माँ अपने शिशु को सुलाते वक्त उसकी शोभा पर मुग्ध होकर उसकी तुलना चन्द्रमा से, कमल से करती है और अन्ततः पद्मनाभ विष्णु की आराधना से तिल्लाना पूरा करती है (दीप्ति)।

कनक लेले ने इस नृत्य-रूप में **अभिनय** को सम्प्रेषणधर्मी बनाकर विस्तार दिया। 'अवडु' (छोटे-छोटे पद-संचालन) की अपनी विधियों को प्रदर्शित करके उसे कवि तथा सामाजिकों के बीच एक कड़ी बनाते हुए कवि के देह-भाषिक 'सन्देश' तथा 'वस्तु' को देह-गतियों, मुद्राओं, मुख-भंगिमाओं तथा समुचित वेशभूषा द्वारा सम्प्रेषित किया गया। इसी क्रम में अभिनय को नर्तकी एक मौलिक रचना बनाकर काव्य-व्याख्या से परे नवीनता देती है (कनक लेले)। इस तरह कथकलि नृत्य-रूप के अभिनय तथा मोहिनीअट्टम के बीच भी एकतान व्यापार स्थापित कर दिया गया है। **लास्य** की केंद्रीयता से नारी-देह के गतिशास्त्र तथा सौन्दर्यबोधशास्त्र का प्रचुर समावेश हुआ है। हम कह सकते हैं कि अभिनय को सर्वाधिक सम्पूर्ण देहभाषा बना दिया गया है अर्थात् अभिनय एवं नृत्त का समन्वय किया गया

दीप्ति ओमाचारी भल्ला

है। भारती शिवाजी ने इस दिशा में पहल की है। अभिनेत्रियाँ श्वेत परिधान में सुसज्जित होती हैं। साड़ी के पल्लू की किनारी की चुन्नटें कटि के पार्श्वों से नीचे घुटनों के ऊपर तक अर्धवृत्त बनाती हैं। वे नीचे पाँवों तक लटकती नहीं। शिर के ऊपर एक पुष्पचक्र बँधा होता है। हाथों में चमकीले स्वर्णकंगन सौम्यता–शोभा–शालीनता को विकीर्ण करते हैं।

इस तरह से नृत्यांगनाएँ मोहिनीअट्टम द्वारा देह–अभिसार सम्पन्न करती हैं।

हम एक नये प्रयोग के उल्लेख से समापन करेंगे। दिल्ली में मार्च–अप्रैल, 2005 में एक पारवर्ती सांस्कृतिक संघटना (क्रॉस–कल्चरल इवेंट) हुआ। मोहिनीअट्टम संरूप में रूसी बैले–आपेरा **स्वान लेक** (हंस झील) का नृत्याभियान। केरल के 'सेन्टर फॉर मोहिनीअट्टम' ने सृजनात्मकता में यह एक भिन्न प्रयोग किया।

यह एक 'क्रास कल्चरल' प्रस्तुति थी जिसका रंग अभिकल्पन सन्तोष नायर ने तथा कोरियोग्राफी विजयलक्ष्मी ने की। यह फ्योदोर चाइकोव्सकी के पश्चिमी संगीत के साथ प्रस्तुत किया गया। यह प्रस्तुति 'हंस झील' की थी।

इसमें मोहिनीअट्टम गतियाँ, मोहनीअट्टम देहभाषा तथा मोहिनीअट्टम परिधान आधारभूमि रहे। भारती शिवाजी ने इसे सम्पन्न किया।

मोहिनीअट्टम नृत्य में धवलोज्ज्वल परिधान होते हैं—धोती कमर तक, लाल या सुनहली किनारी, केशबन्ध में फूलों का चक्र।

इस नृत्य में रंगमंच विधान हंसों के सामूहिक नृत्याभिनय के अनुसार भी हुआ, विशेषत: जब राजकुमार की नजरों से हंसों का झुंड ओदिती को छिपाते हैं।

सारे नृत्य में गमक–धमक, आकाश में उड़ने की छलाँग, पिछौकड़ (अगुवाई–अनुगमन आदि) ने नई नृत्यलिपिरचना को विवश किया। अत: ताल (रिद्म) तथा चाल (मूवमेंट) में बैले–शैली का भी रिमिक्स हुआ।

कनक रेले द्वारा 'अभिनय-भाषा' का उद्घाटन

मोहिनीअट्टम शैली में रूसी 'हंस-झील' का बैले

देहभाषा के नये प्रयोगों में आन्दोलिक स्कन्ध-कटि-अंग (टॉर्सो) विशेषत: ध्यातव्य रहा। यह शृंगार व कामपरक एक आह्लादकारी, नृत्यायन (डान्सिंग) रही।

रिमिक्स के कारण 'ताल-आबद्ध समय के माप' का भी अतिक्रमण हुआ है तथा चाइकोव्सकी के संगीत की सत्वरता तथा ऊर्जा का भी देहधार्य आभूषणों की ध्वनियों से संयोजित संगीत भी मँजा।

देहधार्य आभूषणों की ध्वनियों की सुरमय-तालमय देहभाषा

कंगना की खनखन	**झाँझर की** झनझन	**चूड़ी की** खनक-खनक
पायल बाजे रुनझुन	छनछनाना छम-छम-छम छम-छमान रुनझुनाना	
कानों की **बाली** का झूलना/डोलना	झुमके का झूमना नकबेसर का डोलना नथ का थरथराना	
कमर की **मेखला** या करधनी (में लगी घंटियों) की किन-किन टुन-टुन		

आधुनिक पश्चिमी बैले-नृत्य

VII. गलीना उलानोवा

नयनाभिराम गलीना उलानोवा (1910-1998) को 'बैले की मानवीकरणरूपा' माना गया है। यह सोवियत बैलेरीना महान संगीतकार फ्योदोर 'चैकोवस्की (1840-1893) की बैलेरीना' भी मानी जाती है। वह 'हंसझील-बैले की चिरन्तन हंसिनी' भी बताई गई है। वह सोवियत संघ के सबसे पुराने बोलशोई थियेटर (1825) की मुकुटमणि थी।

वे कई में से तीन बैले-ऑपेरा की विशेष अभिनायिका-नृत्यांगना रही हैं—'स्वान लैक' की ओदेती, 'दि स्लीपिंग ब्यूटी' की अरोरा तथा 'रोमियो एंड जूलिएट' की जूलिएट। वे अन्ना पावलोवा की तरह ही यशस्विनी रहीं तथा आज उनकी रोमांटिक बैले—नर्तन-धारा में शीर्षस्थ गिनी जाती हैं। बोल्शोई थियेटर में उनकी उत्तराधिकारिणी माया प्लिसैतस्काया (1925—) ने उन्हें देवदूत बताया जो देवदूती की तरह नृत्य करती थीं। शायद उन्होंने पचास वर्ष की उम्र के बाद बैले-नृत्य से विराम ले लिया था। नृत्य तथा खेल-कूद के क्षेत्र में विश्राम की यही ठीक अवस्था होती है।

बैले में सह-नर्तन में पुरुष या स्त्री की, नृत्यलिपिविधापरक नृत्य-डिजाइन की तथा संगीत की निर्णायक भूमिका होती है। गलीना 'नृत्यलिपिजनित छवि' द्वारा पात्र-भूमिका को भी अपनी अन्त:प्रज्ञा द्वारा नवोन्मेष देती रही हैं। उनकी ऐसी पात्र- रचना में पात्र का सारत्व

गलीना उलानोवा : 'स्लीपिंग ब्यूटी' में अरोरा की भूमिका में

गलीना उलानोवा : 'स्वान लेक' में ओदेत्ती की भूमिका में

संगीतात्मकता तथा तकनीक से अप्रस्तुतप्रशंसा करता है। गलीना तो बैलेरीना के साथ-साथ नाट्याभिनेत्री की तरह भी हो जाया करती थीं। अत: वे नृत्य का **आन्तरिक अर्थ** उद्घाटित करती हैं जो मूलत: देहभाषा ही होती है—दो कटिबन्धों में। अत: बैले-विधान में कोरियोग्राफी का पूरा बन्धान अवाचिक देहभाषाजनक ही होता है। इसके द्वारा ही अन्ना पावलोवा या गलीन उलानोवा मानवीय संवेग तथा चिन्तन को भी, अभिव्यंजित करती हैं। उनकी सहयोगी गायिका नेज़्दानोवा, यूरी ज़्दानोव, कांस्टेटिन सर्गेयेव भी बराबर के विधायक रहे हैं। उनकी सम्पूर्ण गतिकी—इसाडोरा डंकन की भाँति—बुनियादी तौर पर स्वाभाविक, नैसर्गिक रही है। वे इस रहस्य की माहिर थीं।

विशेषज्ञ बताते हैं कि चैकोवस्की, असाफियेव, प्रोकोफियेव या ग्लाइयेरे की संगीत-रचना सुनते ही समानुभूति (इम्पैथी) से वे मानवहृदय की गहराई में पैठ जाती हैं। इस उपागम में उनके नृत्य का सम्पूर्ण तालयुक्त पैटर्न ही नहीं, बल्कि बाँहों तथा हाथों की लीला भी या केवल एक नजर, एक स्तम्भन, सिर का एक झुकाव आदि सभी संगीत के साथ आरोह-अवरोह करते हैं जिससे सम्पूर्ण सम्पन्नता खुल-खुल आती है। 'स्वान लेक' में ओदेत्ती की

भूमिका निभाने पर उन्होंने लिखा : ''मैंने संगीत के कुछ मुद्दों को पूर्ववर्ती दशा में ही नोट करना शुरू कर दिया था। वे ही परवर्ती चरण में संगीत के प्रस्थान-बिन्दु बने। इनके आधार पर मैंने (ओदेत्ती के) पात्र-विधान की परियोजना की। बैले के लिए चैकोवस्की का संगीत मेरे लिए इतना ज्यादा समावेशी था कि उसने मेरे समस्त मंचीय व्यवहार का निश्चय कर डाला।'' उलानोवा की नाट्कीय अभिव्यक्ति की इयत्ता भी यही रही है। वे जितनी बार भी पात्रा की अभिभूमिका निभाती रहीं, उतनी ही बार वह 'क्षणे-क्षणे यन्नवता मुपैती' होकर तदैव रमणीय रूप होती गईं, अरोरा या जूलिएट या ओदेत्ती के चारित्र्य में।

नृत्य-प्रक्रिया में उनकी **देह** हमेशा हलकी तथा तनावरहित प्रतीत होती है। मांसपेशियों में कोई खिंचाव नहीं, गति में कोई झटिति नहीं। अत: मुद्रांश (पोज) के अराबेस्क अर्थात् काव्यार्थ उद्घाटित हो जाते रहे। इससे उनके नर्तन में देह की प्रगीतात्मक नमनीयता तथा सुरतालपूर्ण गुणवत्ता प्रकाशित होती आई है। उनके **नृत्य** की शुद्धता, अक्षत मौलिकता तथा शोभाशालीनता भी प्रखर होती आई।

'स्वान लेक' तथा 'दि स्लीपिंग ब्यूटी' में उन्होंने नृत्य-रीतियों—अरानेस्क, ऐडिगो, सलिग्रो—का भी उन्नयन किया है। ये मूलत: पारम्परिक मिथक-गाथा और परी-कथा है। अत: इनका **साधारणीकरण** बेहद अनिवार्य होता है। यही हुआ। इस उपक्रम में गलीना ने चैकोवस्की के संगीत के मनोवैज्ञानिक एवं अर्थीय स्तरों का ज्यों-ज्यों उद्घाटन किया त्यों-त्यों वे 'चैकोवस्की की बैलेरीना' तथा 'हंसझील की हंसिनी' के स्वरूप में अभिनन्दित होती गई हैं। ...उन्होंने ओदेत्ती की वशीकरण-दशा का अपूर्व अभिनय किया, राजकुमार सीगफ्राइड का सामना होने पर दिग्भ्रम की दुविधा का, ओदिले द्वारा राजकुमार को धोखा देने की दशा में (समरूपता के कारण), ओदेत्ती के अन्तर्द्वन्द्वों का जो प्रस्तुतीकरण किया, उसकी वजह से भी वे उर्फ गलीन उलानोवा 'साक्षात् मूर्तिवती बैले-रमणी' की पदवी से हंसविभूषिता हो गईं—युगों तक के लिए।

उनकी बैले मुद्राओं में लिरिकल युगल की संयुक्त अदाकारी रही। कई बैले-प्रस्तुतियों के योगफल में उनकी मुद्राओं में नर्तक द्वारा पीछे से बाँहों पर ऊपर उठाना, फिर धीरे-धीरे नीचे झुकाना, बैलेरीना का बाँहों को विकर्णरेखीय (डायेग्नल) होकर हंसिनी-सा बाँहों को पंखों की तरह फैलाना, बाँहों की फड़फड़ाने जैसी कई मुद्राएँ-गतियाँ रचना, कई प्रकार के चक्कर या घुमाव लगाना—यादगार अस्मिताएँ रहेंगी। लगता है कि उनके मंच-विधान में अपोलो तथा डायोनीसस के ग्रीक कुलक भी अवचेतन में स्पन्दित होते आए हैं। आठवें दशक में मैं मास्को में बोल्शोई भी गया था। पूछने पर ज्ञात हुआ कि गलीना उलानोवा मास्को से बाहर गई हुई थीं।

आधुनिक नृत्य

VIII इसाडोरा डंकन

एक विप्लवी, यायावर, नितान्त अलीक-गामिनी थी **इसाडोरा डंकन** (1877-1927)। गरीब परिवार में जन्मी यह अमेरिकी लड़की अठारह वर्ष की उम्र में आगस्टिन डाली की थियेटर कम्पनी (न्यूयॉर्क) में शामिल हुई। वह लीक-भंजक होने के कारण बैले के सभी तकनीकों को प्राय: तिलांजलि देने लगी। इक्कीस वर्ष की उम्र में लन्दन चली गई। वहाँ अमीरों के स्वागतकक्षों में नृत्य-प्रदर्शन करने के साथ-साथ ब्रिटिश म्यूजियम में ग्रीक कलशों से इतना प्रेरित हुई कि अपनी नर्तकी पोशाक भी तदनुसार ढालनी शुरू कर दी। अपना छोटा-सा स्टूडियो खोला तथा शिक्षण के आदर्श से सिखाने लगीं। लन्दन से पेरिस गईं। लूव्र-संग्रहालय

से भी प्रेरणा ली तथा आगस्त रोदिन जैसे शिल्पी, एंत्तोने बोर्देले की कला का मॉडल भी बनीं। उनका सूत्र हो गया—'बैले के कठोर अनुशासित नियमों के बजाय नैसर्गिक गतियों में नृत्य!' इसी के साथ युवक-युवतियों में सौन्दर्य-रचना तथा शिक्षा का लक्ष्य भी बना दिया। ...इसके बाद जर्मनी में नृत्य स्कूल खोला—प्रशिक्षण तथा अपना नृत्य-दर्शन—दोनों को सिखाने। उन्होंने नृत्यकला को लोकप्रिय मनोरंजन के धरातल से उठाकर उच्च-स्वाभाविक कला-सौन्दर्य के आयाम तक उठाया—स्वाभाविक, नियमबन्ध-मुक्त। अब उनका तीसरा आयाम उद्घाटित हुआ—'प्राचीन यूनान से प्रेरणा और अमेरिका के स्वतंत्रता-प्रेम से उसका सामंजस्य।' उन्होंने अपने दर्शन को लागू करने में बैले-पोशाक, बैले-जूतियाँ—सभी से छुट्टी पा ली। वे चाहती थीं कि अमेरिकी नृत्य भी ऊँचाइयों तक छलाँग लगाए। उसकी नृत्यशैलियों का मस्तक ऊँचा उठा हो तथा भुजाएँ पूरी दूर तक फैली हों। अत: उन्होंने जीवन तथा कृतित्व—दोनों की परम्परा से प्रयाण किया।

इसाडोरा डंकन : एक प्राचीन ग्रीक मुद्रा तथा ग्रीक ट्यूनिक में

अत: वे उभय अर्थात् द्विरत (बाइ सैक्सुअल) हो गईं। वे साम्यवाद की ओर उन्मुख हुईं। सोवियत यूनियन गईं। वहाँ अपने से अठारह वर्ष छोटे रूसी कवि सर्गेई येसेनिन से विवाह रचाया और उसके साथ यूरोप तथा अमेरिका भ्रमण पर गईं। येसेनिन मास्को लौट आए और वहाँ तीस वर्ष की उम्र में आत्महत्या कर ली। ...जब डंकन अमेरिका पहुँचीं तो बोस्टन में उन्होंने अपना लाल गुलूबन्द हवा में लहराते हुए अपने स्तनों को भी निरावृत्त करते हुए कहा, "यह लाल है। सो मैं भी लाल हूँ।" यह उत्साह ही उन्हें ले डूबा। एक कार की पहिए में उनका गले में लिपटा गुलूबन्द फँस गया। उसने उससे फन्दा कसा और गर्दन टूटने से उनका पचास वर्ष की उम्र में ही प्राणान्त हो गया।

इस विद्रोहिणी नर्तकी के विवाह-बगैर दो सन्तानें पैदा हुईं। विचित्र मनोरथिक थीं वह। एक ओर ग्रीक देह-शोभा देह-मुद्रा पर मोहित तो दूसरी ओर नारी-देह के भोग के लिए भी

उन्मत्त। यह हाशिया भी उद्‌घाटित करना लाजिमी है—देह-स्पर्श की मस्ती के लिए। मसिडेस-डे-एकोस्टा नाम की एक कवयित्री से उनका बड़ा लम्बा तथा बेहद कामोत्तेजक नाता रहा था। पैंतालीसोत्तर उम्र में वह अत्यन्त प्रगाढ़ तथा प्रगल्भ तथा प्रशिक्षित होता गया। एक पत्र में डंकन ने डिकोस्टा को लिखा—'मर्सिडीज, तुम अपने छोटे मजबूत हाथों से मेरी अगुवाई करो—शैल-शिखर तक, इस संसार के छोर तक, जहाँ कहीं भी तुम चाहो।' (इसकी द्वि-अर्थीयता झाँकी जा सकती है)।...और भी अन्तरंगता में वे खुल-खेल पड़ीं—'मेरे संवाहन के लिए (तुम्हारी) तन्वंगी काया, कोमल तथा गोरे हाथ—मेरी मौज के लिए। ...दो उन्नत तथा गोल और मीठे स्तन—ये मेरे भूखे मुँह को आहार का निमन्त्रण देते हैं। उनसे उभरे दो कड़े और गुलाबी चूचुक मेरी प्यासी अन्तरात्मा को छककर पीने को आमंत्रित करते हैं। ...और श्रोणि-स्थान से नीचे भी एक गुप्त स्थल है जहाँ मैं अपना प्रेमोन्मत्त खुला मुख अन्दर छिपा लूँगी।'

मर्सिडीज भी डंकन के प्रति अवशनीय ढंग से आसक्त और संलिप्त थी।

अजब प्रतिभाशालिनी, उदात्त तथा अपनर्मिल, विद्रोहिणी तथा निर्बन्ध कामिनी थीं आत्महंता इसाडोरा डंकन! वे 'आधुनिक नृत्य' की प्रवर्तकों में से एक थीं।

IX. मार्था ग्राहम

मार्था ग्राहम (1894-1991) अमेरिका की आधुनिक नृत्य और नृत्यलिपिशास्त्र की ऐसी सूत्रधारिणी थीं, 'जिनकी तुलना 'चित्रकला में पिकासो से, संगीत में स्ट्राविंस्की से तथा वास्तु में फ्रैंक लॉयड राइट से की जाती है।' उन्हें 'शताब्दी की नर्तकी' के सम्मान से कला-रसिकों ने नवाजा।

अपने नये-नये नृत्य-प्रयोगों को उन्होंने 'क्रॉनिकल' नाम दिया। अत्यन्त मौलिक इस नर्तकी ने सोलह साल की बड़ी उम्र में दीक्षा ली, तथापि इकतीस साल की उम्र में रूबेन मामोलियाँ के साथ मिलकर एक छोटी फिल्म का निर्माण करके यश कमाया—'दि फ्लूट ऑफ कृष्णा' (कृष्ण की बाँसुरी)। सन् 1938 में उन्होंने ऐरिक हॉकिन्स के साथ यूरोप की कला-प्रदर्शक यात्राएँ कीं।

वे नाटककार, नर्तकी तथा नृत्य-लिपिकार थीं। नई-नई प्रयोगधर्मिताओं द्वारा उन्होंने परम्परा से निरन्तर प्रयाण किया। उनका उपकरण थी—देह : मानव-देह। उसका माध्यम था—गति। अत: उनका पहला लक्ष्य था—'**देह** को लचीला बना लो, उसे आज्ञाकारी बना दो जो हर एक अपेक्षा को पूरी कर सके।' उन्होंने गति को जो माध्यम बनाया, उसमें नुकीले तीव्र-कोणात्मक, कभी-कभार किमाकृत (ग्रोटस्क) वेग-आवेग थे, तथापि वे सदैव ही नाटकीय थे—हमेशा नाट्यविधि से देहभाषा के अभिव्यंजक। अपनी देह की सिद्धावस्था में तो वे अपनी जंघा तथा घुटनों को खूँटी की तरह प्रयुक्त करके देह को फर्श तक झुका देती थीं। इस उपक्रम में उन्होंने नृत्य के फर्श तक को नृत्य-बैले का हिस्सा बना दिया। उनका सूत्र था—'तकनीक ताकत का, स्वतंत्रता का साधन है!' वे कहती थीं कि अनेक श्रेष्ठ कुशल कारीगर महान नर्तक नहीं होते लेकिन प्रत्येक महान नर्तक एक श्रेष्ठ कुशल शिल्पी होता है। वे कहती थीं कि प्रतीक तथा अमूर्तीकरण की खातिर (आधुनिक बैले में) यथार्थवाद तथा कथा-वाचन को त्याग दिया गया है, तदपि इसके नई व्याख्याओं की सम्भावनाएँ उजागर हुई हैं।

जब वे सत्तर वर्ष की उम्र पर पहुँचीं तब नृत्य को छोड़ दिया और देखा कि उनकी ही नृत्य-प्रस्तुतियों को बिना आभार-प्रदर्शन के युवा नर्तक धड़ाधड़ अपनी बनाकर अभिनीत कर रहे हैं। इसे उन्होंने दान्ते के नर्क से भी ज्यादा भयानक बताया। इससे भी वे शनैः-शनैः हताशा एवं अवसाद (डिप्रेशन) में डूबती चली गईं।

हमें भान होता है कि मार्था ग्राहम को परम्परा से इस हद तक नहीं कटना था। इसाडोर डंकन ने भी यह त्रुटि की थी। नृत्यवन्द की अदाकारी के कुछ घटक अनिवार्य होते हैं; यथा—गतियों की प्रगीतात्मकता, गमक की धमाल, रंगों का हुड़दंड या श्वेत का संयम, ओजस्वी-अन्तरंग-मनोद्‌शापरक संगीत, संक्रामक हर्षोल्लास तथा इन्हें छापता युवा मस्ती, खिलंदड़ा उल्लास; तथापि मार्था ग्राहम सचमुच आधुनिक नृत्यकला की पिकासो मानी जाती हैं।

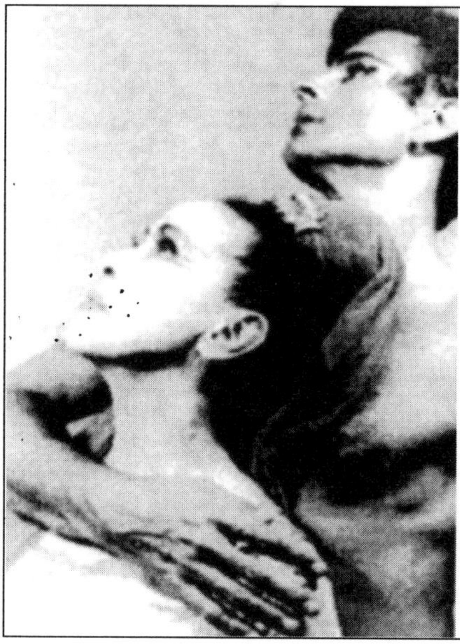

बर्त्राम रॉस के साथ मार्था ग्राहम

अवसाद में टूटी
वृद्ध मार्था ग्राहम

X. अरबी उदर–नृत्य

रात्रि–क्लबों तथा पंचतारा होटलों से बाहर गाजापट्टी पर सिन्धु–रेत–पुलिनों पर नितम्बों के भीम प्रकम्पन के द्वारा लयाली तथा हिन्दा द्वारा उदर–नृत्य से मानो (ईजिप्ट की अरबी दुनिया में भी) नई सभ्यता का अभ्युदय हो रहा है (1995)—हमास तथा मुस्लिम तत्त्ववादियों के प्रतिपक्ष में। पिरेमिडों तथा नील नदीकूलों वाले राजमार्ग पर अब फैशन और फिल्म तथा उदर–नृत्य का जलवा छाया है। डॉलर–फेंक का खेल चालू है तथा ईजिप्टी अरब और रूसी नर्तकियों के बीच व्यापारिक प्रतिस्पर्धा भी चरम पर है। यहाँ कला और व्यावसायिकता की बेहद फूहड़ मंजरकशी जारी है।

देसी–विदेशी पर्यटकों के बीच डॉलर लूटती उदर–नर्तकी

उदर–नृत्य फाराओ–युग में जन्मा था। आज वह रात्रि–क्लबों तथा होटलों का मालखाना बन गया है। अब बुनियादी तौर पर इसके प्रदर्शन में नर्तकी तथा ढोलवादक की भूमिका प्रधान है। इसमें देह की व्यासरेखा का आधार नितम्ब है तथा उदर का प्रबल कम्पन तराजू के काँटे की तरह से है। वस्तुतः नृत्य का आधार हमेशा **नितम्ब** है तथा शिल्प–नाभि उदर। इसमें नितम्बों के माध्यम से संगीत—विशेषतः ढोल की धमक—को अनूदित करना होता है। देह के प्रत्येक अंग–प्रत्यंग की घूमर–झूमर में हरकतें करना होता है, मानो वे एक–दूसरे से छिटककर (मात्र डोरियों से) जुड़े भी हों : हाथ–पैर, स्तन–नितम्ब, उदर–नाभि की तुला–काँटी पर! ईजिप्टी नर्तकियों में दुबली–पतली छरहरी **काया** आदर्श–प्रादर्श नहीं है। वह सौ किलोग्राम है। डच चित्रकार रूबेंस की मोटी–थुलथुल सुन्दरियों के जैसी (रूसी नर्तकियों का भार–माप साठ–पैंसठ किलोग्राम है)। अरबी पुरुष मोटी–थुलथुल देह को सेहतमन्द मानते हैं। अतः उनका आदर्श प्रसिद्ध नर्तकी लेला आल्वी है। इस तरह सौन्दर्यरेखा के मानदंड बदल गए हैं, इस नृत्यदेही में। ईजिप्टी नर्तकियों पर के परिधान के बन्धन होते हैं जबकि अच्छी रूसी नर्तकी लेना (येलेना रामाजोनोवा) बिकिनी भूषा में भी प्रदर्शन कर सकती हैं। अन्य रूसी नर्तकियाँ

भद्दे-भड़काऊ ढंग से ट्विस्ट करती तथा लचकती-मटकती हैं। ईजिप्टी नर्तकियाँ इसे उदर-नृत्य नहीं मानतीं। वे कहती हैं—'ये रूसी-नर्तकियाँ केवल पैसों के लिए नृत्य करती हैं तथा वेश्यावृत्ति से भी परहेज नहीं करतीं।' ये देहोत्घाटक, अधनंगी पोशाकें कानून से बाहर होने पर पहन लेती हैं; तथापि ईजिप्टी एवं रूसी—दोनों ही नर्तकियाँ आँखों के चारों ओर घेरों में मस्कारा-लेपन करती हैं, उँगलियों पर सोने की अंगूठियाँ मढ़ लेती हैं, ओठों पर दहकती लाल या कत्थई रंग की लिपस्टिक पोतती हैं तथा बेझिझक सिगरेट के कश लगाती हैं। कुछ आम पहचानें भी हैं; यथा—पोशाकों में चूड़ियाँ तथा मनके गुँथे-टँके होते हैं। इसलिए भी उनमें इकहरी-छरहरी काया अनुपयुक्त हैं क्योंकि आधार तो ऊर्ध्व-देह के बजाय अधो-देह के उदर एवं नितम्ब हैं जिन्हें देह-भार ढोना होता है। कुल मिलाकर इस उत्तेजक-कामुक-व्यावसायिक-पर्यटक लुभाऊ नृत्य में **नृत्य-कला** की गुणवत्ता नहीं, बल्कि **देह** की गुणवत्ता हावी हो चुकी है।

तथापि नागवा फाऊद, नकारेद साबरी, लैला आल्वी, लयाली तथा हिन्दा खूबसूरत आमंत्रक अच्छी नर्तकियाँ भी हैं। कई तो सिर पर मोमबत्तियों का मुकुट लगाकर भी नाच के नये प्रयोग करती हैं। ...पूरा दृश्य-संसार हताशपूर्ण तथा पतनशील ही लगता है।

XI. लातिन अमेरिकी नृत्यादि

हर साल लातिल अमेरिका के साओ पालो में **सालसा** नृत्य (ब्राजील), रियो-डि-जोनियरो में **साम्बा** के कार्निवाल की धूम मची रहती है जिसमें 'सबके लिए—खूब छूट' रहती है। यह वहाँ के मिथकीय मसखरे बादशाह सालामत मोमो की वापसी के उपलक्ष्य में भी मनाया जाता है। यह सामूहिक ही नहीं, भीड़ का नृत्य-महोत्सव है। इसमें जोश और रंग, उत्साह और उल्लास, मौजमस्ती और स्वांग, थिरकन और मदहोशी, उत्तेजक देह-प्रदर्शन और दहकते नागबन्ध तक सम्पादित होते हैं। बस, एक ही कौलाचार-मंत्र है—'झूम बराबर-झूम : महासुख को चूम!'

[सालसा में पुरुष और नारी की देह-गतिकी, टाँगों के पेंच, बाँहों की फाँस, नागबन्ध वाले घुमाव नृत्य को मस्ती, दीवानगी और उन्माद का उत्प्रेरक मानते हैं। सालसा में नर्तकी को तीन इंच की ऊँची एड़ी वाली चमड़े की सैंडिलें पहननी होती है]।

लेटिन अमेरिका के टान्गों नृत्य, ब्राजील का सेलसा-नृत्य, क्यूबा का अशालीन (डर्टी) नृत्य आदि ऐकल नहीं हैं। वे युगल के मिथुन-नृत्य हैं। नृत्य-फर्श पर मानो संगीत का महोत्सव तथा चकरियों का घूमना होता है।

इन नृत्यों में **भंगिमा** तथा **संगीत** की अनुभूति से देह की ताल (रिद्म) स्वतः संचालित होती है (जिस प्रकार चित्रकला में **रेखाएँ** और **रंग** भाव...को निर्धारित करते हैं)।

इन नृत्यों में देह तथा संगीत का अनूठा सामंजस्य होता है अर्थात् संगीत के आरोह-अवरोह के साथ देह का उत्तेजक फुर्तीला मेल। इन नृत्यों में संगीत के बिना नृत्यायन असम्भव है।

इन नृत्यों में भय या झिझक या संकोच उनकी पराकाष्ठा खंडित कर देता है। यह एक-दूसरे की बाँहों में बँधकर रचाया जाता है।

यह मांसल प्रेम के आरोही भावावेश से जुड़ा होता है। इसमें देह ही वार्ता/गाथा कहती है। देह-चौखटे में देह तथा देहाग्नि परस्पर मुठभेड़ करते हैं।

सालसा

साओ पालो में साम्बा

हाथों को उड़ते पक्षियों के पंखों की तरह आगे-पीछे, चीते की तरह कमर से झुकाना प्रमुख है। इनमें बुहारू बहाव है, चिपकाऊ धक्के हैं। आगे-पीछे हिलना है, नितम्बों तथा कमर का प्रकम्पन तथा त्रिभंग है।

वस्तुतः इसकी रसानुभूति **वशीकरण** (हिप्नोसिस) है। देह को संगीत के साथ गतिमान करते हुए नर्तक तथा नर्तकी उत्तप्त होते हैं। देह थमती नहीं है, निरन्तर गतिशील रहती है। नितम्बों के तालयुक्त प्रकम्पन के साथ-साथ नर्तक उन पर त्वरित हथेलियों की थाप देता है।

इन नृत्यरूपों में हमारी जिज्ञासा तथा ज्ञान नहीं है, यद्यपि ये उत्तम सौन्दर्यबोध तथा कार्निवाल देह-व्यवहारों के लिए चुनौती हैं। हम इनके बाद कोई बहिर्गत आशंसा तथा समझ विकसित नहीं कर पाए हैं। सो, प्रसंग बन्द।

XII. मुखौटा-नृत्य

मुखौटा-नृत्य (मास्क्ड डांस) मानवता का सर्वप्रथम आदिम नृत्य है जब गुफावासी शिकारी मानव-समूह आखेट के लिए, पशुओं के मुखौटे लगाकर, छलावरण (कैमोफ्लाज़) करते थे। वह उनकी जीविका, अनुष्ठान, जादू-कर्म, सामाजिक जीवन का हिस्सा था जब वे निश्चित गतियों, अनुकारी मुद्राओं तथा ध्वनियों का प्रयोग करते थे। उनकी नृत्य-देह की मौन गतिविधियाँ ही **प्रथम नृत्य की सर्वप्रथम देहभाषा** थीं। भीम बेटका (मध्यप्रदेश) की गुफाओं के शैल-चित्र इसका प्रमाण तथा वैश्विक विरासत हैं।

'वास्तव में **गुफाएँ** हमारे ग्रह के इतिहास की खिड़कियाँ खोल देती हैं—सुन्दर और प्राकृतिक तथा रहस्यमय और अनादि। ये विचित्र चित्र-रचनाएँ भी तो हैं। आदि मानव भी यहाँ शरण-आवास तथा कला-रचना करता था, पशुओं की चर्बी की मशालें जलाकर। अतएव महाकाव्यों की तरह गुफाएँ भी हमारे सम्मान की हकदार हैं' ['डिस्कवरी-चैनल']।

प्रागैतिहासिक मानव के लिए तो गुफाएँ पूजा तथा प्रजनन, गर्भ और सुरक्षा, जन्म और मृत्यु का केंद्र थीं। इनसे ही मिथक और भाषा, नृ-वानर और आदिम मानव का नृतत्त्वशास्त्र उद्घाटित होता है। फिलहाल, हमारा सरोकार (मुखौटा) नृत्य की देहभाषा से है।

(क) लद्दाख का आठ हजार फीट की ऊँचाई पर स्थित पर्वतीय संसार है जहाँ विशाल बौद्ध-मठ संस्कृति-चिह्नक हैं। यहाँ मानवता मन्थर तथा मन्द गति से चलती है। यह प्राचीन व्यापारिक-मार्गों और तीर्थयात्राओं का चौराहा भी रहा है। इसे मुहावरे में 'छोटा तिब्बत' भी कहा जाता है।

बौद्धधर्म सम्मत **निर्वाण** ही यहाँ के लोगों के जीवन तथा ज्ञानदर्शन का आध्यात्मिक पंथ रहा है। हर साल वसन्त में मठों के वार्षिक उत्सव आयोजित होते हैं, उनमें बौद्ध-भिक्षु तथा (अन्य) नर्तक रंगबिरंगे लबादे पहने, विचित्र मुखौटे पहनकर धार्मिक नृत्य करते हैं। उनके श्रृंगीवाद्य दस-दस मीटर लम्बे होते हैं ताकि उनके सुरों से सम्मोहित देवी-देवता आ जाएँ तथा दुष्ट एवं दुरात्माएँ दूर भाग जाएँ। साथ ही वे प्रार्थना में धर्म-चक्र घुमाते हैं। उन्हें मंत्रों की अस्फुट ध्वनियाँ भी उच्चरित होती हैं। मुखौटे मुख तथा मुख-राग को छिपा देते हैं तथा सम्पूर्ण देह का कायान्तरण (मेटामार्फोसिस) करके ध्यानी बुद्धों, गुरु पद्मसम्भव तथा अन्य महास्थविरों की जादुई अध्यात्मा का आयत्तीकरण कर लेते हैं। इस तरह नामहीन, व्यक्तिहीन, भौतिकताहीन मुखौटा-नृत्य प्रदर्शित होता है।

लद्दाख के बौद्ध-मठ-उत्सव में मुखौटा नर्तक

(ख) बौद्ध भूटान में मुखौटा-नृत्य पवित्र नृत्य है। यह संगीत से गुँथा है। धर्म और नृत्य उनके महायान-हीनयान जीवनदर्शन से लेकर कला एवं संस्कृति तक में व्याप्त है।

इसमें बौद्ध भिक्षुओं के साथ जनसाधारण भी मुखौटा-नृत्य करते हैं और किसी-न-किसी धार्मिक अनुष्ठान की प्रतीक-भाषा बना देते हैं। उनका वार्षिक पर्व 'त्शेंचू' है। इसमें चीनी रेशम तथा ब्रोकेड के बने भारी-भरकम लबादे पहने बौद्ध-भिक्षु एवं आम नर्तक **अद्भुत मुखौटे** पहनकर विभिन्न देवी-देवताओं के स्वरूपों का प्रतिनिधित्व करते हैं। इनमें यूजिन रिन्पोश के स्वर्ग तथा वहाँ के देवोपम अवतारों की कथाएँ अभिनीत की जाती हैं। बुद्ध के अनेक अवतार भी अभिनेत हैं। अन्ततः (भरतवाक्यम् की भाँति) गुरु रिन्पोश की अभ्यर्थना

की जाती है। इसका प्रयोजन अनिष्ट तथा अमंगलकारी शक्तियों का विनाश एवं बहुजन हिताय-बहुजन सुखाय है। इसमें बड़े-छोटे हर नाप के मंजीरे, झाँझें, छोटे-बड़े ताल-वाद्य, तुरही, बाँसुरी, ओबे तथा शंख द्वारा संगति की जाती है। बारहवीं से चौदहवीं शताब्दियों के बीच इस नृत्य की दो शैलियाँ विकसित हुईं—'न्यिंग्मपा' शैली (गुरु पद्मसम्भव के प्रति) तथा 'षेमा लिंग्पा' शैली (गुरु लिंग्पा की शिक्षाओं पर केंद्रित)। इस तरह मुखौटा-नृत्य स्वर्ग और धरती के बीच देह का प्रतीकात्मक दैवी आरोहन तथा महाकरुणापरक निर्वाणी अवतरण है।

भूटान का मुखौटा-नृत्य

(ग) 'छाऊ' मुखौटा-नृत्य—छाऊ-नृत्य-परम्परा धर्मानुष्ठानिक के बजाय युद्धोन्मुख हो जाती है। इसके तीन केंद्र हैं—मयूरभंज (ओड़िशा), पुरलिया (बंगाल) तथा सरायकेला (बिहार)। इनमें मयूरभंज का नृत्य ज्यादा सुव्यवस्थित है।

मयूरभंज (ओडिशा) की छाऊ नर्तक-मंडली

छाऊ मुखौटे लोकधुरी (फोक) में सामान्य से लेकर टोटेम-टेबू, देवता-राक्षस, पशु-पक्षी, नेता-शत्रु तक के अनगढ़, अधकचरे, कबीलाई तथा अभिप्रायपरक होते हैं। पहले लकड़ी के होते थे। अब पेपरमेशी के। उन्हें पहननेवाले नर्तक के मुखमंडल अर्थात् 'उपांग' के सारे भाव तिरोहित हो जाते हैं और मात्र एक छविभंगिमा स्थिरांकित रहती है। शेष कार्य सम्पूर्ण **देह** तथा **वेशभूषा** करती है।

पुरानी मयूरभंज रियासत में भंज-राजवंश ने तथा पुरलिया में मुंडा महतो, देउबा, भूमा, शिकारी कबीलों ने इसे विकसित किया। यह चैत्र-पर्व है। जब साल वृक्ष फूलता है तब दो माहों तक छाउ-नृत्योत्सव भी चलते हैं। मयूरभंज में यह वारीयदा तथा बारीपदा भेदों वाला है। इसमें कबीलाई तथा हिन्दू-धाराओं का संगम होता चला गया। कबीलाई धुरी पर यह नर्तकों को अध्यात्माग्रस्त (पजेस्ड) अथवा 'छाया'-ग्रस्त अथवा फौजियों की 'छावनी' में मनोरंजन की दीपछायाओं से जगमग माना गया है। अत: यह तलवार-ढाल वाला अर्थात् 'रूखमार' या 'भारी खोंडा' नाचा हो गया। इस तरह इसकी धुरी यद्धवृत्ति हो गई।

नर्तक के मुखमंडल की अभिव्यक्तियाँ विलुप्त होने के कारण क्षतिपूर्ति भारी-भरकम, चटक-मटक वाली वेशभूषाओं, मुखौटों तथा मोहरों (मुकुट) और संगीत के द्वारा किया गया [आधुनिक संस्करण में मयूरभंज की शैलियों में मुखौटे छोड़ दिए गए हैं]।

इसलिए छाऊ-नृत्यगतियाँ कबीलाई अनुष्ठानों तथा प्रथाओं से ग्रहीत हैं। इसमें मौखिक शब्द नहीं हैं, इसका कोई पाठ्य (टैक्स्ट) नहीं है, इसमें कोई संवाद और गीत नहीं है। अत:

सभी पात्रों की **देह-गतियाँ** ही प्रधान हैं। वे मानो मूक अभिनय की वैश्विक अवाचिक भाषा बोलते हैं! नृत्य में निश्चित-नियत मुद्राएँ भी नहीं हैं। बस, चलने की शैलियाँ तथा देह-संचालन की तेज और उग्र प्रभावी हलचल हैं। सम्पूर्ण देह ही भाषा-शब्द का प्रकार्य करती है, सम्प्रेषण करती है। यही इस नृत्य-नाट्य की विशेषता है। नर्तक कलाकार आकाश में उलटी कलाबाजी करके हवा में उछलते हैं, घुटनों पर उतरकर कूदते हैं, धरती पर छलाँग लगाते हैं, घुटनों को कील बनाकर चक्कर घूमते हैं। कबीलाई परम्पराएँ तथा अनुष्ठान और हिन्दू-अभिप्राय द्वारा देहभाषा अनुमित की जाती है। इस तरह अंग-अंग की थिरकन वाली **गतियाँ** (मुद्राओं के बजाय) ही इस मुखौटा-नृत्य का शब्दकोश है। इस विधा में प्रेम क्षीण है। नारी-पात्रों का अभिनय भी पुरुष करते हैं। इसके अलावा ढोलकिया भी साथ-साथ नाचता चलता है जिससे नर्तकों का उत्साह बाँसों उछल जाता है।

सो, वीर और रौद्र, युद्ध एवं शौर्य के तांडव के अनुरूप भी भारी कदमों के निक्षेप वाली गति चालें हैं। वैसे ही वाद्य स्वर हैं। प्रमुखतः ढोल, धमसा, नगाड़ा, चदचडी तथा बाँसुरी, तुरही तथा मोहोरी (शहनाई)। ये सभी सामूहिक धमाल पैदा करते हैं। यह लोकधर्मी-धारा है।

छाऊ-नर्तक

छाऊ-नर्तक

(घ) बीजिंग-ऑपेरा—शीर्षस्थ चीनी अभिनेता मेई लान-फांग (1894-1961) तथा **बीजिंग ऑपेरा** के अवाचिक पक्ष के प्रसंग बगैर यह प्रोक्ति अधूरी-सी रहेगी। ऑपेरा में चार मुख्य अभिभूमिकाएँ (रोल्स) होती हैं—शेंग (मर्द), तान (स्त्री), **चिंग** (रँगे हुए चेहरे) तथा चाउ (विदूषक जिनकी नाक पर सफेद गोला रखा होता है)। इसके अलावा त्साई तान (बूढ़ी स्त्रियाँ) कोई मुख-राग (मेक-अप) नहीं करती थीं और मंचीय रीति के बजाय स्वाभाविक संवाद बोलती थीं। अथच नृत्य-मुद्राओं (करण तथा अंगहार) द्वारा ही नदी, वसन्त, पर्वत आदि का अनुमान विशिष्ट नृत्य-गतियों द्वारा कराया जाता था। नर्तकों को मुद्राओं तथा भंगिमाओं की परिपाटियों का कठोर प्रशिक्षण दिया जाता था। मेई लान-फांग तो तान (स्त्रियों का—) अभिनय में भी परम सिद्ध थे। इस ऑपेरा-शैली में संवाद-वाचन तथा **मूक अभिनय** की संयुक्तता होती है। वे मुख-राग तथा आहार्य-अभिनय में भी परम निपुणता के आदर्श हो गए। **लो नदी की जलपरी** में उनकी यादगार भूमिका रही थी।

चीनी ऑपेरा में देहभाषा में **गतियों** की रीति तथा अनुकृति केंद्रीय-प्रणाली है। उत्तर तांग युग (ई.प. 658) में तुंग-ह्वांग गुफा के भित्ति-चित्रों में भारत-चीनी सांस्कृतिक ऐक्य की मिसाल नर्तकियों के मुख-राग तथा गन्धर्वों-विद्याधरों की भाँति उड़ते हुए छन्द-ताल-भाव प्रदर्शक दुपट्टों में मिलती है।

मेई-लान-फांग, चीन के शीर्षस्थ देहभाषिक अभिनेता

ऑपेरा 'लो नदी की जलपरी' के आधार पर

तीन शताब्दियों तक अन्हवेई शैली लोकप्रिय रही थी। अठारहवीं शती में उसे 'पेकिंग ऑपेरा' में दाखिला मिला। वह परिष्कृत (कुनशान) शैली थी जो अभिनय, गायन तथा कवितत्व का प्रादर्श बन गई। राष्ट्र–विमुक्ति के पश्चात् भी निम्नलिखित नृत्यगान नाटिकाएँ लोकप्रिय रहीं—'मछुआरे का प्रतिशोध', 'तातारी हमलावरों का प्रतिरोध', 'स्वर्ग में हल्लाबोल', 'चरवाहा तथा ग्रामबाला', 'भगेड़ू संन्यासिनी', 'पतझर में नदी', 'सफेद साँप', 'चौराहे पर', 'कंगन उठाते हुए', 'लाल सबेरा' इत्यादि।

'बड़ा सिर' नामक मुखौटा-नृत्य

1-2, चीन के उत्तर तांगयुगीन भित्ति-चित्रों (ई.पू. 650) में नर्तकियाँ। मुख-राग (पेंट) तथा लहराते-फहराते दुपट्टों द्वारा देहभाषा-कथा कही गई है।

XIII. क्लासिकता से यथा-तथा प्रस्थान : भारत केंद्रित नृत्यांगनाएँ

रूसी बैलेरीना **अन्ना पावलोवा** (1881/2-1931) आधुनिक भारत के लिए श्रेष्ठ नृत्य-प्रदर्शन-विधा की पहली काँपती लौ थीं। उन्होंने उदय शंकर, मेनका (लैला सोखे) तथा रुक्मिणी देवी का भारतीय नृत्य-संसार में अनुप्रवेश कराया। उन्हें पूरब ने अत्यन्त सम्मोहित किया था। भारत में अजन्ता के भित्ति-चित्र उनके आद्यरूपात्मक आमंत्रण बन गए थे। वे बाला सरस्वती (1918-1984) से पूर्व हमारी आकाशदीप हैं।

वे बचपन में एक बीमार बच्ची थी जिसके जिन्दा रहने की भी कोई आस नहीं थी। इसलिए लोगोवो के ग्रामीण अंचल में भेज दी गईं। दस साल की उम्र में मारिंस्की के स्कूल-थियेटर के नर्तक-दल में उन्हें शामिल किया गया। इसके बाद तो यह बैले-नृत्य की उर्वशी गलीना उलानोवा, माइया प्लिसेतस्काया, निजिंस्की, डाइग्रीलेव की कतार में आरम्भिक प्रतिष्ठा पाती गईं। यह सही है कि पावलोवा एक महान् नर्तकी तो थीं, परन्तु एक महान

अन्ना पावलोवा

अन्ना पावलोवा : राधा की अभिभूमिका में

नृत्यलिपिरचयिनी (कोरियोग्राफर) नहीं थीं। उनकी दो रचनाएँ 'दि कैलिफोर्निया पॉप्पी' तथा 'ऑटम लीव्ज' बेहद शिथिल नृत्य-रचना-संख्यांक वाली रहीं। भारतीय कथावस्तु पर आधारित उनके दो बैले 'ए हिन्दू वेडिंग' तथा 'राधा-कृष्ण' भी भव्य प्रदर्शन बने रहे। ...तथापि पाबलोवा बेहद आत्मीय तथा प्रगीतात्मवृत्ति-प्रवीणा थीं। मोहन खोकर तथा एमील ओटाना ने उनके जीवन तथा नृत्य पर जीवनी एवं फिल्म का निर्माण किया है। दोनों ने ही उन्हें मौलिक उत्प्रेरिका (कैटेलिस्ट) स्वीकार किया है।

बीस साल की उम्र में मारिंस्की में उन्होंने 'ल बयादेर' बैले की प्रस्तुति की जिसमें एक हिन्दू पुरोहित का उस देवदासी से प्रेम है जो राजा की सेना के एक शूरमे पर आसक्त है। यहाँ से पावलोवा के मनोलोक की भी ग्रन्थि खुलती है। उनके उत्थान का दूसरा पायदान 1913 में आता है जब वे इकतीस साल की उम्र में रूस छोड़कर लन्दन में बस गईं। अपनी बैले कम्पनी बनाई तथा विश्व-पर्यटन की शुरुआत की। इस क्रम में उन्होंने 'ओरिएन्टल इम्प्रेशंस' नामक बैले-शृंखला की रचना की। उनके प्रतिपाद्य भारत, जापान, इन्दोनीसिया (जावा) रहे। इन प्रभावनों की कल्पना से वे यथार्थता की राह में 1922 में चालीस साल की उम्र में आ गईं जब भारत आकर अजन्ता का संदर्शन किया। एक कमी अभी भी रह गई। अपने नृत्यलिपिकार इवान कसटीन को उन्होंने 'अजन्ता' के विधान की जिम्मेदारी सौंपी और उन्होंने मात्र फान्तासी-यूटोपिया को आधार बनाया। इसमें भाव, मुद्रा, गतियों के फालतू संख्यांक (नम्बर्स) जोड़े गए थे। इसलिए अन्ना ने खुद कमान थामी। उनकी प्रथम यात्रा के समय तक भारत में क्लासिकल नृत्य-शैलियों का आविर्भाव नहीं हुआ था। कलकत्ता की 'नचौनियों' तथा बिहार के 'लौंडों' का ही धमाल माना जाता था। पावलोवा के पति विक्टर डांद्रे ने अफसोस जताया कि 'भारत में नृत्य के स्कूल (संस्थान, विधाएँ) नहीं हैं और यह ऐसी कला है जिसमें कोई भी रुचि नहीं रखता।' ...अलबत्ता पावलोवा तथा डांद्रे ने भारत-प्रवास में एक **एक हिन्दू-विवाह** भी देखा था। अतः इस बार उन्होंने पुस्तकों तथा दृश्य-सामग्री का इस्तेमाल करके कम्पनी के प्रसिद्ध नर्तक हरकोर्ट अलजेरानाफ के साथ नृत्य की प्रस्तुति की। वेशभूषाएँ तथा दृश्य-पटल (सेट) देशकालानुरूप बनाए गए तथा कोमलता बनर्जी ने संगीत-रचना की। इस तरह यह एक बिलकुल नया विन्यास था। उससे लन्दन में पढ़ाई कर रहे उदयशंकर की भी खोज हो गई। अन्ना के निर्देशन में उदयशंकर ने 'कृष्ण एंड राधा' की नृत्यलिपि-रचना भी की तथा कृष्ण का नृत्याभिनय भी किया—बिना किसी शास्त्रीय शैली के प्रशिक्षण के। इस प्रकार उदयशंकर की शुरुआत भी एक नर्तक के तौर पर हो गई। ...जब 1927 में अन्ना दूसरी भारत-यात्रा पर आईं तब उनकी तथा अलजेरानाफ की जोड़ी ने 'कृष्णा एंड राधा' की दूसरी प्रस्तुति की। ...अब अन्ना ने तीसरी खोज की। जावा से आस्ट्रेलिया जाते वक्त पोत में जार्ज अरुंडेल तथा रुक्मिणी देवी दंपती से मुलाकात हो गई। अन्ना ने क्लिओ नॉर्दी द्वारा रुक्मिणी को बैले के कदमों-तालों का प्रशिक्षण दिलाकर अपनी मंडली में शामिल कर लिया। इस तरह हमें भारतीय नृत्य-लोक की आधुनिक उर्वशी का साक्षात्कार तथा सांस्कृतिक संस्कार का वरदान मिला।

भारतीय बैले-नृत्य के दूसरे अध्याय तथा उपसंहार के प्रस्थानक **उदयशंकर** (1900-1977) हुए। इस व्यक्ति एवं नर्तक के प्रमुख आयाम हैं—

(क) नितान्त व्यक्तिवादी : अतएव मौलिक भी।
(ख) स्वच्छन्द स्वप्नद्रष्टा : अतएव अनुशासन, शास्त्र, रूढ़ि से प्रस्थानक।
(ग) देह-सौन्दर्य, देह-भोग के परम लोभी : अतएव नारी एवं प्रकृति के रसिक तथा रसीले।

(घ) रोमैंटिक : निज-देह से आत्मरति।

(ङ) सदैव प्रयोगशील : अतएव यायावरीय बन्धनहीन नृत्य-पुरुष।

वस्तुत: वे अद्वितीय ही रहे हैं। कीर्ति के शंखघोष तथा उपेक्षा की भेदभरी चुप्पी के बीच डावाँडोल होते चले। ...नृत्य-भाषा में उनकी आंगिक तथा आहार्य देह है, क्लासिकल शिल्प-प्रतिमाओं की अनुकृति-जैसी। जीवन्त नृत्याभिनय में उनकी न कोई निर्धारित वेशभूषा, न मुद्रा-रीतियाँ, न थाप-गतियाँ। सभी कुछ विधि-विधान से परे और मुक्त। बहुधा उन्हें 'हवा में मोमबत्ती' की भाँति भी कहा गया।

अगर अन्ना पावलोवा उदय को नृत्य की दुनिया में ले आईं तो विलियम रोथेन्स टाइन कला की। उदय और अन्ना (जैसे नर्तक को) तथा ए.आर. रहमान और ओंकारनाथ ठाकुर (जैसे संगीतकारों) को भी यह सवाल उद्वेलित करता रहा होगा कि आखिर नृत्य और संगीत जैसी कलाओं में तो शुद्धता और सम्पूर्णता के विभ्रम में क्यों क्लासिकता का अक्षरश: अनुपालन होता रहा है जबकि चित्रकला, नाटक, शिल्प-कला और साहित्य में लगातार परिवर्तन तथा नवीनता की खोज होती रही है? उदयशंकर-मंडली द्वारा 1931 में पेरिस में प्रथम प्रदर्शन से अभूतपूर्व प्रशंसा तथा सफलता मिली। अत: नवीन राहों के अन्वेषण में उन्होंने अपनी संगीत-सहकारिता में भी तिमिर बरन, विष्णुदास शिराली, उस्ताद अलाउद्दीन खान, कवि सुमित्रानन्दन पन्त से कई साजों तथा छन्दों में प्रयोग कराए। ...उदयशंकर ने प्रदर्शनों में चमत्कारी दृश्यविधानों तथा रंगबिरंगे और चमकते-जगमगाते आहार्यों (वेशभूषा, गहने, मुकुट, उपकरण) आदि से मंच और मंडप पर अभिराम इन्द्रजाल फैला दिया। यह तकनीक युद्धोतर-काल में बुझने लगी और वे प्रसिद्धि के शिखर से नीचे घाटी में उतरते गए। अल्मोड़ा में उन्होंने 'सांस्कृतिक केंद्र' की स्थापना की। वहां भी अनुशासनहीनता तथा नैतिक शिथिलता छाती गई। चार वर्षों बाद वह भंग हो गया। 'कल्पना' फिल्म बनाई। वह भी इस शोमैन के बावजूद 'बॉक्स ऑफिस' में पिट गई। वे खुद भी प्रचंड आत्मसंघर्ष में जूझते रहे। वे परिवार से भी टूटते गए। सन् 1977 में आखिर इस शाश्वत महानायक का भी अवसान हो गया। मोहन खोकर के अनुसार, 'उस समय तक भारत की प्राचीन क्लासिकल शैलियों का अभ्युदय दोबारा हो रहा था। उनमें से प्रत्येक के जो तकनीक थे, वे उदयशंकर के तकनीक के मुकाबले ज्यादा जटिल थे। उनमें से प्रत्येक का समृद्ध नृत्यलिपि-विधान भी था। ...शंकर का तकनीक जानबूझकर केवल कुछ नई सीमित **गतियों** और **तालों** के प्रतिमानकों पर आश्रित था। इस तरह (शंकर का सामना) एक अतुलनीय, अति वैभवशाली तथा प्राचीन क्लासिकी विरासत से होने लगा।' (हिज डांस : हिज लाइफ, हिमालयन बुक्स, 1984)।

क्या उदयशंकर एक दर्शनी-व्यक्ति (शो मैन) थे? क्या उन्हें यह खयाल नहीं था कि वे बूढ़े भी होंगे और असमर्थ भी? क्या यह चिरन्तन महानायक रमणियों का सदासर्वदा सम्मोहन बना रहेगा? ऐसी पीठिका में दो अक्ष हैं—

(अ) उदयशंकर को **हाथों की भाषा** (हस्तमुद्राओं) का ज्ञान था किन्तु उनका भरपूर उपयोग नहीं कर सके। वे विलक्षण किन्तु आत्ममुग्ध नृत्यलिपिकार थे किन्तु बैले-कौशल का उन्नयन (भारत में) नहीं कर सके, यद्यपि उसमें भारतीय परम्परा का भी पुट शामिल था। उनका जो प्रशिक्षण-कार्यवृत्त था, वह गति-ताल-लय के परिष्कृत ज्ञान से गर्भित था। उसमें देहभाषा-विन्यास के पाँच घटक भी थे—प्रयोजन, निरीक्षण, अनुकृति, एकाग्रता एवं कल्पनाशीलता। वे **देह** और **मानस** की प्राक्-कल्पना के भी बानी थे। वह संलिप्त प्रकृति-प्रणयी भी थे—पक्षियों, पशुओं, हिमालय, नदियों से अनुप्रेरित। अत: उन्होंने संगीत की

तालों तथा प्रकृति की विभिन्न **गतियों** का जो समावेश किया, वह राग-रागिनियों से इतर तथा मुद्राओं से भिन्न था। यही उनकी नृत्य-देहभाषा का उत्कर्ष तथा अवपरिचयता (डिफेमिलियेरिटी) बना। देह और मानस की समरसता नहीं लागू हो सकी।

(आ) उदयशंकर का व्यक्ति तथा नृत्य—दोनों ही आद्योपान्त **देह-केंद्रित** रहे हैं। वे आत्ममुग्ध, स्वप्नद्रष्टा, देह-पूजक, देह-शिल्पी, अहंवादी, रोमांटिक बने रहे। ये सारे पक्ष देहभाषा-गर्भित हैं। सच भी यही है कि जो इनसान देवताओं का नृत्यांकन करता रहा, उसकी देह स्वयं एक देवता के जैसी थी : सुकोमल तथा स्वर्णिम—तदपि वह मृत्युंजय तो नहीं था। यह उसने स्वीकार नहीं किया। यही उसकी चिति (साइमी) का भी परा-पश्यन्ती अनिर्वचनीय रहस्य है। 'भारतीय शिल्प के देव तथा मानव प्रतिमाएँ ही उसकी नृत्य-भाषा तथा स्वयमेव देहभाषा के आंगिक-आहार्य आदर्श, प्रादर्श तथा प्रतिदर्श रहे। क्या वे ऐसे सौन्दर्योपासक थे? उनके दीर्घकालीन अमेरिकी मित्र सोल हुरॉक की साक्षी: उनकी देह का समानुपात शोभाशाली था। सुनहली त्वचा के नीचे सुकुमार मांसपेशियाँ। ...उनमें से एक (उनकी) सैक्स-अपील थी। यद्यपि मैंने इसको श्रेय नहीं दिया, तदपि उनके 'सार्वजनीन (बॉक्स ऑफिस) अभियानों में दिखाई देती थी।'

हुरॉक ने आगे यह भी अभिलेखित किया है कि उदयशंकर के दर्शक-समूह में कम-से-कम पचहत्तर प्रतिशत स्त्रियाँ ही होती थीं।

अतएव जो अवश्यंभावी था, वही इस/ऐसे व्यक्तिवादी, आत्ममुग्ध-अहंपूजक, अतिप्रचंड प्रतिभा के अतिरसिक महानायक के साथ हुआ। सचमुच वह हवा में काँपती लौ की देहभाषा, देह-कला की एक मोमबत्ती थे।

उदयशंकर तथा अन्ना पावलोवा

उदयशंकर

माता हारी (1876–1917) की नृत्य-देहभाषा के प्रयोजन, अपवाद, अद्वितीय, अतुल्य रहे हैं। सारांश में, उसके स्वच्छन्द नृत्याह्लाद तथा संतृप्त देह-विहार की परिणाति ऐसे व्यथानिमग्न संत्रास तथा त्रासदिक देह-विनाश (फाँसी) में हुई, आश्चर्य है!

जिस तरह गुफाओं के शैलचित्रों से प्रतीकायित होकर शिकारी मानव के मुखौटों से अंग-प्रत्यंगों की नृत्य-भाषा का उन्मीलन हुआ, उसी तरह आद्य प्रकृति में नग्नता की नैसर्गिक, सहज स्वच्छता, सरलता, शुद्धता, परिपूर्णता से नृत्य में नग्न-देह (का भी देह-भाषिक) सौन्दर्यबोध उद्घाटित हुआ है। इसकी प्रतिनिधि, प्रमाण तथा प्रतीक माताहारी मानी जा सकती है। प्रकृत क्लासिकता की वही ऐकल नृत्यांगना है। उसका फलागम (या क्लाइमेक्स भी) कथित सभ्य और आभिजात्य समाज में आधुनिक ग्रीक त्रासदी जैसा हुआ। उसने तो देह के सामाजिक व्यवहारों, मुद्राओं एवं गतियों की अवधारणाएँ ही उलट-पुलट डालीं।

मूलरूपेण मार्गरिथा ज़ेली नाम की इस डच (नीदरलैंड के ल्यूवार्देन में जन्मी) बालिका के वाल्दैन के बीच जल्दी ही तलाक हो गया। वह अपने एक धर्मपिता के पास रहने चली गई। वह किंडर गार्टेन स्कूल में एक अध्यापिका बनना चाहती थी किन्तु हेडमास्टर के दुराचरण से बचने अपने चाचा के पास रहने लगी। ...उन्नीस साल की उम्र में अपने से बीस साल बड़े रूडाल्फ मैकलियोड नामक शराबी डच फौजी से विवाह करके वह इन्दोनीसिया के पूर्वी जावा के मलांग में आ गई। दो सन्तानें हुईं। पति के कारण वे सूजाक से ग्रस्त हो गईं। यह विवाह हताशा में डुबा गया। पति को छोड़ा। भयानक मोहभंग में वह वान रीडेस के साथ रहने लगी। ...अब अक्लमन्दी से उसने इन्दोनीसिया की जावाई-बाली-केंद्रित नृत्य-परम्परा का अभ्यास शुरू किया। अब उसने अपना नाम इन्दोनीसियाई कर लिया—**माताहारी** अर्थात् सूर्यनेत्रा, अर्थात् सूर्या। ...अनजोड़ सम्बन्धों के कारण छब्बीस साल की उम्र में अलगाव तथा इकतीस साल की उम्र में दूसरा तलाक (1907) भी हो गया। इसके बाद उसके जीवन की ग्रीक ओडिसी शुरू हुई—पेनिलोपी नहीं वरांगना, हैलेन की भाँति।

पूर्णतः मुक्त एवं स्वतंत्र होकर 1907 में वह पेरिस आ गई। वहाँ लेडी मैकलियोड (अब तीसरा नाम, मैकबेथ नहीं) के नाम से एक सर्कस में अश्वारोहिणी कर्मी होकर घुड़सवारी के करतब दिखाने लगी। बस, इस अनुभव से उसने ताउम्र अश्व-पुरुषों तथा वृषभ-पुरुषों पर भी सवारी गाँठी, तथापि माताहारी के रूप में उसे सन् 1905 से ही शोहरत मिलने लगी थी। यूरोप में पूर्ववाद के अन्तर्गत एशिया, भारत, ईजिप्ट के प्रति रोमांटिक आकर्षण फैला था। सो, स्वच्छंद संभोगी एवं इश्कबाज़ माताहारी खुल्लम-खुल्ला अपनी देह का प्रदर्शन करने लगी। अब वह एक धनवान उद्योगपति एमील गूमे की रखैल बन गई।

इस अवस्था में पहुँचकर वह एक नारी-फान्तासी में जीने लगी। उसने फान्तासी को ही अपना जीवन-सत्य मान लिया। उसने घोषणा कर दी कि वह जन्म से एक हिन्दू-पुरोहित की बेटी है तथा जावा की राजकुमारी भी है। वह बचपन से ही पवित्र भारतीय मन्दिर-नृत्यों की समर्पित नृत्यांगना है। ...यह सब उसका विश्वास तथा दर्शकों का सच बन गया। ...अब वह स्वतंत्र, स्वच्छन्द और मर्यादाओं से विच्छिन्न थी। अब उसके कई मुद्राओं तथा मुद्राओं में कामोद्दीपक नग्न देह तथा बन्धों के फोटोग्राफ हर रसिक के प्रिय होते गए। ...वह कामकला-प्रवीणा नग्न नृत्यांगना बन गई। अब वह एक हिन्दू पुरोहित की जावाई राजकुमारी भी थी—बहुत ऊँची तथा रूढ़ियों से विमुक्त!

माताहारी ने नृत्यमंच पर **चिन्तामुक्त तथा कामोद्दीप नृत्यशैली** का अभियान चला दिया। अपनी नृत्य-देह के एक-एक वस्त्र उतारने की ललित-रसिक-उत्तेजक मुद्राओं और भंगिमाओं के साथ वह अन्ततः पूर्णरूपेण नग्न नृत्य करने लगी (मानो कोई कौलाचारिणी योगिनी हो)।

खुले पेरिस में ऐसी शैली का भी खूब स्वागत हुआ। एक नये मनोरंजन की यवनिका खुली। माताहारी का हिन्दू-रजवाड़ी उद्गम घोषित होने के कारण आभिजात्य-चक्रों में भी उसका स्वागत होता चला। वह आभिजात्य-समूहों की एक सफल नर्तकी हो गई। उसके नृत्य में अगर कोई वस्त्र देह में था तो वह रत्नों से जड़ी केवल कंचुकी तथा शिर-फूल तथा रत्न-लड़ियाँ थीं। हम इस परिस्थिति को निर्लज्जता तो नहीं, किन्तु 'ग्लानिरहित लज्जाहीनता' कह सकते हैं।

माताहारी

माताहारी

उसने इन्हें क्लासिकल (भारत-इन्दोनीसियाई) सौन्दर्यबोध का प्रतिमान बताया। उसकी नृत्य-देहभाषा के दो ध्रुवान्त हो गए—घोर ऐंद्रियिकता तथा प्रचंड कामोन्मत्तता। ...वह फौजी जनरलों, बड़े अफसरानों तथा प्रभावशाली नेताओं के समूहों की वांछा हो गई। वह प्रथम विश्वयुद्ध का समय था।

मुद्दा **देह** का है। उसकी देह के साथ इतनी धोखाधड़ी, अन्याय और खुदगर्जी हुई कि उसने देह को ही स्वतंत्रता तथा सफलता का साधन बना लिया और सफलता के शिखरों पर चढ़ती गई। उसने लज्जा, वस्त्र, शालीनता आदि से देह को विमुक्त कर लिया। उसका उपागम हुआ : देह, नग्न-देह! उसने देह के अंग-प्रत्यंग को तप्त बिन्दु बना डाला। उसकी हरेक निजी, स्वाभाविक, अकुंठ प्राइवेट स्थिति तक को मुद्रा एवं नृत्य गति मान लिया गया क्योंकि अनजानी वह भारतीय-जावाई थी। सो, हम इसे नृत्य के बजाय देह-खुमारी, देह-शोभा तथा देह-चुम्बकत्व और देह-छन्द का समग्र लास्य ही कह सकते हैं।

अन्तिम चरण में वह राजनीतिक षड्यंत्रों में फँस गई या फँसा ली गई। वह जर्मनी और ब्रिटेन-फ्रांस की दोहरी जासूस 'पाई' गई। गिरफ्तार हुई। मुकदमा चला। फ्रांस में फाँसी दे दी गई। किन्तु वह लगातार खुद को बेगुनाह बताती रही। ...अब उसकी मृत्यु के सौ वर्ष बाद सन् 2017 में उसकी अदालती कार्यवाही खोली जाएगी तब सच्चाई सामने प्रकट होगी। ...इस तरह वह फ्रांस में ही शताब्दियों के बाद दूसरे सन्दर्भों में—सन्तिन के बजाय नर्तकी रूप में—**जोन ऑफ आर्क** जैसी है। कई विचित्र समानान्तरताएँ हैं। माताहारी घुड़सवार भी थी। जोन को नंगा करके घोड़े की पीठ पर चढ़ाकर फाँसी के लिए अग्नि में झोंका गया था। जोन स्वयं को ईसा मसीह की सन्देशवाहिका जानती थी। माताहारी भी स्वयं को हिन्दू पुरोहित की बेटी एक जावाई राजकुमारी मान बैठी थी। जोन को योनिशुचिता की परीक्षा देनी पड़ी। माताहारी के लिए योनि सहस्र संभोग तथा समाधि की भग-वेदिका थी। दोनों का एक जैसा अन्त फ्रांस में ही हुआ। ...बाद में जोन एक सन्त घोषित हुई और सन् 2017 में माताहारी का सच क्या होगा—आप अपना अभिमत बताने को स्वविवेकी हैं ही। मैं क्या कहूँ, कहने को क्या रह गया है?

नृत्यांगना **सोनल मानसिंह** (1944—) कृष्ण की कृष्णा मानी जा सकती हैं— उनकी वैसी ही कालोत्तीर्ण सम्बन्धता है।

राजीव कटारा ने सोनल से एक साक्षात्कार (1997) में पूछा कि समृद्ध अतीत में जाकर वे किस एक से मिलना चाहेंगी—कृष्ण, राधा, द्रौपदी या कर्ण? तो उनका फुर्तीला जवाब था कि अगर किसी एक से ही मिलने की छूट हो—'तब कृष्ण से मिलना चाहूँगी। मुझे लगता है कि प्रेम तो सिर्फ कृष्ण से ही किया जा सकता है। और जीवन का नाम ही तो प्रेम है। अगर हमारे जीवन से कृष्ण को निकाल दें तो बचेगा ही क्या? हमारी संस्कृति के केंद्र में कृष्ण हैं। कृष्ण जैसा सन्तुलित नायक हमारे यहाँ है ही नहीं। कृष्ण की जो भी गति है, लय है, सम्पूर्ण है। कला, संगीत, साहित्य, आराधना किसी में से कृष्ण को निकाल दें तो 'रस' ही खत्म हो जाएगा। सूफियों तक ने कृष्ण के गीत गाए हैं।' बात ही ऐसी है कि वे महाभारत की नायिका द्रौपदी (कृष्णा) की प्रतिछवि अपने में देखती हैं। उनके लिए द्रौपदी उनके हेतु अभिनीत-नृत्यमूर्तिन पात्रा ही नहीं, बल्कि नारी की एक चिरन्तन धड़कन है जिसे जिन्दगी से अलग नहीं किया जा सकता। उन्होंने द्रौपदी (कृष्णा) से तादात्म्यीकरण कर लिया है। अब अपनी नृत्यनर्तित जिन्दगी में वे अनुभव करती हैं कि अकेले रहने का आनन्द ही कुछ और है—आप पूर्ण स्वेच्छापन्थी तथा स्वतंत्र हैं और घर एक मन्दिर है। वस्तुतः वे द्रौपदी से ही वैसा ही सहज

संवाद करती हैं जैसा कि उड़िया लेखिका ने अपने उपन्यास 'याज्ञसेनी' में किया है। वे नृत्यांगना-अभिनेत्री हेमामालिनी की तरह 'दुर्गा' का आत्माभिनय नहीं कर पाईं। ...हम जानते हैं कि सोनल मानसिंह भरतनाट्यम तथा ओडिसी की उत्तम नृत्यांगना हैं। उन्होंने बताया कि 'द्रौपदी के जीवन का सन्देश है—सतत कर्म करना। स्त्री को कितना कुछ अपमान सहना पड़ता है। फिर भी वह अपने कर्म में प्रवृत्त रहती है। पाँच पांडवों की ब्याहिता के रूप में उसे क्या-क्या नहीं कहा गया? कितने उलाहने दिए गए! युधिष्ठिर तक ने उस पर भेदभाव का आरोप लगाया लेकिन वही थी, जिसने पांडवों को एक रखा।'

एक यशस्विनी नर्तकी होने के साथ ही वे नारी-सशक्तीकरण तथा नारी-समानता की प्रतिरूप हैं। पूर्व राज्यपाल मंगलदास पकवासा की इस पौत्री का विवाह बाईस वर्ष की उम्र में ललित मानसिंह से हुआ और विच्छेद हुआ। फिर वे नरेन्द्र सिंह भाटी के साथ बिनब्याहे रहने लगीं और विवादों के बावजूद अलग हो गईं। अब वे बिलकुल अकेली रह रही हैं और विवादों से घिरी हैं। तदपि वे अनेकानेक रूढ़ियों को आज भी तोड़ती चली जा रही हैं।

नृत्य-मंच में उनकी प्रथम भरतनाट्यम प्रस्तुति सत्रह साल की अवस्था में बंगलूर के राजभवन में हुई जिसमें देविका रानी और गुरु मीनाक्षी सुन्दरम पिल्लै भी मौजूद थे। ...अब वे ओडिसी नृत्य को अपनी प्रमुख प्रतिश्रुति मानती हैं। 1964 में उन्होंने दिल्ली में अपना पहला बड़ा नृत्य-प्रदर्शन किया और फिर छाती गईं और शिखर छूती गईं। उन्हें इन्द्राणी रहमान ने पहचाना तथा प्रोत्साहित किया।

सोनल मानसिंह के नृत्य-चक्र में देहभाषा की अन्वीक्षा के कुछ आयामों पर ध्यान देना उचित होगा। उनको कई मोहभंग हुए हैं :

(क) विवाह हुआ, विच्छेद हो गया। बिन-ब्याहे एक पुरुष के साथ रहने लगीं (लिव-इन सम्बन्धता), वह भी विच्छिन्न हो गई। कोई परिवार नहीं बना, अकेली और एकान्त जिन्दगी में नारी-जीवन की विडम्बनाओं (आरनीज) तथा फूहड़ताओं (एब्सर्डिटीज़) से ही टकराती रहीं।

(ख) प्रेम और सैक्स और मधुरता के भाव लगभग क्षीण कुसुमित रहे [ओडिसी में नर्तित कृष्णलीला अपवाद हैं]।

(ग) उन्होंने नृत्य को भाव-धुरी से हटाकर बुद्धि-धुरी पर विचार-आचरण तथा सामाजिक चुनौतियों से जोड़ा।

(घ) पहले भरतनाट्यम, फिर ओडिसी नृत्य-चक्रों में 'नृत्य' की अपेक्षा 'प्रदर्शन' की प्रधानता पाई (चन्द्रलेखा को भी इसी विरोधाभास से जूझना पड़ा)। अतः सालों तक नृत्यायन के पश्चात् भी वे ही कथाएँ तथा कथाविचार, वे ही मुद्राएँ तथा भंगिमाएँ तथा वे ही गतियाँ तथा व्यवहार पैटर्न से उकता गईं।

अतएव उन्होंने एक प्रकृत-चिरन्तन-शक्तिमय नारीत्व का अनुसंधान किया। इसके लिए मिथक-कथाओं की नृत्यात्मक आलेखकारी में विद्रोहिणी नारी के बजाय आधिभौतिक प्रतीकात्मकता की ओर उन्मुख हुई। अतः **दौपदी** तथा **पंचकन्याएँ** द्रौपदी, कुन्ती, मन्दोदरी, अहल्या, तारा एवं (दश महाविधाएँ) उनके सोनलीय सन्दर्भ एवं पुनर्व्याख्या का उपागम हुईं। अतः नृत्यलिपिरचना (कोरियोग्राफी) एवं मंच-कथा (स्क्रिप्ट) का सामंजस्य, देहभाषा को सामाजिक आचरण तथा मनोवृत्तियों की बौद्धिकता से मथता गया।

समानान्तरतः उन्होंने प्राचीन भारत के इतिहास तथा संस्कृति का भी पुनरावलोकन करके उसके भव्य आयाम खोजने का स्वप्न देखा। 'मेरा भारत' में भारत की महानता के स्रोत समझाएँ।

सोनल मानसिंह

निष्कर्षतः 'नारी' और 'देश' उनकी नृत्य-व्याख्या के लक्ष्यशर हो गए। वे न तो क्लासिकल रह पाईं और न ही दक्षासेठ या चन्द्रलेखा या शोभना नारायण की तरह आधुनिकता स्वीकार कर सकीं। वे स्वर्णयुगों की यात्री तथा महामाता एवं महाशक्ति से समन्वित आदि नारी की प्रतिष्ठा में मुद्रा-भंगिमा के बजाय आचरण, व्यवहार, गतियाँ, अन्तर्द्वन्द्व को अवाचिक तथा सम्प्रेषित करने में पूर्णतः समर्पित हो गईं। उन्होंने अवसर-विपरीत वेशभूषा, अमर्यादित आचरण तथा नारी के आदिम पुनर्विवाह तथा प्रेमविवाह, समानता के अपहरण के विरुद्ध अपनी नृत्य-संदृष्टि तथा नृत्य-प्रतिबद्धता झोंक दी। वे प्राचीन तथा भव्य भारत से आधुनिक इंडिया में प्रदूषण, पर्यावरण-अद्यःपतन, क्षेत्रवार विखंडन, बाजारू अर्थ-रचना के बौद्धिक आघातों के कारण आत्मनिर्वासित (ऐलियेनेटेड) हुईं, अन्तर्मुखी (इन्ट्रोवर्ट) हुईं तथा अकेली होकर आत्ममुग्ध होती चली गईं। अलबत्ता मिथकीय तथा क्लासिकल परिवेश में उन्होंने नृत्याभिनय द्वारा समकालीन मुद्दों को आक्रोश और अधोगमन की महावृत्तियाँ भी अपनाईं, तथापि वे शान्त, सन्तुलित और सुदृढ़ होकर पुरुष-वर्चस्व के विरुद्ध नारी-सशक्तीकरण, नारी-समानता, नारी-भव्यता तथा नारी-शक्ति की रिनैसाँ-मूर्ति गढ़ने में आजीवन समर्पित हो गईं। अतः नारी-देह ही उनकी चिरन्तन (नारीत्व-) देहभाषा है। निष्कर्षतः वे मर्यादावादी, सुधारवादी तो हैं, किन्तु रूढ़िवादी तथा पुनरुत्थानवादी कतई नहीं। उन्होंने नृत्य की एस्थेटिक्षा को मनोरंजन के बजाय आन्दोलन तथा सांस्कृतिक पुनर्जागरण से जोड़ा है। वे एक विलक्षण नृत्यांगना हैं। ऐकल ही हैं।

पंच-कन्याओं का ओडिसी—भरतनाट्यम में प्रस्तुतीकरण : 1995
[व्यावहारिकता तथा मनोदृष्टियों के परिवर्तन द्वारा नारी-सशक्तीकरण की कोरियोग्राफी]

नृत्यांगना **चन्द्रलेखा** (1928–2006) ने मिथक, तंत्र और यंत्र के आर्केटाइपल प्रतीकों द्वारा नृत्य की देहभाषा को समायोजित किया है। हमें उनकी **नृत्यलिपि-रचना** (कोरियोग्राफी) का मूलाधार यही प्रतीत होता है। उन्होंने इस भाँति क्लासिकता के घेरे में रहकर भी यथातथा प्रस्थान किया है। इसका सैद्धान्तिक व्याकरण क्या है ? वे इस क्षेत्र में अप्रत्याशिततया संलिप्त होती गईं।

यह नृत्य के निर्धारित रंगमंच की सीमा में एक प्रदर्शन की ऐसी आलेखकारी है जो एक भव्य-उचित दृश्यविधान (स्पेक्टेकल) की तथा एक ताल-थाप (रिद्म) की सिरजना करे, जो अन्तर्निहित नाटकीयता को भी उजागर कर सके। ...तो क्या नृत्यलिपिरचना नाट्य का

उल्लंघन करके ही आगे बढ़ सकती है ? हमें देह और परिधान-प्रतीकों को साथ-साथ रखना ही चाहिए। यही चन्द्रलेखा का उद्देश्य रहा है। इस तरह नृत्य एवं नाट्य (तथा संगीत और काव्य) का चतुरंग ही एक 'सम्पूर्ण नृत्य' (टोटल डांस) की निर्मिति कर सकता है। स्वाभाविक रूप से इसमें आंगिक तथा आहार्य आयाभा अर्थात् देह-देह-परिधान की प्रमुखता हो जाती है। चन्द्रलेखा तो नृत्यांगना भी हैं और नृत्यलिपि-रचयिनी भी। अत: उनके लिए नृत्य एक मंजिल की अपेक्षा खोज रहा है। उन्होंने भरतनाट्यम में प्रदर्शन के बजाय नर्तन को वरीयता दी है। इसी दिशा में उन्होंने **महाकाल** नामक नृत्य-नाट्य की भव्य संरचना की। वे 'अंगिका' से 'महाकाल' तक प्रस्थान करती आ रही हैं। अगर अंगिका में 'दिक्' की तलाश थी, तो महाकाल में 'काल' की। दोनों की धुरी देह रही।

सो, हम पहले उनकी **देह** विषयक अवधारणा को ही समझें—चेतन तथा अवचेतन में।

कई साल पहले वे उज्जैन के महाकालेश्वर मन्दिर में दर्शन करने गई थीं। प्रदक्षिणा करते हुए जब वे 'लिंग' के बिलकुल समीप पहुँचीं तो उनके अवचेतन में उस तक पहुँचने तथा उसका प्रगाढ़ संस्पर्श करने की उद्दाम लालसा बेचैन हो उठी। उनके ओठ अरुण से ताम्रवर्ण होकर सूखने-से लगे। ...वे इस उद्दाम आवेग के वशीभूत हो गई थीं (अवचेतन का यह नारी-इदम् वर्षों बाद 'महाकाल' नृत्य-नाटिका में पल्लवित-पुष्पित हुआ)। प्रकारान्तर से उनका चेतन उद्दीप्त हुआ। उन्होंने आत्मप्रक्षेपण किया कि शताब्दियों पहले ठीक इसी स्थल पर एक 'पुरुष'—सम्राट विक्रमादित्य—भी आए थे। सो, नारी चन्द्रलेखा ने लिंगरूप शिव और पुरुष-विक्रमादित्य के माध्यम से मानो 'काल को छू लिया'। यह उनका 'काल का ऐंद्रियिक अनुभव' था (बकौल उनके)। वे इससे मदमत्त हो गई थीं। सब कुछ भाषा के परे घट रहा था।

नृत्यांगना ने देह का जो मनस्तात्त्विक (साइकी-परक) आत्मान्वेषण किया, उसके अनुसार, ''मैं 'अंगिका' नृत्य-नाटिका में स्वतंत्रता-आन्दोलन के सामाजिक अभियान को मंडी के अर्थतंत्र तक प्रस्तुत कर रही थी तब......ज्योंही मैंने अन्य नर्तकों के साथ काम करना तथा 'दिक्' (स्थान) का अनुसन्धान करना शुरू किया, तब ग्राफिक कलाओं की मेरी पृष्ठभूमि सक्रिय हो उठी। संग-संग काव्य, सम्मूर्ति शास्त्र, वास्तुशास्त्र की मेरी समझदारी भी सचेत हो गई। ...मेरा सरोकार वही रहा—देह, उसकी रहस्यमयता, उसके गुप्त तत्त्व, अथच उसकी निहित क्षमता का कैसे उन्मीलन किया जाए कि वह ऊर्जा उत्पन्न करे, न कि उसका क्षरण। ...मैं देह के खंड-खंड-विखंडन में विश्वास नहीं करती। यही जीवन पर भी लागू होता है। मैं जो प्रयास कर रही हूँ, वह मेरी गतियों में उपागम की साधना है। यह देह को उस आधार-वाक्य (प्रेमिस)पर आधारित है कि देह पूर्णेक की भाँति है, एक संश्लिष्ट दिक्-प्रभाग है। मैं देह को एक संस्रोत के रूप में देखती हूँ, संक्षेप में, एक सहेली के तौर पर।'' इस प्रकार वे वाचिक और आहार्य की अपेक्षा आंगिक...अर्थात् देहभाषा में घनीभूत समाती गई हैं। उन्होंने **दिक्** (स्पेस) की यह गहरी छानबीन करके **देह** पर प्रक्षेपित किया, फिर उसे सारांशीकृत काल अर्थात् **क्षण** से संयुक्त कर दिया। यही उनका देहभाषा-सूत्र कहा जा सकता है।

उन्हें समझ में आ गया कि जब नृत्य में सृजनात्मक तनाव अनुपस्थित हो तब वह आवृत्तिपरक प्रदर्शन (परफार्मेंस) मात्र बनकर हतोत्साहित करता है। वह महज आवृत्तिमूलक डिज़ाइन बनकर चुक जाता है। इसी बोध के कारण उन्होंने ('महाकाल' में भी) कामातुर तथा आध्यात्मिक, शिवलिंग तथा रचनाशक्ति को एकात्म किया। इसीलिए वे भरतनाट्यम, योग, कलारीपयात्तू आदि के शब्दकोशों के पारिभाषिकों के ढेर इकट्ठा करने से प्रयाण करती गईं। इसीलिए वे प्रतिपक्षीय-सांस्कृतिक उत्सवा भी मानी जाने लगीं और क्लासिक जगत् में

चन्द्रलेखा

'महाकाल' नृत्य-नाटिका

अराजकधर्मी भी मानी जाने लगीं। इसीलिए उनकी देहभाषा की अनुभवी सृष्टि अगमड़ी तथा निर्द्वन्द्वचारिणी है। उनका दिक् और देह का फिलसफा यह है।

कालचक्र में 'शिवलिंग' का देहात्मालिंगन करने के पश्चात् वे 'महाकाल' की अवधारणा का समुपरंजन करती हैं। जयपुर-यात्रा में 'जन्तर-मन्तर' में एक ज्योतिषी से वार्ता करके वे आज और अभी तक पुनः लौटकर, तब और तभी में, उसी आज और अभी की खोज को 'युग' के रूप में अभिज्ञात करती हैं। काल अनन्त है, अनादि है। अतः क्षण के किसी भी **बिन्दु** से काल शुरू हो सकता है, देह के किसी भी अंग की किसी भी नई मुद्रा-भंगिमा में दिक्-काल का मिथुन रचा जा सकता है। यही उन्होंने किया। एक अन्य मौके पर उनकी सखी प्रिया देवी ने 'आदिशेष' की मिथक को अवकूटित करके उस प्राक् आदिम सर्प को सहसा दृश्यमान तथा आधिभौतिक के बीच, कामुकता तथा समाधि के बीच महाकाल समझाया। अब चन्द्रलेखा ने क्षण तथा महाकाल की, देह तथा महामुद्रा के तंत्र की अवाचिक भाषा की अभिनीत प्रोक्तियाँ प्रस्तुत-प्रदर्शित कीं वे दिक् के एकरेखाक वृत्तान्त तथा परत-दर-परत निदर्शन से परे क्षणिक काल के महाकाल को तथा देह की देहोत्तीर्णता को प्रस्तुत करने लगीं। उन्होंने इसके पाँच अनुक्रम बताए—

(i) आदिशेष का कुंडलन और लहरान,
(ii) वृत्त (सर्किल) के ज्यामितिक संरूप : शंखवत् एवं कर्ण-कुंडलिनी (हेलिक्स परक),
(iii) हिंसाग्रस्त इतिहास के विध्वंस के ऊपर भी मानव के बैकुंठी प्रेम की विजय,
(iv) अपने तांडव-नृत्य द्वारा शिव कालसर्जक (महाकाल) तथा काल-तिरोभूतक (भूतनाथ), और
(v) क्षण (के बिन्दु) में कालातीत प्रहर का आयत्तीकरण।

इस तरह यह पंचक क्षण-कण-देह का त्रिक है जो चन्द्रलेखा का तंत्र-यंत्र भी है। वे देहभाषा, मुद्रा, भंगिमा, भावना, अभिनय आदि के प्रति दिग्दर्शनगामिनी होती गई हैं।

*क्लासिकता से प्रस्थान करने की कड़ी में **दक्षा शेठ** भी हैं*

लगभग अठारह वर्षों तक कथक-नृत्यांगना दक्षा सेठ ने क्लासिकी नृत्यों में लम्बा प्रशिक्षण लिया। बिरजू महाराज से कथक, मयूरभंज में गौर कृष्णचन्द्र नाइक से छाऊ, सीवीएन कलारी तथा सन्तति सत्येन से त्रिवेंद्रम में कलारीपयेत्तू सीखा। इसके बावजूद उनमें कुछ अपनी मौलिक रचना करने की महत्त्वाकांक्षा थी। केरल की यौद्धेय नृत्य-कला में बहुत कम स्त्रियाँ अनुरक्त होती हैं। दक्षा को इससे बड़ी शक्ति मिली तथा अपनी **देह के प्रति** अधिकाधिक सतर्कता भी। इसी वजह से अपने नये प्रयोग में उन्होंने बैले-नृत्य शैली का भी समावेश करके तहलका मचा दिया। एक बैलेरीना के चुस्त लिबास को पहनकर उन्होंने पुरुष नर्तक के साथ **सर्पगति** नृत्य की लिपि-रचना (कोरियोग्राफी) कराई—देवीस्सोरी के द्वारा। वे उनके पति (शायद आस्ट्रेलियाई) हैं।

मुम्बई में सर्पगति की प्रस्तुति के बाद उन्होंने पता किया कि क्या खजुराहो-नृत्य महोत्सव (1997) में भी उसे प्रदर्शित किया जा सकता है? वे चाहती थीं कि किसी दिन बीच में यह नृत्य आयोजित हो। लेकिन कार्यवृत्त की योजना में यह महोत्सव के पहले दिन में पहला नृत्य रखा गया। चन्देलों के देदीप्यमान मन्दिर-समूह के सामने के मुक्ताकाशी मंच पर दक्षा ने अपनी मंडली के साथ 'सर्पगति' को प्रस्तुत किया। यदि चन्द्रलेखा ने 'महाकाल' को आदिशेष के सर्परूपक से प्रस्तुत करके 'क्षण' तथा 'देह' को एक बिन्दु (दिक्) में संस्थित किया तो

दक्षा सेठ ने मूलाधार–चक्र के काम–तांत्रिक कूट से 'सर्पगति' में वीरयोगी तथा कुंडलिनी के बन्ध द्वारा संभोग और समाधि और आनन्द को एकात्मक कर दिया। दोनों के उत्प्रेरक सर्प एवं देह हैं।

एक जबर्दस्त धमाका–सा हुआ। बैले–नृत्य के युगल (पुरुष–स्त्री) नर्तन में प्रबलता, तीव्रावेग, विद्युत–गति तथा एक्रोबेटिक मुद्राओं ने दर्शकों को स्तब्ध, अवाक्, वशीकरण में बाँध दिया। वस्तुतः तकनीक की दृष्टि से यह बैले–नृत्य की युगल अदाकारी तथा यौद्धेय कलारीपयेत्तू नृत्यशैली का करिश्मा था। बिलकुल ही नया तो था ही, साथ ही इसे दुस्साहसिक, घोर ऐंद्रियिक तथा विप्लवी माना गया।

सबसे पहले एक भ्रान्ति का निराकरण हो जाए। योग के आसन एकल तथा स्थिर तथा सन्तुलित होते हैं। नृत्य तथा काम के आसन प्रायः युगल, गतिशील तथा ललित होते हैं। दक्षा ने जिन तीन **चक्रों** का संकेतन किया है, वे **योग** के न होकर **तंत्र** के हैं, यद्यपि दोनों में ही एकैक नामकरण हैं—मूलाधार (जीवन), स्वाधिष्ठान (नियम) तथा मणिपूर (विवेक)। यह देहभाषा का विभ्रम है।

काल–विपर्यय से नृत्य–चक्र शुरू होता है। श्री (तिरु) अनन्तपुरम् में विशाल वटवृक्ष के नीचे सर्प की बांबी है। एक योगिनी आकर उसके नीचे हलकी कुमकुम बिखेर देती है। तुरंत 'सर्पगति' शुरू हो जाती है—नाग एवं नागिन की कुंडलित महालीला महारास। सब कुछ मिथुन–मूर्तियों के सामने खुल्लम–खुल्ला! यह देहभाषा का भी ऐसा प्रयोग रहा जिसमें योग, काम, सौन्दर्यबोधशास्त्र, तंत्र, नृत्य का अनूठा प्रपानक था।

मुक्ताकाश नृत्यमंडप में दक्षा तथा नर्तक (नाग–नागिन) के साथ–साथ मंडली के अन्य नर्तक वृन्द भी एक लय–ताल, थाप–गति के साथ अतींद्रिय ऊर्जा में नृत्य–रचना का विधान कर रहे थे। वे उछल रहे थे, रेंगे रहे थे, लहरें ले रहे थे तथा मूल सर्प–युगल (कुंडलिनी शक्ति के जाग्रत हो जाने पर) कुंडलित रस्सी में बँटकर संभोग की मुद्रा में अतींद्रिय हो गए थे। संभोग में समाधि और योग की अद्वितीय भावमुद्राएँ उभर रही थीं। दोनों ही देह के सभी तप्तस्थल (जननेंद्रिय, ऊरु, जंघा, नितम्ब, नाभि, वक्ष, ग्रीवा, स्कन्ध–सन्धि) आदि धधक उठे थे। वे सभी देहोत्तीर्ण हो रहे थे।

दक्षा आद्योपान्त निस्संग थीं। उनका लक्ष्य दूसरा ही था—'मैंने क्लासिकल नृत्य में प्रशिक्षण लिया है और वह निरन्तर है। किन्तु यह मेरे कृतित्व की पूर्णरूपेण मौलिक व्याख्या है।' इस तरह एक समकालीन, लेकिन विवादास्पद परिवर्तमान नृत्य–शैली का जन्म भी हुआ।

'सर्पगति'–नृत्य : दक्षा सेठ एवं मंडली (खजुराहो–नृत्य महोत्सव : चैत्र, 1997)

लगता है कि दक्षा बैले की विद्युत-गतिकी तथा छाऊ की अनाम-अनपहचानी देहभाषा, दोनों से अभिभूत रहीं।

क्योंकि यहाँ योग-तंत्र के निचले तीन चक्र—संभोग-समाधि, कुंडलिनी (सर्पिणी) का जागरण तथा देहांग-भेदन के अन्यापदेश इंगित हैं, इसलिए कुछ दर्शकों ने इसे जघन्यरतिक (पोर्नोग्राफिक), अर्धवस्त्राच्छादित (अश्लील), अभारतीय (बैलेरीना जैसा लिबास) होने तक के आक्षेप लगा दिए। अब इस मुद्दे पर हमारे देहभाषा-रसिक पूजक अपना बेहतर विवेकाधीन निर्णय ले सकते हैं। हम तो मूल की ही कद्रदानी करेंगे, तथापि हम भी अपनी ओर से तंत्र-यंत्र, काम-समाधि पर कुछ देह-भाषिक प्रोक्तियाँ अवश्य देने की इजाजत माँग लेते हैं, साहिबा हुजूर से।

यह सच है कि **बोलने** के लिए सिर्फ वाणी की जरूरत होती है लेकिन **चुप रहने** के लिए वाणी एवं विवेक—दोनों की जरूरत होती है। यह देहभाषा भी मध्यमा-पश्यन्ती का गोधूलि-क्षेत्र है। मौन रहने पर ही मुद्राओं एवं भंगिमाओं का उद्‌भव प्रचुर तथा 'मुखर' होता है। ये मुद्राएँ नये नृत्य में तो प्रकरण, परिस्थिति/प्रतीक-अभिप्राय, परिप्रेक्ष्य-मनोरथ से संयोजित होती है। ये वाणी के मौन की पूर्ववर्ती उत्प्रेरक हैं।

ओशो रजनीश से ही श्रीगणेश करें। वे 'संभोग के आनन्द को काम की चरण परिणति बताते हैं, किंवा विषयानन्द ही ब्रह्मानन्द-सहोदर है। अतः खजुराहो के मन्दिर में जो काम-मूर्तियाँ हैं, उनमें आध्यात्मिक काम की झलक है। संभोग के समय में मनुष्य उन क्षणों के लिए स्वयं को भूल जाता है। अतः अहंकार-शून्यता एवं समय-शून्यता ही काम-समाधि की स्थितियाँ हैं। अतः विषयानन्द की उपेक्षा नहीं की जा सकती। वह पूर्वरूप है, संस्तुत्य है और ब्रह्मानन्द की प्राप्ति का प्रेरक है।' अतएव दक्षा सेठ की सर्पगति की लक्ष्य-कुंडलिनी यह है।

शाक्त तथा तांत्रिक 'सर्पगति' में देह-विद्युत् तथा देह-चुम्बक द्वारा ऊर्ध्वगमन होता है—तांत्रिक मूलाधार चक्र के बीज-बिन्दु से वक्ष के मणिपूर चक्र के अमृत तथा मद-पान तक। शाबास, दक्षा! तुमने करिश्मा कर डाला!

अब और आगे—

वज्रयानी तंत्र के अनुसार, प्रजनन (स्त्री) तथा उपाय (पुरुष) जब **युगनद्ध** सम्पर्क में देहांगों के समस्त तप्त स्थलों एवं बिन्दुओं को छूते हुए (कुंडलित होते हुए) एक-दूसरे को पूर्णालिंगबद्ध करते हैं तो यह 'बन्ध' दोनों विपरीत शक्तियों की दृढ़ता तथा एकात्मता का परिचायक है। अतः शिव पुरुष में एवं पार्वती नारी में प्रक्षेपित होते हैं, किंवा शिव शुद्ध चेतना का तथा पार्वती समस्त गति-सम्बन्धी-सांसारिक मुद्रा-शक्तियों का नारी-रूप हैं। अतः दक्षा के सर्पगतिक रतिचक्र महोत्सव में चेतना एवं शक्ति की अवाचिक युगनद्धता है। इसका कुंडलिनी-लक्ष्य मानव-शक्ति का संवर्धन है ताकि देह में अचेतन अवस्था में सुषुप्त कुंडलिनी को संरूपी चेतन-पुरुष में समाविष्ट कर दें। इसी उद्‌देश्य को नृत्य द्वारा क्रियान्वित करने हेतु दक्षा सेठ-मंडली ने अनेक शक्ति-मुद्राओं तथा देह-गतियों एवं भावों के आकार के लिए 'तांत्रिक योग-आसनों' का सहारा लिया है। कारण कि द्वैत में अद्वैत (एकता) के सिद्धान्त के तांत्रिक-कारण से ही खजुराहो के मन्दिरों में शिव तथा गौरी, विष्णु तथा लक्ष्मी आलिंगन-बद्ध हैं। इसके साथ-साथ ही सुर-सुन्दरी, योगिनी और नायिकाओं के साथ 'मैथुन' के आसनों को शिल्पांकित किया गया है। कारण कि मैथुन का सर्पिल तात्पर्य भी तो शिव-शक्ति के आनन्द को देहभाषा में आलेपित करना है। अतः कंदरिया-महादेव तथा पारसनाथ के मन्दिरों में कठोर-कोमल हाव-भावों के मिलन से आनन्दोद्‌भव दर्शाया गया है। इस शारीरिक मिलन में पुरुष को पशुरूप में न दिखाकर वीर रूप

में शिव के समरूप दिखाया गया है। अतः दक्षा सेठ ने तांत्रिक बोध से आनन्द को योग का रूप दिया है : संभोग की अग्नि में कुंडलिनी-आहुति द्वारा बुराई-रूपी घी डालकर सुषुम्ना (मणिपूर) का उर्ध्वगमन कराया गया है। कूट को आगे खोलें : 'अकुल' शिव के चित्त तथा 'कुल' शक्ति से जो 'कौल मार्ग' बनता है—वही सचेत ऊर्ध्वलिंग शिव की संचेतना है (मैंने दो दशकों पहले विदिशा क्षेत्र में उत्थित लिंग शिव-पार्वती की एक दो मूर्तियाँ देखी थीं। बाद में तस्करी द्वारा उन्हें विदेश में बेच दिया गया लगता है)। अतः यह उच्चरत धरातल पर 'कमल' और 'कुलिश' की कूटात्मक युगनद्धता ही तो है।

दक्षा सेठ ने नृत्य-नाटिका में 'आसन' के सरलतम मार्ग के बजाय शंखाकृत 'कुंडलिनी-बंध' के पैटर्न अपनाए हैं। शायद वे अपने नाना शैली के नृत्याभ्यासों से यह जान गई हैं कि शान्त 'पद्मासन' में बैठने वाला योगी नहीं ही होता। कामयोगी भी तो इसके संशोधित कामशास्त्रीय युगल संरूप 'इन्द्राणी आसन' में समाधिस्थ होता है।

निष्कर्ष यह है कि योग-तंत्र की आनुष्ठानिक तथा रहस्यात्मक शाखा में संभोग को ही महाचैतन्य का मार्ग माना जाता है। इसमें यथासम्भव वासनाओं को पूर्णरूपेण स्वीकार किया जाता है क्योंकि इसका मूलाधार नर-नारी-द्वैत से शिवशक्ति अर्थात् योगी-भोगी के अद्वैत की एकात्मकता है। नाग-नागिनी की कुंडलित 'सर्पगति' के नृत्य-महोत्सव से महत् उदात्त प्रदर्शन और क्या हो सकता है, वह भी खजुराहो के मन्दिरों के उन्मुक्त प्रांगण की साक्षी में? इसी 'समरसता' को 'सर्पगति' से सिद्ध किया है।

दो देशी अथवा देशी-विदेशी नृत्यरूपों की जुगलबन्दी

उदयशंकर ने बैले तथा संयुक्त भारतीय नृत्यशैलियों की जुगलबन्दी से शुरुआत की। बाद में क्लासिकी परम्परा में चन्द्रलेखा तथा दक्षा सेठ ने बैले और आपेरा की, भरतनाट्यम तथा कथक से जुगलबन्दी की है।

प्रताप पंवार की तरह **शोवना (शोभना) नारायण** ने कथक, बैले तथा स्पेनी फ्लेमेन्को की त्रिगलबन्दी का प्रयोग किया (वे बिरजू महाराज तथा कुन्दन लाल की शिष्या हैं)। ऐसे प्रयोगों को **नृत्य-नाटिका** कहा जा रहा है। शोवना (या शोभना) अपने मौलिक तथा भावपूर्ण प्रयोगों के साथ भावलालित्य और वर्तमान समाज की चुनौतियों को भी जोड़ रही हैं (विवेकानन्द का मोक्ष)। 'दि डॉन आफ्टर' (भोर के उपरांत) में उन्होंने वियना बैले के एकल नर्तक क्रिश्चियन रोवनी तथा कोलम्बिया की फ्लेमेंको-नर्तकी डारियो अर्बोलेडा के साथ भारत-आस्ट्रिया-स्पेन की संस्कृति का मेल भी कराया (1994)। त्रिआयामी नृत्यनाटिका में बाह्य तथा आन्तरिक, भौतिक तथा आध्यात्मिक मानवीय अन्तर्द्वन्द्व एवं संघर्ष को उभारा गया है। लक्ष्यशर है, समन्वय तथा समरसता। विशेषता तो नृत्यत्रयी में प्रस्तुतीकरण की है क्योंकि इसमें एकसमान नृत्य, गतियाँ, सरोकार तथा उद्देश्य हैं। इससे 'विश्व-एकता' का दिक् (स्पेस) द्वारा भी विस्तार होगा।

शोवना नारायण की अगली कड़ी में रंजना श्रीवास्तव ने 'तंत्र-मंत्र-यंत्र इन डांस' (डी.के. प्रिंटवर्ल्ड, 2005) में कथक नृत्य को केंद्र में रखकर उसे **तंत्र** के अन्तर्गत **नाद** के स्वर को बिम्बायित करनेवाले, **मंत्र** के अन्तर्गत अर्थविहीन वर्णाक्षरों से उच्चारित-संचारित होने वाले तथा **यंत्र** के अन्तर्गत एक कलासंरूप में अपनी संगठना (कम्पोजीशन) करनेवाले के रूप में विवेचित किया है। यह ध्यातव्य है कि तंत्र-साधना में केवल छह चक्र हैं, जबकि संगीत-साधना में सारंगदेव-सम्मत दस चक्र हैं। अभिनवगुप्त के 'तंत्रालोक' में भी शक्ति का स्वरूप नृत्त-सार (ताल युक्त नर्तित सार) है।

पद्मिनी चिट्टूर

चन्द्रलेखा की धारा में नये प्रयोग करने वाली पद्मिनी चिट्टूर हैं। उनकी नृत्यलिपि-रचना के प्रयोगों में मुद्राओं का शब्दभंडार है तथा नृत्यगतियों में काव्यात्मक विन्यास है। उन्होंने भी क्लासिकी नृत्य को समकालीन आयामों में मोड़ा है जिससे नृत्य का मुद्राभंडार, देहगति-विन्यास आदि समकालीन **व्यंजना** का समाहार करते हैं। उनकी एक डच प्रशंसिका, एम्सटर्डेम-मूल की, एवं भरतनाट्यम की नृत्यांगना, सास्किया कर्सेनबूम मानती हैं कि **समकालीन नृत्य** ऐसी कलाविधा हो गई है जो राष्ट्रीय सीमान्तों से विमुक्त होने के कारण एक वैश्विक परिप्रेक्ष्य का आयत्तीकरण कर रही है।

पद्मिनी चिट्टूर : निज पथगामिनी

नृत्य-देहभाषा के नजरिए से बैले नृत्य की देह में रेखाओं तथा छलाँगों का अभ्यास होता है, जबकि कथक देह में बंकिमताएँ (कर्व्स) तथा गोलाकार बंध होते हैं। कथक में ताल (रिद्‌म) धुरी है और फ्लेमेंको में भी यही है। कथक में घुँघरूओं की झनक-झनक है और फ्लेमेंको में जूतों की ऊँची एड़ियों की धक्-धक्! तथापि दोनों ही नृत्यविधाओं में नर्तक की **देह** तथा **मुद्राओं** की बखूबी वैयक्तिकता संश्लिष्ट होती है। दोनों ही विधाओं में **देह** का विस्तार नृत्यमंडप से मंच के अभिनय-मंडल तक अर्थात् दोनों 'दिकों' के एकतान व्यापार में होता है। इसी तरह पश्चिमी बैले और स्पेनी फ्लेमेंको की एक जैसी गतिमय व्यासभूमि है। शोवना के इस क्रान्तदर्शी प्रयोग में ज्वाला प्रसाद ने संगीत, सीरत नरिन्दर ने वेशविन्यास, प्रकाश-संयोजन हरीश जैन एवं राजकुमार ने तथा नृत्यलिपिरचना स्वयं शोवना नारायण ने की है। ये सभी नृत्य-देहभाषा के उत्प्रेरक होते हैं। नृत्य-देह का प्रदर्शन इन्हीं के पारम्परिक सहकार से पूर्णकाम हो सकता है [संगीत में रविशंकर के सितार तथा येहूदी मेन्यूहिन के वॉयलिन की जुगलबन्दी भी इसी तरह विश्वप्रसिद्ध रही है। कोमला वर्धन ने भी भरतनाट्यम एवं चित्रसूत्रम की तथा तमिल-हिन्दी-अवधी की मिलीजुली नृत्य-चित्र तथा भाषिक समरसता निष्पादित की।]

शोवना नारायण

समूह-बन्दी वाले नृत्य की देहभाषा

‘ओ, ननदी के वीरा!’—दस गजा घाघरा पहने हरियाणवी लोक नचनियाँ

नर्तित मिथुन की देहभाषा

कुछ प्रतिभाशाली तथा साहसी नर्तक-दंपती के युगल-नृत्य वस्तुतः अभिनव मिथुन नृत्य और उससे भी अन्तरंग **युगनद्ध नृत्य तंत्र** की कोटि में उत्कर्ष प्राप्त करते हैं।

इनकी संयुक्त मुद्राएँ-भंगिमाएँ नाट्य-चक्र की 'करण' तथा 'अंगहार', भ्रामरी, मयूर, गरुड़ आदि जैसी गतियाँ मानो दोनों को अन्तर्लीन कर लेती हैं। यह प्रतीत होता है कि नृत्यांगनाएँ यक्षिणियाँ तथा नर्तक गन्धर्व जैसे हो गए हैं : मिथुन-बंध में। क्योंकि दोनों की देहभाषाएँ समताल-समथाप होने के साथ-साथ निर्द्वन्द्व, अकुंठ, सहज, स्वाभाविक, अन्तरंग, रहस्य-राग-रंजित, पूर्णकाम तथा पूर्णरूपेण समरस हो जाती हैं। यह भी लगता है कि वे खजुराहो-कोणार्क-पुरी की ही जैविक छायामूर्तियाँ हों—कुछ दम्पती—

उदयशंकर—आमला शंकर......बैले
प्रथम पंवार—प्रिया पंवार...कथक
रघुनाथ पाणिग्रही—संयुक्ता पाणिग्रही......ओडिसी
राजा रेड्डी—राधा रेड्डी......कुचिपुड़ी
जयरामाराव—वनश्री......कुचिपुड़ी
नरसिंहाचारी—वसन्तलक्ष्मी......भरतनाट्यम
आनन्द शंकर—तनुश्री शंकर......स्वतंत्र प्रयोग।

प्रताप पवार और उनकी पत्नी प्रिया पवार : कथक

नरसिंहाचारी और वसन्तलक्ष्मी : भरतनाट्यम

जयरामाराव और वनश्री : कुचिपुड़ी

क्या 'सालसा' नाचें ?

राजा और राधा : कुचिपुड़ी

नर्तक दम्पती—राजा राधा रेड्डी : कुचिपुड़ी नृत्य

अध्याय : बाईस

संगीत की देहभाषा

(क) भारतीय चारित्र्यचक्र में कालपुरुष, वास्तुपुरुष, चित्रपुरुष, काव्यपुरुष-साहित्यवधू, काव्य-रमणी आदि के महारूपक ही शास्त्रधुरी रहे हैं। संगीत में ऐसा सांगरूपक न होकर **राग-रागिनी के परिवार** हैं। अत: वे सामरूपकात्मक हैं।

मिथकयान में भारतीय संगीत के स्वर नटराज **शिव** के डमरू से उद्‌भूत हुए और वे पशु-ध्वनियों की अन्योक्ति हैं। इसी के अनुषंग में मुनि **नारद** (वीणापाणि सरस्वती के जैसी) वीणा का धारण करके देवताओं के ज्योतिषी की भूमिका निभाते हैं। ग्रीक सभ्यता में ज्ञानदेवता **अपोलो** 'लायर' वाद्य के साथ सक्रिय है। अतिप्राचीन ईजिप्ट में भी विवेक का देवता **थोट** विवेक, शिक्षा तथा रचना का चन्द्र देवता है। वह देवताओं का चित्रगुप्त भी है और संगीतज्ञ भी।

भारतीय संगीतायन में राग (मेलोडी) हैं, रागिनियाँ हैं तथा उनकी सन्तति भी। **राग** तथा **रस** (निष्पत्ति) का एकतान व्यापार है। मसलन, शान्त-रस में मालकोश, जैजैवंती, दरबारी कान्हा; वीर-रस में शंकरा, हिन्डोला; करुण में भैरवी तथा शृंगार में छायानट, बहार, अड़ाना, बागेश्वरी, बिहाग, यमन आदि की प्रधानता है। यही नहीं, उनकी चित्रमालाएँ भी हैं। दीपक में दीपक प्रज्वलित होने की, मल्हार में बादल की, बिहाग में विरहिणी नायिका की; काफी-गारा-पीलू में होली खेलते किशन-राधा की; बहार में प्रेमोन्मत्त नायक-नायिका की; तोड़ी में संगीतमुग्ध हरिणी की; श्रीललित में वीणावादिनी सरस्वती की भाव-छवियाँ की दैहिक प्रतीतियाँ कल्पित की गई हैं।

संगीत की देहभाषा के पारिवारिक वितान को ताल (रिद्‌म), तुक (राइम), तर्ज (ट्यून) बाँधते हैं।

राग तथा रस के सहकार में ही **लय** तथा **ताल** देहभाषा के गुणसूत्र (जीन्स) जैसे हैं।

लय की पहचान **गति** है। यह विलम्बित, मध्यम तथा द्रुत होती है। इससे विभिन्न प्रकार की **लयकारियाँ** उद्‌भूत होती हैं। लय के भिन्न-भिन्न प्रयोगों द्वारा ही भिन्न-भिन्न प्रकार के **भावों** की अभिव्यक्ति होती है (अतिविलम्बित तथा अतिद्रुत लयकारी कंठ-संगीत में मर्यादा की अपेक्षा रखती है)। लय से ही स्वर में गति पैदा होती है। लय से ही मात्रा एवं ताल बनते हैं। इस प्रकार मात्राएँ लय एवं ताल की मध्यस्थ हैं। मसलन, खयाल के लिए तीन ताल, एक ताल, झूमरा; ध्रुपद के लिए चार ताल, शूल ताल, तेवरा; ठुमरी के लिए दीपचन्दी, जत आदि। वस्तुत: तालें गायन-वादन-नृत्य, तीनों के साथ संगत करती हैं। बन्दिशों में **ताल** तथा तान (हॉर्मनी) का विशेष ध्यान रखा जाता है। यही **नाद-सौन्दर्य** की छिपी और गुप्त देहभाषा है। अलबत्ता इस मंडल में ठुमरी और ग़ज़ल में शब्द-रचना भी सहवर्ती होती है ('सुस्वरं सु रसे चैव, मधुरं मधुराक्षर')।

राग-परिवार के समकक्ष शास्त्रीय संगीत एवं उसकी मानव-देह की तुलना की जा सकती है। संगीत में ताल, देह में तालमान प्रयुक्त होते हैं।

संगीत	देह
1. सा (षडज)	आत्मा
2. रे (ऋषभ)	शिर
3. गा (गान्धार)	भुजाएँ
4. मा (मध्या)	वक्ष
5. पा (पंचम)	कंठ
6. धा (धैवत)	ओष्ठ
7. नी (निषाद)	चरण
इनमें से प्रत्येक स्वर वर्ण एवं सप्तचक्र (परा, पश्यन्ती, मध्यमा, वैखरी, अभिधा, लक्षणा, व्यंजना) से जुड़ा है।	प्रत्येक स्वर देह के सप्तचक्र से उद्भूत होता है।

अतएव स्वर एवं लय के क्रमचयन एवं संयुक्तता द्वारा ही राग तथा ताल की सृष्टि होती है। **संगीत** धीरे-धीरे राग का निर्माण करता है जो देह की एक दशा, एक अनुभूति की समग्र देहभाषा होता है। **वाद्य** भी यंत्रों द्वारा उनकी अनुकृति करते हैं।

संगीत में विभावादि से युक्त **शुद्ध आनन्द** का अनुभव होता है। 'असल में संगीत सबसे अधिक अमूर्त, सर्वाधिक अवाचिक देहभाषा है। संगीत के मानवीय सन्दर्भ या प्रकरण मात्र उपच्छाया में लहराते हैं' (ज़ाकिर हुसैन)।

ऐतिहासिक याददाश्त में तानसेन और हरिदास तथा त्यागराज से चलकर पंडित विष्णु दिगम्बर पलुस्कर, पंडित भातखंडे और कुमार गन्धर्व, डागर, रविशंकर, शुभुलक्ष्मी, कुन्दन लाल सहगल तथा लता मंगेश्कर तक अनवरत संगीत-यात्रिक हैं।

(ख) हम संगीत के शास्त्रीय परिदृश्य को लेते हैं।

सिद्ध गायक के कंठ में बिराजती अमूर्त-अभ्यासी ध्वनियों के पुंज तथा उच्चार के पश्चात् विलीन होते स्वर-सुर-राग के कारण संगीत **में** तो देहभाषा का अधिष्ठान ज्यादा समीचीन नहीं है। हम गवैये तथा साजिन्दों को ही लक्ष्यीभूत कर सकेंगे। अत: हमने संगीत **की** देहभाषा अनुमानी है। हम **संगीत की देह** पर ही केंद्रित रहेंगे उसके परिवार समेत।

संगीत में **ॐ** आदि महास्वर है। इसे ब्रह्मांड में परिव्याप्त महानाद कहा गया है। यह वाक्-स्वर-उद्गीथ (गान) का समुच्चय है। ॐ प्रणव-ध्वनि है। ब्रह्म की भाँति यह एक माना गया है। इससे ही वाणी तथा सरस्वती उन्मीलन करती हैं। **गन्धर्व गण** इसके सामवेद के गायक तथा सुन्दर अप्सराओं के भी प्रणयी हैं। मिथक चक्र में स्वर शिव की डमरू-ध्वनि से भी आविर्भूत माने गए हैं। नटराज ने तांडव तथा लास्य संलग्न किया। नारद वीणा-वादन में सिद्ध थे। इतिहास-चक्र में भरत ने नाट्य, नृत्य एवं नृत् शामिक कर दिए। मूल में सप्त-स्वर हैं।

सुर-सरगम (विशेष वेशभूषा तथा अलंकारों से युक्त) के जीवन-वृत्त—तालिका आगे देखें।

पूरी संगीत-व्यवस्था के भी सप्त प्रकरण हैं—सुर, राग, अस्ट, नृत्य, भाव तथा अर्थ। इस तरह यह नृत्य एवं नाट्य एवं गीत-गान से संयुक्त हो जाती है। माइकेल जैक्सन तथा सकीरा के गायन-संगीत के साथ अभिनय देहभाषा के 'नृत्' का प्रकार्य करता है—**सुर और ताल** की एक इकाई का विधान ऐसे होता है। इसमें हर चरण भी निर्धारित है। 'ताल' वस्तुतः काल का मापन है जिसकी इकाई मात्रा है। इसी की अगली संयोजक 'लय' है, जो विलम्बित, मध्य तथा द्रुत होती है। ताल ढोल और ठेक, हथेली और अंगुलियों और कुहनी से भी अभिव्यंजित होते हैं। इस माप से चार मात्रा (ठेक : तिनकधिन, तगिन तिनकधिन) वाला करवा, छै मात्रा (ठेक : धिन्-धिन् धा/धा ति ना) वाला दादरा; बारह मात्रा का एकताल (ठेक : धिन्-धिन् धा त्रिक/त् ना/ कट टा/धा त्रिक/धी ना) तथा सोलह मात्रा (ठेक : ता धिन् धिन् धा/ता धिन धिन धा/धा तिन् तिन् ता/ता धिनधिन धा)। की गिनती होती है। यह भी होता है कि पहले उच्चार द्वारा गायन फिर ढोल द्वारा उसकी आवृत्ति होती है।

गायन की विधियां भी निर्धारित की गई हैं जिनकी गति तथा विधि ज्ञात हो जाती है—ध्रुपद (अस्थायी, अन्तरा, आयोग तथा संचारी समेत); टोडी (एक मुग्धकारी सुरीलापन), होरी (ब्रज के धम्माल में)। इसी तरह टप्पा (ऊँटों के काफिले में), कौल (सूफ़ी मौसिकी), तराना (अमीर खुसरो की देन), अलाप, भजन (हवेली संगीत में), ठुमरी (छोटी और चित्तलुटेरू), ग़ज़ल (फ़ारसी-धारा में), कव्वाली (दरगाही) आदि। ये सभी **संगीत के देहांग** हैं।

अब **संगीत का परिवार** आता है। इसमें छह रागों (पुरुषों), छत्तीस रागिनियों (स्त्रियों-भार्याओं) [तथा पुत्रों] की गिनती है। जैसे-जैसे कबीले, लोकगायक, नई उच्चार विधियाँ (उद्‌गीथ) इस परिवार में शामिल होती गईं, उसी तरह रागिनियाँ भी घर में आकर शामिल होती गईं। बड़े परिवार में सबके काम और कार्य-समय को भी नियत किया गया। वह भी हुआ।

संगीत का भुवन तथा परिवार भरापुरा है। इसमें छह रागों तथा छत्तीस रागिनियों का विशाल परिवार है, सरगम के स्वरों के प्रेरणादायक पशु-पक्षी (टोटेम) तथा संरक्षक देवता हैं। हर क्रिया के ताल-लय-मात्रा के निर्धारित आचरण हैं। सभी कुछ निष्पादनकारी (परफार्मिंग) है। सम्पूर्ण भुवन-परिवार ॐ-मंडल के चारों ओर गतिमान-गुंजायमान है। हर प्रहर, ऋतु, स्थिति, मनोदशा का प्रतिनिधित्व तथा प्रभावन है। इस सबके लिए पारिभाषिकों तथा शब्दबन्धों का श्रुतिपरक विशाल संगीत-कोश मौजूद है। हम बगैर किसी स्वमत के रागों का सार्वजनिक विवरण उद्‌धृत करेंगे।

राग मेघ को वर्षा-माहों (सावन-भाद्र) में गाया जाना चाहिए। यह मेघों का स्वामी है। इसकी छवि एक श्याम हृष्ट-पुष्ट पुरुष के रूप में प्रतीकायित है। यह गगनमंडल में हलचल तथा उद्वेलन फैला देता है। श्याम नेत्रों तथा ऊपर खड़े केशों के साथ वह क्रुद्ध घुमड़ते मेघों से आकाश को प्रकम्पित करता है तथा विद्युत और गर्जन द्वारा वातावरण को विदीर्ण कर देता है।

इसकी पाँच रागिनियाँ हैं—भोपाली, मलार, गूजरी, टंक एवं देशीकर। सभी लवलीन युवतियाँ हैं। वे अखंड हर्ष तथा सुखद चिन्तन में निमग्न रहती हैं। इनमें से गूजरी बेहद शर्मीली है। वह अपने प्रिय के साथ बीन बजाती है। रागमाला में वे ऐसी देहशोभा-कर्मता वाले हैं।

राग दीपक का गायन ग्रीष्म माहों (ज्येष्ठ-अषाढ़) में होता है। अनुकूल समय साँझ ढलने और रात का अँधेरा फैलने का होता है। यह भी लाल पोशाक पहने गोरा युवक है जिसकी देह की चमक उदासी को चीरकर आग की लपटों की तरह लपलपाती है। इसकी पाँच रागिनियाँ

सुर-सरगम (विशेष वेशभूषा तथा अलंकारों से युक्त) **के जीवन-वृत्त**

सप्त स्वर	*शरीर में उद्‌गम के स्थान*	*चंद्रमंडल के तारे जो हर खर पर शासन करते हैं*	*राशि चिह्न*	*शासक के चिह्न*	*रंग*	*पशु-पक्षी की ध्वनि से ग्राह्य*	*संरक्षक देवता*
षडज्-सा	नाभि	शताभिषजा	कुंभ ♒	शनि ♄	कमलवर्ण	मोर	अग्नि
ऋषभ-रे	हृदय	चित्ता	तुला ♎	शुक्र ♀	पिंजर वर्ण	पपीहा	ब्रह्मा
गांधार-गा	कंठ	पुंष्या	कर्कट ♋	चंद्र ☽	सुवर्ण वर्ण	भेड़	सरस्वती
मध्यम - म	तालु	मघा	सिंह ♌	सूर्य ☉	कुंद प्रभा		महादेव
पंचम-प	नासिका	उत्तरा	कन्या ♍	☿	सितवर्ण	कोयल	लक्ष्मी
धैवत-ध	दंत	पूर्व असाढ़	धनुष ♐	ब्रहाणत ♃	पीत वर्ण	घोड़ा	गंणेश
निषाद-नी	ओष्ठ	अनुराधा	वृश्चिक ♏	मंगल ♂	कर्बुर वर्ण	हाथी	सूर्य

सरगम में शुद्ध से ऊपर तीव्र के तारतम्य तथा नीचे कोमल के निचले तम्यतार होते हैं।

हैं—कमोद, देशी, कान्हरा, केदारा और नट। इनमें से कुछ परेशानी में, कुछ विस्मृति में भटकी, कुछ हौसले रखती व्याख्यायित की गई हैं। रागमाला में यही देहभाषा है।

राग हिंडोल की उचित ऋतु वसन्त (चैत्र, वैशाख) है। यह चढ़ती रजनी में परवान चढ़ता है। इसकी देह-शोभा का ध्यान हिंडोले पर झूलते हुए बाँसुरी बजाते श्रीकृष्ण के रूप में हुआ है। उन्हें गोपियाँ झुला रही हैं। उनके नयन प्रीत और हुलास से छलक रहे हैं। हिंडोल की बिलावल, रामकली, ललिता, देवशाखा, पटमंजरी नाम की रागिनियाँ हैं। वे हंस के पंखों की छाया में होती हैं। इनमें से ललिता नारी-शोभा का परम विग्रह है। उसका शिर रत्नाभूषणों से जगमग है। बाकी देह भी गहनों से चमक रही है। केशराशि सुगन्ध से महमहा रही है। उसकी लम्बी घनी बरौनियाँ पूरा मधुर भागवत् उद्घाटित करती हैं।

राग मालकोश की रचनाकत्री पार्वती मानी गई हैं। यह शिशिर ऋतु (माघ, फाल्गुन) में प्रस्तुत होता है—आधी रात में, कोमल-अतिकोमल सुरों में। यह गर्वित, गहन, उन्मादी तथा रहस्यात्मक पुरुष के रूप में अभिज्ञात है। उसके एक हाथ में कटा मुंड तथा दूसरे में खड्ग है। वह बड़ी दूर से बालाओं की सुर-ध्वनियाँ सुन रहा है। उसकी रागिनियों में लम्भावती, गुणकली, टोडी, गौरी कौकम हैं। वे सभी सौन्दर्य की प्रतिमान हैं, एक से एक बढ़कर। वे चिन्ता और विपत्तियों से विमुक्त हैं। इनमें से टोडी रागिनी श्वेतवसना तथा स्वर्णाभूषिता है। उसका ललाट कपूर तथा केसर चर्चित है। वह एक पर्वत शिखर पर मुग्ध होकर वीणा बजा रही है। वह अत्यन्त भावुक भी है। उसके संगीत से हरिण खिंचे चले आते हैं। यह रागिनी उषावेला में गाई जाती है।

राग श्रीराग को रागिनियों सहित हेमन्त (आश्विन, पौष) में गाया जाता है। साँझ ढले इसका वांछित समय है। श्रीराग-पुरुष मोती तथा रूबी का कंठहार धारण किए हुए अरुणवसन पहने, हाथ में पावन कमल लिये, वीणा सुनते हुए दर्शित है। यह अप्सराओं के साथ खिलंदड़ी आदतों वाला है। इसकी रागिनियों में वसन्त, मालश्री, असौरी, धनाश्री और भरवा हैं। असावरी एक योगिनी है जो सर्प तथा मोर को एक साथ आकर्षित करती है।

राग भैरव की शरद ऋतु (क्वार, कार्तिक) है और ब्रह्मवेला से सूर्योदय के बीच इसको प्रस्तुत किया जाता है। इसका प्रतिरूप एक योगी की भाँति है जिसकी देह पर भस्म, केशों पर धूल। उसके शिर से गंगा-यमुना निकलकर पार्श्व में प्रवाहित होती हैं। उसकी कलाई में रत्नकंगन तथा अर्द्धचन्द्र मस्तक पर होता है। उसकी बाँहों में दो फुँफकारते नाग कुंडलित हैं तथा उसके ललाट में त्रिपुंड लगा है। एक हाथ में रुद्राक्ष माला तथा गले में खप्पर पहने हुए वह परिकल्पित हुआ है।

भैरव की रागिनियों में भैरवी, मध्वमद, सिंधवी, नरारी, बगाला है। अत्यन्त शोभाशाली रागिनियों के सामने सूर्य एवं चन्द्र भी अपना मुँह छिपा लेते हैं। भैरवी सोलह-सत्रह वर्ष की एक कुंआरी है। सद्य:स्नाता होने के कारण उसकी काली केशराशि गीली है जो पीछे झूलते रहते हैं। शोभा-भार से उसकी पलकें अधमुँदी रहती हैं तथा वह विनयपूर्वक नतदेह होती हैं।

इस प्रकार छह राग-कुलकों में प्रत्येक राग की पाँच-पाँच स्त्रियाँ **(रागिनियाँ)** हैं। इनमें भैरवी, नट, कान्हेड़ा, देश, केदारा, टोडी, गौरी, वसन्त, आसावरी, रामकली, बिलावली और भूपाली विशेष उल्लेखनीय हैं। **राग** साधारणतया गम्भीर, तीव्र, ओजस्वी और प्रखर होते हैं। उदाहरण—मालकौस, दरबारी। रागिनी में सुकुमारता और सरलता वांछनीय है। उदाहरण—बागेश्वरी, आसावरी।

प्रत्येक राग-रागिनी के गाने का भी निश्चित समय होता है—

3 पूर्वाह्न से 6 पूर्वाह्न तक	लालता, ललिता, सोहनी, परज, कालिंगड़ा, रामकली, रागश्री और भैरवी आदि।
11 पूर्वाह्न से 2 अपराह्न तक	सारंग, पीलू, धानी, पटमंजरी, बरुआ आदि।

2 अपराह्न से 7 अपराह्न तक	मालश्री, जैतश्री, धनाश्री, पूर्वी, दीपक, श्री, गौरी, मालव इत्यादि।
7 अपराह्न से 11 अपराह्न तक	भूपाली, कामोद, केदारा, पहाड़ी, तिलंग, कान्हेड़ा, नीलाम्बरा, गारा इत्यादि।
11 अपराह्न से 3 पूर्वाह्न तक	विहाग, मालकौस, मालती, हिंडोल आदि।

हम देखते हैं कि अमूर्तदेही संगीत की छह पुरुष-रागों तथा उनमें से प्रत्येक की पाँच-पाँच रागिनियों में ध्यान-छवियाँ बनाई गई हैं। यह सम्पूर्ण अभाषिक व्यवहार देहभाषा के विलक्षण संसार का दृष्टान्त है। इनके निष्पादन में गायक तथा साजिन्दा जितना कुशल, अभ्यासी, नियमानुपालक-त्रुटिहीन होगा, उतना ही शुद्ध, श्रेष्ठ तथा परिपूर्ण जाना जाएगा।

[**स्वर** तथा **शब्द** के संगम के बावजूद संगीत अवाचिक ही माना जाता है क्योंकि इसमें—दोनों में ही, छन्द-लय-ताल-नाद की प्रधानता होती है। गीत के शब्दार्थ पूरक तथा द्वितीयक हो जाते हैं। अतः गाना और बजाना—दोनों में ही निर्भाषिकता व्याप्त होती है]।

[प्रकारान्तर से एक टिप्पणी भी अनुचित नहीं होगी। वृन्दगान के समूह में गवैयों-साजिन्दों की सामूहिक दैहिक प्रतिक्रियाएँ तो उनकी देहभाषा का चमचमाता आईना बन जाती हैं, जैसे—हाथों की लपक-धमक-झटक-पटक, जाँघों पर हथेलियों की थाप, गर्दन का घुमाव, झटकना : पूरा मुँह बा कर अलापना; कंठ की नसों का फूलना-फूत्कारना, आँखें भींचकर भावों का द्वन्द्व बताना; दोनों हाथ उठाकर उछालना; ताल के साथ सर और उलटी हथेली उठाना-गिराना आदि]।

(ग) दिशाएँ : अब संगीत में हिन्दुस्तान, कर्नाटकी, फिल्मी रिमिक्स, धाराएँ भी जुड़ गई हैं। कई श्रेष्ठ तथा सिद्ध विभूतियों ने इनकी विरासत बनाई है।

आधुनिक शुरुआत शास्त्रीय **ध्रुपद**, फिर लोकधर्मी **टप्पा** और **ठुमरी** से की जा सकती है। अतएव सबसे पहले हम ऐतिहासिक धारा का चल-आरेख देते हैं जिसे पुणे के संगीत शास्त्री फीरोज फ्रामजी ने 'भारतीय श्रुति-स्वर-राग-शास्त्र' में बनाया है—

संगीत का 'स्वर-शरीर'

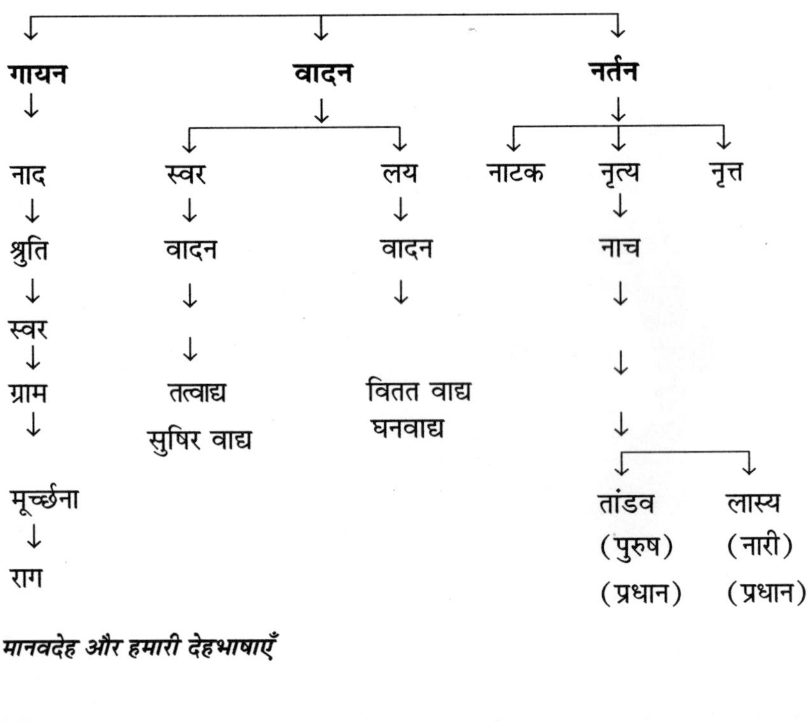

नाद/स्वर में लय और ताल का महत्त्व बराबर है। अनहद-नाद तथा नाद-ब्रह्म प्राय: अकंठ वादन से सम्बद्ध है।

'गायन-वादन-नर्तन' की भाँति 'ध्रुपद-टप्पा-ठुमरी' की भी त्रयी है।

ध्रुपद को खयाल की अपेक्षा पुरानी पद्धति माना जाता है। इसका प्रचार ग्वालियर के राजा मानसिंह (1486-1526) ने अपनी पटरानी मृगनयनी के आग्रह से किया था। उनके दरबार में भगवान, घोंडू और चरजू जैसे नायकों (गवैयों) ने इसे उत्कर्ष दिया। दिल्ली में बैजू बावरा तथा गोपाल लाल ने इसे परवान चढ़ाया। अकबर और शाहजहाँ ध्रुपद-गायन के रसिक थे।

टप्पा और **ठुमरी** में शास्त्रीयता की सरलता का समावेश हुआ। यह गायन आगरा तथा ग्वालियर में पनपा। विष्णु दिगम्बर पलुस्कर इसे संगीत की हेय वर्णसंकरता मानत थे। पंजाब में इसकी विलक्षण शैली प्रचलित है। ठुमरी में आभिजात्य वर्ग की अभिरुचियों के अनुरूप चुलबुलापन, उर्दू और ब्रज की छौंक तथा ख्याल गायकी से इसके अंगों का प्रदर्शन भी हुआ। इसकी तीन शैलियाँ हैं—लखनऊ अंग, बनारस अंग तथा पंजाब अंग। अन्तिम में शब्दों की अपेक्षा तानों पर बल दिया जाता है।

आजकल ग़ज़ल-गायकी में जगजीत सिंह, पंकज उधास, मेहँदी हसन, फरीदा खानम, बेगम अख्तर का कमाल छाया रहा।

दो महान संगीतकारों—पंडित विष्णु दिगम्बर पलुस्कर (1872-1931) तथा पंडित भातखंडे (1860-1936) ने संगीत के प्राण तथा आत्मा को प्रतिष्ठित किया। ...उस परम्परा में अब्दुल करीम खाँ, हीराबाई बड़ौदकर, सरस्वती बाई राने, गंगू बाई हंगल, दत्तात्रेय विष्णु पलुस्कर, अलाउद्दीन खाँ, अली अकबर खां, मुश्ताक हुसैन खाँ, रसूलन बाई, सिद्धेश्वरी देवी, बेगम अख्तर आदि की गणना होती है।

आज तक गायन और वादन के क्षेत्रों में विशेष कलावन्तों के नाम हैं। देहभाषा के प्रसंग में इनकी व्यक्तिगत शैलियों के परिवृत्त में स्वर-लिपियाँ तथा उपांग-भंगिमाएँ हैं।

स्वर-गायक : शुभुलक्ष्मी, ओंकारनाथ ठाकुर, बड़े गुलाम अली खाँ, बालगन्धर्व के पश्चात् नारायण राव व्यास, विनायक राव पटवर्धन, भोलानाथ भट्ट, मांगू बाई, सिद्धेश्वरी देवी, अख्तरी बाई फैज़ाबादी, भीमसेन जोशी, गिरिजा देवी, रामचतुर मल्लिक, सुलोचना यजुर्वेदी, किशोरी अमोनकर, सन्ध्या मुखर्जी, परवीन सुलताना, नूरजहाँ, लता मंगेश्कर, आशा भोंसले आदि।

'लंबी जुदाई' वाली बनजारिन रेशमा

साजिन्दे : पंडित रविशंकर (सितार), बिस्मिल्ला खाँ (शहनाई), रामनारायण (सारंगी), अली अकबर (सरोद), अल्ला रक्खा और कंठे महाराज और अहमदजान थिरकवा और गुदई महाराज (तबला), वी.वी. जोग (वायलिन), पन्ना लाल घोष और चौरसिया (बाँसुरी), ए.आर. रहमान (चेन्नई का मोजार्ट) हैं।

लोकधारा में मिर्जापुर की कजली के अलावा अन्य अंचलों में चैती, फाग, बिदेसिया, बिरहा, माहिया, पांडवानी आदि लोकप्रिय हैं। फिल्मी संगीत में—कुन्दन लाल सहगल, पंकज मल्लिक, कानन बाला, मन्नाडे, गीता दत्त, मुहम्मद रफी, मुकेश, लता मंगेश्कर को कौन भुला सकता है!

छत्तीसगढ़ की पांडवानी की लोकगायिका तीजनबाई

अध्याय : तेईस

'द्वितीयक त्वचा' (परिधान तथा आभूषण) की देहभाषाएँ

(क) परिधान

भारत में जनसाधारण के लिए वस्त्रों का थोक में उत्पादन होता है। यहाँ **फैशन** अमीर लोगों का विलास तथा उच्च वर्गों का दर्प व घमंड मानी जाती रही थी। (पहले 'ब्रांड' की कोई कल्पना नहीं थी।) किन्तु न्यूयॉर्क शहर के 'फैशन इंस्टीच्यूट ऑफ टेक्नोलॉजी' के सहकार से आठवें दशक में नई दिल्ली में **नेशनल इंस्टीच्यूट ऑफ फैशन टेक्नोलॉजी** की स्थापना हुई। कारण कि अब तक परिधान 'परिधान-उद्योग' बन गया था तथा विश्व-बाजार एवं देशीय बाजार में टिकने के लिए इसका आधुनिकीकरण लाजिमी था।

भारतीय संस्थान (निफ्ट) के लक्ष्य भारत के नवोदित फैशन उद्योग के मौजूदा कौशल को सम्मुन्नत करना तथा उसे दिशानिर्देश एवं सेवाएँ देना ताकि वह अन्तर्राष्ट्रीय विपणन में भी योगदान कर सके। अमेरिका संस्थान (फिट) का क्षेत्र बहुत व्यापक है। इसके पाठ्यक्रम और प्रशिक्षण में परिधान-फैशन और रत्नाभूषण-निर्माण, गहने की गढ़ाई तथा डिजाइनें तो हैं ही। इसके साथ ही स्वल्प ज्ञात सौन्दर्योपचार (कॉस्मेटिक्स), सुगन्धें (फ्रेगरेंस), हमाम-प्रसाधन (टायलेट्रीज) तथा अभिकल्पों (डिजाइनों) का प्रदर्शन तथा विन्यास है।

सम्प्रति हमारा सरोकार परिधानों तथा आभूषण से उत्प्रेरित देहभाषा की अन्वीक्षा है। यह सही है कि 'निफ्ट' के कारण हमारे देश में उत्तम फैशन-डिजाइनरों के साथ-साथ देह-शोभा तथा देहभाषा के प्रति जागरूक धारकों की श्रेणी उभर आई हैं। यह भी कोशिश जारी है कि परिधान ऐसे हों जिनकी धुलाई मशीन द्वारा हो सके, जो हानिकारक रसायनों से मुक्त हों तथा जिनके रंग पक्के हों, सिलाई-कटाई स्तरीय हो तथा सुशोभित भी हों। इस तरह फैशन भारतीय सौन्दर्य-देह का दुपट्टा हो रही है।

गहनों की धातु सोना, चाँदी, गिलेट, निकेल आदि होती है। पोशाकों के लिए सूत (कपास), रेशम, टसर, मलमल, खादी, टेरिकॉट, पोपलीन, गेबरडीन, डेनिम जीन आदि की आधारशाला होती है। कहा जा सकता है कि यह पोशाकों-गहनों की भी 'स्वायत्त' तथा 'निरपेक्ष' अपनी भाषा है।

पोशाक, आभूषण और सिंगार

हमारे लक्ष्यशर पहनावे और सिंगार हैं। हम भाषा की (देहपरक) प्रकृति को देह-चित्रकारी, देह-मुद्रा तथा देह-सिंगार के त्रिकोण में कर सकते हैं।

(अ) 'विभिन्न समाजों, विभिन्न विशेषीकृत विषयों, विभिन्न भाषिक मॉडलों और 'भाषा' की विभिन्न अवधारणाओं एवं परिभाषाओं ने देह की भाषा तथा उसके परिधान एवं सिंगार जैसे सहकारियों ने ऐसा साहित्य रचा है जिसे एक सार्थक सम्पूर्ण में संश्लिष्ट होने में निरन्तर असमर्थ रहा है।'

—टेड पॉलहेमस

[सम्पादक : 'सोशल ऑस्पेक्ट्स ऑफ दि ह्यूमेन बॉडी', पैंग्विन, लन्दन, 1978, पृ. 249]

वस्त्रधारण तथा परिधान-संयोजन पर अर्थात् 'भाषा' और 'वाच्' पर रोलाँ बार्थ की प्रवर्तक स्थापनाएँ हैं।

(ब) भाषा-कोडों (उदा. वसन) की प्रकृति सामाजिक है, जबकि **वाचिक सन्देश** वैयक्तिक तथा सनकी है।

प्रतीकात्मक अभिव्यक्ति : उसने अपनी चूनर (मोती माला) उपवीत की तरह एक कन्धे के आर-पार पहन ली जिससे वह गले से नीचे नहीं फैले।

अर्थ : (क) यदि परिधानक विपरीत रति में कामातुर नायिका है तो यह एक विलासबंध की विधि-सूचक है कि वह देहस्पर्श के बीच में वस्त्र को फैलना नहीं सह सकती।

(ख) अगर परिधानक कोई छत्तीसगढ़ी मजदूरिन है तो वह ईंटों की अष्ठी उठाने पर पल्लू की रुकावट दूर करने के लिए उसे कमर में खोंस लेती है।

'वस्तु' से परे 'संकेत' होता है।

इसके कोई वैचारिक अर्थ नहीं होते।

यह विचारधारात्मक अर्थ ग्रहण कर लेता है अर्थात् स्वयं (वस्तु) से परे जाकर संकेत या संचेत हो जाता है।

(स) चक्र : अशोक चक्र हो जाता है—भारत में कांग्रेस पार्टी के ध्वज में चरखा या सरकारी ध्वज में राजसत्ता-सूचक हो जाता है।

[वस्तु का रूपान्तर संकेत में हो जाता है। यह भी सम्भव है कि चक्र को एक कलात्मक परिष्कृत रूप दे दिया जाए : कोणार्क के सूर्यरथ का पहिया]।

लिबास या परिधान (कॉस्ट्यूम) के एकाधिक प्रकार्य होते हैं। अत: वह सहवर्तन में बहिर्वस्तु तथा संकेत दोनों हो जाता है।

प्रकार्य : वधू के, भिक्षुणी के/स्टेटस के प्रतीक; कुमारिका के मॉडल, अध्यापिका की गरिमायुक्त ड्रेस।

अत: देह-वस्त्र एक संकेत-सिस्टम भी है।

इसी तरह भाषा के भी अनेक प्रकार्य होते हैं, सहवर्तन में : बच्चे की भाषा, मास्टर की भाषा, नेता की भाषा, पुलिसिए की भाषा।

अतएव **दैहिक अभिव्यक्ति** के सीमा-क्षेत्र या **दैहिक सम्प्रेषण** के कई पक्ष भाषावत् होते हैं।

(द) अतएव शब्द-धुरी पर निस्तारण करने पर हम चित्रशब्द <> मुद्रा-शब्द भी पाते हैं।

X Y Z

एक मुद्रापरक गति देवत्वारोपित, चित्रात्मक, प्रतीकात्मक इंगितों से अर्थपूर्ण हो सकती है—

X—मौजूद बहिर्वस्तु वास्तव में प्रत्यक्षतः,

Y—दृश्य वस्तु का विवरण अथवा सम्मूर्तिपरक मुद्रा,

Z—एक दृश्य या तार्किक बहिर्वस्तु का चित्रात्मक अथवा अचित्रात्मक प्रतिरूप।

इसके अलावा भाषिक या वाचिक व्यवहार से जुड़ी गति का अर्थ तर्कात्मक अथवा प्रोक्तिपरक होता है।

मुद्रा की 'तर्कात्मक-चित्रात्मक' प्रकृति भी होती है।

जिस तरह एक कबीले के सदस्यों के बीच एक भाषा-माध्यम से सम्प्रेषण होता है, उसी तरह मुख और देह की व्यंजनाएँ।

(e) अभिव्यंजक गतियों द्वारा भी भाषा के बल को मदद मिलती है, जैसे—माँ और उसकी नन्ही के बीच सम्प्रेषण। हमारे वाचिक शब्दों को ऊर्जा और सुस्पष्टता प्रदान करने में अभिव्यक्ति की गतिशीलता की भूमिका होती है। शब्दों की अपेक्षा वे दूसरों के विचारों तथा मन्तव्यों को ज्यादा सच्चाई से उद्घाटित करते हैं। यह अभिमत डॉर्विन का है।

(ई) देह का सिंगार और वेशभूषा

देह : कला की तरह/भाषा की तरह।

(f) देह-माध्यम की कलात्मक सज्जा (दाग, लांछन) तथा देह-सिंगार के विविध रूपों के बीच जो विभाजक रेखा है, वह देह-चित्रकारी के अतिरिक्त सामग्री का सदुपयोग करती है।

1. केश-विन्यास, 2. नख-कर्तन (देहांगों पर नखक्षत भी) तो देह के ही उपांश हैं, यद्यपि ये काटकर अनुष्ठानों द्वारा उत्सर्जित भी कर दिये जाते हैं।

कुछ समाजों में **परिधानीकरण** (क्लोदिंग)तथा **सिंगार** (एडॉर्नमेंट) को भी धारक की देह से अन्तरंग रिश्ते वाले माने जाते हैं। अतः इन्हें देहांश के तौर पर स्वीकार कर लेना चाहिए। मिसालः पात्र की एक अलक, टिकुली या किसी वस्त्र के माध्यम से उस पर/उसके लिए/ उसके विरुद्ध जादुई अनुष्ठान भी तो किए जाते हैं।

'अब हमें अहसास होता है कि हम अपनी देह पर तो जो भी प्रकर्म करें, वह सभी 'सज्जा' या 'सिंगार' से अभिहित नहीं किया जा सकता और, दूसरे लोग अपनी देह पर भी जो प्रकृत्य करें, उसे **देहभंग** या देह विखंडन कहा जाए।

(ई) देह विखंडन : क्या वजह है कि देह-सज्जा (स्वाभिलसित) देह-विखंडन का इतना व्यापक प्रचलन है? क्या वजह है कि पीड़ा असुविधा, चोट या मृत्यु की परवाह किए बिना भी देह-संशोधन की प्रथाएँ इतने व्यापक रूप में प्रचलित हैं [सुन्नत, नारियों के भग-शिश्न की छँटाईवाला शल्य, मोटापा दूर करने की क्रियाएँ आदि]। ...देह-रूपांतरण के प्रकर्मों का सामाजिकीकरण की प्रक्रिया से क्या सम्बन्ध है?

ऐसे तथा अन्य सवाल यही सूचित करते हैं कि देह-सज्जा एक बेहद खास तरह का सिंगार है और देह के कलात्मक इस्तेमाल भी कला के एक बेहद विशिष्ट टाइप के द्योतक हैं। आदिम समाजों में तो प्रथम दीक्षा की ये दोनों प्रक्रियाएँ बेहद प्रचलित हैं।'

—टेड पॉल हेमस

['सोशल आस्पेक्ट ऑफ़ द ह्यूमन बोडी', पेंग्विन, लंदन, 1978, पृ. 150]

(ग) देहभाषा है भाषावत् : देहभाषा का अध्ययन समाजभाषिकी के परिचक्र में किया जाना चाहिए, शुद्ध भाषिकी आधारों पर नहीं। मुख्य चिन्ता यही प्रदर्शित करने की रही है कि निर्वाचिक दैहिक सम्प्रेषण (भाषा न

होकर) 'भाषा-वत्' है।...इसमें यही मान्यता निहित है कि वाचिक सम्प्रेषण मनुष्य की सर्वोत्कृष्ट उपलब्धि है तथा निर्वाचिक सम्प्रेषण को भाषावत् प्रदर्शित करने पर विषय को अधिक महत्ता मिल जाएगी।

समस्या तो यह है कि अन्तर-सांस्कृतिक बोध की दृष्टि से यह अनुमान नहीं किया जा सकता है कि हम वाचिक भाषा का सही-सही परिभाष्य कर सकें ताकि वाचिक भाषा का निर्वाचिक सम्प्रेषण के साथ समुचित तुलना की जा सके। ...इसके लिए यही सुझाव है कि 'संकेत-व्यवस्था' के अन्तर्गत वाचिक एवं निर्वाचिक, दोनों के सम्प्रेषण पर विचार किया जाए।

देह-सिंगार के चक्रचिह्नों में 'गोदना' से लेकर माथे और स्तन पर क्रमशः रोली-कुमकुम की बिन्दी तथा चन्दन का लेप, हथेली में मेहँदी, पाँवों में महावर तथा पूरी देहयष्टि में उबटन, तैल-संवाहन (मालिश) आदि शामिल हैं।

इनके पहले लाल साड़ी, मोजे, जूते, ओढ़नी, शॉल, पुरानी पहरावन, चोली, पाजामी, घाघरिया, बटुआ, कर्णफूल, गलहार आदि देह-सज्जा के उपादान हैं।

वसन या वेशभूषा—हमारे आत्मबोध के अंश एवं प्रतिबिम्ब हैं—चेतन या अचेतन।

'ये केवल देह के आवेष्ठन, आवरण या अवगुंजन ही नहीं हैं बल्कि स्मृति से, अस्मिता से, इतिहास से, अनुष्ठान से, संस्कृति से, प्रजाति से, यौनाचरण से तथा ऐंद्रियिकता से भी जुड़ते हैं।

हम अपने अन्तर्मुखी अनुभवों को बहिर्मुखी संसार से कैसे जोड़ते हैं, उसे भी वसन-व्याख्यायित करते हैं।'

—क्रिस्टी डनशीथ

['ए सेकेंड स्किन-वुमेन राइट एबाउट क्लोथ्स', वोनसेन्स प्रेस, यू.के., 1996]

लाल साड़ी, काली ओढ़नी, सफेद कफन, केसरिया पिछौरी—कर्मकांड और संस्कृति के चक्रचिह्न हैं। फ्रॉक से लेकर साड़ी/जींस तक एक बालिका/युवती/वधू होने की यात्रा तय करती है। कच्छी से लेकर पतलून तक पुरुष भी ऐसा ही करता है।

(अ) कमीज या कंचुकी की विशिष्ट देह-गंध होती है।

(आ) ठंडी तरल रेशम के लिबास, गर्म उद्दीपक ऊन की पोशाक। ये 'कामधर्मी सौन्दर्यबोधशास्त्र' भी हैं। ये दिल की धड़कनें तेज करते हैं तथा उँगलियों द्वारा इनका स्पर्श भार देता है।

स्त्रियों के वसन, आभूषण, सुगंधें, सज्जा-प्रसाधन आदि एक प्रकार से उनकी **द्वितीयक त्वचा** है।

(इ) ये अन्तरंग रहस्यों तथा उल्लासों के व्यंजक/रंजक हैं।

(ई) ये 'द्वितीयक त्वचा' के आवेष्ठन का प्रकार्य करते हैं।

अतएव देह की 'द्वितीयक त्वचा' के रूप में

(क) वस्त्र की प्रतीयमान भाषाएँ

- फेटिश (वस्तुरति)
- पूजित (टोटेम) या वर्जित (टैबू) चिह्नक
- कोमल या कठोर
- ठंडे या गर्म
- महीन या मोटे
- सिले-सिलाए या लपेटे गए
- धूप-छाँही या रंगीन या सफेद
- झिलमिल या झीने
- पारदर्शी या अर्धोद्घटक

(क) फैशन/शैली

- रक्षक, प्रदर्शक आमंत्रक वर्जक
- पूरे, खंड-खंड गाउन, चोगा, बुर्का या धोती-कुर्ता, सलवार-कमीज, जींस-टॉप, साड़ी-ब्लाउज, कोट-पैंट
- आन्तरिक— कच्छी, चोली, बनियान, लंगोट, योनिपटगद्दी
- **आकृति—** चुन्नट, प्लेट, गाँठ, बट, सिलवट
- **निर्मिति** सिलाई—गुँथाई बुनाई—चरक कढ़ाई—कलफ तुरपाई—रँगाई
- **बंधेज—** कसी, ढीली, त्वचा से चिपके, अवगुंठित

परिधान की देहोन्मीलक भाषा

परिधान (गारमेंट्स) तथा पहनावे (वियर, लिबास, पोशाक) देह की 'द्वितीय त्वचा' माने गए हैं।

परिधानों के नामकरण देहभाषा-चक्र में नृत्यशैली के नाम पर (कथक, भरतनाट्यम, मणिपुरी, कथकलि, बैले), युगों के नाम पर (मौर्य, शुंग, कुषाण, गुप्त, हर्ष, चोल, पल्लव, मुगल), क्षेत्र के नाम पर (बंगाली, गुजराती, पंजाबी, मराठी, गोवानी, छत्तीसगढ़ी, बुन्देलखंडी) भी प्रयुक्त होकर सामाजिक व्यवहार की परिपाटी बना देते हैं।

ये आधार देह के ऊपर प्रदर्शित अतिशय-अतिरिक्त पहनावों की रंग-बिरंगी देह-छायाएँ ही तो हैं। अत: विशेष परिधान-धारक की देह एवं मनोवृत्ति को भी तदनुकूल नियोजित करते हैं। अतएव आभूषण अगर **देह-शिल्प** हैं तो परिधान **देह-चित्रकला**।

वस्तुत: मिथकीय यथार्थता में देह को पेश करने की एक पूर्वेतिहासिक तर्कविधि **कायान्तरण** (मेटामार्फोसिस) वाली रही है। जब किसी को अपने घातक प्रभाव में जकड़ना हुआ तो ग्रीक देवेंद्र जियस साँप हो गया। जब वृषभवत् वश में करके शक्ति-प्रदर्शन करना हुआ तो वह सेंटार हो गया। जब देवांगना लिडा से सुकोमल-आवृत्तक समागम को प्रकटाना हुआ तो लिडा का हंस के साथ समागम करा दिया गया। जब मृग की कामुकता तथा आसन को प्रदर्शिन करना हुआ तो सूर्य मृग बनकर सन्ध्या का पीछा करके उससे संभोग करता है। ...इसी विधि से आगे चलकर वात्स्यायन ने पुरुष एवं स्त्री के पशुवत् भेद करके उनकी काम-शक्ति तथा रतिबन्धों और जननेंद्रियों के मापों की **साम्यरूपकता** का सन्दर्श प्रस्तुत किया है। यह 'क्ष'-की तरह, वाला न्याय है जिससे 'क्ष' में ही अन्तर्विलय कर दिया जाता है। अत: परिधान भी प्रागैतिहासिक नग्न मानव से परवर्ती छिपे और रहस्यात्मक मानव को अन्तर्लीन एवं अनावृत्त भी करते हैं। इस भाँति परिधानों की देहोन्मीलक भाषा का आधारभूत 'सांस्कृतिक नृतत्त्वशास्त्र' यह है।

सो, इतिहास-धारा में परिधान के संसर्ग से भी देह अपावन-अश्लील तथा कुछ देह-भाग निषिद्ध (टैबू) भी हो गए हैं। धार्य वस्त्र स्वच्छता, शुद्धि, कर्मकांड तथा शृंगार के भी अनुषंग हो गए हैं।

फैशन-अभिकल्पकार (डिजाइनर)

परिधानों (गार्मेंट्स) वाली देह की 'द्वितीयक त्वचा' की जो देहभाषा है, उसे फैशन एवं **फैशन-टेक्नोलॉजी** भी गढ़ते हैं। उस भाषा के दुभाषिये तथा संवाहक भी **फैशन-डिजाइनर** होते हैं। अत: **परिधान की देहोन्मीलक भाषा** भी, पर्यटन की भाँति, परिधान-उद्योग की संवर्धक हो गई है। यह सौन्दर्यबोधात्मक वृत्ति तथा उपयोगितावादी मूल्यों से अतिरिक्त हाशिया है। अत: **फैशन-अभिकल्पकारों** पर बातचीत समीचीन होगी।

अब **फैशन** एक बेशकीमती क्राफ्ट तथा कला भी हो गई है। इसमें सृजनशीलता तथा कल्पना और भविष्यवर्ती सोच की त्रयी नये आयाम दे रही है। इसमें प्रसिद्ध अभिकल्पकारों या डिजाइनरों तथा उनकी पोशाकों का महती योगदान रहा है।

रितु कुमार ने पुरानी समृद्ध तथा कुछ क्लासिकी डिजाइनों को नया अन्दाज दिया है। सन् 1998 में उन्होंने अपना पहला बुटीक खोला था। वे परिणय-पोशाक निर्मात्री के रूप विशेष प्रसिद्ध हैं। **वालया** (जगसरनजीत सिंह आहलुवालिया) उच्च वर्गीयों के डिजाइनर माने जाते हैं। उनकी बनाई पोशाकें 'आधुनिक महाराजा' का दर्जा हासिल कर गई हैं। **अबुजानी** तथा **सन्दीप खोसला** ने कुछ विख्यात डिजाइनरों के साथ भी काम किया है। इन्होंने 'कामसूत्र' फिल्म के पहनावों के अभिकल्प बनाए हैं। लखनवी-अन्दाज वाले लिबास भी खूब आकर्षक रहे। **तरुण तहिलयानी** ने भारतीय फैशन को आधुनिक ऊँचाई भी दी है। उनमें फैशन के साथ सौन्दर्य की भी अच्छी समझ है। अत: वस्त्र भव्य लगते हैं। उन्होंने साधारण (के लिए) भी परिधान डिजाइन किए हैं। **वेंडेल रोड्रिग्स** गोवानी हैं। उन्होंने कढ़ाई और फूल-पत्ती वाली आकृतियों से हटकर ज्यामितिक संरूप के परिधानों का प्रचलन किया। उनकी खास पहचान गोल दुपट्टा तथा चारों ओर लपेटकर पहनी जाने वाली कास्ट्यूम है। **हेमन्त त्रिवेदी** एक सम्पूर्ण डिजाइनर कहे जाते हैं। उन्होंने केश-सज्जा, नृत्यलिपि-रचना, रंगमंच-विधान में भी प्रयोग किए हैं। वे सौन्दर्यगर्विताओं के अभिकल्पक भी माने जाते हैं। **भानू अथइया** तो 'श्री चार सौ बीस' फिल्म के नादिरा की चोली का अभिकल्प बनाकर चमक उठे। बाद में तो कई फिल्मों में अभिकल्प

रितु कुमार

जे.जे. वालया

किए। **रवि और मीना चावला** ने सौम्य तथा वैभवपूर्ण पहनावों का अभिकल्प किया है। इससे भी विशेष उन्होंने बिना पल्लू की, बिना बोर्डर की साड़ियों को रचकर तहलका मचा दिया था, अस्सी के दशक में। इसी कड़ी में **दीनू डोसा भाई** ने अनोखे और कलात्मक ढंग से साड़ियों के अभिकल्प बनाए हैं। अन्य श्रेष्ठ डिजाइनरों में रोहित बल, आशीष सोनी, शान्तनु-निखिल, सुनीत वर्मा, मनीष मल्होत्रा, रवि-मीना चावला, गौरी-नैनी करण (बहनें), विनीत बाली, प्रीति चन्द्रा आदि हैं।

परिधानों में देसी बुनकरों के ताने-बानों, रंग-योजना, कढ़ाई-टँकाई की भी त्रिमुखी महत्त्वपूर्ण देन रही है।

उक्त दोनों दिशाओं के योगदान से ही फैशन में बेहद बदलाव आए हैं। **साड़ी** ब्लॉक प्रिंट से सूती-रेशमी ब्राकेड, कढ़ाई-लेख, शिफॉन-टसर रेशम, क्रेप साटन से नेट तक बदली है। **चोली** लम्बी बाँहों वाली से पफ़दार, फिर तीन-चौथाई बाँहों के साथ कमर तक, छोटी बाँहों वाली, फिर खुली पीठ वाली, बाँह-रहित और अब बिकिनी चोली हो गई है। **घाघरा** भी कई गजों वाले—हरियानवी लहँगे से कम चुन्नटों वाला और पिंडलियों से लेकर एड़ी तक ऊँचा-नीचा हुआ है। **दुपट्टा** भी साढ़े तीन मीटर का, फिर मफलर जैसा और अब रूमाल जैसा भी नजर आता है। सलवार-कुर्ता भी पठान-लिबास से बदलते हुए, सलवार पतली मोहरी और बगैर चुन्नटों वाली कमर तथा **गरारा** हो गई है। इसकी एक शक्ल **चूड़ीदार** कसा पाजामा है। मुकाबले में **शेरवानी** काफी सपाट, नपी-तुली, घुटनों तक लम्बी होने के साथ-साथ अगल-बगल में बीस इंची काट वाली होती है। **जैकेट** के दो भेद हैं—जोधपुरी और नेहरू-जैकेट।

फैशन : आदि ⇋ अन्त (?)

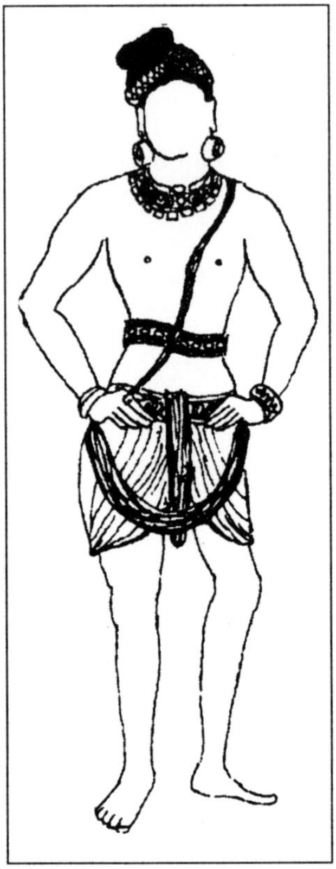

साड़ी सभ्यता का सबसे पुराना वस्त्र है जब मानव कातना और बुनना तो जान गया था परन्तु सिलना और टाँकना नहीं जान पाया था। इसलिए ईजिप्टी, भारतीय (ऋग्वेद तथा यजुर्वेद), ग्रीक सभ्यताओं में जो परिधान हैं, वे लम्बे होते थे जो ओढ़े जाते थे। ज्यादातर ऊपर तथा नीचे के पहनावों के दो टुकड़े होते हैं। इसलिए भारतीय साड़ी स्त्री का प्राचीनतम पहनावा है जो आज तक भी अपनी विविधता, लावण्य और प्रयोजनों में बेजोड़ है।

यह पाँच से साढ़े पाँच गज (पन्द्रह फीट अठारह इंच) तथा चार फीट चौड़ी होती है। इसके दोनों ओर कलात्मक किनारी होती है जो कढ़ाई या बुनाई द्वारा तैयार होती है। साड़ी के द्रव्य जार्जेट, साटिन, कपास, रेशम, टेरिकॉट, शेफान आदि होते हैं। उन पर छपाई तथा बुटीक तथा बंधेज से कलात्मक पैटर्न अनेक अभिप्राय तथा प्रतीक वाले होते हैं।

इनकी विशेषताएँ क्षेत्र के अनुसार बनारसी, पैठाणी, काँजीवरम्, जामधानी, ढाकी, पाटन, पटोला, गडवल आदि होते हैं। इसे पहनने की विधियाँ क्षेत्रीय भी हैं—बंगाल-ओडिसा में लपेटा जाता है, सामने चुन्नट नहीं होती, महाराष्ट्र में बीचोबीच से काँच खोंसी जाती है, बुन्देलखंड में एकतरफ से काँच खोसी जाती है। दक्षिण में पल्लू को कन्धे के ऊपर से झुलाया जाता है, हिन्दी-आँचल में आगे चुन्नटें डाली जाती हैं तथा पल्लू को कन्धे पर से झुलाया जाता है। साड़ियों की कलाकारी उनकी बुनाई तथा पल्लू की सजावट में निहित है। यह माड़ (स्टार्च) लगाने, इस्तरी करने के बाद सलीके से पहनी जाती है जिसमें परतें और चुन्नटें सही प्रकार से सही स्थल पर गिरें। यह बहुद्देशीय भी है जो सिर ढाँकने, घूँघट काढ़ने, पल्लू का सौन्दर्य-प्रदर्शन करने, रसोई में थाली पोंछने, स्नानागार में बदन पोंछने, बाहर पसीना पोंछने के काम आती है। आज यह सवाल उठ रहा है कि क्या यह केवल पर्वों-त्यौहारों-रीति-रिवाजों का ही पहनावा रह जाएगी क्योंकि सलवार-कुर्ती तथा जींस-टॉप का सर्वव्यापी प्रचलन हो रहा है?

यह शालीनता, सौम्यता तथा मर्यादा की देहभाषा का महावाक्य है। कुछ नाइट क्लबों तथा डिस्काथेक जमावड़ों में नारियों पर साड़ी पहनकर प्रवेश वर्जित करने की घटना भी (मुम्बई, 1996) में घट चुकी है। एक अन्य दिलचस्प-दिलकश घटना साड़ी पर शोध करने वाली अम्बा सान्याल ने बताई है। आजादी के बाद जल्दी ही राष्ट्रपति राजेन्द्र प्रसाद कुछ कबीलाई इलाकों की यात्रा में गए। आदिवासी महिलाएँ धोती (साड़ी) केवल कमर के नीचे तक ही पहनती हैं तथा ऊपर का अंग निर्वस्त्र रहता है। अतः अफसरशाही ने उन्हें रंगबिरंगे पोलके (ब्लाउज) बाँट दिए। जब राजेन्द्र बाबू का हेलिकॉप्टर नीचे उतरा तो वहाँ चारों ओर रंगों का सैलाब उमड़ा था क्योंकि स्त्रियों ने उन्हें सिर पर बाँध लिया था। उन्हें ब्लाउज पहनने का ज्ञान ही नहीं था। अतः अब साड़ी के पहनावे की भी विविध शैलियाँ उभर रही हैं।

ब्लाउज के दो भेद हो गए हैं। पुराने परम्परागत **पोलके** पूरी बाँहों, पूरी पीठ, पूरी छाती ढँके हुए, आगे बटन-बन्दनकारी होते थे। आज के ब्लाउज पीठ को पूर्णतः खुल्लम-खुला छोड़ने वाले, बिना आस्तीन के, पीठ में ही (पीछे से) पतली गोल डोरी या चपटे फीते से बँधने वाले, आगे थोड़ा उचककर ऊँचा उठे होते हैं। फैशन डिजाइनर ऐसी सिफारिश करते हैं क्योंकि ये ऐंद्रियिक, हलके और सैक्सी होते हैं। इनका एक रूप पीठ के बजाय आगे सरफुन्दी (झट खुलने वाली) गाँठ इकट्ठी करने वाला है। इसमें सरकने वाले शिफॉन की साड़ी बड़ी माकूल है जिससे पल्लू कन्धे पर न आकर, दाईं क्षैतिज बाँह पर झूलता है। मन्दिरा बेदी की देह पर ऐसा ब्लाउज द्रष्टव्य है।

सारत्वः त्वचा की गुणवत्ता तो देह का आरक्षक कवच तथा प्रथम अमृत परत है। फिर देह को निर्मल, सुडौल तथा कसा रूपंकर देने का अधोवस्त्र (चोली, अंदरली घाघरिया या पेटीकोट)

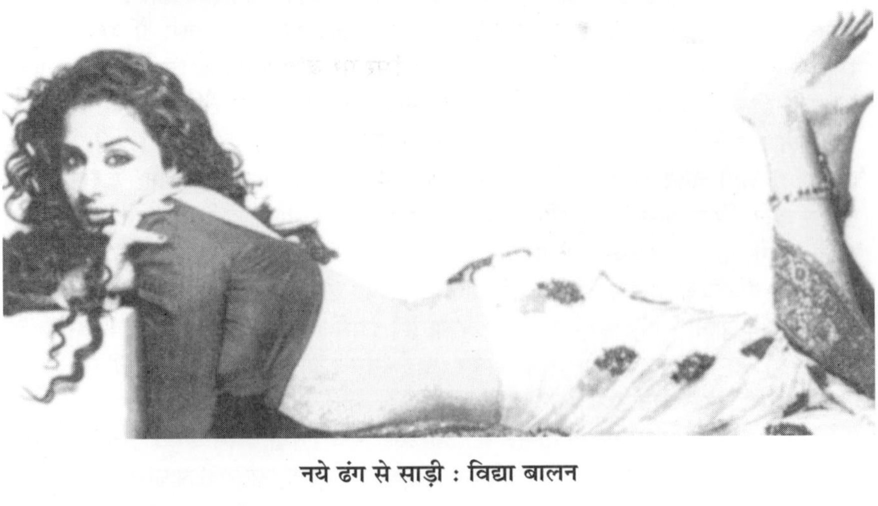

नये ढंग से साड़ी : विद्या बालन

नई शैलियाँ

दूसरी परत; ब्लाउज़–साड़ी तीसरी परत तथा गहने–शृंगार चौरी परत है। सो साड़ी–पोल्का, (बिना आस्तीन का स्तनधारक), साड़ी–गहनों की जुगलबंदी है।

उक्त, चारों घटक मिलकर फैशन तथा विलास (लकज़री) को प्रोत्साहित करते हैं। साड़ी की डिज़ाइनें, किनारियाँ, रंग और वस्त्रद्रव्य शैली तथा निजी अभिरुचि के देहभाषिक इंडेक्स हैं। ये देशाभिधानपरक पहनने की शैलियों का भी विधान करते हैं। साड़ी के रंग और रँगाई–विधियाँ सजावटी झलक (एम्बैलिशमेंट) के, नाभि के ऊपर या नीचे की चुन्नटें तथा कंधों के पीछे झलते पल्लू की तहों के आवरण विन्यास (ड्रेपरी) के तथा अंदरले अधोवस्त्र देह के ललित–शालीन, उत्तेजक–उभार–ढलान वाले मोड़ घुमाव (कर्व) के प्रदर्शक हैं। साड़ी को निर्बाधित गति की सरलता की उत्प्रेरक होना उसकी स्वाधीनता–प्रदेय है। वह देह संरूप (आइकन) या शिल्प की अदिशयता की भाषा है।

जींस को सही तौर पर देह–स्पर्शी होना चाहिए। कमियाँ छिपानी चाहिए तथा अन्तर्वस्त्र (जाँघिया/कच्छी) को छिपाना चाहिए। आजकल यह जीवन की चुनौती बन चुकी है। यह मोटे डेनिम कपड़े की बनी होती है। स्त्रियों द्वारा प्रत्याशा की जाती है कि जीन उन्हें छरहरी, छँटी, लम्बी दर्शाए।

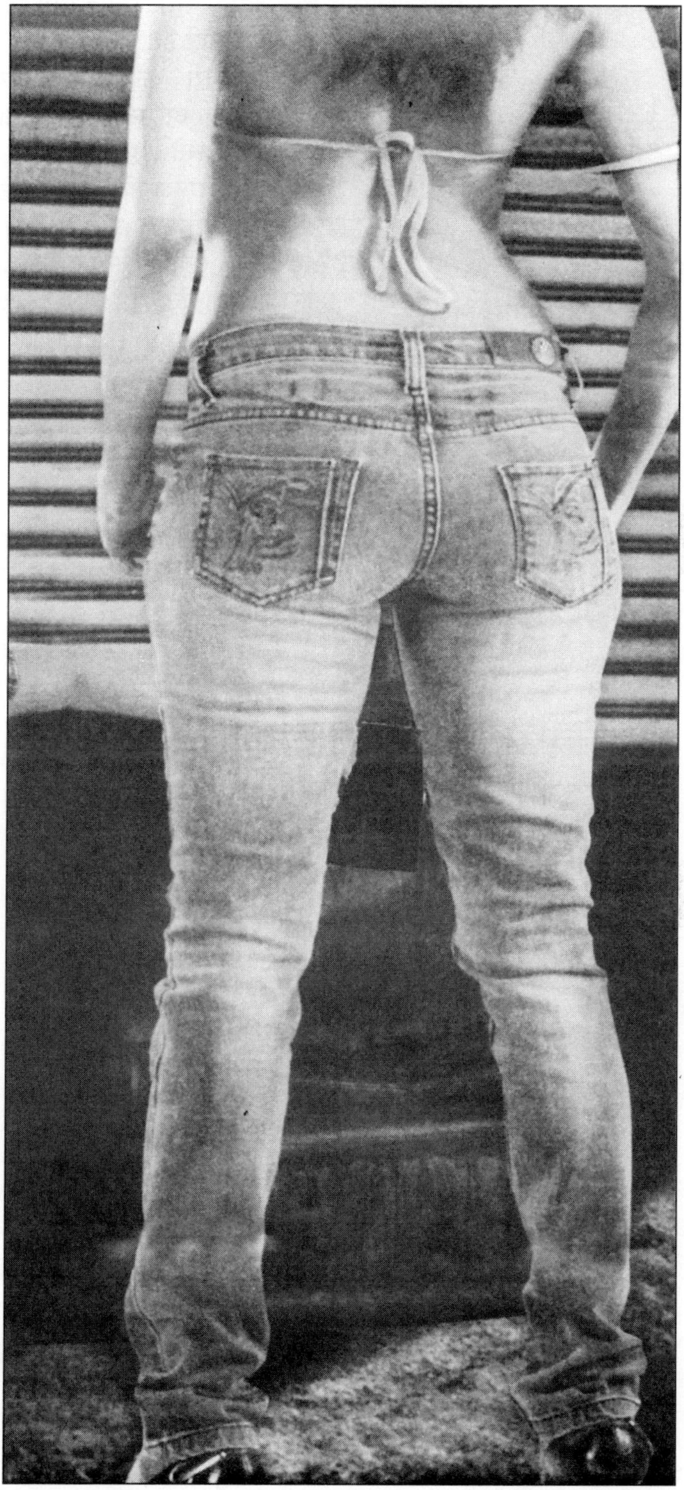

इसका आकार भी महत्त्वपूर्ण है। यह पीछे नितम्बों के आकार को घटाती-बढ़ाती है तथा इसे उरुसन्धि के समानान्तर होना चाहिए। इसका आकार ज्यादा महत्त्वपूर्ण है।

या न तो छोटों के आकार की हो, न ही बड़ों के। फिट हो ('कॉमन आकार की न हो)। कमरबन्ध, टाँगों की चौड़ाई तथा नितम्बों पर जेबों की संस्थिति ही कड़ी कसी-भारी-डेनियम जीनों की आत्माभिव्यंजना हैं। ये कद की मिथ्या लम्बाई की प्रतीति कराती हैं। इसमें सिलाई की दोहरी रेखाएँ भी वस्त्र-भाषा बताती हैं।

उदर के केंद्र के ठीक नीचे कमर के मध्य से बटन को थोड़ा टाँकने पर पीछे के अन्तराल को कस लिया जाता है।

इसके गाढ़े काले या नील के रंग ज्यादा आमंत्रणकारी हैं। महत्त्वपूर्ण यह है कि जीन में जाँघों तथा नितम्बों के प्रदर्शन का जादू ही चमत्कारी होता है। यह रंग जाँघों पर हलका रँगा होता है। इससे लम्बी तथा पतली टाँगों की भ्रान्ति पैदा की जाती है।

टाँगों का सलोना भाग निचली जाँघ से टखने तक का होता है। जीन को कमर की पेट वाली बटन के एक से दो इंच नीचे होना चाहिए तथा कमर के पार्श्व ऊपर इतने उठे होना चाहिए कि वे बेलेरीना-पीठ का आभास दें। एड़ियाँ और पंजे भी टाँग के सबसे सोहणे भाग होते हैं—निचली जाँघ से टखने तक। इससे बढ़िया सन्तुलन भी बनता है। जीन का एक सिलहुटी भेद सीधी टाँग वाला भी है। वह युवक-युवतियाँ में क्लासिक का दर्जा पा चुका है। इसमें जीन की टाँगें नितम्ब से सीधे नीचे आ गिरती हैं।

जींस

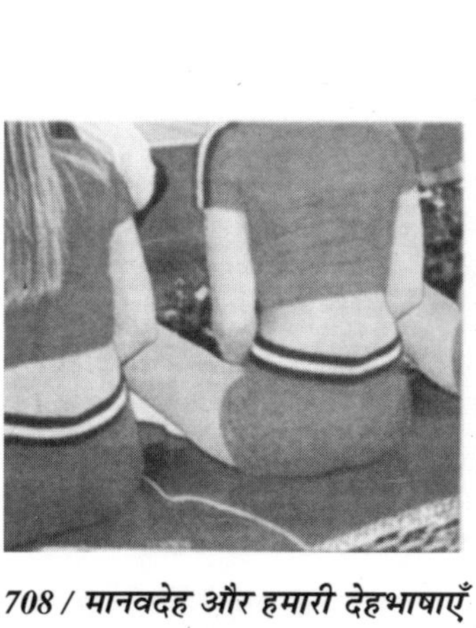

वस्तुरति (फेटिश) : एक चोर देह-भाषिक हरकत है जिसमें पुरुष/स्त्री चोरी से, खुद को छलावरण किए, किसी के अधोवस्त्र, कोई उत्तेजक चीज चुरा लेता है या उन्हें चीर-कतर देता है। जापान में एक पुरुष ने स्त्रियों की कोई चार हजार चड्डियाँ (निकर) चुराई थीं (2004)। अमेरिका में एक युवक सूखती हुई 'ब्रा' की नोकों को कैंची से काट लेता है। ये शठ, विदूषकी, आशिकी, दीवानगी, अवनर्मिलतापरक सुकृत्य-कुकृत्य हैं। यह प्रवृत्ति एक उद्दाम लोलुप लालसा का लक्षण है।

बिकिनी में केवल तप्त-अंग स्थल ढँके होते हैं। (कंचुकी व कच्छी दोनों आधी)

बिकिनी में

उत्तेजक बिकिनी

'मेरी योनि-शुचिता की चाबी मेरे पास है।'

(ख) इसी तरह इटली के बिकिनी-डिजाइनर राबर्टो कावाली द्वारा बिकिनी के वक्षोज-आच्छादक गोलक-वसनों पर श्रीराम का अंकन कर दिया गया तो ब्रिटेन के हिन्दुओं ने प्रबल प्रतिरोध किया। इस पर राबर्टो को क्षमा माँगते हुए उक्त डिजाइन वापस लेनी पड़ी थी (2004)।

(ग) **बिकिनी** में आधी निर्वसन देह। केवल स्तन तथा नाभि के नीचे से केवल उरुमूल तक वस्त्र के छोटे-से-छोटे छँटे टुकड़े।

(क) सन् 1972 में इटली के आर्मांडो रेस्पाग्नी नामक फैशनगृह द्वारा एक **उत्तेजक बिकिनी**। इसकी विविध रंगों में तथा प्रत्येक मिलान वाले पेडलॉक, जंजीर तथा नन्ही-सी चाबी के साथ, प्रस्तुति की गई है। यदि किसी रसिक को चाबी की चाह है तो उसे वह सभी कुछ अर्थात् उसके 'हाँ' भर के इशारे की मनौवल करनी होगी।

छपी बिकिनी में चीनी मॉडल ल्यूइयू

इशारा : तुम्हारे सामने मोहकता से बैठी हूँ। सब कुछ ले लो, न!

अगर त्वचा से चिपकी कुछ निश्चित पोशाकें न हों तो फिर बैले नर्तक-नर्तकियाँ तथा एक्रोबेटिक खिलाड़ी क्या करेंगे? अतएव देह-भूषा के सामाजिक व्यवहार के अनुरूप ही देह-वेष-भाषा का विधान होता है।

तेरा हो गया काम तमाम
तू साला काम से गया।

पोशाक-संहिता (ड्रेस कोड) तो देहभाषा-विधान की बेहद जटिल दशा है। यह **देह के सार्वजनिक-सामाजिक भाषा-प्रकार्य** से भी जुड़ी है।

अगर पोशाक-संहिता का स्वैच्छिक सहमति से पालन होता है तो वह सामूहिक अभिरुचि बन जाती है। परन्तु जब उसे कानून या आतंक की बन्दूक द्वारा लागू किया जाता है तब भयानक विघटन हो जाती है। ईरान में तत्त्ववादी वैश्विक दृष्टि के चलते, 'इस्लामी क्रान्ति' (1979) के तहत यह कानून लागू हो रहा है कि सार्वजनिक जीवन में खातूनों को पूरे बदन पर बुरका पहनना तथा सिर पर हिजाब बाँधना लाजिमी है। मर्दों को दाढ़ी रखना तथा सलवार-कमीज पहनना लाजिमी है। इसकी गैर-पाबन्दी पर औरतों को दस से साठ दिन की कैद तथा पचास हजार से पाँच लाख रियाल तक का जुर्माना भुगतना पड़ेगा। भारत में खालिस्तानियों ने भी हिन्दू-महिलाओं द्वारा साड़ी पहनने और बिन्दी लगाने पर प्रतिबन्ध लगा दिये थे। काश्मीर में भी उग्रवादी संगठनों ने फरमान जारी किया कि औरतों और मर्दों को (ईरान के जैसी) पोशाक की बन्दिश कुबूल करनी होगी वरना उन्हें गोलियों से भून दिया गया/जाएगा।

कई शिक्षा-संस्थान छात्राओं द्वारा लागू पोशाक-संहिता के उल्लंघन पर दंडित करते हैं। अहमदाबाद के खोदियार नगर के एक मिशनरी स्कूल ने छात्राओं को (स्कूल में) पाजामा और पायल पहनने तथा बिन्दी व तिलक लगाने पर प्रतिबन्ध लगाया। छात्राओं तथा उनके वाल्दैनों द्वारा उग्र विरोध करने पर इसे वापस लेना पड़ा (2001)। दिल्ली के एक कॉलेज ने अपनी छात्राओं

को 'जींस तथा पश्चिमी खुल्हे लिबास' पहनकर आने पर प्रतिबन्ध लगाया था (1997)। इसका भी छात्राओं ने प्रबल प्रतिरोध किया। वस्तुतः ऐसे में आपको अपनी ही देह के आहार्यों के चुनाव की व्यक्तिगत स्वतंत्रता नहीं होती। तब सवाल उठे कि क्या संस्था द्वारा पोशाक पर प्रतिबन्ध लगाना न्यायोचित है ? क्या जींस तथा पश्चिम के अर्ध-खुले लिबास केवल महिलाओं के लिए ही अनुचित है ? आम राय यही बनी कि कॉलेज में छात्राएँ सलीके के पहनावों में आएँ (1997)।

मुद्दा यह है कि पोशाक की 'द्वितीय देहभाषा' पर कानून से ज्यादा मर्यादा (मोरेलीज़) की प्रथाएँ एवं परिपाटियाँ ही कारगर होंगी। पोशाक-संहिता तकरीबन सभी समाजों में आपसी-व्यवहारों तथा सार्वजनिक सम्पर्कों में सतर्क और सजग हो उठती है। पोशाकों-लिबासों-पहनावों-रंगों तथा काट पर भले ही सहिष्णु हो लें किन्तु लोकचित्त उन्हें मर्यादा की लक्ष्मण-रेखा लाँघने पर अभद्र-अशोभित-अशालीन-असंस्कारी देहभाषाएँ मान लेता है। अतः हठात्/बलपूर्वक धार्मिक संस्थाओं, शिक्षण-संस्थाओं तथा उग्रवादी गिरोहों द्वारा अराजक या उच्छृंखल कार्यवाही देह का विघटन तथा देहभाषा में आतंक तथा विद्रूपता का ही आयत्तीकरण करती है। यह आधुनिकता बनाम पुनरुत्थान के बीच का प्रबल अन्तर्विरोध है।

देहभाषा में परिधान-संहिता (ड्रेस कोड) को लेकर दिलचस्प कौतुक की एक मिसाल है। सन् 2005 (मई) में सऊदी अरब के पूर्वी क्वातिफ जिले में एक पार्टी में बानबे समलैंगिक (होमो-सैक्सुअल) पुरुषों को गिरफ्तार कर लिया गया क्योंकि वे सभी महिलाओं की पोशाकें पहने पार्टी में धमाचौकड़ी मचा रहे थे। अतः उन्हें छह माह से दो वर्ष तक की कैद और दो सौ से दो हजार कोड़े मारने की भी सजा सुनाई गई। वे सभी नशे में धुत थे और अधिकतर लोग कुवैत, बहरीन, लेबनान, कतर और सीरिया के थे।

ड्रेस कोड

पोशाक-मंडल

पहनावा-कोड

नग्न (न्यूड) तथा निर्वसन (नेकेड)

इस प्रसंग के सर्वान्त में सन्ध्या तारा अब नग्न देह का होना चाहिए। यही समीचीन है।

नग्न तथा निर्वसन का क्रम उलट-पुलट जाता है, प्रकरण तथा प्रकार्य के मुताबिक। ये स्वरूप परिधान से भी जुड़े हैं।

देह की गुणवत्ताएँ और गुण हैं। आभा (टोन), वर्ण (कलर), मुद्रा (पोश्चर/जेस्चर), समानुपात (प्रोपोर्शंस), गतियाँ (मूवमेंट्स), तनाव (टेंशन), ओजस्विता (वाइटेलिटी) आदि **मानव के अभ्यन्तर** की अभिव्यंजना करते हैं। इनका विन्यास देह की मांसपेशियों के दृढ़ जोड़ वाले (फिक्स्ड) **आकृतिबंध मनुष्य के अस्तित्व** के भी केंद्र हैं।

अत: नैसर्गिक देह, जैविक देह 'एक मनुष्य के संवेगात्मक इतिहास तथा अत्यन्त गहरी अनुभूतियों से जुड़ी चीजों को भी कहती है। ये उसके चरित्र तथा व्यक्तित्व की भी द्योतक है' ('दि बॉडी रिवील्स', रोन कुर्ज और हेक्टर पेस्टोरा, पृ. 1, बैंटम, 1977)।

सबकी बहुविध **देहभाषाए** हैं। देह-भाषिक निर्वचन के पहले कुछ रोचक प्रसंगों से ही शुरुआत करते हैं—

(i) टेनिस में विम्बलडन एक तीर्थ होने के साथ-साथ **कोर्ट** में खिलाड़िनों की देहाकृति एवं अधोवस्त्रों की नुमाइश हो रही है जो दर्शकों को हतप्रभ तथा मुग्ध—दोनों ही करता है। फैशन की लोकप्रियता तथा भड़कीलापन (ग्लैमर) मिलकर नग्नता के अर्द्धप्रदर्शन को भुना रहे हैं। मोनिका सेलेस नितम्बों से टुक नीचे तक का स्कर्ट पहनकर दर्शकों को चकित करती रही हैं। जस्सी मोरान केवल जाँघिया पहनकर कोर्ट में खेलने उतरी थीं। और कई दशक पहले फ्रांसीसी सुजाने लैंगलेन पूर्णत: परिधानविहीन भुजाओं और टाँगों के साथ कोर्ट में आईं। वे पूरी तरह बालों

को बाँधे, होंठों पर लिपस्टिक लगाए तथा भौंहों को पैंसिल से काला रँगे हुए थीं। उनका एकवस्त्री परिधान भी रेशम का पारदर्शी था।

(ii) **कोर्ट** की तरह **बीच** (सिन्धु-पुलिन) भी अर्धवस्त्र देह की दुविधा में फँसे हैं। फ्रांस में यह विवाद चालू है कि क्या बीच में महिलाएँ दोवस्त्रों (बाई-) वाली 'बिकिनी' के आगे एकवस्त्रीय (मोनो-किनी) पहनावा पहनकर आ सकती हैं अर्थात् क्या वे वक्षस्थल अनावृत्ता होकर बीच पर आ सकती हैं। अदालत ने अभिमत दिया कि 'मानव-देह की नग्नता स्वयमेव न तो दुराचरण है और न ही नाजुक संवेदना का अतिक्रमण है अगर सैक्सी नुमाइश नहीं है।' इसकी परिणति यह हुई कि शासकीय तौर पर निर्धारित 'बीचों' में पूर्णरूपेण नग्नता तक की इजाजत है। इस तरह नग्नता भी सम्माननीय हो गई। वहाँ अवकाशों वाले ऐसे बड़े केंद्रों में खूब भीड़ होती है। कृष्ण ने गीता में अर्जुन से कहा भी है कि जो तुम मोहवश नहीं करते, उसे विवश होकर करना पड़ेगा। अत: 'मोनोकिनी' अर्थात् फ्रांस में ऊर्ध्व-एकवस्त्रीय पहनावा कुछ सिन्धु-पुलिनों पर अधिकृत हो गया। अत: हर संस्कृति की अपनी 'एथॉस' होती है। भारत की भी अपनी आध्यात्मिकता है जो देह को मनोविकारों का दुराचारी अड्डा तथा नारी को सहज अपावन मानती आई है?

टेनिस खिलाड़िन मोनिका सेलेस

विम्बलडन कोर्ट में केवल
एप्रन लपेटे

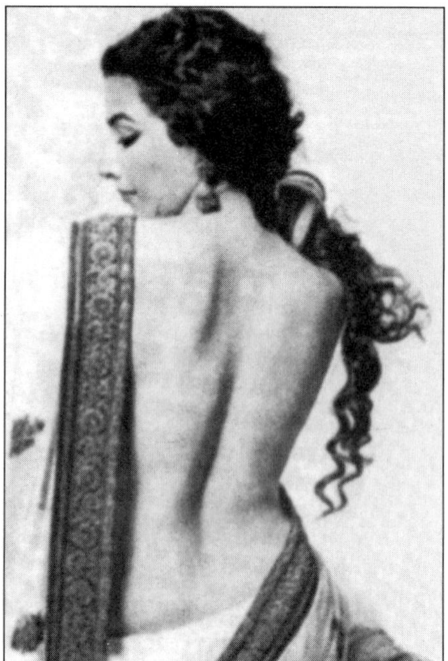

अभिनेत्री विद्या बालन

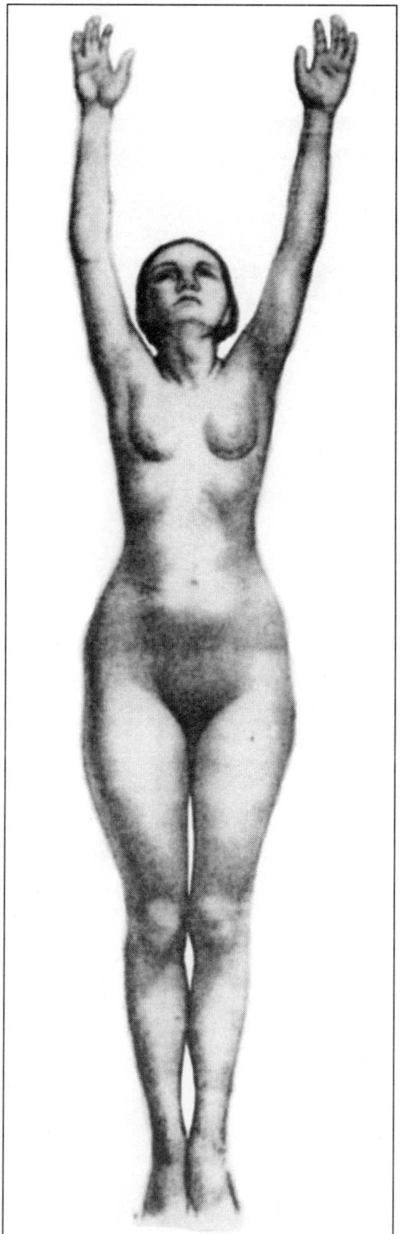

'सिर के ऊपर तक बाँहें उठाए नग्न रमणी' (1933)

—आधुनिक माइकेल एंजिलो डियागो रिवेरा (1886–1957)

इसकी मॉडल प्रसिद्ध टेनिस चैंपियन हैलेन विल्स मूडी थीं। एक-एक अस्थिजोड़, एक-एक मांसपेशी 'साया-सुषमा' (छाया-प्रकाश) की पद्धति द्वारा उभारी गई है।

[अनुपम देह तथा देहभाषा की अन्तरंगता]

छिपाने से बेहतर है उद्घाटित करना

आत्मरति (ललिताभाव : नार्सीसिज़्म) के प्रसंग में हम भविष्य में पीछे मुड़ेंगे।

यह देह की शरद-ऋतु है, जब पूर्ण चन्द्रमा सम्पूर्ण देह को चन्द्रिका से नहला दिया करता है।

बाल्यावस्था की कमल-कली की एक-एक पंखुरी शनैः-शनैः खिलती हुई देह के पूर्ण कमल में खिल जाती है। यह प्रक्रिया आत्मरति की अनुभूति है।

जब देहांग विकसित होते हुए ऊर्जस्वित् तथा सुडौल होने लगते हैं, देह में द्रुति एवं दीप्ति की बिजलियाँ चमकने लगती हैं तथा त्वचा-मांस-रक्त में सौन्दर्य एवं प्रेम की अभिनव दशाएँ उन्मीलित होती आती हैं, तब **आत्मरति** परवान चढ़ जाती है।

आत्मरति की आत्मपूजा के डगमग सेतु को लाँघकर मानव (युवक/युवती) की देहयष्ठि **आत्मपीड़न-रति** (मेसोशिज़्म) के सामाजिक आयामों में संचरण करती है, सामाजिक मर्यादाओं-व्यवहारों को समझती आत्मसात् करती है तथा सम्प्रेषण की, अनुभव की, नये सम्बन्धों की, नई भंगिमाओं की गति एवं कार्य की रचना करती है। तब युवा देह में नई देहभाषा का उन्मीलन होता है। अतएव हम आत्मरति की शरद् से आत्मपीड़न-रति की वसन्त-ऋतु में आ जाते हैं। यह देह में यौवन का मधुमास है।

देह के अभ्यंतर में ऐसे नवजागरण-पुनर्जागरण (रिनासाँ) को समझने के लिए हम विश्वमिथक सरित्सागर के तीर पर आते हैं। शरद-ऋतु से आरम्भ हो रहा है।

(i) धर्म-मिथकीय काल की एक शरत्पूर्णिमा की रात है। पूर्णचन्द्र की चन्द्रिका में श्रीकृष्ण गोपियों के साथ शरद-रास रचाने कदम्ब वन में एकत्र हो गए हैं। यूथेश्वरी श्रीराधा शृंगार-कक्ष में तैयार हो रही हैं। सभी प्रतीक्षाकुल हैं। एक घड़ी, दो घड़ी, एक प्रहर, दो प्रहर बीतते जा रहे हैं। चन्द्रमा सीधे शीर्ष पर आ चुका है। श्रीराधा नहीं आ रही हैं। सभी चिन्तित हैं। स्वयं कृष्ण राधा के शृंगार-कक्ष में पहुँचते हैं। राधा दर्पण के सामने उलझन में हैं, अस्तव्यस्त हैं, प्रसाधन यत्र-तत्र छिटके पड़े हैं। कृष्ण पूछते हैं—'राधे! क्या हुआ?' राधा सिर नीचा किए हैं। कृष्ण ठोढ़ी उठाकर पूछते हैं। राधा—'नटनागर मोहन! दर्पण के पीछे यह कौन गोपी है, बिलकुल मेरा प्रतिरूप है, पारस-रूप है? जब जब मैं शृंगार करती हूँ, यह नकल उतारकर भरमाती है। मैं बार-बार पूर्ण शोभा की उज्ज्वला चाहती हूँ। क्या करूँ?' कृष्ण मुस्कुराते हैं। आत्ममुग्ध-आत्मरत राधा की दुविधा बताकर कहते हैं, 'श्रीराधे, यह तुम्हारी ही आत्मछवि है, तुम्हारी आदिशक्ति आदिशोभा की साधना। यह तुम्हारी ही छाया है। मैं इसे **ललिता** कहूँगा और अब साकार बना दूँगा। अब से ललिता तुम्हारी लीला-सखी, केलिसखी, आत्मसखी होकर सदैव साथ रहेगी।' राधा समझ गई थीं कि गोपियाँ भी ललिताभाव में लीन हो चुकी हैं। ...राधा-कृष्ण कुंज में पहुँचते हैं। राधा और ललिता, दोनों के साथ भी रासलीला होने लगती है।

यह **अन्तर्दृष्टि** का दृष्टान्त है। तो, हमारी ही देह में जो हमारी छाया-प्रतिमा होती है वही देहभाषा की मुद्राओं-भंगिमाओं-गतियों-भावनाओं के परम रूपों में मौन होकर भी प्रकट होती हैं। अतएव आत्मरति देहभाषा के अभ्यन्तर की उद्घाटन है—मूक, अन्तर्लीन, आत्मोत्तीर्ण!

(ii) दूसरी ग्रीक मिथक है—नार्सीसस तथा ईको की। यह **अन्तर्ध्वनि** की मिसाल है। यही नहीं, इसमें प्रतिध्वनि तथा प्रतिबिम्ब के कूट (कोड्स) हैं।

नार्सीसस एक बेहद खूबसूरत युवक था। (उस पर 'ईको' नामक अप्सरा मोहित हो गई। वह भी अभिशाप। वह केवल नार्सीसस के शब्दों को ही **प्रतिध्वनित** (दोहरा) सकती थी) अतः नार्सीसस उससे क्षुब्ध रहता था। [नार्सिसस की भटकी और भ्रान्त **अन्तश्चेतना-परा** से पश्यन्ती तक ही संकुचित स्पन्दित हो सकती थी।]

नार्सीसस को भी दुर्भाग्य देवी नेमेसिस ने शाप दिया था कि वह अपने ही **प्रतिबिम्ब** के प्यार में संलिप्त रहेगा।

इस तरह **आत्मरति** में नार्सीसस **आत्महंता** होता चला गया। उसका अन्त हो गया।

जहाँ उसका अवसान हुआ, वहाँ नर्गिस (नार्सीसस) के फूल खिल उठे।

इसमें देहभाषा के स्पष्ट इंगित अनभिव्यक्त-अनिर्वचित प्रतिध्वनि एवं प्रतिबिम्ब के आत्मक्षय के परिणाम के द्योतक हैं।

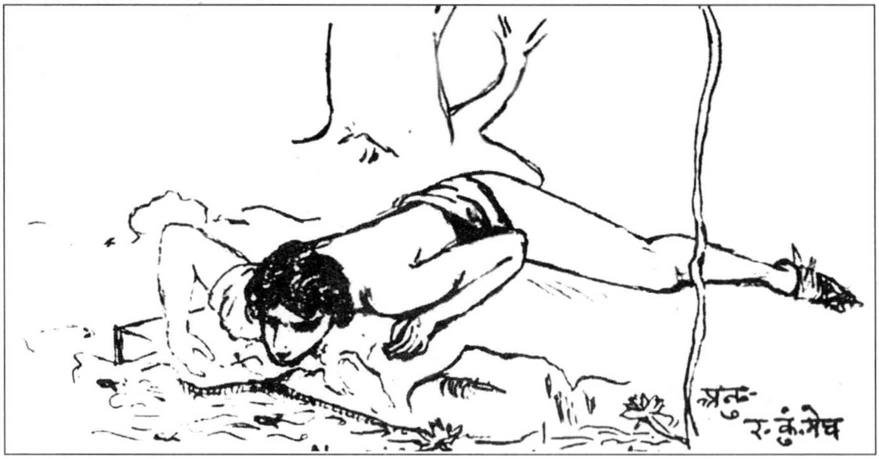

आत्मरत नार्सीसस

(iii) तीसरी मिसाल कलाक्षेत्र की है। बिन्दास अभिनेत्री विद्या बालन (स्व.) चित्रकार एम.एफ. हुसैन की पेंटिंग के लिए निर्वसन तथा नग्न तक होने को सहर्ष तैयार हो गई थीं। वे इस प्रस्ताव से बेतहाशा खुश थीं।

मुक्त तथा स्वच्छ कलाकार के मनोलोक की एक मिसाल 'प्लेब्वाय' के हेफनर ने बताई है—

तनावरहित, सहज मनोदशा में एक स्वस्थ एवं नर्मिल युवती ने अपने सारे वस्त्र उतार दिये और दर्पण के सामने आ गई। वह पूर्णत: नग्न थी। आत्ममुग्ध-सी प्रथम कदम थाप देने लगी और एक बैले-नर्तकी की भाँति थिरकने लगी। उसकी देह घूमने, बल खाने लगी।

जब पृष्ठभूमि का संगीत बज उठा तब से वह परिवेश की संचेतना से निस्संग हो गई। वह केवल अपनी देह के प्रति सचेत थी। वह अपनी रूढ़िबद्ध सीमाओं से संपूर्ण अतिक्रमण कर गई थी। वह अपनी परिपूर्ण देह का कलापूर्ण विधि से नियंत्रण कर रही थी।

यद्यपि वह नग्न थी किन्तु लेशमात्र भी लज्जा का अनुभव नहीं कर रही थी। वह संवेगों में गहराई से संलिप्त थी।

सारांश में उसकी देह एक अनुप्रेरित **यंत्र** हो गई थी तथा वह अपनी मुद्राओं द्वारा देह के **तंत्र** पर नियंत्रण कर रही थी। वस्तुत: उसमें **नग्नता का अहसास विलुप्त** हो चुका था।

इसलिए इंद्रियातीत दशा में नग्नता के अहसास के विलुप्त होने के भी कुछ उदाहरण हैं। भक्त अक्का महादेवी को अपनी पोशाक बोझ लगने लगी थी, वहन करने में। लालद्यद (लल्लेश्वरी) ने भी देह पर चिन्तन किया और एक स्थिति पर पहुँचकर अपने वस्त्रों को बोझ जानकर उनका परित्याग कर दिया।

तो क्या वस्त्र-परित्याग कुंठाओं को उतार फेंकना जैसा है? क्या यह अश्लीलता का अतिक्रमण करता है अर्थात् सहज-नैसर्गिक पवित्र देह की पुनर्लब्धि है? क्या ऐसी अर्द्धवस्त्र या निर्वस्त्र दशा में कोई निहंग देह को लिख/देख/पढ़/स्पर्श कर सकता है? यदि हाँ, तो देहभाषा-प्रकारों का उन्मीलन होने लगेगा। इससे एक नंगे बालक तथा मदमस्त अर्धवस्त्र या निर्वस्त्र युवक-युवती में देह की अन्तरंग सम्बन्धता वाले सामाजिक परिप्रेक्ष्य के कौन-से आयाम उद्घाटित होते हैं?

मानव-देह का यह सांस्कृतिक-सामाजिक, मनोवैज्ञानिक-नैतिक पक्ष है। मानव-देह के माध्यम के ऊपर तथा इतर (परे) विस्तार पाकर सभी प्रकार के शृंगार तथा परिधानीकरण आते हैं। सिंगार तथा परिधान के बिना देह नग्न है। इनके न्यून से न्यूनतर से न्यूनतम होती देह ही निर्वसन और नग्न है। यद्यपि नग्न देह को भी कबीलों (भील, गोंड) या आधुनिक बिकिनी धारकों में कमर-डोरी से बँधे एक अरंड/अंजीर/साल के पत्ते या छोटे वस्त्र द्वारा लिंग या योनि-क्षेत्र को ढँक लिया जाता है तदपि उनके समाज तथा परिवेश में उन्हें नग्न नहीं समझा जाता। सो, **गोपन** और **उघाड़ने** की दशाओं पर यह निर्भर है। अत: जहाँ '*वस्त्र*' की समाप्ति है, वहाँ से '*देह*' का उन्मीलन होता है।

गोपन-उघारन के प्रसार-संकोच, विस्तार-संकुलता में फैशन या प्रसाधन के ऐतिहासिक चक्र घूमते हैं। भारतीय मूर्तिकला में नर-नारी, दोनों की देह कटि से ऊपर अनावृत्त होती है (थोड़े-से आभूषणों के सिवाय)। लेकिन चित्रकला में नंगी टाँगें या निर्वसन आवक्ष-देह नहीं मिलेगी। शिल्प में पुरुषों के वसन प्राय: घुटनों तक होते हैं। गौतम बुद्ध चीवर धारण करते हैं किन्तु उनका बायाँ कन्धा उघड़ा होता है। इसकी देह-भाषिक ऊहा यह है कि अगर अन्तरंग सम्बन्ध हो तो झिझक और लज्जा पारस्परिक तादात्म्यीकरण में रूपान्तरित हो जाती है। कामकला में यही दशा पूर्णकाम होती है अर्थात् काम (त्रिपुर-भैरवी) तथा कला (त्रिपुर-सुन्दरी) का अन्तर्विलयन। कामरति-भाषा में नग्न और निर्वस्त्र के बीच विकल्प तथा विनियम ही देह-सन्देश, देह-गति तथा देह-कार्य निष्पादित करते हैं।

बृहत्तर आयाम में निर्वसनवादी (न्यूडिस्ट) दृष्टिकोण के अनुसार, शालीनता का सपना तभी साकार हो सकता है जब मानवीय संस्कृति से 'तथाकथित वर्जित देहांगों की वर्जना सदा के लिए बहिष्कृत कर दी जाए। '*देह-वर्जना*' से अस्वस्थ जिज्ञासाएँ पनपती हैं, यह विश्वास मजबूत होता है। मानव-देह के कुछ अंग अश्लील और दुष्टनिष्ट हैं। '*देह-वर्जना*' के कारण अस्वस्थ जिज्ञासा के साथ-साथ प्रौढ़ों और अवयस्कों में मन्दबुद्धि-दशा भी पनपती है।

'निर्वसनवादी संस्कृति' मनुष्य की सामाजिक प्रवृत्तियों की सन्तुष्टि करती है और सम्पूर्ण नग्न शरीर को व्यक्तित्व-परिमंडल में लाकर मानव-मूल्यों का ज्यादा सही प्रभावन करती है। इससे हमारे अपने साथियों की महत्ता बढ़ती है। धोखा तथा छलकपट विलुप्त हो सकता है।

निर्वस्त्र होने से दैहिक शोभा के संवर्धन की कामना का विकास होगा तथा खुली बहस द्वारा बुद्धि समृद्ध होगी। इससे वस्त्रावरण द्वारा उभरे अपनर्मिल काम-प्रभावों से छुटकारा मिलेगा।

इनका लक्ष्य है—'स्वस्थ देह में स्वस्थ मस्तिष्क।' यह एक जीवनशैली है क्योंकि सूर्य, प्रकाश, वायु आदि मानवीय भलाई के लिए जीवन्त दशाएँ हैं। आधुनिक सभ्यता तो हमें प्राकृतिक अवस्था में उपलब्ध सूर्य की रोशनी, समीरण तथा जल से भी वंचित कर देती है। वह कृत्रिमता, दमन और कुंठाओं-अपराधों का महाजाल मनुष्य के ऊपर फेंक देती है। अत: मानव-देह की तात्त्विक सम्पूर्णता की प्राप्ति के लिए 'निर्वसनता' पर सामाजिक

वर्जनाओं को विलीन करना होगा। ...निर्वसनता कोई लचर नैतिकता या चरित्रहीनता नहीं है बल्कि एक जीवन-दृष्टिकोण है। हाँ, यह 'लीक पीटने' से विच्छेद अवश्य है। प्राकृतिक जीवणा सर्वोत्तम है। कमल के फूल न तो कुंठाग्रस्त हैं, न ही वे (वस्त्रावरण का) कोई तानाबाना बुनते हैं।

यूरोप व अमेरिका का निर्वसनवादी आन्दोलन हमारी अपने शरीर के प्रति एक अधिक विवेकशील तथा स्वस्थ मनोवृत्ति की ओर उभरती प्रबल शक्ति है।

लिंगयोनि पूजा (शैव-शाक्त)

यह **देह की स्वाधीनता** है। **स्वदेह का अभिज्ञान** है। **निर्वसनवादी 'देह-पूजक'** हैं। इनके अनुसार यौनता पापमय नहीं है; बल्कि मानव-मनोविज्ञान में सर्वाधिक बलशाली ऊर्जा है (भारत में लिंग तथा योनि-पूजक सम्प्रदाय रहे हैं)।

' 'निर्वसनता' यथार्थता से, कामकाज तथा रहन-सहन के आधुनिक संस्थाबद्ध तौर-

तरीकों की हताशाओं से एक दूरगामी शुभ-शकुन पलायन है। यह एक आदिम अवस्था में वापसी के प्रति कमलभोजकत्व-सा है।'

—मारिस बीम

['कल्ट्स ऑफ अमेरिका', मैकफेडन बुक्स, न्यूयॉर्क, 1964, पृ. 112।]

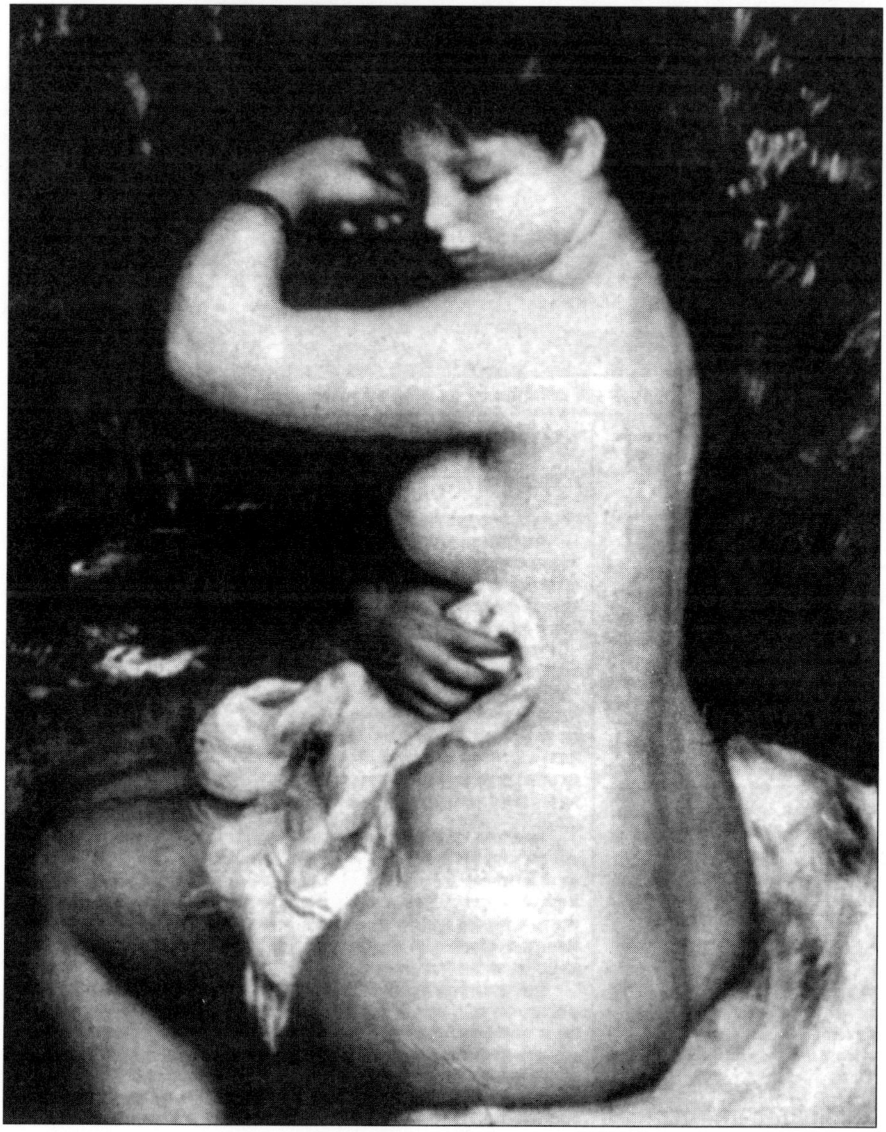

स्नान : आगस्ट रेनोआँ (फ्रांसीसी, 1841-1919)

अमेरिका में यौन-सम्प्रदायों के अन्तर्गत ओसिरिस, एरोस, बेकस बाल तथा अन्य देवताओं का इष्ट है जिनकी यौन-शिक्षाएँ परिपाटीबद्ध धर्मों के मुकाबले ज्यादा निर्बंध हैं। उन सम्प्रदायों में गुप्त वर्जनाओं (सीक्रेट टैबूज) की दीवारें तोड़ दी जाती हैं किन्तु (आरोपियों के अनुसार) प्रेमिकाओं, पत्नियों, बेटियों, पतियों का विच्छेद तो हो ही जाता है।

जीवित ज्वाला के अनुयायी ओसिरिस तथा आइसिस (प्राचीन मिस्री-रहस्यों के पुरुष एवं नारी तत्त्व) के उपासक—प्रार्थनाओं के बजाय उपहार देते थे।...उनके लिए स्व-चेतना से छुटकारा पाने हेतु निर्वसनता, फिर नग्नता, पहला कदम था। आइसिस ओरिसिस को पत्नी तथा बहन दोनों थीं। सेत मिस्री शैतान था। आइसिस उर्वरता की देवी थी। कुंआरी युवतियाँ सफेद साँड़ पर नग्न आरूढ़ होती थीं। देवी आइसिस नृत्य करती थी।

परम्परागत ईसाइयत में मानव-देह पापमय है। श्रीमान! यदि देह भी ईश्वर ने बनाई है तो वह भी शुभ है। उसे भद्दे लिबासों से मत ढाँको, बल्कि निर्वसन हो जाओ।

वस्तुत: धर्म और सैक्स में सहोदरता है—मनोवैज्ञानिक व्यास-रेखा पर। दोनों ही तनाव-मुक्त करते हैं, यद्यपि उनकी आचरण-संहिताएँ पूर्णतया भिन्न-भिन्न हैं। हम कृष्ण द्वारा यमुना जल में नहाती गोपियों के चीर-हरण तथा चिदम्बर में शिव तथा काली के बीच नृत्य-प्रतियोगिता की मिसालों का उल्लेख अनुस्मृत कराते हैं।

निष्कर्ष यही है कि **पाप** तथा **शैतानियत** (ईविल)—दोनों ही मस्तिष्क के सम्बद्ध-प्रत्यावर्तन (रिफ्लेक्स) हैं। सैक्स को गहराई में धँसी हुई पाप-वृत्ति समझा जाता है। अत: जब तक उसे अनुष्ठानों द्वारा दिव्य या अलौकिक नहीं समझाया जाता तब तक पूर्वीय देशों में यह जघन्य पाप (पोर्नोग्राफी) बना रहेगा और दरिन्दगी भरे सैक्स-अपराध होते रहेंगे। हमें सैक्स को स्वच्छ तथा शुभ भी समझना होगा। शुरुआत हो सकती है—उसके बाबत निर्द्वन्द्व-विमुक्त वार्ता से। हमने इसी प्रवृत्ति से पिछले अध्यायों और आगे यही **कामरति की निर्वसन-नग्न देहभाषा** का निर्वचन किया है।

वस्तुत: जैसे नीले जल के दर्पण में **आत्मरति** दीपित होती है, गंगा में नहाने से **अशुचिता-मलिनता-कुरूपता** धुल जाती है, उसी प्रकार **नग्नता** से स्वच्छता-पवित्रता-नैसर्गिकता-दैहिक सम्पूर्णता का परिपूर्ण उन्मेष होता है।

आत्मरति का तीसरा आयाम अपनी ही देह-गंध, अपनी देह-स्पर्श से आत्माभिज्ञान, आत्मसात् तथा आत्मास्मिता की खोज है।

कस्तूरी-मृग के नाभि-कुंडल में बसी कस्तूरी की गंध से व्याकुल मृग या अपने ही नील-जल में तैरती-छटपटाती-फिसलती-भागती मछली की तरह नहाती या झीने वस्त्र पहनती रमणियाँ उदाहरण हैं। मिथकों में मत्स्यगंधा नारियाँ, इच्छाधारी नागिनों-सी चिकनी युवतियाँ, दूरान्त-एकान्त द्वीपों में अस्फुट गुंजार करती यक्षिणियाँ तथा साइरेनें इनके आद्यप्रारूप हमारे प्रकरण हैं। वे सभी देह आत्मरति के नये आयामों का अनावरण करती हैं। प्रसाद की 'प्रलय की छाया' की नायिका स्वयंसौन्दर्य गर्विता है। ऐसी ही निराला की शूर्पणखा भी है। भारतीय मूर्तिकला में देहांग के मोड़-घुमाव कोमलता-दृढ़ता को भी झीने वस्त्र धारण की हुई महिलाएँ लांछन-मंडित हैं। इस वस्त्रों की उपमा दूध की भाप, साँप की सफेद केंचुल (अहिनिर्भोक) आदि से दी गई है। यह झीना वस्त्र तो देहभाषा का वृत्तान्त है। इसे 'उदंशुक' कहा जाता था। प्राकृत की एक गाथा में कहा गया है कि खंजन के समान नेत्रवाली स्त्रियाँ झीने वस्त्रों से अपने जघन ढँकती हैं तथा पुष्पमंजरी से क्रीड़ा करती हैं। ऐसी सुन्दर स्त्रियों का कामदेव दास बन जाता है और उनकी सेवा में अपना धनुष धारण किए हुए सदैव तत्पर रहता है—

कादम्बलोचनानां उदंशुक-प्रकट जघनाम्।
अवरुगुणा-मंजरीणां कामो वहति चापम्।।

(संस्कृत छायाकार : कृष्ण दत्त बाजपेयी)

अतएव आत्मरति में देहभाषा के गूढ़ कूटों की पारिजात-मालाएँ झूलती हैं।

समकालीन प्रसंग भी बेहद कौतुक-कौतूहल-पूर्ण है।

ब्राजील की अलमस्त अभिनेत्री सान्द्रा बुलॉक ने रियो-डि-जेनियरो में कहा कि ब्राजिलियों की तरह विमुक्त होओ। उन्हें ब्राजीली युवतियों से प्रेरणा मिली जब वे निर्द्वन्द्व होकर अपनी देह को प्रदर्शित करती हैं, जब प्रसिद्ध कोपाक बाना सिंधुपुलिन पर उन्हें देखकर उसे भी अपनी ही देह-रति का आवेश जागा।...ब्राजील में पुरुष तथा नारी—कामासक्त (वालप्चुअस) तो हैं लेकिन अपनी देह की मादकता में अत्यन्त सहज तथा सुखद हैं। ...जाहिर है कि सान्द्रा बुलाक ने भेद खोला है : अपनी देह का स्वच्छन्द अनावरण तथा अपनी ही देह के अनुसन्धान में अत्यधिक सुख-सुविधा का अनुभव।

आगे इस गूढ़ रहस्य की एक दो और मिसालें। जूलिया राबर्ट्स की यह शिकायत है कि उसके स्तन इतने पुष्ट तथा बड़े आकारों के हैं कि उसे ही उन्मत्त कर देते हैं। यद्यपि उसने दो नवजातों को जन्म देने के बाद यह प्रतिक्रिया जताई। इसी तरह जेनिफर लोपेज की पीठ तथा नितम्ब उभार तक को उसके चित्रकार प्रेमी मार्क एन्थनी ने चित्रांकित किया है। वह उस फलक को अपने शयनकक्ष में टाँगे हैं। अपनी पीठ और अधो-कटि तक की छवि पर उसे बेहद घमंड है तथा उसकी देह का नवल शोभायतन है (अलौकिक भारतीय सती-साध्वियों की कोई प्रतिक्रिया उपलब्ध नहीं है, अमृता शेरगिल के सिवाय)। हम जीनत अमान, विपाशा बसु, मल्लिका साराभाई, विद्या बालन, सोनल मानसिंह से तो भविष्य में उम्मीद कर सकते हैं। 'बॉडी बिल्डर' द्वारा पेशीय देह-प्रदर्शन मेहनत का फल है।

लैंगिक परिवर्तन की एक विलक्षण मिसाल ली जा सकती है। चीन की प्रसिद्ध नर्तकी जिनसिंग पहले एक मर्द थी तथा पीपुल्स लिबरेशन आर्मी में कर्नल पद पर आसीन होकर गीत एवं नृत्य ग्रुप में शामिल होकर फौजी ड्रिल भी करती रही। तभी वह क्लासिक बैले में मशहूर हो गई। किन्तु उसे लगता था कि वह कुछ अन्य है। उसके काले बालों तथा मस्तानी आँखों के दीवाने कई मर्द थे। ...बचपन में छह साल की उम्र में उसे लगने लगा कि वह लड़कों से कुछ हटकर है। नौ साल की उम्र में उसकी देह में कोमलता तथा लज्जा आती गई, तथापि फौज में ही उसने सर्वश्रेष्ठ नर्तक होने का खिताब पाया। ...फिर उसका कायान्तरण (मेटामार्फोसिस) शुरू हुआ। वह स्वयं को अन्दर से छिपाती रही कि उसमें एक नारी का अन्तर्वास है किन्तु बाहर से वह पुरुष बनी रही। आखिरकार 1988 में वह न्यूयॉर्क चली गई। वहाँ के उदार तथा अनुमतिपरक समाज में उसे अपने नारीत्व का पूरा अनुमान लग गया। वह इटली, ब्रूसेल्स, बेल्जियम के रास्ते पुनः अमेरिका लौटी और 1995 में ऑपरेशन कराकर लिंग-परिवर्तन कराया। अब वह चीन की एक प्रसिद्ध प्यारी नर्तकी के रूप में जिनसिंग हो गई है। यहाँ तो सम्पूर्ण पुरुष-देह ही नारी-देह की गुप्त-रहस्यात्मक-विलक्षण देहभाषा होती गई है।

हम आत्मरति के अन्तिम नायाब हाशिए से समापन करेंगे—देह को वस्त्रों से सज-धज करना तथा देह को निर्वसन करके देह की नैसर्गिक शोभा का सम्पूर्ण अनावरण करना।

देह पर वस्त्राभूषण धारण करना श्रृंगार है। यह सार्वजनिक हो सकता है। देह से वस्त्राभूषण उतारना निर्वसनता अथच नग्नता है। यह नितान्त निजतापरक है, तथापि ये दोनों दैहिक कार्य नैतिकता एवं एस्थेटिक्षा के अंग भी हैं। लेकिन अगर दूसरी दशा निजी के बजाय सार्वजनिक हो तो क्रूरता, अपराध का अमानवीय दंड, निर्लज्जता, अमर्यादा की कोटियों में आती है। यह अश्लीलता के बजाय दरिन्दगी और हिंसा का प्रकटावा भी है। इस भाँति एक ही मानव-देह क्रमशः शोभा और आत्मविश्वास बनाम अश्लीलता और पशुता का निमित्त होती है।

सुहाग-कक्ष (कोहबर) तथा रति-शय्या में क्रमशः शनैः-शनैः निर्वसन होना आत्मरति की सहभागिता है। यह शोभा एवं कामवर्धक भी है। शर्त है कि निजता, निजी 'मनस्तात्त्विक स्थल', अन्तरंगता तथा वैयक्तिकता कतई खंडित, अतिक्रान्त नहीं हों।

यह दृश्य, स्पर्श एवं सुगंध तथा दर्शन-धुरी पर देहभाषा की परतें खोलती है, उसका सृजन करती है। संस्कृत-काव्य में बिन्दी या अंजन (काजल), नीवींबंध, चोली, किंकिणी, मंजीर व कंगन आदि निर्वसनता-अलंकृति के द्योतक, सूचक, उत्तेजक, उद्घाटक रहे हैं। इसके उपरान्त काव्य-संसार में दर्शन एवं स्पर्श की भाषा का अभ्युदय होता है। अगर दीपक बुझा

दिया जाए, दर्पण ढाँक दिया जाए तो केवल स्पर्श ही अभिव्यंजना तथा आदेश करते हैं। अब वाक् नितान्त निस्पन्द हो जाती है।

सो, मनुष्य की तरह उसकी **भाषा** भी पवित्र या लौकिक, उत्कृष्ट या निकृष्ट, शोभन या अश्लील, विकसित या अविकसित होती है।

देह ही इसकी माध्यम एवं मध्यस्थ—दोनों है। देह ही भोग तथा मुक्ति का आयतन है। देह में ही मन है, बुद्धि है, अन्तरात्मा है और जीन हैं, कोशिकाएँ हैं। देह से पृथक् न तो प्रकृति है और न ही पुरुष। प्रकृति से पृथक् देह की सत्ता ही नहीं है।

देह के रूपायन देहभाषा, देह-पूजा, देह-शोभा, देह-सज्जा, देहात्म आदि हैं। यह जैविक देह जीवन से विहीन होकर शव-भस्म में भस्मीभूत हो जाती है। देह ही चैतन्य है, प्रकाश है। देह ही सुख और आनन्द का, कष्ट और दुख का, करुणा और हर्ष का पुंज है। देह से परे/इतर/पृथक्/ऊपर कुछ भी नहीं है। देह सृजन-केतन, प्रजनन-साधन तथा संस्कृति-दर्पण है।

देह ही लघु ब्रह्मांड और विराट् प्रकृति है।

देह-विग्रह प्रकृति की सर्वोत्तम निर्मिति है। देह-विग्रह में/से ही अवतार एवं उद्धार का चक्र चलता रहता है। फिर भी मानव देह द्वारा ही लीला करता है तथा उसका देहोत्तीर्ण उत्तर-जीवन भी शुरू होता है।

नृत्य तथा नग्नता

मानवता के शैशव की प्रथम आदिम प्रवृत्तियाँ **नग्नता** तथा **नृत्य** हैं। इनसे मिथकों ने जन्म लिया, परन्तु ये मानव-शिशु के भाषा-पूर्व प्रथम सामाजिक प्रदर्शन रहे होंगे। इस अनुमिति के लिए हम धार्मिक मिथकाभिप्रायों (माइथीम्स) का अवलम्ब लेंगे।

बालकृष्ण विश्वमिथक में अलबेले अकेले देवता-शिशु, खिलंदड़े शिशु और नर्तक शिशु हैं। वे सिर पर मोर-मुकुट पहनते हैं। वे **नटनागर** भी कहलाए। बालक कन्हैया ने कालिय नाग के फण पर नृत्य किया था। उन्होंने नन्हे हाथ से गेंदरूपी पृथ्वी का (वाराही) उद्धार भी किया था। उनकी नृत्य-भाषा मयूर-पुच्छ की तरह रासमंडलाकार है। वे गोपियों के साथ रासलीला रचाते रहे।

दिगम्बर शिव गले में सर्पमाला पहनते हैं तथा **नटराज** हैं। उन्होंने भुजंगत्रसित मुद्रा से तांडव का उन्मीलन किया। एक बार मदुरै या चिदम्बरम् (दक्षिण) में काली से उनकी नृत्य-प्रतियोगिता हुई। देवी मुंडमाला तथा कटे हाथों की अधघाघरिया लटकाए थीं। एक मुद्रा में शिव ने अपना दायाँ पैर मस्तक तक छुवाकर काली से भी ऐसा ही करने की चुनौती दी। नग्नता की प्रबल स्थिति का अन्दाज भाँपकर काली ने वह मुद्रा करने से इनकार कर दिया और पराजित होकर चली गईं। शिव उमा के साथ तांडव-नृत्य और (उनके) लास्य की जुगलबन्दी भी करते रहे। इस तरह नटनागर के ठुमकते कालिय-नृत्य तथा मंडल-रास से, और नटराज के प्रचंड तांडव तथा सुकुमार लास्य से नृत्य-मुद्राओं का विकास हुआ। उनमें सहजता तथा स्वच्छन्दता के लक्षणों के ध्रुवान्त हैं। यह नृत्य की देह-शोभा भी है। यह मूलतः चक्राकार मयूर-पैटर्न है।

नग्नता के लिए भी हमें पुनः मिथकाभिप्रायों का सहारा लेना पड़ेगा। शिव-काली-

(कोलाज : र.कुं.मेघ)

चिदम्बरम् में शिव और काली की नृत्य-प्रतियोगिता

प्रतियोगिता में नृत्य एवं नग्नता एक ही व्यासरेखा पर संस्थित हुए। बाद में असुन्दरता-शोभनता को लास्य की शोधा तथा भंगिमाओं ने प्रकाशित किया।

कृष्ण-चक्र में इसके अगले आयाम खुलते हैं। यमुना में नग्न नहाती गोपियों के वस्त्र चुराकर कदम्ब की डाली में छुपकर किशोर कृष्ण बैठ गए और उन्हें निहारते रहे। वे तो एक ढीठ गोपन-रतिदर्शक (वोयेयूर) थे। गोपियाँ मछलियों-जैसी नदी में खड़ी-तैरती रहीं (भक्तजन क्षमा करें। अगर वे जीवात्मा हैं तो कृपया आधुनिक युग में लैपटॉप से उन्हें ई-मेल कर सकते हैं)। अत: नग्नता मूलत: तरंगायित मछली-पैटर्न है—शुद्ध और पवित्र और भोली तथा चपल चंचल।

एक समानान्तर पुराणकथा हमारा दावा सिद्ध करती है। एक सरोवर में युवतियाँ नग्न नहा रही थीं। वृद्ध वेद व्यास सामने से गुजरे तो सब छिप गईं। थोड़ी देर बाद युवक शुकदेव पास से गुजरे तो वे निर्द्वन्द्व वैसी ही नहाती रहीं। क्षुब्ध-भ्रमित व्यास ने मुड़कर इसका कारण पूछा

तो युवतियों ने कहा कि आपकी तुलना में शुकदेव काम (वाहन) के अंश हैं। वे निर्विकार काम-रूप हैं। वे रागों से निस्संग हैं। वे समाधिभूत हैं। इस कथा ने नग्नता की कथित नैतिक कुंठाओं को छिन्न-भिन्न कर डाला। नग्नता कुंठाहीनता और सहजता है, भोलापन और पवित्रता है, स्वच्छन्दता और समाजविमुक्ति है।

एक अन्य छोटी-सी आदिम कथा भी। शृंगवेरपुर के रास्ते आदिवासी क्षेत्र की एक नदी में श्रीसीता केवल अधोवस्त्र पहने नहा रही थीं कि आदिवासी युवतियों ने व्यंग्य करते हुए उन्हें नंगी कह दिया। कुपित सीता ने उन्हें शाप दे दिया कि वे युग-युग तक कमर से ऊपर वस्त्र नहीं पहनेंगी। वैसा ही हुआ। आज तक आदिवासी नारियाँ भोली, शुद्ध तथा कुंठामुक्त हैं। अत: आदिवासी नृत्यों में उत्तरप्रदेश के धरकाहारी, राजस्थान के गरासिया, मध्यप्रदेश के गुडुम, उड़ीसा के सम्भलपुरी, तमिलनाडु के कोटा, मेघालय के लाहो जैसे कबीलाई नृत्यों में ऐसी ही मुद्रा-छवि की अधूरी परिपाटी चली आ रही है।

इस सबसे निस्सन्देह कहा जा सकता है कि मानवता के बचपन तथा मानव-शिशु की मूल वृत्तियाँ नग्नता तथा नृत्य की मुद्राओं से शक्ति तथा सौन्दर्य की उद्‌भावना करती हैं। ध्यातव्य हो कि कामदेव का एक नाम 'मीनकेतन' है। यह भी स्पष्ट है कि देह पर वस्त्राभूषण धारण करना शृंगार-शोभा है, जबकि देह से वस्त्राभूषण उतारना निर्वसनता तथा नग्नता है। अत: एक ही मानव-देह विपरीत स्थितियों में सत्यम् तथा सुंदरम् को प्रक्षेपित करती है।

पुनश्च:

नंगधड़ंगों के शिविर की विचारधारा को मार्टिन वाइनबर्ग ने सूचीबद्ध किया है—

(i) नग्नतावाद तथा यौनतावाद असम्बद्ध हैं;

(ii) मानव-देह को उघाड़ने में कोई शर्म की बात नहीं है;

(iii) वस्त्रों का परित्याग स्वतंत्रता तथा नैसर्गिक सुख की अनुभूति में ले जा सकता है;

(iv) सूर्य-स्नान जैसी नग्न कार्यवाहियाँ शारीरिक, मानसिक, आत्मिक कल्याण की भावनाएँ उद्‌भूत करती हैं। ...शिविर के अनुशासन हैं—कामुक बातें नहीं, शराब नहीं, देह-सम्पर्क वर्जित है, उत्तेजित देहांग शक के घेरे में ले आएँगे।

('सोश्योलॉजी : फुल सर्किल' प्रेजर, न्यूयॉर्क, 1976, पृ. 32)

शंकर के रौद्रपूर्ण तांडव एवं पार्वती के शृंगारमय लास्य के शैव-शाक्त सामंजस्य के देह-भाषिक संसूचकों-संवाहकों के प्रतिपक्ष में **शिव-काली की नृत्य-प्रतियोगिता** में शाक्तों पर शैवों के वर्चस्व की प्रतिष्ठा के पश्चात् अब हम शिव-गिरिजा की एक धर्ममिथक के पाठ पर अनुपाठ-प्रतिपाठ-उत्तरपाठ को आभासित करके देहभाषा के गूढ़-गुह्य संकेतों का उद्‌घाटन करेंगे। इसके लिए दो धाराओं का संगम अपेक्षित है।

यह सुविज्ञात धर्ममिथक है कि कैलास में निर्वस्त्रा नहाती गिरिजा ने अपनी **देह-मैल** से एक प्रतिमा-प्रहरी का जीवित निर्माण करके उसे आदेश दे दिया था कि वह किसी को भी कक्ष में अन्दर नहीं आने दे। जब शिव पधारे तो कथित प्रतिमा ने उन्हें रोक दिया। शिव ने कहा कि यह कैसे और क्यों हो सकता है ? क्रोध में उन्होंने प्रतिमा का सिर काट दिया। ...गिरिजा बाहर आईं और शिव के इस अनुचित अपौरुषेय व्यवहार पर क्रुद्ध हो गईं (अभिभूमिका का विपर्यय)। शिव को अपनी भूल का अहसास हो गया और उन्होंने उस प्रहरी को जीवित करने के लिए एक नवजात कलभ का सिर प्रत्यारोपित कर दिया। यह पाठ है।

यही नहीं, उसे गणेश तथा विघ्नहर्ता विघ्नेश बनाते हुए हर शुभ तथा शकुन में उसकी ही सर्वप्रथम मांगलिक स्तुति का विधान किया। तो, स्पष्ट है कि पार्वती का देह-मैल और कुछ नहीं, बल्कि इहलौकिक नारी के मनोविकार, संस्कार, सीमा संकोच थे। अत: श्रीगणेश इनके प्रतिपक्षी हो गए। शिव में निर्वसन गिरिजा के दर्शन की काम-भावना जमी रह गई। यह क्रमश: अनुपाठ तथा प्रतिपाठ है जो देहभाषा की गहरी परतों को उभारता है।

कथा-चक्र का उत्तर पाठ इलावर्त क्षेत्र की रंगभूमि है। पुन: शैलपुत्री पार्वती नग्न स्नान करने को प्रस्तुत हैं कि एक अति सुन्दरी परिचारिका आकर उन्हें नहलाने, देह-संवाहन, देह-लेपन, देह-मर्दन आदि की सेवकाई को प्रस्तुत हो आती है। पार्वती स्वीकृति दे देती हैं।

जब देह के उक्त चक्र-चिह्न सम्पन्न हो जाते हैं तब सुन्दर-परिचारिका अपने मूल स्वरूप अर्थात् मनकामेश्वर-महेश्वर के रूप में प्रकट हो जाती है। वे कहते हैं कि 'श्रीगणेश-प्रसंग में मैं जिस दर्शन से वंचित रह गया था, उससे अब संतृप्त हो गया हूँ अर्थात् मैंने तुम्हारी पूर्णरूपेण निर्वस्त्रा-नग्न छवि को देखा, स्पर्श किया, देहांग-केंद्रों की गुप्त शक्तियों का भी अभिग्रहण कर लिया। मैंने नारी की शोभा-लावण्य तथा नारी-शक्ति के आद्य-निर्द्वन्द्व-अकुंठ-रहस्य समझ लिए। अब मैं **अर्द्धनारीश्वर** हूँ।' इस उत्तरपाठ का गहन कूट है कि शैलपुत्री पार्वती भी **अर्द्धपुरुषेश्वरी** हो गईं। निर्वस्त्रता से नग्नता तक के दर्शन की यह लड़ीवार अद्भुत देहभाषा है।

इसी पूरकता में हम माधुरी-फिदा हुसैन के चित्रलिखित सन्दर्श को भी प्रस्तुत करने के पवित्र गुनहगार हैं।

चित्रकार मकबूल फिदा हुसैन ने अपने चित्रफलकों के विवाद पर सरकारी फरमान पर साफगोई वाले बयान में ऐलान किया था कि **निर्वस्त्रता को नंगापन कहना सही नहीं है।** उनकी जिरह थी कि 'हम (भारतीय) बेहतरीन सांसारिक सच्चाई को पारलौकिक मानने की महान् दृष्टि रखते हैं। हम अजन्ता-एलौरा, खजुराहो वाले स्वर्ण-युग के वारिस हैं। हम शिव-पार्वती के (योग-भोग को) परलोक में तो स्वीकार करते हैं लेकिन इस मामूली-से पृथ्वी-लोक की सीमाओं में उसे मानने को राज़ी नहीं हैं। माइकेल एंजिलो की संगमरमर में उकेरी गई आकृतियों को हम सच्चाई का सृजन कहते हैं लेकिन काँस्य में ढली शिव-पार्वती को सच्चाई से भी परे मानते हैं। हम भारतीयों को गर्व है कि हम पिछले पाँच हजार सालों से कला एवं संस्कृति और सभ्यता का सृजन कर रहे हैं और उसकी पवित्रता को संरक्षित कर रहे हैं। हमारी देवियाँ **पवित्र** और **निर्वस्त्र** हैं। यहाँ निर्वस्त्रता नंगापन नहीं है। यह सरलता और सम्पूर्णता का ही एक रूप है। ...वे आध्यात्मिकता का आह्वान करती मिलेंगी। मैं समग्र एवं महान भारतीय संस्कृति के सृजन में एक मामूली भागीदार हूँ' [7.5.2006]।

समानान्तर से एक ग्रीक मिथकयान में भी नग्न नहाती एथेना को एक्टाओन द्वारा देखे जाने पर वह शिकारिन देवी अपने कुत्तों द्वारा उसकी देह नुँचवा डालती है। ...एक अन्य मिथक में चरवाहा ऐंडिमिओन नग्न स्थिति में चिरन्तन निद्रा में आत्मविमुग्ध रहता था और हर रात शशि-देवी सेलिनी आकर उसके साथ सोती थी। इससे कई बालिकाओं का जन्म हुआ (चन्द्रकलाओं की ज्योतिष का होराशास्त्र)।

नग्नता तथा नृत्य : मानवजाति के ये दो मत्स्य और मोर वृत्ति वाले सहज, प्राकृतिक, स्वच्छन्द, शाश्वत जीवितम् हैं। तंजावुर : 19वीं शती का उत्तरार्ध (दि लांसडेन संग्रह)।

मानव-शिशु की वृत्तियाँ भी नग्नता और नृत्यकर्मी हैं। उनमें सहजता, भोलापन तथा पवित्रता एवं स्वच्छता है।

निर्वस्त्र देह के सन्दर्भ में शीला हेल ने सोलहवीं सदी के प्रारम्भ में रिनासाँ-चित्रकार **टिशियान** (1488/90-1576) के बारे में कई नई तथा महत्त्वपूर्ण बातें बताई हैं ['टिशियान : हिज लाइफ', हॉर्पर प्रेस, लन्दन, 2012]।

उन्होंने भू-चित्रांकन का एक नया संसार खोल दिया, जिसकी परिणति टर्नर के भू-चित्रों में हुई तथा स्वयं उन्होंने प्राकृतिक नग्न-देहों का जीवन्त चित्रण किया। वे शुरू में प्रादर्श (मॉडल) नारियों को गोद में बैठाकर उनकी छवि बनाते थे। इसीलिए खुले यौनाचार के कारण उन्होंने (शायद) कई अज्ञातनामा रमणियों से विवाह (?) किया। इसका मूल कारण उनके ज़माने के शानदार ड्यूकों, भ्रष्ट पोपों तथा ताकतवर सम्राटों के दर्प को संतृप्त करना था। इसके साथ ही इस विधि से ऐंद्रियिकता की धार तेज तथा सुख-प्रदान की लोलुपता भी प्रबल हो गई। टिशियान ने वेश्यालय की ओर रुख नहीं किया। उन्होंने (शायद पहली बार) एंजिला डेल मोरो को जीवन्त मॉडल बनाया, उसे पूर्णतः निर्वसन किया तथा उसका लेटे हुए चित्रांकन किया। उनकी यह प्रसिद्ध रचना **अर्बीनो की वीनस** है (संलग्न)। वह वेनिस की राजसभा की सर्वोच्च वेतनप्राप्त राजदासी थी। वह प्रचंड काम-ऊर्जिणी भी थी। टिशियान बेहद चतुर व्यावहारिक चित्रकार भी थे। वे पवित्र रोमन सम्राट चार्ल्स पंचम तथा स्पेन के राजा फिलिप द्वितीय के राजचितेरे भी थे। टिशियान नारी-स्पर्श तथा नारी-गंध के कस्तूरी-मृग थे। इसीलिए अर्बीनो की वीनस एंजिल डेल मोरो की नग्न-देह के दर्पण को अपना ही चित्रफलक बना सके। चित्र में तप्त देहांग-स्थलों को छिपाने और लुभाने की अद्‌भुत द्वन्द्वात्मक देहभाषा है। ऐसी ही दुविधा पूर्ववर्ती बोटिचेली की 'सीप पर बहती आई वीनस' के चित्रण में पेश आई थी जब वे ईसाइयत और पेगनीय नैतिकता को सुलझाने कमर के नीचे पर के देहांगों की भाषा में क्षत्-विक्षत्-से हो रहे थे।

'अर्बीनो की वीनस' : टिशियान (16वीं शती का आरम्भ, इटली)

अनचाहे बालों से शर्मिन्दगी

बेहद मामूली दृष्टान्त/भुजमूल (काँख) तथा जननेंद्रिय के बालों तथा रोमों को साफ करना ताकि देहांग सुकोमल तथा सुचिक्कण रहें [1980 में ब्लेंका जागर अपने भुजमूल के बालों को रेजर से दूर करती हुई]।

अनचाहे बालों से गुप्त शर्मिंदगी

इतिहास : 30.000 ई.पू. : गुफा चित्रों तथा पुरातात्त्विक प्राप्तियों के अनुसार उस्तरेनुमा किरचों, सीपियों, नुकीले दाँतों तथा ज्वालामुखी खपच्चियों का इस्तेमाल होता था। ई.पू. 2 : रोमन कवि ओविड नारियों को मशविरा देता है कि उन्हें वैसा सँवरना चाहिए ताकि दुष्ट बकरा तुम्हारी बालों के नीचे घुसपैठ न करें कि तुम्हारी टाँगें झबरीले बालों से नहीं दिखें। 1915 : उस्तरे का आरम्भ। फैशन प्रियाओं ने बताया कि उनके भुजमूल मुहांद्रे की तरह चिकने होने चाहिए।

सन् 2000 : ब्राजीली बिकिनी मोम के आविष्कार (1987) का इस्तेमाल शुरू। सन् 1995 : प्रथम बाल सफाई वाली लेजर-मशीन का इस्तेमाल। सन् 1976 : फ्रांस, अमेरिका तथा आस्ट्रेलिया की तीन-चौथाई युवतियों तथा रमणियों की रपट है कि वे नियमित रूप से अपने जननेंद्रिय रोमों को साफ करती हैं।

सन् 1986 : पुरुष भी अपने दोनों देहांगों के बालों को साफ करते हैं। सन् 2005 : मर्दों की सज्जा के 'मैन-स्केपिंग' शब्दबन्ध का व्यापक प्रचलन।

सबसे आखिर में निर्वसनता-नग्नता से जुड़ी देहभाषा के एक छिपे एवं गुप्त आयाम **लज्जा** का उल्लेख।

देह को ही लेकर लज्जा की स्थितियाँ भी उत्पन्न होती हैं। शर्म देहमानसिक होती है।

इसमें अरक्षा तथा भीरुता होती है। नग्नता से भयभीत व्यक्ति (नर/नारी) की पोशाक नग्नता को ढाँकते नहीं, अपितु और ज्यादा आमंत्रक ढंग से उघाड़ते हैं। नंगापन मन की एक वृत्ति है। शिशु को देह-लज्जा की अनुभूति वयस्क होने पर शुरू होती है। उसका स्वयं के प्रति अहं-संज्ञान पाते जाना लज्जा को उन्मीलित करता है। युवतियों में ये मौन-स्वीकृति तथा विश्वासी भंगिमामय भाषा है। अत: स्वयं के प्रति सचेत होना, सुरक्षित करना, शोभा का वर्चस्व जमाना ही लज्जा को विकसित करता है। अत: हम 'नंगेपन' के साथ-साथ ही 'देहपन' को शामिल करते हैं। देहभाषा के ये सन्दर्भित ध्रुवान्त हैं।

अगर एक विशिष्ट परिस्थिति में नग्न-देह सन्त/सन्तिनों को विमुक्त करती है तो प्रतिपक्ष में क्रोध या घृणा या दंड की विधायिका भी होती है। मसलन ईसाई योद्धा-सन्तिन जोन ऑफ आर्क को नंगा करके घोड़े की पीठ पर बैठाते हुए उसका मरण दाह दिया गया था। ग्रामों में दंड देने के लिए नंगा करके गलियों में घुमाया जाता है। ऐसे में लज्जा तथा देह-अस्तित्व—दोनों ही शून्य हो जाते हैं। देह प्रताड़ना तथा आतंक का एक यंत्र हो जाती है।

अत: हमें श्रेयस का ही संस्पर्श करना है : बच्चे का, स्नानागार में मानव का, रतिशय्या में प्रेमी मिथुन का।

नग्नता जन्मत: सहज-नैसर्गिक-स्वीकार्य, स्वाभाविक तथा अकुंठ होती है। इसलिए स्वीकार्य अन्तरंग सम्बन्धता में यह उपस्थित होकर भी आच्छादित नहीं करती। यह **देह की रहस्यात्मक** भाषा है : अन्तरंग स्थितियों में।

बाहरी परिवेश में सात्त्विक लज्जा जकड़ती है—वधू का घूँघट खुलने पर, अचानक नीवींबंध खिसकने पर, शय्या में अधनंग लेटे हुए होने पर अचानक दरवाजा खुलने पर, समाज में किसी गोपन दशा में पकड़े जाने पर और उन्मुक्त देहभाषा की संहिता पढ़ने पर।

यह देह की छिपी भाषा है। इसलिए ऐसे प्रसंग में दो भाषाओं की मिथुनता है—रहस्यात्मक भाषा तथा छिपी हुई देहभाषा।

डेस्मांड मारिस के 'नंगे नृ-वानर' से आगे हम सब 'सामाजिक मानव' भी तो हैं।

अन्ततोगत्वा यही कहा जा सकता है कि—

(अ) देह पर वस्त्र एवं आभूषण धारण करना **शृंगार** है;

(आ) देह से क्रमश: वस्त्र एवं आभूषण उतारना निर्वसनता तथा नंगापन (नग्नता नहीं) है।

(अ) तथा (आ)—दोनों ही नैतिकता और सामाजिक प्रकार्यों के एस्थेतिक्षायन-मंडित अंग-प्रत्यंग हैं।

लेकिन अगर (आ)-दशा नितान्त निजता (प्राइवेसी) के बजाय सार्वजनिक हो जाती है (जैसा कि 'अंग प्रदर्शन') तो **अश्लीलता की दशा** का उन्मीलन होता है। अत: सकारी एवं नकारी दशा में एक ही मानव-देह क्रमश: शालीनता एवं शोभा तथा अश्लीलता एवं कामलालित्य वाली देहभाषाओं के संकेत तथा सन्देश तथा भंगिमाएँ होती हैं।

सुहाग का कमरा और रति-शय्या, दोनों में, क्रमश: तथा शनै:-शनै: निर्वसन एवं निरलंकृत होना भी शोभा तथा अनुराग-वर्धन है। शर्त यही है कि निजता, अन्तरंगता तथा वैयक्तिकता कतई भंग नहीं होगा।

यह दशा देह-स्पर्श और देह-दर्शन और देह-गंध पर देहभाषाओं के आयाम उद्घाटित करती है। संस्कृत-काव्य में नीवींबंध, चोली, बिन्दी, आलक्तक आदि, किंकिणी एवं मंजीर एवं कंगन आदि मुख्य रूप से स्वच्छ-शुचिपूर्ण निर्वसनता के द्योतक/सूचक/उत्प्रेरक/आमंत्रक/उत्तेजक हैं। इसके उपरान्त दर्शन एवं स्पर्श एवं गंध की भाषा के सन्देश खुलते-ढँकते हैं।

निर्वस्त्र होने का शुभारम्भ : नीवींबंध-विमोचन (बूँदी) 1850

अगर दीपक बुझा दिया जाए, किन्तु दर्पण चमका दिया जाए तो केवल स्पर्श एवं गंध बच रहती है। इसी से गुप्त-दर्शन की परिकल्पना करनी पड़ती है। यहाँ वाक् पूर्णतया निष्पन्द तथा अवाक् है। केवल सीत्कारों के अस्फुट-अनहद भाषा-संकेत हैं।

देह-गंध के सन्देश

अथर्ववेद में ऋषि अथर्वा 'भूमिसूक्त' में कहते हैं कि हे पृथ्वी, तुम सगन्धा हो—**गंध** से भरी-पूरी! देवता सुगन्धभोगी हैं, हवन-गंध तथा पुष्प-गंध के। पृथ्वी-गंध कमल में प्रवेश कर गई है। अतः नारी पद्मिनी और पद्म-गंधा है। मानसरोवर में खिलने वाले स्वर्ण-कमलों की जो गंध सूर्या के विवाह में पवन (देव) द्वारा दिग-दिगन्त में परिव्याप्त हो गई है, अथर्वा ऋषि उससे ही मानवों को आपूरित करने का आलम्बन करते हैं। अतः मनुष्य भी पृथ्वी का गंधकोश हो जाता है। यही आधुनिक मानुष-गंध 'फेरोमेन' है; किन्तु आज यह मानुष-गंध मानव-देह से गायब-सी हो गई है। अतः हम अपने गंधबोध को प्राकृतिक भी बनाएँ और ऋषि अथर्वा का आदेश मानकर पृथ्वी-पुत्र हो जाएँ।

येल्लो! जानेमन कि, हमारे मुनिजी (वात्स्यायन) ने भी सबसे पहले फेरोमोनों अर्थात् नारी-देह-गंधों की वानस्पतिक-जैविक पहचान की है—पद्मिनी नारी-देह की कमल के समान, शंखिनी नारी-देह की पुष्पगंध, चित्रिणी की शहदगंध तथा हस्तिनी नारी-देह की हाथी के मद के समान गंध बताई है। ये वानस्पतिक एवं जैविक सादृश्यों से उपमित हैं।

हम अन्य गुप्त देह-गंधों को भी पहचान सकते हैं, यथा—सद्यःप्रसूता के शुचिस्नान की गंध, रजस्वला कामिनी की विरेचक गंध, एक पत्थर तोड़ने वाली श्यामा मजदूरिन की निराली गंध, हथौड़ी चलाने वाले सुनार की खुली हथेली की गंध, सरसों के तेल से मालिश किए नंगधड़ंग शिशु की सोंधी देह-गंध, आलक्तरंजित चरणों/मेहँदी लगे हाथों की पुष्पमीलित सुरभियाँ, व्यायाम के पश्चात् एक जिमनास्ट की पीठ की टपकती गंध, शराब का घूँट छके एक प्रेमी के ओठों की गंध आदि-आदि। वास्तव में यह रसायनशास्त्र, भौतिकशास्त्र तथा मनोविज्ञान का भी विषय है। **गंध रासायनिक संकेत हैं**। नैसर्गिक देहावस्था में स्वच्छ देह से जिस प्राकृतिक सुगंध का विकिरण होता है, उसे **फेरोमेन** कहते हैं, जो 1950 में खोजी गई। फेरोमेन के सूचक रहस्यात्मक होते हैं। हम अधोवस्त्रों से भी उनकी शिनाख्त कर लेते हैं। अतः वे **रहस्यात्मक** के साथ-साथ **छुपी** भी होती हैं। ये आदर्श उद्दीपक भी हैं। स्त्रियों के फेरोमेन बहुत ज्यादा अन्तःवैयक्तिक होते हैं। फेरोमेन त्वचा के अन्दर से मंथित होकर उपत्वचा के असंख्य सूक्ष्म पोरों से देह की अगरुबत्ती को तप्त करती है। यह किशोर/किशोरियों को यौवन की देहरी में ले आती हैं। शिशु तो अपनी माँ को इसके द्वारा पहचानता ही है।

सुगंधित परिवेश तथा स्वकीय परिधान मन को प्रफुल्लता तथा सुकून देते हैं। देहभाषा-चक्र में फिरोमेन तथा कस्तूरी एवं इत्र महत्त्व रखते हैं। यह भी शरीरशास्त्रीय तथ्य है कि फेरोमेनों या देह-गंधों की बहुलता तथा प्रचुरता बाल वाले देहांग क्षेत्रों में अधिक होती है, जैसे—सिर, भुजमूल, वक्षस्थल, उरु-उरुमूल, जननेंद्रिय-मंडप। इन स्थलों पर इन्हें वाष्पित होकर ज्यादा फैलने का अवसर मिलता है। ये मुक्त तैलीय अम्ल (फ्री फैटी एसिड) होते हैं। अतः जल्दी ही विघटित हो जाते हैं। रजस्वला होने पर नारी-देह में तथा अधर एवं नाक के बीच सुनहले रोएँ निकलने पर पुरुष-देह में क्रमशः मछली तथा कस्तूरी की गंध जैसा फैलाव होता है। अतः ये हमारे व्यवहार को कई ढंग से प्रभावित करते हैं। ये व्यवहार के विशिष्ट

पैटर्न भी बनाते हैं। ये विविध एवं विभिन्न गंधी होते हैं। अब इन नैसर्गिक देह-गंधों को खारिज किया जा रहा है। एवज में बाह्य सुगंधें जैसे—इत्र, सुगंधित जल, तेल, वैसलीन आदि का छिड़काव, स्नान अथवा लेपन होता है।

बाहरी आलेपनों में साबुन, इत्र, सेव्य (नारंगी, नींबू, पान), गेंदा, चन्दन, कस्तूरी तेज तथा दीर्घ होते हैं। वस्तुतः मानव मत्स्यगंधा, सर्पगंधा के सिंड्रोमों के वशीकरण में छटपटाते हैं।

प्राचीन ईजिप्ट के देवताओं की गंध से संलिप्तता थी। भारत में वैदिक आर्यों के देवता सुगंधभोगी तथा सुरभि-पायी ही थे। वे केवल यज्ञ की आहुतियों तथा हवन-सामग्री की सुगंधों का भोगपान करते थे (परवर्ती वैष्णव-शैव देवमंडल सुवासित छप्पन भोगों तक का स्वाद लेने लगता है। मेसो अमेरिका की अज़टेक तथा माया सभ्यताओं में बलि के मांस को जलाने की गंध व धुएँ से विकराल देवताओं को प्रसन्न किया जाता था। इस तरह देह-गंध अन्य अनुष्ठानों की सुगंधों में भी अनुकूलित होती जाती है, तथा अनेक रहस्यात्मक तात्पर्यों का वहन करने लगती है)।

इसलिए देह-गंध पुरुष या स्त्री, देह-गंध के पीछे-पीछे घोर अंधेरी सुरंगों तथा भुलभुलैयों तक में चले चलते हैं। देह-गंध से हम देही को पहचान लेते हैं। उसका मधुर स्पर्श कर सकते हैं।

तो फिर हम जैसे देह-पुजारियों तथा सौन्दर्यबोधशास्त्रियों (नर एवं नारी, दोनों) को नाहक ही बदनाम करने का क्या मतलब? हम तो देह की गंधभाषा, स्पर्शभाषा के अनुसन्धानकर्ता हैं। हम तो उनके मरुत हैं, गन्धर्व हैं। हमारे बिना सर्वोत्तम की पहचान ही मटियामेट हो जाएगी और पंचेंद्रियाँ मात्र मशीन या मोबाइल बन जाएँगी। मानव-देह की खोज तो शाश्वत है (आत्मा के बजाय)। यह जान लें, हमराही! हमनिवाज़!

(ख) सिंगार की देहोद्दीपित भाषा

पूर्वेतिहास से इतिहास तथा वर्तमान समाजशास्त्र तक यही सूत्र देदीप्यमान रहा है : 'देह में सौन्दर्य और अलंकार, अर्थात् देह में अलंकार ही सौन्दर्य अथवा देह का सौन्दर्य ही अलंकार, अर्थात् **सौन्दर्यालंकार** की परस्परधर्मिता है।' इसका समेकित रूप है—**सोलह सिंगार**, अर्थात् सौन्दर्य-अलंकार-सिंगार! यह सब कुछ देहभाषा की रूपिमता (मोर्फोलॉजी) भी है। इस चिरन्तन समीकरण से सौन्दर्य-अलंकार-सिंगार—तीनों में चार चाँद लग जाते हैं। ये लावण्य, शोभा, कुलीनता, शकुन या शक्ति को भी प्रतिच्छायित करते हैं।

देहशिल्प के अनुसार परिधान मानव-देह की 'द्वितीय त्वचा' हैं। **आभूषण** उस द्वितीय त्वचा के सम्पूरक 'द्वितीयक त्वचा' हैं। देह के जिन कुछ अंग-प्रत्यंग-स्थलों को, उनके तप्त या शीतल बिन्दुओं को, पहनावे (वियर) और परिधान (गारमेंट्स) नहीं ढँकते, उन्हें आभूषण ढाँककर सजा देते हैं। अतः कर्ता अपनी देह के द्वारा स्फुरण, दीप्ति, चमक, ताप, द्रुति आदि के सिग्नल तथा सन्देश देता है। ग्रहीता/दर्शक उस देहभाषा के उक्त सन्देश से जो भी निमंत्रण समझे, उसके पीछे-पीछे चुपचाप चला आए। इस प्रकार गहने धारक की गुप्त-रहस्यात्मक एवं छिपी हुई देहभाषा को उद्घाटित करते हैं। उनमें से कुछ की गतियाँ तथा सुर-ताल भी होते हैं। नूपुर (पायल, पाजेब) झनक-झनक बजते हैं, चूड़ियाँ खन्-खन् खनक के सुर निकालती हैं, करधनी कन्-कन् क्वणन करती हैं। अतः ये ऐसे 'सुर' हैं जिनमें प्रकरण के

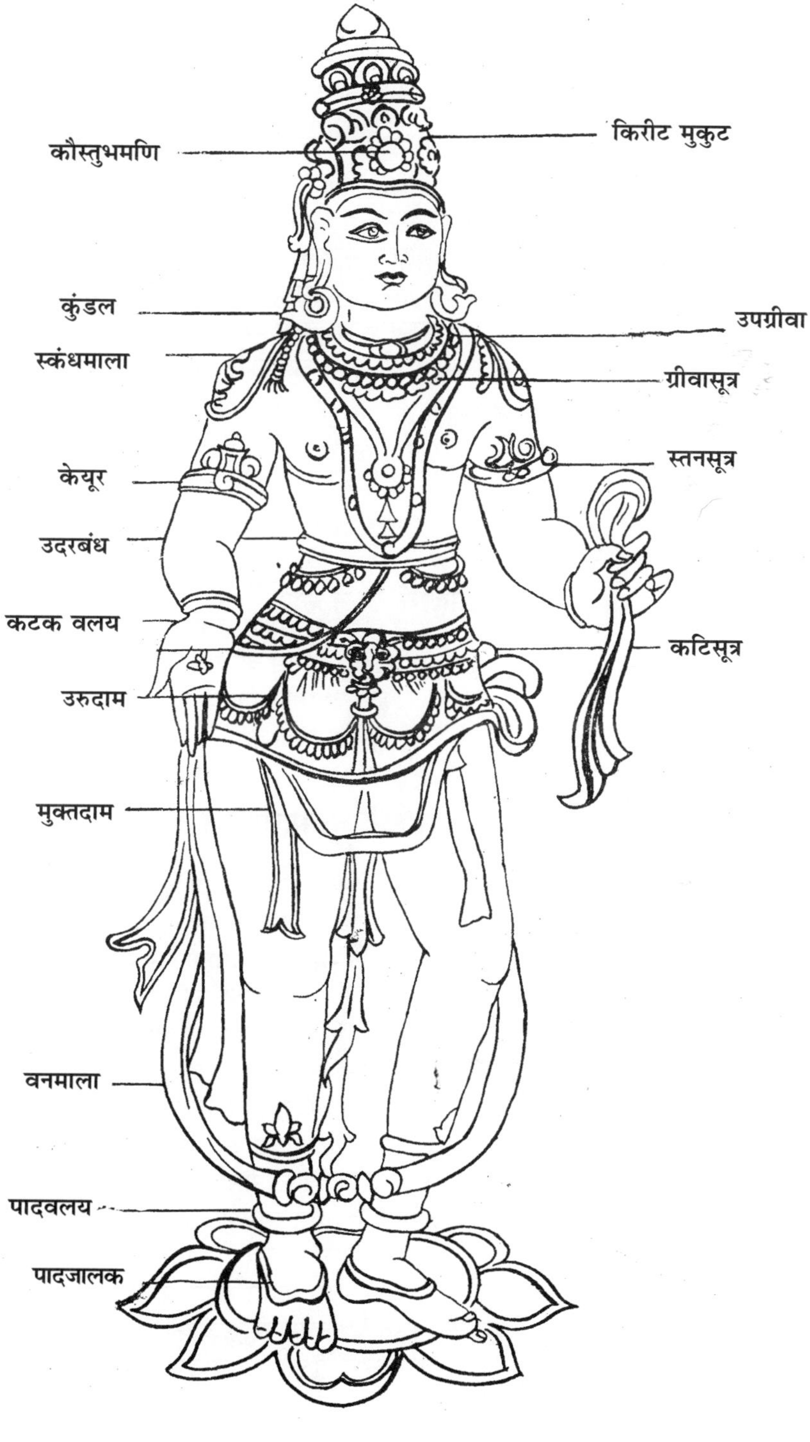
कौस्तुभमणि
किरीट मुकुट
कुंडल
उपग्रीवा
स्कंधमाला
ग्रीवासूत्र
स्तनसूत्र
केयूर
उदरबंध
कटक वलय
कटिसूत्र
उरुदाम
मुक्तदाम
वनमाला
पादवलय
पादजालक

अनुसार अर्थभ्रान्तियाँ जगर-मगर करती हैं। इसके अलावा आभूषणों की डिज़ाइनों द्वारा सृजनात्मक-गत्यात्मक **देह-शिल्प** भी गढ़ा जाता है। यथा—

(i) छेदकर (प्रियर्स)—धारण किए जाने वाली नथुनी, झुलनी, बुलाक, कर्णफूल;
(ii) बाँधकर (बेल्ट)—पाजेब, करधनी, बाजूबन्द;
(iii) लटकाकर (टाइ)—झुमके, हार, बाली (कान के अलावा अब भौंहों एवं ओठों पर भी); तथा
(iv) चढ़ाकर (स्कार्फ)—कंगन, बिछिया आदि। इस सारे विलास तथा पराक्रम में चार अभिकर्ता होते हैं—धारक, रत्नपारखी, कलाकार, डिज़ाइनर तथा आभूषणों के प्रसारक-प्रचारक व्यापारी। देहभाषा कूटोद्घाटक; सबसे अन्त में।

सोना-चाँदी के आधारपट पर गढ़े-जड़े आभूषण कर्मकांड तथा लोकाचार में, शादी-ब्याह व पर्व के मौकों पर, निवेश तथा बचत के लिए उपयोग में लाए जाते हैं। ये सौभाग्य (सुहाग), समृद्धि, फैशन तथा मांगलिक प्रयोजनों के द्योतक हैं। सिर पर सबसे ज्यादा गहने धारण किए जाते हैं। ये देह के उन स्थानों को भी पूरते हैं जो वस्त्र द्वारा आच्छादित नहीं हुए हैं। ये देह को शिखा/वेणी-जूड़े से लेकर पाँव की एड़ी-अंगुलियों तक को आच्छादित करते हैं। इनकी आकृतियों में पवित्र चिह्नों के साथ-साथ फूल की पंखुरियों, तितली के पंखों, चन्द्रमा-सूर्य की कलाओं, उड़ते पक्षी के पंख, शंख व सीप की छवियों, छल्लों, लता-वल्लियों की अनुकृति होती है।

आहार्य अलंकार

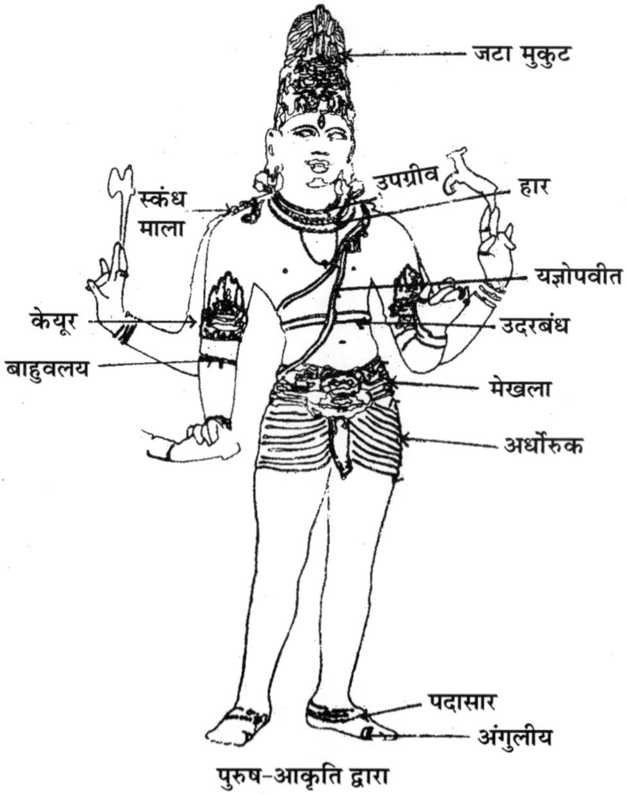

पुरुष-आकृति द्वारा

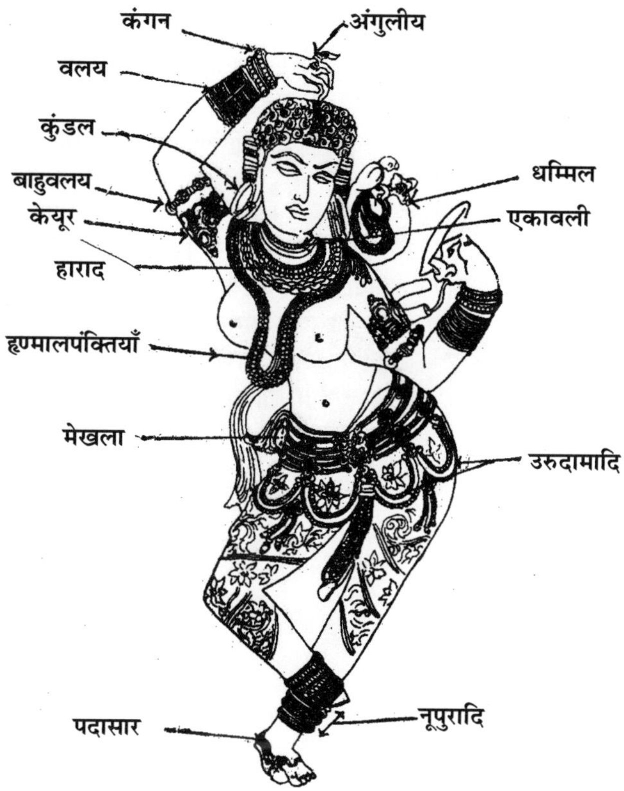

नारी सम्मूर्ति द्वारा

आभूषण : अजन्ता

आभूषण : दक्षिण भारत

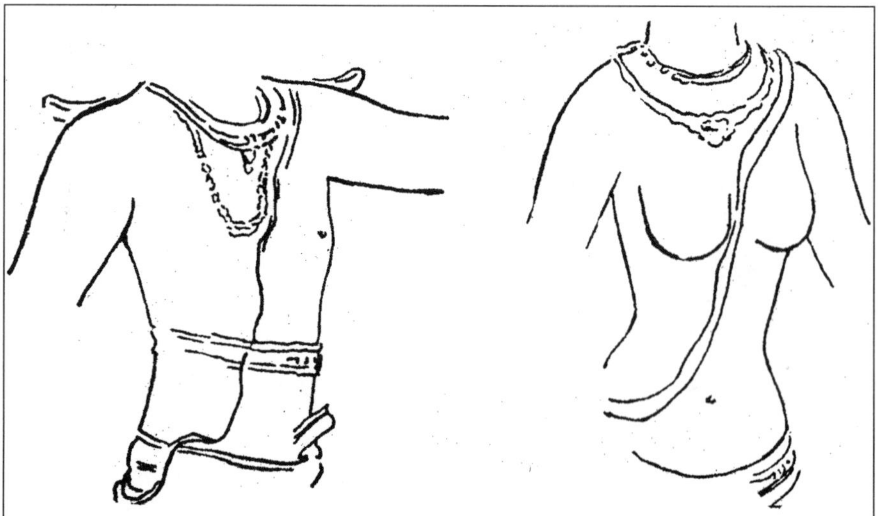

पुरुष की कमर

नारी की कटि

नारी की स्वर्ण-कंचुकी

पुरुष का हार

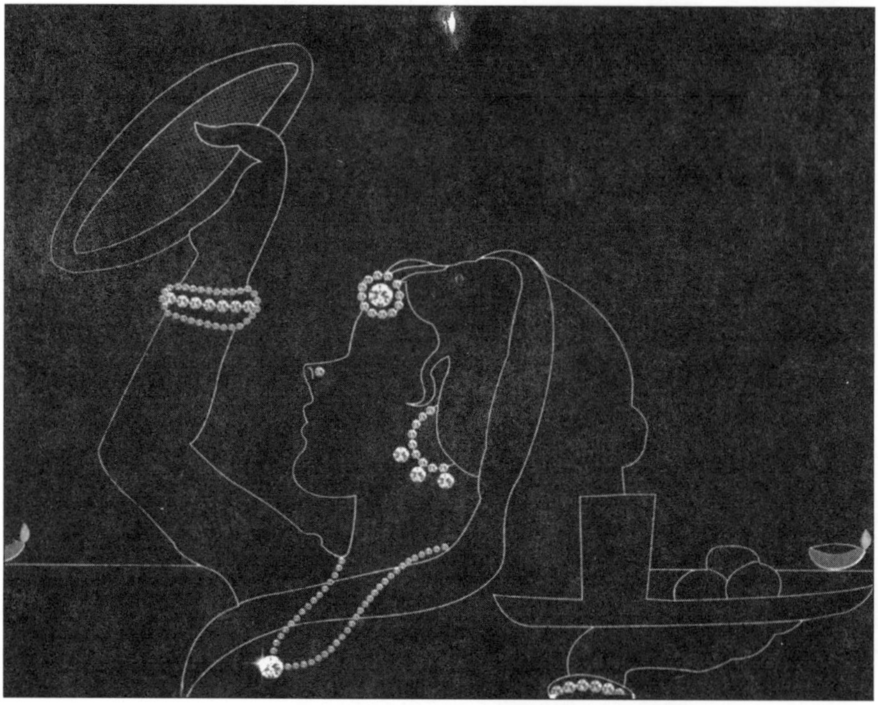

करवाचौथ का अनुष्ठान

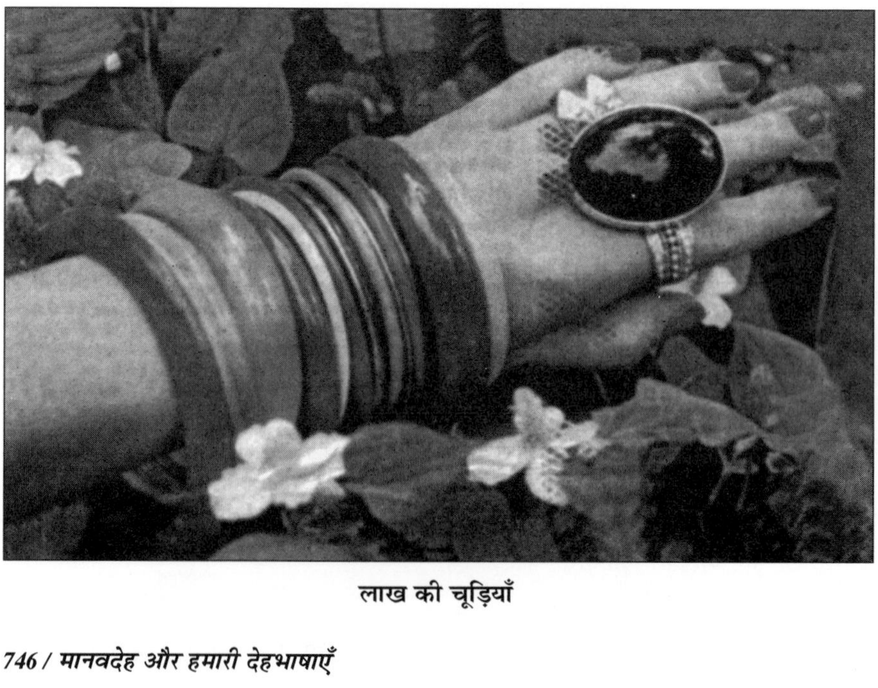

लाख की चूड़ियाँ

कुछ का उल्लेख मनमोहक भी है

नई दुलहन का अनिवार्य गहना, मंगलसूत्र की तरह, **नथ** या **नथुनी** या **नथुनिया** है। यह दाएँ नासिका विवर को छेदकर पहनी जाती है। बड़ी दो इंची गोलाकार की तथा मोतियों के विभिन्न प्रकार के डिजाइनों से जड़ी-टंकी। बड़ी नथनी में एक जंजीर लगी होती है जिसे खींचकर कान से जोड़ दिया जाता है। यह काश्मीर, महाराष्ट्र की मछुआरिनों, राजस्थान की मारवाड़िनों, दक्षिण भारत, उत्तराखंड में विशेषत: प्रचलित है। इसका एक छोटा स्वरूप **झुलनी** या **बुलाक** है—आधा इंच के डायमीटर वाला। इसमें भी एक नग जड़ा होता है। ये लोकचित्त के उद्‌भावक हैं। उत्तरप्रदेश का एक लोकगीत है कि रात के शयन के बाद प्रिया की **झुलनी** हिरा (गुम) गई। वह ननद से पूछती है, सास से पूछती है, देवर से पूछती है और...और 'सैंया से पूछत लजानी, हो रामा'। ...इसी तरह नथुनी पर एक भोजपुरी लोकगीत है—'नथुनियाँ पे गोली मारे सैयाँ हमार'। सन् 2004 में लखनऊ के सबौली गाँव में अन्तिम मंगलवार को एक नौटंकी में एक गायिका इसे गा-नाच रही थी कि उसे बार-बार सुनाने को मजबूर करने वाले शराब में मस्त सिपाहियों तथा ग्रामीणों के बीच जमकर घमासान हुआ था। तो, यह है, नथुनी तथा झुलनी की देहभाषा। ऐसी ही भाषाएँ करधनी तथा पायल की भी हैं।

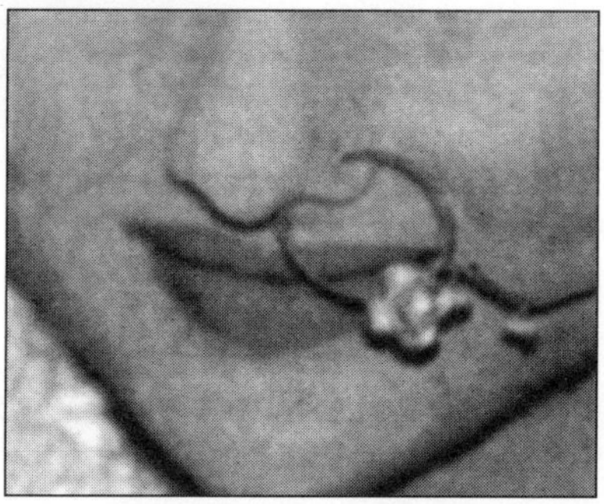

एक सुहागिन की नथुनिया

चूड़ियों में जयपुर की लाख की रंगबिरंगी चूड़ियों की खनक व चमक के सन्देश हैं। वर्तमान में स्तन-विस्तार के साथ **उदर-छल्ले** छिदवाकर पहनने का फैशन है। बिकिनी-पहनावे में तो यह एक लत हो गई है। ऊँची एड़ी के **सैंडिल** कद भी बढ़ाते हैं।

कुल मिलाकर नई-नवेली (वधू) पर ये एक साथ सजते हैं—मंगलसूत्र, नथनी, बिछिया, पायल, हार, करधनिया, चूड़ियाँ, चूड़े, बिन्दी, सिन्दूर, टिक्का, कड़े तथा अंगूठी।

इन सबके ऊपर सोने-चाँदी-मोती लोकप्रिय कृत्रिम हैदराबादी मोती से जुड़ी जौहरी-जड़ाई में अब रत्नों (अमूल्य स्टोन) का भी चलन है।

इस सारे उपक्रम में डिजाइन के मुताबिक साँचों का निर्माण, आभूषणों की गढ़ाई, रत्नों की कटाई-छँटाई-पालिश, गहनों में नगों की जड़ाई तथा अन्ततः धूम-धड़ाके के साथ उनका देह-रंगशाला में अभिनय शुरू होता है। हीरों तथा अन्य कीमती पत्थरों (नीलम, पन्ना, मूँगा, पुखराज आदि) की आकृति-आकार, वजन तथा अन्य पहलुओं की पुष्टि रत्नविज्ञानी (जेमोलाजिस्ट) ही कर सकते हैं।

'सौन्दर्य-अलंकार-सिंगार'

श्रीमती माधुरी दीक्षित नेने की नथनी

प्रतिजातीय वेशभूषा विपर्यय (ट्रांसवेस्टिज़्म)

बिंदिया

बिंदी

असम की बीहू नर्तकियों की बिंदियाँ

(सिर-)
फूल
या
बार
या
टीका

बिंदियों के शोभाकल्प

(क) गोदना (गुदना : टैटू)—गुदना भी अत्यन्त प्राचीन देहचिह्न-सूचक है। इसमें देह के विशिष्ट देहांगों पर विशिष्ट चिह्न, आकृति, आकारों को रासायनिक प्रक्रिया द्वारा स्थायी तौर पर **गोद** दिया जाता है। आधुनिक युग में इसका एक नया रूप **देह-छेदन** (बॉडी पियर्सिंग) भी विकसित हो गया है।

गुदना

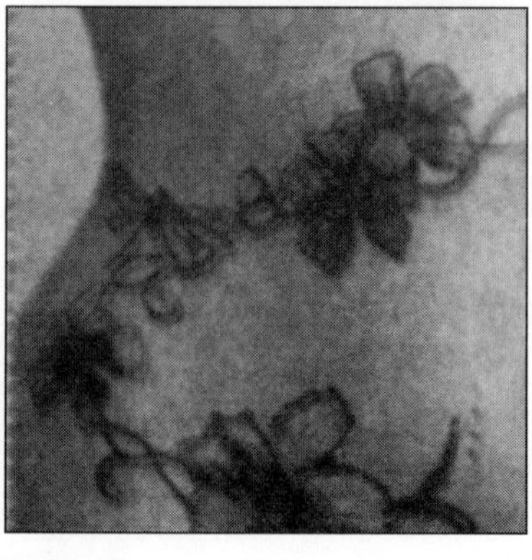

टैटू

पुरातन जमाने से आदिम कबीलों के हर समूह का अपना गोदना होता है जिसे सदस्य तमगे या छिपी इबारत की तरह सजाते हैं। यह पवित्र माना जाता है। इसके साथ उनका विश्वास जुड़ा है कि गोदना बुरी बलाओं से बचाता है। यह ऐसा शकुन है जिसके आधार पर पुरखे मरणोपरान्त यात्रा में उनकी रक्षा करते हैं तथा भाग्य भी चमकाते हैं। अत: यह कबीले की पहचान तथा उनकी पहचान भी है जो उनके **पूजित चिह्न** (टोटेम) का सहवर्ती हैं।

ग्रामीण समाज में यह परम्परा-वहन कराता है। यह उनके शुभ शकुन तथा सौन्दर्यविधायक लक्षण के रूप में देहधार्य होता है। यह शरीर को सजाने-सँवारने का पुराना शृंगार भी है। ग्रामीण बालाएँ छाती, हाथ-पैर, पीठ-कमर पर नाना आकृतियों में गोदना गुदवाती हैं। वे ठोढ़ी पर सात बिन्दु, गाल पर त्रिभुज पर तीन बिन्दु, आँख के पास तीन बिन्दु गुदवाती हैं। इसके अलावा मोर, चौका, गहने आदि भी गुदवाती हैं।

आदिम तथा ग्रामीण समुदायों में गोदने की अपार महिमा को एक माता अपनी पुत्री को बताती है कि 'बेटी, तुम गुदना गुदवा लो। ये गहने, वस्त्र तो यहीं रह जाएँगे। मरने के बाद केवल गुदना ही तुम्हारे साथ जाएगा। यदि गुदना गुदवाते समय तुम थोड़ी पीड़ा सहन कर लोगी तो अपने भावी जीवन में आने वाले अनिष्टों और संघर्षों को बिना कठिनाई के सहन कर सकोगी' (एल.एस. बिष्ट द्वारा उद्धृत)।

गुदना गुदवाने का एक पुराना कष्टदायक तरीका है। सबसे पहले गुदाई किए जाने वाले देहांग-क्षेत्र पर तेल लगाया जाता है। इसके बाद एक लेप से सुई (प्राय: बबूल का काँटा) के द्वारा विभिन्न आकृतियाँ बनाई जाती हैं। कई प्रकार की वनस्पतियों का रस काजल में मिलाकर लेप तैयार किया जाता है। गुदना हो जाने पर उन भागों पर राख मल दी जाती है। दो-तीन दिन बाद आकृतियाँ उभर आती हैं। बहुधा एक ही रंग का प्रयोग होता है।

आधुनिक युग में यह फैशन का हेतु है तथा अब छेदनकारी **देह-कला** है। बिन्दास युवतियाँ-नारियाँ अपने वक्ष, नाभि, जाँघ पर विशेष टैटू या छेदन कराती हैं। यह जीभ, नाभि, भौंहों, ओठों के नीचे तक कराया जाता है। अब लक्ष्य है—खूब जवाँ और खूबसूरत दिखाई देना। पहले से कान तथा नाक छिदवाए जाने के विपरीत/साथ अब उक्त स्थलों पर नग पहना जाता है, या सोने का कोई झुमका, छल्ला। ...अमेरिका में कई पुरुष पूरी पीठ, छाती, जाँघ को कई रंगों वाले गोदनों से भरा डालते हैं। वे अपने किसी दिवंगत बच्चे या प्रिया/पत्नी की छवि का भी टैटू गुदवाते हैं। इसका एक अमानुषी उपयोग जर्मनी के नाजियों द्वारा अपने कैदियों की पहचान और गिनती करने के लिए भी किया गया था।

आधुनिक टैटू की देहभाषा तथा देह-रक्षा के लिए कुछ चेतावनियाँ भी हैं। टैटू के रंग अकार्बनिक सामग्री से बनाए जाते हैं जिनमें कई नुकसानदेह यौगिक भी होते हैं, जैसे—आयरन ऑक्साइड, टिटेनियम डाई ऑक्साइड, ब्लैक कार्बन, एजोडाइ एक्रीडाइन, क्वीनोलीन आदि। इनका मूलाधार कार्बन होता है। इसलिए टैटू बनवाने के बाद तैराकी नहीं करना चाहिए, पहले के जख्मी किसी हिस्से में टैटू नहीं करवाना चाहिए, स्त्रियों को गर्भावस्था में इसे नहीं गुदवाना चाहिए तथा टैटू-स्थल को बहुत ज्यादा गर्म या ठंडे पानी के सम्पर्क में नहीं लाना चाहिए। ...इस तरह इस देह-कला में गोदने ही मूक शब्द, मूकाभिनय-मंच बन जाते हैं। उनकी देहभाषा देह से स्थानान्तरित होकर गोदनों के प्रतीकों, साहचर्यों, भावनाओं को उद्दीपित करती है।

(ख) अन्य देह-अंकन—बिन्दिया या बेंदी या टीका या बिन्दी माथे पर दोनों भौंहों के बीच रोली, कुमकुम या सिन्दूर या प्लास्टिक से गोलाकृत लगाई जाती है (अब इसके कई रंग तथा आकृतियाँ हो गई हैं)। यह नारी के रूपलावण्य को आभा प्रदान करती है

तथा उसके विवाहिता होने की पहचान एवं सौभाग्य की सूचक है [कभी—कहीं माथे पर झूलते मनमोहक झूलते टीके को भी बार या चौक या फूल या बेंदी कहते हैं तथा इसके बनाने में नग, मोतियों एवं रत्न का प्रयोग किया जाता है। इसे बालों के बीच माँग से एक स्वर्ण-लड़ी द्वारा फँसाकर झुलाया जाता है। पुरुषों के माथे पर लगा टीका **तिलक** कहलाता है। यह मांगल्य, सफलता तथा शकुन का प्रतीक है]।

एक नर्तकी के माथे पर बिन्दी कला-चिह्न है। बिन्दास युवतियों की देहभाषा को यह चंचल-चपल बना देती है। यह पोशाक के रंग से भी तालमेल करने वाली रंग तथा आकार-प्रकार की होती है। सौन्दर्यविशेषज्ञ भारती तनेजा के अनुसार, सधी, मेलदार और कलात्मक बिन्दी सन्तुलित व्यक्तित्व का चुने हुए रंगों की आधुनिक विचारों की, फैंसी (बिन्दी) स्वच्छन्द विचारों की, फीके रंगों की कुंठित विचारों की तथा चटख रंगों की ओजस्वी विचारों की देहभाषा का द्योतन करती है। अभिनेत्री रेखा, नर्तकी सोनल मानसिंह एवं उमा शर्मा, राजनेत्री वृन्दा करात तथा सुषमा स्वराज की बिन्दी उनकी शास्त्रीयता, वैचारिकता तथा शक्ति का प्रतीक है। अनुष्ठानों में चन्दन या केसर की बिन्दी या तिलक लगाया जाता है।

सौन्दर्यअभियन्ता (ब्यूटीशियन) चेहरे तथा माथे की बनावट और देह के वर्ण के अनुसार बिन्दी का चयन करते हैं, यथा—चौड़े चेहरे के लिए पतली एवं लम्बी बिन्दी, पतले चेहरे के लिए चौड़ी बिन्दी, ऊँचे माथे के लिए लम्बी और चौड़ी बिन्दी तथा पतले या छोटे माथे के लिए भी पतली बिन्दी के प्रयोग को देह की शोभा-भाषा की व्यंजना बनाते हैं।

इसी तरह चौकोर चेहरे पर लम्बी या गोल बिन्दी तथा लम्बे चेहरे पर गोल या अंडाकार बिन्दी, अंडाकारा चेहरे पर लम्बी बिन्दी ज्यादा जँचेगी। बिन्दी आत्म-देहरति के रहस्य भी खोलती है।

स्त्रियाँ बिन्दी को अच्छे गोंद से चिपकाती हैं। इसे मुखराग पूरा करने के बाद अन्त में लगाया जाना चाहिए। रोली, कुमकुम या केसर की बिन्दी बनाने के पहले प्रयुक्त स्थल को वेसलीन से साफ किया जाता है ताकि वह जम जाए।

(ग) देह-चित्रणा—किसी उत्सव, कार्निवाल, बड़ी सभा, सामूहिक समावेश, मैच आदि के मौके पर मुख या पीठ पर रंगों के द्वारा चित्रण किए जाते हैं। ये उल्लास या उद्देश्य या लक्ष्य को उजागर करते हैं। स्त्रियाँ भी अपने सामाजिक सन्देश भुजाओं या पीठ पर लिखती हैं। यह भीड़ में-से अलग तथा अद्वितीय दिखने तथा ध्यान केंद्रित करने वाला बेहद सशक्त सामाजिक प्रयोजन है जिसमें देह सामूहिक चेतन का प्रतिनिधित्व करती है। (काँगड़ा चित्रकला में कृष्णराधा के वक्ष पर चित्र-रचना करते हुए अंकित हैं।)

(घ) मेहँदी—विशेष अवसरों पर, दीवाली या नवरात्र, शादी-ब्याह या पारिवारिक सफलता के मौके पर स्त्रियाँ तथा लड़कियाँ अपनी बाँहों और हथेलियों पर गीली मेहँदी से खूबसूरत कलात्मक आकार-प्रकार बनवाती हैं। जब तक मेहँदी गीली होती है, तब तक हिलना-डुलना, रगड़ना-मलना मना है। मेहँदी सूखने पर आकृति पक्की जम जाती है तथा कम-से-कम आठ-दस दिन तक कायम रहती है।

देह-चित्रण तथा मेहँदी-लेपन बाह्य मंडन हैं। ये देह को सामाजिक सन्देशवाहिका तथा व्यवहारपरक इंगिता बना देते हैं।

(ङ) गहनों की सूची—बुन्दे, चेन, झुमके, सिरफूल, पानफूल (वेणी पर), कर्णफूल, बालियाँ, कंगन, बाजूबन्द, मोतीकंगन, नथनी, झुलनी, लौंग, अंगद, करधनी, योनिबन्ध, केश-क्लिप, अंगूठी, चूड़ी, चूड़ा, कड़ा, कंठी, हार, मंगलसूत्र, कलाई घड़ी, छल्ला, हँसुली, नाभिछल्ला, झुमका, पायल, बिछिया, लच्छे-बेना, झूमर, झाँझ, मुकुट, कलगी। ये देहांगों पर

शेर दुखियारा बचपन ग्रीष्म और वर्षा

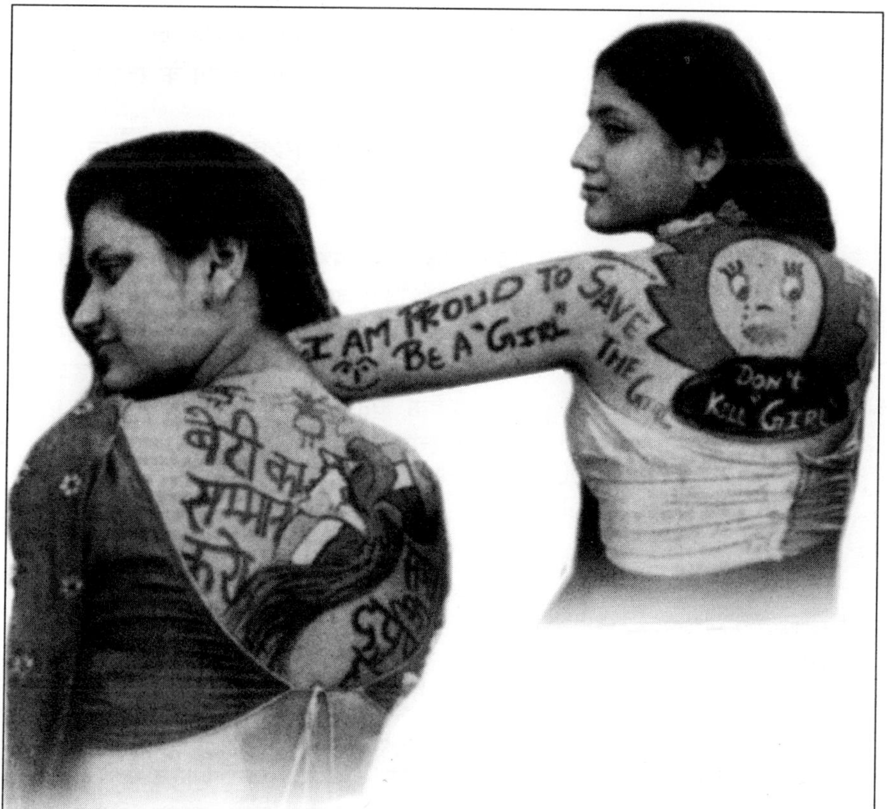

देह का सामाजिक संदेश : 'बालिका बचाओ, बेटी का सम्मान करो!'

शलभ तथा तितली

मेहँदी डिजाइन

मेहँदी अभिकल्प

चमकते, खनकते, हिलते, झनकते हैं। इनकी बहुविध गतियाँ-स्थितियाँ : ढीले, कसे, झूलते-घेरते, बाँधते-लहकते, चिपकते-सरकते, खुलते-बन्द होते, मुड़ते-अटल। ...आभूषण और रत्नों की जुगलबन्दी रहती है।

(च) फैशन— इसके अन्तर्गत देह-मंडन-लेपन में उबटन तथा मालिश के प्रसाधन तथा विधियाँ भी बदल गई हैं। काली-कजरारी **आँखों** के लिए अब काजल के अलावा आर्टिफिशियल 'आई लैशेस' का प्रयोग होता है। ये कई रंगों के होते हैं। यह गोंद लगाने के बाद ट्वीज़र द्वारा लगाया जाता है। मस्कारा की परत लगाना भी अभ्यास माँगता है। आँखें सुन्दरता का प्रतीक मानी जाती हैं।

अधर के लिए पहले गुलाब की पँखुड़ियाँ मली जाती थीं। अब उन्हें कोमल तथा नरम और तरल रखने के लिए वैसलीन-आधारित 'लिप-ग्लास' भी उपलब्ध हैं। ये ओठों को नैसर्गिक चमक तथा पारदर्शिता देते हैं। इनमें रेवलॉन, मैबलीन, मिडी, लैक्मे, लोटस, हिमाल्या, स्ट्रीट वेयर, कलर-बार, बैंजोर आदि खास हैं। इनमें कई तरह के स्वाद भी हैं, जैसे—सेब, केला, अंगूर, सन्तरा, रसभरी, पाइन-एपल, स्ट्राबेरी, नींबू आदि। ...ये लिप-स्टिक के ऊपर लगाए जाते हैं।

मैनीक्योर में **नाखूनों** की सज्जा के लिए विधान है। **नख-कला** में डिजाइन बनाने के लिए क्रिस्टल, ग्लिटर, बीड्स, फेदर-फ्लावरी प्रिंट आदि का प्रयोग होता है। नाखूनों के ऊपर 'स्टिकर' भी लगाए जाते हैं जो रोशनी के साथ अपना अन्दाज बदल लेते हैं। नाखून-चित्रांकन का भी रिवाज है जिसमें काली या अन्य रंगों की तिरछी लकीरें या आकृतियाँ रची जाती हैं। ये हाथ और पैर दोनों के नाखूनों के लिए हैं।

इस तरह पाँवों का प्रसाधन **पेडीक्योर** द्वारा किया जाता है।

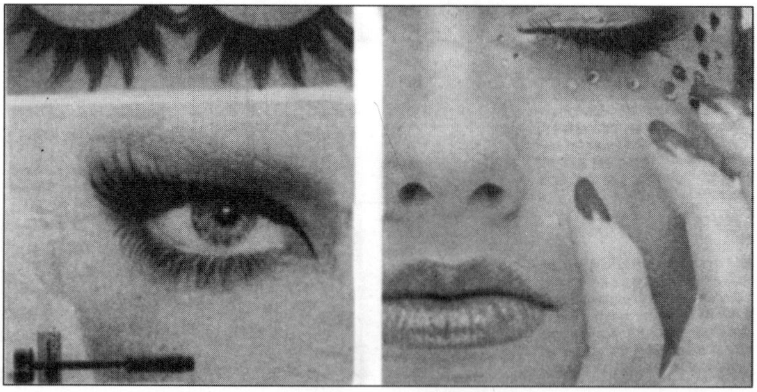

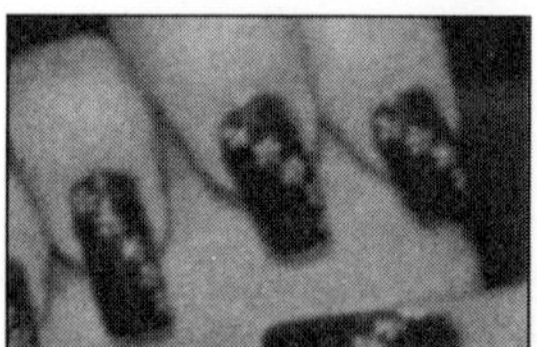

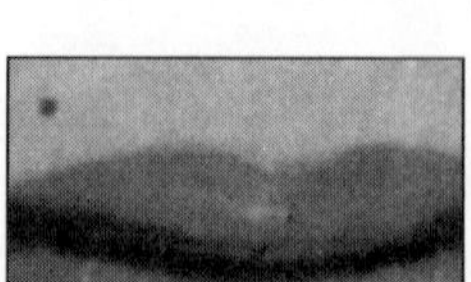

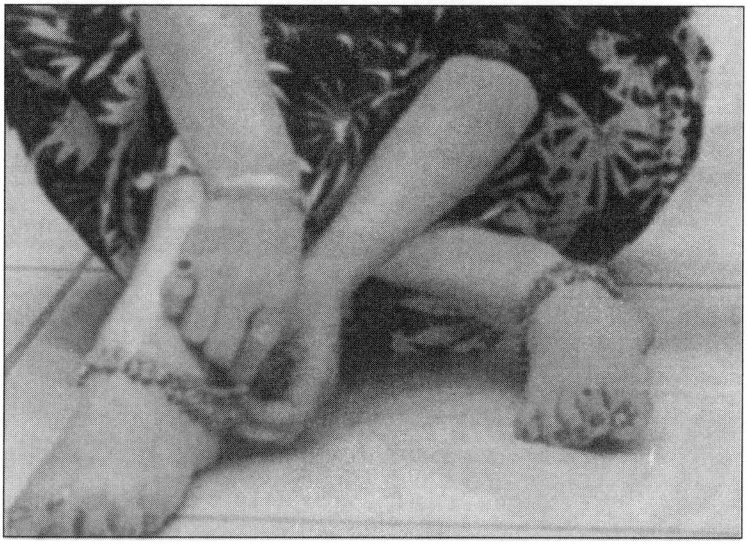

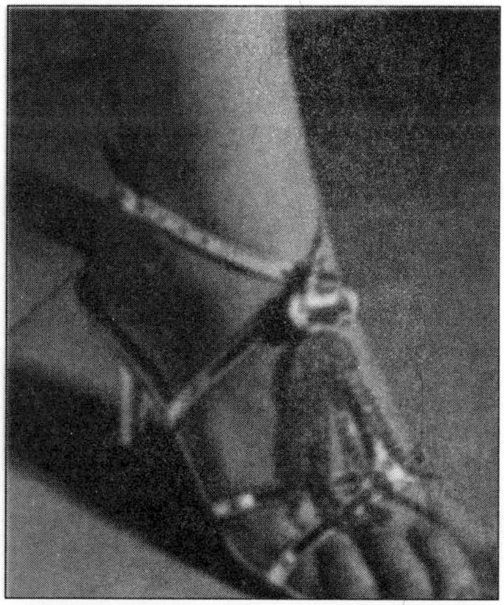

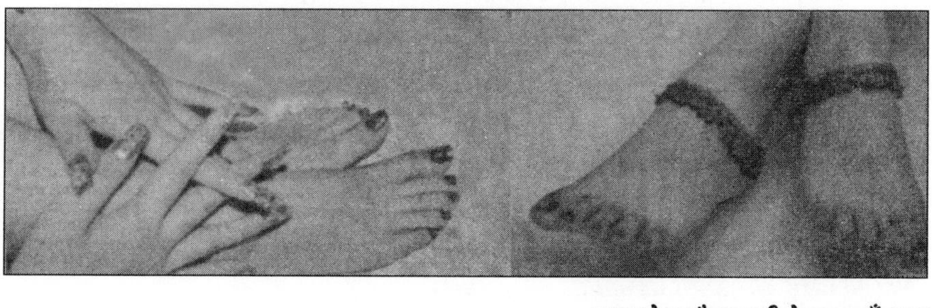

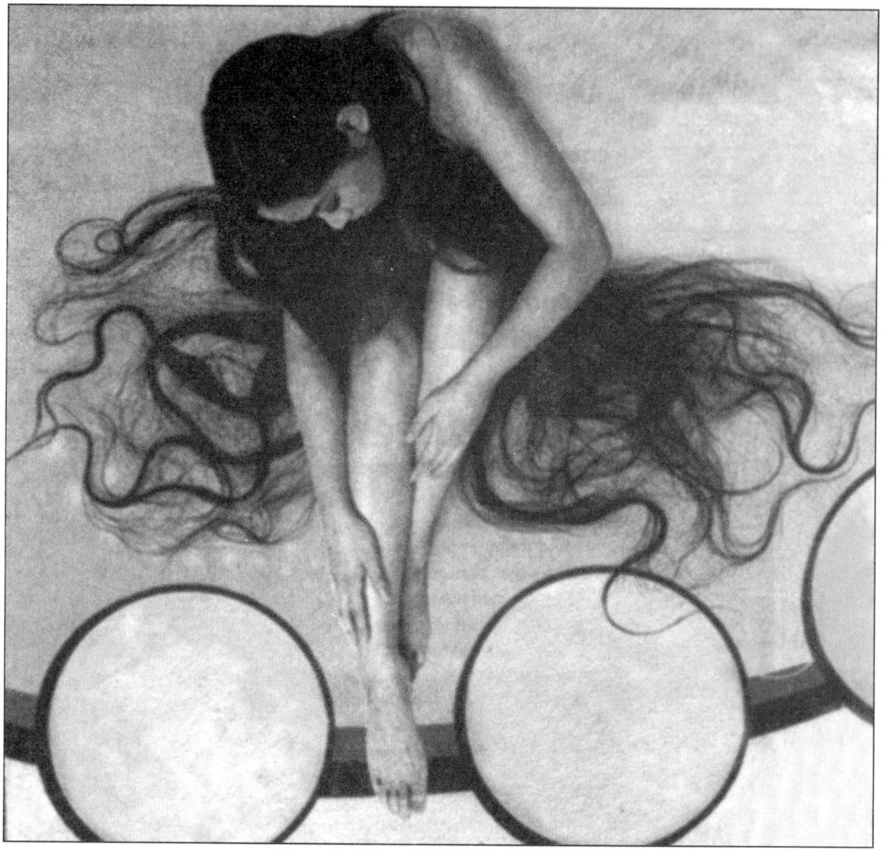

मेडीक्योर (पाँवों की सँवार)
मेनीक्योर (हाथों की साज)

नख-
उपचार

राधा-श्रृंगार : हेमामालिनी

ठकुराइन का सिंगार (बूँदी), 1850

आधुनिक सिंगार के भेद, विधि, प्रविधि तथा प्रयोजन परम्परागत सोलह सिंगारों से भिन्न हो सके हैं, यद्यपि दोनों के लक्ष्यशरों में काफी सादृश्य है। मसलन कई कुलक प्रस्तुत किए जाते हैं जिन्हें 'मेक-अप' विशेषज्ञाएँ क्रियान्वित करती हैं—

(क) एक्स-टेन्सो मोआइसचुरिस्ट थैरैपी (केश-स्पा तथा केश-कर्तन समेत)।

(ख) **विवाह-पूर्व, वधुवर्ती सन्निधि**—केश-कर्तन, केश-संवाहन, केश-स्पा, मुख-ब्लीच, मेनिक्योर (हाथों का), सम्पूर्ण देह-ब्लीच, सम्पूर्ण देह-मोमीकरण, देह-दीप्ति (पॉलिशिंग), सम्पूर्ण देह-मालिश, भाप-स्नान, फुहारी-स्नान, थ्रेडिंग, एरोमा फेसियल, गोल्ड-फेसियल, काया-फेसियल, डायमंड-फेसियल, दुलहनिया का मेक-अप।

(ग) **तीसरा कुलक**—सिर की मालिश (संवाहन), केश-कर्तन, शेम्पू-अनुकूलन, ब्लो डायर तथा स्टाइलिंग, थ्रेडिंग, वेक्सिग, पूरी बाँहें-पूरी टाँगें—पूरे भुजमूल, डि-लक्स मेनिक्योर, डि-लक्स पेडिक्योर (पाँवों का), पूर्ण मुहांद्रा-ब्लीच, चाँदी/मोती फेसियल।

(घ) **चौथा कुलक**—केश-कर्तन, शैम्पू-अनुकूलन, ब्लो डायर, केश-स्पा, थ्रेडिंग (भौंहें, ओठ, भुजमूल, बिकिनी-मोम), चेहरा-ब्लीच, गोल्ड-फेसियल, गुलाब/मिंट परक-मेनिक्योर, गुलाब/मिंट परक पेडिक्योर।

(ङ) **पाँचवीं सन्निधि**—सिर-संवाहन (मालिश), केश-कर्तन, ब्लो डायर, शैम्पू-अनुकूलन, थ्रेडिंग, वैक्सिग, पूरी बाँहें-पूरी टाँगें-सन्धि, हाथ, मेनिक्योर, पेडिक्योर, ब्लीच।

(च) **रँगाई**—इन प्रतिदर्शों में से (ख)—(ग)—(घ)—(ङ)—के सेवाफल भी छह हजार रुपयों से उतरते हुए एक हजार तक के हैं (2012 में)।

सारांश यह है कि कई विदेशी (जर्मन, सिंगापुरी, अमेरिकी आदि) उपचारों द्वारा पुरुषों तथा महिलाओं के लिए तीन उपचार हैं—

(i) वजन घटाना,
(ii) सुन्दरता बढ़ाना तथा
(iii) आकर्षक दिखना।

ये सामान्य रोज़मर्रा के सामान्य-देह-सौन्दर्योपचार के अतिरिक्त हैं। पारम्परिक **सोलह सिंगार** वाले उपचार इसके दूसरे खाते में डाल दिये गए हैं। अतः देह के आधुनिक सौन्दर्योपचार ये हैं—

(i) एंजाइम थैरैपी,
(ii) विवाह-पूर्व सौन्दर्योपचार,
(iii) त्वचा को चमकाना,
(iv) हाथों (मेनिक्योर) तथा पाँवों (पेडिक्योर) की सफाई, सुगन्धित तेलों के द्वारा भी,
(v) फलों के द्वारा चेहरे की सफाई,
(vi) प्रदूषण से दूषित चेहरों की सफाई और
(vii) और भी अन्य, आदि।

सारांश में यह देह के शिल्पायन, सौन्दर्य के उपचार तथा स्वास्थ्य की देखभाल का आधुनिक त्रिकोण है।

[इसके समकक्ष कई प्रकार के देसी औषधिक **उबटन** त्वचा, मुखमंडल तथा हाथों-पाँवों को बराबर का प्राकृतिक निखार तथा उपचार देते हैं।]

लोक-सिंगार की अलग ही अलबेली विलक्षण दुनिया है। कुछ कबीलाई रमणियों के गहने द्रष्टव्य हैं :

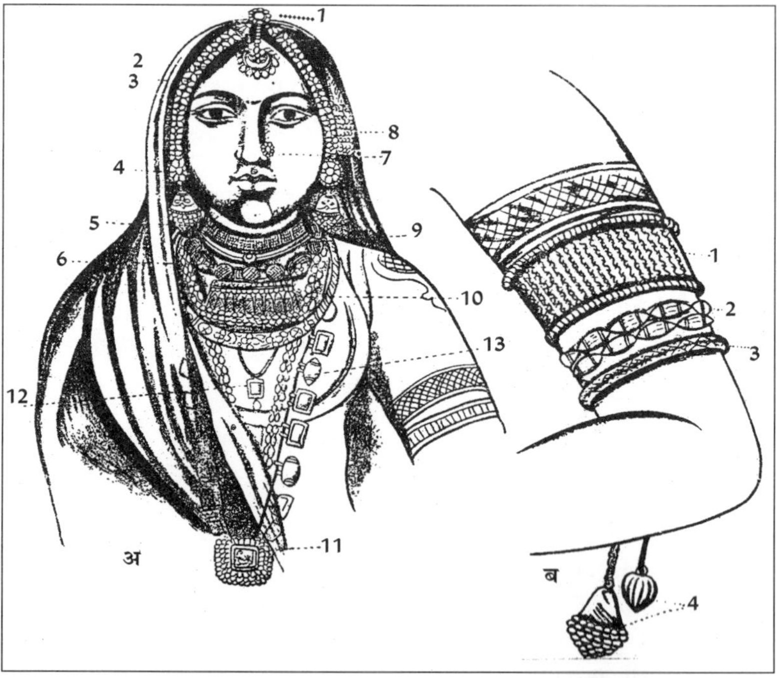

(राजपूताना, मालवा आदि में हिन्दू स्त्रियों द्वारा पहने जाने वाले सिर, ललाट, गले, वक्षस्थल और भुजा के आभूषण)

(अ) 1. राखड़ी, 2. चाँद, 3. बिन्दी, 4. करन फूल, 5. पँचमनियाँ, 6. बल्यौरा, 7. भँवरया, 8. मोरपत्ता या जेला, 9. मूँसी, 10. हँसली, 11. ताबीज का कँठला। **(ब)** 1. बाजू, 2. वाट, 3. टाड, 4. सरघुन्डी।

['दि जर्नल ऑव इंडियन आर्ट एंड इंडस्ट्री', जिल्द 12 से साभार उद्धृत]

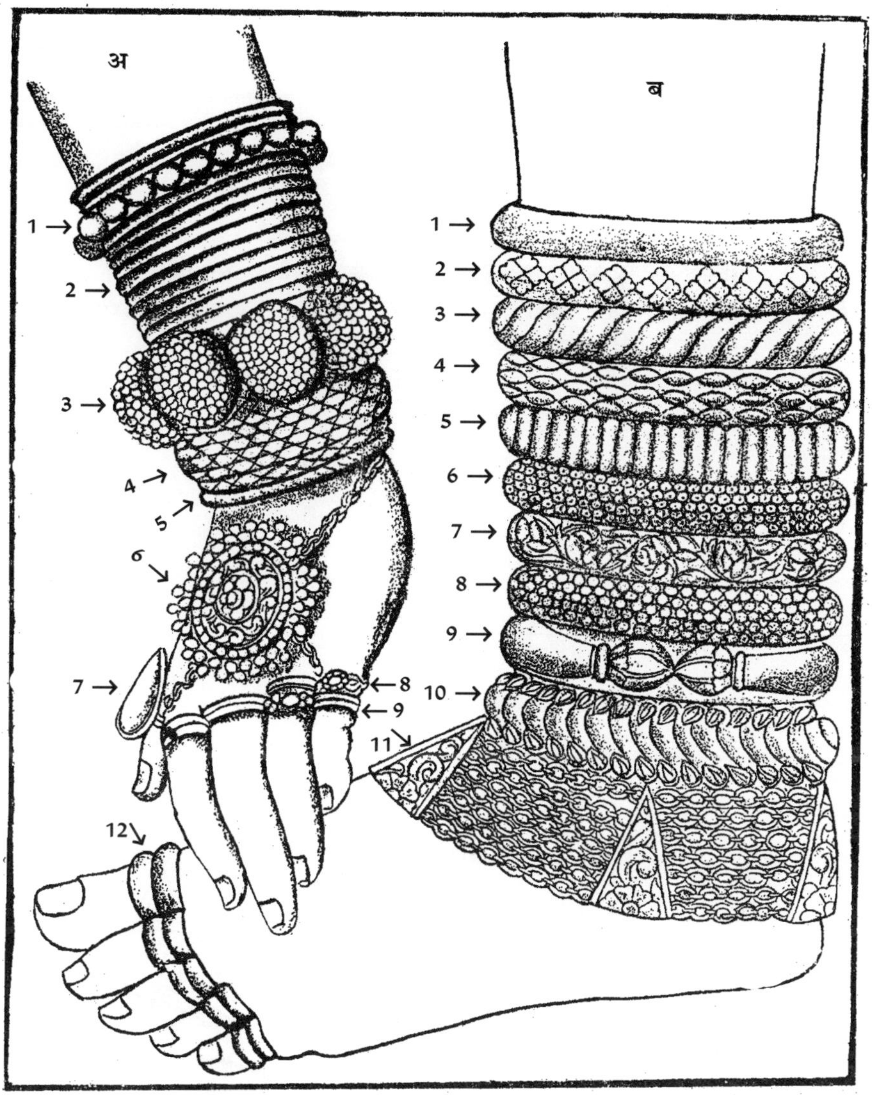

राजपूताना, मालवा आदि में पहने जाने वाले हाथ एवं पैर के आभूषण

(अ) 1. बंगरी, 2. चूरी, 3. नौगरी, 4. पहुँची, 5. काड़ा, 6. हथफूल, 7. आरसी, 8. अंगूठी या मुंदरी, 9. छल्ला।

(ब) 1. सादा काड़ा, 2. चौदाना की न्यौरी, 3. बलकन काड़ा, 4. हीरानुमा काड़ा, 5. ओनला भाँत, 6. जरा भाँत न्यौरी, 7. सोसन की न्यौरी, 8. जुवार भाँत न्यौरी, 9. बोरदार काड़ा, 10. मरेठी, 11. छड़ा, 12. छल्ला-अंगूठी।

['दि जर्नल ऑव इंडियन आर्ट एंड इंडस्ट्री', जिल्द 12 से साभार उद्धृत]

अन्ततोगत्वा **परिधान** तथा **अलंकार-आभूषण** की देहभाषाओं की विविधता का सारांश दिया जा सकता है—

* लिबास तथा सिंगार की भाषा,
* देह का सिंगार और वेशभूषा,
* नग्नता और निर्वसनता
* लज्जा तथा फैशन।

इसके पहले भी—

(अ) कृतियों (शिल्प, मूर्ति) की मानवछवियों के परिधान-आभूषण;

(आ) उनके रंग, आधार-पदार्थ के रंग एवं स्पर्श-विन्यास, (पाषाण, काँस्य, रेशम, ऊन, कपास, टेरी कॉट आदि)

(इ) इनके समग्र आकृति-आकार, शैलियाँ-प्रकार्य आदि—देह-रक्षा, देह-शोभा, ऋतु-अनुकूलन, अस्मिता-सामाजिक प्रयोजन आदि।

इन सभी की माध्यम **देह** है। देह इनकी **द्वितीयक त्वचा** है।

विसर्जन में

हम अपनी देह की पूर्णता को समग्रता में पहचानें। इसी में शहद-अमृत और विष मौजूद हैं। पंचेंद्रियाँ तथा अहंकार मिलकर हमारी असली व सत्य 'आत्मा' हैं।

मानवदेह तन-मन-अहं से युक्त और इच्छा-क्रिया-ज्ञान-प्रकाश-विमर्श की शक्तियों से परिपूर्ण है। इसके अभ्यंतर से अनेक निर्भाषिक देहभाषाएँ भी उन्मीलित होती हैं।

संसार में हमारा सामाजिक भौतिक-दैहिक **जीवन** है। संसार में विजिगीषु तथा सार्थक जीवन ही अप्रतिम तथा बहुमूल्यपरक है।

अंततोगत्वा **देह का परिणाम** थैली भर अस्थि-फूल और झोले भर शव-भस्म है। आत्मा तथा पुनर्जन्म एवं परलोक की वास्तविकताएँ महज दार्शनिक फान्तासियाँ-भ्राँतियाँ हैं। इनका लाखों वर्षों से आज तक कोई अस्तित्व नहीं पता चला।

यही उप-संहार है।।

2013/2014

इति नमस्कारान्ते